소방전술 단권화

중앙소방학교 표준교재 25년 개정판

The쉬운 해설과 The확실한 지식의 개념

머리말

안녕하십니까? 조동훈입니다.
저는 30년 넘는 성상을 대학과 학원에서
소방의 학문을 가르치면서 생명을 구하는 직업인
대한민국 소방관(Fire Fighter)이 되기 위한 수험생들과
시험의 긴 동반자로서 함께 생활해 왔습니다.

대학⋯→ 임용⋯→ 승진까지 오직 학문의 학습으로 수험생들과 지식 공유차원에서
어쩌면 저의 마지막 이론서로 폭풍 감동이 되도록 책을 써보고 싶었습니다.
그러나 현재 소방 승진책의 방대한 출제범위 내에서 너무나 많은 이론에 부딪치면서
출제범위에 맞춰진 최적이 커리큘럼과 체계저이고 전문저인 서적을 낼 수 있었다면~
"더 쉽고 더 빠르게" 원하는 합격을 함께할 수 있었을 텐데~ 하고 늘 생각했습니다.

본 교재는 "소방전술 기본서"와 함께 부교재로 낸 소방전술 단권화입니다.
저의 마지막 숙제이자, 함께 학습하면서 소방관이 된 제자분들 감사로 출간됩니다.
소방고등학교 교과서, 대학 소방학과 교재를 비롯하여, 저의 모든 책 표지에는 'The쉬운'
이라는 단어를 넣고 도서내지 편집은 제가 시험치는 수험생입장에서 The쉽게 정리하였습니다.
그것은 방대한 이론보다는 더 적지만 수험생에게 확실한 지식의 개념을 전달하기 위함이고~
- 중앙소방학교 표준교재 '소방전술' 내용을 이와같이 편집하여 본 단권화를 제시합니다!.

본 교재의 핵심 내용은 다음과 같다.

❶ 주요 기출문제를 중심으로 편집하여 그 적중성을 참고하였습니다.

❷ 해설과 진한 글씨(2가지)를 넣고 박스로 편집, 효율성을 높였습니다.

❸ 중앙소방학교 교재 내용을 찾아볼 수 있게끔 순서대로 편집하였습니다.

필자 드림

개정된 『중앙소방학교 공통(표준)교재』를 기준으로 하였습니다

25년 표준교재 전술내용이 유사 파트끼리 일부 이동(타 과목)되었습니다.
소방승진시험은 중앙소방학교 방대한 표준교재 내용에서 출제하고 있습니다.
출제범위는 정해져 있지만 출제내용은 달라서 약 1문제 교재 외 출제되기도 합니다.
중앙소방학교 교재의 중복된 이론이 있기도 합니다만 복습의 의미로 학습하도록 합니다.
소방전술은 내용이 많고 꽤 복잡하여 분석된 학습방법이 없으면 고득점이 쉽지 않습니다.

- 그래서 필자는 아래와 같이 분석한 몇 가지 학습적인 이해 방법을 먼저 제시합니다. -

1. 표준교재를 기준으로 그 기출흐름을 파악해야 합니다 ➡ 승진시험의 출제 영역은 아직까지는 비교적 그 제한된 범위에서 반복 또는 유사성을 가지고 조금씩 난도를 높여가며 출제 됩니다.

2. 방대한 이론이지만 어느 큰 부분을 삭제한다면 수험생입장에서 학습할 때 불안해할 수 있습니다.
➡ 그리하여 가능한 박스로 요약하여 제작하였고 눈의 피로도로 청색계열 박스로 하였습니다.

3. "OX(2진법) 개념 따라잡기"를 만들어 역 단어 함정과 개념이 필요한 부분에 중점을 두었습니다.
➡ 예상문제를 줄이고 OX문제를 제시, 관찰력과 개념문제 단어함정에 진한글씨로 하였습니다.

4. 시험과 내용의 중요도를 찾아서 문장의 번호 밑에 또는 문장의 단어 밑에 선별하였습니다.
➡ 시간을 절약하고 혼동하지 않는 선별 이해도를 높이는 학습이 됩니다.

청개구리가 울면 곧 비가 옵니다.
제비가 지표면을 가까이 날면 곧 비가 옵니다.
그들은 비가 올 것을 미리 알고 느낌을 전달합니다.
본 교재는 시험의 흐름을 잡을 수 있게끔 선별을 우선으로 하고 최근 기출문제를 수록하여
국내 "타 수험서 못지않은 국내 최고의 교재" 를 위해 최선을 다했습니다.
본 교재로 부디 승진의 높은 오름에 목표와 영광을 바랍니다.

또한 오타 등과 관계법령의 개정 등으로 수정되어야 하고 미비하겠지만 수험생의 참고자료가 있다면
필자의 Daum 카페 "완소119" 에 싣겠습니다.
늘 감사합니다! ~

소방공무원 승진시험의 필기시험 과목(제28조 관련)

구 분	과목수	필기시험과목
소방령·소방경 승진시험	3	행정법, 소방법령Ⅰ·Ⅱ·Ⅲ, 선택1 (행정학, 조직학, 재정학)
소방위·승진시험	3	행정법, 소방법령Ⅳ, 소방전술
소방장·승진시험	3	소방법령Ⅱ, 소방법령Ⅲ, 소방전술
소방교·승진시험	3	소방법령Ⅰ, 소방법령Ⅱ, 소방전술

※ 비고
 1. 소방법령Ⅰ : 소방공무원법(같은 법 시행령 및 시행규칙을 포함한다. 이하 같다)
 2. 소방법령Ⅱ : 소방기본법, 소방시설설치유지 및 안전관리에 관한 법률
 3. 소방법령Ⅲ : 위험물안전관리법, 다중이용업소의 안전관리에 관한 특별법
 4. 소방법령Ⅳ : 소방공무원법, 위험물안전관리법
 5. 소방전술 : 화재진압·구조·구급 관련 업무수행을 위한 지식·기술 및 기법 등

   - 출처: 소방공무원 승진임용 규정 시행규칙 별표8 〈개정 2022.12.1.〉 -

승진시험파트 『소방전술』 일반적 출제범위

■ 소방교

분야	문제	일반적인 출제범위	가끔 출제
화재분야	10~13문제	화재진압 및 현장활동 8~10문제 현장안전관리 1문제(* 화재2 분야임) / 소방자동차 1문제,	화재조사 1문제
구조분야	7~8문제	1편 구조개론 1문제 / 2편 구조장비 1문제 / 3편 기본구조훈련(로프) 1문제 / 4편 응용구조훈련 1문제 / 5편 구조기술 2~3문제 / 8편 119 구조구급에 관한 법률 1문제	6편 생활안전 위험제거
구급분야	6~7문제	1장 응급의료개론 1문제 / 3장 감염예방 개인보호장비 1문제 4장 해부생리학 1문제 / 5장 무선통신(중증도분류쪽) 1문제 7장, 응급의료장비 1문제. - 임상응급의학 1장 환자평가 등 위주로 일부가 출제 됨 -	2장 소방대원의 안녕 5장 무선통신 기록 　(중증도분류 제외) 6장 환자들어올리기

■ 소방장

분야	문제	일반적인 출제범위	가끔 출제
화재분야	10~12문제	화재진압 및 현장활동 6문제 현장안전관리 1문제 / 소방자동차(특수자동차포함) 1문제 소화약제, 연소폭발, 위험물성상 3~4문제	화재조사 1문제 각 위험물각론
구조분야	7~8문제	1편 구조개론 1문제 / 2편 구조장비 1문제 / 3편 기본구조훈련(로프) 1문제 / 4편 응용구조훈련 1문제 / 5편 구조기술 2~3문제 / 8편 119 구조구급에 관한 법률 1문제	6편 생활안전 위험제거
구급분야	6~7문제	1장 응급의료개론 1문제 / 3장 감염예방 개인보호장비 1문제 4장 해부생리학 1문제 / 5장 무선통신 기록(중증도 분류쪽) 7장, 응급의료장비 1문제 / 그 외 임상응급의학쪽이 출제됨 (* 임상응급의학 분석: 1장 환자평가~10장 의식장애 위주. 　13장 산부인과, 17장 기본소생술도 출제)	2장 소방대원의 안녕 5장 무선통신 기록 6장 환자들어올리기 (임상쪽11,12, 14~16장)

■ 소방위

분야	문제	일반적인 출제범위	가끔 출제
화재분야	10~12문제	화재진압 및 현장활동 5문제 현장안전관리 1문제 / 소방자동차(특수자동차포함) 1문제 소화약제, 연소폭발, 위험물성상 2~3문제 화재조사 1문제 / sop 1문제 / 재난법 1문제	각 위험물각론
구조분야	7~8문제	1편 구조개론 1문제 / 2편 구조장비 1문제 / 3편 기본구조훈련(로프) 1문제 / 4편 응용구조훈련 1문제 / 5편 구조기술 2~3문제 / 8편 119 구조구급에 관한 법률 1문제	6편 생활안전 위험제거
구급분야	6~7문제	1장 응급의료개론 1문제 / 3장 감염예방 개인보호장비 1문제 4장 해부생리학 1문제 / 5장 무선통신 기록(중증도 분류쪽) 7장, 응급의료장비 1문제 / 그 외 임상응급의학쪽이 출제됨 (* 임상응급의학 분석: 1장 환자평가~10장 의식장애 위주. 　13장 산부인과, 17장 기본소생술도 출제)	2장 소방대원의 안녕 5장 무선통신 기록 6장 환자들어올리기 (임상쪽11,12,14~16장)

승진시험과목 『소방전술』 세부 출제범위(제9조제3항 관련)

분야	출제범위	비 고
화재분야	・화재의 의의 및 성상 ・화재진압의 의의 ・단계별 화재진압활동 및 지휘이론 ・화재진압 전술 ・소방용수 총론 및 시설 ・상수도 소화용수설비 등	
	・재난현장 표준작전 절차(화재분야)	소방교, 소방장 제외
	・안전관리의 기본 ・소방활동 안전관리 ・재해의 원인, 예방 및 조사 ・안전 교육	
	・소화약제 및 연소・폭발이론	소방교 제외
	・위험물성상 및 진압이론	
	・화재조사실무(관계법령 포함)	
구조분야	・구조개론 ・구조활동의 전개요령 ・군중통제, 구조장비개론, 구조장비 조작 ・기본구조훈련(로프, 확보, 하강, 등반, 도하 등) ・응용구조훈련 ・일반(전문) 구조활동(기술)	
	・재난현장 표준작전 절차(구조분야)	소방교, 소방장 제외
	・안전관리의 기본 및 현장활동 안전관리 ・119구조・구급에 관한 법률(시행령, 규칙포함)	
	・재난 및 안전관리 기본법(시행령, 규칙 포함)	소방교, 소방장 제외
구급분야	・응급의료 개론 ・응급의학 총론 ・응급의료장비 운영	
	・심폐정지, 순환부전, 의식장애, 출혈, 일반외상, 두부 및 경추손상, 기도・소화관이물, 대상이상, 체온이상, 감염증, 면역부전, 급성복통, 화학손상, 산부인과질환, 신생아질환, 정신장해, 창상 - (* 임상응급의학 모두가 아니며, 일부만 제외됨) -	소방교 제외
소방차량	・소방자동차 일반 ・소방자동차 점검・정비 ・소방자동차 구조 및 원리 ・고가・굴절 사다리차	

※ 소방전술과목 세부범위(내용x)는 시험일 기준 당해 연도 중앙소방학교에서 발행되는 신임교육과정 공통교재로 한다.
※ 소방전술 과목의 세부 출제범위 찾는 방법: 소방공무원 승진시험요강 별표1(* 2021년 3월 8일 일부개정)
 (*^^ 과거부터 임상응급의학은 일부만 소방교 제외, 18년 11, 7일 소방시설공사업법은 모든 직급에서 제외)

차례

파트1 화재분야 (화재1,2)

01 화재진압 및 현장활동 ·· 11
02 현장안전관리 ·· 153
03 화재조사실무 ·· 171

파트1-2 기타분야

04 (소방차량실무편) 소방자동차 ······································· 185
05 (소방차량실무편) 소방용수시설 ··································· 197

파트2 구조분야

01 구조 이론 ·· 211
02 (법령 4편) 119구조구급 법률 ······································ 319

파트3　구급분야

01 응급의료 개론 및 장비 운영 ···································· 339
02 임상응급의학 ·· 385

파트4　소방장, 위 (화재2, 기타)

01 소화약제 등 ·· 497
02 연소, 폭발 ·· 523
03 (예방실무 2편) 위험물 성상 ····································· 547

파트5　소방위 (화재1, 기타)

01 재난현장표준작전절차(SOP) ······································ 561
02 (법령 5편) 재난 및 안전관리 기본법 ····················· 619

부록

1 비교와 개념의 혼동정리 ·· 654
2 제이디훈의 숫자정리 ·· 660

중앙소방학교 표준교재 기준

소방전술(단권화)

(소방전술1~2)

1편

화재진압 및 현장활동

- 1장 화재의 의의(1~2절) ················· 12
- 2장 화재성상(1~6절) ····················· 15
  - ★ OX 개념문제 ···························· 30
- 3장 화재진압의 의의(1~6절) ············ 32
  - ★ OX 개념문제 ···························· 37
- 4장 화재진압활동(1~14절) ·············· 39
  - ★ OX 개념문제 ··························· 108
- 5장 화재진압과 소방전술(7절) ········· 110
  - ★ OX 개념문제 ··························· 138
- 6장 특수화재의 소방활동 요령(9절) ··· 140
  - ★ OX 개념문제 ··························· 150

CHAPTER 01 화재의 의의(1장)

> **학/습/목/표**
> - 화재개념을 설명할 수 있다
> - 화재의 유사개념 구별할 수 있다
> - 화재 유형별 분류할 수 있다.

제1절 　화재의 개념*

화재란 『사람의 의도에 반하거나 고의 또는 과실에 의하여 발생하는 연소현상으로 소화할 필요가 있는 현상 또는 사람의 의도에 반하여 발생하거나 확대된 화학적인 폭발현상』을 말한다.(* 소방의 화재조사에 관한 법률 제2조)

▌소방의 화재조사에 관한 법률 용어의 해설 ▌　☆ 13 경기장, 14 부산장

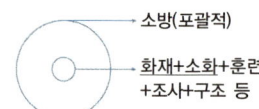

1. 사람의 의도에 반한다. 또한 고의에 의한다.	① 화재발생이 '사람의 의도에 반한다.' 라는 것은 **과실**에 의한 화재를 의미하며 화재 취급 중 발생하는 실화뿐만 아니라 부작위에 의한 자연발화도 포함된다. ② '고의에 의한다.' 라고 하는 것은 일정한 대상에 대하여 피해발생을 목적으로 화재발생을 유도하였거나 방화*한 경우를 말한다.
2. 연소현상(화학반응)	① '연소현상'은 가연성 물질이 산소와 결합하여 열과 빛을 내며 급속히 산화되어 형질이 변경되는 **화학***반응을 말한다.
3. 소화할 필요가 있는 현상.	① 화재란 연소현상으로서 소화의 필요성이 있어야 하며 소화의 필요성 정도는 소화시설이나 그와 유사한 정도의 시설을 사용할 수준이어야 한다는 것이다. ② 휴지나 쓰레기를 소각하는 것과 같이 자산가치의 손실이 없고 자연히 소화될 것이 분명하여 소화의 필요성을 느끼지 않거나, 소화의 필요성이 있다고 하여도 소화시설이나 소화장비 또는 간이소화용구 등을 활용하여 진화할 필요가 없는 것은 화재로 볼 수 없다. 또한 ③ 일반적인 연소현상과 구분되는 가스폭발 등의 ❶ 화학적 폭발현상을 화재의 범주에 포함하고, ❷ 보일러 파열 등의 물리적 폭발은 화재로 분류하지 않고, 연소현상과 소화의 필요에 상관없이 사람의 의도에 반하여 발생한 것만을 화재로 본다. 　＊ 법원판례: 화학적폭발(화재o) / 물리적폭발(화재x)→ 고장 등 　(*^^ 즉, 판례는 화학적 폭발은 소화와 상관없이 화재로 본다.)

제2절 화재의 유형분류★

화재는 소화 적응성, 화재의 처종, 화재의 소실정도, 화재 피해규모, 긴급상황보고 여부 등에 따라 다음과 같이 분류될 수 있다.

1 소화 적응성에 따른 분류 ★ 13 경기장, 14 경북장 등

구 분	급수	표시색	내 용
일반화재	A급	백색	목재, 섬유, 고무, 플라스틱 등과 같은 일반 가연물의 화재를 말한다.
유류화재	B급	황색	인화성 액체(4류 위험물), 1종 가연물(락카퍼티, 고무풀), 2종 가연물(고체파라핀, 송진)이나 페인트 등의 화재를 말한다. (*^^ 고체파라핀인 양초나 소나무 속의 송진만이 타면 유류화재이다)
전기화재	C급	청색	전류가 흐르고 있는 전기설비에서 불이 난 경우의 화재를 말한다.
금속화재	D급	무색	나트륨, 칼륨, 마그네슘과 같은 가연성 금속의 화재를 말한다.
가스화재	E급	황색	메탄, 에탄, 프로판, 암모니아, 아세틸렌, 수소 등 가연성 가스의 화재. (* 표시색상은 현재 국내에서는 B급화재에 준하여 사용한다.)

■ **보충**(Tip)
- A급: 황(S) 성분 등으로 재를 남기며, B급은 재를 남기지 않는다.
- B급: 오일, 타르, 석유그리스, 유성도료, 솔벤트, 래커(퍼티) 등 기름성분.
  인화성액체, 가연성액체, 인화성가스와 같은 유류가 타서 재가 남지 않는 화재.
- C급: 전기다리미 창고의 불은 A급, 전기다리미질을 하다 불나면 C급화재.
- D급: 가연성 가스 발생으로 물로 끌수는 없고 모래, 팽창질석 등으로 끈다.
- E급: 국내는 B급으로도 본다.(* 소화적응 표시색상도 B급, E급은 같다.)
- K급: 키친(K)에서 동식물 기름을 취급하는 화재.(소화기구 및 자동소화장치의 화재안전기술기준)

래커

--------*

화재의 유사개념		
과학적 화재(연소현상)	빛과 열을 발생하는 급격한 산화현상.
형법상 화재(방화)	불을 놓아 매개물에 독립하여 연소되는 것.
민법상 화재	고의 또는 과실로 인하여 타인에게 손실을 입히는 화재. (* 방화와 실화)

■ **보충**: 소방법상의 화재의 개념은?
불은 좋은 불과 나쁜 불이 있다. 좋은 불은 주방 등에서 사용하며 나쁜 불은 우리 뜻과 상관없이 발생하는 불로서
① 사람의 의도에 반대(反對)할 것(나쁜 불!) ② 소화할 필요가 있을 것.
③ 화학적인 폭발현상일 것. - ①②③ 이를 화재의 3대 요소로 생각하면 The 쉽다.

---

* 방화(放火): 고의로 불을 냄.(예) 방화사건) * 실화(失火): 실수로 불을 냄. * 래카: 유성페인트의 한 종류
* 화학: 물질의 성질이 변함(불꽃 등을 접촉) / * 물리: 상태(고·액·기체)나 모양이 변함(불꽃 등 접촉x).

2 화재 유형에 따른 분류 ☆ 24 소방장

화재가 발생한 유형에 따라서 분류는 다음과 같다.

구 분	대 상 물
① 건축·구조물 화재	건축물, 구조물 또는 그 수용물이 소손된 화재.
② 자동차·철도차량 화재	자동차, 철도차량 및 피견인 차량 또는 그 적재물이 소손된 화재.
③ 위험물·가스제조소등 화재	위험물제조소등, 가스제조·저장·취급시설 등이 소손된 화재.
④ 선박·항공기 화재	선박, 항공기 또는 그 적재물이 소손된 화재.
⑤ 임야 화재	산림, 야산, 들판의 수목, 잡초, 경작물 등이 소손된 화재. (* 임야: 산과 들)
⑥ 기타 화재	위의 각 호에 해당되지 않는 화재. ▶ (유)건자가 원선을 떨어 임기가 끝남

3 화재의 소실 정도에 의한 분류 ☆ 06, 16 소방위, 21 소방장

전소, 반소, 부분소는 3편 "화재조사실무" 내용과 중복으로 생략함

4 긴급 상황보고 여부에 따른 분류

대형화재, 중요화재, 특수화재는 "화재조사실무"에서 법령 삭제로 생략함.

5 화재 원인에 따른 분류 ☆ 24 소방장

발화원인에 따라서는 분류는 다음과 같다.

구 분	내 용
① 실 화	취급부주의나 사용·보관 등의 잘못으로 발생한 과실적(過失的) 화재를 말하며, 중과실과 단순 실화인 경과실이 있다.
② 방 화	적극적이고 고의적인 생각과 행위로서 일부러 불을 질러 발생시킨 화재를 말한다.
③ 자연발화	산화, 약품 혼합, 마찰 등에 의해서 발화한 것과 스파크 또는 화염이 없는 상태에서 열기에 의해 발화된 연소를 말한다. ☆ 24장
④ 천재발화	지진, 낙뢰, 분화 등에 의해서 발화한 것을 말한다.
⑤ 원인불명	위의 각 호 이외의 원인으로서 발화한 것을 말한다. ▶ 실방자에게 천원

* 참고(1): "긴급 상황보고 여부에 따른 분류"에서 대형화재는 사망 5명 이상으로 소방의 화재조사에 관한 법률 제7조에 명시되어 있으나, 중요화재 및 특수화재 법령은 삭제됨(* 중앙소방학교 공통표준교재는 삭제되지 않음)
* "참고(2):: 소화기구 및 자동소화장치 화재안전기술기준 1.7.1.10"에는 2017년 신설된 K급 화재가 있다.
  또한 유류화재를 비롯하여 그 내용도 2015년 변경된 용어로서 실제의 법 명시는 아래와 같다.
  "유류(B급)화재"란 인화성 액체, 가연성 액체, 석유그리스, 타르, 오일, 유성도료, 솔벤트, 래커, 알코올
  및 인화성 가스와 같은 유류가 타고 나서 재가 남지 않는 화재. ▶ 인가 인가유 오타그유 알코올 쏠래?

CHAPTER 02 화재성상(2장)

학/습/목/표

- 열의 전달을 이해할 수 있다.
- 화재의 진행단계를 이해할 수 있다.
- 백드래프트를 설명할 수 있다.
- 연소의 4요소를 설명할 수 있다.
- 플래시오버를 설명할 수 있다.
- 소화방법을 수행할 수 있다.

화재진압이 소방의 기본임무 중 하나지만 이에 대응하는 화재는 가장 치명적인 위험이기도 하다. 소방관이 화재현장에서 직면하는 화재는 무염화재와 유염화재의 2가지 형태 중 하나이다.

▌무염화재와 유염화재 비교▐ ☆ 10 강원장, 13·14 소방위

무염화재 (Flameless fire)	① 일반적으로 다공성 물질*에서 발견되며, 　화염은 크게 발생하지 않으나 연기가 나고, 빛이 나는 화재로 심부화재에 해당한다. ② 겉 천(가죽)을 씌운 가구, 이불솜, 석탄, 톱밥, 폴리우레탄 재질의 매트리스와 같은 물질은 대표적인 무염화재의 연소물질에 해당한다. ③ 다공성 연소물질은 대기 중의 산소가 천천히 스며들면서 연소범위가 서서히 확산된다. ④ 연기가 나거나 무염화재와 같은 유형은 재발화의 원인이 되기도 한다. 　(*^^ 재발화의 원인은 속불로서 불꽃이 눈에 선명하지 않아서이다.) ※ 무염화재 : 심부화재, 작열연소, 불씨(불빛·불티)연소, 표면(직접·백열)연소, 훈소.
유염화재 (Flaming fire)	① 열과 화염이 크게 발생하는 일반적인 화재유형이다. ② 대표적인 유형인 목재화재는 나무 조각이 외부 열에 의해 가열되면 건조되면서 먼저 수증기가 배출되고 나무 표면이 변색되면서 열분해(분자의 결합이 열로 인해 끊어져 물질의 상변화가 일어나는 현상)가 일어난다. ③ 열분해*에 의해 다시 연소가스를 배출하고 주위에 있는 화염에 의해 점화되어 연쇄적으로 불꽃을 발생시킨다. ④ 점화된 화염은 가열된 나무 주위를 뒤덮게 되면서 주위의 산소와 혼합되어 화염이 더욱 크게 확산되는 연속적인 과정을 거친다. ⑤ 발생된 화염 열은 대기 중으로 방출되거나 일부는 연소 중인 나무로 다시 복사열이 되어 되돌아오면서(대략 전체 열의 1/3까지), 화재는 계속해서 진행된다. ※ 유염화재 : 표면화재, 불꽃·발염·화염·작유연소 등 같은 개념 다른 단어들이 있다.

---

* 다공성: (현미경으로 보았을 때) 구멍이 많은 숯 등의 물질을 말함.
* 심부화재 : 표면의 불꽃을 제거해도 심부에서 타는 화재, 속불(예 종이, 나무 등 일반화재)
* 유염화재 : 표면에 불꽃이 있는 화재 → * 표면화재 : 표면에 불꽃이 있는 화재(예 유류화재 및 가스화재)
* 열분해: 뜨거워서 물질의 성질이 변하는 화학적 변화(분해)가 일어나는 현상.
　(*^^ 미국: 불꽃연소, 작열연소로 통용 / 일본: 유염화재 무염화재 / 국내: 불꽃연소, 불씨연소로 표기를 권장)

제1절 열발생과 전달

1 열의 전달*** ☆ 10 강원장, 13 인천교, 14경기장, 17·21 소방교·장 등

1. 최초 가연물로부터 화재발생지역 내 또는 다른 가연물로의 열전달은 화재성장을 결정짓는다.
2. 열의 정의는 열이 물체 → 다른 물체로 전달, 그 두 물체는 서로 다른 온도로 존재해야 한다.
3. 열은 따뜻한 물체에서 차가운 물체로 움직인다. 열이 전달되는 비율은 물체들 간의 온도의 차이와 연관된다. 물체들 간에 온도의 격차가 크면 클수록, 전달율은 더욱 커지게 된다.

전 도 →‖←	① 어떤 금속막대기의 끝이 화염에 의해 가열되면, 열은 막대기 전체로 전달된다. 　- 이러한 에너지의 전달은 물체 내의 증가된 원자의 활동에 기인한다. ② 열이 막대의 한 끝에 전달되면, 그 끝 부분에 있는 원자들은 주변에 있는 원자들보다 더 빠르게 움직이기 시작한다. / 이러한 움직임은 원자들 간에 충돌 증가의 원인이 된다. ③ 에너지는 충돌 시 부딪치는 원자로 전달되게 되고, 열의 형태로 막대기 전체로 전달된다. ④ 일반적으로, 모든 화재의 **초기단계**에 있어서 열의 전달은 **전적으로 전도에 기인**한다. ⑤ 이후 화재가 성장하면서 뜨거운 가스는 발화원으로부터 떨어져 있는 대상물체(주변의 내장재 또는 가연성 등)로 유동하게 된다. (⊃ 핵심: 각각의 물체 직접 접촉에 의한 열의 이동이다.)
대 류* ↻	① 화재가 성장하기 시작할 때에, 그 주변의 공기는 전도에 의해 가열된다. ② 손을 화염 **위**에 올려놓게 되면, 손이 불에 직접적으로 닿지 않더라도 열을 느낄 수 있게 된다. 열은 (공기를 통한) 대류에 의해 손으로 전달되게 된다.(*^^ 공기이동 : 대류) ③ 대류는 **가열된 액체나 가스(기체)의 운동**에 의한 열에너지의 전달이다. ④ 열이 대류에 의해 전달될 때, 유동체(액체, 가스 등 물질로 유동성을 갖는다)는 한 장소에서 다른 장소로 움직이거나 순환한다. (⊃ 핵심: **연소확대에 가장 크게 영향을 미친다**)
복 사** ---→ ↓	① 복사는 중간 매개체(매질)의 도움 없이 발생하는 **전자파**(❶ 전파 ❷ 광파 ❸ 엑스레이 등)에 의한 에너지의 전달이다. (*^^ 매질로 열이 전달되면 대류, 매질없이 열이 전달되면 복사) ② 복사는 전자파(형태)의 움직임이므로 그 에너지는 빛의 속도로 **직선**으로 여행한다. ③ 모든 따뜻한 물체는 열을 발산한다. 복사에 의한 열전달의 단적인 예로 태양열 에너지는 빛의 속도로 태양에서 **공간(진공)**을 통과하여 지표면을 따뜻하게 한다. ④ 복사는 대부분의 **노출화재**(❶ 화재가 시발된 건물 ❷ 가연물들로부터 떨어져 있는 건물 ❸ 가연물들에 점화되는 화재**)의 원인**이다. ⑤ 대형 화재의 경우, 어느 정도 떨어져 있는 주변의 건물이나 가연물들이 복사열에 의해 발화되는 것이 가능하게 된다. (⊃ 핵심: 열 이동에 가장 크게 작용한다. 약 80m까지) ⑥ 복사로 전달되는 열에너지는 **일반적으로 전도**나 대류를 방해하는 대기나 **진공상태를 통과**하여 이동한다. 복사에너지를 반사하는 물질들은 열의 전달을 **방해**하게 된다. (⊃ *^^ 복사는 공기 등의 매질이 없는 공간이나 진공에서 더 잘 이루어진다.)

- **전도**(요약): 원자 충돌 예 뜨거운 커피잔에 스푼을 넣고 저으면 열이 접촉하여 스푼으로 전달된다. →‖←
- **대류**(요약): 액·기체의 순환운동 예 연기가 위로 향하는 것, 화로(火爐)에 의해 방안 공기가 더워지는 것. ↻
- **복사**(요약): ① 전자파 형태로 전달. 예 난롯가에 열을 쪼이거나, 태양열이 머리를 따뜻하게 하는 현상 ---→ ↓
　　* 전자파: 전기장, 자기장의 파장(파장 길이에 따라 전파, 적외선, 가시광선, 자외선, X선, 감마선 등)　　* 매질: 매개체 물질,
　※ size-up(사이즈업): 화재현장을 책임지고 있는 소방간부가 취해야 할 조치를 구상하는 것. 최초상황판단.

| 제2절 | **화재의 진행단계**★★★ |

★ 13 서울교, 15 부산교·소방장, 20·22·24 소방교 등

연소의 3요소가 서로 결합할 때에 발화가 일어난다. 처음 화재가 난 물질에서 더 크게 화재가 진행되기 위해서는, 처음 화재가 난 물질에서 다른 가연물로 열이 전달되어야 한다.
화재의 초기단계에서, 열은 상승하고 뜨거운 가스덩어리를 형성한다.
① 만일 화재가 개방된 공간(건물 밖이나, 대규모의 건물 내)에서 발생하면, 그 화염은 자유로이 상승하고, 공기는 이 속으로 **흡수**된다.
   - 이때 공기는 비교적 차갑기 때문에 화염 위의 가스층을 **냉각**시키는 작용을 한다.
② 개방 공간 내에서의 화재의 확산은 근본적으로 열에너지가 뜨거운 가스(plume: 연기 기둥)로부터 근처의 가연물로 전달되는데 기인*한다. (*^^ 기인: 원인을 둠. 일이 일어나게 된 까닭)
③ 개방된 지역에서의 연소 확대(노출화재)를 바람이나 **지형***의 기울기에 따라 증가될 수 있는데 이는 노출된 가연물들이 미리 뜨거운 가스에 의해 가열되기 때문이다.

➡ **통제된 가연물**: 연소에 이용할 수 있는 가연물의 양이 한정되어 있다. (* 연료지배형화재)
➡ **통제된 배연**: 연소에 이용할 수 있는 산소의 양이 한정(통제)되어 있다. (* 환기지배형화재)

④ 구획실(막힌 실내)에서의 화재는 다음과 같은 현상 및 단계로 구분된다.
   미국에서 실내화재의 생애주기를 ① 성장기 ② 최성기 ③ 쇠퇴기의 3단계로 구분하기도 한다.

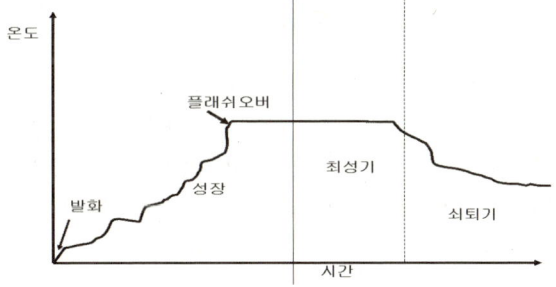

1 발화기   ★ 24 소방교

| 발화기 | ① 발화기는 연소의 4요소들이 서로 결합하여 연소가 시작될 때의 시기이다.
  - 열에너지에 의해 가열되고 최초 발화가 일어나는 성장의 첫 단계이다.
② 발화의 물리적 현상은 스파크나 불꽃에 의해 유도*되거나
③ 자연발화처럼 어떤 물질이 자체의 열에 의해 **발화점**에 도달한다. * 인화점(x) ★ 24교
④ 발화시점에서 화재는 규모가 작고 일반적으로 처음 발화된 가연물에 한정된다.
⑤ 개방된 지역이거나 구획실이거나 모든 화재는 발화의 한 형태로서 발생한다. |

---

* 지형: 땅. / * TIP: 발화기 ②번에서 유도된다는 것은 인화물질에 의해 연소된다는 뜻. (* 유도발화점을 '인화점'이라함)
* 발화점: 가연성 물질이나 혼합물(예 제1류위험물)이 연소를 시작하는데 필요한 최저 온도, 발화온도, 착화온도, 착화점.

2 성장기* ☆ 13 경북교, 24 소방교 등

성장기

발화가 일어난 직후, 연소하는 가연물 위로 화염이 형성되기 시작한다.
① 화염이 커짐에 따라 주위 공간으로부터 화염이 상승하는 공간으로 공기를 끌어들이기(흡수) 시작한다.
② 최초 발화된 가연물의 화재가 커지면서, 성장기의 초기는 야외의 개방된 곳에서 화재와 유사하다. 그러나 개방된 곳에서의 화재와는 달리, 구획실의 화염은 공간 내의 벽과 천장에 의해 많은 영향을 받는다.
③ 첫 번째 영향은 화염 속으로 흡수되는 공기의 양이다.
　공기는 화재에 의해 생성된 뜨거운 가스보다 차갑기 때문에 화염이 갖고 있는 온도에 대해 **냉각효과**를 가진다. 구획실의 벽과 관련하여 가연물들의 위치는 흡입되는 공기의 양을 결정하고, **냉각효과**의 크기를 결정한다.
　㉠ 벽 근처에 있는 가연물들은 비교적 적은 공기를 흡수하고, 보다 높은 화염온도를 지닌다. ☆24교
　㉡ 구석에 있는 가연물들은 더욱 더 적은 공기를 흡수하고, 가장 높은 화염온도를 지닌다.

> ✪ **보충**: 온도: 중앙 ➡ 벽 ➡ 구석으로 갈수록 온도는 높아지고 공기 흡수율은 낮다는 뜻.
> ∴ 벽이나 구석의 가연물은 중앙의 가연물보다 더 적은 공기를 흡수하고 온도가 높다

④ 이러한 요소는 화염 위에 생성되는 뜨거운 가스층의 온도에 심각한 영향을 미친다.
　뜨거운 가스가 상승하면서 천장에 부딪치게 되면, 가스는 외부로 퍼지기 시작한다.
⑤ 가스는 구획실의 벽에 도달할 때까지 계속해서 퍼진다.
　벽에 도달한 후, 가스층의 두께는 증가하기 시작한다.
⑥ 이 시기의 구획실 온도는 가스가 구획실 천장과 벽을 통과하면서 생성된 열의 양과 최초 가연물의 위치 및 공기 유입량 등에 의해 결정된다. (연구에 의하면 화염의 중심으로부터 거리가 멀어지면, 가스의 온도가 내려간다는 것을 보여주고 있다.)
⑦ 만일, 가연물과 산소가 충분하다면 성장기는 지속될 것이다. 성장기에 있는 구획실 화재는 일반적으로 '**통제된 가연물**' 상황이다. / 화재가 성장할 때에, 천장 부분에 있는 가스층의 온도가 높아짐에 따라 구획실 내의 전반적인 온도는 상승한다.

* 화재가 성장할 때에 천장부분의 가스층의 온도가 상승하면 구획실 내의 전반적인 온도가 상승하게 된다.

---

* 성장기 : 화원인 발화기와 최고성장기인 최성기 사이를 말한다. 이 시기에 플래시오버가 발생될 수 있지만 연소와 폭발의 조건이 맞으면 백드래프트도 감쇠기를 향하는 제3단계가 아닌 이곳 성장기에서 발생될 수 있다.
* 구획실 : 구획된 실 즉, 일반적으로 막혀 있는 실.(* 구체적으로는 진공이 아닌 공기가 있는 밀폐된 실을 말한다)
* 냉각(冷却)효과 : 연소물 주위의 열을 흡수하여 화염의 온도를 낮추는 효과를 말한다.

3 플래시오버* ☆ 24 소방교 등

플래시오버는 성장기와 최성기 간의 과도기적 시기이며 발화와 같은 특별한 현상이 <u>아니다</u>. ☆ 24 교
① 플래시오버 시기에 구획실 내부는 매우 급속하게 변화하는데 이때 화재는 처음 발화된 물질의 연소가 지배적인 상태로부터 구획실 내의 모든 가연성 물체의 표면이 동시 발화하는 상태로 변한다.
② 성장기 천장 부분에서 발생하는 뜨거운 가스층은 발화원으로부터 떨어진 가연물질에 복사열을 발산한다.
③ 복사열로 가연성 가스가 축척되면서 실내 전체가 한순간에 폭발적으로 화염에 휩싸이는 현상이다.

> ✪ 보충: 화재 시 천장에 축적된 복사열이 아래로 반사→ 바닥 물건이 더 분해되며 가연성 가스 더 발생 → 그 가스와 함께 실내 전체가 화염에 휩싸이는 순발연소이며, 폭발은 <u>아니다</u>.
> (*^^ 원인: 천장에서 반사된 복사열. / 결과: 그 열로 바닥 가연물의 분해된 가스확산 화재.)

4 최성기** ☆ 14 부산교, 24 소방교

최성기는 구획실 내의 모든 가연성 물질들이 화재에 관련될 때에 일어난다.
① 구획실 내에서 연소하는 가연물의 최대의 열량을 발산하고, **많은 양의 연소생성가스**를 생성한다.
② 발산되는 연소생성가스의 양과 발산되는 열은 구획실의 **배연구(환기구)의 수와 크기에 의존**한다.
③ **구획실 연소에서는 산소공급이 잘 되지 않으므로 많은** 양의 연소하지 않은 가스가 생성된다.☆ 24 교
④ 이 시기에 연소하지 않은 뜨거운 연소생성가스는 발원지에서 인접한 공간이나 구획실로 흘러 들어가게 되며, 보다 풍부한 양의 산소와 만나면 발화하게 된다.

> ✪ 보충 : ❶ F.O 직후로서, 가장 격렬한 시기이며 다량의 연소가스와 복사열을 생성한다.
> ❷ 발산되는 연소가스와 열은 구획실 환기(배연)구의 수와 크기에 영향을 미친다.
> ❸ 연소는 산소공급이 잘 되지않아 다량의 불완전 연소가스인 일산화탄소가 생성된다.
> ❹ CO는 산소를 만나면 발화된다. 최성기는 산소가 적지만 실온도가 높아 불꽃연소이다.

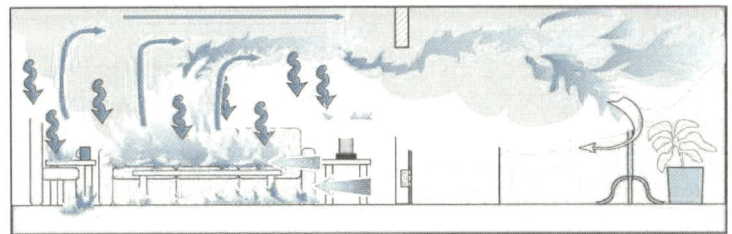

* 최성기는 구획실 내의 모든 가연성 물질들이 화재에 관련된다.

5 쇠퇴기

화재가 구획실 내에 있는 이용 가능한 가연물을 소모하게 됨에 따라, 열 발산율은 감소하기 시작한다. 다시 한번, 구획실 내의 가연물이 통제되면, 화재의 크기는 감소하게 되어, 구획실 내의 온도는 내려가기 시작한다. 타다 남은 잔화물은 일정 시간동안 구획실의 온도를 어느 정도 높일 수도 있다.

제3절 화재진행에 영향을 미치는 요인들**

☆ 12 부산교, 15 충남교, 중앙, 23 소방교

화재가 발화해서 쇠퇴하기까지, 몇 가지 요인들이 화재의 성상과 진행단계에 영향을 미친다.
① 배연구(환기구)의 크기, 수 및 위치 ② 구획실의 **크기** ③ 구획실의 천장 높이 ④ 구획실을 둘러싸고 있는 물질들의 열 특성 ⑤ 최초 발화되는 가연물의 크기, 합성물 및 위치 ⑥ 추가적 가연물의 이용 가능성 및 위치가 있다. * 오답: 구획실의 위치

- **보충**: 화재가 성장하는 조건들
  ① 배연이 잘되면 공기가 통하니 ②③ 실내가 크면 천장도 높으니 ④ 가연물에 따라
  ⑤ 최초 어떤 물질이, 어디서부터 ⑥ 이후 어떤 가연물이 어디로.

화재진행에 미치는 영향 심화 정리 ** ☆ 20·21 소방장.

구 분	내 용
충분한 공기	화재 진행을 위해서는, 발화기를 넘어 연소가 지속될 수 있도록 필요하다.
배연구의 크기와 수	그 공간 내에서 **화재가 어떻게 진행**하는가를 결정한다.
구획실의 크기, 형태 및 천장의 높이	많은 양의 뜨거운 **가스층이 형성될** 수 있는지를 결정한다.
최초 가연물의 위치	뜨거운 가스층이 증가하는 데에 있어서 매우 중요하다. (* 구획실의 **중앙**에서 연소하는 가연물의 화염은 구획실의 벽이나 구석에 있는 가연물보다 **더 많은 공기를 흡수한다**.) 16 강원교
연소하는 구획실에서 진행되는 온도의 변화	① 가연물이 타면서 발산하는 에너지의 **직접적 결과**이다. ② 물질과 에너지는 보존되므로, 화재에 의해 야기(유발)되는 질량의 어떤 손실은 에너지(열과 빛)의 형태로 변환되어 존재하게 된다. ③ 화재에서 일정시간동안 발산되는 열에너지 양을 열발산율(HRR)이라 한다. - (열발산율은 Btu/s 또는 kW로 측정된다.) ④ 열발산율은 불타는 가연물의 연소열(연소시 개별물질의 질량이 발산하는 열량) 및 일정시간 동안 소비되는 가연물의 양과 직접적으로 관련이 **있다**. ★ 일반적으로, (밀도가 약한) **저밀도의 물질들**(예 폴리우레탄 포말*)은 비슷한 구성 물질의 **고밀도 물질들**(예 면)보다 높은 열발산율을 가지고 **더 빠르게** 연소한다.
추가적인 가연물들의 발화	❶ 초기 화염에서 상승하는 열은 (**대류**)에 의해 전달된다. ❷ 뜨거운 가스가 **다른 가연물의 표면 위를 지나갈 때에 열은** (**전도**)에 의해 다른 가연물로 전달된다.
복 사	❸ (**복사**)는 구획실에서 **화재가 성장기로부터 최성기로 전환되는데 있어서 중요한 역할**을 한다. 뜨거운 가스층이 천장부분에서 형성될 때에, 연기 속에 들어 있는 뜨거운 미립자들은 구획실에 있는 다른 가연물들로 에너지를 방사하기 시작한다. 이렇게 발화원에서 떨어져 있는 가연물들은 때때로 '표적 가연물'이라고 불린다. • 복사에너지가 증가하게 되면, 표적가연물*은 열분해반응을 시작하고 가연성 가스를 발산하기 시작한다 / 구획실 내의 온도가 이들 가스의 발화온도에 도달하면, 방 전체는 화재로 휩싸이게(플래시오버) 된다.

제4절 화재의 특수현상과 대응★★★

★ 13 서울교, 경기장 등

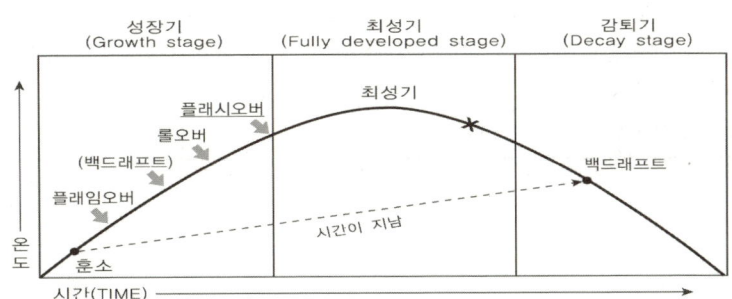

| 시간과 온도에 따른 연소 이상현상 | ★ 13 대구교

1 플래임오버 현상★ ☆ 22 소방교, 24 소방장

플래임오버는 복도와 같은 통로 공간에서 **벽, 바닥 표면의 가연물에** ➡ **화염이 급속하게 확산되는 현상**을 묘사하는 용어이다. (*^^ 비교 ☞ 복도·벽: 플래임오버 / 천장: 롤오버 / 전체확대: 플래시오버)

2 롤오버 현상★ ☆ 24 소방장, 위

롤오버(Rollover, R/O) 현상이란?
① 연소과정에서 발생된 가연성 가스가 공기 중 산소와 혼합되어 ➡ 천장부분에 집적된 상태에서 ➡ **발화온도에 도달하여 발화** ➡ 화염의 끝부분이 빠르게 확대되어 가는 현상이다. ☆ 24장, 위
② 화재가 발생한 장소(공간)의 **출입구 바로 바깥쪽 복도 천장에서** ➡ 연기와 산발적인 화염이 굽이쳐 흘러가는 현상이다. 이러한 현상은
③ 화재지역의 위층(천장)에 집적*된 **양압**의 뜨거운 가연성 가스가 ➡ 화재가 발생되지 않은 상대적 **음압**의 다른 부분으로 이동하면서 ➡ 화재가 매우 빠르게 확대되는 원인이 된다.
   (*^^ 화재 시 실내 상부는 고압이 되니, 압력은 상부 큰쪽에서 작은쪽의 복도나 실외로 빠진다.)
④ R/O 건물의 출입문으로 방출되는 가열된 연소가스와 복도 천장 근처의 신선한 공기가 섞이면서 발생한다. – 일반적으로 좀 더 치명적인 이상 연소현상인 F/O보다 **먼저** 일어난다.
⑤ R/O는 공간 내의 화재가 성장단계에 있고, 소방관들이 화점실에 **진입하기 전**(前) 복도에 머무를 때 주로 발생한다.
⑥ 복도에 대기 중인 대원들은 연기, 열을 관찰하면서 R/O 징후가 있는지 천장쪽을 잘 살핀다.
⑦ R/O에 의한 연소 확대는 성큼성큼 건너뛰듯이 확대되므로 어느 순간 뒤쪽에서 연소 확대가 일어나 계단을 찾고 있는 소방관들을 고립시킬 수 있다.
⑧ R/O 예방을 위해 갈고리나 방화장갑을 착용하고 화재가 발생한 건물의 출입구 문을 <u>닫는다</u>.
⑨ 롤오버현상은 플래시오버 현상의 **전조**임을 명심한다.

| 롤오버와 플래시오버의 차이점 |

구 분	롤오버(R/O)	플래시오버(F/O)
복사열	• 열의 복사가 플래시오버현상에 비해 상대적으로 약하다	• 열의 복사가 강하다.
확대범위	• 화염 끝부분이 주변공간으로 확대된다.	• 일순간 전체 공간으로 확대된다.
확산매개체	• 상층부의 고온 가연성 가스의 발화	• 공간 내 모든 부분(위층과 아래층) 가연물의 동시발화

| 보충: The쉬운 용어 |

플래임오버	**가스**가 복도 통로에서 벽, 바닥 등 표면의 가연물에 화염이 확산되는 현상.
롤오버	연소생성물인 연소가스, 불꽃, 열, 연기 중, **가스**(CO)가 천장을 타고 빠져나가는 현상.
플래시오버	화재 시 천장에서 반사된 복사**열**이 바닥의 가연물을 뜨겁게 분해시키면 그 분해된 가스가 불이 붙어 카메라 플래시를 터트리는 것처럼 불길이 실내 전체를 덮는 "순간발화 현상"이다.

3 플래시오버 현상★★★ ☆ 14 부산교, 23, 24 소방장 (*p28 F/O 참고)

> 플래시오버(F/O)란? 화점 주위에서 화재가 서서히 진행하다가 ➡ 어느 정도 시간이 경과되면 ➡ **대류와 복사**현상에 의해 ➡ 일정 공간 안에 가연물이 발화점까지 가열되어 ➡ 일순간에 걸쳐 동시 발화되는 현상을 말한다. ☆ 24장

① 직접적 발생 원인은 자기발화가 일어나고 있는 연소공간에서 발생되는 열의 재 방출에 의해 열이 집적되어 온도가 상승하면서 전체 공간을 순식간에 화염으로 가득 차게 만드는 것이다.
② F/O가 발생할 때, 뜨거운 가스층으로부터 발산하는 복사에너지는 일반적으로 $20kW/m^2$를 초과한다. 이러한 복사열은 구획실 내의 가연성 물질에 열분해작용을 일으킨다. 이 시기에
③ 생성되는 가스는 천장부분의 가스층으로부터 복사에너지에 의해 발화온도까지 가열된다.
④ F/O가 발생은 대략 483℃에서 649℃(900℉에서 1200℉)까지 범위가 폭 넓게 사용된다. 23장
 - 이는 열분해작용 가스 중 **일산화탄소**의 발화온도(609℃ 또는 1,128℉)와 상관관계를 가진다.
⑤ 최고조에 다다른 실내의 플래시오버 상태에서 발산되는 열 발산율은 10,000kW 이상이 될 수 있다. F/O가 일어나기 전에 구획실로부터 대피하지 못한 자는 생존하기 힘들 것이다.
⑥ 예방은 ➡ 열의 집적이 계속되므로 계속적인 방수와 배연을 통해 화재 공간을 냉각시켜야 한다.

---

* 표적가연물: 복사로 전달될 수 있는 주위 가연물(p.20 하단 복사에 대한 내용의 용어임)
* 프레임(Flame): 화염. 즉, 프레임오버(또는 롤오버)는 초기에 생성된 CO에 화염이 붙어 나가는 현상임.
* 롤오버: 플래임오버 이후 실내 천장으로부터 압력이 낮은 복도로 빠져나가는 현상.   * 집적: 모임
  (* CO 가스가 벽을 타며 불이 붙으면 플래임오버, / 이후 천장으로 롤롤! 수평이동하면 롤오버로~)
* ④번 섭씨, 화씨 계산: ℉=1.8℃+32 → (1.8 x 483℃)+32 = 900℉ / (1.8 x 649℃)+32 = 1200℉

▌플래시오버의 징후와 특징 ▌** 12 부산장, 14 부산교 등

징 후	특 징
❶ 고온의 연기 발생 ❷ Rollover(롤오버) 현상이 관찰됨 ❸ 일정공간 내에서의 전면적인 <u>자유연소</u> ❹ 일정 공간 내에서 계속적인 열집적(다른 물질의 동시가열) ❺ <u>두텁고</u>, 뜨겁고, <u>진한 연기가 아래로 쌓임</u>	❶ 실내 모든 가연물의 <u>동시발화</u> 현상 ❷ 바닥에서 천장까지 고온상태 ☞ (얇고, 약한 연기는 흩어짐)

▌목조와 내화조에서 플래시오버 현상. ▌(* 공간면적과 가연물에 따라 다름)

목조건축물에서의 플래시오버 현상	내화조 건축물에서의 플래시오버 현상
· 보통 화재 발생부터 약 5~6분 경에 발생되며, 이때 실내온도는 800~900℃ 정도가 된다.	· 화재 시 성장기에서 보다 많은 시간이 소요되므로 화재발생으로부터 약 20~30분경에 발생한다.

(1) 플래시오버(F/O)의 대응전술

① 플래시오버는 화재가 성장기(단계)에서 ➡ **최성기***로 접어들었음을 나타내며 화재의 생애주기 중 가장 위험한 순간이다.
② 열의 재방출로 발생되는 플래시오버현상은 **연기와 열이 화염으로 전환**되는 것을 의미한다.
③ 화세가 성장함에 따라 발생한 에너지는 공간의 윗부분으로 흡수되며, 이는 연소가스를 가열하면서 자동점화가 가능할 정도의 온도까지 열이 가해진다. (*^^ F/O는 모든 화재에서 발생하지는 않는다)
④ 플래시오버가 발생한 경우 그 공간에서의 효과적인 **인명검색과 구조 작업은 할수 없으며**, 구조대상자나 소방관이 그 공간에 고립되어 있다는 것은 이미 사망했다는 것을 의미한다.
　- F/O가 발생하면, 이동식 소화기로 진압은 불가능하며 관창 호스에 의해 진압해야 한다.
⑤ 플래시오버가 발생하면 공간 내 **내용물 화재에서** ➡ **구조물 화재로 전환됨**을 의미하는데, 이것은 **건물 붕괴위험의 전조현상**임을 나타낸다. ↳ (*^^ 물건이 타다가 건물의 뼈대가 탄다는 뜻)
⑥ 일반적으로 플래시오버가 발생한 공간에서는 수십 초 이상 생존할 가능성은 거의 없다. 소방관들이 플래시오버가 발생한 후 문을 통해 탈출할 수 있는 거리는 **1.5m가 한계**이다.
⑦ 이 실험에서 137℃~160℃는 노출된 피부에 극심한 고통을 일으킨다. F/O가 발생된 평균 온도는 약 537℃~815℃이며 이 온도에서 방화복을 입은 소방관은 **2초를 넘기지 못한다**.
⑧ 소방관의 1초 당 탈출거리는 평균 75㎝이며, 따라서, 탈출구에서 1.5m 이상 진입하는 것은 금지된다. 만약 이와 같은 상황에서 3m 이상 진입하였다면 탈출 소요시간은 4초이며 이 시간은 생존하기에는 너무 짧은 시간이다. (* 75㎝ × 2초=1.5m)

---

* 징후: 어떤 사건의 <u>직전</u>을 뜻함　　　* 자유연소: 불꽃연소　　* 목조: 목재구조 / 내화조: 내화구조
* 최성기: 최고성장기로서 "맹화"(맹렬히 타는 불)라고 출제된 적이 있다.
* 플래시: 번쩍거리는 섬광(예: 카메라 플래시) / * 플래시오버: 플래시처럼 열과 섬광이 실내를 오버시키는 현상.
* ⑤번 내용물 화재에서 구조물 화재로 전환: 연료지배형화재에서 → 환기지배형화재로 전환된다는 말과도 같다.

4 백드래프트 현상★★★ ☆ 13 울산, 경북, 22 소방위 등 빈출

(1) 백드래프트의 개념   (* B/D 관련용어: 훈소, 산소, CO, 고열, 휘파람, 황회색)

B/D의 개념

① 밀폐된 건물 내에서 화재가 진행될 때 연소과정은 산소공급이 부족한 상태에서 서서히 **훈소**된다.
② 불완전 연소된 가연성 가스와 열이 집적된 상태에서 어떤 원인으로 신선한 공기(산소)가 공급될 때 순간적으로 폭발적 발화현상이 발생하는데 이를 역류성 폭발 또는 백드래프트 현상이라 한다.
 - 화재진압활동 중의 부적절한 배연활동은 백드래프트를 초래할 수도 있다.
③ 폭발에는 블레비(BLEVE)와 같은 물리적 폭발과 연소폭발과 같은 **화학적폭발**로 구분할 수 있으며, 백드래프트는 **화학적 폭발**에 해당한다.
  (*^^ 화학적 폭발 중 가스폭발에 해당한다. - 주로 일산화탄소 폭발임)
④ 연소폭발과 같이 B/D에서도 가연물, 산소(산화제), 열(점화원)이 기본적으로 필요하다.
⑤ 백드래프트(Backdraft, B/D)가 일어나는 연소폭발*과정에서, 공기와 혼합된 일산화탄소(폭발범위: 12%~74%)가 가연물로써의 역할을 담당한다.
⑥ 백드래프트의 발생시점은 화재의 **성장기와 쇠퇴기에서** 주로 발생된다.
  (* ③④⑤에서 연소폭발이란 폭발의 분류 중 산화폭발을 의미한다)

(*^^ **B/D**: 밀폐된 공간에서 산소 부족으로 불씨연소 → 가스가 꽉 차있음 → 갑자기 산소유입 → CO 폭발.)
✪ 폭발압력(psi)은 0.5: 창문에 심한 충격 / 1: 소방관이 넘어지고 / 2~3: 콘크리트가 붕괴된다.

(2) 백드래프트와 플래시오버의 차이점★★★   ☆ 13·14 대구교 등

B/D와 F/O의 차이점 ★★★ ☆ 17 중앙, 19 소방교·장 , 23장

구 분	백드래프트현상	플래시오버현상
연소현상	훈소상태(불완전연소상태)	자유연소상태
산소량	산소 부족	상대적으로 산소공급원활
폭발성 유무	폭발현상이며 그에 따른 충격파, 붕괴, 화염폭풍 발생	폭발이 아님
악화요인 23장 (연소확대의 주 매개체)	외부유입 공기(산소)	열(축적된 복사열)
발생시점	성장기, 쇠퇴기	성장기 마지막이자 최성기시작 경계선
발생빈도	낮다	높다

✪ 백드래프트는 화재로 발생된 혼합가스가 전체 공간의 약 **25%**만 차지하면 폭발한다. 18 장

(*^^ 공통점의 개념은 •주로 일반화재에서 •갑자기 발생되며 •비정상적인 현상들이다)

---

* 블레비(BLEVE) 현상이란 " Boiling Liquid Expanding Vapor Expolosion" 을 의미하며, 가연성가스 저장탱크(액화상태)내 가스가 외부의 열(화재 등)에 의해 가열될 경우 탱크 내에서 가연성 가스가 발생·팽창하여 탱크상부의 강판이 약해지면서 파열하게 되어 내부의 액화가스가 공중으로 확산하면서 외부 점화원에 의해 폭발, 불기둥을 형성하게 되는 현상을 말한다.

(3) 백드래프트 대응전술** ☆ 13 울산교, 부산장, 15·18 소방교 등

백드래프트를 방지하거나 발생 가능성을 줄일 수 있는 3가지는 다음과 같다. ▶ 암기: (백)배급측

배연 (지붕환기)	① 연소 중인 건물 지붕 채광창을 개방하여 배연시키는 것은 백드래프트의 위험으로부터 소방관을 보호할 수 있는 **가장 효과적인 방법** 중 하나이다. ② 상황이 허락된다면, 지붕에 개구부를 만들어 배연한다. 비록 백드래프트에 의한 폭발이 일어나더라도, 대부분의 폭발력이 위로 분산될 것이다.
급냉(담금질)	① 화재 시 밀폐된 공간 출입구에 완벽한 보호장비를 갖춘 집중 방수팀을 배치하고 출입구를 개방 즉시 방수함으로써 폭발 직전의 기류를 급냉시키는 방법이다. ② 이와 같은 집중방수의 부가적인 효과는 일산화탄소 증기운의 농도를 폭발하한계 이하로 떨어뜨리는 것이다. (*^^ 폭발되지 않도록 방수로 냉각이나 물에 담금질하듯) ③ 이 방법은 배연법 만큼 효과적이지 않지만, 이것이 **유일한 방안인** 경우가 많다.
측면공격	① 이것은 화재가 발생된 밀폐 공간의 개구부(출입구 또는 창문) 인근에서 이용 가능한 벽 뒤에 있다가 출입구가 개방되자마자 개구부 입구를 측면 공격하고, 화재 공간에 집중 방수함으로써 백드래프트 현상을 방지하는 방법이다.

⇨ 소방관들은 다음과 같은 백드래프트 현상의 징후를 인식할 수 있어야 한다.
  ① 닫힌 문 주위에서 나오는 **무겁고, 검은** 연기는 가장 쉽게 확인할 수 있는 전조현상 중 하나이다.
  ② 공기흐름의 이상 조짐으로, 개구부(출입문, 창문 등) **틈새로 빨려 들어오는** 공기의 영향으로 연기가 건물 내로 되돌아오거나 맴도는 현상이 관찰된다.
  ③ 창문에 짙은 연기 응축물(검은색 액체)이 흘러내리거나 얼룩이 진 자국이 관찰된다.
  ④ 화재압력에 의한 내·외부 압력차로 외부공기가 빨려 들어오면서 발생되는 휘파람 소리 또는 진동이 발생되는 현상 등이 백드래프트의 징후로 볼 수 있다.

백드래프트 징후와 소방전술 *** ☆ 12 부산교, 16 전북상 등

징후		소방전술
건물내부 관점	건물외부 관점	
❶ 압력차에 의해 공기가 **빨려들어** 오는 특이한 소리(휘파람소리 등)와 진동의 발생 ❷ 건물 내로 **되돌아오거나** 맴도는 연기. (*즉 소용돌이 침) ❸ 훈소가 진행되고 있고 높은 열이 집적된 상태. ❹ 부족한 산소로 불꽃이 약화된 있는 상태(노란색 불꽃)	❶ 거의 완전히 폐쇄된 건물 (* 일부 연기는 빠져나옴) ❷ 화염은 보이지 않으나 창문이나 문이 뜨겁다. ❸ **유리창 안쪽**에서 타르와 같은 물질(검은색 액체)이 흘러내린다. ❹ 건물 내 연기가 소용돌이 친다.	❶ 지붕배연 작업을 통해 가연성 가스와 집적된 열을 배출시킨다(냉각작업). ❷ 배연작업 전에 창문이나 문을 통한 배연 또는 진입을 시도해서 안 된다. ❸ 급속한 연소현상에 대비하여 소방대원은 낮은 자세를 유지한다. ❹ 일반적으로 적절한 내부 공격시점은 **지붕배연작업 후**이다. (* 즉, 수직배연 전, 수평배연은 안 된다는 뜻)

■ 비교하여 연소공간에서 F/O 지연방법은 다음과 같다.

☆ 14 대구교, 서울장, 16 경기장, 19·20위, 24교 등

플래시오버 3가지 지연법 ***		▶ 암기: (플)배냉공(배냇골)
배연지연	• 창문 등을 개방하여 배연(환기)함으로써, 공간 내부에 쌓인 <u>열을 방출시켜</u> F/O를 지연시킬 수 있으며 시야를 확보할 수 있다.	
냉각지연	• 분말소화기 등 이동식 소화기로 완전하게 진화는 불가능하지만, 일시적 온도를 낮출 수 있으며, F/O를 지연시키고 관창호스를 연결할 시간을 벌수 있다.	
공기차단지연	• 배연(환기)과 반대로 개구부를 닫아 산소를 감소시켜 연소속도를 줄여 지연할 수 있다. • 이 방법은 관창호스 연결이 지연되거나 모든 사람들이 대피했을경우에 적합하다. 24 교	

■ F/O 지연법과 B/D 대응전술 비교 요약***
  • 플래시오버의 지연법: ① 배연지연 ② 냉각지연 ③ 공기차단지연 ▶ 암기: (플)배냉공(* 배냇골)
  • 백드래프트 대응전술: ① 배연(지붕환기) ② 급냉(담금질) ③ 측면공격 ▶ 암기: (백)배급측

5 가스(기체) 열균형

가스의 열 균형은 가스가 온도에 따라 층을 형성하는 경향을 말한다.

내용	① 가장 온도가 높은 가스는 최상층에 모이는 경향이 있고, 반면 낮은 층에는 보다 차가운 가스가 모이게 된다. (* 차가운: 뜨겁지 않다는 뜻) ② 공기, 가스 및 미립자의 가열된 혼합체인 연기는 상승한다. 그 예로 지붕 위에 구멍을 뚫으면 연기는 건물이나 방으로부터 상승하여 밖으로 배출된다. 　- 이러한 열 균형의 특성 때문에 소방대원들은 낮은 자세로 진입하여 활동해야 한다. ③ 열 균형을 이루고 있는 가스층에 직접 방수를 한다면, 높은 곳에서 배연구(환기구) 밖으로 나가는 가장 뜨거운 가스층은 방해를 받을 수 있다. ④ 온도가 가장 높은 가스층에 물을 뿌리게 되면, 물은 수증기로 급속히 변화하여 구획실 내의 가스와 급속히 섞이게 된다. 연기와 수증기의 소용돌이치는 혼합은 정상적인 열 균형을 파괴하여 뜨거운 가스는 구획실 전체에 섞인다. 　(*^^ 즉, 처음부터 갑자기 화점 상부 천장을 주수하지 않아야 한다는 뜻!) ⑤ 이 때문에 많은 소방대원들이 열 균형이 파괴되었을 때에 화상을 입게 된다. ⑥ 일단 정상적인 열 균형이 파괴되면, 송풍기를 사용하는 것과 같은 강제배연방법으로 구획실 내의 가스를 배출시켜야 한다. (*^^ 배풍기 등을 이용하여 빨리 배출!) ⑦ 이러한 상태에 대한 적절한 조치로는 구획실을 배연을 시켜 뜨거운 가스를 빠져나가게 하고, 뜨거운 가스층으로부터 아래쪽에 있는 화점에 방수를 하는 것이다. ※ 폐쇄된 건물 내 화재에서, 가장 높은온도의 열은 천장부분에서, 가장 낮은온도의 열은 바닥부분에서 발견된다.

제5절 소화이론★★★

▶ "소화약제"는 교시험에서 제외되나, 본 5절의 소화이론은 출제범위이다.

연소과정은 열(점화원), 산소, 가연물, 연쇄반응의 상호작용이다. 이들 4요소 중에서 **어느 하나라도 연소과정에서 제거되면, 불은 꺼진다.** 연소의 4요소 중 제거되는 요소별 소화원리는 아래와 같다.

연소의 4요소와 소화원리 비교 ★★ ☆ 18·19 소방교 등

제거 요소 ➡	가연물	산소	에너지	연쇄반응
소화 원리 ➡	제거소화	질식소화	냉각소화	억제소화

※ Tip: 냉각소화에서 에너지란? 물 등을 뿌려 온도를 낮추어 연소의 점화에너지를 제거한다는 뜻이다.

```
            냉각소화
              ↑
           열(점화원)
           ╱       ╲
    산소 ─ 소화원리 ─ 가연물
           ╲(연소의 4요소)╱
           연쇄반응
              ↓
질식소화          제거소화
        부촉매(억제)소화
```

1 질식소화 ☆ 18 경북교, 17, 18 소방장, 19 소방교 등

질식소화는 연소의 4요소 중 산소공급원(오존, 공기, 산화제 등)을 차단하여 소화하는 방법이다.
① 유류화재에 폼(거품)을 이용하는 것은 유류표면에 유증기의 증발 방지층을 만들어 산소를 제거하는 소화방법이다(질식소화) - 대부분의 가연물질 화재는 산소농도가 15% 이하이면 소화된다.
② 유전화재 진압과 같이 화점 가까이에서 폭발물을 폭파시켜 ➡ 주변 공기(산소)를 일시에 소진(진공상태)되게 하여 소화하는 방법도 질식소화에 해당한다.

(1) 불연성 기체로 덮는 방법

공기보다 무거운 불연성 기체를 연소물 위에 덮어 불연성 기체와 산소가 희석 또는 차단되게 하여 소화하는 방법을 말한다.
- 질식소화에 사용되는 불연성기체는 ❶ 이산화탄소(CO_2) ❷ 질소(N_2) ❸ 할로젠화합물 등이 있다

(2) 불연성의 폼(Foam: 거품)으로 연소물을 덮는 방법

연소물을 공기, 이산화탄소, 질소 등으로 발포시킨 폼(Foam)으로 덮어 소화하는 방법이다.
- 유지류 등의 소화에 가장 많이 사용되고 있는 폼으로는 화학포, 공기포가 있다.

▌화학포–공기포 소화약제의 비교 ▌ ☆ 21 소방장,

화학포 소화약제	공기포 소화약제
◦ 주로 소화기용이며 알카리성의 A약제와 B약제를 수용액으로 혼합시켜 화학변화를 일으켜 콜로이드 상태의 수용액을 만들고 이것이 탄산가스를 포함한 폼(거품)을 형성한다.	◦ 공기포는 유지류 화재용으로서 효과적이며 소화약제는 3% 또는 6%의 수용액으로서 발포기를 사용하여 공기와 교반 혼합하여 사용한다. ◦ 소화약제의 종별은 일반 유류화재용과 알콜, 케톤류와 같은 수용성 액체 화재에 쓰이는 것이 있다. ◦ 공기포의 발포배율은 저발포에서 5~10배, 고발포는 80~100배이다. (* TIP: 발포배율 = 내용적(용량, 부피) / 전체중량 - 빈 시료용기 중량)

■ 유화(乳化)소화: 비중이 물보다 큰 중유(重油)등의 유류화재 시 물 소화약제를 무상(霧狀, 안개형태)으로 방사하거나, 포소화약제를 방사하는 경우 유류표면에 엷은 층(유화층, 물과 유류의 중간성질)이 형성되어 공기 중 산소공급을 차단시켜 소화하는 방법을 질식소화 중 유화소화라 한다. 16 경북장
(*^^ 본 이론의 결과는 질식이나, 원인이 유화여서 유화소화라고 한다. 소방학에서는 원인을 따진다. 예) F/O, B/D)

(3) 고체로 연소물로 덮는 방법

후라이팬 화재 시 연소물을 수건이나 담요 등 고체물질로 덮어 소화하는 방법이다.
불연성 가스나 물속에서도 연소가 계속될 때(금속화재) 건조사로 덮어 소화하는 것도 해당한다.

(4) 연소실을 완전하게 밀폐하여 소화하는 방법

창고나 선박의 선실 등을 밀폐하여 산소의 공급을 차단시킴으로서 소화하는 방법이다.

(5) 팽창질석으로 질식소화하는 방법

팽창질석, 팽창진주암을 고온 처리하여 경석상태로 만든 분말을 사용하는 질식소화 방법도 있다. 이것은 비중이 작고 모세관현상과 같은 가는 틈이 있으며 흡착성이 크기 때문에 알킬알루미늄이나 용융나트륨 등에 사용하여 흡착, 유출을 방지하고 표면을 피복하는 질식효과가 크다.

2 제거소화 ☆ 17·21 소방교

① 연소의 4요소 중 가연물을 제거하는 방법. / 즉, 가연물을 격리, 파괴, 이동, 제거, 희석 등의 방법으로 열을 받는 부분을 작게 또는 완전 격리시켜 소화하는 방법이다. ▶ 암기: 격파 이제희
② 도시계획에서 일반적으로 고려되는 소방도로나 도로를 중심으로 구획된 도시구조는 본래 교통의 편리성 때문에 계획된 것이 아니라 / 도로를 통해 가연물을 이격, 제거하여 대형화재의 확산을 막으려는 방화구획의 기능으로 계획되었다.

- 제거소화의 일반적 사례로는   ★ 14 대구교 21 소방교 등
  ① 화재현장에서 복도를 파괴하거나 대형화재의 경우 어느 범위의 건물을 제거하여
     방어선을 만들어 연소를 방지하는 방법(가연성 고체물질을 제거하여 소화),
  ② 산림화재를 미리 예상하여 평소에 방화선(도로)을 설정하고 있는 것,
  ③ 전기화재의 경우 전원을 차단하여 소화.
  ④ 가연성 가스의 화재인 경우 가연성 가스의 공급을 차단시켜 소화하는 방법 등. ▶ 격파 이소룡
    • TIP(개념): 가연물이나 화원을 차단(격리, 파괴, 이동, 소멸, 용량의 감소, 희석,) 제거시키는 것을 말한다.
    ▶ 암기: 격파 이소룡, 이소희, 이제희(* 여동생들)   * 용어: 용량의 감소란? 감량을 말한다.

3 냉각소화 ★ 17·19 소방교

연소의 4요소 중 에너지(열, 점화)를 제거, 발화점 이하로 내려가게 하여 소화하는 방법이다.
 ① 화재진압 시 방수활동은 연소과정에서 물의 흡열반응을 이용하여 열을 제거하는 것이다.
 ② 물은 비열·증발 잠열값이 다른 물질에 비해 커서 주로 냉각소화에 사용되며, 가연물을 물로 냉각시켜
    소화하는 경우 1g의 물이 증발하는 데는 539cal의 열을 흡수하는 효과가 있다.(= 539cal/g)

4 부촉매(억제)소화 ★ 14 경남교, 17·19 소방교

부촉매 소화는 연소의 4요소 중 부촉매제(화학반응이 잘 일어나지 않도록 하는 것)를 사용하여 가연물질의
연속적인 연쇄반응이 일어나지 않도록 하여 소화시키는 방법으로 억제소화 또는 화학적소화라 한다.
① 이 소화의 원리는 분말소화기와 할론소화기의 소화원리처럼 연소과정에 있는 분자의 연쇄반응을 방해함
   으로써 화재를 진압하는 원리이다.
② 분자의 연쇄반응은 가연물질을 구성하는 수소분자로부터 생성되는 활성화된 수소기($H+$)와 활성화된
   수산기(OH)의 작용에 의해 진행되며, 따라서
③ 연속적인 연쇄반응을 방지하려면 가연물질에 공급하는 점화원의 값을 활성화에너지의 값 이하가 되게
   하여 가연물질로부터 활성화된 수산기·수소기가 발생하지 않도록 해야 한다.
   이러한 소화를 부촉매소화라 하고, 질식·냉각·제거소화와 함께 소화의 4대 원리에 포함된다.

  ✚↝ 새싹(수소기, 수산기)이 돋아나는데 제초제를 뿌려, 돋아나지 못하게 하는 원리로 생각하면 쉽다.

④ 부촉매 소화는 가연물 내에 함유되어 있는 수소·산소로부터 활성화되어 생성되는 수소기($H+$)·수산기
   (OH)를 화학적으로 제조된 부촉매제(분말, 할론가스 등)와 반응하게 하여 더 이상 연소생성물인 이산화
   탄소·일산화탄소·수증기 등의 생성을 억제시킴으로써 소화하는 화학적 원리에 해당한다.
   - 이에 반해 냉각·질식·제거소화(희석소화 포함)은 물리적 소화에 해당한다.
⑤ 부촉매 소화(화학적 소화)에 이용되는 소화약제의 종류로는
   ❶ 할로젠화합물소화약제 ❷ 분말소화약제 ❸ 산·알칼리소화약제 ❹ 강화액소화약제 등이 있다.

1~2장 화재의 의의 및 성상 — OX(2진법) 개념 따라 잡기~

▶ 본 문제는 주요 기출 정답의 변형으로 구성됨

01 화재란? 사람의 의도에 반하거나 고의 또는 과실에 의해 발생하는 연소현상으로 소화할 필요가 있는 현상 또는 사람의 의도에 반하여 발생하거나 확대된 화학적 또는 물리적인 폭발현상이다.( )

➡ 화재란 사람의 의도에 반하거나 고의 또는 과실에 의해 발생하는 연소현상으로 소화할 필요가 있는 현상 또는 사람의 의도에 반하여 발생하거나 확대된 <u>화학적</u> 폭발현상이다.

02 가스폭발 등의 화학적 폭발현상을 화재의 범주에 포함하고, 보일러 파열 등의 물리적 폭발은 화재로 분류하지 않는다. 즉, 화학적 폭발은 소화와 상관없이 화재로 본다.( )

➡ 불과 함께 폭발하는 화학적 폭발만은 소화와 상관없이 화재로 본다.

03 화재 원인에 따른 분류에서 방화는 취급부주의나 사용·보관 등의 잘못으로 발생한 과실적(過失的) 화재를 말하며, 중과실과 단순 실화인 경과실이 있다.( )

➡ 상기 설문(설명문)은 화재 원인에 따른 분류에서 방화에 대한 내용이 아니고 <u>실화(실수로 불을 냄)</u>에 대한 내용이다.

04 복사는 화재의 이동경로, 연소확대, 화재의 형태나 특성에 가장 큰 영향을 미치며, 대류는 대형화재 시 열 이동에 가장 크게 작용하는 현상이다.( )

➡ <u>대류</u>는 화재의 이동경로, 연소확대, 화재의 형태나 특성에 가장 큰 영향을 미치며 / <u>복사</u>는 대형화재 시 열 이동에 가장 크게 작용하는 현상이다. (* 직급에 관계없이 대류와 복사의 빈출문제 차이 개념이다.)

05 발화기는 연소의 4요소들이 서로 결합하여 연소가 시작될 때의 시기를 말하며 스파크나 불꽃에 의해 유도형태로만 진행된다.( )

➡ 발화기는 화재의 시작으로 스파크나 불꽃에 의해 유도되거나 <u>자연발화처럼 자체의 열에 의해 발화점에 도달</u>하며, 개방된 지역이거나 구획실이거나 모든 화재는 발화의 한 형태로서 발생한다.

06 최성기는 발산되는 연소생성가스의 양과 발산하는 열은 구획실의 배연구(환기구)의 수와 크기에 의존하지 않으며 구획실 연소에서는 산소공급이 잘 되므로 많은 양의 연소하지 않은 가스가 생성된다.( )

➡ 최성기는 발산되는 연소생성가스의 양과 발산하는 열은 구획실의 배연구(환기구)의 수와 크기에 <u>의존하며</u> 구획실 연소에서는 산소공급이 잘 <u>되지 않으므로</u> 많은 양의 연소하지 않은 가스가 생성된다.

정답 ○─ 01. (X)   02. (O)   03. (X)   04. (X)   05. (X)   06. (X)

07 벽 근처에 있는 가연물들은 비교적 적은 공기를 흡수하고, 보다 높은 화염온도를 지닌다. 구석에 있는 가연물들은 더욱 더 적은 공기를 흡수하고, 가장 높은 화염온도를 지닌다.( )

➡ 온도: 중앙 → 벽 → 구석으로 갈수록 온도는 높아지고 공기 흡수율은 낮다. 중앙의 가연물은 벽이나 구석의 가연물보다 더 많은 공기를 흡수하지만 낮은 온도를 지닌다. 옳은 설명이다.

08 구획실의 위치는 화재의 진행에 영향을 미친다.( )

➡ 구획실의 위치는 화재 진행에 영향 미치지 않는다.(* 연상: 구획실의 위치가 동쪽이냐 서쪽이냐는 무관하다고 생각한다.)

09 아래 표의 ①~⑤까지 '용어의 개념'에서 틀린 곳은 ④번이다.( )

구 분	B/D(백드래프트)	F/O(플래시오버)
① 발생빈도	• 거의 발생하지 않는다(간혹)	• 비교해서 빈번하다
② 악화요인	• 공기(산소) ⋯ 결과: CO 가스폭발	• 열(복사) ⋯ 결과: 가스불 확대
③ 폭발한계	혼합가스 25% 이상이면 폭발	산소 10% 이상이면 발생
④ 폭발유무	• 비정상 연소를 동반한 폭발. 폭풍·충격파 수반하는 폭발 → 펑!(💥)	• 비정상 연소(폭발 아님.) → 퍽!(🔥)
⑤ 공통점	• 갑자기 발생되며 • 주로 일반화재에서	• 비정상적인 현상들이다.

➡ 백드래프트와 플래시오버 내용의 좌우 10군데가 ④번을 포함해서 모두 옳은 내용이다.

10 플래시오버현상 직전은 자유연소상태이며, 주원인은 산소이다. 소방관은 열 때문에 낮은 자세로 진입하며 F·O 발생 시 2초(1.5m) 이내가 탈출 한계이다.( )

➡ F/O 직전은 자유연소 상태이며 주원인은 복사열이다), 그 외 내용 옳다.
(* B/D는 불완전 훈소상태로서 주로 말기에 발생, 산소가 주 원인이고, 폭풍 혹은 충격파가 있다.) 문을 통해 탈출할 수 있는 거리는 1.5m가 한계이다. 방화복을 착용한 소방관이 버틸 수 있는 시간은 2초 이내이다.

11 질식소화는 산소를 15% 이하로 낮추며, 제거소화는 차단(격리, 파괴, 이동, 소멸, 감량) 등이다.( )

➡ 질식소화는 산소를 15% 이하로, 제거소화는 차단(격리, 파괴, 이동, 소멸, 용량의 감소: 감량, 희석) 등이다.

12 냉각소화는 점화에너지를 자연발화가 되지 않게끔 발화점 이하로 낮추는 것이며, 억제소화는 화학적 또는 물리적 소화로서 연쇄반응을 저지시키는 것이다.( )

➡ 냉각소화는 점화에너지를 발화점 이하로 낮추며, 억제소화는 화학적 소화로서 연쇄반응을 저지시키는 것이다. (* 화학적: 성질이 변함, / 물리: 성질이 변함없이 형태가 변함)

정답 07. (O) 08. (X) 09. (X) 10. (X) 11. (O) 12. (X)

CHAPTER 03 화재진압의 의의(3장)

제1절 소방력의 3요소

1 소방대원

소방력의 3요소는 인원, 장비, 소방용수를 들지만 그 기반은 인원 즉, 소방대원이다.

지휘관	① 지휘관은 현장활동에 있어서 보다 효과적인 화재진압을 위한 핵심으로 지휘권한 및 책임을 가진다. (* 일반적으로 소방위 이상의 계급에 있는 자를 출동대마다 소방서장이 지정한다.)
소방 대원	① 소방활동에 관한 지식, 기능을 몸으로 익힘과 동시에 체력의 향상과 정신력의 함양에 노력한다. - 정예대원의 요건은 강인한 정신력과 체력을 바탕으로 한 지식과 기술의 습득이다. (* 소방대원은 소방공무원 및 의무소방원, 의용소방대원을 말한다.) 22 교

2 장비 ☆ 15 부산·서울교, 16전북장, 22 소방교

소방장비의 분류(「소방장비관리법」 시행령 별표1) ▌* (* 중요도 없음)

장비분류	종류	세부 종류
기동장비	소방자동차	소방펌프차, 소방물탱크차, 소방화학차, 소방고가차, 무인방수차, 구조차 등
	행정지원차	행정 및 교육지원차 등
	소방선박	소방정, 구조정, 지휘정 등(구조보트)
	소방항공기	고정익항공기, 회전익항공기 등
화재 진압장비 22소방교	소화용수장비	소방호스류, 결합금속구, 소방관창류 등(방수총, 소방용수운용장비)
	간이소화장비	소화기, 휴대용소화장비 등
	소화보조장비	소방용사다리, 소화보조기구, **소방용**펌프 등
	배연장비	이동식 송·배풍기 등
	소화약제	분말 소화약제, 액체형 소화약제, 기체형 소화약제 등
	원격장비	소방용 원격장비 등
구조장비	일반구조장비	개방장비, 조명기구, 총포류 등(동물포획 장비 세트, 일반구조 통신장비, 이송 및 안전장비, 그 밖의 일반장비)
	산악구조장비	등하강 및 확보장비, 산악용 안전벨트, 고리 등(도르래, 등반용 로프 및 부대장비, 배낭, 산악 일반장비, 빙벽 등반장비 세트, 설상 구조장비 세트, 암벽 및 거벽 등반장비 세트, 산악용 근거리 통신장비)
	수난구조장비	급류 구조장비, 잠수장비 등 (구조대상자 이송 및 안전장비, 안전확보장치, 부수장비)

	화생방 및 대테러구조장비	경계구역 설정라인, 제독·소독장비, 누출물 수거장비 등(누출제어장비, 화생방 오염환자 이송장비, 시료 채취 및 이송장비, 화생방 보호의류 등)
	절단 구조장비	절단기, 톱, 드릴 등(유압절단장비)
	중량물 작업장비	중량물유압장비, 휴대용윈치(winch), 다목적 구조 삼각대 등(에어백, 지지대, 리프트 잭, 체인블럭, 벨트슬링)
	탐색구조장비 22 교	적외선 야간투시경, 매몰자 탐지기, 영상송수신장비세트 등(붕괴물 경보기, 수중탐지기, 수중카메라, GPS수신기, 119구조견, 수중로봇(Rov), 공중수색장비)
	파괴장비	도끼, 방화문파괴기, 해머드릴 등(착암기)
구급장비	환자평가 장비	신체검진기구 등
	응급처치장비	기도확보유지기구, 호흡유지기구, 심장박동 회복기구 등(순환유지기구) 외상처치기구, 분만처치기구, 체온유지기)
	환자이송장비	환자운반기구 등
	구급의약품	의약품, 소독제 등
	감염방지장비	감염방지기구, 장비소독기구 등
	활동보조장비	기록장비, 대원보호장비, 일반보조장비 등
	재난대응장비	환자분류표 등(환자분류장비)
	교육실습장비	구급대원 교육실습장비 등(전문기술교육실습장비, 응급처치 교육실습장비)
정보 통신장비	기반보호장비	항온항습장비, 전원공급장비 등
	정보처리장비	네트워크장비, 전산장비, 주변 입출력장치 등
	위성통신장비	위성장비류 등
	무선통신장비	무선국, 이동 통신단말기 등
	유선통신장비	통신제어장비, 전화장비, 영상음향장비, 주변장치 등
측정장비	소방시설점검장비	공통 점검장비, 소화기구 점검장비, 소화설비 점검장비 등(화재경보설비 점검장비, 누전 점검장비, 무전통신보조설비 점검장비, 제연설비 점검장비, 유도등 및 조명등 점검장비)
	화재조사 및 감식장비	발굴용 장비, 기록용 장비, 감식감정용 장비 등(증거수집장비, 특수감식감정장비, 화재조사분석실 장비)
	공통측정장비	전기측정장비, 화학물질탐지측정장비, 공기성분 분석기 등(측정기, 열화상 카메라, 엑스레이(X-ray) 투시기)
	화생방 등 측정장비	방사능 측정장비, 화학생물학 측정장비 등
보호장비	호흡장비	공기호흡기, 공기공급기, 마스크류 등
	보호장구	방화복, 안전모, 보호장갑, 안전화, 방화두건 등(방호복)
	안전장구	인명구조 경보기, 대원 위치추적장치, 대원 탈출장비 등(보호대, 안전안경, 청력보호장비, 정전기방지접지선, 안전장구류)
보조장비	기록보존장비	촬영 및 녹음장비, 운행기록장비, 디지털이미지 프린터 등
	영상장비	영상장비 등
	현장지휘소 운영장비	지휘텐트, 발전기, 출입통제선 등(휴대용확성기, 브리핑장비)
	그 밖의 보조장비	차량이동기, 안전매트 등(전선릴〈reel〉, 수중펌프, 드럼펌프, 양수기, 수손〈水損〉 방지막) 22 교

제2절 화재진압활동의 기본

1 화재대응 매뉴얼의 종류** ☆ 13 경북교·경기장·충북교·경남장, 16 서울교, 24 장

표준 매뉴얼	① 대부분의 화재대응에 **공통적**으로 적용하기 위해 작성되는 것으로 ② 필수적인 처리절차와 임무, 기관별 처리사항을 규정하여 ③ 기관별 또는 부서별 실무매뉴얼을 수립하는데 **활용**된다. 　☆ ❶ 재난현장표준작전절차, 　　 ❷ 긴급구조대응계획, 　　 ❸ 소방방재 현장조치 행동매뉴얼, 　　 ❹ 다중밀집시설 대형사고 표준매뉴얼 등이 이에 속한다.　▶ 표준 : 현대 현다이
실무 매뉴얼	① 표준매뉴얼에 규정된 필수적인 처리절차와 임무, 기관별 처리사항을 근거로 각 기관별 또는 부서별로 작성되는 것으로 ② 화재대응분야별 현장조치 및 처리세부절차를 규정하고 있으며 　☆ ❶ 고층건물 화재진압 대응매뉴얼, 　　 ❷ 다중밀집시설 대형화재 실무매뉴얼, 　　 ❸ 원전(방사능)화재 등이 있다.　▶ 실무 : 고층다방
특수화재 대응매뉴얼	① <u>지하철화재</u> 등과 같은 특수시설 및 특수유형화재에 대한 일반적 대응매뉴얼이다. ② 화재특성에 따른 대응 시 유의사항 등으로 이루어진 대상별 매뉴얼 작성과 화재진압대원의 **전문성 향상을 목적**으로 작성되었다.　▶ 특수 : 지하철, (* 소방공무원 전문성 향상)
대상별 대응매뉴얼	① 화재진압활동은 신속, 정확하고 효과적으로 수행되어야 한다. ② 이를 위하여 소방대의 현장행동을 통제하고 피해의 경감과 대원의 안전 확보를 위해 주요대상별 화재대응 매뉴얼의 필요성이 제기되었는데, 사회발전과 첨단복합건물의 등장으로 그 중요성이 커지고 있어 점차 작성대상이 확대되고 있다. 　☆ ❶ 중요 목조문화재(문화유산) ❷ 고층건물 ❸ 지하연계복합건축물 등　▶ 대상별 : 문화고지 ■ 대상별 대응매뉴얼 주요작성 대상 　① 인적, 물적 피해가 매우 큰 대상물 　② 연소확대가 빠르고 처음부터 화재 **최성기를 예측**, 필요한 소방력을 투입해야 할 대상물 　③ 문화재 등 사회적 영향이 크고 특별한 보호를 필요로 하는 대상물 　④ 폭발, 유독가스 등의 발생위험이 있어 소방대원의 안전확보상 필요한 대상물 　⑤ 특수한 장비, 특수한 소화수단을 필요로 하는 대상물 　⑥ 특이한 소방대 운용과 현장행동을 필요로 하는 대상물 ▶ 전체종류 암기 : 표실특대(* 연상기억 : 매실특대)

(*^^ 표준메뉴얼은 기본적이론이며, 실무메뉴얼은 실무적이론, 대상별대응메뉴얼은 구체적개념 이론이다)

> **gossip**　Aim low, boring Aim high, soaring!
> 목표를 낮게 잡으면 지루해지고, 목표를 높게 잡으면 솟아오른다.
> 첫 사업은 망할려고 하는 것이 아니지만 세계적으로 약 75%는 실패를 한다.

제3절 화재현장 안전관리

1 안전관리의 기본 ☆ 15 서울장

임무수행과 안전관리	① 안전관리는 대원의 안전을 확보하는 것으로 결국 대원에게 부상을 입히지 않는 것이다. ② 옥내 진입하기 보다도 옥외의 발판이 확실한 곳에서 방수하는 것이 안전하다. ③ 안전관리는 그 자체가 목표는 아니며, 조직목표를 달성하기 위한 수단이다. 　- 따라서 안전관리에만 구속되는 사고방식은 목표와 수단을 잘못 이해한 발상이다.
지휘와 안전관리	① 작업 대원들은 위험상황을 직감하지 못하는 경우가 많아 위험에 노출되는 예가 많다. 특히 ② 선착대는 적은인원으로 다양한 활동을 하므로 1명이 관창을 잡고 1면을 담당할 수 있다. 　이런 고립된 관창배치는 가능한 한 피하고, 관창은 서로 확인할 수 있는 상태로 배치한다. ③ 부득이 고립관창을 배치할 경우에는 **2명** 이상이 관창을 잡게 해야 한다.

2 소방공무원 생명보호 우선과제

① 모든 소방공무원은 위험한 임무수행을 중단시킬 수 있는 권한을 갖는다. (*^^ 개념)
② 훈련 및 자격인증 등 국가차원의 제도를 발전시키고 이에 적극 참여한다.
③ 모든 순직사고 및 공상사고를 철저히 조사한다.
④ 표준작전절차 등 국가적인 대응절차 및 매뉴얼을 개발하고 준수한다.
⑤ 소방공무원과 그 가족들에 대해 정신의학적 치료의 기회를 제공한다.

3 위기관리

> ✚ 예시적인 모델 (많은 위험 많은 보호이익 / 적은 위험 적은 보호이익 / 위험 없음 보호이익 없음)
>
> 1. 생각하라.
> 2. 방어운전 하라.
> 3. 서두르지 말고 천천히 운전하라.
> 4. 교차로에서 시야가 확보되지 않으면 일단 멈춘다.
> 5. 출동단계에서 뛰지 말라.
> 6. 차량 내에서는 안전밸트를 착용하라.
> 7. 공기호흡기와 개인보호장비를 모두 착용
> 8. 연기를 절대 마시지 말라.
> 9. 침착하게 화점을 공격하라.
> 10. 개별행동을 삼가고 지휘관의 통제에 따른다.
> 11. 동료들과 항상 같이 행동하라
> 12. 지휘관과 연락 가능상태를 유지하라.
> 13. 항상 비상탈출로(소방호스 등)를 확보하라.
> 14. 공기호흡기의 잔량을 수시로 체크하라.
> 15. 화점을 공격 시 호스길이를 여유있게 확보.
> 16. 위험요소가 무엇인지 파악하라.
> 17. 대응 절차나 기준을 준수하라.
> 18. 신속히 배연을 실시, 활동 중 수시로 배연하라.
> 19. 대응활동장소에 조명을 비추어라.
> 20. 화염이 크면 도움을 요청하라.
> 21. 현장에서 어디에 위치하는지 항상 파악
> 22. 붕괴의 조짐을 시각 청각 등을 활용 주시하라.
> 23. 지친대원 교대하고 활동량 많은 대원을 도와라.
> 24. 항상 경계심을 갖고 활동하라.
> 25. 대원 서로 간 상태를 체크하라.

4 생사가 걸린 의사결정법★★   ☆ 15 서울, 17 소방장 등

멘토식 학습법	① 소방관들은 경험을 통해 생사가 걸린 결정을 내리는 방법을 배우게 된다 ② 이와 같은 의사결정 학습방식은 지휘관들 사이에서도 활용된다 ③ 최초의 신고에 대응하는 선착 지휘관의 판단은 초기 몇 분 이내에 이루어진다.
모의훈련	① 컴퓨터 시뮬레이션은 생사가 걸린 의사결정 능력을 향상시키는 또 다른 방식이 될 수 있다.
건물구조에 대한 지식정보	① 심야 시간대에 다층구조의 주거용 건물 **1층 계단**에서 화재가 발생한 경우에는 **가장 높은 층의 침실이 1순위**의 검색 대상이 된다는 것을 판단할 수 있다. (*계단화재) (*^^ 굴뚝효과로 인하여 1층의 불길이 계 단을 타고 위로 솟구치는 현상으로 인하여) ② 거주용 다락방이 있는 상가밀집지역 상가화재에서는 **바람 부는 방향**에 있는 화재 노출 상가부터 먼저 관창(호스)을 전개하여 진압해야 한다는 판단을 내릴 수 있게 해준다. ③ 두 개의 공동주택 사이에 있는 공기통로에 연소가 진행 중인 경우 화재확산이 가능한 인접건물 및 맞은편 건물 **옥상**에 각각 관창을 배치해야 한다는 결정을 내릴 수 있다.
화재에 대한 지식정보 17소방장	실수 가능성을 최소화하면서 화재의 이동과 확산하는 방식에 대해 잘 알아야 한다. ① **(대류)**는 열과 연기를 확산시켜 **연소범위를 확대시키는 가장 흔한 방식**이다 ② 자동노출 또는 플레임 래핑*과 같이 **창문에서 창문으로 확산되는 방식**도 화재가 인접 건물로 확대되는 일반적 사례이며, 넓은 의미에서 **(대류)** 확산의 한 사례이다. - 대류나 위층 창으로 연소확산을 예방하기 위해서는 위층에 호스를 연결하여 방어한다. ③ **(복사)**는 공간을 통해 열이 사방으로 전달되는 방식으로 **화염을 사방으로 확대시키는 대형 화재의 주범**이다. - 인접 건물에 관창을 배치하는 방어가 필요하다. ④ **(전도)**는 고체물질의 **고온에서 저온으로 열이 전달되는 방식**이며, 주로 기계적 시설이 작동되면서 마찰열에 의해 화재가 발생되는 기계적 화재원인의 주범이기도 하다.
전략과 전술 ★	① **전술**은 1개 단위의 진압대가 현장에서 수행하는 **구체적 작전**이다. ② **전략**은 전체적 대응활동계획과 대응활동에 필요한 모든 자원의 활용 및 배치계획을 포함하는 개념이다. ③ 전략개념은 우선순위에 따른 화재진압을 하는 것이다. ❶ 인명구조 → ❷ 외부확대 방지 → ❸ 내부확대 방지 → ❹ 화점진압 → ❺ 재발방지를 위한 점검·조사 등 5가지이다. *^^ ① 인명구조 다음에 ② 외부의 옆집 연소확대 방지이고 ③ 내부의 옆방 연소확대 방지이다. ④ 요약하면 화재진압전략은 화점과 생명의 위치확인 ➡ 통제 ➡ 진압 순이다. ⑤ 최근 이러한 5단계(RECEO)에 마지막 6단계에 "화재발생 부지(장소) 내 현장 안전조치(Safeguard)"를 추가하여 6단계(RECEOS) 대응우선순위 전략개념으로 활용되고 있다. 인명구조(Rescue) → 외부확대 방지(Exposure) → 내부확대 방지(Confine) → 화재진압(Extinguish) → 점검·조사(Overhaul) 16교, 위, 17장, 18위, 19장
의사결정의 관리감독	총괄지휘관은 현장을 떠나기 전에 최소한 다음 3가지의 생사가 걸린 결정을 내리게 된다. ① 1차 검색활동*　　② 2차 검색활동*　　③ 화재의 **완전진압**여부 선언

* 플래임래핑(Flames lapping) : 소가 혓바닥으로 핥듯이 창문이나 열린 공간을 향해 화염이 확대되는 것.
* 1차 검색: 화재 진행 중 **2명 이상** 대원이 조(Two in, Two out)를 이루어 하는 <u>신속한</u> 인명검색.(*밑줄: 키워드)
* 2차 검색: 화재진압 후 또는 잔화정리 시, 각 층을 <u>1/2, 1/4</u>로 나누어 <u>꼼꼼한</u>(건물관리인에게 정보 획득) 검색.

3장 화재의 의의 — OX(2진법) 개념 따라 잡기~

01 소방력의 3요소는 소방대원, 소방장비, 소방용수이다.( )

➡ 소방력의 3요소는 인원(소방대원), 장비(소방장비), 소방용수(소방수리)이다

02 공기호흡기, 방호복은 화재진압장비이다.( )

➡ 공기호흡기, 방호복은 보호장비이다.

03 화재대응매뉴얼은 표준 매뉴얼, 실무 매뉴얼, 특수화재 매뉴얼, 대상별대응 매뉴얼이 있고 지하철은 특수화재 대응매뉴얼이다.( )

➡ 지하철화재 등과 같은 특수시설 및 특수유형화재에 대한 것은 특수화재대응매뉴얼에 속한다.

04 화재대응매뉴얼에서 표준매뉴얼에는 재난현장표준작전절차, 긴급구조대응계획, 소방방재 현장조치 행동매뉴얼, 다중밀집시설 대형사고 표준매뉴얼 등이 이에 속한다.( )

➡ 옳다. ▶ 표준: 현대 현다이

05 모든 소방공무원은 위험한 임무수행을 중단시킬 수 있는 권한을 갖지 않는다.( )

➡ 모든 소방공무원은 위험한 임무수행을 중단시킬 수 있는 권한을 갖는다.

06 부득이 고립관창을 배치할 경우에는 대원 2명 이상이 관창을 잡게 해야 한다.( )

➡ 대원 1명이 관창을 잡고 1면을 담당하는 고립된 관창배치는 가능한 한 피해야 하고, 서로 확인할 수 있는 상태로 배치하는 것이 바람직하다. 부득이 고립관창을 배치할 경우에는 2명 이상이 관창을 잡게 해야 한다.

07 심야 시간대에 다층구조의 주거용 건물 1층 계단에서 화재가 발생한 경우에는 가장 낮은 층의 침실이 1순위의 검색 대상이 된다는 것을 판단할 수 있다.

➡ 계단화재에서는 연돌효과로 인하여 계단을 타고 올라가기 때문에 가장 <u>높은</u> 층의 침실이 1순위의 검색 대상이 된다

정답 ● 01.(O) 02.(X) 03.(O) 04.(O) 05.(X) 06.(O) 07.(X)

08 자동노출 또는 플래임래핑과 같이 창문에서 창문으로 확산되는 방식은 넓은 의미에서 전도의 한 사례이다.

➡ 자동노출 또는 플래임 래핑과 같이 창문에서 창문으로 확산되는 방식도 화재가 인접 건물로 확대되는 일반적 사례이며, 넓은 의미에서 (대류) 확산의 한 사례이다.

09 복사는 열과 연기를 확산시켜 연소 범위를 확대시키는 가장 흔한 방식이다. 대류는 공간을 통해 열이 사방으로 전달되는 방식으로 화염을 사방으로 확대시키는 대형화재의 주범이다.( )

➡ 대류는 열과 연기를 확산시켜 연소 범위를 확대시키는 가장 흔한 방식이다.
복사는 공간을 통해 열이 사방으로 전달되는 방식으로 화염을 사방으로 확대시키는 대형화재의 주범이다.
(* 키워드: 대류는 연소확대에 가장 큰 영향, / 복사는 대형화재의 열 이동에 가장 크게 작용)

10 전략은 전체적 대응활동계획과 대응활동에 필요한 모든 자원의 활용 및 배치계획을 포함하는 개념이고 / 전술은 1개 단위의 진압대가 현장에서 수행하는 구체적 작전을 말한다.( )

➡ ① (소방)전략: 전체적 대응활동계획과 대응활동에 필요한 모든 자원의 활용 및 배치계획을 포함하는 개념.
② (소방)전술: 1개 단위의 진압대가 현장에서 수행하는 구체적 작전을 말한다.(* 전략에 비해 세부적인 것)

11 전략개념의 우선순위는 인명구조 → 외부확대 방지 → 내부확대 방지 → 화점진압 → 재발방지를 위한 점검·조사를 말한다.( )

➡ 외부(예 옆집)확대방지 → 내부(예 옆방)확대 방지에 유의한다. 위 내용의 순서는 모두 옳다.(* 빈출문제)

정답 08. (X) 09. (X) 10. (O) 11. (O)

CHAPTER 04 화재진압활동(4장)

제1절 출동준비

1 각종 조사

(1) 지리 및 소방용수시설의 조사 ☆ 14 인천장.

지리조사	소방용수 조사
○ 출동에 장애가 되는 도로상황 ○ 건물의 개황* ○ 기타 소방상 필요한 지리*조사	○ 위치 파악 및 소방용수 표지판의 설치여부 ○ 소방차량의 진입가부 (*^^ 소방용수의 위치 파악 후) ○ 구조 및 용량 / ○ 수압, 수심, 수량의 감소 여부 ○ 지반과 수면과의 거리 / ○ 토사매몰 또는 고장여부

2 교육훈련

(1) 도상훈련

관할 내 소방대상물의 위치, 구조, 설비현황을 서류, 도면, 영상 등 각종 자료를 활용한 도상*훈련을 실시하여 실제 화재발생 시 대응활동에 차질이 없도록 하기 위해 일상적으로 훈련으로 실시한다.

(2) 소방훈련

화재방어 및 인명구조, 구급활동 등 각종 소방활동을 과학적이며, 효과적으로 수행하기 위하여 전 대원에게 소방기술을 연마시켜 유사시, 최고의 소방역량을 발휘할 수 있도록 한다.

훈련의 종류	• 기초체력훈련 ☆ 14 서울장 • 소방장비조작훈련 및 점검 : 개인장구 착용 및 사용훈련, 소방장비 조작 및 기술연마, 소방통신기기 조작 및 점검 • **현지출동훈련** : 승차 및 출동훈련, 가상화재 출동훈련 등 • 인명구조 및 구급훈련 • 특수장소 소방관서 합동훈련 • **광역출동훈련**

▶ 훈련방법, 실시요령, 훈련지도 등 : 소방청훈령「현장공무원복무규칙」의 (소방교육훈련)과 소방공무원 훈련계획에 의거 실시.

---

* 지리(地利) : 땅의 생긴 모양 등   * 개황(槪況) : 대강의 상황   * 도상(圖上) : 지도나 도면의 위.

| 제3절 | **화재출동** | | 제2절 | **신고접수** | (* 생략) |

화재를 **접수**하고 소방대가 **현장**에 **도착**할 때까지의 일련의 행동을 화재출동이라고 한다.

1 예정 소방용수의 선정

① 예정 소방용수의 선정은 화재발생 장소의 상황, 도착순위, 화재규모, 다른 출동대의 부서 등을 종합적으로 판단하여 가장 합리적인 것을 선정해야 한다.

② 더욱이 출동시의 **예정 소방용수**는 현장도착시의 상황변화에 대응할 수 있도록 **최소 2개소 이상**을 선정하는 것이 바람직하다. (*^^ 개념: 모든 규정은 만약을 대비하여 최소 2개 이상으로 한다)

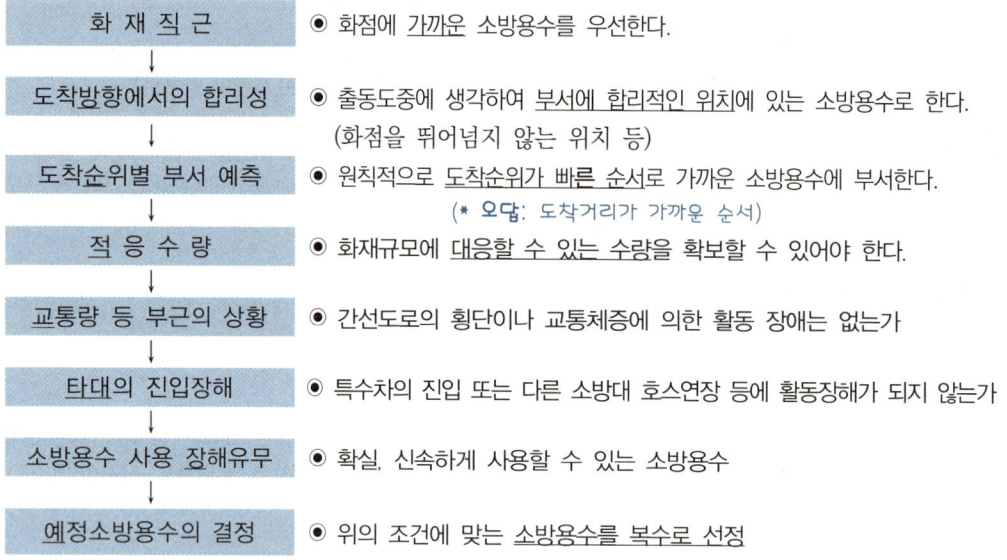

┃예정소방용수 선정┃

- 화재 직근 → 화점에 <u>가까운</u> 소방용수를 우선한다.
- 도착방향에서의 합리성 → 출동도중에 생각하여 <u>부서에 합리적인 위치</u>에 있는 소방용수로 한다. (화점을 뛰어넘지 않는 위치 등)
- 도착순위별 부서 예측 → 원칙적으로 <u>도착순위가 빠른 순서</u>로 가까운 소방용수에 부서한다. (* 오답: 도착거리가 가까운 순서)
- 적응수량 → 화재규모에 <u>대응할 수 있는 수량</u>을 확보할 수 있어야 한다.
- 교통량 등 부근의 상황 → 간선도로의 횡단이나 교통체증에 의한 활동 장애는 없는가
- 타대의 진입장해 → 특수차의 진입 또는 다른 소방대 호스연장 등에 활동장해가 되지 않는가
- 소방용수 사용 장해유무 → 확실, 신속하게 사용할 수 있는 소방용수
- 예정소방용수의 결정 → 위의 조건에 맞는 <u>소방용수를 복수로 선정</u>

2 출동로 선정** ☆ 14 부산교, 17, 18 소방교

출동로는 화재현장으로 안전하고 **단시간**에 도착할 수 있는 도로를 선정하는 것을 원칙으로 한다.

① 화재 현장까지 가장 가까운 도로일 것.(*^^ 원칙이 아닌 종합적 판단의 결정)
② 출동로의 가까운 곳에 소방용수가 있을 것
③ 주행하기 쉬운 도로일 것
④ 도로공사, 교통혼잡 등의 장해가 없을 것
⑤ 다른 출동대의 진입방향과 중복되지 **않을 것**
⑥ 부서 위치는 후착대에 장해가 되지 않는 위치로 할 것

제4절 현장도착**

1 현장 도착 시 마음가짐

화염과 연기를 보면 흥분하는 경향이 있다. 냉정하게 행동할 수 있도록 침착성을 유지한다.
① 지휘자의 지시가 있을 때까지 사전명령 이외의 단독행동은 하지 **않는다**.
② 화염과 연기가 발견되지 않고 방어 필요가 없다고 인정되더라도 지휘자의 명령이 **없는 한** 화재 방어행동을 개시한다.(*^^ 화염과 연기가 없어도 지휘자의 명령이 없는 한, 방어행동을 개시한다는 뜻)
③ 지휘자의 명령에 근거해 대원 상호 간에 행동내용을 확인해서 행동한다.
④ 활동 중에는 활동위치 및 활동내용 등을 적절히 보고하여 지휘권 내에 포함되도록 하여야 한다.

2 도착 순서별 중점 활동사항** ☆ 14 경남·15 서울·18 소방교

① 화재현장 소방대의 도착순위는 발화장소를 중심으로 소방서(119안전센터)의 배치에 의해서 다르다. 화재현장 도착순위는 화재의 연소확대방지 및 인명검색, 구조활동 등에 중대한 영향을 미친다.
② 소방대의 현장 도착시의 활동은 도착 순위에 따라 선착대(도착 순위가 통상* 1~3착이 되거나 화재 인지로부터 **5분 이내에 도착하는 출동대**) 및 후착대로 나뉘어지고 각각 중점으로 해야 할 활동내용이 정해져 있다. ▶ 암기. 135

선착대 활동의 원칙*	후착대
선착대는 긴급성이 요구되는 임무부터 처리한다 ① **인명검색 · 구조활동** 우선 ② 연소위험이 **가장 큰 방면을 포위 부서** ③ 화점 직근의 소방용수시설을 점유 ④ 사전 대응매뉴얼을 충분히 고려하여 행동 ⑤ 신속한 상황보고 및 정보제공 ✪ 신속한 화재상황 파악, 보고 후 후착대에게 적극적으로 정보를 제공. 필요시 조기에 소방력 응원을 요청한다. ㉠ 화재의 실태 : 　건물구조, 화점, 연소범위, 출입구 등의 상황 ㉡ **인명위험** : 구조대상자*의 유무 ㉢ 소방활동상 **위험요인** : 위험물, 폭발물, 붕괴위험 등 ㉣ **확대위험** : 연소경로가 되는 장소 등 화세의 진전상황 　▶ 키워드 : 실태 인명 위험 확대	후착대는 선착대의 활동을 **보완 또는 지원**해야 한다. 후착대는 다음 사항에 유의한다. ① 선착대와 적극적으로 연계하여 **인명구조 활동** 등 중요임무의 수행을 **지원**한다. * 수행(x) ② 화재의 방어는 선착대가 진입하지 않은 방면, 연소건물 또는 연소건물의 인접건물을 우선한다. ③ 방어 필요가 없는 경우는 **지휘자의 명령에 의해 급수, 비화경계, 수손방지** 등의 특정임무를 **적극적으로 수행**한다. ▶ 암기 : 인수급비지 ④ 화재 및 화재진압상황을 정확히 파악하고 과잉파괴 행동 등 불필요한 활동은 하지 않는다. 　▶ 후착대의 **키워드** : 보완 또는 지원의 개념

---

* 통상: 보통　　* 요구조자: 구조대상자

3 소방용수 유도 및 부서★

(1) 소방용수 유도 및 부서★ ☆ 16 경기·18 소방교, 19 소방위

① 현장 도착하여 연기나 열기를 **확인할 수 없어도** 반드시 소방용수를 점령하여 주수 태세를 갖춘다.
② 다른 출동대의 통행에 장해가 되지 않도록 소방용수 및 부서 위치를 결정한다.
③ 소방용수로 차량을 유도할 때는 소방용수의 위치 및 정차 위치를 명확하게 나타냄과 동시에 소방호스 등의 장애물을 배제하여 실시한다.
④ 소방용수 부서는 급수처리, 호스연장, 사다리 운반 등의 행동 실시때문에 대원끼리의 충돌에 주의한다.
⑤ 기온강하 시는 특히 노면동결에 의한 전도에 주의한다.
⑥ 소방용수 부서 차량은 가능한 수평이 되게 하고 바퀴 고임목을 하여 안전사고를 방지한다.
⑦ 도로에 설치된 소방용수시설에 부서하는 경우 소방용수 맨홀에 의한 실족사고에 필요한 조치한다.
⑧ 선착대의 소방용수에 **여유가 있는 경우** 후착대는 자기대의 소방용수 점령에 집착하지 말고 선착대의 소방용수와 차량을 효과적으로 활용한다. (*^^ ⑥ 경사지가 아닌 가능한 평지 + 고임목까지)

> ★ 한편 사다리차 등의 소방차량은 소방용수와는 <u>관계없이</u> 독자적으로 자기 소대의 임무에 따라 부서를 한다. 예를 들면 사다리차의 경우 어떠한 목적으로 사용할 것인가에 따라서 그 부서의 위치나 방법이 달라진다.
> – 사다리차로 고층건물의 상층에서 인명구조를 하는 경우에는 건물에 접근시켜 부서해야 한다. 그러나 사다리차로 높은 곳에서 현장활동을 지원하기 위하여 조명이나 주수를 하는 경우에는 반드시 화재건물에 접근할 필요는 **없다**. 16 경기장, 19 소방위

(2) 흡수관 조작 시

① 흡수관을 연장하는 경우는 흡수관의 반동이나 발이 걸려 넘어지지 않도록 주의하고 소화전 등에 결합하면 밸브를 열기 전에 반드시 결합 상태를 확인한다.
② 소화전, 저수조 등의 위치에는 로프 등으로 표시하고 전락방지 조치를 취한다.

(3) 소화전 흡수★ ☆ 13 부산·19 소방교

소화전은 지하식과 지상식 어느 것이나 흡수관을 결합하고 개폐밸브를 조작하여 흡수할 수 있다.
① 펌프로 이물질이 들어가는 것을 예방하기 위하여 **흡수관을 결합하기 전에 소화전을 개방하여** 관내의 모래 등을 배출시킨다. * 오답: 결합 후 (*^^ 결합 전, 먼저 모래 등을 배출 후, 흡수관을 결합한다)
② 흡수관의 결합을 확실하게 하고 반드시 확인한다.
③ 배관 말단의 소화전에는 유입되는 물의 양이 적기 때문에 방수구의 수를 제한한다.
④ 소화전으로부터 흡수 중일 때 다른 출동대로부터 송수를 받으면 송수된 물이 펌프를 경유하여 (소화전) 수도배관 속으로 역류할 수 있으니 유의한다. (*^^ 타 대 송수압력이 소화전 압력보다 높은 경우이다)

> (*^^ 소화전에서 펌프차가 물을 흡수 중에 / 또 다르게 물탱크차로부터 압력이 너무 높게 물을 흡수받는 경우라면 그 물탱크차의 물이 / 소화전에서 물을 흡수 중인 연결된 펌프차를 경유해서 소화전으로 들어갈 수 있다.)

⑤ 지하식 소화전 뚜껑은 허리부상을 방지하기 위해 안정된 자세로 개방, 손발이 끼지 않도록 주의한다.

(4) 소화전 이외의 소방용수 흡수★★★   ☆ 13 부산장, 14 부산교

소화전 이외의 소방용수로서는 저수조, 저수지(貯水池), 수영장처럼 고인 물과 하천과 같이 흐르는 물 등 다양한 형태의 것이 있다. 소화전 이외의 소방용수로부터 흡수하는 경우의 유의사항은 다음과 같다.

① 흡수관은 저수조의 경우 **최저부(最低部)**까지 넣지만 / 연못 등에서는 흡수관의 스트레이너(*^^여과기)가 오물에 묻힐 염려가 있으므로 **적당한 길이로 투입**한다.
② 수심이 얕은 경우는 물의 흐름을 막아 수심(= 물)을 확보하고 스트레이너가 떠오르지 않도록 유의한다.
③ 오염된 물은 원칙적으로 사용하지 않는다.
   - 또 부득이하게 사용한 경우에는 연소가 방지된 시점에서 흡수를 정지한다.
④ 수심이 얕은 **흐르는 물의 경우**에는 스트레이너를 물이 흐르는 **역방향으로 투입**하여 스트레이너가 떠오르는 것을 방지한다. (*^^ 스트레이너가 떠오르는 것을 방지하기 위하여)
⑤ 수심이 깊은 연못 등은 바닥의 오물이 흡수되지 않도록 흡수관을 로프로 적절히 묶어서 **스트레이너가 바닥에 닿지 않도록** 한다. (*^^ 이물질로 막힐 수 있기 때문에)
⑥ 수량이 적은 하천의 경우 후착대는 선착대보다 위쪽에서 흡수하지 않는다.
⑦ 담 너머에 소방용수가 있는 경우는 사다리 등을 활용해 원칙적으로 2명 이상으로 실시한다.
⑧ 아래로 굴러 떨어질 위험이 있는 곳에 위치한 소방용수에서는 로프 등으로 신체를 확보하고 흡수관 투입 등의 작업을 실시한다.

4 화재상황 평가

1. 화재 진압시스템 분석의 기본 틀(14가지 요소들)★

아래 그림은 건축물 화재 진압시스템을 분석하는 기본 틀이다. 14가지의 각 요소들은 건축물 화재 진압을 할 때 주로 어디에 초점을 두어야 하는지에 대한 전체적 그림을 제시해 준다.
  (*^^ 여기서 14가지란? 아래 그림 속의 내용을 말한다.)

｜건축물화재 진압시스템의 분석 틀｜

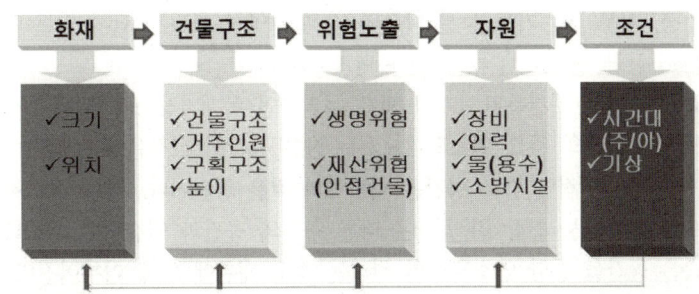

▶ 전체암기(화건 위자(료)조건 순) : 이크 / 구인구이 / (인접)재생 / 장인물소 / (주야)시기

2. 건물 유형별 안전도 평가★★   ★ 13 경남·14 경기, 서울, 경북장, 15 인천 등

화재진압 전술(소방활동 정보카드)에 이용되는 기본적인 건물 유형의 분류는 건물구조에 따른 **연소확대의 용이성과 붕괴위험성**을 기준으로 한 안전도 등급에 따라 5가지로 분류한다. 건물 유형은 건축에 이용되는 가연성 물질의 양에 기초하여 안전도가 높은 순위에 따라 1등급~5등급으로 분류한다. ＿＿＿＿*

(1) 내화구조(안전도 1등급 건물)*   (*^^ 철근콘크리트 구조)

① 1등급 건물은 건축법상 **내화구조** 기준을 충족시키거나 이에 준하는 안전도를 가진다.
② 내화구조 건물에서 화재와 연기가 확대될 수 있는 두 가지 통로는 ❶**공기조화시스템**(HVAC) 배관과 ❷**자동노출**(창을 통해 위층으로 연소확산)이다.
③ 화재 시 최우선적으로 취해야 할 행동은 공기조화시스템과 통로를 차단하는 것이다.
④ 자동노출에 의한 연소확대는 커튼, 가구, 천장의 인태리어 마감재 등을 통해 아래층 창문으로부터 위층 창문으로 화염이 확대되므로 이를 차단해야 한다.

자동노출에 의한 연소확대 방지	고가사다리차를 이용한 **접근 후 분무방수가 효과적**. 14 경남장
자동노출 상층부로의 수직연소시	화재 층 창문과 위 층 창문 사이의 벽 부분에 방수한다.
건물 내부 진압팀이 진입한 상태	화염이 분출되는 창문에 직접방수해서는 **안** 되며, **두 창문 사이의 벽 부분에 방수한다**.(*^^ 대원 안전을 위해.)

(2) 준 내화구조(안전도 2등급 건물)   (*^^ 철근콘크리트 구조에 지붕만 가연물)

① 건축물의 바닥과 벽, 기둥은 1등급 내화구조에 해당하지만 ➡ **지붕재료가 가연성으로 지어진 건물**은 전술적 안전도 2등급으로 분류한다.
② 본 건물 화재시 지붕 아래에서 상승한 열이 전도되어 가연성 지붕덮개에 점화된다.
   – 아스팔트싱글, 조립식패널의 지붕재로 된 경우 **지붕붕괴 위험성**을 판단한다.

(3) 조적조(안전도 3등급 건물)★★   (*^^ 벽만 벽돌 등 구조)   ★ 13 경북교 14 서울장, 16 서울교

조적조란 벽이 돌, 벽돌, 콘크리트 블록 등으로 쌓아 올려서 만드는 건축구조이다. **바닥 층, 지붕, 보, 기둥** 등은 나무와 같은 가연성 물질로 되어 있는 본 조적조 건물은 안전도 3등급 건물로 분류한다. ▶ 암기: 바지보기   * 오답: 벽
① 화재시 **벽돌로 건축된 4개의 벽**에 둘러싸인 목재저장소와 같은 위험성을 가지고 있다.
② 조적조 건물의 주요 연소확대요소는 숨은 공간이나 작은 구멍이다.
   - 가장 일반적인 숨은 공간은 다락방과 같은 공간이다.
   - 오래된 건물 천장 위 공간은 다른 구획의 공간과 연결되어 연소확대 통로가 된다.
③ 숨은 공간을 통한 연소확대의 원리는 주로 **대류**에 의해 이루어진다.(* 확대원리: 대류)
④ 숨은 화점을 검색할 때는 가열된 가스와 불꽃이 위로 올라가서 다락방 등 상층부 공간에 점화되어 연소가 확대된다는 점에 유의한다.

⑤ 따라서 특히 의심되는 **벽과 천장을 순서대로 개방해야 한다**. 개방순서는

- 하단 부분의 벽체 가까운 곳에서 화재가 발견되면 ➡ 바로 위의 벽을 먼저 개방하고
- <u>상단</u> 부분의 벽 안에서 화재가 발견되면 ➡ 천장을 개방하고, (*^^ 천장에 가까운 벽)
- 천장에서 화재가 발견되면 ➡ 천장 테두리 부분을 개방하여 방수해야 한다.

(4) 중량 목구조(안전도 4등급 건물)★   (*^^ 벽체만 블록조)

① 1970~1980년대 방직공장 건물과 같이 **벽체는 블럭조 또는 이에 준하는 것이지만** ➡ 내부는 중량의 목구조로 되어 있거나 바닥 층과 지붕이 판자(널빤지)로 되어 있다.
② 이는 안전도 4등급 건물로서, 3등급 조적조건물은 실 내부에 사용된 목재가 화염으로부터 1차적으로 방어할 수 있는 석고보드나 불연성 건축재가 주로 사용되지만,
   - 4등급 건물은 내부에 사용된 목재가 화염에 그대로 노출될 수 있는 구조이다.
③ 최성기는 대들보, 기둥, 횡보, 널빤지가 무너지며 창문으로 엄청난 복사열이 배출된다.

- 화재가 최성기 도달 전에 통제되지 않는다면, 창문에서 나오는 복사열로부터 안전한 곳에 차량과 장비를 배치 후, 소방용수 지원조치와 인접건물 보호를 위한 방수 준비를 한다.

④ 붕괴가 진행될 때는 ❶먼저 바닥이 붕괴되고 ➡ ❷그 다음으로 벽체가 외부로 밀린다는 것을 고려하여 붕괴위험구역을 지정한다. (*^^ 바닥이 목조 판자, 벽이 블록조니까)
  (* TIP : 화재 시 실내는 압력이 높아지고 밖으로 팽창 이동하기 때문에 벽체 등은 내부에서 ➡ 외부로 붕괴된다.)

(5) 경량 목구조(안전도 5등급 건물)   (*^^ 모두 일반목조)

① 경량 목구조 건물은 5가지 건물 유형 중 가장 불이 잘 붙고 붕괴위험성도 가장 높다.
② 건물 구조물 골조와 벽체는 ➡ 주로 목재로 이루어져 있어 5가지 유형 중 유일하게 가연성 외부 벽체를 가졌다.
③ 화재를 평가할 때, 주요 연소확대 경로로 내부확산 외, 창문에서 외부 벽을 통해 쉽게 확대될 수 있다는 점을 고려한다. - 따라서 외부 방수를 지속적으로 유지한다.

| 핵심 키워드 정리 |★★   ☆ 16 경북교, 22 교, 21,23 위 등 다수

구 분	건물 유형별 안전도 평가	붕괴위험성 평가
1등급(내화구조)	확대는 **공기**조화시스템 배관과 **자동**노출.	· 콘크리트 **바닥** 층의 강도가 기준
2등급(준내화)	**지붕**이 **가연**성(바닥, 벽, 기둥은 내화)	· 철재**지붕** 붕괴 취약성 (수평배연기법)
3등급(조적조)	바닥층, 지붕, 보, 기둥은 가연성 / 벽:**벽돌** 등	· **벽**이 붕괴(내부 → 외부로)
4등급(중량목재)	바닥붕괴 후 벽체 외부로 밀림 / 벽:**블럭조**	· **지붕**과 **바닥**층을 지탱하는 트러스트 구조
5등급(경량목재)	골조 및 벽체 등이 모두 경량 **목재**이다.	· **벽**이 동시 붕괴(진압대원 매몰 가능성)

▶ 안전 암기 : 공자 지가 벽돌, 블럭, 나무를. / ▶ 붕괴위험 암기 : 바지벽, 바지벽 조심

3. 붕괴위험성 평가**
☆ 13·14 경북장, 15부산교, 위, 16부산교, 21위, 22교

- 붕괴 위험성 평가는 **벽**, **골조**(기둥과 대들보), **바닥층**의 3가지를 종합적으로 평가한다.
  ▶ 암기 : 벽골바닥(*^^ 건물에서 가장 중요한 부분이 벽골바닥이다.) * 오답 : 지붕
- 건축법상 내화구조기준 3시간 동안 저항할 수 있는 바닥층이 소방관 진입 시 붕괴될 수 있다. (이런) 내화성 평가기준이 소방관들에게 실용적으로 이용될 수는 없지만 5가지 안전도 등급별 약점을 평가할 수 있는 수단은 이용될 수 있다. 5가지 등급별 구체적 붕괴 위험요소는 다음과 같다.
  ____*

(1) 내화구조(안전도 1등급 건물)* (*^^ 바닥을 강조한 이론이다)
① 내화구조 건물의 붕괴 위험성은 ➡ <u>**콘크리트 (바닥 층)의 강도**</u> 에 달려있다.

> - 철골조의 내화구조 건물에서, 바닥 층은 주로 경량철골의 콘크리트로 구성되어 있다.
> - 심각한 화재는, 먼저 천장이 붕괴되면서 불꽃이 바닥 아래로 확산되며, 약 600℃로 접어들면 철재는 휘어져 축 처지게 되고 콘크리트 바닥이 갈라지면서 붕괴된다.

② 화재가 최성기에 접어들게 되면 바닥 층은 기둥과 기둥 사이가 휘어진다.
  - 화재가 수 시간 계속되면, 바닥 층의 일부분이 무너지고 불길은 수직으로 확대된다.
  - 문서 보관함이 열리고 세워진 물체가 넘어지면 고열로 휨 현상이 시작된 징후이다.
③ ❶ 내부 바닥 층의 갈라짐, 휘어짐, ❷ 갈라진 콘크리트 틈새로 불꽃과 연기가 상승한다면 붕괴신호이다. - (그러므로) 진압은 외부에서 하는 것을 원칙으로 한다.

(2) 준 내화구조(안전도 2등급 건물)* (*^^ 가연성인 지붕을 강조한 이론이다)
① 준 내화구조 건물의 붕괴 위험성은 ➡ <u>**철재구조의 (지붕) 붕괴의 취약성**</u> 에 달려있다.

> - 준 내화구조는 샌드위치판넬, 철재 함석 등 지붕재를 경량 철로 지지시키는 <u>경량 철재 트러스 구조</u>이며, 5~10분 정도 화염에 노출되면 휘어져 내려 앉거나 붕괴로 인해, 지붕 위의 소방활동은 매우 위험하다.

② 안전한 배연방법으로는 **수평배연** 기법을 이용한다.(지붕이 취약하니) * 오답: 수직배연법
  ㉠ 화재진압의 실익이 크고 지붕 배연이 필요할 정도로 심각한 화세인 경우 적용한다.
  ㉡ 2개 이상의 문과 창문을 열거나, 배연기구를 통한 강제배연 방법을 이용할 수 있다.
  ㉢ 수평배연이 비효과적이라면, 가능한 외부에서 진압한다.(* 지붕이 무너질 수 있으니)

(3) 조적조(안전도 3등급 건물)* (*^^ 벽돌의 벽을 강조한 이론이다) ☆ 15 위, 16 부산교, 23 위
벽돌, 돌, 회반죽을 혼합한 인조석 등의 건물이 조적조 건물이다.
① 벽돌, 돌 등 조적조 건물의 가장 위험한 붕괴요인은 ➡ <u>(벽)이 붕괴되는 것이다</u>
  • 조적조의 벽은 화재 시 골조 또는 지붕보 등의 붕괴로 외부로 향하여 수평하중을 받거나 **밖으로 팽창이동**하기 때문에 연소 건물의 내부에서 ➡ **외부로** 붕괴하게 된다.

> - 벽돌은 인장하중(수평)보다 압축하중(수직)을 견디는데 약 15배 강하다.(* 석조벽 포함)
> - 수직하중은 벽체 붕괴가 강하지만, 수평하중은 벽체가 쉽게 무너진다.

② 벽체 중 상층부분은 오래된 건물일수록 가장 취약하다.
  - 지붕이 연소되고 외부 골조에 변형이 오거나 약간의 폭발이 있다면, 상층 부분은 쉽게 무너진다. / 화재가 한창 진행 중이면 벽체의 붕괴 위험구역을 설정하고 벽 높이 이상 안전 거리를 유지한다.

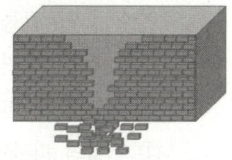
【조적조 벽체의 붕괴 취약부분】

_____*

(4) 중량 목구조(안전도 4등급 건물)** ☆ 14 서울장, 21 위

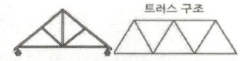

① 중량 목구조 건물의 약점은 ➡ 지붕과 바닥층을 지탱하는 트러스 구조의 연결부분에 있다.
  ㉠ 화재 시 이 연결부위는 목재 자체가 붕괴되기 전에 파괴되거나 끊어진다.
  ㉡ 건물 지붕을 지탱하는 골조는 주로 거대한 목재, 강재 트러스, 집성목재이다.
  ㉢ 트러스 구조는 목재·강재 등의 단재(單材)를 핀 접합으로 세모지게 구성하고, 그 삼각형을 연결하여 조립한 뼈대로 이루어져 지붕재의 하중을 지탱한다.
② 화재가 진행되면 쉽게 플래시오버로 연소가 확대되고 내부 진입활동이 불가능하게 된다.
  - 이로 인하여 외부공격을 하게 되면 대원 순직 가능성은 낮게된다.
③ 건물의 붕괴
  ㉠ 상층부 바닥 층이 연소하기 시작하면 트러스구조 뼈대와 바닥 층이 무너지기 시작하고
    ➡ 벽이 외부로 밀리면서 무너지며 벽돌, 목재 등의 잔해들이 붕괴되어 흩어지게 된다.
  ㉡ 이때 벽체 붕괴의 일반적 현상은 ➡ ❶ 4방면의 벽체 중심부분이 먼저 무너지고
    ❷ 각각의 모서리 부분은 비교적 잘 붕괴되지 않는 안전한 곳이 된다. 따라서 차량, 장비, 대원의 활동 위치로는 건물 외부 모서리가 가장 안전한 곳이 된다.

> - 즉, 가장 취약부분이 4방면의 벽체 중앙이기 때문에, 코너에서 활동해야 더 안전하다.

(5) 경량 목구조(안전도 5등급 건물) ☆ 14 서울장, 23 위

① 경량 목구조 건물의 가장 큰 붕괴 위험성은 ➡ (벽) 붕괴이다 (*^^ 조적조도 동일!)
  ㉠ 본 건물의 벽은 목재 등 가연성으로서 화염에 노출되면 짧은시간 내에 붕괴된다.
  ㉡ 창문에서 화염이 나오는 시점이 되면 건물 붕괴 신호로 간주한다.
② 건물은 붕괴 시 4방면 벽체 중 1개씩 붕괴되기보다 3~4개의 벽체가 동시에 붕괴되는 유일한 건물 유형이므로 진압활동 중 매몰될 가능성이 가장 높다.
③ 진입활동 중 위험구역은 건물 전체에 걸쳐 설정되어야 하며 벽체 코너부분도 안전지대가 될 수 없다는 점을 고려해야 한다. * 오답: 안전지대가 될 수 있다.

4. 퍼사드 안전성 평가**

☆ 14 부산교

연소 중인 건물의 가장 위험한 부분 중의 하나는 바로 건물의 퍼사드(Facade)이다.
주로 건물 정면에 설치된 난간, 차양, 덮개 및 처마 등이 붕괴되어 소방관들이 순직하거나 부상의 경우가 많다. 따라서 진압 시 연소 중인 건물의 **정면 벽** 부분을 평가하도록 한다.

① 건물의 퍼사드 부분에 난간, 차광막, 덮개, 처마 등의 구조물이 설치되어 있다면 화재진압을 하는 동안 그것의 붕괴 가능성을 염두에 두고 지속적인 감시와 더불어 활동해야 한다.
  ㉠ 구부려진 철재로 만든 난간 지지대는 갑자기 붕괴될 수 있다.
  ㉡ 방수한 물로 가득 덮여진 차광막은 일순간 무너져서 대원을 덮칠 수 있다.
  ㉢ 건물 출입구 위의 콘크리트 비 가림 덮개 또한 쉽게 붕괴될 수 있다.
  ㉣ 장식용 철 구조물 처마는 어느 정도 화세가 성장하면 쉽게 처지거나 붕괴된다.

• 퍼사드 구조물이 취약한 원인은 한쪽 끝으로만 지탱되는 캔틸레버 보의 구조를 가지고 있기 때문이다.

② 건물 출입구 위의 콘크리트 비 가림 덮개가 붕괴되는 시점은 대원들이 인명검색이나 화재진압을 위해 출입하는 경우와 **잔화정리** 직후에 발생된다. - 화재진압을 위해 방수한 물이 흠뻑 머금은 시점인 **잔화정리 단계**에서도 비 가림 덮개나 건물이 붕괴될 위험이 크다.
③ 대형 창문의 윗부분, 1층 옥상이나 2층 바닥 층에 지어진 난간은 붕괴되기 쉬운 취약 부분이다.
④ 붕괴: ㉠ 난간을 지탱하는 철재는 일반적으로 약 600℃까지 가열되면, 휘어지거나 고정 핀으로부터 이탈하게 되어 붕괴된다. (*^^ 철재 휘임은 항상 600℃로 기억한다.)
  ㉡ 화재에 노출된 건물은 대개 연결부위 중 하나가 무너지면서 전체가 무너진다.
    - 캔틸레버식 구조물이 연결 부위를 많이 가지고 있을수록 붕괴 가능성이 더 높다.
  ㉢ 캔틸레버식 구조물이 쉽게 붕괴되는 또 다른 이유는 가연성 자재로 되어 있는 경우이다.
  ㉣ 처마는 건물 가장자리에 따라 외부로 뻗어있는 구조로 차광막이나 덮개와 같이 캔틸레버식 구조이지만, 한 가지 중요한 차이점은 처마의 경우에는 붕괴위험 외에도 지붕 천장과 연결되어 있는 부분을 통해 연소가 내부로 확대되는 통로가 될 수 있다는 점이다.
  ㉤ 처마 아래의 창문에서 나온 불꽃은 처마로 쉽게 확대되고, 화염에 의해 처마 아래 부분이나 서까래 안쪽으로 확대되며, 인접 건물로 확대될 가능성도 있다. 화염에 의해 처마 부분의 서까래가 연소가 되면, 건물 앞쪽에서 붕괴되기 시작한다.

  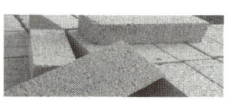

■ 블럭과 벽돌의 차이: 구멍이 있으면 블록이고 / 속이 꽉 차있으면 벽돌. ■

---

* 퍼사드(facade) : 건물의 정면으로 차양, 처마 등이 설치된 출입구가 있는 정면.(* 비 맞지 않는 형태 구조)
* 캔틸레버 보(cantilevered beams) : 보의 양 지점 중 한곳이 고정단으로 되어 있고 한곳은 지점이 없는 형태.
* 트러스(P.47 용어): 사각형이 아닌 삼각형 모양으로 뼈대나 구조를 만드는 형태로 이탈리아의 레오나르드 다빈치가 발명하였다. - 4각형보다 3각형 구조가 더 안정하기에 에펠이 이를 이용하여 프랑스 파리에 에펠탑을 만듦.

제5절 현장지휘

1. 현장지휘체계

현장지휘관의 체계는 화재상황을 관리하기 위해 사용되는 기능, 책임, (표준)작전절차를 상세히 기술하는 하나의 수립된 방침이다.

현장지휘체계	지휘관의 명령, 지시, 관련정보 등의 수집, 전달 등 업무수행을 위한 조직체계.
현장지휘체계의 궁극적인 목적	현장에서의 효과적인 활동을 할 수 있도록 관리하고, 대원들의 안전을 보장하는 것.

2. 현장지휘관의 책임

현장지휘관의 주요책임	책임완수를 위해 요구되는 능력
• 대원의 안전과 생존보장 • 구조대상자의 보호, 구출, 응급처치 • 화재(사고)를 진압하고 인명안전보장 • 재산보호	• 의사결정능력 • 지시와 통제능력 • 지시통제내용에 대한 지속적인 재검토와 평가

3. 현장지휘관의 책임완수를 위해 요구되는 능력** ☆ 14 인천장, 16 교, 20, 21 교·장

① 의사결정 능력	㉠ **가정과 사실의 구별**(즉, 추측된 불완전한 정보와 실제정보의 구별) 21교·장 ㉡ **현장작전상황의 환류**(재검토)를 통해 작전계획을 변경할 수 있는 유연한 자세 ㉢ **표준대응방법의 개발** ▶ 행가표현(* 의사결정은 행가표현으로) ㉣ **행동개시 후에는 즉시 관리자의 역할로 복귀**(전술적 책임은 위임)
② 지시와 통제 능력	㉠ **스트레스관리**(보다 세부적인 문제에 대해 권한 위임의 원칙을 적용함으로서 자신과 하위 지휘관의 스트레스를 줄여준다) ㉡ **고독한 방랑자관리**(권한은 위임하되 모든 책임은 자신이 진다는 고독한 단독지휘관으로서의 행동 준비가 되어야 한다) ㉢ **중간점관리**(초기지시와 활동상황을 수시로 평가하여 상황변화에 맞게 재 지시 및 통제) ㉣ **부족자원관리** ▶ 중고부스 (*^^ ①②번 **연상**: 행가가 표현한다 중고 부스보다 더 낫다고)
③ 재검토 와 평가	일반적으로 보고는 보고자의 범위 내에서 관찰된 상황만을 설명한다. / 그러므로 다른 사람의 보고서에 의문을 제기하고 보고자가 완전히, 정확히 알고 있는지 확인하고 의사결정을 내린다.

■ **현장지휘관의 바람직한 자질과 성향*** ☆ 12 소방위, 14 부산장
① 대원의 임무에 대한 존중 자세 ② 냉정하고 침착한 지시와 통제능력 ③ 훈련과 경험에 의한 전문적 지휘지식
④ 행동지향적이 아니라 **지시지**향적 태도(의사결정 중심 태도) ⑤ 상황을 안정시킬 수 있는 대안제시 능력(문제해결능력)
⑥ 심리적 체력적 대응능력 ⑦ 의사전달능력(무전기사용능력 등) ⑧ <u>안전이 확보된</u> 타당한 위험의 감수능력
⑨ 모든 직원에 대한 관심과 공정성 유지   ⑩ 자신과 다른 사람, 장비, 전략과 전술적 접근법에 대한 한계인식 능력
⑪ 지휘에 대한 존중태도, 훈련되고 일관성이 있는 태도   (*^^ ④ 지휘관이니까.)

4 현장지휘권 확립요소(8단계) ▶ 암기: 이설기 주검 (완진조회)

(1) 1단계 : 지휘권 **이**양(지휘명령에 대한 책임 맡기) ★ 20 소방위 (8단계의 첫 순서가 나옴)
 지휘권 확립의 첫 출발은 현장에 도착한 즉시 무전으로 자신이 지휘를 하게 된다.
 이 순간부터 현장대응상의 전략과 전술에 대한 책임을 맡게 된다는 것을 공식화 한다.

(2) 2단계 : 지휘소 **설**치
 가능한 지휘소를 설치 운영한다. 지휘소는 지휘차에 **현황판**을 설치한다.

(3) 3단계 : **기**존의 상황평가정보 획득(현재까지의 상황평가하기)
 가능한 한 신속하게 현장에 도착하기 전에 선착한 현장지휘관과 현재까지 상황정보를 파악한다.

> ■ 현장지휘관이 반드시 확인해야 할 <u>3가지</u> 기본 상황정보★
> ① 화점의 위치(화재가 발생한 층이나 구역) ＊오답: 인명의 위험
> ② 어떤 호스(관창)가 화재 진압에 이용되고 있는지와 호스 배치 수
> ③ 배치된 호스가 화재진압에 효과를 나타내고 있는지(화세에 비해 현 배치자원의 부족여부 포함)

(4) 4단계 : **주**기적으로 상황을 평가하고 예측
 ① 화재에 대한 현재 상황을 평가한 후 미래의 상황을 주기적으로 평가 예측하여 예비적 현황정보를 각 출동대에 송신한다. - 이것은 화재진압에 필요한 다음 활동에 대한 **예측가능성**을 높여준다.
 ② 출동차량 철수(귀소) 여부뿐만 아니라 더 많은 인력과 장비를 동원하는 **판단근거**가 된다.
 ③ 작전시간 관리자로서의 역할을 가능, 명령 체계를 관리, 작전의 진척여부를 판단해준다.

(5) 5단계 : 화재 건물의 1, 2차 **검**색을 관리

1차검색	① 화재가 진행되는 도중 검색작업을 말한다. ② 화재가 진압된 직후, 선착대에 의해 수행된다 ③ 배연과 동시에 뜨거운 열기와 가시성이 열악한 상황에서 진행되는 <u>신속한</u> 검색이다.
2차검색	① 시간제한이 없다. - 보통 화재가 완전 진압되거나 잔화정리 단계에서 시작한다. ② 화재의 모든 구역이 다시 검색되며 위, 아래, 인접구역 모두 2차구역에 포함한다. ③ 배연과 휴대용조명등을 가지고 가시성을 향상시킨다. ④ 검색한 모든 대원의 이상유무를 확인 후 지휘관이 현장을 떠나기 전 상황실에 보고한다.

(* 개념: 1차 검색은 신속성이며 대부분 피해자들은 이때 때 발견된다 - 2차 검색은 좀 더 <u>철저하게</u> 한다.)

(6) 6단계 : 화재 완진 선언
 ① 의사결정 시 화재가 더 이상 지역 사회에 위협이 되지 않는 시점을 결정하고 선언하는 것이다.
 ② 이러한 결정 전에 화재 발생 층, 바로 위층, 화재 구역별 단위 출동대가 진압을 수행한 곳 등 노출된 모든 곳을 확인한다. 확인은 단위출동대 별 지휘관과의 무선교신을 통해 확인한다.

(7) 7단계 : 화재현장 조사

화재 건수 90% 정도는 화재 발생지점만 확인하면 발화원인을 쉽게 밝혀낼 수 있다.

> ✪ 부엌에서 발생한 화재는 종종 요리기구가 발화원인이며, 침실, 소파에서 발생한 화재는 대부분 전기장판, 담뱃불인 경우가 많다.(* 거주자와의 대화를 통해서도 발화원인 주요 정보를 확인할 수 있다.)

(8) 8단계 : 화재현장 검토회의 주재(대응활동 평가)

① 화재진압이 완결된 후 현장에서 간략히 검토회의를 가지는 것이 바람직하다.
　- 팀 활동에 대한 가장 효과적인 평가와 개선시점은 **화재진압 활동 직후이다.**

> ✪ 화재현장 검토회의는 문제점을 발견하고 개선하는 기회이기도 하지만 베테랑 대원들이 어떻게 효과적으로 호스를 전개하고 진압하였는지, 1차 인명검색 때 어떻게 침대 밑에 있는 아이를 발견하였는지 등에 대한 교훈적 내용을 들을 수 있는 기회가 되기도 한다.

5　화재현장 세분화와 분대지정

① **저층 화재**에 이용되는 기본적 분대 명명법은 건축물의 평면도를 기준으로 지휘소가 위치한 면이 1분대(규모가 큰 경우에는 방면대) **시계방향**으로 돌아가며 좌측을 2분대, 후방을 3분대 우측방면을 4분대로 명명한다.
　- 다시 각 방면별로 구획화가 필요하면 좌측에 연이어서 인접한 구획을 2-1, 2-2, 2-3....과 같은 방식으로 명명한다.

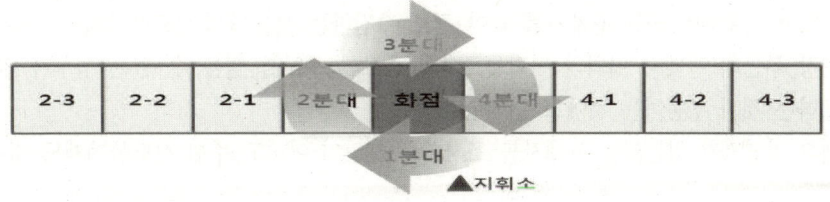

■ 저층화재 분대명명법 ■

② **단일 건축물**인 경우의 내부 진압대에 대한 분대명명은 좌우 이등분하여 좌측분대, 우측분대로 각각 명명하고, 4등분 할 경우에는 상기 위에서 언급된 기본적 분대 명명법을 응용하면 된다.
③ **고층건물**의 경우 배치된 층수를 활용하여 지하2층 분대, 5층 분대, 6층 분대, 7층 분대… 와 같이 명명한다.

> ✪ 각 구획별로 지정된 분대의 단위지휘관과 현장지휘관(지휘소)의 상황평가정보
> ① 화재 발생 층
> ② 넓은 공간을 가진 대형 건물인 경우 층의 주요 내부구조
> ③ 연소 중인 물질 또는 화재의 규모(개요)
> ④ 현장의 자원으로 충분히 진압이 가능한지의 여부
> ⑤ 화재가 확대되고 있는지, 추가 자원이 필요한지의 여부
> ⑥ 고층 건물인 경우, 거주자 대피용 계단과 관창(호스)을 이용한 진입 계단 지정

제6절 　화점확인**

1　정보수집

① 관계자	・소유자, 관리책임자, 소방안전관리자, 자위소방대, 점유자, 경비원, 당직자 등 ・최초발견자, 신고자, 초기소화자 등 ・피난자(손님 등) ・부상자, 민간 구조자 등
② 관계자 집합장소	・지휘본부, 지휘차, 펌프차, 구급차, 진단차, 방재센터, 경비원실, 숙직실, 관리인실 등

③ 관계자가 모인 장소에는 대원을 상주시켜 관계자들을 확보.
④ 공포와 불안으로 흥분상태에 있는 피해자에게 소방대가 도착한 것을 알려 안심.
⑤ 정보수집: 화상을 입은 사람은 가장 중요한 정보를 가지고 있다. 구급대와 연락을 통하여 이송단계 및 병원도착까지 상세한 정보수집에 노력한다. 　＊오답: 골절환자.
　　(*^^ 화상환자는 이미 화염에 접촉되었으므로 가장 중요한 정보를 가지고 있다는 뜻)

2　정보수집 요령

① 정보수집은 항목이 **중복되지 않도록** 임무분담을 정한다.
　(*^^ 서로의 시간절약과 혼선 등을 위해서 중복되지 않아야 한다.)　＊오답: 중복되도록
② 수집활동은 일정시간(대략 10~15분)마다 지휘본부에 집합하여 정보교환 등을 한다.
③ 유효한 정보원이 되는 **관계자를 찾아 정보 수집하는 것을 최우선**으로 한다.
④ 현장 부근의 관계자 이외의 사람들로부터 중요한 정보를 얻을 수 있는 경우가 있으므로 사람들의 밀하는 것과 행동하는 것에도 주의한다.
⑤ 대피 지연자가 있는지는 관계자를 조사하는 것만이 아니고 **주위** 사람들에게도 **청취**한다.

　　　　　　　　▎정보수집 순위▎**　★ 14 부산장, 경북장, 17 소방장 등

제1순위	・**대**피 지연자가 있는가, 전원 피난 완료했는가, 부상자가 있는가 등 **인명**에 관한 정보
제2순위	・**가**스누설과 폭발, 유독가스 등에 의한 2차 화재발생 및 위험에 관한 정보(*^^ 2차위험)
제3순위	・**연**소 확대 위험여부, 계단, 건축시설 및 옥내소화전 등의 소방용 설비 사용 가부와 소방활동상 필요한 정보. (*^^ 화재진압에 관련된 내용)
제4순위	・**피**해상황, 출화원인 등 예방, 진압상 문제점 (*^^ 조사 등에 관련된 내용) ▶ 대가연피

　　　　　　(＊ 1순위 개념: 사람확인 / ＊ 2순위 개념: 2차재난 확인)

3　수집결과 처리

① 수집한 정보를 현장지휘자에게 보고한다. 보고는 휴대무전기를 유효하게 활용한다.
② 대피 지연자에 관한 정보, 가스누설 또는 유독가스 등 2차 화재발생 위험에 관한 정보는 **단편적이거나 불확실하여도 즉시 지휘본부에 속보하고 추적, 조사한다.**

4 화점 확인 방법★★★

(1) 외부에서 화점확인 방법★★ ☆ 12 위, 14 서울장, 16 대구,소방교 18 위, 19, 21 교

① 창 등 개구부로부터 연기가 **분출**하는 경우는 ➡
  "연기가 나오는 층 이하의 층"을 화점층으로 판단하고 행동한다.
② 최상층의 창 등으로부터 분출속도가 "**약한 백색연기**"가 나오는 경우는 아래층에
  화점이 있는 경우가 많다.
③ 야간의 경우 조명이 점등하고 있는 층보다 **조명이 소등된 층**에 화점이 있는 경우가 많다.

(2) 내부에서 화점확인 방법★★★

> ─ 연기·열에 의한 방법 ☆ 13·14 서울장, 위, 15 충남교·장, 16 부산장, 17 위 18 교·장, 21 장, 위
>
> ① 연기확산방지 : 옥외로 연기분출 또는 옥내에 연기있는 경우는 공조설비 등을 즉시 **정지**시킨다.
>   (* 이유: 공기조화설비 등이 작동되고 있으면 공기가 희감겨서 제연효과의 저하로 정지시킨다)
> ② 화점층 확인 : 공조설비 등이 정지 또는 없는 경우는 연기가 있는 **최하층**을 확인한다.
> ③ 연기속도 등 : 21 소방장
>   · 화점에 **가까울수록** 연기의 농도는 진하고 유동은 크고 빠르다.(계단, 덕트 등 제외),
>   · 화점에서 멀수록 연기의 속도는 급속하게 저하한다. 연기의 유동속도가 완만하고, ∴
>   ─ 열기가 적은 연기는 화점에서 떨어져 있는 것으로 판단한다.
>   · 중성대가 있으면 자세를 낮게 하여 연기의 유동방향으로(에서) **거슬러**(반대로) 확인한다.
>   (* 이유: 연기의 유동방향을 역으로 확인해야 연기 발생 지점을 파악할 수 있기 때문이다)
> ④ 문개방 : 잠겨 있는 실내는 문의 변색, 문틈에서의 연기분출 또는 문, 벽, 상층의 바닥에
>   손을 **접촉**하여 온도변화에 의해 확인한다.
> ⑤ 배연 : 연기가 가득한 경우는 각층 계단실의 출입구 및 방화문을 **폐쇄**하고
>   옥탑실 출입구 및 피난층 출입구를 **개방**하여 배연을 행하면서 확인하는 것이 원칙이다.

(3) 수신기 확인 ☆ 19 소방교

선착대장은 자·탐지설비 수신기를 확인하기 위해 담당직원 등과 접촉한다. 수신기의 여러 층에서 동시에 감지신호가 발생되는 경우에는 **수신기에 표시된 최하층**에서부터 화점검색을 시작한다.
  (예) 수신기의 5,6,7층에 화재표시가 되면 5층에서부터 위로 불이 번지기 때문이다)

방재센터가 설치되어 있는 경우	① 다음 내용을 확인하여 화점을 확인한다.
	  ㉠ 자·탐* 수신기의 지구표시등의 경보 순서 ㉡ 스프링클러 헤드 작동구역
	  ㉢ 연기감지기 연동의 제연설비, 방화문 작동상황 ㉣ 포, 하론 등의 작동구역
	② 자·탐설비 수신기의 지구표시등과 스프링클러 헤드 및 포헤드의 작동구역이 동일한 경우는
	  ➡ **해당 구역을 확인**한다. (*^^ 작동구역이 동일하기 때문이다)
	③ 스프링클러 헤드 등이 작동하지 않고 자·탐설비 수신반의 화재표시만 경보한 때에는
	  ➡ **최초경보구역**을 확인한다. (*^^ 수신기의 화재표시만 울리기 때문이다)

방재센터가 설치되어 있지 않은 경우	① 자·탐 수신기를 확인하여 화점을 확인한다.(경비원실, 숙직실, 관리실 등) ② 자동소화설비 등의 작동표시반은 제각기 설비 계통별로 설치장소의 부근에 분산되고 있으므로 주의한다.

(4) 지하실 등 ☆ 16 소방교

① 방재센터 등 자·탐설비 수신기의 화재표시 및 작동표시를 확인하여 공조설비 등은 모두 정지시켜 화점을 확인한다. (*^^ 어떤 문제점이 발견되면 연기 등이 휘감기므로 일단 공기조화설비 정지가 원칙이다)
② 소방활동 정보카드 및 관계자의 도면에 의해 내부구조를 확인하여 화점을 확인한다.
③ 벽, 문, 천장, 바닥에 손을 접촉하여 온도변화에 의해 화점을 확인한다.
④ 연기의 농도가 짙고 열기가 높은 방향으로 (역으로) 거슬러 가면서 화점을 확인한다.
⑤ 지하층의 화재라도 연기가 종혈 공간으로 상승하여 지상층에서 분출할 수 있으므로 유의한다.

(5) 공조용 덕트*

① 옥외로 연기가 분출하거나 옥내에 연기가 있는 경우는 공조설비를 즉시 정지시킨다.
② 공조설비의 배기구, 흡기구에서 다량의 연기 분출 시 덕트 또는 덕트 부근의 화재라고 판단한다.
③ 소방활동 정보카드 및 관계자의 도면에 의해 공조설비의 덕트 계통을 파악하여 화점을 확인한다.
④ 덕트 배기구에서 연기가 분출할 때에는 덕트 배관을 따라 다음 요령으로 화점을 확인한다.

  - 화점 확인 방법 -
  ㉠ 덕트의 종류(공조, 주방 배기, 주차장 배기, 창고 배기)를 먼저 확인한다. 화염 덕트의 종별이 판명이 되면
  ㉡ 해당 덕트의 노출부 또는 점검구 등에 손을 접촉하여 온도변화에 의한다. 점검구는 방화댐퍼 부착개소에 많다.
  ㉢ 덕트가 천장 속에 은폐되어 있는 경우는 천장의 점검구 등에 손을 접촉하여 온도변화를 확인한다.
  ㉣ 덕트에 가연성의 단열재 등이 감겨 있는지를 확인한다.
  ㉤ 방화댐퍼의 작동상황을 확인한다.
  ㉥ 배기덕트 방식은 최하층에서 콘크리트 샤프트(수직통로) 내에 진입하여 위 방향을 확인하여 연기가 유입되고 있는 층을 화점층으로 판단한다. (* 밑에서 위로 보면서 연기유입층을 확인한다는 뜻)

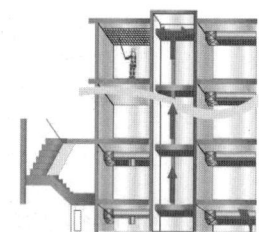

■ 종혈부분 화점확인 ■

(6) 주방용 덕트

① 배기설비를 즉시 정지시킨다. - 소방활동자료 및 건축물 도면을 파악, 화점을 확인한다.
② 덕트의 배관계통을 따라 다음 요령으로 화점을 확인한다.
  ㉠ 덕트 노출부 또는 점검구 등에 손을 접촉하여 온도변화를 확인한다.
  ㉡ 덕트의 점검구는 통상 방화댐퍼의 부착개소 부근이 많다.
  ㉢ 덕트가 천장 속에 있는 경우는 천장의 점검구를 이용하거나 부분파괴하여 확인한다.
  ㉣ 방화댐퍼의 작동상황을 확인한다.
③ 옥상 등의 배연구에서 연기가 다량으로 분출하고 있는 경우는 주방용 덕트화재인 경우가 많다.

---

* 자탐 : 자동화재탐지설비의 준말   * 방재센터 : 방재실(즉, 소방안전관리자 등이 근무하는 실을 말한다.)

(7) 더스트슈트, 메일슈트*

① 더스트슈트(Dust chute)*
  ㉠ 투입구에서 연기가 나오면 집진실 및 취출구 부근을 확인한다.
  ㉡ 집진실*에 화점이 없는 경우는 더스트 슈트 내부를 보아 연기가 유입
     되고 있는 층을 화점층이라 판단하여 확인한다.
② 메일슈트(Mail chute)*
  ㉠ 내부의 장치를 확인한다.   ㉡ 취출구,* 점검구에서 내부 상황을 확인한다.
  ㉢ 기송관에 손을 접촉하여 온도변화에 의해 확인한다.

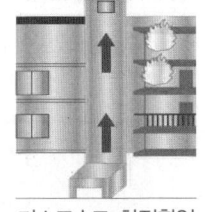

■ 더스트슈트 화점확인 ■

(8) 천장 속

① 천장의 틈이나 작은 구멍에서 연기가 분출하고 있는 경우는 천장 속을 확인한다.
② 천장 점검구를 이용하거나 부분파괴에 의해 천장 속의 전기배선 및 덕트 등을 확인한다. 또한 천장에 점검구가 없는 경우 형광등이 매설식으로 있으면 분리해서 점검구로 활용할 수 있다.
③ 금속제나 불연성 천장은 함부로 파괴하지 말고 변색 확인, 손을 접촉하여 온도변화로 확인한다.
④ 형광등 안전기가 타는 특유냄새가 있거나, 스위치를 켜도 점등하지 않는 기구를 중점으로 확인한다.

(9) 화재발생 층의 확인 및 지정(다층건물에서)

① 다층건물 화재 시 화재가 발생하고 있는 층을 정확히 파악한다.
② 화재발생 층의 파악이 어려울 때는 건물 내부로 들어가 수신기 등을 확인하여 직접 화점 검색을 통하여 화재발생 층을 파악한다.
③ 소방관들은 안전하게 엘리베이터를 이용하여 적절한 호스 길이를 산정한다.

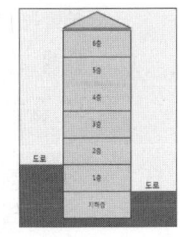

(10) 후각을 이용한 화점 찾기   ★ 13 경남교

① 음식물 타는 냄새 → 가스(전기)레인지 위 검색   ② 침대 매트리스에서 타는 냄새 → 침실
③ 페인트 연소 냄새 → 페인트 보관장소(작업장)   ④ 종이타는 냄새 → 책상 밑 쓰레기통
⑤ 자극적인 매캐한 연기 냄새 → 형광등과 같은 전등
⑥ 전기합선 냄새 → 전기배선이 있는 벽이나 천장 위   ⑦ 맛있는 쓰레기 냄새 → 부엌 쓰레기통
⑧ 시커먼 연기과 합성수지 타는 냄새 → 옷장 안(이불과 옷)
⑨ 전열기구의 플라스틱 타는 냄새 → 커피포트, 기타 전기제품(스위치가 ON에 있는지 확인)
⑩ 출처를 알 수 없는 아스팔트 타는 냄새 → 인도와 건물사이 틈(인도에 버려진 담배꽁초가 바람에 실려 건물 옆 좁은 틈에 쌓이면서 아스팔트 혼합물과 검은 연기와 함께 연소되는 경우도 있음)
⑪ 고층 건물 내부에서 나는 출처 불명의 연기냄새 → 엘리베이터의 케이블에 과도하게 칠해진 오일이 마찰열에 의해 연소되는 경우 몇 개의 층으로 연기가 확산될 수 있다.

---

* 덕트(duct) : 관   * 취출구: 공기 구멍   * 기송관 : 공기를 보내는 관   * 더스트 : 쓰레기
* 집진실 : 분진, 먼지, 쓰레기를 모으는 곳.   * 슈트(chute) : 활강로. 아래로 떨어뜨리는 파이프 등 공간

(11) 알람밸브(유수검지장치)*

알람밸브만 작동될 때 **화점 확인**을 위해 다음 5단계 활동을 통해 그 원인을 찾는다.

	▎알람밸브가 작동될 때 그 원인을 찾는 5단계 활동▎ ★ 15 위, 22 소방장
1단계	**수신기** 상에 표시된 층을 확인하고 이 구역을 검색한다.
2단계	스프링클러 시스템을 **리세팅**(resetting) 한 후 경보가 다시 발생하는지 확인한다. - 경보가 다시 울리면, 화재이거나 파이프 누수일 가능성이 크다.
3단계	건물 **위층부터** 검색을 시작한다. - 검색분대는 꼭대기 층에서부터 계단을 내려오면서 각 층 입구에서 물소리나 연기 냄새가 나는지 확인해야 한다. (*^^ 비화재니까 위층부터)
4단계	가압송수장치의 **펌프**를 확인, 고장(지하펌프, 옥상계기판, 물소리, 연기) 등을 조사한다. (※ 펌프방식이면: 지하펌프를 / 고가수조방식이면: 옥상층 계기판을 / 파이프에서 물소리나면: 스프링클러 시스템에 물이 공급 중 / 물이 누수되거나 물소리가 나지 않는다면: 낮은층 연기를 관찰한다)
5단계	소방시설관리업체로 하여금 소방시설에 대한 전반적인 **점검**과 보수를 하도록 조치한다.

▶ 암기: 수리위 펌프 점검

(12) 공조시스템(HVAC, System)

최근 공조시스템을 설치하는 건축물이 늘어나고 있다. 공조시스템은 냉난방과 공기정화기능을 모두 제공하는 중앙집중식 설비의 다용도실에서 건물 전체 공기가 냉각되거나 가열된다. 공기 통로와 관을 통해 건물 전체에 공기가 전달되며 환수되는 공기통로는 이미 이용한 공기를 다용도실의 공조설비로 흡수하여 외부의 신선한 공기와 섞어 정화시킨 후 건물 전체로 내 보낸다.

> ◎ 보충(Tip): 공조시스템이란?
> 난방, 환기(통풍), 공기조화의 약자로서 신선한 공기를 불어넣거나 오염된 공기를 배출하는 설비.

① 공조시스템이 설치된 건물에서 화재 발생 위치를 찾는 것은 매우 어렵다.
　➡ 약간의 연기냄새를 조사할 때 **최우선적 조치사항**은 공조시스템을 **차단**하는 것이다.
　시스템 상의 방화댐퍼를 차단하면 공기의 흐름이 중단되어 화재 발생 위치를 찾아내기 쉽다.
② 공조시스템이 차단된 후 검색을 해도 화재 위치를 찾아내지 못했다면 다시 시스템이 작동한다.
　➡ 연기냄새는 나지만 화재층을 찾지 못하면 **공조시스템** 자체가 연기의 출처가 될 수 있다.
　➡ 그런 경우에는 설비가 설치된 다용도실(빌딩 비품실)을 확인한다. / 팬이나 모터가 과열되어
　　연기가 발생할 수도 있고, 공기조화시스템의 공기필터가 연소될 수 있다. 또한
　　필터 위에 쌓인 종이, 먼지가 연소하면서 배관을 통해 연기를 각 층으로 보낼 수 있다.
③ 공조시스템이 작동될 때 연기 냄새가 다시 돌아와 다용도실의 설비가 **화재의 출처가 아니라는 것**
　이 밝혀지면 ➡ 건물 외부의 공기 흡입구를 확인한다. / 공기흡입구 근처의 작은 쓰레기 화재, 주방 공기 환기구, 주차된 트럭의 매연 등의 연기가 그 원인일 수 있다.

---

* 알람 밸브란? 습식 스프링클러의 배관 도중에 설치된 물이 흐르는 유수검지장치를 말한다. 알람체크밸브
◎ 공조시스템이란? HVAC, System: Heating(히팅), Ventilation(벤틸레이션), Air-Conditioning(에어-컨디션)

제7절 진입 및 인명구조활동

1 옥내진입 ☆ 14 부산교

1) 짙은 연기 내 진입 요령★★ ☆ 08 경북장, 14 인천·15 부산교, 20 위, 21 소방교

(1) 진입 요령

① 공기호흡기 및 인명구조경보기(휴대용경보기)를 확실하게 착용한다.
  ㉠ 면체는 공기의 낭비를 피하기 위해 진입 직전에 대기압에서 **양압**으로 전환한다.
  ㉡ 인명구조경보기의 스위치 「ON」을 확인한다. ↳ 보통보다 높은압력
  ㉢ 짙은 연기 내에서는 면체를 절대로 벗지 않는다.

▌**공기호흡기의 사용 가능시간 산출 공식**★▌ ☆ 14경기교, 부산장 15울산, 경기, 인천장, 16강원교, 19위 등

■ 사용가능시간(분) = $\dfrac{\text{충전압력(kgf/cm}^2\text{)} - \text{탈출소요압력(kgf/cm}^2\text{)} \times \text{용기용량}(\ell)}{\text{분당 호흡량}(\ell/\text{분})}$ ▶충탈용호

- 충전압력 300kgf/cm²의 6.8ℓ 용기를 사용하여 경보벨이 울릴 때까지 사용할 경우, 활동대원이 매분 40ℓ의 공기를 소비한다고 하면 다음 계산에 의하여 사용가능시간을 판단할 수 있다. (*^^ 위 수치는 현재 사용 중인 기본적인 수치임)

  ※ 사용가능시간(분) = $\dfrac{(300 - 55) \times 6.8}{40}$ = 약 41(분)

- 탈출소요압력은 경보 벨이 울리는 압력(신형 SCA680의 경우 55kgf/cm², 구형은 35kgf/cm²= 경보개시압력 30kgf/cm²+오차범위 5kgf/cm²)으로 산출하기 때문에, 탈출경로가 긴 경우 그에 따른 여유시간이 더 필요하다.
- 공기소비량은 훈련 시 등 비교적 가벼운 활동을 한 경우의 일반적인 소비량이고 각 개인의 활동 강도, 긴장도, 호흡방법 등에 따라 달라지므로 사전에 파악해 두어야 한다.

(2) 진입 및 행동요령★ ☆ 12 위, 21 장

① 진입은 반드시 **2인 1조**로, 생명로프를 신체에 결착, 진입하고 단독행동은 피해야 한다.
② **2개 이상의 계단통로**가 있고 급기계단, 배기계단으로 나뉘어 있을 때는 연기가 적은 **급기계단**으로 진입한다. * **오답**: 배기계단
③ **어두운 곳에 진입** 할 때는 조명기구로 **발밑을** 조명하면서 자세를 낮추고 벽체 등을 따라 진입한다. (*^^ 넘어지니까) * **오답**: 천장, 전면(앞면)을 조명
④ **자동폐쇄식 방화문**을 통과하여 진입하는 경우는 **쐐기 또는 빗장** 등을 사용하여 퇴로에 필요한 폭의 개구부를 확보한다. ↳ 문개방 기구
⑤ **넓은 장소에 여러 진입팀**이 진입하는 경우는 검색봉을 활용해서 바닥을 두드리면서 진입하고 이 소리로 상호위치를 판단한다. (*^^ ②③④⑤ 첫 문장 주의!)
⑥ 공기용기의 잔량에 주의해서 **경보 벨**이 울리면 즉시 **탈출**한다.

(3) 화점실 등으로의 진입 ☆ 20 위, 21 교, 장
① 화점실 등의 문를 개방하는 경우는 화염의 분출 등에 의한 위험을 피하기 위해 문의 **측면**에 위치해 엄호방수 태세를 취하면서 서서히 문을 개방한다. * 오답: 문의 정면에
② 불꽃이 보이는 실내에서는 중성대가 형성되고 있는 경우가 많기 때문에 방수 **전**에 신속하게 연소범위(화점)를 확인한다. 21 교, 장
③ 방수 시에는 시계가 불량하고 열기에 갇히는 것에 유의한다. (*^^ 열류층 파괴로)
④ 화점실 내에 진입하는 경우는 **천장** 부분에 직사방수하여 낙하물 등을 제거 후 진입한다.
⑤ **고온의 화점실** 내로 진입하는 경우는 전방팀과 후방팀이 1개 조로 활동하는 **2단 방수형태**로 공격하고 후방의 관창팀은 **분무방수**로 전방팀을 보호와 경계 등 지원을 한다.
⑥ 진입 시 소매와 목 부위의 노출부분 없도록 보호한다.(*^^ 진입 전 방화복에 물을 충분히 뿌린다)

2) 화점 상층의 진입*

① 진입계단을 확보하고자 할 때는 특정의 (다른)계단을 선정하여 1층과 옥상의 출입구를 **개방**하고 화점층의 계단실 출입문을 **폐쇄**하여 계단실 내의 연기를 배출시킨다.(*^^ 옥상배기를 원칙으로)
② 직상층에 진입하는 경우는 창을 최대한 개방하고 실내의 연기를 배출시킨다.
  - 화점층에서 화염이 스팬드럴보다 **높게** 나올 때는 창의 개방에 의해서 화염이나 연기가 (화점 상층)실내에 유입되는 경우가 있으므로 **개방하지 않는다**. ▶오답: 최대한 개방한다.

> (*^^ 스팬드럴(spandrel): 구 건축물 등에서 각층의 바닥 뼈대의 바깥쪽 가를 이루고 있는 들보(보)를 말함)
> - ②에서 화염이 높게 나온다는 뜻은 화염이 스팬드럴을 넘어 수직으로 타고 직상층으로 향한다는 뜻이다.

③ 덕트스페이스(duct space), 파이프샤프트(pipe shaft) 등을 따라 화염과 연기가 최상층까지 분출하는 예가 많으므로 **최상층에 신속히** (경계)**관창을 배치**한다.
  - 또한 최상층의 창, 계단실 출입구를 개방한 후 덕트스페이스, 파이프샤프트 등의 점검구(점검구가 없는 경우는 부분파괴에 의해 개방)를 개방하고 내부상황을 확인한다.
    (* 용어: 덕트스페이스 및 파이프샤프트 등이란? 건물 내 각종 설비배관 등이 통과하는 수직된 공간)
④ 직상층에서 깊숙이 진입할 때는 특별피난계단, 피난사다리, 피난기구 등의 위치를 확인하고 반드시 **퇴로**를 확보한다. (*^^ ④⑤⑥ 상식적 개념의 문장)
⑤ 직하층 진입대와 긴밀한 연락을 취해 최대의 방어효과가 발휘되도록 활동내용을 분담 조정한다.
⑥ 연결송수관설비, 옥내소화전, 소화활동상 필요한 설비 등 **해당 건물의 설비를 최대한 활용**한다.

3) 창에서 진입

(1) 창의 개방방식 구분
(2) 활용상 유의사항 ☆ 20 소방위
① 화염의 분출상황을 확인하여 사다리 설치 위치를 결정한다.
② 풍향을 고려하여 창을 개방하고, 실내의 연기를 배출한다.
③ 사다리를 설치할 때는 창틀 등에 고정하여 안전을 확보한다.

④ 개구부에 중성대가 생긴 때에는 바닥 면에 가까운 부분은 잘 보이는 경우가 많으므로 주수하기 전에 신속히 관찰하여 내부 상황을 파악한다.

⑤ 고층건물 상층의 창에 중성대가 생겨 화염과 연기가 분출하고 있을 때 불필요하게 **아래층에 개구부를 만들면 중성대가 내려가게 되어 그 창의 전체가 배기구로 될수 있어 주의**한다.
(*^^ 하부로 신선한 공기가 급기되면 실내 화세가 강하여 공기는 팽창하여 위로 더욱 솟구치며 그로 인하여 상부 압력이 커져서 중성대는 상부압력에 밀려서 하부로 내려오게 된다는 뜻.)

⑥ 동일층에 있어서 급기측 창과 배기측 창으로 구별할 수 있을 때는 **급기측의 창으로 진입**한다.
(*^^ 배기측은 연기가 나오므로 바람을 등지고 항상 급기측으로 해야 하는 것이 원칙임.)

⑦ 창의 개방에 있어서 백드래프트 또는 플래시오버에 주의하여 주수 태세를 갖춘 후 개방한다.

4) 사다리를 이용한 진입 (* 중요도 낮음)   ☆ 서울위

(1) 2층에 연장하는 경우

복식사다리에 의한 진입	가장 일반적으로 활용되고 있는 방법이다. 다음 사항에 유의한다. ① 지반이 약하거나 경사가 심한 경우는 피하지만 다른 곳에 적당한 장소가 없는 경우에는 **호스브리지 등을 발판으로 활용**한다. (*^^ 호스브리지: 도로 위 호스보호용 덮게) ② 진입하고자 하는 개구부의 좌우 어느 한쪽에 의지하고 사다리가 옆으로 밀리는 것을 방지한다. ▶ 오답 : 한쪽에 의지하지 않고 ③ **사다리 위에서 창의 유리를 파괴하는 경우는 직접 개구부에 설치하지 말고 개구부 직근의 측면 벽체에 설치**하여 파괴시 낙하물, 화염분출에 따른 위험을 방지한다.
펌프차와 거는 사다리의 병행에 의한 진입	거는 사다리 하나만으로는 미치지 못하는 경우 또는 진입장소의 아래쪽에 차양 등의 돌출부가 있는 경우에 활용하며 다음 사항에 유의한다. ① 거는 사다리는 수직하중을 목적으로 제작되어 가능한 수직으로 설치하여 사용한다. ② **베란다의 난간에는 원칙적으로 설치하지 않는다.**(*^^ 안정성이 적으니) - 다만, 다른 방법이 없는 경우에 보조확보물이 있는 위치에 설치한다.

(*^^ 겹쳐서 뺄 수 있는 복식사다리는 2단 4m, 3단 7m 등이 있으나 소방에서는 잘 사용하지 않는다.)

(2) 3층에 연장하는 경우

3단 사다리를 사용하는 경우	• 3단 사다리는 보통 3층에 설치 가능하지만 **복식사다리에 비하여 불안정한 상태가 되기 쉬우므로 지반 및 설치위치에 특히 유의**한다.
펌프차가 설치 목표지점에 접근할 경우	• **펌프차 위에서 복식사다리를 설치하여 3층으로 진입**한다. • 이 경우 펌프차의 소방호스 적재대에서 설치할 경우는 두꺼운 판자 또는 호스브리지 등으로 지반을 보강한다.
복식사다리와 거는 사다리를 병행하는 경우	• 복식사다리를 연장하고 그 위에서 거는 사다리를 설치하는 방법. 복식사다리의 안정, 신체보호 등 위험방지에 충분한 조치를 한다.
인접건물 등을 활용하는 경우	• 인접한 건물을 통하여 진입할 수 있는 경우는 **여러 개의 복식사다리를 사용해 진입**한다.

(3) 4층에 연장하는 경우
① 앞의 "펌프차와 복식사다리의 병행에 의한 진입"과 같은 방법으로 활용한다.
　　이 경우 사다리의 중량으로 불안정하므로 호스적재대의 보강, 사다리 고정 등을 확실하게 하고 사다리가 옆으로 밀림, 전도 등의 위험방지에 유의한다.
② 3단 사다리와 거는 사다리의 병행에 의한 진입:
　　3단 사다리를 3층에 연장하고 3층에서는 거는 사다리를 4층에 연장하여 진입한다.
③ 베란다, 창 등을 이용한 거는 사다리에 의한 진입방법:

베란다, 창 등을 이용한 거는 사다리에 의한 진입방법	
• 하나의 거는 사다리가 있는 경우	2층 → 3층으로 / 3층 → 4층으로 / 순차적으로 연장하여 진입.
• 복수의 거는 사다리가 있는 경우	연장하여 진입한다.

　　㉠ 거는 사다리 올라갈 때는 사다리의 밑 부분이 벽체에 밀착되어 있으면 좋지만 개구부 등과 같은 공간인 경우에는 대원 1명이 반드시 사다리의 지주 밑 부분을 지지해 주어야 한다.
　　㉡ 진입대원은 2명 이상으로 하고 로프 등으로 퇴로를 확보한다.

(4) 낮은 장소에 연장하는 경우
① 사다리의 지주 밑 부분 양쪽에 로프를 묶어 확보한다.
② 사다리를 목표지점으로 운반한다.
③ 사다리 끝부분(선단부)을 로프 또는 다른 사람이 고정시키거나 지지하고 양쪽의 로프를 낮추면서 서서히 내린다.
④ 조작상 유의사항
　• 로프의 지지는 신체로 하며 안전에 유의한다.
　• 로프의 손상방지 조치를 한다.
　• 진입대원은 신체를 로프에 결착 안전조치 후 내려간다.

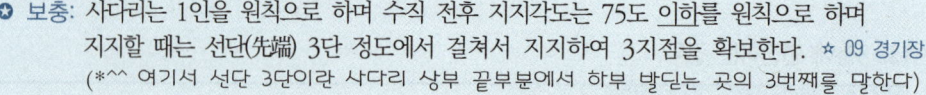

> ✪ 보충: 사다리는 1인을 원칙으로 하며 수직 전후 지지각도는 75도 이하를 원칙으로 하며 지지할 때는 선단(先端) 3단 정도에서 걸쳐서 지지하여 3지점을 확보한다. ★ 09 경기장
> (*^^ 여기서 선단 3단이란 사다리 상부 끝부분에서 하부 발딛는 곳의 3번째를 말한다)

5) 발코니, 베란다의 진입
① 공동주택, 병원 등에 있어서는 화점층의 직하층 또는 직상층의 발코니까지 옥내계단을 통하여 단식 사다리를 운반하고 이곳에서 옥외로 사다리를 설치하여 진입하는 방법 등이 있다.
② 발코니, 베란다 등에 설치되는 난간 등은 강도가 약한 것이 많으므로 갈고리 등으로 난간의 강도를 확인한 후 활용한다.
③ 난간의 지지부가 부식되어 있는 경우는 로프 등으로 보강시킨다.
④ 난간이 없는 발코니, 베란다는 사전에 로프 등으로 추락방지 조치를 취한다.

6) 피난용 사다리를 이용한 진입

① 수직식 사다리는 발디딤 부분이 얕고 폭도 좁으므로 떨어지지 않도록 안정된 자세를 한다. **안전화에 기름이 묻은 경우 미끄럼에 주의한다.**

② 사다리를 오를 경우는 물건을 휴대하지 말고 양손으로 가로대를 확실히 잡고 행동하며 **필요한 기자재는 로프로 결착하여 인양한다.**

③ 소방호스를 연장하여 진입하는 때에는 **사다리 밑에 충분한 여유 호스를 두고** 진입구 부분에서는 로프로 소방호스를 난간에 결속하여 송수시 물의 중량에 의한 호스의 낙하를 방지한다.

④ 피난자가 사용한 것 또는 선착대에 의해서 연장된 피난사다리를 활용할 때
  ㉠ 항상 착지지점의 강도를 충분한지 확인하고 활용한다.
  ㉡ 자기 체중을 사다리에 싣고 2~3회 강하게 당겨 안전을 확인한다.

⑤ 로프 또는 철제 접사다리의 경우는 사다리 하단을 확보 또는 고정하여 유동이 적도록 조치를 한 후에 활용한다.

⑥ 완강기는 진입대원의 탈출용으로 사용 가능한 상태로 고정시켜 놓는다.

7) 옥상 또는 인접 건물을 통한 진입

(1) 옥상활용상의 유의사항

① 헬기, 사다리차, 사다리 등을 이용하여 발화건물의 옥상으로 진입한 소방대는 지휘자에게 옥상 출입구의 위치 및 출입문 폐쇄 상황을 보고하고 출입구 개방에 관한 지시를 받는다.

② 화점층의 계단 출입구가 폐쇄되고 피난층의 출입구가 개방되면 해당 계단실내의 연기는 단시간에 (피난층으로) 배출되므로 진입계단으로 활용한다.

③ 계단실 연기를 배출시키고 옥상 출입구를 폐쇄한 후, 배연차를 이용하여 계단실에 공기를 밀어 넣어 가압하면 계단실에 짙은 연기가 유입되지 않는다. (*^^ 화점실보다 계단실이 고압이 되니)
   (* 그 이유? 화점층 계단 출입구가 폐쇄되고 공기를 넣어 계단실 압력이 화점실보다 더 높으니)
   (* ☞ 압력과 온도는 항상 높은데서 낮은데로 흐른다, 낮은데서 높은곳으로는 갈수 없다.)
------*

(2) 인접건물의 옥상 또는 창을 통한 진입요령

① 건물 상호간의 간격이 좁고 마주보는 창 등 개구부가 있는 경우에 발화건물의 창을 파괴하여 개구부를 만들고 양쪽 건물사이에 갈고리, 천장파괴기, 사다리 등을 걸쳐 진입한다.
   이 방법은 상당한 위험하므로 신중을 기하며 진입대원의 안전을 위해 로프로 결착한다.

② 건물 상호간의 간격이 **2.5m 이내의 경우는 복식사다리를 접은 상태로 수평으로 걸쳐 그 위를 건너 진입한다.** 이 경우 2개 이상의 사다리를 병렬로 묶어 설치한 후, 양쪽 사다리에 체중을 싣고 엎드려 건너면 더욱 안전하다.
   (*^^ 겹쳐서 뺄 수 있는 복식사다리는 2단 4m, 3단 7m 등이나 위험하니 접은상태로 수평으로 걸쳐야 한다)

③ 수평으로 걸친 사다리를 이용하는 경우는 사다리에 상하진동 등의 충격, 지나친 하중을 주지 않도록 조심스럽게 행동한다.

2 인명검색 및 구조*

1) 검색 활동

(1) 탐문 및 상황판단

① 탐문

검색은 건물규모 및 화재의 대소에 관계없이 구조대상자가 있는 것으로 간주한다.
㉠ 관계자에게 "○○층 ○○호실의 사람은 피난했는가?" 라고 구체적으로 질문한다.
㉡ 화재 관계자 등으로부터 구조대상자의 유무를 확인한다.

② 상황판단*   ☆ 16 서울교

구조대상자 존재가 불명확할 때는 구조대상자가 있다고 가정하고 확인시까지 검색한다.
- 공동주택 등에서 야간전등이 꺼져 있는 주거는 "경계대상" 으로 한다.

(2) 검색조의 편성*

① **검색조**는 검색원 2명, 로프 확보원 1명(총3명)을 1개조로 하고 지휘자의 지시에 의한다.
② 엄호주수 대원은 검색원과 떨어지지 않도록 유의한다.
③ 검색원의 선발은 **경험, 체력, 기능** 등을 고려하여 선정한다.

(3) 검색 준비(= 공기호흡기 착용)*

① 착용 전에 점검을 실시하며 **면체는 진입구와 가장 가까운 곳에서 착용**한다.
② 지휘자는 검색원 및 엄호주수 대원의 공기호흡기 착용 및 압력확인 후 검색 소요시간 및 방법 등을 지휘한다.

(4) 내부 진입(인명 검색 시)*   ☆ 16 경기장, 22 교

① 출화건물, 주위건물 순으로 한다.
② ❶화점실, ❷인근실, ❸화점층, ❹화점상층, ❺화점하층의 순위로 한다. ▶ 화인층상하

(5) 검색요령*

① 지휘관은 검색활동에 대해 검색원에게 분담범위, 검색개소를 명확하게 지시한다.
② 검색은 ❶중점장소를 최우선으로 실시하고 ❷불꽃과 연기가 강한 장소, ❸배연방향도 우선하여 단계적으로 실시한다.(*^^ ❶ 중점장소: (6)번 박스의 ㉠~㉤까지 / ❸: 연기와 독성가스 등 때문)
③ 인명검색이 열, 연기 때문에 곤란할 때는 엄호주수 하에 실시한다.
④ 연기나 열이 없더라도 연소위험이 큰 장소나 연기 체류가 예상되는 장소는 검색을 실시한다.
⑤ 구조대상자가 있다는 정보를 수집했을 때에는 확인될 때까지 검색한다.
⑥ 검색 중복을 방지하기 위해 검색이 완료된 장소에는 종료장소의 출입구 등에 표시한다.
⑦ 검색조를 교대하는 경우는 검색경로, 검색실시 범위 및 내부의 상황 등을 교대자에게 인계한다.
⑧ 오감을 최대한도로 활용해서 검색을 실시한다. (*^^ 오감: 시각, 청각, 후각, 미각, 촉각)
㉠ 고함 또는 공기호흡기의 확성기 등으로 "누가 있습니까?" 등으로 부른다.
㉡ 문이나 벽을 손이나 갈고리(검색봉)로 두드리면서 내부의 반응을 판단한다.
㉢ 신음 소리, 부르짖는 소리, 신호음(문, 벽을 두드리는 소리)을 확인한다.

(6) 검색중점 장소(구조대상자가 있을만한 장소)*

> ● **검색은 탐문에 근거한 장소를 최우선**으로 하되 다음의 장소를 중점적으로 실시한다.
> ㉠ 야간 화재시의 거실, 침실 부분
> ㉡ 계단 부근(특히 옥외계단으로 통하는 출입구)
> ㉢ 막다른 계단 및 복도 또는 복도의 모퉁이
> ㉣ 승강기 부근
> ㉤ 베란다, 창가
> ㉥ 피난기구가 설치되어 있는 부근
> ㉦ 방의 구석진 곳, 대형가구 속 또는 그 사이
> ㉧ 목욕탕, 화장실 등 연기나 열기를 피하기 위한 일시적인 피난가능 장소

(7) 안전로프의 연장
 ① 확보자와 검색원간의 안전로프는 탈출시 퇴로를 고려하여 느슨하지 않도록 **팽팽하게** 한다.
 ② 탈출신호는 안전로프를 잡아당기는 방법 외에 무전연락, 경적 및 고함 등을 **병행**한다.
 ③ 자동폐쇄식 방화문을 통과할 때는 문의 폐쇄로 인하여 안전로프가 문틈에 끼이거나 절단되지 않도록 **쐐기, 갈고리 등을 활용**하여 문을 열어 놓는다.

(8) 구조대상자 발견 시 조치
 ① 경적, 휴대용무전기, 안전로프 등을 이용, 확보자 및 지휘자에게 보고한다.
 ② 1개조만으로 **구조가능 여부를 판단**하여 보고한다.
 ③ 추가 인원이 필요시 인원과 기자재를 요구, 상황에 따라서 구조대상자에게 응급처치 행한다.

2) 구조 요령

(1) 구조의 기본*
 ① 구조대상자를 발견한 경우는 지휘자에게 보고 후 즉시 구조한다.
 ② 탈출방법 등은 지휘자의 명령에 근거한 방법으로 한다.
  (명령을 받을 겨를이 없는 경우는 신속하고 안전하게 구출할 수 있는 방법으로 한다.)
 ③ 탈출 장소는 **피난장소(지상)에 구출**하는 것을 원칙으로 한다.
  - 다만 구명이 긴급한 때는 일시적으로 응급처치를 취할 장소로 우선 이동한다.
 ④ 구조대상자가 다수 있는 경우는 다음에 의한다.
  ㉠ 인명위험이 절박한 부분 또는 층을 우선으로 구조한다.
  ㉡ 중상자, 노인, 아이 등 위험도가 높은 사람을 우선으로 구조한다.
  ㉢ 자력으로 대피가 불가능한 사람을 우선으로 구조한다.

(2) 사다리를 활용하여 인접 건물로 구조하는 때는 사다리를 접은 상태로 수평강도를 확보하고 구조로프를 병행 설치하여 구조한다. 이 경우도 구조대상자의 안전 확보에 세심한 주의를 기울인다.

3) 구조대상자 운반법(핵심)★★
☆ 13 서울·경기·강원장, 15 인천장, 16 경기, 부산, 경북교 17 인천·소방장 등

구분	내용
① 안아 올려 운반구출	구출거리가 짧은 경우에 이용. 부상이 허리부분인 경우 피한다. (* 바로 눕히고 상반신을 일으켜 허리부분에 위치한다)
② 끈 운반구출 (깔개, 커튼, 띠)	구조대상자의 부상부위가 허리부분인 경우 피한다. (* 2중의 원으로 양다리를 통해 대퇴부까지 넣는다. 양팔로 확보한다)
③ 전진 또는 후퇴 포복구출	낮은 위치로 농연 중의 구출에 적합함. / 주로 **구출거리가 짧은 경우** (* 양팔을 가슴위치에 교차시켜 양팔을 손수건 등으로 묶는다)
④ 양쪽 겨드랑이 잡아당겨 구출	구출거리가 짧은 경우에 활용한다. (* 양손으로 잡아 안아올려 양겨드랑이 조인 뒤, 뒤로 당기며 구출)
⑤ 메어서 운반구출	구조대상자의 부상부위가 허리 또는 "복부"부분인 경우는 피한다 (* 손목을 잡고 안아올림과 동시에 한쪽 어깨에 배부분을 넣는다)
⑥ 1인 확보 운반 구출	구조대상자의 부상부위가 허리 또는 "가슴" 부분인 경우 피한다. **구출거리가 짧은 경우**에 **활용**한다. (* 허리에 올려 구출한다) (* 머리위치에서 구부리고 양팔을 등으로부터 양겨드랑이에 집어 넣어 상반신을 일으키며 한쪽손으로 팔을 머리로 돌려서 확보한다.)
⑦ 뒤로 옷깃을 끌어당겨 구출	구조대상자는 낮은 위치에 있으므로 **농연 중의 구출에 적합**하다. (* 의복 제1, 2단추를 풀고 복부뒤로 옷깃을 잡아 들어올려 당긴다)
⑧ 소방식 운반 구출	* 허리부분에서 가랑이를 벌리고 양팔을 구조대상자의 등으로부터 양겨 드랑이로 집어넣어 가슴에서 손을 맞잡고 뒤로 내리면서 들어올린다 – (*^^ 구조대원이 공기호흡기를 착용한 상태에서도 어깨를 이용하여 큰 힘을 들이지 않고 장거리를 이동할 수 있는 방법이다.)
⑨ 등에 업고 포복 구출	구조대상자는 **낮은 위치에 있으므로 농연 중의 구출에 적합**하다. **구출거리가 짧은 경우**에 **활용**한다. (* 농연: 짙은 연기) (* 구조대상자를 엎드리게 하여 구조대원은 구조대상자 허리부분에 가랑이를 벌리고 양팔을 양겨드랑이로 집어넣어 상반신을 일으키고, 다른 구조대원의 등에 업어 확보하면서 구출한다)
⑩ 모포 등을 이용하여 끌어당겨 구출 (1인 또는 2인으로 구출하는 경우)	구조대상자는 낮은 위치에 있으므로 **농연 중의 구출에 적합**. 발부분의 모포 등을 묶어 이탈을 막을 수 있다. 부상에 대해 고려할 것 없다.

■ 정리(Tip)
① 단거리 운반법 : 안아올려 / 전진 후퇴 / 양쪽겨드랑이 / 1인확보 / <u>등에 업고</u>. ▶ 안전 양쪽 |등
② 농연 중 구출 : 전진 후퇴 / 뒤로 옷깃을 끌어당겨 / <u>등에 업고</u> / 모포 등 이용. ▶전등 모뒤
③ ① 단거리 운반법 + ② 농연 중 구출 : 전진 또는 후퇴 포복 구출 / 등에 업고 포복 구출, ▶전등
④ 허리 부상 피하는 구출: 안아올려 / 끈 운반 / 메어서 / 1인확보. ▶안끈 메잉

■ 각종 운반구출법 ■

① 안아 올려 운반구출   ② 끈 운반 구출   ③ 전진(후진) 포복 구출   ④ 양쪽 겨드랑이 잡아당겨

■ 각종 운반구출법 ■

⑤ 메어서 운반(어깨에)　⑥ 1인확보 운반 구출　⑦ 뒤로 옷깃 끌어당겨　⑨ 등에 업고 포복 구출

■ 모포 등 이용 구출과 소방식 운반구출법(㉠㉡㉢) ■

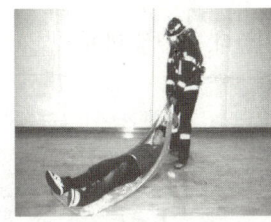   

⑩ 모포 등을 이용하여 끌어당겨 구출 / ㉠ 허리부분에 가랑이를 벌리고 후퇴하며 상반신을 일으킨다. / ㉡ 겨드랑이에 머리 넣어 허리부분 끌어올려 한쪽발을 앞으로 내밈 / ㉢ 대퇴를 구부려 일으켜 손목을 잡아 일으킨다.

4) 사다리를 활용한 구조

껴안고 구조하는 요령	① 위층에서 지상으로 구조하는 경우 구조대원이 구조대상자를 껴안고 하강하는 방법이다. - 무릎은 항상 구조대상자의 양발 사이에 위치한다. ② 하강 중 구조대상자가 손을 떨어뜨리거나 의식을 잃더라도 **무릎으로 구조대상자를 지지**할 수 있게 된다. * 구조대상자가 의식있으며: (1)(2) / * 의식 없으면: (3) (1)(2) 무릎으로 받치며 / (3) 마주 껴안은 자세이다. 
응급사다리 구조요령	이는 사다리 가로대를 이용하는 (로프조작으로) 구조방법이다. ① 구조대상자를 벨트 등으로 안전하게 결속하고 이에 결속한 로프(두겹 또는 세겹고정매듭)를 사다리의 가로대에 걸쳐 설치한다. ② 로프조작은 사다리 밑에서 구조대상자를 보면서 서서히 안전하게. ③ 구조대상자의 체중을 로프에 실었을 때에는 하강에 앞서 구조대상자의 체위, 사다리의 안정 및 확보상태에 주의한다. ④ 구조대상자를 직접 착지시키지 않고 다른 보조대원이 손으로 받아 안전하게 운반한다.(다른 보조대원이 지상에 없을 경우, 지상 약 <u>10㎝</u> **지점**에서 로프하강을 일시 정지시켰다가 서서히 내려놓는다) ⑤ 구조대상자가 하강 시 벽면 등에 부딪혀 신체를 위해할 가능성이 있을 때에는 유도로프를 사용하는 등의 조치를 한다. 

5) 피난유도

(1) 방송설비활용

① 방송설비를 활용하여 피난을 유도한다.
② 화점 장소, 내용, 화재규모, 범위 및 피난방향을 명확히 방송한다.
③ 호텔, 여관 등에서 밀실 형태의 경우는 피난을 유도하기 곤란하기 때문에 **관계자에게 각 실의 점검을** 지시한다.
④ 반복하여 방송을 실시하고 피난자가 이해할 수 있도록 **일상용어를 많이 사용**한다.
✪ 방송설비가 없을 때는 차량 및 휴대용확성기로 건물 전체에 피난방향과 방법을 지시한다.

(2) 피난 유도원의 임무와 행동★★

① 필요한 수의 피난 유도원을 지정하여 **화점층 및 직상층에 배치**한다.(＊ 가장 위험층)
② 자력피난 가능자 유도를 위한 필요한 인원은 대략 다음과 같다.

> ❶ 계단 출입구: 2명, / 통로 모퉁이: 1명 (＊ 총3명)
> ❷ 집단유도는 어린이 <u>20</u>명에 1명,
> ❸ 어른 <u>50</u>명에 1명 정도가 적합하다. ▶암기 : 2050

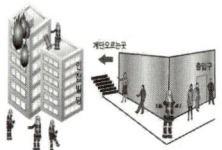

- 피난 유도원의 임무와 행동 -

① 계단 등 수직피난＊   ☆ 20 소방장, 23 소방교

> • 피난에 사용하는 계단 등의 우선 순위는 ❶ **옥외계단** ❷ **피난교** ❸ **특별피난계단** ❹ 옥외피난용 **사다리** 및 **피난계단**의 순서로 한다. ▶ 암기 : 외교특사계

㉠ 계단 이동은 계단모서리 등으로 사람이 몰려 혼잡하지 않도록 인원을 통제한다.
㉡ 바로 위층 피난을(위층 피난자를) 우선으로 하고
  - 계단을 내려오는 사람은 **직하층**으로 일시 유도한 후 지상으로 대피시킨다.
㉢ 옥상 직하층의 피난자 등은 **옥상**을 일시 피난장소로 지정한다.
㉣ 화점층 계단출입구는 계단의 피난자들이 통과할 때까지 폐쇄한다.

② 거실, 복도, 로비 등의 수평피난＊

㉠ 화점으로부터 멀리 유도하며, 통행이 막힌 통로 등에의 진입을 저지한다.
㉡ 연기 적은쪽을 선택, 계단 안전순위가 높은곳 또는 **급기측** 계단방향으로 유도한다.
㉢ 지하철역, 다른 건물과 지하연결되어 있는 지하층은 **접속건물 방향**으로 유도한다.
㉣ 복도에 연기가 있는 경우는 발코니, 피난사다리, 피난기구의 옥외사용 가능한 장소로 재난약자(어린이, 노인, 장애인)를 우선적으로 피난시킨다.
㉤ 복도에 연기가 가득하여 실내에서의 탈출이 곤란한 경우는 다음과 같이 조치한다.
  • 발코니 또는 사다리차 연장이 가능한 창으로 이동시킨다.
  • 복도 측의 출입구를 폐쇄한 후 틈새를 시트, 커튼으로 막고 테이프 등을 붙인 후 출동대 도착을 기다릴 수 있도록 지시한다.

제8절 배연

1 배연의 개요

(1) 배연의 필요성

배연팀은 반드시 진압팀과 연계성으로 활동한다.

> ■ 배연을 하는 4가지 기본적인 이유 ☆ 18 소방교
> ① 인명구조를 위해 ② 호스연장과 관창배치를 원활하게 하기 위해
> ③ 폭발을 방지하거나 줄이기 위해 ④ 연소확대를 제한하기 위해~ ▶암기 : 인호폭연

(2) 배연활동 시 유의점 ☆ 24 소방위

| 배연 타이밍 | · 배출 경로에 구조대상자가 있는 경우에 위험을 가중시킬 수 있다.(* 연기와 가스 때문에)
· 보통의 배연작업은 호스라인이 내부에 진입하여 진화 준비가 완료되었을 때가 적절하다 24위 |

(3) 강제배연방식** ☆ 10 부산장, 14 전북장 등 ▶암기 : 송분고 배제

① 송풍기 활용 ② 분무주수 활용 ③ 고발포 활용 ④ 배연차 활용 ⑤ 제연설비 및 공기조화설비활용

2 자연환기에 의한 배연** ☆ 13 서울·경남상, 16 무산상

배연의 기본은 중성대 위쪽에는 연기가 외부로 분출되고 아래쪽은 외부로부터 신선한 공기가 유입되는 자연환기의 원리를 따르는 것이다.

(1) 수직 배연 ☆ 13 울산교

지붕 등 윗방향으로 배출할 수 있도록 하는 가장 효과적인 배연방식이다.

> ① 부적절한 강제환기와 병행하면, 자연환기는 그 효과가 감소한다.
> ② 유리창의 과잉파괴가 행해지면 수직환기효과가 감소한다.
> ③ 배연 중인 수직환기구나 통로에서 방수하면, 기류방향을 돌려놓는 결과가 되므로 주의한다.

(2) 수평 배연

창문, 출입문처럼 벽에 있는 출구를 통하여 연기가 빠져나가는 것을 수평배연이라 한다.
① 일반적으로 수직배연을 하기에 알맞은 건물이 수평배연에도 좋다.(* 큰 방해가 없는 건물)
② 풍상 방향 개구부를 급기구로, 풍하방향 개구부를 배출구로 하는 것이 가장 효과적이다.

> ✪ 바람이 불지 않을 때에는 수평배연의 효과가 감소한다.
> ① 바람의 영향을 받는 곳은 급기구와 배기구 설정에 유의한다.
> ② 아래층에서 배출된 연기가 상층의 개구부를 통해 유입되지 않도록 유의한다.

3 송풍기 활용 배연** ☆ 13 충북교·장, 14 경남장, 15 위, 16 경북교, 17 인천·소방장, 19 장

① 송풍압력으로 건물 **외부의 압력보다 건물 내의 압력을 높게**하여 배연하는 방법이다.
② **일반적으로** (* 큰 선풍기 형태로) 개구부의 하단 등 낮은 장소에 설치하여 불어넣는
(평상시 압력의 상압보다 높은 압력인) **(양성압력형 환기법)**방식을 주로 쓰고 있다.
③ 때로는 배출구에서 **배출가스를 뽑아내는 방식(음성입력형)**도 사용하고 있다.
④ 송풍기를 활용한 배연은 동력원(자연이 아닌 전기 기계장치)에 의존해야 하는 **단점**이 있다.

> ★ 송풍기 활용 장점은*
> ① 소방대원이 실내에 진입하지 않고도 강제환기를 시작할 수 있다.
> ② **자연환기**의 흐름을 **보충**하기 때문에 **수평 및 수직 환기의 효과와 같다.**
> ③ 설치하기가 편리하고 배연의 강도를 조절할 수 있다. ④ 모든 건물에 응용할 수 있다.

⑤ 송풍기는 **자연바람과 같은 방향**으로 설치하여 **효율성**을 배가해야 한다.
⑥ 송풍기 근처의 **창문이나 출입문은 가능한 폐쇄**하여 공기흐름에 방해가 되지 않도록 해야 한다.
  - 화점실이 분리되어 있다면 화점실 문을 폐쇄, 외부로 연기 등 확산을 막고 배연한다.
⑦ 출입구에 송풍기를 설치할 경우 송풍기에서 나온 공기의 원추(圓錐)가 입구를 완전히 덮을 수 있도록 출입구로부터 적당한 거리를 둔다. (* 원추 : 원뿔의 구어)
⑧ **배출구의 크기와 급기구의 크기가 같도록** 하는 것이 효율적이다. (*^^ 다르면 비정상이 된다)
⑨ 공기가 너무 많이 공급되게 하여 오히려 급격하게 연소 **확대** 우려가 있으므로 유의한다.
⑩ 구획된 공간의 연기가 제거되었으면 배기구를 차단 송풍기의 **양압**이 유지되게 한다.

4 분무주수를 활용한 배연

화점실의 연소상황에 따라서 확산주수 또는 분무주수로 전환하여 간다.

> ★ 급기구측에서 분무주수하여 기류를 이용하는 방법 ☆ 23 장
> ① 관창 전개각도 60도 정도로 급기구를 완전히 덮을 수 있는 거리를 주수 위치로 선정한다.
>   개구부가 넓은 경우에는 2구 이상의 분무주수로 실시한다. ▶ ①② 암기 : 6, 6(* 연상: 쭉쭉 분무)
> ② 관창압력은 0.6Mpa 이상 분무주수를 한다.(*^^ 0.6Mpa이란 고속분무 거리로서, 60m의 압력이다.)
> ③ 배기구측에 진입대가 있을 때는 서로 연락을 취해 안전을 확보하면서 주수한다.

(1) 간접공격법(로이드레만 전법)에 의한 배연* ☆ 14 경기, 14 전북장,, 15 위, 16 대구교·장, 경기교, 소방교, 24 장

① 연소물체 또는 옥내의 온도가 높은 **상층부**를 향하여 주수한다. * 오답 : 천장
  - 고온에 가열된 증기의 증가에 의해서 대원이 피해를 받지 않는 위치를 선정한다.
② 주수 시 개구부는 가능한 **작게** 하는 것이 위험성을 감소시킨다. * 오답 : 크게
③ 가열 증기가 몰아칠 염려가 있는 경우는 고속분무로 화점실 천장면에 충돌시켜 **반사주수를 병행**한다. (* 외부에서 실내로 간접공격 시 화점실로 공급되는 공기의 양을 최소화 한다.)
④ 연소가 완만하여 **열기가 적은 연기**의 경우는 이 전법은 **효과는 적으므로** 유의한다. 24 장

5 상황별 배연작전

1) 인명구조 중점의 배연작전

① 다층 건물 화재 발생 시, 가장 높은 부분(꼭대기 층)에 있는 개구부를 통해 배연하는 것은 독성가스와 농연을 배출시킴으로써 생명을 구할 수 있다. - 중요한 작전요소이다.
② 만약 화재가 낮은층에서 발생했다면, 소방대원은 내부계단을 통해 화재를 진압한다.
  대원들이 건물 내부로 호스를 연장하기 위해 출입문 개방 시 농연과 가스 등이 분출되면서 **꼭대기 층부터 아래층으로 급속히 확대된다**
  (*^^ 연소물이 분출되면서 연돌효과로 인하여 꼭대기 층에서부터 불이 붙는다)

2) 화재진압 중점의 배연작전*

① 구조가 복잡하고 장애물이 있어도 화점까지 수십m를 접근하여 정확히 방수할 수 있다.
② 공격방향과 반대쪽 창문으로 배연하는 것이 대원들이 안전하게 화점에 접근할 수 있다.
③ 단층 건물의 배연은 개구부를 개방하고, 다층건물은 굴절·고가·복식 사다리가 가능하다.
④ 배연작업은 반드시 진압팀(관창수)의 행동개시와 **동시**에 시행되어야 한다.

> ✪ 배연작업이 진압팀(관창수)의 방수준비가 되기 전에 개시한다면, 갑작스러운 플래시오버현상이나 역류현상에 의해 오히려 화재확산을 조장하는 최악의 상황이 될 수 있다.
> ✪ 공기호흡기의 단점은 농연과 가열된 공기로 가시성이 떨어져 신속한 화재진압을 **방해**한다.

3) 폭발방지 중점의 배연작전*

> ✪ 배연작업은 역류(백드래프트)현상이나 가스폭발을 방지하거나 그 위험성을 줄여줄 수 있다.
> · 공기를 불어 넣어 가연성 가스를 폭발하한계 이하로 희석시킨다.
> ✪ 화재가 상가건물 앞쪽에서 발생했을 때, 상가건물 뒤쪽에 이중벽이 존재한다면
> · 뒤쪽을 배연하는 것은 바람직하지 못하므로 앞쪽 개구부를 통해 배연한다.
> · 앞쪽 개구부를 개방(제거)할 경우 **최소 좌우 한쪽 이상에 경계관창**을 배치한다.
>   - 앞문이 개방되어 가열된 가스가 빠진 후에, 화재가 오히려 되살아 날 수 있다.(* 산소공급으로)
> · 배연 후 경계관창에 배치된 팀(투입진압팀이 없다면)은 신속히 내부진입을 시도해야 한다.

4) 확산방지 중점의 배연작전

① 가장 심각하고 가장 빈번한 연소확대 문제는 감추어져 있는 **지붕**(밑)**공간**에서 일어난다.
  화재가 천장을 통해 연소하면서 가연성 가스가 흘러들어, 화염은 수직·수평으로 급격하게 확대된다.
② 천장(또는 지붕)으로부터 인근 천장으로 확대되는 것을 막기 위해서는 화재발생장소(구역)의 **천장**을 먼저 파괴하여 화염과 농연을 방출시켜야 한다.

5-2 고층건물화재 배연작전** ☆ 13 위, 부산장, 17 교

> ★ 서두 용어: 고층건물이란? 지하층을 제외한 층수가 11층 이상, 준 초고층건물은 30~49층(120~200m 미만) 건물, 초고층 건물은 50층 이상, 200m 이상의 건축물로 정의되나, / 여기서 고층건물은 11층 이상의 건물을 말한다.

(1) 개요
① 저층에서, 농연의 흐름을 좌우하는 요소는 화재로 인한 **열, 대류의 흐름, 연소압력, 개구부 개방**을 통한 외부 공기(**바람**)에 의해 결정된다. ▶ 열대압바(열대아빠) / +굴공(② 고층건물)
② 고층건물 농연은 이러한 요소에 굴뚝효과(연돌효과)와 + 공조시스템(HVAC)의 영향을 받는다.

> ★ **굴뚝효과**** (* 고층건물에서 굴뚝과 같이 수직으로 올라가는 공기의 흐름)
> ① 굴뚝효과는 기온의 차이와 안·밖의 대기압 차이로 인한 공기의 자연스러운 흐름을 나타낸다.
> ② 고층건물 공기의 흐름에 가장 큰 영향을 끼치며, 계단실, 엘리베이터 통로에서 가장 두드러진다.
> ③ 창문과 같은 개구부가 열리거나 깨질 때, 굴뚝효과는 이상기류를 만들어 낸다.
> ④ 창문이 열려있는 저층건물에서는 (절대) 발생하지 않는다.*
> ⑤ 화재 시 농연의 흐름은 공조시스템 차단으로 어느 정도 통제할 수 있으나, 굴뚝효과를 막을 수 없다.

③ 고층건물의 배연은 저층건물의 수직, 수평 배연 원칙보다 복잡하다.
  ㉠ 굴뚝효과로 인해 전체적 상승기류 속에서 특정부분에서 농연이 아래로 움직일 수 있다.
  ㉡ 공조시스템을 통해 화점 층에서 10층 또는 20층 상층으로 연소확대가 될 수 있다.
④ 제연계단 출입구 앞에 있는 농연 통로나 다용도 샤프트에 열과 농연이 빨려 들어갈 수도 있다.
⑤ 짙은 연기가 콘크리트와 철 구조물에 열을 빼앗기고 배연구로 상승하지 못할 수도 있다.
⑥ 초고속 엘리베이터의 이동으로 짙은 연기가 강제로 위·아래층으로 이동할 수 있다.
⑦ 고층건물은 지하실 화재와 유사하여 / 때로는 **배연작업없이** 화재진압을 해야 한다.

5-3 주거용 고층건물화재 배연작전

(1) 주거용 고층건물 화재 배연작전** ➡ 개념: 배연작업이 효과적이다.
① 문이 닫혔을 때 연소가 잘 확대되지 않지만, **필요시** 창문을 열면 **쉽게 배연이 가능하다**.
② 주거용 고층건물은 비교적 좁게 세분화된 방화구획 구조로 되어 있어 굴뚝효과가 최소화되기 때문에 **배연작업은 효과적**이다. / 또한 이러한 건물에서의 창문은 쉽게 개방이 되며, **배연의 역기능으로 인한 농연과 연소의 확대여부를 쉽게 예측할 수 있다.**
③ 배연작업은 우선 열과 농연이 유입되는 창문과 계단을 배연하고, 창문을 개방, 파괴한다.
  - 계단실 배연을 위해 옥상 채광창이나 창문, 파괴 가능한 칸막이벽을 개방한다.

> ★ 30~40층 이상의 주상복합건물 형태의 고층건물
> • 플라스터 보드로 이루어진 외벽과 중앙공조시스템에 의해 공기가 공급되는 구조를 가지고 있다.
> • 이와 같이 주거용 고층건물은 화재진압이 원활하게 진행되고 있거나, 화재가 완전히 진압된 후에 배연을 시작하는 것이 바람직하다. (*^^ 연기의 확산 등으로 배연은 완진 후에 하는 것이 원칙이다.)

5-4 상업용고층건물화재 배연작전** ➡ 개념: 배연작업이 비효과적이다. ★ 13 부산장

• 넓은 개방공간과 거대한 높이	창문 개방 시 대류를 일으키는 원인이 된다.
• 공조 시스템의 배관과 통로	10층 혹은 20층 이상의 층과 연결되어 불길과 농연을 확대시킨다.
• 굴뚝(연돌)효과	온도와 기압차로 강력한 공기의 흐름(대류)을 형성시킨다.

① 상업용건물은 심각한 생명의 위험이 **없고** 화재를 통제할 수 없을 경우, 배연은 금지된다.
 (* 구조대상자가 없고 화재진압이 곤란하면 농연 유입과 연소확대 염려로 배연은 금지라는 뜻)
② 배연은 연소확대 가능성이 매우 낮은(낮게되는) 화재진압이 완료된 **후**에 실시해야 한다.

> ■ 상업용 고층건물 화재 시 배연을 하지 않는 4가지 구체적 이유** ★ 13 경남교, 14 부산장
> ① 굴뚝효과로 인해, 건물 내부의 대류 흐름을 예측할 수 없다.
> ② 배연으로 인하여 오히려 청정구역에 농연을 끌어들이는 결과를 초래할 수 있다.
> ③ ∴ 기류의 공기가 화재의 크기와 강도를 증가시킬지도 모른다.
> ④ 배연은 불꽃 폭풍을 촉발할지도 모르고, 주거자들과 소방대원들을 위층에 가두면서 계단실을 농연으로 가득 차게 만들 수 있다. ▶ 키워드: (상업용) 굴뚝, 농연, 폭풍 증가

③ 사무실용 고층화재시 기본적 진압방법은 공조시스템을 **차단**하고 배연작용 없이 화재를 진압하는 것이다. 그 이유는 아래 박스와 같다

> ✪ 이유는? 예측할 수 없는 위험한 기류보다 어떤 기류도 **없는 것**이 더 낫다는 믿음이다.
> (* 이것은 주거용 고층건물의 배연방침과 배치(背馳, 반대)되는 것으로 상업용 고층건물 화재 시 배연을 하지 않는 방침이 생명을 구하는 <u>가장 효과적인</u> 방법이다.)

④ 화재 완전진압 후 잔류 농연 통제가 쉬워지면 창문, 계단의 농연과 열을 방출시킨다.
 ㉠ 창문 개방 - 선착대 첫 번째 임무 중 하나는 화점층의 창문, 개구부를 열기 위한 열쇠를 로비 데스크에서 확보하는 것이다.
 ㉡ 창문 파괴 - 창문 아래 난간이 있다면, 창문을 안전하게 깨뜨릴 수 있다. 그렇지 않다면 지휘관이 거리에 사람들을 이동시키고 지상층 안전반경(최소 50m)을 확보 후 시작한다.
 ㉢ 송풍기 사용* ★ 14 경남장, 17 소방교
  ⓐ 화재가 진압된 후, 대원들은 남아있는 농연과 열 방출을 위해 송풍기를 이용할 수 있다.
  ⓑ 우선, 계단 통로 아래에 환풍기를 설치하고, 신선한 공기가 들어올 수 있도록 문을 연다.
  ⓒ 배연하고자 하는 층의 **계단 통로 위**에 두 번째 환풍기를 설치하고, 계단 통로에서 농연이 가득 찬 층으로 문을 연다. ↳ (* 첫 번째는 계단통로 아래, 두 번째는 층의 계단통로 위)
   - 그 외 상층부에 있는 문을 닫거나 지붕에 있는 옥상 출입구 뚜껑을 닫고, 계단 통로를 따라 모든 문을 닫은 후 양쪽 환풍기를 작동하기 시작한다.
  ⓓ 외부에서 불어오는 바람이 강하지 않다면 농연이 가득 찬 층계의 창문으로 배출될 수 있다.
 ㉣ 공조시스템(HVAC)을 통한 배연
  • 화재가 진압 후, 창문을 열 수 없다면 공조시스템이 건물의 배연을 위해 이용될 수 있다. 이를 위해 이 시스템에 정통한, 숙련된 건물 관리인의 지식이 요구된다.

> ❂ 공조(공기조화)시스템 가동절차 4단계*   ☆ 14 경기장
> ① 신선한 공기 유입을 위해 공기 흡입구를 열도록 한다.
> ② 연기가 차있는 층의 재순환 통로를 차단하도록 한다. (* 농연이 차있으니)
> ③ 외부 배출을 위해 배기구를 열도록 한다. (* ①③으로 암기법 없이 이해한다.)
> ④ 공조시스템을 작동시키도록 한다.   ▶ 키워드: 흡차배공
> (* 흡입구 열고 배기구 열어서 공조설비를 작동시키되, 농연층의 통로는 차단한다는 뜻)

ⓜ 배연을 위해 굴뚝효과 활용하기
  ⓐ 굴뚝효과는 밀폐된 공간 내의 자연스러운 수직적 공기의 흐름이다.
  ⓑ 고층건물에서 가장 강력한 농연과 공기의 이동을 만들며, 외부상황에 따라 다르다.

> ❂ 건물 내부가 건물 외부보다 따뜻한 겨울에는 공기의 흐름은 일반적으로 위쪽이다.
>   여름에는 굴뚝효과로 인한 공기의 흐름이 아래가 될 수 있다. (* 역굴뚝효과)
>   (*^^ 겨울철은 실내가 따뜻하니 부력으로 공기가 위로 향하게 되서 굴뚝효과가 나타지만,
>   여름철은 에어컨 등으로 실내가 차니 공기가 하향하는 역굴뚝효과가 될 수 있다는 뜻.)
>   • 공기의 움직임은 건물의 높이에 영향을 받는데, 높은 건물일수록 그 효과가 크다. 또한
>   건물이 좀 더 강하게 밀폐되어 있으면 굴뚝효과가 더 강해진다.
>   ─────*
> ❂ 지표면과 혹은 지붕수준으로 출입구를 개방함으로써 기류를 느낄 수 있다.
>   • 소방대원들은 화재가 진압된 후 계단이 지붕으로 연결된다면, 계단에 남아있는 농연을 배출하기
>   위해 가끔 굴뚝효과를 이용한다.
>   • 겨울에 계단을 수색한 후 주거자가 없다는 것이 확인하고, 농연이 몇 몇 중간 층계에서 층을 이룬다면
>   지붕, 옥상 채광창, 옥상 출입구의 개방과 동시에 1층 출입문을 열어야 한다.
>   (*^^ 1층 출입문으로 공기를 유입시켜서, 옥상으로 농연을 배출하는 개념으로 정리한다)

  ⓒ 계단에 있는 다른 모든 문이 닫혀있다면, 기류가 가끔 자동으로 계단실로 배출된다.
  ⓓ 굴뚝효과의 흐름은 농연을 위와 계단실 밖으로 이동시킬 것이고 굴뚝효과를 보조하기
    위해 송풍기가 이용될 수도 있다.
ⓑ 계단지정(건물에 2개 이상의 계단이 있을 경우)   (* 중요도 낮음)
  ⓐ 소방대원들에 의해 이용되는 공격통로는 유독가스와 연기가 가득 찬 채 이용되고 또 하
    나의 계단은 연기유입을 차단하여 신선한 공기환경을 유지한 채 건물 내 구조대상자들
    의 대피통로로 이용된다.
  ⓑ 화재 발생 층의 공격통로와 대피통로는 구획되어 있어야 하므로 즉시 문을 닫는다.
  ⓒ 소방대원들이 화점층의 화재를 진압하기 위해 문을 열 때 공격통로 안으로 급속히 짙은
    연기가 유입되므로 유의해야 한다.
ⓢ 배연을 위한 계단이용 - 생략 (* 중요도 없음)

---

* 공조시스템: 신선한 공기를 넣거나 오염된 공기를 빼는 환기 및 온도, 습도 조절을 위해 천장 등에 설치한다.
  (2006년부터 국내 100세대 이상 공동주택, 다중시설에는 환기시스템을 설치해야 한다)
* 터널효과: 퍼텐셜(잠재적인) 힘의 작용 하에서 운동하는 입자가, 자체가 가지는 운동에너지보다 큰 위치에너지를 가지는
  영역을 터널을 지나가듯이 통과하는 현상인데 조금 The 쉽게는~
  입자가 가지는 운동에너지보다 높은 에너지 장벽을 어떤 확률을 가지고 터널 등을 빠져나가는 현상을 말한다.

| 제9절 | 소방호스 연장 |

1 소방호스 취급

(1) 소방호스 사리기* ☆ 12 경북, 20 교

한겹말은 소방호스, 두겹 말은 소방호스, 접은 소방호스의 3종류가 있다. ▶오답 : 두겹접은호스

① 한겹 말은 호스	① 소방호스를 일직선으로 편 다음 숫 커프링쪽에서 암 커프링 쪽을 향하여 굴리면서 감아 간다. ② 일반적으로 **소방호스 보관대에 보관할 때**, 화재현장에서 사용 후 철수하기 위해 적재할 때 등에 사용한다. (*^^ 넓은 장소에 좋다.) 숫놈→ 암	
② 두겹 말은 호스	① 소방호스를 두 겹으로 포개어 놓고 겹쳐진 채로 감아 간다. ② **좁은 장소 등에서 소방호스가 감겨진 상태에서 곧바로 사용**하고자 할 때 주로 사용된다. ☆ 20소방교 (*^^ 좁은 장소여서 두겹 맑은호스가 좋다)	
③ 접은 소방 호스	① 소방호스를 일정한 길이로 접어서 포개어 놓는 방법이다 ② 주로 **소방차량에 적재**할 때, 화재현장에서 사용 후 **철수**할 때 등에 쓰인다. (*^^ 소방차, 옥내소화전함에 적재된 형태)	
④ 소방호스를 결합하고 분리 방법은 1인, 2인이 하는 방법이 있으며, 맨손, 커플링 스패너*를 이용한다.		

(2) 소방호스의 적재* ☆ 14 대구교

아코디언형 적재, 말굽형 적재, 평면형 적재, 혼합형(특수형) 적재 방법이 있다.

① 아코디언형 적재	소방호스를 적재함 가장자리에 맞추어 겹겹이 세워서 하는 방법이다. ✪ 장점: 적재하기가 쉽고 적재함에서 손쉽게 꺼내 운반할 수 있다. ✪ 단점: 소방호스가 강하게 접히는 부분이 많다. (*^^ 일반적으로 많이 사용하고 있다)	
② 말굽형 적재	적재 모양이 말굽을 닮아서 붙인 명칭으로 소방호스를 적재함 가장자리에 맞춰 주변을 빙 돌려서 세워 U자 모양으로 적재하는 방법이다. ✪ 장점: 소방호스가 강하게 **접히는 부분이 적다.** ∪ ✪ 단점: **어깨운반 시의 등이 불편**하다.(* 매우 어려움) (*^^ 운반 등이 어려워 잘 사용하지 않는다)	

---

* 커플링(cpupling): 한 축(軸)에서 다른 축으로 전달하는 것을 말함. 축이음.
* 스패너(spanner): 너트, 볼트를 죄거나 푸는 기구.   * 클램프(clamp): 고정하는 기구. 죄임틀

③ 평면형 적재	접은 형태의 소방호스를 눕혀서 평평하게 적재함 크기에 맞추어 적재하는 방법이다. ✪ 장점: 소방차의 진동 등에도 덜 닳는다 ✪ 단점: 소방호스가 강하게 접혀 눌린다.	
④ 혼합형 (특수형) 적재	소방호스의 적재형태를 혼합하거나 구경이 다른 소방호스를 연결구를 사용하여 혼합 적재하는 형태이다. (*^^ 예) 65mm는 아코디언 적재로 40mm는 평면형 적재로 혼합된 적재)	

(3) 소방호스·운반과 전개

소방호스운반은 소방호스를 연장하기 위해서는 어깨에 메거나 옆구리에 끼고 운반해야 한다. 기본적인 것은 소방호스를 바닥에 끌거나 카프링에 충격이 가지 않도록 해야 하는 것이다.

(4) 소방호스 연장과 관창배치** ☆ 13 충북교·장, 19 위

(1) 일반적 유의사항

① 펌프차의 방수구의 결합은 화점이 보이는 측의 방수구를 기본으로 하고 방수구 측에 여유호스를 둔다. 여유호스는 위험 방지를 위해서 펌프측의 2~3m에 둔다.
② 소방호스연장 경로는 관창배치 위치까지 **최단시간**에 도달할 수 있어야 한다.
③ 도로, 건물의 꺾인 부분은 호스를 **넓게 벌려서 연장**한다.
④ 극단적인 꼬임이나 뒤틀리지 않도록 하고 송수시 호스의 반동에 의한 부상을 방지한다.
⑤ 간선도로의 횡단은 가능한 피한다. 횡단하는 경우는 되도록 도로에 대해서 **직각**으로 연장하고 교통량이 많은 도로는 보도에 연장한다.
⑥ 화재 건물에서 낙하물이나 열에 의한 호스 손상으로 처마 밑, 창 아래 등을 피해 연장한다.
⑦ 화면에 평행하는 도로는 호스를 보호하기 위해 **도로경계석 밑**으로 호스를 연장한다.
⑧ 소방호스연장은 다른 소방대를 고려해 평면적, 입체적으로 포위해서 연장한다.
⑨ 진입목표 계단이 3층 이하의 경우는 옥내연장 또는 적재사다리에 의한 연장으로 한다.
⑩ 4층 이상의 경우는 옥외 끌어올림(끌어내림) 연장이나 사다리차에 의한 연장으로 하고 낙하방지 대책을 마련한다. ＊ 오답 : 적재사다리

> ✪ 3층 이하: 옥내연장 또는 적재사다리 / 4층 이상: 옥외 끌어올림(끌어내림) 연장이나 사다리차.

⑪ 소요호스 판단은 소방용수에서 발화지점까지 거리에 약 **30% 여유**를 둔 호스 수로 한다.
⑫ 소방호스의 파열, 절단 등으로 자기대의 차량위치가 먼 경우 교환할 호스는 근처의 (소방)대(隊)에서 빌리도록 한다.

2 옥내 소방호스 연장**

(1) 선착대 호스전개
① 주택이나 APT 내의 최초의 호스는 앞, 뒤 또는 측면의 복도(출입문)을 통해 호스를 전개한다.
② 출입구를 향한 방수와 동시에 창문, 문 또는 다른 배연구를 통해 열, 불꽃, 연기가 배출되도록 하기 위한 관창배치 방식이다.
③ **최초의 호스는 불길이 배출되고 있는 창문을 향해 방수해서는 안 된다.**   * 오답 : 방수한다.
  (*^^ 배기측으로 방수하면 급기 흐름 열기가 출입문 안으로 들어가 피난자 및 대원에게 열기가 휩싸일 수 있다)
④ 창문이 아닌 출입문을 통해 진입 또는 공격하는 최초의 호스를 전개하는 대원의 가장 큰 장점 중 하나는 희생자들 대부분이 출입문 안쪽이나 복도에서 발견된다는 점이다.

(2) 2착대(후착대) 호스전개
① 호스전개의 우선순위 결정은 "RECEO" 원칙으로 판단한다.   ★ 14 대구교, 경북장, 부산장, 16 교
② 인접건물로의 확산이 외부노출 문제가 존재한다면, 그 곳으로(외부부터) 전개되어야 한다.
③ 만일 불꽃이 계단실로 올라가거나 밀폐 공간 내에서 연소가 확대된다면 이 두 번째 호스는 **내부 연소 확대를 막기** 위해 배치되어야 한다.
  ✪ RECEO원칙: ① 인명구조 ② **외부확대** 방지 ③ **내부확대** 방지 ④ 화재진압 ⑤ 재발방지의 점검·조사.
④ 두 번째 호스배치 또한 첫 번째 호스배치 원칙(접근경로)을 따라야 한다.

> ✪ 두 번째 호스배치를 창문이 아닌 출입문을 통해 접근하는 가장 큰 4가지 이유
>   (*^^ 인접 건물이 없다면 창문에서 나오는 불꽃은 노출문제를 발생시키지 않기 때문에)
> ① 두 번째 호스배치를 첫 번째 호스배치와 같은 접근경로를 따르도록 할 때, 폭발이나 플래시오버 붕괴상황이 전개될 경우, 첫 번째 진압팀을 보호하는 데 도움을 줄 수 있다.
> ② 첫 번째 호스팀이 진압에 실패하면, 두 번째 호스팀이 그 자리로 가서 화재를 진압할 수 있다.
> ③ 한 진압팀이 진압하기에 화재 규모가 너무 큰 경우, 다른 진압팀이 추가로 합류하여 진압해야 한다.
> ④ 두 번째 호스배치가 필요 없다면, 두 번째 호스는 직상층 또는 인접 공간으로의 확산을 막기위해 즉각 배치될 수 있다.

(3) 부적절한 호스배치(다층건물화재)
화점 층의 화재가 진압되지 않은 상태에서 상층계단으로 진입하는 경우에 심각한 대원고립 현상과 같은 부적절한 호스배치의 실수를 방지하기 위해서는 다음 5가지 사항을 유의한다.
  (*^^ if 화점층 창문으로 외부공격시, 내부 화염을 출입구 복도와 계단, 천장공간으로 몰아가게 된다)

① 다층구조건물화재에서 **강제진입**의 중요성 인식.   * 오답 : 임의진입
② 첫 번째 호스팀은 화점층 내부계단을 방어하면서 **출입문에서 외부창문 방향으로** 진압해 나가야 한다. (*^^ 외부와 접한 창문 즉, 외부확대 등 방지)   * 오답 : 내부창문
③ 두 번째 호스팀은 **첫 번째 호스를 보충하는 것을 원칙으로** 하고 안전하고 필요한 경우(검색 및 상층부 확대방지 목적 등)에만 위층으로 연결해야 한다.

④ 어떤 호스팀도 불길을 지나쳐서 소방호스를 배치되어서는 안 된다.
   (*^^ 작은 화점을 지나쳐서 배치 후 큰 화점을 진압하는 중 지나온 작은 불길이 커질수도 있다는 뜻)
⑤ 진입할 때, 문을 갑자기 개방해서는 안 되며, 가능한 천천히 개방하되 위험한 경우에는 처음부터 손잡이를 로프로 감은 다음 문을 원격 조정하는 것이 안전하다.

> ★ · 호스전개의 원칙은 "하나의 호스전개가 완료될 때까지는 또 다른 호스를 전개해서는 안 된다."
>   연소 중인 건물에서 초기진압을 하는 동안, 연기와 불꽃이 동시에 여러 장소에서 관찰될 수 있다.
>   (* 이런 상황에서 구경꾼들은 각기 다른 장소에서 여러 개의 호스를 전개하도록 촉구할 것이다.)
> · 3~4개의 호스가 서로 다른 장소에서 동시에 전개되면, 실제로 방수가 지연되거나 체계적이지 못한 진압 활동이 이루어질 수 있다.
> · 일반적인 화재현장에서는 한 번에 하나의 호스를 전개해 나가는 것이 좀 더 효과적이다.
>   다른 호스를 전개하기 전에 첫 번째 호스에 우선 물을 공급하고 신속하게 방수한다.
> · 소화전에 펌프차를 연결하고, 관창과 호스를 선택하고, 화재현장으로 호스를 전개하고, 호스에 물을 공급하는 것이 완결되어야 비로소 하나의 호스가 유효한 호스로 기능하게 된다
> · 이것이 완성된 후, 두 번째, 세 번째 호스를 전개해 나가야 한다. 화재현장의 격언 중에 "첫 번째 호스를 잘 전개하면, 또 다른 호스를 필요로 하지 않는다." 는 말의 의미를 잘 기억해야 한다.

(4) 계단을 사용한 연장

계단 사이에 구멍이 없는 경우	① 소방호스가 2본 이내의 경우에는 원칙으로 벽측을 따라 연장한다. 　- 3본 이상의 경우는 다른 방법이 없는 경우에 (벽측연장)실시한다.(* 2본이 원칙) ② 송수에 의해 소방호스가 펴지게 되므로 굴곡에 주의한다. 　- 또한 계단 내에 있으므로 옥외 및 진입실내에서 여유소방호스를 확보한다.
계단 사이에 구멍이 있는 경우	① 소방호스를 매달아 올려서 수직으로 연장한다. ② 송수에 의해 소방호스 중량이 증가하여 낙하하므로 난간에 로프로 고정한다. ③ 계단 부분이 어두운 경우, 조명기구를 작동시켜 발밑을 조명하면서 연장한다. 　- 제수기*를 반드시 휴대하여 소방호스연장, 소방호스 파손 시 등에 활용한다.
에스컬레이터 부분의 연장	① 전원을 차단하여 에스컬레이터를 정지시킨다. ② 매달아 올려 수직으로 연장한다. (그 이후) 계단사이에 구멍이 없는 경우와 같은 방법으로 한다. / ·제수기를 휴대하여 활용한다.(* 호스에 물이 새는 것을 방지하기 위해) ③ 송수시 소방호스의 퍼짐에 의한 굴곡에 주의하고, 수직 연장시는 중량 증가에 의한 낙하를 방지하기 위해 소방호스를 지지, 고정한다.

■ 연결송수관 사용 ■　　■ 계단 사이 구멍이 없는 경우 ■　　■ 계단 사이 구멍이 있는 경우 ■　　■ 에스컬레이터 사용 ■

(5) 연결송수관 설비 활용

연결송수관과 연결된 옥내소화전으로부터 전개된 **최초의 호스는 화재 발생 층이 아닌 그 아래층** 소화전에 연결되어야 한다. 그 장점은 3가지는 다음과 같다
① 첫째, 혼잡함을 최소화 해준다 - 화재 직하층은 진입팀이 장비 이용, 출입문 통제,
　　예비검색 시행할 대기공간으로의 기능 및 호스팀이 방해없이 호스를 전개할 수 있다.
② 둘째, 소방용수 공급의 조절이 더 쉽다.- 소화전의 앵글(수압조절)밸브를 조작하기 쉽다.
　- 화재층 진입대원이 일시적으로 후퇴할 수 있는 공간으로서의 기능도 하게 된다.
③ 셋째, 지나치게 저층에서 호스를 전개한 것보다 대원들의 체력소모를 최소화 할 수 있고
　　　- 계단으로 호스 전개할 때 여러 번 접힘으로 방수가 중단되는 위험을 줄일 수 있다.

> ★ 연결살수와 연결송수관(옥내소화전)이 모두 설치된 건물에 화점층에 진입하는 팀이 있을 때는 연결송수관설비 (옥내소화전)에 우선으로 물이 공급되도록 한다. (*^^ 연결살수는 헤드를 통해서 자동으로 살수되니까)

(6) 샤프트 화재

다층구조 건물의 샤프트(수직통로) 화재에서 화재가 수직 통로로 확대되고 있다면,
① 첫 번째 호스가 화점 층에 전개되었다면, 그 다음으로 **꼭대기** 층으로 호스를 전개한다.
② 상층부에 체류하는 연소 생성물을 배연시키고 화재가 급속히 확대되는 것을 방지하기 위해 모든 창문, 지붕 채광창 등을 **개방**한다.(*^^ ① 샤프트화재는 수직통로로서 화점층, 꼭대기층 순이다)

(7) 공격적 내부진압전술** ☆ 13 경남, 서울교, 15 인천, 16 강원, 서울장, 소방위, 경기장, 소방교 등

① 하나의 호스를 전개(펌프차 1대)하는 데 왜 4명의 소방관들이 필요하며, 1명의 인력도 줄여서는 안 되는 이유에 대해 논쟁이 있어 왔다. - 65mm 호스를 연장하기 위해서는 최소 2인이 필요하다. (배연과 진압의 동시 원칙을 지킬 수 있는 인력이 확보되어야 한다.)
② 공격적 내부진압 전술과 소극적 내부진압 전술의 10가지 구성요소를 종합적으로 이해한다.

> **공격적 내부진압전술의 10가지 전술적 구성요소**　** 13 서울교 등
>
> ① 출입구로 진입하여 연소 중인 건물이나 복도로 **호스를 전개**해야 한다.
> ② 배연을 위해 상층부 파괴나 지붕배연을 시도해야 한다.
> ③ 엄호관창이 배치되기 전에 건물에 진입해서 발화지점을 검색해야 한다.
> ④ 화재가 완전히 진압되기 전에 희생자 구조를 위한 예비검색을 실시해야 한다.
> ⑤ 화재가 완전 진압되기 전에 화재발생 위층을 검색해야 한다.
> ⑥ 배연을 위해, 창문을 파괴해야 한다.
> ⑦ 문을 개방하기도 하고, 내부에 불길이 있을 때 문을 닫아야 하는 경우도 있다.
> ⑧ 숨은 공간에 연소 확대의 우려가 있는지 확인하기 위해 벽이나 천장을 파괴해야 한다.
> ⑨ 화재 현장으로 **신속하게 진입하기 위해 40mm** 호스를 이용한다. (*^^ 신속 때문에 40mm)
> ⑩ 소화전과 같이 지속적인 소방용수 공급원보다는 제한된 소방용수 환경에서도 화재를 진압한다.

> ★ 해설: 공격적 전술은 소방력(인원+장비)이 충분할 때를 말하고, / 소극적 진압전술은 그 반대이다
> ★ 키워드: 공격적은 "한다"+ 40mm로 신속히 진압, / 소극적은 "하지 않는다"+ 65mm로 천천히 전개.

소극적 내부진압 전술의 10가지 전술적 구성요소★★ 16 소방교,17 대구교·장

① 출입구로 진입하여 호스를 전개하지 않는다. 추가적인 호스는 화재를 제한하기 위해 전개된다.
② **지붕배연을 하지 않고** 기타 개구부를 통해 배연한다.
③ **엄호관창이 배치되지 않는 한 화재지역을 검색하지 않는다.**
④ 지휘관의 지침에 따라 화재가 진압될 때까지 예비검색을 실시하지 않는다.
⑤ 화재가 진압되기 전에 화재 발생 위층으로 올라가 검색하지 않는다.
⑥ 지시가 없는 한, 창문을 파괴하여 배연시키지 않는다.
⑦ 지시가 없는 한, 문을 개방하지 않는다.
⑧ 지시가 없는 한, 숨은 공간에 연소확대 우려가 있는지 확인하기 위해 **벽이나 천장을 파괴하지 않는다.**
⑨ **천천히 하나의 65mm 관창을 전개한다.** (*^^소극적이니 천천히 하면서 65mm)
⑩ 소화전과 같이 지속적인 소방용수 공급원이 확보되지 않는 한, 내부진압을 하지 않는다.

(8) 안전한 내부진압활동

① 현장진압에서 일반적으로 137~160℃의 열기는 인간의 피부에 극심한 손상을 가져온다. 천장부분은 537℃ 이상 올라간다. 방수에 따른 증기온도가 260℃까지 올라가기도 한다.
② 대원들은 대부분 **허벅지, 손목** 그리고 **목이나 귀** 주위에 화상을 입는다.
　이 3가지 신체 부위를 3가지 화상 취약부분이라 한다 그 기본적인 응급처치는 2~5분 동안 찬물에 담그고 붕대로 감는다.　▶ 허선목
③ 만약 3도 화상을 입은 것으로 보이면 쇼크(shock) 상태에 빠질 가능성이 있다.

■ **안전한 내부진압활동을 위한 안전 수칙**★★　☆ 16 경기장 등
① 방화복을 착용할 때는 지퍼를 모두 올리고 목 벨크로를 부착, 손목토시를 착용한다.
　- 헬멧의 귀 덮개를 내리고 턱 끈을 착용하고 안면보호대를 내린다.
② 현장에 진입할 때 상층부에 체류하는 고온의 가스연기층 보다 몸을 낮게 유지하고 진입한다.
③ 펌프차에서 방수개시를 하기 전, 즉 물 공급이 안 된 호스를 전개하여 진입해서는 안 되며,
　- 호스에 물이 공급될 때 진입, 출입구에서부터 방수하여 화재실의 열기를 식힌 그 다음 현장에 진입한다.
④ 화재현장에 진입할 때는 가능한 배연 동시 원칙을 지키도록 한다.
　현장에 진입할 때는 화염과 열기, 연기 배출하기 위해 가능한 모든 문, 창문 채광창을 **개방**한다.
⑤ 현장에 진입하기 전에, 바닥에 넘어져 연소하고 있는 가구와 불씨 등을 소화 한 후에 진입한다.
⑥ 추락과 상부 허벅지 화상을 방지하기 위해, 가능한 '기어가기 기법' 을 이용한다.
　- 현장진입 시 우선 한쪽다리를 먼저 뻗고 바닥부분의 안전을 확인하면서 뒷다리로 무게중심을 잡는다.
⑦ 유사시에 후퇴가 곤란한 화재 지점으로 지나쳐 나아가서는 안 된다.
⑧ 화점을 공격하는 호스팀이 맞바람을 맞으며 진압해야 한다면, 현장지휘관에게 알려 급기쪽의 개구부에서 공격이 이루어지도록 두 번째 호스를 배치하고 / 첫 번째 호스팀은 철수하면서, 문을 닫고, 인접구역이나 건물을 보호하는 임무에 재배치되어야 한다. (* 급기와 배기측의 진입도 반대로 바꿀수 있다는 뜻)
⑨ 현장지휘관이 철수하여 외부에서만 방수하도록 지시하면, 즉시 안전한 외부 위치로 돌아와야 한다.
⑩ 화재실로 들어가는 진입팀 바로 뒤에 붙어서 부서해서는 **안 된다**. 바로 앞에 있는 팀이 "플래시오버"등으로 갑작스러운 화염과 열기가 밀어 닥칠 때 후퇴할 수 있는 공간을 남겨두어야 한다. 뒤에 있는 팀은 앞에 있는 팀이 바로 앞에서 느끼는 열기를 항상 느끼지 못할 수 있다. 　*오답 : 붙어서 부서를 보조한다.

3 옥외 소방호스연장

(1) 옥외계단의 연장**

① 3층 이하의 경우는 손으로 연장하거나 소방호스를 매달아 올려 연장한다.
② 4층 이상의 경우는 매달아 올려 연장한다.
③ 계단부분은 많은 호스의 연장은 **피하고** 소방호스를 매달아 올림으로 연장한다.
④ 송수에 따라 소방호스가 연장되므로 굴곡에 주의한다.
⑤ 소방호스 매달아 올림 연장 시는 소방호스를 지지·고정한다.

(2) 개구부를 통한 연장*

(1) 로프이용 옥외전개

소방호스를 매달아 올려서 수직으로 연장한다. 매달아 올린 소방호스를 경사지게 연장하면 송수 시 중량이 증가하여 수직방향으로 크게 이동하므로 매우 위험하다.

소방호스의 연장요령은 다음과 같다.

소방호스를 매달아 올리는 요령	① 목표층에서 로프에 묶여진 호스를 올릴 때 지상대원은 소방호스를 잡아 유도한다 ② 스팬드럴이 돌출된 부분에는 주의한다. ③ 지상부분에 충분한 여유소방호스를 두는 동시에 진입 층에서 필요한 여유소방호스를 당겨 놓는다. ④ 소방호스 1본마다 결합부분을 지지점으로 하여 결속한다 　(* 소방호스 지지점은 결합부 바로 밑이 효과적이다.) 다음페이지 (I)③ 참고 ⑤ 묶어 올리는 대원과 지상대원과의 연락을 긴밀히 한다.
소방호스 매달아 내리는 요령	① 목표층에 여유소방호스, 매달아 내릴 소방호스, 관창 및 유도로프를 휴대한다 ② 지상과 상층간의 연락을 긴밀히 한다. ③ 스팬드럴*의 돌출부분은 주의한다.

(*^^ 스팬드럴 : 건축물에서 각층의 바닥 뼈대의 바깥쪽 가를 이루고 있는 들보)

(2) 사다리를 이용한 연장(3층 이하)**   ☆ 06 서울장

① 사다리 등반에 의한 소방호스연장 방법은 3층 이하의 경우에 실시한다.
② 관창은 지상에서 결합한다.
③ 등반자는 사다리의 안전 확보를 확인하고 등반한다.
④ 사다리 등반시는 사다리 위로 소방호스를 연장하고, 진입 후에는 소방호스를 사다리에서 반드시 **분리**한다. (*^^ 호스 안에 물이 차면 수압 등에 의해 흔들리므로.)
⑤ 옥내진입용의 여유소방호스는 지상에서 확보하여 진입 후 당겨 올린다.
⑥ 진입 및 소방호스 결합을 확인하고 나서 송수한다.

---

* 신장률: 늘어나는 비율   * 제수기(p83): 호스파열 등으로 물이 샐 때 새지 않도록 조작하는 과거의 기구.

(3) 사다리차 등을 이용한 연장(4층 이상)

사다리차 등의 바스켓을 사용하는 경우	연장된 호스를 가지고 사다리로 등반하는 경우
· 옥내진입용의 여유소방호스를 바스켓에 적재한다. · 연장호스는 지상에 놓고 바스켓으로 달아 올린다. · 연장소방호스는 사다리의 밖으로 나오게 수직으로 연장한다. · 탑승원과 지상의 기관원과의 연락방법을 확인 후 연장한다. · 소방호스결합부가 사다리에 접촉되지 않도록 주의한다. · 건물에서 이동 시는 소방호스의 중량으로 몸이 후방으로 당겨져 몸이 불안정하게 되므로 안전확보 후 진입한다.	· 관창수 밑의 5m 위치에 보조자를 동행시킨다. · 보조자는 로프로 소방호스를 확보하고 앞사람과 연락을 긴밀히 하면서 등반한다. · 연장된 소방호스를 사다리 위로 걸치게 하고 진입 후에는 사다리에서 분리한다. 　(*^^ 수압 등으로) · 여유소방호스는 지상에 두고 진입 후에 잡아 당겨 올린다. · 연장 시 소방호스 결합부에는 별도로 보조자를 배치하여 사다리의 접촉이나 걸림을 방지한다.

4 소방호스지지 및 결속** ☆ 14 부산교·장, 15 인천장

(1) 소방호스지지 요령**

① 충수된 소방호스의 중량은 40㎜가 50kg 이고, / 65㎜가 약 80kg이다. ▶ 암기 : 오빠
② 소방호스에 로프로 **감아매기**를 하는 것이 효과적이며 원칙으로 1본에 1개소를 고정한다.
③ 소방호스의 지지점은 결합부의 바로 **밑**이 가장 효과적이다.
④ **4층 이하**의 경우는 **진입층**에서 **고정**한다.
⑤ **5층 이상**의 경우는 **진입층 및 중간층**에서 고정한다. ▶ 암기 : 사진고정, 5층진입 중간 ☆ 21 소방교
　(*^^ 5층 이상은 긴거리이니 소방호스에 로프로 감아매기로 중간 중간에 고정을 해주라는 뜻)
⑥ 지지, 고정은 송수되기 전에 임시 고정을 실시하고, 송수된 후 로프가 미끄러지지 않도록 고정한다.

(2) 결속(고정)요령

① 베란다의 난간 등은 강도를 확인한 후 이용한다.
② 난간이 없는 베란다의 경우는 물받이 등의 강도를 확인하여 이용한다.
③ 개구부에 갈고리 등을 걸쳐 이것을 이용하여 고정한다.
④ 창, 유리를 파괴하여 창틀을 이용한다.
⑤ 방 안에 있는 책상과 테이블 등을 이용하여 로프로 고정한다.
　- 중간층으로 소방호스를 끌어올려 가능한 내부의 가구 등에 감는다.
⑥ 로프를 매달아 고정하는 방법　21 교
　　㉠ 높은층 연장시 중간에 지지물이 없을 때는 진입층 등에서 로프로 매달아 내려 고정한다.
　　㉡ 로프를 매달아 고정할 때는 **소방호스보다도 로프 신장률***이 크므로 로프쪽을 **짧게** 한다.
✪ 추가연장 활동요령: 소방호스 2본, 관창 1본을 휴대, 계단으로 직하층에 이르고 방수구에 호스를 연장, 진입한다.

제10절 관창배치

1. 관창 배치 ★ 14 대구교, 15 소방교

(1) 관창 배치의 일반원칙

① 소방기관에 의해 정보가 확인될 때까지는 구조대상자의 검색, 구출 등에 필요한 관창을 배치함과 동시에 필요에 따라 구조대상자 등의 상황 악화방지를 위해 관창을 배치한다.
② 정보가 없고 구조활동을 필요로 하지 않을 때는 연소저지 등 **소화활동 중점의 관창을 배치**한다.
③ 엄호를 위한 관창, 소화를 위한 관창을 제각기 배치한 후 경계관창을 배치한다.

(2) 대상별 관창 배치 ★★ ☆ 10 강원, 14 대구교, 경기교·장, 위, 15 소방교, 위 16 강원, 경북교, 위, 24 위

구분	내용
일반 목조건물 화재 관창배치	① 연소위험이 **큰** 쪽으로부터 순차적으로 배치한다. 24 위 ② 방수구는 3구를 원칙으로 한다. (*^^ 목조건물이니까) ③ 관창은 각 차량에 적재되어 있어 분무방수로 전환을 할 수 있는 것을 사용한다.
구획별 관창 배치 ★	① 인접건물로 비화위험의 화재는 연소위험 방향에 배치, 기타 관창은 필요에 따른다. ② 도로에 면하는 화재는 ❶ 도로의 접하지 않는 쪽을 우선으로 배치하고 ❷ 풍횡측 ❸ 풍상측의 순으로 포위한다. ↳ (* 풍하쪽: 즉, 인접건물쪽) 14 경기장, 24 위 등 ③ 구획 중앙부 화재는 ❶ 풍하측을 우선으로 ❷ 풍횡측, ❸ 풍상측의 순으로 한다
화재성상별 관창 배치	① 제1성장기(초기)의 경우는 옥내에 진입하여 화점을 지체 없이 진압한다. ② 제2성장기(중기)의 경우는 옥내에 진입하되, / 2층 이상 건물의 경우는 고층부분을 중점으로 하고 단층(1층)일 때는 천장 속을 중점으로 배치한다. ③ 최성기의 경우는 연소건물 ❶ 풍하측에 우선으로 배치 ❷ 풍횡측 ❸ 풍상측의 순으로 포위한다. 단, 풍상, 풍횡측에 있어서도 인접건물 간격이 좁을 경우는 위험도에 따라서 배치한다. 또한 경사지에 있으면 높은 측을 우선한다. (* 열이 위로 향하니까)
대규모 건물	① 대구경의 관창을 사용한다. ② 관창 배치 우선순위는 인접건물 또는 연소위험이 큰 곳으로 한다. 24위 ③ 방수포를 건물 **측면**에 배치한다. ▶ 방수포측 　(*^^ 측면 이유: ☞ 분당 약 2톤이상의 물이 소비되니 건축물 붕괴의 위험성으로) ④ 연소저지선을 설정할 때의 관창 배치 중점장소는 방화벽, 방화구획, 건물의 구부러진 부분, 옥내계단 부분 등으로 한다. ▶ 방구구내 ⑤ 학교, 기숙사 등의 건물은 연소방향에 있는 작은 천장구획(12m 간격 이내)을 방어 중점으로 천장을 파괴하여 천장에 주수한다. ▶암기 : 12학기 ⑥ 사찰, 중요문화유산의 접근 곤란 시 방수포를 활용하여 고압으로 대량 방수한다.
기상조건별 관창 배치 ★★ ☆ 14 경기교, 위 15 소방교 등	❶ 풍속이 3m/sec 이하가 되면 방사열이 큰 쪽이 연소위험이 있으므로 그 방향을 중점으로 관창을 배치한다. ▶암기 : 3리 방사(셋이 방사) (*^^ 방사: 복사) ❷ 풍속이 3m/sec를 **초과**하면 풍하측을 중점으로 관창을 배치한다. ▶암기 : 3초 풍하 ❸ 풍속이 5m/sec 이상 되면 풍하측에 비화경계 관창을 배치한다. ▶암기 : 오리 비화 ❹ 강풍(풍속 13m/sec 이상) 때는 풍횡측에 대구경 관창을 배치·협공한다 ▶ 13횡대

2 경계관창 배치★ ☆ 13 울산교, 18 소방교

(1) 수직부분에 대한 관창배치 (▶ 수직 종류: 옥닥파케 엘에스기) (* 옥탑방에 ㄴㅅ기)

옥내계단★	① 화점층의 계단실로 통하는 방화문을 폐쇄하고 화점실의 창을 파괴한다. ② 직상층의 계단실로 통하는 방화문을 폐쇄하여 연기의 유입을 막는다. ③ 옥탑 계단실의 문을 개방하여 계단실내의 연기를 배출한다. ④ 화점층 방화문의 외측 및 상층의 계단실 부근을 중점적으로 경계한다.
엘리베이터	① 한 번 엘리베이터 전실에 화염이 유입되면 직상층 및 최상층(엘리베이터가 도중 층에서 정지된 경우는 그 층 및 그 직하층)까지 연소위험이 커진다. ② 상층 엘리베이터 출입구에서 연기가 분출되는지 확인하여 그 상황에 따라 경계한다 ③ 엘리베이터 스페이스(space) 내의 연기는 옥상 기계실을 개방하여 배출한다.
에스컬레이터 (중요도 낮음)	① 에스컬레이터의 방화구획이 열려 있으면 통풍이 되어 연소 확대의 우려가있으므로, 조기에 확인하여 개방된 경우는 폐쇄한다. ② 방화셔터가 폐쇄되어 있더라도 셔터 부근에 가연물이 있는 경우는 셔터의 가열에 의해서 착화하여 연소할 위험이 있으므로 제거하거나 예비주수를 한다. ③ 에스컬레이터의 방화구획은 수평구획과 수직구획이 있는데, 수직구획은 상층에 열기가 강해 연소위험이 크므로 경계관창을 우선 배치한다. ④ 셔터구획 경우는 셔터 상부의 감아올리는 부분에서 천장 속으로 연소위험이 있다.
닥트(덕트) 스페이스	① 덕트 보온재가 가연성인 경우는 벽체 관통부의 매설이 불안전하면 연소할 수 있다. ② 상층의 점검구에서 연기발생상황을 확인하고 방화댐퍼의 개폐상황을 확인하여, (만일) 개방된 경우는 폐쇄를 한다. ③ 관창은 ❶ 화점층, ❷ 직상층, ❸ 최상층에 배치한다. (*ㅅㅅ 덕트는 수직공간이니)
파이프 샤프트	① 연소위험이 있는 장소는 각 파이프의 매설이 불안전한 곳이 될 수 있다. ② 배수배관 등이 염화비닐로 시공되어 있는 경우 상층에 연소가 확대된다. - 특히 **염화비닐**이 연소하면 맹독성 가스가 발생하므로 유의한다. ③ 각 층의 점검구를 살펴 배관 매설부분에 연기가 분출되는가를 확인한다. ④ **파이프샤프트 내에 연소 시 최상층, 점검구 혹은 옥상으로부터 주수한다.** 그러나 파이프 샤프트는 최하층 기계실까지 연결되므로 과잉주수의 수손방지에 주의한다.
케이블덕트 (중요도 낮음)	① 강전선(전등, 동력용), 약전선(통신용)의 피복은 주로 가연성, 난연성인 것이며 대규모 고층건물에서는 그 사용량이 증대하여 케이블 내에서 연소확대 위험성이 크다. ② 따라서 경계관창 배치는 덕트스페이스 및 파이프샤프트에 준하여 조치한다.
기 타 (중요도 낮음)	① 연기 분출상황 등을 확인, 상황에 따라 다음 장소에도 관창배치를 행한다. ・더스트슈트의 출입구 ・기계 진입구 ・기타 슈트 등

(2) 수평부분에 대한 관창배치
 ① 덕트(Duct) ② 방화문, 방화셔터, ③ 천장 속의 화염이 있다. ▶ (수평): 덕방천(떡방촌)

---

* 덕트스페이스(duct space): 공조, 환기, 배연 등에 사용되는 덕트(관)를 건물 내에서 설치하기 위한 공간
* 파이프 샤프트(pipe shaft): 각 층을 통과하는 여러 배관이 집중적으로 설치되는 박스형의 빈 수직형 공간.

제11절 방수(주수)

1 직사주수*

(1) (직사)주수 요령 ☆ 20 소방위

① 확실한 발 디딤 장소를 확보한다.
② 관창수와 관창보조는 주수 방향과 소방호스가 직선이 되도록 위치한다.
③ 관창수는 반동력과 충격에 대비하여 무게중심을 앞으로 둔다.
④ 연소 실체를 목표로 주수한다.
⑤ 전개형 분무관창을 사용하는 경우, 관창의 압력이 0.3Mpa 미만일 때는 관창수 1인이 필요, 0.3Mpa 이상일 경우는 <u>관창보조</u>가 필요하다. / 반동력은 약 2Mpa 이하가 적당하다.
⑥ 목표를 겨냥하고 광범위하게 소화하기 위해서는 상하, 좌우나 원형 등의 응용방법으로 한다.
⑦ 관창의 개폐조작은 서서히 한다. (* 0.3Mpa= 30m의 압력 / 2Mpa= 200m의 압력)

(2) (직사)주수의 특성* ☆ 08 경북장

직사 주수 특성	① 직사주수는 사정거리가 길고, 　- 다른 방법에 비해 바람의 영향이 적으므로 화세가 강해 접근할 수 없는 경우에 유효하다. ② 파괴력이 강해 창유리, 지붕 기와 등의 파괴, 제거 낙하위험이 있는 물건외 제거에도 유효하다. ③ 목표물에 대한 명중성이 있다. ④ 반동력이 커서 방향전환, 이동주수가 용이하지 않다. (* 2Mpa 이하) ⑤ 장애물에 대해서는 주수 범위가 좁다. ⑥ 옥외에서 옥내로 또는 지상에서 높은 곳으로 주수하는 경우 반사주수를 실시하면 유효하다. 　단, 사정거리 및 사정각도에 주의한다.

(3) 안전관리

① 반동력의 감소에 유의한다. 관창을 2m 정도 뒤에, 여유소방호스를 직경 1.5m 정도의 원이 되도록 하면 반동력은 약 0.1Mpa 정도 줄게 된다.
② 고압으로 위험이 있는 경우 자세를 낮추고 체중을 앞발에 실어 버틴다.
③ 고압으로 가까운 물건에 주수하면 반동력이 증가하므로 주의한다. ▶ 암기 : 오잎팔어(잎호오빠) ↓

관창구경 40mm, 관창압력 0.5Mpa 경우	관창과 물체의 거리	압력 상승
	5m	0.1Mpa
	8m	0.05Mpa

④ 주수 위치를 변경할 경우는 일시 중지하고 이동한다.
⑤ 송전 중인 전선에 주수는 감전 위험이 있으므로 안전거리를 확보할 필요가 있다. 보통 1mA는 안전범위가 되지만 조건, 피로 등을 고려하면 그 이상의 거리를 확보하여 주수해야 한다.

2 고속분무주수** ★ 13 울산, 경북교, 14 인천장, 18 교·장, 20, 22 위

주수요령	① 관창압력 0.6Mpa, 관창 전개각도 10~30° 정도를 원칙으로 한다. ② 주수방법 등은 직사주수와 같은 요령으로 한다.
주수특성	① 화점에 접근할 경우는 소화에 유효하다 ② 연소저지에 유효하다. ③ 덕트스페이스, 파이프샤프트 내의 소화에 유효하다. ④ 전도화염의 저지에 유효하다.(분무 중 고속이니) ⑤ 파괴 시 충격력이 적다. ⑥ 고압으로 유류화재에 질식효과가 있다. ⑦ 반동력이 적다(* 중속 ⑦번도) – 아래⑧~⑪까지는 직사주수와 비교한 것이다. – ⑧ 주수범위가 직사주수에 비해 넓다. ⑨ 사정거리는 직사주수보다 짧다. ⑩ 파괴력은 직사주수보다 약하다. ⑪ 감전의 위험은 직사주수보다 적다.

3 중속분무주수(일반적 분무주수)** ★ 14 경기교, 18 소방교·장, 20 위

주수요령	① 관창 압력 0.3Mpa 이상, 관창 전개각도는 30도 이상으로 한다. 22 위
	② 관창의 개폐는 서서히 조작한다.
	③ 소화, 배연, 차열, 엄호, 배열 등 주수 목적을 명확히 하여 실시한다.(* 다양함)
	④ 옥내 또는 풍상에서 활용하는 것이 효과적이다. (* 실내, 바람을 등지고)
	   (*^^ 풍상: 바람이 불어오는쪽 / 풍하: 바람이 불어나가는쪽 / 풍횡: 풍상, 풍하가 아닌 옆쪽)
	⑤ 고온이 되고 있는 부분 또는 연소실체에 직접 소화수가 도달하는 위치에 주수한다.
	   또한 냉각주수의 경우는 간접 주수해도 좋지만 수손피해 방지를 고려한다
	⑥ 화재의 면적이 적은 경우는 전체를 덮도록 한다.
	⑦ 소규모 유류화재를 소화할 경우는 표면을 덮도록 고압 주수한다.
	⑧ 소구획 실내의 배연을 목적으로 한 주수는 개구부 전체를 덮도록 한다.

주수특성	① 주수범위가 넓다. 따라서 연소실체에의 주수가 가능하다. ② 분무수막에 의한 냉각효과가 크다. ③ 검색 진입대원의 신체보호에 유효하다. ④ 소구획실 내에서의 소화주수에 유효하다. ⑤ 파괴를 필요로 할 때는 충격력이 약해 부적당하다. ⑥ 전개각도에 의해 시야가 가려 전방 상황파악이 어렵다. ⑦ 반동력이 적다. ⑧ 사정거리가 짧으므로 화열이 강한 경우는 연소실체에 직접 주수는 곤란하다. ⑨ 바람과 상승기류의 영향을 받는다. ⑩ 용기, 작은 탱크의 냉각에 유효하다. ⑪ 소규모 유류화재, 가스화재의 소화에 유효하다. ⑫ 주수에 의한 감전위험은 비교적 적다.

안전관리	① 배연, 배열 등을 실시할 때 주수부분을 명시, 백드래프트와 배연측의 안전에 유의한다.
	② 도시가스의 분출을 수반하는 화재의 경우는 주위의 연소방지에 주력을 해놓고, 가스차단방법이 확
	   정되고 나서 소화한다. (* 제거소화 후)
	③ 화점실 내에 주수하는 경우는 열기의 분출에 주의하고 개구부의 정면에 위치하는 것을 피해 주수하
	   되, 내부의 상황을 확인하면서 진입한다.
	④ 진입 시에는 관창에 얼굴을 접근시켜 자세를 낮게 한다
	⑤ 전기 기기, 전선 등의 전압이 33,000V 이하의 경우 주수 거리는 2m 이상 떨어져 실시 한다.
	   그러나 가급적이면 송전 중인 전선에의 주수는 피한다. (*중속분무니까 2m임)

4 저속분무주수★★★ ☆ 13 서울장, 경남장, 14 대구교, 소방위, 15 소방장, 16 소방교, 20, 24 소방위 등

주수요령	① 간접공격법에 가장 적합한 주수방법이다. ② 주수위치는 개구부의 **정면을 피하고**, 분출하는 증기에 견딜 수 있도록 방호한다. ③ 연소가 활발한 구역에서는 공간 내의 고열이 있는 **상층부**를 향해 주수한다. ▶천장(X) ④ 분출하는 연기가 **흑색에서 백색**으로 변하고 분출속도가 약해진 때에는 일시 정지하여 내부의 상황을 확인하면서 잔화를 소화한다. * 연기 색상: 백색(초기) → 흑색(최성기) → 백색(말기)
주수특성 24소방위	① 입자가 적어서 기류의 영향을 받기 쉬우며 증발이 활발하다. ② 수손이 적고 소화시간이 **짧다**. (* 질식소화니까) **오답**: 소화시간이 길다 ③ 벽, 바닥 등의 일부를 파괴하여 소화하는 경우에 유효하다.
안전관리	① 소구획 화점실의 경우는 증기의 분출이 특히 강렬하므로 주수위치 선정은 신중히 한다. ② 주수목표 측의 개구부면적을 **적게** 하고, 외벽면의 개구부를 크게 하면 배연, 배열효과가 크고 대원의 피로를 적게 할 수 있다. (*개구부를 적게: 기류, 산소를 적게하여 진압, 질식소화니까)

▣ 간접공격법(로이드레만 전법)이란 ☆ 13 경남, 14 경기, 서울, 강원, 15 인천장, 16 대구, 부산, 소방교.

간접공격법 (로이드레 만 전법) 이란	• 미국 소방서장인 로이드레만(Roid-Lemman)이 제창한 분무소화전법이다. • 내화건물 화재 시에 소방활동상 최대의 장애가 되고 있는 것은 연기와 열이며, 이 연기와 열을 제거하기 위해 물의 흡열작용에 의한 냉각과 환기에 의한 열기와 연기의 배출을 보다 유효하게 하는 것을 목적으로 한 것이다. ↓ *(100-15)+538 = 623cal • 15℃의 1g 물이 100℃가 될 때의 흡수열량은(비열) 85cal이고 수증기화 하기 위한 잠열은 539cal가 되어 총 623cal의 열을 흡수한다. 기화한 수증기는 원래 물 체적의 1,600~1,700배에 달해 흡열 및 체적팽창압력으로 소화, 배연, 배열을 실시하는 것을 목적으로 한다.
간접공격법 의 전제조건 15인천장	① 연소물체 또는 옥내의 온도가 높은 상층부를 향하여 주수한다.(* 질식소화니까) ▶천장(X) ② 고온에 가열된 증기에 의해 대원이 피해를 받지 않는 위치를 선정한다. ③ 주수 시 개구부는 가능한 작게 하는 것이 위험성을 감소시킨다(* 기류때문) ④ 가열 증기가 몰아칠 염려가 있는 경우는 → 분무주수에 의한 (**고속분무**)로 화점실 천장면에 충돌시켜 (**반사주수**)를 **병행**한다. ⑤ 천장 속 등의 부분은 분무주수 하는 것이 효과적이다.
간접공격법 효과의 판단	① 주수 중의 실내에서 배출되는 연기와 증기량에서 다음과 같이 판단한다. ㉠ 제1단계: 주수초기 = 연기와 화염의 분출이 급격히 약해진다. ㉡ 제2단계: 주수중기 = 흑색연기+백색연기가 섞여 점점 **백색연기**에 가깝다.(* 종기로 향하니) ㉢ 제3단계: 주수종기 = 백연(백색연기)의 분출 속도가 약한 것으로 일시 중지하여 내부 상황을 확인한다. / 이 단계에서 작은 화점이 존재할 정도의 화세는 약하므로 서서히 내부에 진입하여 국소주수로 수손방지에 유의하면서 잔화를 정리한다. ② 간접공격법에 의하면 **90% 이상** 수증기화 하는 것이 가능하므로 바닥면에 다량의 물이 있으면 주수정지의 시기를 잃었다고 판단한다. (* 주수가 잘못되었다는 뜻) ③ 옥내의 연소가 완만하여 열기가 적은 연기의 경우는 이 전법을 이용하더라도 효과는 적으므로, 개구부 개방 등에 의해 연기를 배출하면서 화점을 확인하여 직사주수 또는 고속분무주수를 짧게 (잠갔다 풀었다) 계속하는 편이 수손을 적게 할 수 있다.

5 확산주수* ☆ 15 서울교

주수요령	① 보통 직사 또는 분무주수로 하는 것이 효과적이다. ② 확실한 발판을 확보한다. ③ 관창수는 반동력에 의한 충격에 대비하여 무게중심을 앞으로 둔다. (* 오른손으로 소방호스 결합부 부근을 허리 등에 대고, 왼손으로 관창부분을 잡고 방수한다.)
주수특성 *15 서울	① 방어에 유효하다.(소방력이 적을 때) ② 광범위하게 주수하는 것이 가능하다. ③ 냉각에 유효하다. ④ 낙하물의 제거에 유효하다. ⑤ 저압의 경우 잔화정리에 유효하다. ▶ 암기:방광냉낙저(* 방관이 넓게 냉하면 낙지가 약이 된다)
안전관리	① 높은 장소에 주수하는 경우는 낙하물에 주의한다. ② 저각도 또는 수평상태로 방수하는 경우 다른 대원의 직격에 주의한다. ③ 다른 소방대와의 연계를 긴밀히 하여 주수방향에 사람이 없는 것을 확인한다. ④ 반동력에 주의하여 보조자를 둔다. ⑤ 관창수의 교대시에 주의한다.

6 반사주수* ☆ 15 부산교

주수요령	① 직사주수 또는 분무주수로 한다. * 오답: 반사주수는 직사주수로만 한다 ② 천장 등에 있어서는 반사 확산시켜 목표에 주수한다. ③ 압력, 주수 각도에 따라 도달거리, 확산의 범위가 변하므로 상황에 따라서 이동, 휘둘러서 압력의 변화를 이용한다. ④ 안전한 발판을 확보한다.
주수특성 *	① 직접 연소실체에 주수할 수 없는 곳(사각*)의 소화에 유효하다. ② 옥외에서 옥내의 사각*지점 소화에 유효하다.(*^^ 사각지점은 옥내에 있으니) ③ 내화건물 내 축적된 열의 냉각에 효과적이지만 수손방지에 대하여 유의한다. ④ 주수효과의 (눈으로) 확인이 곤란하므로 효과 없는 주수가 되기 쉬운 단점이 있다.
안전관리	① 고압의 경우 파괴나 낙하물로 위험이 생기기 쉬우므로 다른 소방대와 연계에 주의한다. ② 가열된 소구획의 방, 천장에 주수하는 경우 열기, 증기에 주의한다. ③ 벽체 등에 주수할 때 충격에 의한 반동력이 크므로 주의한다. ■ 반사주수 요령 ■

7 사다리를 활용한 주수* ☆ 15 소방교

주수요령*
① 사다리 설치각도는 <u>75도 이하</u>를 원칙으로 한다.
② 사다리 지주 밑 부분을 안정시키고, 끝부분은 <u>창틀 기타 물건</u> 등에 결속시킨다.
③ 방수 자세는 사다리의 적정한 높이에서 가로대에 한쪽 발을 2단 밑의 가로대에 걸어 몸을 안정시킨 후 양손을 사용할 수 있도록 한다. (* 각각의 발이 2칸 간격으로 딛는다는 뜻)
④ 관창수는 <u>보통 허리</u>에 관창을 밀어붙이지만 상황에 따라서 어깨에 붙이는 방법도 취한다.
⑤ 어깨에 거는 방법의 경우는 전개형 분무관창의 직사주수로 <u>0.25Mpa</u>가 한도이지만 / 허리에 대는 방법은 관창을 로프로 창틀 또는 사다리 선단에 결속하면 <u>0.3~0.4Mpa</u>까지도 방수할 수 있다.
⑥ 개구부 부분의 중성대 유무에 따라 직사주수 또는 분무주수를 한다. ▶ ⑤ 어깨이오 허상사
⑦ 급기구는 직사주수 또는 분무주수를, / 배기구 경우는 <u>직사주수로</u>. (* 배연이 막히지 않게)

주수특성
① 옥외 진입이 곤란한 경우라도 개구부에서 직접 옥내에 주수할 수 있고 <u>주수범위가 넓다</u>.
② 연소실체에 직사가 가능하고 반사주수에 의해 효과가 크다. (* 사다리 위이니까)
③ 활동높이는 사다리 길이로 결정하되 3층 정도까지로 한다.
④ 사다리를 난간 등에 묶지 않은 경우에는 저압주수도 충분한 주의가 필요하다.

안전관리
① 반동력에 의한 추락방지를 위해 관창결속을 실시하며. 사다리 끝부분을 로프로 고정한다.
② 주수방향을 급격히 변화시키거나 급격한 관창조작을 하지 않는다.
③ 사다리에서 <u>횡방향</u>(수평)으로의 주수는 위험하다.
호스는 사다리의 중간에 로프 등으로 결속하여 낙하방지한다. - 관창수 교대 시에 주의한다.

8 사다리차를 활용한 주수* ☆ 14 소방위, 15 소방장

주수요령
① 사다리 끝부분의 관창을 사용한다.
② 소방호스는 도중에서 사다리 가로대에 고정한다.
③ 사다리는 주수 목표에 대한 정확한 위치에 접근시킨다.
④ 사다리각도는 75도 이하로 하고, 건물과 3~5m 이상 떨어져 주수한다.
⑤ 주수의 개시, 정지, 방향의 전환은 급격히 하지 않도록 한다.
⑥ 주수는 보통 관창구경 23㎜로 관창압력 0.9Mpa 이하로 하고, 기립각도, 신장각도, 풍압, 선회각도를 고려하여 실시한다. (* 기립: 세움 / * 신장: 펼침 / * 선회: 돎)
⑦ 주수각도의 전환은 좌우각도 15도 이내, 상하 약 60도 이내로 하고 / 그 이상의 각도가 <u>요구되는</u> 경우는 사다리의 선회, 연장, 접는 방법으로 한다. * 오답 : 그 이상 각도는 불가하다.
⑧ 배연을 목적으로 분무주수 하는 경우는 개구부를 덮도록 열린 각도를 조정한다.
⑨ 실내주수는 <u>반사주수</u>를 원칙으로 하고, 밑에서 위로 주수하는 동시에 좌우로 확산되도록 한다.
⑩ 소화, 배연 등의 주수목적을 명확히 한다.

주수특성
① 사다리차를 활용할 수 있는 건물 등의 화재에 국한한다.
② 고층의 경우 옥외에서의 주수는 매우 유효하다.
③ 개구부에서 직접 옥내에 주수할 수 있고 연소실체를 직접 공격할 수 있다.
④ 주수방향의 전환각도가 한정되므로 <u>사각</u>이 발생되기 쉽다.

안전관리
① 정상 주수시 반동력에 대한 <u>안전한계</u>는 연장정도, 기립각도에 따라 다르지만 75도에 있어서 반동력은 7Mpa이다. / ② 직사주수를 하는 경우는 반동력을 피하기 위해 관창을 사다리와 (횡으로) 직각이 되지 않도록 상, 하로 향하여 주수자세를 한다. * 오답 : 직각이 되도록
③ 전체 연장상태에서의 고압 주수 시에는 가능한 안전로프를 확보한다.
④ 사다리차에 송수하는 펌프차는 방수구 개폐 시 급조작을 하지 않는다.

9 방수포 주수

방수포	① 사정거리가 길고 **대량의 주수가 가능**하며 화세를 일거에 진압하기에 유효한 **방법**이다. 그러나 수원이 쉽게 고갈되는 단점이 있다. (*^^ 분당 2톤 이상 물이 소비되니) ② 진입 또는 접근 불가능한 화재와 극장 등의 높은 **천장화재**에 유효하다. ③ **부분파괴**를 겸한 주수에 유효하다. ④ **대 구획인** 화재에 유효하다. ⑤ **옥외로부터** 소화가 가능하며, 화세가 강한 화재에 유효하다. ⑥ 주수방향을 변경할 때는 반동력에 주의하여 **서서히** 조작한다. ⑦ 방수개시 및 정지는 원칙으로 펌프차의 방수구 밸브로 조작한다.

10 화재실의 소화 주수*

화재실의 진입	① 문, 창 등의 개구부가 폐쇄되어 있고 창 등의 빈틈에서 검은 연기가 분출하고 있을 때는 화염의 분출에 대비해 분무주수의 엄호아래 문을 개방한다. 이 경우 문 개방하는 대원 및 관창의 위치는 **정면을 피한다.** * **오답** : 정면으로 한다

화재실의 소화	① 진입구에서 실내에 충만한 농연을 통해 희미한 화점 또는 연소가 확인된 때는
	  - 화점에 직사주수 및 확산주수를 병행해서 실시한다. (*^^ 짙은 연기인 농연시)
	② 화재 초기로 수용물 또는 벽면, 바닥면 혹은 천장 등이 부분적으로 연소하고 있을 때는
	  - 실내로 진입해 직사주수 또는 분무주수에 의해 소화한다. (*^^ 초기화재)
	③ 실내 전체가 연소하고 있는 화재 **중기**의 경우는 직사주수에 의해 진입구로부터 실내 전체에 **확산주**수한다. (*^^ 중기화재)
	④ 주수목표는 ❶ 천장 ❷ 벽면 ❸ 수용물 ❹ 바닥면 등의 순서로 한다. ▶ 암기 : 천벽수박
	  (*^^ 일반적으로 직사주수는 천장을 우선으로 / 저속분무는 질식소화니까 상층부 부터이다)
	⑤ 칸막이 가구 및 가구집기류 등의 목조부분에 대해서는 직사주수 등에 의한 부분파괴하고 물의 침투를 조절해서 소화한다./ 천장, 선반 위 등의 낙하물 및 가구류의 붕괴에 주의하며 상황에 따라서 천장에서의 낙하물을 제거 후 진입한다.
	⑥ 조명기구를 활용해서 **발밑**을 주의하며 서서히 진입한다. (*^^ 넘어지지 않게) ▶ 조명 발밑

11 엄호 주수** ☆ 13 부산, 강원장,, 14 위, 15 인천장, 16 강원, 서울장

■ 엄호주수 요령**
① 관창압력 0.6Mpa 정도로 분무주수를 한다. (*^^ 고속분무와 같다) ▶ ①② 암기: 06, 67친구
② 관창각도는 60~70°로 하고, 관창수 스스로가 차열을 필요로 할 때는 70~90°로 한다.
③ 엄호주수는 작업 중인 대원의 **등 뒤에서** 신체 전체를 덮을 수 있도록 분무주수로 한다.
④ 강력한 복사열로부터 대원을 방호할 때는 열원과 대원 사이에 분무주수를 행한다.

❂ 고속분무: 0.6Mpa, 10~30도 / 중속분무: 0.3Mpa↑, 30도↑ / 엄호주수: 0.6Mpa, 60~70도(차열: 70~90도)

* 엄호주수 : 직접 화재진압을 목적으로 하지 않고 위험한 현장으로 접근하는 선두의 대원 또는 구조대상자나 보호구조물 등을 위하여 후방 또는 측면 등을 향해서 행하는 주수.   * 요구조자: 구조대상자, 구조를 요구하는 자.

대원에 대한 엄호주수	① 농연과 열기가 충만한 실내에서 인명검색 할 때 ② 가연성 가스, 유독가스 중에서 소방활동을 할 때 ③ 소방활동 중에 농연, 열기 등이 휘몰아칠 염려가 있을 때 ④ 복사열이 강한 장소에서 **직사주수** 작업을 할 때 (*^^ 직사는 열을 직접 받으므로) ⑤ 열이 강한 장소에서 셔터 파괴 시 ⑥ 바닥파괴 시 갑자기 열이 솟구쳐 오를 때.(* ①~⑥ 열, 연기, 가스가 심할 때의 개념)
구조대상자에 대한 엄호주수 (구조주수)	연소 중의 실내에서 연기, 열기에 휩싸여 있는 구조대상자가 있거나 또는 대원이 복사열에 의해 접근이 곤란할 경우의 주수 요령은 다음과 같다. ① 구조대상자가 있다고 생각되는 직근의 **천장 또는 벽면으로** 주수한다. ② 유효사정을 확보하기 위해 **고속분무(10~15°)주수**한다. (* 고속으로 반사주수를 말함) ③ 주수 종별은 반사주수 또는 상하 확산주수로 수막을 형성하여 차열한다.
안전관리	문, 창 등의 개구부가 폐쇄되어 있고 창 등에서 흑색연기가 분출하고 있을 때는 플래시오버 또는 백드래프트에 대비하여 분무주수의 엄호 하에 문을 측면으로 개방, 주수한다.

■ 대원 엄호주수 요령 ■

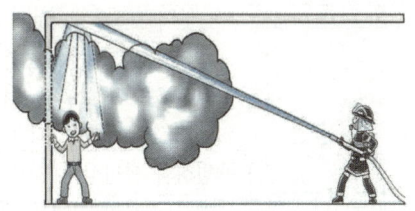
■ 구조대상자 엄호주수 요령 ■

12 3D 주수기법* ☆ 19, 21 소방교·장, 20 위, 22, 23 소방교

3D주수기법이란 화재가 발생되어 연소 중인 **가연물질 표면**과 실내 전체에 퍼져있는 **연기에도 주수**하는 방식이다. 즉 3차원적(다각도) 화재진압 방식을 말한다.

※ 3D주수기법은 펄싱(pulsing), 페인팅(painting), 펜슬링(penciling)으로 나눈다. (* 국어사전 순)

① 펄싱기법	• 간헐적으로 물을 뿌려주며 / 공간을 3차원적으로 냉각시키는 방식이다. (* 주수를 통해 주변의 공기와 연기를 냉각시킨다.)
② 페인팅기법	• 물을 살짝 주수하여 벽면의 온도를 낮추고 열분해를 중단시키는 것이다. (벽면과 천장의 온도를 낮추고 열분해 중단시키는 것) ▶ 페인트로 벽, 천장
③ 펜슬링기법	• 연소 가연물(화점)에 직접주수하여 진압을 하는 방법을 말한다. ▶ 연필로 선을 그리듯

> **⊙ 요약**
> 펄싱 및 페인팅 주수기법은 화재환경을 제한하고 통제하며 <u>화재를 진압하는 화점실까지 도달하게 도와주는</u> 것이라면~ / 펜슬링 주수기법만이 <u>실제로 화재진압용</u> (직접적) 기술이다.

(1) 펄싱   ☆ 23, 24 소방교   ▶ 펄싱(pulsing): 맥동, 맥박이 띄듯 간헐적으로 / pulse: 맥박, 고동

숏펄싱
(Short pulsing)
	① 건물 **내부진입 전 출입문 상부**에 주수하여 물이 방수와 동시에 증발하는지 확인한다.
	② 만약 증발을 하게 되면 내부가 매우 뜨겁다는 것이다. 그래서 물을 뿌렸을 때 증발하는지 흘러내리는지를 세심하게 관찰한다. 또한 증발할 때는 어느 위치인지를 판단한다.
	③ 그 다음에 출입문 **내부 천장부분**에 주수한다.
	④ 그렇게 자연발화가 된다면 밖에서 화염이 발생하여 내부로 들어가는 현상이 발생한다.
	⑤ 문을 열었을 때 나오는 가스가 산소와 결합해서 점화되는 것을 방지하기 위해 상부의 가스와 공기를 냉각시켜 자연발화의 가능성을 없애주는 것이다. 23교
	⑥ 그리고 내부에 진입해서 상부로 주수를 하여 자연발화 온도에 도달하는 것을 방지하며, 대원 머리 위 또는 근처에 고온의 화재가스가 있을 경우 바로 사용하도록 한다.
	⑦ 이때 1초 이내로 **짧게 끊어서** 주수하며, 물의 입자(0.3mm 이하)가 작을수록 효과가 높은 장점을 가지고 있다. 23교 ✪ 숏펄싱 요령은 다음과 같다.
	  ㉠ 확실한 발 디딤 장소를 확보하고 낮은 자세를 유지한다.
	  ㉡ 관창수는 화점실 진입 **전 머리 위쪽 및 주변 상층부 연기층**을 목표로 주수한다. * 화염(x) 24교
	  ㉢ 관창보조는 소방호스를 땅에 살짝 닿도록 들어서 잡아준다.
	   - 관창수가 담당하는 부분은 앞부분만 나머지 호스의 반동이나 무게는 보조자가 담당하게 된다.
	  ㉣ 관창의 노즐은 오른쪽 방향 **끝**까지 돌려서 사용한다.
	  ㉤ 관창의 개폐조작은 1초 이내로 짧게 끊어서 조작한다.
	  ㉥ 좌(우)측, 중앙, 우(좌)측 순으로 **상층부**에 짧게 끊어서 3~4회 주수한다.

미디움펄싱 (Mdium pulsing)	숏펄싱와 롱펄싱의 중간 주수기법으로 **1~2초**의 간격으로 주어진 상황에 따라서 **방어와 공격의 형태**로 적용할 수 있다. 주수요령은 다음과 같다 ① 확실한 발 디딤 장소를 확보하고 낮은 자세를 유지한다. ② 관창수는 화점실 진입 전 전면 상층부 **연기층 및 간헐적 화염**을 목표로 주수한다. 24교 ③ 관창보조는 소방호스를 땅에 살짝 닿도록 들어서 잡아준다. ④ 관창의 노즐은 오른쪽 방향 **끝까지** 돌려서 사용한다. ⑤ 관창의 개폐조작은 **1~2초** 이내로 끊어서 조작한다. ⑥ 좌(우)측, 중앙, 우(좌)측 순으로 전면 상층부에 끊어서 3~4회 주수한다.
롱펄싱 (Long pulsing)	상부 화염 소화, 가스층 희석 및 온도를 낮추어 대원들이 내부로 더 깊이 침투할 수 있도록 하며, "주어진 상황에 따라서" 3~5초의 간격으로 다양하게 적용한다. ① 확실한 발 디딤 장소를 확보하고 낮은 자세를 유지한다. ② 관창수는 구획실 앞쪽 상층부 연기층 및 화염을 목표로 주수한다. 24교 ③ 관창보조는 소방호스를 땅에 살짝 닿도록 들어서 잡아준다. ④ 피스톨 관창의 노즐은 오른쪽 방향 **끝까지** 돌려서 사용한다. ⑤ 관창의 "개폐조작"은 **2~5초** 이내로 끊어서 조작한다. (*^^ 관창조작: 2~5초) ⑥ 좌(우)측, 중앙, 우(좌)측 순으로 **상층부**에 주수하며 구획실 공간 전체 용적을 채울 수 있도록 수차례 나눠서 주수한다.

- 숏펄싱 : <u>1초</u> 이내, 머리 위쪽 및 <u>주변 상층부 연기층</u> 목표로 그 다음 내부 천장 / 상층부 3~4회
- 미디움 : <u>1~2초</u> 간격, 앞쪽 <u>상층부 연기층 및 간헐적 화염을 목표로</u> / 전면 상층부 3~4회 주수
- 롱펄싱: <u>3~5초</u> (관창 조작은 <u>2~~5초</u>) 앞쪽 <u>상층부 연기층 및 화염을 목표</u> / 상층부 수차례 나눠서

(2) 페인팅 및 펜슬링 주수기법 (*^^ 펄싱은 분무주수, 페인팅 및 펜슬링은 직사주수 개념으로 접근한다)

페인팅 기법	① 내부 벽면과 천장을 페인트 칠하듯 물을 살짝 주수하는 방식이다. ② 벽면과 천장이 나무와 같은 가연성 물질로 구성되어 있으면 **표면냉각과 열분해를 줄여줄 수 있으며**, 불연성 물질로 되어 있으면 **복사열 방출을 줄여** 가연물 열분해를 방지하고 가연성 연기층을 냉각시키는 효과가 있다. ③ 또한 지나치게 많은 양의 주수는 하지 않는다. 　냉각 후에 결과를 보기 위해 잠시 기다린 후 쉿쉿 소리가 들리면 매우 높은 온도를 의미하고, 바닥에 물이 떨어지는 소리는 (기화가 덜됨) 낮은 온도를 의미한다. ④ 벽면이 매우 뜨겁다면 너무 많은 증기가 발생하지 **않도록** 페인팅 주수 중단 시간을 **길게 할 필요도 있다.** (* 벽이 너무 고온일 때는 길게 끊어서 해야 한다는 뜻)　*오답: 짧게 🔵 페인팅 주수요령　☆ 24 교 ㉠ 움직임이 크므로 펄싱 주수 자세보다 좀 더 높은 자세를 유지한다. ㉡ 관창수는 ❶ **화점실(접근 시)** 문틀 주변에 주수(불이 다른 구역으로 번지지 않도록 냉각)하고 ❷ **화점실(진입 시)** 벽면 및 천장을 목표로 주수한다.　* 오답: 접근시 벽과 천장 ㉢ 반동력이 크지 않으므로 이동에 용이하다. ㉣ 관창의 노즐은 오른쪽 방향 끝에서 **왼쪽으로 조금 열어서** 사용한다. (* 펄싱은 모두 끝까지) ㉤ 관창의 개폐장치는 조금 열어 물줄기가 보이게 벽면과 천장에 닿을 정도로 조작한다. ㉥ 주수 시 페인트칠을 하듯 **위에서 아래로**, 천장 **한쪽 끝에서 반대쪽 끝으로** 지그재그 방식으로 적정량을 주수하도록 한다. ㉦ 매우 높은 열량을 가진 벽면에 주수 시 많은 수증기가 발생하지 않도록 주의한다
펜슬링 기법	① **직사주수 형태**로 물방울의 크기를 키워 중간에 기화되는 일이 없도록 물을 던지듯 끊어서 화점에 바로 주수하여 화재진압을 시작하는 방식이며, ② 연소중인 물체의 표면을 냉각시켜 주면서 **다량의 수증기 발생 억제 및 열 균형을 유지시켜 가시성을 유지시키는 효과**가 있다. (* 가시성: 잘보임) 🔵 펜슬링 주수요령　☆ 22, 24 교 ㉠ 확실한 발 디딤 장소를 확보하고 낮은 자세를 유지한다. ㉡ 관창수는 **화점을 목표로 주수**한다.　* 오답: 화점상층부　☆ 24 교 ㉢ 반동력이 크므로 관창보조는 소방호스를 땅에 살짝 닿도록 들어서 잡아준다. ㉣ 관창의 노즐은 오른쪽 방향 끝에서 왼쪽으로 1/4바퀴 돌려 직사주수 형태로 사용한다. ㉤ 관창의 개폐장치를 열어 물줄기를 던지듯 끊어서 조작한다. ㉥ 구획실 내 화점이 여러 곳일 경우 펜슬링(화점), 펄싱주수(공간), 펜슬링 그리고 페인팅 기법을 반복하면서 주변공간을 냉각시키고 화재를 완전히 진압한다.

- **3D주수기법**
  - 적합한 물방울은 대략 <u>0.3mm~0.4mm</u>이며, 실제 상황에서 물방울 크기를 측정하기 위한 가장 효과적인 방법은 숏펄싱 주수 시 공기 중에 4~5초간 물방울들이 남아 있는 것을 확인한다.
  - 3D주수기법은 구획실의 크기가 <u>70m²</u> 이상일 경우 부적합하다고 볼 수 있다. (*^^ 70/3.3= 21평)
  - 100℃에서 수분팽창 시 1,700배로 부피가 팽창하며 608℃에서는 4,200배까지 팽창하게 된다.
  - 펄싱기법은 구획실 상층부 가연성가스 냉각과, 수분팽창으로 구획실 안의 산소를 차단효과가 있다

13 연소확대 방지 ★ 16 경북교

화재를 억제시키는 것은 화재가 발생한 **공간 범위**를 벗어나지 않도록 억제하는 것을 말한다.

숨겨진 공간확인	① 천장을 가진 건물 화재의 경우 화재발생 장소 근처에 있는 **천장을 개방**하여 확인한다. ② 냉난방 시스템의 **흡입관 주위의 천장**을 개방해보고 불꽃의 통과 여부를 확인해야 한다. ③ 배연을 위해 개방한 창틀을 확인한다. (종종 배연 시 흘러나온 불꽃과 연기는 창틀 주위의 밀폐된 공간으로 침입하여 재 발화되는 원인이 되기도 한다.) ④ 화재 지점 근처의 벽 속을 조사한다. 벽을 통한 열이 전도되었다면 벽의 간주(間柱) 사이의 배이(bays)를 개방 확인하고 콘센트있는 벽 부분에 연소흔적이 있다면 **반드시 개방 확인**한다.
창문	① 인접 건물이나 상층부의 연소확대 유무를 확인할 때 창문 주변을 우선적으로 확인한다. ② 창문이나 철재셔터가 열려있는 곳으로 연소 확대가 우려되면 즉시 창문, 셔터문을 닫는다. ③ 가장 중요한 것은, 진입팀은 항상 갑작스러운 연소 확대나 폭발에 대비하여 후퇴할 수 있는 대피로가 있는지 확인하면서 진입한다.
지붕공간	① **수평 연소 확대여부**를 판단하기 위하여 인접 공간을 확인할 때, 화재발생 장소의 전후좌우에 위치한 인접 구획 공간의 천장을 개방해 본다. ② 겉으로 보기에 구획되어 있는 건물도 천장이나 지붕공간이 하나로 연결된 건물이 많다.
지하공간	① 지하층과 같이 외부 접근과 방수가 어려운 화재는 화재진압과 연소확대를 방지가 어렵다. ② 출입구를 통한 호스 전개가 불가능한 경우 인접 지하공간이나 건물 뒤쪽을 살펴본다. ③ **진입이 불가능한 상황에서 화재진압의 실익이 크다면 개구부를 통해 폼액을 주입**한다. 폼액 유출원인이 되는 지하 공간 내의 출입구나 개구부를 **밀폐**시켜야 한다. ④ 폼액 주입으로 인접공간이나 건물로 향하는 모든 문, 통로 등 숨겨진 구멍을 확인한다. ⑤ **여기서 가장 우선적으로 확인해야 할 곳은 상층부로 향하는 수직 통로(구멍)이며 이곳을 완벽하게 차단해야 한다.** (* 거품인 폼액 주입을 통하여 열기 등이 올라가니까)
노출방어 (인접건물 확대방어)	① 목재건물의 경우, 인접건물로 복사열 차단을 위해 건물 사이부분에 대량의 물을 방수한다. ② 인접 건물로의 호스배치는 화염의 크기나 화재발생 지점의 높이를 고려하여 **연소 건물보다 몇 층 높은 곳에 배치**한다. → 즉, 노출방어니까 ③ 인접 건물 화재발생은 건물(지점)과 같은 층이거나 높은 층에서 주로 연소확대가 된다. ④ 인접건물과의 사이 공간에서 심한 (대류)가 발생되고 있다면 인접건물의 높은 곳의 창문을 통해서 연소가 확대될 가능성이 높다. ⑤ (복사)열은 목재나 플라스틱으로 된 창틀에 쉽게 연소 확대가 가능하며 높은 건물의 지붕 위치까지 불씨를 옮겨 놓기도 한다. ❂ **복사열에 의한 연소확대를 방어하기 위한 전술적 가이드라인** ★ 16 경북교 ① 효과가 가장 **적은** 전술은 워터커튼(수막, water curtain)*을 **설정**하는 것이다. 　복사열은 작은 물방울 사이의 공간을 통해 통과되며, 물의 낭비가 가장 심하다. ② 화재가 <u>소규모거나 65mm</u> 관창을 이용할 때, 화재 건물(지점)에 직접 방수하고 진압한다. ③ 화재가 <u>대규모인 경우로</u> 화점진압의 효과가 없을 때에는 <u>40mm</u> 관창을 이용하여 인접 건물의 측면에 직접 방수한다. (* 신속을 위해 40mm의 공격적 전술을 말한다.) ④ 인접건물에 **복사열**에 이미 연소확대가 되었거나 확대우려가 높은 경우, <u>인접건물 내부로의 연소확대를 막기 위해 인접건물 내부(개구부가 있는 층)에 진압팀을 배치한다.</u>

제12절　파괴활동　　　★ 23 위

1　파괴기구 활용　(* 중요도 낮음)

동력 절단기	활용 요령	① 절단물에 따라 날을 선택하고 보호커버를 조정한다. ② **왼손으로 앞의 핸들을, 오른손으로 뒤 핸들의 조정레버를** 조작할 수 있도록 잡고 왼발을 반보정도 앞으로 내딛는다. ③ 엔진을 회전시켜 **절단면에 직각이** 되도록 절단한다. ④ 절단은 곧장 실시하고 날이 휘지 않도록 한다.
	안전 관리	① 헬멧, 보호안경, 안전장갑을 착용한다. ② 원칙적으로 가연성가스가 체류하는 장소에서는 사용을 금한다.(* 불티가 튀니) 　- 부득이한 경우는 분무주수를 받으며 인화위험을 배제한 상황 하에서 실시한다. ③ 조작원은 **절단날 후방 직선상에 발을 놓지 않는다.**(* 직선이면 발쪽이 위험하니) ④ 절단날 전후방에 조작원 외 접근을 막는다.　　(③번: 가랑이 사이로 둔다는 뜻) ⑤ 불꽃에 의한 가연물 착화 위험이 있으므로 충분한 안전대책을 마련한다.
가스 절단기 15소방장	활용 요령	① 절단물의 **전면에서 화구를 절단부를 향해 가열한다.** 23위 ★ 오답: 측면 ② 절단부가 가열된 시점에서 산소레버를 당겨 절단방향으로 화구를 이동한다. ③ 불꽃은 절단면에 대해 수직 또는 절단방향으로 하고 절단용 산소량은 절단재의 두께에 따라 가감한다. (*^^ 가스절단기란? 일반적인 산소절단기를 말한다)
	안전 관리	① 헬멧, 보호안경, 안전장갑을 착용한다. ② 기름 등이 묻은 공구류 등은 취급히 않는다. ③ 조정기를 용기밸브에 부착할 때는 확실히 하여 누설되지 않도록 한다. ④ 수납은 소화한 후 용기밸브를 닫고 절단기의 밸브를 열어 잔류 가스를 방출한 후에 절단기 밸브를 잠그고 화구를 냉각시킨 후에 수납한다. (* 화구: 노즐) ⑤ 절단하는 것에 의해서 2차 재해를 발생시킬 염려가 없는가를 확인한다. 특히 가연물이 있는 경우는 충분한 안전대책을 마련한다.

2　대상별 셔터 파괴요령** ★ 10 강원, 13 경남교, 14 부산교, 15 소방장, 23 위

중량 셔터 파괴 요령	직접 화염의 영향을 받고 있지 <u>않는</u> 경우	① 파괴를 최소한도로 줄이기 위해 셔터 <u>아래방향</u>을 진입할 수 있을 만큼 절단하고 내부에 진입하여 개방한다. ② 절단기로 스레트를 수직으로 자른 후, 스레트를 당겨 뺀다. ③ 긴 스판셔터를 절단할 때는 진입 가능한 폭에 2개의 구멍을 만들어 제일 끝의 스레트를 빼내면 개구부가 된다. (* 스레트: 셔터를 구성하는 판) ④ 셔터의 레일에 걸친 부분에는 스레트 1매 간격으로 연결 금속물이 부착되어 있어 탈착되지 않으므로 주의를 요한다.(* 레일: 셔터 좌우의 상하 수직통로) ✪ (화염없음) 파괴기구: 가스절단기, 공기톱, 동력절단기. ▶ 화가공동
	셔터에서 <u>연기가</u> <u>분출하는 경우</u>	① 공기호흡기를 착용하고 측면에 주수태세를 갖춘다. ★ 15 소방장 등 ② 연기의 분출을 적게 하기 위해 셔터의 <u>아래방향</u>을 절단한다.

		③ 셔터의 **한 변**을 절단하여 스레트를 빼기 전에 내부를 확인한다. ④ 스레트는 서서히 잡아 빼고 내부의 상황을 확인하면서 필요에 따라 **분무주수를** 한다. 단, 수손방지에 주의한다. ⑤ 진입구를 만들 경우는 측면에 위치하여 **백드래프트에 주의한다.** ✪ (연기분출): 가스절단기, 공기톱, 동력절단기, 산소절단기, ▶ (연기)가공동산
	셔터가 가열에 의해 붉게 변하고 있는 경우	① 스레트를 잡아 빼기 곤란하므로 아치형으로 절단한다. (＊아치형: ∩) ② 초기에는 관창이 통과 가능한 정도의 구멍을 만들고 내부에 주수하여 화세를 제압한 후 **진입구를 크게 한다.** ✪ (붉은셔터) 파괴기구: 가스절단기, 산소절단기 ▶ 붉가산
	경량셔터＊ 파괴요령	① 해머＊로 스레트를 강타하면 휘어져서 **개방이 불능**하므로 주의한다.[22] ② 셔터의 열쇠부분을 해머로 강타하여 **열쇠를 파괴** 후 개방한다. ③ 셔터하단 중앙부와 바닥면 사이에 지렛대를 넣어 밀어 올린다. ④ 가운데 기둥을 분리하는 방법 (＊^^ 셔터가 좌우로 분리된 경우 중간의 기둥 판넬) 　㉠ 중간기둥의 **바닥면**에 있는 밑 부분을 지렛대로 들어 올린 후 강하게 당겨 스레트에서 분리시킨다. (＊^^ 셔터가 경량이니까) 　㉡ 밑 부분에서 올라가지 않을 경우는 중간의 바닥에서 **15㎝~20㎝의 위치**를 해머로 강타하여 스레트를 분리한다. 　㉢ 동력절단기, 가스절단기 등으로 중간하부의 말단 금속부분을 절단하여 스레트를 분리한다. ▶ (경량) 동해 갖가지(＊ 동해 갖거지) ✪ (경량셔터) 파괴기구 : 동력절단기, 해머, 갈고리, 가스절단기, 지렛대
	파이프셔터 파괴요령	① 동력절단기에 의한 절단은 가드레일에 가까운 곳을 선정한다. 23위 ② 가드레일 직근 배관을 해머로 강타하고 굽혀서 가드레일에서 파이프 분리한다 ③ 중간기둥의 경량셔터에 준하여 행한다. ④ 파괴한 셔터는 행동장해가 되지 않도록 윗 방향으로 걷어 올려 로프로 결속하여 놓는다. ▶ (파이프)해동산가유 ✪ (파이프~) 파괴기구 : 해머, 동력절단기, 산소절단기, 가스절단기, 유압구조기구

■ **셔터 파괴 시 안전관리**＊
① 셔터의 개방 또는 파괴는 지휘자의 지시에 의한다.
② 건물관계자와 연락을 긴밀히 하여 내부상황을 신속히 파악하고 셔터조작의 가부를 판단한다.
③ 셔터 개방조작이 불가능한 경우의 파괴방법은 다음에 의한다.
　· 위험방지를 위해 작업자 이외는 접근을 막는다.　· 파괴에 필요한 기구를 집결한다.
　· 셔터 스레트, 가드레일 등 사이에서 연기가 분출하는 경우는 개구부에 의해 백드래프트 및 플래시오버가 발생될 염려가 있으므로 개구부의 면적을 적게 한다. (＊ 풍부한 산소침입을 막기위함)
　· 방연셔터는 연기의 분출이 적어서 연소상황 판단을 잘못할 수 있으므로 신중을 기해 개구부를 확보한다.
④ 진입구를 개방하는 경우 정면을 피해 측면에 위치하고 백드래프트에 주의한다.

＊ 중량셔터: 방화셔터, 차고 등, 　＊ 경량셔터: 일반적 가게셔터 등, 　＊ 해머: 두손으로 내리치는 큰 망치
＊ 파이프셔터: 안이 보이도록 가는 상하를 파이프로 연결하여 만든 셔터문(최근 큰 상가의 일반가게에 사용함)

3 문 개방(파괴에 의한 개방)   (* 중요도 낮음)

	파괴기구	동력절단기, **철선절단기**, 가스절단기, 지렛대, **파이프렌치**, 전기드릴
직접화염의 영향을 받고 있지 않는 경우	파괴방법	① 문과 틀에 틈이 있으면 돌출부분을 동력절단기 또는 가스절단기로 절단한다. ② 문과 틀 사이에 동력절단기 날이 들어갈 수 없는 경우는 지렛대를 넣어 간격을 확보한다. ③ 위의 방법이 불가능한 경우는 손잡이와 문틀의 중간을 절단하여 돌출부분을 분리한다. 2중 철판인 문은 1개씩 2회로 나누어 절단한다. ④ 전기드릴로 주위에 3~4개소의 구멍을 뚫은 뒤, 드라이버 등을 넣어 돌출부분을 제거한다. 단, 기술적으로는 매우 곤란하다. ⑤ 원통형 자물쇠의 경우는 파이프렌치*로 손잡이를 돌려 파괴한다. ⑥ 안을 볼 수 있는 창은 유리파괴 후, 손을 넣어 펜치* 등을 사용, 자물쇠 개방한다.
직접 화염의 영향을 받고 있는 경우	파괴	상기(첫줄) 파괴기구 6가지와 같다. ▶ 동철가지파전(문 파괴시, 동철이 가지하고 파전 사왔다)
	파괴방법	(상기 위의 파괴 방법 외의 추가사항) ① 돌출부분 절단에 의해 문이 개방되면 농연, 증기가 분출할 염려가 있으므로 셔터의 파괴요령에 준한 방호조치를 한다. ② 파괴 후 문을 개방 시 문 측면에서 내부상황을 확인하면서 서서히 개방한다. ③ 문이 가열되고 있는 경우는 주수에 의한 증기가 돌아오는 것에 주의하여 안면보호렌즈로 얼굴을 가린다. ④ 알루미늄 재질의 문은 **경첩***부분머로 **강타**하여 파괴하거나 또는 가스 절단기 등을 활용하는 것이 효과적이다.

4 벽(파괴)* ☆ 19 소방위

철근콘크리트조	① 포클레인 등의 중장비 동원 가능 시 중장비를 활용한다. ② 파괴하고자 하는 벽체에 착암기*로 구멍을 여러 개 뚫는다. ③ 관통시킨 구멍과 중간을 해머로 강타하여 구멍을 크게 확보한다. - 이때 해머를 사용할 경우 <u>모서리</u>를 가격하는 것이 효과적이다. * 중앙(x) ④ 철근이 노출되어 있거나 해머를 유효하게 사용할 수 있는 경우는 착암기 또는 정을 병행하여 구멍을 크게 확보한다. ⑤ 굵기 **9mm 이하**의 (보통)철근은 **철선절단기**를 사용하고 그 이상인 (굵은철근)경우는 동력절단기, 가스절단기 등을 사용하여 절단한다. ✪ 착암기, 해머, 정 / 철선절단기 / 동력절단기, 가스절단기, [착암기]
블록 또는 벽돌조	① 공동부분을 해머로 강타하여 파괴한다. 단, 중량블록은 경량블록에 비해 상당히 강도가 있으므로 착암기로 여러 개의 구멍을 관통시키면 효과적이다. ② 벽의 보강을 위해 9mm 철근이 각 블록마다 1본 정도 들어있는 경우도 있으므로 철선절단기 또는 가스절단기로 절단한다. ✪ 해머, 착암기, 철선절단기, 가스절단기 (* 일반적인 9mm 철근까지 철선절단기로 가능)

---

* 파이프렌치: 관의 나사 돌리는 공구.   * 펜치: 끊는 데 쓰는 연장.   * 경첩: 문틀과 문짝 사이의 사각 접철
* 착암기: (암석 등에) 구멍 뚫는 기구   * 블록: 벽돌모양과 크기의 콘크리트 덩이(보통 중간에 원형구멍이 있다).

5 천장(파괴)* ☆ 13 충북교·장

목조 천장	① 파괴범위를 정해 창이나 갈고리로 마감부분을 박리*시킨다. ② 천장 마감재료 일부를 박리시킨 후 파괴시킨다. ③ 넓은 범위에 걸쳐 파괴하고자 하는 경우는 해머, 지렛대 등으로 지탱부분을 강타하여 제거한다. ○ 창, 갈고리, 톱, 해머, 지렛대, 사다리
경량철골 천장	① 경량철골 천장은 패널로 구성되어 있어 당겨도 쉽게 분리되지 않는다. 따라서 갈고리로 마감재료 일부를 박리시킨 후, 사다리를 사용하여 패널부분을 지렛대 또는 드라이버로 비틀면 쉽게 분리할 수 있다. ② 경량철골 또는 천장 마감재료가 불연재료인 경우는 덕트화재 등을 제외하고는 급격히 연소하지 않는다. / 따라서 천장파괴는 최소한도로 하고 형광등의 매설기구를 분리한 후 확인하는 편이 효과적이다. ★ 지렛대, 해머, 스패너, 드라이버, 갈고리, 사다리
안전관리	① 천장에 전기배선(배관) 하중으로 천장파괴에 의해서 전기설비도 동시에 떨어질 가능성이 있다. 따라서 긴급파괴 이외는 전기배선의 전원을 차단하고 작업한다. ② 작업 중에는 보호안경을 착용하여 눈을 보호한다. ③ 천장파괴는 원칙적으로 <u>구석에서</u> 하고 파괴 중에는 천장 전체가 낙하될 위험이 있으므로 주의한다. * 오답: 천장파괴는 중앙에서부터 하고. 13 충북교

➲ 개념: 모든 파괴는 구석부터 하는 것을 원칙으로 한다.(* ☞ 이유: 진동과 비산)

6 유리(파괴)** ☆ 10 부산장, 13 경남교, 14 부산교 15 소방장, 23 위

(1) 일반적 유의사항*

① 창유리 등의 파괴는 지휘자의 지시에 의한다.
② 유리 낙하에 따른 2차 재해를 방지에 주력하고, 고층에서 파괴할 때는 지상과의 연락을 하여 유리의 낙하구역에 경계구역을 설정한다.
  ㉠ 경계구역은 풍속 15m 이상의 경우는 파괴하는 **창의 높이를 반경**으로 하고,
  ㉡ 풍속 15m 미만인 때는 창 높이의 1/2 반경으로 한다.(*^^ 보통 때) * 오답: 건물 높이를 반경
③ 상공에서 낙하하는 유리 파편은 나뭇잎과 같이 보여 서서히 낙하한다고 착각하기 쉽지만 **실제의 낙하속도는 빨라 매우 위험하다.**
④ 두꺼운 유리 파괴 시 해머를 사용할 때는 충격에 의해 균형을 잃을 염려로 신체확보에 주의한다.
⑤ 소방호스나 사다리 옆의 창유리 등을 파괴할 때는 유리 파편에 부딪쳐 떨어질 위험이 있다.
⑥ 창의 파괴에 의해서 백드래프트 또는 플래시오버를 일으킬 염려가 있는 경우 몸의 위치를 창의 측면이 되도록 한다. 또한 창의 좌측에 위치하여 잘 쓰는 팔(오른팔)을 사용한다.
⑦ 판유리*의 파괴순서는 유리의 중량을 고려하여 **윗부분부터 횡**으로 파괴한다. 23 위
⑧ 보호장구를 착용한다.

---

* 박리: 벗겨냄   * 판유리: 판판한 유리   * 복층유리: 2개의 판유리 등을 사용한 것.

(2) 유리 파괴요령★★ ☆ 13 서울교, 16 강원, 부산장 등

5mm 이하의 보통 판유리	• 옥내에 진입이 가능한 경우 창의 잠금 부분 가까이를 손 넣을 정도로 파괴하여 잠금을 풀고 창을 개방한다. (* 보통의 창문 유리를 말한다.) • 옥내에 진입할 수 없는 경우는 유리파편을 실내에 떨어지도록 파괴한다. - 창의 상부에서 조금씩 파괴하면 파편도 적고 외부로의 비산도 적다. • 진입로가 되는 창의 파괴는 창틀의 유리파편을 완전히 제거하여 위험을 방지한다. • 보통 유리의 비산 거리는 창 높이의 1/2 거리이다. 이에 따라서 경계구역을 설정한다. ✪ 관창, 손도끼, 갈고리, 해머, 도끼, 지렛대.
6mm 이상 보통 판유리	• 파괴에는 강력한 충격력이 필요하며 예리한 기구가 효과적이다. • 유리의 두께가 불명인 경우는 가볍게 가격하여 유리에서 받는 반동 등을 고려하여 파괴에 요하는 충격력의 배분에 유의한다. • 12mm 이상 두꺼운 유리는 해머로도 파괴가 쉽지 못하므로 유리의 열전도율이 낮은 특성을 이용하여 가스절단기로 급속 가열하여 열에 의해 파괴되도록 한다. - 가열 직후 방수하여 급랭시키면 더욱 효과적이다. • 유리 파편 낙하에 의한 2차 재해를 방지하기 위해 유리에 접착테이프, 모포시트 등을 붙여 외부로의 비산을 방지한다. ✪ 도끼, 해머, 도어오프너, 가스절단기
망입유리	• 보호안경, 헬멧 안면보호렌즈를 활용하여 유리파편 비산에 의한 위험을 방지한다. • 창의 중앙부분을 강타하여 금이 생기더라도 (철선의 망이 들어 있어) 효과는 없으므로 반드시 창틀에 가까운 부분을 파괴한다. • 유리파편은 철선(약 1mm)에 부착하여 탈착되지 않기 때문에 창 전면을 파괴하는 경우는 도끼로 망선을 아치형으로 파괴한 다음 실내로 향하여 눌러 떨어뜨린다. • 부분적인 파괴는 망선을 노출시킨 후 펜치 등으로 절단한다. ✪ 도어오프너, 해머, 도끼, 지렛대
방탄유리	• 충격에 의해 파괴되지만 탈락은 없다. 단, 충격을 가할 때 작은 파편이 비산하므로 보호 안경 또는 헬멧의 안면보호렌즈를 활용하여 위험을 방지한다. • 해머, 도끼 등으로 유리를 가늘게 깨고 길을 사용하여 플라스틱 막을 잘라 내거나 가스절단기 등으로 태워 자른다. ✪ 도어오프너, 해머, 도끼, 지렛대, 가스절단기
강화유리	• 강화유리 표면에 두께의 1/6에 달하는 갈라진 틈이 생기면 전체가 입상으로 파괴된다. • 문 또는 창의 4각 모서리(보통 좌하단)에 회사마크가 있으면 강화유리이며 도끼 또는 해머 등으로 일부분을 겨냥하여 파괴한다. 또한 강화유리는 내열, 내충격력이 강하므로 가능한 예리한 기구를 이용한다. • 테 없는 문, 회전문 등은 대부분 강화유리이다. ✪ 도어오프너, 해머, 도끼, 지렛대, 가스절단기
복층유리	복층유리는 일반적으로 보통 판유리를 이용하고 있지만 예외로서 망입유리, 강화유리를 이용한 것도 있는데 파괴요령은 위의 내용과 같다. (* 주로 판유리를 두겹으로)

---

* 망입유리: 가는 철선(철망)이 들어 있는 유리 * 방탄유리: 투명필름이 들어있는 이중으로 됨(* 총알도 막음)
* 강화유리: 판유리에 600℃ 열을 가해 표면을 강하게 하여 일반유리보다 강도가 3~5배임. 예) 기차, 자동차 등.

7 바닥(파괴) (* 중요도 낮음)

(1) 바닥 종류(목조, 방화조 제외)

철근콘크리트조 바닥(슬래브)	대들보에서 대들보로 철근을 격자(格子)로 맞추어 콘크리트를 넣어 고정하는 공법. (배근간격은 보통 짧은변은 20cm, 긴방향은 30cm, 슬래브 두께는 8cm 이상)
덱플레이트조 바닥	두께 1.2㎜~1.6㎜의 덱플레이트를 큰 대들보에 용접한 후, (*덱: 데크) 13㎜ 정도의 철근을 넣고 15㎜~18㎜ 두께로 콘크리트를 넣는 것이다.
PC콘크리트판 바닥	바닥 또는 벽 재료를 플랜트에서 생산하여 현장에서 조립하는 방식.(* 큰 공사일 때) 프리캐스트판(블록으로 성형)의 두께는 철근콘크리트 슬래브와 거의 같다.

(2) 바닥파괴의 일반적 유의사항

① 건축설계도 등의 자료를 수집하고 대들보, 기둥, 배관상황을 추정하여 파괴장소를 선정한다.
  - 파괴장소 결정 및 시기는 현장지휘자의 지시에 의한다.
② 설계도 등을 입수 할 수 없을 때는 기둥 위치에서 대들보의 장소를 추정하고 그 부분을 제외한 장소를 해머로 강타하여 그 반동력 또는 충격음으로 파괴할 수 있는지를 판단한다.
③ 철근 및 배관류는 바닥 중앙보다 약간 떨어진 장소가 가장 적으므로 파괴가 쉽다. * 오답: 구석
④ 화점실의 창이 파괴되어 연기가 분출 경우는 그 직상층 바닥 슬래브에 구멍을 뚫어도 화염의 분출은 적지 않고 오히려 급기측으로 되는 경우가 많다. 단, 화점실 창이 없는 경우나 창이 파괴되지 않았을 때는(때도) 파괴된 개구부로부터 화염이 분출할 우려가 있으므로 경계관창배치가 필요하다.
⑤ 고열을 받은 부분은 콘크리트가 부서지기 쉽게 되므로 비교적 파괴가 쉽다.

(3) 바닥 파괴요령 ★ 23 위

철근콘크리트 조 바닥	① 대들보가 없는 곳을 찾아 착암기로 바닥을(철근에 부딪치면 비스듬히 하여) 관통시킨다. ② 착암기에 체중을 실어 강하게 누른다. ③ 3~4개소를 원형으로 관통시켜 그 구멍 중간을 해머로 강타하여 구멍을 크게 한다. ④ 정*을 사용하여 해머로 강타하면 파괴가 쉽다. ⑤ 철근이 노출되면 와이어컷터 또는 가스절단기로 절단한다. (단, 주수를 위한 개구부의 경우는 철근을 절단할 필요는 없다.) 23위 ❂ 착암기, 해머, 정, 가스절단기, 산소절단기 등
덱플레이트조 바닥	① 두꺼운 부분은 15cm / 얇은 부분은 8cm~10cm이므로 얇은부분을 중점적으로 뚫는다 ② 착암기 끝 부분이 덱플레이트에 닿으면 그 이상 맞부딪쳐 나가지 않으므로 다른 장소에 구멍을 뚫어 해머, 정*을 이용하여 구멍을 크게 한다.(* 정: 구멍뚫는 기구) ③ 덱플레이트가 노출되면 가스절단기 또는 산소절단기로 절단한다. ❂ 착암기, 해머, 정, 지렛대, 가스절단기, 산소절단기 등
PC 콘크리트판 바닥	공장에서 생산된 PC 콘크리트판을 현지에서 대들보와 대들보 사이에 걸쳐 용접한 것으로 대들보 이외의 부분에 PC판과 PC판을 접하는 부분에서의 파괴가 가장 효과적이다. ❂ 착암기, 해머, 정, 지렛대, 가스절단기, 산소절단기 등

8 엘리베이터 문의 파괴 ★ 14 부산장

엘리베이터 문은 양쪽으로 여는 것이 일반적이고 예외적으로 한쪽으로 열리는 문, 아코디언 문 등이 있다. 파괴요령은 어느 형태도 공통이다. 또한 파괴는 긴급을 요하는 경우에만 실시한다.

(1) 엘리베이터 파괴요령

파괴기구	에어백, 유압식구조기구, 도어오프너, 지렛대, 크기가 적당한 나무
파괴순서	① 엘리베이터의 정지위치를 층별 표시 또는 인디케이터로서 확인한다. ② 엘리베이터용 전동기의 전원을 차단한다. (* 전동기: 모터) ③ 정지 층의 문을 개방한다. ④ 구조대상자에 대한 사후처리에 주의한다.
파괴방법	(1) 에어백에 의한 파괴방법 　① 콘트롤박스에 에어백을 연결하여 2개를 준비한다. 　② 양손으로 승강장 도어를 벌린 후 도어 하단부에 에어백 1개를 넣는다. 　③ 도어에 넣은 에어백을 조금 벌린 후 도어 상단부에 에어백 1개를 넣는다. 　④ 에어백 2개를 같은 속도로 전개하여 승강장 도어를 넓힌다. 　⑤ 한쪽으로 열리는 문, 아코디언 문도 상기요령으로 파괴할 수 있다. (2) 에어백이 **없는** 경우의 파괴 방법 　① 문과 문 사이 아랫부분에 도어오프너, 지렛대 등을 집어넣는다. 　② 3cm 정도 간격이 되면 유압식구조기구를 넣어 눌러서 넓힌다. 　③ 간격이 있으면 나무를 집어넣어 고정하고, 웨지람(쐐기)*을 위쪽으로 이동시키면서 나무도 위쪽으로 이동한다. 　④ 문의 1/2 높이에 달한 때 웨지램을 대(능력 1톤 이상)로 교환하여 문에 설치하여 있는 록핀*을 절단할 때까지 조작을 계속한다. 　⑤ 웨지람의 부하가 가볍게 된 때가 록핀이 절단된 때이고 문을 좌우로 강하게 당기면 개방할 수 있다. 　⑥ 한쪽으로 열리는 문, 아코디언 문도 상기요령으로 파괴할 수 있다.

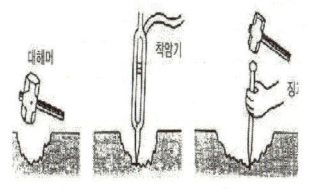  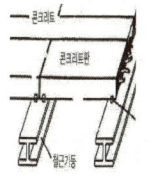 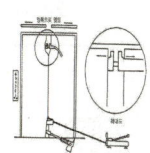

■ 해머(좌), 착암기, 징과 해머(우)■　■ 데크 플레이트 ■　■ PC 콘크리트판 ■　■ 엘베 파괴요령 ■

---
* 인디케이터: 엘리베이터 외부나 내부에서 볼수 있는 상층, 하층, 현재층의 표시가 되는 것.
* 웨지람: 확장 등에 사용하는 기구. 쐐기　　　　* 록핀: 잠금 핀
* 루버(Louver): 얇은 판자 등으로 통풍이나 빛을 막기 위해 빗대는 장치.(공중화장실 밑 등)
　- 공기 흡입구 또는 배출구에 설치된 공기량, 풍량을 조절하기 위해 설치된 지붕창 모양의 통풍구.
* 갤러리: 공조설비의 급배기구, 실내공기를 환기하기 위해 설치한 건축물 부분. 선박은 난간 부분.

9 루버 (* 중요도 낮음) (* 예 루버: 공중화장실 문밑 빗살형태의 환기부분 등을 말함)

루버 파괴방법	① 콘크리트 루버(Louver) : 루버의 상부 접촉부를 해머로 강타하여 파괴한다. ② 철제 루버(Louver) 　㉠ 엔진컷터, 공기톱으로 루버 상단 또는 하단을 절단하여 좌우로 흔들어 열어서 　　 진입구를 만든다. 　㉡ 가스절단기, 산소절단기도 위와 같은 방법으로 사용하며 개구의 크기는 　　 종 1.2m, 횡 0.8m 이상으로 한다. (*^^ 한쪽 테두리: 가로0.8 + 세로1.2 = 2m) ③ 사다리 위에서 작업할 경우의 자세는 목표지점에 위치하여 왼(오른)발을 가로대 사이에 　 넣어서 걸치고 반대측 발은 그보다 한 단계 밑에 위치하여 중심을 낮게 한다. 　● 작업범위는 허리와 어깨까지의 사이로 한다.

10 갤러리(Gallery) (* 중요도 낮음) (* 예 갤러리: 건축물 환기를 위한 외부 설치물)

공조설비의 급배기구, 실내공기를 환기하기 위해 설치한 것으로 콘크리트제 및 철제로 대별한다.

파괴의 유의사항	① 모서리에 가까운 부분을 강타 또는 절단하여 파괴한다. ② 나사식의 경우는 나사부분을 돌려 해체한다. - 공조용 접속은 나사식의 것이 많다.

11 덕트 (* 중요도 낮음)

설치목적에 따라 공조용, 배기전용으로, 설치방법에 따라 솟아오른덕트(종덕트), 횡덕트가 있다.

덕트파괴의 유의사항	① 덕트(duct)에는 요소에 점검구가 설치되어 있으므로 점검구에서 연기, 열기 등을 확인한다. 　 - 점검구가 없는 장소는 파괴하여 확인한다. ② 노출된 덕트는 변색된 부분을 중점적으로 손을 접촉하는 등으로 온도차에 의해 판단한다.
파괴방법	① 점검구에서 확인할 수 없는 부분, 덕트가 상당한 열을 받고 있는 부분, 열에 의해 변색 되고 있 　 는 부분을 중점으로 엔진컷터, 가스절단기 등으로 절단한다. ② 횡덕트에 불이 남아 있다면 주수 소화하고 열 기류에 태워서 분말소화기를 방사하는 방법도 효과 　 가 크므로 파괴방법도 이점에 주의하여 필요 최소한도로 한다. ③ 덕트 접촉부를 해머로 강타하여 구멍이 난 부분을 지렛대 등으로 비틀어 구멍을 크게 한다.

12 파괴에 의한 진입로 확보 및 엄호주수 (* 중요도 낮음)

활동 요령	① 선착대 활동 - 공기호흡기를 착용한다. / 2인 1조로 첫째 조는 동력절단기, 두번째 조는 　 조명기구를 운반, 1층의 셔터에 위치하고 / 첫째 조는 두번째 조의 엄호 하에 셔터파괴작업 　 을 개시한다. - 두번째 조는 소속대의 소방호스를 연장하여 대기한다. ② 첫째 조는 절단한 셔터 개구부로 진입하여 / 두 번째 조의 엄호 하에 2층 방화문을 파괴한 　 다./ 두번째 조는 공기호흡기를 착용하고 개방된 문으로 내부 진입한다.

제13절 소방시설의 활용

1 자동화재탐지설비 ★ 14 경기교

① (소방대는) 발화지점의 위치확인은 수신기에서 화재표시등 및 지구표시등의 점등위치로 확인한다.
② 음향장치(지구경종, 비상방송설비 사이렌 등)가 정상적으로 송출되는지 확인하고, 송출되지 않을 경우 음향장치 조작스위치를 1회 눌러서 정상상태로 한다
③ 수신기의 전원이 차단되어 있는 경우 수신기 문을 열고 전원스위치를 확인한다.(OFF에서 ON상태로 전환)
④ 비상방송설비 및 소화설비, 제연설비 등의 감시제어반과 겸용하는 경우에는, 연동되는 설비의 작동상태를 확인한다.
　㉠ 비상방송설비: 비상방송의 송출여부 확인한다.
　㉡ 소화설비: 각 설비의 펌프기동상태 확인한다.
　㉢ 제연설비: 제연설비 팬(급기, 배기), 댐퍼의 동작상태 확인한다.

2 연결송수관설비 ★ 12 부산교, 13 서울, 울산교, 14 대구교, 16 경기장, 21 위

송수요령 ★21소방위	① 송수는 단독 펌프차대(펌프차)의 1구 송수, 소방용수가 먼 경우에 중계대형으로 한다. ② <u>송수계통이 2 이상일 때는 연합송수가 되므로 송수구 부분의 송수압력이 같아지도록 펌프를 운용하며, / 뒤에서 송수하는 펌프차대는 약 <u>10% 정도 높은 압력</u>으로 송수한다.</u> ③ 송수 초기에는 압력계 등 각종 계기의 지침상황에 유의하고 송수압력이 적정한지 확인. ④ 송수쪽의 게이트밸브가 폐쇄되어 있으며 송수할 수 없으므로 관계자에게 지시하여 밸브를 신속하게 개방한다.(게이트밸브의 위치는 방재센터 또는 소화전함 내에 표시.) ⑤ 옥상수조쪽 체크밸브의 기능이 저하되어 송수가 옥상수조로 유입, 유효압력을 얻을 수 없을 때는 옥상수조 쪽의 게이트밸브를 잠그면 활용한다. ⑥ 건식배관의 경우 드레인콕크나 방수구밸브가 개방되어 있으면 누수 된 물의 손실이 크므로 콕크나 밸브를 폐쇄한다.
방수요령	① 방수압력은 방수구 밸브의 개폐로 조정한다. ② 상·하층에서 동시에 방수할 때에는 하층의 방수압력을 적게 하지 않으면 상층에서 유효압력을 얻을 수 없는 경우가 있다. ③ 옥내소화전과 주배관이 공용으로 되어 있는 것은 기동스위치를 조작함으로써 1구 정도는 더 방수가 가능하다. ④ 연결송수관의 방수구함 표면에는 방수구의 표시가 있다. ⑤ 방수구는 옥내소화전함 내에 공용으로 설치된 것과 단독으로 격납함 내에 설치된 것이 있다. ⑥ 옥내소화전과 주배관을 겸용하고 있는 것은 사용시 고압의 방수압력이 걸리므로 자위소방대가 옥내소화전을 사용 중인 경우에는 그 사용을 중지시키는 등의 조치를 한다.

3 연결살수설비

활용요령	
	① 관계자 등으로부터 청취 등으로 연소범위를 확실히 파악하고 활용한다. 특히, 개방형헤드의 경우 송수구역을 오인하여 송수하면 다량의 수손을 초래할 염려가 있다.
	② 송수구 부근에 송수구역, 선택밸브, 송수구역일람표가 있으니 내용 충분히 파악 조작한다.
	③ 송수구는 65mm **쌍구형**으로 하여야 하나 헤드수가 10개 이하는 단구형으로 할 수 있다.
	④ 송수구역에 의해 송수구의 위치가 제각기 다를 수 있으므로 주의한다.
	⑤ 개방형헤드가 설치되고 송수구역에 나누어져 있는 경우는 선택밸브의 조작을 완료한 **후** 송수한다.
	⑥ 펌프의 송수압력은 1~1.5Mpa를 목표로 조작한다. (* ▶ 1.5Mpa = 150m)
	⑦ 검색조가 농연 등으로 진입할 수 없는 경우는 <u>10~15분마다 송수를 일시 정지</u>하고 내부의 변화유무를 확인하고 필요에 따라 송수를 재개하는 등의 조치를 취한다.
	⑧ 헤드에서 살수에 의한 소화효과는 배출되는 연기의 색깔 및 수증기로부터 판단한다.
	⑨ 화점실의 온도가 높은 경우는 살수설비의 배관 등이 탈락하는 경우도 예상되므로 장시간 송수하더라도 소화효과가 없는 경우는 별도의 소화수단을 병행한다.
	⑩ 배관에는 배수밸브가 설치되어 있으므로 송수정지 후 헤드에서의 계속적인 살수를 중지시킬 수 있다.

4 옥내소화전 설비

활용요령	
	① 소화전함
	㉠ 계단, 복도 등에 적색등(표시등)이 있는 장소는 일반적으로 소화전이 설치되어 있다.
	㉡ 소화전 설치개소의 적색등은 소화전의 상부에 설치되어 있다.
	㉢ 소화전함의 표면에는 "소화전"이란 표시가 있다.
	㉣ 연결송수관 겸용 소화전함의 표면에는 소화전 이외에 "방수구" 문자가 표시되어 있다.
	㉤ 소화전함의 크기는 일반적으로 0.5㎡ 이상이다. 연결송수관 설비와 겸용도 동일하다
	② 설치위치 :
	특별한 설치위치 규정은 없으나 보통 활용에 편리한 계단에 가까운 복도에 설치한다.
	③ 수원
	㉠ 수조 규모에 따라 다르지만 일반적으로 20분 사용한다.
	㉡ 연결송수관 겸용인 경우는 연결송수관 송수구에 의해 가압송수시도 사용이 가능하다.
	④ 기타
	㉠ 소방대 방수준비가 완료될 때까지 또는 파이프샤프트, 덕트 및 소규모 화재의 경우는 적극적으로 옥내소화전을 활용한다.
	㉡ 사용능력의 한계는 동일층에 있어서 2개 이상 설치된 경우는 사용 가능 개수 2개까지, 2개 이하인 경우는 전부 사용할 수 있다.
	⑤ 건물 층수가 많으면 많을수록 아래층에 고압송수가 예상되므로 위험방지상 관창압력 조정은 소화전함 내의 앵글밸브를 사용한다.

5 스프링클러설비

활용요령	① 출동대는 소방차를 스프링클러설비의 연결송수구에 주변에 위치시키고, 수신기에서 발화지점 위치를 확인하여 저층·고층 등 송수구의 위치를 확인 후 호스(65㎜) 연결 ② 스프링클러설비에 의한 완전진화 시 대원에 의한 잔화정리 ③ 스프링클러가 설치된 건물의 효과적인 화재진압을 위해서 적절한 배연이 필요 ④ 무전기를 소지한 대원을 스프링클러 급수를 차단할 수 있는 개폐밸브(개폐표시형밸브)에 배치 (알람밸브실, 제어반, 유수검지장치실, 기계실 등) ⑤ 스프링클러 설비에 의한 급수를 차단하기 전에 화재진압 및 확대방지 작전에 필요한 적정 진압 대원을 배치 ⑥ 화재발생 장소에 설치된 고가설비(제품) 및 장비, 가구 등에 대한 수손피해를 최소화

6 이산화탄소·할로젠화합물 소화설비 ☆ 17,19 소방장

- 이 두 약제는 저장용기 내에서는 액체상태이나 상온, 고압에서 기체로 변하는 가스계이다.
- 할로젠화합물은 주로 화학적 방법으로 소화하지만, 이산화탄소는 산소농도의 희석 등 물리적 방법으로 소화시키기 때문에 할로젠화합물에 비해 소화성능이 크게 떨어진다. 이 두 설비는 산소를 10% 이하로 질식시키며, 이산화탄소는 단열팽창에 의한 냉각소화로 화재를 진압한다.

활용상 유의사항	(1) 현장도착 시 이미 가스가 방출되어 있는 경우 ① 다음 대상물은 자동방출방식이며 인명위험이 높다. 　● 상시 사람이 없는 대상물의 방호구역 　● 불특정 다수인이 출입하지 않는 방호구역 또는 야간에 무인이 되는 대상물 내 방호구역 ② 이산화탄소의 가스비중은 공기비중의 1.5배이며 방출 후 기화가스는 침강하므로 해당 설비를 설치한 층보다 아래층에 방호구역이 있는 경우는 그 방사구역으로부터 누출된 가스 등을 예측하여 행동한다.(*^^ 이산화탄소는 공기보다 무거워서 하층으로 내려가므로 주의하라는 뜻) (2) 소방대 지시에 의해 가스를 방출시킨 경우 ① 이산화탄소, 할로젠화합물의 활용에 대해 연소실체를 파악하고, 사용유무를 판단한다. ② 전역방출방식에 있어서는 방출 전에 대피경보를 발한다. ③ 수동기동장치의 가스방출 버튼 덮개 개방에 따른 경보울림에 유의한다. ④ 수동기동장치가 오작동의 경우에는 용기밸브 또는 방출밸브가 개방할 때까지의 시간 내에(방출 지연장치 20초~30초로 설정.) 복구완료시까지 소화가스의 방출정지 버튼을 누른 상태로 유지하여 방출을 차단한다.
안전관리	① 이산화탄소 소화설비가 방사한 때 내부압력상승에 의해서 출입구 방화문, 방화샷타, 개구부 틈에서 누설가스가 방호구획의 밖으로 분출할 염려가 있으므로 주의한다. ② 선택밸브의 조작을 잘못하여 화재장소 이외의 방호구획에 가스가 충만할 염려가 있으므로 (산소가스측정기로 안전을 확인한 구역 이외는) 위험범위라 간주하고 행동한다. ③ 농연으로 소방대의 진입이 곤란하면 관계자와 함께 배연 및 가스방출조치를 한다. ④ 이산화탄소 방사시 용기 등의 금속분이 얼고 손을 접촉하면 동상의 우려가 있다.

7 제연설비

- 제연설비는 화재 시 유독가스와 연기를 건물 밖으로 배출하는 (연기 제어)설비이다.
- 대량의 연기를 전부 배출하기 위한 것이 아니고, 소방활동과 피난을 원활하게 하기 위함이다.

활용요령	① 자연제연방식은 극장, 공연장 등의 무대부에 설치되고, 수동개방장치는 배연구(창 등) 부근에 설치되어 있으며 취급방법이 명시되어 있다. ② 제연설비의 활용은 화재 초기부터 중기까지의 활용이 효과적이고 중기 이후 대량의 연기가 발생할 때에는 제연효과가 적다. ③ 제연설비 작동시에 환기설비가 작동되고 있으면 공기가 휘돌아 제연효과가 저하되므로 환기설비를 정지시킨다. ④ 스모크 타워(smoke tower) : 원격조작의 경우에는 방재센터 등에 의하여 작동 상황을 확인하고, 수동인 경우는 배연구의 개폐유무를 관계자로부터 의견을 듣는다 ⑤ 지하주차장 : 방재센터에 의한 원격작동인가, 연기감지기에 의한 연동작동인가 확인한다

8 비상방송설비

내용	① 화재발생 시 자동전환에 의해 비상방송으로 교체되는 것이 원칙이지만
	  - 자동전환 되지 않는 경우 수동으로 업무방송에서 비상방송으로 스위치를 조작한다.
	② 경보음(싸이렌)은 비상스위치를 조작하는 것에 의해 자동적으로 명동하고 조작부 옆의 마이크 스위치를 누르면 경보음은 정지되고 육성으로 방송할 수 있다.
	③ 필요 층을 선택하여 지시, 명령을 발할 때는 층별 작동스위치를 눌러 방송한다.
	④ 각 층의 대원들에게 동일한 내용의 명령을 발할 경우는 일제스위치로 바꿔 방송한다.
	⑤ 화재층 또는 화재가 연소 확대하고 있는 층은 사용 불가능하므로 주의한다.
	  - 단, 다른 층의 스피커에는 영향을 받지 않도록 설계되어 있다.
	⑥ 스피커의 음량은 90데시벨 이상이며, 상당한 소음 중에서도 유효히 방송할 수 있다.

9 수신반(종합방재실)

내용	(1) 다음 사항을 확인하고 지휘관에게 보고
	  ① 감지기가 작동되고 있는 위치(발화지점) ② CCTV로 보이는 상황
	  ③ 각 소방시설 또는 위험시설의 위치
	  ④ 건물 내 수용인원 및 구획별 용도, 진입 및 대피 경로 등
	(2) 방재시설의 작동상태를 확인하면서 필요한 조치
	  ① 제연설비, 소방펌프, 비상용 승강기, 방화셔터 등 필요한 시설이 작동하고 있지 않을 경우 수동 작동 및 비상 조치
	  ② 시설이 작동되지 않을 경우 건물 관계자(시설관리 기술인력)로 하여금 긴급복구 요구.
	  ③ 자체 방송시설로 건물 내 인원 대피 유도
	  ④ 가스계 소화설비 방호구역에 사람이 없는 것을 확인 후 작동

10 비상콘센트설비

소방대원이 조명기구, 파괴기구 등 전기를 동력원으로 공급할 수 있는 전원설비이다.

활용요령	11층 이상 고층건물, 지하층 등에 설치되어 있으므로 조명기구 등을 유효하게 활용한다. ① 보호함의 문을 개방하고 아답터를 꽂는다. ② 휴대한 전기기구의 플러그를 어댑터와 연결한다. ③ 어댑터 코드에 연결된 줄을 풀어 훅(hook)에 걸고 플러그가 빠지지 않게 한다. ④ 휴대한 기구의 스위치를 넣고 전선을 연장한다.

11 무선통신보조설비

소방대 무선을 원활하게끔 하며, 구성은 무전기접속단자함, 누설동축케이블, 분배기, 증폭기 등.

활용요령	① 지상 또는 방재실, 수위실 등에 설치되어 있는 무전기 접속단자를 찾는다. (바닥으로부터 0.8m 이상 1.5m 이하의 위치) ② 무전기 접속단자함의 문을 열고 단자의 캡을 벗긴 후 접속용 커넥터(방재실이나 소방차에 비치)를 연결한다. ③ 휴대용무전기의 안테나를 분리시킨 후 접속단자에 연결된 커넥터의 반대 부분을 연결시킨 후 교신한다. ④ 지상의 접속단자에 접속한 휴대무전기는 지하가 진입대원과의 교신 전용이 되고 해당 무전기는 지상과의 교신은 불가능하다. 13 서울장 ⑤ 접속단자에 접속한 휴대무전기와 지하가에 있는 대원이 교신중의 경우는 다른 지하가의 대원은 교신을 짧게 한다.

12 연소방지설비

길이가 500m 이상, 폭 1.8m 이상, 높이 2m 이상인 지하구에 설치된 설비로서. 지하구 천장부에 설치된 헤드에 의해 살수되어 연소확대를 방지한다. 송수구, 살수구역표지, 배관, 헤드로 구성되어 있다.

▶ 암기: 한팔이 50m(* 폭 1.8m 이상, 높이 2m 이상, 길이가 50m 이상) / * 실제법령은 50m임, 500m(x)

활용요령	① 현장 관계자나 자동화재탐지설비의 수신반을 확인하여 화점 위치를 파악한다. ② 펌프차를 연결송수구 인근에 안전하고 교통에 가급적 방해되지 않게 배치한다. ③ 화점구역의 좌우 살수구역을 점령하여 65㎜ 호스를 연결송수구에 연결송수한다. ④ 1개의 송수구(1개의 살수구역) 송수압력은 약 0.2~0.5Mpa로 한다. ⑤ 화재 진행 상황을 수신반으로 계속 확인한다.

- 소방시설 펌프의 송수압력 숫자
  ① 연소방지 송수압: 0.2~0.5Mpa   ② 연결살수 송수압: 1~1.5Mpa
  * 연상기억: ① 연방(연방제국 영희, 영호) ② 연살115

제14절 기타 소방활동 (* 중요도 낮음)

1 조명작업

조명작업
• 특수한 조명작업은 위험장소 등의 표시에 케미컬라이트(형광봉)가 사용되고 있다. - 이들 조명작업 중 가장 많이 사용되고 있는 것이 이동식 조명등이며 주의사항은 다음과 같다. ① 넓은 범위를 밝게 비추는 위치를 설정하고, 상황에 따라 반사효과를 이용한 간접조명을 한다. ② 눈이 부시는 것을 방지하기 위하여 조명등은 높은 위치에 설치한다. ③ 전선은 도로나 통로의 중앙을 피하여 벽이나 담 등을 따라서 연장한다. ④ 점등한 상태로의 이동은 원칙적으로 하지 말아야 한다. ⑤ 발전기는 원칙적으로 옥내에서는 사용하지 않는다. 다만, 부득이할 경우 환기에 주의한다. ⑥ 발전기는 물이 닿지 않는 안전한 장소를 선정하고, / 발전기의 운반손잡이 등에 전선의 접속측 말단을 고정시키고 전선 등에 충격이 가해졌을 때는 접속부가 빠지지 않도록 조치한다.

2 수손방지

화재에 의한 피해에는 ❶ 소실 ❷ 연기 ❸ 파괴 ❹ 소화수에 의한 것이 있다. 어느 계산에 의하면 목조나 방화조 건물 내 1㎡의 가연물을 소화하는데 필요한 물의 양은 15~20ℓ 정도라고 한다.

수손 방지 행동 이전의 조치	① 주수 시는 개폐를 민첩하게 실시한다. ② 부분파괴를 병행해서 효과적인 소화를 실시한다. ③ 연소실체를 파악해 주수한다. ▶ 민부연 ↓ ▶ 배모기씨
수손 방지 방법	① 방수시트의 이용 ② 모래부대 등의 이용 ③ 배수작업 ④ 기자재의 활용

(1) 수손방지 활동 요령 (* 물새는 것 확인)

활동 순위는 ❶ 화점 직하층의 방 ❷ 양옆의 방 ❸ 다른 방 ❹ 다른 층 순이다. ▶ 직하양방 다방층

방수시트 의 전개	① 방수시트는 주름이 잡히지 않도록 펴고 주위는 두 겹으로 접어서 누수가 되지 않도록 한다. ② 누수가 심하고 넓은 범위는 신문지, 모포 등을 뭉쳐서 담을 만들어 방수시트를 깐다. ③ 방수시트가 만수가 되면 양동이 등으로 외부로 배출한다.(* 배수작업은 관계자 등이) ④ 물품 등으로 침투할 가능성의 경우는 적당한 받침대 위에 옮기고서 방수시트를 전개한다.
계단의 배수요령	① 2명의 대원이 2매의 시트를 연장, 처음 1매를 계단 밑 부분에 넓게 계단형태로 맞춘다. ② 다음 방수시트는 단 윗부분에서 같은 모양으로 넓게 1매째의 방수시트에 30㎝ 겹치게 한다. ③ 난간이 있으면 방수시트를 난간에 걸치고 난간이 없으면 끝을 말아 올려 둑을 만든다. ④ 피복할 물품이 큰 경우 또는 긴 배수로를 만들 경우에는 다음과 같이 실시한다. 　㉠ 위쪽의 방수시트는 약 50㎝ 접어 올리고 밑이 되는 방수시트를 약 25㎝ 위에 포갠다. 　㉡ 위가 되는 접은 방수시트의 절반을 밑이 되는 방수시트 위에 접어 올린다. 　㉢ 2매의 방수시트가 겹쳐진 부분을 밑이 되는 방향으로 접는다.

3 잔화정리

(1) 잔화확인 요령* ☆ 15 인천장

| 잔화
정리 요령 | ① 지휘자로부터 지정된 담당구역을 ❶ 바깥에서 중심으로,
　❷ 위층에서 아래층으로, ❸ 높은 장소에서 낮은 장소 순으로 실시한다.
② 개구부를 개방하고 배연, 배열하고 활동환경을 정리해서 실시하는
　것과 동시에 조명기구를 활용한다.
③ 주수는 관창압력을 고려해서 직사주수, 분무주수 등 관창은 기민하게 조작한다.
④ 주수는 한 장소에 고정하는 것이 아니라 대소의 이동이나 부분파괴, 뒤집어 파는 등 적극
　적으로 실시해 주수사각이 생기지 않도록 한다. 필요에 따라 호스를 증가한다.
⑤ 합판, 대들보의 뒤 측, 벽 사이 등 주수사각이 되고 있는 장소에 주수한다.
　모르타르 벽 등이 주수해서 곧 마르는 것은 잔화의 위험이 있기 때문에 손으로 **벽체의**
　열을 확인하는 등 철저하게 잔화정리를 한다.
⑥ 잔해물이나 붕괴물을 쇠갈고리 등으로 제거해서 주수한다.
⑦ 가연물이 퇴적되어 있을 때는 관창을 끼워 넣든가 파서 헤집어 주수한다.
⑧ 과잉 주수를 피하고 수손을 방지한다.
✪ 범위 내에서의 잔화처리는 **분무주수 혹은 저압주수**로 한다. |

4 현장 홍보

화재현장 홍보의 목적	① 소방활동에 필요한 각종 **정**보의 수집 ② 긴급**피**난 지시나 현장의 위험성 **고**지 ③ 소방활동에 대한 **이**해를 요청 ④ 화재현장상황을 설명함으로서 **주**민 화재예방의식 고취 ⑤ **매**스컴을 통하여 널리 화재실태를 알림　▶ 정피고 이주매
현장 홍보의 형태와 요령	① 소방활동을 효율적으로 하기 위한 홍보 ② 소방에 대한 이해를 구하기 위한 홍보 ③ 매스컴에 대한 홍보

5 현장 철수 (* 중요도 낮음)

| 수납 | ① 사용한 기구는 각자가 책임을 지고 소정의 장소에 수납한다.
② 소방호스의 수납은 한 겹 말음 또는 접은호스로 하여 관창에서 순차적으로 실시
　하는 것을 한다. * 오답: 두겹말음
③ 정리한 호스는 차량 등 일정장소에 적재하는 등 사용 본수를 확인하고 적재한다.
④ 소방호스를 차량 외부로 적재하는 경우는 로프 등으로 고정한다. |

4장 화재진압활동　　**OX(2진법) 개념 따라 잡기~**

01　소방훈련의 종류는 기초체력훈련, 현지출동훈련(승차 및 출동훈련, 가상화재 출동훈련) 등이 있으나 광역 출동훈련은 포함하지 않는다.(　)

➡ 소방훈련의 종류에서 광역 출동훈련은 포함한다.(*화재1편 4장 제1절)

02　화재출동은 화재를 접수하고 소방대가 차고지에 도착할 때까지의 일련의 행동이다.(　)

➡ 화재출동은 화재를 접수하고 소방대가 현장에 도착할 때까지의 일련의 행동이다.(*화재1편 4장 제1절)

03　출동로는 화재현장으로 안전하고 단거리로 도착할 수 있는 도로를 선정한다.(　)

➡ 출동로는 화재현장으로 안전하고 단시간에 도착할 수 있는 도로를 선정하는 것을 원칙으로 한다.(*제3절)

04　벽돌로 건축된 4개의 벽이라면 조적조, 블록조로 건축된 4개의 벽이라면 중량목구조이다.(　)

➡ 조적조(벽: 벽돌)와 중량목구조(벽: 블록조) 2건물 유형도를 비교하여 The 쉬운 개념의 설명이다.(*제4절)

05　건물 붕괴 위험성 평가는 벽, 골조, 바닥층 3가지를 종합적으로 평가한다. / 구체적으로 1등급 내화구조는 바닥 층, 2등급 준내화구조는 지붕 붕괴, 3등급 조적조 건물은 벽 붕괴, 4등급 중량목조건물은 바닥과 지붕 연결 붕괴, 5등급 경량목조의 가장 위험한 붕괴요인은 벽 붕괴이다.(　)

➡ 모두 옳다 암기요령은 벽골바닥 / 1등급~5등급까지 순서대로 바지벽 바지벽이다. (*제4절)

06　옥내외에 연기가 있는 경우는 공조설비 등을 즉시 정지 후 연기가 있는 최하층을 확인한다.(　)

➡ 옳은 설명이다. ※ 화점에 가까울수록 연기 농도는 진하고 유동은 크고 빠르다(계단, 덕트 제외) (*제6절)

07　화점층에서 화염이 스팬드럴(각층 바닥의 바깥쪽 들보.)보다 높게 나올 때는 창의 개방에 의해서 화염이나 연기가 실내에 유입되는 경우가 있으므로 최대한 개방한다. / 또한 구조대상자 단거리 운반법은 안아올려운반구출, 전진 또는 후퇴 포복구출, 1인 확보 운반구출의 3가지이다.(　)

➡ 스팬드럴보다 높게 나올 때는 화염, 연기가 실내에 유입되는 경우가 있으니 창은 개방하지 않는다.(*7절1) / 구출 거리가 짧은 경우에 이용하는 구조대상자 운반법은 안아올려운반구출, 전진 또는 후퇴 포복구출, 양쪽 겨드랑이 잡아당겨 구출, 1인 확보 운반 구출, 등에 업고 포복 구출이 있다. ▶ 안전양쪽 l등 (*제7절)

정답 ○ 01.(X)　02.(X)　03.(X)　04.(O)　05.(O)　06.(O)　07.(X)

08 송풍기 활용 배연은 ① 송풍압력으로 건물 외부의 압력보다 건물 내의 압력을 높게 하여 배연하는 방법으로 ② 설치하기가 편리하고 배연의 강도를 조절할 수 있고 ③ 자연환기의 흐름을 보충하기 때문에 수평 및 수직 환기의 효과와 같고 ④ 모든 건물에 응용할 수 있으며 ⑤ 소방대원이 실내에 진입하지 않고도 강제 환기를 시작할 수 있다 ⑥ 일반적으로 개구부의 하단 등 낮은 장소에 설치하여 불어넣는(양성압력형 환기법)방식을 주로 쓰고 지만 ⑦ 때로는 배출구에서 배출가스를 뽑아내는 방식(음성입력형)도 사용한다.( )

➡ 교재와 요령과 장점의 구분 순서를 바꾸었으니 개념으로 단어함정이 없는지 학습한다. 모두 옳다.(*제8절)

09 최초의 호스는 불길이 배출되고 있는 창문을 향해 방수하며 다층구조 건물화재에서 진입은 임의진입의 중요성 인식한다 또한 소방호스 결속은 5층 이상의 경우는 진입층에서 고정한다.( )

➡ 최초의 호스는 불길이 배출되고 있는 창문을 향해 방수해서는 안 된다, 다층구조 건물화재에서 강제진입의 중요성 인식한다 소방호스 결속은 5층 이상의 경우는 진입층 및 중간층에서 고정한다.(*제9절)

10 풍속이 3m/sec 이상이 되면 비화발생 위험이 있으므로 풍하측에 비화경계 관창을 배치한다.( )

➡ 풍속이 5m/sec 이상이 되면 비화발생 위험이 있으므로 풍하측에 비화경계 관창을 배치한다.(*제10절)

11 간접공격법(로이드레만 전법)은 옥내의 온도가 높은 천장을 향하여 주수하며 주수시 개구부는 가능한 크게 하는 것이 위험성이 감소된다. 또한 저속분무는 수손이 적고 소화시간이 짧다.( )

➡ 온도가 높은 상층부를 향해 주수하며, 주수시 개구부는 가능한 작게 하는 것이 위험성이 감소된다. 또한 저속분무는 수손이 적고 소화시간이 짧다.(* 직사는 천장, / 저속분무는 질식소화니까 상층부).(*8절 및 11절)

12 경계구역은 풍속 15m 이상의 경우는 파괴하는 건물의 높이를 반경으로 하고, 풍속 15m 미만인 때는 건물 높이의 1/2 반경으로 한다.( )

➡ 풍속 15m 이상은 파괴하는 창의 높이를 반경으로, 15m 미만인 때는 창 높이의 1/2 반경으로 한다.(*제12절)

13 연결살수설비와 연소방지설비의 송수압은 1.5Mpa를 표준으로 한다.( )

➡ 연결살수설비 펌프의 송수압력은 1~1.5Mpa를, / 연소방지설비의 송수압은 0.2~0.5Mpa로 한다.(*제13절)

14 잔화정리는 주위에서 중심으로, 위층에서 아래층으로, 높은 곳에서 낮은 곳의 순으로 하며, 모르타르 벽 등이 주수해서 곧 마르는 것은 잔화 위험이 있기 때문에 손으로 벽체의 열을 확인한다.( )

➡ 모두 옳은 내용이다.(*제14절)

정답 08. (O) 09. (X) 10. (X) 11. (X) 12. (X) 13. (X) 14. (O)

CHAPTER 05 화재진압과 소방전술(5장)

제1절 일반가연물 화재진압

☆ 15 소방위, 부산장, 16 소방위

1 목조건물 화재진압

목조건물 화재의 특성	① 화염 분출면이 크고 복사열이 커서 접근하기 곤란하다. (* 연료지배형 화재이니) ② 인접 건물로의 연소속도가 매우 빠르고 다량방수나 인접건물에의 예비방수가 중요하다.
화재진압의 원칙	① 초기단계에서는 화점에 진입하여 집중 방수하여 진압한다. ② 화재 중기에서는 옥내진입 시 화재의 역류(Back draft)에 주의, 공기호흡기를 장착한다. 또, 옥내진입은 반드시 방수와 병행한다. ③ 가장 화세가 왕성한 때는 화세제압 이상으로 주위로의 연소방지에 중점을 둔다. ④ 건물의 내벽, 다락방과 같은 구획부분, 복도, 계단실 등을 연소방지 중점개소로 선정한다. ⑤ 외벽 또는 내벽 등이 방수에 방해가 될 때는 부분파괴를 하여 방수사각이 생기지 않도록 한다.
관창배치* 13 경남장 15 소방위	① 관창배치의 우선순위는 ❶화재의 뒷면, ❷측면 및 2층, ❸1층의 순으로 한다.(* 2층집 기준) ② 바람이 있는 경우 ❶풍하 ❷풍횡 ❸풍상의 순으로 한다.(*^^ 풍하쪽으로 번지니) ③ 경사지 등은 ❶높은 쪽 ❷횡 ❸낮은 쪽의 순으로 한다. (*^^ 높은쪽으로 번지니) ④ 화재건물에 내화조 건물이 인접해 있는 경우는 내화조 건물에 개구부가 있다고 생각하고 경계 및 연소방지를 위하여 내화조 건물 내부로 신속하게 경계관창의 배치 또는 확인을 한다.
화재진압요령*	① 현장도착시, 화재발생 건물의 관계자 및 부근에 있는 사람으로부터 구조대상자, 부상자, 건물 내부의 상황 등 소방활동에 필요한 정보를 적극적으로 수집한다. ② 구조대상자 등 인명위험의 정보를 수집한 때에는 인명검색을 최우선적으로 전개한다. ③ 연소 중인 건물 내부의 검색, 구조활동은 반드시 엄호방수를 받으면서 내부로 진입한다. ④ 현장 최고지휘자가 인명위험이 없다고 판단한 경우, 연소확대방지를 중점적으로 실시한다. ⑤ 선착대로서 인명검색 외에 여력이 있는 경우에는 화세의 제압에 맞추어 연소위험이 가장 큰 쪽에 진입하여 활동한다. ⑥ 후착대는 선착대와 연계하며 선착대가 진입하고 있지 않은 연소 확대 위험 장소에 진입한다. ⑦ 인접건물에 연소위험이 있는 경우에는 고속분무방수 등으로 예비주수를 하여 연소를 저지한다. ⑧ 지붕이 타서 파괴된 경우에는 비화의 가능성이 있으므로 비화경계 활동을 한다. ⑨ 방수관창의 수는 필요 최소한으로 하여 과잉방수를 하지 않도록 한다. ⑩ 적재사다리 또는 인접건물의 베란다 등을 활용하여 화점에 확실하게 방수한다.

✪ 목조 관창 배치: ❶ 화재 뒷면, ❷ 측면 및 2층, ❸ 1층 순 / 방화조 관창: ❶ 화재 뒷면 ❷ 측면 ❸ 2층 및 1층 순

2 방화조건물 화재진압 (* 위험도: 목조 > 방화조 > 내화조 순)

방화조건물 화재의 특성	① 화재초기의 연소상황은 대개 목조화재와 비슷하다. ② 화재초기 이후는 건물의 외벽과 처마의 사이가 적기 때문에 연기가 밖으로 나오기 어렵다. 따라서 공기의 유입이 적고 연기나 열기가 충만하기 쉽다. ③ 건물 내에는 훈소상태가 되면 목조건물 화재에 비하여 연소가 완만하다. ④ 화염과 연기가 벽체 내부로 확산되어 예기치 않게 건물전체로 확대되는 경우가 있다. ⑤ 화재의 최성기 이후에는 몰탈의 박리, 외벽의 붕괴가 쉽게 발생한다. ⑥ 모르타르* 벽이기 때문에 방수한 물이 침투하기 어렵고 외벽, 처마, 지붕 속에 잔화가 발생하기 쉽다. (*^^ 방화조 모르타르 : 시멘트 등에 모래를 섞어 물에 갠 2.5cm 두께)
화재진압의 원칙	원칙적으로는 목조건물의 경우와 유사하지만, 목조건물 화재와 비교하면 연소확대 속도는 느리다 / 또한, 건축물의 기밀성*도 높으므로 화점 및 연소범위를 파악하는 것이 진압활동의 포인트이다.(* 기밀성이 높다: 목조에 비해 공기가 빽빽하여 잘 안 통한다는 뜻) ① 선착대는 화점건물 및 주변건물의 인명검색을 우선적으로 실시한다. ② 소화활동은 연소위험이 큰 곳에 진입하여 연소방지를 중점으로 실시한다. ③ 인접건물의 연소는 창 등의 개구부와 처마로 이루어지므로 이 부분은 조기 방수한다. ④ 방화조 건물은 내부에 농연이 충만하고 화점의 확인이 곤란하기 때문에 필요한 경우 분무방수 등으로 제거하면서(밀어내면서) 화점발견에 노력한다. ⑤ 벽체 혹은 천장 속에 들어간 불의 확인은 열화상카메라 등 장비를 통해 확인한다.
관창배치*	① ❶뒷면을 최우선으로 ❷측면 ❸2층 및 1층의 순으로 옥내진입을 원칙으로 한다. 　(*^^ 관창배치는 목조와 유사하지만 목조에 비해 화세가 완만하여 ❷가 측면이 된다.) 　(* 즉, 목조건물은 화세가 강하니 ❷번이 "측면 및 2층" 이라고 생각하면 The 쉽다.) ② 풍향, 주위의 건물배치를 고려하여 관창배치의 우선순위를 결정한다. ③ 연소건물에 내화조 건물의 개구부가 면하여 있는 경우는 내화조에 관창을 배치한다.
화재진압요령*	① 분무방수에 의한 배연, 배열을 하고 화점을 확인 후 연소실체에 방수한다. ② 농연이 충만한 경우는 낮은자세로 중성대로부터 들여다보고 화점위치를 확인한다. ③ 벽이나 지붕속 등의 화원은 천장을 부분 파괴하여 화점에 방수한다. ④ 농연, 열기 충만 시 플래시오버 주의, 문을 조금 열어 내부 방수를 한 다음 개방한다 ⑤ 인접건물로의 연소는 개구부에서 불꽃이 분출하기 시작한 때부터~ 지붕이 파괴될 때까지가 가장 위험하다. 따라서 이 시기에 인접건물과의 사이에 경계관창을 배치한다. ⑥ 개구부가 적고 방수사각이 생기는 건물은 외벽을 부분 파괴하여 방수구를 설정한다. ⑦ 방화조 건물의 화재방어는 몰탈의 박리, 낙하, 외벽의 붕괴에 주의한다. ⑧ 잔화처리는 벽속, 처마속, 지붕속 등에 잔화가 남기 쉬우므로 육안, 촉수, 부분파괴에 의하여 잔화를 처리하고 재연소방지에 노력한다. ⑨ 방화조 건물의 2층은 방수한 물이 바닥에 고여 상당한 중량이 되므로 만약 바닥이 타고 있으면 잔화처리 등으로 사람이 올라갔을 때 붕괴될 가능성 있다.

* 방화조 : 방화(防火)구조라는 뜻으로 벽이 몰타르 등으로 되어있다. 위험도는 목조 > 방화조 > 내화조 순
* 모르타르 : 공사현장에서 보았던 시멘트나 회(석회가루)에 모래를 섞어 물에 갠 것이다. 몰탈, 몰타르라 함.
* 기밀성 : 사방이 꽉 막혀 공기가 통하지 못하는 상태.　　　* 기밀(氣密): 공기가 빽빽하여 잘 안 통함
* 내화조 : 철근과 콘크리트가 들어감, 화재 이후 건축물은 다시 재사용이 가능한 구조로 이해한다. 내화구조.

3 내화조건물 화재진압 ☆ 14 부산장, 16 소방위

내화조건물 화재의 특성	① 내화조건물은 철근콘크리트조, 조적조, 석조, 콘크리트조 및 블록조 등 주요구조부가 내화성능을 가졌다. 여기서는 3층 이상 7층 미만의 중층 내화건물 화재방어요령만 기술한다. ② 일반적으로 내화조건물의 화재는 건물 주요구조부는 타지 않기 때문에 **기밀성***이 우수하고 **초기의 연소는 완만**하다.(*^^ 기밀(氣密)성: 공기가 통하지 않는 성질, / 공기 밀도)	
	화재 초기	① 화세가 약하다. / 화점확인은 자세를 낮추면 비교적 쉽게 발견할 수가 있다. ② 외부 공기가 유입되지 않는 상태에서 연기의 중성대가 확실히 나타난다.
	중기 이후	① 농연, 열기가 실내, 복도에 충만하며 내부진입과 화점확인이 어렵다. ② 파이프샤프트, 계단, 덕트 등을 연소 경로로 하여 상층으로 연소 확대된다.
인명구조	① 소방활동은 인명구조를 최우선으로 한다. ② 구조대상자에 관한 정보는 애매한 내용이라고 해도 추적하여 조사를 한다. ③ 인명검색은 대별로 임무를 분담하여 모든 구획을 한다. ④ 구조대상자가 있는 경우 열기로부터 몸을 보호하기 위하여 직접 분무방수를 한다. ⑤ 유독가스나 연기를 마시고 쓰러져 있는 사람을 발견한 경우는 기도확보 등 현장에서 응급처치 가능한 경우 현장에서 실시하고 구급대와의 연계 하에 구명에 노력한다.	
관창배치*	① 관창은 급기측, 배기측의 2개소 이상의 개구부에 배치하고 **방수는 급기측에서 실시**하며, **배기측은 원칙적으로 경계관창으로 한다.** (*^^ 이것이 항상 원칙이다) (*^^ 관창은 바람을 등지고 주수할 수 있도록, 바람이 유입되는 급기측에 배치한다. 배기측은 경계관창으로.) ② 경계관창은 화점 직상층 및 좌우측의 공간에 경계선을 배치하고 관창까지 송수한다. ③ 내화조 건물은 덕트 및 배관 스페이스 등의 공간을 경로로 한 연소 확대가 예상되므로 각 층 및 각 실의 경계와 확인을 조기에 실시한다.	
배연요령	① 아래층을 급기구, 상층(옥탑: Penthouse)을 배연구로 설정하여 옥내계단의 연기를 배출시켜 (clear zone을 설정) 피난자의 탈출 및 대원의 활동을 쉽게 한다. ② 배연설비를 적절하게 활용한다. ③ 급기측, 배기측으로 진입한 각 대는 서로 연락을 취하여 배연 및 소화활동의 효과를 높인다. ④ 필요한 경우 분무방수로 배연한다.	
화재진압요령* 16 소방위	① 화점실에 연기의 중성대가 있는 경우, 자세를 낮추고 구조대상자 및 화점을 확인한다. ② 수손방지를 위하여 **분무방수 및 직사방수를 병용**하여 실시한다. ③ 개구부를 급격히 개방하면 백드래프트 화상 등의 염려로 방수하면서 천천히 개방한다. ④ 내화조 건물에서 개구부가 적을 때에는 파괴기구로 개구부를 만든다. ⑤ 야간에는 조명기구의 활용으로 방어효과를 높인다. ⑥ 초기에 구조대상자가 없다면 화세제압을 중점으로 하여 연소확대 방지에 노력한다. ⑦ 공기호흡기를 착용하고 내부진입을 적극적으로 시도하고 반드시 화점에 방수한다.	
수손방지	① 내화조 건물에서는 **농연, 열기가 있어도 함부로 방수해서는 안 된다.** 이러한 방수는 화점 확인이 어렵고 수손피해 원인으로 반드시 화점을 확인하고 방수한다. ② 밀폐된 아파트 등 소 구획된 실내에서는 **방수량이 적은 포그건(FogGun)** 등을 사용한다. ③ 화점층 직하층의 방 등에 천장에서 누수가 있는 경우 가구 등에 방수커버를 덮는다. ④ 건물 지하의 기계실 등에 물이 들어가지 않도록 모래주머니, 방수커버 등으로 조치한다.	

4 주택화재* ☆ 16 서울장

주택화재의 특성	① 주택화재는 목조건물이나 내화조건물이 많다. 항상 화기를 사용하는 주방, 거실 등이 많기 때문에 화재발생 위험이 높다. ② 화재발생 시간은 일반적으로 불을 많이 사용하는 저녁식사 시간대에 많이 발생하며 16시에서 **18시까지가 가장 많고 심야에는 적은 편**이고, 소사자(화재사망자)의 특징은 고령자, 노약자, 소아가 많다. (* 저녁식사 준비 오후 4~6시 주방화재가 특히 많다.) ③ 발화장소는 부엌의 조리기구나 거실의 난방기구에서의 발화빈도가 높다. 　- 또, 최근에는 방화에 의한 주택화재도 많이 발생하고 있다. ④ 조리기구에서 발화는 가스렌지가 압도적으로 많고 최근에는 냉동식품 보급이 많아져 식용유에서 발화되는 경우도 있으며 난방기구로서는 석유난로에서 발화가 많다.
화재진압 요령	① 공동주택의 경우는 각 세대가 독립되어 있고 경계벽이 천장 속까지 내화구조로 되어 있으므로 연소확대 위험은 없다. ② 기본적인 화재 진압요령은 목조, 내화조건물 진압요령에 의한다.

■ **주택 화재진압에서의 유의사항**
① 인명검색은 평소 잘 사용하는 각 거실*, 화장실 등을 중점 확인한다. (* 거실: 거쳐하는 실을 말함)
② 옥외에서 확인한 상황에서 구조대상자의 유무를 추정하고 특히, 창의 개방, 전기의 점등에서도 사람이 있을 수 있다고 생각하고 적극적으로 구조활동을 수행한다.
③ 벽장, 찬장, 지붕속 등으로 연소확대되기 때문에 인접방의 천장을 부분파괴하고 관창을 넣어 화재를 진입한다.
④ 목조주택화재는 연소가 빠르고 인접건물로 연소확대가 예상되므로 조기에 뒷쪽에 관창을 배치해야 한다.
⑤ 잔화정리는 건물의 기둥, 보, 기와 및 벽체의 낙하 또는 붕괴의 위험을 제거하면서 구역을 지정하여 파괴한다.
⑥ 섬유원단, 신문지 또는 잡지 등의 경우 내부까지 불씨가 있다고 생각하고 옥외 또는 물을 채운 드럼 등에 담궈 안전하게 소화하여 재발화를 방지한다.
⑦ 재발화 방지는 관계자 등에게 철저히 협조를 의뢰한다.

5 지하 화재진압* ☆ 16 경기교, 서울장, 21 소방교·장, 23 소방교, 24 위

지하실 화재의 특성 23 교	① 농연(짙은 연기)이 충만하기 때문에 진입구, 계단, 통로의 사용이 곤란하다. ② 공기 유입이 적어서 연소는 완만하지만 **시간이 경과함에 따라 복잡한 연소상태**이다. ③ 출입구가 1개소인 경우에는 진입이 곤란하고 급기구, 배기구의 구별이 어렵다. ④ 지하실은 전기실, 기계실 등이 설치되어 있어 소방대의 활동위험이 매우 위험하다.
화재진압의 곤란성	① 농연, 열기에 의한 내부 상황의 파악이 어렵고, 활동장애 요소가 많다. ② 진입구가 한정되어 활동범위의 제한을 받는다. ③ 진입구가 1개소인 경우에는 한 방향으로만 현장 활동을 하게 되어 혼잡을 초래한다. ④ 장비와 기자재의 집중 관리장소를 현장 가까이에 둘 수 없는 경우가 많다.

화재진압 요령 16경기교 21소방교·장 24 소방위	① 지하실에는 불연성가스 등의 소화설비가 있는 경우가 많으므로 내부의 구획, 통로, 용도, 수용물 등을 파악한 후 행동한다. ② 진입개소가 2개소인 경우에는 급기, 배기방향을 결정한 후 <u>급기측</u>에서 분무방수 또는 배연 기기 등을 이용하여 진입구를 설정한다. 24 위 ③ 개구부가 2개소 이상일 때는 연기가 많이 분출되는 개구부를 배연구로 하고 반대쪽의 개구부를 진입구로 한다. ④ 소화는 분무, 직사 또는 포그 방수로 한다. 또, 관창을 들고 진입하는 대원을 열기로부터 보호하기 위하여 필요한 경우에는 분무방수로 엄호방수한다. ⑤ 급기측 계단에서 화학차를 활용하여 고발포를 방사, 질식소화를 한다. 21교·장 ⑥ 고발포를 방사하는 경우에는 화세를 확대키는 경우도 있기 때문에 상층에 경계관창의 배치를 소홀히 해서는 안 된다. (*^^ 포를 넓게 쏘는 포가 고발포이다.) (*^^ 즉, 지하에는 소방대원 진입이 어렵고 내부가 복잡하여 고발포를 사용한다.) ⑦ 대원이 내부 진입할 때에는 확인자를 지정하고, 출입자를 확실하게 파악, 관찰한다. ⑧ 농도가 진한 연기와 열기가 충만하여 진입이 곤란한 경우에는 상층부 바닥을 파괴하여 개구부를 만들고 직접 방수하여 소화하는 경우도 있다.

6 대규모 목조건물 화재진압

대규모 목조 화재의 특성	대규모 목조화재는 화세가 강하고, 연소속도도 빠르기 때문에 확대될 위험이 크다. 또, 많은 불티의 비산으로 비화(飛火)의 발생위험도 높다. (* 예:기와로 된 사찰 본관 등)
화재진압의 곤란성	① 화면(화면의 면적)이 넓어 관창배치를 조기에 설정하기가 곤란하다. ② 화세가 강하고 대량방수를 필요로 한다. ③ 기둥, 보 등이 타면 건물의 붕괴 위험이 있다. ④ 연소확대된 경우의 소화는 방화벽 등 구획장소 이외에서는 곤란하다. ⑤ 천장이 높은 건물이 많고 지붕속이나 천장 속으로 물이 침투되기 어렵다. (*^^ 사찰, 공장 등과 같은 대목조 건축물은 기와 등 재료 때문이다.) ⑥ 화세가 격렬하고 복사열이 강렬하며 화면이 넓기 때문에 건물에 접근이 곤란하다. ⑦ 공장 등에서 지붕이 불연재인 경우, 불꽃이나 연기가 옆으로 연소확대 되도록 한다.

화재진압 요령	① 수량이 풍부한 소방용수를 선정한다.
	  - 연못, 풀, 저수조, 하천 등의 소방용수를 점령하여 대량 방수체제를 취한다.
	② 옥내진입의 관창부서는 화염의 확대를 고려하여 여유호스를 확보하면서 진입한다.
	  - 천장 속의 화염확대는 빠르므로 거리를 두고 천장 등 파괴를 하면서 화점에 방수한다.
	③ 옥내로 진입 곤란한 경우의 관창배치는 화점건물의 화세제압과 인접건물로의 연소방지로 구분하여 연소방지 후 화점 건물로 진입수단을 마련한다.
	④ 연소 확대 방지에는 방화벽, 계단구, 건물의 굴곡부 등에 관창을 집중시킨다.
	⑤ 방수는 붕괴, 낙하를 방지하기 위하여 높은 곳을 목표로 한다.
	⑥ 복사열이 크고 비화위험이 있으므로 부근의 건물에 대하여 주의를 기울인다.
	⑦ 붕괴, 천장낙하에 주의하고 직사방수로 떨어지기 쉬운 것을 떨어뜨린 후 진입한다.

7 특정용도 건물 화재진압

(1) 백화점 및 대형점포의 화재진압 ★ 19 소방장, 21 소방교

화재의 특성	다수인의 출입이 있고, 가연성이 대량 진열되어서 연소력도 강하고 인명위험도 높다.
인명검색 및 구조	① 자위소방대로부터 이용객 상황을 파악하며 비상방송 등을 활용하여 피난을 유도한다. ② 옥상 피난자에게는 뛰어내리지 않도록 차량용 확성기 등으로 방송한다. ③ 인명검색은 공기호흡기를 장착하고 원칙적으로 2인 1조로 행동한다. ④ 검색장소는 식당, 계단실, 에스컬레이터 로비, 창 근처, 화장실 등을 중점으로 실시하고 중복되지 않도록 분담한다. ⑤ 옥상의 피난자는 연기가 적은 장소로 이동시키는 등 지상에서 확성기를 사용하여 유도하고 상황에 따라서 대원을 옥상으로 진입하게 한다. ⑥ 사다리차를 활용하여 진입할 경우 위험성 높은 구조대상자부터 우선적으로 구출한다. ⑦ 구조대상자가 다수인 경우에는 현장부근에 구호소를 설치한다. ⑧ 구조된 구조대상자의 성명, 연령, 성별, 부상정도 등의 정확한 정보수집에 노력하고 인원에 여유가 있다면 부상자의 수용병원에 조사요원을 파견한다.
화재진압 요령 19소방장	① 선착대는 관계자로부터 정보를 수집하고 자·탐 수신반에서 연소범위를 확인한다. 또, 수신반의 표시가 여러 층인 경우에는 공조용 덕트 화재인 경우도 있다. (* 공기조화용 덕트를 통해 연결되는 감지기가 모두 감지할 수 있기 때문이다) ② 소화활동은 옥내소화전 및 소방전용 방수구 등 각종 설비를 최대한 활용한다. ③ 복사열이 강하면 진입방수는 기둥, 상품박스, 칸막이, 셔터 등을 방패로 실시한다. ④ 방수는 화점을 정확하게 확인하여 직접방수를 하고 수손방지에 노력한다. ⑤ 낙하물은 직사방수로 떨어뜨려 안전을 확보한다. ⑥ 방수는 급기측, 배기측으로 구분하고 급기측에서 진입하는 것을 원칙으로 한다. ⑦ 비상용 콘센트 또는 조명기구를 이용하여 화재진압 활동의 효과를 높인다.

(2) 여관, 호텔 등 숙박시설 화재진압

여관, 호텔 화재의 특성	① 이용객은 건물 구조를 잘 모르고 음주나, 해방감 등으로 화재 무방비인 경우가 많다. ② 각 방이 밀실이고 밤에는 숙박자가 숙면상태로 비상벨 등에도 혼란상태가 예상된다.
인명검색 및 구조	① 각 거실은 밀실이 많고 피난상황 확인이 어렵기 때문에 구조대상자가 객실에 있다고 생각하고 모든 실의 검색활동을 실시한다. - 또, 숙박자 명부를 활용한다. ② 피난자는 계단실, 복도에 집중하는 경우가 많지만 진입한 소방대와 충돌하지 않도록 유도하고 피난의 장애가 없는 진입로를 선정한다. ③ 선착대는 2인 1조가 되어 공기호흡기를 착용하고 화점층을 검색한다. ④ 화염이 화점실에서 분출되는 경우 베란다, 복도 등 횡방향으로 대피하도록 유도한다. ⑤ 하나의 실이라도 최성기 상태인 경우에는 상층까지의 위험상태를 인식한다. ⑥ 구조활동과 동시에 옥외로 뛰어 내릴 위험은 없는지를 반드시 확인한다. ⑦ 호텔 입지조건에 따라서 인접건물을 통해 진입할 수도 있으므로 유효하게 활용한다. ⑧ 피난에 계단을 활용할 수 없는 경우에는 건물에 설치된 피난기구를 활용한다. ⑨ 피난자, 구조자, 구조대상자의 상황 파악을 위해 인접건물에 구조호스를 배치한다.

| 화재진압 요령 | ① 선착대는 경비원, 야간 숙직자로부터 초기대응상황을 구체적 수집하고 상황을 파악한다.
② 자동화재탐지설비의 작동상황으로부터 필요기자재, 진입수단을 결정하고 활동한다.
③ 관창진입은 **화점층, 화점층 상층부**를 최우선하여 배치한다.
④ 관창은 원칙적으로 **각층마다** 배치한다. (③번 이후를 뜻하며, 숙박시설이니 각층마다)
　복도 등에 광범위하게 연소 확대되는 경우에 방화구획을 이용하여 연소를 저지한다.
⑤ 상층이 발화중인 경우 물이 계단 등으로 흘러내리면 **방수카바를 이용 옥외로 배수**한다
⑥ 농연·열기가 충만한 내부진입 시 직사방수하는 대원엄호를 위해 뒤에서 분무방수한다
⑦ 침대, 커튼, 카페트의 잔화처리는 옥외로 이동시키거나 욕실에서 물을 적셔 소화한다. |

(3) 병원 화재진압 (* 중요도 낮음)

병원화재의 특성(사회복지 시설 포함)	① 야간, 휴일 방화체제는 대부분 당직의사, 간호사, 경비원 등 소수인원이 관리·운영한다 ② 야간에는 피난행동이 불편한 노인이나 입원환자를 한정된 인원으로 대응한다. ③ 노인복지시설(양로원 등)이나 정신병원 등은 고령이나 장애 때문에 유사시 이상심리 상태가 　되어 구조대원이 말하는 것을 이해하지 못하는 경우도 있다. ④ 소방용설비의 조작방법도 병원직원 중 일부직원만 알고 있다는 점을 고려한다.
인명검색 및 구조	① 인명검색은 화점실 및 화점실과 가까운 실을 최우선하여 실시한다. ② 선착대는 정보수집을 정확하게 하고 화점실, 린넨(Linen)실, 계단실, 화장실 등 **평소의 　생활공간을 최우선적으로 검색**한다. (* 린넨실: 병원 등에서 침대시트 보관실) ③ 병원 관계자에게 피난방법, 피난장소를 알려준다. ④ 보행불능자 등은 원칙적으로 들것 등으로 운반하고, 부득이 업고 구출하는 경우에도 　**2인 1조**로 하여 확실하게 이동시킨다. ⑤ 동시에 많은 사람을 구출할 경우 미끄럼대, 구조대・피난사다리 등을 활용한다. ⑥ 인명구조 활동은 엄호방수를 병행하여 구출한다. ⑦ 구출된 사람의 임시구호소는 인접건물에 안전한 장소가 있으면 그곳을 1차 피난장소로 　정하여 보온 등의 구호조치를 하고 가능한 한 빨리 안전한 장소로 수용한다. ⑧ 산부인과는 보행이 불가능한 신생아 있는 장소를 중점적으로 구조활동을 전개한다.
화재진압 요령	① 선착대는 경비원, 당직원으로부터 정확한 화점 및 구조대상자의 정보를 수집한다. ② 화재초기, 중기의 방어는 적극적으로 내부진입 수단을 마련하여 관창을 전개한다. ③ 병원에 설치되어 있는 소화설비를 효과적으로 활용한다. ④ 자위소방대가 있는 경우에는 소방대가 도착한 후에도 계속하여 지원협력하게 한다. ⑤ 연소확대가 예상되는 경우 관창배치는 제1을 화점층, 제2를 화점상층을 목표로 한다. ⑥ 방수는 직사, 분무를 효과적으로 하여 소화한다. ⑦ 환자에게 방수하면, 쇼크 또는 냉기로 악영향을 줄 수 있으므로 엄호방수는 주의한다. ⑧ 화재진압계획이 있는 것은 그 계획을 참고하여 소방활동을 한다.
구급대책	① 대량 환자가 발생될 것으로 예상되면 신속하게 현장응급의료소를 설치한다. ② **현장응급의료소**는 구급차의 진입과 퇴로가 쉬운 장소, 진입과 퇴로방향을 일방통행으로 　설치한다. 후착하는 소방차는 구급차 진입, 퇴로에 장애가 되지 않도록 통제한다. ③ 부상자 및 구조대상자의 인원, 성명, 성별, 부상정도 및 수용병원의 조사를 하는 **전담대원을 　지정**하여 정확하고 종합적인 정보를 처리한다. ⑦ 현장응급의료소에는 관계자외의 출입을 통제하는 **소방통제선**을 설치한다.

8 밀집가구 화재진압 (목조, 방화조)

목조, 방화조 밀집지역은 도로가 협소하고 소방용수 사정도 나쁜 지역이 많다.
따라서 보다 정확하고 신속한 관창배치 및 방수체제를 요구한다. 특히 수 개의 동(棟)에 연소확대된 경우 도로나 내화조 건물 등을 활용하지 않으면 연소를 저지할 수 없게 된다.

화재의 특성	① 일반적으로 도로가 협소하다. ② 인접건물간의 간격이 좁고, 소방대의 진입이 어렵다. 　따라서 가구 내부로의 관창배치가 늦어지면 가구 내부에서 화재가 확대된다. ③ 창에서 분출되는 화염으로 인접건물의 처마 혹은 창을 통하여 차례로 연소 확대된다.
일반적 진압 활동	① 화재 연소정도, 확대방향을 종합적으로 판단하여 방어선(방면)을 결정하고 진입한다. ② 필요자원은 미리 판단하여 지원요청 한다. ③ 도로, 공지, 하천, 내화조건물을 연소저지선으로 설정하여 방어한다. ④ 인접건물에 착화한 경우는 화세제압보다 인접건물로의 연소확대 저지를 우선한다.
목조밀집 지역의 화재 진압 활동	① 목조밀집지역 중앙부 화재의 경우는 출동 도중이라도 포위체제의 출동로를 선택한다. ② 수량이 풍부한 소방용수에 부서 혹은 응원분대로부터 중계를 받는 체제로 전환한다. ③ 관창은 큰 구경을 사용하고 여유호스는 보통 화재의 경우보다 1~2본정도 더 연장하여 　이동에 용이하도록 대응한다. (* 목조 등이 밀집되어 있으니 65mm로 한다는 뜻) ④ 건물의 옥내, 옥외에서 진입을 병행하고 중요방면에 관창을 집중 혹은 예비주수한다. ⑤ 비화의 발생도 예상되므로 이에 대응할 수 있는 분대배치도 필요하다. ⑥ 위험물품, 특수가연물 등이 있는 경우에는 필요한 분대를 요청한다.
목조(방화조)와 내화조가 혼재하는 지역	① 목조와 내화조가 무질서하게 밀집되어 있고 도로상황이 나빠 진입이 곤란한 지역에서 발화, 　연소가 확대된 경우의 선착대는 화점 인접건물의 화세저지에 주력한다. ② 후착대는 내화조 건물로의 연소를 저지하기 위하여 건물 내로 관창을 배치하여 건물로 연소 　확대하는 화세를 방지한다. ③ 내화조 건물에 관창을 배치하는 시기는 가능한 한 조기에 하여야 한다. ➡ 그 이유는 　내화조 건물내에서 연소확대되면 각층에 관창이 필요하게 되고 그렇게되면 다수의 소방대 　를 투입하지 않으면 안되기 때문이다. / 따라서 목조건물쪽으로 특히, 큰 위험이 있는 경우 　에는 목조건물의 방어를 우선할 수도 있다.

- p121 지하화재에서 고발포와 저발포 사용의 일반적 비교 -
- **고발포**: A급화재, 여객선, 지하(갱), 평탄지표 등 넓고 복잡한 곳. ▶ 에이! 여지평지(* 에이! 고발하자 여자평지)
- **저발포**: B급(유류탱크), 비행기, 자동차 입체 등 좁은 곳 사용. ▶ 암기: 비비자(* 연상: 제발 저자세로 비비자)
- -------- * (공간 이용) p125 추가 내용
- 위험물은 그 특성에 맞는 주수방법은 화재위험성, 확대위험성, 소화곤란성이 있다. ▶ 암기: 화확소화
- 탄화수소(휘발유, 등유 등)는 물과 섞이지 않고(수용성), 이온용매(알코올, 라커 등)는 물과 섞인다(수용성)
- ⇨ (공간이용) p125 본서 이론에서 직사주수는 뜨거운 유류탱크 벽이나 가연물의 열을 흡수하는 냉각작용이며 -
분무주수(무상주수)나 포(泡)는 공기(산소)를 막아주는 질식소화 작용이다. 그러나 여기서~
유류탱크 화재에서 분무주수보다 포를 사용하는 이유는? ☞ 국소 방사하는 분무보다 포(泡)를 쏘게 된다면
포는 분무보다 질식효과가 더 크니 '재발화' 가 없다는 이해로 들어가면 학습상 그 혼동이 조금 The 쉬워진다!

제2절 위험물(유류) 화재진압

1 위험물 화재진압을 위한 물의 사용 ☆ 16 경기장   ▶ 암기: 냉대보기

① 물을 냉각재로 사용	① 물은 위험물 (B급) 화재를 소화하거나 노출물을 보호하는 냉각제로 사용될 수 있다. 　㉠ 포(泡) 첨가제를 넣지 않은 물은 비중이 <u>낮은</u> 석유제품(휘발유, 등유)이나 알코올에는 특별한 효과는 <u>없다</u>.　(* 거품형태로 포를 만들지 않으면 물보다 가벼운 유류에 대해 물이 휘발유, 등유 등의 밑으로 침투되며 소화가 안되며 알코올은 알코올포가 더 좋다) 　㉡ 그러나 발생된 열을 충분히 흡수할 수 있을 만큼 많은 물을 물방울(포)로 만들어서 사용하면 비중이 <u>높은</u> 석유(가공하지 않은 원유)에서 발생한 화재를 소화할 수 있다. ② 물은 노출물을 보호하기 위한 냉각제로써 아주 유용하다.(* 엽흡수인 냉각효과 설명) 　㉠ 노출된 표면 위에 보호막이 생기도록 물을 뿌릴 필요가 있다. 　㉡ 금속 탱크나 무너질 수도 있는 대들보의 가연성 물질과 또 다른 물질도 적용된다. 　㉢ 화재가 난 저장 탱크에는 담겨있는 액체 높이보다 <u>위쪽</u>에 물을 뿌려야 한다.
② 기계적인 도구로 물 사용	① 소방대원들은 복사열을 막고 또 방수가 액체 가연물 속으로 깊이 들어가지 않도록 <u>넓은</u> 각도 나 (화염쪽으로) <u>침투형 분무방수</u>로 물을 뿌려야 한다. (* 기계적도구: 호스 등) ② 연소 중 유류 속으로 물줄기가 들어가면 가연성 증기가 많이 생겨 화염이 더 거세진다. ③ <u>분무형태의 가장자리와 가연물 표면이 계속 닿아 있도록</u> 주의를 기울여야 한다. 그렇지 않으면 화염이 물줄기 밑으로 빠져 나와서 진압팀 주변으로 역류할 수도 있다. ④ <u>분무방수</u>는 인화성 증기를 희석 및 분산시키는 데 도움이 되고, (수압으로) 인화성 증기를 원하는 곳으로 움직이게 하는데 조금은 도움이 된다.
③ 대체 매개물로써 물 사용	① 새고 있는 탱크나 송유관에서 나오고 있는 기름을 대체하는 데 물을 쓸 수 있다. '가연물이 새어 나와서 계속 타고 있는 화재'는 새고 있는 송유관 속으로 물을 <u>역으로</u> 보내거나 탱크의 새는 곳보다 더 높이 물을 채워서 소화할 수도 있다. (예 휘발유) ② 새는 만큼 물을 공급하면, 물의 비율이 크기 때문에 매개물은 휘발성 물질을 수면 위에 뜨게 할 것이다. ---- (* 새는 곳에 불이 붙으니 기름을 못나오게 물을 쏘아 물위로 기름을) ③ 물이 비율이 커서 화재진압을 위해 인화성 액체를 희석시키는 데 물은 거의 사용하지 않지만 이는 작은화재에는 유용한 방법이다.
④ 물을 보호막으로 사용 16경기장	① 액체가연물이나 기체가연물의 밸브를 잠그기 위해 전진하고 있는 대원들을 보호하기 위한 막을 만들 때 호스를 쓸 수 있다. (* 분무주수로 수막을 만든다는 뜻) ② 인화성 액체나 기체 가연물 탱크가 화염에 노출되었을 때는 릴리프밸브를 잠글 때까지 최대 유효사거리에서 (탱크 위로) <u>직사방수</u>를 한다. ▶ 물이 탱크 양쪽으로 흘러내리도록 탱크 꼭대기를 따라 포물선 형태로 방수를 한다.(이때 생긴 수막이 탱크 안의 증기가 있는 공간을 식혀주고 탱크 밑에 있는 쇠기둥도 열기로부터 보호해준다.) ③ 흘러나오는 가연물은 임시복구 혹은 차단을 위해 <u>넓은분무방수</u> (45°~80°)로 대원을 보호하면서 전진해야 한다. ④ 주된 관창이 어떤 결함으로 방수를 하지 못할 경우 소방대원을 보호하고 추가적인 탱크 냉각이 필요할 경우를 위해 보조관창을 준비하여야 하며, 이것은 주된 관창과는 <u>다른 펌프차나 수원</u>에 연결되어 있어야 한다. (* 주관창 급수와 보조관창 급수를 각각 다른 차에 연결돼야 물 부족시 안전하다는 뜻) ⑤ 화재에 노출된 저장탱크에 접근할 때는 탱크 끝에서부터 접근하지 말고, 탱크와 직각(=측면) 으로 접근해야 한다. 왜냐하면, 탱크는 점차 균열이 발생하고 폭발하면서 탱크 끝부분으로 화염이 분출하기 때문이다. (* 폭발 등으로 탱크 끝부분은 화염분출의 위험으로)

2 위험물 유별 특성과 소화방법 ☆ 13 충북, 4 경기교, 15 인천, 울산, 위, 18 소방장 등

(1) 제1류 위험물(산화성 고체)★

특성	① 일반적으로 불연성이지만 분자 내에 산소를 다량 함유하여 그 산소에 의하여 다른 물질을 연소시키는 산화제이다. ② 가열 등에 의하여 급격하게 분해, 산소를 방출하기 때문에 다른 가연물의 연소를 돕고 때로는 폭발한다. ③ 대부분이 무색의 결정 또는 백색의 분말이며 물보다 무겁고 수용성이다.
소화방법 14경기교	① 위험물의 분해를 억제하는 것을 중점으로 **대량방수**를 하고 연소물과 위험물의 온도를 내리는 방법을 취한다. (* 1류는 불연성이니까 1류와 혼합된 그 가연물을 방수한다는 뜻) ② 직사·분무방수, 포말소화, 건조사가 효과적이다. ③ 분말소화는 인산염류를 사용한 것을 사용한다.(*^^ 제3종 분말) ④ 알칼리금속의 과산화물에의 방수는 절대엄금이다.(*^^ 산소발생으로)

(2) 제2류 위험물(가연성 고체)★

특성	① 모두 연소하기 쉬운 고체이고 비교적 저온에서 발화한다. ② 자체가 유독하고 연소할 때에 유독가스가 발생한다.(예 황화수소) ③ 공기 중에서 발화하는 성질을 가지고 있다(황화인). ④ 산이나 물과 접촉하면 발열한다. ⑤ 산화제와의 접촉, 혼합은 매우 위험하며 충격 등에 의하여 격렬하게 연소하거나 폭발할 위험성이 있다.(*^^ 즉, 1류, 5류, 6류와 혼촉 금지! 더 많은 산소발생으로)
소화방법	① 질식 또는 방수(물)소화 방법을 취한다. ② 직사, 분무방수, 포말, 건조사로 소화하지만 고압방수에 의한 위험물의 비산은 피한다. ③ 금수성 물질(금속분 등)은 건조사로 질식소화한다.(*^^ 수소발생으로)

(3) 제3류 위험물(자연발화성 및 금수성)

특성	① 물과 작용하여 발열반응을 일으키거나 가연성 가스를 발생하여 연소하는 성질을 가진 **금수성 물질**이다.(*^^ 실제는 주로 고체이다) ② 특히 **금속칼륨, 금속나트륨**은 공기 중에서 타고 또, 물과 격렬하게 반응하여 폭발하는 경우가 있으므로 물, 습기에 접촉하지 않도록 석유 등의 **보호액 속에 저장**한다.
소화방법	① 방수(물)소화를 피하고 주위로의 연소방지에 중점을 둔다. ② 직접 소화방법은 건조사로 질식소화 또는 금속화재용 분말소화제를 사용하는 정도이다. (*^^ 아직 소화약제 미개발로 초기소화에만 사용되며 팽창질석 팽창진주암 등도 적응된다) ③ 보호액인 석유가 연소할 경우에는 CO_2나 분말을 사용해도 좋다. (*^^ 보호액은 등유, 경유, 휘발유, 파라핀 등 어떤 기름이라도 무관하다)

(4) 제4류 위험물(인화성 액체)

특성	① 액체이며 인화점이 낮은 것은 상온에서도 불꽃이나 불티 등에 의하여 인화한다. ② 연소는 폭발과 같은 비정상 연소도 있지만 보통은 개방적인 액면에서 계속적으로 발생하는 증기(증발된 기체)의 연소이다. ③ 제4류의 위험물은 저장 취급하는 시설도 많고 양도 매우 많다. ④ 제4류의 위험물은 가연성 증기를 발생하여 **액온이 인화점 이상**인 경우에는 불티나 화재 등의 작은 화원에서도 인화한다. / 인화점이 상온보다 낮은 물품의 경우는 항상 인화될 위험성을 가지고 있다. (*^^ 액온이 인화점 이상: 유류의 액체온도가 인화점 이상) ⑤ 액체가 미립자로 되어 있는 경우에는 인화점 이하의 온도에서도 착화하며 조건에 따라서는 분진폭발과 같은 모양으로 폭발한다. ⑥ 증기는 일반적으로 공기보다 **무겁고** (그리하여) 낮은 곳에 체류하기 쉽다. ⑦ 가연성 액체의 증기는 공기, 산소 등과 혼합하여 일정농도 범위에 있을 때 착화한다. ⑧ (연소범위) 농도가 **넓은 것** 또는 (연소)하한계가 **낮은 것**일수록 위험성이 크다. ⑨ 제4류 위험물 대부분은 물보다도 가볍고 또, 물에 녹지 않는다.
소화방법	① **질식소화**가 효과적이다. 연소위험물에 대한 소화와 화면(연소면) 확대방지 태세를 취한다. ② 소화는 포, 분말, CO_2가스, 건조사 등을 주로 사용하지만 상황에 따라서는 탱크용기 등을 외부에서 냉각시켜 가연성 증기의 발생을 억제하는 수단도 생각할 수 있다. ③ **평면적 유류화재의 초기소화에 필요한 포**(층)**의 두께는 최저 5~6㎝**이어야하기 때문에 연소면적에 따라 필요한 소화포의 양을 계산한다.(* 평면적 유류화재: FRT 화재) ④ 화면 확대를 방지하기 위하여 토사 등을 유효하게 활용하여 유동을 막는다. ⑤ 유류화재에 대하여 인화점이 낮고 휘발성이 강한 것은 방수에 의한 냉각소화는 불가능하다. (질식소화가 효과적이라는 뜻) / 그러나 **소량**이면 분무방수에 의한 화세 억제의 효과가 있다. 또, 인화점이 높고 휘발성이 약한 것은 강력한 **분무방수**로 소화할 수 있다.

(5) 제5류 위험물(자기반응성)★

특성	① 물보다 무거운 고체 또는 액체의 가연물이며 　또, 산소함유 물질도 있기 때문에 자기연소를 일으키기 쉽고 연소속도가 매우 빠르다. ② 가열, 마찰, 충격에 착화하고 폭발하는 것이 많고 장시간 방치하면 자연발화 하는 것도 있다. ③ 유기과산화물을 제외하고 일반적으로 그것 자체는 **불연성**이며 단독의 경우보다 다른 가연물과 혼재한 경우가 위험성이 높다. (* 3류, 5류는 가연성보다 불연성이 더 많다) ④ 나이트로셀룰로이드, 나이트로글리셀린은 가열, 충격, 마찰에 의하여 폭발 위험이 있다. ⑤ 질산에틸, 질산메틸은 매우 인화하기 쉬운 액체이고 가열에 의한 폭발 위험이 있다. ⑥ 나이트로화합물은 화기, 가열, 충격, 마찰에 민감한 고체이고 폭발 원료 등으로 사용한다.
소화방법	① 일반적으로 대량방수에 의하여 냉각소화 한다.(*^^ 물에 반응하지 않아서) ② 산소함유물질이므로 질식소화는 효과가 없다. ③ 소량일 때 또는 화재의 초기에는 소화가 가능하지만 그 이상일 때는 폭발에 주의하면서 원격소화를 한다. (*^^ 제3류와 제5류 위험물은 지구상에 아직 소화약제가 없다는 개념) ④ 셀룰로이드류의 화재는 순식간에 확대될 위험이 있으며 또, 물의 침투성이 나쁘기 때문에 계면활성제를 사용하든가, 응급한 경우 포를 사용해도 좋다.

(6) 제6류 위험물(산화성 액체)

특성	① 강산류인 동시에 강산화제이다. ② 물보다 무겁고 물에 녹지만 그때 격렬하게 발열한다. ③ 어떠한 경우에도 그 자체는 불연성이다.
소화방법* 14 인천장	① 위험물 자체는 연소하지 않으므로 연소물에 맞는 소화방법을 선택한다. ② 제6류 위험물은 <u>금수성</u>(禁水性)이다. (* 물 주수시 발열반응을 한다) ③ 위험물의 유동을 막고, 고농도는 물과 작용하여 비산하며 인체 접촉시 화상을 일으킨다. ④ 발생하는 증기는 유해한 것(독성)이 많으므로 활동 중에는 공기호흡기 등을 활용한다. ⑤ 유출사고 시 유동범위가 최소화되도록 적극적으로 방어하고 소다회, 중탄산소다, 소석회 등의 중화제를 사용한다. 소량일 때에는 건조사, 흙 등으로 흡수시킨다. ⑥ 주위의 상황에 따라서는 대량의 물로 희석하는 방법도 있다.

3 유해화학물질 사고 대응

(1) 유해화학물질 비상대응핸드북(ERG) 활용

유해화학물질 비상대응핸드북 활용 (* 중요도 낮음)

유해화학물질비상대응핸드북은 캐나디 교통부와 미국 교통성(DOT), 멕시코 교통통신국(SCT), 아르헨티나의 비상대응정보센터와 협력하여 개발 제작한 것으로 유해물질 취급 및 수송에 대한 응급상황 시 비상대응을 위한 약 750,000종 이상의 화학제품 DB자료이다.

※ 유해화학물질 비상대응핸드북 활용방법은 다음과 같다.
① 위험물차량의 형태나 표식 또는 관계자의 송장 등에서 <u>UN번호(노랑)</u>, / <u>영문물질명(청색)</u>, / <u>한글물질명(갈색)</u>을 확인한다.
② 확인된 해당 물질명(영문,한글)이나 UN번호 CAS번호의 지침 번호를 찾아 <u>주황색</u> 부분에서 <u>대응방법</u>을 찾는다. ▶ ① 암기: 유노영청한갈(*유노가 멍청한가) / ② 주대
③ ①번 사항에서 유해물질목록이 음영으로 표시되어 있으면 <u>녹색</u> 부분을 찾아 초기 <u>이격거리</u>와 <u>방호활동거리</u>를 확인한다. ▶ ③ 암기: 녹음 이방
④ 물질 미확인 시 : 지침번호 111번을 활용한다.
(▶ ①~④ 유노가 멍청한가? 주대찾고, 녹음찾아 이방을 확인한다. 미확인시 111로 신고한다.)

① 초기이격거리	유출 / 누출이 일어난 지점 사방으로 모든 사람을 격리시키는 거리, 반경으로 표시.
② 초기이격지역	사람의 생명을 위협할 정도의 농도에 노출될 수 있는 풍상·풍하 사고주변 지역.
③ 방호활동거리	유출 / 누출이 일어난 지점으로부터 보호조치가 수행 되어야 하는 풍하거리.
④ 방호활동지역	사람들이 무기력해져서 인체 건강상 회복할 수 없을 정도의 심각한 영향을 줄 수 있는 사고지점으로 부터 풍하방향 지역. / (*㎯ ① 사방 ② 양방 ③④ 하방) ▶ 사양ㅎㅎ

4 위험물화재의 특수현상과 대처법** ☆ 15 서울, 울산장, 16 경북교, 19 장, 21 교, 22 위

오일오버* (Oilover) 22소방위	① 위험물 저장탱크 내에 저장된 제4류 위험물의 양이 내용적의 <u>1/2 (50%)</u> 이하로 저장되어 있을 때 화재로 인하여 증기 압력이 상승하면서 저장탱크 내의 유류를 외부로 분출하면서 탱크가 파열되는 현상을 말하며, 보일오버, 슬롭오버, 프로스오버보다 위험성이 더 크다. (* 뚜껑이 있는 탱크의 반 이상 공간에 주위에 화염으로 압력이 차여 탱크가 폭발되는 현상) ② 위험물 저장탱크에 화재가 발생하여 오일오버(Oilover)의 위험이 있는 경우, <u>질식소화</u>를 원칙으로 하며, 소화약제로는 포, 분말, CO_2 등을 주로 사용한다. 22 위 - 질식효과를 나타내는 데 필요한 포의 두께는 <u>최저 5~6㎝</u> 정도이나, 연소면적에 따라 충분한 양을 살포해야 질식소화효과를 나타낼 수 있다. ↳ (*^^ 거품이 쌓이는 포층의 두께) ③ 오일오버에 대한 간접적 대처방법으로 화재 상황에 따라서 저장탱크용기 등을 외부에서 냉각시켜 가연성 증기 발생을 억제하는 것이 유효한 대처방법이다. 화재가 확산을 막기 위해서는 모래 등으로 방제 둑을 쌓아 확산범위를 최소화해야 한다.
보일오버* (Boilover) 14경북장	① 석유류가 혼합된 원유를 저장하는 탱크 내부에 물이 외부 또는 자체적으로 발생한 상태에서 <u>탱크표면에 화재가 발생하여 원유와 물이 함께 저장탱크 밖으로 흘러넘치는 현상</u>으로, 인근으로 화염이 밀물처럼 확대되면서 대규모 화재로 발전되기도 한다. ② 보일오버 대처방법으로 저장탱크용기를 외부에서 냉각시키고, 원유와 물이 흘러넘쳐 주변으로 확산되는 것을 최소화하기 위해 신속히 모래 등으로 방제 둑을 쌓는다.
슬롭오버 (Slopover)	① <u>야채</u>를 식용유에 넣을 때 야채 내 수분이 비등하면서 주위의 뜨거운 식용유를 밖으로 튀어나오게 하는 현상, 또는 <u>소화용수</u>가 연소유의 뜨거운 표면에 유입되는 급비등으로 부피팽창을 일으켜 탱크외부로 유류를 분출시키는 현상과 같이, / 물보다 끓는점(비점)이 높은 점성을 가진 유류에 물이 접촉될 때 유류 표면온도에 의해 물이 수증기가 되어 팽창, 비등함에 따라 유류를 외부로 비산시키는 현상을 말한다. ② 슬롭오버 현상에 대한 대처방법도 보일오버에 대한 대처방법에 준하여 조치한다.
프로스오버 (Frothover)	① 점성을 가진 뜨거운 <u>유류표면 아래</u> 부분에서 물이 비등할 경우 비등하는 물에 의해 탱크 내 유류가 넘치는 현상을 말하며, 직접적으로 화재발생을 일으키지는 않는다. ② 프로스오버 현상에 대한 대처방법도 보일오버에 대한 대처방법에 준하여 조치한다.

▶ 보충(Tip)- 유류탱크 현상에서 격렬함의 비교: 오일오버 〉 보일오버 〉 슬롭오버 및 프로스오버.

위험물화재의 특수현상 개념 비교 * ☆ 13 경기, 15 울산, 16 경북교, 19, 21,23장

구분	오일오버	보일오버	슬롭오버	프로스오버
특성	화재로저장탱크내의 유류가 외부로 분출하면서 탱크가 파열(=폭발)하는 현상	탱크표면화재로 원유와 물이 함께 탱크 밖으로 흘러넘치는 현상	유류 표면온도에 의해 물이 수증기가 되어 팽창, 비등함에 따라 유류를 외부로 비산시키는 현상	유류표면 아래 비등하는 물에 의해 탱크 내 유류가 넘치는 현상
위험성	위험성이 가장 높음	대규모 화재로 확대되는 원인	직접적 화재발생요인은 아님	직접적 화재발생요인 아님

제3절 가스시설 화재진압

(1) 가스의 위험성

위험성	① 확산 : 가스의 비중은 LPG를 제외한 대부분이 공기보다 가벼워 확산속도가 빠르다. ② 누설 : 고압 또는 압축가스로서 사용되므로 사소한 결함에도 누설되기 쉽다. ③ 소화곤란 : 높은 압력으로 분출, 연소하는 가스화재는 소화하기가 어려울 뿐 아니라 누설 중 소화하더라도 2차 폭발 가능성이 높다. ▶ 확누소!
설비상의 안전대책	① 안전밸브 : 방출판은 저항이 적은 곧은 모양의 것으로 해야 하며 구부려 달면 안 된다. ② 과류방지밸브 : 유량이 증가하여 밸브 내·외의 압력차가 커지면 밸브를 닫는다. ③ 방화·방폭벽 : 연소위험·피폭위험이 있는 곳 탱크주위에 철근콘크리트재 장벽을 쌓는다.

(2) 블레비 현상과 예방법*   ☆ 14 부산교, 위

블레비 현상과 파이어볼	① 블레비(BLEVE)란 가연성 액화가스 주위에 화재가 발생한 경우 **기상부 탱크 강판**이 부분 가열되어 그 부분의 강도가 약해지면 탱크가 파열되고 이때 내부의 가열된 액화가스가 급속히 팽창 분출하면서 폭발하는 현상을 말한다. ② 블레비 등에 의한 인화성 증기가 분출 확산하여 공기와 혼합이 폭발범위에 이르렀을 때 발생하는 공 형태의 화염, 즉, 버섯형의 화염덩어리를 "파이어볼"이라 한다.
발생과정* 14 위	① 액체탱크 주위 화재발생➡ ② 탱크벽 가열➡ ③ 액체의 온도 상승 및 압력상승➡ ④ 화염과 접촉부위 탱크강도 약화➡ ⑤ 탱크파열➡ ⑥ 내용물(증기)의 폭발적 분출 증가. ✪ 만약 가연성 액체인 경우 탱크파열 시 점화되어 파이어볼(f/b)을 형성하게 되나 블레비현상이 화재에 기인한 것이 <u>아닌 경우</u> 탱크파열시 증기운폭발을 일으킨다.
블레비의 예방법	안전밸브는 탱크내부의 압력을 일정수준 이하로 유지시켜 줄 뿐이며 블레비의 발생을 근본적으로 막기 위해서는 다음과 같은 추가조치가 필요하다. ① 감압시스템에 의하여 탱크 내의 압력을 내려준다. ② 화염으로부터 탱크의 **입열**을 억제한다.(탱크**외벽** **단열조치**, 탱크를 지하에 설치, 물에 의한 탱크 표면의 냉각장치 설치 및 가스를 안전한 곳으로 이송조치). ＊ 내벽(x) ✪ 대부분의 시설에서 복사열을 완벽히 흡수하는 데 필요한 물을 분무하기는 어려우나, 화염에 노출되어 있는 탱크 외벽에 물을 분무하는 것은 대단히 중요하다. 그것은 안전장치 작동압력에서의 탱크 파괴점 이하로 탱크강판의 온도를 유지할 수 있기 때문이다. 냉각시켜야 할 중요부위는 탱크의 상부 즉, <u>기상부</u>이다. ③ 폭발방지 장치를 설치한다. 이 장치는 주거, 상업지역에 설치된 10톤 이상의 LPG 저장탱크에 설치하도록 되어 있다. ▶ 외단내열 ✪ 탱크**내벽**에 **열전도도**가 좋은 물질(알루미늄 합금박판)을 설치하여, 탱크가 화염에 노출시 탱크기상부 강판으로 흡수되는 열을 탱크 내 액상가스로 신속히 전달시키면서, 기상부 강판 온도를 파괴점 이하로 함으로써 폭발을 방지한다. ＊ 외벽(x)

(3) 가스의 불완전연소 현상 ★ 22 소방위, 23 소방교

황염 (노란색 불꽃)	• 버너에서 황적색 염(불꽃)이 나오는 것은 **공기량이** 부족해서지만 • 황염이 길어져 저온 피열체에 접촉되면 불완전연소를 촉진시켜 일산화탄소를 발생한다. • 1차공기의 조절장치를 충분히 열어도 황염이 소실되지 않으면 버너의 관창(노즐)구경이 커져서 가스공급이 과대하게 되었거나 가스의 공급압력이 낮기 때문이다. • 용기 잔액이 적은 경우 황염이 발생하는 것은 가스의 성분변화와 공급저하에 의한다.
리프팅 (선화) 23소방교	• 가스분출 구멍으로 부터 <u>가스유출속도가 〉 연소속도</u>보다 크게 되었을 때 가스는 가스분출구멍(염공)에 접하여 연소하지 않고 가스분출 구멍에서 떨어져서 연소한다. ① 버너 가스분출구멍에 먼지 등이 끼어 구멍이 작게 된 경우 혼합가스 유출속도가 높아진다 ② 가스 공급압력이 높거나 관창의 구경이 큰 경우 가스의 유출속도가 크게된다. 　(*^^ 가스 공급압력이 높은 상태에서 관창구경이 큰 경우 가스 유출속도가 커진다는 뜻) ③ 연소가스의 배출 불충분으로 2차 공기 중의 산소가 부족한 경우 연소속도가 작게 된다 ④ 공기조절장치를 너무 많이 열어 가스의 공급량이 많게 되면 리프팅이 일어나지만 가스의 공급량이 적게 될 때는 백드래프트 또는 불이 꺼지는 원인이 된다.
플래시백 (역화) 22소방위	• 가스의 <u>연소가 〉 가스분출 구멍의 가스 유출속도</u>보다 더 클 때, 또는 연소속도는 일정해도 가스의 유출속도가 더 작게 되었을 때 불꽃은 가스분출구멍에서 버너 내부로 침입하여 관창(노즐) 끝(선단)에서 연소하여 플래시백(flash back)을 일으킨다. ① 부식에 의해 염공(가스분출구멍)이 크게 되면 혼합가스의 유출속도가 상대적으로 느려져 플래시백 원인이 되며, 관창구경이 너무 작다든지 관창의 구멍에 먼지가 부착하는 경우는 코크가 충분하게 열리지 않아 가스압력의 저하로 플래시백의 원인이 된다. ② 가스버너 위에 큰 냄비 등을 올려서 장시간 사용할 경우나 버너 위에 직접 탄을 올려서 불을 일으킬 경우는 버너가 과열되어서 혼합가스의 온도가 올라가는 원인이 되며 또한 연소속도가 크게 되어 플래시백 현상이 나타나기 쉽다. (*^^ 백파이어라고도 한다)
블로우오프	<u>선화</u>상태에서 가스분출이 심하여 불꽃이 노즐에서 떨어져 꺼져버리는 현상이다.

■ 보충: (요약)

정상연소 리프팅(선화) 백파이어(역화) 블로우오프

※ 참고:
리프팅과 플래시백의 이론이 중앙소방학교 본 교재는 쉽지 않게 혹은 혼동될 수 있게 명시되어 있습니다.
이에 아래 4가지 용어를 간단하고 쉽게 단축 정리하였음.
(*혼동 시 책 뒷면 필자 개인메일로 질문할 수도 있습니다)

① 황염(엘로우팁): 1차 공기(산소)가 부족할 때 불꽃이 황적색이 되어 미연소상태로 적열되는 현상.
② 리프팅: 가스 유출속도가 〉 연소속도보다 크게 될 때 ➡ 즉, 연소속도 〈 가스(분출속도)가 많을 때
③ 플래시백: 가스 연소가 〉 가스 유출속도보다 더 클 때 ➡ 즉, 연소속도 〉 가스(분출속도)가 적을 때
　즉, 노즐 구멍에 비교해서 가스가 많으면 리프팅 / 가스가 적으면 플래시백으로 생각하면 The 쉽다
④ 블로우오프: <u>선화</u>상태에서 가스분출이 심하여 불꽃이 노즐(관창)에서 떨어져 꺼지는 현상을 말한다

(4) 가스종류별 성상과 소화법

■ 액화석유가스(LPG) ★ 13 위, 15 소방장, 16 서울장, 17 장

액화석유가스 (LPG)	① 액화석유가스(LPG)는 프로판, 부탄, 부틸렌, 프로필렌 등 탄화수소의 혼합물이다.
	② LPG는 상온에서 기체로 존재하지만, 용기 내 6~7kg/㎠로 가압하면 쉽게 액화된다.
	③ LPG 액화가 쉬운 이유는 기체에서 액화최고온도가 96.8℃로 비교적 낮기 때문이다.
	④ 부탄은 최고온도가 152℃로 프로판에 비하여 상당히 높다.
	   (1ℓ의 액체 프로판 0.53kg은 기화하면 약 250ℓ의 프로판가스로 변한다.
	   그러나 1ℓ의 액체 부탄 0.601kg은 기화하면 약 225ℓ의 부탄가스로 변한다.)
	⑤ 부탄과 프로판가스는 액화시키면 부탄은 1:225, 프로판은 1:250으로 체적이 대폭 축소되므로 상온에서 저장·보관이 용이하다.

일반 가정에서	① 용기의 메인밸브를 차단하여 가스분출을 중지시킨다. 화재로 인해 가열 시 폭발 위험이 있으므로 유효한 차단물을 이용하여 용기가 넘어지지 않도록 분무주수로 냉각시킨다. ② 진화 후에도 용기의 화염이 소화되지 않았을 때는 가스방출이 끝날 때까지 연소시킨다.
LPG 다량 취급 장소	① 유효한 차단물을 확보한 후 집적소에 대해서는 <u>다량의 주수</u>로 냉각시킨다. ② 대원의 접근은 절대로 피하고 방수포나 <u>원격주수</u>를 하여 위험 방지에 주의한다.
탱크로리, 저장탱크	① 탱크로리, 저장탱크 가스유동은 거의 없으므로 주위 연소방지와 용기 냉각에 중점 둔다. ② 착화할 때까지 장시간이 소요되면 가스의 유동범위가 넓어지므로, 여러 곳에 독립화재가 발생한다. 하수도 등에 유입된 가스로 인하여 2차 폭발가능성이 있다.
경계구역의 설정	① 풍향, 풍속, 지형, 건물상황 등을 고려하여 <u>위험범위를 넓게 잡고</u> 취기, 가스측정기 등으로 안전을 확인한 후에 서서히 위험구역을 좁혀간다. ② 가스 확산여부에 대한 확인에는 지상은 물론 지하시설까지 실시한다. ③ 경계구역은 유출가스 뿐만 아니라 용기의 폭발, 비산 등을 고려한 범위를 잡는다.
소방용수 부서	① 원칙적으로 <u>풍상, 풍횡</u>의 위치에 있는 소방용수(소화전 등)에 부서하고 <u>경계구역 내의 것은 사용하지 않는다.</u> (* 풍하쪽 등 경계구역 내 소방용수는 위험하니 사용하지 않는다) ② 하천, 맨홀 등은 가스의 분출점이 될 위험성이 있으므로 사용하지 않는다. ③ 부서하는 소방용수(소화전 등)의 부근에 지하시설물의 맨홀이 있으면 폭발에 주의한다. ④ 가스가 체류하기 쉬운 장소가 부근에 있는 경우에는 분무주수로 확산시키도록 한다.
진입	진입은 <u>풍상, 풍횡</u>으로부터 접근하는 것을 원칙으로 한다. ① 부득이 분출장소에 접근할 경우 대량의 물 분무를 하고 그 내부를 행동범위로 한다. 엄호대원은 가능한 신체 노출 부위를 적게 하고, 전신의 피복을 완전히 적신다. ② 대원은 행동 중 피복의 정전기를 제거하도록 한다. ③ 경계구역에 펌프차 등이 진입하여서는 안 된다. ④ 풍향의 변화에 주의한다. ⑤ 무선기의 발신, 확성기의 사용, 징을 박은 구두를 신고 진입하는 것을 피한다.
주수* 13소방위	① 소방용수 부서위치 결정 시 폭발에 의한 위험방지를 위하여 건물 밑이나 담 가장자리 등 가스가 체류할 장소는 피하고 가능한 <u>넓은 장소</u>에 부서한다. ② 연소방지주수는 직접 연소위험 부분 주수와 연소염을 차단하는 분무주수방법이 있다. ③ 용기의 폭발방지를 위한 주수는 탱크 등과 연소화염이 떨어져 있는 경우는 그 중간에 분무방수를 하면 (용기쪽으로) 복사열을 차단하는 효과가 있다. ④ 미연소가스가 유동하는 지하시설, 하천, 건물 내부 등에 대하여는 강력 분무주수를 하여 가스를 조기에 확산·희석시켜 연소확대를 방지한다. (* 분무주수로 넓은 확산을 막는다)

- 액화천연가스(LNG)
    ① 액화천연가스는 지하 유정에서 뽑아 올리며, 유정가스 중 메탄성분만을 추출한 가스이다.
    ② 수송·저장을 위해 -162℃로 냉각, 부피를 1/600로 줄인 무색·투명한 초저온 액체이다.
    ③ 공해물질이 거의 없고 열량이 높아 경제적이며 주로 도시가스 및 발전용 연료로 사용된다.
    ④ 액화된 천연가스는 LNG전용 선박이나 탱크에 담아 사용처에 운송 후 다시 LNG 기화기에 의하여 가스화 시켜서 도시가스 사업소나 발전소, 공장 등으로 공급된다.

    > ★ LNG의 특성
    > ① 액화 시 체적이 1/600로 축소, 무색·투명하다.
    > ② 주성분이 메탄으로서 비중이 0.65로 공기보다 약 절반가량 가벼워 누설 시 대기 중으로 증발하여 프로판, 부탄가스보다 폭발위험이 적다. (*^^ 하한계가 높으니까)
    > ③ 연소 시 공해물질이 거의 없는 청정연료이다. (*^^ '유황' 성분을 빼서 그러하다)
    > ④ 불꽃조절이 용이하고, 열효율이 높다.
    > ⑤ 지하 배관으로 공급되므로 연료 수송이 용이하다.
    > ⑥ 무색·무취의 기체이나, 메르캅탄이라는 부취제를 첨가(마늘 썩는 냄새)하여 누설 시 쉽게 감지할 수 있도록 하였다. ↳ 메르캅탄이라는 인공향료제를 넣었다는 뜻!

액화석유가스와 액화천연가스의 비교표

구 분	LPG	LNG
명 칭	액화석유가스	액화천연가스
주성분	프로판(C_3H_8, 80%), 프로필렌(15%) 에탄(4%), 에틸렌(1%)	메탄(CH_4, 90%), 에탄(8.5%), 프로판(2%) (*^^ 실제는 프로판이 1% 정도이다)
공급방법	가스용기, 집단공급시설, 수송이나 보관이 액체상태	가스전 → LNG선박 → 하역설비 → 저장설비 → 가압설비 → 기화설비 → 감압설비 → 계량설비 → 수요처에 기체로 공급(발전소, 가정, 산업체)
액화방법	상온에서 기체상태, 냉각이나 가압으로 액화(1/250로 압축), 프로판의 비점 96.8℃	-162℃(비점) 이하로 액화하여 부피를 1/600로 압축, / 공급 시 기화
가스특징	무색·무취(부취제 첨가)	무색·무취(인수기지에서 부취제 첨가)
가스비중 (공기비중: 1)	S: 1.32(프로판 62.5%) 가스누출경보기 바닥에 시공	S: 0.65(메탄 85% 이상) 가스누출기 벽체 상부(천장부)에 시공
공급방법	소규모, 이동식(용기)	대규모 집단공급시설

- LNG(Liquefied Natural Gas)화재의 소화
    누설된 LNG가 착화된 경우에 누설원을 차단하며, 화재의 소화에는 분말소화기를 사용한다. 그러나 일단 소화가 되더라도 누설된 LNG의 증발을 정지하는 일은 가능하지 않아, LNG가 기화하여 부근의 공기 중에 확산, 체류하여 재차 발화할 우려가 있어 상황에 따라 누설된 LNG를 전부 연소시키는 방법이 효과적이기도 하다.

제4절 전기화재진압

1 전기화재진압의 특성 ★ 14 부산교, 16 서울장

① 상업용이나 고층건물에서는 전기가 필요하니까 전체 건물을 일방적으로 단전해선 안 된다.
② 전력이 끊어지면 이러한 화재들은 스스로 꺼지거나 전기화재가 아닌 일반화재로 바뀔 수 있다
③ 정밀전자장비, 컴퓨터를 소화할 때는 CO_2나 할론 등 가스소화제를 써서 장비를 보호한다.
④ 전기가 흐르는 설비는 방수는 안되며 만약 물을 사용한다면 거리를 두고 분무방수를 한다.

송전선과 장비 (변압기 화재)	① 변압기 발생 화재는 폴리염화비페닐을 포함하고 있는 냉각액 때문에 인체와 환경에 심각한 위험을 일으킬 수 있다. 이 냉각액은 발암 물질이고, 기름 성분으로 인화성이 있다. ② 지상에 있는 변압기는 <u>분말소화기</u>로 소화하며, 높은 곳 변압기 화재는 자격이 있는 사람이 고가 장비를 타고 분말소화기로 소화할 때까지는 연소하도록 놔둬야 한다.
지하매설 전선	① 이산화탄소나 분말소화약제를 맨홀 속으로 간단히 뿌리고 뚜껑을 제자리에 놓는다. 　- 젖은 담요나 수손방지용 덮개를 맨홀 뚜껑 위에 덮고 산소를 막아서 소화한다. ② 물이 비록 분무형태라도 지하매설 상황에선 사용해선 안 된다. 　- 왜냐하면 가까이에 전기설비가 있기 때문에 쇼크(합선)의 위험이 커질 수도 있다.
상업용고압설비	① 수색할 때는 접촉할 수도 있는 전류가 흐르는 설비에는 <u>주먹이나 손등</u>이 닿게 한다. 　➡ (전류 접촉시) 반사작용으로 움켜쥐는 것을 예방하기 위해~. 손바닥(x)

2 전기화재의 대응활동 원칙 ★ 15 서울장 등

내용	① 어떤 전선도 소방대원이 끊지 말고 기다려서 훈련된 전기기사가 끊도록 한다. ② 항상 소방대원은 완전 방화복 착용 후 정식으로 시험하여 승인된 절연도구만을 사용한다. ③ 모든 전선에 고압이 흐르고 있다고 생각하고 다룬다. ④ 소방대원은 감전과 화상뿐만 아니라 전기 아크 때문에 생길 수 있는 시력 손상에 대해서도 경계해야 한다. 전선에서 발생한 아크를 직접 쳐다보아서는 안 된다. (*아크: 전기불꽃) ⑤ 끊어진 전선을 봤을 때는 안전을 위해 양쪽으로 전신주 한 구간을 위험지역으로 생각한다. 　- 쇼트(합선) 때문에 다른 전선도 이미 약해져서 나중에 떨어져 내릴 수 있기 때문이다. ⑥ 전선이 한 가닥 이상 떨어져있고, 한 가닥에서 아크가 발생하고 다른 한 가닥은 그렇지 않을 때는 모든 전선이 똑같이 위험한 것으로 간주한다. ⑦ 전류가 흐르는 장치 주위에는 직사방수는 안 된다. - 관창압력 700Kpa로 분무방수한다. ⑧ 소방대원은 전선이 땅에 떨어져 있는 지역에서는 조심스럽게 나아가야 하고, 발에서 따끔 따끔 아픈 감각을 느낄 때는 조심해야 한다. (*^^ 지구가 원래 전기를 머금고 있다) 　- 안전화에 있는 탄소(성분)때문에 적은 양의 전하가 충전된 지면으로 흐른다는 징후이다. ⑨ 감전된 소방차에서 빠져 나올 때는 소방차와 지면에 동시에 닿지 않도록 뛰어나와야 한다. ⑩ 지면경사는 저항이 가장 <u>적은</u> 통로를 따라 지면으로 흐르는 전도체를 통과하는 것이다. ⑪ 전압이 높을수록 (전류는) 멀리 흐를 가능성이 높다.　↳ 저항이 가장 높은 곳에서 낮은 곳으로

제5절 (초)고층건물 화재진압★ ☆ 13 서울교

① 소방관계법령에서 정하고 있는 고층건물은 지하층을 제외한 11층 이상이다.
② 그러나 건축법규상 초고층 건물은 50층 이상, 200m 이상의 건축물로 정의된다.
③ 건축법은 30~49층(120~200m 미만)을 '준초고층' 으로, 50층 이상이 초고층건물이다.
④ 고층건물(준초고층건물, 초고층건물 포함) 일반적 화재성상은 내화구조 상황과 유사하다.

1 고층화재의 일반적 특성

일반적 특성	① 화재초기는 내부의 가연물에 착화하여 가연성 가스를 발산하면서 연소가 시작한다. 이 때문에 흰 연기(초기이니까), 수증기가 왕성하게 분출하여 실내를 유동한다. ② 불완전 연소가스가 실내에 가득하여 시야 확보가 불가능하다. ③ 화점실에서 나온 연기는 계단 등을 경유하여 위층부터 차례로 연기가 충만해지고, 이때는 보통 공기 유입쪽(급기측)과 연기가 나가는 쪽(배기측)이 구분된다. ④ 중기 이후가 되면 검은 연기가 분출되고 창유리가 파괴되어 화염이 분출된다. ⑤ 화염의 분출과 동시에 공기의 공급에 의하여 화세는 강렬해진다. ⑥ 고온 불꽃으로 외벽에 타일이 떨어지는 박리현상이 일어나고 때로는 파열하여 비산한다. ⑦ 건물구조상 결함(스라브의 구멍, 파이프 관통부의 마감 불완전 등)이 있으면 그 부분을 통하여 상층으로 연소한다. 전기배선, 샤프트(EPS)내에 묶여 있는 케이블은 만약 화재가 발생할 경우 다른 층으로의 연소나 연기확산의 경로가 된다. ⑧ 베란다 등이 없는 벽면에서는 창에서 분출되는 불꽃이 상층으로 연소 확대된다. ⑨ 초고층 건물의 상층은 강화유리 등으로 설치되어 있어 파괴, 낙하될 염려로 주의한다.

2 고층건축 화재진압의 전술적 환경 8가지 ☆ 13 서울, 20 장(종류만 나옴) 24 위(④⑤⑥⑦나옴)

❖ 고층건물 화재 시 전술적환경 8가지와 그 요약 ▶ 암기: 높고넓은 내건반 통창중
① 건물 높이로 인한 전술적 제한 ➡ 만약 사다리가 닿지 않는 고층화재의 경우 사다리를 통한 구조활동이 불가하므로 인명검색과 구조는 내부 계단에 의해서만 가능하다는 점.
② 넓은 구획의 건물구조로 인한 전술적 제한 ➡ 화세보다 현재의 소방력이 부족한 경우 화점 구획을 진압하기보다 화재확대를 방지하는 것이 최상의 전략
③ 반응시간 ➡ 화재신고 접수때부터 소방대원이 최초로 화재현장에 방수할 때까지 걸리는 시간.
 - 다른 화재에 비해 고층건물 화재 시 반응시간은 매우 느리다.
④ 건물설비시스템 ➡ 진압활동에서 가장 중요한 성공요인은 소방시설을 포함한 건물설비시스템이다.
⑤ 통신 ➡ 강철구조로 된 고층건물은 무선통신이 어려운 것이 일반적이다.
⑥ 창문(Windows) ➡ 고층건물은 창문이 없는 건물로 간주되어야 한다
⑦ 내화구조 ➡ 소방전술적 관점에서는 더 이상 내화구조의 건축물로 보기 어렵다.
⑧ 중앙 공조시스템 ➡ 현대사회의 고층건물이 내화적이지 못한 이유 중 하나는 공조시스템 존재이다

(1) 고층건물 화재 환경의 위험성 ★ 16 경기장, 17 위

① 일반적인 화재진압상의 위험성 외에도 건물구조상 **특별한 위험**이 산재하고 있다.

> ✪ 복잡성, 다양한 건물시스템, 유리 파편, 엘리베이터, 붕괴낙하물체, 공기흐름의 불안전성, 광범위하고 복잡한 구획 공간 등

② 엘리베이터를 사용할 때 발생하는 사고
  ㉠ 대표적 순직사고는 화점 층을 잘못 파악하였거나 바로 아래층에서 내릴 때 승강기 문이 열림과 동시에 화염이 대원들을 덮치는 경우이다. 따라서

> ✪ 엘리베이터를 사용하여 화점층으로 진입할 경우 반드시 고려해야 할 사항으로 ★14경남, 16강원
> ① 첫째, 화재가 난 층수를 "정확히" 알아야 한다.
> ② 둘째, 화재발생 층으로부터 **2개 층 아래**에서 내려 계단을 통해 진입해야 한다.
>   - 한 개 층 아래에서 내리는 것으로는 안전을 확보하기에 불충분하다.

  ㉡ 화재가 발생한 층의 승강문이 개방된 상태에서 엘리베이터 사용 중 통로 중간에 멈춰서 갇히는 **경우 및 개방된 엘리베이터 통로에 방향을 잃은 소방대원들이 추락하는 경우**

③ 그 외에 쓰레기 배출통로, 케이블 통로, 공기정화 통로 등이 존재로 인한 문제점이 있다.

④ 고열로 인한 **바닥균열** 등으로 심할경우는 붕괴되어 화재가 아래층으로 확산되기도 한다.

> ✪ 고층건물 바닥의 철골구조는 보통 5~7.5cm의 콘크리트로 덮여 있는 파형강*(Corrugated Steel)이 내장되어 있다. (*^^ 파형강: 나선형태로 파형(파도형태)을 주어 원형관을 싼 강관) 강철과 콘크리트바닥의 조합으로 된 철골구조는 형강보(Steel Beam)*에 의해 지지된다.
> ✪ 화재로 발생한 열이 천장을 파괴하고 파형강의 위·아래에 열을 가할 때, 위에 있던 콘크리트는 경계선에서 갈라져 위로 휘고, 형강보가 비틀어지면서 바닥 부분이 약화된다.

⑤ 콘크리트 폭열현상(Spalling failure)으로 천장의 보드나 판넬을 지지하고 있던 철 구조물이 뽑히면서 천장 보드가 붕괴되거나 박리*된 콘크리트 덩어리가 떨어지면서 화재가 확대되기도 한다.

폭열현상 13 울산교	콘크리트, 석재 등 내화재료(耐火材料)가 고열에 의해 내부 습기가 팽창되면서 균열이 일어나 박리(薄利)되는 현상으로 화재 시 콘크리트 구조물에 물리적, 화학적 영향을 주어 파괴되는 현상을 말한다. 일반적으로 <u>300℃</u> 이상에서 발생한다.

⑥ 건물구조의 복잡성으로 인명 검색할 때 출입구를 찾지 못하거나 **통로를 잃어버릴 위험**이 있다. 이때는 반드시 안전로프를 사용해야 한다.

⑦ 화점 부근의 650~750℃에 달하는 높은 농연온도는 굴뚝효과로 인해 고층에서부터 차츰 아래로 쌓여 내려오는 성층*화를 형성하여 고층건물 중간 또는 전 층에 체류할 수도 있다.

⑧ 질식사가 대부분을 차지하게 되는 원인이며 고온일 경우 소모성 열사병도 자주 발생한다

⑨ 고층건물의 **밀폐된** 환경은 소방대원들에게 큰 위험요인 중 하나이다. 교대조가 필요하다.

⑩ 내부공격에 투입된 대원을 연속하여 공기용기(45분용) 2개 이상을 소진하도록 방치해서는 안 된다

---

* 박리(剝離)현상: 벗김, 벗겨짐.(*^^ 폭열 등으로 콘크리트가 수분이 열팽창으로 양파껍질처럼 떨어져 나오는 현상.)
* 성층(成層): 겹쳐서 층을 이룸 또는 그 층.   * 형강보: H형강, I형강, U자형강 등을 단독으로 사용한 보
* 터널효과: 입자가 자신이 갖는 에너지보다는 높은 장벽을 어느 확률로 뚫고 나가는 현상.(p 213 측면공격 중에서)

3 고층건물 화재진압 전술** ☆ 13 충북교·장, 16 소방장, 17 소방장, 위, 21 위

(1) 진압전술 일반

내용	옥상으로 피난한 사람은 상황에 따라 헬리콥터로 구출한다. ① 화점층 및 화점상층의 인명구조 및 피난유도를 최우선으로 한다. 　- 선착대는 방재센터로 직접 가서 **화점층의 구조대상자 유무, 소방설비의 작동상황, 자위소방대의 활동상황**, 건물내부 구조 등 상황을 확인한다. (＊ 방재센터: 소방안전관리자 등 근무실) 　- 현장지휘관은 선착대장 및 관계자로부터 청취한 정보 등을 종합적으로 분석 판단하여 연소저지선, 제연수단 및 소화수단을 결정한다. ② **다수의 피난자가 있는 경우**에는 피난로 확보를 위해 소화활동을 일시중지하고 방화문을 폐쇄하여 연기확산 방지조치를 취하고, 특별피난계단과 부속실내의 연기를 배출(크리어존, clear zone)한다. 피난시설의 활용은 옥내특별피난계단을 사용하고, 피난장소는 화재발생지역 **위 아래로 2~3층** 정도 떨어진 지역으로 거주인원 이동시킨다. (＊ 다수의 피난자이니까) ③ 1차 경계범위는 해당 화재구역의 **직상층**으로 한다. 직상층이 돌파될 우려가 있는 경우는 그 구역 및 그 구역 직상층을 경계범위로 하고 순차적으로 경계범위를 넓힌다. 17, 21 위 　④ 화점층이 <u>고층</u>인 경우: ☆ 16 경기교 　　소방대 진입은, 엘리베이터 사용이 안전하다고 판명되는 경우 화재층을 기점으로 2층 이하까지 이용하고 화점층으로의 진입은 옥내특별피난계단을 활용한다. 　⑤ 발화층이 <u>3층 이상</u>인 경우: 　　원칙적으로 **연결송수관을 활용**한다. 건물에 설치되어 있는 연결송수관의 송수구 수에 따라 연결송수관 송수대, 스프링클러 송수대를 지정하고 필요한 경우에는 보조펌프도 활용한다. 　　– 내부 호스연장은 소방대 전용방수구에서 2구 또는 분기하여 연장한다. ⑥ 배연수단을 신속하게 결정한다. 　- 피난 완료시까지 특별피난 계단의 연기오염 방지에 노력한다. ⑦ 방화구획, 개구부의 방화문 **폐쇄상황**을 확인한다. ⑧ 화점을 확인한 시점에서 전진지휘소를 "**직하층**"에 설치하고, 17위 자원대기소를 전진지휘소 아래층에 설치하여 교대인력, 공기호흡 예비용기, 조명기구 등의 기자재를 집중시켜 관리한다. ⑨ 인명구조를 위해 사다리차 등의 특수차량도 효과적으로 활용하고, 외부공격은 지휘관의 통제에 따라 실시한다. ⑩ 화점층 내부로 진입한 진입대는 소방전용 방수구를 점령하여 진입한다. 경계대는 화점의 **직상층** 계단 또는 직상층에 배치한다. 　- 진입대의 활동거점은 화점층의 특별피난계단 부속실에 확보하는 것을 원칙으로 한다. 　- 방수는 직사, 분무방수를 병행하며 과잉방수에 수손을 방지한다. 　- 초고층건물의 경우 소방설비의 규제가 엄격하므로 **급격한 연소확대는 적**다고 생각해도 좋다. ▶ 우측암기: 경화전자 　　따라서 방수에 의한 소화활동을 함부로 성급하게 해서는 안 된다. ⑪ 활동은 지휘자의 지시를 원칙으로 하며 창 파괴나 문 개방은 신중하게 한다./ 옥상으로 피난한 사람은 상황에 따라 헬리콥터로 구출한다.

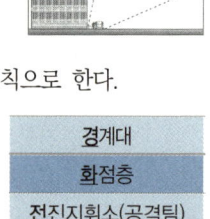

고층건물 화재진압

(2) 주거용 고층건물의 소방전술

1970년 이전은 상업적 고층건물이 화재 시 발생되는 위험성은 더 높은 것으로 알려졌었다.
① 주거용 고층건물은 소방대원들이 종종 건물의 담당자를 찾는데 애를 먹기도 하며 복도는 수십 m 이상의 길이에, L자 또는 T자 모양이며, 한쪽 끝이 막힌 막다른 경우가 많으며,
② 어떤 곳은 창문이 없는 밀폐식 구조를 가지고 있다. - 이곳에서 화점 층 복도 내에 있는 소화전 점령이 어려운 경우 직하층 소화전에 호스를 연결하여 상층부로 진입해야 한다.

- **고층건물 화재시 치명적 위험성의 농연으로부터 안전을 확보하기 위한 6가지 수칙**
  ① 화재발생 층으로부터 2~3층 아래 엘리베이터에서 내려, 계단을 통해 화점층에 진입하고,(치명적 위험이니) 유사시 신속한 후퇴상황에 대비하여 계단위치와 대피방향에 대해 사전에 확인한다.
  ② 복도의 배치구조를 확인한다
  ③ 강제 진입 시, 유사시의 긴급대피에 필요한 인근 호실(내화조 구획공간)로의 접근권을 확보한다.
  ④ 진압팀(관창수)이 화점에 접근할 수 있을 정도 호스연장팀이 호스를 충분히 끌어놓았는지 확인한다.
  ⑤ 강제진입과 동시에 진입할 출입문을 장악하고 통제한다.
  ⑥ 열과 연기가 심하지 않은 소형 화재의 경우, 아파트(각 호실) 내부를 인명검색 할 경우 1명 이상의 대원을 반드시 복도에 배치해 두어야 한다.
    - 이때, 복도 배치요원은 화재상황이 갑자기 악화될 경우 각 아파트(각 호실) 내부에 있는 인명검색 대원들의 긴급대피를 유도하고, 복도에 연기와 열이 가득 차는 것을 막는 복도 배연임무를 맡게 된다.

- **보충**: 비교(공간 이용)
  • 상기 치명적 농연에서 안전확보 ➡ 화재발생 층으로부터 2~3층 아래 엘리베이터에서 내려서
  • 이선p ②번 다수 피난자가 있는 경우 ➡ 화재지역 위 아래로 2~3층 정도 떨어진 지역으로.
  • 이전p ④번 화점층이 고층인 경우 ➡ 화재층을 기점으로 비상용엘레베이터 2층 이하까지 이용!.

(3) 고층건물 화재의 주요확산 경로(4가지)★   * 오답: 화재노출   ★ 14 부산장, 15 울산, 16 부산교

(1) 자동노출	• 고층건물화재에서 수직 확산의 가장 흔한 원인은 창문에서 창문으로의 확산경로이다. 이와 같은 화재환경을 "자동노출"이라 한다. 일반적으로 화염에 의해 화점 층 창문에서 옆 또는 상층부 창문으로 비화되거나 유리가 파괴 또는 프레임이 녹게 된다.
	✪ 화염이 상층부로 확산될 위험성이 있거나 확산 중일 때 상층부의 구획공간 조치 사항은? ① 현장지휘관에게 보고 ② 창문쪽 외부 철재셔터 폐쇄 ③ 창문도 폐쇄, ④ 연소가능한 물질을 제거. ⑤ 내외부에서 창문부근 방수 ⑥ 창문쪽 스프링클러 작동이나 연결송수구를 통한 방수를 시작한다.
(2) 커튼월	• 고층빌딩 외벽이 커튼월로 시공된 경우 하층부에서 꼭대기 층까지 건물 전체 표면에 걸쳐서 커튼월 벽, 바닥판 등 틈을 통해 화재를 상층부까지 확대시키는 매개체가 될 수 있다.
(3) 다용도실	① 수직통로(Shafts)가 고층건물의 각 층을 관통하여 꼭대기 층까지 연결되어 있다. ② "다용도실(비품실)"이라 불리는 이 작은 (수직)연결통로를 통한 연소확대가 확대된다.
(4) 공조덕트	① 각 층의 주변부에 공기를 공급하는 덕트(Ducts)는 각 층을 관통한다. 종종 덕트가 상층부로 화재가 확대되는 통로가 될 수 있으며, 각 층에 화염과 연기를 유입시킬 수 있다. ② 검색임무에 투입된 대원들은 각 층에 있는 공조덕트의 천장 배기구를 확인하여 연소확대를 확인한다. - 배기구는 보통 각 층(또는 각 실)의 중앙 부분에 위치한다.(평면도를 참고) ③ 배기구 주변 천장을 파괴한 후 연기나 불꽃이 나오는 것이 보이면 "조절판"을 폐쇄한다.

(4) 고층건물 화재진압 전략(5가지)★ ▶ 정측방공외 ★ 14 부산장 15 울산장, 24 교, 장 등

(1) 정면공격	① 정면공격은 고층건물 화재에서 가장 흔하고 성공적으로 사용되는 전략이다. ② 화점층 진입통로를 따라 호스를 전개하여 직접적으로 진입하는 공격적 전략이다. ③ 고층화재 사례 중 95% 정도는 이와 같은 정면공격전략에 의해 진압된다.

(2) 측면공격★	① 측면공격은 고층건물 화재에서 두 번째로 흔한 전략이다.
	② 정면공격이 실패한 경우 적용할 수 있는 유용한 공격 전략으로 입증되고 있다.
	  ✪ 굴뚝효과나 창문을 통한 배연작업이 개시될 때 발생하는 강한 바람에 화염이 휩쓸려 정면공격팀(1차진압팀)을 덮치거나 덮칠 우려가 있을 때 매우 <u>유용하다</u>. ★ 24 교
	  ✪ 측면공격은 정면공격이 시행되고 있는 동안 (측면에서) 보조적 수단으로도 실행될 수 있다.
	  ✪ 이때에는 상호 교차방수에 의한 부상이나 안전사고가 발생하지 않도록, 두 팀 상호간의 긴밀한 의사소통이나 팀워크(Teamwork) 유지를 위한 지휘조정이 필수적이다.
	  ✪ 1차 정면 공격 시 문이 열리거나 창문이 깨질 때 굴뚝효과와 창문으로 급속한 공기의 유입으로 터널효과*가 일단 형성되고 나면 보통 처음 형성된 방향이 그대로 유지<u>된다</u>.
	    – 터널효과에 따른 화염 위협은 측면공격을 시작하기 위해 다른 문이나 창문을 개방할 때마다 문제가 될 수 있으므로 항상 터널효과를 고려한 공격과 후퇴 준비가 필수적이다.
	③ 측면공격은 인명검색을 하고 있는 대원이 비교적 열과 연기로부터 자유로운 두 번째 접근통로를 발견했을 때 선택적으로 사용할 수 있다. (* 터널효과: 쎈 장벽을 뚫고 나가는 현상)
	④ 개방형 층계 구조로 된 오피스텔용 고층건물과 각 층의 모든 지점을 두 방향에서 접근할 수 있는 주거용 고층건물화재에도 측면공격전략이 이용될 수 있다.
	  ✪ 그러나 단일(한방향) 접근통로의 주거전용 고층건물의 경우 측면공격은 거의 사용할 수 <u>없다</u>.

(3) 방어적공격	① 고층건물에서 스프링클러에 의한 진압이 실패하고 정면공격, 측면공격 모두 실패했다면 **제3의 선택전략은 방어적 공격전략**을 취하는 것이다.
	② 이는 화재진압보다 확산방지에 주력하는 전략을 의미하며 출동대는 화재발생 층에 있는 모든 가연물이 소진될 동안 계단을 통제하는 것이 핵심사항이다.
	  ✪ 각 층 연소물이 소진되는 시간은 가연물의 양에 따라 대게 1~2시간 이상 걸린다.
	  ✪ 계단실 일반관창을 호스에서 분리한 휴대용 일제방사관창은 화염에의 접근성을 높이고 소수의 인력으로 운용할 수 있는 장점이 있으나 일반관창을 사용할 때 보다 <u>더 높은 압력</u>을 유지해야 한다.
	③ 공격적 방어 전략에서 성공여부는 건물 자체의 내화성에 달려있다.

(4) 공격유보	① <u>공격유보</u> 전략은 심각한 화재상황이 진행 중이며 화재가 통제될 수 없다는 판단이 내려질 때 적용하는 전략이다. (*^^ 유보: 보류) 24 장 ✪ 많은 사람이 화점층 위에서 아래로 대피하는 동안 아래층 대원이 화점층에 진입할 때 문틈으로 연기와 열이 계단실로 일시에 유입되는 상황에서는 무리한 진입공격이 이루어지면 안 되고, 인명검색팀이 화점층을 검색할 필요가 있을 경우에는 검색팀이 진입즉시 출입문을 닫아야 한다.
(5) 외부공격	① 고층화재에 대한 통계적 조사에 따르면 **화재발생시점이 일과시간 이후이거나 진압작전이 가능한 <u>저층</u>부분에서 더 많이 발생한다.** ② 화점 층이 사다리차 전개 높이 아래이거나, 내부 정면공격과 측면공격이 실패한 경우, 즉시 외부공격을 시도해야 한다. ✪ 외부 방어적 공격에 사용되는 사다리차 전개각도는 75도이다. / 공격지점에 대한 <u>수평적</u> 유효 방수거리를 최대화시키기 위해서는 관창의 조준 각도를 <u>32도</u>가 되게 해야 하며, / <u>수직</u>으로 최대의 유효 방수거리를 유지할 수 있도록 관창의 각도를 <u>75도</u>가 되도록 해야 한다. / 이와 같은 조건 하에서 외부공격에 사용되는 고가사다리차의 유효 방수도달거리는 <u>13층~15층</u>이다.

- **고수(공간방어)전략(Defend-in-place strategy)** ☆ 16 전북장, 부산교
  고층건물 화재 시 모든 거주자들이 안전 신속하게 대피하는 데 곤란한 경우의 사용 전략이다.
  ① 화재가 특정 공간(장소) 범위 안에서 제한될 수 있는 건물구조를 가지고 있을 것.
  ② 거주자들 모두 해당 공간(건물) 내에 머무르라는 현장지휘관의 명령을 듣고 따르거나 통제가 가능하다는 확신이 있을 것 등이다. (*^^ ①② 제한된 건물구조에서 지휘관 통제에 따를 수 있는 조건)
  ------*
  - 위 2가지 조건을 충족시키기 위해서는 초기에 건물구조 상황판단, 비상방송시스템의 정상적 작동, 무선통신, 기타 특정공간 내에서 화재를 억제할 수 있는 전술적 환경이 충족되는 등 신중한 지휘판단이 필요하다.
  - 대피로 인한 대량 인명피해위험성이 공간방어전략에 의한 위험성보다 <u>클 경우로</u> 한정하여 적용한다.
  - 위 전략을 위해 <u>스프링클러시스템</u>과, 화재진압 후 연기배출의 제연시스템도 정상 작동되어야 한다.

4 고층건물 화재의 인명검색과 구조

상층부 인명구조 검색	"상층부 인명구조검색"에서 초기 대피에 실패하는 이유는 다음과 같다. ① 첫째, 연기감지기나 스프링클러가 작동되지 않아 대피시점을 놓치는 경우(기계적 결함) ② 둘째, 거주자에게 어떤 화재대피 훈련도 실시되지 않았다는 점이다.(인적 결함) - 고층건물 화재 시, 인명구조를 위한 전술적 접근방법에는 ① 첫째, 접근 가능한 층에서의 구조방법으로 소규모의 화재이거나 하나의 구획공간에 제한되어 있을 때, 옅은 연기의 확대를 막고 그 층에만 짙은 연기가 체류하도록 하는 것과, ② 둘째, 화염, 열, 연기로 인해 그 층에 접근할 수 없을 때 이용되는 방법이 있다.

검색팀 배치	① 1차 검색이 끝나고 2차 인명검색 때는 충분한 인력을 배치해야 하며, 전체적인 지휘통제 하에 조직적으로 수행한다. (* 1차검색: 화재 진행 중 신속히 하는 인명검색)
	② 전체적 지휘통제를 위해서는 건물설계도(평면도)를 확보하고, 검색구역 나누기, 구역별 대원배치, 특별검색이 필요한 장소의 결정, 열쇠 확보 등 사전 준비가 필요하다.
	  - 배연을 위해 송풍기, 창문개방, 공조시스템 가동 등 모든 수단을 활용하고 휴대용랜턴을 통해 최대한의 가시성을 확보한다. / 현장지휘관은 지속적인 모니터를 해야 한다.
	③ <u>2차</u> 인명검색 시 가장 중요한 상황분석활동으로는 건물관리인으로부터 정보를 획득하는 것이다. 실종자의 이름, 일하는 장소, 마지막으로 목격된 장소는 필수정보이다.
	  - 로비에 있는 경비직원은 보통 건물 안에 있는 모든 사람의 등록증을 가지고 있다.
	  - 획득한 실종자 정보는 해당구역을 검색하는 대원에게 알려준다.
	④ 검색구역을 나눌 때 에는 각 층을 반(1/2) 혹은 1/4로 나누어 대원들을 할당하는 것이 지휘통제범위가 명확하고 검색팀의 책임범위가 명확하여 효율적인 일반적 검색방법이다.
	⑤ 인명검색을 할 때에는 대피자들이 탈출할 때 보통 문을 잠그지 않는다는 것을 기억한다. 검색시간이 오래 걸리거나 촉박하여 우선순위를 정한다면, / 최우선적으로 출입문이 잠겨있는 문을 먼저 확인한다. 만약 창문이 깨져 있다면, 누군가 뛰어내렸을 수도 있다.

제6절 차량화재진압

1 차량화재 진압활동

자동차·버스 화재진압	① 인명구조를 위한 선착대는 가능한 차량에 접근하여 비상구의 개방, 창유리의 파괴를 하고 차내에 <u>고속분무방수</u>를 한다.(*^^ 차내에는 직사로 인한 압력 때문에) ② 후착대는 반대쪽에서 진입한다. 차량이 소형인 경우에는 승차원의 위치에서부터 불을 따라가면서 포위되도록 분무방수를 하면 효과적이다. ③ 방수로 소화하는 경우든, 소화기로 소화하는 경우든 본네트나 도어를 개방하지 않으면 연소 실체에 대한 소화효과는 없으므로 주의한다.
궤도차량 화재진압	① 전동차, 궤도차, 기차 등 열차 화재의 경우 선착대는 철도의 운전지령센타와 연계하여 전원차단 및 후속차량의 운행정지를 확인한다. ② 나아가 호스 1본을 연장하여 분무방수로 승객에 대한 엄호방수를 실시하고 창, 도어의 부분 파괴 또는 수동으로 도어를 개방하여 내부로 진입한다. ③ 다른 출동대는 연소중인 차량의 앞·뒤에서 공격적 방수를 하여 일시에 진압한다. ④ 인접차량에 연소위험 시 풍하측 차량을 분리하거나 연결부에서 화세를 저지한다. ⑤ 차량을 분리할 경우에는 선로의 경사에 의한 폭주, 기타 2차 재해를 일으키지 않도록 주의해야 한다. 터널 내부에서의 열차화재는 농연, 고열, 화재가스가 충만하므로 급기측에서의 진입 및 유도가 원칙이다.
유조열차 화재진압	유조열차 화재는 충돌, 전복, 방화 등에 의한 화재이다. 이 경우에는 **포 소화약제**로 주위의 화세를 제압하고 하수구 등으로의 유류 유입을 저지한 후 차례로 범위를 축소해 간다. (*^^ 세계적으로 유류화재는 재발화방지의 질식효과로 분무보다 포를 우선적으로 사용한다)

지하철 화재진압	① 화점이 전동차인가 역 내인지를 확인하고 행동하는 것이 필요하다.
	 ② 지하철의 운행 규칙에서는 터널 내에서 전동차 화재가 발생한 때에는 진행방향 직근의 역까지 운행하도록 되어 있다.
	 ③ 그러나 송전차단이나 탈선 등으로 정지하는 경우도 있으므로 위치를 추정하여 진압방법을 결정한다. 진입할 때는 다음과 같은 방법으로 한다.
	 ㉠ 지상과의 통로는 연기의 배출구(배연구) 또는 공기의 유입구(급기구)로 되므로 터널의 고·저를 생각하여 연기의 분출이 없는 쪽에서 진입한다.
	  - 단, 연기 중에 구조대상자가 있는 것이 예측될 때는 배기구 측의 검색도 필요하다.
	 ㉡ 역 구내인 경우라도 일반적으로 배연 설비는 없다. 구내의 연기는 공기통로에서도 분출되고, 터널 내부나 역의 광장에도 가득 차게 된다.
	  - 터널의 급기측 공기통로를 이용하여 화재에 접근하는 방법도 있다.
	 ④ 배연되지 않는 가장 가까운 공기통로로의 진입도 가능하지만 수직트랩 등을 이용하여 터널내로 진입할 수도 있으며, 조명기구 등을 활용하여 추락방지 등 안전을 확보한다.

■ 지하철 화재 성상	① 역에서 발생한 화재는 공기유입에 의하여 연소는 **활발**하게 된다. - 화재의 연기는 지상 통풍구로 배연되기 때문에 배기측에서의 진입은 곤란하게 된다. ② 터널 내의 지하철 화재도 연기의 발생량이 **많고**, 게다가 사고 상황을 역쪽에서도 파악할 수 없는 경우가 많으며 화재확인에도 시간이 걸린다.

제7절 전략과 전술*

☆ 14 경기교, 19 소방장

1 전략과 전술의 개요

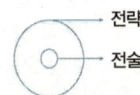
- 전략
- 전술

(1) 전략과 전술의 개념 (*^^ 국어사전 순)

전 략	전 술
문제 상황에 효과적으로 대응하기 위한 기본방침(계획)으로 주로 최상위 현장조직(또는 지휘관)단위에서 적용된다.	전략적 방침(계획)을 실행하기 위한 구체적 방법으로 최하위 현장조직단위에서 적용된다.

(2) 전략의 유형* ☆ 13, 14 경기교

공격적 작전	초기검색과 화재진압이 이루어지는 형태로, 화재를 진화하는 데 초점이 맞추어진다. ✪ 이것은 주로 소방력(인원+장비)이 화세보다 우세할 때 적용한다.
방어적 작전	연소확대를 방지하는 데 초점을 맞추며 저절로 소화될 때까지 외부에서 방수를 한다. ✪ 이것은 소방력이 화세보다 약한 경우와, 주로 화재의 성장기 또는 쇠퇴기에 적용된다.
한계적 작전	한계적 작전은 공격적 작전상황의 끝에 가깝고, 방어적 작전상황의 시작에 해당될 때 즉 전략변경이 요구되는 시점에 적용되는 전략형태이다. (* 공격과 방어가 연결시점) ✪ 한계적 작전상황 하에서는 공격적 작전과 방어적 작전이 동시에 이루어지는 것을 의미하지는 않으며, / 주로 외부에서의 방어적 작전을 준비 또는 대기하는 상황에서 인명구조와 연소확대 방지를 위해 내부공격이 필요한 경우가 그 예이다.

(3) 전술의 유형★ ☆ 11 서울장, 13 위, 경기장, 14 부산교, 경기교, 16 전북장, 19 교·장

포위전술	관창을 **화점에 포위** 배치하여 진입하는 전술형태. (*^^ 초기 진입 시 적합)
공격전술	관창을 화점에 진입 배치하는 전술형태. (*^^ 소규모 화재에 적합)
블록전술	주로 인접건물로의 화재확대방지를 위해 적용하는 전술형태로 블록(Block)의 4방면 중 확대가능한 면을 동시에 방어하는 전술이다. (*^^ 블록의 풍하쪽을 막는다)
중점전술	화세(또는 화재범위)에 비해 소방력이 부족하여 전체 화재현장을 모두 커버 할 수 없는 경우 사회적 경제적 혹은 소방상 **중요한 시설 또는 대상물**을 중점적으로 대응 또는 진입하는 전술형태를 말한다. / (*^^ 소방력이 부족할 때 주로 중요한 시설(예 기숙사, 남대문) 위주로 한다)
집중전술	소방대가 일시에 **집중적**으로 진화하는 작전으로 예 위험물 **옥외저장탱크 화재** 등에 사용된다.

■ 해설: 시설위주가 중점전술이고 / 분대위주가 집중전술로 생각하면 쉽다. * 암기: 시중분(식)집

블록전술	화점이 있는 블록(Block)을 기준으로 포위 진입하는 **방어적** 개념이다.
포위전술	화점을 기준으로 포위 진입하는 **공격적** 개념이다.

2 전략변경 시 고려 요소

- 화재진압에서 가장 흔하게 발생되는 전략선택의 실수는 공격적과 방어적모드를 동시에 혼합 구사하는 점이다. 내부 진입공격을 하는 동안 외부에서 방수포 공격을 하는 것은 종종 대원들을 위험에 빠지게 만든다.
- 내부 진입용 관창은 40mm를 기본으로 하며 1분당 1,135ℓ 의 물을 방수한다.(* 약 1톤) 반면에 방수포는 1분당 1,892ℓ 이상의 물을 방수한다. / 이것은 1분당 약 2톤 이상의 양에 해당되며, 1초당 30m 거리에서 방수포 관창을 통해 나오는 2톤가량의 물은 굉장히 강력한 힘이다.

내용

① 건축물 화재에서, 초기화재진압은 대원들의 내부진입을 통한 공격적활동에 의해 이루어진다(공격전략). / 이 공격적 전략은 건축물 화재의 95% 가량에 성공적으로 이용될 수 있다.
   - 이 전략이 실패하면, 현장지휘관은 내부진입 대원들을 철수시키고 방수포를 이용한 방어적 외부 진압에 의존하게 된다.(방어적 공격전략) (*^^ 방수포가 방어적이라는 뜻)
② 방어적 외부진압은 일시적으로 이용되기도 한다. 방수포를 통해 화세가 어느 정도 꺾이고 나면 대원들이 다시 내부 진입을 통한 공격적 진압을 하게 된다.(방어적 공격전략 후 공격전략).
③ 방어적 외부 진압전략이 처음부터 끝까지 적용되는 경우도 있다. 방어적 외부 진압(방어적 공격전략)에 의해 화재가 완전히 진압된 후 건물 잔화정리와 내부 검색이 이루어진다.
④ 내부진입 공격전략에서 방수포 이용한 외부방어적 공격전략 4가지 필수요소는 다음과 같다.
   ㉠ 내부 (방면)지휘관과 외부 (방면)지휘관 간의 의사소통과 조정
   ㉡ 내부 (방면)지휘관의 효과적인 대원 지휘·통솔 능력
   ㉢ 현장지휘관의 방수 지시가 있을 때 즉각 방수할 수 있는 펌프차 방수포 담당대원의 배치
   ㉣ 현장에서 불변의 우선순위를 이해하는 현장지휘관(인명구조➔ **연소확대 방지**➔ **재산보호원칙**)

- 건축물화재에서 한 층으로 제한된 화재는 외부평가보다는 내부 상황평가가 가장 효과적이다. 화재가 한 공간에 제한될 때 현장지휘관은 보통 내부 상황의 평가를 요구한다. 그러나 지붕이나 다른 상층부로 연소확대가 이루어지면, 외부 상황평가가 가장 효과적이다.
  - 이때, 현장지휘관은 화재의 전체 상황을 외부에서 관찰하게 된다. 외부 평가를 통해 화재가 내부 진압으로 통제할 수 없다고 판단되면, 방수포를 이용한 외부 진압을 해야 한다. (*^^ 방어적 공격전략)
- 굴절사다리차나 고가사다리차를 이용한 방수포 공격을 할 때 버킷(bucket)*의 위치는 방수포 공격에 의한 건물붕괴 위험을 예상하여 위험구역 밖에 위치하도록 조작해야 한다.

3 전략변경 시 조정·통제

내용

① 급격히 확대되는 화재 시 내부진입에서 방수포를 이용한 외부 진압으로 전략이 변경되면, **내부 진압 팀은 신속히 철수한다.** (*^^ 내부진입팀이 방수포로 인해 위험하니까)
② 특히 내부공격에서 외부공격으로의 전략변경은 내부 진입대원들이 얼마나 신속히 철수하여 공격의 공백시간을 줄여주느냐에 그 성공여부가 달려 있다. 이것은
③ 현장지휘관이나 내부지휘관이 진입대원들에 대한 확고한 통제권이 있을 때 가장 잘 실행된다.
④ 방수포 공격을 시작하기 위해 현장지휘관은 ㉠ **내부**지휘관, ㉡ 방수포 관창수, ㉢ **운전요원**을 모두 접촉 또는 통신할 수 있어야 한다. 이들 모두는 각자 무전기를 구비하여야 한다

4 안전한 방수포 활용

방수포를 안전하게 활용하기 위해서는 다음의 방수포 공격의 8대 전술원칙을 고려한다.
(*^^ 아래 8가지를 참고하면서 화재를 진압하라는 뜻)

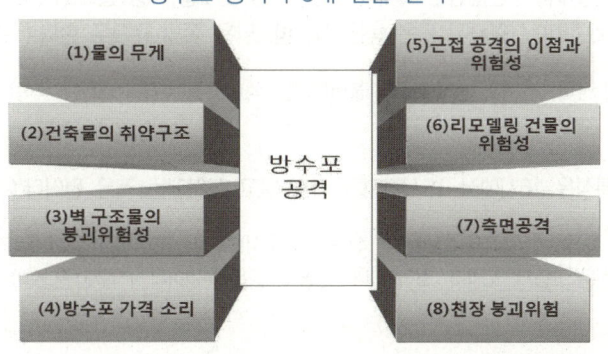

■ 방수포 공격의 8대 전술 원칙 ■*

(1) 물의 무게
(2) 건축물의 취약구조
(3) 벽 구조물의 붕괴위험성
(4) 방수포 가격 소리
(5) 근접 공격의 이점과 위험성
(6) 리모델링 건물의 위험성
(7) 측면공격
(8) 천장 붕괴위험

▶ 암기: 물건벽 소근리 측면천장

① 물의 무게	방수포는 1분 당 2~4톤의 물을 취약해진 건물에 퍼붓고 있다는 것을 기억한다.
② 건축물의 취약구조	화세가 성장한 단계에서 물의 대량방수가 이루어지면 붕괴위험이 매우 높다.
③ 벽 구조물의 붕괴위험성	불안전한 블록 벽이나 벽돌 벽 등은 고온의 열기에 취약해지며, 방수포 공격을 받게 되면 고압의 물이 벽체를 붕괴시키고, 잔해물을 공중으로 날려 보내게 된다.
④ 방수포 가격소리	농연에 의해 화염이 보이지 않는 경우, 방수포 공격의 효과성을 알 수 있는 방법 중 소리감각에 의존하는 방법이 있다. / 방수포로 방수되는 물이 벽돌 벽과 같은 딱딱한 벽체를 가격한다면 "후두둑" 물이 떨어지는 소리를 듣게 될 것이며, 목조 건물의 사이드 벽은 "두두둥" 소리 같은 드럼 소리를 만들어 낸다.
⑤ 근접 공격의 이점과 위험성	・굴절사다리차나 고가사다리차의 방수포의 가장 큰 이점은 **일반펌프차에 비해 화재실 창문 근처에서 화점을 직접 조준하여 공중에서 효과적 진압**할 수 있다. ・건물 붕괴의 위험이 있을 때 **버킷(buck**et)*을 잔해물 추락에 의해 강타될 수 있는 곳에 위치시켜서는 안 된다. ↳ 양동이, 바케쓰
⑥ 리모델링 건물의 위험성	개축, 소방용수 중인 벽돌 구조의 건물은 오직 4개의 벽돌 벽만 남겨져 있으며 이와 같은 상황에서의 방수포 공격은 매우 위험하다.
⑦ 측면공격	・방수포 공격으로 맞은편 벽체 붕괴위험이 있을 경우에는 뒤쪽에 배치된 대원들은 건물 모서리 부분에 위치하여 **측면공격**을 시도해야 한다. (* ☞ 측면공격 이유: 분당 약 2톤이상 물이 소비되니 시설물 붕괴 위험성으로) (∴ 방수포는 측면공격을 원칙으로 개념을 잡는다. 예) P.81 대규모건물 ③번)
⑧ 천장 붕괴위험	・천장이나 지붕을 방수를 할 때는 물의 흡수에 의해 천장의 전체 하중이 급격히 증가 하는 반면에 화재 열기로 천장 지지대가 약해지는 상황으로 위험하다.

---

* 버킷(bucket): 사다리차 등의 끝에 붙어 사람이 들어가서 작업 가능한 통이다. 버킷은 양동이, 바케쓰라 불린다.

5장 화재진압과 소방전술 — OX(2진법) 개념 따라 잡기~

01 목조건축물 관창배치 우선순위는 화재의 뒷면, 측면 및 2층, 1층 순으로하며 / 바람이 있는 경우 풍하, 풍횡, 풍상의 순으로 하며 / 경사지 등은 높은 쪽, 횡, 낮은 쪽의 순으로 한다.( )

➡ 풍상(바람이 불어오는 쪽), 풍하(바람이 불어나가는 쪽), 풍횡(바람이 흐르는 옆쪽) / 옳은 설명이다.(*화재1편 5장)

02 주택화재의 특성은 16시에서 18시까지가 가장 많고 심야에는 적은 편이다.( )

➡ 주택화재의 특성은 16시에서 18시(오후 4시~ 오후 6시)까지가 가장 많고 심야에는 적은 편이고, 소사자(불에 타서 죽은 사람)의 특징은 고령자, 노약자, 소아가 대부분이다. 옳은 설명이다. (*화재1편 5장)

03 지하실화재에서 급기측 계단에서 화학차를 활용하여 저발포를 방사, 질식소화를 한다.( )

➡ 지하실화재에서 급기측 계단에서 화학차를 활용하여 고발포를 방사, 질식소화를 한다
- 고발포: A급화재, 여객선, 지하(혹은 갱), 평탄지표 등 넓고 복잡한 곳에 사용.
  ▶ 암기: 에이! 여지평지(* 연상: 고발하자 에이! 여자편지)

04 물은 유류 및 가스 화재를 소화하는 데 사용한다. 포(foam) 첨가제를 넣지 않은 물은 비중이 낮은 석유제품(휘발유 또는 등유)이나 알코올에는 특별히 효과가 있다.( )

➡ 휘발유, 알코올 등 비중이 낮은(물보다 가벼운 유류에 물을 뿌리면 불붙은 유류가 물보다 가벼워 물 위에 뜨기 때문이다. 비중이 낮은 석유제품(휘발유 또는 등유)이나 알코올에는 특별한 효과는 없다.

05 제1류 위험물 중 알칼리금속의 과산화물에의 방수는 절대엄금이다.( )

➡ 제1류 위험물은 산소를 함유하는 물질로 "무기과산화물" 에 속해 있는 알칼리금속의 과산화물에의 방수를 하면 물과 반응하여 더 많은 산소가 발생되어 주위 연소를 확대시킬 수 있는 이유이다.

06 제4류의 위험물은 공기보다 무거운 가연성 증기를 발생하여 액온이 인화점 이상인 경우에는 불티나 화재 등의 작은 화원에서도 인화한다.( )

➡ 제4류의 위험물의 액체는 불에 타지 않는다. 뜨거운 열에 의해 공기보다 무거운 가연성 기체(증기, 증발된 기체)를 발생하여 액면 위로 날아가지 않고 액면(액체의 면)에서 체류하면서 타는데, 액온(액체 온도)이 인화점 보다 높은 경우에는 불티나 화재 등의 작은 화원에서도 곧 인화하게 된다.

정답 ○ 01. (O) 02. (O) 03. (X) 04. (X) 05. (O) 06. (O)

07 BLEVE란 액화가스 폭발로 주로 기상부 강철판이 부분 가열되어 파괴된다. 그 방지법은 탱크 내벽 단열조치, 탱크 외벽에 열전도도가 좋은 물질(알루미늄 합금박판)을 설치 등이 있다.( )

➡ BLEVE란 탱크 주위 뜨거운 열로 탱크 내부에서 액온과 압력상승이 되어 탱크 상부의 기상부가 약해지며 파괴된다. 소방관은 가능한 한 그 부분을 분무 냉각한다. 그 방지방법은 탱크**외**벽 단열조치(내벽은 막혀 있으니 단열조치 불가), 탱크 **내**벽에 열전도도가 좋은 물질(알루미늄 합금박판) 설치 등 여러 방법이 있다.

> ※ ① 지하에 탱크를 설치   ② 상부에 냉각장치   ③ 열을 억제(외벽 단열).
> ④ 고정식 살수설비 설치   ⑤ 물분무를 설치   ⑥ 안전밸브(과압 배출)
> ⑦ 경사지게(내부바닥)   ⑧ 알루미늄박판(내벽) ⑨ 이송조치 긴급하게
> ⑩ 유도구 설치   ⑪ 가스감지기를 설치. ▶ 지상영 고물 안경알 이유가?

08 전류가 흐르는 전기장치 주위에는 분무방수를 해서는 안 된다.( )

➡ 전류가 흐르는 전기장치 주위에는 직사방수를 해서는 안 된다. 적어도 관창 압력 100psi(700 Kpa)로 분무방수해야 한다. 분무는 입자가 떨어져 있고 공중에서 산소를 차단하여 질식효과가 있기 때문이다.

09 화세보다 현재의 소방력이 부족한 경우 신속히 화점 구획으로 진압한다.( )

➡ 화세보다 현재의 소방력이 부족한 경우의 수비전술에서는 화점 구획을 진압하기보다 화재확대를 방지하는 것(간접적 전술)이 최상의 전략이다.

10 화점층이 고층인 경우 소방대 엘리베이터 진입은 화재층 2층 이하까지 이용하고 발화층이 3층 이상인 경우에는 원칙적으로 연결송수관을 활용한다.( )

➡ 화점층이 고층인 경우 소방대 엘리베이터 진입은 화재층 2층 이하까지 이용하고 발화층이 3층 이상인 경우에는 원칙적으로 연결송수관을 활용한다. 필요한 경우에는 보조펌프(booster pump)도 활용한다. 내부 호스연장은 소방대 전용방수구에서 2구 또는 분기하여 연장한다.

11 일반자동차 버스 등의 화재에서 인명구조를 위한 선착대는 가능한 차량에 접근하여 비상구의 개방, 창유리의 파괴를 하고 차내에 강력한 직사방수를 한다.( )

➡ 일반 자동차 버스 등의 화재에서 인명구조를 위한 선착대는 가능한 차량에 접근하여 비상구의 개방, 창유리의 파괴를 하고 차내에 강력한 분무방수를 한다.

12 전술은 전략적 방침을 실행하기 위한 구체적 방법으로 최상위 현장조직단위에서 적용된다.( )

➡ 전술은 전략적 방침을 실행하기 위한 구체적 방법으로 최하위 현장조직단위에서 적용된다. / 전략은 문제 상황에 효과적으로 대응하기 위한 기본방침으로 주로 최상위 현장조직(또는 지휘관)단위에서 적용된다.

정답 07. (X) 08. (X) 09. (X) 10. (O) 11. (X) 12. (X)

CHAPTER 06 특수화재의 소방활동 요령(6장)

제1절 선박화재 진압

1 선박화재의 특성

선박은 상선, 함선 기타 선박 등으로 주된 것은 여객선, 화물선, 어선, 유조선, 나룻배 등이다.

특성	① 선박 내부구조는 복잡하게 구획되어 있으며 창 등 개구부도 적어 **지하실과 같은 환경**이다. ② 선체는 수상에 있기 때문에 요동과 동시에 주수에 의한 전복위험이 크다. ③ 유조선은 폭발이나 대화재가 되기도 한다. 고열, 농연, 화재가스가 충만해 인명위험이 크다. ④ 수상에서의 화재는 소방정이 대응하지만 여기서는 부두에 계류, 정박 중인 선박을 설명한다.

2 소방활동 요령

활동원칙	① 활동은 지휘자의 활동방침에 근거해 행동하고 독자적 판단에 의한 행동을 하지 않는다. ② 인명검색구조를 최우선 하고 승객이 있는 경우는 해상 등으로 투신하지 않도록 유도한다. ③ 선내는 복잡하고 협소하기 때문에 단독으로 진입하지 <u>않는다</u>. ④ 주수는 <u>분무주수, 안개주수</u> 등을 주로 하고 기민한 관창조작으로 주수를 최소한도에 그치도록 한다. (*^^ 안개주수: 분무주수 중 저속분무를 말함)
여객선	① 육상부대는 독립행동을 피하고 선장과 연락 후 전술행동을 결정한다. ② **분무주수를 주로 하되 최소한도로 하고 상황에 따라 고발포 주입이 효과적이다.** ③ 인명검색 및 구조활동을 우선으로 한다. ↳ 내부가 복잡하니 ④ 화점 확인에 노력하며 단독행동을 금한다. ⑤ 진입은 **풍상**에서 실시한다.(*^^ 바람을 등지고) ⑥ 무리한 출입문 개방이나 부분파괴는 연기나 열의 분출로 위험이 있다.
화물선	① 화물선 통로는 바닷물 방수를 위해 칸막이 벽이 많다. 화재초기 이외는 짙은 연기가 충만하여 화점확인이 다른 선박에 비해 매우 곤란하다. ② 화재 시 보통 건물에 비하여 배연효과가 떨어지고, 연기, 가스 등이 가득하여 시계가 불량하기 때문에 선내의 소화 작업은 곤란하고 연소속도는 일반적으로 완만하다.
유조선	① 필요한 소화약제 및 특수장비의 응원을 요청하고 승무원의 구출, 부근 선박의 통제 및 펌프차 대와의 연락 등을 정확하게 판단한다. ② 유조선내의 유류가 유출하는 경우는 연안시설물 및 주변에 있는 다른 선박에의 연소방지 및 환경보호에 중점을 둔다.

제2절 산림화재

1 산림화재의 형태와 특성* ☆ 10 강원교

산림화재란 산림, 야산, 들판의 수목, 잡초, 경작물 등이 타는 것으로 그 화재원인은 낙뢰 등의 자연현상에 의한 것과 모닥불, 담배 등의 인위적 원인에 의한 것이 있다. 산림화재의 형태에는 수간화(樹幹火), 수관화(樹冠火), 지표화(地表火), 지중화(地中火)가 있다.

① 수간화	수목이 타는 화재로 고목 등은 수간화가 되기 쉽다.
② 수관화	나무의 수관(樹冠: 나무의 가지와 잎이 달려있는 부분)이 타는 화재이고 일단 타기 시작하면 화세가 강해 소화가 곤란하다. (*^^ 수간화, 수관화는 국어사전 순)
③ 지표화	지표를 덮고 있는 낙엽가지 등이 타는 것이다.
④ 지중화	땅속의 부식층(腐植層) 등이 연소하는 것이다.

① 기복이 심한산지	골짜기에서 봉우리를 향해서 타는 것이 보통이지만, 강풍 기상 하에서의 화재는 (반대로) 봉우리에서 골짜기로 역류하기도 한다.
② 평탄지역	지표에서 연소한 화류가 수관에 옮기고 수관과 지표의 2단 연소가 된다.
③ 경사면	연소속도는 빠르고 또한 비화에 의한 연소확대 위험도 높고 긴 화선(火線)이 된다.

2 소방활동 요령

요령
① 소방활동은 지휘자의 명령에 의해 행동한다.
② 소방활동은 건물로의 연소저지에 우선한다.
③ 장비는 이동식 펌프, 도끼 등 산림화재에 적합한 장비를 사용한다.
④ 소화활동시는 퇴로를 반드시 확보함과 동시에 소화 가능한 방향에서 착수한다.
⑤ 풍하측 및 경사면 위측 등의 연소확대 방향의 화재에는 위험이 있기 때문에 들어가지 않는다.
⑥ 소화방법에는 직접주수나 흙을 뿌리거나 두드려 끄는 방법과 수림 등을 베어내서 방화선을 만들어 화세를 약하게 하는 방법이 있다.
⑦ 산의 지세, 기상, 입목상황, 화세 등을 종합적으로 고려해 효과적인 방법을 선정하여 소화한다.
⑧ 헬기는 출동시간이 많이 들기 때문에 사전에 관계기관과 충분히 협의하는 것이 필요하다.
⑨ 헬기는 지상에서 진압부대를 지원하여 공중소화와 동시에 비화상황 등을 관찰하여 지상에서 활동하는 소방부에게 정보를 제공한다.

■ 방어선 설정의 경우
① 연소 확대되어 화세가 강한 경우
② 연소속도가 빠르고 직접 소화작업이 불가능한 경우
③ 지형, 지물로 인하여 직접소화가 불가능한 경우
④ 이상연소가 발생한다고 생각되는 지형의 경우 방어선의 설정은 연소속도와 방어선 구축 작업능력을 충분히 고려하여 한다.

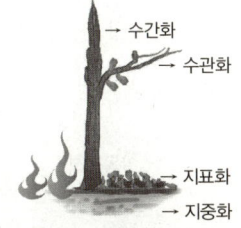

제3절 항공기화재진압

1 항공기 화재의 특성* ☆ 13 소방위

항공기에는 대형여객기, 화물기, 군용기, 자가용 비행기, 헬리콥터 등이 있다.
기체는 알루미늄 합금 등으로 되어 있다

특성	① 대형기는 많은 항공연료의 적재 때문에 연소는 급격하게 발생하고 인명위험이 매우 높다. ② 시가지에 추락해 출화한 경우는 지상건물로의 연소확대도 생기고 대형화재로 발전한다. ③ 연소방향 및 연소속도가 풍향, 풍속 등 기상상황 및 지형의 영향을 받기 쉽다. ④ 화재 후 알루미늄 합금 등이 단시간에 연소하여 외판 등의 금속부분이 용해된다. ⑤ **연료탱크가 주날개**(양쪽 큰 날개) 안에 있기 때문에 **주날개** 부근이 화재의 중심이 되고 유출연료 등에 의하여 주위에 연소 확대된다. ⑥ 연료가 많이 유출되는 경우는 낮은 곳으로 화면이 급격하게 확대될 위험성이 있다. ⑦ **연료탱크에 손상이 없고 액체의 일부가 연소시 연소가 비교적 완만하고 연소속도도 느리다.** ⑧ 군용기 화재에 있어서는 탑재된 폭탄, 총탄 및 장착된 화약이 폭발을 일으킬 우려가 있다.

2 소방활동 요령* ☆ 23 소방교

진입 및 위치선정	① 진입위치 선정은 초기 진압활동에 많은 영향을 미치며 소방대가 비행장에 진입할 경우는 통보내용, 소방용수상황, 기상상황, 부지경사를 고려하여 진입구를 선정한다. ② 활주로의 진입은 비행장 관계자에게 활주로 폐쇄조치가 되어 있는가를 확인하여 2차재해 방지에 세심한 주의를 한다. ③ 접근은 ❶ 머리 부분, ❷ 풍상, ❸ 측면으로 접근한다. (* 오답: 접근은 꼬리부터) ④ 전투기 이외의 (일반)항공기 경우는 일반적으로 **머리 부분으로 접근**한다. (*^^ 이유: ⑤번) ⑤ 기관총, 로켓포를 장착한 전투기의 경우는 **꼬리부분이나 측면으로 접근**한다. 23 교 (* 접근: 전투기는 머리부분 기관총 등 장착으로 위험하니 꼬리쪽이나 측면이다) ⑥ 제트기의 경우는 엔진에서 고온의 배기가스가 강력히 분출되기 때문에 화상을 방지하기 위하여 머리 부분부터 대략 7.5m 이상의 거리를 유지한다. ⑦ 프로펠러기의 경우는 프로펠러에 접근하지 <u>않는다</u>. ⑧ 대량의 연료유출에 의해 화세확대가 예상되기 때문에 항상 퇴로를 고려하여 접근한다. ⑨ **주날개 및 바퀴에의 접근을 피한다.** (* 주 날개 안쪽과 바퀴 위쪽이 기름탱크이니까) ⑩ 기체에 접근이나 기내진입 시에는 구조대원과 함께 포 소화, 분무주수 등으로서 엄호주수하고 백드래프트에 의한 재연소 방지에 노력한다. ⑪ 기내 승객구조는 출입구 등 구출구에 접근, 용이한 구조대상자부터 신속히 구조한다.
활동원칙*	① 비행장 내에 있어서는 자위소방대와의 긴밀한 연계 하에 인명구조를 최우선으로 한다. - 포 방사에 의한 소화를 주체로 하고 **풍상에서 접근**한다. ② 작업 중에 직접 관계자 외의 출입을 금지하며 사고기의 착륙지점, 정지예상지점 부근에 화학차를 배치한다.

③ 피난유도 및 구출은 동체의 풍상 측의 비상탈출구를 이용해서 탈출장치를 활용한다.
④ 지휘관은 ❶ 현장의 통제 ❷ 인명구조 ❸ 화재방어 등의 3가지에 중점을 두고 지휘한다.
⑤ 연료의 유출에 의하여 화세를 확대시키지 않도록 토사(모래) 등의 살포를 고려한다.
⑥ 이륙 시 추락의 경우는 많은 양의 연료가 탑재되어 있으므로 화재의 급격한 확대가 예상되기 때문에 신속한 소화체제를 갖춘다.
⑦ 연료관 또는 유압관의 파손부분으로부터 유류가 유출되고 있는 경우는 유출량을 감소시키기 위하여 나무로 막거나 누출방지 작업을 한다.
⑧ 가열된 동체를 급속히 냉각하면 파열하는 경우가 있기 때문에 주의한다.
⑨ 복사열이 강하기 때문에 활동대원은 반드시 방열복을 착용한 후 활동한다.
⑩ 화재현장 및 그 주변에는 「화기엄금」의 조치를 한다.

포방사 활동*

① 동체착륙을 할 경우에는 활주로에 공기포(기계포)를 피복한다.
  ㉠ 피복 길이는 활주로의 1/3을 목표로 하며, (*^^ 피복길이: 포로 덮는 길이)
    피복 폭은 쌍발기 이상은 엔진 간격의 약 1.5배 / 단발기는 8~10m로 한다. ▶ 15, 810
  ㉡ 포의 두께는 4~5㎝ 정도로 하고 시간적 여유 또는 포 원액에 여유가 없는 경우는 100~150m 범위를 긴급히 전면 피복한다.
② 진입구 부근에 포방사하고 스스로 인명구조 외에 다른 구조대원, 구조대상자를 보호한다.
③ 포 소화와 분무주수를 중점으로 하고, 직사주수는 하지 않는다.
④ 동체하부 및 그 주변 약 5m 이내를 우선적으로 소화한다.
⑤ 고발포는 지표 등 평탄한 부분을 / 저발포 방사는 기체 등 입체부분을 소화한다.
⑥ 포 방사 시 직접 직사주수는 동체보호 등 필요 최소한에 그치고 광범위하게 방사를 한다.
⑦ 포의 침투가 어려운 날개 내부 등의 소화는 이산화탄소를 활용한다.

※ 상기 하단박스의 '포 방사활동'에서 필자 해설. (공간 이용)
① ㉠ 엔진이 두 개면 쌍발기. 엔진이 하나면 단발기라 함
   ㉡ 포의 두께는 4~5㎝란? 포 하나의 두께가 아닌, 포층의 두께를 말함.
③ 직사주수는 동체 보호 등 필요한 최소한에 그치고 광범위하게 방사를 위해.
⑤ 고발포(80~999)는 저발포에 비해 팽창비가 크니 지표 등 평탄한 곳임. ▶ 고지저기(* 고지가 저기다)
⑦ 날개는 항공기 기체의 입체부분이니 ⑤번과 같이 저발포(팽창비가 20 이하)로 하고, 날개 내부는 포의 침투가 잘 안되니 기체인 이산화탄소 소화약제로 질식소화를 하라는 뜻.

 중앙소방학교 공통표준교재를 보면서 학습하시는 분께~

■ 짝수, 홀수 페이지를 맞추기 위해 제6장 표준교재에서 제2~3절, 5~7절 순서를 변경하였습니다.

제4절 방사능시설 화재진압*

1 방사성 동위원소(RI)의 성상과 인체의 영향

방사선 동위원소란 방사선을 방출하는 동위원소 및 그 화합물과 함유물을 말한다.

(1) 방사능과 방사선 ☆ 13 서울장

① 방사**능**이란 방사선을 내는 능력 또는 물질로서 우라늄 등 물질이다. (* 원자력발전의 핵연료 등)
② 방사**선**이란 방사선 물질에서 방출되는 α선, β선 및 γ선으로 특수한 장치 등으로 만들어지는 X선, 양자선 및 전자선 또는 원자로에서 만들어지는 중성자선을 말하며 **투과성**, **전리작용**(電離作用), **형광작용**(螢光作用)의 성질이 있다. ☆ 13 서울장 ▶ 암기 : 형광전투

α선	물질의 투과력은 약하고 물질을 전리*하는 힘은 크다. 투과력은 종이 1장으로 거의 완전히 멈춘다. / * 참고로 γ(감마)선은 콘크리트를 뚫는다.
β선	α선보다 투과력은 강하지만 공기 중에서 수m, 알루미늄·플라스틱 수㎜의 두께로 완전히 멈춘다. 물질을 전리하는 힘은 α선보다 약하다. ▶ α(알파)와 γ(감마)의 중간 이론이다
γ선	물질의 투과력은 매우 **강하다**. 물질을 전리하는 힘은 β선보다 **약하다**.

■TIP(정리): 전리력: $\alpha > \beta > \gamma$ / 투과력: $\gamma > \beta > \alpha$ ▶ **암기**: 알파전, 감투(감마투)

(2) 방사선 피폭

내부 피폭	호흡기, 소화기 및 피부 등을 통해서 인체에 들어온 상태를 말하며 외부피폭과 달리 α선이 가장 **위험**하다. 내부피폭 방호의 3대 원칙으로 ❶격리, ❷희석 경로의 ❸차단이 있으며 ① 격리는 작업장소를 제한하여 방사성물질을 주변 환경에서 차단하는 것이고 ② 희석은 공기정화 등을 통해 방사성물질 농도를 희석시키는 것이며, ▶ 차희격(내차 삐격) ③ 차단은 보호복 및 공기호흡기 등을 활용하여 인체 침입 경로를 차단하는 것이다.
외부 피폭	인체의 외측에서 피부에 조사(照射)되는 것으로 투과력이 큰 γ선(감마선) 등이 **위험**하다. 외부 피폭 방호의 3대 원칙은 ❶거리, ❷시간, ❸차폐이며 내용으로는 ▶ 시거차(왜? 시계차) ① 거리는 멀리, ② 시간은 짧게, ③ 방사선의 종류에 적합한 방어물로 차폐하는 것이다.

2 RI 재해의 특성

특성	RI(방사선동위원소) 재해는 크게 나누어 누설에 의한 방사선오염과 저장시설 등의 화재가 있다. ① 저장시설 등의 화재에서는 표면상의 위험은 느낄 수 없기 때문에 통상 화재와 같이 행동을 해서 방수에 의한 방사능오염 등의 2차 재해의 발생위험도 높다. ② RI 재해는 눈에 보이지 않기 때문에 장시간에 걸쳐서 지역이나 인체에 영향을 초래할 수 있다.

---

* 전리 : ① 기체나 액체의 분자 및 원자가 전기를 띤 원자나 원자단으로 되는 일. 즉, 변형되는 일 ② 이온화
* 선량 : 방사선의 양   * RI(Radio Isotope): 방사성동위원소   * 외주부(外周部): 바깥쪽의 둘레 부분.

3 소방활동 요령* ☆ 08 경북장, 14 경남장, 16 부산교

일반원칙	① 지휘자의 통제 하에 단독행동은 금지한다.(* 활동 중 외상을 입은 경우 즉시 보고!) ② 위치선정은 **풍상, 높은 장소**로 한다.　　* **오답**: 위치는 풍하, 낮은 장소로 ③ 방사선 피폭방지는 관계자 및 장비로서 위험구역을 설정하고 로프 등으로 표시한다. ④ 소방활동은 **인명구조 및 대원 개개의 피폭방지를 최우선**으로 실시한다. ⑤ 위험구역 내에서 소방활동은 기자재 및 인체의 오염검사를 실시한다. ⑥ 활동은 필요 최소한으로 하고 위험구역 내로의 진입시간을 **짧게** 한다. ⑦ 시설관계자(방사선취급 주임)를 확보하고, RI장비를 구비한 중앙구조본부를 활용한다.
방사선의 검출활동	**(1) 검출요령** ☆ 13 인천, 14 경남, 16 부산교 ① 검출은 시설관계자를 적극적으로 활용해서 실시하고 원칙적으로 화학기동 중대원은 보조적인 검출활동을 한다. ② 검출은 측정기의 예비조작을 실시해서 기능을 확인한 후 방사능 방호복 및 호흡보호기를 착용하고 신체를 노출하지 않고 실시한다. ③ 검출은 **핵종(核種)** 및 수량과 사용상황을 확인하고 실시한다. ④ **검출은 복수**의 측정기를 활용하고 **외주부(外周部)**부터 순차적으로 **내부를 향해서** 실시함과 동시에 검출구역을 분담해서 실시하고 검출누락이 없도록 한다. ⑤ 검출활동으로 옥내진입 시 진입구를 한정하고 대원카드에 의해 출입자를 체크한다. ⑥ 검출결과는 레벨이 **높은** 쪽을 채용하고 반드시 검출위치 및 **선량률***을 기재한다.
방사선 위험구역 설정	구역설정 시 눈에 잘 띄는 띠 또는 로프를 사용하거나 도로, 건물로 제한할 수 있다. **(1) Hot Zone** ① 출입자에 대하여 방사선의 장해를 방지하기 위한 조치가 필요한 구역이다. ② 공간 방사선량률 ❶20μSv/h 이상 지역은 소방활동 구역이며 　- ❷100μSv/h 이상 지역은 U-REST 등 방사선전문가들 활동구역이다. **(2) Warm Zone** (*^^ 비상조치 대응공간을 말함) ① 소방·구조대원 등 필수 비상대응요원만 진입하여 활동하는 공간으로 일반인 및 차량의 출입을 제한하기 위하여 설정히는 지역이다. ② 공간방사선량률이 자연방사선준위(0.1~0.2μSv/h) 이상 20μSv/h 미만인 지역으로 Hot Zone과 경찰통제선 사이에 비상대응조치를 수행하기에 필요한 공간이다. **(3) Cold Zone** (*^^ 경찰이 통제하는 지역이다) 경찰통제선 바깥 지역으로 공간방사선량률이 자연방사선준위(0.1~0.2μSv/h)수준인 구역이다.
소화활동	① 소화수단은 시설에 설치되어 있는 소화설비를 활용, 고발포 활용에 대해서도 고려하고 주수에 의한 오염확대의 위험이 없는 경우는 적극적으로 물에 의한 소화를 실시한다. ② 방사성 물질에 직접 주수하는 것을 피하고 방사성물질의 비산 및 유출을 방지한다. ③ 화재상황에서 관리구역 내에 주수할 경우에는 직사주수는 피하고 저속분무주수를 원칙으로 한다. - 소화수에 의한 오염확대를 방지하기 위해 주수는 최소한으로 한다. ④ 이산화탄소 및 할로젠화물소화설비로 소화하는 경우는 특히 산소결핍의 2차 재해 방지에 노력함과 동시에 화재실의 압력증가에 따른 오염 확대방지에 노력한다. ⑤ 관계시설의 화재로 주수를 위한 접근이 대원의 피폭방지가 불가능한 경우는 인접 소방대상물로의 연소방지를 우선으로 소화활동을 실시한다. ⑥ 잔화처리는 위험구역에서 쇠갈고리 등을 활용하고 직접 손으로 접촉하지 않는다.

안전관리	**(1) 오염검사** ① 오염검사는 원칙적으로 시설 내의 오염검사기를 활용하고 <u>시설관계자</u>에게 실시하게 한다. ② 오염은 다량의 물과 비눗물(알카리성보다 산성 쪽이 효과가 있다)에 의한 세척이 효과적이지만 관계시설에 설치해 있는 <u>제염제(오염제거제)를 유효하게 활용</u>한다. ③ 오염된 소방설비는 일정한 장소에 집중 관리해 필요에 따라 감시원 배치와 동시에 경계로프, 표식을 내걸고 분실 및 이동 등에 의한 2차 오염방지에 노력한다. ④ 오염물은 시설관계자에 일괄해서 인도하고 처리를 의뢰한다. 소방설비는 원칙적으로 재사용 하지 않는다. (다만 오염된 것이 제염결과 재사용 할 수 있는 것은 제외한다.) ⑤ 소방대원은 오염검사가 종료하고 지시 있을 때까지 <u>흡연, 음식물을 섭취하지 않는다.</u> **(2) 피폭 시의 응급조치★** ☆ 12 서울장 ① 피폭선량은 원칙적으로 위험구역 내에 진입할 때에 착용한 피폭선량 측정용구에 의해 파악한다. 그리고 위험구역 내에서의 피폭선량은 각종 선원(線源, 방사선 원인 물질)의 강도에 의해 다르지만 검출에 근거한 선량과 활동시간에 따라서 파악할 수 있다 ② 피폭한 대원은 「방사선 오염피폭 상황기록표」를 작성해 행동시간, 부서위치, 행동경로 및 행동개요를 기록한다. ③ 체내 피폭했을 때 또는 피폭 염려가 있는 방사선 오염구역에서 소방활동을 한 경우는 <u>오염검출 후 양치질과 피폭상황에 따라 구토를 한다</u>(구토를 시킨다). ④ 베인 상처에 오염이 있는 경우는 즉시 다량의 물에 의한 제염과 동시에 출혈은 체내로의 방사성물질의 침투를 막고 배설촉진의 효과가 있기 때문에 <u>생명에 위험이 없는 경우에는 지혈을 하지 않는다.</u>(* 출혈은 체내로의 방사선 침투를 막기 위해 일반 상처와는 반대이다)

■ **TIP: 공간방사선량률 정리(μSv/h)** ➡ ① Hot Zone : 100 이상(= 전문가 활동구역) / 20 이상(= 소방활동구역)
② Warm Zone : 20 미만(= 소방, 구조대 등 필수요원 비상대응조치구역) / ③ Cold Zone : 0.1~0.2미만

제5절 터널 화재진압 (* 중요도 낮음)

1 도로터널 및 철도터널 화재진압 ☆ 24 장

도로터널 소방활동	외기의 풍향에 의해 터널 내의 풍향이 변화하는 곳이 있고 진입구가 한정되는 것이 많다. ① 도로관리자 및 경찰로부터 상하행선의 <u>교통통제상황</u> 등을 확인하고 방재설비를 활용한다. ② 터널 내에 진입 시는 반드시 엄호주수로 안전을 확보하면서 활동한다. ③ 인명검색, 구조 및 피난유도는 원칙으로 상·하행선의 연결통로 등을 활용한다. ④ 화재상황에 따라서는 풍하 측으로 무인방수탑차를 배치하여 인명구조활동에 활용한다.
철도터널 화재특성	① 지상풍의 영향 등으로 화점의 위치 등 화재상황 파악이 곤란하며, ② <u>구내의 기류가 한방향으로 흐르기에 풍하측에서 진입한 소방대는 농연으로 활동이 곤란하다.</u> 24장
철도터널 소방활동	① 지휘본부는 급기측의 출입 가능한 장소 부근에 설치하고 .진입은 급기측으로 한다. ② 지휘분담은 급기측 및 배연측으로 구분하여 부상자가 많은 경우는 구호담당을 운영한다. ③ 상하행선이 구획되어 있는 경우는 화재구역 반대쪽으로부터 연결구 등을 활용하여 구조한다. ④ 고열 부분에서의 구조활동은 엄호주수 하에 실시한다.

제6절 독극물 화재진압 (* 중요도 낮음)

1 소방활동 요령

일반원칙	① 인명검색은 검색구역을 특정해 부대 또는 대원을 지정하고 **출화 또는 누설·유출장소 부근을 중점**으로 독극물 등의 확산, 유동방향을 따라 검색범위를 확대해 실시한다.
인명검색·구조	① 독극물 위험구역은 초기에는 출화 또는 누설·유출장소 부근을 중점으로 하고 검색구역은 될 수 있는 한 특정해서 인명검색을 실시한다. ② 독성가스의 확산, 유동방향에 인명검색범위를 확대하고 독·극물 위험구역 또는 폭발위험구역 내 전부를 실시한다. ③ 인화 또는 폭발위험이 있는 경우는 엄호주수 하에서 실시한다. ④ 오염된 구조대상자에 대해 독·극물 위험구역 외에서 탈의, 비눗물, 물 등의 제염조치를 실시하고 그 후 구호소 등의 안전한 장소에서 구호조치를 실시한다.
응급조치 활동	응급조치는 시설관계자 등과 충분한 연대 하에 시설의 설비 등을 적극적으로 실시한다. ✪ 사고 시의 조치 주민의 퇴거 및 피난을 우선하고 용기의 반출이 가능한 경우는 안전한 장소로 반출한다. 액체의 경우는 토사, 모래주머니 또는 용기로의 회수 등에 의한 누설·유출범위의 확대방지조치(하수도 또는 하천으로의 유입방지를 포함)를 한다. ✪ 화재 시의 조치 ① 주민의 퇴거 및 피난을 우선한다. ② 용기 등을 반출 가능한 경우는 안전한 장소로 반출한다. ③ **폭발위험이 있는 경우 탱크, 용기 등으로 냉각주수**한다. (*^^ 블레비 현상에서처럼 외부에서 탱크 등을 냉각주수를 하라는 뜻) ④ 액체는 토사, 모래주머니 등에 의한 유출범위 및 화재의 확대방지조치를 한다. ⑤ 가스의 경우는 불활성가스, 소화제, 분무 등에 의한 화재의 억제조치를 한다. ⑥ 연소방지를 한다. ⑦ 기타의 조치(소화약제, 분무에 의한 중화·희석, 유출부분의 폐쇄, 회수 등)

안전관리의 원칙	① 활동 중에 숨이 막히고 눈의 통증 등의 이상을 느낀 경우에는 즉시 다음 조치를 취한다.
	  ㉠ 특단의 방호 기자재를 휴대하고 있지 않은 경우는 호흡을 얕게 하고 손수건, 상의 등으로 입을 막고 풍상방향 등 위험성이 적은 방향으로 피한다.
	  ㉡ 공기호흡기의 면체를 착용하기 전에 이상을 느낀 경우는 용기의 밸브를 개방하면서 면체를 헐겁게 착용하고 면체 내의 가스를 제거한 후 확실하게 착용한다.
	  ㉢ 공기호흡기의 면체를 착용한 상태로 냄새 등의 이상을 감지한 경우는 용기밸브의 개방조작을 하고 신속하게 위험성이 낮은 장소로 탈출한다.
	② 방독마스크를 사용하는 경우는 호흡필터가 독성가스에 대해 유효한 것을 확인한 다음에 사용한다. 다만 화재나 독성가스의 종류가 불명확한 경우에는 사용하지 않는다.
	③ 구조대상자에 대한 구출·구호조치 시 구조대상자의 의복 등에 직접 접촉하지 않도록 장갑 등을 착용하고 해당 의복에 부착된 독극물 등에 의한 2차재해 방지에 유의한다.

| 제7절 | 공동구 화재진압 | (* 중요도 낮음) |

1 소방활동

일반원칙	① 소방활동은 인명검색·구조를 최우선으로 한다. ② 소방활동은 공동구 내에 시설물 및 접속하고 있는 건물의 연소방지를 중점으로 한다. ③ 조기에 관계자 등을 확보하여 출화장소, 연소범위 및 구조대상자 등의 정보를 수집함과 동시에 맨홀의 개방 및 현장 확인에 적극적으로 활용한다. ④ 맨홀 등에서 분출하는 연기에 시계 불량으로 원칙적으로 **풍상·풍횡** 측에서 **진입**한다. - 선착대는 분출연기 맨홀의 직근으로, 후착대는 지휘자의 지시에 의해 결정한다.
검색구조활동	① 인명검색·구조활동은 구조대상자 및 장소에 대해서 충분한 정보수집을 하고 장시간 사용 가능한 공기호흡기를 착용하고 진입구 및 검색범위를 설정해서 실시한다. ② 진입은 급기구 측으로 하고 복수의 검색반에 의해 실시한다. ③ 검색은 반드시 엄호주수 하에 실시한다.
소화활동	① 진입조건이 정리될 때까지의 사이는 연소저지선이 되는 맨홀, 급·배기구측에 대구경관창을 배치하고 화세를 억제한다. ② 진입태세가 준비되면 장시간 사용 가능한 공기호흡기를 착용하고 급기측에서 진입함과 동시에 배기측에 경계관창을 배치한다. ③ 공동구 내의 소방활동은 복수의 방수형태에 의해 배열·배연을 실시함과 동시에 배기 측에 배기구를 확보해서 ①)과 같은 조치를 실시한다. 또한 급격한 농연의 분출이 있는 경우 또는 화세가 강한 경우 2중, 3중의 엄호주수에 의해 안전을 확보 후 실시한다. ④ 소구획으로 구분되어 있는 경우는 (팽창비가 큰) 고발포에 의한 소화활동을 한다. ⑤ 연소방지설비가 설치되어 있는 경우 신속하게 활용한다.

| 제8절 | 화약류 화재진압 | (* 중요도 없음) |

1 소방활동 요령

소화활동	경계구역을 조기에 설정해 피해의 확대방지 및 2차 재해방지를 중점으로 한다. ① 주수는 연소실체를 향해서 실시하고 효과없는 주수는 하지 않는다. ② 주수의 수압에 의해 화약류에는 직접 또는 간접 충격력이 가해지지 않도록 실시한다. ③ 최중점 활동장소는 포위대형을 취하고 충분한 예비주수를 실시한다. ④ 수용성의 화약류는 소화용수와 함께 하수 등으로 유입하지 않도록 조치를 마련한다.

✪ 현장 내는 화기엄금과 동시에 차량의 진입이나 내연기관을 동력으로 하는 기계류를 사용하지 **않는다**.
(*^^ 동력의 기계로 인한 2차 전기화재나 폭발 등으로)

제9절 압기공사장 화재   (* 중요도 낮음)

1 압기(壓氣)공사장 재해 특성

특성	① 재해현장이 상압(常壓, 평상시 압력)보다 높기 때문에 대원의 귀나 코 등에 결함이 있는 경우는 소방활동이 불가능하다. 또한 호흡기 등의 사용시간이 일반현장에 비교해서 짧고 진입에 대해서도 제한되기 때문에 활동에 시간이 든다. ② 압기현장 때문에 에어로크 설치에 의해 진입구가 한쪽방향으로 제한된다. 또한 호스 등 기자재 및 휴대무전기는 에어로크로 절단되기 때문에 소방활동이 곤란하다. ③ 산소분압이 높은 것에 의해 인화점이 낮아지고 연소확대 위험이 높다. ④ 갱(坑) 내에는 작업용 기계유, 케이블 등이 존재하기 때문에 화재시에는 고열, 농연, 유독가스가 밀폐공간에 충만해 재해실체의 파악이 매우 곤란하다. ⑤ 지하가 제한된 공간의 건설작업 현장 등이기에 활동환경이 대단히 열악하다.

2 소방활동 요령

일반원칙	① 대원 개개의 활동을 금지하고 지휘자의 통제 하에 실시한다. ② 화재진압 및 인명구조활동은 2차재해의 방지를 중점으로 한다. ③ 압기 갱내 진입대원은 **잠수연수 수료자나 특별구조대원 중에서** 적임자가 실시한다. ④ 공사관계자의 적극적인 활용을 하고 관계기관과 연계활동을 실시한다. ⑤ 공기호흡기의 착용 및 이탈은 안전한 장소를 지정해서 실시한다. - 특히 압기 갱내 작업에 임할 때에는 사용시간이 통상보다 짧아지므로 유의한다.
소화활동	① 진입 가능한 경우 ㉠ 연결송수관 설치되어 갱내로 송수가능한 경우 호스를 연장해서 주수를 실시한다. ㉡ 소방호스 연장이 불가능한 경우는 **물 양동이를** 활용해서 소화한다. ㉢ 압기를 **개방**(갱내를 대기압화 한다)하는 것이 가능한 경우의 소화는 압기 개방 후 통상의 일반화재와 같은 활동을 한다.(* 갱 내 개방으로 압력을 낮출수 있다면의 뜻) ㉣ 갱내에 **고발포소화장치**, 스프링클러설비, 연결살수설비 등이 설치시 적극 활용한다. ② 진입 불가능한 경우 ㉠ 검색 가능한 곳의 구조대상자를 검색하고 자연진화되도록 기다린다. ㉡ 압기 갱내 화재로 구조대상자가 없는 경우는 수몰에 의한 소화, 자연진화, 불연가스 봉입 등에 의한 소화방법으로 실시한다.
안전관리	① 압기 갱내 화재 시의 진입은 반드시 공기호흡기를 착용, 절대로 면체를 벗지 않는다. ② 압기 갱내 진입대원은 원칙적으로 2인 1조로 하고 상호간에 안전로프를 연결한다. ③ 압기 갱내의 공기호흡기의 공기소비량은 대기압(일반적 압력) 상태에서와 비교해서 게이지 0.1Mpa의 경우는 약 **2배**가 되는 것에 유의하고(갱 내는 공기가 2배 소비) 탈출 시는 맨홀로크에서 감압하는 시간을 고려해서 사전에 진입시간을 결정한다. ④ 갱내는 일반적으로 협소하고 진입로 및 활동장소 주변에 놓여 있는 기자재 등의 장애물이 많기 때문에 넘어지지 않도록 유의한다. 또한 단독행동은 엄금한다.

| 6장 특수화재 | **OX(2진법) 개념 따라 잡기~** |

01 선박화재에서 여객선의 진입은 풍상에서 실시하되 주수는 분무주수를 주로 한다.( )

➡ 선박화재 진입은 풍상에서(바람을 등지고) 실시하되 주수는 분무주수를 주로 한다.(*화재1편 6장)

02 수목이 타는 화재를 수관화라 하며 나무의 가지와 잎이 달려있는 부분이 타면 수간화라 한다.( )

➡ 수목이 타는 화재를 수간화라 하며 나무의 가지 부분이 타면 수관화라 한다.
※ 나무의 기둥격인 수목(임목)이 타면 수간화이고 수목으로 뻗어 있는 가지가 타면 수관화가 된다.
수간화와 수관화가 혼동되면 나무 기둥부터 국어사전 순으로 기억하면 The 좋다.
(➡ 지표로 떨어지는 낙엽이 타면 지표화라고도 한다. 과거 소방기출에서 어느 출제자가 지표화를 지면화라고 했을 때는 오답이 된다. / 그 외 북아프리카 등에서 깊지 않은 땅속에 썩은 나무의 유기질층 등이 타면 지중화.)

03 항공기 화재에서 위험한 주날개 부근이 화재의 중심이서 주 날개 및 바퀴에의 접근을 피하고, 전투기 이외 항공기 경우는 일반적으로 머리 부분, 풍상, 측면으로 접근한다.( )

➡ 주날개 부근이 화재의 중심이란 뜻은 연료탱크가 주날개 안에 있기 때문이고, 전투기 이외 항공기 경우는 머리 부분, 풍상, 측면으로 접근한다 (*기관총 또는 로켓포를 장착한 전투기는 꼬리부분이나 측면으로 접근한다.) 설문은 모두 옳은 설명이다.

04 γ선(감마선)은 물질을 전리하는 힘은 α, β선보다 약하지만 물질의 투과력은 대단히 강해서 외부피폭에도 위험하다. 외부 피폭 방호의 3대 원칙으로는 먼 거리, 짧은 시간, 적합한 차폐이다. 또한 RI(방사선) 부서 위치는 풍상, 높은 장소로 한다.( )

➡ 설문은 피부에 조사(照射)되는 외부피폭, 부서위치 등 모두 옳다.
※ 참고로 내부(사람 인체)피폭은 α (알파)선이 가장 위험하다.
내부피폭 방호의 3대 원칙으로는 격리, 희석, 차단이 있다.

05 공기호흡기의 면체를 착용 전에 이상을 느낀 경우는 용기의 밸브를 개방하면서 면체를 헐겁게 착용하고 면체 내의 가스를 제거한 후 확실하게 착용한다.( )

➡ 독약이 극약보다 독성이 강하다. 공기호흡기의 면체를 착용하기 전에 이상을 느낀 경우는 용기의 밸브를 개방하면서 면체를 헐겁게 착용하고 면체 내의 가스를 제거한 후 확실하게 착용한다. 옳다.

정답 ● 01. (O) 02. (X) 03. (O) 04. (O) 05. (O)

06 철도터널 화재에서 지상풍의 영향으로 구내의 기류가 양방향으로 흐르기 때문에 가능한 풍하 측에서 진입한 부대는 농연 때문에 활동이 곤란하다. 그리하여 진입은 급기측으로부터 한다.( )

➡ 철도터널화재에서 지상풍의 영향으로 구내의 기류가 일방향으로 흐르기 때문에 풍하 측에서 진입한 부대는 농연 때문에 활동이 곤란하다. 그리하여 진입은 급기측으로부터 한다.

07 지하구란 지하 인공구조물로서 높이가 1.8m 이상, 폭이 2m 이상, 길이가 50m 이상이다.( )

➡ 지하구란 사람이 점검, 보수를 하기 위한 구멍으로 폭이 1.8m 이상, 높이가 2m 이상, 길이가 50m 이상이다. 사람의 키기 1.8m 넘는 사람들도 있어 소방법령에서 2m로 규정한 것이다.
※ 공동구: 지하구에 전기, 가스, 수도 등의 배관이 들어 있어 공동으로 이용하는 구멍.

08 갱 내 건설현장 등의 압기공사장 특성은 재해 현장이 상압보다 높으며 산소 분압도 높아서 인화점도 높아지고 연소확대 위험이 높다.( )

➡ 산소가 분출되는 압력이 높으니 불붙는 온도인 인화점이 낮아지고 연소확대 위험이 높다.

※ 압기공사 재해 특성
① 재해현장이 상압(대기압)보다 높기 때문에 대원이 귀나 코 등에 이상이 있다면 활동이 불가능하다.
② 압기현장 때문에 에어로크 설치에 의해 진입구가 한쪽방향으로 제한된다.
  - 또한 호스 등 기자재 및 휴대무전기는 에어로크로 절단되기 때문에 소방활동이 곤란하다.
③ 이곳은 산소 분압이 높아서 인화점이 낮아지고 연소확대 위험이 높다.

- gossip -

• 내가 사랑하는 사람은 어디를 가든지 빛이 나는 사람이었으면 합니다.
  함께 있음으로 해서 모든 게 아름답게 보이고 그 빛을 통해 바라본 세상을 보여주고 싶기 때문입니다.
• 내가 사랑하는 사람은 몇 번쯤 시험을 통해 떨어진 성숙한 사람이었으면 합니다.
  아파 본 사람만이 큰 가슴을 가질 수 있으며 그 성숙 속에서 더 큰사랑을 키울 수 있기 때문입니다.
• 내가 사랑하는 사람은 이번만큼은 꼭 약속을 허물지 않는 합격한 사람이었으면 합니다.
  사랑한다면서 힘없이 돌아서는 엇갈림 속에서 그 소중한 약속만큼 나를 지켜줄 수 있기 때문입니다.
• 내가 사랑하는 사람은 누구보다 학문을 좋아하고도 외로움을 싫어하는 사람이었으면 합니다.
  늘 혼자인 것에 익숙해 힘없이 걸어가는 길, 그 외로움 끝에 언제나 전 기다리고 있었기 때문입니다.
• 내가 사랑하는 사람은 하늘이 늦게라도 맺어 준 운명 같은 사람이었으면 합니다.
  지금쯤은 내 앞에 와 있을 운명을 믿고 마지막에는 힘차게 달려와 줄 최고의 소방관이기 때문입니다.

정답 06. (X) 07. (X) 08. (X)

중앙소방학교 표준교재 기준

화재2

(소방전술1-2편)

2편

현장안전관리

1절 안전의 원리 ········· 154
2절 불안전한 상태와 불안전한 행위 ········· 156
3절 재해(사고)발생 이론 ········· 157
4절 재해예방 대책 ········· 159
5절 안전교육의 개관 ········· 160
6절 위험예지 훈련 ········· 162
7절 소방차량 등의 안전 ········· 164
8절 화재 현장에서의 안전 ········· 166
  ✪ OX 개념문제 ········· 169

CHAPTER 01 현장 안전관리 등

▶ 본 페이지부터 중앙소방학교 표준교재 전술1 화재2에 해당함

제1절 안전의 원리

(1) 안전의 정의

안전에 영향을 주는 요소	① 행동자의 활동에 대한 이해 (활동 자체에 대한 어려움) 　- 그 활동에 어떤 위험성이 잠재되어 있고 수반되는지를 이해하고 활동한다. ② 행동자의 능력 수준 　기술이나 능력 미달 및 육체적 한계 역시 행동에 영향을 미칠 수 있다. ③ 행동자의 직·간접적 상태 　순간의 상황대응요구가 인간의 자기능력보다 더 클 때 각종 안전사고가 발생한다. 　(* 능력이 상황대응에 못미칠 때라는 뜻이다. 즉, 순산대응능력 < 자기 능력) 　즉 활동자의 정신적·신체적인 직·간접적 실태는 행동을 결정하는 중요한 역할이다. ④ 현장의 환경 및 분위기 　결과에 긍정적인 요소로 작용할 수도 있고, 부정적인 영향을 줄 수도 있다.

➲ 보충(TIP)- 안전에 영향을 주는 요소 4가지 키워드: 이해, 직간접, 능력, 환경, (* 연상: 이직 능력환경)

(2) 안전관리의 목표 ☆ 15 서울교

인명존중	① 안전관리의 기본목표는 인명존중의 휴머니즘(인도적 신념의 실현)을 토대로 행해진다. ② 큰 이익 때문에 재해를 용납한다고 하는 논리, 위험한 재해현장에서 소방활동을 하기위해서 소방대원의 상해는 어느 정도 감수해야 되지 않느냐? 는 논리는 인정되지 않는다. ③ 인명존중과 인도적 신념이야말로 안전관리활동의 핵심이기 때문이다.
안전한 소방활동	① 소방은 국민의 생명과 재산보호를 위한 효율적인 소방활동을 추구하고 있다. 　현장활동 시 대원의 안전사고는 화재방어 활동의 신속·효율성을 저해하여 결과적으로 국민의 생명과 재산에 손실을 미치게 하는 것과 다름이 아니다. ② 그러므로 소방장비, 방어행동 등의 안전화는 소방활동의 능률을 향상시키고 대국민 서비스를 향상시키는 것이 된다. 이것은 또 소방안전관리의 테마(논제)이기도 하다.
사회적 신뢰확립	국민의 생명과 재산보호를 사명으로 하는 소방조직에서 오히려 자체사고(재해)가 자주 발생한다고 하면, 그것을 보는 국민의 시각은 소방조직에 대한 믿음과 신뢰의 저하가 된다.

➲ 보충- 키워드: 안전활동. 인명존중, 사회적 신뢰, (* 연상: 안전한 존중은 사회적 신뢰/ * 암기: 인사활동)

(3) 소방활동의 특수성* ☆ 22 소방장

(1) 확대 위험성과 불안정성	① 재해는 예고 없이 돌발적으로 발생하고 항상 **상태변화** 연속으로 예측이 매우 곤란하다. ② 소방현장활동은 위험사태 발생 후 현장임무 수행이라는 **양면성**이라는 다른 특징을 갖고 있다. (*^^ 위험사태 후+임무수행이 양면성이라는 뜻)
(2) 활동 장해	① 출동 시에는 도로상 교통혼잡과 주차위반 차량 등으로 인하여 **현장 도착이 지연**되고, 화재현장에서의 화염, 열기, 연기 등으로 활동장해를 받게 된다.
(3) <u>행동의 위험성</u> 22소방장	① 근무자 등이 당황해서 피난장소로 소방대원은 현장 임무수행상 진입하는 것이다. ② 화재현장에서 소방대원은 담을 넘는다든지 사다리를 활용하여 2층이나 3층 혹은 인접 건물로, 화염 등으로 진입하는 경우가 있다.
(4) 활동환경의 <u>이상성</u>	① 화재현장 상황은 항상 정상적인 상태를 상실한 상황이 연출된다. 또한 ② 가스, 유류, 화공약품 등의 폭발 등 예측 불가능한 상황이 항상 잠재되어 있으며, 사람들은 이상심리로 긴장, 흥분상태, 소방대원의 심리상태도 역시 마찬가지이다.
(5) 정신적·육체적 피로	① 현장 활동은 많은 체력이 소모되는 격무이며, 정신적·육체적 피로가 가중된다. ② 소방활동은 체력소모, 피로증대를 초래하고 동시에 위험성이 증대함에 유의한다.

➡ 보충(키워드: 환경, 위험성, 장해, 확대불안정) ▶ (특수한)환경에서 위장 확대불안으로 이상하고 피로하다

(4) 소방 안전관리의 특성*** ☆ 17소방장, 18 위, 21 소방교, 위, 24 소방장 등

일체성·적극성	① 재해현장 소방활동에 있어서 안전관리에 대한 "<u>일체성</u>의 예는 수관연장 시 수관을 화재 건물과 가까이 두고 연장하지 않도록 하는 것은 화재건물의 낙하물체나 고열의 복사열에 의한 수관손상을 방지하여 결과적으로 진압활동이나 인명구조 시 엄호주수가 (잃체적으로) 완전히 이루어질 수 있도록 하기 위한 것이다. 21 교, 24 장 ② 이는 대원 자신의 안전으로 연결되어 소방활동이 적극적으로 실행될 수 있도록 한다. ③ 안전관리의 일체성, 적극성은 **효**과적인 **소**방활동을 염두해둔 **적**극적인 행동대책이라고 할 수 있다. (*^^ ① 진압활동이나 인명구조시 엄호주수가 효과적인 적극적인 소방활동)
특이성·양면성	① 소방 조직의 재난현장 활동은 ❶임무 수행과 동시에 ❷대원의 안전을 확보하여야 하는 (2가지의) 양면성이 요구된다. (*^^ 안전은 임무수행+대원 안전확보의 2가지 양면성을 갖는다는 뜻) ② 예측 불가한 현장상황은 위험성을 수반한 현장 임무수행이 전제로 될 때 안전관리의 개념이 성립되는 것이다. 이와 같이 재난현장의 위험성을 용인하는 가운데 임무수행과 안전확보를 양립시키는 특이성·양면성이 있다. 21 위
계속성·반복성	① 안전관리는 끝없이 계속·반복적으로 실시되어야 한다. ② 재해현장 안전관리는 출동에서부터 귀소하여 다음 출동을 위한 점검·정비까지 계속된다 ③ 그러므로 평소 지속적인 교육훈련의 반복과 장비 점검 및 정비를 철저히 실시함이 안전관리의 중요한 요소가 된다.

★ 12, 18 소방위, 14 경남, 인천장, 16 대구교, 부산교장, 17 소방장, 18, 21 소방교·장, 위 등   * **오답**: 일반성, 획일성, 우발성
(▶ 잃체적극, 특이양면, 계속반복 / * **연상**: 잃체적으로 특양이 계속반복되었다) / ▶ **암기**: 잃체적, 특양계반

제2절 불안전한 상태와 불안전한 행위

(1) 불안전한 상태 ☆ 16 부산장, 18 장

① 물건 자체의 결함	설계불량, 공작의 결함, 노후, 피로, 사용한계, 고장 미수리, 정비불량 등
② 방호조치의 결함	무방호, 방호불충분, 무접지, 무절연이나 불충분, 차폐 불충분, 구간·표시 결함
③ 물건을 두는 방법, 작업장소의 결함	작업장 공간부족, 기계·장치·용구·집기 배치결함, 물건 보관방법 부적절 등
④ 보호구 복장 등 결함	장구·개인 안전장비 결함 등
⑤ 작업환경의 결함	소음, 조명, 환기의 결함, 위험표지 및 경보의 결함, 기타 작업환경 결함
⑥ 자연환경 등	눈, 비, 안개, 바람 등 기상상태 불량 ▶ ①~⑥ **암기**: 물방 장복 환자

(2) 불안전한 행위와 요인 ☆ 18 장

불안전한 행위와 요인	일반적으로 불안전한 행위의 요인은 다음과 같은 경우에 일어나는 것으로 보고 있다. ① 의식에 착오가 있었던 경우 ➡ 안전한 행동(방법)을 알지 못했기 때문(지식의 부족) ② 의식 했던 대로 행동이 되지 않은 경우 ➡ 안전하게 되지 않았기 때문에(기능의 미숙) ③ 의식이 없이 행동을 했을 경우 ➡ 안전한 방법을 알고 있거나 안전하게 할 수 있는 능력을 가지고 있으면서 하지 않았기 때문에(태도 불량, 의욕결여) 일어나는 것이다. ✪ 그것은 「모른다」, 「할 수 없다」, 「하지 않는다」라고 할 수 있다. ―――* 1. 지식의 부족 : 안전한 행위를 모른다. 원인으로는 다음과 같다 　① 교육하지(배우지) 않았기 때문에　② 기억하지 못하기 때문에　③ 잊었기 때문에 2. 기능의 미숙 : 안전한 행위를 할 수 없다. 이와 같은 경우는 다음과 같다 　① 작업에 대한 기능이 미숙하기 때문에 　② 작업이 힘겹기 때문에 　③ 작업량이 능력에 비해 **과대하기** 때문에 ―――* 3. 태도불량(의욕의 결여) : 알고 있으며, 할 수 있는 능력을 가지고도 하지 않는다 　① 상황파악에 잘못이 있을 때 　② 좋지 않다는 것을 의식하면서 행동할 경우 　③ 무의식으로 하는 경우 ➡ ①항의 경우는 개인의 적성에 따르는 경우가 많으며, 　　②항은 주로 본인 작업태도 불량, 안전의식의 결함에서 생기므로 교정의 여지가 있다. 　　- 일반적인 경향으로 안전한 수단이 **생략되는 경향**은 다음과 같다. 　　　㉠ 작업보다 안전수단의 비중이 커질 때　㉡ 자신 과잉　㉢ 주위의 영향(주위에 동화) 　　　㉣ 안전인식 **결여**　　㉤ 피로했을 때　㉥ 직장(현장) 분위기 등

제3절 재해(사고)발생 이론 ★ 23 위

1 하인리히(최초) 이론★★ ☆ 12 부산, 15 울산교장 소방장, 19 장, 22,23 위, 24 장

하인리히는 제3단계인 불안전 행동 및 불안전 상태(직접원인)를 제거하면 재해는 예방된다 했으며, 1(중상): 29(경상): 300(무재해 사고)로 통계했다. ★ 24 장

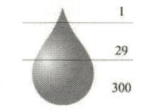
【하인리히 사고법칙】

> ✪ **하인리히 법칙**: 그는 대형사고 1건(중상)이 발생하기 전에 관련된 소형사고가 29회 발생(경상)하고, 이 소형사고 이전에 같은 원인의 사소한 징후(무상해 사고)들이 300회 나타난다고 발표했다.

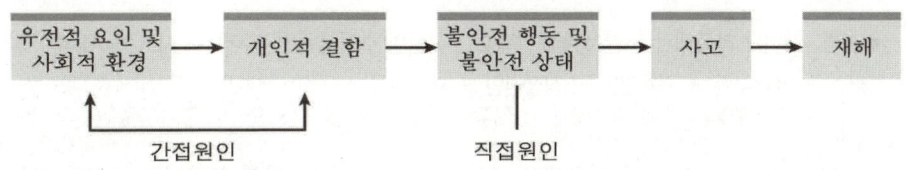

- **개념**: 유전적 무모함과 사회환경이 → 개인 결함이고 → 불안이(직접원인 되어) → 사고, 재해가.
- ▶ 암기: (하)유개불안(* 연상: 하인리히가 유전적, 사회적 환경으로 유괴당해서 불안하다.)

사회적 환경 및 유전적 요소	무모, 완고, 탐욕, 등 바람직하지 못한 성격은 유전으로 계승되며, 환경은 바람직하지 못한 성격을 조장하고 교육을 방해한다. 유전 및 환경은 모두 인적결함 원인이 된다.
개인적 결함	신경질, 무분별, 무지 등 선천적, 후천적인 인적결함은 불안전한 행동을 일으킨다.
불안전한 행동이나 불안전한 상태	매달려 있는 짐 아래에 서 있다든지 등과 같은 사람의 **불안전한 행동**, 방호장치 없는 톱니바퀴, 불충분한 조명 등 기계적, 물리적인 위험성은 **직접적인 사고의 원인**이 된다.
사 고	물체의 낙하, 비래(飛來)물에 의한 타격 등과 같은 현상은 상해의 원인이 된다.
상 해	좌상, 열상 등의 상해는 사고의 결과로서 생긴다.

-----*

▷ **프랭크버드**의 키워드로서 4개의 M이 있다.(다음p 이론임)   ▶ 암기: 인기작관(* 연상: 인기작가)

Man (인간)	본인보다도 본인 이외의 사람, 직장에서는 동료나 상사 등 인간환경을 중시한다. ① 심리적 원인(망각 등) ② 생리적 원인(피로 등) ③ 직장적 원인(인간관계 등)
Machine (기계 혹은 작업시설)	기계 설비 등의 물적 조건으로 - 기계나 통로의 안전유지, 인간공학적 설계 등이다. ① 기계·설비의 설계상의 결함 ② 위험방호의 불량 ③ 본질 안전화 부족(인간공학적 배려 부족) ④ 표준화의 부족 ⑤ 점검 정비의 부족
Media (작업, 매체)	Media란 본래 인간과 기계를 연결하는 매체라고 하는 의미이다 구체적으로는 16 부산 ① 작업정보 ② 작업방법 ③ 작업환경 ④ 작업공간 ⑤ 작업자세, 작업동작 등이다.
Management (관리)	안전법규의 철저, 기준류의 정비, 안전관리조직, 교육훈련, 계획, 지휘감독 등 관리이다. ① 관리조직 ② 규정·매뉴얼 ③ 안전관리계획 ④ 교육·훈련 ⑤ 적성배치 ⑦ 건강관리 등

2 프랭크버드 (최신의 도미노이론)** ☆ 13 경남, 서울교, 경남장, 19 장, 20 교

버드는 보험 통계 17만 5천여 건의 사고분석 결과, 1(중상, 폐질) : 10(경상) : 30(무상해사고, 물적 손실) : 600(무상해, 무사고 고장, 위험순간)의 비율로 사고가 발생한다는 법칙을 발표했다.

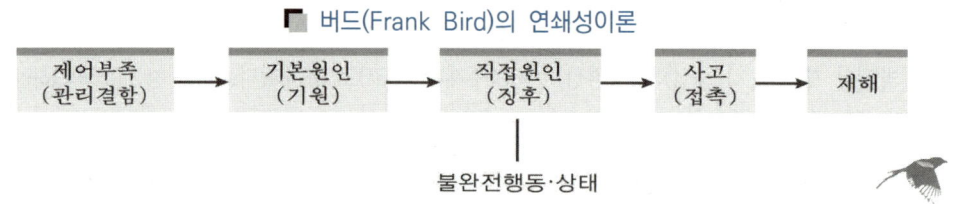

■ 버드(Frank Bird)의 연쇄성이론

제어부족(관리결함) → 기본원인(기원) → 직접원인(징후) → 사고(접촉) → 재해
                                    │
                              불완전행동·상태

- **개념**: 제어가 부족해서 ⋯→ 기본원인이 되고 ⋯→ 불안이(직접원인 되어) ⋯→ 사고 및 재해가 일어난다.
  - 제어부족 – 기본원인 – 직접원인 – 사고   ▶ **암기**: 제기직사 (* 제기랄! 직사했네)
  - 관리결함 – 기원(기본원인) – 징후 – 접촉 – 손실   ▶ **암기**: 관기징접손 (* 그 거지 자식!)

- **하버드**(하인리히+버드): 두 이론에서 가장 중요한 대책은 3단계 불안전한 직접원인의 제거이다.

(1) 제어의 부족-관리(1단계)
제어의 부족은 안전감독기관이 안전에 관한 제도, 조직, 지도, 관리 등을 소홀히 하는 것이다.

(2) 기본원인-기원(2단계)
① 개인적 요인: 지식 및 기능의 부족, 부적당한 동기부여, 육체적 또는 정신적인 제반문제 등.
② 작업상 요인: 기계설비의 결함, 부적절한 작업기준, 부적당한 기기의 사용방법, 작업체제 등.
'직접원인'을 해결하는 것보다 '기본원인'을 찾는 것이 **중요하다**.(* 결국 둘다 중요!)

(3) 직접원인-징후(3단계) 하인리히의 연쇄이론에서도 가장 중요한 대책사항으로 취급되어 온 요인이다.

(4) 사고-접촉(4단계) 에너지원과의 접촉 또는 정상적인 신체의 작용을 저해하는 물질과의 접촉이다.

(5) 상해-손실(5단계)
재해연쇄의 요인에서 사용되는 상해라는 말에는 작업 장소에서 생기는 **정신적, 신경적 또는 육체적인 영향**과 함께 외상적 상해와 질병의 양자를 포함하는 인간의 육체적 손상을 포함하고 있다.

- 버드는 또한 17만5천 건의 사고를 분석한 결과 :
  ❶ 중상 또는 폐질 1 ❷ 경상(물적 또는 인적상해) 10 ❸ 무상해사고(물적 손실) 30 ❹ 무상해·무사고 고장(위험순간) 600의 비율로 사고가 발생한다는 / 이른바 「1 : 10 : 30 : 600의 법칙」을 주장하였다.

3 깨진유리창 이론

깨진 유리창 이론은 깨진 유리창 하나를 방치해 두면 그 지점을 중심으로 범죄가 확산된다는 이론으로 사소한 무질서나 결함을 방치하게 되면 나중에 더 큰 피해나 피해 확대가 일어날 수 있다는 개념이다.

제4절 재해예방 대책

1. 재해예방의 4원칙 ☆ 14 소방위, 15 울산장, 14, 19 소방교(* 내용이 나옴)

① 예방 가능의 원칙	천재지변을 제외한 모든 인위적 재난은 원칙적으로 예방이 가능하다는 원칙.
② 손실 우연의 원칙	사고 결과의 재해 손실은 사고 당시의 조건에 따라 우연적으로 발생한다는 원칙.
③ 원인 연계의 원칙	사고는 반드시 원인이 있고 대부분 복합적 연계로서 원인은 종합적 검토가 필요.
④ 대책선정의 원칙	원인 등 발견은 반드시 대책 선정(마련)을 실시하며, 기술적·교육적·관리적 대책이 있다.

- 대책은 재해방지의 3기둥(3개의 E)이라 할 수 있는 다음의 것이 있다.
  ① Engineering(기술적 대책) : 안전 설계, 작업환경·설비개선, 행정개선, 안전기준설정, 점검보존의 확립 등
  ② Education(교육적 대책) : 안전지식 또는 기능의 결여나 부적절한 태도 시정
  ③ Enforcement(관리적 대책) : ** ▶ 암기 : 기술교관 ☆ 14, 21 위
     ❶ 적합한 기준 설정   ❷ 각종 규정 및 수칙의 준수
     ❸ 전 작업자의 기준 이해   ❹ 관리자 및 지휘자의 솔선수범
     ❺ 부단한 동기 부여와 사기 향상
                                    ▶ 암기 : 설준이 동술 (* 성준이 통술)

2. 사고 예방대책의 기본원리 5단계* ☆ 12, 소방교, 위, 15 소방교, 22 소방교(순서 나옴), 24 장, 위

1단계 안전조직(조직체계확립)	경영자의 안전목표 설정, 안전관리자 선임, 안전라인 및 참모조직, 안전활동 전개 등 안전관리에서 가장 기본적인 활동은 안전관리조직의 구성이다.
2단계 사실의 발견(현황파악)	각종 사고, 활동기록의 검토, 작업분석, 안전점검 및 검사, 사고조사, 안전회의, 토의, 근로자의 제안, 여론조사 등에 의해 **불안전 요소를 발견**한다.
3단계 분석 평가(원인규명)	사고원인 및 경향성 분석, 사고기록 및 관계자료 분석, 인적·물적 환경조건 분석 등을 통하여 사고의 직접 및 간접 원인을 찾아낸다. 24 위
4단계 시정방법의 선정(대책선정)	기술적 개선, 배치조정, 교육훈련의 개선, 안전행정의 개선, 규정 및 수칙 등 제도의 개선, 안전운동의 전개 등 효과적인 **개선방법**을 선정한다.
5단계 시정책의 적용(목표달성)	시정책은 3E, 즉 기술(Engineering), 교육(Education), 관리(Enforcement)를 완성함으로써 이루어진다.

▶ 1,2 암기 : 예손원대 / 안사분 시시. (* 연상 : 예손원대한데 안사면 시시하다.)

---

* 재해(사고) 조사 시 유의사항 ① 가능한 한 피해자의 진술을 듣고 ② 조사자는 2인 이상이 빨리 착수하며, ③ 현장 상황을 사진 찍어두며 ④ 판단이 어려운 특수사고는 발생사실을 은폐해서는 안 된다. ☆ 24 소방교

제5절 안전교육의 개관

1 안전교육의 목적 ★ 10 강원장, 14 부산교, 장

안전교육은 다음과 같다. (*^^ 안전교육 목적은 아래 방목효과 3가지가 있다.)

① 안전교육의 방향	사고사례를 중심 및 안전의식을 함양하는 방향으로 교육을 실시한다.
② 안전교육의 목표	① <u>의</u>식(정신)의 안전화 ② <u>행</u>동의 안전화 10 강원장, ③ <u>기</u>계·기구의 안전화 ▶ 암기: 의(정)행기(*비행기)
③ 안전교육의 효과 14부산교장	① 잠재적 위험요인의 <u>발</u>견능력 향상 ② 사고발생 <u>가</u>능성 예지 ③ 안전사고 예방 <u>기</u>술 습득 ④ 사고조사 및 비상상황 <u>대</u>응력 강화 ▶ 암기: 발가(예지)기대

2 안전교육의 방법   ▶ 암기: 강시토사역 (* 각 내용이 나옴)   ★ 13 서울, 경북, 16, 24 교

① **강의식 교육** : 강사가 일방적으로 교육내용을 전달하는 방식을 주로 한다.

장 점 16경기교	① <u>경제적</u>이다.(다수에게 많은 지식을 일시에 제공 가능) ② 기초적인 내용, 논리적인 설명에 효과적이다. ③ 시간이 절약된다. ④ 강의내용이나 진행방법을 자유롭게 변경시킬 수 있다. ⑤ 교육생 상호 자극에 의한 학습효과가 <u>높아</u>진다.(* 시험, 포상 등으로 경쟁의식이 높다) ⑥ 정보전달에 효과적이다.
단 점	① 일방적, 획일적, 기계적이므로 교육생이 단조로움을 느낀다. ② 교육생 개개인의 이해정도를 파악하기 어렵다. ③ 교육생을 수동적인 태도에 몰아넣고, 스스로 생각하려는 적극성을 잃게 된다. ④ 교육 중 질문을 받게 되는 경우가 드물기 때문에 강의에 흥미를 잃기 쉽다.

② **시범실습식 교육** ★ 24 교
직접 사물에 접촉하여 관찰·실험하고 수집·검증·정리하는 직접경험에 의해 지도하는 것이다.

장 점	① 행동요소를 포함하는 기술교육에 적합. ② 교육생의 적극적인 참여를 가져온다. ③ <u>이해도</u> 측정이 용이하다. 23위 ④ 의사전달의 효과를 보완할 수 있다.
단 점	① 시간이나 장소, 교육생의 수에 제한을 받는다. ② **사고력 학습에 부적합**하다.(* 예습복습이 없어 생각, 궁리하는 힘이 부적합하다는 뜻!)

★ 진행방법 : <u>설</u>명단계 → <u>시</u>범단계 → <u>실</u>습단계 → <u>감</u>독단계 → <u>평</u>가단계가 있다.   ▶ 암기: 설시실감

③ **토의식 교육** ★ 15 인천장

피교육자간의 토의를 전제로 목적하는바 최선책을 취해나가는 방식이다 이것은 인간이 동료들 사이에 들고 싶은 ❶사회적 욕구 / 자기의 의견을 인정받고 싶은 ❷자아욕구 / ❸자아실현욕구' 등에 따른 기법으로서, 이 교육은 어느 정도 안전지식과 실제경험을 가진 자에게 효과적이다.

목 적	① 적극적, 자발적 참여할 수 있도록. ② 교육내용 이해도를 정확히 측정. ③ 여러 사람의 지식과 경험을 공유. ④ 집단생리를 터득 회의 운영기술을 습득.
토의조건	① 공평한 발언기회를 부여. ② 자유로운 토의의 분위기 조성. ③ 참가자는 주제에 어느 정도 지식과 경험이 갖추어져야 한다. ④ 강사는 토의의 목적과 방법을 명확히 하여 교육생을 유도한다.

④ **사례연구법(문제해결식 교육)** ★ 14 경남장, 16 경기장, 16, 18, 23 위

미국 하버드대에서 개발된 토의방식으로 재해(사고)사례해결에 직접 참가하는 것이다. 단기간의 실무에서 발생하는 문제에 접하여 고도의 판단력을 양성할 수 있는 유효한 귀납적인 방법이다.
(*^^ 귀납: 개개의 구체적 사실이나 원리에서 일반적인 명제 및 법칙을 유도해 내는 일)

장점 23위	① 현실적인 문제의 학습이 가능하다. ② 흥미가 있고 학습동기를 유발할 수 있다. ③ 의사소통 기술이 향상되며 관찰력과 분석력을 높일 수 있다
단점	① 원칙과 룰(rule)의 체계적 습득이 어렵다. (*^^ 사례: 어떤 일의 전례나 실례) ② 적절한 사례의 확보가 곤란하다. ③ 학습의 진보를 측정하기 힘들다.

✪ 사례연구의 진행단계   ▶ 암기: 제사다 해해피(* 사례 제사를 책 희피)
· 제1단계(도입 및 사례의 제시) · 제2단계(사례의 사실파악) · 제3단계(다수의 문제점 발견)
· 제4단계(핵심 문제점 발견) · 제5단계(해결책 수립) · 제6단계[피드백(Feed Back)]

■ 사례연구는 시대적인 요구에 합치되는 교육훈련기법이나 사례연구에 의한 지도는 결코 용이하지 않다. 그러나 문제의 핵심을 잡아 기본적 행동으로 만들어 내는 프로세스에 성공한다면 가장 효과가 큰 훈련기법이 된다.

⑤ **역할기법(Role Playing)**   ▶ ④⑤암기: 하버드 사례, 루마니아 역할

현실에 가까운 모의적인 장면을 설정, 그 안에서 특정한 역할을 연기함으로서 익히는 방법이다. "루마니아의 모레노"가 창안한 것으로, 부여받은 상황에서 자유롭게 연기를 하고 검토한다.

장 점	① 연기자는 학습 내용을 체험하여 몸으로 배우고 자기의 행동에 여러 의견을 들을 수 있다. ② 일정한 역할을 주어 실제적으로 연기를 시켜봄으로 관찰능력을 높이고 감수성이 향상된다.
단 점	① 관리력 등 높은 정도의 능력 훈련에는 적당하지 않다. ② 취해야 할 자세를 강의로 가르치고 그것을 연기하는 등 다른 방법과 결합하는 것이 필요함. ③ 연기자가 진지해지지 않는 경향이 있다.

✪ 실시단계 : 설명 → 웜밍업 → 역할결정 → 연기실시(5~15분) → 분석, 검토 → 재연

▶ 암기: 설워 역할 연분재(* 연상: 서러워 역할 연기 분석하고 다시 재연)

※ 키워드 ☞ ① 강사 ② 직접 ③ 3가지 욕구, 경험자가 효과적 ④ 하버드, 단기간, 귀납적 ⑤ 모의장면, 루마니아

3 안전교육의 종류 ☆ 13 서울, 16 전북장, 22 소방장

구 분	종 류	교육내용	교육방법의 요점
능력 개발	지식교육	• 취급하는 기계·설비의 구조, 기능, 성능의 개념형성. • 재해발생 원리를 <u>이해</u>시킨다. • 안전관리, 작업에 필요한 법규, 규정, 기준을 알게 한다.	알아야 할 것의 개념 형성을 꾀한다.
	문제해결 교육	• 원인지향의 문제해결로 과거·현재 문제를 대상으로 사실 확인 문제점 발견, 원인탐구에서 대책 순서를 알게 한다. • 목표지향의 <u>문제처리</u>를 할 수 있게 한다.	사고력과 종합능력을 육성한다.
	기능교육	• <u>화재진압·구조·구급</u> 등의 작업방법, 기계·기구류의 취급 등 조작방법을 <u>숙달</u>시킨다. ▶ (전체)암기: 지문기능	응용능력의 육성이며 실기를 주체로 한다.
인간 형성	태도교육	• 안전작업에 대한 <u>몸가짐 마음가짐</u>을 몸에 붙게 한다. • 안전규율, 직장규율을 몸에 붙이도록 한다. • 의욕을 갖게 한다.(* 청취➡ 이해➡ 모범➡ 권장➡ 평가순)	안전의식에 관한 가치관 형성교육을 한다.

✪ 상기 4가지로 크게 분류하고, 그 외 교육효과를 거양하기 위한 추후지도, 정신교육 등을 들수 있다. (*추정)

제6절 위험예지훈련***

☆ 12 교, 위, 13 인천장, 15 울산, 16 부산, 18 교

1 위험예지훈련의 개요 **

(1) 감수성을 높인다

안전을 확보하기 위해서는 위험에 대한 감수성을 높이는 것이 필요하다.
위험예지훈련은 소방활동이나 훈련·연습 중에서 위험요인을 발견할 수 있는 감수성을 소대원(개인) 수준에서 소대(팀)수준으로 높이는 훈련이다.

(2) 모임(Meeting)의 중요성을 인식한다   ☆ 13 부산, 14 서울장, 부산장, 인천장, 15 울산교

안전을 확보하기 위해서는 소대 내에서 적극적인 토론, 회합이 필요하다. 위험예지훈련은 위험요인에 대하여 토론, 연구, 이해를 돕기 위한 모임의 훈련이다. 토론이 중요한 의미를 가지므로 브레인스토밍(Brain Storming)* 요령으로 실시하며 특히 다음 사항에 유의한다.
① 편안한 분위기에서 행한다.
② 전원이 자유롭게 발언한다.
③ 발언에 대하여 비판은 하지 않으며 논의도 하지 않는다. (*^^ ㅜㅠ, 음!, 에이!)
④ 타인의 이야기를 잘 듣고 서로가 자기의 생각을 높여가도록 한다.
⑤ **질보다는 양을 중요시한다.**(*^^ 많은 발표를 원한다)   * **오답**: 양보다 질을 중요시 한다.

2　위험예지훈련의 흐름의 효과

(1) 훈련의 흐름

"어떠한 위험이 잠재하고 있는가?"를 소대 내에서 위험요인을 도출, "이것이 문제다." 라고 파악된 위험요인을 "해결하려면 어떻게 하는 것이 좋을까"를 전원이 단시간에 결정하는 훈련이다.

> ■ **훈련시트**(종이) 작성의 유의점　☆ 12경기, 13 인천, 위 14 인천, 15 울산장, 21, 24 교
> ① 시트는 대원의 친숙도가 **큰** 상황(예 사고 사례나 신체 훈련의 상황 등)으로부터 선정하는 방법이 부드럽게 진행이 된다. * 오답: 양보
> ② 한 장의 시트에 여러 가지 상황을 기입하지 말 것. (1장에 1가지) * 오답: 기입한다
> ③ 아주 자세한 부분까지 그려 넣지 말 것.(대충!) * 오답: 그려넣는다
> ④ 어두운 분위기가 아닌 밝은 분위기로 그려진 것이 좋다. ☆ 24교
> ⑤ 간단한 조사, 잘못된 조사가 되어서는 안 되기 때문에 고의로 제작한 도해가 아닐 것.
> ⑥ 도해의 상황이 광범위한 활동 등에 미치는 경우에는 그 가운데의 특정 부분에 한정하여 실시하는 것도 하나의 방법이다.
> (*^^ 키워드: 크고 부드럽게, 한 장마다, 대충, 밝게 또한 고의가 아니며 특정부분에 한정)
> ▶ 암기: 특정 크부 한 대박 / * 연상: 고의 아니면 특정부분에 크고 부드럽게, 한 장마다, 대충, 밝게)

3　위험예지훈련의 진행방법

■ 위험예지훈련 진행사항 ■ *　☆ 10 위, 12 경기, 13 울산교, 16 부산교, 22 소방교

라운드	문제해결 라운드	위험예지훈련 라운드	위험예지훈련 진행방법
1R	위험사실을 파악 (현상파악)	'어떠한 위험이 잠재하고 있는가'	모두의 토론으로 그림 상황 속에 잠재한 위험요인을 발견한다.
2R	위험원인을 조사 (본질추구)	'이것이 위험의 요점이다'	발견된 위험요인 가운데 이것이 중요하다고 생각되는 위험을 파악하고 ○표, ◎표를 붙인다.
3R	대책을 세운다 (대책수립)	'당신이라면 어떻게 할 것인가'	◎표를 한 중요위험을 해결하기 위해서는 '어떻게 하면 좋은가'를 생각하여 구체적인 대책을 세운다.
4R	행동계획을 결정 (목표달성)	'우리들은 이렇게 한다'	대책 중 중점실시 항목에 ※표를 붙여 그것을 실천하기 위한 팀 행동 목표를 세운다.

▶ 파악추구수립달성　▶ 전체암기: 사원대결 파추수달(* 사원대결 파주수달) / ▶ 우측칸 암기: 잠요어이

---

* 보충: 소방공무원 교육훈련에서 훈련을 실시할 때 바람직한 교육생과 교관의 비율은 <u>5명 : 1명</u>이다. (표준교재 제7장)
* 깨진유리창의 이론: 허술한 골목에 동일 차량 2대를 보닛을 열어 둔 채로 방치하되, 그중 한 대는 창문을 깨뜨린 상태로 두고, 7일 후 2대의 차량을 확인해 보니 창문이 깨진 차량이 더 많은 범죄행위를 유발한 사실이 확인되었다는 이론.

제7절 소방차량 등의 안전

1 교통법규의 준수

(1) 긴급자동차의 정의
"긴급자동차란 ① 소방차, ② 구급차, ③ 혈액공급차량 ④ 그 밖의 대통령령이 정하는 자동차로서 그 본래의 긴급한 용도로 사용되고 있는 중인 자동차를 말한다."

> ■ 긴급자동차에 대하여는 다음 사항을 적용하지 아니한다.
>   앞지르기의 금지, 끼어들기의 금지, 신호위반, 보도침범, 중앙선 침범, 횡단 등의 금지, 안전거리 확보, 앞지르기 방법 등, 정차 및 주차의 금지, 주차금지, 고장 등의 조치
> ✪ 긴급자동차는 긴급하고 부득이한 경우에는 도로의 중앙이나 좌측 부분(역주행)을 통행할 수 있다.)

(2) 긴급자동차의 특례
긴급자동차는 일반차량에 적용되고 있는 속도의 제한을 받지 않은 통행의 우선순위를 가지고 있으나,
– 이것은 시민의 생명과 재산에 피해를 주지 않는 범위 내에서의 우선통행을 말한다.

(3) 긴급자동차의 유의사항
긴급자동차는 반드시 경광등이나 사이렌을 울리거나 또는 전조등을 점등한 상태이어야 한다.

(3) 차량 내에서의 안전
일반적으로 소음의 강도가 80dB 이상인 경우 청력의 손상을 가져올 수 있다.

> ✪ 소음의 강도: 휘파람→40dB, 세탁기→78dB, 시끄러운 식당→80dB, 지하철→90dB, 제트기→140dB.

2 안전한 운전기법

(1) 분대장의 역할과 태도
① 분대장의 역할은 출동경보가 발령된 시점부터 시작된다.
② 우선적으로 가장 중요한 역할은 정확한 사고지점을 확인하고 출동경로를 선정하는 것이다.
③ 출동 중에는 필요한 경우 운전요원의 보조역할을 할 수도 있어야 한다.
④ 운전요원이 운전에만 전념할 수 있도록 해야 한다.
⑤ 분대장이 조급함을 보이거나 운전원을 재촉하고 분대장 자신 스스로가 침착한 상태를 유지한다.
⑥ 운전자가 방어운전을 할 수 있도록 분위기를 조성한다.
⑦ 운전요원의 좋지 않은 운전태도는 분대장에게도 책임이 있다.

3 방어운전 기법*

(1) 충분한 시야의 확보
① 핸들보다 높은 위치에서 **전면**을 주시한다.　② 넓은 시야를 확보한다.
③ 눈을 계속하여 움직인다.　　　　　　　　　　④ 운전에만 정신을 집중한다.
⑤ 차량에 설치되어 있는 각종 경보장치를 적극 활용한다.

(2) 급제동(急制動)의 예측 (*^^ 총정지거리 = 운전자반응거리 + 차량정지거리)
① **총 정지거리**는 ➡ 정지를 하여야 할 상황을 인지한 후 브레이크를 밟고 차량이 완전히 정지하는 순간까지의 거리를 말하며, 운전자반응거리와 + 차량의 정지거리의 합을 말한다.
② **운전자 반응거리**란 ➡ 차량의 운전자가 정지의 필요성을 인식한 후, 운전자의 발이 엑셀레이터를 떠나 브레이크 페달을 밟는 순간까지의 주행한 거리를 말하며,
차량정지거리란 ➡ 브레이크가 작동하여 차량이 완전히 정지될 때까지의 주행거리를 말한다.

> ✪ 주행속도가 빠를수록 운전자 반응거리는 길어지고, 운전자가 확보할 수 있는 시야는 좁아진다.
> (예) 시속 60km 주행 시에 시야는 약 60° 정도이나,
> 시속 100km 정도의 속도로 주행 시에 운전자가 확보할 수 있는 시야는 약 40° 정도로 좁아진다.)

4 고속도로에서의 운행과 활동*

(1) 고속도로 상에서의 주차방법에 유의한다.**　☆ 16 서울교, 20 교, 24 위
① 주 교통흐름을 어느 정도 차단할 수 있는 위치에 주차한다.
② 주차각도는 차선의 방향으로부터 **비스듬한** 각도를 가지고 주차하여 진행하는 차량으로부터 대원의 안전을 확보하도록 한다.
③ 주차된 소방차량의 앞바퀴는 사고현장과 일직선이 **아닌** 방향으로 즉, 사고현장의 외곽부분으로 향하도록 정렬하여 진행하는 차량이 소방차량과 충돌할 경우 소방차량에 의해 대원이 부상당하지 않도록 해야 한다. * **오답**: 일직선의 방향으로, 내곽 안쪽으로 20 교, 24 위
(*^^ 만일 주차된 소방차를 추돌한다면 소방차가 내곽부분의 일직선이었을 경우 사고현장으로 갈 수 있다는 뜻)
④ 사고현장의 완벽한 안전확보를 위하여 **사고현장(작업공간 15m 정도 포함)**으로부터 제한속도에 비례하여
 (예: 제한속도 100km/h의 도로인 경우 100m 가량)정도 떨어진 위치에 추가의(**경찰차** 등) 차량을 배치시켜 일반 운전자들이 서행하거나 우회할 수 있도록 조치해야 한다.

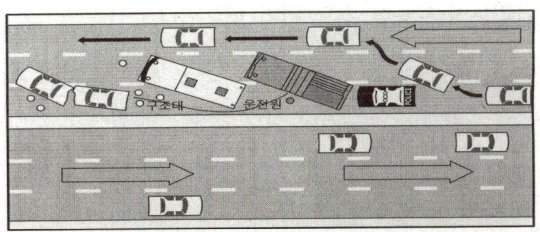

제8절 화재 현장에서의 안전

1 인명구조활동시의 안전행동 지침

(1) 인명검색시의 안전행동 지침*

① 백드래프트의 가능성이 있는 경우 배연이 이루어지고 난 후에 진입을 시도하여야 한다.
　배연이 이루어지기 전에 진입을 시도할 경우 백드래프트로 인하여 심각한 부상을 초래할 수 있다.
　➡ 동료대원의 안전에 대한 책임은 모든 대원에게 있음을 명심한다.
② 검색에 투입된 모든 대원을 위한 2차 대피수단이 준비되어 있어야 한다.
③ 발화층 상층부에서 활동할 때는 언제든지 방수할 수 있는 소방호스를 가지고 있어야 한다.
　➡ 호스는 화재진압에 사용할 수도 있고, 엄호용으로도 활용할 수 있기 때문이다.
④ 실내로 들어가는 입구에 표시하고, 방안으로 들어갈 때 회전한 방향을 기억해야 한다.
　➡ 빠져 나오기 위해서는 반대방향으로 회전해야 한다.(* 왔던데로 돌아서)
⑤ 문을 개방하기 전에 손등으로 문을 만져보아 열기가 있는지 확인해야 한다.
　➡ 낮은 자세를 유지하고 조심스럽게 이동해야 한다.
⑥ 모든 감각을 동원하여 경계를 늦추지 말고 뜨거운 부분과 약해진 부분은 조심한다.
⑦ 항상 벽을 따라서 움직여야 한다.
⑧ 화재가 확대될 가능성이 없다고 판단되는 경우 창문을 개방하여 열과 연기를 배출시켜야 한다.

(2) 방향 상실 시의 안전행동

인명검색 활동 중 방향을 잃었다면 최대한 침착성을 유지한 상태에서 벽을 따라 처음에 들어왔던 출입문 방향으로 이동해야 한다. ➡ 왜냐하면 거의 대부분의 경우에 있어 벽을 따라 이동 할 경우 진입하였던 출입문을 발견할 수 있기 때문이다.

(3) 소방로프를 활용한 안전확보

구조대원이 로프를 가지고 들어왔다면 그것을 따라 나가면 된다. ➡ 호스는 구조대원이 밖으로 나갈 수 있게 해주는 가장 확실한 방법이므로 호스를 절대 버려서는 안 된다.

(4) 손전등을 활용한 안전확보

항상 손전등을 휴대해야 한다. ➡ 왜냐하면 구조대상자를 발견하는 데 사용할 수 도 있지만, 위급한 경우 자신의 위치를 알리는데 사용할 수도 있기 때문이다.

> ✪ 구조대원이 스스로 위험한 상황에 처해 있다고 느낄 경우 손전등을 바닥에 놓아 빛이 천장을 비추도록 하여 자신이 위험한 상황에 처해 있다는 것을 알리는 데 활용할 수 있다는 것이다.

보충: * 보호구 선정조건은 강도, 수량, 종류, 형상, 성능이다. (중앙소방ㅎ학교 공통표준교재 제10장)

(5) 출입문 개방 시의 안전 확보

① 출입문은 조심스럽게 천천히 개방하여야 하며, 열기를 확인하기 위하여 문을 먼저 만져 본다.
② 문의 정면에 위치해서는 안 되며, 한쪽으로 비켜 선 낮은 자세를 유지하며 천천히 문을 열어야 한다.
   ➡ 이렇게 함으로써 문 뒤편에 있는 화염과 연소생성물이 머리 위로 지나갈 수 있게 할 수 있다.
③ 출입문을 안쪽으로 열기가 힘들다고 해서 문을 발로 차지 말아야 한다.
   ➡ 왜냐하면 구조대상자가 대피하기 위해 문 근처에 있는 경우 더 큰 부상을 당할 수도 있다.
④ 건물을 통하여 이동할 때는 약화되었거나 위험한 상황이 될 수 있는 조건들을 계속 관찰해한다.
   ➡ 특히 진행방향 앞부분의 바닥이 안전한지를 손이나 도구를 이용해서 지속적으로 확인한다.

2 기타 현장활동 시의 안전지침

(1) 공중에서의 방수활동 시 유의사항

① 고가사다리차나 굴절소방차량을 이용하여 공중에서 **화염부분으로 방수할 경우** (실외의 방수자는) 인위적인 혹은 자연적인 **배연구(排煙口)를 절대 차단해서는 안 된다.** 이러한 경우
② 실내에서 작업하는 대원들이 역류현상이나 방수된 물줄기 등으로 인해 다칠 수 있다.
③ 불가피한 경우 실내 활동하는 진압대와의 상호교신을 통하여 사고가 발생되지 않도록 한다.
④ 또한 불필요하게 창문을 파괴하지 않도록 주의한다. ➡ 왜냐하면 수손피해가 발생되며, 건물 내부로 연소 확대가 이루어 질 가능성이 있어 사고가 발생될 가능성이 높기 때문이다.

(2) 붕괴피해 예상범위의 설정

① 소화활동 중 안전성이 의심된다면 발화건물 주변의 안전지역 또는 붕괴예상지역을 설정한다.
② 일반적으로 붕괴로부터 비교적 안전한 지역의 범위를 설정할 경우 **건물의 높이와 같은 정도의 반경 외부(半徑外部)**정도로 설정한다. (*^^ 반경: 반지름) (← 구조편 참고: Y=1.5X로 됨)

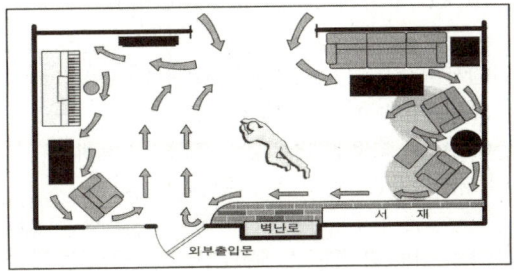
■ 검색활동 실시하기 전에 사전에 검색경로 설정 ■

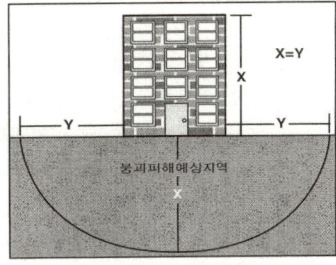
■ 붕괴피해 예상범위 ■

- 붕괴 예상범위(소화활동시): 건물 높이와 같은 반경외부정도로 설정(Y=x) ➡ 화재2편(p.167)
- 붕괴 안전지역(구조작업시): 건물 높이의 1.5배 이상으로 한다.(Y=1.5x) ➡ 구조편에서(p.296)

3 화재의 성장단계별 주요 화재현상의 이해와 대응

(1) 롤오버 현상 (*p24와 동일개념 다른 내용)
① 화재의 초기에서 발생된 가연성 가스가 산소와 혼합하여 천장부분에 집적될 때 발생한다.
② 뜨거운 가스가 실내 공기압 차이로 천장을 구르면서 화재가 발생되지 않는 곳으로 굴러간다.
③ 발화온도에 도달하면 화재의 선단부는 급속한 속도와 화염을 형성하면서 천장으로 지나간다.
④ 호스를 연장하거나 실내 진입 시 낮은 자세를 유지하라는 것은 바로 이러한 이유 때문이다.

> ✪ 플래시오버와 롤오버의 가장 큰 차이점은 롤오버의 경우 플래시오버와 같이 복사열에 의한 영향이 그리 많지 않다는 것과 한순간에 전체지역을 발화시키는 원인이 되지 않는다.

(2) 플래시오버(F/O) 현상★★ (*p21, 24와 동일개념 다른 내용)
① F/O 현상이란 대류와 복사 또는 이 두 가지의 결합에 의해 가열된 공간에 발화되는 것이다.
② 이 공간에 있는 가연물은 발화점까지 가열되어 있는 상태이기 때문에 동시연소를 가진다.
③ 실내 전체가 발화온도까지 미리 충분히 가열된 상태에서 한순간에 화재로 뒤덮이는 상태이다.

> ■ 플래시오버 징후*
> ① 실내의 조건이 현저한 자유연소의 단계에 있는 경우
> ② 열 때문에 소방대원이 낮은 자세를 유지할 수밖에 없는 경우
> ③ 실내에 과도한 열이 축적되어 있는 경우
> ④ 열기가 느껴지면서 두텁고, 뜨겁고, 진한 연기가 <u>아래로 쌓이는</u> 경우
> ✪ 이런 징후가 있을 때 공간을 냉각시키기 위한 방수작업과 배연작업을 실시한다.

(3) 백드래프트(B/D) 현상★★ (*p36와 동일개념 유사이론으로 중복부분 생략)

> ✪ ① 일반적으로 대부분의 화재현장은 비교적 충분한 산소의 공급이 이루어지고 있어 백드래프트현상이 흔히 발생되지는 않는다. (지하화재의 경우는 제외).
> ② 그러나 폐쇄된 공간에서 발생한 경우 산소가 부족해지면서 훈소상태에 접어들며, 일산화탄소와 탄화된 입자, 연기 및 부유물을 포함한 가스가 축적되게 된다.
> ③ 이런 조건에서 건물 내부로 산소가 공급되면 화재가 확대되거나 폭발이 발생할 수 있다. 일산화탄소의 경우 그 자체가 연소가능 하며, 발화온도는 609℃(* 약600도) 정도이다.
> ----* (* 보충: 공간 이용)
> (*^^ 지하실 화재를 제외하고, 플래시오버가 먼저 일어나면 백드래프트로 전이되지 않는다. 그러나 막힌 공간에서는 플래시오버 이전에 일산화탄소가 불붙어 빠져나가는 롤오버가 일어나지 않았을 때 일산화탄소가 빠져나가지 못해서 화재 중기에도 간혹 백드래프트는 일어날 수 있다.)

화재2- 4편 현장안전관리 　　OX(2진법) 개념 따라 잡기~

01 안전관리의 목표는 인명존중, 안전한 소방활동, 사회적 신뢰확립이다.( )

➡ 안전관리의 목표는 인명존중, 안전한 소방활동, 사회적 신뢰확립이다.(* 표준교재기준 화재2 1장)

02 소방안전관리의 특성은 일반성·적극성, 특이성·양면성, 계속성·반복성이다.( )

➡ 소방 안전관리의 특성은 일체성·적극성, 특이성·양면성, 계속성·반복성이다.

03 하인리히의 최초 도미노 재해 이론은 ① 사회적 환경 및 유전적요인 ➡ ② 개인적 결함 ➡ ③ 불안전 행동 및 불안전 상태 ➡ ④ 사고 ➡ ⑤ 상해 순이다.( )

➡ 하인리히의 최초 도미노 재해 이론은　① 사회환경과 유전적 무모함이 … ② 개인적 결함이고 … ③ 불안이(직접원인 되어) … ④ 사고가 생기고 ⑤ 상해(재해)가 된다.「1:29:300의 법칙」을 주장함.
▶ **암기**: (하)사개불안(* **연상**: 하인리히가 사회적, 유전적 환경으로 불안하다.)

04 버드의 이론은 ① 제어의 부족 ➡ ② 기본원인 ➡ ③ 직접원인 ➡ ④ 사고 ➡ ⑤ 상해 순이다.( )

➡ 프랭크 버드(Bird)의 최신 도미노 재해요인은 ① 제어의 부족 ➡ ② 기본원인 ➡ ③ 직접원인 ➡ 사고 ➡ ⑤ 상해 순이다. 「1 : 10 : 30 : 600의 법칙」을 주장함. ▶ **암기**: 제기직사(* 제기랄! 직사했네)

05 재해의 기본원인 4개의 M은 Man(인간), Machine(기계), Media(작업), Management(관리)이다.( )

➡ 옳은 설명이다.　* **오답**: Memory 기억

06 재해예방의 4원칙은 예방 가능의 원칙, 손실 우연의 원칙, 원인 연계의 원칙, 대책선정의 원칙이 있으며, 사고 예방대책의 기본원리 5단계는 안전조직(조직체계확립) ➡ 사실의 발견(현황파악) ➡ 분석 평가(원인규명) ➡ 시정방법의 선정(대책선정) ➡ 시정책의 적용(목표달성)이다.( )

➡ 옳은 설명이다.　▶ **암기**: 예손원대, 안사분 시시

07 안전교육의 목표는 소방대원에 대한 ① 의식(정신)의 안전화 ② 행동의 안전화 ③ 기계·기구의 안전화의 3가지 정도로 요약하여 실시한다.( )

➡ 안전교육의 목표는 ① 의식(정신)의 안전화 ② 행동의 안전화 ③ 기계·기구의 안전화가 있다 ▶ **암기**: 의행기

정답 01. (O)　02. (X)　03. (O)　04. (O)　05. (O)　06. (O)　07. (O)

08 위험예지훈련의 토론은 상대방의 발언에 대하여 비판은 하지 않아야 하며 논의는 하되 양보다는 질을 중요시 한다.( )

⇨ 위험예지훈련의 토론은 상대방의 발언에 대하여 비판은 하지 않으며 논의도 하지 않으며 질보다는 양(많은 토론)을 중요시 한다.(* 위험예지훈련은 각자 많은 예시를 들어 토론을 하면 좋다는 즉, 양을 중요시 한다는 뜻)

09 위험예지훈련 훈련시트 작성에서 한 장의 시트에 여러 가지 상황을 기입하며 아주 자세한 부분까지 그려 넣는다.( )

⇨ 한 장의 시트에 여러 가지 상황을 기입하지 않아야 하며 아주 자세한 부분까지 그려 넣지 말 것.

■ 훈련시트 작성의 유의점   ★ 13 위 15 울산장
① 시트는 대원의 친숙도가 큰 상황으로부터 선정하는 방법이 부드럽게 진행이 된다.
② 한 장의 시트에 여러 가지 상황을 기입하지 말 것
③ 아주 자세한 부분까지 그려 넣지 말 것
④ 간단한 조사, 잘못된 조사가 되어서는 안 되기 때문에 고의로 제작한 도해가 아닐 것
⑤ 어두운 분위기가 아닌 밝은 분위기로 그려진 것이 좋다.
⑥ 도해의 상황이 광범위한 활동 등에 미치는 경우에는 그 가운데의 특정 부분에 한정하여 실시하는 것도 하나의 방법이다.

10 스트레스의 징후(Sign)는 면역기능의 약화, 사고의 발생 가능성 증가가 있다.( )

⇨ ① 면역기능의 약화 ② 사고의 발생 가능성 증가는 스트레스의 결과이다.

11 소방공무원의 훈련을 실시할 때 바람직한 교육생과 교관의 비율은 5명 : 1명이다.( )

⇨ 교육생과 교관의 비율은 5명 : 1명이다. 옳다.

12 긴급자동차란 소방차, 구급차, 혈액공급차량 그 밖의 대통령령이 정하는 자동차(예: 업무 중인 경찰차)로서 긴급자동차로서의 특례혜택을 받기 위해서는 반드시 경광등이나 사이렌을 울리거나 또는 전조등을 점등한 상태이어야 한다.( )

⇨ 긴급자동차란 소방차, 구급차 그리고 혈액공급차량 등도 포함된다. 모두 옳다.

13 보호구 선정조건은 강도, 수량, 종류, 형상, 성능이다.( )

⇨ ① 종류 ② 형상 ③ 성능 ④ 수량 ⑤ 강도이다. 옳다. (* P198의 하단 주석 또는 표준교재 10장)
▶ 암기: 강수종 형성

정답 ○ 08. (X) 09. (X) 10. (O) 11. (O) 12. (O) 13. (O)

3편

화재조사실무

1절 화재조사 ································· 172
2절 화재피해조사방법 ······················ 174
3절 소방의 화재조사에 관한 법률 ········ 175
4절 화재조사 및 보고규정 등 ·············· 176
  ✪ OX 개념문제 ····························· 181

CHAPTER 01 화재조사의 개요

1 화재조사의 목적

① 화재에 의한 피해를 알리고 유사화재의 방지와 피해의 경감에 이바지한다.
② 출화원인을 규명하고 **예방**행정의 자료로 활용한다.
③ 화재확대 및 연소원인을 규명하여 예방 및 진압대책상의 자료로 한다.
④ 사상자의 발생 원인과 방화관리상황 등을 규명하여 인명구조 및 안전대책의 자료로 한다.
⑤ 화재의 발생상황, 원인, 손해상황 등을 **통계화** 함으로써 널리 소방정보를 수집하고 행정정책의 자료로 한다. (*^^ 화재조사의 목적 키워드 : 예방과 통계)

> ✪ 화재는 법률관계를 수반하는 사건이며, 그 실황식별행위는 사법적 관점에 입각한 증거보전 행위로 될 수 있으며, 소방법령상에 있어서는 화재조사의 주체는 소방기관으로 되어있으나
> • 행정상 경찰기관과의 연대가 필요하고, 경찰기관이 행하는 방화, 실화의 범죄수사에 대한 협력을 위해 방·실화범죄의 통보, 필요한 증거의 보전 등을 규정하고 있다.

┃화재조사사항┃ (화재조사법 제5조 및 시행령 제3조)

조사사항
① 화재원인에 관한 사항
② 화재로 인한 인명·재산피해상황
③ 대응활동에 관한 사항
④ 소방시설 등의 설치·관리 및 작동 여부에 관한 사항
⑤ 화재발생건축물과 구조물, 화재유형별 화재위험성 등에 관한 사항
⑥ 화재의 예방 및 안전관리에 관한 법률 제7조에 따른 화재안전조사의 실시결과에 관한 사항

┃화재조사절차┃ (화재조사법 시행령 제3조)

종 류	범 위
① 현장출동 중 조사	• 화재발생 접수, 출동 중 화재상황 파악 등
② 화재현장조사	• 화재의 발화원인, 연소상황 및 피해상황 조사 등
③ 정밀조사	• 감식·감정, 화재원인 판정 등
④ 화재조사 결과 보고	• 결과보고

제1절 화재조사*

1 화재조사의 특징*

화재조사의 특징: 신속성, 정밀과학성, 안정성, 강제성, 보존성, 현장성, 프리즘식이 있다. (* 7가지)
▶ **암기**: 신정안 강보현 프리즘(* **연상**: 신정안과 강보현이는 프리즘을 진행한다)

2 과학적인 방법   ☆ 17 위   ▶ 순서: 인정수 분개검

1. 필요부분 인식	• 우선, 문제가 존재한다는 것을 확인해야 한다.
2. 문제를 정의	• 존재하는 문제를 확인했으면 어떤 방식으로 문제를 해결할 수 있는지 결정한다
3. 데이터를 수집	화재에 대한 현장정보를 수집한다.
4. 데이터를 분석	① 과학적 방법에서는 수집된 모든 데이터(자료)가 분석되어야 한다. 이는 **최종 가설을 만들기 전에** 수행되어야 하는 필수적 단계이다. ② 데이터의 확인, 수집 및 분류는 데이터(data) 분석과 <u>다르다</u>. - 데이터 분석은 지식, 훈련, 경험, 전문가 수행한 분석을 토대로 한다.
5. 가설을 개발 (귀납적 추론)	• 화재조사관은 분석한 데이터를 토대로 이러한 현상이 화재 패턴의 특성인지 여부, 그리고 화재 확산, 발화지점의 규명, 발화 과정, 화재원인, 화재 또는 폭발 사고에 대한 책임이나 손상의 원인 등에 대한 가설(들)을 만들어 낸다. 이러한 과정을 <u>귀납적 추론</u>이라고 한다. * **오답**: 연역적 (* 귀납: 순서대로 정리한 개념)
6. 가설을 검증 (연역적 추론)	• 화재조사관은 조심스럽고 신중한 검증 과정을 통과한 가설만을 입증된 가설로 사용할 수 있다. 가설의 검증은 **연역적 추론**의 원칙에 따라 수행되어야 한다.

✪ 방법론: 필요성 인식 ➡ 문제식별 ➡ 문제정의 ➡ 자료수집 ➡ 자료분석 ➡ 가설개발 ➡ 가설검증 ➡ 최종가설선택

3 화재조사관의 권한과 의무

권 한	① 화재 또는 소화로 인한 **피해의 조사권**(수손·파손·오손 등) ② 관계자에 대한 출석요구 및 질문권 ③ 관계기관에 대한 필요사항 통보 요구권 ④ 관계자에 대한 **자료 제출 명령권** ⑤ 소속 공무원이 행하는 조사를 위한 출입 검사 명령권 ⑥ 수사기관장이 방화 또는 실화의 혐의가 있어 피의자를 체포 또는 증거물을 압수했을 경우 (범죄수사에 지장을 주지 아니하는 범위에서) 피의자에 대한 질문과 압수된 증거물에 대한 조사권
의 무	① 화재조사 시 개인 주거의 경우 관계자의 승낙을 얻을 의무 ② 화재조사 시 관계자 비밀을 타인에게 누설금지 의무 ③ 화재조사 시 신분을 증명하는 **증표를 제시할 의무** ④ 방화 또는 실화의 혐의가 있다고 인정될 시는 경찰관서에 지체 없이 통보 및 필요한 증거를 수집·보존의무 ⑤ 관계 기관단체의 장과 화재조사에 필요한 사항에 대하여 서로 협력할 의무 ⑥ 성실한 자세로 화재 원인을 끝까지 추적하여 원인 규명에 최선을 다할 의무 ⑦ 조사 시 경찰관과 상호협력 의무 ⑧ 관계보험회사에의 조사 협력 의무

제2절 화재피해조사방법

1 화재피해액 산정기준 ☆ 06 위, 09 강원, 14 위

│ 화재피해액 산정기준 │ *　　　　　　　　　　　　(* 개정 2023.3.8)

산정대상	산정기준
① 건물	「신축단가(㎡당)×소실면적×[1-(0.8×경과연수/내용연수)]×손해율」의 공식에 의하되, 신축단가는 한국감정원이 최근 발표한 '건물신축단가표'에 의한다.
② 부대설비	「건물신축단가×소실면적×설비종류별 재설비 비율×[1-(0.8×경과연수/내용연수)]×손해율」의 공식에 의한다. 다만 부대설비 피해액을 실질적·구체적 방식에 의할 경우「단위(면적·개소 등)당 표준단가×피해단위×[1-(0.8×경과연수/내용연수)]×손해율」의 공식에 의하되, 건물 표준단가 및 부대설비 단위당 표준단가는 한국감정원이 최근 발표한 '건물신축단가표' 에 의한다.　(*^^ ①②⑨번 건대 구(옛날)가구는 0.8)
③ 구축물	「소실단위의 회계장부상 구축물가액×손해율」의 공식에 의하거나「소실단위의 원시건축비×물가상승율×[1-(0.8×경과연수/내용연수)]×손해율」의 공식에 의한다. / 다만 회계장부상 구축물가액 또는 원시건축비의 가액이 확인되지 않는 경우에는「단위(m, ㎡, ㎥)당 표준단가×소실단위×[1-(0.8×경과연수/내용연수)]×손해율」의 공식에 의하되, 구축물의 단위당 표준단가는 매뉴얼이 정하는 바에 의한다.　13 위
④ 영업시설	「㎡당 표준단가×소실면적×[1-(0.9×경과연수/내용연수)]×손해율」의 공식에 의하되, 업종별 ㎡당 표준단가는 매뉴얼이 정하는 바에 의한다.
⑤ 잔존물제거	「화재피해액×10%」의 공식에 의한다.
⑥ 기계장치 및 선박·항공기	「감정평가서 또는 회계장부상 현재가액×손해율」의 공식에 의한다. 다만 감정평가서 또는 회계장부상 현재가액이 확인되지 않아 실질적·구체적 방법에 의해 피해액을 산정하는 경우에는「재구입비×[1-(0.9×경과연수/내용연수)]×손해율」의 공식에 의하되, 실질적·구체적 방법에 의한 재구입비는 조사자가 확인·조사한 가격에 의한다.
⑦ 공구 및 기구	「회계장부상 현재가액×손해율」의 공식에 의한다. 다만 회계장부상 현재가액이 확인되지 않아 실질적·구체적 방법에 의해 피해액을 산정하는 경우에는「재구입비×[1-(0.9×경과연수/내용연수)]×손해율」의 공식에 의하되, 실질적·구체적 방법에 의한 재구입비는 물가 정보지의 가격에 의한다. (*^^ ④⑦⑧번 영공집 0.9)
⑧ 집기비품	「회계장부상 현재가액×손해율」의 공식에 의한다. 다만 회계장부상 현재가액이 확인되지 않는 경우에는「㎡당 표준단가×소실면적×[1-(0.9×경과연수/내용연수)]×손해율」의 공식에 의하거나 실질적·구체적 방법에 의해 피해액을 산정하는 경우에는「재구입비×[1-(0.9×경과연수/내용연수)]×손해율」의 공식에 의하되, 집기비품의 ㎡당 표준단가는 매뉴얼이 정하는 바에 의하며, 실질적·구체적 방법에 의한 재구입비는 물가정보지의 가격에 의한다.
⑨ 가재도구	「(주택종류별·상태별 기준액×가중치)+(주택면적별 기준액×가중치)+(거주인원별 기준액×가중치)+(주택가격(㎡당)별 기준액× 가중치)」의 공식에 의한다. 다만 실질적·구체적 방법에 의해 피해액을 가재도구 개별품목별로 산정하는 경우에는「재구입비× [1-(0.8×경과연수/내용연수)]×손해율」의 공식에 의하되, 가재도구의 항목별 기준액 및 가중치는 매뉴얼이 정하는 바에 의하며, 실질적·구체적 방법에 의한 재구입비는 물가정보지의 가격에 의한다.

⑩ 차량,동식물	전부손해의 경우 시중매매가격으로 하며, 전부손해가 아닌 경우 수리비 및 치료비로 한다.
⑪ 재고자산	「회계장부상 현재가액×손해율」의 공식에 의한다. 다만 회계장부상 현재가액이 확인되지 않는 경우에는「연간매출액÷재고자산회전율×손해율」의 공식에 의하되, 재고자산회전율은 한국은행이 최근 발표한 '기업경영분석' 내용에 의한다.
⑫ 회화(그림) 골동품 등	회화(그림), 골동품, 미술공예품, 귀금속 및 보석류 : 전부손해의 경우 감정가격으로, 전부손해가 아닌 경우 원상복구에 소요되는 비용으로 한다.
⑬ 임야의 입목	소실 전의 입목가격에서 소실한 입목의 잔존가격을 뺀 가격으로 한다. 단, 피해액산정이 곤란할 경우 소실면적 등 피해 규모만 산정할 수 있다.
⑭ 기 타	피해 당시의 현재가를 재구입비로 하여 피해금액을 산정한다.

- **적용요령:**
  ① 피해물의 경과연수가 불분명한 경우에 그 자산의 구조, 재질 또는 관계자 및 참고인의 진술 기타 관계 자료 등을 토대로 객관적인 판단을 하여 경과연수를 정한다.
  ② 재구입비: 공구 및 기구·집기비품·가재도구를 일괄하여 재구입비를 산정하는 경우 개별 품목의 경과 연수에 의한 잔가율이 50%를 초과하더라도 50%로 수정할 수 있으며,
  ③ 잔가율: 중고구입 기계장치 및 집기비품으로서 그 제작년도를 알 수 없는 경우는 그 상태에 따라 신품 가액의 30%~50%를 잔가율로 정할 수 있다.

제3절 소방의 화재조사에 관한 법률

1 용어의 정의 (제2조)

① "화재"란 사람의 의도에 반하거나 고의 또는 과실에 의해 발생하는 연소현상으로서 소화할 필요가 있는 현상 또는 사람의 의도에 반해 발생하거나 확대된 <u>화학적</u>인 폭발 현상을 말한다.
② "화재조사"란 소방청장, 소방본부장 또는 소방서장이 화재원인, 피해상황, 대응활동등을 파악하기 위하여 자료의 수집, 관계인등에 대한 질문, 현장 확인, 감식, 감정 및 실험 등을 하는 일련의 행위를 말한다.
③ "화재조사관"이란 화재조사에 전문성을 인정받아 화재조사를 수행하는 소방공무원을 말한다.
④ "관계인등"이란 화재가 발생한 소방대상물의 소유자·관리자 또는 점유자(이하 "관계인"이라 한다) 및 다음 각 목의 사람을 말한다.
  ㉠ 화재 현장을 발견하고 <u>신</u>고한 사람
  ㉡ 화재 현장을 <u>목</u>격한 사람
  ㉢ <u>소</u>화활동을 행하거나 <u>인</u>명구조활동(유도대피 포함)에 관계된 사람
  ㉣ 화재를 <u>발</u>생시키거나 화재발생과 관계된 사람 ▶ 소인신목발생(* 소인 친목발생)

---

* "소방의 화재조사에 관한 법률"에서 <u>벌금</u>은 모두 <u>300만 원</u> 이하이고 / <u>과태료</u>는 모두 <u>200만 원</u> 이하이다.

제4절 화재조사 및 보고규정 등

1 용어의 정의** ☆ 10 강원, 11 부산장, 15 부산, 16 위, 20, 22 소방교, 23 소방장

① "**감식**"이란 화재원인의 판정을 위하여 전문적인 지식, 기술 및 경험을 활용하여 주로 **시각**에 의한 **종합적인 판단**으로 구체적인 사실관계를 명확하게 규명하는 것을 말한다.
② "**감정**"이란 화재와 관계되는 물건의 형상, 구조, 재질, 성분, 성질 등 이와 관련된 모든 현상에 대하여 **과학적** 방법에 의한 필요한 실험을 행하고 그 결과를 근거로 화재원인을 밝히는 자료를 얻는 것을 말한다.

③ "**발화**"란 열원에 의하여 가연물질에 지속적으로 불이 붙는 **현상**을 말한다.
④ "**발화열원**"이란 발화의 최초원인이 된 **불꽃 또는 열을 말한다**. 예 담뱃불
⑤ "**발화지점**"이란 열원과 가연물이 상호작용하여 화재가 시작된 **지점**을 말한다. 예 소파부근
⑥ "**발화장소**"란 화재가 발생한 장소를 말한다. 예 우리집 안방, 거실
⑦ "**최초착화물**"이란 발화열원에 의해 불이 붙는 최초의 가연물을 말한다. 예 커튼 10강원
⑧ "**발화요인**"이란 발화열원에 의하여 발화로 이어진 연소현상에 영향을 준 인적·물적·자연적인 요인을 말한다.
⑨ "**발화관련 기기**"란 발화에 관련된 불꽃 또는 열을 발생시킨 기기 또는 장치나 제품을 말한다.
⑩ "**동력원**"이란 발화관련 기기나 제품을 작동 또는 연소시킬 때 사용되어진 연료 또는 에너지를 말한다.
⑪ "**연소확대물**"이란 연소가 확대되는데 있어 결정적 영향을 미친 가연물을 말한다. 10 강원
⑫ "**재구입비**"란 화재 당시의 피해물과 같거나 비슷한 것을 재건축(설계 감리비를 포함한다) 또는 재취득하는 데 필요한 금액을 말한다.
⑬ "**내용연수**"란 고정자산을 경제적으로 사용할 수 있는 연수를 말한다. (* 약 몇 년 쓰는 물건인가)
⑭ "**손해율**"이란 피해물의 종류, 손상 상태 및 정도에 따라 피해액을 적정화시키는 일정한 비율을 말한다.
　예 냉장고가 완전히 타면 100%, 재사용 가능하면 50%로 계산한 비율
⑮ "**잔가율**"이란 화재 당시에 피해물의 재구입비에 대한 현재가의 비율을 말한다. 예 중고가 비율
⑯ "**최종잔가율**"이란 피해물의 경제적 **내용연수**가 다한 경우 **잔존**하는 가치의 재구입비에 대한 비율을 말한다. 예 고철값 * **오답**: 최종잔가율"은 화재 당시 피해물의 재구입비에 대한 현재가 비율
⑰ "**화재현장**"이란 화재가 발생하여 소방대 및 관계인 등에 의해 소화활동이 행하여지고 있거나 행하여진 장소를 말한다.
⑱ "**접수**"란 119상황실(이하 "상황실")에서 유·무선전화 또는 다매체를 통하여 화재 등의 신고를 받는 것을 말한다.
⑲ "**출동**"이란 화재를 접수하고 상황실로부터 출동지령을 받아 소방대가 <u>차고</u> 등에서 출발하는 것이다.
⑳ "**도착**"이란 출동지령을 받고 출동한 <u>소방대가 현장에 도착</u>하는 것을 말한다.
㉑ "**선착대**"란 화재현장에 가장 먼저 도착한 소방대를 말한다.
㉒ "**초진**"이란 소방대의 소화활동으로 화재확대의 위험이 현저하게 줄어들거나 없어진 상태를 말한다.
㉓ "**잔불정리**"란 화재 **초진 후**, 잔불을 점검하고 처리하는 것을 말한다. 이 단계에서는 열에 의한 수증기나 화염 없이 연기만 발생하는 연소현상이 포함될 수 있다. 화재 완진 후(x) 23장
㉔ "**완진**"이란 소방대에 의한 소화활동의 필요성이 <u>사라진</u> 것을 말한다.
㉕ "**철수**"란 진화가 끝난 후, 소방대가 화재현장에서 <u>복귀하는 것</u>을 말한다.
㉖ "**재발화감시**"란 화재를 진화한 후 화재가 재발되지 않도록 감시조를 편성하여 일정 시간 동안 감시하는 것을 말한다.

2 기타 주요법령 내용

(1) 화재건수의 결정 (제10조)** ☆ 19 소방교, 20 소방장, 21 소방교, 위, 22 장, 24 위

1건의 화재란 1개의 발화지점에서 확대된 것으로 발화부터 진화까지이다. 다음의 경우 각호에 따른다.

① 동일범이 아닌 각기 다른 사람에 의한 방화, 불장난은 동일 대상물에서 발화했더라도 각각 별건의 화재로 한다. ☆ 19 교, 20 장

② 동일 소방대상물의 발화점이 2개소 이상 있는 다음 화재는 1건의 화재로 한다.
　❶ 누전점이 동일한 누전에 의한 화재
　❷ 지진, 낙뢰 등 자연현상에 의한 다발화재

③ 발화지점이 1곳인 화재현장이 2이상의 관할구역에 걸친 화재는 발화지점이 속한 소방서에서 1건의 화재로 산정한다. 다만, 발화지점 확인이 어려운 경우에는 화재피해금액이 큰 관할구역 소방서의 화재 건수로 산정한다 22 장

(2) 건물동수 산정(별표1)** ☆ 08, 12, 21 위, 23 교, 24 장

① 주요구조부가 하나로 연결되어 있는 것은 1동으로 한다. 다만 건널복도 등으로 2 이상의 동에 연결되어 있는 것은 그 부분을 절반으로 분리하여 각 동으로 본다.

② 건물의 외벽을 이용하여 실을 만들어 헛간, 목욕탕, 작업실, 사무실 및 기타 건물 용노로 사용하고 있는 것은 주 건물과 같은 동으로 본다. 24 장

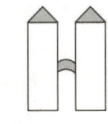

③ 구조에 관계없이 지붕 및 실이 하나로 연결되면 같은 동으로 본다. 20 장

④ 목조 또는 내화조 건물의 경우 격벽으로 방화구획이 되어 있는 경우도 같은 동으로 한다.

19 교

⑤ 독립된 건물과 건물사이에 차광막, 비막이 등의 덮개를 설치하고 그 밑을 통로 등으로 사용하는 경우는 다른 동으로 한다. (작업장과 작업장 사이에 조명유리 등으로 비막이를 설치하여 지붕과 지붕이 연결되어 있는 경우)

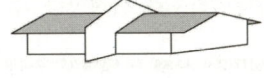

⑥ 내화조 건물의 옥상에 목조 또는 방화구조 건물이 별도 설치되어 있는 경우는 다른 동으로 한다. 다만, 이들 건물의 기능상 하나인 경우(옥내 계단이 있는 경우)는 같은 동으로 한다. 19 교

⑦ 내화조 건물의 외벽을 이용하여 목조나 방화조건물이 별도 설치되어 있고 건물 내부와 구획되어 있는 경우 다른 동으로 한다. / 다만, 주된 건물에 부착된 건물이 옥내로 출입구가 연결되거나 기계설비 등이 쌍방에 연결된 경우 등 건물 기능상 하나인 경우는 같은 동으로 본다.

　　　　　(*^^ 키워드-☞ 같은동: 연결, 이용, 기능하나 / 다른동: 분리, 별도)

(3) 발화일시의 결정 (제11조)★

① 발화일시의 결정은 관계자의 화재발견 상황통보(인지)시간 및 화재발생 건물의 구조, 재질 상태와 화기취급 등의 상황을 종합적으로 검토하여 결정한다.
  - 다만, 자체진화 등 사후인지 화재로 그 결정이 곤란한 경우에는 발화시간을 추정할 수 있다.

(4) 사상자 (제13~14조)★ ☆ 19 교, 20 장

화재현장에서 사망 또는 부상당한 사람을 말한다. 단, 화재현장에서 부상을 당한 후 72시간 이내에 사망한 경우에는 해당 화재로 인한 사망자로 본다.

> ★ 부상의 정도는 의사의 진단을 기초로 하여 다음과 같이 분류한다.(제37조)
> · 중상 : 3주 이상의 입원치료를 필요로 하는 부상 ☞ (* 3주이상 + 입원)
> · 경상 : 중상 이외의 부상(입원치료를 필요로 하지 않는 것도 포함 / 단순연기흡입자 제외),

(5) 화재의 소실정도 (제16조)★★ ☆ 09, 16 위, 21 교, 24 위

전소	건물의 70% 이상(입체면적에 대한 비율을 말함.)이 소실되었거나 그 미만이라도 잔존부분이 보수를 하여도 재사용 불가능한 것
반소	건물의 30% 이상 70% 미만이 소실된 것
부분소	전소, 반소에 해당되지 않는 것 ▶ (상대적) 오답: 30% 미만

※ 자동차·철도차량, 선박 및 항공기 등의 소실정도는 위의 규정을 적용한다.

(6) 소실면적의 산정 (제17조)★ ☆ 10 강원, 19, 21 교, 20, 22 장

건물의 소실면적 산정은 소실 바닥면적으로 산정한다.(수손 및 파손의 경우 이를 준용한다.)

> ■ 보충(Tip): 소실정도 vs 소실면적 산정 (* 입체란: 부피를 가지는 공간) ☆ 21 장
> · 소실정도(%)를 구분하는 방법은 입체면적으로 한다. ▶ 정입면바, ㅈㅇㅁㅂ, 장어먹보
> · 건물의 소실면적(m²)산정은 소실 바닥면적으로 한다. *오답: 면적산정은 입체면적

(7) 화재피해금액의 산정 (제18조)★

건물 등 자산에 대한 최종잔가율은 건물·부대설비·구축물·가재도구는 20%로 하며, 그 이외의 자산은 10%로 정한다. ▶ 암기: 건대 구 가구는 20%((예) 냉장고)

(8) 세대수 산정 (제19조)

세대수는 거주와 생계를 함께 하고 있는 사람들의 집단 또는 하나의 가구를 구성하여 살고 있는 독신자로서 자신의 주거에 사용되는 건물에 대하여 재산권을 행사할 수 있는 사람을 1세대로 한다.
  (*^^ 집주인과 임차한 셋방 주민도 각각 1세대로 한다는 뜻)

(9) 화재 합동 조사단 운영 및 종료 (제20조)

① 소방관서장은 대형화재 발생 시 화재합동조사단을 구성·운영하는 것을 원칙으로 한다.

소방청장	사상자가 30명 이상이거나 2개 시도 이상에 발생한 화재(임야화재 제외)
소방본부장	사상자가 20명 이상이거나 2개 시군구 이상에 발생한 화재
소방서장	사망자 5명 이상, 사상자 10명 이상, 재산피해액이 100억 원 이상 발생한 화재

② 소방관서장은 단장 1명과 단원 4명 이상을 화재합동조사단원으로 임명·위촉할 수 있다.
③ 단원은 화재현장지휘자, 조사관, 소방대원과 협력하여 조사관련 정보를 수집할 수 있다.

(10) 조사보고 (제22조)

① 조사관이 조사를 시작한 때에는 소방관서장에게 지체 없이 별지 제1호서식 화재·구조·구급상황보고서를 작성·보고해야 한다.

긴급상황보고에 해당하는 화재	화재 발생일로부터 30일 이내,
일반 화재	화재 발생일로부터 15일 이내 (*^^ 중요하지 않으니)
조사보고를 연장할 수 있는 경우	❶ 수사기관의 범죄수사가 진행 중인 경우 ❷ 화재감정기관 등에 감정을 의뢰한 경우 ❸ 추가 화재현장조사 등이 필요한 경우 ▶ 암기: 회수 추가

※ 조사 보고일을 연장한 경우 그 사유가 해소된 날부터 10일 이내에 소방관서장(청본서장)에게 결과를 보고하며, 조사결과는 영구보존방법에 따라 보존한다. (* 요약 ☞ 보고: 10일 / 일반: 15일 / 긴급: 30일)

3 기타 법령 내용 (* 중요도 낮음)

제3조(화재조사의 개시 및 원칙)
① 「소방의 화재조사에 관한 법률」(이하 "법") 제5조에 따라 화재조사관은 화재발생 사실을 인지하는 즉시 화재조사를 시작해야 한다.
② 소방관서장은 조사관을 근무 교대조별로 2인 이상 배치하고 조사업무를 수행한다.
③ 조사는 물적 증거를 바탕으로 과학적인 방법을 통해 합리적인 사실의 규명을 원칙으로 한다.

제4조(화재조사관의 책무)
① 조사관은 그 직무를 이용하여 관계인등의 민사분쟁에 개입해서는 아니 된다
　※ 화재현장에 출동하는 소방대원은 조사에 도움이 되는 사항을 확인하고, 화재현장에서도 소방활동 중에 파악한 정보를 조사관에게 알려주어야 한다.(제5조)

제6조(관계인등 협조)
① 화재현장과 기타 관계있는 장소에 출입할 때는 관계인등의 입회하에 실시하는 것을 원칙으로 한다.
② 조사관은 조사에 필요한 자료 등을 관계인등에게 요구할 수 있으며, 관계인등이 반환을 요구할 때는 조사의 목적을 달성한 후 관계인등에게 반환해야 한다.

제7조(관계인등 진술)

① 법 제9조제1항에 따라 관계인등에게 질문을 할 때에는 시기, 장소 등을 고려하여 진술하는 사람으로부터 임의진술을 얻도록 해야 하며 진술의 자유 또는 신체의 자유를 침해하여 임의성을 의심할 만한 방법을 취해서는 아니 된다.
② 관계인등에게 질문을 할 때에는 희망하는 진술내용을 얻기 위하여 상대방에게 암시하는 등의 방법으로 유도해서는 아니 된다.
③ 획득한 진술이 소문 등에 의한 사항인 경우 그 사실을 직접 경험한 관계인등의 진술을 얻도록 해야 한다. / ④ 관계인등에 대한 질문 사항은 질문기록서에 작성하여 그 증거를 확보한다.

제8조(감식 및 감정)

① 소방관서장은 조사 시 전문지식과 기술이 필요하다고 인정되는 경우 **국립소방연구원** 또는 화재감정기관 등에 감정을 의뢰할 수 있다.
② 소방관서장은 과학적이고 합리적인 화재원인 규명을 위하여 화재현장에서 수거한 물품에 대하여 감정을 실시하고 화재원인 입증을 위한 재현실험 등을 할 수 있다.

제12조(화재의 분류)

화재원인 및 장소 등 화재의 분류는 소방청장이 정하는 **국가화재분류체계**에 의한 분류표에 의하여 분류한다.

제18조(화재피해금액 산정)

① 화재피해금액은 화재 당시의 피해물과 동일한 **구조, 용도, 질, 규모를 재건축 또는 재구입**하는데 소요되는 가액에서 경과연수 등에 따른 감가공제를 하고 현재가액을 산정하는 실질적·구체적 방식에 따른다. 다만, 회계장부상 현재가액이 입증된 경우에는 그에 따른다.
② 제1항의 규정에도 불구하고 정확한 피해물품을 확인하기 곤란한 경우에는 소방청장이 정하는 「화재피해금액 산정매뉴얼」(이하 "매뉴얼")의 간이평가방식으로 산정할 수 있다.
③ 건물 등 자산에 대한 최종잔가율은 건물·부대설비·구축물·가재도구는 20%로 하며, 그 이외의 자산은 10%로 정한다.
④ 건물 등 자산에 대한 내용연수는 매뉴얼에서 정한 바에 따른다.

제23조(화재증명원의 발급)

① 소방관서장은 화재피해자로부터 소방대가 출동하지 아니한 화재장소의 화재증명원 발급신청이 있는 경우 조사관으로 하여금 사후 조사를 실시하게 할 수 있다.
② 재산피해내역 중 피해금액은 기재하지 아니하며 피해물건만 종류별로 구분하여 기재한다. 다만, 민원인의 요구가 있는 경우에는 피해금액을 기재하여 발급할 수 있다.

제24조(화재통계관리)

소방청장은 화재통계를 소방정책에 반영하고 유사한 화재를 예방하기 위해 매년 통계연감을 작성하여 국가화재정보시스템 등에 공표해야 한다.

제25조(조사관의 교육훈련)

의무 보수교육 시간은 4시간 이상으로 한다.

| 화재2- 5편 화재조사 실무 | **OX(2진법) 개념 따라 잡기~** |

01 화재조사의 목적은 출화원인을 규명하고 예방행정의 자료 및 화재의 발생상황, 원인, 손해상황 등을 통계화함으로써 널리 소방정보를 수집하고 손실보상의 행정정책의 자료로 한다.( )

▶ 화재조사의 목적은 예방행정의 자료 및 통계화함이지만 손실보상의 행정정책의 자료로는 하지 않는다. / 손실보상(x)

02 화재조사사항에는 화재원인에 관한 사항, 화재로 인한 인명·재산피해상황, 예방활동에 관한 사항이 있다.( )

▶ ① 화재원인에 관한 사항 ② 화재로 인한 인명·재산피해상황 ③ 대응활동에 관한 사항 ④ 소방시설 등의 설치·관리 및 작동여부에 관한 사항 ⑤ 화재발생건축물과 구조물, 화재유형별 화재위험성 등에 관한 사항 등이 있다.

03 화재조사의 특징은 신속성, 정밀과학성, 안정성, 강제성, 보존성, 현장성, 프리즘식이 있다.( )

▶ 화재조사의특징 7가지 모두가 옳다. ▶ 암기: 신정안 강보현 프리즘(신정안과 강보현이는 프리즘을 진행한다)

04 화재조사의 과학적 방법에서 가설의 개발은 귀납적 추론이고, 가설의 검증은 연역적 추론의 원칙에 따라 수행되어야 한다.( )

▶ 가설을 개발하는 것은 귀납적 추론이고, 가설을 검증하는 것은 연역적 추론에 따라 수행돼야 한다.
▶ 암기: 개귀 검연(* 국어사전 순으로 기억한다)

05 공구 및 기구·집기비품·가재도구를 일괄하여 재구입비를 산정하는 경우 개별 품목의 경과연수에 의한 잔가율이 50%를 초과하더라도 50%로 수정할 수 있으며, 중고구입 기계장치 및 집기비품으로서 그 제작년도를 알 수 없는 경우에는 그 상태에 따라 신품가액의 30%~50%를 잔가율로 정한다.( )

▶ 옳은 설명이다 ▶ 암기: 잔가50, 신품30~50(* 잔가오 신품삼모님)

06 "발화열원"이란 발화의 최초원인이 된 불꽃 또는 열을 말한다. /"발화지점"이란 열원과 가연물이 상호작용하여 화재가 시작된 지점을 말한다. /"발화장소"란 화재가 발생한 장소를 말한다.( )

▶ 옳은 설명이다.(*3장)

07 반소는 건물의 30% 이상 50% 미만이 소실된 것이며 부분소는 30% 미만의 소실이다.( )

▶ 반소는 건물의 30% 이상 70% 미만이 소실된 것이며 부분소는 전소, 반소에 해당되지 않는 것이다.
   (* 반소는 50% 전후 20% 라고 생각하면 The 쉽다.) (*3장)

정답 ▶ 01. (X)   02. (X)   03. (O)   04. (O)   05. (O)   06. (O)   07. (X)

08 동일범에 의한 방화, 불장난은 동일 대상물에서 발화했더라도 각각 별건의 화재로 한다. 화재 범위가 2이상의 관할구역에 걸친 화재에 대해서는 발화 소방대상물의 소재지를 관할하는 소방서에서 1건의 화재로 한다.( )

➡ 동일범이 아닌 각기 다른 사람에 의한 방화, 불장난은 동일 대상물에서 발화했더라도 각각 별건의 화재로 한다. 그 다음의 내용은 옳다.

09 화재현장에서 부상을 당한 후 48시간 이내에 사망한 경우에는 해당 화재로 인한 사망자로 보며 중상은 3주 이상의 치료를 필요로 하는 부상으로 본다.( )

➡ 화재현장에서 부상을 당한 후 72시간 이내(48시간 포함)에 사망한 경우에는 해당 화재로 인한 사망자로 보며, 중상은 3주 이상의 입원치료를 필요로 하는 부상으로 본다. 치료(x) 입원치료(o)

10 소실정도(%)를 전소, 반소, 부분소를 구분하는 방법은 입체면적으로 한다. 건물의 소실면적(m^2)산정은 소실바닥면적으로 한다.( )

➡ 소실정도(%)를 전소, 반소, 부분소를 구분하는 방법은 입체면적으로 한다. 건물의 소실면적(m^2)산정은 소실바닥면적으로 한다. ▶ 정입면바, ㅈㅇㅁㅂ, 장어먹보 설문은 맞다.

11 소방본부장은 사상자가 30명 이상이거나 2개 시도 이상에 발생한 화재(임야화재 제외) 화재합동조사단을 구성·운영할 수 있다.( )

➡ 소방청장은 사상자가 30명 이상이거나 2개 시도 이상에 발생한 화재(임야화재 제외) 화재합동조사단을 구성·운영할 수 있다.

소방청장	사상자가 30명 이상이거나 2개 시도 이상에 발생한 화재(임야화재 제외)
소방본부장	사상자가 20명 이상이거나 2개 시군구 이상에 발생한 화재
소방서장	사망자 5명 이상, 사상자 10명 이상, 재산피해액이 100억 원 이상 발생한 화재

12 화재조사보고는 긴급상황보고에 해당하는 화재는 화재 인지로부터 30일 이내, / 일반 화재는 화재 인지로부터 15일 이내, / 조사 보고일을 연장한 경우 그 사유가 해소된 날로부터 10일 이내에 조사결과를 보고하고 기록을 유지하며 영구히 보존한다.( )

➡ 설문은 옳다.(긴급: 30 / 일반: 15 / 연장 해소: 10일)

정답 08. (X) 09. (X) 10. (O) 11. (X) 12. (O)

• REFERENCE

1. 자전거로 아무리 빨리 달려도 차를 따라잡지 못합니다.
   이는 '현대 과학'이 중요하다는 뜻입니다.

2. 남자가 아무리 똑똑하다 해도 여자가 없으면 자식을 낳지 못합니다.
   이는 '서로 합작'이 중요하다는 뜻입니다.

3. 암수 개구리가 결혼해서 두꺼비를 낳았습니다. 수컷이 화를 내면서 "대체 어찌된 일인가?"
   하고 소리쳤습니다. 암컷이 울면서 말하기를 "여보! 내가 차마 고백하지 못했는데 당신 만나기 전에
   성형수술을 했어..." 이는 '처음 판단'이 중요하다는 뜻입니다.

4. 새끼 당나귀가 아빠 당나귀한테 물었습니다.
   "우리는 매일 풀만 뜯어먹고 사는데, 젖소들은 왜 매일 좋은 사료만 먹어?"
   이에 아빠 당나귀가 대답했습니다.
   "우리는 두 다리로 뛰어서 먹고 살지? 그런데 쟤네들은 그냥 가슴만으로 먹고 살잖아..."
   이는 '생활 사명'이 중요하다는 뜻입니다.

5. 오리와 게가 달리기 경주를 했는데 승부를 가리지 못했습니다. 그래서 심판이 '가위바위보'로
   결정하자고 했습니다. 그랬더니 오리가 즉각 노발대발하면서 "나는 아무리 잘 내도 '보'인데,
   '게'는 아무렇게나 그냥 내밀어도 '가위' 잖아..."
   이는 '유전 선천성'이 중요하다는 뜻입니다.

* 짝수 홀수 페이지를 맞추기 위해 삽입되었습니다.

예습 4편 소방자동차구조 위치 예습하기 ★★

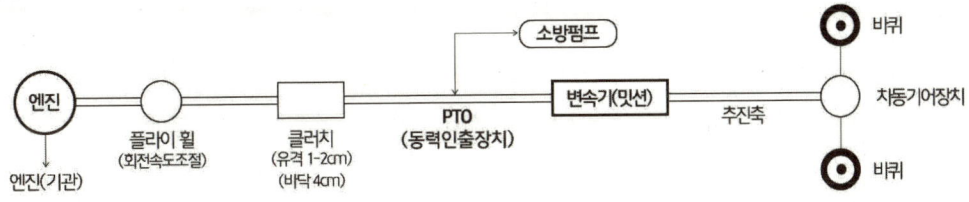

중앙소방학교 표준교재 기준

기타이론

(소방차량실무편)

4편

소방자동차, 특수소방자동차

제1장 소방자동차편
  제1절 소방자동차구조 일반 ·················· 186
  제2절 소방펌프 ································· 188
  제3절 진공펌프, 지수밸브 등 ················ 189
  제4절 포소화장치 ······························ 191
  제5절 방수 및 흡수방법 ······················ 192

제2장 특수소방자동차편 ························ 193
  ★ OX 개념문제(1·2편) ····················· 195

CHAPTER 01 소방자동차(1장)

제1절 소방자동차 구조 일반 등*

소방자동차는 주요부분은 크게 ① 차체 ② 섀시(Chassis) ③ 펌프 및 배관으로 구분한다.

차체	승차석과 물, 진압장비를 싣는 적재함으로 프레임 위에 차체가 별도로 설치된다.
섀시	프레임, 동력전달장치, 조향(방향)장치, 현가(완충)장치, 제동장치 등.
소방펌프	동력인출장치, 주펌프, 진공펌프, 기타 소화장치 등으로 구성된다.

➲ 용어: 동력전달장치: 엔진에서 바퀴로 전달 / 조향장치: 앞바퀴 회전방향을 조절 / 현가장치: 스프링으로서 완충장치

1 동력발생장치(기관, 엔진)

기관(엔진)이란 열에너지를 기계적인 일로 바꾸는 장치이며, 내연기관과 외연기관으로 구분이 된다.

(1) 엔진의 종류 ☆ 16 소방교

가솔린엔진 *(SI엔진)	• 휘발유(가솔린)를 주 연료로 하여 **불꽃점화방식**으로 동력을 얻는 방식이다. 발전기와 같은 소형엔진부터 오토바이, 승용차, SUV차량 등에도 일반적으로 사용된다.
디젤엔진 *(CI엔진)	• 경유(디젤)를 주 연료로 하여 **압축착화방식**을 이용하여 동력을 얻으며 **낮은** 엔진 회전수에서 높은 토크를 얻으므로 주로 대형기관, 버스, 트럭, 소방차등에 이용되었으나 최근에는 분사기술의 발달로 소형승용차까지 널리 사용되고 있다. (* 압축 착화, 낮은 회전수) ▶ 암기: 압축 착화, 낮은 회전수에서 높은 토크: (* 연상: 악착같이 낮술하고 씨끄럽게 말함)
LPG엔진	• 엔진의 메커니즘은 가솔린차와 기본적으로 같다. 고압용기 용기에 저장된 LPG가 연료 필터와 솔레노이드 밸브, 연료 파이프 등을 거쳐 기화기(Vaporizer)로 들어가 기화된 다음 공기와 섞여 연소실에서 **불꽃점화**한다. • 완전연소에 가까워 배기되는 가스도 비교적 깨끗하며 엔진 수명이 긴 것이 특징이다. • 기존 기화단계를 생략, 가솔린엔진처럼 액상프로판가스를 용기에 직접분사하는 방식임
전기엔진	• 전기 공급원(Battery)으로부터 회전력을 얻는 방식식으로 내연기관보다 역사가 길다. 친환경 동력으로서 대형화물차와 승용자동차를 중심으로 점차 늘어나고 있다. • 과거와 달리 축전지의 충전용량이 길어지고 있다.
하이브리드 엔진	• 둘이상의 구동장치를 탑재한 차량으로 유해가스 배출과 연비향상을 극복한 방식이다. - 현재에는 가솔린엔진+전기모터 구동방식방식뿐만 아니라 디젤엔진+전기모터방식도 사용되고 있으며 천연가스+전기모터, 수소연소엔진+연료전지 구동 방식도 점차 주목받고 있다

(2) 기관(엔진)의 주요 구성품 및 장치

소방펌프차는 내연기관의 경유를 사용하고 있다. 펌프차 기관은 ① 기동장치 ② 냉각장치 ③ 윤활장치 ④ 연료장치 ⑤ 전기장치 ⑥ 공기과급장치로 구성된다. ▶ 암기: 냉(각)전공 윤기연   * 오답: 펌프장치

(3) 클러치 (*^^ 수동변속기 차량에만 장착된 장치)

기관의 플라이휠과 변속기 사이 설치되어 동력을 단속(끊었다 이었다)하는 장치이다.
클러치 유격상태(12~21㎜)에서 바닥과의 간극은 40㎜ 이상이면 정상이다.

(4) 제동장치: 유압·에어·주차 브레이크가 있다. / 주차브레이크: 레버식, 페달식, 전자식, 에어식이 있다

(5) 변속기 (*^^ 속도 전달장치)

변속기는 클러치와 추진축 사이에 설치되어 엔진의 동력을 자동차의 주행상태에 알맞도록 속도와 회전력을 증대시키거나 감소시켜 구동바퀴(자동차 타이어)에 전달(속도조절) 역할 및 후진역할도 한다.
수동변속기는 ① 섭동기어식(가장 간단) ② 상시치합식(트럭 등) ③ 동기물림식(가장 좋다)이 있다

(6) 추진축 (*^^ 동력 전달장치)

| 추진축의 역할
15 서울장 | ① 구동 토크의 전달.
② 각도변화를 용이하게 한다.(자재이음)
③ 축의 길이방향 변화를 보상한다.(슬립이음)
④ 비틀림 진동을 감쇠시킨다.(플렉시블 조인트) | 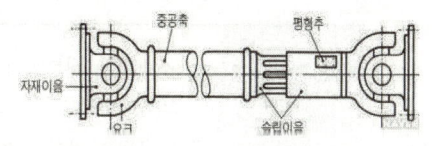 |

(7) 종감속기어 및 차동장치 (*^^ 서로 다른 바퀴의 회전수를 분배하여 구동시키는 장치)

기관이 차체와 같은 방향으로 설치된 경우에는 동력의 방향을 90° 변환시켜야 한다. 작동원리는 구동피니언→ 링기어→ 차동케이스→ 차동케이스 내에 설치된 2개의 스러스트 링에 전달된다.

(8) 구동축 & 바퀴 (*^^ 동력으로 굴러가는 바퀴)

고속도로를 자주 주행 차량은 규정압력 20% 높게 주입한다.

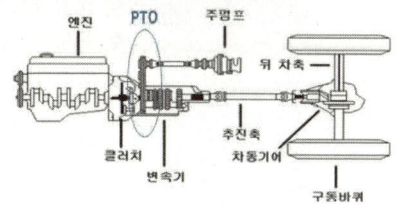

(9) 동력인출장치(P.T.O) (*^^ 엔진 동력을 펌프에 전달하는 장치)

- 용어: 클러치와 변속기(밋션) 중간에 설치되어 엔진 동력(전기 등)을 인출하여 펌프 등에 전달하는 장치.
- 종류는 ① 수동변속기 P.T.O / ② 자동변속기 P.T.O / ③ 복합 P.T.O(Split P.T.O)가 있다.

■ 수동변속기 P.T.O(Power Take Off System)
① P.T.O는 클러치와 변속기 (중간)에 결합된다.(엔진동력을 P.T.O의 위 또는 아래기어와 접속)
② P.T.O는 3개 기어의 맞물림으로 돌아가는 형태이고 추진축을 통해 주 펌프에 전달된다.
  ✪ P.T.O 의 조작은 "클러치" 를 충분히 밟고 2초 이상 경과 후 동작시킨다.
③ P.T.O 연결방법은 ㉠ 케이블연결방식(수동) ㉡ 에어실린더식(반자동= 전기+에어)과 ㉢ 소방차량에 적용되는 ㉢ 전자식P.T.O 연결방식(자동변속기장착 차량, 전기+에어) 즉, 에어솔레노이드방식(전기·전자식)이 있다. (*^^ 즉, ㉠㉡㉢은 수동, 반자동, 자동방식을 뜻함)

제2절 소방펌프★

(1) 펌프의 종류★ ☆ 15 서울, 16 소방장

① 왕복펌프(피스톤 플런저 펌프, 다이어후렘 펌프 등)
② 원심펌프(볼류우트펌프, 터어빈펌프 등)
③ 사류펌프 ④ 축류펌프(프로펠러펌프) ⑤ 회전펌프
⑥ 특수펌프(마찰펌프, 기포펌프, 제트펌프 등) ▶ 왕원사 특수 회축 (* 연상: 왕원사님 특수한 회춘)

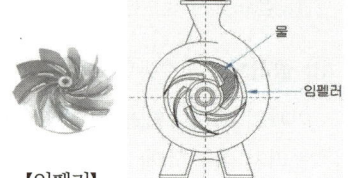
【임펠러】

(2) 소방용도로 사용되는 펌프

원심펌프 장점	배출량의 대소, 양정의 크고 작음에 관계없이 광범위하게 이용할 수 있고 구조가 간단하며, 고장 및 마모가 적고 성능과 효율도 좋아 많이 사용되고 있다.
원심펌프 단점	자기흡수를 할 수 없어 마중물장치(진공펌프)를 설치해야 하며 회전수 변화가 배출량의 변화에 미치는 영향이 다른 종류의 펌프보다 크고 값이 비싸다는 단점이 있다.

(3) 소방펌프 조작 시 일어날 수 있는 현상★★ ☆ 15 소방교, 16 강원, 경기장, 17,19 위, 21, 22 교

공동현상 (캐비테이션)	① 소방펌프 내부에서 흡입 양정이 높거나, 유속의 급변 또는 와류의 발생, 유로의 장애 등에 의해 압력이 국부적으로 포화증기압 이하로 내려가면 기포가 발생되는 현상이다. ② 소방펌프 회전부입구에서 주로 발생하고, 생성된 기포가 액체 흐름에 따라 고압부에 이르러 급격히 붕괴하게 됨에 따라 펌프의 성능저하, 진동, 소음발생, 양수감소, 불능, 손실된다. ✪ 캐비테이션 발생 시 조치해야 할 사항 ☆ 15소방교, 16경기장, 21소방교 ❶ 흡수관측의 손실을 가능한 작게 한다. ❷ 소방펌프 흡수량을 높이고 / 소방펌프의 회전수를 낮춘다. ❸ 동일한 회전수와 방수량에서는 방수밸브를 조절한다. (* 방수쪽) ❹ 흡수관의 스트레이너 등에 이물질이 있는 경우 이를 제거한다. 【원심펌프】
수격현상	① 관(배관) 내에 물이 가득 차서 흐르는 경우 그 관로의 끝에 있는 밸브를 갑자기 폐쇄할 경우 물이 가지는 운동에너지는 압력에너지로 변하고 큰 압력 상승이 일어나서 관을 넓히려고 한다. 이 압력상승은 압력파가 되어 관내를 왕복하는 현상을 수격작용이라고 한다. ② 압력파가 클 경우에 가장 약한 부분이 파손될 수 있어 소방펌프에서는 임펠러 파손을 막기 위해 역류방지밸브(논리턴밸브)를 설치하고 있다. ▶ 수격: 영어로 워터헤머(물망치 현상)
맥동현상 (서징현상)	① 펌프 가동 중 마치 숨을 쉬는 것과 같은 또는 맥박이 뛰는 것과 같은 현상이 되어, 소방펌프 조작판의 연성계와 압력계의 바늘이 흔들리고 동시에 방수량에 변동이 일어나는 현상이다. - 마치 스프링에 충격을 가했을 때 발생하는 진동 즉, 서어징과 같다하여 붙혀진 이름이다. ② 맥동현상은 주로 수원(물)이 부족할 때 발생함으로서 흡수하여 방수하거나 중계 송수할 때 연성계의 수치를 확인하여 연성계 이상의 압력으로 방수하지 않도록 주의한다.

* 상기 ❷에서 펌프 흡입력이 약하면 공기방울이 생기니 물의 흡입력을 더 높이고 / 회전수는 더 낮추면 된다는 뜻!

제3절 진공펌프, 지수밸브 등 ★

(1) 진공펌프★   ☆ 18 교

- 흡수관 내 공기를 빨아들여 진공상태로 소방자동차에서 흡수를 원활하게 해주는 역할을 하며 일반적으로 로터리 베인펌프를 가장 많이 사용하고 있다.
- ① 한쪽 베인날개가 흡기부를 지나면서 공간용적은 점차 커지게 되고(**흡입**)➡ ② 베인 흡기부 끝단을 통과할 때 공간용적은 **최대**가 된다(**팽창**)➡ ③ 흡기부로부터 빨아들인 공기는 다음 단계에서 **압축**이 되고➡ ④ 배기부를 지나면서 **배출**이 된다. ▶ 4단계 암기: 흡팽압배: (진공)한평오버
  - ✪ 진공펌프의 회전속도는 (1,000~)<u>1,200rpm</u>이 적정하며, 시간은 <u>30초 이내</u>에 정지한다. ☆ 23 교

(2) 지수밸브★

① 지수밸브는 주 펌프의 (**상부**)에 설치되어 있다.
② 진공펌프가 작동되면 펌프(주펌프) **내부**는 **진공상태**가 되어 연결된 지수밸브 다이아프램(막)이 **아래쪽**으로 내려가서 진공펌프와 주펌프실이 연결된 작은 통로가 **열린다**. ＊오답: 닫힌다
③ 이때 열린 통로로 주 펌프실 내부 공기가 진공펌프로 빨려 나가면서 진공상태가 가속화 되고 흡수관을 통한 외부 물이 주펌프 내부로 빨려 올라와 임펠러를 통해 방수쪽으로 방출하게 된다
④ 흡수가 완료되면 양수된 주 펌프실은 압력이 발생하고 이 압력으로 지수밸브의 다이어프램이 올려지면서 진공펌프로 통하는 통로가 막히고 주펌프 물이 진공펌프로 들어가는 것을 **막아준다**
⑤ 디이이프렘이 불량이면 진공작용을 하지 못하고 방수 시 진공펌프를 통해 물이 나올 수 있다.

➡ **원리**: 진공펌프 작동 시 지수밸브는 열려서 주 펌프에서 진공을 만들고, 주 펌프에 공기가 진공펌프쪽으로 흡수되면서 진공이 끝나면 지수밸브는 닫게되어 진공펌프쪽으로 물이 들어가지 않게 된다.

■ 진공펌프의 성능시험(순서) ☆ 23 소방교
❶ 모든 밸브가 닫혀 있는지 확인한다 ❷ 시동 후 PTO를 정상적으로 작동한다 ❸ 진공펌프를 작동한다
❹ 엔진회전수를 <u>1,200rpm</u>으로 조정한다 ❺ 30초 후 진공펌프를 조정한다.

※ **용어**: 솔레노이드 밸브 - 전기적인 신호를 받아 유체 흐름을 차단, 공급하거나 방향을 전환시켜 준다. 전류가 솔레노이드밸브 코일에 흐르면 전자기 힘이 발생, 본체 내부 밸브를 개폐하도록 되어있다.

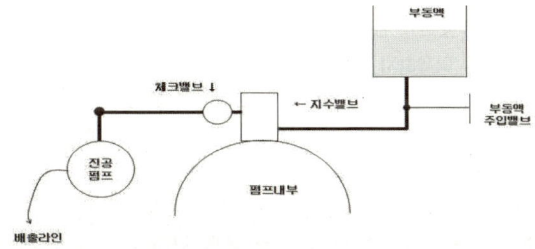

(3) 역류방지밸브* (* 좌측p 그림 참조) ☆ 23 장(①②번 기출)

① 주 펌프 **상부**에 위치하며 펌프에서 토출된 물이 다시 유입되지 않도록 체크밸브 역할과 펌프효율을 높이고 방수라인에서 발생할 수 있는 **수격작용**으로부터 펌프 보호하는 역할이다.
② 이뿐만 아니라 주펌프 진공 시 배관라인쪽 기밀을 유지하여, 펌프보다 **아래**에 있는 물을 주펌프 내부에 채우는 진공을 **보조하는 기능**도 하고 있다.
③ 역류방지밸브 시트에 이물질이 끼지 않도록 하며, 테스트는 주펌프 내부를 진공시켜놓고, 방수구를 손으로 막고 방수밸브를 열었을 때 손이 빨려 들어가는 느낌이 난다면 **역류방지밸브 불량**이다.
④ **역류방지**밸브가 필요한 이유 중 또 하나는 양수(진공해서 물을 끌어올림)해서 펌프 속에 물이 있는 상태로 방수를 하지 않을 때 물이 다시 빠지지 않도록 유지해주는 방수압력 유지기능이다. 이 때문에 잠시 방수를 멈추었다가도 연속적인 방수가 가능한 것이다.

※ 용어:

① **압력계**: 역류방지밸브나 방수배관에 동관으로 연결, 펌프실 양측 조작반에 취부(연결)되어 있으며 눈금이 Mpa로 표시되며 **펌프 방수압력**을 나타낸다. 압력계는 **방수배관**에 **연결되어진다**.
② **연성계**: 대기압 이상의 압력과 대기압 이하의 압력(진공압력)을 계측(측정)하는 양쪽의 계측 장치를 장착한 압력계를 연성계라고 한다.

(*^^ The쉽게 개념을 정리: 압력계는 우리가 지금 숨쉬는 공기 압력인 대기압 이상만을 측정하는 계기이고, 연성계는 대기압 이상과, 그 이하인 즉, 진공상태가 잘 되었는지까지 2가지를 연속 측정이 가능하다.)

■ **방수총**: 수평으로 (360°)회전, 상방으로 (75°), 하방으로 (30°)의 범위로 방수할 수 있다. ▶ 상하 7530 ☆ 17 교

(4) 동절기 소방펌프 부동액 주입

① 동절기 소방펌프를 작동시켰다면 반드시 펌프 및 각 배관은 배수작업을 실시하여야 하며,
② 혹한기에는 펌프 터빈날개 및 방수구 등에 부동액 원액을 주입하여 동결방지 및 방청을 막아 출동에 즉시 대응할 수 있어야 한다. / 보관함 부동액의 양은 약 4리터 정도이다.

부동액 주입방법	① 진공펌프를 이용하는 방법(방수구는 직접적 관련은 없지만 모든 밸브는 닫혀 있다) 차량이 안정화되고 펌프 및 배관의 배수가 완료된 상태에서 PTO 연결 → 진공펌프를 작동시킨다.(비상스위치 사용권장) 이때 연성계 바늘은 진공측으로 **지수밸브 스핀**들은 아래로 **내려간다** → 진공이 형성되면 진공펌프를 정지시킨다 → 부동액 주입밸브를 **2~3초간** 열었다가 다시 닫는다. ★ 부동액 주입은 펌프 내부에 물 없이 PTO를 작동시키는 것이므로 짧은 시간에 부동액주입 작업을 마쳐야 하며, / 만일 부동액 주입밸브를 먼저 열고 진공펌프를 작동시키면 부동액이 진공펌프로 흡입되어 외부로 배출된다. ② 진공펌프를 이용하지 않는 방법 ☆ 21 장 차량이 안정화되고 펌프 및 배관의 배수가 완료된 상태에서 → 부동액 밸브를 열어 일정량을 흐르게 한 후 닫는다 → **지수밸브**(상부꼭지)를 손으로 눌러 부동액을 펌프 내부로 흐르게 한다(지수밸브가 펌프상부에 설치되어 있음) → PTO를 **약 5초 정도** 작동시킨 후 해제한다(소방펌프를 작동시켜 부동액이 잘 도포되도록 함) ※ 참고 – 펌프기준 배관 및 밸브 등의 위치

제4절 포소화장치★

★ 15 소방교, 16 부산, 전북교, 21 위, 22 교

- 소방자동차에 적용되는 소화장치의 대표는 방수(펌프)장치이다.
- 그러나 물만을 이용할 수 없어 거의 모든 소방펌프차량에는 포소화장치가 설치되어 있다. 이러한 포소화장치가 펌프차량에 적용되는 방식은 크게 <u>펌프프로퍼셔너방식</u>, 프레져사이드 프레저 프로포셔너 방식과 최근에 주목받고 있는 CAF(S)전용방식으로(압축공기포방식) 구분된다.

(1) 베르누이 정리

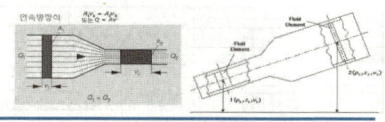

베르누이 정리	① 유체의 속도가 증가 하면 유체 내부의 압력이 감소한다는 물리학법칙으로 관로에 흐르는 유체의 속도에너지, 압력에너지, 위치에너지 3가지 다른에너지를 갖고 있으며, 비압축성 유체로서 점성을 무시한 상태에서 에너지 보존의 법칙이 성립된다. ② 유체입자가 가지는 에너지의 총합은 유체의 이동선로의 임의의 지점에서 항상 일정 불변하다. 이런 물리학의 법칙은 소방자동차의 폼혼합장치(벤튜리관= 폼이젝트)에 적용되어 폼 원액을 효율적으로 흡입하여 혼합된다. ③ 압력E + 속도E + 위치E = 일정(에너지보존의 법칙)

(2) 포(폼) 혼합방식★   ★ 15, 21 위

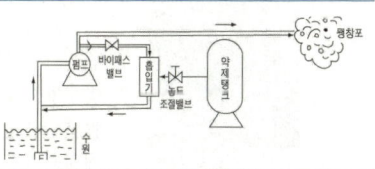

펌프혼합장치

라인프로포셔너	일반 방수라인 끝을 제거한 후 벤추리관이 설치된 전용관창을 포 소화약제 통에 직접 넣어 포소화약제를 흡입 혼합하여 방출하는 방식을 말하며 거의 사용되지 않고 있다. 21 위
펌프프로포셔너	① <u>방수측과 흡수측 사이의</u> 바이패스회로상에 <u>폼이젝트 본체와 농도조정밸브가 설치된다.</u> ② 펌프의 방수측 배관에 연결된 폼 송수밸브의 개빙으로 물은 송수라인을 통해 포 이젝트 본체에서 분출되고, 이때 농도조정밸브를 통과한 폼액이 흡입되어, 물과 혼합되어 펌프흡입측으로 유입된다. 현재 소방펌프자동차 거의 대부분이 적용되는 방식이다.
프레저사이드프로포셔너 15소방교, 16부산교	① <u>방수측 배관에</u> 플로우미터를 배관 내 유속을 감지하여 송수량을 측정한다. ② 송수량에 따라 컨트롤유닛에 세팅해 둔 농도조절 값에 따라 약제 <u>압입용 펌프가</u> 폼 원액을 방수측 라인에 압입하는 주입되는 구조로 되어있다. ③ 펌프프로포셔너 방식에 비해 <u>폼 혼합량이</u> 균일하다는 장점은 있으나, ④ <u>압입용 펌프를</u> 별도로 설치하여야 하는 등 설치비용이 단점이 있으며 ⑤ 적용방식은 전기식 또는 기계식으로 폼을 <u>1%~6%까지 적용</u>한다.
압축공기포 방식(CAFS)	① 물과 폼 원액을 가압된 공기 또는 질소와 조합하여 기존의 폼과는 완전히 다른 형태의 부착성이 매우 뛰어난 균일한 형태의 포를 형성하는 시스템. ② 압축공기포는 소화 효과가 매우 뛰어나고 <u>부착성이</u> 우수할 뿐 아니라 높은 분사 속도로 원거리 방수가 가능하며 물 사용량을 1/7 이상으로 줄여 수손 피해를 최소화 할 수 있다.

✪ 키워드 ☞ / 벤츄리관: 라인 / 흡수(흡입), 농도: 펌프방식 / 압입: 사이드 / 부착성: 압축포방식

제5절 방수 및 흡수방법

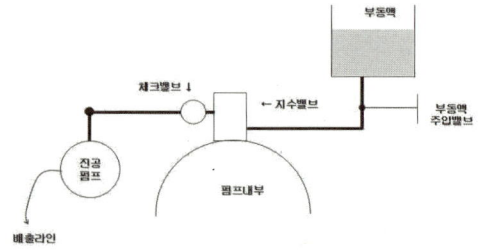

(1) 소방자동차 탱크의 물을 이용한 방수방법

① 방수	① 현장지휘관의 통제 받아 위치하며, 화염에서 안전한 곳에 차량을 부서한다. ② 주차 브레이크를 체결, 고임목을 **타이어 앞, 뒤로 고정한다.**(선탑자) ③ 변속기 레버(버튼)가 중립(N) 위치에 있는지 확인한다. ④ 물탱크 메인밸브 개방 및 동력인출장치(P.T.O)를 작동시킨다. ⑤ 수동변속기의 경우 클러치 페달을 밟고 동력인출을 먼저 한다 ⑥ 엔진 소리가 바뀌는지 확인하고 펌프가 회전하는 소리를 듣는다. ⑦ 하차 후 방수밸브를 서서히 개방하여 소방호스를 통해 관창수에게 송수한다. ⑧ 방수가 시작되면 압력계를 보면서 엔진 회전(RPM)조절기를 적정 수준으로 조절한다. ⑨ <u>엔진오일과 P.T.O 오일의 온도를 **90℃** 이하로 유지하기 위하여 냉각수 밸브를 개방하여 열을 식혀준다.</u> ★ 21 소방교 ⑩ 야간 조작 시에는 조작반 주위의 조명을 밝힌다.
② 방수정지	① **엔**진 회전(RPM)조절기를 조작하여 소방펌프 회전속도를 낮춘다. ★ 18위 ② **방**수밸브를 서서히 잠근 후 메인밸브를 닫힘 위치로 조작한다. ③ **동**력인출장치(P.T.O) 작동을 중지시킨다.(운전석에 승차하여 클러치 페달을 밟고) ④ **엔**진소리가 바뀌는가 확인하고 펌프 회전이 정지 되었는가 확인한다. ⑤ **하차**하여 배수밸브를 개방되었고 배관 내 물이 배수되는지 확인한다.(* 마지막순서) ▶ 암기 : 엔방동엔~ (*순서 나옴) ------* ✪ 참고 ★ 21교 ① 동절기 방수 후에는 **지수밸브** 이용 소방펌프에 부동액을 채워 동파방지 한다. * **오답** : 체크밸브 (*^^ 지수밸브는 진공펌프와 연결해서 진공을 돕고, 부동액 주입밸브와도 연결되어 부동액을 채운다) ② 동절기 방수 후 귀소 시에는 24V 히팅장치 이용 배관 동파방지 한다. ③ 차고 격납 후에는 220V 외부 커넥터 이용 배터리 충전 및 배관 히팅장치 작동한다
③ 물탱크에 물 보수방법	① 급수탑을 이용하여 물을 받을 때에는 물탱크 상부 뚜껑 개방 후 직접 받는다. ② 흡수구, 중계구를 통해 소화전 또는 소방자동차로부터 나오는 물을 물탱크로 보수할 경우 자체급수밸브를 개방하여 보수한다. ③ 보수구를 통해 소화전 또는 소방자동차로부터 나오는 물을 물탱크로 보수할 경우 보수구밸브를 개방하여 직접 받는다.

---

* 엔진 (engine) : 기관(機關)을 말한다.
* 클러치(clutch) : 일직선상에 있는 두 축의 한쪽으로부터 다른 축으로 동력의 전달을 끊었다 이었다 하는 장치.

CHAPTER 02 특수소방자동차(2장)

제1절 소방고가차

1 사다리차 ☆ 14 경남, 20 교, 21 위

(1) 고가사다리차의 구조

소방용 고가사다리차 구성: ① 차대 ② 차체·유압장치 ③ 서브프레임 ④ 턴테이블·기립실린더 ⑤ 방수장치 ⑥ 승강기 ⑦ 텔레스코픽수관(상부 송수배관) ⑧ 확장구조물(사다리) ⑨ 작업대 ⑩ 메인조작대로 구성된다.

서브프레임 구성	차대 위에 설치되며 상부구조물 및 차체를 고정하는 역할을 하는 중요구성품으로는 ① 서브프레임 ② 아웃트리거 ③ 사다리 지지대 ④ 유압유 탱크 ⑤ 유압장치(유압펌프, 방향전환장치, 유압조절장치) ⑥ 하부송수배관 ⑦ 보조엔진(비상작동용) 등으로 구성되어 있다.
아웃트리거	① 일반구조.(아웃트리거) 　㉠ 아웃트리거 실린더는 사각이나 원형으로 제작되며 하우징은 서브프레임 구조로 제작되었다 　㉡ 불규칙한 지면에 안착될 때 안정되게 접촉되도록 볼 링크 방식의 슈(Shoe)가 장착되어 있다 　㉢ 시스템은 각각 확장 실린더 1개와 잭 실린더 1개씩 설치되며 **총 8개**의 실린더로 구성된다. ② 제원 및 성능(아웃트리거) 　㉠ 작용하는 수직하중 용량 : 각 <u>20ton</u> 이하. (* 4개이면 80톤) 　㉡ 타입 : H 타입, X타입 / ㉢ 최대 폭 : 5.2m 이상 / ㉣ 작업 유효각도 : **최대 5°** 　㉤ 동작 속도 : <u>30초</u> 이내(* 펼침 기준 - 시작부터 수평 완료까지)
턴테이블, 선회장치	① 턴테이블은 서브프레임 상단에 설치되며 사다리 하중의 <u>150%</u> 이상을 견딜 수 있다. ② 선회장치는 스위블조인트를 이용, <u>360도</u> 무한회전 가능, 전기, 유압, 수관이 통과할 수 있다.
사다리	① 사다리 시스템은 직진 <u>6단</u>으로 구성되어 있다. ② 6단 사다리 끝에는 보조스텝이 설치되어 건물 접안 시 건물과 사다리 사이 틈새가 없도록 한다. ③ 사다리 시스템의 최대 기립각도는 80도이며 최대 하향각도는 -7도이다. ④ 사다리의 상승, 하강, 펼침, 수축은 유압 실린더에 의해 작동된다. ⑤ 사다리 제작에 사용되는 재질은 ASTM500 이상의 재질이 사용된다. ※ 제일 하단의 사다리 구조물에 설치된 유압실린더의 확장과 수축에 따라 6단 사다리가 동시에 작동된다.
아웃트리거 센서	① 각 아웃트리거 끝부분(확장/수축/상승/하강)에 센서를 부착, 최대한계점을 인식, 자동정지한다 ② 수평센서전선이 고장 시, 컨트롤러에서 이를 감지, 오토레벨링 등의 자동동작을 제한한다. ③ 수평센서 전선이 단락이나 고장발생 시, 조작반 수평정상램프와 수평이상 램프가 동시 점멸한다 ④ 지표 경사면이 <u>5도 초과 시</u> 아웃트리거 및 차량 보호를 위해 오토레벨링 동작이 제한된다.

2 사다리고가차(사다리/굴절) 안전 ☆ 14 경남, 20 교, 21 위

(1) 고가·굴절사다리차의 사용 제한
① 고압선 작업용으로 사용하지 않는다.
② 특수물질 수송용으로 사용하지 않는다.
③ 크레인 대용으로 사용하지 않는다.
④ 화물수송용으로 사용하지 않는다.
✪ 사다리 장비는 승강기나 바스켓에 실린 하중을 수직으로 올리거나 내리기 위한 목적으로만 설계된 장비이다. → 따라서 수평으로 당기거나 미는 작업은 금지되어 있다.
(*^^ ①~④ 요점: 고압선 작업, 특수물질 수송, 크레인 대용, 화물수송용으로 사용 하지 않는다)

(2) 풍속 및 고압선 안전수칙
① 풍속이 12.5m/s 이상 되면 사다리가 더 이상 움직이지 않게 시스템이 작동되어 있다.
② 모든 전선 부근에서 작업할 때에는 최소한 5m의 거리를 유지한다. 20 교

(3) 주행안전수칙
① 고가 및 굴절사다리차는 일반적으로 무게중심이 위쪽에 있다. 21 위
② 급커브 주행 시 전복되지 않도록 커브 전에서 미리 감속해야 한다. 20 교
③ 예비 소방호스나 수관 등 기타 부품들을 적재하고 주행 시 제원표에 명시된 축 하중이나 제원표 상의 수치들을 초과할 수 없다.
④ 주차 시에는 주차 브레이크를 체결하고 고임목을 바퀴에 고정시킨다.
⑤ 인명구조 및 화재진압 등 기타 작업을 종료 후 이동 할 때에는 반드시 구조물을 정 위치에 안착시키고 아웃트리거를 완전히 접고 주행 중 펼쳐지는 것에 대한 방지 조치 후 주행한다.

3 배연·조명·조연자동차

(1) 배연차 - 음압식 배연차 작동방법
① 배출구를 개방한다.
② 시동을 걸고 반드시 PTO 조작 전에 스로틀레버를 돌려 RPM을 1,200에 맞춘다.
③ 클러치를 밟고 PTO 레버를 잡아 넣은 후 클러치를 최대한 서서히 놓는다.
  (PTO가 정상적으로 연결되면 붉은색등 점등)
④ 흡입구를 원하는 장소에 배치한다. ■음압식 배연 원리■

(2) 배연차 - 양압식 배연소방차
① 화재현장 개구부 입구에서 건물 안쪽으로 바람을 불어 양압을 형성하여 배기구로 농연을 배출하는 구조 (*^^ 센 바람으로 압력을 높이는 방법.)
② 배풍기 사용 시 건물 내부의 대원들이 유해 오염물에 노출되지 않는다.
③ 배풍기의 위치상 배풍기 사용 후 청소 및 정비를 최소화시켜 준다.
④ 양압식은 음압식보다 효율면에서 약 2배 효과가 있다. ■양압식 배연■

(3) 조연소방차 사용범위
① 화재현장의 배연작업
② 야간 화재현장 이동식 조명탑 역할
③ 지하 및 유류화재에서 고발포 형성
④ 대용량 전기가 필요한 곳에 전기 공급

3편 소방자동차 관련 — OX(2진법) 개념 따라 잡기~

01 디젤엔진은 경유(디젤)를 주 연료로 하여 점화 착화 방식을 이용하여 동력을 얻으며 높은 엔진 회전수에서 낮은 토크를 얻는다.( )

➡ 디젤엔진은 경유를 주 연료로 하여 **압축착화** 방식이며, **낮은** 엔진 회전수에서 **높은** 토크를 얻는다.
(* 엔진 : 열에너지를 기계적 에너지로 바꾸는 장치. 기계적 동력을 발생하기 위해 연료를 연소시킨다.)

02 냉각장치는 온도가 과도하게 높아지면 부품 재료의 강도가 저하되어 고장이 생기거나, 수명이 단축되고, 연소 상태도 나빠져 노킹이 되며 조기 점화되지 않는다.( )

➡ 냉각장치는 온도가 과도하게 높아지면 부품 재료의 강도가 저하되어 고장이 생기거나, 수명이 단축되고, 연소상태도 나빠져 노킹이나 조기 점화가 발생하며 그 결과 기관의 출력이 저하된다.

03 동력인출장치(P.T.O)는 클러치와 변속기 중간에 결합되어 엔진의 동력을 P.T.O 내부의 2개 기어의 물림에 의해서 얻어진 동력을 주 펌프에 전달된다. P.T.O 종류는 수동변속기·자동변속기·복합 P.T.O가 있다.( )

➡ P.T.O라는 글자가 3개이니, 3개 기어의 물림이고 기어도 클러치쪽, 변속기쪽, 펌프쪽 3가지 기어라고 생각하면 쉽다 / 또한 종류 3가지: ① 수동(케이블)변속기 P.T.O ② 자동변속기 P.T.O ③ 복합)P.T.O가 있다고 기억하다

– P.T.O 동력전달작동방식은 수동케이블방식, 에어실린더식(반자동), 자동(전기+에어)방식이 있다.
[* ① 케이블방식(수동변속기장착 차량) ② 에어실린더식(반자동=전기+에어) ③ 전자식P.T.O방식(자동변속기장착차량)]

04 펌프의 종류는 왕복, 원심, 사류, 축류, 회전, 특수펌프가 있으며, 원심펌프는 자흡을 할 수 없어 마중물장치(진공펌프)를 설치하며 회전수 변화가 배출량의 변화에 미치는 영향이 다른 펌프보다 작고 값이 비싸다.( )

➡ •펌프 종류는 옳다. 왕복펌프(피스톤 플런저, 다이어후렘 펌프 등) / 원심펌프(볼류우트, 터어빈펌프 등) / 사류펌프, / 축류펌프(프로펠러펌프), / 회전펌프, / 특수펌프(마찰, 기포, 제트 펌프 등)가 있다. 그러나 •자흡(자기 자신이 혼자 흡입)을 할 수 없어 마중물장치(진공펌프)를 설치해야 하며 회전수 변화가 배출량의 변화에 미치는 영향이 다른 종류의 펌프보다 크고 값이 비싸다.

05 공동현상 방지대책은 소방펌프 흡수량을 낮추고, 소방펌프의 회전수도 낮춘다.( )

➡ ① 흡수관측의 손실을 가능한 작게. ② 소방펌프 흡수량을 **높**이고, 소방펌프의 회전수를 낮춘다. ③ 동일한 회전수와 방수량에서는 방수밸브를 조절. ④ 흡수관의 스트레이너 등에 이물질이 있는 경우 이를 제거한다.

정답 01. (X) 02. (X) 03. (X) 04. (X) 05. (X))

06 진공펌프의 작동원리 흡입 → 압축 → 팽창 → 배기 순이다.( )

➡ 진공펌프의 작동원리 : 흡입 → 팽창 → 압축 → 배기 순이다.(▶ 한평 오버)

07 진공펌프가 작동되면 지수밸브 내부는 진공상태가 되어 밸브는 아래쪽으로 내려가서 닫힌다.( )

➡ 진공펌프가 작동되면 지수밸브 내부는 진공상태가 되어 다이아프램(Diaphragm, 막)이 아래쪽으로 끌리기 때문에 밸브는 아래쪽으로 내려가서 열린다.

08 지수밸브가 필요한 이유 중 또 하나가 양수해서 펌프 속에 물이 있는 상태로 방수를 하지 않을 때 물이 다시 빠지지 않도록 유지해 연속적인 방수가 가능하도록 한다.( )

➡ 역류방지밸브가 필요한 이유 중 또 하나가 양수(진공상태에서 물을 끌어올림)해서 펌프 속에 물이 있는 상태로 방수를 하지 않을 때 물이 다시 빠지지 않도록 유지해 연속적인 방수가 가능하도록 한다.

09 대기압 이상의 압력과 대기압 이하의 압력(진공압력)을 계측기를 연성계라 한다. 진공도가 급격히 상승하는 것은 스트레이너 등이 오물이나 찌꺼기 등으로 막혀있으므로 즉시 점검한다.( )

➡ 대기압 이상의 압력(+압력)과 대기압 이하의 압력(- 압력), 양쪽의 계측 장치를 장착한 계측기를 연성계라 한다. 진공도가 급격히 상승하는 것은 스트레이너 등이 오물이나 찌꺼기 등으로 막혀있을 수 있다.
(* 참고 : 현재 대기 중의 공기 압력보다 높은 압력을 +압력, 정압이라고도 하며, / 낮은 진공압력을 - 압력. 부압이라고도 한다. / 압력계는 방수측에서 정압을 재며, 연성계나 진공계는 흡입측에서 부압을 잰다.)

10 방수포는 수평으로 360°회전, 상방으로 75°, 하방으로 30°의 범위로 방수할 수 있다.( )

➡ 방수포는 수평으로 360°회전, 상방으로 75°, 하방으로 30°의 범위로 방수할 수 있다. 옳다.

11 압축공기포는 소화 효과가 매우 뛰어나고 부착성이 우수하고 높은 분사 속도로 원거리 방수가 가능하며 물 사용량을 1/7 이상으로 줄여 수손 피해를 최소화 할 수 있다.( )

➡ 옳은 설명이다.

12 고가굴절사다리차는 일반적으로 무게중심이 아래쪽이 아닌 위쪽에 있다. 작업 시 모든 전선으로부터 최소 5m 이상 거리를 유지하여야 한다.( )

➡ 옳은 설명이다.(* 화재3편 제2장 특수소방자동차 문제)

정답 ― 06. (X)   07. (X)   08. (X)   09. (O)   10. (O)   11. (O)   12. (O)

5편

소방용수시설

(소방차량실무편)

1장 소방용수시설 ······ 198
2장 상수도소화용수설비 등 ······ 203
　★ OX 개념문제 ······ 206

CHAPTER 01 소방용수시설(1장)

제1절 소방용수시설 정리(1)★   ☆ 20 소방교

(1) 소방용수시설의 설치 기준   ☆ 14 부산교, 16 부산교, 위, 17 장, 위, 20 장

① 소방대상물과 수평거리 100m 이하: 주거지역, 상업지역, 공업지역
② 소방대상물과 수평거리 140m 이하: 기타 지역 ▶ 암기: 주상공백 (* 주거, 상업, 공업은 100m 이하)

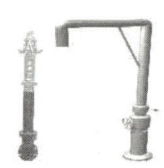

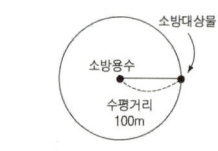
주거지역, 상업지역 및 공업지역

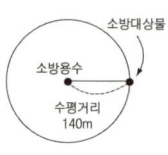
그 외의 지역

(2) 소화전 설치기준
   상수도와 연결하여 지하식 또는 지상식의 구조로 하고, 소방용호스와 연결하는 소화전의 연결금속구의 구경은 65mm로 할 것. * 오답: 할수 있다

(3) 급수탑 설치기준
   ① 급수배관구경은 100mm 이상으로 한다.
   ② 개폐밸브는 1.5m 이상 ~ 1.7m 이하에 설치한다.

(4) 저수조 설치기준
   ① 지면으로부터 낙차가 4.5m 이하일 것
   ② 흡수부분의 수심이 0.5m 이상일 것
   ③ 흡수관 투입구가 사각형인 경우엔 한 변의 길이가, 원형의 경우엔 지름이 60cm 이상
   ④ 저수조에 물을 공급하는 방법은 상수도에 연결하여 자동으로 급수되는 구조일 것
   ⑤ 흡수에 지장이 없도록 토사 및 쓰레기 등을 제거할 수 있는 설비를 갖출 것

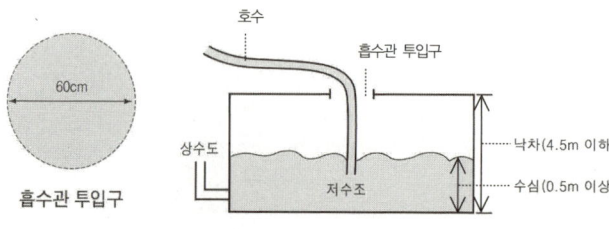

제2절 소방용수시설 정리(2)*

1. **소방용수시설**
   시·도지사는 소화전·급수탑·저수조를 설치하고 유지·관리한다. ☆ 13 서울교
   ① 소방용수 설치·유지·관리자: 시·도지사
   ② 소방용수시설: 소화전, 급수탑, 저수조를 말한다.
   (*^^ 수도소화전은 그 설치자인 일반수도사업자가 유지·관리한다.)

   > ■ 소방용수시설 및 지리조사
   > 소방본부장 또는 소방서장은 원활한 소방활동을 위하여 조사를 실시한다.
   > ① 조사 횟수: 소방본부장, 소방서장이 월 1회 이상
   > ② 지리조사 대상: 도로의 폭, 교통상황, 도로주변 토지의 고저, 건축물의 개황*
   > ③ 조사 보관: 조사 결과를 2년간 보관한다. ▶ 도교토건 (* 지리조사는 동경 도교토건에서)

   (★ 정당한 사유 없이 소방용수시설 또는 비상소화장치를 사용하거나, 효용을 해하거나 그 정당한 사용을 방해한 자는 5년 이하의 징역 또는 5천만 원 이하의 벌금에 처한다.) ☆ 20 소방위

【소화전, 급수탑, 저수조】

【송수구와 채수구】

【비상소화장치】

2. **소방용수표지**

(1) 지하의 소화전, 저수조의 소방용수표지는 다음과 같다.
   ① 맨홀뚜껑은 지름 648mm 이상의 것으로 할 것
      (다만, 승하강식 소화전의 경우 이를 적용하지 아니한다.)
   ② 맨홀뚜껑에는 "소화전 주정차금지" 또는 "저수조 주정차금지"의 표시를 할 것
   ③ 맨홀뚜껑 부근에는 황색 반사도료로 폭 15cm의 선을 그 둘레를 따라 칠할 것
      ▶ 648 소주 저주 (* 맨홀뚜껑위 648원에 소주를 저주세요)
(2) 급수탑 및 지상의 소화전, 저수조의 소방용수표지는 다음과 같다.
   ① 안쪽 바탕은 적색, 안쪽 문자는 백색 / 바깥쪽 바탕은 청색, 바깥쪽 문자는 황색으로 하고
      반사재료를 사용한다. ▶ 암기: 붉은백수 청나라 황제
      (*^^ 안쪽 적색바탕은 불을 상징, 백색이 잘 보임 / 바깥쪽 청색바탕은 물을 상징, 황색이 해당됨)

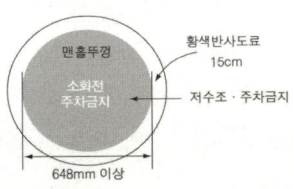
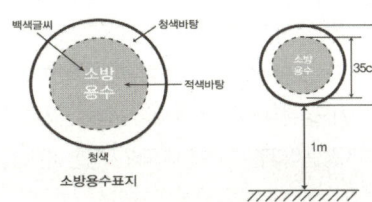

제3절 소방용수시설 정리(3) *

▌소방용수시설별 장·단점 ▌ ☆ 20 소방교

종 별	장 점	단 점
지상식 소화전	사용이 간편하고 관리가 용이하다.	• 지상으로 돌출되어 있기 때문에 차량 등에 의하여 파손될 우려가 있다. • 도로에는 설치가 곤란하다
지하식 소화전	지하에 매설되어 있어 보행 및 교통에 지장이 없다.	• 사용이 불편하고 관리가 어렵다. • 강설 시 동결되어 사용할 수 없는 경우가 발생한다. (* 지하가 깊지 않고 맨홀뚜껑에 눈이 쌓여 동결도 됨) • 도로포장 공사 시 매몰 우려 및 뚜껑을 높여야 한다.
급수탑	물탱크 차량에 급수하는 데 가장 용이하다. 20 교	• 도로면에 설치되어 있기 때문에 차량 등에 의해 파손되는 경우가 많다. • 설치기준 부족으로 불필요한 물이 낭비되며 배수장치의 설치방법에 따라 동절기에 동결되는 경우가 생긴다. • 유지관리 미숙으로 동절기에 보온조치 등 불필요한 예산이 필요하다. • 도시미관을 해친다.
저수조	• 대량의 물이 저장되어 있기 때문에 단수 시 급수작전에 효과를 기할 수 있다. • 고지대 등 급수작전이 미흡한 지역에 설치할 경우 지대한 효과를 기할 수 있다.	• 설치비용이 많이 든다. • 뚜껑이 너무 무거워 사용하기가 불편하다. • 설치위치 선정이 용이하지 않다 • 공사 시 교통에 많은 지장이 초래된다.

■ 소방활동자료조사 등에 관한 규정 제12조 (소방용수·지리조사 실시)
① 정밀조사 : 연 2회(해빙기, 동절기)
② 정기조사 : 월 1회 이상
③ 수시조사 : 도로공사를 한 경우, 수도부서에서 소방용수시설 신설 또는 이설을 한 경우, 취약지역 등

■ 도로교통법 제32조(정차 및 주차의 금지) 〈2021. 11. 30 개정〉
① 교차로·횡단보도·건널목이나 보도와 차도가 구분된 도로의 보도
   - (「주차장법」에 따라 차도와 보도에 걸쳐서 설치된 노상주차장은 제외)
② 교차로의 가장자리나 도로의 모퉁이로부터 5m 이내인 곳
③ 안전지대가 설치된 도로에서는 그 안전지대의 사방으로부터 각각 10m 이내인 곳
④ 버스여객자동차의 정류지(停留地)임을 표시하는 기둥이나 표지판 또는 선이 설치된 곳으로부터 10m 이내인 곳
⑤ 건널목의 가장자리 또는 횡단보도로부터 10m 이내인 곳
⑥ 다음 각 목의 곳으로부터 5m 이내인 곳
   ㉠ 「소방기본법」 제10조에 따른 소방용수시설 또는 비상소화장치가 설치된 곳
   ㉡ 「소방시설 설치~ 법률」 제2조제1항제1호에 따른 소방시설로서 대통령령으로 정하는 시설이 설치된 곳
⑦ 시도경찰청장이 도로에서의 위험을 방지하고 교통의 안전과 원활한 소통을 확보하기 위하여 인정하여 지정한 곳
⑧ 시장 등이 제12조제1항에 따라 지정한 어린이 보호구역 (*^^ 상기 도로교통법 제32조의 숫자는 주로 5m, 10m 임)

■ 소방용수시설 일제 정밀조사(점검) 요령 ☆ 24 소방교

현장도착	○ 점검도구(기자재) 활용
외관점검 (종별 공통)	○ 용수시설의 위치 및 사용의 장애여부(5m이내 주차구획선 설치 등) 　　시설주변 조사 ○ 파손, 매몰, 손괴, 변형 여부 ○ 안전사고 발생 우려 여부 ○ 도시환경 저해요인(도색 상태 등)
외관점검 (소화전)	○ 토출구 변형 및 전실 내 이물질 퇴적 여부 ○ 지상식 소화전은 제수변 위치 및 매몰 여부 　　※ 매몰 시 원인자 및 경과기간을 조사하여 원상복구 조치 ○ 몸통의 동파여부 및 균열 등 확인 ○ 뚜껑의 소화전의 문자각인 및 황색야광표시 여부 ○ 뚜껑의 지반침하, 지상 돌출로 인한 차량운행, 보행장애 여부 등
정밀점검 (기능 및 작동시험 포함)	○ 스핀들, 제수변 등 작동이 적정여부 ○ 스핀들, 제수변, 배관이음부 누수여부 확인 ○ 지하배관 누수여부 확인 방법 ⇨ 소화전 토출구 캡을 막고 스핀들을 　　개방하여 몸통에 귀를 대면 물새는 소리가 난다. ○ 스핀들을 완전히 잠근 후 반 바퀴 정도 열어준다. 　　(고무바킹 협착) ○ 개폐가 힘든 것은 무리한 힘을 가하지 말고 오일 주입, 녹 제거 작업 후 　　천천히 개폐
토출시험	○ 스핀들 개방 출수 확인 → 수압 측정 ○ 스핀들을 잠그고 토출구내 배수상태 확인 　　※ 소화전 관로 제수변 급격한 조작금지 　　- <u>급격한 밸브 조작은 상수도관 내 침전물의 유동을 일으켜 수질로 인한 　　민원 발생의 원인</u> 　　- <u>밸브 개방 시</u> 　　① <u>지상, 지하식 소화전용 밸브를 먼저 개방하고,</u> 　　② <u>상수도 본관에서 분기된 제수밸브를 나중에 개방[소화전내 적수(녹물)의 　　상수도 본관 내 유입방지]</u> ☆ 24 교(①② 순서바뀜)
현장이동	○ 주변 정리정돈 및 점검도구(기자재) 철수 후 현장이동

• REFERENCE

- 공부하다가 -
나른한 날씨가 힘겨운지 부쩍 졸음이 잘 옵니다.
얼마 남지 않은 시험날짜가 무색할 정도로요.
시간이 지날수록 제 머리와 마음속엔 보송한 봄내음조차
들어올 공간이 없습니다. 온통 시험 걱정으로 꽉꽉 차있거든요.

공부는 할수록 더욱 아쉬운 것 같습니다.
책은 만질수록 더욱 무뎌지는 것 같습니다.
시간이 지날수록 더욱 정진해야겠다는 욕심이 앞서보지만,
살며시 지쳐가는 그림자 또한 어쩔 수 없는가 봅니다.

공부를 하면서 딱 하나 바람이 있다면
눈으로 보는 대로, 손으로 쓰는 대로, 머릿속으로 착착 들어왔음 합니다.
다급함이 느껴져서인지, 이것이 더욱 간절한 듯 합니다.
줄어드는 시간에 비해 늘어나는 지식은 달팽이처럼 맴돌기만 합니다.

아무토록 최상의 컨디션과 남으로부터 뒤쳐지지 않을 부지런함으로 승부를
걸겠습니다. 정말 합격하고 싶으니까요.
걷는 사람이 있다면, 뛰는 사람도 있다지만, 기죽지 않겠습니다.
걷는 사람이 꼭, 뛰는 사람 뒷길을 따라가라는 법은 없으니까요.
지름길이 있으니까요 최대한의 방법으로 앞만 보고 달리겠습니다.

마이클 조던이 했던 말이 생각납니다.
"나는 지금까지 9,000번도 넘게 슛을 성공시키지 못했다.
나는 지금까지 300번도 넘게 경기에서 져봤다. 사람들이 나를 믿어 주었을 땐,
26번이나 결정적인 슛을 실패했다. 나는 계속 실패하고, 실패하고 또 실패했다.
그것이 내가 성공한 이유다"

- 대한민국 소방관: hm N -

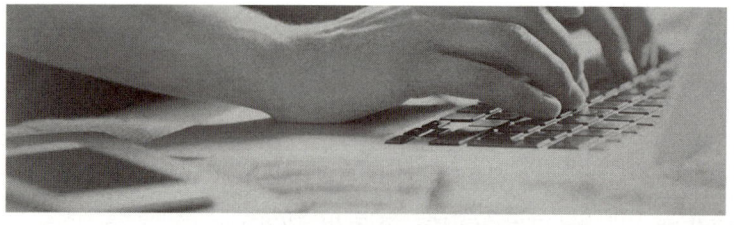

* 짝수 홀수 페이지를 맞추기 위해서 삽입하였습니다.

CHAPTER 02 상수도 소화용수설비 등

제1~2절 개요 및 상수도 소화용수시설

상수도 소화용수설비는 현실적으로 크게 부족한 관설 소화용수설비의 보강 차원에서 일정 규모 이상의 건축물의 소유자로 하여금 소화용수설비의 설치 및 관리비용을 부담하도록 하고 있다.

> **■ 소방시설 설치 및 관리에 관한 법률 및 시행령 - 요약**
>
> ■ 별표4 상수도소화용수시설
> 상수도소화용수설비를 설치하여야 하는 특정소방대상물은 다음과 같다.
> 다만, 상수도소화용수설비를 설치하여야 하는 대상물의 대지 경계선으로부터 <u>180m</u> 이내에 지름 <u>75mm</u> 이상인 상수도용 배수관이 설치되지 아니한 지역에는 소화수조 또는 저수조를 설치해야 한다.
> ㉠ 연면적 <u>5,000㎡ 이상</u>인 것.(다만, 가스시설, 터널, 지하구의 경우는 제외.)
> ㉡ 가스시설로서 지상에 노출된 탱크의 저장용량의 <u>합계가 100톤</u> 이상인 것
> ㉢ 자원순환 관련 시설 중 폐기물재활용시설 및 폐기물처분시설
>
> ■ 별표5 상수도소화용수시설 면제 기준
> 상수도소화용수설비를 설치하여야 하는 특정소방대상물의 각 부분으로부터 수평거리 <u>140m 이내</u>의 공공의 소방을 위한 소화전이 화재안전기준에 적합하게 설치되어 있는 경우에는 설치가 면제된다.

1 상수도 소화용수 설비 ☆ 13 경남장, 14 인천장, 15 서울교

상수도 소화용수설비의 화재안전기준(NFTC 401)

용어	① "호칭지름"이란 일반적으로 표기하는 배관의 직경을 말한다. ② "수평투영면"이란 건축물을 수평으로 투영하였을 경우의 면을 말한다.
설치기준	① 호칭지름 75mm 이상의 수도배관에 호칭지름 100㎜ 이상의 소화전을 (분기)접속할 것. ② 소화전은 소방자동차 등의 진입이 쉬운 도로변 또는 공지에 설치할 것. ③ 소화전은 특정소방대상물의 수평투영면의 각 부분으로부터 140m 이하가 되도록 설치할 것. ④ 지상식소화전 호스접결구는 지면으로부터 높이 0.5m 이상 1m 이하가 되도록 설치할 것.

* 수평투영면적 : 수평면상에 투영한 면적. (우리가 건축물 등에서 수평면적이란 바닥면적을 말하지만 정확히는 태양이 지고 난 후 상공에서 내려쬐는 빛에 의하여 토지의 지형상 가장 낮은 지점의 수평면상에 그림자로 나타난 면적을 뜻한다.)

| 제3절 | 소화수조 및 저수조설비 ☆ 16 소방교, 17 인천장 |

소화수조 및 저수조설비의 화재안전성능기준(NFPC 402) 제3조~제5조는 다음과 같다.

제1~2조	-생략 (중요도 없음)-
제3조 정의	① "소화수조 또는 저수조"란 수조를 설치하고 여기에 소화에 필요한 물을 항시 채워두는 것을 말하고, 저수조란 소화용수와 일반 생활용수의 겸용 수조를 말한다. ② "채수구"란 소방차의 소방호스와 접결되는 흡입구를 말한다. (* 물을 뽑아낼 수 있는 구멍) ③ "흡수관투입구"란 소방차의 흡수관이 투입될 수 있도록 소화수조 또는 저수조에 설치된 원형 또는 사각형의 투입구를 말한다.
제4조 소화수조 등	① 소화수조, 저수조의 채수구* 또는 흡수관투입구는 소방차가 2m 이내의 지점까지 접근할 수 있는 위치에 설치해야 한다. ▶ 암기: 채2(채리) 13 경남장 ② 소화수조 또는 저수조의 저수량은 소방대상물의 연면적을 다음 표에 따른 기준면적으로 나누어 얻은 수(소수점 이하의 수는 1로)에 20㎥를 곱한 양 이상이 되도록 해야 한다. | 특정소방대상물의 구분 | 면 적 | |---|---| | · 1층 및 2층의 바닥면적 합계가 15,000㎡ 이상인 소방대상물 | 7,500㎡ | | · 제1호에 해당되지 않는 그 밖의 소방대상물 (15,000㎡ 미만) | 12,500㎡ | 예) 15000㎡ 일 경우 15000㎡ ÷ 7,500㎡ = 2가 나온다 2 x 20㎥ = 40㎥의 저수량이 필요하다. 예) 10,000㎡ 일 경우 10,000㎡ ÷ 12,500㎡ = 0.8이 나온다. 소숫점 이하는 1로보니 1 x 20㎥ = 20㎥ ③ 소화수조 또는 저수조는 다음의 기준에 따라 흡수관투입구 또는 채수구를 설치해야 한다. ㉠ 지하에 설치하는 소화용수설비의 흡수관투입구는 그 한 변이 0.6m 이상이거나 직경이 0.6m 이상인 것으로 하고, 소요수량이 80㎥ 미만인 것에 있어서는 1개 이상, 80㎥ 이상인 것에 있어서는 2개 이상을 설치하여야 하며, "흡수관투입구"라고 표시한 표지를 할 것 ㉡ 소화용수설비에 설치하는 채수구는 다음표에 따라 소방용 호스 또는 소방용 흡수관에 사용하는 구경 65㎜ 이상의 나사식 결합 금속구를 설치할 것. | 소요수량 | 20㎥ 이상 40㎥ 미만 | 40㎥ 이상 100㎥ 미만 | 100㎥ 이상 | |---|---|---|---| | 채수구의 수 | 1개 | 2개 | 3개 | ㉢ 채수구는 지면으로부터의 높이가 0.5m 이상 1m 이하의 위치에 설치하고 "채수구" 라고 표지를 할 것. (*^^ 일반적으로 채수구나 송수구 높이는 0.5m 이상 1m 이하이다) ④ 소화용수설비를 설치하여야 할 소방대상물에 있어서 유수의 양이 0.8㎥/min 이상인 유수를 사용할 수 있는 경우에는 소화수조를 설치하지 아니할 수 있다.

---

* 소화전(消火栓): 소화호스를 장치하기 위하여 상수도의 급수관에 설치하는 시설.(즉, 물을 빼내기 위한 시설)
* 급수탑(給水塔): 소방 물탱크차가 화재현장으로 출발 시 급수에 필요한 시설. 119안전센터·소방서 등에 설치됨.
* 저수조(貯水槽): 물을 담아 놓기 위한 시설.(* 물을 저장하는 수조로서 주로 지하에 위치함)
* 건축물의 개황: 건축물 대강의 상황.(예) 목조 건물 혹은 콘크리트 건물)   * 1㎥ =1,000ℓ
* 비상소화장치: 화재초기 지역주민이 활용하여 소화하는 시설로서, 전통시장·상가밀집지역, 연립주택의 좁은길 등 소방차 진입이 곤란할 때 소방용수시설하고 연결하여 옥외에 만들어진 옥내소화전과 유사한 형태이다.

제5조
가압송수
장치

(1) 소화수조 또는 저수조가 지표면으로부터의 깊이(수조 내부바닥까지의 길이)가 4.5m 이상인 지하에 있는 경우에는 다음 표에 따라 가압송수장치를 설치한다. (단, 4.5m 이하는 제외)

소요수량	20㎥ 이상 40㎥ 미만	40㎥ 이상 100㎥ 미만	100㎥ 이상
1분당 양수량	1,100ℓ 이상	2,200ℓ 이상	3,300ℓ 이상

(*^^ 앞 페이지 ③ ⓒ 채수구 박스 및 상기 1분당 양수량은 모두 첫 자가 1,2,3,이 된다)

(2) 소화수조가 옥상 또는 옥탑의 부분에 설치된 경우에는 지상에 설치된 채수구에서의 압력이 0.15MPa 이상이 되도록 해야 한다.(*^^ 0.15Mpa란 수두로 환산하면 15m 나가는 압력이다.)
----*

(3) 전동기 또는 내연기관에 따른 펌프를 이용하는 가압송수장치 설치는 다음과 같다.
 ① 쉽게 접근할 수 있고 점검하기에 충분한 공간이 있는 장소로서 화재 및 침수 등의 재해로 인한 피해를 받을 우려가 없는 곳에 설치할 것[39]
 ② 동결방지조치를 하거나 동결의 우려가 없는 장소에 설치할 것
 ③ 펌프는 전용으로 할 것. (다만, 다른 소화설비와 겸용하는 경우 각각의 소화설비의 성능에 지장이 없을 때에는 예외로 한다.)
 ④ 펌프의 토출측에는 압력계를 체크밸브 이전에 펌프토출측 플랜지에서 가까운 곳에 설치하고, 흡입 측에는 연성계 또는 진공계를 설치할 것. (다만, 수원의 수위가 펌프의 위치보다 높거나 수직회전축 펌프의 경우에는 연성계 또는 진공계를 설치하지 아니할 수 있다.)
  (* 펌프 중심에서 위쪽에는 압력계를, 펌프 중심 아래쪽에는 공기가 들어가면 물 흡입이 안되니 진공압력을 측정하는 진공계나, 대기압에서 +,- 압력을 측정할 수 있는 연성계를 설치하라는 뜻)
  (*^^ 체크밸브: 역류방지밸브 / 플랜지: 관이음 접속부분 / 수원의 수위: 물의 높이가)
  ----*
 ⑤ 가압송수장치에는 성격부하 운전 시 펌프의 성능을 시험하기 위한 배관을 설치할 것
 ⑥ 가압송수장치에는 체절운전 시 수온의 상승을 방지하기 위한 순환배관*을 설치할 것
  (* 모터펌프 시험운전 시 모터가 돌면서 물 온도가 올라가니 물탱크에 연결배관을 설치할 것)
 ⑦ 기동장치로는 보호판을 부착한 기동스위치를 채수구 직근에 설치할 것
 ⑧ 수원의 수위가 펌프보다 낮은 위치에 있는 가압송수장치에는 물올림장치를 설치할 것
  ㉠ 물올림장치에는 전용의 수조를 설치할 것 / ㉡ 수조의 유효수량은 100ℓ 이상으로 하되, 구경 15㎜ 이상의 급수 배관에 따라 해당 수조에 물이 계속 보급되도록 할 것
 ⑨ 내연기관을 사용하는 경우에는 다음의 기준에 적합한 것으로 할 것.
  ㉠ 내연기관의 기동은 채수구에서 원격조작이 가능하고 기동을 명시하는 적색등을 설치할 것
  ㉡ 제어반에 따라 내연기관의 기동이 가능하고 상시 충전되어 있는 축전지 설비를 갖출 것
 ⑩ 가압송수장치에는 "소화용수설비펌프"라고 표시한 표지를 할 것. 이 경우 그 가압송수장치를 다른 설비와 겸용하는 때에는 그 겸용되는 설비의 이름을 표시한 표지를 함께 해야 한다.
 ⑪ 가압송수장치는 부식 등으로 펌프의 고착을 방지할 수 있도록 할 것.(다만, 충압펌프는 제외)
  - 임펠러는 청동 또는 스테인리스 등, 펌프축은 스테인리스 등 부식에 강한 재질을 사용할 것
   (* 임펠러: 날개 / 펌프축: 날개를 돌리는 축 / 청동 또는 스테인리스: 구리, 녹슬지 않는 스텐)

---

* 압력계: 대기압 이상의 압력(+압력, 정압)을 측정하는 계측기
* 진공계: 대기압 이하(-압력, 부압, 진공)의 압력을 측정하는 계측기
* 연성계: 대기압 이상의 압력과 대기압 이하의 압력을 측정하는 계측기
* 대기압: 우리가 숨쉬는 대기(공기) 중의 압력 (* 대기: 지구를 둘러싸고 있는 기체층. 공기)
* 전동기: 전기를 동력으로 바꾸는 기계, 일상에서는 보통 모터(Motor), "모타"라고도 말한다.
* 가압송수장치: 압력을 가해 물을 퍼올리는(빨아 흡입하는) 기계로서, 보통 모터, 모터펌프, 펌프, 양수기라고도 한다.

1~2장 소방용수시설 — OX(2진법) 개념 따라 잡기~

▶ 숫자 모음으로 출제하였습니다.

01 물의 증발잠열은 539cal/g 로서 냉각효과가 주 소화이며 불연성 기체로서 체적은 약 1,700배 커져서 연소물 주위에 질식효과도 있다.( )

➡ 물(액체)의 증발(기체화)잠열은 539cal/g가 필요하며 기체가 되면 체적은 1700배의 팽창된다, 모두 옳다.

02 소방대의 유효활동 범위 연장 소방호스 10본(150m, 1본: 15m) 이내이나 굴곡을 고려하여 기하학적으로 산출하면 반경 약 100m의 범위 내가 된다. 또한 소방용수는 주거지역, 상업지역 및 공업지역은 100m 이내, 농촌지역은 140m 이내에 설치한다.( )

➡ 설문은 옳은 설명이다.

03 소화전의 호스 연결금속구의 구경은 65mm 이상으로 하고, 급수탑의 배관구경은 100mm 이상이며 급수탑의 그 개폐밸브는 1.5m 이상 1.7m 이하에 설치한다.( )

➡ 소화전의 호스 연결금속구의 구경은 65mm로 하고, 급수탑의 배관구경은 100mm 이상이며 급수탑의 그 개폐밸브는 1.5m 이상 1.7m 이하에 설치한다.

04 저수조는 지면으로부터 낙차가 4.5m 이상이며 흡수부분의 수심은 0.5m 이상이다.( )

➡ 저수조는 지면으로부터 낙차가 4.5m 이하이며 흡수부분의 수심은 0.5m 이상이다.

05 흡수관의 투입구가 사각이나 원형의 경우에 길이나 지름이 60cm 이하이다. 저수조에 물을 공급하는 방법은 상수도에 연결하여 자동 혹은 수동으로 급수되는 구조이어야 한다.( )

➡ 흡수관의 투입구가 사각이나 원형의 경우에 길이나 지름이 60cm 이상이다. 저수조에 물을 공급하는 방법은 상수도에 연결하여 **자동**으로 급수되는 구조이어야 한다

06 소방용수 맨홀뚜껑은 지름 648mm 이상의 것으로 하며 맨홀뚜껑 부근에는 황색반사도료로 폭 15cm의 선을 그 둘레를 따라 칠하며 소방용수표지에 있어서 안쪽 바탕은 적색, / 안쪽 문자는 백색 / 바깥쪽 바탕은 청색, / 바깥쪽 문자는 황색으로 하고 반사재료를 사용한다.( )

➡ 맨홀뚜껑과 소방용수표지의 색상은 모두 옳은 설명이다.

정답 ─ 01. (O)   02. (O)   03. (X)   04. (X)   05. (X)   06. (O)

---

* 내연기관: 실린더 속에 연료를 넣고 연소폭발시켜 생긴 기체의 팽창력으로 피스톤을 움직이게 하는 장치.

07 소방본부장 또는 소방서장은 원활한 소방활동을 위하여 소방용수 및 지리조사를 월 1회 이상 실시해야 하며 그 조사결과를 영구히 보관해야 한다.( )

➡ 소방용수 및 지리조사는 월 1회 이상 실시해야 하며 그 조사결과를 2년간 보관해야 한다.
(* 참고로 소방활동자료조사에서 정기조사는 월 1회 이상, 정밀조사는 연 2회(해빙기, 동절기)이다.)

08 정당한 사유 없이 소방용수시설, 비상소화장치의 사용 또는 효용을 해하거나 그 정당한 사용을 방해한 사람은 5년 이하의 징역 또는 3천만 원 이하의 벌금에 처한다.( )

➡ 5년 이하의 징역 또는 5천만 원 이하의 벌금에 처(부과)한다

09 상수도 소화용수설비를 설치하여야 하는 특정소방대상물은 연면적 5,000㎡ 이상이거나 가스저장탱크의 합계가 100톤 이상인 것에 해당된다.( )

➡ 상수도 소화용수설비 설치대상물은 연면적 5,000㎡ 이상, 가스저장탱크의 합계가 100톤 이다.(그러나 대지 경계선으로부터 180m 이내에 지름 75mm 이상인 상수도용 배수관이 미설치 시 소화수조 또는 저수조를 설치해야 한다.)

10 1층 및 2층의 바닥면적 합계가 15,000㎡ 이상인 경우 그 소방대상물의 연면적에서 7,500㎡을 나누어 얻은 수에 20㎥를 곱한 양 이상이 되도록 한다. / 채수구는 소방차가 2m 이내에 접근하도록 하며 높이는 0.5m~1m 이하 설치하고 소요수량이 100㎥ 이상일 때는 3개의 채수구가 필요하다.( )

➡ 설문 앞부분은 계산방법 해설이며, / 뒷부분은 화재안전기준에서 말하는 채수구 등은 소방차가 2m 이내까지, 소화수조, 저수조의 저수량은 소요수량이 100㎥ 이상일 때는 3개의 채수구가 필요하다. 모두 옳다.
(※ 채수구 표에서 20㎥~40㎥ 미만은 1개, / 40㎥~100㎥ 미만은 2개, / 100㎥ 이상일 때는 3개이다)

11 수조 깊이 4.5m 이상인 지하 가압송수장치는 100㎥ 이상일 때 1분당 양수량은 3,300ℓ 이상이다.( )

➡ 20㎥ 이상 40㎥ 미만은 1,100ℓ / 40㎥ 이상 100㎥ 미만은 2200ℓ / 100㎥ 이상은 3,300ℓ 이상이다.
10번 채수구의 표 숫자 문제하고 정답은 유사하다.(※ 10번 문제: 1.2.3개 / 11번 문제: 첫 자가 1.2.3)

12 상수도 설치기준은 호칭지름 75mm 이상의 수도배관에 호칭지름 100mm 이상의 소화전을 접속하며 소방대상물의 수평투영면의 각 부분으로부터 140m 이하가 되도록 설치하여야 한다.( )

➡ 옳다. / 문제 10번~12까지는 화재안전기준 법령이며, 2~9번까지는 소방법령(2)에도 해당 문제이다.

정답 ─ 07. (X) 08. (X) 09. (O) 10. (O) 11. (O) 12. (O)

MEMO

■ 일어나 날자구나! 힘들어도 날자구나! 상처 없는 새는 없다.
　세상에 태어나자 마자 죽은새 빼고는 상처없는 새가 어디 있으랴 ~

중앙소방학교 표준교재 기준

구조

(소방전술2)

1편

구조분야

1 구조개론 ·················· 212
2 구조장비 ·················· 222
3 기본구조훈련 ·················· 241
4 응용구조훈련 ·················· 260
　✪ OX 개념문제 ·················· 268
5 구조기술 ·················· 270
6 생활안전 및 현장 안전관리 ·················· 317
7 119구조·구급에 관한 법률 ·················· 319
　✪ OX 개념문제 ·················· 341

CHAPTER 01 구조개론

제1절 119구조대의 연혁 등

(1) 인명구조 활동의 예시와 정착 (* 중요도 낮음)

> ❂ 청주 우암A ➡ 아시아나 항공기 ➡ 성수대교 ➡ 충주호 유람선 화재 ➡ 대구상인동 가스폭발 ➡ 삼풍백화점
> ▶ 암기: 우와! 성충대삼   ☆ 14 경기교 (* 가장 빠른 순서로 1번 출제)

(2) 구조대의 편성 · 운영** (* 119구조구급에 관한 법률 시행령 제5조)

① 일반·특수·직할(본부)·테러대응(본부)구조대는 시·도의 **규칙**으로 정한다.   * **오답** : 시도 조례
② 테러대응구조대, 국제구조대는 상시 설치가 아닌 필요시에만 설치하는 **비상설구조대**이다.

일반구조대	소방서마다 1개대 이상 설치하되, 소방서가 없는 시군구의 경우 119안전센터에 설치.
특수구조대* 13~17빈출문제 19 소방장	소방서에 설치한다. 다만, 고속국도구조대는 직할구조대에 설치할 수 있다. ① 화학구조대 ② 수난구조대 ③ 산악구조대 ④ 고속국도구조대 ⑤ 지하철구조대 ▶ 암기: 화수고산지(* 화요일, 수요일날 고속국도 타고 산악에서 특수훈련하고 지하철로 귀가)
직할구조대	소방청 또는 소방본부에 설치, 소방**본부** 설치하는 경우는 시도의 규칙으로 정한다.
테러대응구조대	소방청과 시도 소방본부에 각각 설치, 소방**본부**에 설치하는 경우 시도 규칙으로 한다. (* 필요시 화학구조대와 직할구조대를 테러대응구조대로 지정할 수 있다.) 14 부산교
국제구조대	**소방청장**은 국외에서 대형재난 등이 발생한 경우 국제구조대를 편성하여 운영할 수 있다.
119 항공대	소방청장 또는 소방본부장은 119항공대를 편성하여 운영한다.

> • 구조대 설치 요약: 일반·특수구조대 ➡ 소방서 / 직할·테러대응 ➡ 소방청, 본부 / 국제구조대 ➡ 소방청

(3) 구조대원의 자격기준* (* 119구조구급에 관한 법률 시행령 제6조)

① 구조대원은 소방공무원으로서 소방청장·소방본부장 또는 소방서장이 **임명**한다.
② 119항공대원은 구조대원 또는 구급대원의 자격기준을 갖추고, 소방청장이 실시하는 항공구조구급과 관련된 교육을 마친 사람으로 한다.(②번: 119구조·구급 법률 시행령 제17조)

> • 소방청장이 실시하는 인명구조사 교육을 받았거나 인명구조사 시험에 합격한 사람
> • 국가·지방자치단체 및 공공기관의 구조관련 분야에서 근무한 경력이 2년 이상인 사람
> • 응급의료~ 법률에 따른 응급구조사자격자로서 소방청장이 실시하는 구조업무 교육을 받은 사람

제2절 구조활동의 기본

1 구조활동의 원칙 ☆ 23 소방교, 위 ▶ 안명우

현장의 안전확보	① 구조대원은 행동에 들어가기 전, 자기 자신의 안전을 먼저 확인한다.(* 절대적) ② 구조대원은 자신의 능력이 감당할 수 있는 한계 내에서 구조활동에 임하도록 한다.
명령통일 17소방교	① 구조활동은 자의적인 단독행동은 절대로 해서는 안 된다. 23 위 ② 한 대원은 오직 한사람의 지휘관에게만 보고하고 지휘를 받는다.(급박한경우 제외)
현장활동의 우선순위준수* 13서울교, 12,18 위	① 인명의 안전(우선적 고려) ② 사고의 안정화(사고 확대 방지), ③ 재산가치의 보존(재산손실의 최소화) 순서이다. ▶ 현장활동 우선순위 : 인사재산

2 구조활동의 성패를 좌우하는 요인

(1) 구조대원의 능력
구조활동의 성공가능성이 높아지는 요인은 구조대원의 지식과 기술, 체력은 매우 필수적이다.

(2) 신속한 대응
생존한 사람들은 3일 이내에 구출된 사람이며 3일 이상이 경과하면 생존확률은 급격히 낮아진다.

(3) 구조활동 우선순위★★★ ☆ 13경기, 14경북장, 15울산장, 소방교, 16부산·대구교, 17소방교, 09, 12,18위

- ❶ 구명(救命)➡ ❷ 신체구출 ➡ ❸ 정신적, 육체적 고통경감 ➡ ❹ 피해의 최소화 순.

3 초기대응 절차(LAST)** ☆ 15 소방교, 17 소방장, 18 소방위, 19 소방장·소방위 등

1단계 : 현장확인 (Locate)	① 사고 원인은 무엇이고 어떻게 진행되고 있는가. ② 그 상황에 대응방법과 인력, 장비는 무엇인가. ③ 적절한 대응능력을 갖추고 있는가를 판단하는 것이다. ✪ 'L' 단계에서 인력, 장비, 지원을 받아야 할 부서 등을 파악하는 것이 구조활동 성패를 좌우한다.
2단계: 접근 (Access)	① 구조활동의 실행단계로 안전하고 신속하게 구조대상자에게 접근하는 단계. * 구출(x) ② 사고 장소가 바다나 강이라면 구조대원 자신이 물에 들어가지 않아도 되는 안전한 구조 　방법을 우선 선택하고, 산악사고라면 위험성이 있는지 주의하며 접근한다.
3단계: 상황 안정화 (Stabilization)	① 현장을 장악하여 상황이 더 이상 악화되지 않도록 조치하는 단계이다. ② 구조대상자를 구출하고 부상이 있으면 적절한 응급처치를 한다. 　이후 주변의 위험요인을 제거, 더 이상 사고가 확대되지 않도록 조치한다.
4단계: 후송 (Transport)	① 구조대상자는 일단 의료기관으로 후송하는 것을 원칙으로 한다. ② 적절한 이동수단을 사용하여 의료기관에 후송하는 것으로 초기대응이 마무리된다.

- 1단계: 현장확인(Locate)➡ 2단계: 접근(Access)➡ 3단계: 상황의 안정화(Stabilization)➡ 4단계: 후송(Transport)

4 수색구조 ★ 15 소방교, 18 소방장

수색구조 활동은 ❶ 위험평가 ❷ 수색 ❸ 구조 ❹ 응급의료의 순서로 진행된다.

초기수색	구조대원이나 구조견을 활용해 수색하며 주로 현장에 있던 주민으로부터 정보를 얻는다.
정밀수색	구조대상자의 가능성이 가장 높은 장소가 파악되면 수색장비를 활용해 정밀하게 수색한다.
육안수색	도보나 차량 또는 헬기를 이용해 (눈으로) 전반적으로 현장 조사하는 것.
장비수색	구조견과 음향탐지장비, 투시경 등 각종 장비를 이용하여 구조대상자를 수색하는 것.

5 구조활동의 전개 ★ 18, 19 19 소방교, 위, 23 교

(1) 현장지휘소와 경계구역의 설치: '3UP' 기준을 적용한다.

> ■ '3UP' 이란 up hill, up wind, up stream'을 말하는 것으로 상황판단이 용이하도록 높은 곳에 위치하고 풍상측, 상류측에 위치하여 위험물질의 누출이나 오염 등에 의한 영향을 최소화하려는 것이다.

(2) 현장활동: 위험요인이 혼재하는 경우 위험이 큰 장애로부터 순차적으로 제거한다. 23 교

현장부근에 장비가 있는 경우 그 장비를 단독으로 또는 조작 요원과 함께 조달하여 활용한다.

(3) 프라이버시 보호 ★ 19 소방교
① 무선통신은 보안에 취약하므로 구조대상자의 자세한 신상을 송신하지 않도록 한다.
② 구조대상자가 유명인사로 예측되는 경우에는 상급 지휘관에게 보고하고 지시를 따른다.

6 구조대원의 임무 ★ 19 소방교, 20 소방위

(1) 구조대장(현장지휘관)의 임무
① 신속한 상황판단: 정확하고 빠른 판단, 결정되면 명확히 전달, 2차 재해방지.
② 대원의 안전확보: 현장지휘관의 최우선 임무는 구조대원들의 안전을 확보하는 것이다.
③ 구조작업의 지휘
  ㉠ 구조대장은 특별한 경우가 아니면 직접 구조에 뛰어 들지 말고 구조대 전체를 감독한다.
  ㉡ 지휘 통솔하는 것이 한 사람의 일손을 구조작업에 더 투입하는 것보다 훨씬 중요한 일이다.
  ㉢ 구조활동 현장에 복수의 부대가 출동하는 경우에는 선착구조대의 대장이 전반을 지휘한다.
    - 이것은 먼저 도착한 선착 구조대가 현장상황을 가장 정확히 파악하고 있기 때문이다.
  ㉣ 이후 현장 관할 구조대가 도착하면 관할 소방본부 또는 소방서장의 지휘·통제를 받는다.
④ 유관기관과의 협조 유지 ★ 19 교
사고현장의 관계자 및 관계기관과 연락을 긴밀히 하는 것도 구조대장의 임무 중 하나이다.

제3절 출동 및 현장보고 등

1 출동시의 조치*

(1) 출동지령을 통하여 확인할 사항
① 사고발생 장소
② 사고의 **종류** 및 개요
③ 도로 및 건물의 상황
④ 구조대상자의 인원과 상태
⑤ 사고의 **확대** 등 위험요인과 구조활동 장애요인 여부 ▶ ② 종류, ⑤ 확장

(2) 현장의 환경 판단과 출동 전에 조치할 사항 ☆ 15 교
① 사고정보를 통하여 구출방법을 검토한다.
② 사용할 장비를 선정하고 필요한 장비가 있으면 추가로 적재한다. 20 위
③ 출동경로와 현장 진입로를 결정한다. - 출동경로는 지도상의 **최단거리**가 아니라 현장에 도착하는 시간이 가장 적게 소요되는 경로이다.(*^^ 최저 소요시간)
④ 필요시 진입로 확보를 위한 조치를 요청한다.(유관기관의 교통·인파 통제, 특수장비 지원요청 등)

2 출동도중의 조치* ☆ 21 교

출동 중에도 지휘부와 계속 무선통신을 유지하여 현장상황에 관한 정보를 청취하고 최초상황판단의 수정·보완과 필요한 응원요청을 한다.(*^^ 출동 전의 내용과 출동 도중의 내용을 선별한다.)
 (*^^ 출동 도중의 내용은 차 안에서 주로 무선으로 확인, 재확인 및 검토하는 것들의 내용이다.)

(1) 무선 정보를 통해 확인할 사항 ☆ 20 위
① 사고발생 장소와 무선정보 등에 의한 출동지령 장소에 변경이 없는가를 확인한다.
② 추가 정보에 의해 파악된 사고개요 및 규모 등이 초기에 판단하였던 구출방법 및 임무분담 등 결정에 부합되는지를 재확인한다. (*^^ ①~④키워드: 확인, 재확인, 검토)
③ 선착대의 행동내용 및 사용기자재 등을 파악하여 자기대의 **임무**와 **활동요령**을 **검토**한다.
④ 관계기관 등에 연락을 취했는지에 따른 조치 상황을 확인한다.

(2) 정보의 재검토 및 대응
① 출동 시 결정한 판단의 변경, 수정 정보를 입수한 경우 즉시 변경 등 필요한 조치를 한다.
② 청취한 정보에서 관계기관 또는 의료진 등이 대응하고 있는 경우에는 해당 부서와의 **연계 활동요령**에 대하여 미리 대원에게 전파한다.
③ 선착대로부터 취득한 정보는 가장 신뢰할 수 있는 **최신정보**임으로 대원에게 필요한 임무를 부여한다. - 상황에 따라 후착대 현장도착 예정시간, 사용기자재상황을 선착대에 제공한다.

3 현장도착시의 조치

지휘자는 현장에 도착하면 사고 상황과 인명구조에 필요한 활동여건을 신속히 파악하여 구출방법을 결정하고 필요한 지시를 내린다. 21 장

① 사고가 발생한 장소가 도로 또는 도로변인 경우→ 적색회전등 또는 비상정지등 기타 등화를 유효하게 활용하여 주행하고 있는 일반차량의 주의를 촉구하여 교통사고를 방지한다.
② 현장상황에 눈을 떼지 않고 안전운전에 주의하여 부서한다.
③ 배치 위치는 가스폭발 또는 붕괴 등 2차사고 영향을 받지 않는 장소로 한다.
④ 교통사고의 경우: 후속 차량들이 연쇄추돌 할 위험이 있으므로 **현장에 출동한 구조차량은 원칙적으로 사고 차량의 후미 측에 부서하도록 하여 작업 중인 대원들의 안전을 확보**한다.
⑤ 구급대를 비롯하여 나중에 도착하는 특수차의 부서 위치를 고려한다.
⑥ 차량방송설비나 핸드마이크로 구조대 도착취지를 알려 사고자와 인근 주민이 안심하도록 한다.
⑦ 사고와 관련된 관계자를 호출한다.
⑧ 출동 대원 전원이 차량으로부터 이탈하는 경우 지령실로 상황을 보고하고 차량 및 기자재의 보안에 필요한 조치를 한다.

4 상황확인(현장의 실태파악)

(1) 사고 장소의 확인
① 발생장소 소재지, 건물의 규모, 사고가 발생한 위치
② 사고의 규모, 현장에 잠재된 위험성과 진입상의 장애 유무*
③ 현장 진입수단과 경로의 확인

(2) 구조대상자
① 구조대상자의 유무와 숫자
② 구조대상자의 위치, 부상부위, 상태 등
③ 구조대상자자에게 가해지는 장애요인(형상, 재질, 구조, 중량 등)

(3) 활동 중 장해와 2차사고 위험
① 감전, 유독가스, 낙하물, 붕괴, 전락 등 눈에 보이는 위험성
② 현장에 잠재된 2차 재해요인의 파악

(4) 기타 사항
① 구조대상자 확인 및 구출에 필요한 기자재의 추가여부 확인 및 점검
② 관계기관의 대응상황(내용, 인원수, 시간) 파악

✪ 사고가 발생한 시설물 관계자 등을 찾아 그들이 보고 들은 사항과 필요한 정보를 수집한다.

---
* 구조대상자: 요구조자(구조를 요구하는 사람)

5 도착시 보고(현장보고)

구조대가 현장에 도착한 즉시 육안 관찰 및 관계자로부터 청취된 사항을 보고하며 가능한 범위에서 다음 내용을 추가한다. (보고내용의 신속한 전파가 가능하도록 무선을 활용한다.)
① 사고발생 장소
② 사고개요
③ 구조대상자의 상태와 숫자
④ 확인된 부상자 수와 그 정도
⑤ 주위의 위험상태
⑥ 응원대의 필요성
⑦ 기타 구조활동상 필요한 사항 ▶ 개장 대부위 얽기(* 연상: 게장 대부위 먹고 얽기 회복)

6 현장보고(상황 또는 활동보고)

(1) 보고내용 및 보고 시 주의사항

사고의 실태가 판명된 시점, 현장상황과 활동내용이 변화된 경우 보고하며 다음 사항을 부가한다.
① 사고발생 장소(도착 시 보고에 변경이 있는 때)
② 사고발생의 원인과 사고형태 및 현장상황
③ 구조대상자 및 부상자의 상태와 그 주요내용
   ➡ 무선통신은 보안성 취약으로 성별, 연령 등은 개인정보 보호상 무선으로 않도록 한다.
④ 구조대 및 기타 관련 부서별 대응상황과 현 상황에 있어서 구조활동의 수행여부 확인 등
⑤ 교통상황과 일반상황, 관계기관의 대응 및 필요한 주위 상황 등 기타 필요한 사항
⑥ 보고는 **추측**에 의한 내용은 피하고, 보이는 그대로의 상황과 확인된 내용을 중심으로 한다.
⑦ 개인 프라이버시 내용이나 사회적 파장 예측내용은 상급 지휘관에게 보고, 지시를 따른다.
⑧ 보고는 간결, 명료하게 하고 전문적인 용어에는 설명을 붙인다.
⑨ 무선 보고 시 혼선 방지를 위해 통신담당자를 지정하고 보고 내용의 우선순위를 정한다.

제4절 구조활동   ☆ 19 교

1 임무부여**   ☆ 20 소방교 등

정확한 사고의 실태가 파악되기 전까지 - 수집된 정보를 바탕으로 대원별 임무를 부여한다.

대원 선정상 유의사항	① 중요한 장비의 조작은 해당 장비의 조작법을 숙달한 대원에게 부여한다. (*장비-숙달) ② 위험작업은 책임감이 있고 확실하게 임무를 수행할 수 있는 대원을 지정 (*위험-책임) ③ 대원에게는 다양한 요소로부터 자신감을 주면서 임무를 부여한다. (*다양한-자신감)
현장에서 명령 시 유의사항	① 현장 확인 후 구출방법 순서를 결정한 시점에서 대원 개개인별로 명확히 지정한다. ② 명령을 하달할 때에는 모든 대원을 집합시켜 재해현장 전반의 상황, 활동방침(전술), 대원 각자의 구체적 임무 및 활동상 유의사항을 포함한 내용을 전달한다. ③ 명령을 수정할 필시, 변화된 상황과 수정된 명령내용이 혼선이 없도록 한다.

2 구조방법의 결정★★★ ☆ 12 서울장, 13 서울교, 20 교

구출방법의 결정 원칙	① 가장 **안**전하고 **신**속한 방법 ② 상태의 **긴**급성에 맞는 방법 ③ **현**장의 상황과 특성을 고려한 방법 ④ **실**패의 가능성이 가장 **적**은 방법 ⑤ **재**산 피해가 적은 방법　▶ **첫자**: 가상현실제(▶ **끝자**: 안신긴 현실제)
구출방법의 결정시 피해야 할 요인	① **일**반인에게 피해가 예측되는 방법 ② **2**차 재해의 발생이 예측되는 방법 ③ **개**인적인 추측에 의한 현장판단 ④ 전체를 파악하지 않고 **일면**의 확인에 의해 결정한 방법　▶ 12 개l면
구조활동의 순서 14경기교,소방위 20 소방교, 소방위	① 현장활동에 방해되는 각종 **장**해요인을 제거한다.(※ 첫 번째 순서 중요) ② **2**차재해의 발생위험을 제거한다. ③ 구조대상자의 **구명**에 필요한 조치를 취한다. ④ 구조대상자의 상태 **악화** 방지에 필요한 조치를 취한다. ⑤ **구출**활동을 개시한다.　▶ 암기: 장이 구명나 악화를 구출.
장애물 제거시의 유의사항 11부산장, 14부산교	① 필요한 **기**자재를 준비한다. ② **대**원의 안전을 확보한다. ③ 구조대상자의 **생**명ㆍ신체에 영향이 있는 장애를 우선 제거한다. ④ **위**험이 큰 장애부터 제거한다. ⑤ **장**애는 주위에서 중심부로 순차적으로 제거한다.　▶ 암기: 대기생 위장

3 구조장비 활용★★ ☆ 14 경북장, 15 인천교, 19 소방교 등

장비 선택시 유의사항	① 사용목적이 ➡ 구조활동에 **적**합한 장비(절단, 파괴, 잡아당기거나 끌어올리는)를 선택. ② **현**장상황을 **고**려하여 선택(활동공간 협소, 인화물질의 존재, 감전위험성, 환기 등) ③ 긴급 상황에 맞는 것을 선택한다. ➡ 급할 때는 가장 능력이 **높**은 것 ④ 동등의 효과가 얻어지는 경우는 ➡ 조작이 **간**단한 것을 선택한다. ⑤ 확실하게 효과를 **기**대할 수 있는 것을 선택한다. ⑥ 위험이 **적**은 안전한 장비를 선택한다. 15 인천장　▶ 암기: 적고능간 기적 ⑦ 다른 기관이나 현장 관계자 등이 보유하는 것과 현장에서 조달이 가능한 것으로 효과가 　기대되는 것이 있으면 활용을 적극적으로 검토한다.　19 교
장비 활용상 유의사항	① 장비는 숙달된 대원이 조작하도록 한다. ② 장비가 발휘할 수 있는 최대성능을 고려하여 안전작동 한계 내에서 활용한다. ③ 무거운 장비를 설치할 때에는 튼튼하게 고정하고 안전사고가 발생하지 않도록 한다. ④ 장비를 작동시키는 경우 현장 전체의 상황을 확인하면서 한다. ⑤ 장비의 작동에 의한 반작용 및 장비 작동에 의한 2차 사고에 유의한다.

✪ 구출활동 시 주의사항 상식 – 구출 작업의 진전과 병행하여 환자의 상태를 지속적으로 관찰한다.
　또한 장시간 작업시 구조대상자(요구조자)가 물이나 음식물을 요구시 반드시 전문가 자문을 구한다.
　- 의식이 없는 환자는 절대로 음식물을 금지하고 복부손상이나 대량출혈 환자에게도 음식물은 금지한다.

제5절 응원요청 **

☆ 12 전북장, 13 경남장, 23 교

1 소방대요청 등

구조대요청 * 15 소방장 23 소방교	① 사고**개**요, 구조대상자의 **숫**자, 구조대의 **수** 및 **장**비 등을 조기 판단하고 요청한다. ② 요청 판단기준(구조대) ↳ ▶ 숫개장수 　㉠ 구조대상자 많거나 현장이 광범위하여 추가 인원이 필요한 경우 　㉡ **특수**차량 또는 특수장비를 필요로 하는 경우 　㉢ 특수한 지식, 기술을 필요로 하는 경우 (* 키워드: 특수, 행사 / ▶ 특수형사) 　㉣ 기타 **행**정적, **사**회적 영향으로부터 필요하다고 생각되는 경우
구급대요청	① 사고**개**요, 부상자수, **상**태 및 **정**도를 부가하여 필요한 구급차 수를 요청한다. ② 필요한 구급차의 대수는 구급대 1대당 **중증 또는 심각한 경우는 1인** / 중증은 2인 / 　경증은 정원 내를 대략의 기준으로 한다. ▶ 개 부상수 상태정도
지휘대요청 * 12전북장, 13경남장	사고**개**요, 구조**대**상자의 수, 부상자 **수** 및 **위급정도**를 고려, 지휘대의 출동을 요청한다. - 지휘대가 출동하여야 하는 기준은 다음과 같다. ▶ 개 대상수 위급정도 ① 사고양상이 **2개대 이상**의 구조대의 대처를 필요로 하는 경우 ② 다수의 사상자가 발생한 경우 ③ **구급대를 2대 이상** 필요로 하는 경우 (* 구급대 1대는 기본임) ④ 기타 관계기관과 연계하여 활동할 경우 ⑤ 사고양상의 광범위 등으로 **정보수집에 곤란**을 수반하는 경우 ⑥ 사고양상이 특이하고 **고도의 판단**을 필요로 하는 경우 23 교 ⑦ 경계구역 설정이 필요하다고 판단되는 경우 ⑧ **소방홍보**상 필요하다고 판단되는 경우(사고특이성, 구조활동형태, 특별한 홍보상황) ⑨ 소방대원, 의용소방대원, 일반인 및 관계자 등의 **부상사고**가 발생한 경우 ⑩ 제3자의 행위에 의한 중대한 활동장애 및 활동에 따르는 고통 등이 있는 경우 ⑪ **행**정적, **사**회적 영향이 예상되는 경우 ⑫ 기타 구조상 필요하다고 판단되는 경우
전문 의료진요청	구급대 도착이 지연되거나 곤란한 상황인 경우 상급부서에 의료진 지원을 요청한다. (1) 의료인에 의한 전문 응급처치가 필요하다고 판단되는 경우 　① 구조대상자의 이송 가부(可否) 판단이 곤란한 경우 　② 구조대상자의 상태 그대로 이송하면 생명에 위험이 있다고 판단되는 경우 　③ 다수의 구조대상자가 있는 경우 　④ 다량의 출혈, 가스중독 등이 있다고 판단되는 경우 　⑤ 구조대상자가 병자, 노인, 유아 등 체력이 저하된 상태인 경우 　⑥ **구출**에 장시간을 소요되는 경우　　　⑦ 기타 필요하다고 인정되는 경우 (2) 구조대원의 안전관리상 필요한 경우 　① 활동상 의학적 조언을 필요로 하는 경우 　② 구조작업 중 **부상** 또는 약품 등에 의한 **오염** 등이 예상되는 경우

제6절 군중통제*

☆ 11 부산장, 12 경북장, 16 서울교

구조작업과 관련이 없는 사람들은 구조대원과 구조대상자의 안전을 위해 **현장**에서 **통제**해야 한다.
① 구조대원들이 작업하는 데 필요한 **공간**과 **현장의 위험도**, 지형을 고려하여 설정한다.
② 통제구역이 결정되면 Fire Line, 밧줄, 호스 등을 이용 표시하고 통제요원을 배치한다.

> ① 구조대상자 가족 등이 사고현장으로 접근하는 것은 확실히 통제해야 하지만 가능하다면 그들을 위로하고 구조활동 진전상황을 설명할 수 있도록 브리핑을 위한 직원을 배치하는 것이 좋다.
> ② **구조작업 회의나 브리핑은 가족이 없는 곳에서 하고 전담요원이 결과만을 설명하는 것이 좋다.**
> ③ 일몰 등 기상악화로 일시 구조작업을 중단 시 가족들은 사고현장을 떠나지 않으려하므로 언제부터 구조작업이 재개된다는 것을 명확히 알려줄 필요가 있다.
> ④ 구조작업은 예정된 시간보다 조금 **빨리** 시작하는 것이 가족들을 위로할 수 있는 방법이 된다.
> ⑤ 가족들의 심리는 매우 불안하기 때문에 매우 공손하고 협조적이던 태도가 특별한 이유도 없이 극단적으로 비판적, 적대적으로 돌변할 수 있다. - 이런 태도는 **대부분 수색 2일째 나타난다.**
> ⑥ 구조대원과의 개별적인 접촉은 피로해진 상태에서 충돌할 수 있으므로 유의한다.
> ⑦ 희생자의 유족이나 친지들의 감정에 신경 쓰지 않는 대원은 구조팀에서 제외시키도록 한다
> ✪ 반드시 필요한 구출활동을 위하여 재산적 가치가 높은 물체를 파괴해야 하는 경우에는 그 소유자, 또는 관계인자에게 취지 등을 잘 설명하고 **승낙**을 얻어야 한다.

(1) 효과적인 의사전달**   ☆ 15 서울, 16 서울, 경북교 등

① 구조대상자와 대화할 때 구조대원의 시선은 **구조대상자를 향해야 한다.**
  - 시선을 외면하면 진실성이 없어 보인다.
② 가능한 구조대상자와 눈높이를 맞추는 것이 좋지만
  - 눈을 빤히 보는 것이 민망하다고 생각되면 **눈썹 부위에서 턱 사이**를 보는 것이 무난하다.
  - 특히 중요한 부분을 이야기할 때에는 꼭 눈을 맞춰야 한다.
③ 대화 시에는 전문용어를 피하고 상대방이 이해할 수 있는 표현을 쓴다.
④ 비속어나 사투리를 사용하지 말고 정중하고 친절하게 응대한다.
⑤ 호칭을 가능한 구조대상자의 **이름을 부르는 것이 좋다**. * 오답: 선생님 15 장
  - 또한 이름을 알아내기 위해 질문하면서 인적사항을 파악하는 효과를 얻을 수 있다.
⑥ 구조대상자가 자신의 부상 정도나 사고 상황에 대하여 궁금해 하는 내용이 있으면 사실대로 말해주는 것이 **원칙**이나 구조대상자가 충격을 받을 수 있는 **표현을 피해야 한다.**
  - 구조대원 개인의 의학적 예단을 말하는 것은 절대 금지한다.

(2) 구조대상자가 고령이거나 어린이인 경우

고령이나 어린이 경우, 불안감으로 구조대원 지시에 잘 따르지 않을 수 있다. 현장이 **위험한 경우**가 아니라면 보호자가 곁에 있도록 하고 현장상황을 설명하여 안심 후 구조작업을 진행한다.

(3) 장애인을 구조하는 경우

청각장애인	① 대화에 앞서 구조대상자를 주목시키기 위해 그의 앞에서 이름 부르거나 팔, 어깨 등을 가볍게 건드리거나 책상, 벽을 두드린다. - 너무 큰 소리를 낼 필요는 없다. ② 일부 청각장애인들은 입 모양을 보고도 대화하고자 하는 내용을 알 수 있으므로 입 모양을 크고 정확히 하여 말하도록 한다. 이를 구순독법이라 하는데, ③ 너무 크게 입을 벌리면 불쾌할 수 있으므로 한 글자씩 또박또박 말하듯 한다. ④ 또한 혼잣말을 하는 경우 공연한 의혹을 살 가능성이 있으므로 주의한다.
시각장애인	① 일반인에 비하여 청각과 촉각이 매우 발달되어 있다. 큰 소리를 내지 않도록 한다. ② 구조대원이 팔을 붙잡거나 어깨에 손을 올리는 신체접촉으로 안심시킬 수 있다. ③ 여성인 경우 과도한 관심과 신체접촉은 불필요한 오해를 불러올 수 있다.
장애인 보조견	장애인보조견은 일반적인 애완견의 출입이 금지된 공공장소에도 동행할 수 있다. ① 현재 장애인보조견은 시각장애인 안내견과 청각 장애인 보조견이 있다. ② 친근감 표시는 좋지만 주인 양해없이 함부로 만지거나 먹을 것을 주면 안 된다. ③ 장애인보조견은 버스, 택시 등에 탑승할 수 있도록 법률)에 명시되어 있다.

(4) 가족 · 관계기관에 연락

① 보호자가 없는 구조대상자를 구조한 경우: 가족 등을 파악, 구조경위와 상태를 알려준다.
② 가족이나 연락처가 없을 때: **발생한 지역의 기초자치단체장(시군구청장)에게 통보한다.**
③ 구조대상자가 의식이 없고 신원확인이 불가능한 경우: 경찰서에 신원확인을 의뢰한다.

(5) 구조요청을 거절할 수 있는 범위* ☆ 13 충북, 경북, 15 장, 16 서울, 전북장, 18 교, 21 장, 위

① 구조요청을 거절할 수 있는 범위는 현장상황을 종합적으로 고려, 최소화해야 한다.
② 단순 잠긴문 요청에도 실내에 갇힌 사람, 가스렌지를 켜놓은 경우는 안전조치를 취한다.
③ 시설물의 파손이나 낙하 등으로 피해가 예상되는 경우에는 역시 필요한 조치를 취한다.
④ 구조대상자가 구조대원에게 폭력을 행사해도 요구조가 위급한 경우, 구조활동을 해야 한다.
　㉠ **단순** 잠긴 문 개방의 요청을 받은 경우
　㉡ 시설물에 대한 **단순** 안전조치 및 장애물 **단순** 제거의 요청을 받은 경우
　㉢ 동물의 **단순** 처리 · 포획 · 구조 요청을 받은 경우 (*^^㉠~㉣ '단순' 자가 들어간다)
　㉣ 주민생활 불편해소 차원의 **단순** 민원 등 구조활동의 필요성이 없다고 인정되는 경우
⑤ '구조거절 확인서' 및 '구조활동일지'를 작성하여 소속 소방관서에게 **3년간 보관한다.**
⑥ 구조차에 이동단말기가 설치된 경우에는 ➡ 구조활동일지를 작성할 수 있다.
⑦ 구조대원의 근무 중에 위험물 · 유독물, 방사성물질에 노출되거나 감염성 질병에 걸린 구조대상자와 접촉한 경우, 그 사실을 안 때부터 **48**시간 이내에 **소방청장등에게 보고해야 한다.**
⑧ 이때 '감염성 질병 · 유해물질 등 접촉 보고서' 및 유해물질 등 접촉 관련 '진료기록부' 등은 **구조대원이 퇴직할 때까지 소방공무원 인사기록철에 함께 보관해야 한다.**

CHAPTER 02 구조장비

제1절 장비조작

(1) 장비조작 시 주의사항 ☆ 16 서울, 부산, 소방교

(1) 작업 전의 준비★★
① 체인톱 등의 회전장비 ➡ 실밥이 말려들어갈 수 있으므로 면장갑은 착용하지 <u>않는다</u>. 21 교
② 반지나 시계, 목걸이 등 장신구는 착용을 금지한다. ┌ (* 실드: 헬멧 앞 투명한 가리개)
③ 분진, 파편 등 발생작업 시 보호안경을 착용 ➡ 헬멧의 실드로는 충분히 보호되지 않는다.
④ 엔진동력 장비의 경우 엔진오일의 점검.★ ☆ 11 부산장, 16 서울교, 19 장, 21 교

> ■ ❶ <u>4</u>행정기관(<u>유압펌프</u>, <u>이동식펌프</u> 등)의 경우 엔진오일을 <u>별도로</u> 주입하므로
> ❷ 오일의 양이 적거나 변질되지 않은지 수시로 점검한다.
>   * 연상: 사유리의 경우 엔진오일을 별도로 주입한다
> ■ ❶ 일반 <u>2</u>행정기관(동력절단기, <u>체인톱</u>, 발전기 등)의 경우 <u>전용엔진오일</u> 사용하며,
> ❷ 정확한 혼합비율을 지키는 것이 매우 중요하다. ▶ 이전웅씨, 최발동씨
> ❸ 오일의 혼합량이 너무 <u>많으면</u> 시동이 잘 걸리지 않고 시동 후에도 매연이 심하다.
> ❹ 반면 오일의 양이 <u>적으면</u> 엔진에 손상을 주어 기기의 수명이 단축될 수 있다.
>   * 연상: 20대 최발동이가 기름기를 많이 먹으면 시동(숨쉬기)이 어렵고, 연기로 매연만 심하고,
>   기름기를 적게 먹으면 (몸속 엔진에 손상이 있어) 오래 살지 못하고 수명이 단축된다.
> (*^^ 4행정은 연료와 엔진오일을 <u>별도로 사용하고</u> / 2행정은 함께 <u>혼합</u>하여 사용한다)

⑤ 톱날과 각종 절단날은 항상 잘 연마되어야 한다. 날이 <u>무딘</u> 경우에 사고 확률이 높다.
(2) 수공구 사용 시 주의사항   ↳ (* 날카로워야 절단 잘되고 무디면 안좋다)
  조임 부분이 노후 되어 헐거워지거나 파손된 부분이 있으면 ➡ 즉시 <u>교체</u>한다. * 오답: 수리
---------*
(3) 동력장비 사용 시 주의사항
① 지하실, 맨홀 등 환기 불충분한 장소 ➡ 배기가스 질식위험으로 엔진장비를 활용하지 않는다.
② 엔진장비에 연료를 보충할 때에는 ➡ 반드시 시동을 <u>끄고</u> 엔진이 충분히 냉각된 후에 주유한다.
③ 장비를 이동시킬 때 ➡ 작동을 중지시킨다.
  - 엔진장비의 경우에는 ➡ 시동을 <u>끄고</u>, / 전동장비는 ➡ (전기)플러그를 뽑는다.
         ▶ 암기: NC전플 * 오답: 엔진장비는 플러그, 전동장비는 시동을 끈다.
  (*^^ 해설: 엔진장비는 기름을 사용하는 장비이고, 동력장비란 전기를 사용하는 장비를 뜻한다)
④ 전동장비는 반드시 접지가 되는 <u>3</u>극 플러그를 이용한다. 접지단자를 제거하면 감전사고 위험이 있다.
  (*^^ 해설: 전동장비는 작업 중 전기가 통하나 땅으로 연결되는 3핀짜리 플러그를 말한다.)

❖ 4행정은 내연기관에서 많이 쓰인다. 흡입-압축-폭발-배기 4행정이 1사이클이다. / 2행정은 피스톤이 상승하면서 흡입과 압축, 하강하면서 폭발과 배기가 되는 사이클이 된다. / 2행정 엔진의 한 사이클이 되면 크랭크 축과 캠축은 각각 1회전 동작한다.

제2절 일반구조용 장비 ☆ 14 부산장

1 로프총★ [43] ☆ 13 울산교, 14 서울, 16 강원, 23장

■ 화약식 로프총 ■

① 로프총은 고층건물, 해상, 계곡 등에서 로프, 메시지 전달 등으로 사용할 수 있다.
② 공압식(압축공기를 이용)과 화약식(추진탄을 이용)이 있다. (* 최근: 간편한 화약식 사용)

화약식	로프총에 20GA 추진탄을 사용하면 ❶최대사거리는 200m, ❷유효사거리는 150m
공압식	15Mpa(150kg/㎠, 1500m)압력에서 ❶최대사거리 120m, ❷유효사거리 60m 내외

③ 각도는 현장 상황에 따라 다르지만 **수평각도 65°**가 이상적이다. 13 울산교, 23 장
④ 목표물을 정조준하는 것이 불가능할 경우에는 목측(눈대중)으로 조준하여 **견인탄이 목표물 위로 넘어가도록 발사**하면 구조대상자가 견인로프를 회수하기 용이하다.
⑤ 높은 곳에서 하향으로 발사할 때에는 정확히 목표물에 도달되므로 목표물 지점을 정조준한다
⑥ 로프총은 반드시 **보안경과 귀마개** 등 보호장비를 **착용**하고 사용해야 한다.

> ■ **로프총 사용 시 유의점**★ ☆ 18, 19 위
> ① 즉시 발사할 것이 아니면 장전하여 두지 말아야 하며, 만약 장전 후 잠시 기다리게 될 경우에는 반드시 안전핀을 눌러둔다. * 오답: 장전 후 빨리 발사하도록
> ② 장선 후에는 총구를 수평면 기준으로 **45°이상의 각도를 유지해야 격발**이 된다. 23장
>   - 총구를 내려서 격발이 되지 않으면 노리쇠(* 탄알을 넣고 탄피 빼내는 장치)만 뒤로 당겨준다.
>   - 45°이하 각도를 유지하는 경우에도 갑작스러운 충격을 받으면 발사될 수도 있음을 유의한다.
>   - 부득이 45°이하의 각도로 발사할 필요가 있는 경우는 **총을 뒤집으면 격발이 가능**하다. 23장
> ③ 발사 전에, 구조대상자에게 안내방송을 하고 착탄 예상지점의 인원을 대피시켜 사고를 방지한다.
> ④ 견인탄을 장전하지 않았더라도 사람을 향해 공포를 발사하면 안 된다.
>   - 추진탄의 압력이나 고압공기에 의해 부상을 입을 우려가 있다.
>   - 장기간 사용한 총은 안전핀을 눌러 놓아도 격발장치가 풀려 자동 격발될 수 **있다**.
> ⑤ 견인탄은 탄두와 날개를 완전하게 결합하고 견인로프가 풀리지 않도록 결착한다.
>   - 사용한 견인탄은 탄두에 이상이 없는 경우에 날개(* 플라스틱임)를 교환하면 재사용할 수 **있다**.
> ⑥ 공압식과 화약식에 사용하는 견인탄은 내경은 같으나 재질과 중량(무게)에 차이가 있으므로 교환 사용하지 않도록 한다. * 오답 : 교환사용한다.
> ⑦ 견인로프의 길이는 **120m**로서 원거리 발사 시에는 로프를 홀더에 집어넣고, 바깥쪽 로프 끝을 홀더 뚜껑에 끼워서 견인로프가 빠지지 않도록 한다. ☞ 로프끝 부분이 로프 홀더에서 이탈하여 견인탄과 함께 끌려갈 우려가 있으므로.
> ⑧ 발사 후에는 탄피를 제거하고 총기 손질에 준하여 약실(* 탄약을 재어넣는 부분)을 청소한다.

---

* 로프총: 로프발사총, 송선기(送線機)   * 추진탄: 총알   * 추진: 밀고 나가는
❂ 최근 간편하고 멀리 나가는 화약식이 사용되며 유효사거리는 150m로 공압식의 2.5배이다.
❂ 화약식: 최대사거리 200m란 초고층건물 높이이며 / 공압식: 최대사거리 120m란 건축법 고층건물 높이이다.

2 마취총* ☆ 18 소방위

마취총은 멧돼지 등이 나타났 때 장거리에서 마취하기 위해 마취탄을 발사하는 장비이다.

※ 동물에 의한 인명피해의 우려가 있는 동물을 생포하기 위해 사용하며 블로우건(Blowgun)에 비하여 마취총은 사정거리가 길고 비교적 정확성도 있으나 유효사거리는 1단은 15~20m, 2단은 25~30m이다. 파괴력이 강해서 자칫 동물에 상해를 줄 우려가 있다. * 오답: 사정거리가 짧다

사용방법	① 마취가 필요한 경우는 난폭, 예민한 동물의 포획, 접근이 불가능한 경우에 포획한다. ② 동물에 대한 마취총 사격부위는 피하지방이 얇은 쪽에 쏘는 것이 효과적이지만 - 다리의 근육이 많은 부분을 조준해야 한다. ③ 마취총, 마취석궁, 불로우건 모두 동물에 적중할 때 주사기의 마취약이 분사된다. ④ 마취약은 2-3일이 지나면 효과가 다소 떨어지므로 현장에서 조제해 쓰는 것이 좋다. ⑤ 마취효과는 5분 정도 걸리므로 명중 후 천천히 따라가 효과가 나타나면 포획한다.
주의사항	① 마취 주사량이 정확하지 못해 쇼크로 동물이 죽기도 하는데 정확한 마취는 쉽지 않다. ② 마취총을 써야 하는 급박한 상황에서는 정확한 (주사량) 사용량에 대한 판단을 내리기 어렵고, 부작용에 대한 조치를 취하기가 쉽지 않으므로 사고위험이 매우 높다. ■ 마취하여 포획된 동물에 대한 보호조치 ① 호흡이 원활히 이루어질 수 있도록 목을 펴주고 콧구멍의 이물질 등을 제거한다. ② 눈가리개나 귀마개를 하여 일광 및 소음 등의 노출을 방지 한다. ③ 지속적으로 호흡을 관찰한다. ④ 43℃ 이상에서는 스스로 생존하기가 어려우므로 수시로 체온을 측정하여 정상적인 체온(37℃~40℃)을 유지하도록 한다. * 43℃: 사상우려가 있다 (*^^ 동물은 숨도 헐떡거리기도 하며 사람보다 체온이 조금 높다. 평균온도가 37℃~40℃이다.)

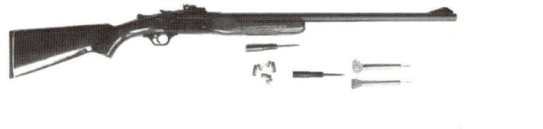
■ 마취총(장총) ■

■ 마취총(단총) ■

 ■ 제2절 구조장비의 종류 8가지 종류의 예습

구 분	종 류
① 일반구조용	로프총, 마취총.
② 산악구조용	로프와 슬링, 안전벨트, 하강기류, 카라비나, 등강기, 도르레, 퀵드로세트.
③ 측정용	방사선계측기(개인선량계, 측정기, 핵종분석기, 오염감시기), 잔류전류검지기.
④ 절단구조용	동력절단기, 유압절단기, 체인톱, 공기톱
⑤ 중량물작업용	맨홀구조기구, 에어백, 유압엔진펌프, 유압전개기, 유압램.
⑥ 탐색구조용	매몰자영상탐지기, 매몰자음향탐지기, 매몰자전파탐지기
⑦ 보호장비	공기호흡기, 방사능보호복, 화학보호복.
⑧ 보조·화재진압	공기안전매트, 열화상카메라.

제3절 산악구조용 장비

1 로프(Rope)와 슬링** ★ 13 위, ★14경기장, 인천장, 16대구교, 20,, 22 소방교

로프 재질* 14경기,인천 20 소방장	로프는 자일(독일에서)이라고 불리운다. / 과거에는 마닐라삼, 면 등의 천연재료를 사용하였으나 / 현재는 합성섬유, 특히 폴리에스터나 나일론, 케블러 등을 사용한다.
로프의 형태	① 구조대 로프는 내·외피의 이중구조를 가지며 섬유를 꼬아서 만든 로프이다. ② 로프는 용도에 따라 8~13㎜의 지름을 가진 것이 많이 사용되며 구조대에서는 10.5~12㎜ 내외의 로프를 주로 사용한다.(1cm 이상) 15 교

* 신장: (키처럼) 늘어남 / * 인장: 당길 때 힘에 견딤 / * 내열: 열에 견딤 / * 내마모: 마모에 견딤

■ 로프의 성능비교표 ■ ★ 14 경기, 인천 20, 22, 24 소방교

성능\종류	마닐라삼	면	나일론	폴리 에틸렌	H. Spectra® Polyethylene	폴리 에스터	Kevlar® Aramid
비 중	1.38	1.54	1.14	0.95	0.97	1.38	1.45
인장강도	7	8	3	6	1	4	2
내충격력	5	6	1	4	7	3	7
신장율	10-15%	5-10%	**20-34%**	10-15%	4% 이하	15-20%	2-4%
내열성	177℃ 탄화	149℃ 탄화	249℃ 용융	166℃ 용융	135℃ 용융	260 용융	**427℃ 탄화**
내마모성	4	8	3	6	1	2	5
전기저항	약	약	약	상	상	강	약
저항력 - 햇볕 - 부패 - 산 - 알칼리 - 오일, 가스	중 약 약 약 약	중 약 약 약 약	중 강 약 중 중	**최약** 강 중 중 중	중 강 강 강 강	**강** 강 중 약 중	중 강 약 중 중

(* Scale : Best = 1, / Poorest = 8)

■ 보충(TIP) "로프재료의 성능표" ☞ 중요 순서로 정리하면 다음과 같다.
- ❶ 케블러: 내열성(427도) / 인장강도는 강한편(2), 내충격력이 가장 낮다(7)
- ❷ 나일론 : 신장율*이 가장 높고(20~34%), 내충격력도 가장 강하다(1). ▶ 나일신(* 나일론실)
- ❸ 폴리에틸렌 : 인장강도*와 내마모성이 약한편이고(6), 햇볕에도 최약이다.
- ❹ 면은 가장 무겁고(비중1.54) 인장강도(8)와 내마모성(8)이 가장 낮다.
- ❺ 마닐라삼은 무겁고(비중1.38), 인장강도(7)와 내충격력(5)이 낮은 편이다.
- ❻ 폴리에스터는 무겁고(비중1.38),내열성이 높고(260도 용융) 햇볕에 가장 강하다.
- ❼ 스펙트라 폴리에틸렌: 인장강도, 내마모성이 최고(1)이지만 내충격력 낮다(7)
- ❶ 인장강도: 스펙트라(1) 〉 케블러 〉 나일론 〉 폴리에스터 〉 폴리에틸렌 〉 마닐삼 〉 면(8) ▶ 스케나~
- ❷ 내충격력: 나일론 〉 폴리에스터 〉 폴리에틸렌 〉 마닐삼 〉 면 〉 스펙트라, 케블러
- ❸ 내마모성: 스펙트라 〉 폴리에스터 〉 나일론 〉 마닐삼 〉 케블러 〉 폴리에틸렌 〉 면
- ❹ 비중: 면 〉 케블러 〉 마닐라삼, 폴리에스터 〉 나일론 〉 스펙트라 〉 폴리에틸렌
- ❺ 신장률: 나일론 〉 폴리에스터 〉 폴리에틸렌, 마닐라삼 〉 면 〉 케블러
- ❻ 내열성: 케블러 〉 폴리에스터 〉 나일론 〉 마삼 〉 폴리에틸렌 〉 면 〉 스펙트라

(1) 로프의 성능

로프의 성능은 인장력과 충격력으로 표시된다.

충격력	로프의 충격력은 추락물체가 정지하는 데 필요한 힘으로 충격이 작을수록 안전하다.	
인장력	로프는 1인이 매달릴 때 약 <u>130kg</u>의 하중이 걸린다. - 산악용 11㎜ 로프의 인장강도*는 약 <u>3천kg</u>를 가지며, 충격력은 80kg에 약 700daN~900daN 이다.	
로프 매듭부분 강도저하	- 로프매듭은 매듭부분의 마찰에 의하여 강도가 저하되는 점도 고려하여 사용한다. ‖ 매듭과 꺾임에 의한 로프의 장력변화 ‖ ☆ 12위, 15충남교·장, 17장	

매듭의 종류	매듭의 강도(%)
매듭하지 않은 상태	100
8자 매듭	<u>75~80</u>(* 매듭강도 가장 높음)
한겹고정 매듭	70~75
이중 피셔맨매듭	65~70
테이프매듭	60~70
피셔맨매듭	60~65
말뚝매듭	60~65
옭매듭(엄지매듭)	60~65

(*^^ **엄**지, **말**뚝, **피**셔맨매듭의 강도는 제일 약한 그룹이다. ▶ 엄말피)

▶ 암기: 8한이테(* 파란이테, 파란 이빨테) ⋯→ 4개를 선별한다.

(2) 정적로프와 동적로프*** ☆ 15, 16 소방교, 위, 16 경북, 서울교·장, 21 장, 위

정적 로프 (스태틱로프)	① 신장율이 <u>5%</u> 미만 정도로 하중을 받아도 잘 늘어나지 않는다. ▶ 정오 ② 마모 내구성이 강하고 파괴력에 견디는 힘이 높다. (*^^ 신장: 늘어남) ③ 유연성이 낮아 조작이 불편하고, 추락 시 하중이 그대로 전달되는 단점이 있다. ④ 뻣뻣하며 검정이나 흰색, 노란색 등 단일 색상으로 만들어져 외형만으로도 비교적 쉽게 구분이 가능하다. * 연상: 움직임이 없이(스태틱) 뻣뻣한 검흰노(껌잇노?) ✪ 일반 구조활동용으로는 정적(스태틱) 로프나 세미스태틱 로프가 적합하다. 15교 (*^^ ③에서 장점으로는 잘 늘어나지 않아 구조대원 착지점에 정확도가 있다)
동적 로프 (다이내믹)	① 신장율이 <u>7%</u> 이상 정도로 신축성이 높아 충격을 흡수하는 데 유리하므로 자유낙하가 발생할 수 있는 <u>암벽등반</u>에 유리하다. ▶ 정오동칠(정호 똥칠) ② 부드러우면서 여러 가지 색상이 섞인 화려한 문양이다. ✪ <u>산악</u> 구조활동과 장비의 고정 등에 동적로프가 적합하다. ▶ 산동(산똥)

▶ 암기: 일반정적, 산장 동적(* 일반구조용은 정적로프, 산악용과 장비에 동적로프)

✪ 정적로프: 11mm 이상 / 동적로프: 10.2mm 이상 / 수난구조로프11mm 이하 / 개인용로프: 9mm이하 × (20m 이상)

---

* 인장력 : 떨어져 있는 물체가 서로를 끌어당기는 힘과 물체 내의 한쪽 부분이 다른 쪽 부분을 임의의 면에 수직이 되게 끌어당기는 힘. (*^^ 인장력: 쉽게는 인력+장력 = 당기는 힘)
* 충격력 : 충격력을 결정하는 요소는 물체의 질량, 속도, 속도가 정지한 시간이다. 즉『충격력 = 질량 × (처음속도 - 나중속도) ÷ 속도가 정지한 시간』(* 질량과 속도가 클수록 비례하여 충격이 크고, 정지시간이 짧을수록 반비례하여 충격이 크다)

(3) 로프관리 및 사용상의 주의점★★   ☆ 11 부산장, 13 울산교, 15 교, 16 대구, 21 위, 24 교

① 그늘지고 통풍이 잘되는 곳에 보관하도록 한다.
② 로프를 사리고 끝처리로 너무 단단히 묶어두지 **않**도록 한다.
  - 로프에 계속적으로 하중을 가하여 로프가 늘어나 있는 상태이므로 내구성이 떨어진다.
③ 부피를 줄이기 위해 좁은 상자나 자루에 오래 방치하는 것도 좋지 않다.
④ 로프를 밟거나 깔고 있지 않도록 한다. 외형이 마모되고 무게 지탱하는 힘이 떨어진다.
⑤ 로프는 장시간 햇볕(자외선)을 받으면 색이 변하고, 강도가 저하된다.
  - 잘 포장해서 어둡고 서늘한 곳에 보관하면 8년이 지나도 손상되지 않는다.
⑥ 정기적으로 세척하여 이물질을 제거한다. - 미지근한 물에 중성세제를 풀어 충분히 적시고 흔들어 모래나 먼지가 빠져 나가도록 한다. 부드러운 솔이 있으면 가볍게 문질러 준다.
⑦ 물이 빠지면 그늘지고 통풍 잘되는 곳에 말린다. 세탁기는 꼬임과 마찰로 사용 않는다.
⑧ 로프는 사용 **전·중·후**에 시각, 촉각을 이용하여 계속 점검한다.
  사용 후에도 손으로 점검하고 조금이라도 의심이 간다면 그 로프는 **폐기**해야 한다.
⑨ 직경 9mm 이하의 로프를 사용할 때에는 반드시 2줄로 설치, 안전을 확보한다.
  (*^^ 구조대원은 10.5mm~12mm, 즉 1cm 이상을 사용하기 때문이다.)

■ **로프의 수명**★★   ☆ 13 서울, 울산교, 15 서울, 19 소방교, 21, 24 위

(1) 시간 경과에 따른 강도 저하
  ① 로프는 사용 횟수와 무관하게 강도가 저하된다.
  ② 특히 **4년** 경과시부터 강도가 급속히 저하된다. (*^^ 4년 저하, 고년 폐기!)
  ③ 5년 이상 경과된 로프는 폐기한다(UIAA 권고사항). 19 교

(2) 로프의 교체 시기(관리와 보관이 잘 된 로프 기준, 대한 산악연맹 권고사항)
  ① 가끔 사용하는 로프 : **4년**   ☆ 15 울산장, 소방교, 20 장
  ② 매주 사용하는 로프 : 2년 24 위
  ③ 매일 사용하는 로프 : 1년
  ④ 스포츠 클라이밍 : 6개월 ▶ 암기 : 가끔주일 스포츠 4216 (* 기간은 50%씩 줄어든다)
  ⑤ 즉시 교체하여야 하는 로프
    ❶ 납작하게 눌린 로프
    ❷ 큰 충격을 받은 로프(추락, 낙석, 아이젠)
    ❸ 손상된 부분이 있는 로프 ▶ 납작하고 큰 손
    (*^^ 아이젠 : 등산 시 얼음에 미끄러지지 않도록 등산화 밑에 대는 쇠로 뾰쪽히 만든 기구)

---

(4) 슬링(Sling)★   ☆ 17, 21 장, 24 교   (*^^ 이삿짐 차 등 화물차에도 사용)

① 평평한 띠처럼 생긴 로프로 (일반)로프에 비해 안정감과 유연성이 높고 다루기 쉽다.
② 슬링은 약 20~25㎜의 폭으로 ➡ 형태에 따라 판형슬링과 관형슬링으로 구분한다.
③ 값이 **싸서** 짧게 잘라서 등반시 확보, 고정용 또는 안전벨트 대용 등 다양하게 활용한다.
④ 슬링은 같은 굵기의 로프보다 강도는 우수하지만 ➡ 충격을 받았을 때 잘 늘어나지 않기 때문에 등반, 하강 시에 로프 대용으로 사용하는 것은 매우 **위험**하다. 21 장

2 안전벨트(Harness)* ☆ 24 교

형태와 용도에 따라 상단용, 하단용, 허리용, 상·하단용(X벨트) 등이 있지만 UIAA에서는 상·하단 벨트만을 인정하며 번거롭지만 부상위험이 적어 **구조활동 시 반드시 상·하단형 벨트를** 사용한다.

안전벨트 착용 ☆ 15 인천장	① 안전벨트의 허리벨트 버클은 한 번 통과시키고 난 다음 다시 거꾸로 통과시켜야 안전하며 끝을 5㎝ 이상 남긴다. - 강한 충격을 받으면 쉽게 빠지기 때문이다. ② 허리부분에 달려있는 장비걸이는 보통 10kg 내외의 하중을 지탱하므로 절대로 로프나 자기 확보줄을 장비걸이에 연결하지 <u>않도록 한다</u>. *오답: 연결한다. (*^^ 장비걸이는 장비만을 건다는 뜻)
수명과 관리	체중이 실리는 부분이 부드럽게 처리되어 충격을 분산시킬 수 있는 것을 선택한다. ① 안전벨트는 <u>우수한 탄력과 복원성</u>을 가지며 강도와 내구성이 뛰어나지만 안전을 위해 5년 정도 사용하면 외관상 이상이 없어도 교체하는 것이 좋다. 21 장, 24 교 ② 추락 충격을 받은 박음질 부분이 뜯어졌다면 수리하지 말고 <u>폐기하는</u> 것이 좋다. 21 장

3 하강기류* ☆ 14 경기장, 16 소방교, 17 인천, 18 교, 24 장

8자 하강기	작고 가볍고 견고, 사용이 간편하다. 전형적인 8자하강기를 약간 변형시킨 구조용하강기나 튜브형도 많이 사용 - 구조용하강기는 8자 하강기보다 제동, 고정이 용이한 장점이 있다.
그리그리 (GriGri)	① 그리그리는 스토퍼와 같이 로프의 역회전을 방지할 수 있으며 주로 확보용장비이다. 24장 ② 주로 암벽 등에서 확보하는 장비로 사용되며 짧은 거리를 하강할 때 이용하기도 한다.

스톱하강기
(Stopper)
★★
14경기장,
16소방교
	① 로프 한 가닥으로 제동을 걸어주며 하강 스피드의 조절이 용이하다.
	② 우발적인 급강하를 방지할 수 있에 최근 구조대에서 사용이 증가하고 있다.
	✪ 스톱하강기 사용요령
	  ① 스톱퍼의 한 면을 열어 로프를 삽입하고 아래쪽은 안전벨트의 카라비너에 연결한다.
	  ② 오른손으로 아랫줄을 잡고 왼손으로 레버를 조작하면 쉽게 하강속도를 조절할 수 있다.
	  ③ 손잡이를 꽉 잡으면 급속히 <u>하강</u>하므로 주의한다. (* 놓으면 정지한다 / 분필홀더 얼리)

아이디하강기	다기능 핸들 사용으로 위치잡기가 용이하며, 고소작업 및 로프엑세스 작업용 개인장비임

4 카라비너(비나, 스냅링) ☆ 24 교

카라비너	① 각종 기구와 로프 또는 기구와 기구를 연결할 때 사용하는 장비이다. ▶ 기로기기 ② D형과 O형의 두 가지 형태가 있으며 재질은 알루미늄 합금, 스테인리스 스틸이다. ③ 강도는 종방향으로 25kN~30kN, 횡방향으로는 8kN~10kN 정도이다. ▶ 3배정도 ✪ 잠금장치가 있는 카라비너를 사용이 원칙이다. <u>횡방향으로 충격이 걸리지 않도록 설치한다.</u> 24 교

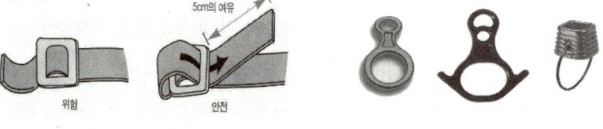

■안전벨트 버클 채울 때■   ■8자하강기, 구조용, 튜브형■

■그리그리■   ■스톱하강기■

5 등강기(Jumar, 쥬마)** ☆ 11 부산교, 13 부산장, 14 경기장

① 로프 등반시 보조장치로 사용되며 로프에 결착하여 수직이나 수평으로 이동할 수 있다.
② 톱니가 나 있는 캠이 로프를 물고 역회전을 못하도록 함으로서 **한 방향으로만 움직인다.**
③ 등반기, **쥬마**로도 부르며 로프로 물건을 당기면 손잡이 역할도 하며 사용범위가 매우 넓다.
④ 손잡이 부분을 제거하여 소형화와 간편히 변형된 크롤, 베이직 등 유사한 장비도 있다.

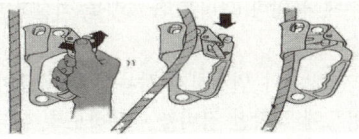

■ 등반기를 로프에 삽입하는 방법 ■

■ 베이직(상), 크롤(하) ■

6 퀵 드로 세트

① 웨빙슬링으로 만든 고리 양쪽에 카라비너를 끼운 것으로 로프를 확보물에 **빨리(퀵) 연결하기 위해서 사용하는 장비이다.** 퀵 드로는 5㎝~20㎝까지 있다.
② 퀵드로의 카라비너는 열리는 곳이 서로 반대 방향 또는 같은 방향으로 향하도록 끼우고 개폐부분이 끝을 향하도록 하는 것이 편리하고 안전하다.

■ 퀵드로 ■

7 도르래(Pulley)**

(1) 도르래의 사용 ☆ 12 서울장, 13 경기, 전북, 서울교, 14 경기교, 15 인천장, 울산, 서울장, 15, 16 위, 21, 22 장

계곡 하천이 범람하여 고립된 구조대상자나 맨홀에 추락한 구조대상자를 구출하는 경우 사용한다.

① 고정도르래는→ 힘의 방향만을 바꾸어 주지만 움직도르래를 함께 설치하면→ 힘의 이득을 얻을 수 있다. / 고정도르래 1개와 움직도르래 1개를 설치하면 소요되는 힘은 1/2로 줄어들고 움직도르래의 숫자가 증가함에 따라 더욱 작은 힘으로 물체를 이동시킬 수 있다.

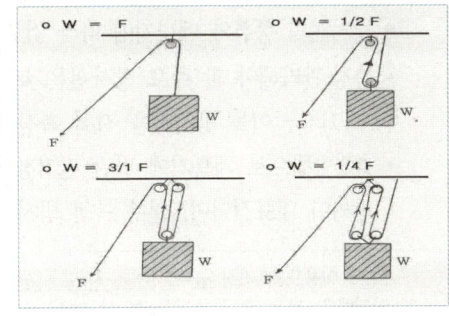

■ 도르래 숫자와 힘의 관계 ■
(*^^ 도르래 합이 2이면: 힘은 1/2 ➡ 합이 3이면: 힘은 1/3 ➡ 합이 4이면: 힘은 1/4이 된다는 뜻!)

★ 물체의 중량을 W, 필요한 힘을 F로 했을 때, F는 물체가 매달려 있는 줄의 가닥수에 반비례하며 물체가 움직인 거리에도 반비례한다. 즉 로프를 3m 당겼을 때 물체가 1m 이동하도록 도르래가 설치되었다면 필요한 힘은 1/3로 줄어든다.(*^^ Z자형은 1/3로 계산)

② 도르래를 설치하여 80kg의 무게를 들어 올린다고 가정하면 필요한 힘의 1/3인 약 26.7kg으로 물체를 이동시킬 수 있다. 물론 장비 자체의 무게 및 마찰력을 제외한 것이다.

③ 이 방법은 특히 'Z자형 도르래 배치법' 이라 하여 현장에서 많이 활용하는 방법이다.

(2) 특수 도르래** ☆ 12 서울, 12, 13 부산교, 14 서울장, 15 부산, 16,18 위, 18 교

로프꼬임 방지기 (SWIVEL)	① 로프로 물체를 인양하거나 하강시킬 때 로프가 꼬여 장비나 구조대상자가 회전하는 것을 방지하는 장비이다. ② 카라비너에 도르래가 걸린 상태에서 360° 회전이 가능하다.
수평2단 도르래 (TANDEM)	① 도르래 하나에 걸리는 하중을 2개의 도르래로 분산시키므로 외줄 선상의 로프나 케이블 상에서 수평이동할 때 용이하고 다른 도르래를 적절히 추가하여 **쉽게 중량물을 이동시킬 수 있다.** ② 로프의 굵기와 홈의 크기가 맞아야 안전하게 사용할 수 있으며 크기와 재질, 구조가 다양하므로 용도에 적합한 장비를 이용하도록 한다.
정지형 도르래 (WALL HAULER) 13부산교 16 소방교	① 도르래와 쥬마를 결합한 장비로 도르래의 역회전을 방지할 수 있어 안전하게 작업이 가능하고 힘의 소모를 막을 수 있다. ② 도르래만 사용할 수 있고 쥬마, 베이직의 대체장비로도 사용가능하다.

제3절 측정용(장비)

1 방사선 계측기 ☆ 18 소방장, 20, 22 교

- 방사선은 에너지를 가진 입자나 전자기파로 물질과 상호작용으로 물질의 특성을 변화시킨다 방사선의 에너지가 클수록 물질에 주는 영향은 커진다. / 방사선에 인체가 노출(피폭)되면
- 세포가 변형, 손상될 수 있으므로 방사선의 종류, 양, 세기 등이 정확히 측정·관리되어야 한다.
- 방사선의 종류와 에너지에 따라 검출·측정하는 방법 및 장치는 매우 다양하다. ▶ 전하충성!
- 측정·관리해야 할 주요 방사선은 ❶ <u>하</u>전입자(α선, β선) ❷ <u>전</u>자기파(γ선, X선) ❸ **중성**자이다.
  - 그러나 이들 방사선을 직접 측정(검출)해서 식별할 수 있는 계측기(검출기)는 **없다.**
- 측정방법으로 계측기에 걸린 전기장과 방사선의 전리작용으로 발생하는 전류를 측정하는 간접적인 **방법이 대표적**이며, 일부 특정 방사선 경우 **필름을 감광시키는 현상**을 이용하기도 한다.

---

① 로프: 이용도가 가장 높다. <u>밧줄, 자일</u>(독일말), 코드(corde)라고도 부른다. (* 공간 이용)
② 안전벨트: 착용 후 끝을 <u>5cm</u> 이상 남긴다. 약 5년(고년) 후 교체한다
③ 하강기류: 로프를 이용, 사용하며 8자 하강기, 스톱하강기, 그리그리 등이 있다.
④ 카라비너: <u>기구와 로프, 기구와 기기</u> 연결 시 사용한다. 주로 확보용장비로서 D형과 O형이 있다.
   장력은 종방향(25kN~30kN)이 횡방향보다 3배 더 크다. <u>비나, 스냅링</u>(snapring) ▶ 기로기기
⑤ 등강기: 등반 장비로서 로프에 결착하여 수직 또는 수평으로 이동할 때 사용하는 기구로서
   크롤, 베이직 등이 있다. <u>쥬마</u>(유마르), 어센더(ascender) 등으로 불린다.
⑥ 특수도르래: 로프꼬임 방지기(스위블), 수평2단 도르래(탠덤), 정지형 도르래(웰하우렐)
* 방사선 : 우라늄, 플루토늄 등의 무거운 원소가 스스로 붕괴를 일으켜 다른 원소로 바뀔 때 방출하는 입자나 전자기파.
* 방사성 물질 : 방사선을 방출하는 우라늄, 라돈, 라듐 등의 물질을 말한다. (* 방사능: 방사선을 내는 세기의 능력이나 물질)
* 하전입자: 전하(전기)를 띠는 입자   * 핵종: 원자 속 양성자수는 같고 질량수가 다른 동위 원소.

(1) 개인선량계 ★ 18 장
개인이 휴대하여 실시간으로 개인의 방사선 **피폭량**을 측정하기 위한 검출기로는

① 필름뱃지	방사선의 사진작용을 이용하여 필름의 흑화도로 피폭*선량을 측정한다.
② 열형광선량계(TLD)	방사선 받은 물질에 열을 가해 나오는 빛의 양으로 피폭선량을 측정.
③ 포켓선량계	방사선이 공기를 이온화 시키는 원리를 이용, 이온화된 전하량과 비례하여 눈금선이 이동되므로 현장에서 바로 피폭된 방사선량을 알 수 있다.
④ 포켓이온함	전하량을 별도의 기구로 측정하여 피폭된 방사선량을 알 수 있는 장비.

기타 포켓알람미터, 전자개인선량계 등이 있다. (* 피폭: 인체가 방사능에 노출됨)

(2) 방사선 측정기 ★ 20 교 (* 용어의 정의 기출)
① 개인이 휴대하여 실시간으로 방사선율 및 선량 등 측정한다.
② 기준선량(율) 초과시 경보하여 구조대원의 안전을 확보하는 장비이다. (*선량: 방사선의 양)
③ 가장 보편적으로 사용되는 장비로서, 방사선 측정기는 연 1회 이상 교정하여 사용한다.

(3) 핵종 분석기
① 개인이 휴대하여 실시간으로 **방사선량 측정** 및 **핵종을 분석**하는 장비로서
 - 감마선 스펙트럼을 분석하여 감마 방사성 핵종의 종류 파악한다. (*^^ 키워드: 핵종)
② 주로 무기 섬광물질 또는 반도체를 사용하여 제작되며 핵종분석기능 외에도 방사선량률, 오염측정과 같은 다양한 기능을 탑재하는 경우가 일반적이다.
③ 다른 휴대용 장비들에 비해 상대적으로 무게와 부피가 크므로 항시 휴대 운용은 제한적이다.

(4) 방사성 오염감시기 ★ 22 교
① 방사능 오염이 예상되는 **보행자 또는 차량을 탐지**하여 **피폭여부를 검사**하는 장비로서 주로 알파, 베타 방출 핵종의 유출시 사용한다. * **오답**: 방사선량 측정 및 핵종을 분석한다.
② **선량률값을 제공하지 않고, 시간당 계수율 정보를 제공**한다. 측정하는 물체 및 인원에 대한 **방사성 오염여부 판단용**으로 사용되며, 미치는 영향에 대해서는 추후 정밀검사가 필요하다.
(*^^ 타인이나 차량의 시간당 계수율 정보를 탐지.) ▶ 시계정보

(5) 동작 전 점검사항(배터리 상태)
배터리 점검용 버튼을 이용하여 상태를 확인한다. 디지털장비는 LCD 화면에 배터리의 상태가 나타나고, 아날로그의 경우에 배터리가 정상적인 상태라면 지시 바늘이 정상에 위치한다.

2 잔류전류검지기* ★ 14 경남장, 18 장

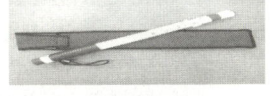

재난현장에서 누전되는 부분을 찾아 전원 차단 등의 안전조치를 할 수 있는 측정용 장비이다.
상단 링스위치를 우측으로 1단 돌리면 경보음과 함께 약 3초간 기기 자체테스트를 실시한다.
자체 테스트가 끝나면 고감도 감지가 가능하다. (*^^ 암기: 높낮이 초점 off)
① 스위치를 계속 돌리면 ❶ 고감도 → ❷ 저감도 → ❸ 초점감지 → ❹ off의 순서로 작동한다.
② 처음에 고감도로 조정, 대강의 위치를 파악하고 이후 단계를 낮추면서 누전 부위를 확인한다.
③ 전기가 통하는 부위에 기기가 직접 닿지 않도록 한다. 장기간 미사용 시 건전지를 빼 놓는다.

제4절 절단구조용 장비

1 동력절단기** ☆ 13 부산교, 16 대구교, 19 장·위, 20 장

작동방법	주로 2행정으로 엔진오일과 연료를 혼합 주입한다. 철재, 목재, 콘크리트 절단날이 다르다. 최근 '만능 절단날'이라하여 재질에 관계 없이 절단이 가능한 절단날도 보급되어 있다. ① 연료의 주입여부와 엔진오일 혼합비율을 확인한다. 종류는 16:1, 20:1, 25:1 등이 있다. ② 왼손으로 상단 손잡이를, 오른손으로 엑셀레이터 손잡이(스로틀레버)를 잡고 절단날을 회전시켜 절단한다. ➡ 대상물에 날을 먼저 댄 후에 절단날을 회전시키지 않도록 한다.
작업 중 주의사항**	① 비산되는 불꽃과 주변 여건에 따라 관창이나 소화기를 준비하여 화재를 방지한다. ② 절단날에 충격이 가해지지 않도록 하고 날의 측면을 이용하여 작업하지 않도록 한다. ☞ 특히 철재 절단날은 측면 충격에 약하므로 주의한다. ③ 석재(돌재료)나 콘크리트 절단 시 절단부위에 물을 뿌리며 작업한다. ☞ 분진 발생으로 ④ 엔진이 작동 중인 장비를 로프로 묶어 올리거나 들고 옮기지 않도록 한다. ⑤ 절단 시 조작원은 자기 발의 위치나 자세에 신경을 써야 하며, **절단날의 후방** 직선상에 발을 위치하지 않도록 주의한다. (*^^ 다리를 벌려서 그 사이 직선으로)
일상점검**	① 목재용 절단날을 보관할 때에는 **기름을 엷게 발라둔다.** (*^^ 목기염) 19 위 ② 철재용, 콘크리트용 절단날에 심하게 물이 묻어 있는 경우에는 **폐기**하고 너무 장기간 보관하지 않는다. / 절단 날에 이상 마모현상이 있을 때는 즉시 **교환**한다. 수리(x) ③ 철재 절단날은 휘발유, 석유 등에 접촉되지 않도록 하고 유증기가 발생하는 곳에 보관해서도 안 된다. - 접착제가 용해되어 강도가 크게 저하될 수 있다.

2 체인톱** ☆ 12 경북장, 16 대구교, 19 소방장

작동방법	체인톱은 **목재** 절단장비이다. 엔진식과 전동식이 있으나 엔진식(유압식)이 많이 보급된다. ① 체인톱날의 연마 상태를 점검하고 무뎌진 톱날은 즉시 **교환**한다. * 오답: 수리한다 ② 체인톱은 항상 두 손으로 잡는다. ③ 수직으로 서 있는 물체를 절단하는 경우 ➡ 주위에서 다른 팀이 작업중이면 작업물체 2배 이상의 간격을 유지한다.
주의점과 킥백현상 19소방장	절단날을 절단물에 가까이 댄 후 **직각으로 절단**. ➡ 한번에 많은 양을 절단하지 않는다. ① 체인톱 작업 시 혼자 작업 금지. ➡ 비상시 대비 반드시 **1명** 이상의 보조인원 필요. ② 운반할 때 시동을 끄는 것을 원칙으로 한다. 스로틀 레버를 놓아도 잠깐은 체인이 회전을 유지하므로 주의한다. ③ **킥백현상**은 장비가 갑자기 작업자 방향으로 튀어오르는 현상을 말하며 ➡ 주로 톱날의 상단부분이 딱딱한 물체에 닿을 때 발생한다. 13 울산교 ④ 절단 시 정확한 자세로 핸들을 잡고 있으면 킥백현상이 발생할 때 ➡ 자동으로 왼손이 체인브레이크를 작동시킨다. ⑤ 숙달되지 않은 대원은 절대 톱날의 끝 부분을 이용한 절단작업을 하지 않는다. ⑥ 반드시 체인이 작동할 때 절단을 시작하며 여러 개를 동시에 절단하지 않는다.

3 공기톱* ☆ 19 소방장

공기톱은 ❶ 철재 ❷ 스테인리스 ❸ 비철금속을 절단할 수 있다. 목재(x)
공기호흡기의 실린더를 이용하여 압축공기를 공급하고 별도의 동력이 필요
하지 않으므로, 수중이나 위험물 누출장소에서 안전하게 사용할 수 있으며 구
조도 간단하여 사고 위험이 적고 손쉽게 작업이 가능하다.

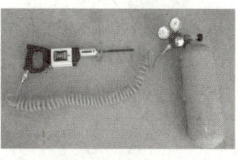
■ 에어톱과 구성품 ■

조작방법	① 사이렌서를 돌려 6각스페너로 3개의 나사를 풀고 톱날을 넣은 후 나사를 조여 고정한다. ② 일반적으로 쇠톱날은 전진 시 절단되지만, 공기톱은 톱날 보호를 위해 **후진 시 절단**한다. ③ 작업 시의 공기압력은 1MPa 이하를 준수한다. 적정압력은 0.7MPa(7kg/cm²)정도이다. ④ 절단 시 본체 선단부분을 밀착시키며, 절단면에는 2개 '이상의 톱니가 닿도록 절단한다.
일상점검 장비	① 톱날은 일반 쇠톱에 사용하는 날을 사용한다. 녹이 심하거나 변형, 마모되면 교체한다. ② 오일이 1/3 이하가 되면 보충한다 → 수분이 들어간 오일은 완전제거하고 다시 주입한다 ③ 공기압력의 저하 없이 절단 톱날의 작동이 늦어진다거나 정지하는 경우의 원인은 　오일에 물이 들어간 경우 또는 본체 내에 먼지가 들어간 경우에 발생한다.

4 유압절단기* ☆ 13, 16 대구교

엔진펌프에서 발생시킨 유압으로 절단하는 장비이다. 구조대에서 많이
사용하는 중간 크기 모델의 중량은 13kg 전후이고 절단력은 35t 내외이다.

사용법	① 절단 대상물에 날이 **수직**으로 접촉되지 않으면 절단 중 장비가 비틀어진다. ② 절단 날이 하향 10°~ 15° 각도를 유지하도록 절단해야 날이 미끄러지지 않고 쉽다. 　(*^^ 가위처럼 날을 아래로 향해 10~15도 벌려서 사용하는 절단기이다.)
주의사항	① 스프링이나 샤프트 등 열처리된 강철은 절단날이 손상 우려로 주의한다. ② 반드시 장갑, 헬멧, 보안경 착용, 구조대상자 가까이 작업 시 별도 보호조치를 선택한다.

(*^^ 유압절단기는 중앙소방학교 표준교재에는 제4절과 제5절의 중량물작업용장비에도 중복되어 있다)

제5절 중량물작업용 장비 ☆ 13, 14 대구교, 15 부산교

1 맨홀구조기구 (다목적 구조삼각대)

맨홀 등에 추락한 구조대상자를 구조할 때 수직으로 로프를 내리고 올리는 인명구조 장비.

제원	•무게 10kg,　•받침대 최대높이 2.13m,　•최대인양 무게 1,700kg
사용법	① 삼각 받침대를 펴서, 맨홀의 중심부에 정삼각형이 되도록 설치한다. ② 도르래 걸이에 도르래를 건 후 로프정지 쥬마를 로프에 끼우고 카라비너를 사용하여 사용자의 　허리띠와 로프정지 쥬마를 연결한다. ③ 구조걸이에 구조대상자를 내리고 올릴 수 있도록 안전벨트를 결착하고 로프정지 핸들의 손잡 　이를 누르면 로프는 서서히 풀려 도르래가 돌아가며 구조걸이가 아래로 내려간다.

2 에어백★★ ☆ 14경기·대구교, 위 15부산, 서울, 소방교, 16대구교, 23장

에어백은 중량물체를 들어 올리고자 할 때 공간이 협소해서 잭(jack, 자키)이나 유압 구조기구 등을 넣을 수 없는 경우에 압축공기로 백을 부풀려 중량물을 들어올리는 장비이며, 저압에어백과 고압에어백이 있다. 본 교재는 고압에어백을 설명한다.

재원 및 사용법★ 13 부산장, 17 소방장, 19 소방교, 14, 19 위 21 소방장	외형 평판두께는 2.0~2.5㎝이고 표면은 미끄럼방지를 위해 램이 부착되어 있고 내열성이 좋아 80℃에서 단시간 사용할 수 있다. 보통 3개의 에어백이 1세트로 구성된다. • 소형 : 부양능력 17t 이상(381㎜ × 22㎜, 3.6kg), 부양 높이 20㎝ 내외 • 중형 : 능력 25t 이상, 높이 30㎝ 내외 ㉢ 대형 : 능력 40t 이상, 높이 35㎝내외 ① 커플링으로 공기용기와 압력조절기, 에어백을 연결한다. 　- 스패너나 렌치로 나사를 조이면 나사선이 손상되므로 가능하면 손으로 연결한다. ② 에어백을 들어 올릴 대상물 아래에 위치시킨다. 이때 바닥이 단단한지 확인한다. ③ 공기용기 메인밸브를 열어 압축공기를 압력조절기로 보낸다. 　- 이때 <u>1차</u> 압력계에 공기압이 표시된다. ④ 에어백을 부풀리기 전에 버팀목을 준비해 둔다. 대상물이 들어 올려지는 것과 동시에 버팀목을 넣고 높이가 높아짐에 따라 버팀목을 추가한다.(* 높이를 동일하게) ⑤ 압력조절기 밸브를 열어 압축공기를 호스를 통하여 에어백으로 보내준다. 　- 이때 <u>2차 압력계</u>를 보면서 밸브를 천천히 조작하고 에어백의 균형이 유지되는지를 살핀다. - 필요한 높이까지 올라가면 밸브를 닫아 멈추게 한다. * 오답: 1차압력계 ⑥ 2개의 백을 사용하는 경우 <u>작은 백을 위에</u> 놓는다. - 아래 백을 먼저 부풀려 균형을 유지하면서 2개의 백을 교대로 부풀게 한다. ➡ 공기를 제거할 때에는 반대로 한다.
주의사항 19 위 23 장	① 에어백은 단단하고 평탄한 곳에 설치하고 고온(100℃ 이상)에 직접 닿지 않게 한다. ② 에어백은 둥글게 부풀어 오르므로 버팀목을 사용한다.(필수!) / 버팀목은 <u>나무</u> 블록이 적합하며 여러 개의 블록을 쌓아가며 높이를 조절할 수 있도록 만든다. ③ 에어백만 지탱되는 물체 밑에서 작업하지 않는다. - 에어백이 필요 높이까지 부풀어 오르면 공기를 조금 <u>빼내서</u> 에어백과 버팀목으로 하중을 분산시킨다. * 오답: 넣어서 ④ 버팀목 설치 시 손을 깊이 넣지 않도록 하며 양 옆으로 버팀목을 대는 것이 안전하다 ⑤ 2개의 에어백을 겹쳐 사용하면 높이는 높아지지만 능력이 증가하지는 <u>않는다</u>. 즉 소형 에어백과 대형 에어백을 겹쳐서 사용하여도 최대 부양능력이 소형 에어백의 능력을 초과하지 못하는 것이다. 23 소방장 * 오답: 능력이 낮아진다(x) (*^^ 소형 에어백이 물체를 직접 지지하고, 밑에 대형 에어백은 버팀목 역할정도이다) ㉠ 들어올리는 물체가 쓰러질 위험때문에 <u>3개 이상</u>을 겹쳐서 사용하지 <u>않는다</u>. (*^^ 즉, 2개까지) 19 소방위 (* 옳은 것 찾기 정답) * 오답: 2개 이상 사용않는다(x) ㉡ 에어백의 팽창 능력 이상의 높이로 들어 올려야 하는 경우 받침목을 활용한다.

3 유압램(Extension Ram) (* 중요도 낮음)

① 일직선으로 확장되는 유압램은 물체의 간격을 벌려 넓히거나 중량물을 지지하는 막대이다.
② 가장 큰 장비는 접은 상태에서 90㎝ 전후, 최대한 펼치면 1,600㎝까지 확장된다.
③ 유압램을 사용 시 ➡ 대상물이 미끄러지거나 튕겨지지 않도록 **버팀목**을 대주고, 얇은 플라스틱이나 합판 등인 경우 ➡ **받침목을 대주어야 한다**.(* 램이 뚫고 들어갈 수 있고 압력 분산을 위하여.)

4 유압엔진펌프*

엔진을 이용하여 유압전개기, 유압절단기, 유압램 등에 압력을 발생시키는 펌프이다.

사용방법 14대구교	시동을 걸기 전에 연료와 엔진오일을 확인한다. 4행정 엔진은 연료와 엔진오일을 별도로 주입하므로 엔진펌프의 종류를 확인한다. / 중형 이상 엔진은 대부분 4행정엔진이다. ① 유압오일의 양이 부족하면 즉시 보충한다. - 1년마다 오일을 교환하는 것이 좋다. ② 기울기가 30° 이상이거나 바닥이 견고하지 않은 장소에서는 사용않는다. ③ 연료밸브를 열고 ➡ 시동레버를 왼쪽으로 놓은 후 줄을 당겨 시동을 건다. ④ 사용 후에는 ❶유압밸브를 잠그고 (이후) ❷ (항상 마지막에) 시동을 끈다. (*^^ 위 순서가 바뀌면 호스에 유압의 압력이 남아있게 된다.) ⑤ 유압호스를 연결, 해제하면 반드시 커플링에 캡을 씌운다. ➡ 이물질 들어가지 않도록.
유압장비 사용상의 주의사항 12경북장, 16부산, 20소방위	① 펌프압력, 장비 이상유무를 점검 시 ➡ 반드시 유압호스에 장비를 <u>연결</u>하고 확인한다. -☞ 커플링의 체크밸브에 이상이 있을 수 있기 때문에.. ↳ * 오답: 분리하고 ② 가압할 때에는 커플링 <u>정면</u>에 서 있지 않도록 한다. * 오답: 측면 ③ 전개기나 절단기를 작동 시 장비가 비틀어지면 ➡ 큰 힘이 작용하므로 무리하게 장비를 바로 잡지 <u>말고</u> 잠시 전개·절단 작업을 중지하고 확인 후 다시 작업한다.

5 유압전개기(유압스프레다)* ★ 16 대구교, 21 장

물체의 틈을 벌리거나 압착할 수 있는 장비로서 차량사고에서 유압절단기와 함께 활용도가 높다.

사용방법	유압펌프와 전개기는 평소에 ➡ 휴대하기 편리하도록 분리하여 보관하며 사용할 때에는 ➡ 양쪽 커플링을 연결한다. (* 유압장비는 <u>수중</u>에서 사용이 가능하다.) ① 전개기의 손잡이를 잡고 사용장소까지 옮겨, 팁을 벌리고자 하는 부분에 찔러 넣는다. ② 전개기 후면의 밸브를 조작하면 전개기가 작동된다. ③ 사용 후에는 전개기의 팁을 완전히 닫지 말고 약간의 틈새를 <u>벌려</u>둔다. - 이는 모든 유압장비의 공통사항으로, 날이 완전히 닫힌 상태에서 닫히는 방향으로 밸브를 작동하면 날이 파손될 수 있기 때문이다. ☞ 또한 날을 완전히 닫아두면 유압이 해제되지 않아 나중에 작동하지 못하게 될 수도 있다. 21 장

▶ 주요 문제점 및 해결방안 (유압전개기)* ★ 13 경남장, 14 서울장, 15 부산, 위, 20 교, 24 장

문제점	조치 방법

(1) 커플링이 잘 연결되지 않을 때. (안끼워질 때)	① Lock ling(잠금)을 풀고 다시 시도한다.
	② 유압호스에 압력이 존재하는지 점검한다.
	  - 엔진작동을 중지하고 밸브를 여러 번 변환 조작한다. ▶ (커)ㄴ유엔
	  (* 이것이 안될 때 강제로 압력을 빼준다.- 압력제거기 사용)

(2) 전개기가 압력을 유지하지(갖지) 못할 때	① 시스템에 에어가 유입되었을 때 ② 핸들밸브가 잠겨있는지 확인. ③ 실린더 바닥의 밸브를 재조립한다. ▶ (압)핸싯시 / (* 아편싯시)
(3) 컨트롤밸브를 조작하여도 전개기가 작동하지 않을 때	① 펌프를 테스트한다(펌핑이 되고, 매뉴얼밸브가 오픈포지션에 있어야 함) ② 유압 오일을 확인하고 양이 부족하면 보충한다.
(4) 컨트롤 밸브 사이에서 오일이 샐 때	① 커플링의 풀림 여부를 확인. ② 안전스크류를 조인다. 24 장 ③ <u>계</u>속 오일이 새면 <u>씰</u>을 교환한다. ▶ (오)계안커 / (*오게 앞게)

제6절 탐색구조용 장비
☆ 14 경북장, 16 강원교, 23 위

매몰자영상 탐지기 (써치탭) ST-5C 기준 23 위	지진과 건물붕괴 등 **재난상황에서 구조자가 생존자를 찾을 수 있도록 돕는 장비**로 작은 틈새 또는 구멍으로 카메라와 마이크, 스피커가 부착된 신축봉을 투입하여 내부가 관찰된다. ST-5B는 흑백, ST-5C는 칼라이다. ST-5A와 서치캠 원리는 같으나 군,경찰에서 쓰인다. ① 관절로 된 접합부분은 손으로 움직이지 말 것 - 가급적 컨트롤 스위치로만 움직인다. ② 헤드를 꼼짝할 수 없는 위치에 두지 말 것, ③ 신축봉은 완전방수가 된 장비가 아니다, ④ 선이 꼬이지 않도록 하고, 선을 직경 4인치 이하의 고리 안에 두지 말 것. 

매몰자음향
탐지기
	매몰, 고립된 사람의 **고함, 신음, 두드림의 신호를 보내는 생존자를 찾기 위한 장비**이다
	① 흙 속에서 지진과 유사한 파동으로 전파된다. 전파는
	   콘크리트의 경우 파동은 약 5,000M/초의 속도와 100Hz 이상으로
	   전파되며 탐지기는 수백m 떨어진 이러한 진동을 감지할 수 있다.
	  - 부서진 잔해에서 전파속도와 주파수는 1/10 정도 줄어든다. 이러한
	② 지중음을 들을 수 있도록 고도로 음파(진동)에 민감한 동적 변환기인 지오폰이 사용된다.
	③ 이들 변환기에 의해 생성된 전기 신호는 증폭기에 의해 증폭되고
	   헤드폰(가청범위의 주파수), 마이크로폰인 공중음 센서에 의해 수신할 수 있으며
	   좁은 공간을 통해 넣을 수 있다면 인터콤시스템으로 갇힌 사람과 <u>대화가 가능</u>하다.
	④ 청취 작업 후 각각의 센서와 케이블은 물에 적신 헝겊조각으로 거친 먼지를 청소한다.
	   - 지중음센서에 있는 잭이 더러울 경우, 압축공기로 청소하거나 긴급 시 물로 세척한다.
	⑤ 탐지기를 장시간 사용하지 않을 경우 건전지는 증폭기에서 꺼내어 별도로 보관하며,
	   월 1회 이상은 작동기능 점검을 한다.

매몰자전파
탐지기
	붕괴된 건물의 잔해 등에 마이크로파대의 전파를 방사하여 **매몰한 생존자의 호흡에 의한 움직임을 반사파로부터 검출하는 그 생존을 탐사하는 장비**이다.
	① 송출된 신호는 호흡 및 심장박동의 움직임에 따라 충분한 신호로 변조된 후 반사된다.
	② 변조된 신호는 수신기로 수신된다. 수신된 신호는 다시 복조되어 컴퓨터로 전송된다.
	③ 살아있는 사람의 정보는 백분 확률과 안테나와 생존자의 거리를 추산하여 나타낼 수 있다.
	④ 시스템 자체는 신호를 감쇄시키는 물질을 알 수 없기 때문에
	   사용자에 의해서만 최적화가 가능해진다. 따라서 신호의
	   분석과 해석은 교육을 받고 경험많은 대원이 수행한다.
	- 주의사항 및 탐사의 판단 -
	① 안테나, 케이블로부터 주변 사람들을 떨어지게 한다.
	② 탐사현장 주위에 휴대전화 등 전파발생 기기와는 최소 20m 이상 떨어져야 한다.
	③ 이 장비의 효율성은 조작자의 전파나 재해에 관한 지식, 이해력에 따라 좌우된다.
	   재해현장은 다양한 변수가 존재하며 다음과 같은 점에 이해와 훈련이 필요하다.
	     ⓐ 전파의 특성에 관한 이해 ⓑ 재해현장의 특성에 관한 이해 ⓒ 장비의 취급훈련
	④ 생존자의 유무 판단은 탐사파형 및 소리로 변환된 신호로 한다.
	⑤ 전파 도달범위 내 사람이 존재하면 3~4초에 한 번씩 정기적인 호흡에 파형이 검지된다.

제7절 보호장비

1 공기호흡기

호흡과 산소요구량

(1) 호흡량

① 사람의 호흡운동은 보통 분당 14~20회로, 1회에 들이마시는 공기량은 성인 남성의 경우 약 500cc 정도이며 심호흡을 할 때에는 약 2,000cc, 표준폐활량은 3,500cc이다.
(*^^ 맥주 500cc 컵으로 성인은 1잔, 심하게는 4잔, 표준폐기량으로는 7잔)

② 호흡량은 개개인에 따라 다르지만 일반적으로 다음과 같다.
 ❶ 평균작업 : 30~40ℓ/분   ❷ 격한작업 : 50~60ℓ/분   ❸ 최고격한작업 : 80ℓ/분
 ▶ 암기 : 3040, 5060, 최고80 (* 3456 최고8)

(2) 용기 내 압력과 호흡량의 한계 ☆ 14 경기교, 부산장

① 고압조정기에서 보급되는 흡기유량은 한계가 있고 이 수치는 용기 내 압력의 감소에 따라 계속 저하되는 경향이 있다

② 용기 내 압력이 높은 경우는 호흡에 충분한 공기량이 보급되지만 압력이 낮아짐에 따라 흡기량도 계속 줄어들어 어느 압력이 낮아짐에 따라 호흡량도 계속 줄어들어 어느 압력 이하에서는 호흡에 필요한 공기량의 공급이 어렵게 된다.

③ 이 한계압력은 개인의 호흡량과 공기호흡기에 따라 차이가 있지만 용기 내의 압력이 1~1.5MPa 이하가 되면 수방활동 시의 호흡량에 대응할 수 없게 된다. 이 때문에 사용가능시간 및 탈출개시압력 결정 시 이 압력을 여유압력으로 제외하고 계산한다.

■ **공기호흡기 계산문제 적용**★★ ☆ 13경기, 서울교, 14인천, 경기교, 15부산, 소방장, 16강원교, 19교·위

⭐ 사용가능시간(분) = $\dfrac{[\text{용기 내 압력(MPa)} - \text{여유 압력(MPa)}] \times \text{용기 용량}(\ell)}{\text{매분당 호흡량}(\ell)}$

⭐ 탈출개시압력 = $\dfrac{\text{탈출 소요시간(min)} \times \text{매분당 호흡량}(\ell)}{\text{용기 용량}(\ell)}$ + 여유 압력(MPa)   ▶ 시호용녀

※ 현재 법령에서 사용되는 압력단위는 파스칼(Pa)이다. 1파스칼(Pa)은 1m²에 1N의 힘이 가해졌을 때(N/㎡)의 압력이다. 아직 대부분 kg/㎠를 사용하고 있지만 국제단위체계(SI 단위)에 맞는 Pa 단위로 환산해야 할 경우가 있으므로 아래의 환산방법을 기억해 둔다. (* 즉, MPa로 질문시 10을 곱해 kg/㎠ 으로 환산해서 푼다)
1kg/㎠ = 98,066.5Pa = 98.0665kPa = 0.0980665MPa ≒ 100kPa ≒ 0.1 MPa

⭐ 종전에는 15Mpa 압력으로 충전하여 30분 정도 가능한 8ℓ형이 많이 보급되어 있었으나 최근에 30Mpa으로 충전하는 6.8ℓ형이 보급되어 작업시간이 50분 정도까지 연장되었다.

[1] 사용법 및 주의사항★★

(1) 공기호흡기 사용방법★   ☆ 13 위, 14 인천장, 16 서울장
① 100% 유독가스 중에서도 사용할 수 있다. (암모니아나 시안화수소 등 피부에 염증을 일으키는 가스와 방사성 물질이 누출된 장소에 진입하는 경우에는 별도의 보호장비를 착용한다.)
② 착용 전 개폐밸브를 완전히 연 후, 반대 방향으로 (살짝) 반 바퀴 정도 돌려 나중에 용기의 개폐여부를 쉽게 확인할 수 있도록 한다.
③ 용기의 압력을 확인하고 면체의 기밀을 충분히 점검하고 신체에 밀착시키도록 한다.
④ 가급적 현장에 진입하기 직전에 면체를 착용하고 현장에서 완전히 벗어난 후에 면체를 벗는다.
  - (시야가 좋아졌다고 오염되지 않은 곳이라는 보장은 없다.)
  - 착용 후에는 불필요하게 뛰는 것을 피하며 호흡을 깊고 느리게 하면 사용 가능시간을 연장할 수 있다. (*^^ 깊고 느리게 해야 공기소모가 적다)   * 오답: 깊고 빠르게
⑤ 고압호스는 꼬인 상태로 취급하지 말고, 개폐밸브는 충격을 피한다.
⑥ 면체 내부에 김이 서려도 활동 중에는 벗어서 닦지 않는 것이 좋다.
  → 유독가스를 흡입할 가능성이 높기 때문이다.
⑦ 면체 착용시 코틀을 완전히 밀착시키면 면체 내부 공기흐름을 차단, 김 서림을 방지할 수 있다.
⑧ 활동 중 경보가 울리면 즉시 안전한 곳으로 탈출한다. - (대부분 충전된 공기량이 동일하기 때문에 한 대원의 경보가 울리면 팀으로 활동하는 다른 대원들도 함께 탈출한다.)

(2) 압력조정기의 고장★★   ☆ 13 위, 19 교
① 양압조정기에 충격이나 이물질로 인해서 고장이 발생할 수 있다.
② 이때에는 면체 좌측의 바이패스밸브를 열어 공기를 직접 공급해줄 수 있다.
③ 바이패스 밸브는 평소 쉽게 열리지 않지만 압력이 걸리면 개폐가 용이하다.
④ 바이패스밸브를 사용할 때에는 숨 쉰 후에 닫아주고 다음번 숨 쉴 때마다 다시 열어준다.
        (*^^ 숨 쉴 때마다 다시 열어주어야 공기가 들어온다)

(3) 유지·관리상 주의★★   ☆ 16 서울장, 19 교, 21 위
① 용기와 고압도관, 등받이 등을 결합할 때에는 공구를 사용하는 부분인지 정확히 판단한다. 대부분의 부품은 손으로 완전히 결합할 수 있다.   * 오답: 공구를 사용하여
② 용기는 고온 직사광선을 피하여 보관하고 특히 개폐밸브 보호에 유의하고 개폐는 가볍게 한다.
③ 공기의 누설을 점검할 때는 → 개폐밸브를 서서히 열어 압력계 지침이 가장 높이 상승하는 것을 기다려 개폐밸브를 잠근다.
  - 이 경우 압력계 지침이 1분당 1Mpa 이내로 변화할 때에는 사용상 큰 지장은 없다.
④ 사용 후 고압도관에 남아있는 공기를 제거하고, 면체 유리부분에 이물질이 닿지 않도록 한다.
⑤ 고압조정기와 경보기 부분은 → 분해조정 하지 않는다.   * 오답: 한다   16 서울장
⑥ 사용한 후에는 깨끗이 청소하고 잘 닦은 후 고온 및 습기가 많은 장소를 피해서 보관한다.
⑦ 최근에 보급되는 면체에는 김서림 방지 코팅이 되어 있어 물로 세척하면 코팅이 벗겨질 수 있다.
  - 젖은 수건으로 세척한 후에는 즉시 마른 수건으로 잘 닦고 그늘에서 건조시킨다.
⑧ 실린더 내 공기는 공기호흡기 사용하는 안전에 직접 영향을 미치므로 항상 청결해야 한다.
  ✪ 따라서 충전되는 공기는 산소농도 20~22% 이내, / 이산화탄소는 1,000ppm 이하, / 일산화탄소는 10ppm 이하, / 수분은 25mg/㎥ 이내, / 오일 미스트는 5mg/㎥(단, 측정값이 표시되지 않는 분석기의 사용 경우 색상 변화가 없을 것) 이내, / 총 탄화수소는 25ppm 이하, / 총 휘발성 유기화합물 500μg/㎥ 이하를 유지하도록 규정한다.
  ✪ 고압용기에 충전된 호흡용 공기는 매 1년마다 배출한 후 새로운 공기를 충전하여 보관한다.

2. 방사능 보호복 및 화학보호복 ☆ 20 소방장, 21 소방위

방사능보호복은 방사능이 누출되거나 동위원소를 이용하는 기기가 손상되는 경우 방사선(알파선·베타선 또는 감마선, 중성자, X-ray 등)의 선원으로부터 인체를 보호하는 보호복을 말한다.

> ★ 소방기관장은 특수보호복담당 전담자를 지정해야 하며, 특수보호복전담자는 다음에 적합해야 한다.
> - 119안전센터 또는 119구조대에서 근무한 경력이 5년 이상일 것
> - 중앙소방학교, 지방소방학교, 전문교육기관에서 화생방사고 대처요령 등 관련 과정을 이수할 것.

방사능 보호복 21위

① 방사능보호복의 세트는 방사능보호복(밀폐식 공기호흡기착용형, NBC 마스크착용형 등), 개인 선량경보계로 구성된다. 또한 방사능보호복의 성능조건은 다음과 같다

일반 조건	방사능보호복은 호흡기나 신체 일부·전부를 방사선으로부터 차폐할 수 있는 특수원단(납 또는 특수재질)으로 제작된 것이며 개인선량계를 착용할 수 있을 것.
특수 조건	① 알파, 베타 또는 알파, 베타, 감마, 중성자, X-ray로부터 보호될 수 있는 것. ② 밀폐식 공기호흡기 착용형 또는 NBC마스크 착용형. ③ 방사선 방호에 대한 인증기관 인증서를 반드시 첨부할 것.

② 사용한 보호복은 다른 지역 오염 방지를 위해 잠재적 노출지역에서 착용 후 즉시 폐기한다.
③ 방사선 방호복 차폐는 납 등 원자번호가 큰 원소 소재를 이용, 방사선 투과를 감소시킨다.
④ 차폐성능이 뛰어난 납시트 보호복이 사용되지만, 피부 오염 및 환경오염 문제가 있다.
⑤ 최근 신소재 개발에 의한 방사능 보호복이나 납 시트 보호복을 포함하여 어떠한 방사선보호복도 γ선이나 중성자선에 대한 차단능력은 25%를 넘지 못할 정도로 매우 미흡하다.

화학 보호복

화학보호복은 신경·수포·혈액·질식 등의 화학작용제 및 유해물질로부터 인체를 보호하기 위하여 공기호흡기가 내장된 완전밀폐형으로 제작되는 보호복을 말한다.

> ■ 화학보호복 세트: 화학보호복, 공기호흡기, 쿨링시스템, 통신장비, 비상탈출 보조호흡장비, 검사장비(테스트킷), 착용보조용 의자, 휴대용 화학작용제 탐지기, 소방용 헬멧.

① 화학보호복은 수명 및 제작사 일반적인 기준으로 1회용 및 재사용으로 구분되며, 1회용 화학보호복이라 할지라도 제독 등 관리상 철저를 기하면 재사용할 수 있고 / 재사용할 수 있는 화학보호복이라도 유독물질에 장시간 노출되어 오염되었을 경우는 폐기를 권장한다.
② 보호복 성능은 레벨A급의 일반적성능을 준용하며 특수재질 국내외 공인인증서로 증명한다.
③ 화학보호복을 사용 전, 전체적인 육안검사, 압력시험검사를 통하여 이상유무를 확인한다.
 - 압력시험검사는 화학보호복 내부로 액체나 가스가 유입되는지를 확인하는 것으로 육안검사를 대체할 수 있으며 - 꼭 사용 전에 수행되어야 한다.

★ 보호복의 결함 상태를 확인하기 위한 검사를 실시한다.
㉠ 공급업체로부터 수령 시 ㉡ 보호복 착용 전 ㉢ 보호복 사용 후 다시 착용하기 전(오염, 손상, 또는 변형된 보호복은 폐기.) ㉣ 매년 1회 이상.

- 화학보호복(레벨 A) 착용방법 - ☆ 20 소방장, 24 소방교

① 공기조절밸브 호스를 공기호흡기에 연결한다 ② 공기호흡기 실린더를 개방한다.
③ 화학보호복 안면창에 성애방지제를 도포한다 (손수건과 함께 휴대하는 것이 좋음)
④ 화학보호복 하의를 착용한다. ⑤ 공기호흡기 면체를 목에 걸고 등지게를 착용한다
⑥ 공기조절밸브에 호스를 연결한다 ⑦ 무전기를 착용한다.(비상탈출용 칼 휴대)
⑧ 면체를 착용하고 양압호흡으로 전환한다. ⑨ 헬멧과 장갑을 착용한다. 24 교
⑩ 보조자를 통해 상의 착용 후 지퍼를 닫고 공기조절밸브 작동상태를 확인. ▶ 순서: 호싱성하면 호무양 헬상

제8절 보조장비 및 화재진압장비

1 공기안전매트 및 열화상카메라 ★ 24 소방교

공기안 전매트	공기안전매트는 높은 곳에서 뛰어 내렸을 때 공기 탄력성을 이용하여 인체에 가해지는 충격을 완화시킴으로써 부상을 방지하는 장비이다. - 구조대 공기매트의 높이와는 많은 차이가 있지만. ※ 『KFI 인정기준』에 의하면 "공기주입형 구조매트"라 하고, <u>15m</u> 이하에서 뛰어 내리는 사람의 부상 등을 줄이기 위하여 공기 등을 매트 또는 지지장치 등에 주입하는 인명구조매트로 한정한다. (1) 규격 제원 등 ① 신속하게 설치·철거할 수 있고 연속하여 사용할 수 있어야 한다. ② 낙하면은 눈에 잘 띄는 색상으로 낙하목표 위치를 쉽게 알도록 반사띠 등으로 표시한다. ③ 매트 내부압력이 일정하도록 설정압력을 초과하는 때에 자동배출되는 구조이여야 한다. ④ 낙하할 수 있는 상태로 설치하는데 걸리는 시간은 <u>30초</u>를 초과하지 않아야 한다. ⑤ 120kg의 모래주머니를 연속하여 2회 떨어뜨린 후 최초 사용대기상태로 복원되는 시간은 <u>10초</u>를 초과하지 않아야 한다. (* 모래주머니를 낙하 간격은 최소한 10초를 초과금지) ⑥ 매트는 부속품을 포함 <u>50kg</u>을 초과하지 않아야 한다.(*보관상태 크기는 0.3㎥ 이하) ★ 24 교, (2) 낙하 요령 ① 매트 중앙 부분을 착지점으로 겨냥하고 뛰어내린다. ② 다리를 약간 들어주면서 고개를 앞으로 숙여서 <u>엉덩이 부분이 먼저 닿도록</u> 한다. ③ 매트 내의 압력이 지나치게 높으면 강한 반발력을 받아 부상의 위험이 있으므로 <u>매트가 팽창한 후에는 압력을 약간 낮춰주는 것이 좋다.</u> ④ 에어매트는 다른 방법으로 구조하는 것이 불가능 할 때나 응급상황에만 사용한다. 훈련, 시범 시 더미나 샌드백을 사용하되 부득이 직접 사람이 시범을 보일 때라도 4m 이상에서 뛰어내려서는 안 된다.
열화상 카메라 16 강원, 17 인천교	열화상카메라는 야간 또는 농연 등으로 시계가 불량한 지역에서 물체의 온도 차이를 감지하여 화면상에 표시함으로서 화점탐지, 인명구조 등에 활용장비이다. | 야간투 시경 | ① 카메라에서 <u>적외선 파장을 발산하여 측정하거나 달빛을 증폭</u>하여 물체를 화면에 표시하는 것으로 다큐멘터리에서 동물의 움직임을 촬영할 때의 야시경과 같이 <u>초록색</u> 화면으로 보는 것이 그 예이다. | | 열화상 카메라 | ① 적외선을 방사하지 않고 <u>동물 등</u>이 방사하는 <u>적외선을 이용</u>한다. ② 피사체가 물체나 동물인 경우 물체의 온도에 따라 일정한 파장의 빛을 방출되는 원리를 이용한 것이다. (*^^ 열화상카메라는 IR카메라고도 함) | ① 야간투시경은 적외선의 <u>반사</u>를 이용하고, 열화상카메라는 적외선 <u>방사</u>를 이용한 것이다. ② 열화상카메라 사용 시 카메라의 뷰파인더 화면에 표시되지 않는 사각이 많아 시야가 협소하고 또한 원근감이 달라서 안전사고의 위험이 높다. 따라서 반드시 ③ 헬멧을 착용하고 이동할 때는 뷰파인더에서 눈을 떼고 주변을 확인 후 발을 높이 들지 말고 바닥에 끌듯이 옮겨서 장애물을 피하도록 한다. 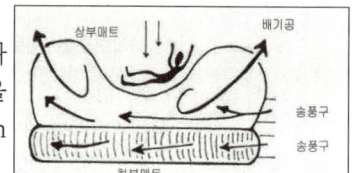

CHAPTER 03 기본구조훈련

제1절 로프매듭

1. 좋은 매듭의 조건** ☆ 18, 19 소방장

❶ 묶기 쉽고 ❷ 연결이 튼튼하여 자연적으로 풀리지 않고 ❸ 사용 후 간편하게 해체할 수 있을 것.

주의사항	① 매듭법을 많이 아는 것보다는 잘 쓰이는 매듭을 정확히 숙지하는 것이 더욱 중요하다. ② 매듭은 정확한 형태를 만들고 단단하게 조여야 풀어지지 않고 하중을 지탱할 수 있다. ③ 될 수 있으면 매듭의 크기가 작은 방법을 선택한다. ＊오답: 크기가 커야 한다 → 매듭부분으로 기구, 장비 등을 통과시켜야 하는 경우가 있기 때문이다. ④ 매듭의 끝 부분이 빠지지 않도록 주매듭을 묶은 후 옭매듭 등으로 다시 마감해 준다. → 이때 충분한 길이를 남겨두어야 하는데 매듭에서 로프 끝까지 11~20㎝ 정도 남겨둔다. ⑤ 로프는 매듭 부분의 강도가 저하된다는 사실을 기억한다.(＊ 구부러지니 저하됨다)

2. 매듭의 종류* ☆ 13 인천, 14, 15 서울, 16 경기장

마디짓기(결절)	(1개 로프로) 로프의 끝이나 중간에 마디 매듭·고리를 만드는 방법
이어매기(연결·결합·결속)	한 로프를 다른 로프와 서로 연결하는 방법
움켜매기(결착)	로프를 지지물 또는 특정 물건에 묶는 방법

 가십(gossip) - 공간 이용

내 힘으로 할 수 없는 일에 도전하지 않으면,
내 힘으로 갈 수 없는 곳에 이를 수 없다.
사실.. 나를 넘어서야 나는 그곳에 이른다.
갈 만큼 갔다고 생각하는 곳에서 얼마나 더 갈 수 있는지는 누구도 모르고,
할만큼 했다고 생각하는 곳에서 얼마나 더 해낼 수 있는지는 아무도 모른다.

제2절　기본매듭

12 부산교, 14 대구교, 부산장, 18~19, 21, 22 위 등

1　마디짓기(결절) 매듭*** ☆ 16 경기장, 18, 19 소방위

① 옭매듭(엄지매듭, Overhand Knot)
　㉠ 로프에 마디를 만들어 도르래나 구멍으로 로프가 빠지는 것을 방지하거나
　㉡ 절단한 로프의 끝에서 꼬임이 풀어지는 것을 방지할 때 사용하는 가장 단순한 형태의 매듭이다.
　　(*^^ 우리 일상에서 가장 흔한 매듭이다)

■ 옭매듭 ■

② 두겹옭매듭(고리 옭매듭)** ☆ 18 위
　㉠ 로프 중간에 고리를 만들 필요가 있을 때.(간편하다)
　㉡ 힘을 받으면 고리가 계속 조이므로 풀기가 힘들다.

■ 두겹옭매듭 ■

③ 8자매듭(Figure 8)
　㉠ 매듭이 8자 모양을 닮아서 '8자매듭' 이라고 한다.(*옭매듭요령에서 뒤로 돌려 넣는다)
　㉡ 옭매듭보다 매듭부분이 커서 다루기 편하고 풀기도 쉽다. (*^^ 옭매듭과 비교!)

■ 8자매듭 ■

④ 두겹8자매듭(Figure 8 on a bight)* ☆ 14경남장, 16소방교, 22위
　㉠ 간편하고 튼튼하기 때문에 로프에 고리를 만드는 경우 가장
　　많이 활용된다. (* 고리는 풀기 쉽다)
　㉡ 로프에 고리를 만들어 카라비너에 걸거나 나무, 기둥 등에 확
　　보하고자 하는 경우 등에 폭넓게 활용한다.
　㉢ 로프를 두 겹으로 겹쳐서 8자 매듭으로 묶는 방법과
　　한 겹으로 되감기하는 방식이 있다. (*^^ 두겹의 개념은 고리를 만들거나 튼튼함을 위함이다)

■ (되감기)두겹8자매듭 ■

■ 두겹8자매듭 ■

⑤ 이중8자매듭(Double Figure 8) ★ 16, 22 위

로프 끝에 두 개의 고리를 만들 수 있어 두 개의 확보물에 로프를 고정하는 경우에 매우 유용하다. (*고리가 2개가 된다) (*^^ ④⑤번 매듭은 '차량을 이용한 로프 연장'에 사용할 수 있다.)

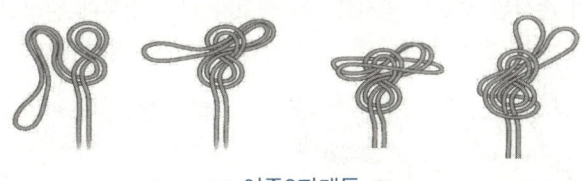

■ 이중8자매듭 ■

⑥ 줄사다리매듭

이 매듭은 로프에 일정한 간격을 두고 수 개의 옭매듭을 만들어 로프를 타고 오르거나 내릴 때에 지지점으로 이용할 수 있도록 하는 매듭이다.

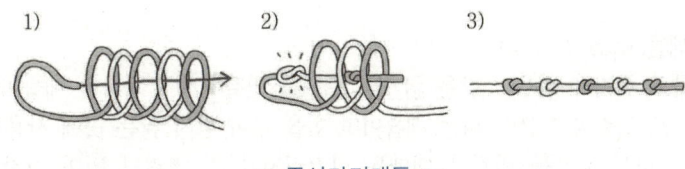

■ 줄사다리매듭 ■

⑦ 고정매듭(Bowline)★★ ★ 12, 22 위

㉠ 로프의 굵기에 관계없이 묶고 풀기가 쉽다.
㉡ 조여지지 않으므로 로프를 물체에 묶어 지지점을 만들거나 유도 로프를 결착하는 경우 등에 활용한다.
㉢ 구조활동은 물론이고 어디서든 자주 사용되는 중요한 매듭이어서 매듭의 왕(King of Knots)이라고도 부른다. (*^^ 고정매듭을 보울라인 매듭이라고도 한다)

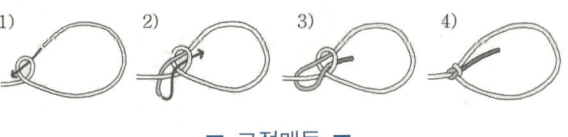

■ 고정매듭 ■

⑧ 두겹고정매듭(Bowline on a bight)★★ ★ 14 부산교, 13, 17 위, 17 전북장

㉠ 로프 끝에 두 개의 고리를 만들어 활용하는 매듭이다. (*^^ 부상자를 구출할 때 사용)
㉡ 수직맨홀 등 좁은공간으로 진입하거나 구조대상자를 구출하는 경우 유용하게 활용하며, 특히
㉢ 완만한 경사면에서 확보물 없이 3명 이상이 한줄 로프를 잡고 등반하는 경우 중간에 위치한 사람들이 이 매듭을 만들어 어깨와 허리에 걸면 로프가 벗겨지지 않고 활동이 용이하다.

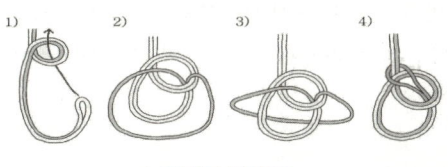

■ 두겹고정매듭 ■

⑨ 나비매듭** ☆ 13 경기장, 충남교, 19, 22 위, 20, 23 교
  ㉠ 로프 중간에 고리를 만들 필요가 있을 경우에 사용하며
  ㉡ 다른 매듭에 비하여 충격을 받은 경우에도 풀기가 쉬운 것이 장점이다.
  ㉢ 중간 부분이 손상된 로프를 임시로 사용하고자 하는 경우에 손상된 부분이 가운데로 오도록 하여 매듭을 만들면 손상된 부분에 힘이 가해지지 않아 응급대처가 가능하다.

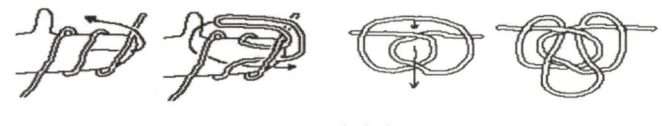
■ 나비매듭 ■

-----*

2 이어매기(연결) 매듭** ☆ 13 울산교, 19 위 등

① 바른매듭(Square Knot) ☆ 16 부산장, 19 장
  ㉠ 묶고 풀기가 쉬우며 같은 굵기의 로프를 연결하기에 적합한 매듭이다.
  ㉡ 로프 연결의 기본이 되는 매듭이며 힘을 많이 받지 않는 곳에 사용하지만 굵기 또는 재질이 서로 다른 로프를 연결할 때에는 미끄러져 빠질 염려가 있어 직접 안전을 확보하는 매듭에는 적합하지 않다. (* 맞매듭이라고도 한다)

■ 바른매듭 ■

  ㉢ 반드시 매듭 부분을 완전히 조이고 끝부분은 옭매듭으로 마감해야 한다.
  ㉣ 짧은 로프가 서로 다른 방향으로 묶이면 로프가 미끄러져 빠지게 되므로 주의한다.

② 한겹매듭 ** ☆ 19 위

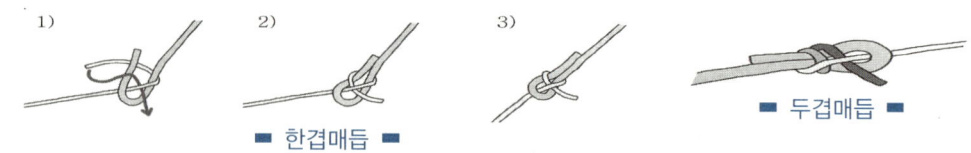
■ 한겹매듭 ■   ■ 두겹매듭 ■

  ㉠ 한겹매듭은 굵기가 다른 로프를 결합할 때 사용한다.
  ㉡ 주 로프는 접어둔 채 가는 로프를 묶는 것이 좋다.
  ㉢ 로프 끝을 너무 짧게 묶으면 쉽게 빠지므로 주의한다.
  ✪ 두겹매듭은 한겹매듭에서 가는로프를 한 번 더 돌려감은 것으로 한겹매듭보다 더 튼튼하게 연결할 때에 사용한다.

* 비교(굵기 여부) : • 바른매듭 ➡ 같은 굵기 / • 한겹매듭 ➡ 다른 굵기   ▶ 연상 : 바르니까 같으며, 한 사람이 다르게

③ 8자연결매듭(figure 8 follow through)* ☆ 15 소방교, 18 경기교, 위, 19 장, 22 위
　㉠ 많은 힘을 받을 수 있고 힘이 가해진 경우에도 풀기가 쉬워 로프를 연결하거나 안전을 확보하기 위한 매듭으로 자주 사용된다.
　㉡ 주 로프로 8자 형태의 매듭을 만든 다음, 연결하는 로프를 반대 방향에서(즉, 다른로프를) 역순으로 진입시켜 이중 8자의 형태를 만든다.
　㉢ 매듭이 이루어지면 양쪽 끝의 로프를 당겨 완전한 형태의 매듭을 완성하고 옭매듭으로 마무리한다.

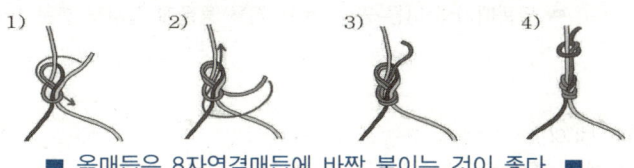

　　　　■ 옭매듭은 8자연결매듭에 바짝 붙이는 것이 좋다. ■

④ 피셔맨매듭(Fisherman's knot)* ☆ 14 부산교·장, 18, 19 장·위
　㉠ 두 로프가 서로 다른 로프를 묶고 당겨서 매듭부분이 맞물리도록 하는 방법이다.
　㉡ 신속하고 간편하게 묶을 수 있으며 매듭의 크기가 작다.
　㉢ 두 줄을 이을 때 연결매듭으로 많이 활용되는 매듭이지만
　　힘을 받은 후에는 풀기가 매우 어려워 **장시간 고정시켜 두는 경우에 주로 사용한다.**
　　　▶ 암기: 어부 피셔맨은 장시간 사용한다 / ＊오답: 장시간~ 사용하지 않는다.(18 장)
　㉣ 매듭 부분을 이중으로 하면(이중피셔맨매듭) 매듭이 더욱 단단하고 쉽사리 느슨해지지 않는다.

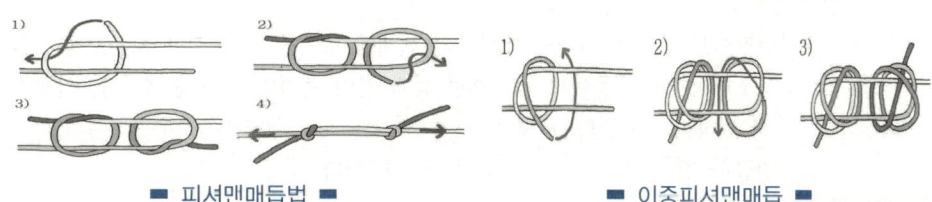

　　　■ 피셔맨매듭법 ■　　　　　　　■ 이중피셔맨매듭 ■

─────*

3 움켜매기(결착) 매듭** ☆ 14 부산장

① 말뚝매기(Clove Hitch)** ☆ 18 위, 19 장
　㉠ 로프의 한쪽 끝을 지지점에 묶는 매듭이다. (*^^ 까베스땅 매듭이라고도 한다)
　㉡ 구조활동을 위해 로프로 지지점을 설정하는 경우 많이 사용한다.
　㉢ 묶고 풀기는 쉬우나 반복적인 충격을 받는 경우에는 매듭이 자연적으로 풀릴 수 있으므로
　　매듭의 끝을 안전하게 처리해야 한다. ＊오답: 풀리지 않는다. 18 위
　㉣ 말뚝매기가 풀리지 않도록 끝 부분을 옭매듭하여 마감하는 방법을 많이 활용한다.
　㉤ (말뚝매듭 되어 있는) 주 로프에 2회 이상의 절반매듭을 하는 방법도 사용한다.

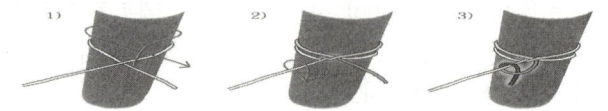

■ 말뚝매기의 로프 끝 처리법. 두 번 이상 절반매듭을 한다. ■

■ 말뚝매기의 다른 방법, 로프 끝을 둥글게 겹쳐서 끼운다. ■

② 절반매듭(Half Hitch)
　㉠ 로프를 물체에 묶을 때 간편하게 사용하는 매듭이다.
　㉡ 묶고 풀기는 쉬우나 결속력이 매우 약하기 때문에 절반매듭 단독으로는 사용하지 않는다.

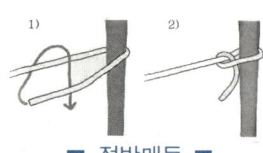

■ 절반매듭 ■

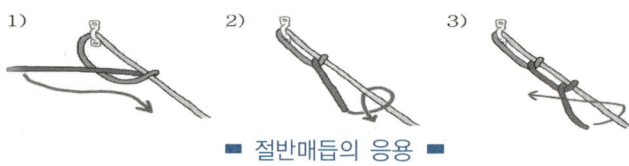

■ 절반매듭의 응용 ■

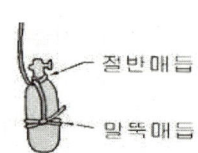

③ 잡아매기*　　☆ 04 위, 13 서울장
　㉠ **안전밸트가 없을 때** 구조대상자의 신체에 로프를 직접 결착하는 고정매듭의 일종이다.
　㉡ 구조대상자의 구출이나 낙하훈련 등과 같이 충격이 심한 훈련이나, 신체에 주는 고통을 완화하기 위하여 사용된다. ▶ 암기: 안전벨트 없을 때 잡아매기(* 혹은 앉아매기)
　㉢ <u>긴급한 경우</u> 이외에는 사용하지 않도록 한다.

■ 잡아매기 ■

④ 감아매기(Prussik Knot, 비상매듭)**
　㉠ **굵은 로프에 가는 로프를** 감아매어 당기는 방법이다.
　㉡ 고리부분을 당기면 매듭이 고정되고 매듭 부분을 잡고 움직이면 주 로프의 상하로 이동시킬 수 있으므로 **로프등반**이나 고정 등에 많이 활용한다.(*^^즉, 감은로프를 늦추면 이동가능)
　㉢ 감는 로프는 주 로프의 절반 정도 굵기일 때 가장 효과적이며 3회 이상 돌려 감아야 한다.

■ 감아매기(상하 사진) ■

⑤ 클램하이스트 매듭(Klemheist Knot)* ☆ 14 위, 18, 19 장
  ㉠ 감아매기와 같이 자기 제동(self locking)이 되는 매듭이다.
  ㉡ 주 로프에 보조로프를 3~5회 감고 로프 끝을 고리 안으로 통과시켜 완성한다.
  ㉢ 하중이 걸리면 매듭이 고정되고 하중이 걸리지 않으면 위아래로 움직일 수 있다.

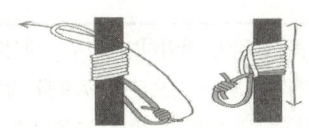 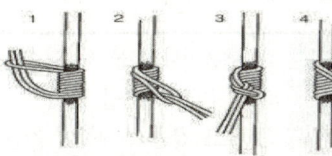

■ 클램하이스트매듭(좌우 사진) ■

 ■ **공간이용** (약식 로프정리법)   ☆ 24 소방교, 위

마디짓기(결절)	이어매기(연결, 결합, 결속)	움켜매기(결착) ☆ 24 교
① 옭매듭(엄지매듭), 두겹옭매듭 ② 8자·<u>두겹8자</u>·이중8자매듭 ③ 줄사다리매듭 ④ <u>고정매듭</u>, 두겹고정매듭 ⑤ 나비매듭 ▶ <u>암기</u>: 옭팔자 사고나	① 바른매듭(맞매듭) ② 한겹매듭, 두겹매듭 ③ 8자연결매듭 ④ 피셔맨매듭(장구매듭) ▶ <u>암기</u>: <u>한팔피바</u>	① 말뚝매기(까베스탕매듭) ② 잡아매기 ③ 절반매듭 ④ 감아매기(비상매듭) ⑤ 클램하이스트매듭 ▶ <u>암기</u>: 말잡아 절반감아 하이

■ 마디짓기 요점(옭팔자 사고나)
  ① 마디를 만든 <u>옭</u> 팔자가   ② 수 개의 옭매듭으로 <u>줄사다리</u>를 만들고
  ③ 굵기에 관계없이 <u>고정</u>되어   ④ 충격을 받은 경우 풀기가 쉬워 <u>나비</u>가 되었다.
■ 이어매기 요점(한팔피바)
  ① 굵기가 다른 로프를 <u>한</u>·두겹으로 ② 힘이 가해진 경우 풀기가 쉬워 <u>8자연결</u>이지만
  ③ 장시간 고정 후, 풀기 어려운 <u>피셔맨</u>은 ④ 묶고 풀기 쉬워, 같은 굵기로 <u>바른매듭</u> 되었다.
■ 움켜매기 요점(말뚝잡아 절반감아 하이)
  ① 지지점을 설정하는 경우 <u>말뚝</u>으로   ② 안전벨트가 없을 때 <u>잡아</u>서
  ③ 단독으로는 사용할 수 없어 <u>절반</u>만 ④ 굵은 로프에 가는 로프를 <u>감아</u>서
  ⑤ 하중(무게)이 걸린 경우 매듭이 고정되는 <u>클램하이스트</u>가 되었다.
■ 신체묶기(두겹, 세겹 앉아서)
  ① 맨홀이나 우물 등 협소한 수직공간에 <u>두겹고정매듭</u>
  ② 들것을 사용할 수 없는 장소에서 안전벨트 없이 사람을 끌어올리는 <u>세겹고정매듭</u>
  ③ 안전벨트 <u>대용</u>으로 하강 또는 수평도하 등에 사용할 수 있는 <u>앉아매기</u>
    (*^^ ①②번은 유사하지만 고리가 2개냐, 3개냐 차이이고 / ②③번은 <u>안전벨트없이, 대용</u>의 구분)

---
* 마디짓기: 로프 1개로 매듭·고리 만듦. * 이어매기: 로프 2개로 서로 연결. * 움켜매기: 지지물 등에 묶는 방법.

제3절 응용매듭 및 로프정리

1 신체묶기 ☆ 14 대구교 14 부산교, 16 전북장, 13, 17 위

두겹고정 매듭활용 14 부산교, 16 전북장, 13, 17 위	① 맨홀이나 우물 등 협소한 수직공간에 구조대원이 진입하거나 구조대상자 구출시 사용. ② 두겹고정매듭을 만들어 고리부분에 양다리를 넣고 손으로는 로프를 잡고 지지한다. ③ 로프 끝을 길게하여 가슴부분에 고정매듭을 만들면 두 손을 자유롭게 쓸 수 있다. ④ 한줄 로프를 잡고 **여러명이 등반할 때** 중간에 있는 사람이 다음의 방법을 사용하면 고리가 벗겨지지 않고 안전하게 활동할 수 있다. ▶ 암기: 양다리 두겹고정(16 전북장) 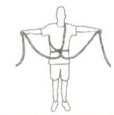 
세겹고정 매듭활용	① 들것을 사용할 수 없는 장소에서 안전벨트 없이 구조대상자를 끌어올리거나 매달아 내려 구출할 때 사용하는 방법이다. ② 경추나 척추손상이 의심되는 구조대상자 또는 다발성골절환자에게 사용하면 **안 된다**.  ■ 3겹고정매듭을 이용한 구출 ■
앉아매기(간이안전벨트) 14서울장, 16경북교	① 안전벨트대용으로 하강이나 수평도하에 사용할 수 있는 매듭. ▶ 안전벨트 없을 때 ② 3m 정도 길이의 로프나 슬링의 끝을 서로 묶어 큰 원을 만들고 허리에 감은 다음, 등 뒤의 로프를 다리 사이로 빼내어 카라비너로 연결한다. ③ 로프보다는 슬링을 이용하는 것이 신체에 가해지는 **충격을 줄일 수 있다**. 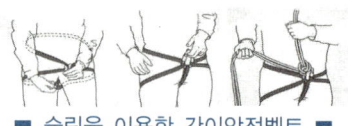 ■ 슬링을 이용한 간이안전벨트 ■

2 로프정리 ▶ 종류암기: 어둥나팔사

둥글게 사리기	짧은 로프를 사릴 때 사용. 무릎, 팔뚝을 이용, 로프를 신속히 감아나간다. 그 방법은 둥글게 사리고 / 5~10번 감는다. / 로프 끝을 고리에 끼우고 다른쪽 로프 당기고. / 끝을 매듭한다
나비모양 사리기	1) 한발감기: 50~60m의 비교적 긴 로프를 사릴 때 사용하는 방법이다. 2) 어깨감기: 로프의 길이가 60m 이상이면 사리면서 한손으로 잡고 있을 수 없게 된다.
어깨매기	① 로프를 휴대하고 장거리를 이동하는 방법이다. ② 먼저 로프를 나비모양으로 사리고 마무리하여 어깨에 맨다.
8자모양사리기	① 나비형과 함께 로프가 꼬이지 않는다, 풀 때 꼬이지 않는 게 장점. ② 굵고 뻣뻣한 로프나 와이어로프 등을 정리할 때 편리하다.
사슬 사리기	① 과거 화물차기사들 사용 방법, 원형이나 8자형사리기보다 꼬이거나 엉키지 않는다. ② 이 방법은 마지막 끝처리가 잘 되어야 하는데, 잘못될 경우 푸는방법도 잘 익혀둔다 ③ 마지막 1m 정도의 여유줄을 남겨 놓고 마지막 사슬을 여유줄에 묶는데 절대로 여유줄이 매듭 안으로 들어가서는 안 되며 고리를 작게 사리는 것이 좋다.

• REFERENCE

로프 핵심정리

- **옭매듭**: 로프가 빠지거나, 꼬임이 풀어지는 것을 방지하는 가장 단순한 매듭이다
- **줄사다리 매듭**: 로프에 일정간격으로 수 개의 옭매듭을 만들어 로프로 오르내릴 때 지지점 이용
- **고정 매듭**: <u>로프 굵기에 관계없이 묶고 풀기 쉽다.</u> 지지점 만듦, 유도로프를 결착용. **매듭의 왕**
- **나비매듭**: 로프 중간에 고리를 만들 필요가 있을 경우 사용. 충격을 받은 경우 풀기가 쉬운 장점.
- **바른 매듭**: 묶고 풀기가 쉬우며 <u>같은 굵기</u>의 로프를 연결하기에 적합한 매듭이다.
- **한겹 매듭**: <u>굵기가 다른 로프를 결합할 때에 사용</u>
- **두겹 매듭**: 한겹 매듭에서 가는 로프를 한 번 더 돌려 감은 것으로 한겹 매듭보다 더 튼튼하다.
- **피셔맨 매듭**: 두 로프가 <u>서로 다른 로프를 묶고 당겨서</u> 매듭부분이 맞물리도록 하는 방법이다.
- **말뚝 매기 매듭**: 로프의 한쪽 끝을 지지점에 묶는 매듭으로 로프로 지지점을 설정하는 경우 사용
- **절반 매듭**: 로프를 물체에 묶을 때 간편하게 사용하는 매듭
- **잡아매기 매듭**: 안전벨트가 없을 때 구조대상자의 신체에 로프를 직접 결착하는 고정매듭
- **감아매기 매듭**: <u>굵은 로프에 가는 로프</u>를 감아매어 당기는 방법
- **두겹 고정 매듭 활용**: 맨홀, 우물 등 협소한 수직공간에 대원이 진입하거나 구조대상자 구출할 때
- **세겹 고정 매듭 활용**: 들것이 없을 때 안전벨트없이 구조대상자의 끌어올리거나 매달아 내려 구출

■ 표준교재 문장을 기준으로~

- 풀기 쉽다: 8자매듭, 고정, 나비, 바른, 말뚝, 절반, 8자연결매듭
- 풀기 어렵다: 두겹옭매듭, 피셔맨매듭 (* 풀기 어려워 장시간 사용한다)
  ▶ 암기: (풀기쉽다) 팔고나바 말뚝절반 8년 / ▶ (풀기어렵다) 두겹옭피
- 같은 굵기 연결: 바른매듭 ▶ (같은굵기) 바르게
- 다른 굵기 연결: 한겹매듭, 감아매기 ▶ (다른굵기) 한겹감아
- 다른 로프: 피셔맨 ▶ (다른로프)는 피셔맨에게
- 고리만들 때: 두겹8자매듭 ▶ (1개고리)두겹8자(* 연상: 1개고리는 두겹팔자 피고)
- 로프 중간에 고리만들면: 두겹옭, 나비매듭 ▶ (중간고리는) 두겹옭 나비 되었소.
- 로프 끝에 2개 고리 만들 때: 두겹고정, 이중8자매듭
  ▶ (2개고리는) 두겹고정 이중팔자 피었소~

- **둥글게 사리기**: 짧은로프를 신속히 사릴 때, 무릎이나 팔뚝을 이용해 로프를 신속히 감아 나감.
- **한발감기**: 50~60m의 긴 로프를 사릴 때 사용하는 방법.(* 어깨감기: 60m 이상은 한손 안됨)
- **8자모양 사리기**: 나비형 사리기와 함께 로프가 꼬이지 않게 사리는 방법.
- **어깨매기**: 로프를 휴대하고 장거리 이동을 위한 방법.

■ 지지점 만들기   ★ 15 소방장

① **지지점(확보점)**: 로프를 직접 묶어 <u>하중을 받게 되는 곳</u>,
② **현수점**: 수직방향으로 설치하는 로프가 묶이는 곳. * **연상**: 현수씨는 키가 크다.
③ **지점**: 연장로프에 카라비너, 도르래를 넣어 로프의 연장방향(= 결국 힘의 방향)을 바꾸는 장소.
   (* 지점에서는 카라비너 등의 장비와 로프의 마찰에 의해 저항력이 발생한다.)
④ **지지물 선정**: 주변에 전신주, 철탑, 견고한 수목 등이 있을 경우 용이하게 지지물을 선정
   로프는 반드시 2겹 이상으로 하고 2개소 이상을 서로 다른 지지물에 묶도록 한다.

제4절 현수로프 설치**

☆ 13 인천장, 15 소방장, 16 경기장, 전북장, 24 소방교

구조대상자의 구조 혹은 대원 진입, 탈출을 목적으로 지지점 아래로 수직으로 설치하는 로프를 말하며 등반 및 하강, 구조대상자의 구출 및 장비의 수직 이동, 수직 맨홀진입 등에 활용된다.

현수로프 설치원칙	① 지지점은 완전한 고정물체를 택하며 하중이 걸릴 때 충분히 지탱하는 강도를 유지한다 ② 파손, 균열이 있는지 살펴보고 두드리거나 흔들어보는 등 안전성을 확인한다. ③ 로프는 안전을 위하여 두 겹으로 하는 것을 원칙으로, 특히 직경 9㎜ 이하의 로프는 충격력과 인장 강도가 떨어지고 손에 잡기도 곤란하므로 반드시 두 겹으로 한다. ☆ 24 교 ④ 하강로프는 현수점에서 하강지점(지표면)까지 완전히 닿고 1~2m 여유가 필요하다. ⑤ 로프가 지나치게 길면 ➡ 하강지점에 도달한 후에 신속히 이탈하기가 곤란하고 로프가 지면에 닿지 않을 정도 짧으면 ➡ 로프 끝에서 이탈하여 추락할 위험이 있다 ⑥ 하강지점의 안전을 확인하고 로프를 투하한다. 로프 가방을 사용하면 로프가 엉키지 않고 손상을 방지할 수 있다. ⑦ 필요하면 현수로프를 보조로프로 고정하여 움직이지 않도록 한다.

------* (* 하단박스 중요도 낮음) ☆ 16 부산교

로프 묶기	지지물에 직접 묶기	① 이중 말뚝매듭이나 고정매듭 등을 이용하여 로프를 지지물에 직접 묶는다. ② 고정이 확실하지만 숙달된 사람이 아니면 시간이 걸린다. ③ 일반적으로 지지물에 로프를 말뚝매기로 묶고 그 끝을 연장된 로프에 다시 옭매듭 하거나 두겹말뚝매기로 풀리지 않도록 한다. (*^^ 시간이 조금 걸린다) ④ 매듭 후 다시 주 로프에 보조로프를 감아매기 한 후 다른 곳에 고정하여 주 로프가 움직이지 않도록 한다.
	간접 고정하기 16부산교	① 지지물이 크거나 틈새가 좁아 직접 로프를 묶기 곤란한 경우 또는 신속히 설치할 필요가 있는 경우 사용방법이다. (*^^ 기구 등을 이용, 신속히 연결.) ② 지지점에 슬링이나 보조로프를 감아 확보지점을 만들고 카라비너를 설치 후 8자매듭이나 고정매듭으로 카라비너에 로프를 건다. ▶ 암기: 8고카(팔고가!) ③ 건물의 모서리나 장애물에 로프가 직접 닿지 않도록 로프를 보호한다.
	카라비너 이용방법	① 카라비너를 걸 수 있는 고리가 있으면 로프를 신속하게 설치할 수 있다. 고리가 없을 경우 보조로프나 슬링 등으로 대용할 수도 있다.
회수 로프	로프감기	① 수목이나 전신주 등 사용하고 가장 간단한 방법이다. ② 반드시 로프의 두 줄을 동시에 활용한다. 횡단로프를 설치 시 많이 활용한다. ③ 사용 후 매듭부분의 반대방향으로 로프를 당겨 회수한다.
	회수설치	최종 하강자가 로프설치를 바꾸어 쉽게 회수하는 방법, 안전사고의 위험은 적으나 별도 지지물이 필요함. 확보물이 설치된 암벽에서 하강할 때 많이 활용한다.
	회수매듭 법이용	하강지점에서 풀 수 있는 회수매듭법으로, 숙달되지 않은 사람은 사용하지 않는다. - 3번 이상 교차 매듭하고 풀리는 로프를 잘 기억한다.

제5절 연장로프(횡단로프) 설치 ☆ 18 전북교

- 연장로프는 수평 또는 비스듬히 연장하는 로프, 즉 횡방향으로 설치하는 로프를 말하며 도하훈련, 계곡에서 수평구조, 경사하강(비상탈출)에 활용방법으로 팽팽하게 당겨야 한다.
- 연장로프는 지나치게 당겨지면 로프의 장력도 급격히 증가되므로 로프의 인장강도 이상으로 사용하지 않도록 한다. (* 장력: 당기는 힘)

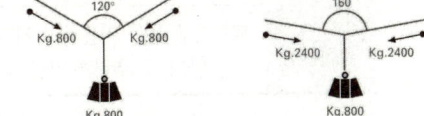

1 연장로프 설치방법* ☆ 13 서울교

(1) 인력에 의한 로프 연장	장비나 도구없이 사람의 힘만으로 로프를 연장하는 방법으로 <u>하중이 적은 경우</u>에 사용한다. - 당김줄매듭을 이용하면 작업이 끝난 후에도 매듭을 풀기가 용이하다. ① 수평으로 연장된 로프의 중간을 비틀어 고리를 만들고 한번 꼬아준다. ② 고리 속으로 로프의 중간을 통과시켜 또 다른 고리를 만든다. ③ 로프 끝가닥을 지지물에 감고 만든 고리를 통과 후 당겨서 지지물에 결착한다.
(2) Z자형 도르래 배치법	<u>하중이 큰 경우</u>에 감아매기로 고정하고 2개의 도르래로 당겨서 팽팽하게 유지한다. ① 주 로프를 지지물에 고정한다. 2개소 이상 지지점을 설정, 하중을 분산시킨다. ② 지지물에 말뚝매기로 직접 주 로프를 결착하고 감아매기로 하중을 분산시킨 방법이다. ③ 지지물에 2개소 확보물 설치, 8자매듭과 카라비너를 이용, 주 로프를 간접고정한다 ④ 반대쪽에 확보지점을 설치, 도르래를 건 후, 주 로프를 통과, 감아매기 고정한다. ⑤ 주 로프의 당겨지는 지점에 보조로프를 감아매고 2번째 도르래를 건 다음 주 로프를 통과시키고 당긴다. 'Z자형 도르래 배치법'을 응용한 것으로 <u>1/3의 힘만으로 로프를 당길 수 있다. 단 당겨지는 거리는 3배가 되어 1m를 당기고자 한다면 3m를 당겨야 한다.</u> (* Z형이니 로프가 3배의 길이가 되어 당겨진다는 뜻)
(3) 2단 도르래를 이용하는 방법	2단 도르래를 이용하여 강력한 힘으로 로프를 연장하는 방법이다. 연장로프에 구조대원이나 구조대상자가 직접 매달리는 도하로프를 설치할 때 이용한다. ① 2개소 이상의 지지물에 주 로프를 확실히 고정한다. ② 주 로프의 반대 쪽 끝 부분에 당김줄매듭을 만들고 카라비너를 결착한다. - 이 카라비너에 도르래 A를 건다. 도르래는 모두 2단 도르래를 사용한다. ③ 반대쪽 지지물에 슬링이나 로프로 지점을 만들고 카라비너를 결착한다. - 카라비너에 도르래를 B를 걸고 주 로프를 통과시킨 후 다시 도르래 A를 통과시킨다. - 로프가 꼬이지 않도록 하면서 도르래를 B, A를 다시 한번 통과시킨다. ④ 당기는 힘을 늦추어도 로프가 느슨해지지 않도록 다른 지지물에 확보점을 만들고 베이직이나 크롤, 그리그리 등 역회전 방지 기구를 설치한다.
(4) 차량을 이용한 연장	① 연장된 로프의 끝에 두겹8자매듭이나 이중8자매듭을 하고 카라비너를 건다 ② 차량용 훅(hook)에 로프를 연결하고 차량을 후진시켜 로프를 당긴다 ③ 적합한 정도로 로프가 당겨지면 사이드브레이크를 채우고 바퀴에 고임목을 댄다.

제6절 확보의 개념** ☆ 18 교, 장

높은 곳에서 작업하는 경우나 암벽 등을 오르내리는 경우 구조대원과 구조대상자의 행동을 쉽게 하고 추락이나 장비 이탈을 방지를 위해 로프로 묶는 안전조치를 취하는 것을 확보라 한다.

직접확보	확보기구를 사용하든, 사용하지 않든, 확보자의 신체에 <u>직접</u> 하중이 걸리도록 하는 방법이다. • 등반자가 추락하였을 때 추락 충격이 1차적으로 확보자에게 전달된다.
간접확보	확보기구 등을 이용하여 자기 몸이 <u>아닌</u> 다른 어떤 지형지물과 확보물에 의지하는 것이다. • 등반자가 추락하였을 때 확보지점에 전달된다.

1 확보기법* ☆ 12 서울장, 13 인천, 15, 위, 18 교

확보를 보는 방법에 따라 자기확보, 선등자확보, 후등자확보 등 3가지로 구분한다.
① 선등자가 등반할 때 후등자가 확보해주는 경우를 선등자확보, (*^^ 선등자가 도움을 받는 것)
② 선등자가 후등자를 확보해주는 경우를 후등자확보, (*^^ 뒤에 오르는 후등자가 도움을 받는 것)
③ 등반자 자신이 <u>스스로</u> 확보하는 경우를 자기확보라 한다.

(1) 자기확보	작업자 자신의 안전을 확보하기 위하여 신체를 어떠한 물체에 묶어 고정하는 것을 말함. ① 구조 활동을 하고자 할 때에는 가장 먼저 자기확보부터 해야 한다. ② 작업장소의 상황과 이동범위를 고려하여 1~2m 내외의 로프를 물체에 묶고 끝에 매듭한 후 카라비너를 이용하여 작업자의 안전벨트에 거는 방법을 사용한다. ③ 움직임이 많은 경우에는 미리 안전벨트에 확보줄을 묶어두었다가 카라비너를 이용해서 필요한 지점에 고정한다. ④ 안전벨트와 확보로프 없이 작업하는 것은 매우 위험할 수 있으므로 피해야 한다. ⑤ 상황이 급박하여 불가피하게 작업을 진행해야 하는 경우라면 로프를 이용해서 간이 안전벨트를 만들고 확보로프를 결착한다.
(2) 타인확보	확보자가 등반, 하강 또는 높은 곳에서 작업 중인 대원의 안전을 확보하는 방법이다. • 확보기구나 신체를 이용해서 로프 마찰력을 증가시켜 추락을 방지하며, 확보자 자신의 안전을 위해 별도의 자기확보를 실시하고 작업자에게선 시선을 떼지 않는다. • 이때 확보물의 위치를 잘못 선택하거나 확보로프가 지나치게 길면 추락할 위험이 있다. 　(*^^ 확보란? The 쉽게 표현해서 안전을 위해 몸에 로프를 묶는 것이다.) -----* (1) 장비를 이용한 확보 　① 8자하강기, 그리그리, 스톱 등 각종 확보기구에 로프를 통과시켜 마찰을 일으키도록 하는 방법으로 신체를 이용한 확보에 비해, 보다 확실하고 안전한 확보를 할 수 있다. 　② 확보자는 자기확보부터 한 후 확보기구에 로프를 통과시켜 풀고 당기면서 확보한다. 　③ 당겨진 로프는 엉키지 않도록 잘 사리며 특히 로프를 풀어주면서 확보하는 경우에는 로프의 끝 부분을 매듭으로 표시하여 로프길이를 착각하는 사고를 방지한다. 　　　(* 그리그리를 사용할 때는 아래 손은 항상 로프를 잡고 있어야 한다.)

(2) 신체를 이용하는 확보(Body Belay) ☆ 15 충남교·장

몸을 이용한 확보방법은 로프와 몸의 마찰로 로프를 제동하는 방법인데,
❶ 허리 ❷ 어깨 ❸ 허벅지를 이용한 확보 등이 있다. ▶ 암기: 허어허!

● UIAA에서 권장하는 가장 좋은 신체확보방법은 허리확보이다.(Hip Belay) 13인천 15위

■ 〈1〉 허리확보
① 하중을 확보자의 허리로 지탱하는 방법이다. 서거나 앉아서 확보할 수 있지만
② 선 자세는 균형유지가 어려우므로 특별한 경우가 아니면 실시하지 않도록 한다.
③ 허리확보도 어깨확보와 같이 확보로프의 힘의 중심이 <u>아래쪽</u>에 있으면 쉽다.
④ 앉은확보자세는 발로 밟고 지탱하는 지지물이 있으면 한층 강하게 확보할 수 있다.

■ 〈2〉 어깨확보
① 힘이 걸리는 측면로프가 왼쪽 겨드랑이 밑으로 나오도록 확보로프를 설정한다.
   (왼손잡이의 경우 오른쪽 겨드랑이. 이하 같다).
② 왼발을 앞으로 내어 하중을 지탱하고 오른발을 약간 구부린다.
③ 로프를 등 뒤로 돌리고 오른쪽 어깨에 로프를 건다.
④ 등을 똑바로 펴서 약간 뒤쪽으로 체중을 건다.
   - 등을 굽히면 하중이 앞쪽에 걸려 자세가 흐트러지고 균형을 잃는다.
⑤ 왼손으로 로프를 당기고 오른손으로 보조한다.
   무릎을 굽히거나 펴면서 신체 전체를 사용하는 것이 좋다. 잠시 멈추거나 제동할 때에는 오른손 로프를 왼쪽으로 꺾어 두 줄을 겹쳐 잡아 제동한다.

(3) 지지물 이용확보

① 지지물을 이용하여 확보한 경우에는 낙하 충격은 지지점을 통해 그 (지지점) <u>위쪽</u> 방향에서 나타나므로 지지점을 향하여 확보자세를 취한다. 13 인천
② 지지물이 추락 충격에 견딜 수 없을 것으로 판단되면 개인로프, 카라비너 등을 이용하여 지지점을 늘려 충격이 분산되도록 한다.

■ 자기확보 자세 ■

■ 허리확보 자세 ■

■ 어깨확보(좌) 및 지지물확보(우) ■

목표를 향해서~

■ 우리 인생의 가장 큰 영광은? 넘어질 때마다 일어서는 데 있다.   — 만델라 —

---

* 회수로프 설치: 설치된 로프를 회수하기 곤란할 때 최후 대원이 로프를 회수하기 쉽게 설치하는 방법
* 연장로프(횡단로프) 설치: 연장 로프는 수평 또는 비스듬히 연장하는 로프이다.
  (* 즉 가로방향 설치하는 로프를 말하며 도하훈련, 계곡 등에서 수평구조, 경사하강 등의 경우에 활용)
※ 보충: 긴급시에만 사용하는 구조: ① 카라비너를 이용한 하강(p.254) ② 현수로프를 감고 신체감기 하강(p.258)
   ③ 로프를 이용한 결착(두겹고정, 세겹고정, 앉아매기)(p.261) ④ 묶어내리기(p.262) 등 / * 잡아매기(p.246)

제7절 기본하강*

1 하강기의 준비

하강기구 이용하강	현수로프를 사용하여 높은 곳으로부터 하강하는 방법으로 반드시 2줄로 설치한다. ① 가장 기본적인 8자하강기는 크기가 작아 휴대와 활용이 쉬운 반면 약간의 숙달을 요하고 제동 및 정지가 불편하다. - 이런 단점을 보완한 8자하강기의 변형인 구조용하강기, 로봇하강기 등도 널리 활용된다. ② 반면 스톱하강기(stopper)나 랙(rack) 등 제동이 용이한 하강기도 사용이 증가하는 추세이므로 다양한 장비의 활용법을 익혀두어야 한다.
카라비너 이용	① 카라비너와 로프의 마찰력을 이용하여 제동을 거는 방법이다. (* 긴급 시 사용) ② 하강기가 없을 때 대용방법이지만 마찰이 심하여 로프가 꼬이고 손상률도 높다. ∴ 긴급시가 아니면 카라비너 하강을 피하고 하강 후 로프의 손상을 잘 확인한다.

2 하강기에 로프걸기

(1) 8자 하강기	한줄 걸기	① 일반적인 하강 시에 많이 활용하는 방법이다. ② 한 줄은 하강 및 제동, / 다른 줄은 안전확보용이다. ❂ 먼저 카라비너에 한 줄의 로프를 통과시키고 다른 로프를 8자 하강기에 넣어 다시 카라비너에 건다. 이때 8자 하강기를 통과한 하강측 로프가 오른쪽 (왼손잡이일 경우 왼쪽)으로 가도록 주의한다. -
	두줄 걸기	① 두 줄의 로프를 모두 8자 하강기에 넣고 카라비너에 건다. ② 하강속도가 느리고 제동이 쉬우므로 구조대상자 구출활동에 많이 활용한다.
	안전 하게 로프 걸기	장갑을 끼고 있거나 날씨가 추운 경우 하강기에 로프를 걸다가 놓치는 경우가 자주 발생한다. / 이런 경우 먼저 카라비너에 하강기를 반대로 넣고 로프를 건 다음 하강기를 바꾸어 걸면 하강기를 놓치는 안전사고를 방지할 수 있다.
(2) 스톱하강기		사용이 간편하고 제동이 용이한 스톱하강기는 최근 많이 사용하는 편이다 스톱하강기는 체중이 걸리면 자동으로 로프에 제동이 가해진다 / 손잡이를 누르면 제동이 풀리면서 하강할 수 있고 / 놓으면 다시 제동이 걸리므로 안전성이 높다.(* 분필홀더 원리) ① 먼저 스톱을 열고 아래쪽을 카라비너에 건 후 그림과 같이 로프를 넣는다. ② 로프의 삽입 방향은 몸체에 표시되어 있으므로 제대로 삽입되어 있는지 확인하고 스톱을 닫은 후 위쪽도 카라비너에 건다.

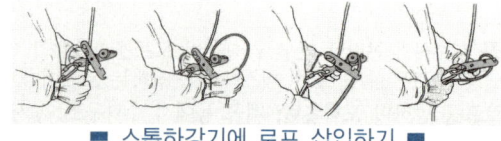

■ 스톱하강기에 로프 삽입하기 ■

3 하강 방법*

하강 전 대원 자신이 직접 안전벨트 등을 점검, 배치된 안전요원이 다시 확인한다.
하강하는 대원이 제동을 걸지 못할 경우, 안전요원이 하강로프를 당겨 제동을 걸어준다.

일반 하강

(1) 하강요령
① 하강기에 로프를 넣고 카라비너를 이용하여 안전벨트에 결합한다.
② 현수점 측 로프를 풀고 왼손 팔꿈치를 펴서 가볍게 잡는다. 오른손은 현수로프를 허리에 돌려잡는다. 오른손목 돌려서 제동하고 현수로프로 체중을 걸어 벽면으로 이동한다.
③ 상체를 로프와 평형으로 유지하고 / 다리는 상체와 대략 직각이 되도록 하여 / 어깨폭 정도로 벌리고, 발을 벽면에 대고 하강지점을 확인한다.
④ 하강준비가 완료되면 안전요원에게 "하강준비 완료"라고 외친다.
⑤ 안전요원의 "하강" 신호에 의해 제동을 풀고 하강지점을 계속 확인하면서 벽면을 발로 붙이고 서서히 하강한다. 하강 중 과도하게 몸을 틀지 않고 시선을 아래로 향한다.
⑥ 하강 도중 벽면을 발로 차서 반동을 주는 하강동작은 금물이다.(* 부상과 구조물파손!)
 - 구조활동 중 구조대상자나 들것이 벽면에 부딪치고 유리창 파손우려도 있기 때문이다.
⑦ 착지할 때에는 무릎을 가볍게 굽혀 충격을 완화한다.
⑧ 상층에서 파손된 유리창이나 카라비너, 하강기 등의 장비가 낙하하는 경우가 있으므로 하강을 마친 대원은 즉시 하강지점에서 뒤로 물러서야 한다.
⑨ 하강기에서 로프를 뺄 때에 하강기가 로프의 마찰열로 의하여 뜨거울 수 있으므로 주의하고 로프에서 완전히 이탈한 후에 "하강완료" 라고 외친다.

오버행 하강

오버행의 뜻은 암벽의 일부가 처마처럼 튀어나온 부분을 말하며 오버행 부분에서 하강하는 것처럼 발 닿을 곳이 없는 상태로 하강하는 것은 일반하강과 다른 하강기법이 필요하다.

(1) 수직으로 하강한다.
① 오버행 하강에서 제일 중요한 점은 우선 로프가 떨어진 중력방향으로 내려가는 것이다.(* 중력방향이란? 경사가 아닌 가능한 수직방향)
② 출발지점과 도착지점이 좌우로 멀리 차이가 나도 우선 중력방향으로 내려와 도착지점에 가까이 접근한 다음에 옆으로 이동한다.
③ 그렇지 않고 출발할 때부터 도착지점을 향해서 비스듬히 가게 되면 로프가 당기는 힘에 의해서 옆으로 날아갈 수 있기 때문이다.

■ 오버행 지역의 통과 자세 ■

(2) 균형 잡은 상태로
① 오버행이 시작하는 턱 끝까지 발이 내려온 다음에 발을 어깨넓이로 펴고 서서 균형을 잡고 체중을 실어 상체를 뒤로 젖히면서 로프를 먼저 빼서 몸이 쭉 펴진 상태로 한다.
② 조금이라도 오버행 아래에 먼저 닿는 발을 내리고 다음 발을 똑같이 내려 균형을 잡으면서 로프가 턱에 걸리도록 하면 된다. / 이때 로프를 충분히 빼지 않고 하강을 시작하면 로프를 잡은 왼손바닥이 턱과 줄에 걸쳐서 낄 수 있으니 주의한다.

(3) 오버행 턱 아래로 한발이라도 걸치지 못하는 심한 오버행에서
① 하강 시작할 때 위와 같은 동작에서 상체를 쭉 펴지 말고 약간 웅크린 상태에서 로프를 먼저 뺀 다음에 균형을 잡으면서 부드럽게 몸을 아래로 던져 하강을 시작하면 된다.
② 이때 상체를 너무 뒤로 젖히면 뒤집어질 수가 있기 때문에 주의한다.
 - 이때에도 제동 손은 놓지 말아야 한다.

(4) 큰 배낭이나 무거운 장비를 메고 오버행 하강을 할 경우
무게에 의해 갑자기 뒤로 뒤집어질 수가 있다. 이런 경우에는 배낭을 자신의 안전벨트에 걸려있는 자기확보줄에 달아서 먼저 오버행 아래로 내려 보내고 하강하는 것이 안전하다.

제8절 쥬마등반 및 풋록등반 등 (* 중요도 낮음)

쥬마등반요령

(1) 쥬마를 이용한 상승
① 크롤이나 베이직에 슬링이나 로프를 넣어 고리로 묶고 목에 건 후 안전벨트에 결착한다
② 쥬마에도 슬링을 연결하고 끝에는 발이 들어갈 수 있는 크기로 고리를 만든다.
  ➡ 이때 슬링의 길이는 <u>가슴과 배 사이</u>에 닿을 정도로 하는 것이 적당하다.
③ 현수 로프에 쥬마를 끼우고 그 아랫부분에 크롤을 끼운다.
④ 쥬마의 고리에 오른발을 넣고 쥬마를 최대한 위쪽으로 밀어 올린다.
⑤ 오른발을 펴서 몸을 세운 후 힘을 빼면 몸이 아래로 내려오지 않고 로프에 고정된다.
⑥ 다시 손으로 쥬마를 밀어올리고 다리를 펴서 몸을 세우면 로프를 따라 상승하게 된다.
⑦ 쥬마 상승 중에 로프가 따라 올라오는 경우가 많다. 이것을 방지하기 위해 보조자가 밑에서 로프를 팽팽하게 잡아주거나 배낭 등 무거운 물체를 로프끝에 매달아 놓는다.
⑧ 상승을 끝내고 쥬마에서 로프를 빼려고 하면 캠이 로프를 꽉 물고 있어 쉽게 빠지지 않는다.
  - 이때, 쥬마를 위로 올려주면서 레버를 젖히면 된다.
⑨ 쥬마를 이용하여 작업할 때 로프 설치 방향을 따라 똑바로 이동시키지 않으면 로프에서 벗겨질 위험이 있다. - 쥬마에 카라비너를 끼워두면 로프에서 이탈하지 않는다.

(2) 그리그리와 쥬마를 이용한 등·하강기술
구조현장에서는 상황에 따라서 상승이나 하강, 어느 하나의 방법이 아니라 확보·하강기구와 등반기구를 적절히 조합하면 상승과 하강을 반복하면서 작업이 가능하다.
① 안전벨트에 그리그리를 결합하고 현수로프를 삽입한다.
② 슬링의 한쪽 끝에 발을 넣을 수 있는 고리를 만들고 쥬마 결착한다. 슬링 길이는 쥬마가 가슴과 배 사이에 오도록 하는 것이 좋으며 데이지체인(확보줄)을 이용하면 작업이 쉽다.
③ 쥬마에 현수로프를 넣고 쥬마 상단구멍에 카라비너를 끼워서 로프가 이탈않도록 한다.
④ 슬링의 고리에 발을 넣고 한 손으로 쥬마를 최대한 밀어올린 후 고리를 밟고 몸을 일으켜 세운다. 동시에 반대쪽 손으로 그리그리 하단의 로프를 잡고 힘차게 위로 뽑아 올린다.
⑤ 그리그리 하단의 로프를 쥬마에 묶은 카라비너에 넣으면 상승 시 로프 당기기가 쉽다.
⑥ 몸을 낮추어 체중이 현수로프에 걸리도록 한 후에 다시 쥬마를 밀어올리며 상승을 반복한다.
⑦ 상승하면 쥬마를 빼서 안전벨트에 걸고 그리그리에 현수로프를 묶어서 완전고정한다.
⑧ 작업이 끝나면 고정한 로프를 풀고 그리그리를 이용하여 하강한다. 필요하면 정지한 후 쥬마를 끼우고 다시 상승할 수 있다.

풋록등반요령

풋록 등반기술은 아무런 장비 없이 신체만을 이용해서 로프를 오르는 방법이다.
(1) 한줄 등반법
① 현수로프에 면하여 양손으로 현수로프를 잡는다.(높은 위치를 잡는다.)
② 상체를 당겨 올려 양손을 조여서 왼발등 위에 로프를 올려 오른발을 바깥에서 돌려서 발바닥으로 로프를 끼운다.
③ 발을 로프에 고정시켜 신체를 확보, 몸을 위쪽으로 편다
  ㉠ 양손을 위쪽으로 펼 때는 발로 완전하게 신체를 확보한다
  ㉡ 발등을 벽면으로 향하고 발꿈치에 힘을 주면 록이 걸린다.
  ㉢ 등반 시에는 확보원이 현수로프를 잡아당기면 용이하다.
  ㉣ 확보로프는 느슨하지 **않도록** 항상 유지되도록 한다.

(2) 두줄 등반법
① 양손으로 등반로프를 지지 양발로 바깥 측에서 1회 또는 2회 감는다.
② 등반원은 보조원의 로프조작 도움을 받아 양손으로 2본의 로프를 함께 잡아 신체를 당겨 올려 발을 교대로 하여 위쪽으로 움직여 등반한다.
③ 당겨 올린 발뒤꿈치에 힘을 가해 발등을 벽면으로 향한다.
④ 보조원은 등반원의 아래쪽에서 양손으로 1본씩 로프를 잡고, 등반원의 구령에 맞춰 이동하는 쪽의 로프를 느슨하게 고정시키는 발의 로프를 당겨서 보조한다.
  ㉠ 손은 2본 로프를 함께 잡고 손과 발은 교대로 이동시킨다.
  ㉡ 등반원은 『우·좌』소리를 지르면서 등반한다. 보조원은 이것에 의해 등반원의 발 이동에 맞추어 로프를 조작한다.
  ㉢ 등반속도가 빠르면 확보로프가 느슨해지므로 항상 느슨하지 않은 상태를 유지한다.
  ㉣ 확보원은 등반중은 물론 등반 완료 신호가 있어도 등반원에서 눈을 떼지 않는다.
  ㉤ 벽면을 등반하는 경우에는 몸이 돌아갈 수 있으니 등반로프를 한 벽면에 가까이 댄다.
  ㉥ 하강시는 확보원에게 확보시킨 후 풋록 등반 제1법의 자세를 취하고 양발로 눌러 약간 느슨하게 하강한다. 양손은 교대로 아래쪽을 잡고 바꾸어 손의 부상을 방지한다.

■ 풋록등반자세 ■

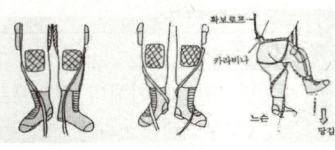
■ 두줄 로프 등반 ■

로프를 이용하여 등반할 때는 쥬마를 이용하는 것이 가장 안전하고 체력적인 부담이 적은 방법이지만 필요한 장비가 없는 경우에는 감아매기를 이용하여 등반할 수 있다.
  ✪ 개인로프 3본을 사용하여 현수로프에 감아매기를 한다.
  ✪ 이 중 1본은 가슴걸이 로프용, 다른 2본은 발걸이용이다.
① 등반원은 가슴걸이의 개인로프를 상체 양 겨드랑이까지 통하고 다른 2본의 발걸이용 개인로프에 각각 발을 건다.
② 양발을 벌려 발걸이 개인로프에 체중을 걸침과 동시에 현수로프 위쪽을 잡아 떠있는 가슴걸이용의 개인로프 감아매기의 매듭을 위로 올린다.
③ 가슴걸이용 개인로프와 아래의 발걸이용 개인로프에 전체 체중을 걸고 떠있는 위 가슴걸이용의 개인로프 감아매기 매듭을 위로 올린다.
④ 가슴걸이용 개인로프와 위 발걸이용 개인로프에 전체 체중을 걸고 떠있는 발걸이용의 개인로프 감아매기의 매듭을 위로 올린다. ①~④ 요령을 반복하여 순차 등반한다.
⑤ 감아매기의 매듭을 위로 올릴 때는 한쪽 손으로 매듭아래쪽의 현수로프를 잡아당기면 미끄럽다. 또한 보조원을 두고 등반원 아래쪽에서 현수 로프를 당기면 등반이 용이하다.
  ✪ 하강은 감아매기의 매듭을 1개소 정한다. 가슴걸이용 감아매기 매듭에 양손을 걸어 양손에 전체 체중을 걸도록 하여 한 번에 하강한다.
    (*^^ 감아매기: 굵은로프에 가는로프, 이동가능, 3회이상 둘려 로프등반이나 고정 등에 사용함)

시설물을 이용 등반
(1) 좁은 벽 사이 진입: 손발·등 부분을 양 벽면에 대고 무릎·허리·팔꿈치 등 탄력을 사용 신체와 벽면의 마찰을 이용하여 등반한다.
(2) 수직시설물 이용 진입: 손으로 시설물을 잡고, 발은 벽에 대고, 팔은 당기며 발을 억누르며 등반.

(*^^ 등반의 종류: 쥬마, 풋록, 감아매기, 시설물 이용) ▶ 암기: 풋쥬감시(* 폭죽감시)

제9절　신체감기하강 및 헬리콥터하강*　　☆ 20, 22 소방위

신체감기하강 20위

① 기구를 사용하지 않고 신체에 직접 현수로프를 감고 그 마찰로 하강하는 방법으로 숙달되지 않은 경우 위험하므로 긴급한 경우 이외 활용하지 않는다.(*^^ 긴급시 사용)
② 수직하강보다 **경사면**에서 하강할 경우에 활용도가 높다.(*경사진 바위 등에!)
　　* 오답: 경사면 보다 수직하강에서 활용도가 높다. 20 위
③ 먼저 상의 옷깃을 세우고 다리 사이로 로프를 넣은 후 뒤쪽의 로프를 오른쪽 엉덩이 부분에서 앞으로 돌려 가슴 부분으로 대각선이 되도록 한다.
④ 다시 왼쪽 어깨에서 목을 걸쳐 오른쪽으로 내리고 왼손은 현수점측 로프를 잡고 오른손으로 제동을 조정한다.
⑤ 현수로프에 서서히 체중을 건 다음, 허리를 얕게 구부려 상체를 로프와 평행하게 하고 착지점을 확인, 하강한다.
⑥ 노출된 피부에 로프가 직접 닿으면 부상을 입을 수 있다.
　(*^^ 독일의 한스듈퍼가 개발한 하강법이다.)

■ 신체를 이용한 하강자세 ■

헬리콥터하강 15울산, 22위

(1) 헬기탑승　☆ 22 소방위
① 다가갈 때 **기체**의 **전면**으로 접근, 기장이나 기내안전원의 신호에 따라 탑승한다.
　(*^^ 일반항공기도 머리부분부터 접근 / 전투기는 꼬리부분이나 측면부터 접근.)
② 꼬리날개는 고속회전하여 매우 위험하므로 기체의 뒤쪽으로 접근하지 않는다.

(2) 하강준비
① 헬기 하강을 위하여 공중에서 로프를 투하하는 경우에 로터(날개)의 하향풍에 로프가 휘말릴 수 있으니 반드시 **로프백**에 수납하여 투하한다.
　- 이때 투하된 로프가 지면에 완전히 닿았는지를 반드시 확인한다.
② 하강 위치에 접근하면 기내 **안전요원**의 지시로 현수로프의 카라비너를 기체에 설치된 지지점에 건다. (*^^ 오답: 안전요원이) 22 위
③ 하강준비 신호에 의해 왼손은 현수점측 로프를 잡고, 오른손은 하강측 로프를 허리 위치까지 잡아 제동하며 현수로프에 서서히 체중을 실어 헬리콥터의 바깥으로 이동하여 하강자세를 한다. - 헬기의 구조에 따라 스키드 또는 문턱에서 하강자세를 취한다.
④ 발을 헬기에 붙인 채 최대한 몸을 뒤로 기울여 하늘을 보는 자세로 안전원의 '하강개시' 신호에 따라 발바닥으로 헬기를 살짝 밀며 제동을 풀고 **한번에** 하강한다. 22 위
⑤ 착지점 약 **10m**에서 서서히 제동을 걸고, 지상 약 **3m**에서는 반드시 정지할 수 있는 스피드까지 낮추어 천천히 착지한다. - 이때 로프가 접지된 것을 반드시 재확인한다.
⑥ 착지 후 신속히 현수로프를 제거하고 안전원에게 이탈완료 신호를 보낸다.

(3) 하강 시 주의사항
① 헬기는 하강도중 지지물이 없다는 점에서 "오버행 하강요령"과 유사하다.
② 그러나 헬기는 공중에서 정지하고 있으므로 급격한 중량변화에 민감하게 반응한다.
③ 즉 하강자세에서 강하게 헬기를 차거나 하강 도중 급제동을 걸면 ➡ 헬기가 흔들리게 되어 위험한 상황이 발생할 수도 있다.

❂ 오버행 : 등산용어로 암벽의 일부가 지붕의 처마처럼 쑥! 나온 부분을 말한다. *☞
오버행 부분에서 하강하는 것은 발 닿을 곳이 없는 상태로 하강하는 것이다.(* 헬기하강 요령과 유사하다.)

제10절 도하기법

☆ ☆ 13, 14 부산

도하로프 설치	도하(渡河)는 하천 등에서 로프를 양쪽 견고한 지점에 고정시켜 공중에 걸어 놓고 한 쪽에서 다른 쪽으로 로프를 타고 건너가는 공중 횡단법이다. ① 도하 로프에는 수평장력과 대원의 체중이 더하므로 지지점은 튼튼한 곳을 설정한다. ② 로프는 반드시 2겹으로 설치하고 감아매기로 고정하여 별도의 지지점에 묶어둔다. ③ 안전을 위해서 로프를 2줄로 설치하고 대원은 반드시 헬멧과 안전벨트를 착용한다. ④ 카라비너를 이용하여 로프와 대원의 안전벨트 간에는 1~2m 내외의 보조로프를 걸어서 체중을 분산시키고 안전을 도모한다 ✪ 도하방법에는 티롤리안도하, 수평도하, 원숭이도하 등이 있으나 각 기법 간에 우열 차이가 있는 것은 아니므로 등반시에 많이 활용되는 티롤리언 도하를 중점으로 살펴본다.
매달려 건너는 방법	티롤리안 브리지 또는 티롤리안 트래버스라고 불리우며 협곡 양쪽을 연결한 로프에 매달려 건너가는 방법을 말한다. ＊ 오답: 수병도하 안전벨트에 카라비너를 이용해서 도르래를 연결하고 주 로프에 매달려서 자신의 손으로 로프를 당기며 도하하는 방법과, 다른 사람의 도움을 받아서 도하하는 방법이 있다.
쥬마를 이용해거너기 13, 14 부산장	① 쥬마에 슬링을 결착하고 슬링의 반대쪽 끝에는 발을 넣을 수 있도록 고리를 만든다. ② 슬링의 길이가 너무 길거나 짧으면 활동이 불편하다. 고리에 발을 넣었을 때 쥬마의 위치가 가슴에 오는 정도가 적당하다. ③ 카라비너를 이용해서 도하 로프에 도르래와 크롤 또는 베이직, 미니트랙션 등 역회전 방지기구를 연결하고 크롤의 끝에 카라비너를 연결한다. ④ 도르래는 1단 도르래보다는 수평2단 도르래(텐덤)를 사용하는 것이 로프의 꺾임을 완화시킬 수 있어서 이동하기 용이하다. ⑤ 쥬마를 물리고 슬링끝을 크롤에 결착한 카라비너를 통과시킨다. ⑥ 카라비너 또는 퀴드로를 이용해서 도르래와 안전벨트를 연결하고 로프에 매달린 다음 슬링 끝의 고리에 발을 넣는다. ⑦ 다리를 올리면서 쥬마를 앞으로 밀고 다시 다리를 펴는 동작을 반복하면 수평으로 전진하게 된다. 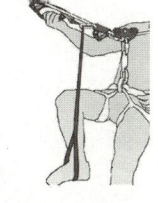
엎드려건너는 방법(수병도하)	로프에 엎드려서 발은 뒤로 한쪽 줄에 끼고 꼬아서 건넌다. 이를 특히 "수병도하" 라고도 한다. ① 로프가 몸 중심에 오도록 하고 엎드려 균형을 잡고 상체는 가능한 도하로프에 붙이지 않도록 가슴을 뒤로 젖힌다. (*^^ 배는 로프에 붙이나 상체는 들어야 한다) ② 오른발 등을 로프에 가볍게 올려놓고 허리부분으로 잡아당기며 왼발은 밑으로 내리고 얼굴은 들어 앞쪽을 본 자세에서 양손을 교대로 로프를 당겨 전진하는 방법이다. ③ 로프의 손상을 방지하고 대원의 복부통증을 감소시키기 위해 가죽이나 천 등을 댄다. ④ 이 방법은 숙달되지 않으면 균형을 잡기 곤란하여 도하 도중에 로프에서 떨어진다. 이때 로프에 좌(우)측발 뒤꿈치를 걸어 허리를 도하로프로 잡아 당겨 우(좌)측발로 반동을 주어 원을 그리면서 몸을 로프에 걸쳐 오른다.

 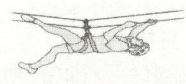  

■ 티롤리언도하, 직접 건너는 방법 ■   ■ 엎드려건너는 방법(수병도하) ■

CHAPTER 04 응용구조훈련

제1절 들것 결착   (* 중요도 낮음)   ★ 16 부산장

들것 결합
① 바스켓 들것은 상·하 두 부분으로 분리하여 보관할 수 있다.
② 구조대상자를 운반할 때 분리된 부분을 맞추고 **연결핀을** 끼워 고정한다.
③ 구조대상자 이송 중 충격이나 흔들림으로 도중 핀이 빠지면 들것이 분리될 수 있기 때문에 들것의 연결 부위를 로프로 결착하여 안전조치를 확실히 한다.

구조대상자 결착

(1) 수평상태를 유지하는 경우*
들것에 구조대상자를 누인 상태에서 수직 또는 수평으로 이동시켜 들것의 흔들림이나 추락을 방지하기 위하여 구조자를 들것에 고정시키는 방법이다.
① 구조대상자를 조심히 들것 위에 누인다. 들것은 구조대상자 머리방향이 표시돼 있다
② 구조대상자의 발에 받침판을 대고 고정시킨다.
　➡ 들것이 수직으로 기우는 경우 구조대상자의 추락을 방지하기 위하여.
③ 들것에 부착된 안전띠를 이용하여 구조대상자를 결착한다.
　➡ 안전띠 끈이 길어 남아 있으면 **절반매듭**하여 바람에 날리지 않도록 한다.
④ 안전띠가 구조대상자의 목부분으로 지나지 않게 한다. ➡ 가슴 부분에서 안전띠를 X자 형태로 엇갈려 고정하면 안전띠가 목 부분으로 가는 것이 방지된다.
⑤ 3~4m의 짧은로프 2개로 각각 절반으로 접고 가운데에 **두겹8자매듭**을 만든다.
⑥ 로프의 한쪽 끝을 들것 상단의 구멍에 단단히 결착한 다음, **두겹8자매듭**을 한 중간 부분으로부터 동일한 길이를 유지하면서 반대쪽 구멍에도 결착한다.
　➡ 이때 **고정매듭**이나 **말뚝매듭**을 하는 것이 편리하다.
⑦ 들것 하단도 같은방법으로 로프를 묶는다. ➡ 로프의 길이는 상단과 같게 한다.
⑧ 두겹8자매듭 부분에 카라비너를 끼워 현수로프에 결착한다.
⑨ 들것의 하단 부분에 유도로프를 결착하고 들것의 상승 또는 하강에 맞추어 당기거나 움직여줌으로서 들것이 회전하지 않도록 한다.
----* (*^^ ⑤⑥구조대상자 결착은 두겹8자매듭을 만듦 - 고정매듭, 말뚝매듭이 편리)

(2) 수직상태를 유지하는 경우
맨홀과 같이 좁은 공간에서 구조대상자를 구출하는 경우에는 들것을 수직으로 이동시킨다. 이때 구조대상자의 이탈을 방지하기 위해 들것에 결착하는 방법이다.
① 구조대상자의 결착방법은 수평상태를 유지할 때와 같지만
　➡ 받침판에 구조대상자의 발을 정확히 위치시킨다.
② **두겹8자매듭** 로프는 들것의 상단에만 결착한다.　* **오답**: 이중8자매듭　★ 16 부산장
③ 결착된 들것에는 유도로프를 설치하여 인양 및 하강을 용이하게 한다.

제2절 로프를 이용한 결착* (* 중요도 낮음)   ★ 16 경북교

사고 장소가 협소하여 들것을 사용할 수 없을 때 가스중독 등 육체적인 손상이 없는 구조대상자를 구출하기 위해 묶는 방법이다. 손상 우려로 안전벨트를 이용하고 <u>긴급한 경우에만</u> 활용한다.

두겹고정매듭 결착	① 두겹고정매듭으로 2개의 고리를 만들어 각각 구조대상자의 <u>다리</u>를 넣는다. ② 긴 방향의 로프로 구조대상자의 가슴을 감고(절반매듭) 짧은 쪽의 로프로 결착한다.
세겹고정매듭 결착	① 로프의 세겹고정매듭으로 고리를 3개 만들고 1개의 고리를 가슴에, 나머지 2개의 고리는 양 다리에 끼워 무릎에 오게 한다. ② 가슴에 끼운 로프가 늘어나거나 구조대상자가 뒤집어지지 않도록 주의한다.
앉아매기를 이용한 결착	① 슬링 또는 로프를 이용하여 구조대상자를 앉아매기로 결착하고 카라비너를 끼운다. ② 로프가 짧으면 의식이 없는 구조대상자는 뒤집어질 수 있으므로 구조대상자의 겨드랑이까지 로프를 올릴 수 있도록 충분한 길이가 되어야 한다.

제3절 구조대상자의 구출 (* 중요도 낮음)

1 구조대상자와 함께 하강하기*

암벽이나 고층건물에서 부상자가 발생했거나 건물의 외벽에 구조대상자가 매달려 있는 경우에 안전한 장소까지 구출하기 위한 훈련으로 3가지 방법이 있다. ▶ 구조대상자와 함께하기 종류: 업들매

업고하강	안전벨트나 들것이 없을 때 활용. 폭이 넓은 슬링이 안전하다. 숙달된 대원만 실시한다. ① 하강기에 현수로프를 삽입하고 하강자세를 취한다. 이때 로프는 두줄걸기를 한다. ② 구조대상자를 구조대원에게 최대한 밀착시킨다. ③ 경사가 완만한 슬랩에서는 문제가 되지 않지만 고층건물의 수직벽면이나 오버행에서는 몸이 뒤로 젖혀지면서 자세를 잡기가 매우 어렵고 부상 위험도 높다. 따라서 ④ 구조대상자의 체중을 구조대원이 직접 감당하지 말고 주 로프에 적절히 분산시킨다. ⑤ 일반적으로 하강기는 안전벨트의 하단 고리에 카라비너를 이용해서 결착하지만 구조대상자를 업고 하강할 때에는 퀵드로를 이용하는 것이 좋다.
들것이용 하강	부상을 입은 구조대상자를 들것에 결착하고 하강시켜 구조하는 방법이다. ① 들것을 매달고 하강하는 구조대원은 반드시 <u>2인 이상</u>이어야 한다. ② 옥상에서 2인의 구조대원이 개인로프의 양끝에 <u>두겹8자매듭</u>을 이용하여, 고리를 만든 다음 카라비너를 이용하여 안전벨트에 개인로프를 결착하고 구조대상자가 있는 직상층까지 하강하여 정지하고 8자매듭이 된 고리를 구조대상자측 구조대원에게 내려준다.
매달고 하강	매달고 하강하기는 1인 하강하기와 2인 하강하기 방법이 있으나 기술은 유사하다. ① 구조대원은 개인로프의 양끝에 **두겹8자매듭**을 이용하여 고리를 만든다. ② 구조대상자가 있는 직상층까지 하강하여 정지한 다음, 구조대상자에게 고리를 내려준다.

2 구조대상자 하강 ★ 14 경남, 소방위, 24 소방교

묶어 내리기	들것이나 안전벨트 등 구조장비가 갖추어지지 않은 상황에서 로프만으로 구조대상자를 구출하는 방법이다. / 구조대상자에게 신체적 고통을 가하고 추가 손상을 입힐 우려가 높으므로 <u>긴급한 경우 이외</u>에는 활용하지 않도록 한다. ① 세겹고정매듭으로 구조대상자를 결착한다. ② 구조대상자를 현수로프에 매달리게 한 다음, 지상에서 유도원이 로프를 당겼다가 서서히 놓아주면서 속도를 조절하여 하강시킨다.
상층에서 수직으로 하강	(1) 구조대상자 하강 부상이 <u>없거나</u> 경상인 구조대상자를 신속히 하강시키는 방법이다. ① 구조대상자에게는 안전벨트를 착용, **현수로프를 결착**하여 수직방향으로 하강시킨다. ② 하강도중 구조대상자가 벽에 부딪히지 않도록 지상보조요원이 유도로프를 잘 잡는다. (2) 들것 하강 부상을 <u>입은</u> 구조대상자가 있을 때 들것을 수직으로 하강시키는 방법이다. ① 상층의 대원이 제동을 걸며 하강시킨다. 상층에 있는 대원들은 들것을 볼 수 <u>없으므로</u> 구조작업 전체를 지휘·통제할 대원을 배치한다.
경사하강	들것이 하강하는 직하부분 지상에 장애물(바위, 수목)이 있어 수직하강이 곤란한 경우. ① 상층의 보조요원은 로프의 절단이나 지지점의 파손 등 안전사고에 대비하여 **별도의 보조로프를 들것에 결착**하고 하강속도에 맞춰 풀어준다. ② <u>지상에</u> 위치한 대원이 하강기를 이용하여 로프를 풀어서 하강시킨다. 이 방법은 들것이 하강하는 지점은 로프 1/3~4/1 부분,(직하의 수목을 약간 벗어난 부분이 된다.) ③ 지지점에서 거리가 너무 멀면 로프가 처지면서 오히려 들것이 직하방향으로 내려온다. 이런경우 들것에 유도로프를 묶고 당겨서 장애물을 벗어나게 해 준다.
사다리를 이용한 로프구출 13 인천교	5명의 대원이 로프와 사다리를 이용해서 구조대상자 또는 들것을 하강시키는 방법이다. ① 구조대상자가 있는 창문 **상단위로 가로대가 5개정도** 올라오도록 사다리를 설치한다. ② 로프 끝에 8자매듭 하고 카라비너 끼운 다음 사다리 하단 가로대 밑에 넣어 빼낸다 ③ 카라비너에 유도로프를 연결 후 카라비너, 안전벨트에 결착 1명의 대원이 오른다. ④ 구조대상자가 있는 층에 다다르면 창문 상단의 가로대 위로 카라비너를 넘겨서 로프와 함께 밑으로 빼낸다. ⑤ 구조대상자에게 착용시킬 안전벨트가 없으면 앉아매기로 결착한다. ⑥ 유도로프는 사다리에 걸리지 않도록 오른쪽으로 빼서 안전벨트에 결착한다. ⑦ 지상의 대원은 안전벨트에 하강기를 연결하고 구조로프를 넣는다. 하강기가 없으면 허리확보 자세를 취한다. 발로 하단 가로대를 확실히 밟고 로프에 제동을 건다.
사다리를 이용한 응급하강 16 대구교, 통합교	2~3층 정도의 높이에서 다수의 구조대상자를 연속 하강시켜 구출하는 방법이다. 구조대상자의 사다리 지지하는 대원과 로프를 확보하는 대원, 유도하는 대원이 필요하다. ① 구조대상자가 있는 창문의 상단위로 가로대가 약 5개 올라오도록 설치하고 고정한다. ② 로프를 사다리 최하부의 가로대를 통하게 하고 사다리를 거쳐 선단보다 2~3개 밑의 가로대 위에서 뒷면을 통해 로프를 내려 양끝을 바로 매기로 연결한다. ③ 로프에 약 <u>2.5m</u> 간격으로 8자매듭을 만든다. ★ 24 교 ④ 확보로프의 신축성을 고려하여 안전을 확보하고 1명씩 차례대로 하강시켜 구출한다.
수평구출	구조대상자를 <u>수평</u>의 상태로 구출할 때 사다리, 들것, 로프 등을 이용하여, 구출방법이다 ① 들것은 윗부분에는 확보로프를 맨다. ② 들것의 머리부분을 아래의 발 부분보다 약간 높게 유지하며 하강하도록 한다.

3 수평이동구조 ★ 13 강원장

수평이동은 계곡이나 하천 등 정상적인 방법으로 진입하여 구조대상자를 구출할 수 없는 지역에 로프를 설치하고 위험지역 상공을 가로질러 구출하는 기술이다.

구조대원의 진입	횡단구조에 가장 중요한 것은 최초의 로프를 어떻게 도하지점에 도달시키는가 하는 문제이다. 도하지점이 하천이고 도움을 줄 수 있는 사람이 없는 상황이라면 최초로 진입하는 구조대원은 수영을 하든가 헬기의 지원을 받아서 진입한다. ① 수영으로 진입하는 경우 반드시 구명조끼를 착용 안전로프를 신체에 묶는다. ② 진입 방향은 물의 흐름을 거스르지 않도록 <u>상류에서 하류로 자연스럽게</u> 진입한다. ③ 진입에 성공하면 안전로프를 풀고 일단 주변의 지형지물에 묶도록 한다. ④ 건너편에서 대기 중인 대원들이 안전로프에 주 로프를 묶고 신호를 보내면 진입한 대원은 안전로프를 당겨서 주 로프를 가져온다. ⑤ 이때 로프를 놓치면 안되므로 안전로프를 지형지물에 묶은 상태에서 작업한다.
로프총의 이용	도하지점에 구조대상자가 있어 진입에 도움을 줄 수 있는 상황이라면 ① 무리해서 구조대원이 직접 진입하는 것보다는 로프총을 이용하는 것이 좋다. ② **견인탄을 목표지점 상공으로 지나치게 조준하여 발사하면 회수하기가 용이하다.** ③ 구조대상자측에서 견인로프를 회수하면 구조대원은 견인로프에 1차로프를 묶는다 ✪ 횡단거리가 짧다면 견인로프에 직접 구조로프를 묶어도 되지만 안전을 위해 직경 5~8mm의 보조로프를 1차로프로 하여 견인줄에 묶고 구조대상자가 견인 로프를 당겨 1차로프를 회수한다. 1차로프를 회수하면 주변 지형지물에 1차로프를 묶도록 안내하고 이후 다시 1차로프에 구조로프를 묶어 보내도록 한다.
횡단로프 결착	구조대원은 계곡 건너편의 구조대상자가 주 로프를 받으면 주변 지형지물을 골라 **로프를 3번 이상 감고, 매듭도 3번 이상** 하여 확실히 고정하고 로프를 강하게 당긴다.
진입	① 도하하는 구조대원은 반드시 별도의 보조로프를 결착하고 진입한다. ② 구조대상자가 대기하고 있는 곳에 도착하면 먼저 로프의 결착상태를 확인한다. ③ 로프가 이상없이 잘 고정되어 있다면 보조로프를 풀어 다른 지지물에 결착하고 대기 중인 대원들에게 구조에 필요한 장비를 요청한다. ④ 구조대상자와 동일한 숫자의 안전벨트와 헬멧, 도르래는 반드시 필요하며 부상자가 있다면 바스켓 들것과 응급처치에 필요한 물품을 요청한다.
구출	(1) 들것 활용 구출 부상을 입은 구조대상자나 영아인 경우는 바스켓들것에 눕히고 들것에서 이탈하지 않도록 구조대상자를 들것에 묶어야 한다. (2) 안전벨트 착용 구출 ① 부상이 없는 구조대상자에게는 헬멧과 안전벨트를 착용, 주로프에 연결한 다음 보조로프를 묶어 당기도록 한다. 한 번에 한명씩 구출하는 것을 원칙으로 한다. ② 어린이인 경우 공포감으로 보호자나 구조대원이 동행하며 구출하도록 한다. ③ 물 흐름이 급하지 않은 계곡이라면 굳이 공중을 가로지를 필요 없이 계곡 양쪽을 따라 로프를 설치하고 물 흐름을 따라 자연스럽게 이동시켜 구출할 수 있다.
철수	철수 전 현장 장비나 물품을 확인하고 장비를 먼저 보낸 다음 한명씩 철수한다. 이때 반드시 로프를 계곡 건너편에서 회수할 수 있도록 로프매듭법을 바꾼다.

제4절 구출 및 운반★

★ 13, 15서울교, 16 대구교, 부산교, 소방교

① 사고 현장에서 구조대상자를 구조하는 경우 구조대상자의 구명에 필요한 기본 응급처치를 하고 구출하는 것을 원칙으로 한다.
② 특히 구조대상자가 의식이 없거나 추락, 충돌 등으로 큰 충격을 받은 경우에는 신체에 이상이 있는 것으로 가정하고 척추를 고정하는 응급처치를 취해야 한다.
③ 구조대상자를 긴급히 이동시킬 때 가장 큰 위험성은 척추손상을 악화시킬 수 있다는 것이다.
   그러나 긴급한 상황에서는 일단 생명을 구하는 것이 순서이다.
④ 구조대상자를 긴급히 이동시켜야 하는 경우에는 신체의 일부가 아닌 전체(제2경추)를 잡아당겨야 한다. 구조대상자의 신체를 구부리게 하는 것은 좋지 않다.
⑤ 구조대상자가 바닥에 누워있을 경우 목이나 어깨 부위의 옷깃을 잡아끄는 것이 좋다.

1 1인 운반

(1) 끌기 ★ 16 대구교

급박한 상황에서 단거리를 이동하는 경우에 사용하는 방법이다. 구조대상자의 두부(머리)손상에 주의해야 한다. ▶ 1인: 끌기: 경구 담요 끌기 / 업기: 소방관 끈업기

구조대상자 끌기	① 긴급한 상황에서 의식이 없는 환자를 단거리 이동시킬 때 사용방법으로 '소방관 끌기'라고도 한다. - 구조대상자의 머리가 바닥이나 계단에 부딪히지 않도록 신경써야 한다.
담요를 이용한 끌기	① 담요에 구조대상자를 누이고 한쪽 끝을 끄는 방법으로 부상정도가 심한 구조대상자를 이동시킬 때 사용한다. - 구조대원의 허리에 무리가 갈 수 있으며 머리가 장애물에 부딪힐 수도 있으므로 주의해서 이동한다.
경사끌기	① 의식이 없거나 움직일 수 없는 구조대상자를 계단이나 경사로 아래로 이동시킬 때 사용하는 방법이다. ② 구조대상자의 머리가 땅에 부딪히지 않도록 구조대원이 팔로 지탱하면서 끌고 나간다. ③ 구조대상자의 팔을 가볍게 묶으면 장애물에 부딪혀 손상되는 것을 방지할 수 있다.

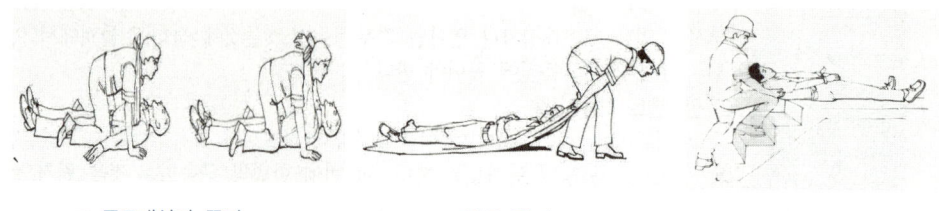

■ 구조대상자 끌기 ■　　　■ 담요 끌기 ■　　　■ 경사 끌기 ■

(2) 업기 ★ 13 서울교

소방관 운반	공기호흡기를 착용한 상태에서 구조대상자를 업을 수 있기 때문에 '소방관 운반'이 라고 부른다. 비교적 큰 힘을 들이지 않고 장거리를 이동할 수 있는 방법이지만 숙달되기까지는 많은 연습이 필요하다.

	① 양손을 구조대상자의 겨드랑이에 넣어 깊숙이 끼운다. ② 구조대상자를 무릎 위에 올린 다음 등 뒤로 단단히 쥐고 선 자세를 취한다. ③ 오른팔로 구조대상자를 잡고 왼팔로 구조대상자의 오른팔을 머리 위로 올리면서 상체를 끌어들인다. ④ 구조대상자 손을 잡은 상태에서 자세를 낮추어 자연스럽게 어깨에 걸치도록 한다. ⑤ 오른손을 구조대상자의 다리사이로 넣어 구조대상자의 오른팔을 잡는다. ⑥ 허리를 펴고 다리에 힘을 주면서 일어선다. ⑦ 구조대상자를 내려놓을 때에는 순서를 반대로 하면 된다.
끈업기	① 로프나 슬링, 기타의 끈을 이용해서 비교적 용이하게 구조대상자를 업을 수 있다. ② 구조대상자의 손목을 묶어서 빠지지 않게 하는 방법과 슬링을 둥글게 묶어 구조대상자의 겨드랑이와 엉덩이를 지나게 하고 구조대원의 어깨에 걸쳐 매는 방법으로 할 수 있다. ③ 구조대원의 두 손이 자유롭기 때문에 사다리를 잡거나 다른 일을 할 수 있다. 업고 운반하는 동안 구조대상자의 다리가 끌리지 않도록 주의한다.

2 2인 운반

(1) 들어올리기 ▶ 2인 암기 : 2들의(* 이들의)

구조대원의 손으로 안장을 만들고 구조대상자를 앉혀 운반하는 방법과 구조대상자의 등 뒤로 손을 넣어 들어 올리는 방법이 있다.

① 안장을 만들어 앉히면 구조대상자가 비교적 편안함을 느낄 수 있지만 의식이 없는 구조대상자에게는 사용할 수 없다.
② 등 뒤로 손을 넣어 들어올릴 때에는 서로의 어깨를 잡고 반대쪽 손은 서로 손목을 잡아야 안전하게 이동시킬 수 있다.

(2) 의자활용 이동

계단이나 골목과 같이 협소한 장소에서 구조대상자에게 무리없이 이동시킬 수 있는 방법이다.

① 의자를 약간 뒤로 젖히고 가장 편안한 자세로 의자를 들어올린다.
② 접히는 의자는 안전을 위하여 사용하지 않는다.
③ 의식이 없는 구조대상자는 균형을 잃고 의자에서 떨어질 수 있으므로 의자에 가볍게 묶어주는 것이 좋다.

(*^^ 2인운반법 2가지 아닌 것을 1인운반법으로 기억한다. (들어올리기, 의자활용하기는 2명이 꼭 필요!)

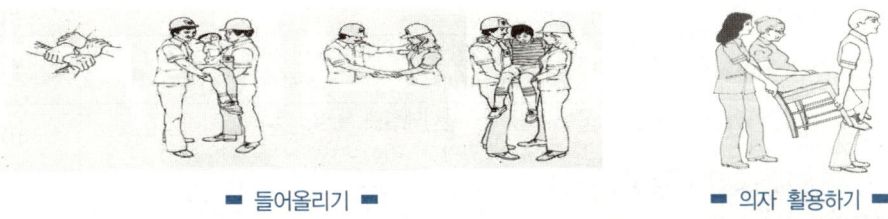

■ 들어올리기 ■   ■ 의자 활용하기 ■

제5절 호흡 및 신체보호의 중요성

1 산소결핍과 일산화탄소 중독

① 화재현장의 연기는 크기 0.1~1.0㎛의 고체미립자(탄소입자, 분진)이며 수평으로 0.5~1m/s, 수직으로는 화재초기에 1.5m, 중기 이후 3~4m의 속도로 확산된다. ▶ 전번으로 암기: 051)1534
② 짙은 연기는 시야 차단에 따른 공포감과 행동이 둔화되며 신체적 자극으로 고통을 겪게 된다.
③ 그러나 연기가 가지는 위험요인은 연기 속에 포함된 연소 생성가스들의 독성이다.
④ 이산화탄소는 허용농도 5,000ppm의 독성이 거의 없지만 한정된 공간에서 다량 발생하면 20%에서 의식상실로 결국 산소부족으로 질식하게 된다. ▶ 암기: 2०대도 의식상실과 질식된다.

1) 일산화탄소(CO) 중독* (*^^ 1%란 10,000ppm이다.)
① 화재현장에서 발생하는 거의 대부분의 사망사고는 CO 중독에 의하여 발생한다.
② 무색무취의 CO는 화재 시 거의 발생하며 환기가 불충분하여 불완전 연소 시 대량 발생한다.
③ CO는 헤모글로빈과의 친화력이 산소의 210배이고 1%에서 의식을 잃고 사망에 이르며 극히 유독하다. / CO의 IDLH(* 건강과 생명에 직접 위험을 미치는 수준)는 1,200ppm이다.
④ CO농도가 500ppm 이상은 위험하며 1% 이상은 육체적 증상없이 의식을 잃고 사망할 수 있다.
⑤ 흡입된 CO가 혈액속의 헤모글로빈이 결합되면 이것은 아주 느린 속도로 없어진다.
⑥ 응급처치는 순수한 고압산소를 투여하는 것이며 일단 위급한 상황을 넘기더라도 두뇌나 신경의 이상이 3주 이내에 나타나기 시작한다.

▎산소 부족 시 발생하는 신체적 증상 ▎* ☆ 12 경기, 15 위, 16 부산, 경기장, 19 장

산소농도	증 상	
18%	숨이 가빠진다.	▶ 암기: 육(18) 나오면 숨이 가빠진 것이다.
17%	산소부족을 보충하기 위해 호흡이 증가하며 근육운동에 장애를 받는 경우도 있다. ▶ 암기: 17(일치)하지 않으면 호흡이 증가한다	
12%	어지러움, 두통, 급격한 피로를 느낀다.	▶ 암기: 한두번(12) 어지럽고 두통이 있다.
9%	의식불명	▶ 암기: 구(9)해달라 하면서 의식불명 된다
6%	호흡부전과 이에 동반하는 심정지로 몇 분 이내에 사망한다.	▶ 육(6)사가서 죽는다

▎화재현장에서 발생하는 유독가스 ▎* ☆ 12 부산장, 15 위, 19 장, 22 교

종 류	발생조건	허용농도(TWA)
포스겐 ($COCl_2$)	프레온 가스와 불꽃의 접촉	0.1ppm
염화수소 (HCl)	플라스틱, PVC	5ppm
아황산가스 (SO_2)	중질유, 고무, 황(s)화합물 등의 연소 시 발생 ▶ 암기 : 아황산은 중고 황화물의 고(5)물산	5ppm
시안화수소 (HCN)	우레탄, 고무, 모직물, 폴리에틸렌, 등의 연소 ▶ 암기 : 희한한 고모ㅣ 빨리 우네? (10분전)	10ppm
암모니아 (NH_3)	열경화성수지 등의 연소 시 발생 ▶ 암모니아 경화이오~	25ppm
일산화탄소 (CO)	불완전 연소 시 발생	50ppm

제6절 진입기술

1 수직 맨홀 진입* ☆ 13 위, 14 강원, 부산장

급수탱크나 정화조, 맨홀 등의 수직공간에서 가스가 누출되거나 도장 작업 중 질식하는 등의 사고가 자주 발생한다. 이처럼 출입구가 좁고 유독가스에 의한 질식 위험이 높은 장소에 진입하는 대원들은 안전 확보에 각별한 주의가 필요하다.

(1) **진입 및 탈출** ☆ 13 위

폐쇄 공간에 진입 시 항상 공기호흡기를 장착하지만 입구가 협소하여 공기호흡기를 장착한 상태에서 진입이 불가능한 경우는 일단 면체만을 장착하고 공기호흡기 용기는 로프에 묶어서 진입하는 그 대원과 함께 내려준다.

① 진입 시: 대원은 안전로프를 매고 호흡기는
 ❶ 면체만을 장착한 후 ➡ ❷ 맨홀을 통과하여 묶어 내려진 본체를 장착하고 진입한다.
② 탈출 시: 진입의 역순으로
 ❶ 맨홀 내부에서 본체를 벗고 ➡ ❷ 밖으로 나온 후에 면체를 벗는다.
 * 연상: 본체(본처)는 안에서, 면체는 밖에서

(2) **구조대상자의 구출**
① 환기가 곤란한 경우 예비 용기를 투입, 개방하여 신선한 공기를 공급하는 방안을 한다.
② 질식한 구조대상자가 있으면 보조호흡기를 착용시키고 신속히 구출한다.
③ 구조대상자는 원칙적으로 바스켓 들것에 결착하고 맨홀구조기구를 이용하여 구출하며 특히 추락 등 신체적 충격으로 의심되는 환자는 보호조치를 완벽히 한 후에 구출한다.
④ 장비가 부족하거나 긴급한 경우에는 로프에 결착하여 인양하거나 구조대원이 껴안아 구출하는 방법을 택하고 외부의 대원과 협력하여 인양한다.

2 수평갱도 진입

① 지하철, 터널사고의 경우 사고로 인한 전원 차단 등으로 내부 조명이 부족하고 짙은 연기 등에 의한 시야차단, 질식 등의 우려가 높아 환기와 조명에 유의한다.
② 내부 구조가 복잡하여 사고가 발생한 장소나 출구를 찾기 어려우므로 진입하는 대원은 미리 현장 도면이나 해당 시설의 정보 등을 수집한 다음 구조 활동에 임해야 한다.
③ 이러한 현장에 진입하는 대원은 반드시 **2인 이상**으로 조를 편성하여 진입하며 안전요원에게 이름과 진입하는 시간을 알려주고 안전벨트나 신체에 유도 로프를 결착해야 한다.
④ 안전요원은 현장에 진입한 대원의 이름과 진입시간, 공기호흡기의 잔량 등을 꼼꼼히 기록하여 만약 통신이 두절되거나 공기소모 예상시간이 경과하였음에도 탈출하지 않았다면 즉시 구조작업을 중지시키고 긴급구조팀의 투입이나 필요한 안전조치를 취해야 한다.

1~4 구조개론~훈련   **OX(2진법) 개념 따라 잡기~**

▶ 구조개론, 장비, 훈련파트 내용임

01   특수구조대 종류는 화학, 수상, 고속국도, 산악, 지하철 구조대가 있다. ( )

➡ 수난이 아닌 물위의 수상구조대, 즉, 내수면지역을 말한다.(*내수면: 하천, 댐, 호수, 늪, 저수지 등의 수면)
　▶ **암기**: 특수구조대: 화요일, 수요일 고속국도타고 산악에 오르며, 집에 갈 때 지하철로 간다.(*구조1편 1의 1절)

02   구조활동의 첫 번째 순서는 2차재해의 발생위험을 제거한다. ( )

➡ 순서: ① 현장활동에 방해되는 각종 장해요인을 제거한다. / ② 2차재해의 발생위험을 제거한다.
　③ 구조대상자의 **구명**에 필요한 조치를 취한다. / ④ 구조대상자의 상태 **악화** 방지에 필요한 조치를 취한다. ⑤ **구출**활동을 개시한다. ▶ **암기**: 장이 구명나 악화를 구출한다.

03   '구조거절 확인서'를 작성하여 소속 소방관서장에게 보고하고 2년간 보관해야 한다. ( )

➡ 구조구급에서 서류보관은 3년간으로 생각하면 쉽다. / 구조거절 확인서, 구조활동일지, 119기록관리일지, 구급요청거절 확인서, 구급활동일지 등의 서류는 모두 3년간 보관한다. / 3년 이상(x)
(* 단, 구조구급대원 검진기록의 보관은 구조·구급대원이 퇴직할 때까지이다. ★ 14 부산장)

04   엔진동력 장비 4행정기관인 유압펌프, 이동식펌프의 경우 엔진오일을 별도로 주입하고
2행정기관은 체인톱, 발전기, 동력절단기의 경우 전용엔진오일 사용한다. ( )

➡ ⓐ 4행정기관(유압펌프, 이동식펌프 등)의 경우 엔진오일을 별도로 주입하므로 오일의 양이 적거나 변질되지 않은지 수시로 점검한다. * **연상**: 사유리의 경우 기름진고기 별도로 먹는다
ⓑ 일반 2행정기관(**동력절단기**, **체인톱**, **발전기** 등)의 경우 전용엔진오일 사용하며, 정확한 혼합비율을 지키는 것이 매우 중요하다. / 오일의 혼합량이 너무 **많으면** 시동이 잘 걸리지 않고 시동 후에도 매연이 심하다. / 반면 오일의 양이 **적으면** 엔진에 손상을 입어 기기의 수명이 단축될 수 있다.
　　　　　　* **연상**: 2〇대 찍발동이가 기름진고기 많이 먹으면 숨쉬기 어렵고, 연기로 매연만 심하고, 기름기를 적게 먹으면 수명이 단축된다.

05   합성섬유 로프 중 케블러는 내열성(427℃) 인장강도(2)는 강하지만 내충격력이 낮은(7)편이다. ( )

➡ 로프의 재질에서 현재 많이 사용하는 합성섬유, 특히 폴리에스테라 또는 케블러 등 여러 재료를 혼합하여 직조한 것이 대부분이다. / 내열성이 가장 높은 것은 케블러(427℃ ▶ **암기**: 사기칠)이지만 내충격력이 낮은편이다(7).
그러나 나일론 재질은 신장율은 가장 좋지만(20~34%), 내충격력이 가장 강하다(1). --- (* 신장율 : 뻗는 힘, /
* 인장강도 : 물체가 잡아당기는 힘에 버티는 최대한의 응력. 즉, 당기는 힘에 버티는 강도)

정답 ○─ 01. (X)   02. (X)   03. (X)   04. (O)   05. (O)

06 로프는 사용 횟수와 무관하게 강도가 저하된다. 특히 4년 경과시부터 강도가 급속히 저하된다. 가끔 사용하는 로프도 4년이면 교체하도록 한다. 그래서 UIAA 권고사항에서 4년 이상 경과된 로프는 폐기한다. ( )

➡ 로프의 교체 시기(UIAA 권고사항에서 5년 이상 경과된 로프는 폐기한다.)
· 가끔 사용하는 로프 : 4년   · 매주 사용하는 로프 : 2년
· 매일 사용하는 로프 : 1년   · 스포츠 클라이밍 로프 : 6개월   ▶ 암기 : 4216

07 중량물장비인 유압엔진펌프를 사용시는 펌프의 압력이나 장비의 이상 유무를 점검할 때에는 반드시 유압호스에 장비를 분리하고 확인하며 사용후에는 유압밸브를 잠그고 시동을 꺼야한다. ( )

➡ 유압엔진펌프를 사용시는 펌프의 압력이나 장비의 이상 유무를 점검할 때에는 반드시 유압호스에 장비를 연결하고 확인한다. 그 이유는 커플링의 체크벨브에 이상이 있을 수 있기 때문에 파손 시에는 큰 사고로 이어질 수 있기 때문이다.

08 한겹매듭, 두겹매듭 굵기가 다른 로프를 결합할 때에 사용하며, / 8자연결매듭은 많은 힘을 받을 수 있고 힘이 가해진 경우에도 풀기가 쉬우며, / 피셔맨매듭은 풀기가 매우 어려워 장시간 고정시켜 두는 경우에 주로 사용하고, / 바른매듭은 묶고 풀기가 쉬우며 같은 굵기의 로프를 연결하기에 적합한 매듭이다. ( )

➡ 위 내용은 이어매기 4가지에 대한 핵심내용 숙지법이다.

■ 이어매기 요점 ▶ 암기 : 한팔피바
① 굵기가 다른 로프를 **한**·두겹으로   ② 힘이 가해진 경우 풀기가 쉬워 **8자연결**이지만
③ 장시간 고정 후, 풀기 어려운 **피셔맨**은   ④ 묶고 풀기 쉬워, 같은 굵기로 **바른매듭** 되었다.

09 현수로프 설치에서 로프는 안전을 위하여 두 겹으로 사용하는 것을 원칙으로 하고, 특히 직경 9mm 이하의 로프는 충격력과 인장강도가 떨어지고 손에 잡기도 곤란하므로 반드시 두 겹으로 한다. ( )

➡ 수직의 현수로프는 두겹이 옳다. / 또한 하강 로프의 길이는 현수점에서 하강지점(지표면)까지 로프가 완전히 닿고 1~2m 정도의 여유를 두며, / 로프가 지나치게 길면 하강지점에 도달한 후에 신속히 이탈하기가 곤란하고 / 로프가 지면에 닿지 않을 정도로 짧으면 로프 끝에서 이탈하여 추락할 수 있다.

10 UIAA(국제산악연맹)에서 권장하는 가장 좋은 신체확보 방법은 허리확보이며, 신체감기 하강에서는 경사면 하강보다는 수직면에서 하강할 경우에 활용도가 높은 방법이다. ( )

➡ 신체감기 하강에서 수직면하강보다는 경사면에서 하강할 경우에 활용도가 높다

11 구조대상자를 긴급히 이동시켜야 하는 경우에는 신체의 일부가 아닌 전체(제2경추)를 잡아당겨야 하며 구조대상자가 바닥에 누워있을 경우 목이나 어깨 부위의 옷깃을 잡아끄는 것이 좋다. ( )

➡ 설문은 옳은 내용이다.

정답 06. (X)   07. (X)   08. (O)   09. (O)   10. (X)   11. (O)

CHAPTER 05 구조기술

가장 많은 구조건수를 차지하는 것은 벌이나 동물관련 사고이지만 **구조 인원**은 교통사고가 가장 비중을 차지한다. 특히 구조건수 대비 구조인원 **비율**이 높은 것은 승강기 사고이다.

제1절 화재현장 검색 및 구조

1 건물내부 검색

① 진압대원이 화재규모를 판단하고 진압준비할 때, **구조대원**은 건물전체와 주변을 검색한다
② 건물 진입하기 전에 선택 가능한 **탈출 경로**(창문, 출입문, 옥외계단 등)를 미리 정해놓고
③ 건물에 진입한 후 창문의 위치를 자주 확인하도록 한다. - 이것이 기준이 될 수 있다.
④ 전체 건물의 수색이 완료될 때까지 모든 거주자들이 탈출했다고 추측하는 것은 금물이다.

(1) 1차 검색과 2차 검색✭✭ ☆ 12 위, 14 인천장, 15 강원, 서울장, 21 위, 24 장

검색의 2가지 목적은 구조대상자의 발견과, 화재규모에 대한 정보를 얻는 것이다.

	1차검색은 화재 도중에 진행되며 생명의 위험에 처한 사람을 신속히 발견해 낸다.
1차검색	① 반드시 **2명이상** 대원이 조를 이루어(Two in, Two out) 검색하는 원칙을 지킨다. ② 검색은 똑바로 서거나 포복자세를 취한다. 연기가 엷고 열이 약하면 걸으면서 수색하고 연기가 짙은 경우 **포복자세를 취한다** / ▶ 포복자세로 계단을 오를 때에는 머리부터, 내려갈 때는 다리부터 내려가야 안전하다. (*^^ 포복: 엎드림) ③ 검색이 진행되는 동안 연기와 화재의 확산을 막기 위해서 아직 불이 붙지 않은 장소의 문은 닫는다. / 계단이나 출입구 복도에 필요하지 않은 장비를 놓지 않는다. ④ 화점 가까운 곳에서 검색을 시작해서 진입한 문 쪽으로 되돌아가면서 확인한다. 이 방법은 가장 큰 위험에 놓여있는 사람들에게 가장 신속히 접근하기 위한 것이다. ⑤ 먼저 **후미진 곳을 검색하고 방의 중심부로 이동**. 앞이 안 보이면 손(두드림)과 발(발로 참)의 촉감을 이용하고 검색봉, 장비 자루를 이용해 최대한 수색 반경을 넓힌다.
2차검색	① 화재가 진압되어 위험 요인이 다소 진정된 후에 진행한다. ② 또 다른 생존자를 발견하고 혹시 존재할지도 모르는 사망자를 확인하는 작업이다. ③ 화재진압과 환기작업이 완료되면 2차 검색을 위한 대원들을 진입시킨다. ④ 2차검색은 신속성보다는 꼼꼼함이 필요하다. 1차검색 때에 발견하지 못한 공간이나 위험성을 확인해야 하기에 절대 소홀히 할 수 없는 작업이다. ✭ **오답**: 신속하고 꼼꼼함

(4) 다층빌딩 검색 (* 불난층- 직상층-최상층-다른층 / ▶ 불상최다)

■ 다층 중 고층빌딩을 검색 순서는 ❶ 불이 난 층 ➡ ❷ 바로 위층 ➡ ❸ 최상층 ➡ ❹ 이후 다른 층

2 검색방법 ☆ 13 소방위, 15 서울장, 21 위

복도와 통로	① 중앙 복도를 사이에 두고 방이나 사무실이 늘어서 있다면 　➡ 검색조는 복도의 양쪽 모두를 검색할 수 있도록 **편성한다.** ② 2개의 조를 편성하면 ➡ 각 조는 복도의 한쪽 면을 담당할 수 있다. ③ 만약 인원이 부족하여 한 조 밖에 편성할 수 없다면 ➡ 복도의 **한쪽 면을** 따라가며 검색한 후 다른 쪽을 따라 되돌아오며 검색하는 방법을 택한다.
검색의 진행방향 (단층집~ 고층까지)	① 첫 번째 방에 들어간 구조대원들은 ➡ **한쪽으로 방향을 잡고 입구로 다시 돌아 나올 때까지 계속 벽을 따라 진행한다.** (* 단층집에서부터 고층건물까지의 방법임) ② 처음 들어갔던 입구를 통해 나오는 것은 성공적인 검색의 중요한 요건이다. ③ 중도에서 방에서 나와야 할 때에는 ➡ 들어간 방향을 되짚어 나온다.
작은방많 은곳 검색할 때	① 작은 방을 검색할 때 한 대원이 검색하는 동안 다른 대원은 문에서 기다린다. ② 서로 간에 어느 정도 지속적인 대화가 이루어져야 검색방향을 잡기가 쉬워진다. ③ 검색하는 대원은 문에서 기다리는 대원에게 검색과정을 계속 보고한다. ④ 검색이 완료되면 두 대원은 복도에서 합류하고 방문을 닫은 후 문에 검색이 완료된 곳이라는 표시를 한다. / 표시하는 방법은 제작 표시물, 분필, 크레용 등이 있다. ⑤ 옆방을 검색할 때에는 각 대원의 역할을 바꾸어 진행한다. ⑥ 작은 방을 검색할 때 이 방법은 두 명이 함께 검색할 때보다 속도도 빨라진다.

3 대원의 안전

(1) 건물 탐색 시의 안전

문을 개방할 때	① 내부의 열기를 가늠하기 위해서 문의 맨 위쪽과 손잡이를 점검한다. 　- 만약 문이 뜨겁다면 방수 개시 준비가 될 때까지 문을 열면 안 된다. ② 문을 열 때 문 정면에 서면 안 된다. 측면에 서서 몸을 낮추고 천천히 연다. ③ 문 뒤에 화재 발생 시 몸을 낮추고 열기, 연기가 머리 위로 지나도록 한다. ④ 안쪽으로 열리는 문이 잘 열리지 않는다면 발로 차서 강제로 문을 열려고 해서는 안 된다. ➡ 구조대상자가 문 안쪽에 쓰러져 있을 가능성 때문에.

(2) 갇혔거나 길을 잃은 경우★★ ☆ 11 부산교, 13 부산장, 23 위, 24 교

침착성 유지	① 자제력을 잃는 것은 흥분, 공포감으로 공기소모를 정상치 이상 상승시킬 수 있다. ② 가능한 처음 검색을 시작했던 방향을 기억해 내어 되돌아가야 한다. 그것이 불가능하면 건물 출구를 찾거나 적어도 화재현장을 벗어날 **출구만큼은 찾아내야 한다.** 24 교
도움 요청	① 근처에 있을지 모를 다른 대원이 들을 수 있도록 큰 소리로 도움을 청해야 한다. ② 출구를 찾을 수 없다면 안전한 장소로 대피해서 인명구조경보기(PASS)를 작동한다. ③ 창턱에 걸터앉아서 인명구조경보기를 틀거나 손전등이나 팔을 흔들어 지원요청한다 ④ 물건을 던져서 구조를 요청할 수 있지만 **방화복, 헬멧 등 보호장비를 던지면 안 된다.**
이동이 가능한 경우	① 붕괴된 건물에 갇히거나 주변으로 이동할 수 없을 만큼 부상을 입었다면 생명에 지장이 없는 장비들을 포기해야 한다.　*오답 : 모든 장비를 포기 ② 즉시 인명구조경보기를 작동시키고 냉정을 유지하고 산소공급량을 극대화시킨다.

위험한
현장에서
탈출*
13소방위
14부산교
	① 혼자서 탈출해야 하는 경우 가장 손쉬운 방법은 호스를 따라서 나가는 것이다.
	② 다른 대원이 위치를 알 수 있도록 큰 소리를 외치고 ➡ 커플링의 결합부위를 찾아서 **숫 커플링이 향하는 쪽**(소방차쪽)으로 기어 나간다. 23 위
	    * 오답: 암커플링쪽으로 향한다.
	③ 암 커플링 쪽 방향은 **관창** 쪽이 되어 화점으로 향한다.
	④ 소방호스를 찾지 못한 경우에는
	   ㉠ **한쪽 벽에 도달할 때까지 똑바로 기어나간다.** 그다음
	   ㉡ 벽을 따라서 한 방향으로 진행하며 도중에 방향을 바꾸지 **않는다.** - 가능하면 벽이나 창문을 파괴한다.
	⑤ 더 이상 움직일 수 없게 되거나 의식이 흐려지면 랜턴(손전등)이 **천장을 비추도록 놓고 출입문 가운데나 벽**(쪽)에 누워서 발견되기 쉽게 한다.(* 그 이유는 다음과 같다)
	   ㉠ 구조대원은 벽을 따라서 진입하기 때문에 벽 주변에 있으면 발견이 용이하고
	   ㉡ 벽이 음향을 반사하여 인명구조경보기의 가청효과를 극대화시킨다.
	   ㉢ 천정을 비추는 전등 빛은 다른 구조대원들이 쉽게 발견할 수 있다.

■ 화점방향은 암커프링 ■

(3) 공기호흡기의 이상**

공기소모량을 최소화	① 공기가 얼마 남지 않았다면 **건너뛰기 호흡법(Skip Breathing)**을 활용한다. ② 먼저 평소처럼 숨을 들이쉬고 내쉬어야 할 때까지 숨을 참고 있다가 내쉬기 전에 한 번 더 들이마신다. 들이쉬는 속도는 **평소와 같이** 하고 내쉴 때에는 **천천히** 하여 폐 속의 이산화탄소농도를 조절한다. (* 2번 들이쉬고 1번을 천천히 내쉰다는 뜻) ③ 가장 오래버티는 카운트호흡법은 숨을 마시고, 참고, 내뱉는 것을 각각 **5초씩** 한다
양압조정기의 고장	① 양압조정기가 손상을 입어 공기공급이 중단되었을 경우에는 바이패스 밸브를 열어 면체에 **직접 공급되도록 한다.** (*^^ 양압: 주위 기압보다 높은 압력) ② 최근 보급되는 공기호흡기는 면체에 적색으로 표시된 바이패스밸브가 있다. 바이패스 밸브를 열어 숨을 들이쉰 후 닫고, 다음번 호흡 시에 다시 열어준다.

제2절 일반사고 구조활동

단순한 내부진입	① 사무실, 아파트에서 단순감금 경우 ➡ 관리실 마스터키 사용을 최우선 한다 ② 내부에 긴급히 구조해야 할 사람이 없거나 별도의 안전조치가 필요하지 않은 경우 ➡ 전문 열쇠수리공에게 의뢰한다. ③ 상황이 긴급하여 자물쇠나 출입문을 파괴해야 하는 경우 ➡ 경첩부분을 파괴한다 ④ 현관문파괴기, 에어건을 이용하는 경우 ➡ 실내의 사람의 안전에 유의한다. • 진입장소가 3층 이하의 저층은 ➡ 사다리를 사용하여 진입하는 것을 우선으로. • 고층인 경우 ➡ 베란다 따라 진입하거나 상층에서 로프하강으로 진입한다
특이상황에 대처	① 실내에 정신이상 등 심신 불안한 사람이 있다면 충분한 대화로 구조대원이 내부 진입한다는 사실을 알리고 필요시 정신과 전문의 등을 통해 설득한다. ② 범죄와 관련된 경우 경찰관의 입회 및 진입 요청이 있어야 하며 **현장에 출동한 구조대장 단독으로 판단하지 말고 상급 지휘관에게 보고하고 지휘를 받는다.**

구분	내용
구출	자살행동, 가스누출 시 제거가 우선이며, **범죄와 관련된 경우 현장보존**에 유의한다.
신체가 낀 사고	① 어린이는 현장보호자가 없으면 여자 구급대원의 도움을 받는 것이 효과가 크다. ② 하수도관, 흄관 등에 끼어 빠지지 않을 때는 구조대상자의 신체에 기름, 비눗물을 사용하여 쉽게 빠져나오도록 한다.(*^^ 흄관: 철근을 속에 넣고 만든 콘크리트관)
기계 공작물 사고	① 순차적으로 분해 또는 해체하는 것이 손상을 **최소화**할 수 있는 방법이다. ② 기계장치구조 등 이해없이 쉽게 분해가 곤란하므로 정비기술자를 찾아 해체한다 ➡ **상황이 긴급한 경우 경첩, 축, 링크 등 취약 부분을 찾아 절단·해체**한다. ③ 기어나 롤러는 구동축에 나사나 키, 핀 등으로 고정된 경우가 많다. ➡ 이때에는 고정나사나 키를 제거하면 쉽게 이탈시킬 수가 있다. ④ 축과 일체로 제작되었거나 용접 등의 영구적인 방법으로 고정된 경우에는 ➡ **축받이 부분(베어링)을 해체**하는 것이 용이하다. ⑤ 열처리된 축이나 스프링은 대단히 강도가 높다. ➡ 절단해야 할 부분의 직경이 클 경우 유압절단기의 날이 파손될 우려가 높고, 직경이 작거나 얇은 경우에는 절단물이 튕겨 안전사고가 발생할 수 있다.

제3절 자동차사고 구조★

1 자동차 사고 대응 ★ 14 인천, 15 소방교

구분	내용
일반적 특성 12 소방위, 17 소방장	도로에서 발생하므로 ② 출동 장애요인이 많다. ④ 2차 사고의 위험이 높다. ① 현장 접근이 용이하고 활동공간이 넓다. ③ 사상자가 발생한다. ⑤ 재난수준의 대형사고가 발생할 수도 있다.
사전 대응 17 소방장	① **도로 상황의 파악**➡ 평소 관할 구역 내의 간, 지선 도로현황을 면밀히 파악해 둔다. ② **교통흐름의 파악**➡ 구조대는 거리상의 **최단 경로를 이용해서 출동하는 것이 아니라 최소시간으로 현장에 접근**할 수 있는 길을 택하는 것이 중요하다.

구조에 필요한 장비의 준비	(1) 현장의 안전을 확보하기 위한 장비
	  - 유도표지, 경광봉, 호각(호르라기) 등이 안전을 확보하기 위해 사용된다.
	(2) 구출을 위한 장비 (* 4가지가 있다) ▶ 유에이동
	  ① 유압구조장비(유압전개기, 유압절단기, 유압램): 유압엔진과 작동부분이 분리되어 진동이나 압력이 차체나 구조대상자에게 전달되지 않는다./ 도어의 해체, 계기판에 의한 신체의 압박해소, 차체절단, 파괴분해에 광범위로 사용된다.
	  ② 에어백 세트: 전복된 차량을 고정하거나 압착 부분을 벌릴 때 사용한다.
	  ③ 이동식 윈치: 휴대, 설치가 간편, 계기판, 페달의 신체의 압박해소에 사용.
	  ④ 동력절단기, 가스절단기(예 산소절단기)
	(3) **차량 인양** ★ 15 교
	  - 전복된 차량 내에 구조대상자가 있는 경우 **인명구조를 우선**으로 한다.
	  ① 전복된 차량 크레인(기중기), 윈치 또는 견인차량 등을 이용하여 복구한다.
	  ② 수중에서 전복된 차량의 인양잠수장비를 이용, 수중구조 및 수색작업을 펼치고 차량 인양이 필요한 경우 및 **인양크레인이나 견인차량**을 이용한다.

2 안전조치

1. 현장파악** ☆ 11 부산장, 12 경북장, 13 서울, 경남교, 15 서울, 부산, 17 위, 18 장, 24 장

> 1) **구조차량의 주차*** ☆ 16 부산교, 18 장
> ① 구조대원이나 장비가 쉽게 도달할 수 있을 만큼 가까운 곳에 주차한다.
>   ➡ 너무 가까운 곳에 주차하여 구조 활동에 장애를 주어서는 안 된다.
> ② 구조차량은 사고장소의 후면에 주차하는 것이 좋다. 그렇지만
> ③ 교통흐름을 막지 않도록 최소한 한 개 차로의 통행로는 확보하는 것이 좋다.
>
> (1) **직선도로인 경우***
> ① 구조대원이 활동할 수 있도록 15m 정도의 공간을 확보하고 주차한다.
> ② 안전상 깔대기(칼라콘) 등으로 유도표지를 설치하고 경광봉을 든 경계요원을 배치한다.
> ③ 유도표지의 설치범위는 도로의 제한속도와 비례한다.
>   ➡ 시속 80km인 도로에서 사고가 발생한 경우 사고지점의 후방 <u>15m</u> 정도에 구조차량이 주차하고 (그 구조차량) 후방으로 <u>80m</u> 이상 유도표지를 설치한다. ☆ 17위, 18장, 24장
>
> (2) **곡선도로인 경우*** ☆ 14 경남장, 17 위
>   곡선 부분을 지나서 주차하게 되면 통행하는 차량들이 직선 구간에서는 구조차량을 발견하지 못하고 회전한 직후 구조차량과 마주치게 되므로 추돌사고가 발생할 확률이 높다. 따라서
>   - **구조차량은 최소한 곡선 구간이 <u>시작</u>되는 지점에는 주차해야 한다.** 곡선을 지나 주차(x)

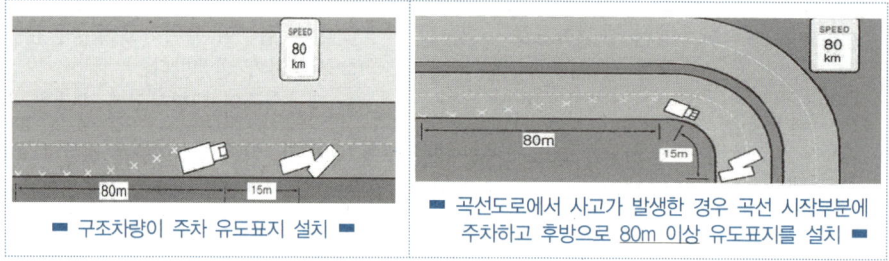

■ 구조차량이 주차 유도표지 설치 ■
■ 곡선도로에서 사고가 발생한 경우 곡선 시작부분에 주차하고 후방으로 80m 이상 유도표지를 설치 ■

> 2) **교통 통제**
>   교통사고 현장에서 차량을 통제하는 것은 **현장에 도착한 즉시** 시행한다. 경광봉이나 깃발, 호각, 간이분리대 등을 이용해서 사고현장으로 접근하는 차량들에게 양방향으로 신호를 보내도록 한다.
> 3) **구조작업을 위한 상황파악***
> ① 각 차량별로 1명씩 전담 구조대원을 지정하는 것이 좋지만 대원이 부족한 경우,
>   구조대장이 대원들에게 조사할 차량과 주변지역을 명확히 지정해 주고 보고 받는다.
> ② 대원들이 각 차량을 확인하는 동안 제3의 구조대원이 현장 주변지역을 수색한다.
> ③ 구급대원이나 응급처치교육을 받은 구조대원은 부상정도와 같은 상태를 등급별로 분류하고 구조대장은 그 분류에 따라 구조 우선순위를 결정한다.
> ④ 중상자의 구조가 경상자보다 우선되어야 하지만, 차량화재나 (폭발 등) 생명을 위태롭게 할 다른 위험요인이 있다면 ➡ 그 차량의 탑승자를 최우선적으로 구조한다.
> ⑤ 구조대상자가 차량에 갇혀있지 않다면 ➡
>   구조를 위한 작업공간을 확보하기 위해 그 구조대상자를 먼저 운반하도록 한다.

2. 사고 차량의 안정화* ☆ 15 서울, 19 소방교, 20 소방장

차량의 바퀴가 모두 지면에 닿아있다고 하더라고 고정 작업은 반드시 필요하다.
    - 사고 차량을 고정함으로서 상하좌우 흔들림을 최소화할 수 있다.
① **차량이 평평한 지면위에 있다면** ➡ 바퀴의 양쪽 부분에 고임목을 댄다.
② **경사면에 놓인 차량은** ➡ 바퀴가 하중을 받는 부분에 고임목(버팀목)을 댄다.

(1) 에어백* ☆ 14 경기교, 부산장, 18 장, 19 교·위

전복된 차량을 지탱하는 데 사용한다. 설치가 간편하고 고하중을 들어올릴 수 있지만 안정감이 부족하기 때문에 버팀목으로 받쳐주어야 한다.
① 에어백은 **단단한 표면**에 놓는다.
② 에어백을 겹쳐서 사용할 때에는 **2층을 초과하지 않도록** 한다. 작은 백을 위에 놓고 큰 백을 **아래에 놓는다.** (*^^ 에어백은 반드시 2층까지만 사용한다)
③ 에어백이 부풀어 오르면 동시에 **측면**에서 버팀목을 넣어준다. 에어백 공기를 조금 빼어 에어백과 버팀목에 하중이 분산되도록 한다. - 에어백만으로 지탱해서는 안 된다.
④ 공기는 천천히 주입하고 지속적으로 균형유지에 주의한다.

(2) 나무 버팀목* ☆ 19 교

① 차량과 버팀목이 단단히 밀착될 때까지 버팀목을 쌓아 올린다.
② 차량의 균형유지에 더욱 주의하여 조금의 흔들림도 없도록 완전히 고정한다.
③ **차량과 버팀목의 밀착도를 높이기 위해서 작은 나무조각이나 쐐기(⊿)를 이용할 수 있다.**
④ 측면으로 기울어진 차량은 넘어지지 않도록 버팀목이나 로프로 고정한다.

3. 차량의 위험요인 제거 ☆ 14 강원, 경기장

(1) 누출된 연료의 처리
화재 시 신속진압할 수 있도록 소화기나 경계관창을 배치한 후에 구조작업에 임한다.

액체연료	휘발유 등 액체연료인 경우 모래나 흡착포로 누출연료를 흡수시켜 처리한다.
기체연료	① 기체 연료는 공기 중에서 신속히 기화하며 극히 적은 농도(LPG의 폭발 범위는 대략 2%~10% 정도이다)에서도 폭발할 수 있다. ② 가스가 완전히 배출될 때 까지 구조작업을 연기하는 것이 좋지만 긴급한 경우라면 고압분무 방수를 활용해서 가스를 **바람 부는 방향**(풍하쪽)으로 희석시키면서 작업한다. ③ 현장에 접근하는 구조대원은 반드시 바람을 **등지고** 접근하며 구조차량도 사고 장소보다 높은 지점으로 **풍상 측**에 위치한다. (*^^ 높은지점의 풍상측)

(2) 에어백 ☆ 18 소방장, 20 소방장

① 322km/h의 엄청난 속도로 팽창하면서 구조대상자나 구조대원에게 충격 가할 수 있다.
② 일반 차량은 전원이 제거된 후에도 10초~10분간 에어백을 동작시킬 수 있다.
③ 에어백이 부착된 차량에서 구조작업을 할 때에는 배터리 케이블을 차단하고 잠시 대기하는 것이 좋다. **배터리의 전원을 차단할 때에는 (-)선부터 차단**한다. (* 여성부터 차단해준다)
④ 차량 프레임(차체, 뼈대)에 (-)선이 접지되어 있으므로 (+)선부터 **차단하다** 전선이 차체에 닿으면 스파크가 발생하기 때문이다.(*^^ 즉, (-)선과 (+)선이 합선이 될 수 있다는 뜻) 일부 에어백은 차량의 배터리와 별도로 동작하기 때문에 각별한 주의가 필요하다.

- **경찰차**(15m 포함): 사고현장(작업공간 15m 정도 **포함**)으로부터 제한속도에 비례하여 경찰차를 배치(p.165) 비교
- **유도표지**(15m 별도): 사고지점의 후방 15m 정도에 구조차 주차, 그 후방으로 유도표지를 설치(p.274)

3 구조활동 ☆ 14 부산장, 15 소방교

1) 차량 유리의 특성 및 파괴 장비** ☆ 13 서울장, 18 소방장

안전 유리 (합판유리)		① 유리판 2장을 겹치고 사이에 얇은 플라스틱 필름을 삽입 접착한 것이다.(=합판유리) ② 전면의 방풍유리에 사용되며 일부 차량은 뒷유리창에도 사용한다. ③ 충격을 가하면 중간 필름층 때문에 유리가 흩어지지 않고 붙어있게 된다. ④ 이 유리는 파편으로 운전자와 승객이 부상당하는 것을 막기 위해서 사용한다.
	파괴 장비	• 차유리절단기 　· 톱날 부분으로 안전유리를 잘라서 제거할 수 있다. 　· 도구 뒷부분으로 유리창 모서리에 충격을 가하여 구멍을 뚫고 톱날부분을 넣어 잘라낸다. ■ 차 유리 절단기 ■
강화 유리		① 열처리된 강화유리는 측면 도어의 유리창과 후면 유리창에 사용된다. ② 충격을 받으면 유리면 전체에 골고루 금이 가도록(작은 조각들로 분쇄)되었다. ③ 일반유리처럼 길고 날카로운 조각이 생기지 않아 유리파편의 부상위험이 줄어든다. ④ 분쇄된 유리조각에 노출된 피부에 작은 손상이나 눈에 유리조각이 박힐 수도 있다.
	파괴 장비	• 센터펀치 (*^^ 안전유리보다 더 쎄니까 쎈터펀지이다) ① 스프링이 장착된 펀치로 열처리 유리를 파괴할 때 사용한다. / ② 유리창에 펀치 끝을 대고 누르면 안으로 눌려 들어갔다 튕겨 나오면서 순간적인 충격을 주어 유리창을 깨뜨린다. (* 센터펀치: 붙픽홀더처럼 생김) ■ 센터펀치 ■

☞ 자동차의 **전면**은 파편에 안전한 안전(합판)유리이며, / **측면이나 후면**은 약 500℃에서 열처리 된 강화유리이다.

2) 유리창 파괴 방법* ☆ 13 경남, 20 소방장

(1) 전면 유리 제거 (* 전면유리: 안전합판유리이니 유리절단기를 사용)
　차 유리 절단기를 이용해서 유리창을 톱으로 썰어내듯 절단하는 것이다.
　만약 이 장비가 없다면 손도끼를 이용해서 유리창을 차근차근 절단해 낸다.
① 차 유리절단기의 끝 부분으로 전면 유리창의 <u>양쪽 모서리</u>를 내려쳐서 구멍을 뚫는다.
② 유리절단기를 이용해서 유리창의 <u>세로면 양쪽</u>을 아래로 길게 절단한다.
　　그런 다음 절단된 세로면에 연결된 맨 아래쪽을 절단한다. (*^^ U자 형태로)
　-절대로 절단 과정에서 차 위에 올라서거나 손으로 유리창을 누르지 않도록 주의한다.
③ 유리창 절단이 완료되면 유리창의 밑 부분을 부드럽게 잡아당겨 위로 젖힌다. 그러하면
　- 유리창은 자연스럽게 벌어지기 시작하고 결국 차 지붕 위로 젖혀 올릴 수 있다.
④ 유리창을 떼어 안전한 곳에 치우고 창틀에 붙은 파편도 완전히 제거한다

(2) 측면 유리 제거하기 (* 측면유리: 강화유리이니 쎈터펀치를 사용한다)
　모서리 부분을 뾰족한 도구로 강하게 치면 **쉽게 파괴할 수 있다.** 센터펀치를 사용할 때에는 한 손은 버팀대 역할을 해서 대원의 손이 유리창 안으로 끼어 들어가지 않도록 한다.
① 깨진 유리창에 손상 입지 않도록 유리창에 테이프, 끈끈이 스프레이를 뿌리는 것이다.
② **센터펀치**를 유리창의 모서리 부분에 대고 누른다.
③ 유리가 깨지면 위쪽에 손을 넣어서 차 밖으로 조심스럽게 들어낸다. / 만약 유리가 테이프에 붙어있지 않고 조각조각으로 깨어지면 손을 안쪽에서 차 바깥으로 털어낸다.

3) 신체가 끼인 구조대상자, 의자분리하기

(1) 발이 페달에 끼인 경우
① 잘 늘어나지 않는 스테틱 로프나 슬링테이프로 한쪽 끝을 페달에 단단히 묶는다.
② 차문을 거의 다 닫은 상태에서 반대쪽 로프 끝을 창틀에 묶는다. (*^^스테틱: 정적로프)
③ 차문을 천천히 열면 로프가 당겨지면서(페달도 당겨짐) 벌어진 틈으로 발을 뺄 수 있다.

(2) 핸들이나 계기판에 상체가 눌린 경우
가장 손쉬운 방법은 좌석 조정레버로 의자를 뒤로 이동시키는 것이지만 차량이 심하게 파손되면 안 된다. / 이때 핸들에 체인을 감고 윈치나 유압전개기를 이용하여 당기거나 유압전개기나 유압램으로 밀어낼 수 있다. 체인으로 핸들을 감아 당기는 방법으로는

(3) 운전석 의자분리하기
① 뒷좌석 의자분리: 일반스패너나 몽키스패너보다, 꽉 끼는 6각스패너가 좋다.
② 운전석 의자분리: 의자 전면 좌우 볼트를 먼저 풀어내고, 뒤쪽 볼트를 푼다.
③ 의자 들어내기: 구조대상자를 의자에 앉힌 채로 뒤로 약간 기울이면서 뒷문으로 빼낸다.

4 사고차량의 해체 (* 중요도 낮음)

차 문 틈을 벌리는 방법 13경남교	구조대상자에게 심각한 부상이 없고 차량 손상도 경미하지만 문이 열리지 않는 경우에 유압 전개기를 이용해서 차 문을 강제로 벌려 여는 방법이다. 차량에 가해지는 손상을 줄일 수 있지만 **구조대상자를 구출하기가 불편하다** ① 차량손상을 줄이기 위해 틈새를 벌려 문을 열려면 지렛대나 구조도끼 또는 헬리건바를 문 틈에 넣고 비틀어 전개기 끝이 들어갈만큼 틈새를 넓힌다. ② 전개기 끝이 문틈에 걸리면 전개기를 벌려서 (좁은)틈을 확대하고 전개기를 닫아서 다시 밀어 넣기를 반복한다.
도어 절단방법	유압펌프에는 동시에 2개의 장비를 연결하여 사용이 가능하다. 전개기와 절단기를 함께 사용하거나, 절단과 전개가 하나의 장비로 콤비툴을 이용해서 작업한다. ⊙ 절단순서: 경첩노출 → 경첩절단 → 문 떼어내기
지붕 제거하기	차 지붕을 들어내기 위해서는 유리창을 먼저 제거한다. 문을 열면 차체를 둘러싸고 있는 부위를 필러판넬이라 하며 앞문쪽: A필러 / 가운데: B필러 / 뒷문쪽을 C필러라고 한다. (1) 지붕을 접어 올리기 ① 절단기로 A필러와 B필러 모두 절단한다. ② 필러는 차에 바짝 붙여 절단한다. ③ 기둥이 길게 남아 있으면 장애가 된다. ④ 절단기로 뒷좌석 부분의 지붕 좌우를 조금씩 자르고 2명의 대원이 양 옆에서 지붕을 잡아 뒤로 젖히면 쉽게 접혀진다 (2) 지붕 제거 지붕접어올리는 방법과 유사하다. 다만 A, B필러 및 C필러까지 절단하여 지붕을 완전히 분리한다. 4명의 대원이 각 귀퉁이를 잡고 들어올려 안전한 곳으로 이동시킨다

	프레임 밀어내기	계기판 밀어내기
계기판 밀어내기	① 가장 효과적인 방법이다. ② 유압램을 A필러와 사이드씰 사이에 설치한다. (*유압램: 잇종의 확장막대) ③ 유압램은 2개를 준비, 각각 운전석과 조수석에 함께 설치하면 효과적이다.	① 유압램이 하나뿐일 때 사용한다. ② 램을 좌석과 계기판 사이에 놓고 확장시켜 계기판이 밀려나가도록 한다. ③ 계기판에는 나무토막을 대서 램이 직접 닿지 않게 하는 것이 좋다

제4절 수난사고 구조★★★
☆ 14 경기교, 부산교

1 수상구조

물에 빠진 사람을 구출할 때에는 다음 4가지 원칙을 명심한다.

> ① 던지고, ② 끌어당기고, ③ 저어가고, ④ 수영한다. (* 연상: 덩클 저수지)

가능한 구조자가 직접 물에 들어가지 말고 구조대원이 수영해서 구조하는 것은 **최후로 선택**한다.
(*^^ 이유는 물에 빠진 익수자는 2~5배 초인적인 힘이 나오며, 구조대원조차 함께 위험해질 수 있기 때문)

1) 구조대원의 신체를 이용하는 방법
   (1) 기본적 구조
       ① 물에 빠진 사람이 손이 닿을 수 있는 거리에 있을 경우
           → 구조자는 엎드린 자세에서 몸의 상부를 물 위로 펴고 구조대상자에게 손을 내민다.
       ② 손이 물에 빠진 사람에게 미치지 않는 경우 구조자는 그 자세를 <u>반대</u>(다리)로 한다.
           즉, 기둥 등을 잡고 몸을 물속으로 두 다리를 쭉 펴면 익수자가 그 다리를 잡고 나온다.
   (2) 도구를 이용한 신체 연장: 검색봉이나 옷을 벗어 로프를 대용할 수 있다.
   (3) 인간사슬 구조
       ① 물살이 세거나 **수심이 얕아** 보트 접근이 불가능한 장소에서 적합한 방법이다.
       ② 4~5명 또는 5~6명이 서로의 팔목을 잡아 쇠사슬 모양으로 길게 연결한다.
       ③ 서로를 잡을 때는 손바닥이 아니라 각자의 <u>손목 위</u>를 잡아야 연결이 끊어지지 않는다.
           ❶ 첫 번째 사람이 물이 **넓적다리** 부근에 오는 곳까지 입수하고
           ❷ 구조대상자 가장 가까이 접근하는 사람은 **허리** 정도의 깊이까지 들어가 구조한다.
           ❸ 이때 체중이 가벼운 사람이 (인간)사슬의 **끝**부분에 위치하도록 한다.(* 가벼우니까)
       ④ 물의 깊이가 얕더라도 유속이 빠르거나 깊이가 가슴 이상인 때에는
           - 인간사슬로 구조할 수 있는지를 신중히 판단한다.
       ⑤ 인간 사슬을 만든 상태에서 이동해야 하는 경우는 물속에서는 발을 들지 말고 <u>발바닥</u>을 끌면서 이동하여야 균형을 잃고 넘어지는 사태를 방지할 수 있다.

> ✪ 인간사슬 구조방법은 하천이나 호수에서도 응용할 수 있다.

■ 인간사슬 만들기 ■

2) 구명환과 로프를 이용한 구조★　★ 13 충북교

- 구명환은 카아데라는 영국인이 만들었다. 로프는 일반구조용보다 가는 것을 사용해도 된다.
① 구조대상자와의 거리를 목측(눈대중으로 예측)하고 로프의 길이를 여유 있게 조정한다.
② 구조대원이 구조대상자를 향하여 반쯤 구부린 자세로 선다.
③ 오른손에 구명부을 쥐고 왼발로 로프의 끝부분을 밟아 고정시킨다.
④ 구명부환(=구명환)을 던질 때에는 바람을 등지고 던지는 것이 쉽다.
⑤ 구명환이 너무 짧거나 빗나가서 구조대상자에게 미치지 못한 경우 재빨리 회수하여 다시 시도하며 조금 멀리 던져서 구조대상자 쪽으로 이동(당김)시키는 것이 보다 쉬울 수 있다.
⑥ 구조대상자가 구명부환을 손으로 잡고 있을 때에 너무 강하게 잡아당기면 놓칠 수 있다.

3) 구조 튜브(레스큐 튜브) 활용 구조

레스큐튜브는 튜브처럼 만들어 구조대상자가 붙잡고 떠있도록 하는 장비이다.
① 구조대원이 휴대하면 속도는 느리지만 심리적인 안정감과 구조활동에 도움을 준다.
② 구조대상자가 멀리 있을 때는 자유형과 평영으로 구조대원의 어깨 뒤에 메고 다가간다.
③ 구조대상자가 가까이 있을 때는 튜브를 가슴에 안고 다가간다. 앞이나 뒤에서 접근한다.

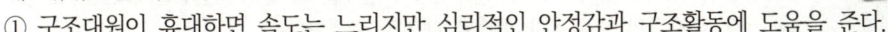

의식이 있는 구조대상자	① 구조대상자 앞에서 튜브를 내밀어주는 방법을 많이 사용한다. - 튜브의 연결 끈 반대쪽을 내밀어 잡도록 한 다음, 구조대상자를 안전지대로 끌고 이동한다.
의식이 없거나 지친 구조대상자	① 구조대상자의 뒤로 돌아 접근하며 튜브는 구조대원의 앞에 두고 양 겨드랑이에 끼운다. ② 구조대상자 양겨드랑이를 아래서 위로 잡아 감고 튜브가 두 사람 사이에 꽉 끼운다. ③ 구조대상자를 뒤로 젖혀 수평자세로 한다. 배영의 다리차기를 이용하여 이동한다.
엎드린 자세의 구조대상자	① 구조대상자의 얼굴이 물 밑을 향하고 있을 때에 사용하는 방법이다. ② 구조대상자의 전방으로 접근한 후, 두 사람 사이에 튜브를 한일자로 펼쳐놓는다. ③ 손목끌기 방법을 응용해서 구조대상자를 뒤집고 튜브가 구조대상자의 등 뒤, 어깨 바로 밑 부분으로 가도록 한다. / 손목을 잡고 있던 팔로 구조대상자의 어깨와 튜브를 동시에 위에서 아래로 잡아 감는다. / 상황에 따라 구조대상자를 튜브로 감아 묶을 수도 있으며 구조대상자를 끌면서 횡영(옆으로 치는)자세로 안전지대로 이동한다.

4) 구명보트에 의한 구조　★ 09, 13 위, 14 경북장, 15 충남교·장

구명보트가 구조대상자에게 접근할 때 무엇보다도 중요한 것은 익수자에게 붙잡을 것을 빨리 건네주어 가능한 물 위에 오래 떠 있을 수 있게 하는 것이다.

① 보트는 바람을 등지고 구조대상자에게 접근하는 것이 좋다. 구조대상자가 흘러가는 방향으로 따라가면서 구조하는 것이 용이하다. 그러나 방향은 풍향, 풍속, 유속, 익수자 위치에 따라 다르다.
② 구조대상자가 격렬하게 허우적거릴 때는 너무 가까이 접근하지 말고 먼저 구명환 또는 노 등 붙잡을 수 있는 물체를 건네준다. 　　　　　　　　　　　　　　　　(*^^ 노: 삿대)
③ 작은 보트로 구조할 때에→ 좌우 측면으로 구조대상자를 끌어올리면 보트가 전복될 우려가 있으므로 전면이나 후면으로 끌어올리는 것이 안전하다. (*^^ 작은보트: 노젓는 배)
④ 모터보트인 경우→ 구조대상자가 스크류에 다칠 수 있으므로 보트의 전면이나 측면으로 끌어올리는 것이 적합하며 이 경우 보트가 한쪽 방향으로 기울어지지 않도록 주의한다.
⑤ 구조대상자가 의식과 기력이 충분하다면 무리하게 보트로 끌어올리려고 하지 말고 매달고(끌고)육지로 운행하는 방안도 강구한다.

5) 구조대상자가 가라앉은 경우

익수자의 소생 가능성	**(1) 익수자의 소생 가능성** ① 물에 빠진 사람이 가라앉았다고 해서 즉시 사망하는 것은 아니다. ② 심장 박동이 정지된 후 심폐소생술의 시행 없이 4분 정도 경과하면 뇌의 손상이 시작되고, 5~6분 경과 시 영구적인 뇌손상을 받으며 10분 이상 경과되면 뇌손상으로 사망하는 것으로 알려져 있다. 그러나 이것은 절대적은 아니며 ③ 구조대상자 나이가 적을수록, 수온이 낮을수록 소생가능성이 높아진다.

구조대상자
수색요령
	(2) 구조대상자 수색요령
	다른 위치에 있는 목격자로부터 발생 위치를 청취하고 목격자의 위치와 육지의 목표물은 선으로 그어 그 선의 교차되는 지점을 수색의 중심으로 한다. 이러한 사항을 기초로 경과시간, 유속, 풍향, 하천바닥 상태를 고려, 수색범위를 결정한다.
	① 수색범위 내를 **X**자 형태로 세밀히 수색한다.
	② 구조대상자가 가라앉아 있다고 예상되는 구역을
	    ➡ 접근하면서 수면에 올라오는 거품이나 부유물 등을 찾는다.
	③ **바닥이 검은 경우** ➡ 구조대상자의 사지가 희미하게 빛나 상당히 깊은 수중에서도 물에 빠진 사람을 찾아낼 수 있는 경우가 많다.
	④ 바닥이 흰모래 등으로 되어 있는 경우
	    ➡ 익수자의 검은 머리털이나 옷 색깔을 보고 찾을 수 있다.
	✪ **신체 회수(Body Recovery)**
	신체의 비중이 물의 비중보다 커지면 곧 물밑으로 가라앉는다. 그리고 어떤 장애물에만 걸리지 않는다면 부패작용으로 생긴 가스에 의하여 부력이 체중보다 커서 곧 수면으로 다시 떠올라 온다. 그러나 언제나 떠오르는 것은 아니며 밑바닥의 수온이 대단히 낮은 깊은 호수 같은 곳에서는 시체가 다시 떠올라 오지 않는 경우도 있다. 낮은 수온이 시체의 부패를 억제하기 때문이다.

6) 직접 구조 ☆ 14 인천, 위, 15 충남교·장, 23 장, 23 교

① **의식이 있는 구조대상자*** (*^^ 가슴잡이 방법을 사용) ☆ 14 경기장, 23 장
    구조대상자가 **의식이 있을 때** 주로 사용되는 **방법**은 '가슴잡이' 이다. ▶ 의식있는 가슴잡이
    구조대원은 **구조대상자의 후방으로 접근**하여 오른손을 뻗어 구조대상자의 오른쪽 겨드랑이를 잡아 끌 듯이 하며 위로 올린다. / 가능한 구조대상자의 자세가 수평을 유지시킨다. 이와 동시에
   ㉠ 구조대원의 왼팔은 구조대상자의 왼쪽 어깨를 나와 오른쪽 겨드랑이를 감아 잡는다.
   ㉡ 이어 힘찬 다리차기와 함께 오른팔 동작으로 구조대상자를 수면으로 올리며 이동을 시작한다.
   ㉢ 그러나 구조대상자가 물 위로 많이 올라올수록 구조대원이 물속으로 많이 가라앉아 호흡이
      곤란할 수도 있음을 유의한다. 14 위

■ 가슴잡이(의식 있을 때)■   ■ 손목끌기(의식 없을 때)■

② 의식이 없는 구조대상자 (*^^ 겨드랑이 끌기와 손목끌기 방법을 사용) ☆ 23 소방장
　의식을 잃었을 때 방법은 ❶ 한 겨드랑이 끌기, ❷ 두 겨드랑이 끌기, ❸ 손목 끌기가 있다.
　- 이 방법은 구조대상자가 수면에 떠 있거나 수중에 가라앉은 경우 모두 활용할 수 있다.

① 한 겨드랑이 끌기* 14 위	・구조대원이 구조대상자의 **후방**으로 접근하여 한쪽 손으로 구조대상자의 같은 쪽 겨드랑이를 잡는다. 일반적으로 **먼** 거리를 이동할 때에 사용한다. ・이때 구조대원의 손은 겨드랑이 밑에서 위로 끼듯이 잡고 구조대상자가 수면과 수평을 유지하도록 하고 **횡영**(옆으로 눕는) 동작으로 이동을 시작한다.
② 두 겨드랑이 끌기	・한 겨드랑이 끌기와 같이하되 구조대원이 두 팔을 사용하는 방법이다. ・구조대상자의 자세가 수직일 경우에는 두 팔로 겨드랑이를 잡고 팔꿈치를 구조대상자의 등에 댄다. / 손으로는 끌고 팔꿈치로는 미는 동작을 하여 구조대상자의 자세가 수면과 수평이 되도록 이끈다. * **오답**: 먼 거리를 이동시 ・두 겨드랑이 끌기에서는 팔 동작을 하지 않는 **배영**(하늘 보게끔)으로 이동한다.
③ 손목끌기	・주로 구조대상자의 **전**방으로 접근할 때 사용한다. (*^^ 손목끌기만 전방접근임) ・구조대원은 오른손으로 구조대상자의 오른손을 잡는다. 만약 ・구조대상자 얼굴이 수면을 향하고 있을 때는 **하늘을 향하도록** 돌려놓는다. ・이때에는 구조대상자를 1m 이상 끌고 가다가 잡고있는 손을 물 밑으로 큰 반원을 그리듯 하며 돌려서 얼굴이 위로 나오도록 한다.

■ 겨드랑이 끌기 (좌측과 중앙: ②번 / 우측: ①번) ■

☆ 참고 (공간이용)
・배영: 누워서 하늘을 보며
・평영: 개구리형(손은 안→밖)
・접영: 엎드려서(손은 상(밖)→하(안))
・자유형(영): 위 형태를 선택함.

◯ **인공호흡**: 익수자의 호흡이 멎었을 때에는 즉시 수면 위로 올려서 **물 표면**에서 인공호흡을 시작하고 물 밖으로 옮기는 동안 계속 실시한다. (*^^ 물 위에서 한다는 뜻이다)
　이 경우 물을 토하게 하기 위해서 인공호흡이 지체되어서는 **안 된다**.
　(※ 물을 토하게 하고 안정시키는 것은 심폐기능이 회복되고 의식이 돌아온 경우에 한한다)

7) 구조대상자로부터 이탈(요약) (*^^ 구조대원을 잡으려고 할 때)

(1) 가슴 밀어내기	① 구조대상자가 구조대원을 잡으려고 할 때, 구조대상자로부터 머리를 멀리하고 잠수하여 한 손이나 두 손을 이용하여 손을 펴서 구조대상자의 가슴을 밀어낸다.
(2) 빗겨나기	구조대상자가 구조대원을 붙잡지 못하게 하면서 **구조목적을 달성할 수 있는** 방법이다.
(3) 풀기	① 구조대상자의 체구가 작거나 안전지대까지 가깝다면➡ 수영으로 이동할 수 있다. ② 구조대상자가 앞에서 머리를 잡는다면➡ 양발 엇갈려차기나 횡영다리차기가 좋다 ③ 구조대상자 앞에서 붙잡혔다면➡ 밀치거나 함께 잠수하여 앞목풀기를 시도한다. ④ 앞이나 뒤에서 구조대원을 잡는다면➡ 턱을 앞가슴에 붙이고 옆으로 돌린다. ⑤ **구조대상자가 손이나 팔을 잡혔을 때**: 각각 손목 풀기와 팔 풀기를 시도할 수 있다. ・팔을 잡았을 때➡ 잡히지 않은 손으로, 구조대상자의 어깨를 물 아래로 누른다. 이때 자신의 무게로 다리차기를 이용하여 물위로 올라오는 동작을 취한다. ⑥ **구조대상자에게 손목을 잡혔을 때**: 먼저 잡히지 않은 손으로 자신의 잡힌 손을 잡고 위로 힘차게 뽑아 올리는 동작을 한다. 이후 후방접근을 시도한다.

2 빙상사고 구조 ★ 17 소방장

① 빙상사고는 해빙기의 얼음이 깨어지면서 익수하는 경우가 대부분이다.
② 얇은 얼음의 경우 **헬리콥터를** 이용하는 것이나 - 단점은 출동 시간이 많이 소요된다.
③ 얇은 얼음의 범위가 넓어 접근이 힘든 경우 **복식사다리를** 이용하는 방법을 강구한다.
  ㉠ 현장에 접근할 때는 **건식잠수복(드라이슈트)**나 **구명조끼를** 착용하고 최대한 접근한다.
  ㉡ 자세는 사다리 하단부를 복부로 누른 상태를 취하고 다른 구조대원은 사다리를 지지하며
     최대한 얼음과 접촉하는 면적을 **넓게** 하여 얼음이 깨지는 것을 막는다.
④ 두꺼운 얼음일 경우 **신속한** 접근이 가장 중요하며, 구명로프를 연결한 구명부환 등을 휴대
   하고 접근한다. - 이때 미끄러지지 않고 지지점 확보로 아이젠을 필히 착용한다.

3 수중구조 기술★★

[1] 잠수물리★★ ★ 12,13서울장, 13경북장, 14경기교,부산장, 15소방장, 16서울,부산,경기교, 19교, 21위, 교, 23교

밀도	밀도란 **단위 부피에 대한 질량의 비율**이다. 물의 밀도는 약 9,800 N/m³ 공기의 밀도는 약 12N/m³/ 높은 밀도 때문에 많은 **저항**을 받아 행동에 제약을 받고 체력소모가 크다.
빛	① 물속에서는 빛의 굴절로 인해 물체가 실제보다 25% 정도 가깝고 크게 보인다. ② 적도의 해수: 짙은 파랑색 / 고위도 해역의 해수: 남색.(플랑크톤이 더 많이 존재) ③ 해수는 컵 속에서 파랗지 않다 파장이 짧은 청색광선 산란되어 바다가 파랗게 보인다. ④ 색깔은 수심이 깊어질수록 흡수된다. **빨간색**은 수심 15~20m에서 사라지며, **노란색**은 20m 에서 사라진다. ▶ 노란이 (* 플랑크톤이 많으면 적조나 녹조가 발생한다.)
소리	공기 중 소리는 340m/Sec, 수중에서는 대기보다 약 **4배 빠르고**, 방향 파악이 어렵다.
열★	물은 공기보다 약 **25배 빨리 열**을 전달한다. (∴ 쉽게 추워지며 닭살이 돋는다)
수압	해수면의 기압은 높이 10.33m, 밑면적 1㎠인 압력과 같다. 물 1ℓ의 무게는 1kg이다. 수중에서는 (물위에서 누르는) 기압과 수압을 동시에 받는다. 수중에서 실제로 받는 압력을 **절대압**이라 한다. 즉, 물속 10m에서는 **2기압**이 된다.(= 물위 1기압 + 물속 1기압)
부력	✪ ① 양성부력: 물체 무게가 물 속에서 차지하는 부피의 물의 무게보다 가벼우면 그 물체는 뜨는 것. ② 음성부력: 물체무게가 물의 무게보다 무거우면 가라앉게 되는 것이다. / 이 두 현상을 적절히 조절하여 뜨지도 가라앉지도 않을 때 중성부력을 가진다고 하며 "부력을 조절한다." 라고 표현한다.
공기 소모★★ 13서장 14기교 19,20교	① 바닷물에서는 수심 매 10m(33피트)마다 수압이 1기압씩 증가된다. (*^^ 1m: 3,3피트) ② 수심 20m에서 다이버는 수면에서 보다 3배나 많은 공기를 호흡에 사용한다는 뜻이다. 즉 다이버가 수면에서 1분에 15ℓ의 공기가 필요하다면 20m에서는 **45ℓ**의 공기가 필요하다. (*^^ 수면 위 1기압 + 물속 20m니까 2기압 = 총 3기압, 즉 3배) 20, 23 교 ▮수심과 공기소모량의 관계▮ ★ 13 서울장, 16 서울교, 20 소방교

수심(m)	절대압력(atm)	공기소모율(L/분)		공기소모시간(분)	
0	1		15 (기준)		100 (기준)
10	2	(×2)	30	(÷ 2)	50 (2배소모)
<u>20</u>	3	(×3)	<u>45</u>	(÷ 3)	33 (3배소모)
30	4	(×4)	60	(÷ 4)	25 (4배소모)
40	5	(×5)	75	(÷ 5)	20 (5배소모)

✪ 수심이 깊어지면 공기소모율은 기준의 배수로 증가하고, 공기소모시간은 기준(100)의 배수로 줄어든다.

[2] 잠수장비의 구성 및 관리 ☆ 08, 14 인천, 14 경남, 14 부산, 15 서울, 21, 22 위, 24 장

(1) 기본장비 ☆ 08, 14 인천, 14 경남, 17 소방교, 22 위, 23 교, 24 장

수경	• 수경을 선택할 때 가장 중요한 부분은 수경 내에 반드시 코가 들어가 수경 압착에 방지를 할 수 있는 것으로 자기 얼굴에 잘 맞고 불편하지 않아야 한다. 사용한 후에는 민물로 세척 후 습기를 제거하고 케이스에 넣어 직사광선을 피하고 그늘지고 건조한 곳에 보관한다.
숨대롱	① 숨대롱은 간단하면서도 호흡저항이 적고 물을 빼기가 쉬워야 한다. ② 내부의 물을 쉽게 배출시킬 수 있도록 배수밸브가 부착된 것을 많이 사용한다. ③ 보관할 때는 수경과 분리하여 민물에 씻어서 그늘지고, 건조한 곳에 보관한다.
오리발	① 오리발은 자기 발에 맞고 잘 벗겨지지 않는 것을 선택한다. ② 사용 후에는 햇빛을 피하여 민물로 씻어서 보관하여야 하며 (* 이유: 부식을 방지) ✪ 장기간 보관 시 고무부분에 분가루나 실리콘 스프레이를 뿌려 두는 것이 좋다. 23 교
잠수복 14경남장 17소방교 2소방위 24소방장	① 물속에서는 열손실이 아주 빠르기 때문에 항상 체온을 보호해 주어야 한다. ② 바닷가나 해저에서 입을 수 있는 상처로부터 몸을 보호해 주고 비상시는 잠수복이 **양성부력**이므로 체력소모를 줄여 준다. (* 양성부력: 뜨는 옷) ③ 잠수복은 신체와 잠수복 사이에 물이 들어오는 습식과 물을 완전히 차단하여 열의 손실을 막아주는 건식이 있다. 보편적으로 ❶ **수온이 24℃ 이하에서는 ➡ 발포고무로 만든 습식잠수복을 착용**(^^ 여름철) ❷ **수온이 13℃ 이하이면 ➡ 건식잠수복을 착용**하도록 권장한다.(^^ 예: 빙상사고) ④ 사용한 후 깨끗한 물로 씻어서 직사광선을 피해서 말리며, 옷걸이에 걸어서 보관한다. (*^^ 습식: 일반적 잠수복으로 소량의 물이 들어와서 체온을 유지, 싸고 간편함) (*^^ 건식: 물이 완전 차단, 체온유지와 함께 겨울철 장시간 사용, 부피 크며 이기도 붙편, 비쌈!)
모자 신발 장갑	① 수중에서 머리는 열 손실이 많은 부위로 잘 보호되어야 하며, 반드시 보온한다. ② 잠수신발·장갑은 네오프렌으로 된 것을 사용하며 손발의 보호 및 보온 기능을 한다. ③ 사용 후 민물로 깨끗이 씻어 말리고 접어서 보관하지 않는다. (* 민물: 염분적은 물)

(2) 부력장비 ☆ 22 소방위, 23 교, 24 장

중량 벨트	① 사람 몸은 물속에서 거의 **중성** 부력을 갖게 되나 **잠수복을 착용**하므로 잠수복의 원단과 스타일에 따라 **부력이 더 증가**된다.(* 중성부력: 뜨지도 가라앉지도 않는 부력) ② 다이버는 적당한 무게의 중량벨트를 착용한다. 웨이트라고 부르며 납으로 만들어진다. ③ 중량벨트에 쓰이는 납은 표면을 플라스틱이나 우레탄으로 코팅하여 오염을 방지한다. ④ 중량벨트 선택은 모든 장비를 착용한 상태에서 **눈높이**에 수면이 위치하도록 한다. ⑤ 이때 호흡을 해도 수면이 눈높이에서 크게 이탈되지 않고 아래위로 움직임을 알 수 있다.
부력 조절기 22위 23교	① 수면에서 휴식을 위한 **양성부력**을 제공하며 비상시 구조장비 역할까지 담당한다. ② 잠수복과 중량벨트의 조화로 부력이 중성화되었으나, 네오프렌은 기포(공기거품)로 형성되었기 때문에 수압을 받으면 그 부피가 줄어들어 부력이 저하된다. - 공기를 넣어주면 부력이 조절된다. ③ 부력조절기는 아주 질긴 재질이다. 강한 충격에도 찢어지지 않기 때문에 터지지는 않을까 불안해 할 필요는 없다 ④ 사용 후 깨끗한 물로 씻어야 하고, **내부도** 물로 헹구어서 공기를 넣어 통풍이 잘되는 곳에서 말려야 한다. * 내부로 물안됨(x) 23 교

■ 부력조절기 ■

(3) 호흡을 위한 장비 및 계기 등 ☆ 15 서울, 22 위, 24 장

① 공기통 23교	① 공기통은 고압에서 견디고 가볍다. 알루미늄합금을 주로 사용. 실린더, 렁, 봄베로 불린다. ② 공기통 맨 위 부분에 용량, 재질, 압력, 제품 일련번호, 수압검사날짜 등이 표시된다. ③ 수압검사는 처음 구입 후 5년만에 / 이후 3년마다 / 육안검사는 1년마다 검사를 권장. ④ 신규검사 후 10년까지 5년마다 / 10년 경과 후는 3년마다 규정함.(* ③④ 53으로 시작) ⑤ 공기통은 매년 내부의 습기 및 기름 찌꺼기 유무 등을 점검한다. ⑥ 장기간 보관할 때 공기통에 공기를 50bar(5⁰kg/㎠)으로 압축하여 세워두고, 23교 　(*^^ 공기를 압축해두면 오염이나 이물질이 들어오지 못하기 때문이다) **다음번 사용할 때에는 공기통을 깨끗이 비우고 새로운 공기를 압축하여 사용**한다.
② 호흡기22 2위	① 호흡기는 고압의 공기통에서 나오는 공기를 주변의 압력과 같게 조절하여 준다. ② 다이버는 호흡기로 물속에서 편안히 공기로 숨을 쉴 수 있다. ③ 호흡기는 2단계에 걸쳐 압력을 감소시킨다. ④ 처음 단계에서는 탱크의 압력을 9~11bar(125~150Psi)까지 감소시키고, ▶ 9:1 　이 중간 압력은 두 번째 단계를 거쳐 주위의 압력과 같아지게 된다. 24 장 ⑤ 비상용 보조호흡기는 옥토퍼스(Octopus)라고 부른다. ⑥ 특히 호흡기는 민물(강) 잠수는 깨끗한 물로 세척만으로 좋을 수 있으나, 바닷가에 접한 소 　방서(구조대)는 사용 빈도에 따라서 1년에 한 번 정도는 전체 분해 후 청소, 소모품교환을 　하는 일명 오버홀(overhaul)을 하는 것을 권장한다.(전문기관에 의뢰)
압력계 22위	① 잔압계라고도 한다. 자동차의 연료계기와 마찬가지로 공기통에 공기가 얼마나 있는가를 　나타내주는 호흡기 1단계와 고압호스로 연결하여 사용한다. * 오답 : 저압 24 장
수심계	① 주변 압력을 측정하여 수심을 표시한다. / 현재의 수심과 가장 깊이 들어간 수심을 나타내는 　바늘이 2개 있다. / 수심은 m 또는 Feet로 표시한다. (*^^ 1m: 3,3피트)
나침반	수중 활동 시 방향감각을 잃어버릴 때는 중요한 장비가 된다.
다이브 컴퓨터	최대 수심과 잠수시간을 계산하여 감압정보를 알려준다. / 다이버의 공기소모율을 계산하여 최대잠수가능 시간과 비교하여 현재의 공기압으로 활동 가능시간을 나타낸다.
보조장비	기타 칼, 신호기구, 잠수용 깃발, 수중랜턴, 잠수표 등이 있다.

[3] 수중활동 주의사항 ☆ 08 경기, 13 충북장

압력 평형	① 잠수 중 변화하는 수압에 적응하기 위해 신체 또는 장비와의 공간에 들어있는 기체부분의 　압력을 수압과 맞춰주는 것으로 "이퀄라이징" 또는 "펌핑"이라 한다. ② 귀의 압력 균형은 하강이 시작되면 곧 코와 입을 막고 가볍게 불어 준다. 　압력을 느낄 때마다 수시로 불어주며 숙달되면 마른침을 삼키거나 턱을 움직여 준다. ③ 압력평형이 잘되지 않으면 약간 상승하여 실시하고 다시 하강한다. ④ 무리하게 귀의 압력균형을 하거나 통증을 무시하고 잠수하면 고막이 손상을 입을 수 있 　으며 상승 중에 절대로 코를 막고 불어주면 안 된다. (* 상승시는 천천히, 자연스럽게~)
수경 압착	수경이 얼굴에 밀착되면 수압으로 통증을 느낄 수 있다. 이때 수경 내의 압력을 유지 하기 위해 수경의 테두리를 가볍게 누르고 코를 통해 수경 내부로 공기를 불어넣어 준다.
잠수 및 상승	• 반드시 2인 1조로 짝을 이루어 잠수하도록 하고 수시로 공기량을 체크한다. • 수면에 도착했을 때 (기본적인) 50bar가 남아 있도록 잠수계획을 세우는 것이 좋다. • 잠수시간과 공기량을 확인하고 동료에게 상승하자는 신호를 보내고 머리를 들어 위를 보며

오른손을 들어 360° 회전하면서 주위 위험(장애)물을 살피며 천천히 상승한다.
· 상승 중에는 부력조절기 내의 공기와 잠수복이 팽창하여 부력이 증가하므로 왼손으로 부력조절기의 배기 단추를 잡고 위로 올려 공기를 조금씩 빼면서 분당 <u>9m, / 즉 6초에 1m</u>를 초과하지 않는 속도로 상승한다.
· 상승 시는 정상적인 호흡을 하고 비상시는 상승할 때에 숨을 내쉬는 것이 필요하다.
  (* 공기를 뺀다는 뜻, / 헬스장에서 기구운동할 때도 힘든 동작 때 숨을 내쉰다)
· 내 쉰 공기방울 중 작은 기포가 올라가는 것보다 느리게 상승하며 수면에 가까울수록 속도를 줄인다. 수심 5m에서는 항상 5분 정도 안전 감압정지를 마치고 상승한다.

■ 왜? 물속에서 상승할 때는 느리게 해야 하는지? (그 개념)
① 물속 깊이 잠수할수록 압력이 커지니 몸속 질소는 혈액과 조직에 더 녹게된다.
② 녹아든 질소는 빠르게 상승시 저압으로 기포(거품)로 변해 혈관을 막을 수 있다. 그래서
③ 물속에서 상승 시 천천히(9m/분= 약 1m/6초) 올라오면서 몸에서 질소를 안전하게 배출한다.
④ 급격히 상승 시 수압이 낮아지니 폐속 공기가 팽창하여 조직 손상(심하면 기흉, 사망)이 발생한다.

[4] 긴급 상황에서의 조치

비상 수영 상승	수중에서 호흡기가 고장나거나 공기가 없을 때 안전하게 수영해서 상승하는 방법이다. ① 수심이 얕을수록 쉬우며, 보통 15~20m 이내의 수심에서는 쉽게 성공할 수 있다. ② 가능한 천천히 올라오는 것이 좋으나 긴급 상황이므로 정상보다 빨리 올라온다. ③ 상승 중 폐 속에 **팽창되는 공기가 저절로 빠지도록 고개를 뒤로 젖혀 기도를 연다.** ④ 오른손은 위로 올리고 왼손은 부력소설기의 배기 단추를 눌러 속도를 줄인다. 상승 중에 '아~' 하고 소리를 계속 <u>작게</u> 내면 적당한 양의 공기가 폐에서 나간다. ⑤ 공기가 다했다고 호흡기를 입에서 떼면 안 된다. 상승 중 <u>5m</u>마다 한번씩 빨아본다. ⑥ 올라오는 속도를 빨리하고 싶으면 웨이트 벨트(중량벨트)를 풀어버린다. ⑦ 얕은 곳에 올라올수록 **상승 속도를 줄인다**. 팔, 다리를 벌리면 속도가 줄어든다. ⑧ 수면에 도달하면 오리발을 차면서 부력조절기에 공기를 넣고 몸을 뒤로 눕힌다.
보조 호흡기를 이용한 상승	수중에서 공기가 떨어진 다이버가 짝(동료)의 도움을 받아 상승하는 방법이다. ① 공기가 떨어진 다이버는 즉시 신호를 보내어 비상용호흡기로 공기 공급을 요청한다. ② 공급자는 자신이 물던 호흡기를 요청자에게 주고 자신은 비상용호흡기로 호흡한다. 이때 ③ 공급자는 요청자 오른손 부력조절기 어깨끈을 오른손으로 붙잡아 멀어지는 것을 방지한다.
짝호흡 상승*	수심이 깊고 짝이 비상용 호흡기를 가지고 있지 않은 경우에 한 사람의 호흡기로 두 사람이 교대로 호흡하면서 상승하는 방법으로 <u>가장 힘들고 위험</u>한 방법이다. ① 먼저 자기 짝에게 공기가 떨어졌으니 짝 호흡하자는 신호를 보낸다. ② 신호를 받은 즉시 **왼손을** 뻗어 공기 없는 짝의 어깨나 탱크 끈을 잡고 가까이 끌어당겨서 오른손으로 자신의 호흡기를 건네준다. ③ 호흡기를 건네줄 때는 똑바로 물 수 있도록 해주고 짝이 누름단추를 누를 수 있도록 호흡기를 잡는다. 이때 공기를 주는 사람이 계속 호흡기를 잡고 있어야 한다. ④ 호흡은 한 번에 <u>두 번씩만</u> 쉰다. 호흡을 참는동안 공기를 조금씩 내보내며 상승한다. ⑤ 호흡속도는 평소보다 약간 빠르게 깊이 쉬어야 하며 너무 천천히 하면 기다리는 짝이 급해진다. 가능한 한 상승속도는 정상속도(분당 9m)를 초과하지 않도록 한다.

[5] 잠수계획과 진행

■ 잠수표의 원리** ☆ 12 서울교, 부산장, 13 서울교,장, 20 위, 22 장

헨리의 법칙	① 헨리의 법칙은 압력 하의 기체가 액체 속으로 용해되는 법칙을 설명하며
	   - 용해되는 양과 그 기체가 갖는 압력이 비례한다는 것이다.
	② 예 압력이 2배가 되면 2배의 기체가 용해된다. / 이 개념은 스쿠버다이빙 때에 그 압력 하에서 호흡하는 공기 중의 질소가 체내조직에 유입되는 과정과 관계가 있다.
	③ 사이다 뚜껑을 열면 녹아있던 기체가 거품이 되어 나온다. 사이다는 고압의 탄산가스를 병 속에 유입시킨 것이기 때문이다.(*^^ 헨리: 압력이 클수록 잘 녹는다는 법칙.)
	   (* 연상: 헨리는 기체가 압력에 비례해서 용해되는 사이다를 좋아한다. / 사이다법칙)
	④ 이것은 잠수 후 갑작스런 상승으로 외부 압력이 급격히 저하되어 혈액 속의 질소가 거품의 형태로 변해 <u>감압병</u>(잠수병, 해녀병)의 원인이 되는 원리와 같다.

감압의 필요성	① 매 잠수 때마다 몸속으로 다량(78%)의 질소가 유입된다. ② 용해되는 양은 잠수 수심과 시간에 비례한다. 일정한 양을 초과해 질소가 몸속(혈액속)으로 유입된다면 몸(혈액)속에 포화된 질소를 배출하기 위하여 상승을 잠시 멈추어야 한다. ③ 감압병은 상승할 때에 감압 지점에서 감압 시간을 지키지 않았을 경우 걸리게 된다. ④ 무감압 한계시간 이내의 잠수를 했더라도 상승 중 규정속도(분당 9m)를 지키지 않으면 발생할 수도 있다.
홀데인 (할덴) 이론	① 홀데인(할덴)의 이론은 용해되는 압력이 다시 환원되는 압력의 2배를 넘지 않는 한 신체는 감압병으로부터 안전하다는 이론이다.(*^^ 용해압력이 환원 시 2배차이만 넘지 않으면) ② 오늘날 사용되는 미해군 잠수표(테이블)은 이러한 이론에 기초를 둔 것이다. ③ 제한된 시간과 수심으로 정리된 잠수표(테이블)에 따르면 감압병을 일으키는 거품이 형성되지 않는다. (*^^ 아래칸 박스를 말한다.) ④ 상승속도는 유입되는 질소의 부분압력이 지나치지 않는 수준에서 지켜져야 한다.
최대잠수 가능시간	① 잠수 후 상승속도를 분당 9m로 유지하면서 수면으로 상승하면 체내의 질소를 한계 수준 미만으로 만들 수 있다. 따라서 ①②번 22 장 ② 상승 중 감압정지를 하지않고 일정수심에서 최대로 머물 수 있는 시간이 수심에 따라 제한되어 있다. (예 30m에서는 감압정지없이 25분 머물 수 있다는 뜻) - 이것을 "<u>최대잠수 가능시간</u>" 또는 "<u>무감압 한계시간</u>"이라 한다. ③ 안전을 위해 이러한 최대잠수가능시간 내에 잠수를 마쳐야 한다. ④ 잠수표는 이러한 최대잠수가능시간을 수심별로 나열하여 감압병을 예방하고자 만든 것이다. (*^^ 최대잠수 가능시간: 감압없이 머물수 있는최대시간) **최대 잠수 가능시간 (테이블)** | 깊이(m)	시간(분)	깊이(m)	시간(분)	깊이(m)	시간(분)
---	---	---	---	---	---
10.5	310	21.0	50	33.5	20
12.2	200	24.4	40	36.5	15
15.2	100	27.4	30	39.5	10
18.2	60	30.0	25	45.5	5	
잔류질소	① 우리가 안전한 상승을 할지라도 체내에는 잠수하기 전보다 많은 질소가 남아 있다 ② 이것을 잔류질소라 하고 호흡에 의해 <u>12시간</u>이 지나야 배출된다. ③ 재 잠수를 위해 물에 다시 들어가는 경우 계속적으로 축적되는 질소의 영향으로 변화되는 시간과 수심을 제공하여 재 잠수는 줄어든 시간 내에 마치도록 한다.

■ 잠수 용어*** ☆ 12 위, 12, 13부산교, 14대구교, 경북장, 15서울, 소방장, 20, 22 장, 23 위

실제잠수시간	수면에서 하강하여 최대수심에서 활동하다가 상승을 시작할 때까지의 시간이다.
잠수계획도표	이 잠수계획도표를 사용하게 되면 보다 계획적이고 효율적인 잠수를 할 수 있다. 하강시작 시간 — 수면 — 잠수시간 — 최대잠수 — 상승 — 안전정지 (5m, 5분) — 수면도착 B (잔류질소군)
잔류질소군	잠수 후 체내에 녹아 있는 질소의 양(잔류질소)의 표시를 영문 알파벳으로 표기한 것을 말한다. 가장 작은 양의 질소가 녹아 있음을 나타내는 기호는 A이다. 💧
수면 휴식시간	① 잠수 후 재 잠수 전까지의 수면 및 물 밖에서 진행되는 휴식시간을 말한다. ② 12시간 내의 (잔류질소를 배출하고) 재 잠수를 계획하는데, 가장 중요한 것은 수면 및 물 밖의 휴식 동안 몸 안에 얼마만큼 잔류질소가 남아 있는가이다. ③ 수면휴식시간이 많을수록 용해된 신체 내 질소는 호흡을 통해 밖으로 나간다 ④ 다시 잠수하기 전 체내에 잔류된 질소의 양을 알아보기 위하여 새로운 잠수기호를 설정한다. (이 기호는 수면휴식시간표를 사용하면 쉽게 찾을 수 있다.)
잔류질소시간	✪ 체내의 잔류 질소량을 잠수하고자 하는 수심에 따라 결정되는 시간으로 표현.
감압정지와 감압시간 15소방장	✪ 실제잠수시간이 최대잠수가능시간을 초과했을 때에 상승 도중 감압표상에 지시된 수심에서 지시된 시간만큼 머무르는 것을 "감압정지"라 하고, / 머무르는 시간을 "감압시간"이라 한다. 감압은 가슴 정 중앙이 지시된 수심에 위치해야 한다.
재잠수 23위	✪ 스쿠버 잠수 후 10분 이후부터 12시간 내에 실행되는 스쿠버 잠수를 말한다.
총잠수시간	✪ 재 잠수때에 적용할 잠수시간의 결정은 총잠수시간으로 ▶ 총잠수는 잔류+실제=(총장실) - 전잠수로 인해 줄어든 시간(잔류질소시간)과 실제 재잠수시간을 합하여 나타낸다.
최대잠수가능 조정시간 (= 재조정된 최대잠수시간)	✪ 역시 재 잠수때에 적용할 최대잠수가능시간의 결정은 잔류질소시간에 따라 변한다. 최대잠수가능조정시간 = 최대잠수가능시간에서 잔류질소시간을 뺀 나머지 시간이다. ▶ 암기 : 조가잔(* 연상 : 조카잔) 실제잠수시간 최대잠수가능시간 − 잔류질소시간 + 잔류질소시간 최대잠수가능시간 총 잠수시간 (재잠수 계획) (재잠수 후 검토) 첫다이빙 F (잔류질소군) 재다이빙 잠수시작 — 하강 — 잠수시각 — 상승 — 안전정지 — 수면휴식 — 하강 — 잠수시각 — 상승 — 안전정지 — 수면휴식
안전정지	✪ 모든 스쿠버잠수 후 상승할 때에 수심 5m에서 약 5분간 정지하여 상승속도를 완화한다. 이러한 상승 중 정지를 "안전정지"라고 한다. 이 안전정지시간은 잠수시간과 수면휴식시간에 포함시키지 않는다. 또한 감압지시에 따른 감압과 무관하다. (*^^ 별도로 함)

[6] 잠수병★★★   ☆ 13대구교, 14경기장, 15부산, 17 교 위 18 교, 장, 21 교장, 23 장, 위

구분	내용
질소마취 14 경기장, 18소방교장	수중으로 깊이 내려갈수록 호흡하는 공기압력(기압)이 증가함에 따라 공기중의 질소(부분)압도 증가하는데, 수심 **30m 이상**에서는 고압의 질소가 인체에 마취작용을 일으킨다.
	증세: 몸이 나른하고 정신이 흐려져 술에 취한 것과 같은 엉뚱한 행동을 하게 된다
	치료: 얕은 곳으로 올라오면 다시 정신이 맑아진다. (질소마취는 후유증이 **없어서**)
	예방: 스포츠 다이빙에서는 30m 이하까지 잠수 금지.
산소중독	사람은 산소를 지나치게 많이 함유한 공기를 호흡하게 되면 산소중독을 일으킨다. ① 산소의 부분압이 0.6 대기압 이상인 공기를 장시간 호흡할 경우 중독되기 시작한다. 　(*^^ 일반적 산소분압은 0.21 이니까, 3기압이나 상압은 산소 60%에서 중독된다는 뜻!) ② 호흡 기체 속에 포함된 산소의 최소 한계량과 최대 허용량은 산소의 함유량(%)과는 관계가 없고 산소의 부분압(=분압)과 관계가 있다. ③ 인체의 산소사용 가능범위는 약 **0.16기압~1.6기압** 범위이다. ▶ 인체 이6l6 　❶ 산소부분압이 0.16기압 이하면 저산소증이 발생하고 (*^^ 산소 16%) 　❷ 산소분압이 1.4~1.6기압이 될 때 나타난다.(*^^수심 60~70m) ▶ 1416 ☆ 21 교장 ④ 1.4(60m)는 작업 시 분압, 1.6(70m)은 정지 시 분압이다.(* 1.6은 노출되어서 안 된다)
	증세: 현기증, 발작, 호흡곤란. 근육의 경련, 멀미. ▶ 암기: 현발호 경멸(=경명)
	예방: 순수 산소를 사용하지 말고 반드시 공기를 사용한다. 23장
탄산가스중독★ 13 서울장 17위,18교장 23장	잠수 중 탄산가스가 충분히 배출되지 않고 몸속 축적되면 CO_2 중독을 일으킨다. CO_2 중독은 다이빙 중에 공기를 아끼려고 숨을 참거나 힘든 작업시에 생긴다.
	증세: 호흡이 가빠지고 숨이 참, 안면 **충혈**, 심할 경우 **실신**. ▶ 암기: 호충실 23장
	예방: 크고 깊은 호흡(= 거대호흡)을 규칙적으로 한다. * 오답: 크고 얕은 호흡
감압병★★ 12,14부산교 12경북교장 13대구소방교 18소방교장	공기는 혈액을 통해 각 조직으로 보내진다. 산소는 일부 소모되지만 질소는 남는다. ① 수압이 증가하면 질소의 양(녹는양)도 증가하는데, 다이버가 오랜 잠수 후 갑자기 상승하면 외부 압력(수압)이 급격히 낮아지므로, (압력차이로) 몸속의 질소가 과포화된 상태가 되고 인체의 조직이나 혈액 속에 기포를 형성하는 감압병에 걸리게 된다. ② 증세는 약 80%가 잠수 후 1시간 이내 나타난다. (* 드물게는 12~24시간 이후)
	증세: ❶ 경미한 경우: 피로감, 피부가려움증. ▶ 암기: 피가 * 오답: 통증있다. ❷ 심한 경우: 호흡곤란, 질식, 손발이나 신체마비. ▶ 암기: (피가) 호질마비
	치료: 재가압요법으로 다이버를 고압챔버에 넣고 다시 압력을 가해서 몸속에 생긴 기포를 인체에 녹아들어가게 하고 천천히 감압한다. ✪ 재가압을 위해 다이버를 물속에 다시 들어가게 하는 것은 매우 위험하다.
	예방: 수심 30m 이상 잠수하지 않으며, 상승 시 1분당 9m 상승속도를 준수한다.
공기 색전증 16대구교 16 ~ 18 소방교장	압력이 높은 해저에서 압력이 낮은 수면으로 상승할 때 호흡을 멈추면 폐 속의 공기는 팽창하고 결국 폐포를 손상시키며, 공기가 폐에서 혈관에 들어가 혈관의 흐름을 막게되어 혈류를 공급 받지 못하여 발생하는 질환이다. 23위 (*^^ 색전= 막힘)
	증세: 의식불명, 혈포(血泡), 기침 등 ▶ 암기: 의혈기침(= 의혈침) 21교
	치료: 재가압요법을 사용한다.(* 치료는 감압병과 같다)
	예방: 부상할 때 절대로 호흡을 정지하지 말고 급속한 상승을 하지 않으며, 해저에서는 공기가 없어질 때까지 있어서는 안 된다. 23장

4 수중탐색(검색)** ☆ 12 부산교, 13 위, 14 대구교, 경북·부산장, 16 부산장, 17 장, 18 위, 23 장, 24 위

수중에서 익사자(익사체 포함)를 구조 및 탐색함에 있어 익사 지점을 정확히 알려준다고 해도 실제 그 지점이 아닌 경우가 대부분이다. / 물체(익사자 또는 익사체)가 가라앉거나 가라앉은 뒤 수류나 파도에 의해 떠내려 갈 수 있기 때문에 탐색을 시작하기 전에 가라앉은 물체가 있다고 예상되는 구역을 적절히 설정한다. / 이때 구역의 **범위**를 쉽게 인식할 수 있도록 부두, 방파제, 제방, 해안선 등의 지물을 이용하여 직사각형이나 정사각형으로 설정한다.

_____*

(1) 줄을 사용하지 않는 탐색형태** ☆ 13 부산, 14 부산교·장, 경북장, 18 위, 19 소방장, 20 위

가장 간단한 탐색형태는 아무런 장비나 도구 없이 하는 방법이다. 이런 방법은 계획과 수행이 쉬운 반면, 줄을 이용한 방법보다 정확도가 떨어지는 단점이 있다. ▶ 암기: 줄없는 소등u자

① 소용돌이 탐색*	비교적 큰 물체를 탐색하는데 적합한 방법으로 탐색구역의 중앙에서 출발하여 이동거리를 조금씩 증가시키면서 매번 한 쪽 방향으로 90°씩 회전하며 탐색한다.	
② 등고선 탐색* 16부산장, 16경북교	① 해안선이나 일정간격을 두고 평행선을 따라 이동하면서 물체를 찾는 방법으로 물체가 있는 수심과 위치를 비교적 정확하게 알고 있을 경우에 유용하다. ② 탐색 형태라기보다는 탐색기술의 한 방법으로 물체가 있다고 예상되는 지점보다 바다 쪽으로 약간 벗어난 곳에서부터 시작한다. ③ 해변의 경우 예상되는 지점보다 약 30m 정도 외해 쪽으로 벗어난 곳에서 해안선과 **평행**하게 이동하며 탐색한다. ④ 계획된 범위에 도달하면 해안선 쪽으로 약간 이동한 뒤 지나온 경로와 평행하게 되돌아가며 탐색한다. ⑤ 평행선과 평행선과의 거리는 시야범위 정도가 적당하며 경사가 급한 곳에서는 수심계로 수심을 확인하며 경로를 유지할 수도 있다.	
③ u자탐색* 15충남교·장	① 탐색 구역을 "ㄹ"자 형태로 탐색하는 방법으로 장애물이 없는 평평한 지형에서 작은 물체를 탐색하는데 적합하다. ② 각 평행선의 간격은 시야거리 정도가 적당하며, ③ 수류가 있을 경우에는 수류와 평행한 방향으로 이동한다.	

■ 요점 ① 소용돌이: 큰 물체 / ② 등고선: 물체 보일 때 / ③ U자: 작은 물체 (* **크**게, **보**이지만, **작**다)

☞ 요약 (줄이 없는 탐색의 연상기억)
① 소용: 큰 물체, 중앙 ➡ 90도회전(* 소가 제 몸보다 큰 물체를 중앙에서 90도씩 꺾어봐도 소용없다)
② 등고선: 물체가 눈에 보이니까 평행선을 따라, 해변 30m 바깥쪽으로 산 등고선처럼 탐색한다.
③ u자: 작은 물체를 ㄹ자(∴ 영어: 소문자 u자) 형태로.
  ▶ 종류암기: 줄없는 소등u자 (* **연상**: 줄이 없어 소가 등으로 작은 **u자**를 그리며 춤을 춘다.)
✪ ①②③ 키워드: (줄로 당길수 없어) **크**게, **보**이지만, **작**다.(크보작 = 대보소)
✪ 암기: 줄없는 소등u자, / * 키워드 줄없이 대보소

구조 5장 - 구조기술 289

(2) 줄을 이용한 탐색** (*^^ 정확도가 더 있음) ★ 13, 위 13, 14 부산교·장, 경북장, 16 경남, 경북, 18 위, 24 위

줄을 이용하지 않는 탐색보다 정확하다. 물 흐름이 있거나 작은 물체 찾을 때 효과적이다, 시야 불량한 곳에서 줄을 이용한 신호를 보낼 수 있다. 줄 당기는 숫자로 의미를 정한다.

① 1번 - 탐색을 시작함   ② 2번 - OK? 또는 OK!   ③ 3번 - 반대쪽에 도착했음
④ 4번 - 이쪽으로 오라   ⑤ 5번 - 도와달라!   ▶ 시오(co) 반이도

직선탐색 13소방위 16경기교 18소방장 24소방위	① 시야가 좋지 않고 탐색면적이 넓은 지역에 사용한다. ② 탐색하는 구조대원 인원수에 따라 광범위하게 폭넓게 탐색할 수 있으나 대원 상호간에 팀워크가 중요하다. ③ 먼저 탐색지역을 설정하고 수면의 구조대원이 수영을 하며 수중에 있는 여러 명의 대원을 이끌며 탐색한다. ④ 구조대원간의 간격은 시정에 따라 적절히 배치한다.	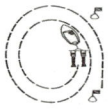  ■ 수면과 수중의 구조대원 ■ ■ 수면의 구조대원이 수중에서 탐색하는 대원을 이끈다. ■
원형 탐색 16부산교 18소방위 19소방교 22소방교 23소방장	① 시야가 좋지 않으며 탐색면적이 좁고 수심이 깊을 때 활용하는 방법이다. ② 인원과 장비의 소요가 적은 반면 탐색할 수 있는 범위가 좁다. ③ 탐색 구역의 중앙에서 구심점이 되어 줄을 잡고, 다른 한 사람이 줄의 반대쪽을 잡고 원을 그리며 한바퀴 돌면서 탐색한다. ④ 출발점으로 한바퀴 돌아온 뒤에 중앙에 있는 사람이 줄을 조금 풀어서 더 큰 원을 그리며 탐색하는 방법을 반복한다. - 물론 줄은 시야거리 만큼씩 늘려나간다.	 ■ 원형 탐색 ■
왕복탐색	① 시야가 좋고 탐색면적이 넓을 때 사용하는 방법이다. ② 탐색구역의 외곽에 평행한 기준선을 두 줄로 설정하고, 기준선과 기준선에 수직방향의 줄을 팽팽하게 설치한다. ③ 실제 구조활동 시는 두 명의 다이버가 동시에 같은 방향으로 이동하면서 수색에 임한다. ④ 특히 시야가 확보되는 않는 경우 긴급사항이 발생 시 반대에서 서로 비껴 지나가는 방법은 맞지 않으며 인명구조사 1급 교육시에도 두 명의 다이버는 동시에 같은 방향으로 이동하면 수색하는 방법으로 교육을 실시하고 있다.	
반원 탐색	① 조류가 세고 탐색면적이 넓을 때 사용한다. ② 원형탐색을 응용한 형태로 해안선, 방파제, 부두 등에 의해 원형탐색이 어려울 경우 반원형태로 탐색한다. ③ 원형탐색과의 차이점은 원을 그리며 진행하다 계획된 지점이나 방파제 등 장애물을 만날 경우 줄을 늘리고 방향을 바꾸어서 반대방향으로 전진하며 탐색한다는 것이다. ④ 정박하고 있는 배에서 물건을 떨어뜨릴 경우 가라앉는 동안 수류가 흐르는 방향으로 약간 벗어나게 되기 때문에 수류의 역 방향은 탐색할 필요가 없다. / 이런 경우 원형탐색을 한다면 비효율적이며 수류가 흘러가는 방향만을 반원탐색으로 한다.	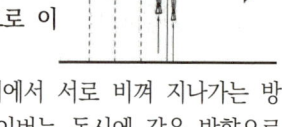 ■ 반원 탐색 ■

☞ 요약(줄을 이용한 탐색)   ▶ 종류 암기: 줄있는 직원왕반(* 직원양반)
① 직선: 시야 안 좋고 탐색면적이 넓은 지역   ② 원형: 시야 안 좋고 탐색면적 좁고, 수심 깊을 때
③ 왕복: 시야 좋고 탐색면적이 넓을 때   ④ 반원: 조류가 세고 탐색면적이 넓을 때
* 연상: ①② 직원이 안경을 쓰고 넓은데서 좁혀가며 ③④ 양반은 안경없이 / ①③④: 넓을 때, ② 좁을 때

5 표면공급식 잠수

① 정의: 선상이나 육상의 공기(혼합기체)를 호스로 통해 물속 잠수사 헬멧에 공급하는 방식.
② 특징: **장시간 체류 가능**, 수상과 수중의 잠수사끼리 **통화 가능**, 수상(표면)에서 잠수사 수심을 정확히 측정하며, 표면에서 **지휘·통제**할 수 있지만 행동 범위에는 제약을 받는다.
  즉, 반드시 비감압 잠수를 해야 하며, 짝 잠수를 해야 한다. ▶ 암기: 기수는 기호자이다.
② 단점: ① 기동성 저하 ② 수직이동 제한 ③ 기체호스의 꺾임 ④ 혼자서 착용하기가 불편함.

제5절 붕괴건물구조

1 건축구조물의 종류 및 특성 ★ 14, 15 서울, 16 경기장

목 재	단열, 방음 성능이 높고 가공이 쉬우나 화재에 약하다 고건축, 단독주택에 주로 사용된다
벽 돌 ★14서울	압축력에는 강하나 풍압력, 지진 등 횡력에 약하고 건물의 높이와 면적에 따라 벽 두께가 두꺼워져 고층 건축이 곤란하며 2층 이하의 건물에 주로 쓰인다. 주택 등의 내력벽체, 일반 건축물의 비내력벽을 구성하는 경우가 일반적이다.
블 록	단열, 방음성이 있고 가벼우며 불연성이다. 시공이 간편하고 대량 건축이 용이하나 **강도가 약해 2층 정도가 한계**이고 창고, 공장 등 **면적이 넓은 건물의 내력벽이나 RC**(철근콘크리트)조 건물의 칸막이 벽, 담장 등으로 많이 사용된다.
돌(石造)	압축강도는 높으나 인장강도가 떨어지며 가공이 힘들어 장식적으로 많이 사용된다.
철근콘크리트(RC)	철근으로 뼈대를 이루고 콘크리트를 부어넣어 일체식으로 성형한 합성구조이다. 인장력은 철근이, 압축력은 콘크리트가 분담하여 강도가 높아 대규모 건축이 가능하다.
철 골(SRC)	RC조보다 경량이고 수평력이 강하다. Span이 긴 건축물과 고층 및 초고층 건물에 적합하지만 내화성(불)이 취약하여 철골 단독으로는 잘 사용되지 않는다. (예) H형 빔)
철골+철근콘크리트	철골로 뼈대를 하고 RC(성근콘크리트)로 피복하는 방식이다. (* Rebar: 철근) 철골의 강도와 RC의 내화성을 함께 갖출 수 있어 **초대형 고층 건축물**에 적합하다.
가구식구조	구조체인 기둥과 보를 부재의 접합에 의한 축조방법 / 목조, 철골구조 방식
일체식구조	① 기둥과 보가 하나로 성형된 것으로 **라멘(Rahmen)구조**라고 함 ② 철근콘크리트, 철골철근콘크리트조 방식
조적식구조	내력벽면을 벽돌, 블록, 돌 등을 교착재(모르타르)를 사용하여 **쌓아올린 구조**
입체트러스	트러스를 3각형, 4각형, 6각형 등 형태로 수평, 수직방향으로 지지하는 구조. 지붕구조물이나 교량에 사용되는 구조양식이다
현수구조	모든 하중을 인장력으로 전달하여 케이블로 지지하는 구조 / 주로 **교량**에 사용된다.
막 구조	① 합성수지 계통의 천으로 만든 곡면으로 공간을 덮는 **텐트와 같은 구조원리** ② **체육관** 등과 같이 넓은 실내공간이 필요한 구조물의 지붕에 사용.
곡면구조	철근콘크리트 등 얇은 판이 곡면을 이루어 외력을 받는 구조로서 쉘과 돔이 있다.
절판구조	평면판을 접어서 휨 모멘트에 저항 강성을 높인 것. **지붕구조**에 주로 사용된다.

조적조 건물의 균형	① 기초의 부동침하 : 한 건축물이 부분적으로 상이하게 침하되는 형상을 말한다. ② 건물 평면 입면의 불균형 및 벽의 불합리한 배치 ③ 집중하중, 횡력 충격 ④ 조적 벽의 길이·높이의 과다, 두께 및 강도의 부족 ⑤ 시공 결함(모르타르의 강도 부족, 이질재와의 접합부 등)
석재의 내화성	석재는 불연성을 가지고 있으나 화재에 접하면 조성 광물질 별로 열팽창율이 다르고 이질적 광물의 대립(大粒)을 함유한 석재는 내응력이 발생, 스스로 파괴된다. 국내 건축물 주재료인 화강암은 약 500~600℃에서 석영성분 팽창으로 붕괴된다.

2 철근콘크리트의 원리와 특성* ★ 24 소방장

보에는 인장력과 압축력이 동시에 작용한다. 인장력에 대응하기 위하여 콘크리트의 인장력이 일어나는 부분에 인장력이 강한 철근을 배열하고 콘크리트를 부어넣어 일체식으로 철근콘크리트를 사용한다. 압축응력은 콘크리트가, 인장응력은 철근이 부담한 것이 철근콘크리트이다.

(1) 철근콘크리트의 성립이유   (*^^ 인장력: 당기는 힘)
 ① 콘크리트는 철근이 부식되는 것을 방지한다.
 ② 콘크리트와 철근이 강력히 철근의 좌굴(挫屈)을 방지하며 압축응력에도 유효하게 대응한다
 ③ 철근과 콘크리트는 열팽창계수가 거의 같다. ↳ (*^^ 좌굴: 기둥 등이 굴절되는 현상)
 ④ 내구·내화성을 가진 콘크리트가 철근을 피복하여 구조체는 내구성과 내화성을 가지게 된다.
                              (* 내구성(耐久性): 오래견딤 / * 내화성(耐火性): 불에 견딤)
(2) 콘크리트의 클리프(Creep)
 콘크리트에 일정한 하중을 주면 더 이상 하중을 증가시키지 않아도 시간의 흐름에 따라 변형이 더욱 진행되는 현상을 말하며 클리프의 증가 원인은 다음과 같다.
 ① 재령이 적은 콘크리트에 재하시기가 빠를수록. (* 재령: 햇수. * 재하: 하중 가해짐)
 ② 물 : 시멘트비(W/C)가 클수록. ★ 24 장
 ③ 대기습도가 낮은 곳에 콘크리트를 건조 상태로 노출시킨 경우.
 ④ 양생이 나쁜 경우. (*^^ 양생: 콘크리트의 굳음)
 ⑤ 재하응력이 클수록. (*^^ 응력: 변형력, *재하응력: 하중으로 변형력)
(3) 콘크리트의 내구성 저하요인   – ※ 재하응력: 누르는 힘(재하)에 대한 버티는 힘–
 ① 하중작용 ② 온도 ③ 기계적 작용 ④ 화학적 작용 ⑤ 전류작용

1) 콘크리트의 화재**   ★ 13 울산교, 14 경기장, 15 울산장, 16 서울장, 17, 18 위

(1) 화재에 따른 흡열 메커니즘과 손상
 ❶ 콘크리트는 200℃~400℃에서 모세관수 및 겔수의 증발로 강한 흡열피크가 발생한다.
 ❷ 600℃에서는 콘크리트 중의 $Ca(OH)_2$의 분해로 강한 흡열피크 발생. (*$Ca(OH)_2$: 소석회)
 ❸ 800℃에서는 콘크리트 중의 $CaCO_3$의 분해로 인한 흡열피크 발생 (*$CaCO_3$: 탄산칼슘)
                              (*^^ 겔수(gel water): 반응고, 흡열피크: 열흡수 현상)
 ✪ 손상원인: 온도응력, 시멘트몰탈 내의 수산화칼슘 분해, 석영질 골재의 Phase(狀) 변화
 ① 화재가 콘크리트에 미치는 영향*   ★ 17 위
  ·표면경도 : 균열, 가열에 따른 약화
  ·균열 : 290℃에서는 표면균열, 540℃에서는 균열 심화

○ 변 색
  ❶ 230℃까지는 정상 (*^^ 연홍색➡ 붉은색➡ 회색➡ 황갈색 순) ▶ 연북회황(* 이연복 회항)
  ❷ 290℃~590℃ : 연홍색이 붉은색(적색)으로 변색
  ❸ 590℃~900℃ : 붉은색이 회색으로 변색 (*^^ 59붉은회)
  ❹ 900℃ 이상 : 회색이 황갈색으로 변색(석회암은 흰색으로 변색) (*^^ 국어사전 순)
  · 굵은 골재 : 573℃에서 부재 표면에 규산질 골재에서는 Spalling 발생 ▶ 오치산 스폴링
  ------*

(2) 콘크리트의 화재성상★   ☆ 13 울산교, 14 경기장, 15 울산장, 16 서울장, 18 소방위
 ① 압축강도의 저하★   * ①~⑥ 골자: 압탄박중균신(▶ 암기: 탄압신 박중균)
  ㉠ 콘크리트는 약 300℃에서 강도 저하가 시작됨. ㉡ 힘을 받고 있지 않은 경우에 강도 저하가
     더 심하게 일어나며 ㉢ 응력(변형력)이 미리 가해진 상태에서 온도영향을 늦게 받는다. 24 위
     (*^^ 압축력을 받고 있지 않으면 그 강도 저하가 더 심하고, 이미 변형되면 전도도 늦다)
 ② 탄성계수의 저하   (* 탄성계수: 본디 모양으로 돌아가려는 힘)
    온도가 증가됨에 따라 재료의 탄성이 저하되고 약화된다.
 ③ 콘크리트의 박리 ☆ 15 울산장
  ㉠ 열팽창에 의한 압축응력(압축변형력)이 콘크리트 압축강도를 초과할 경우 박리가 일어난다
  ㉡ 박리속도는 온도상승 속도와 비례하며, / 수분함량이 많을수록 박리발생이 쉽다. 24 위
  ㉢ 구조물 내 수증기압 상승으로 인장응력이 유발, 박리(벗겨짐)가 발생하는 것이다.
 ④ 중성화속도의 급격한 상승★ ☆ 18, 24 위
  ㉠ 콘크리트가 고온을 받으면 알칼리성을 지배하는 Ca(OH)$_2$(수산화칼슘, 소석회)가 소실되며
     철근부동태막(= 부식방지막)이 상실, 콘크리트가 중성화된다. * 오답 : 앙칼리화
  ㉡ 콘크리트는 기본적으로 알칼리성을 띠고 있어 내부 철근의 산화속도를 늦춘다.
     - 철근은 알칼리성인 콘크리트 속에서는 거의 부식되지 않는다. * 오답 : 산성화
  ㉢ 콘크리트 중성화(알칼리성의 상실)는 수명을 단축시키는 치명적인 원인이다.
 ⑤ 열응력에 따른 균열 발생★ ☆ 18 위
    표면온도와 콘크리트 내부 온도차이에 의한 열팽창율 차이에 따라 내부 응력이 발생하고
    이 열응력이 콘크리트의 압축강도 보다 커지면 균열이 발생한다. (* 응력: 변형력)
 ⑥ 콘크리트 신장의 잔류 ☆ 18, 24 위
    화재로 콘크리트의 온도가 500℃를 넘으면 냉각 후에도 잔류신장을 나타낸다.(* 신장: 늘어짐)

(3) 콘크리트의 폭열(爆裂)
 ① 콘크리트 내부에 포함된 수분이 급격한 온도 상승에 따라 수증기화하고 이 수증기가 콘크리트
    를 빠져나오는 속도보다 더 많이 발생할 때 콘크리트에서 폭열이 발생한다.
 ② 열응력과 함께 콘크리트 0계수, 압축강도저하, 급격한 온도상승 증기압으로 일부 폭열한다

  > ✪ 콘크리트 폭열 : 콘크리트 배합이 잘못된 경우이거나 급격한 온도상승의 경우로 철근과 콘크리트의
  >   열팽창 차이에 따라 철근의 부착력이 감소하여 콘크리트의 표층이 벗겨지고 파괴되는 현상이다.
  >   (* 콘크리트가 폭열되면 잘게 부서지며 콘크리트 조각이 비산되어 주변에 피해를 초래하기도 한다.)

 ③ 콘크리트 폭열에 영향을 주는 인자
  ❶ 화재강도(최대온도) ❷ 골재의 종류 ❸ 구조형태 / 보의 단면, 슬래브의 두께
  ❹ 화재의 형태(부분 또는 전면적) / 구조물의 변형 및 구속력의 강도결정
  ❺ 콘크리트의 함수량 / 굳지 않은 습윤 콘크리트는 높은 열에 의한 증기압으로 쉽게 폭열한다.
 ④ 콘크리트의 화재지속으로 인한 파손 깊이
  ❶ 80분 후(800℃) 0~5㎜ ❷ 90분 후(1,000℃) 15~25㎜ ❸ 180분 후(1,100℃) 30~50㎜.

2) 철의 화재성상

(1) 철의 강도와 화재온도와의 관계
① 온도에 따라 결정의 격자 형태가 바뀌는데 인장·압축강도 등 물리적으로 큰 영향을 받는다. 철은 내부에서 인장·압축응력을 받으며 온도의 증가에 따라 강도가 저하된다.
② 철강 역시 온도가 높아지면 하중이 증가하지 않아도 변형률이 증가하는 Creep* 현상이 발생하며 350℃~400℃에서 나타난다.
③ 응력이 크고 고온일수록 변형률이 크게 증가하고 파단까지의 시간이 짧다.
④ 철재는 약 870℃에서 강도가 현저히 저하된다.(화재 후 재사용 여부를 신중히 검토.)
　　(* 철이 350~400℃는 크리프 현상. / 870℃에서 강도 급격 저하 / [※ 철재 휨임현상은 600℃])

(2) 철의 화재성상과 내화피복
　내화피복이란 철이 변형되는 열을 차단하기 위해 단열성능이 우수한 피막을 입히는 것.
① 온도 변화에 따른 철의 강도 변화와 내화 피복
　㉠ 열에 의해 철근은 콘크리트의 구속을 받지않고 독자적으로 신장한다.
　㉡ 노출된 철은 ❶ 500℃에서 강도의 50%를 상실하고 ❷ 900℃에서 0에 가깝다.
　㉢ 3cm 이상의 콘크리트로 피복된 철근은 800℃까지는 강도에 치명적인 영향을 받지 않는다.
② 내화상 필요한 피복 두께는 철근의 항복점이 약 1/2로 되는 500℃~600℃ 이하로 되도록 다음과 같이 정하였다. (*^^ 노출된 철은 약 500℃에서 강도의 50%를 상실된다는 뜻)
　❶ 벽과 슬래브 : 1시간 내화기준인 2cm이다. ↑(*^^ 항복점: 영구변형 시작점)
　❷ 기둥과 보 : 기둥과 보는 구조내력상 주요한 부분이므로 2시간 내화를 생각해서 3cm이다.
③ 경화한 콘크리트는 표면에서 공기 중 이산화탄소의 영향을 받아 서서히 알칼리성을 잃고 중성화한다. 좋은 콘크리트일수록 중성화 과정이 늦으며 / 보통 콘크리트 표면에서 ❶ 4cm까지 중성화되는 데 약 110년, ❷ 5cm까지는 약 180년 정도 걸리는 것으로 알려져 있다.
④ 철골구조 내화피복: 현장타설 공법, 바르는 공법, 붙이는 공법, 뿜칠(spray)공법 등

현장타설 공법	철강재를 철근콘크리트로 피복하는 일반적인 방법. (* 퍼넣는 공법)
뿜칠(spray) 공법	암면, 질석, 석고, 퍼라이트 및 시멘트 등의 혼합물을 강 구조에 뿜어 칠하는 방법이다. 근래에 많이 사용. (* 뿜는 스프레이 공법)
건식 공법	벽체 경량철골에 석고보드 등을 붙여서 내화구조체를 이룸 (* 붙힘 공법)
내화도료 등을 칠하는 방법	석유화학공장 등의 외부에 노출된 철골이나 체육관 등 대 공간 철재구조물에는 내화도료 등을 칠하는 사용방법. (* 바름 공법)

■ 콘크리트 숫자 정리: (*^^ 연홍색➡ 붉은색➡ 회색➡ 황갈색 순) ▶연북회황(* 이연북세프 회황) 24 위
・230℃까지는 정상 / ・290℃에서는 표면균열, 540℃에서는 균열 심화 / *2954 표심균열
・300℃에서 강도가 저하. / ・500℃를 넘으면 냉각 후에도 잔류신장 / * 300저하/500신장
・200℃~400℃에서 모세관수 및 겔수의 증발로 인한 강한 흡열피크 / * 24세 모세나이
・600℃에서는 수산화칼슘으로 흡열피크 / ・800℃에서는 탄산칼슘으로 흡열피크 / * 68수탄
・290℃~590℃ : 연홍색이 붉은색으로 변색 / ・590℃~900℃ : 붉은색이 회색으로 변색
・900℃ 이상 : 회색이 황갈색으로(석회암은 흰색으로 변색) / ・573℃ : 골재에 Spalling 발생.

---

* 응력: 변형력　　　* 신장: 길게 늘림(길이 등)　　　* 인장력(인력+장력): 끌어당기거나 늘어뜨리는 것
* $Ca(OH)_2$: 수산화칼슘, 소석회　　* $CaCO_3$: 탄산칼슘, 탄산석회　　* Spalling: 스폴링(쪼개지고 벗겨짐)
* Creep 현상 : 시간이 흐름에 따라 변형이 증대하는 현상.　　　* 인장강도: 당기는 힘에 버티는 강도

3 화재에 의한 건축물의 붕괴 (* 중요도 낮음)

(1) 붕괴의 주원인
　① 부재간의 결합력 상실　▶ 부철고(부철고등학교)
　　콘크리트나 벽돌에 비해 철재의 열팽창 계수가 매우 크기 때문에 이들 간의 접촉부분이 파괴되는 현상이 발생한다. 따라서 이들 상호간의 연결부분이 파괴되어 건물의 골조와 벽 사이의 결합력이 상실된다. (* 부재: 재료)
　② 철근과 콘크리트의 결합력 상실　☆ 16 서울장
　　철근콘크리트에 있어서 콘크리트의 열팽창률이 철근에 비해 20% 작기 때문에 철근과 결합력이 상실되어 강도가 저하되고 붕괴의 원인이 된다. (* 콘크리트 열팽창률 < 철근 열팽창률)
　③ 고온에 의한 폭열 (*^^ 열팽창량: 열팽창계수 × 온도변화량)
　　콘크리트의 큰 열팽창과 함수율 때문에 급격한 화재온도 즉, 1,000℃~1,200℃가 되면 슬래브 바닥이나 대들보 표면이 폭열하여 큰 콘크리트도 파편이 되어 비산할 수 있다.

(2) 화재 시 건물의 강도 저하
　① 내화구조 건물 화재 시 실내온도의 변화
　　㉠ 화재는 성장기, 최성기, 쇠퇴기(감쇄기)로 진행되나 화재 계속 시간은 목조건물이 30분 전후임에 비해 내화구조 건물은 2~3시간 또는 수 시간 이상 지속되기도 한다.
　　㉡ 최고온도는 목조보다 낮아 800~1,000℃ 전후가 많고 발화 후 15분 정도면 최성기에 도달한다.
　② 콘크리트 구조체의 내부온도 변화
　　콘크리트 건물이 화재로 가열되면 벽과 바닥은 화재 1시간 경과 후 거리에 따라서 온도의 분포가 360~540℃ 정도에 이르며 보와 기둥은 250~600℃에 도달한다.
　③ 구조재료의 열적 성상
　　㉠ 콘크리트가 열을 받으면 골재와 페이스트의 열팽창률의 차이에 의해서 콘크리트가 약화되고 온도상승에 따라 수분증발과 시멘트 수화물 중 **수산화칼슘**의 분해로 골재와 페이스트 접착면이 파괴되어 강도가 저하된다.
　　㉡ 콘크리트는 500℃ 이상의 온도에서는 잔존강도가 40%, 잔존 탄성계수가 20%로 감소되며 600℃에서는 1/3로 감소한다. (*500℃를 넘으면 냉각 후에도 잔류신장과 동일 개념)
　　㉢ 경험치에 의하면 철은 500℃에서 수분간만 노출되어도 지지응력이 없어지므로 건물 구체로 사용되는 경우에는 내화피복을 해야 한다.
　　　(* 노출된 철은 ❶ 500℃에서 강도의 50%를 상실하고 ❷ 900℃에서 0에 가깝다와 동일 개념)
　④ 구조부재의 강도
　　기둥의 내화성은 골재, 시공상태가 불량하면 압축강도 및 탄성계수가 저하되어 붕괴된다.

---

* 비교: p94 (1) ③ 철근과 콘크리트는 **열팽창계수가 거의 같다.**(* 실제: 약 0.000012/℃로 유사)

4 붕괴건축물에서의 구조작업

삼풍백화점 붕괴 사고는 "무량판구조"와 "팬케이크형" 붕괴로 볼 수 있다.

> ■ 화재에서 경계하여야 할 건물 붕괴의 징후* ★ 18 위, 20 교
> ① 벽이나 바닥, 천장 그리고 지붕 구조물에 금이 가거나 틈이 있을 때
> ② 벽에 버팀목을 대 놓는 등 불안정한 구조를 보강한 흔적이 있을 때
> ③ 엉성한 벽돌이나 블록, 건물에서 석재가 떨어져 내릴 때
> ④ 석조 벽 사이의 모르타르가 약화되어 기울어질 때
> ⑤ 건축 구조물이 기울거나 비틀어져 보일 때
> ⑥ 대형 기계장비나 집기 등 무거운 물체가 있는 아래층의 화재
> ⑦ 건축 구조물이 화재에 오랫동안 노출되었을 때
> ⑧ 비정상적인 소음(삐걱거리거나 갈라지는 소리 등)이 날 때
> ⑨ 건축구조물이 벽으로부터 물러났을 때

■ 삼풍백화점 붕괴사고 ■

> ■ 무량판 구조(Flat slab) ★ 14 경기장
> ① 무량판은 바닥 보가 전혀 없이 바닥 판만으로 구성하고 그 하중을 직접 기둥에 전달하는 구조이다.
> (*^^ 즉, 가로기둥인 보가 없이 세로기둥에 힘을 지지하는 건축물이다. 건설회사의 장점이 있다.)
> ② 이 형식의 slab 두께는 15cm 이상으로 하고 기둥 상부는 깔대기 모양으로 확대하여 그 위에 드롭패널을 설치하거나, 계단식으로 2중 보강하여 바닥판을 지지한다. * slab(슬래브): 평판
> ③ Flat slab의 장점은 구조가 간단, 공사비가 저렴하고 실내 공간이 높으며, 건물의 층높이를 낮게 할 수 있다.
> – 하지만 철근층이 여러 겹이고 바닥판이 두꺼워서 고정하중이 커지며, 뼈대의 강성이 힘들다.
> ④ Slab와 기둥 사이의 보를 생략한 구조라서 큰 집중하중이나 편심하중 수용 능력이 적고, 특히 횡력에 저항하는 내력에 약하여 코어와 같이 강성이 큰 내횡력 구조가 있어야 튼튼한 구조로 설계할 수 있다.

(1) 붕괴가 예상될 때의 조치* ★ 13 경기, 충북, 16 경기장, 17 인천, 18 교, 22 위
 ① 건물의 둘레에 붕괴안전지역을 설정한다. 붕괴 안전지역은 건물 높이의 1.5배 이상으로 한다. 이 붕괴 안전지역 밖으로 이동해야 한다.(예: 높이 30m: 건물둘레 붕괴안전지역 45m 이상)
 ② 필요시 무인 방수장치를 설치한다. 대원, 소방차는 즉시 붕괴지역 밖으로 철수한다.

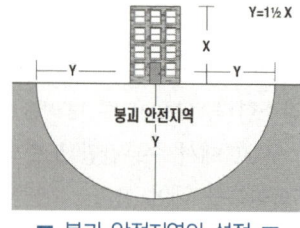
■ 붕괴 안전지역의 설정 ■

> ■ 비교
> • 붕괴 예상범위(소화활동시): 건물 높이와 같은 반경외부정도로 설정.(Y=x) (p.167)
> • 붕괴 안전지역(구조작업시): 건물 높이의 1.5배 이상으로 한다. (Y=1.5x) (p.296)

(2) 붕괴의 유형과 빈 공간의 형성★★★   ☆ 14 서울장, 경기장, 부산장, 16 강원, 위, 17 장, 22 교, 장

경사형 붕괴	① 마주보는 두 외벽 중 <u>하나가</u> 결함이 있을 때 발생한다. ② 결함이 있는 외벽이 지탱하는 건물 지붕의 측면 부분이 무너져 내리면 삼각형의 공간이 발생하며 이렇게 형성된 빈 공간에 구조대상자들이 갇히는 경우가 많다. ③ 파편이 지지하고 있는 벽을 따라 빈 공간으로 진입하는 것이 붕괴위험도 적고 구조활동도 용이하다. ■ 경사형 붕괴 ■
팬케이크형 붕괴★ 11부산장	① 마주보는 <u>두 외벽에 모두</u> 결함이 발생하여 바닥이나 지붕이 아래로 무너져 내리는 경우에 발생한다. '시루떡처럼 겹쳐졌다'는 표현을 쓰기도 한다. ② 팬케이크 붕괴에 의해 형성되는 공간은 다른 경우에 비해 **협소하며 어디에 형성될지는 파악하기가 곤란**하다. (예 삼풍백화점 붕괴) ③ 생존자가 발견될 것으로 예측되는 공간이 거의 생기지 않는 유형이지만 잔해 속에 생존자가 있다고 가정하고 구조활동에 임해야 한다. ■ 팬케이크 붕괴 ■
V자형 붕괴	① 가구나 장비, 기타 잔해 같은 무거운 물건들이 바닥 중심부에 집중되었을 때 V형의 붕괴가 일어날 수 있다. ② 양 측면에 생존공간이 만들어질 수 있는 가능성이 높다. V형 공간이 형성된 경우 벽을 따라 진입할 수 있으며 잔해제거 및 구조작업을 하기 전에 대형 잭이나 버팀목으로 붕괴물을 안정시킬 필요가 있다. ■ V자형 붕괴 ■
캔틸레버형 붕괴★ 14인천장, 14,16경기장 17 소방장 22소방교,위	① 각 붕괴의 유형 중에서 <u>가장 안전하지 못하고 2차 붕괴에 가장 취약</u>한 유형이다. ② 건물에 가해지는 충격에 의하여 한쪽 벽판이나 지붕 조립부분이 무너져 내리고 다른 한 쪽은 원형을 그대로 유지하고 있는 형태의 붕괴를 말한다. ③ 이때 구조대상자가 생존할 수 있는 장소는 각 층들이 지탱되고 있는 끝 부분 아래에 생존공간이 생길 가능성이 많다. (*^^ "외팔보" 라고도 한다.) ■ 캔틸레버형 붕괴 ■

5 인명탐색

1) 구조의 4단계** ☆ 13 인천, 14 강원, 위, 16 서울장, 20, 21 교

① 신속한 구조 → ② 정찰 → ③ 부분 잔해제거 → ④ 일반적인 잔해제거 순 ▶ 암기: 신정부 잔해

신속한 구조	• 현장에 도착 당시 바로 눈에 보이는 사상자를 구조하는 즉각적인 대응이다. 위치가 분명하게 파악되고 구조방법을 신속히 결정할 수 있는 구조대상자에게만 적용된다.
정찰	• 정찰은 구조대상자의 위치를 파악하는 수색단계이다. 수색작업은 절대로 생략할 수 없는 중요 사항이며 3단계의 진행과 동시에 이루어져야 한다.
부분 잔해제거	• 본격적인 구조작업을 위해 제거해야 할 잔해물을 신중히 선정하고 작업을 시작한다. ㉠ 실종자가 마지막으로 파악된 위치 ㉡ 잔해물의 위치와 상태 ㉢ 건물의 붕괴과정에서 이동되었을 것으로 예상되는 지점 ㉣ 붕괴에 의해서 형성된 공간 ㉤ 구조대상자가 보내는 신호가 파악된 곳. ㉥ 구조대상자가 갇혀있을 곳으로 예상되는 위치
일반적인 잔해제거	• 4단계의 (일반적인) 잔해제거는 최후작업이다. 아직도 실종 중인 사람이 있거나 도저히 구조대상자에게 도달할 수 없는 경우 조직적으로 해당 영역을 들어내는 방식이다

2) 탐색 기법 ☆ 15 위

(1) **육체적 탐색**: 탐색장비를 투입할 수 없는 상황에서는 유일한 탐색방법이다.
(2) **인명구조견 탐색**: 사람이 진입하기에 너무 좁거나 불안정한 곳에서도 활용 가능. 15위
(3) **기술적 탐색**: **전문 탐색장비를** 이용하여 구조대상자를 탐색하는 방법. ▶ 인기육체

3) 탐색장비의 활용

탐색활동: 현장확보 → 초기평가 → 탐색, 위치확인 → 생존자 접근 → 응급처치 → 생존자 구출

(1) 1차 탐색(육체적 탐색)

① 방이 많은 건물	✪ 방이 많은 곳을 탐색하는 기본요령은 오른쪽으로 가고, 오른쪽으로 진행하는 것이다. ① 건물 진입 후 접근 가능한 모든 구역이 탐색될 때까지 **오른쪽 벽을** 눈으로 확인하거나 손으로 짚으며 진행하다가 **시작점으로 돌아온다.** (예: 숙박시설) ② 탈출할 필요가 있거나 진입한 방향을 기억할 수 없다면 돌아서서 왼쪽 손으로 같은 벽을 짚거나 눈으로 확인하면서 탈출한다.
② 넓은공지 (선형탐색)	✪ 강당, 넓은 거실, 구획이 없는 사무실에서 이용한다. ① 3~4m 간격으로 개활(넓은)구역을 가로질러 일직선으로 대원들을 펼친다. (예: 강당, 체육관) ② 반대편에 이르기까지 전체 공간을 천천히 진행한다. ■ 선형 탐색법 ■
③ 주변탐색	✪ 붕괴구조물 상부에서의 잔해더미 탐색이 불가능하거나 안전하지 못할 때. (* 붕괴건물 위) ① 구조대원 4명이 **탐색지역** 둘레로 균일한 거리로 위치를 잡고 적절한 탐색을 실시한 후 각자 **시계방향으로** 90°회전한다. ② 모든 대원들이 **4회이동이** 끝날 때까지(자기 처음위치로 돌아올 때까지) 반복한다

(2) 2차 탐색(탐색장비를 활용한 탐색)

장비를 이용한 탐색	① 구조대상자 탐지시간을 단축시켜 생존확률을 높인다. ② 구조대상자가 들어서는 안 될 언급을 삼가하고. 말할 때에는 긍정적 어조로 한다. ③ 구조대원이 구조대상자와 의사를 교환할 수 있는 첫 번째 사람이 될 수도 있다. 그러므로 자신감과 희망을 가지도록 하며 차분한 음성으로 대화한다. · 구조대상자의 이름, 성별, 나이, 부상의 유형 및 정도 등을 확인한다. · 주변이 다른 구조대상자들이 있으면 구조작업이 진행 중임을 알린다.

6 구조기술*   ☆ 11 경기교, 부산교, 13 서울, 14 부산장

잔해에 터널 뚫기*	구조대상자가 거대한 잔해더미 속에 매몰되었을 때이다. 터널을 만드는 과정은 느리고 위험하기 때문에 접근할 다른 수단이 없는 경우(최후의 방법)에만 선택하도록 한다. (1) 터널의 형태 ☆ 14 서울교 ① 폭 75㎝, 높이 90㎝ 터널(통로)이 적당하다. ▶ 7590(* 75구경, 75구멍) ② 터널에서 갑자기 방향전환은 좋지 않다. - 가능하면 벽을 따라서 혹은 벽과 콘크리트 바닥 사이에 만들어져 필요한 프레임(뼈대)을 단순화시키는 것이 좋다. ★ 대형가스나 수도관은 압력이 매우 크므로 흐름을 차단하고 절단하도록 한다. (2) 버팀목 ① 작업진행에 따라 사고 예방을 위해 모든 것에 버팀목을 대는 것이 좋다. ② 버팀목 대기에 소요되는 시간은 낭비되는 것이 아니다. ③ 버팀목 대기의 정확한 패턴이라는 것은 있을 수 없다. (그 이유는 아래와 같다) ④ 버팀작업에 쓰일 버팀목의 크기는 작업의 성격과 장비에 의해 결정된다 ⑤ 버팀목은 가벼운 것보다 무거운 버팀목을 사용하는 것이 더 안전하다. ⑥ 잔해무더기가 클 경우 땅에 샤프트를 박아 넣는 것이 유리할 수도 있다.
벽 뚫기	(1) 벽의 파괴 ① 벽을 절단하기 전에 약간의 충격을 주고 긴물의 흔들림이 추가적인 균열의 발생여부 등 안전도를 확인한다. ② 콘크리트를 제외하고는 작은 구멍을 내고 그것을 점차 확대시키는 것이다. ③ 콘크리트는 제거될 부분의 모서리부터 잘라가는 것이 좋다. 만일 강화콘크리트라면, 콘크리트 절단톱이나 절단토치로 잘라낸 후 한 조각씩 제거한다 (2) 지주 설치 ☆ 20 위 ① 같은 크기의 나무기둥은 지주가 짧을수록 더 큰 하중을 견딜 수 있다. ② 같은 단면을 가지는 직사각형 기둥보다는 정방형 기둥이 더 큰 하중을 견딘다. ③ 만일 기둥의 끝이 깨끗하게 절단되어 고정판과 상부조각에 꼭 맞게 끼워진다면 더 많은 힘을 받을 수 있다. ④ 지주는 항상 필요하다고 생각되는 것보다 강하게 만들며 크기는 지지해야 할 벽과 바닥의 무게, 그 높이에 따라 결정한다. ⑤ 지주 아래는 쐐기를 박아 넣되 기둥이 건물무게를 지탱할 때까지 박아 넣는다. 쐐기를 꽉 조일 필요는 없는데 이는 꽉 조인 쐐기가 벽이나 바닥을 밀어내어 건물의 손상을 더할 수 있기 때문이다.

벽의 제거	① 건물 위에서부터 아래로 벽을 한 조각씩 허물고 큰 망치, 지렛대 이용한다. ② 한 층씩 조직적으로 해체하고 아랫부분에 영향을 미치기 전에 끝내야 한다. ③ 전체 벽이나 일부분이 다른 구조물에 나쁜 영향을 주거나 위험하면 차량이나 윈치에 부착된 케이블(튼튼한 줄)로 벽을 당겨서 넘어뜨린다. ④ 명백하게 약화된 곳이 없다면, 충분한 조각을 적절한 위치에서 잘라내어 그 조각이 한 번 작업할 때마다 원하는 방향으로 가능한 많이 떨어지게끔 한다. ⑤ 케이블이나 로프를 이용할 때, 벽에 구멍만 내는 것이 아니라 힘이 제대로 전달되어 벽 전체를 무너뜨릴 수 있도록 꽉 감아야 한다. 케이블은 충분히 길게 연장한다.
잔해처리	① 사상자의 위치가 정확히 알려졌을 때는 수공구만을 사용한다.(삽, 곡괭이, 망치 ② 잔해 속에서 신체 일부가 발견될 수 있기에 특히 곡괭이를 조심히 사용한다 ③ 피해자 주위에 있는 잔해는 직접 손으로 제거하고 대원들은 장갑을 낀다. ④ 잔해*는 바구니에 담아 떨어진 장소로 옮기도록 한다. ⑤ 다른 사상자가 없다고 확신할 수 있을 때에는 크레인, 굴삭기, 불도저 등을 잔해제거에 이용하여 부상자들 위치에 빠르게 접근하고 건물 추가붕괴를 막는다. ⑥ 잔해 처리장으로 이동하는 경우 모든 잔해는 출처를 표시하여 운반한다.

제4절 항공기 사고 구조 (* 중요도 낮음)

항공기사고	항공기의 추락 등이 크게 손상됐을 때 이를 '항공기사고'라고 한다. (* 큰사고)
운항 중 사건	항공기 사고 보다 가벼운 이상사태를 '운항 중 사건'으로 분류한다. (* 작은사고)
운항 장애	출발 후 사정에 의해 회항하는 경우나 대체 비행장에 착륙하는 경우 (* 사고가 아닌 장애)

추락사고	구조대원, 비행기 동체, 노출된 희생자들은 분무주수나 폼 소화약제로 보호한다.
내부생존자 구출	① 먼저 한사람의 구조대원만이 비행기 안에 진입한다.(*^^ 상황판단을 위함이다) ② 비상탈출구는 가로 44㎝, 세로 65㎝로 되어있다.
응급처치	① 시간이 허락한다면, 모든 전기스위치를 끄고 배터리와의 연결도 차단한다. - 이는 기화된 연료가 전기 스파크에 의해 점화되는 것을 방지한다.
사상자확인	① 사상자 위치에 도움되도록 잔해 내 희생자와 그 위치 양쪽에 꼬리표를 붙인다. ② 희생자가 여러 곳일 때는 각각의 신체에 꼬리표를 붙이고 기록하고 사체가 잔해로부터 멀리 떨어져 있을 때는 주변 땅에 말뚝을 박고 그 위에 꼬리표를 붙인다.
일반 진입절차	① 강제진입을 시도하기 전에 항상 먼저 진입지점을 통해 진입을 시도한다. ② 문은 동체 한 쪽이나 양쪽에 있으나 보통은 왼쪽 편에 있다. ③ 문은 (안에서) 바깥쪽으로 열리며 안에서 빗장에 의해 잠겨진다. ④ 일반적으로 문은 바깥이나 안에서 열 수 있는 핸들이나 그 밖의 장치가 있다.
비상구	여객기는 일반출입구와는 별도로 하나 이상의 비상구를 가지고 있다. - 비상구의 수는 탑승가능 여객 수에 따라 달라진다.
비상진입	① 문 등이 충격으로 잠겼을 때, 경첩을 자르거나 프레임 주위를 뚫어 강제 개방한다. ② 비행기 측면으로 강제진입을 시도하는 것은 여러 가지 배관 때문에 위험하다.

제5절 헬기활용구조

★ 13 인천, 15, 16 서울, 16 대구교, 23 장

1 헬기의 활용 및 착륙지점

잠재적 위험요인	① 헬기의 주회전익(주 날개, Mainrotor)은 290~330/rpm으로 회전하며 미부회전익(꼬리 날개, Tailrotor)은 1,500~1,800/rpm의 고속으로 회전하여 회전여부가 육안으로 보이지 않을 때가 있다. 따라서 회전익 부근으로 접근을 피한다. ② 고공과 저공에서 인양능력이 다르며, 운항지휘자(조종사) 지시에 절대 따른다.
안전수칙	① 항상 조종사의 가시권 내에서 헬기에 타거나 내려야 한다. ② 조종사의 신호가 있기 전까지는 헬기에 다가가서는 안 된다. ③ 조종사 허가 없이는 기체 내 진입은 금지, 탑승시 머리를 숙이고 올라타고 내린다. ④ 꼬리부분의 날개에 위험성 때문에 뒤쪽으로 접근하는 것은 엄금한다. 꼬리로 접근(x) ⑤ 이륙하거나 착륙할 때 모든 사람들은 기체로부터 떨어져 있어야 한다. ⑥ 모자는 손에 들거나 끈을 단단히 조이고 착용하며 가벼운 재킷이나 조끼를 입는다. ⑦ 들것이나 우산, 스키 등 긴 물체는 날개에 닿지 않도록 수평으로 휴대한다.

착륙장소 선정
15서울
23장
	조종사의 결정은 최종적이고 반드시 따라야 한다.
	① 구조대원은: 어떠한 조건이 헬기 착륙에 좋은 지점인지를 알고 있어야 한다.
	② 헬기출동을 요청한 경우: 가장 먼저 할 일은 착륙 예정지점을 정찰, 평가한다.
	③ 착륙지점 선택의 중요도: **바람, 가시도, 야간에는 표면의 빛, 안전성, 통신**이다.
	④ 헬리포트니 헬리패드가 없는 장소에서 착륙장을 선정하는 경우:
	  ㉠ 수직 장애물이 없는 평탄한 지역(지면경사도 **8°**이내)
	  ㉡ 고압선, 전화선 등 장애물이 없는 곳을 선정.
	  ㉢ 착륙장소와 장애물의 **경사도가 12°**이내로 이착륙이 가능한 곳 선정. 15 서울, 23 장
	  ㉣ 이착륙 경로(Flight Path) **30m** 이내에 장애물이 없어야 한다. ▶ 8+12+30
	  ㉤ 깃발, 연기, 연막탄 등으로 헬기 착륙을 유도한다.
	  ㉥ 가능한 먼지가 날지 않도록 표면에 물을 뿌려둔다.
	  ㉦ 착륙지점 주변의 출입을 금지하며 경계요원을 배치한다.

헬기유도 16서울교	① 유도시 (유도원은)**바람을 등지고** 서서 헬기가 정면에서 바람을 맞을 수 있도록 한다 ② 구조대원 개인적으로는 조명등 사용을 조심한다. - 강한 불빛을 헬기 진행방향 **왼쪽**으로(조정사 자리) 비추거나 조종사에게 직접 비추는 것은 금지한다. ③ 현장에 자동차가 있는 경우 헤드라이트를 이용하여 착륙지점을 비추면 좋다.
조종사가 고려할점 16서울교	① 조종사가 제일 먼저 고려해야 할 사항은 바람이 부는 방향이다. - 바람의 방향과 가시도는 착륙하려고 할때에 고려할 가장 중요한 요인이다. ② 가능하다면, 착륙은 맑은 공기 속에서 맞바람으로 해야 한다. ③ 착륙지점 지표면의 상황이다. - 수평을 이루는 보도나 딱딱한 지표면이 더 좋다. ④ 바람직하지는 않지만, 헬기는 모래층에는 착륙할 수 있다. - 하지만 모래가 바람에 날려 시계에 장애를 주고, 엔진마모를 가져온다. - 오히려 **젖은 땅**에 착륙하는 것이 > 모래밭에 착륙하는 것보다는 좋다.

2 공중구조작업 등 ☆ 16 대구, 21소방교

이송 중의 흔들림	육상의 긴급수송과 비교하여 농촌 등에서는 덜 위험하고 대도시 이동보다 위험하다. ① 헬기의 이송 중 사상자는 어느 정도 요동을 받게 된다. ② 이륙 전에 공기튜브를 삽입하고 정맥주사를 실시한다. ③ 환자 머리를 앞으로 하여 의료진이나 구조대원에게 환자 관찰이 가능하게 한다.
의료적인 문제 16경기교 21소방교	① 일반 비행기에 비하여 저공비행하기 때문에 의료문제는 심각한 편은 아니다. 　 1,000ft(300m)이하에서 환자의 산소공급은 육상 긴급후송에서와 같이 다룬다. ② 갈비뼈 골절로 부목을 대고 움직이지 못한 환자는 고도에 따른 기압변화로 부목강도가 영향을 받기 때문에 배려가 필요하다. (* MAST: 쇼크방지용하의) 　- MAST를 착용한 환자는 수시로 압력계를 확인하고 압력을 조절한다. ③ **흉부통증과 기흉환자는 가능한 육상으로** 이송한다. * 헬기이송(×) 16 경기교 　높은 고도에서는 환자에게 육상처럼 충분한 공기공급을 못한다. **고도가 높으면 기압이 낮기때문에 가슴막 내의 공기가 팽창**하여 흉곽용량이 **감소**하기 때문이다. ▶ 팽강(공주) ④ 순환기 계통에 영향을 주는 심한출혈, 심장병, 빈혈환자들을 비행기로 이송할 때 세심하게 관찰한다. - 고도가 높으면 공기와 산소는 적어진다.(* 땅쪽이 많다.) 　5,000ft(1.5km) 상공에서 해수면상의 약 80%의 공기만이 공급될 수 있다. 　- 따라서 순환기질병을 가진 환자들은 고도증가로 추가적 질병을 얻게 된다. ⑤ 사상자를 후송하는 조종사들은 가능한 산소가 많은 지표 가까이 저공 비행을 한다.
탐색 절차	① 실종자 탐색은 주로 300ft(90m) 이하, 시속 60마일 이하에서 실시된다. ▶ 36(9) ② 공중관찰은 의욕이 큰 사람, 경험이 풍부한 대원이 담당한다. ▶ 공중관찰은 의경이
사상자 구조	① 헬기는 착륙하거나 기중장치(Hoist)를 통해 구조활동을 수행하지만 산악과 같이 높은 **고도에서는 헬기의 부양능력이 저하되기 때문에 착륙가능한 지역이 있으면 착륙하여 구조를 실시한다.** (*^^ 기중장치: 끌어올리는 기구. Hoist) ② 주 회전익과 미부회전익을 위한 여유공간이 충분한다는 점이 매우 중요하다 ③ 정전기는 헬리콥터와 지상에 있는 사람이 접촉하기 전에 정전기를 제거해야 한다. 　- 접지방법은 금속제 호이스트 케이블이나 바스켓을 지표면에 살짝 접촉시킨다.

3 헬기활용 인명구조 요령* ☆ 13 울산교, 부산교, 16 대구교, 소방교, 21 교

일반사항	① 항공기의 운항은 항공운항규정에 따른다. / 지휘본부장이 현장에 도착하지 않은 경우 ➡ 현장 구조대장의 의견을 들어 운항지휘자가 결정한다.
강하	① 강하는 경험 풍부한 대원 중에서 선발하며 활동에 필요한 최소 인원으로 한다. ② 강하방법은 레펠이나 호이스트를 이용, 현장상황에 맞는 방법을 선택한다.
구조활동	① 추락환자는 특별한 외상이 없어도 경추 및 척추보호대 착용을 원칙으로 한다. ② 구조대상자가 다수인 경우 ❶ 중증환자 ❷ 노인 ❸ 어린이의 순으로 하며 기내에 수용 가능한 인원의 결정은 운항지휘자가 한다. ▶ 암기 : 중노어(* 중이 논어를) ③ 육상에서 구조대상자를 인양할 때 단거리일 경우 안전벨트를 착용시켜 인양하거나 구조낭으로 이송할 수도 있지만, / 구조대상자가 부상을 입었거나 장거리를 이송할 경우 바스켓 들것을 이용하여, 헬기 내부로 인양을 원칙으로 한다. ④ 구조대상자를 들것으로 인양할 때에는 들것과 호이스트(Hoist)의 고리를 연결하는 로프의 길이를 가급적 짧게 하는 것이 좋다. 16 대구교, 21 교

고층빌딩 화재	① 고층빌딩 화재 시 구조대상자가 필사적 구조요청 시 구조대원을 먼저 진입시켜 현장을 통제 후 구조한다.(헬기에서 구조로프, 와이어사다리 등을 직접 강하보다는)
고속도로 21소방교	① 고속도로에서는 반대차선을 포함하여 전체의 통행을 금지하도록 한다. 21 교 - 사고장소 부근의 안전한 장소에 강하하여 현장으로 진입하는 것이 원칙이다.
수난구조	① 구조대상자가 별 다른 의지물 없이 맨몸으로 물에 떠 있는 경우 ➡ 신속히 구명부환이나 구명조끼 등 붙잡을 수 있는 것을 구조대상자 가까이 투입한다.
산악구조 16대구교	① 구조대원이 암반 및 급경사에 하강하는 경우 호이스트 사용을 원칙으로 한다. ② 회전익의 풍압에 의한 낙석 위험이 있으므로 저공비행은 피한다.
구조망	① 수난, 화재사고현장 다량의 구조대상자를 구조를 위한 탑승인원 1~3명이다 ② 구조낭 문이 항공기 후미방향으로 향하도록 화물인양기(호이스트)에 연결한다. - 육상, 수상에서 사용이 가능하다.(= 구조망, 의자, 벨트 바구리 공통 사용)
구조용의자	① 항공기가 착륙할 수 없는 장소에서 구조대상자를 인양하는 구조장비이다. ② 최고탑승인원 3명이며. 수상에서 물에 뜰 수 있도록 적색 부력장치를 부착하였다 ③ 육상·수상·산악에서 공통으로 사용할 수 있으며 안전벨트가 설치되어 있다.
구조대상자 벨트	① 구조용의자와 같은 용도로 의식이 있고, 척추손상이 없는 1명에게만 사용한다. ② 무게가 2kg, 육상(산악), 해상(수상)에서 사용가능.(* 산악: 장애물이 없는 공간)
구조용 바구리	① 1명만 탑승 가능하며 움직일 수 없는 구조대상자를 인양 할 때 사용하는 장비이다. ② 육·수상에서 사용 가능하며 산악구조 시 장애물이 없는 지역에서 가능하다.

4 헬기유도 수신호 ☆ 10 위, 15 강원, 16 대구, 경남장

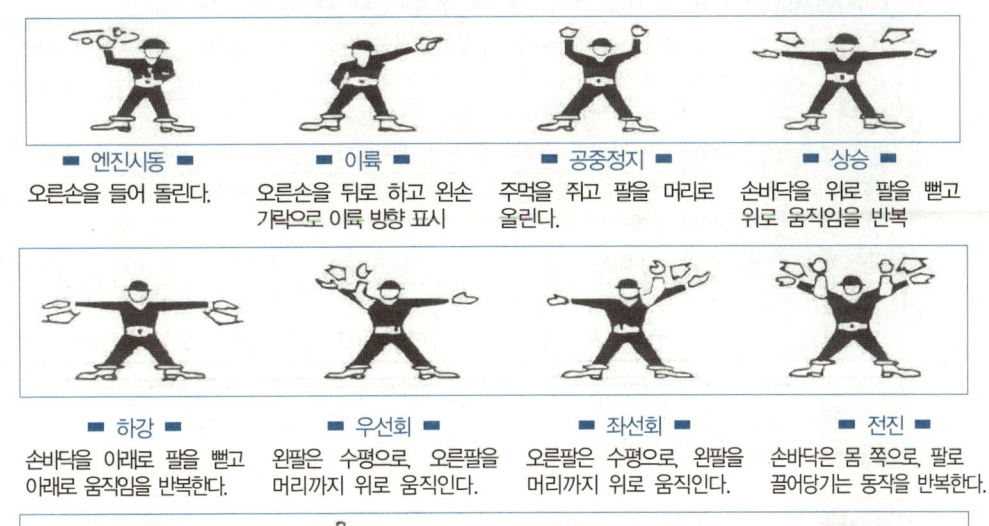

■ 엔진시동 ■ / ■ 이륙 ■ / ■ 공중정지 ■ / ■ 상승 ■
오른손을 들어 돌린다. / 오른손을 뒤로 하고 왼손 가락으로 이륙 방향 표시 / 주먹을 쥐고 팔을 머리로 올린다. / 손바닥을 위로 팔을 뻗고 위로 움직임을 반복

■ 하강 ■ / ■ 우선회 ■ / ■ 좌선회 ■ / ■ 전진 ■
손바닥을 아래로 팔을 뻗고 아래로 움직임을 반복한다. / 왼팔은 수평으로, 오른팔을 머리까지 위로 움직인다. / 오른팔은 수평으로, 왼팔을 머리까지 위로 움직인다. / 손바닥은 몸 쪽으로, 팔로 끌어당기는 동작을 반복한다.

■ 후진 ■ / ■ 화물투하 ■ / ■ 착륙 ■ / ■ 엔진정지 ■
손바닥을 바깥쪽으로, 팔로 밀어내는 동작을 반복한다. / 왼손은 밑으로, 오른손을 왼손 쪽으로 자르듯 움직인다. / 바람을 등지고 서서 몸 앞에 두 팔을 교차시킨다. / 목을 베는 듯한 동작을 반복한다.

제6절 엘리베이터사고 구조
☆ 12 부산장, 13 위·서울장, 16 서울교

① 엘리베이터는 용도·전원·속도·권양기·운전방식 등 여러 가지로 구분된다.
② 현재 거의 **트랙션**(로프로 견인하는) 타입을 사용하고 있고, 이 외 유압 엘리베이터가 있다.
③ 유압 엘리베이터는 승강로 상부에 기계실이 필요없는 이점이 있지만 플런저 길이에 제한되기 때문에 행정 20m 이하 자동차용, 침대용, 승용 등으로 사용된다. (로프 없이 낮은 높이에 사용)
④ 구성은 운반물을 싣는 ㉠ 케이지 또는 카라고 하며, 카를 상하로 작동시키는 ㉡ 권양기(윈치) ㉢ 가이드 레일(안내궤도) ㉣ 카운터웨이트(균형추) ㉤ 와이어로프로 구성되어 있다.

▌엘리베이터의 각종 안전장치 ▌ ** ☆ 12 서울교, 13 경기교, 위, 20 교, 22 장 등

① 조속기	카의 속도를 일정하게 유지한다. (*^^ 조속기: 속도조절기, governor)
② 전자브레이크 (magneticbrake)	엘리베이터 운전 중 브레이크슈를 **전자력에 의해 개방**시키고, / 정지 시에는 전동기 주회로를 차단시킴과 동시에 **스프링 압력에 의해 브레이크슈로 브레이크 휠을 조여**서 엘리베이터가 확실히 정지하도록 한다. (*^^ 정격속도 1.3배 이하)
③ 비상정지장치	로프가 절단된 경우나 카의 하강속도가 현저히 증가한 경우에, 그 하강을 멈추기 위해, 가이드레일을 강한 힘으로 붙잡아 조속기에 의해 작동된다.(*^^1.4배 이하)
④ 리미트스위치	최상층 및 최하층에 근접할 때, 자동으로 엘리베이터를 정지시켜 과주행을 방지한다.
⑤ 화이널 리미트스위치	리미트 스위치가 어떤 원인에 의해서 작동하지 않을 경우, 안전확보를 위해 모든 전기회로를 끊고 엘리베이터를 정지시킨다. (* 화이널: final)
⑥ 완충기	카가 중간층을 지나치는 경우, 충격을 완화시키는 것으로 정격속도가 60m/min 이하의 경우 스프링완충기를, 60m/min을 초과하는 것은 유압완충기를 사용한다.
⑦ 도어 인터록스위치	· 승장도어의 행거케이스 내에 스위치와 자물쇠가 설치되어 있다. · 비상정지 장치와 더불어 중요한 장치이다. 승장측에서 문을 열 수 있다.
⑧ 통화설비 또는 비상벨	· 카 내에 관리실을 연결하는 엘리베이터 전용 통화설비(인터폰) 혹은 비상벨이 설치되어 있다.
⑨ 정전등	· 밝기는 1룩스 이상, 조도유지시간은 보수회사, 구조대 이동을 고려 1시간 이상.
⑩ 각층 강제 정지장치	· 심야 등 한산한 시간에 승객을 대상으로 한 범죄를 예방으로써 이 장치를 가동시키면 목적층에 도달하기까지 각층에 순차로 정지하면서 운행할 수 있다.
조속기 12부산 16서울	제1 동작	엘리베이터의 속도가 정격속도의 **1.3배**(정격속도가 매분 45m/min 이하는 매분 63m/min)넘지 않는 범위에서 과속스위치를 끊어, 전동기 차단과 동시에 **전자브레이크를 작동시킨다.** (*^^ 45×1.3= 58.5 + 약5m= 63m/min)
	제2 동작	정격속도의 **1.4배**(정격속도가 매분 45m/min 이하의 엘리베이터에 있어서는 매분 68m/min)를 넘지 않는 범위 내에서 **비상정지장치를 움직여 확실하게** 가이드레일을 붙잡아 카의 하강을 제지한다.(*^^ 1.2동작: 작동까지 5m 여유)
카	자동개폐식문 끝에 설치된 세이프티슈(안전장치)가 틈에 끼이는 사고를 방지한다.
승강로	* 종류: ① 레일 ② 로프(와이어 로프) ③ 균형추 ④ 이동케이블. ▶ 이군노래
승장	* 종류: ① 도어틀 ② 승장도어 ③ 승장버튼 ④ 위치표시기(인디케이터) ▶ 틀어버위(리)

✪ **엘리베이터의 안전장치**** ☆ 11 부산교·장, 12 경북장, 12, 14 부산교, 15 서울장 16 서울교, 13, 16 위
① 엘리베이터는 과속·과주행에 대해서는 이중안전장치가 있다. / 와이어로프의 강도는 최대하중의 10배 이상으로 절단될 확률은 희박하며, / 기계적 결함으로 로프가 끊어져도 평소 이동속도의 1.4배 이상에서 브레이크 장치로 인해 **추락하지 않는다**.(*^^ 1.4배 **비상정지장치**)
② 엘리베이터 바닥에는 브레이크도 고장난 최악의 경우에 대비해 **충격 완화장치**가 있다.

- 갇힘 사고의 원인은 이용방법 미숙, 관리부실이 원인이 전체 고장의 50% 이상이다.

E/V 정지 한때 14 부산장	① 정전 시 곧바로 카 내의 정전등이 점등된다. 인터폰 등으로 승객에게 안심시킨다. ② 전원이 복구되면 어떤 층의 버튼을 눌러도 E/V는 동작한다. / 정전으로 E/V가 정지한 사례를 보면 80% 이상이 승장 근처이다. / 승객이 스스로 카도어를 열게 할 경우 카도어와 연동되는 승장도어가 동시에 열리게 되어 쉽게 밖으로 구출할 수 있다. ③ 탈출 중 전원이 복구되도 카가 움직일 수 없게 하기 위해 기계실에서 전원을 차단한다 ④ 마스터키를 사용하여 1차 문을 열고 승객에게 2차 문을 개방하도록 한다. 승장도어, 카도어가 정위치에서 열리지 않을 경우 ❶ 카의 문턱과 ❷ 승장의 문턱과의 거리차를 확인 후 (높이)60㎝ 이내에서 위 또는 아래에 있을 때는 승객을 구출할 수 있다. ✪ 카 문턱이 승장 문턱보다 60㎝ 이상 높거나 120㎝ 미만일 경우 승장에서 접는사다리를 카 내로 넣어 구출한다. (*^^ 카문과 승장의 문이 별도이다. 자세히 보면 겹쳐있어 하나로 알고 있다) · 승장에서 도어를 열기 위한 해제장치는 반드시 모든 층에 설치 한다는 규정이 없기 때문에 최하층, 최상층, 기준층 등에 설치하는 경우도 있다. / * 긴급 시 카의 구출 구를 열고 직상층으로 구출한다.
권양기 수동 조작 구출	① 주전원 스위치를 차단하고 전층의 승장도어가 닫혀있는 것을 확인한다. ② 인터폰으로 승객에게 카 도어가 닫혔는가 확인 후, E/V를 수동으로 움직임을 알린다. ③ 기계실에 진입한 구조대원 중 1인은 모터샤프트 또는 플라이휠에 터닝핸들을 끼워서, 양손으로 확실히 잡는다. / 다른 (1명의) 구조대원은 전자브레이크에 브레이크 개방레버를 세팅한다. ❶ 터닝핸들을 조작하는 대원의 신호에 따라 다른 대원이 브레이크를 조금씩 개방한다. ❷ 터닝핸들을 좌 또는 우측의 가벼운 방향으로 돌려서 카를 움직인다. ❸ 비상해제장치가 있는 승장까지의 거리가 매우 먼 경우는 (가까운) 반대방향(무거운 방향)으로 (수동 핸들을) 돌려도 좋다. (*^^ 무거운 방향이란 카가 올라가는 위치이다) ❹ 터닝핸들이 흔들리는 수가 있기 때문에 반회전 정도마다 브레이크를 건다. - 핸들과 브레이크를 조작하는 대원은 반드시 "개방" "정지"를 복명·복창한다.
화재 발생시	① 피난에는 엘리베이터를 이용하지 않고 **계단을 이용해야 한다**. ② 빌딩 내의 카는 모두 **피난 층으로 집합시켜**, 도어를 닫고 정지시켜 두는 것이 원칙이다. - **비상용 엘리베이터**는 소화활동으로 사용할 수 있기 때문에 제한을 하지 **않도록** 한다.
지진 발생시 16 서울장	① 주행 중인 카는 가장 가까운 층에서 정지, 승객 피난 후 문을 닫고 전원스위치를 차단. ② E/V는 지진으로 멈출 수가 있어서, 피난용으로 사용하지는 **않는다**. * **오답**: 사용한다. ③ 지진 시 관제운전 장치가 부착된 E/V는 지진감지기가 작동하면 자동적으로 카를 가장 가까운 층에 이동시켜 일정시간 후에 도어를 닫고 운전을 정지하도록 되어 있다. ④ 지진 후는 운전재개에 앞서 진도 3정도 상당의 경우는 **관리기술자**, ▶ 3관4전(* 3관왕 사정) 진도 4정도 이상의 경우는 E/V 전문기술자의 점검과 이상유무 확인이 필요하다. ⑤ 승객이 갇히게 된 경우는 앞에 서술한 순서에 따라 구출하지만, 구출 완료 후는 상기의 점검 및 확인이 끝날 때까지 운전을 중지해둔다.

제7절 붕괴사고 구조   ☆ 16 전북장 (* 중요도 낮음)

붕괴사고는 토사붕괴(산사태, 절벽붕괴)와 도괴(건물, 공작물), 적하물 도괴 등으로 분류한다.
굴착의 길이가 1.5m을 넘는 경우 토사붕괴 **방지조치**(판자 등으로 지지판 설치)를 한다. **토사붕괴는**
① 부근의 목재, 판넬 등을 활용하여 재 붕괴를 방지할 수 있는 조치를 취한다.
② 현장의 지휘 장소는 재 붕괴의 염려가 없는 곳을 선택한다.
③ 굴착된 토사는 매몰 장소에서 가능한 한 먼 곳으로 운반한다.
④ 추가 붕괴의 위험성이 있는 장소이거나 구조대상자의 매몰지점을 정확히 모르는 경우에는
   삽이나 곡괭이 등을 활용하지 말고 맨손이나 판자 등을 이용하여 신중히 제거한다.

구분	토사붕괴	건축물 붕괴
원인	① 함수량의 증가로 흙의 단위용적 중량 증가 ② 균열의 발생과 균열로 움직이는 수압 ③ 굴착에 따른 흙의 제거로 지하공간의 형성 ④ 외력, 지진, 폭발에 의한 진동	① 해체작업 현장에서의 오조작, 점검불량 ② 물품의 불안정한 적재, 기계의 진동 등 ③ 자동차 충돌에 의한 가옥, 담의 도괴 (*^^ 굴착: 땅을 파거나 바위 등을 뚫음.)

(1) 인명구조견 활용 ☆ 05 위, 06 서울

구조견
능력*
	• 구조견은 산악구조견, 재해구조견(건물붕괴), 설상구조견, 수중구조견 등이 있다.
	• 인명 구조견이나 핸들러(구조견 운용자)가 인명구조활동 중 부상을 당했을 경우(UN)
	 ➡ 구조를 요하는 사람들 보다 **최우선적**으로 이들을 먼저 치료, 처치하게 되어있다.
	① **냄새를 맡는** (후각)능력은 인간의 수천 배(3,000~6,000배)이다, 특히 초산은 4만 배,
	  염산은 100만 배로 희석해도 식별할 수 있고, 또한 지방산에 대한 식별력은 보다 뛰어나
	  인간이 감각하는 1백만분의 1 이하의 농도에서도 판별이 가능하다.
	② 길에 버려진 성냥개비 한 개의 냄새로 버린 사람을 찾아 낼 수 있다.
	  (공중에 떠다니는) 부유취 냄새로 바람의 방향을 알고 사람 냄새를 맡아
	  추적할 때에 조난자의 냄새를 맡는 거리는 **500m~1Km**에 달한다.
	  (*^^ 이유 : 개가 인간보다 약 40배의 후각 세포수가 더 많아서 냄새를 잘 맡는다)
	③ 인간의 청각은 1초에 2만5천의 진동음, **개는 8만~10만의 진동음**도 감청이 가능하다.
	④ 음의 강약에 대해서는 인간의 10배나 뛰어나며 (*^^ 청취거리: 사람 6m, 개 24m까지)
	  음원의 방향정위도 인간은 16방향제, 개는 그 2배인 32방향의 구별이 가능하다.

구조견 활용 범위	① 산악지역 조난자의 구조 ② 수중구조 - 물속에서 흘러나오는 특수한 체취 습득 ③ 눈 속 매몰자 구조(눈 아래 약 **7m 까지 탐색 가능**) ④ 건물 붕괴 시 냄새 추적으로 사람의 위치 파악 ⑤ 산악 지대의 행방불명자, 방향 추적으로 구조
구조견 활용시 고려 사항	인명구조견을 초기수색에 활용해야 성공률이 높다. 선진국은 이 원칙을 철저히 지킨다. ① 신속한 구조출동: 실종자의 생존 가능성이 높아짐. ② 정확한 제보: **없는** 실종자를 구조견이 찾을 수는 **없음**. ③ 현장 우선투입 : 구조대원이 수색한 지역을 구조견이 뒤이어 수색하게 되면 구조대원의 냄새가 지면이나 공중에 남아 유혹취로 작용되어 실종자 수색이 불리해진다.

제8절 가스사고 안전조치

(1) 연료용 가스
  ① 석유가스: 원유생산 또는 석유의 정제과정에서 생산되는 가스를 석유가스라 한다.
    대표적이 LPG로서 프로판과 부탄, 프로필렌, 부틸렌 등을 주성분으로 하는 저급 탄화수소의 혼합물이다. - 일반적으로 LPG라 할 때에는 프로판과 부탄을 말한다.
    - LPG는 온도의 변화에 따라 쉽게 액화 또는 기화시킬 수 있다. 0℃, 1atm에서 1kg을 기화시키면, 프로판은 약 509L의 가스가 된다.
    - LPG는 무색, 투명하고 냄새가 거의 없기 때문에 누설되면 쉽게 알 수 있도록 공기 중의 1/200 상태에서도 냄새를 느낄 수 있도록 부취(腐臭)를 섞는다.
  ② 천연가스: 지하의 천연가스전에서 채취·생산되는 가스를 천연가스라 하며 대표적인 것이 메탄(CH_4)을 주성분으로 한 가스를 냉각시킨 LNG이다.

구분	주성분	비중	액화온도	열량(㎥)	폭발범위	용도
LNG	메탄	0.6	-162℃	10,500kcal	5.3~14.0	취사용
LPG	프로판	1.5	-42℃	24,000kcal	2.2~9.5	취사용
	부탄	2.0	-0.5℃	30,000kcal	1.9~8.5	자동차, 공업용

(2) 고압가스

구분	분류	성질	종류
가스 상태 분류	압축가스	상온에서 압축하여도 액화하기 어려운 가스로 임계(기체가 액체로 되기 위한 최고온도)가 상온보다 낮아 기체로 압축된 가스.	수소, 산소, 질소, 메탄 등
	액화가스	상온에서 가압 또는 냉각에 의해 비교적 쉽게 액화되는 가스로 임계온도가 상온보다 높아 상온에서 압축시키면 비교적 쉽게 액화되어 액체상태로 용기에 충전하는 가스	액화암모니아, 염소, 프로판, 산화에틸렌 등
	용해가스	아세틸렌가스는 압축하거나 액화시키면 분해 폭발을 일으키므로 용기에 다공 물질과 가스를 잘 녹이는 용제(아세톤, 디메틸포름아미드 등)를 넣어 용해시켜 충전한다.	아세틸렌 ☆ 22위
연소성 분류	가연성가스	수소, 메탄, 에탄, 프로판 등 32종과 공기 중에 연소하는 가스로서 (보통)폭발한계 하한이 10% 이하인 것과 폭발 한계의 상/하한의 차가 20% 이상인 것 등을 대상으로 한다.	메탄, 에탄, 프로판, 부탄, 수소 등
	불연성가스	스스로 연소하지도 못하고 다른 물질을 연소시키는 성질도 갖지 않는 가스	질소, 아르곤, 이산화탄소 등 불활성가스
	조연성가스	가연성 가스가 연소되는 데 필요한 가스. 지연성(= 연소를 지원하는 성질) 가스라고도 함	공기, 산소, 염소 등
독성에 따른 분류	독성가스	공기 중에 일정량 존재하면 인체에 유해한 가스, 허용농도가 200ppm 이하인 가스 (* 오타! * 법령에는 5천ppm 이하임)	염소, 암모니아, 일산화탄소 등 31종(이상)
	비독성가스	공기 중에 어떤 농도 이상 존재해도 유해하지 않는 가스	산소, 수소 등

1 고압가스안전관리법의 내용

고압가스 안전관리법	1. 고압가스(「고압가스안전관리법 시행령」 제2조) ① 상용의 온도에서 압력(게이지압력)이 1MPa 이상이 되는 압축가스 또는 섭씨 35도의 온도에서 압력이 1MPa 이상이 되는 압축가스(아세틸렌가스를 제외) ② 섭씨 15도의 온도에서 압력이 0Pa을 초과하는 아세틸렌가스 ③ 상용의 온도에서 압력이 0.2MPa 이상이 되는 액화가스로서 실제로 그 압력이 0.2MPa 이상이 되는 것 또는 압력이 0.2MPa이 되는 경우의 온도가 섭씨 35도 이하인 액화가스 ④ 섭씨 35도의 온도에서 압력이 0Pa을 초과하는 액화가스 중 액화시안화수소·액화브롬화메탄 및 액화산화에틸렌가스 -----* 2. 가스용기의 도색(「고압가스안전관리법 시행규칙」 별표24) ① 용기 상단부에 폭 2㎝의 백색(산소는 녹색)의 띠를 두 줄로 표시해야 한다. ② "의료용" 표시 - 각 글자마다 백색(산소는 녹색)으로 가로·세로 5㎝로 띠와 가스 명칭 사이에 표시한다.

가스용기의 도색 방법 ★ ☆ 08 인천, 12 위, 16 서울교, 대구교

가스종류	도색의 구분		
	가연성가스, 독성가스	의료용	그 밖의 가스
액화석유가스	밝은 회색	-	-
수 소	주황색	-	-
아세틸렌	황색	-	-
액화암모니아	백색	-	-
액화염소	갈색	-	-
그 밖의 가스	회색	회색	회색
산 소	-	백색	녹색
액화탄산가스	-	회색	청색
헬 륨	-	갈색	-
에틸렌	-	자색	-
질 소	-	흑색	회색
아산화질소	-	청색	-
싸이크로프로판	-	주황색	-
소방용 용기	-	-	소방법에 따른 도색

> ✪ TIP(보충): 암기법
> (그 밖에 가스) 녹색: 산소 / 청색: 액화탄산가스(이산화탄소) / 회색: 질소 ▶ 녹산에 청이하고 해질녘,
> (가연성, 독성) 수소: 주황색 / 황색: 아세틸렌 / 백색: 암모니아 / 갈색: 염소 / 회색: 기타
> ▶ 수주우버하는 황아가 백암온천에서 갈염(갈수록 염원)하며 회색기타 치더라~

2 가스 누설 시 조치요령

LPG의 누설시 조치사항	① LPG는 공기보다 무거워 낮은 곳에 고인다. ② 가스가 누설되었을 때는 부근의 착화원이 될 만한 것은 신속히 치우고, ➡ 중간밸브를 잠그고 창문 등을 열어 환기시킨다. ③ 용기의 안전밸브에서 가스가 누설될 때에는 ➡ 용기에 물을 뿌려서 냉각시킨다. ④ 용기밸브가 진동, 충격에 의해 누설시 ➡ 부근 화기를 피해 즉시 밸브를 잠근다. ⑤ 배관에서 누설되면 ➡ 즉시 용기에서 가까운 밸브를 잠근다.
도시가스의 누설시 조치사항	① 가스가 누설되면 ➡ 즉시 공급자에게 연락하여 후속조치를 받아야 한다. ② 가스가 누설되었을 때는 ➡ 부근의 착화원이 될 만한 것은 신속히 치우고, 중간밸브(가스 개폐밸브를 말함)를 잠그고 창문 등을 열어 환기시켜야 한다. ③ 배관에서 누설되는 경우 ➡ 누출 부분 상부의 밸브를 잠근다.

3 가스화재의 소화요령 ★ 13 위, 16 서울기출

① 액화가스의 기화는 흡열반응으로 용기나 배관에서 누설, 착화되어도 용기나 배관은 냉각되어 있는 경우가 많다.
② 누출, 체류중인 가스는 작은 불씨에도 폭발할 위험성이 높지만, **연소중인 가스는** ➡ 오히려 폭**발 위험성이 낮다.** / 따라서 밸브가 파손되지 않았거나 파손된 부분을 차단할 수 있는 경우, **엄호주수를 받으면서 가스 차단을 우선 시도**한다.
③ 가스를 차단할 수 없고 주변에 연소될 위험도 없다면 ➡ 굳이 화재를 소화하기보다는 안전하게 태우는 방안이 좋다.(* 가스 누출을 차단할 수 없는 상황에서 섣불리 불꽃만을 소화한다면 누출된 가스에 의하여 2차 폭발이 발생할 우려가 있기 때문이다.)

LPG 소화요령	① 누설을 즉시 멈추게 할 수 없을 경우 ➡ 폭발이 발생할 위험이 있으므로 연소하고 있는 가스 소화는 **신중히 판단**한다. ② 접근하여 직접 소화해야 하는 경우 ➡ **분말소화기 및 이산화탄소 소화기**를 사용하고 초순간진화기도 효과를 발휘한다. ③ 분출 착화인 경우에는 ➡ 분말소화기로 분출하고 있는 가스의 근본으로부터 순차적으로 불꽃을 선단을 향하여 소화하는 것이 효과적이다. ④ 이산화탄소 소화기는 ➡ 가능한 한 근접하여 가스의 강한 방출압력으로서 연소면의 끝 부분부터 점차 불꽃을 제어한다. ⑤ 고정되지 않은 가스용기에 봉상으로 대량 방수하면 ➡ 용기가 쓰러져 더 큰 위험을 불러올 수 있으므로 주의한다.
도시가스 소화요령	① LNG는 배관망을 통하여 공급된다. 따라서 누설된 LNG가 착화된 경우 ➡ 누설원을 차단해야 한다. (*^^ 여기서 LNG란? LNG 혹은 도시가스를 말한다.) ② 가스가 누설, 확산된 상황에서 ➡ 화재를 진압하더라도 누설된 가스가 부근의 공기 중에 확산, 체류하여 재차 (2차) 발화할 우려가 있으므로 상황에 따라 누설된 가스를 **전부 연소시키는 방법**이 효과적인 경우도 있다.

제9절 암벽사고 구조

1 산악의 기상특성 ☆ 09 경기, 14, 15 서울교, 16 서울장

우리나라 산악사고는 등반기술, 지형상의 문제보다 기상변화에 의한 조난사고가 더 많다.

(1) 기온 변화* ☆ 14 서울장
① 산악에서의 기온은 고도차에 의해 영향을 받는다.
  고도가 높을수록 산의 기온은 **내려가며 100m마다 0.6℃가 내려간다.** 또한
  우리나라의 기온은 일교차가 심한데 오전 4시~6시가 가장 낮고, 오후 2시가 가장 높다.
② 같은 온도에서도 **추위와 더위를 더 심하게 느끼는 경우가 있다. 이를 체감온도**라 한다.

> ● -10℃에서 풍속이 5m/s일 때 체감온도는 -13℃, 풍속이 시속 30m/s되면 체감온도가 -20℃가 되어 강한 추위를 느낀다. / 체감온도 10℃~-10℃에는 추위에 긴 옷이나 따뜻한 옷을 입는다.
> -10℃~-25℃에서는 시간이 경과하면 저체온증에 빠질 위험이 있으며, -25℃~-40℃이면 10~15분 사이에 동상우려도 있다. / 기상청에서 사용하고 있는 체감온도 계산식은 다음과 같다.
> ※ 기상청 체감온도(℃) = 13.12 + 0.6215 × T - 11.37 × V0.16 + 0.3965 × V0.16 × T

(2) 눈* ☆ 13 경북장
① 평지와는 달리 산에서 눈의 위험성은 적설량을 기준할 수 없다.
② **눈사태는 적설량과 눈의 질(質), 기온과 지형, 지표면의 경사각에 의해서 일어난다.**
  - 통계상으로 **눈사태는 경사가 31도~55도에서 제일 많이 발생한다.**(* 약 45도 전후)
③ 눈은 가볍고 사람의 몸은 무거워 저절로 가라앉고 움직이는 동안의 눈은 부드럽지만 눈의 흐름이 정지되는 즉시 콘크리트처럼 단단하게 굳어 **빠져나올 수 없게** 된다.
  - 산행 시 경사가 급한 곳은 언제나 피하는 것이 좋다. 눈이 50Cm(무릎높이) 이상 쌓이면 걷기가 어렵고 그 이상이면 스키를 타지 않는 한 목숨이 위태롭다.

표층 눈사태	크러스트(눈이 쌓이게 되면 눈은 표면의 바람과 햇볕, 기온에 의해 미세하게 다시 어는 현상) 위에 폭설이 또 내려 쌓이면 크러스트가 된 이전의 눈과 새로운 눈 사이에 미세한 층이 발생하고 눈의 무게를 이기지 못하고 흘러내리는 눈사태.
전층 눈사태	기온이 올라가면 쌓인 눈의 접착력이 약해지면서 **밑바닥에서 슬립**이 일어나 눈이 무너지게 되는 것을 전층 눈사태라 한다. - 기온이 올라가 적설의 밑바닥이나 급한 비탈, 슬랩면에서 눈 녹은 물이 흐르고 있는 상태가 가장 위험하다.
눈처마 붕괴	**눈 쌓인 능선에서 주의할 것이 눈처마의 붕괴이다.** 눈처마는 바위 등 돌출부분이 발달하여 밑으로 수그러지며 **공기층의 공동**이 생기게 되므로 눈으로 보고 판단하는 부분보다 훨씬 뒤의 선에서 붕괴된다.

(3) **기상변화** ★ 15, 16 서울장, 경기교

기압 변화	지표면의 평균 기압은 1,013hPa이다. 10m를 오를 때마다 대략 1.1hPa이 내려가고 기압 27hPa이 내려갈 때마다 비등점이 1℃씩 낮아진다.
구름	① 일반적으로 고기압권 내에서 날씨가 좋으면 대개 적운(뭉게구름)이 끼고 ② 비 오는 날에는 난층운(비구름)과 적란운(소나기구름)이 낀다. ③ 서쪽 하늘을 바라볼 때 권운(새털구름)이 나타나고 그 뒤로 고적운(양떼구름)이 뒤따르면서 점차 구름이 많아지면 저기압이 접근하는 징조로 하산을 서두른다.
비	유속이 빠른 물이 무릎을 넘으면 코스를 바꾸거나 물이 빠질 때 까지 기다린다.
안개* 16서울장	① 산에서 안개를 만나면 **활동을 중지하고 한 자리에 머물러야 한다.** 16 서울 - 산안개는 입자가 더 크고 짙고, 바람과 해에 의해 쉬(쉽)게 걷힌다. ② 링반데룽(환상방황) : 산에서 안개가 심하거나 일몰이나 눈이 쌓여 지형을 분간하기 힘든 경우 자신은 어떤 목표물을 향하여 가고 있다고 생각하지만 사실은 큰 원을 그리며 움직여 결국 출발지점에 도착하는 경우.(* 부메랑 원리)
번개* 16경기교	번개는 고적운(양떼구름)과 적란운(소나기구름) 그리고 태풍이 있을 때 일어난다. 통계상으로 번개는 바람이 약하고 기온이 높은 오후에 많이 발생한다. ▶ 박하기상후 ■ 번개가 칠 때의 대피요령 ■ | 순위	많이 발생시간대	비 교
---	---	---
1	16시~17시	제일 많다
2	15시~16시	다음으로 많다
3	14시~15시	그 다음 많다
4	23시~24시	적다
5	3시~4시	가장 적다	 (*^^화재눈16~18시, 번개는16~17시 가장 많다) ・양떼구름, 소나기구름, 태풍이 있을 때는 반드시 번개가 있다는 것을 알고 쇠붙이는 몸에서 분리, 절연시키고 쇠붙이가 있다면 멀리 피한다. ▶ 양소태 ・대피시 반드시 낮은 곳으로 이동하고 벼락치는 각도를 생각한다.(* ^^ 45도 이하)
일출·일몰 시간의 변화	・산에서의 일출 일몰은 평지와 차이가 있다. 깊은 계곡에서는 일출시간은 30분~1시간 정도 늦고 일몰시간은 30분~1시간 정도 빠르다.(* 산에 가려져서 늦게 뜨고 빨리 짐) ・산에서 행동 시 일출, 일몰시간을 파악하고 1~2시간 전에 활동을 종료한다.

(4) **저체온증*** ★ 10 부산장

① 체온이 **35℃** 정도 내려가면→ 피로감, 사고력 저하, 졸음, 보행 불규칙, 말이 부정확함.
② 체온이 **30℃** 내외로 떨어지면→ 경련, 혈색 창백, 근육이 굳고, 맥박이 고르지 못하면서 의식이 흐려진다. 이때는 매우 위험한 상태가 된다. (*^^ 정상체온은 36.5℃ 1℃ 전후)
③ 저체온증은 추운 겨울뿐 아니라 **여름철에도 발생할 수 있다.**(고산지대가 아닌 평지에서도)
④ 젖은 옷은 마른 옷보다 우리 몸의 열을 **240배**나 빨리 뺏어간다. '체내에서 2g의 수분이 외부로 증발하면 약 1℃의 열이 손실된다'는 미국 의학계의 보고도 있다.
⑤ **면직물** 소재의 내의는 젖으면 잘 마르지 않기 때문에 등산용으로는 **적합하지 않다.**
  - 산악구조대원들은 면직물로 된 속옷을 "죽음의 의상"이라고도 한다.
★ 저체온증에 걸렸으면 악천후로부터 환자를 대피시키고 따뜻한 슬리핑백으로 열손실을 방지하고 뜨거운 음료를 마시게 한다. 현장에 대피할 곳이 없으면 다른 대원들이 환자를 에워싸서 체열의 저하를 방지한다.

2 암벽 등반기술 ☆ 16 경북교, 18 소방교

암벽화	① 암벽화는 암벽의 상태에 따라 기능이 서로 다른 암벽화가 좋다. 　슬랩(30~70° 암벽면) 등반처럼 마찰력이 주 목적이라면 부드러운 것이 좋다. 　암벽화는 맨발이나 얇은 양말을 신고 발가락 펴진 상태에서 꼭 맞으면 좋다. ② 수직벽이나 약간 오버행(90° 넘는 암벽면, 하늘벽.)의 훼이스(Face, 바위면)에서는 홀드(Hold, 손으로 잡을 수 있는 돌출부분)의 모양에 따라 선택한다. ③ 홀드의 돌기가 손끝 정도만 걸리는 각진 것이라면 (* 홀드: 돌출부분 잡는 곳) 　→ **뻣뻣한 암벽화가 좋으며**, 이것도 발에 꼭 맞게 신어야 한다. ④ 부드러운 암벽화일지라도 발가락이 약간 굽어질 정도로 꼭 맞게 신으면 　→ 작은 돌기의 홀드에서 뻣뻣한 것보다 더욱 **효과적**일 수 있다. 　✪ TIP(보충): 암벽화는 일반적으로 부드럽고 꼭 맞는게 좋다. 그러나 　③번 내용처럼 홀드의 돌기가 각진 것이라면 뻣뻣하고 발에 꼭 맞는게 좋다.
안전벨트	① 상하일체형과 하체형안전벨트가 있으나 **구조시에는 상하일체형을 사용**한다.
로프 16경북교	등반용으로 가장 많이 사용되는 로프는 직경 <u>10mm~10.5mm</u>, 길이 60m 정도로 **충격력이 작은 다이내믹(동적) 로프**이다. (* 11mm 로프 1m는 약 72g~80g이다.)
확보물 18소방교	확보물은 등반자가 추락했을 때 제동시키는 일종의 지지점이다. ① **고정확보물**: 암벽에 망치로 두들겨 박는 볼트나 피톤 등. ▶암기: 고볼피 ② **유동확보물**: 바위가 갈라진 틈새에 설치하는 너트나 후렌드 ▶유너프랜드 (*^^ 망치로 두들겨 박으니 고정되고, 틈새에 넣으니 조금씩 유동된다.)

3 암벽 구조기술 ☆ 13 소방위

로프에 매달린 사람의 구조 13소방위	등반 또는 하강 도중 추락하여 의식없이 로프에 매달린 사람을 구조하는 방법이다. ① 상부에서 접근할 때 구조대상자가 매달린 로프와 **별도로 구조용로프를 설치**한다. ② 구조대원의 양손을 사용할 수 있도록 하강기를 고정한다. ③ 퀵드로, 데이지체인, 개인로프를 이용, 구조대상자를 구조대원의 안전벨트에 묶는다. ④ 안전하게 확보되어 있는지 확인하고 **구조대상자가 매달려 있는 로프를 절단**한다. ⑤ 고정시킨 하강기를 풀고 구조대원이 구조대상자와 함께 하강한다.
매달아서 하강하는 방법	상부에서 자신의 몸을 확보하고 구조대상자에게 안전벨트를 착용시켜 로프로 하강시키는 방법이다. 8자하강기, 스톱, 그리그리 등으로 속도를 조절하며 하강시킨다. - 이러한 장비가 없는 경우에는 카라비너에 **절반말뚝매듭**을 활용한다.
업고 하강하는 방법	구조대원에게 하강로프를 결착하고 상부에서 제동을 걸어 하강시키는 방법과 구조대상자를 업은 구조대원이 직접 제동을 잡고 하강하는 방법이 있다.
들것을 이용한 구출		3줄로프 구출하기	3명의 구조대원이 로프를 설치하고 구조대상자를 들것으로 하강시키는 방법으로 직접 구조대상자를 하강시키는 A, B 대원의 체력부담이 크다.
	1줄로프 구출하기	로프를 1줄만 설치하고 들것과 구조대원이 같이 하강하는 방법이다. 단점은 구조대원과 구조대상자의 하강을 A가 전담하게 되므로 모든 부담이 지워진다.
	1인구출	1줄 로프 구조법과 유사하나 들것과 함께 1명의 대원이 하강하는 방법.

제10절 위험물질의 표지와 식별방법

- LC(Lethal Concentration) : 대기 중 유해물질의 치사 농도(ppm) ☆ 14 서울교
- TD(Toxin Dose) : 사망 이외의 바람직하지 않은 독성작용을 나타낼 때의 투여량
- LD(Lethal Dose) : 실험동물에 대하여 24시간 내 치사율로 나타낼 수 있는 투여량(mg/kg)
  - ✪ '경구투여 시 LD50≤25mg/kg(rat)' 이라는 의미는 '쥐를 대상으로 실험했을 때 쥐의 몸무게 1kg당 25mg에 해당하는 양을 먹였을 경우 실험대상의 50%가 사망했다' 는 의미임.
- IDLH(Immediately Dangerous to Life and Health) : 건강이나 생명에 즉각적으로 위험을 미치는 농도
- TLV(Threshold Limit Value), TWA(Time Weighted Average)는 작업장에서 허용되는 농도

1 위험물질의 표시방법* ☆ 13 경기장,

유독물의 유해그림은 고독성, 유독성 등 황색바탕에 흑색그림이다. * 인화성 ☞
 ▌국내 표시법과 GHS 심벌의 비교▐ * ☆ 13, 14 경기교, 21장, 위, 23 위

(*^^ 현행 7개 중 인화성은 낙엽에 불이 붙는 표시, / 산화성은 공기 중 산소의 동그란 이미지의 표시로 이해한다.)

(1) 미국 교통국 수송표지 ☆ 14, 15 인천, 16 경기장, 22 장, 24 위

① DOT : 미 교통국에서 위험물질을 운송할 때 부착하는 표지이다.
② 도로, 철도, 해운, 항공 등 수송 수단에 이 표지를 붙이도록 하고 외국 수출·입 물품들도 이 규정을 적용받는다. (*^^ DOT = Department Of Transportation)
③ DOT는 마름모꼴 표지에 숫자와 그림, 색상으로 표시하며, 숫자는 물질의 종류를 색상은 특성을 나타낸다. ▶ 청금이가 발가벗고 노란산에서 / 녹불 백중 오랜 폭발했다

  ■ 각 Placard의 색상이 가지는 의미** ☆ 16 경기장, 17 위, 18 19 장, 22 장
  - 빨간색 : 가연성 (불상징)
  - 노란색 : 산화성 (▶ 노란산)
  - 파란색 : 금수성 (물상징)
  - 오렌지 : 폭발성 (▶ 오랜폭발)
  - 녹 색 : 불연성 (풀상징)
  - 백 색 : 중독성 (창백상징)

(2) 미국 방화협회(NFPA) 표시법 ★ 14 서울, 23 장, 24 위
① **고정** 설치된 위험물(Fixed Storage)에 대한 **표시방법**이다. 이 방법은 14 서울
② 화학약품의 유해성을 확인하고자 하는 목적이 **아니고** 소방대의 비상작업에 필요한 안전조치 지침의 역할과 노출된 사람의 **생명보호**를 위한 정보제공이다.(*^^ 안전과 생명보호가 목적) 24 위.

> ○ 도표는 인체유해성, 화재위험성, 반응성, 기타 특성을 나타내고 위험성이 없는 0과 극도의 위험인 **4까지**, 다섯등급으로 나타낸다. ---→ 왼쪽은 **청**색으로 인체유해성을, 위쪽은 적색으로 화재위험성을(인화성), 오른쪽은 황색으로 반응성을 나타낸다. ★ 23장, 24 위 ▶ 암기 : 좌청유(* 좌청룡) ▶ 좌측 : 적색(x)
> ⊃ 하단부 ₩는 물의 사용이 위험(W: 워터)을, 산화성 화학물질은 ○, x로 표시한다.
> ▶ 암기 : (좌에서 시계방향으로) 인청 화적 반황 134(* 인천애 화적민이 반항한다. 134번을)

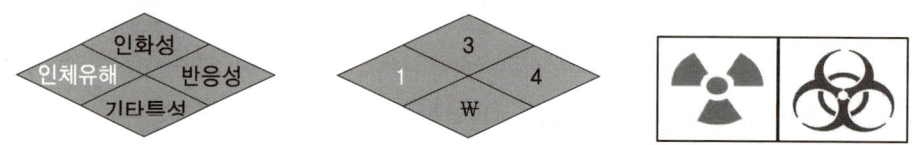

■ NFPA 704 표시법 ■   (좌)방사능위험 / (우)생물학적감염

※ GHS하에서는 위험물을 폭발성, 인화성, 산화성 등 9개의 그림(마름모꼴)으로 표시한다. 24위

2 경계구역 설정 등 ★ 15 서울장, 16 강원, 17 소방장, 17, 19 위, 19 소방장, 20 교

위험지역 (Hot Zone)	① 사고가 발생장소와 그 부근으로 누출물질 오염지역을 말하며 **붉은색**으로 표시한다. ② 출입을 엄격히 금지하고 구조대원들도 위험지역에 머무는 시간을 최소화한다.
경고지역 (warm Zone) 16강원 17위	① 구조대상자를 구조하고 안전조치를 취하는 공간으로 **노란색**으로 표시한다. ② 이 지역 안에 구조활동에 필요한 각종 장비를 설치하고 필요한 지원을 수행한다. ③ 제독·제염소를 설치하고 모든 인원은 이곳을 통하여 출입하도록 한다. ④ 제독·제염(*독소와 오염)을 마치기 전에는 인원, 장비도 경고지역을 벗어나서는 안 된다.
안전지역 (Cold Zone)	① 지원인력과 장비가 머무를 수 있는 공간으로 **녹색**으로 표시한다. ② 대기하는 인원들도 개인보호장구를 소지하고 풍향이나 상황의 변화를 주시한다.

(1) 인명구조 및 누출물질에 대한 조치 등
① 치명적인 군용화학물질(신경·수포작용제) 노출현장은 **방화복, 공기호흡기**를 착용한다.
② 염산은 증기압이 높고 강한 부식성과 독성때문에 대부분 대량의 물로 신속히 세척하여 중화시키지만, 대량 누출된 경우 모래나 흙 등으로 둑을 쌓아서 누출을 차단한다.
③ 위험물처리 전문교육을 받지 않은 사람은 **시각이나 후각, 촉각** 등으로 화학물질의 종류를 파악하려고 노력하기 보다는 **전문가의 도착**을 기다리며 현장을 차단한다.
④ 대피와 철수를 고려할 때 참고할 수 있는 정보는 실제 상황에 그대로 적용하기는 어렵다. 따라서 현장의 누출물질과 누출규모에 대한 **정보를 파악**하는 것은 매우 중요하다.

3 개인방호복** ☆ 15, 16 위, 17 소방교

A급방호복	① 최고등급의 방호장비(분진, 증기, 가스 상태 유독물질 차단 가능)이며 ② 일체형 구조(착용자 뿐만 아니라 공기호흡기까지를 차폐 가능)로서 내부 압력을 <u>높여</u> 외부 공기와 접촉하지 않도록 한다. (즉, 내부압력을 양압으로 높여서) ↙ ③ IDLH 농도의 유독가스 속으로 진입할 때나 피부접촉시 손상 입을 수 있는 유독성 물질을 직접 상대하며 작업할 때 사용한다. ✪ IDLH : 건강, 생명에 즉시 위험을 미치는 농도
B급방호복	① 구성: ❶ 헬멧과 ❷ 방호복, ❸ 공기호흡기. ▶ 암기: 헬방공(*헬로 반공) ② 용도: 위험물질의 비산에 의하여 손상을 입을 수 있는 액체를 다룰 경우 사용. ③ 종류: ❶ 방호복과 일체형(장갑과 장화), ❷ 방호복과 분리형(장갑과 장화가)도 있다. ④ 주의: 분리된 장비를 사용할 때에는 손목과 발목, 목, 허리 등을 밀폐하여 유독물질이 방호복 안으로 들어오지 못하게 한다.
C급방호복	방독면과 같은 공기정화식 호흡보호장비를 사용한다.(B급과 호흡보호에서 차이가 있다.)
D급방호복	① 피부만을 보호하는 수준이다.(호흡보호 장비가 없다) ② 소방대원의 경우 헬멧과 방화복, 보안경, 장갑을 착용한 상태가 D급에 해당한다. ③ 위험이 없는 Cold zone에서 활동하는 대원만 D급 방호복을 착용한다.

4 제독* ☆ 19, 22 소방장

비상제독	① 긴급 시 소방호스로, 물 또는 세척제를 뿌려서 오염물질을 제거하는 것이다. ② 대부분의 오염물질은 물로서 60%~90%까지 제독이 가능하다. 신경계 작용물질의 중독은 오염된 의복을 벗고 신선한 공기에 15분 동안 노출한다. ③ 많은 사람을 동시에 제독할 필요시 소방차 사이를 일정 부분을 구획하여 통로를 만들고 이곳을 소방차로 분무방수하면서 오염된 사람들을 통과시키면서 제독한다
제독소* 22장	① 사고로 발생한 오염자 및 제독작업에 참여한 대원의 제독을 위하여 설치한다. 　- 제독소는 warm Zone 내에 위치(설치)하며 ➡ 경계구역 설정과 동시에 설치한다. ② 전용장비로 제독소를 설치할 수 있지만 수손방지막으로 간이제독소를 설치할 수 있다. 　40mm나 65mm호스로 땅에 구획을 만들고 그 위를 수손방지막으로 덮으면 오염물질이 밖으로 흐르지 않게 할 수 있다. ③ 제독소는 오염지역에 가까운 Red, Yellow, Green trap의 3단계로 구획하고 Red trap부터 제독을 시작한다. - 구획의 크기는 제독인원에 비례하여 결정한다. ❶ 레드트랩 입구에 장비수집소를 설치하고 손에 든 장비를 이곳에 놓도록 한다. 　- 장비는 모아서 별도로 제독하거나 폐기한다. ❷ 방호복을 입은 상태에서 물을 뿌려 1차 제독을 한다. ❸ 옐로트랩 이동, 솔, 세제로 방호복 구석구석(발바닥, 사타구니, 겨드랑이)세척한다 ❹ 습식제독작업 후 그린트랩으로 이동, 동료의 도움을 받아 보호복을 벗는다. 　▶ 암기: 레방옐습(내방예습) 혹은 적황녹 신호등색상 내용순서로 기억! 22 장(❶~❹ 순서기출) ❺ 끝으로 공기호흡기를 벗는다. (* 공기호흡기를 먼저 벗는 모호복 종류도 있다.) 　- 보호복, 장비는 장비수집소에 보관한다. ❻ 샤워장으로 이동, 신체 구석구석을 씻고. ❼ 휴식 취하며 건강상태를 확인한다.

오염은 직접오염과 2차오염의 2가지 형태로 확산된다.
① 오염물질과 직접 접촉한 사람에게 (1차 직접) 오염이 발생하고
② 이 사람과 접촉하는 다른 사람에게 2차오염이 발생하는 것이다.
③ 오염을 방지하고 정화하는 조치를 제독 또는 제염이라고 한다. 일반적으로
④ 유독물질의 경우 '제독'이라 하고, 방사능 물질의 경우에는 '제염'이라고 한다.

5 누출 물질의 처리** ☆ 16 경기장, 17 소방교, 19 교, 장, 22 소방교, 장, 23, 24 장

(1) 화학적 방법   ▶ (화학적) 암기: 유응흡수 소중(* 연상기억: 유흥주점 흡수가 소중)

① 유화처리	유화제를 사용하여 오염물질의 친수성을 높이는 방법으로 처리한다. 기름(Oil)이 누출되었을 때, 특히 원유 등의 대량누출 시 적용한다. 환경오염문제가 될 수 있다.
② 응고	오염물질을 약품이나 흡착제로 흡착, 응고시켜 처리 가능. 응고된 물질은 밀폐, 격납한다.
③ 흡수	주로 액체 누출 물질에 적용하는 방법이다. / 스펀지나 흙, 신문지, 톱밥 등의 흡수한다. (* 2 이상의 물질을 동시에 흡수하는 경우에는 화학반응 위험성이 없는지 확인한다.)
④ 소독	주로 장비나 물자, 환경 정화를 위해 표백제나 화학약품으로 소독한다. 사람의 경우 화학약품을 사용하는 것보다 **물**로 세척하는 것이 더 효과적이다.
⑤ 중화	주로 부식성 물질에 사용한다. 중화과정에서 발열, 유독성물질이 발생할 수 있으므로 화학자의 검토가 필요하고 위험을 감소시키기 위해 오염물질 양보다 적게 조금씩 투입한다.

(*^^ 특히 흡수하고 흡착에 주의한다.)

(2) 물리적 방법 ▶ (물리적)암기: 희석, 흡입, 흡착(* 연상: 희석이가 청소기로 흡입하며 청소기로 흡착한다)

① 희석	오염물질의 농도를 낮추어 위험성을 줄이는 방법으로 가스가 누출된 장소에 신선한 공기를 불어넣거나, 수용성 물질에 대량의 물을 투입하는 방법이다.
② 흡입	고형 오염물질은 진공청소기로 흡입, 청소하여 위험성을 줄일 수 있다. 가정용 진공청소기는 미세분말을 통과시키기 때문에 분말 오염물질에는 적용 안됨. 정밀 제독을 위해서는 고효율미립자 필터를 사용한 전용 진공청소기를 사용한다.
③ 흡착	활성탄과 모래가 일반적으로 널리 사용되는 흡착제이다.
④ 증기확산	실내 오염농도를 낮추기 위해 창문을 열고 환기시킨다. 고압송풍기를 이용하면 좋다.
⑤ 세척, 제거	오염된 물질과 장비를 현장에서 세척, 제거한다. 제거된 물질은 밀폐용기에 격납한다
⑥ 밀폐, 격납	오염물질을 드럼통과 같은 **밀폐** 용기에 넣어 확산을 차단하는 방법이다.
⑦ 덮기	고체나 분말을 비닐이나 천으로 덮어서 확산을 방지.(휘발성이 약한 액체에도 적용)
⑧ 폐기	오염이 심각하여 제독이 곤란하거나 처리비용이 과도할 경우 해당 물품을 **폐기**한다.

* 물리적 ①~③ 외, ④~⑧의 환기, 세척, 차단, 덮고, 버리고는, 성질이 변하는 화학적이 아닌 물리적인 쉬운 이해이다.
  ▶ 문제의 보기에서 화학적이 아닌 것이 물리적방법이나, 물리적방법은 이해하면 The 쉽다.

CHAPTER 06 생활안전 및 현장안전관리

1. 119 생활안전대 업무특성 ★ 14 대구교, 경기장

활동영역의 다양성	생활안전대 업무는 문개방, 장신구 제거를 비롯, 대형고드름 등 낙하물제거, 벌집제거 등 구조활동분야와 급·배수지원, 오작동소방시설처리의 **민생지원분야** 등 활동이 다양하다.
비긴급성과 잠재적위험성	급박한 위험상황은 아니지만 방치할 경우 긴급위험성으로 변하거나 현재는 소규모 위험성이나 제거하지 않으면 준긴급·긴급으로 확대할 수 있다. 일반인에게는 위험이 되지 않으나 **특정인에게 위협이 될 수 있는 관계**로 민원인 입장에서 위험, 위협을 판단한다.
주민밀접성	주민의 생활활동과정에서 주로 발생하는 사고로 특정지역과 분야에 해당하는 사안이 아닌 불특정 다수에게 발생할 수 있는 사고로 일상생활과 밀접하다.
관련법령의 다양성	동물보호법, 야생생물보호 및 관리에 관한 법률, 총포도검화약류 등 단속법 및 유실물법, 개인정보보호법, 위치정보의 보호 및 이용 등에 관한 법률 등 경찰관련 법령 등 업무이다.

▶ 분류 : 활비주관 / 다비 위주법

2. 소방안전관리의 특성★★ ★ 12 위, 16 부산교, 17 소방장 등

일체성· 적극성	① 화재현장에 있어서 소방활동은 안전관리와 면밀하게 **일체**되어 있는 경우가 많다. ② 예를 들면 화재현장에 있어서 호스를 분리하여 연장한다고 하는 것은 낙하물이나 복사열로부터 호스의 손상방지를 위한 것이지만 결과적으로 효과적인 소방활동을 전개할 수 있음으로서 대원 자신의 안전을 보호하는 결과를 얻을 수 있는 것이다.
특이성· 양면성	① 위험을 수반하는 **임무수행** 때에 **안전관리** 개념이 성립되고 그 **양립**이 **요구**되고 있다. ② 화재현장의 위험을 확인한 후에 임무수행과 안전확보를 양립시키는 특이성·양면성이 있다.
계속성· 반복성	① 안전관리는 끝이 없으므로 반복 실행한다. 출동~귀소까지 한 순간도 끊임없이 계속된다. ② 평소의 교육, 훈련이나 기기 점검 등도 안전관리상 중요한 요소이다.

▶ 암기 : 일체적극 특양계반

3. 안전관리 대책수립 ▶ 조직장교

조직적대책 15소방위 18소방장	화재출동, 훈련, 명령, 책임을 명확히 하고 규칙 기준을 정하여 안전대책을 추진한다. ① 안전관리 담당 부서의 설치 ② 안전책임자 및 요원의 제도화 ③ 훈련, 연습실시 및 안전관리에 관한 규칙제정 등
장비적대책	소방활동의 효율화, 안전화를 추진하기 위하여 장비의 적정한 유지관리가 중요하다.
교육적대책	① 안전관리교육 : 일상·특별·기관교육 ② 소속기관의 안전담당자에 대한 교육 ③ 학교연수에 의한 안전교육 : 기본교육, 전문교육 ④ 자료의 활용 : 위험예지훈련 등을 통하여 안전수준의 향상을 기하도록 한다.

4 위험요인 회피 능력배양   ★ 23 소방위 (* 종류 나옴)

① **외적 위험요인 예지능력** : 대원 스스로 과거의 경험과 지식에 의해 오감 등으로 판단하여 주위에 있는 위험요인을 발견해 내는 능력
② **내적 위험요인 통제능력** : 자기 내면에 있는 위험요인 즉, 자기중심적인 사고나 감정을 올바른 방향으로 통제할 수 있는 능력
③ **실행능력** : 외적·내적 위험요인을 판단하고 이것을 행동으로 실행하는 능력.   ★ 오답: 숙지능력

5 구조현장 안전관리 등   ★ 18 소방위, 21 소방장,

① 윈치 등을 이용하여 로프를 설치하는 경우 로프의 인장력을 초과하여 당기게 되기 쉬우며 이 경우 로프가 절단되거나 지지물의 파손, 붕괴 등 뜻하지 않은 사고발생 우려가 **있다**.   ★ 21 장
② 배에 의한 구조에서 작은 선박 운항 중에는 횡파를 받아 전복 우려로 파도와 직각으로 부딪히지 않도록 항해에 주의한다.
③ 산소결핍 여부를 측정할 때는 반드시 공기호흡기를 장착하고 맨홀 등의 주변에서 개구부를 향하여 순차적으로 행하고 산소결핍 상태를 나타난 때는 조기에 경계구역을 설정한다.
④ 잠수대원은 다음과 같은 질병, 피로 등 신체적 정신적 이상이 있을 때는 잠수하지 않는다.
　㉠ 중풍, 두통, 소화기계 질환 또는 질환에 의해 몸 조절이 나쁜 자(눈병, 치통 등도 포함)
　㉡ 외상, 피부병, 기타 피부에 이상이 있는 자
　㉢ 피로가 현저한 자　　　　　　　　　㉣ 정신적 부담, 동요 등이 현저한 자
⑤ 화재진압이나 구조활동을 위하여 부득이한 경우에는 사진을 촬영하거나 주위 사람의 확인을 받은 후 이를 안전히 보관하여 경찰공무원이나 관계자에게 인계하도록 한다.   ★ 18 소방위

■ **안전관리 10대 원칙**   ★ 20 위
① 안전관리는 임무수행을 전제로 하는 적극적 행동대책이다.
② 화재현장은 항상 위험성이 잠재하고 있으므로 안일한 태도를 버리고 항상 경계심을 게을리 하지 말라.
③ 지휘자의 장악으로부터 벗어난다는 것은 중대한 사고에 연결되는 것이므로 독단적 행동을 삼가고 적극적으로 지휘자의 장악 안에 들어가도록 하라.
④ 위험에 관한 정보는 현장 전원에게 신속하고 철저하게 주지시키도록 하라. 위험을 먼저 안 사람은 즉시 지휘본부에 보고하고 긴급 시는 주위에 전파하여 위험을 사전 방지하도록 하라.
⑤ 흥분, 당황한 행동은 사고의 원인이 되므로 어떠한 상황하에서도 냉정, 침착성을 잃지 않도록 하라.
⑥ 기계, 장비에 대한 기능, 성능 한계를 명확히 알고 안전조작에 숙달하도록 하라.
⑦ 안전확보의 기본은 자기방어 이므로 자기안전은 자기 스스로 확보하라.
⑧ 안전확보의 첫 걸음은 완벽한 준비에서 시작된다. 완전한 복장과 장비를 갖추고 안정된 마음으로 정확히 행동에 옮겨라.
⑨ 안전확보의 전제는 강인한 체력, 기력에 있으므로 평소 체력, 기력 연마에 힘쓰라.
⑩ 사고사례는 산 교훈이므로 심층 분석하여 행동지침으로 생활화시키도록 하라.

CHAPTER 07 119구조·구급에 관한 법률

▶ 중앙소방학교 표준교재 "소방법령 4"에서 개정된 법령으로 수정됨.

법 제1조 【목적】

이 법은 화재, 재난·재해 및 테러, 그 밖의 위급한 상황에서 119구조·구급의 효율적 운영에 관하여 필요한 사항을 규정함으로써 국가의 구조·구급 업무 역량을 강화하고 **국민의 생명·신체 및 재산을** 보호하며 **삶의 질 향상**에 이바지함을 목적으로 한다.

법 제2조 【정의】 ★★

이 법에서 사용하는 용어의 뜻은 다음과 같다. ☆ 13 부산교(1~4번까지 기출)

① "구조"란 화재, 재난·재해 및 테러, 그 밖의 위급한 상황(이하 "위급상황"이라 한다.)에서 외부의 도움을 필요로 하는 사람(이하 "구조대상자"라 한다)의 생명, 신체 및 재산을 보호하기 위하여 수행하는 모든 활동을 말한다.
② "119구조대"란 탐색 및 구조활동에 필요 장비를 갖추고 소방공무원으로 편성된 단위조직.
③ "구급"이란 응급환자에 대하여 행하는 **상담, 응급처치 및 이송** 등의 활동을 말한다.
④ "119구급대"란 구급활동에 필요한 장비를 갖추고 소방공무원으로 편성된 단위조직을 말한다.
⑤ "응급환자"란 「응급의료에 관한 법률」 제2조제1호의 응급환자를 말한다.
⑥ "응급처치"란 「응급의료에 관한 법률」 제2조제3호의 응급처치를 말한다.
⑦ "구급차 등"이란 「응급의료에 관한 법률」 제2조제6호의 구급차 등을 말한다.
⑧ "지도의사"란 「응급의료에 관한 법률」 제52조의 지도의사를 말한다.
⑨ "119항공대" 란 항공기, 구조·구급 장비 및 119항공대원으로 구성된 단위조직을 말한다.
⑩ "119항공대원" 이란 구조·구급을 위한 119항공대에 근무하는 조종사, 정비사, 항공교통관제사, 운항관리사, 119구조·구급대원을 말한다.
⑪ "119구조견"은 위급상황에서 소방활동 보조목적으로 소방기관에서 운용하는 개를 말한다.
⑫ "119구조견대"란 119구조견을 활용하여 소방공무원으로 편성된 단위조직을 말한다.

---

* 소방청장등: 소방청장·소방본부장 또는 소방서장.
* 이 법 구조대, 구급대는 청·본·서(소방청, 소방본부, 소방서)에 설치되므로 소방청장이 주로 책임자가 된다.
* 개념: 어느 법이나 관계 책임자는 계획을 주로 5년마다 수립하며 그 계획을 변경할 수 있으며, 또한 관계 책임자는 어떠한 자료제출도 요청할 수 있으며 이 경우 요청 받는 사람은 특별한 사유가 없으면 항상 이에 따라야 한다.
   또한 필요한 사항은 주로 시행령인 대통령령으로 정하고, "장비"는 행정안전부령으로 정하는 장비를 구입한다.
* 구조구급 서류는 대원의 검진기록 보관을 제외하고, 주로 3년간 보관이다. / 3년 이상(x)

> **법 제6조 및 영 제2조 【구조·구급 기본계획 등의 수립·시행】** *
> ① **소방청장**은 제3조의 업무를 수행하기 위하여 관계 중앙행정기관의장과 협의하여 대통령으로 정하는 바에 따라 구조·구급 **기본계획**(이하 "기본계획")을 (5년마다) 수립·시행해야 한다.
> ② 기본계획에는 다음 각 호의 사항이 포함되어야 한다. ☆ 18 소방교
>   ❶ 구조·구급서비스의 **질** 향상을 위한 정책의 기본방향에 관한 사항
>   ❷ 구조·구급에 필요한 **체**계의 구축, 기술의 연구개발 및 보급에 관한 사항
>   ❸ 구조·구급에 필요한 **장**비의 구비에 관한 사항
>   ❹ 구조·구급 전문 인력 **양**성에 관한 사항 ▶ ❶❼ 장양 체질, 기반 교육이 효율적이다.
>   ❺ 구조·구급활동에 필요한 **기반**조성에 관한 사항
>   ❻ 구조·구급의 **교육**과 홍보에 관한 사항 * 오답: 감염방지
>   ❼ 그 밖에 구조·구급업무의 **효율**적 수행을 위하여 필요한 사항
> ③ 소방청장은 기본계획에 따라 **매년** 연도별 구조·구급 **집행계획**을 수립·시행해야 한다.
> ④ 소방청장은 기본계획 및 집행계획을 관계 중앙행정기관장, 시·도지사에게 통보하고 국회 소관 상임위원회에 제출한다.(* 중앙 정책협의회의 협의를 거쳐 기본계획을 변경할 때도 이와 같다)
> ✪ 기본계획은 중앙 구조·구급정책협의회의 협의를 거쳐 5년마다 수립한다. 18 소방교
> ✪ 기본계획은 계획 시행 전년도 8월 31일까지 수립한다.

[시행령] 제3조 (구조·구급 집행계획의 수립·시행) * ☆ 18 소방교

① 집행계획은 중앙 정책협의회의 협의를 거쳐 계획 시행 전년도 10월 31일까지 수립한다.
② 구조·구급 집행계획(이하 "집행계획")에는 다음 각 호의 사항이 포함되어야 한다.
  1. 기본계획 집행을 위하여 필요한 사항
  2. 구조·구급대원의 <u>안전사고 방지</u>, 감염 방지 및 건강관리를 위하여 필요한 사항 (* 방지계획)
  3. 그 밖에 구조·구급활동과 관련하여 중앙 정책협의회에서 필요하다고 결정한 사항.

> **법 제7조 및 영4조 【시·도 구조·구급 집행계획의 수립·시행】** ☆ 14 소방위
> ① **소방본부장**은 기본계획, 집행계획에 따라 **매년** 집행계획을 수립, **소방청장**에게 **제출**한다.
> ② 시·도 집행계획의 수립시기·내용, 그 밖에 필요한 사항은 **대통령령**으로 정한다.
> ③ 시·도 집행계획은 시·도 구조·구급정책협의회의 협의를 거쳐 계획시행 전년도 12월 31일까지 수립한다.(*^^ ❶기본계획 수립: 8/31 ❷집행계획: 10/31 ❸시도집행계획: 본부장이 12/31까지 수립함.)
> ④ 시·도 집행계획에는 다음 각 호의 사항이 포함되어야 한다.
>   1. 기본계획 및 집행계획에 대한 시·도의 세부 집행계획
>   2. 구조·구급대원의 안전사고 방지, 감염 방지 및 건강관리를 위하여 필요한 세부 집행계획
>   3. 법 제26조제1항(구조·구급활동)의 평가 결과에 따른 조치계획
>   4. 그 밖에 구조·구급활동과 관련하여 시·도 정책협의회에서 필요하다고 결정한 사항

■ Tip (계획 정리):
❶ 기본계획(법6조, 영2조): 소방청장이 <u>5년마다</u> 수립·시행, (전년도 8/31일 까지 수립)
❷ 집행계획(법6조, 영3조): 소방청장이 매년 수립·시행, (전년도 10/31일 까지 수립)
❸ 시도집행계획(법7조, 영4조): 소방본부장이 매년 수립·시행, (전년도 12/31일 까지 수립)

법 제8조 【119구조대의 편성과 운영】 * ☆ 18 소방교, 22 위

① 소방청장·소방본부장 또는 소방서장(이하 "소방청장등")은 위급상황에서 구조대상자의 생명 등을 신속하고 안전하게 구조하는 업무를 수행하기 위하여 대통령령으로 정하는 바에 따라 119구조대를 편성하여 운영한다.
② 구조대의 종류, 구조대원 자격기준, 그 밖에 필요한 사항은 **대통령령**(= 시행령)으로 정한다. 22 위
③ 구조대는 행정안전부령으로 정하는 장비를 구비해야 한다.

[시행령] 제5조 (119구조대의 편성과 운영) ** ☆ 13~15 서울, 15, 17, 19 소방장, 22 위, 23 교

① 119구조대는 다음 각 호의 구분에 따라 편성·운영한다.
  1. 일반구조대 : 시·도의 규칙으로 정하는 바에 따라 소방서마다 1개 대(隊) 이상 설치하되, 소방서가 없는 시·군·구의 경우에는 시·군·구의 중심지에 있는 119안전센터에 설치할 수 있다.
  2. 특수구조대 : 소방대상물, 지역 특성, 재난 발생 유형 및 빈도 등을 고려하여 시·도의 규칙으로 정하는 바에 따라 소방서에 설치한다. 다만, 고속국도구조대는 직할구조대에 설치할 수 있다.
     가. 화학구조대 : 화학공장이 밀집한 지역   나. 수난구조대 : 내수면지역
     다. 산악구조대 : 자연공원 등 산악지역   라. 고속국도구조대 : 고속국도
     마. 지하철구조대 : 도시철도의 역사 및 역무시설
  3. 직할구조대 : 대형·특수 재난사고의 구조, 현장 지휘 및 지원 등을 위하여 소방청장 또는 소방본부에 설치하되, 소방본부에 설치하는 경우에는 시·도의 규칙으로 정하는 바에 따른다.
  4. 테러대응구조대 : 테러 및 특수재난에 전문적으로 대응하기 위해 소방청 또는 시·도 소방본부에 설치하되, 시·도 소방본부에 설치하는 경우, 시·도의 규칙으로 정하는 바에 따른다. 14 부산교
② 구조대의 출동구역은 행정안전부령으로 정한다. (*^^ 영10조 구급대 출동구역도 행안부령임.)
③ 소방청장·소방본부장 또는 소방서장은 여름철 물놀이 장소에서의 안전을 확보하기 위하여 필요한 경우 민간 자원봉사자로 구성된 구조대(이하 "119시민수상구조대")를 지원할 수 있다. 19 소방교
   (*^^ 구조대, 구급대는 청본서에 설치되니 책임자는 주로 소방청장 혹은 소방청장등이며 시도지사는 오답이 된다.)
④ 119시민수상구조대의 운영, 그 밖에 필요한 사항은 시·도의 조례로 정한다.

[시행규칙] 제5조 (구조대의 출동구역) ☆ 14 서울교

① 구조대의 출동구역은 다음 각 호와 같다.
  1. 소방청에 설치하는 직할구조대 및 테러대응구조대 : 전국
  2. 시·도 소방본부에 설치하는 직할구조대 및 테러대응구조대 : 관할 시·도
  3. 소방청 직할구조대에 설치하는 고속국도구조대 : 소방청장이 한국도로공사와 협의하여 정하는 지역
  4. 그 밖의 구조대 : 소방서 관할 구역
② 구조대는 다음의 경우에는 소방청장의 요청이나 지시에 따라 출동구역 밖으로 출동할 수 있다.
  1. 지리적·지형적 여건상 신속한 출동이 가능한 경우
  2. 대형재난이 발생한 경우
  3. 그 밖에 소방청장이나 소방본부장이 필요하다고 인정하는 경우

[시행령] 제6조 (구조대원의 자격기준)★★

① 구조대원은 소방공무원으로서 다음 어느 하나의 자격을 갖추어야 한다.
  1. 소방청장이 실시하는 인명구조사 교육을 받았거나 인명구조사 시험에 합격한 사람 (선택 조건)
  2. 국가·지방자치단체 및 공공기관의 구조 관련 분야에서 근무한 경력이 2년 이상인 사람
  3. 「응급의료에 관한 법률」 제36조에 따른 응급구조사 자격을 가진 사람으로서 소방청장이 실시하는 구조 업무에 관한 교육을 받은 사람
② 인명구조사 교육의 내용, 시험 과목·방법, 구조업무에 관한 교육의 내용 등은 소방청장이 정한다.
③ 소방청장은 교육과 인명구조사 시험을 소방학교 또는 교육훈련기관에서 실시하도록 할 수 있다.

> 법 제9조 【국제구조대의 편성과 운영】 ☆ 23 위
> ① 소방청장은 국제구조대를 편성하여 운영할 수 있다.
> ② 소방청장은 **외교부장관과 협의**를 거쳐 국제구조대를 재난발생국에 파견할 수 있다.
> ③ 국제구조대의 편성, 파견, 교육 훈련 및 국제구조대원의 귀국 후 건강관리 등은 대통령령으로 정한다. / 국제구조대는 행정안전부령으로 정하는 장비를 구비한다.

[시행령] 제7조 (국제구조대·국제구급대의 편성과 운영) 〈개정 2024. 4. 23.〉

① 소방청장은 국제구조·구급대를 편성·운영하는 경우 다음의 임무를 수행할 수 있도록 구성해야 한다.
② 소방청장은 필요한 경우 국제구조대·국제구급대를 소방청에 설치하는 직할구조대에 설치할 수 있다.
③ 국제구조대·국제구급대의 파견 규모 및 기간은 **외교부장관과 협의**하여 소방청장이 정한다.
④ 1~제3항까지 규정한 사항 외에 국제구조·구급대대의 편성·운영에 필요한 사항은 소방청장이 정한다.

[시행령] 제8조 (국제구조대원·국제구급대원의 교육·훈련) 〈개정 2024. 4. 23.〉

① 소방청장은 법 제9조제3항에 따른 교육훈련에 다음 각 호의 내용을 포함시켜야 한다.
  1. 국제구조대원
    가. 전문 교육훈련 : 붕괴건물 탐색 및 인명구조, 방사능 및 유해화학물질 사고 대응, 유엔재난평가조정요원 교육 등 ▶ 유엔유방 붕인 ☆ 15 서울
    나. 일반 교육훈련 : 응급처치, 기초통신, 구조 관련 영어, 국제구조대 윤리 등 ▶ 응급기초 영국
  2. 국제구급대원
    가. 전문 교육훈련 : 국제 항공이송 관련 교육, 해외 응급의료체계 등의 내용
    나. 일반 교육훈련 : 기초통신, 구급 관련 영어, 국제구급대 윤리 등의 내용
② 소방청장은 필요한 경우에는 국외 교육훈련을 실시할 수 있다. ☆ 23 위

 오래 남는 것!

사랑보다 오래 남는 것은 고마움이고, 고마움보다 오래 남는 것은 상처된 말이다.

[시행규칙] 제6조 (국제구조대·국제구급대에서 갖추어야 할 장비의 기준)

① 법 제9조7항(법 제10조의4제2항)에서 행안부령으로 정하는 다음 각 호의 구분에 따른 장비를 말한다.
  1. 국제구조대 〈개정 2024. 4. 23.〉
    ① 구조장비 ② 구급장비 ③ 정보통신장비 ④ 보호장비 ⑤ 보조장비 ⑥ 측정장비 중 공통 측정장비 및 화생방 등 측정장비 ▶ 구구정 뽀뽀측정
  2. 국제구급대 〈개정 2024. 4. 23.〉
    ① 구급장비 ② 정보통신장비 ③ 보호장비 ④ 보조장비 중 기록보존장비 및 현장지휘소 운영장비
② 제1항에 따른 장비의 구체적인 내용에 관하여 필요한 사항은 소방청장이 정한다. ▶ 구정 뽀뽀보조

> **법 제10조 【119구급대의 편성과 운영】**
> ① 소방청장등은 응급환자를 응급처치하거나 의료기관에 긴급히 이송하는 등의 구급업무를 수행하기 위하여 **대통령령**으로 정하는 바에 따라 119구급대(이하 "구급대")를 편성·운영한다.
> ② 구급대의 종류, 구급대원의 자격기준, 이송대상자, 그 밖에 필요한 사항은 대통령령으로 정한다.
> ③ 구급대는 행정안전부령으로 정하는 장비를 구비해야 한다.

[시행령] 제10조 (119구급대의 편성과 운영)★

① 119구급대는 다음 각 호의 구분에 따라 편성·운영한다.
  1. 일반구급대 : 시·도의 규칙으로 정하는 바에 따라 소방서마다 1개 대 이상 설치하되, 소방서가 설치되지 아니한 시·군·구의 경우 지역의 중심지에 소재한 119안전센터에 설치할 수 있다.
  2. 고속국도구급대 : 교통사고 발생 빈도 등을 고려하여 소방청, 소방본부 또는 고속국도를 관할하는 소방서에 설치하되, 시·도 소방본부 또는 소방서에 설치하는 경우 시·도의 규칙에 따른다.
② 구급대의 출동구역은 행정안전부령으로 정한다. (*^^ 영5조, 영10조의 출동구역 : 행정안전부령)

[시행규칙] 제8조 (구급대의 출동구역)

① 구급대의 출동구역은 다음 각 호와 같다.
  1. 일반구급대 및 소방서에 설치하는 고속국도구급대 : 구급대가 설치 되어 있는 지역 관할 시·도
  2. 소방청장 또는 시·도 소방본부에 설치하는 고속국도구급대 : 고속국도로 진입하는 도로 등을 고려, 소방청장, 소방본부장이 관련 시·도의 소방본부장 및 한국도로공사와 협의하여 정한 구역
② 구급대는 다음의 경우 소방청장등의 요청이나 지시에 따라 출동구역 밖으로 출동할 수 있다.
  1. 지리적·지형적 여건상 신속한 출동이 가능한 경우   2. 대형재난이 발생한 경우
  3. 그 밖에 소방청장이나 소방본부장이 필요하다고 인정하는 경우

[시행령] 제11조 (구급대원의 자격기준)★★

구급대원은 소방공무원으로서 다음 각 호의 어느 하나에 해당하는 자격을 갖추어야 한다.
  - 다만, 제4호에 해당하는 구급대원은 구급차 운전과 구급에 관한 보조업무만 할 수 있다.
    ① 의료인. ② 1급 응급구조사 격을 취득한 사람. ③ 2급 응급구조사 자격을 취득한 사람
    ④ 소방청장이 실시하는 구급업무에 관한 교육을 받은 사람 (*^^ 운전 등 보조업무만 가능하다.)

[시행령] 제12조 (응급환자의 이송 등)

① 구급대원은 의료기관으로 이송 전이나 이송과정에서 가능한 범위에서 응급처치를 실시해야 한다.
② 소방청장은 구급대원 자격별 응급처치범위 등 현장응급처치표준지침을 정하여 운영할 수 있다.
③ 구급대원은 환자의 질병내용 및 중증도(重症度), 지역별 특성 등을 고려하여 소방청장 또는 소방본부장이 작성한 이송병원 선정지침에 따라 응급환자를 의료기관으로 이송해야 한다.
④ 이송병원 선정지침이 작성되지 아니한 경우 최단시간에 이송이 가능한 의료기관으로 이송해야 한다.
⑤ 구급대원은 이송하려는 응급환자가 감염병 및 정신질환을 앓고 있다고 판단되는 경우에는 시·군·구 보건소의 관계 공무원 등에게 필요한 협조를 요청할 수 있다.
⑥ 구급대원은 이송하려는 응급환자가 자기 또는 타인의 생명·신체와 재산에 위해를 입힐 우려가 있다고 인정되는 경우 환자의 보호자 또는 관계 기관의 공무원 등에게 동승을 요청할 수 있다.

법 제10조의2 (119구급상황관리센터의 설치·운영 등) ★ 14 위

① 소방청장은 119구급대원 등에게 응급환자 이송에 관한 정보를 효율적으로 제공하기 위하여 소방청과 시·도 소방본부에 119구급상황관리센터를 설치·운영한다.
② 구급상황센터에서는 다음 각 호의 업무를 수행한다.
  1. 응급환자에 대한 안내·상담 및 지도   *오답 : 구급이송 중 환자처치에 대한 평가
  2. 응급환자를 이송 중인 사람에 대한 응급처치의 지도 및 이송병원 안내
  3. 제1호 및 제2호와 관련된 정보의 활용 및 제공
  4. 119구급이송 등을 위한 정보망의 설치 및 관리·운영
  5. 제23조의2(혹은 3)제1항에 따른 감염병환자등의 이송 등 중요사항 보고 및 전파
  6. 재외국민, 영해·공해상 선원, 항공기승무원·승객 의료상담 등 응급의료 서비스제공
  7. 소아·청소년환자(18세 이하의 환자를 말한다)에 대한 상담·안내·지도 〈24.12.3. 신설〉
③ 소방청장은 그 평가와 관련한 자료의 수집을 위하여 **보건복지부장관이** 요청하는 경우 필요한 자료를 제공하여야 한다.

[시행령] 제13조의2 (119구급상황관리센터의 설치 및 운영)*

① 119구급상황관리센터에는 다음에 해당하는 사람을 배치하여 24시간 근무체제를 유지해야 한다.
  1. 의료인 (*^^ 의료인이란 의사, 간호사, 조산사를 말한다)
  2. 1급 응급구조사 자격을 취득한 사람
  3. 2급 응급구조사 자격을 취득한 사람
  4. 응급의료정보센터에서 2년 이상 응급의료에 관한 상담 경력이 있는 사람
② 소방청장은 119구급이송 관련 정보망을 설치하는 경우 다음 각 호의 정보가 효율적으로 연계되어 구급대 및 구급상황센터에 근무하는 사람에게 제공될 수 있도록 해야 한다.
  1. 응급의료정보센터가 제공하는 「응급의료에 관한 법률 시행령」 제24조제1항 각 호의 정보
  2. 구급대의 출동 상황, 응급환자의 처리 및 이송 상황
③ 소방본부장은 구급상황센터의 운영현황을 파악하고 응급환자 이송정보제공 체계를 효율화하기 위하여 매 반기별로 소방청장에게 구급상황센터의 운영상황을 종합하여 보고한다.
④ 구급상황센터의 설치·운영에 관한 세부사항은 구급상황센터를 소방청에 설치하는 경우에는 소방청장이, 시·도 소방본부에 설치하는 경우에는 시·도의 규칙으로 정한다.

> 법 제12조 【119항공대의 편성과 운영】
> ① 소방청장 또는 소방본부장은 초고층 건축물 등에서 구조대상자의 생명을 안전하게 구조하거나 도서·벽지에서 발생한 응급환자를 의료기관에 긴급히 이송하기 위하여 119항공대(이하 "항공대"라 한다)를 편성하여 운영한다.
> ② 항공대의 편성과 운영, 업무 및 항공대원의 자격기준 그 밖에 필요한 사항은 대통령령으로 정한다.
> ③ 항공대는 행정안전부령으로 정하는 **장비**를 구비해야 한다. (* 제9조, 10조, 12조 장비는: 행안부령)

[시행령] 제15조 (119항공대의 편성과 운영)

① 소방청장은 119항공대를 소방청에 설치하는 직할구조대에 설치할 수 있다.
② 소방본부장은 시도 규칙으로 편성 운영하되, 소방본부에 설치하는 직할구조대에 설치할 수 있다.

[시행령] 제16조 (119항공대의 업무)★ ☆ 06, 17 소방위

119항공대는 다음 각 호의 업무를 수행한다.
① 인명구조 및 응급환자의 이송(의사가 동승한 응급환자의 병원 간 이송을 포함)
② 화재 진압
③ 장기이식환자 및 장기의 이송
④ 항공 수색 및 구조 활동
⑤ 공중 소방 지휘통제 및 소방에 필요한 인력·장비 등의 운반
⑥ 방역 또는 방재 업무의 <u>지원</u> * 오답: 방재업무 수행, 방재업무 지휘
⑦ 그 밖에 재난관리를 위하여 필요한 업무

[시행규칙] 제9조 (119항공대에서 갖추어야 할 장비의 기준) ☆ 16 경북

① 119항공대에서 갖추어야 할 장비는 「소방력 기준에 관한 규칙」 및 「소방장비관리규칙」에 따른다.
② 119항공대에 두는 항공기는 <u>3대</u> 이상 갖추어야 한다.
③ 제1항, 제2항 외에 119항공대가 갖추어야 하는 장비에 필요한 사항은 소방청장이 정한다.

[시행령] 제18조 (항공기의 운항 등)★ ☆ 16 경북

① 119항공대의 항공기는 조종사 2명이 탑승하되, 해상비행·계기비행 및 긴급 구조·구급 활동을 위하여 필요한 경우에는 정비사 1명을 추가로 탑승시킬 수 있다.
② 조종사의 비행시간은 1일 8시간을 초과할 수 없다. 다만, 구조·구급 및 화재 진압 등을 위하여 필요한 경우로서 소방청장, 소방본부장이 비행시간의 연장을 승인한 경우 그러하지 아니하다.
③ 조종사는 항공기의 안전을 확보하기 위하여 탑승자의 위험물 소지 여부를 점검하여야 하며, 탑승자는 119항공대원의 지시에 따라야 한다.
④ 항공기의 검사 등 유지·관리에 필요한 사항은 소방청장이 정한다.
⑤ 소방청장 및 소방본부장은 항공기의 안전운항을 위하여 운항통제관을 둔다.

[시행령] 제19조 (119항공기사고조사단)

① 소방청장, 시·도지사는 항공기사고(「항공·철도 사고조사에 관한 법률」에 따른 항공사고 제외)의 원인에 대한 조사 및 사고수습 등을 위하여 각각 119항공기사고조사단을 편성·운영할 수 있다.
② 조사단의 편성·운영, 그 밖에 필요한 사항은 소방청의 경우에는 소방청장이 정하고, 시·도의 경우에는 해당 시·도의 규칙으로 정한다.

[시행령] 제19조의2 (119항공운항관제실 설치·운영) (* 중요도 낮음)

① 소방청장은 다음에 해당하는 사람을 1명 이상 배치하여 24시간 근무체제로 운영한다.
　1. 항공교통관제사 자격증명을 받은 사람
　2. 운항관리사 자격증명을 받은 사람
　3. 그 밖에 항공운항관제 경력이 3년 이상인 사람으로서 소방청장이 인정하는 사람

[시행령] 제20조 (구조·구급요청의 거절)**　☆ 13 전북, 충북, 13, 14 경기·경남장, 18 전북, 경북, 위

① 구조대원은 다음 각 호의 어느 하나에 해당하는 경우에는 구조출동 요청을 거절할 수 있다.
　- 다만, 다른 수단으로 조치하는 것이 불가능한 경우에는 그러하지 아니하다.

> ❶ 단순 문 개방의 요청을 받은 경우
> ❷ 시설물에 대한 단순 안전조치 및 장애물 단순 제거의 요청을 받은 경우
> ❸ 동물의 단순 처리·포획·구조 요청을 받은 경우
> ❹ 그 밖에 주민생활 불편해소 차원의 단순 민원 등 구조활동의 필요성이 없다고 인정되는 경우
> 　(*^^ 1~4번은 모두 단순자가 들어간다.)

② 구급대원은 구급대상자가 다음의 어느 하나에 해당하는 비응급환자인 경우에는 구급출동 요청을 거절할 수 있다. - 이 경우 구급대원은 구급대상자의 병력·증상 및 주변 상황을 종합적으로 평가하여 구급대상자의 응급 여부를 판단해야 한다.

> ❶ 단순 치통환자　* 오답: 단순골절환자.
> ❷ 단순 감기환자.(다만, 섭씨 38도 이상의 고열 또는 호흡곤란이 있는 경우는 제외.)
> ❸ 혈압 등 생체징후가 안정된 타박상 환자
> ❹ 술에 취한 사람.(다만, 강한자극에도 의식이 회복되지 않거나 외상이 있는 경우 제외.)
> ❺ 만성질환자로서 검진 또는 입원 목적의 이송 요청자
> ❻ 단순 열상(裂傷) 또는 찰과상(擦過傷)으로 지속적인 출혈이 없는 외상환자
> ❼ 병원 간 이송 또는 자택으로의 이송 요청자.
> 　- 다만, 의사가 동승한 응급환자의 병원 간 이송은 제외한다.

③ 구조·구급대원은 요구조자(이하 "구조대상자") 또는 응급환자가 구조·구급대원에게 폭력을 행사하는 등 구조·구급활동을 방해하는 경우에는 구조·구급활동을 거절할 수 있다.
④ 구조·구급대원은 구조 또는 구급 요청을 거절한 경우 구조 또는 구급을 요청한 사람이나 목격자에게 그 내용을 알리고, 행정안전부령으로 정하는 바에 따라 그 내용을 기록·관리한다.

[시행령] 제21조 (응급환자 등의 이송거부)

① 구급대원은 응급환자 또는 그 보호자가 의료기관으로의 이송을 거부하는 경우에는 이송하지 아니할 수 있다. / 다만, 즉시 응급처치를 받지 아니하면 생명을 보존할 수 없거나 심신상의 중대한 위해를 입을 상당한 이유가 있는 경우 환자의 이송을 위하여 **최대한 노력해야 한다.**
② 구급대원은 응급환자를 이송하지 않는 경우 행정안전부령으로 정하는 내용을 기록·관리한다.

[시행규칙] 제11조 (구조·구급요청의 거절)* ☆ 21 소방위

① 구**조**요청을 거절한 구조대원 및 구**급**요청을 거절한 구급대원은 별지 서식의 구조거절확인서를 작성하여 소속 소방관서장에게 보고하고, 소속 소방관서에 3년간 보관한다.

[시행규칙] 제12조 (응급환자 등의 이송 거부)

① 구급대원은 응급환자를 이송하지 아니하는 경우 구급 거절·거부 확인서를 작성하여 이송을 거부한 응급환자 또는 그 보호자에게 서명을 받아야 한다. 다만, 이송거부자가 2회에 걸쳐 서명을 거부한 경우에는 구급 거절·거부 확인서에 그 사실을 표시한다.
② 구급대원은 이송거부자가 서명을 거부한 경우에는 이를 목격한 사람에게 관련 내용을 알리고 구급 거절·거부 확인서에 목격자의 성명과 연락처를 기재한 후 목격자에게 서명을 받아야 한다.
③ 구급 거절·거부 확인서를 작성한 구급대원은 소속 소방관서장에게 보고하고, 3년간 보관한다.

> ### 법 제15조【구조·구급활동을 위한 긴급조치】
> ① 소방청장등은 구조·구급활동을 위하여 필요하다고 인정하는 때에는 다른 사람의 토지·건물 또는 그 밖의 물건을 일시사용, 사용의 제한 또는 처분을 하거나 토지·건물에 출입할 수 있다.
> ② 소방청장등은 손실을 입은 자는 대통령령으로 정하는 바에 따라 그 손실을 보상한다.

[시행령] 제22조 (손실보상)

① 소방청장등은 손실을 보상 할 때에는 손실을 입은 자와 먼저 협의해야 한다.
② 손실보상에 관한 협의는 **조치가 있는 날부터 60일 이내에 해야 한다.** ▶ 조치60
③ 소방청장등은 협의가 성립되지 아니하면 관할 토지수용위원회에 재결(裁決)을 신청할 수 있다.
④ 재결에 관하여는 「공익사업을 위한 토지 등의 취득 및 보상에 관한 법률」의 규정을 준용한다.

> ### 법 제16조【구조된 사람과 물건의 인도·인계】
> ① 소방청장등은 구조된 사람, 신원 확인된 사망자를 그 보호자나 유족에게 지체 없이 인도한다.
> ② 소방청장등은 회수(구조)된 물건의 소유자가 있는 경우 그 소유자에게 물건을 인계한다.
> ③ 소방청장등은 다음에 해당하는 때에 구조된 사람, 사망자, 구조된 물건을 특별자치도지사·시장·군수·구청장(재난안전대책본부가 구성된 경우 재난안전대책본부장.)에게 인도, 인계한다.
> ❶ 구조된 사람이나 사망자의 신원이 확인되지 아니한 때
> ❷ 구조된 사람이나 사망자를 인도받을 보호자 또는 유족이 없는 때
> ❸ 구조된 물건의 소유자를 알 수 없는 때

[시행규칙] 제13조 (구조된 사람과 물건의 인도·인계)

① 소방청장등이 특별자치도지사·시장·군수·구청장(「재난 및 안전관리 기본법」에 따른 **재난안전대책본부가 구성된 경우, 재난안전대책본부장**)에게 구조된 사람, 사망자 및 구조·구급활동과 관련하여 회수된 물건을 인도하거나 인계하는 경우에는 명단(신원을 확인할 수 없는 경우 인상착의를 기재할 수 있다.) 또는 목록을 작성하여 확인한 후 **함께** 인도하거나 인계해야 한다. ★ 18 위
② 인도·인계는 구조·구급상황이 발생한 지역의 특별자치도지사·시장·군수·구청장에게 하되, 관할이 불분명할 때는 구조·구급 발생현장에서 인도·인계하기 쉬운 지역 특별자치도지사·시장·군수·구청장에게 한다.

법 제17~18조 【구조된 사람의 보호 및 구조된 물건의 처리】

① 구조된 사람을 인도받은 특별자치도지사·시장·군수·구청장은 숙소·급식·의류 제공과 치료 등 필요한 보호조치를 취하며, 사망자에 대하여는 영안실에 안치하는 적절한 조치를 취한다.
② 제1항에 따라 인계받은 물건의 처리절차와 그 밖에 필요한 사항은 대통령령으로 정한다.

[시행령] 제23조 (구조된 물건의 처리)★   ★ 18 소방위

① 특별자치도지사·시장·군수·구청장(재난안전대책본부가 구성된 경우는 해당 재난안전대책본부장.)은 구조·구급과 관련하여 회수된 물건(이하 구조된 물건)을 인계받은 경우 인계받은 날부터 **14일 동안** 해당 지방자치단체의 게시판 및 인터넷 홈페이지에 공고한다.
② 특별자치도지사·시장·군수·구청장은 구조된 물건의 소유자 또는 청구권한이 있는 자(이하 소유자등)가 나타나 그 물건을 인계할 때에는 소유자등임을 확인할 수 있는 서류를 제출하게 하거나 구조된 물건에 관하여 필요한 질문을 하는 등의 방법으로 구조된 물건의 소유자등임을 확인한다.
③ 특별자치도지사·시장·군수·구청장은 구조된 물건이 멸실·훼손될 우려가 있거나 보관에 지나치게 많은 비용이나 불편이 발생할 때에는 그 **물건을 매각할 수 있다**. / 다만, 구조된 물건이 일반인의 소유, 소지가 제한되거나 **금지된 물건일 때에는 매각할 수 없다**.(적법하게 매각하는 경우 제외)
④ 구조된 물건을 매각하는 경우 매각 사실을 해당 지방자치단체의 게시판 및 인터넷 홈페이지에 공고하고, 매각방법은 경쟁입찰에 의한다. 다만, 급히 매각하지 아니하면 그 가치가 현저하게 감소될 염려가 있는 **구조된 물건은 수의계약에 의하여 매각할 수 있다**
 (*^^ 수의계약이란 경쟁계약에 의하지 않고 임의로 상대를 선정하여 계약을 체결하는 것이다)

- 특별자치도지사(예 제주도지사)·시장·군수·구청장 혹은 재난안전대책본부장(행안부장관)이
- 인계받은 날부터 14일 동안 해당 지방자치단체의 게시판 및 인터넷 홈페이지에 공고한다.

법 제19조 【가족 및 유관기관의 연락】

① 구조·구급대원은 현장에 보호자가 없는 구조대상자나 응급환자를 구조하거나 응급처치를 한 후에는 가족이나 관계자에게 구조경위, 구조대상자, 응급환자 상태 등을 즉시 알려야 한다.
② 구조·구급대원은 구조대상자와 응급환자 가족이나 관계자의 연락처를 알 수 없는 때는 위급상황이 발생한 해당지역 특별자치도지사·시장·군수·구청장에게 그 사실을 통보한다.
③ 구조·구급대원은 신원을 확인할 수 없는 경우 경찰관서에 신원의 확인을 의뢰할 수 있다.

[시행령] 제24조 (구조·구급활동을 위한 지원요청)

① 구조·구급에 필요한 인력과 장비의 지원을 요청할 때는 모사전송·전화 등 신속한 방법으로 한다.
② 제1항 외에 의료기관에 대한 지원 요청에 필요한 사항은 보건복지부장관과 협의하여 소방청장이 정하고, / 구조·구급과 관련된 기관 또는 단체에 대한 지원 요청에 관하여 필요한 사항은 관할 구역의 구조·구급과 관련된 기관 또는 단체의 장과 협의하여 소방본부장 또는 소방서장이 정한다.

> ### 법 제21조 【구조·구급대원과 경찰공무원의 협력】
> ① 구조·구급대원은 범죄사건과 관련된 의심할 만한 정황이 있는 경우 즉시 경찰관서에 통보하고 현장 증거보존에 유의한다. 다만, 생명이 위독한 경우에는 먼저 구조하거나 의료기관으로 이송하고 경찰관서에 그 사실을 통보할 수 있다. (*^^ 즉 경찰공무원과 상호 협력한다.)

[시행규칙] 제17조 (구조활동상황의 기록관리)

① 구조대원은 구조활동일지에 구조활동상황을 상세히 기록하고, 소속 소방관서에 3년간 보관한다.
② 소방본부장은 구조활동상황을 종합하여 연 2회 소방청장에게 보고해야 한다.

[시행규칙] 제18조 (구급활동상황의 기록관리)* ☆ 15 소방교, 16 서울, 18 소방장

① 구급대원은 구급활동일지에 구급활동상황을 상세히 기록하고, 소속 소방관서에 3년간 보관해야 한다.
② 구급대원이 응급환자를 의사에게 인계하는 경우 구급활동일지(이동단말기로 작성하는 경우에는 전자적 파일이나 인쇄물)에 인계받은 의사 서명을 받고, 구급활동일지 1부를 그 의사에게 제출한다.
③ 구급대원은 심폐정지환자를 발견한 경우나 중증외상환자, 심혈관질환자, 뇌혈관질환자를 이송한 경우 소방청장이 정하는 구급활동의 세부상황표를 작성하고 소속 소방관서에 3년간 보관한다.
④ 소방본부장은 구급활동상황을 종합하여 연 2회 소방청장에게 보고해야 한다.

[시행령] 제26조 (감염방지대책)* ☆ 12, 13,, 부산교, 15 소방교, 16 서울, 부산교, 21, 24 위

① 소방청장등은 구조·구급대원의 감염방지를 위해 소독을 할 수 있도록 소방서별로 119감염관리실을 1개소 이상 설치해야 한다.
② 구조·구급대원은 위험물·유독물·방사성물질(이하 유해물질등)에 노출되거나 감염성질병에 걸린 구조대상자나 응급환자 접촉 시 그 사실을 안 때부터 48시간 이내에 소방청장등에게 보고한다.
③ 보고를 받은 소방청장등은 유해물질등에 노출되거나 감염성 질병에 걸린 구조대상자나 응급환자와 접촉한 구조·구급대원이 적절한 진료를 받을 수 있도록 조치하고, 접촉일부터 15일 동안 대원의 감염성 질병 발병 여부를 추적·관리해야 한다. - 이 경우 추적관리 기간을 연장할 수 있다.
④ 119감염관리실의 규격·성능, 119감염관리실에 설치하는 장비 등 세부기준은 소방청장이 정한다.

* 오답 : 시도지사 24위

[시행규칙] 제21조 (검진기록의 보관)** ☆ 14 부산장, 18 소방교

소방청장등은 다음 각 호의 자료를 구조·구급대원이 **퇴직할 때까지** 「소방공무원임용령 시행규칙」에 따른 소방공무원인사기록철에 함께 보관해야 한다.   * 오답: 사망시까지, 3년간
   1. 감염성 질병·유해물질 등 접촉 보고서 및 진료 기록부(제20조 및 영 제26조 제3항에 따른)
   2. 정기건강검진 결과서 및 같은 조 제5항에 따른 진료 기록부(영 제27조제1항에 따른)
   3. 그 밖에 구조·구급대원의 병력을 추정할 수 있는 자료 ▶ 감정병력

[시행령] 제27조 (건강관리대책) ☆ 21 소방장

① 소방청장등은 소속 구조·구급대원에 대하여 <u>연 2회</u> 이상 **정기건강검진을 실시한다**. 다만, 「국민건강보험법」에 따른 건강검진을 받은 경우에는 1회의 정기건강검진으로 인정할 수 있다.
② 신규채용 구조구급대원으로 배치시 공무원채용신체검사 결과를 1회 정기건강검진으로 인정할 수 있다.
③ 소방청장등은 정기건강검진의 결과 부적합하다고 인정되는 구조·구급대원에 대해서는 배치를 중지한다.
④ 구조·구급대원은 업무 수행으로 인하여 신체적·정신적 장애가 발생하였다고 판단하는 경우에는 그 사실을 소방청장등에게 보고한다.(* 소방청장등은 의료인의 진료를 받을 수 있도록 조치한다.)
⑤ 구조·구급대원의 정기건강검진 항목은 행정안전부령으로 정한다.

[시행령] 제27조의3 (감염병환자등의 통보)

① 질병관리청장 및 의료기관장은 구급대가 이송한 감염병환자등과 관련된 감염병이 다음의 어느 하나인 경우 소방청장등에게 그 사실을 즉시 통보한다.
   1. 제1급감염병   2. 결핵, 홍역 또는 수막구균 감염증
   3. 그 밖에 소방청장이 보건복지부, 질병관리청 등 관계 기관과 협의하여 지정하는 감염병
② 제1항에 따른 통보의 방법은 다음 각 호의 구분에 따른다.
   1. 질병관리청장이 통보하는 경우: 행정안전부령으로 정하는 감염병 발생 통보서를 정보시스템을 통하여 소방청장에게 통보
   2. 의료기관장이 통보하는 경우: 행정안전부령으로 정하는 감염병발생 통보서를 정보시스템, 서면, 팩스로 소방청장 또는 시·도 소방본부장에게 통보 / 다만, 부득이한 사유는 구두나 전화(문자포함)로 감염병명, 감염병의 발생정보를 통보할 수 있다 / 업무종료 시 지체 없이 파기한다.
③ 제2항에 따라 정보를 통보받은 자는 법 및 이 영에 따른 감염병과 관련된 구조·구급 업무 외의 목적으로 정보를 사용할 수 없고, 업무 종료 시 지체 없이 파기해야 한다.
④ 소방청장은 구조·구급활동을 위하여 필요하다고 인정하는 경우에는 구급대가 이송한 감염병환자등 외에 감염병환자등에 대한 정보를 제공하여 줄 것을 질병관리청장에게 요청할 수 있다.
⑤ 소방청장등은 접촉일부터 <u>15일 동안</u> 구조구급대원의 감염병 발병 여부를 추적·관리해야 한다.

[시행규칙] 제23조 (구급차 등의 소독)

소방청장등은 주 1회 이상 구급차 및 응급처치기구 등을 소독해야 한다.

> 법 제24조 【구조·구급활동으로 인한 형의 감면】
> 구조·구급활동 중 구조대상자를 사상에 이르게 한 경우 그 활동 등이 불가피하고 구조·구급대원 등에게 중대한 과실이 없는 때에는 그 정상을 참작하여 형을 감경하거나 면제할 수 있다.
> 1. 위급상황에 처한 구조대상자를 구출하거나 필요한 조치를 한 자
> 2. 구조·구급활동을 한 자 (*^^ 즉, 위급상황이 발생한 때)

[시행규칙] 제24조 (구조대원의 교육훈련)* ☆ 13 경남, 17 위

① 법 제25조에 따른 구조대원의 교육훈련은 일상교육훈련 및 특별구조훈련으로 구분한다.
② 일상교육훈련은 구조대원의 일일근무 중 실시하고 구조장비 조작과 안전관리 내용을 포함한다.
③ 구조대원은 <u>연간 40시간</u> 이상 다음의 내용을 포함하는 특별구조훈련을 받아야 한다.
  1. 방사능 누출, 생화학테러 등 유해화학물질 사고에 대비한 **화**학구조훈련
  2. 하천[호소(湖沼): 호수와 늪 포함], 해상(海上)에서의 익수·조난·실종 등에 대비한 **수**난구조훈련
  3. 산악·암벽 등에서의 조난·실종·추락 등에 대비한 **산**악구조훈련
  4. 그 밖의 재난에 대비한 특별한 교육훈련   * 오답 : 항공구조훈련

[시행규칙] 제25조 (119항공대 소속 조종사 및 정비사에 대한 교육훈련)

1. [1] 조종사
   (1) 비행교육훈련 : ① 기종전환교육훈련(신규임용자 포함) ② 자격회복훈련 ③ 기술유지비행훈련
   (2) 조종전문교육훈련 : ① 해상생환훈련 ② 항공안전관리교육 ③ 계기비행훈련 ④ 비상절차훈련
              ⑤ 항공기상상황관리교육 ⑥ 그 밖의 항공안전 및 기술향상에 관한 교육훈련
   [2] 정비사: (1) 해상생환훈련 (2) 항공안전관리교육 (3) 항공정비실무교육
          (4) 그 밖의 항공안전 및 기술향상에 관한 교육훈련
   [3] 구조구급대원은 연 40시간 이상 다음의 내용을 포함하는 항공구조훈련을 받을 것. 17 소방위
      (1) 구조·구난(救難)과 관련된 기초학문 및 이론
      (2) 항공구조기법 및 항공구조장비와 관련된 이론 및 실기
      (3) 항공구조활동 시 응급처치와 관련된 이론 및 실기
      (4) 항공구조활동과 관련된 안전교육   * 오답: 응급처치교육
2. 제1항에 따른 교육훈련의 세부사항은 소방청장이 정한다.

[시행규칙] 제26조 (구급대원의 교육훈련)

① 법 제25조에 따른 구급대원의 교육훈련은 일상교육훈련 및 특별교육훈련으로 구분한다.
② 일상교육훈련은 구급대원의 일일근무 중 실시, 구급장비 조작과 안전관리 내용을 포함한다.
③ 구급대원은 연간 40시간 이상 다음 각 호의 내용을 포함하는 특별교육훈련을 받아야 한다.
  1. 임상실습 교육훈련 / 2. 전문 분야별 응급처치교육 / 3. 응급환자 중증도 분류기준에 관한 교육 등
④ 소방청장등은 교육을 위하여 소방청장이 정하는 응급처치용 실습기자재와 실습공간을 확보한다.

⑤ 소방청장은 구급대원의 체계적인 교육훈련을 실시하기 위해 소방공무원으로서 다음의 어느 하나에 해당하는 사람 중 소방청장이 정하는 교육과정을 수료한 사람을 **구급전문교육사**로 선발할 수 있다.
　1. 「의료법」 제2조 제1항에 따른 <u>의료인</u>
　2. 「응급의료에 관한 법률」 제36조 제2항에 따라 1급 응급구조사 자격을 취득한 사람
⑥ 제1항부터 제5항까지 외에 구급대원의 교육훈련 및 **구급전문교육사의 선발·운영** 등에 필요한 세부적인 사항은 <u>소방청장</u>이 정한다.

법 제26조 및 [시행령] 제28조 (구조·구급활동의 평가)

① 소방청장은 매년 시·도 소방본부의 구조·구급활동에 대하여 종합평가를 실시하고 그 결과를 시·도 소방본부장에게 통보해야 한다.
② 소방청장은 종합평가결과에 따라 시·도 소방본부에 대해 행정·재정적 지원을 할 수 있다.
③ 제1항에 따른 평가방법 및 항목, 그 밖에 필요한 사항은 대통령령으로 정한다.
④ 시·도 소방본부의 구조·구급활동에 대한 종합평가는 다음의 평가항목 중 실시한다.
　1. 구조·구급서비스의 품질관리　　　　　　2. 구조·구급대원의 전문성 수준
　3. 구조·구급대원에 대한 안전사고방지대책, 감염방지대책, 건강관리대책
　4. 구조·구급장비의 확보 및 유지·관리 실태　　5. 관계 기관과의 협력체제 구축 실태
　6. 그 밖에 소방청장이 정하는 평가에 필요한 사항
⑤ 종합평가는 서면평가와 현장평가로 구분하여 실시하되, 서면평가는 모든 시·도 소방본부를 대상으로 실시하고, 현장평가는 서면평가 결과에 따라 필요한 시·도 소방본부를 대상으로 실시한다.
⑥ 소방본부장은 종합평가를 위하여 시·도 집행계획의 시행 결과를 <u>다음 해 2월 말일까지</u> 소방청장에게 제출한다. 14 경기장

법 제27조 정책협의회 및 [시행령] 제29조 (중앙 정책협의회의 구성 및 기능)

소방청에 중앙 구조·구급정책협의회를, 시도 소방본부에 시도 구조·구급 정책협의회를 둔다.
① 중앙 정책협의회는 위원장 및 부위원장 각 1명을 포함한 <u>20명 이내의 위원</u>으로 구성한다.
② 중앙 정책협의회 위원장은 소방청 차장이 되고, 부위원장은 민간위원 중에서 호선(互選)한다.
③ 위원은 다음 각 호의 사람 중에서 소방청장이 임명하거나 위촉한다.
　1. 관계 중앙행정기관 소속 고위공무원단에 속하는 일반직공무원(이에 상당하는 특정직·별정직 공무원을 포함한다) 중에서 소속 기관의 장이 추천하는 사람
　2. 긴급구조, 응급의료, 재난관리, 그 밖에 구조·구급업무에 관한 학식과 경험이 풍부한 사람
④ 위촉위원의 임기는 2년으로 한다.
⑤ 중앙 정책협의회의 효율적인 운영을 위하여 중앙 정책협의회에 간사 1명을 두며,
　- 간사는 소방청 구조·구급업무를 담당하는 소방공무원 중에서 소방청장이 지명한다.
⑥ 중앙 정책협의회는 다음 각 호의 사항을 협의·조정한다.
　1. 기본계획 및 집행계획의 수립·시행에 관한 사항　　2. 기본계획 변경에 관한 사항
　3. 종합평가와 그 결과 활용에 관한 사항

4. 구조구급 관련 새로운 기술 연구개발에 관한 사항
5. 그 밖에 구조·구급업무와 관련하여 위원장이 회의에 부치는 사항

> ■ 다음 어느 하나에 해당하는 경우 중앙정책위원을 해임 또는 해촉할 수 있다. (영 제29조의2)
> • 심신장애로 직무를 수행할 수 없게 된 경우나 직무와 관련된 비위사실이 있는 경우
> • 직무태만, 품위손상 등의 사유로 인하여 위원으로 적합하지 아니하다고 인정되는 경우
> • 위원 스스로 직무를 수행하는 것이 곤란하다고 의사를 밝히는 경우

[시행령] 제30조 (중앙 정책협의회의 운영) ☆ 12 위, 13 인천

① 중앙 정책협의회의 정기회의는 연 1회 개최하며,
   - 임시회의는 위원장이 필요하다고 인정하거나 위원이 소집을 요구할 때 개최한다.
② **중앙정책협의회의는 재적위원 과반수의 출석으로 개의하고, 출석위원 과반수 찬성으로 의결한다.**
③ 중앙 정책협의회의 회의에 출석한 위원에게는 예산의 범위에서 수당과 여비를 지급할 수 있다.
   다만, 공무원인 위원이 그 소관 업무와 직접적으로 관련되어 출석하는 경우에는 그러하지 아니하다.
④ 중앙 정책협의회의 업무를 효율적으로 운영하기 위하여 필요하면 중앙 정책협의회의 의결을 거쳐 분과위원회를 둘 수 있다. / ⑤ 제1항부터 제4항까지에서 규정한 사항 외에 중앙협의회 운영에 필요한 사항은 중앙정책협의회의 의결을 거쳐 위원장이 정한다.

[시행령] 제31조 (시·도 정책협의회의 구성 및 기능) ☆ 06 위

① 시·도 정책협의회는 **위원장 및 부위원장 각 1명을 포함한 15명 이내의 위원**으로 구성한다.
② 시·도 정책협의회 위원장은 소방본부장이 되고, 부위원장은 위원 중에서 호선한다.
③ 위원은 다음 각 호의 사람 중에서 시·도지사가 임명하거나 위촉한다.
  1. 해당 시·도의 구조·구급업무를 담당하는 소방정(消防正) 이상 소방공무원
  2. 해당 시·도의 응급의료업무를 담당하는 4급 이상 일반직공무원(특정직·별정직공무원을 포함)
  3. 긴급구조, 응급의료, 재난관리, 그 밖에 구조·구급업무에 관한 학식과 경험이 풍부한 사람
  4. 긴급구조기관과 긴급구조활동에 관한 응원협정을 체결한 기관 및 단체를 대표하는 사람
④ 위촉위원의 임기는 **2년**으로 한다.
⑤ 시·도 정책협의회의 효율적인 운영을 위하여 시·도 정책협의회에 간사 1명을 두며,
   - 간사는 소방본부의 구조·구급업무를 담당하는 소방공무원 중에서 소방본부장이 지명한다.
⑥ 시·도 정책협의회는 다음 각 호의 사항을 협의·조정한다.
  1. 시·도 집행계획 수립에 관한 사항   2. 시·도 집행계획 시행 결과 활용에 관한 사항
  3. 시·도 종합평가 결과 활용에 관한 사항
  4. 그 밖에 구조·구급업무와 관련하여 위원장이 회의에 부치는 사항

> ■ 정책협의회 정리 :
> • 중앙정책협의회(위원장: 소방청차장) : 위원장, 부위원장 각 1명 포함 20명 이내의 위원
> • 시도정책협의회(위원장: 소방본부장) : 위원장, 부위원장 각 1명 포함 15명 이내의 위원
>   – 위촉위원의 임기는 각각 **2년**, 간사 각각 1명씩 –

법 제28조 【벌칙】 ★★
정당한 사유 없이 제13조제2항을 위반하여 구조·구급활동을 방해한 자는 <u>5년 이하의 징역</u> 또는 5천만 원 이하의 벌금에 처한다. ☆ 18 위

법 제29조 【벌칙】
정당한 사유 없이 제15조제1항에 따른 토지·물건 등의 일시사용, 사용의 제한, 처분 또는 토지 건물에 출입을 거부 또는 방해한 자는 <u>300만 원 이하</u>의 벌금에 처한다.

법 제29조의2 【벌칙】 ← 본 조항은 24년 신설로서 법령에는 있으나 표준교재에 빠진 조항임
구급대가 이송한 응급환자가 감염병환자등인 경우 그 사실을 소방청장등에게 즉시 통보하지 아니하거나 거짓으로 통보한 자는 200만 원 이하의 벌금에 처한다.

법 제30조 【과태료】 ★ ☆ 19 위
① 제4조제3항을 위반하여 <u>위급상황을 소방기관 또는 관계 행정기관에 거짓으로 알린 자에게는 500만 원 이하</u>의 과태료를 부과한다. (★ 1회: 200만 원 / 2회 400만 원 / 3회 500만 원)
② 제1항에 따른 과태료는 대통령령으로 정하는 바에 따라 소방청장등 또는 관계 행정기관의 장이 부과·징수한다.

[영 별표2] 과태료의 부과기준 (제33조 관련) ★

1. 일반기준
  가. 과태료 부과권자는 위반행위자가 다음에 해당하는 경우 제2호에 따른 과태료 금액의 2분의 1의 범위에서 그 금액을 줄여 부과할 수 있다. (★ 다만, 과태료를 체납하고 있는 위반행위자에는 제외)
    1) 「질서위반행위규제법 시행령」제2조의2제1항 각 호의 어느 하나에 해당하는 경우
    2) 위반행위를 자수한 경우
    3) 위반 이후 위반상태를 시정하거나 해소하기 위해 노력한 경우
    4) 그 밖에 위반행위의 정도, 위반행위의 동기와 그 결과 등을 고려하여 과태료를 줄일 필요가 있다고 인정되는 경우
  나. 위반행위의 횟수에 따른 과태료의 부과기준은 최근 1년간 같은 위반행위로 과태료를 부과 받은 경우에 적용한다. 이 경우 위반행위에 대하여 과태료 부과처분을 한 날과 다시 같은 위반행위를 적발한 날을 기준으로 하여 위반 횟수를 계산한다.
2. 개별기준 ☆ 18 소방위, 22 소방교

위반행위	근거법조문	과태료 금액(단위: 만원)		
		1회 위반	<u>2회 위반</u>	3회이상 위반
법 제4조 제3항을 위반하여 구조·구급활동이 필요한 <u>위급상황을 거짓으로 알린 경우.</u>	법 제30조 제1항	200	<u>400</u>	500
법 제4조 제3항을 위반하여 구조·구급활동이 필요한 위급상황인 것으로 거짓으로 알려 구급차등으로 이송되었으나 이송된 의료기관으로부터 <u>진료를 받지 않은 경우</u>	법 제30조 제1항	500		

(★^^ 거짓으로 알린 경우 200, 400, 500만 원 이지만 / 거짓으로 알린 후 진료를 받지 않으면 500만 원)

 기적!
어디선가 기적이 일어나고 있기 때문에 우리는 "기적" 이라는 말을 쓰고 있다.

5~7 구조기술~안전   OX(2진법) 개념 따라 잡기~

▶ 구조기술, 위험제거, 안전파트 등 내용임

01 구조차량의 주차는 구조대원이나 장비가 쉽게 도달할 수 있게끔 가까운 곳에 사고장소 후면에 주차하고 최소한 한 개 차로 통행로는 확보한다. / 직선도로인 경우 구조대원이 활동할 수 있도록 15m 정도의 공간을 확보하고 주차하며 유도표지의 설치는 도로의 제한속도와 반비례한다. ( )

➡ 유도표지의 설치범위는 도로의 제한속도와 비례한다. 즉, 시속 80km인 도로에서 사고발생시 사고지점의 후방 15m 정도에 구조차량이 주차하고 그 후방으로 80m 이상 띄워 유도표지를 설치한다. (*구조분야 1편 5)

02 에어백은 단단한 표면에 놓는다. 에어백을 겹쳐서 사용할 때에는 2층을 초과하지 않도록 한다. 작은 백을 위에 놓고 큰 백을 아래에 놓는다. 에어백이 필요한 높이까지 부풀어 오르면 버팀목을 완전히 끼우고 공기를 조금 빼내서 에어백과 버팀목으로 하중이 분산되도록 한다. ( )

➡ 설문은 옳은 내용이다.

03 다이버가 수면 위에서 1분에 15ℓ의 공기가 필요시 수심 20m에서는 45ℓ 공기가 필요하다. ( )

➡ 우리가 숨쉬는 기체 공기의 1기압은 1.0332kg/cm² 이다. 수심으로 계산하면 10.332m와 같다. 그러므로 기압과 수압은 10배 차이이다. / 수면 위에서 1기압은 수심 10m의 압력과 같으니 수심 20m에서 다이버는(수면 위에서 누르는 1기압 + 수심 20m에서 누르는 2기압 = 총 3기압) 수면에서 보다 3배나 많은 공기를 호흡에 사용한다는 뜻이다. / 즉 다이버가 수면에서 1분에 15ℓ의 공기가 필요하다면 수심 20m에서는 45ℓ의 공기가 필요하다. / 예) 다이버가 수면에서 1분에 20ℓ의 공기가 필요하다면 수심 30m에서는 (수면 위 압력 1기압 + 수심 30m에서 받는 3기압 = 총 4기압) 80ℓ의 공기가 필요하다.

04 '실제잠수시간'은 수면에서 하강하여 최대수심에서 활동하다가 상승을 시작할 때까지의 시간이며, '재잠수시간'은 스쿠버 잠수 후 10분 이후에서부터 12시간 내에 실행되는 스쿠버 잠수를 말하고 '최대잠수가능조정시간'이란 최대 잠수 가능시간에서 잔류질소시간을 뺀 나머지 시간이다.
또한 '안전정지'란 스쿠버잠수 후 상승할 때에 상승속도 완화를 위해서 수심 5m 지점에서 약 5분간 정지하는 시간으로 잠수시간 및 수면휴식 시간에 포함시키지 않으며 감압과는 무관하다. ( )

➡ 설문은 옳은 빈출 내용으로 숙지하도록 한다.

05 줄을 사용하는 탐색형태는 소용돌이탐색, 등고선탐색, U자탐색이 있다. ( )

➡ 줄을 사용하지 않는 탐색형태는 소용돌이탐색, 등고선탐색, U자탐색이 있으며 줄을 사용하는 탐색형태는 직선탐색, 원형탐색, 왕복탐색, 반원탐색이 있다. ▶ 암기: 줄없는 소등u자 / 줄있는 직원양반

정답 ○ 01. (X)   02. (O)   03. (O)   04. (O)   05. (X)

06 콘크리트는 약 300℃에서 강도가 저하되기 시작하는데 힘을 받고 있지 않은 경우에 강도 저하가 더 심하게 일어나며 응력(변형력)이 미리 가해진 상태에서는 온도영향을 늦게 받는다. / 철근 콘크리트 중의 콘크리트는 인장력을 받으며, 철근은 압축력을 받는다. ( )

▶ 철근 콘크리트 중의 철근은 인장력(* 늘어남)을 받으며, 콘크리트는 압축력(압력을 가하여 그 부피를 줄임)을 받는다. / 즉 압축응력은 콘크리트가, 인장응력은 철근이 부담하여 서로 약점을 보완하고 장점을 발휘하도록 한 것이 철근콘크리트이다.

07 경사형 붕괴는 마주보는 두 외벽 중 하나가 결함이 있을 때 발생하며 팬케이크형 붕괴는 마주보는 두 외벽에 모두 결함이 발생하고 V자형 붕괴는 무거운 물건들이 바닥 중심부에 집중되었을 때이며, 캔틸레버형 붕괴는 각 붕괴의 유형 중에서 가장 안전하지 못하고 2차 붕괴에 가장 취약한 유형이다. ( )

▶ 붕괴의 유형 4가지의 핵심요약으로 설문은 옳은 내용이다. / 참고로 붕괴 안전지역은 건물 높이의 1.5배 이상으로 한다. (예 건물 높이 30m: 건물둘레 붕괴안전지역은 45m 이상이 된다.)

08 엘리베이터의 와이어로프 강도는 최대하중의 10배 이상의 안전율이며, 만일 로프가 끊어져도 평소 이동 속도의 1.4배 이상에서 작동되는 브레이크 장치로 인해 추락하지는 않는다. / 전자브레이크는 스프링 압력에 의해 브레이크슈로 브레이크휠을 조여서 엘리베이터가 확실히 정지하도록 한다. / 조속기는 속도를 조절하는 장치이며 / 리미트스위치는 최상층 및 최하층에 근접할 때에, 자동적으로 엘리베이터를 정지시켜 과주행을 방지하며 / 파이널 리미트스위치는 리미트스위치가 작동하지 않을 경우를 대비해 모든 전기회로를 끊고 엘리베이터를 정지시키는 장치이며, / 만일 내부 불이 정전시 정전등은 바닥 면에 1룩스 이상의 밝기이며 그 조도 유지시간은 1시간 이상이 적당하다. ( )

▶ 위 내용은 엘리베이터 주요 내용 숙지법으로 옳은 내용들이다.

09 119생활안전대 업무특성은 활동영역의 다양성, 비긴급성과 잠재적 위험성, 주민밀접성, 관련법령의 다양성의 4가지로 구분한다. ( )

▶ 설문은 옳은 내용이다. ▶ 암기: 활비주관   * 오답: 비긴급성과 안정성

10 소방 안전관리의 특성은 일반성·전문성·특이성·양면성·계속성·반복성으로 분류한다. ( )

▶ 일체성·적극성·특이성·양면성·계속성·반복성이다.

11 구조·구급요청의 거절에서 단순치통환자, 단순감기환자 등 단순환자는 모두 거절할 수 있다. ( )

▶ 단순골절환자 및 단순감기환자 중 38도 이상 고열이나 호흡곤란환자는 제외한다. (*119구조~ 법률 시행령 제20조)

정답 06. (X) 07. (O) 08. (O) 09. (O) 10. (X) 11. (X)

- 강한자가 이기는 것이 아니고, 이기는 자가 강한자이다!

중앙소방학교 표준교재 기준

구급

(소방전술3)

2편

응급의료 개론 및 장비운영

1장 응급의료 개론 ································ 340
2장 소방대원의 안녕 ····························· 346
3장 감염예방 및 개인보호장비 ················ 348
4장 해부 생리학 ·································· 355
5장 무선통신체계 및 기록 ······················ 364
6장 환자 들어올리기와 이동 ··················· 368
7장 응급의료장비 사용법 ······················· 372
　★ OX 개념문제 ································ 381

CHAPTER 01 응급의료 개론(1장)

제1절 응급의료서비스 체계

1 응급의료 용어 정의 ☆ 14 대구교, 18 소방교, 21 소방교

응급환자 18소방교	❶ "질병, 분만, 각종 사고 및 재해로 인한 부상이나 그 밖의 위급한 상태로 인하여 ❷ 즉시 필요한 응급처치를 받지 아니하면 생명을 보존할 수 없거나 ❸ 심신상의 중대한 위해가 초래될 가능성이 있는 환자 또는 이에 준하는 자로서 보건복지부령이 정하는 사람"을 말한다.
응급의료 18소방교, 21소방교	❶ 응급환자가 발생한 때부터 생명의 위험에서 회복되거나 ❷ 심신상의 중대한 위해가 제거되기까지의 과정에서 응급환자를 위하여 하는 ❸ <u>상담·구조·이송·응급처치 및 진료</u> 등의 조치를 말한다. ▶ 상구 이응진
응급처치	응급의료행위의 하나로서 응급환자의 ❶ (기도)를 확보하고 ❷ (심장박동)의 회복, 그 밖에 ❸ (생명)의 위험이나 ❹ (증상)의 현저한 악화를 방지하기 위하여 ❺ 긴급히 필요로 하는 <u>처치</u>를 말한다. ▶ 기심생증 ☆ 21 소방교(응급처치 용어에서 괄호문제가 출제됨)
응급의료 종사자	응급의료종사자는 보건복지부장관이 인정하는 의료인과 응급구조사를 말한다. (* 의료인: 의사, 치과의사, 한의사, 간호사, 조산사) * 약사(x)
일반인	처음으로 환자를 접촉하는 사람으로 대부분 환자 근처에 있으며 기본응급처치법이 필요하다.
최초반응자	전문적인 구급대원과는 달리 단기간 교육을 받고 응급환자가 발생시 응급구조사가 <u>현장에 도착할 때까지</u> 응급처치를 시행하는 요원(소방, 경찰, 보건교사, 안전요원 등). ▶ 소경보안
응급전문간호사	응급환자 특수성으로 전문성이 요구되며, 응급실 내 및 현장처치에서도 수행하고 있다.
응급구조사	❶ <u>1급 응급구조사</u>는 ㉠ 대학이나 전문대학의 응급구조학과를 전공 졸업하거나 보건복지부장관이 정하는 외국 응급구조사 자격인정 자 / ㉡ 2급 응급구조사로서 3년 이상 업무종사자로 보건복지부장관의 시험에 합격하고 자격 인정을 받은 자 / ㉢ 기도삽관, 인공호흡기 사용, 수액처치와 약물투여 등의 응급처치를 의료지도를 받아 할 수 있어야 한다. ❷ <u>2급 응급구조사</u>는 기본심폐소생술, 척추나 팔다리의 고정, 환자 이동과 이송 등에 필요한 기본적인 의료처치만을 수행하게 된다. (*^^ 2급은 기본적 의료처치만 수행)
구급상황요원	119구급상황관리센터에서 구급대 출동지시, 응급처치 안내 및 의료상담을 수행하는 요원이다.
지도의사	구급차등의 운용자는 관할 시·도에 소재하는 응급의료기관에 근무하는 전문의 중에서 1인 이상을 지도의사로 선임 또는 위촉해야 한다. 지도의사의 업무는 다음과 같다. ❶ 응급환자가 의료기관에 도착하기 전까지 행하여진 응급의료에 대한 평가 ❷ 응급구조사의 자질향상을 위한 교육 및 훈련 ❸ 이송중인 응급환자에 대한 응급의료 지도 * 오답: 응급처치 안내, 의료상담
응급의학 전문의	포괄적이고 효과적인 응급치료를 제공하는 전문 의료인으로서, 의료적 처치 외에도 전문요원의 교육, 응급의료체계의 구성과 운영방법 등에 대한 제반 업무를 수립하고 평가한다.

(1) 세부 사항(용어)   ☆ 16 서울교, 20 소방장, 24 소방위

응급환자 발생빈도	① 외국 통계에 응급환자 발생률은 연간 100명당 도심은 4건, / 시외지역은 6건으로 보고된다. ② 1개의 응급의료정보센터가 담당할 수 있는 주민수는 100만 명이 적당하다고 보고된다. ③ 즉 연간 1개의 응급의료정보센터가 해결 가능한 응급환자 발생은 약 6만 건이 적당하다. (*^^ 환자발생율: 100명당 도시는 4건, 시외는 6건 ➡ 응급의료 정보센터 100만 명에 6만 건)
응급처치의 시간척도* 20소방장	**출동시간** 응급환자의 발생 신고로부터 전문 치료팀이 출동을 **시**작할 때까지 소요되는 시간. **반응시간** 전문 치료팀과 장비가 대기 장소에서 출발하여 **환**자가 있는 **장**소까지 도착하는 데 소요되는 시간. 24위 **현장처치** 현장에서 환자를 이동시킬 수 있도록 **안정**시키는 데 소요되는 시간. ▶ 출시 환장 안정
의료지도*	의료행위 최종책임자는 의사이므로 119구급대원의 치료행위는 모두 의사들이 규정한다. ① 직접의료지시: 지침서 규정 외 응급처치는 의사와 무선통화로 직접지시를 받아 시행하는 것. ② 간접의료지시: 상황에 따른 사전훈련과 지침서에 따라 응급치료를 할 수 있으며, 의사의 직접적인 지시 없이도 치료를 시행하는 것. 활동 중 상황들을 모두 기록하고 녹음으로 남겨서 검토하여 교정할 부분을 찾아내어 새로운 지침서 작성에 반영하는 것도 포함된다.(* 지침서 등)
구조활동	응급환자의 병원 외부에서 모든 의료행위는 응급활동이지만, 의료적 치료개념으로 응급진료행위 이외에 환자를 위험한 장소에서 안전한 장소로 이동시키는 행위를 구조활동이라 한다.
중증도분류	객관적인 환자이송의 기준으로 응급환자의 위급한 정도를 판단하기 위해 기준치가 필요하다.
적정진료 평가*	① 응급처치 효과를 증대를 위해서 적정진료평가를 통하여 지속적으로 평가해야 한다. ② 구급대원의 활동지침으로 되어 있는 각종 현장처치의 지침서개발, 검토, 교정 등에 응급의료진이 적극적으로 참여하여 문제점을 개선하게 된다. ③ 응급실에서도 각종 응급 임상검사의 정확도와 소요시간, 환자의 전문적 처치에 소요된 시간 등을 분석하고, 의료인력의 활동을 검사하여 모든 문제점을 보완해야 한다.
인명 소생술	① 응급의료의 가장 기본이며 난이도에 따라 기본인명소생술과 전문인명소생술이 있다. ② 기본인명소생술은 응급의료체계에 종사하는 사람 중 비교적 간단한 환자의 이송만을 담당하는 인력의 필수 교육으로 일반인에게도 교육하여 치료의 효과를 상승시키고 있다.
응급의료 장비	응급처치에 필수적인 의료장비를 비롯하여 환자를 이송하는 중에도 사용할 수 있는 각종 중환자 처치장비를 포함한다. 응급구조사의 처치능력에 따라서 준비할 장비도 달라진다.
통신장비	① 통신장비는 전화, 무선 단파 방송, 인터폰, 무선전화 등 신속한 연락을 위한 필수적이다. ② 과거 무선통신을 이용, 최근 휴대용전화기를 이용한다. 2가지를 모두 갖추면 좋다.
구급차	현재 국내법상_특수구급차와 일반구급차 2가지로 구분되며 소방청에서 운영하는 구급차는 모두 특수구급차이며, 전문장비를 탑재한 전문구급차와 특수구급차로 구분된다.

★ 응급의료체계 운영상 필수요소   ☆ 16 소방위   * 오답: 응급의료체계의 지침

① 응급의료체계에 필요한 인원   ② 응급의료종사자의 교육과 훈련   ③ 서로의 연락에 필요한 통신
④ 환자의 이송   ⑤ 응급의료병원   ⑥ 중환자실
⑦ 경찰, 소방 같은 공공안전부서   ⑧ 일반인의 참여   ⑨ 응급의료에 관한 접근
⑩ 환자의 병원 간 이송   ⑪ 표준화된 의무기록   ⑫ 대중홍보 및 교육
⑬ 응급의료체계의 평가   ⑭ 대량재해의 대책   ⑮ 각 체계간의 상호협조

2 응급의료의 운영체계

응급환자의 평가와 치료단계는 병원 전 단계, 응급실 단계, 수술실/중환자실 단계로 나눌 수 있다. 이를 세분하면 환자평가단계에서 치료완료, 연구분석단계까지를 다음과 같이 표시한다.

> **● 응급의료체계의 진행단계**
> ① 목격자에 의한 환자발견과 기본 응급조치 ② 응급전화에 의한 응급의료체계의 가동
> ③ 응급의료요원에 의한 현장 처치 ④ 응급의료종사자에 의한 전문 인명소생술과 이송
> ⑤ 응급실에서의 응급처치 ⑥ 병실에서의 지속적인 전문처치
> ⑦ 응급의료체계의 문제점 파악 및 평가 ⑧ 문제점 보완 및 개선계획 수립
> ⑨ 응급의료정책의 전환 및 부서별 교육

국내 응급의료체계 관련부서는 보건복지부, 소방청, 응급의료기관, 응급의료지원센터, 대한응급의학회, 한국보건산업진흥원, 한국응급구조학회, 대한응급구조사협회, 대한심폐소생협회가 있다.

제2절 응급구조사의 법적 책임**

1 치료기준 및 과실주의*

응급구조사는 적절한 행동을 할 의무가 있으며, 반대로 일부 행동은 삼가야 할 의무를 가지게 된다. 타인의 안전에 관해 우선적으로 관심을 가져야 한다. 응급구조사가 응급환자에게 적절한 치료를 위해 행동해야만 하는 방식을 치료기준이라고 한다.

┃법적 책임을 나타내는 사항┃   ★ 17 소방교·장 등

분류	내용	분류	내용
치료기준 15서 울, 인천장, 16경기장			
치료기준	・사회관행으로 정해진 기준 ・법률에 의한 기준 ・전문적 또는 제도화된 기준	면책의 양식	・응급구조사의 법규 ・의료행위의 면책 ・면허 또는 증명의 효과
과실주의	・유기	책 임	・호출에 응답할 의무
동의의 법칙	・묵시적 동의 ・미성년자 치료의 동의 ・정신질환의 동의 ・치료 거부권	의무기록과 보고	・특수상황에서의 보고 ・범죄에 관한보고 ・사망자에 대한 사항

① **사회관행으로 정해진 기준**
  사회에서 이루어지는 관행은 응급처치의 기준을 결정하는데 중요한 요소가 될 수 있다.
  사회관행으로 정해진 치료기준이란, 유사한 훈련과 경험을 가진 분별력 있는 사람이 유사한 상황에서 장비를 이용하여 동일장소에서 어떻게 행동했을까? 하는 것의 판단 기준이다.

② **법률에 의해 정해진 기준**
  관행 외에도 응급의료의 기준은 법규, 법령, 조례 또는 판례에 의하여 정해져 있으므로 1급응급구조사와 2급응급구조사는 해당 업무범위 내에서 응급의료행위를 해야 한다.

③ 전문적 또는 제도화된 기준 　★ 14 경기교, 15 인천장, 16 경기장, 17 소방교
　㉠ 전문적기준 ➡ 응급의료에 관련된 조직과 사회에서 널리 인정된 **학술적 기준**
　㉡ 제도화기준 ➡ 특수한 법률과 응급구조사가 속한 단체에서 **권장사항**에 의한 기준.
　㉢ 따라서 전문적 또는 제도화된 기준을 준수하려면　▶암기: 전문학술, 제도권장
　　첫째, 응급구조사는 그들이 속한 조직이 공포한 기준에 익숙해야 한다.
　　둘째, 응급구조사가 속해 있는 조직이 합리적이고 현실적인 기준을 제정하도록 노력해야 하며, 응급구조사에 불합리한 측면을 부과하지 않도록 해야 한다.

과실주의
20, 21교

① 과실주의는 법적 책임의 기본이다. 한 개인의 응급처치 의무자가 응급처치를 했을 때, 처치기준을 따르지 않아서 상해가 되면 법적과실이 된다. 대원의 부주의한 행동에 대해
② 법적 문제가 제기된 경우, 그 사실이 진술, 조사되기 전에는 한 개인에게 책임이 있다고 판결할 수는 없다. 구급대원의 행위는 적절한 치료기준과 비교 후 판단되어야 한다.
③ 구급대원은 **과거력**(이전에 있던 질병)에 대해서는 **책임이 없다**. 그러나 구급대원이 치료기준을 위반함으로써 환자의 상태를 악화시킨 사항은 **책임이 있다**고 판결이 될 수 있다.
④ 과실의 민법적 판단은 개인행위를 재물손실로 평가한다. 한 개인이 부당한 손해나 상해를 받게 되거나, 기왕(과거)의 상태가 악화되는 경우 유발한 사람은 **보상**해야 한다.

　◉ **유기(遺棄)** (*^^ 할 일을 하지않는 것) 　★ 20, 21 소방교(용어의 정의 나옴)
　　환자에게 적절한 <u>치료를 계속 제공하지 못한 것</u>을 유기라고 정의한다.
　　유기는 구급대원이 법적으로나 도덕적으로 범하지 말아야 할 가장 중대한 행위이다.

2 동의의 법칙★★

명시적 동의★
15소방교,
18소방위,
22소방교

① 구급대원이 하는 환자치료에 대해 그 내용을 알고 이해하며, 동의한다는 환자 표현이다.
즉, 고시된(명시적) 동의는 그 환자가 합리적인 결정을 하도록 필요한 모든 사실을 (구급대원이) 설명한 후에 환자로부터 얻는 동의이다. *오답: 문서화가 필수 (③번 참고)

　◉ **고시되어야 할 중요한 내용으로는★** 　★ 15 소방교, 울산장
　　① 환자에게 발생하거나 발생 가능한 **진단명**
　　② 응급검사 및 응급처치의 내용
　　③ 응급의료를 **받지 않을** 경우의 예상결과 또는 예후(병을 예측) *오답: 응급치료를 받을~
　　④ 기타 응급환자가 설명을 요구하는 사항 등

② 환자가 동의하기 이전에 절차와 범위를 충분히 이해해야 한다. 또한
　- 환자는 그러한 판단을 내릴 만큼 충분한 정신적, 육체적 능력을 가지고 있어야 한다.
③ 구급대원이 직면하는 상황의 대부분은 환자에게서 문서화 된 동의를 얻어낸다는 것이 현실적으로 어렵다. - 그러나 문서화된 동의 대신에 구두 동의는 얻을 수 있을 것이다.
　- 구두 동의는 증명되기는 어렵지만, 법적으로 유효하며 구속력을 갖는다. (* 119전화 등)

묵시적 동의★
17소방장,
18소방위
22,23 교

① 즉시 응급처치가 절실하게 필요한 사람이라면, 응급처치에 동의했을 것이라고 추정한다.
　- 법률적으로 사망이나 영구적인 불구를 방지하기 위하여 긴급한 응급처치를 필요로 하는 환자는 그에 대한 치료와 이송에 동의해야 한다는 입장이다.　23 교
② 그러나 묵시적 동의는 긴급한 상황에만 국한된다.
　- 무의식환자와 쇼크, 뇌 손상, 알코올이나 약물중독 등의 피해자들이 그 예이다.
③ 환자가 의식불명, 망상에 빠져 있거나, 신체적으로 동의할 수 없는 경우에 적용된다.

	④ 환자동의를 구할 수 없으나 **보호자나 친척이 있는 경우** 그들에게 허락을 얻어내는 것이 **바람직**하다. * 오답: 사탕먹다가 "부분기도폐쇄 징후"를 보이는 환자의 동의 22 교
미성년자 치료에 있어서 동의 17인천장	① **법률**: 미성년자가 응급처치에 유효한 동의할 만한 판단력을 갖추지 못했다고 인정한다. 예: 민법은 행위무능력자에 미성년자를 포함하며 **동의권은 부모나 후견인에게** 주어진다. ② 그러나 **미성년자가** 하는 동의는 개개인의 나이와 성숙도에 따라서 **일부는 유효**하다. 긴급한 응급상황이 존재한다면 미성년자 치료하는 것에 대한 동의는 묵시적일 수 있으나, 가능하면 **친권자나 후견인의 동의**를 구해야 한다. (*^^ 미성년자는 만19세 미만, 만18세까지)
정신질환자 동의	① 정신적 무능한 사람은 치료를 받는데, 응급처치 정보가 제공되었더라도 동의할 수 **없다**. 그러나 법에 의해 금치산자로 선고되지 않았다면 그의 능력에는 의문의 여지가 많다. ② 금치산자로 결정이 내려진 경우 친권자나 후견인이 동의권을 갖는 경우가 대부분이다. ③ 환자가 긴급한 응급상황이라면 묵시적 동의가 적용된다. (* 금치산자 = 피성년후견인)
치료 거부권 17소방장	① 환자는 응급의료인의 치료행위에 대해 **치료 거부권**을 갖는다. 환자가 치료나 이송을 거부하는 경우에 구급대원은 매우 난처한 상황에 처하게 된다. / (법적으로 고소당할 위험을 무릅쓰고 환자를 돌볼 것인가? 아니면 환자를 방치하여 악화되는 위험에 빠뜨려서 과실이나 유기로 고소될 것인가? 등의 혼란스러운 상황에 직면할 수 있다.) ② 한 개인이 치료를 거부할 때, 구급대원은 그의 정신상태가 온전한가의 여부를 판단해야 한다. 의심스러운 경우 **정신적 결함**이 있다고 간주하여 치료하는 것이 최선의 방법이다. / 환자를 유기함으로써 상태가 악화되는 것보다는 처치를 하는 것이 법적으로 더 유리하다. ③ 환자가 치료받기를 거부하는 경우에, 구급대원은 인내와 차분한 설득으로 해결한다. 그러나 완고하게 거부하는 경우, 거부하는 사람(부모, 후견인, 보호자 등)에게 **거부를 자인한다는 내용의 공식문서에 서명**을 하도록 하는 것이 필요하다. - 이러한 서약서는 일반적인 보고서와 구급대원이 기재하는 보고서와 함께 보관되어야 한다.

3 면책의 양심

면책의 양심 10 위	① 과실에 대한 법의 입장은 **부주의한 행동이나** 다른 행위의 결과로 상해를 받은 사람에게 보상하는 책임으로부터 면책을 해주는 제한된 상황이 있다. - 면책양식의 대부분은 면책이 적용되는 개인의 특수상황에 근거한다. ❂ 미국: 1965년 플로리다 주에서 제정한 '**선한 사마리아인의 법**'은 현장에서 응급환자를 돕는 사람이 성심껏 응급처치 하는 과정에서 발생하는 실수나 소홀에 대하여는 법적 책임을 지지 않는다. ② 선한 사마리아인의 법은 일상적이고 합리적이며 분별력 있는 사람이 취할 수 있는 행동을 행한 경우에 한하며, 또한 제공된 응급처치에 대해 **무보수인 경우에만** 적용된다. 그러나 근무 태만이나 업무상 과실로 인한 환자의 피해는 그 책임을 면해주지 않는다. ③ 우리나라 법률에서도 이와 유사한 면책을 구체적으로 언급한다. - 응급의료에 관한 법률 제63조에서 '응급의료종사자가 응급환자에게 발생된 생명의 위험, 심신상의 중대한 위해 또는 증상의 현저한 악화를 방지하기 위하여 긴급히 제공되는 응급의료로 인하여 응급환자가 사상에 이른 경우 응급의료행위가 불가피하고 응급의료행위자에게 중대한 과실이 없는 때에는 그 정상을 참작하여 형법 제268조의 형을 감경하거나 면제할 수 있다' (* 개념: 우리나라는 선한사마리안법을 간접적으로 시행하고 있다.) ❂ 응급의료에 관한 법률 5조의2에서는 "선의의 응급의료에 대한 면책"에 관하여 명시하여 (일반인의) 응급처치 제공자의 응급의료 행위를 보장함으로써 환자의 생명과 건강을 보호할 수 있도록 하고 있다.

4 책임 및 기록과 보고

책임

① 정부기관의 응급의료 종사자는 관할 구역 내에서 호출에 응답할 의무가 **있지만**, 자원봉사자나 개인 의료기관의 응급의료종사자는 호출에 대한 의무가 공시되거나 또는 면허의 조건으로 명시되지 않은 한 호출에 반드시 응답할 의무가 **없다**.
② 그러나 일단 어느 형태의 응급의료 업무에 의해서든 응답이 이루어진 후에는 모든 유형의 응급요원에게 치료기준과 행위의 의무에 대한 원칙은 동일하게 적용된다.

기록과 보고

① 철저한 문서의 기록은 훌륭한 응급의료서비스를 제공하는 것 다음으로 성실하게 기록된 문서는 소송에 대한 최선의 보호책이 될 수 있다.
기록과 보고에 관련한 2가지 중요한 원칙은
첫째, 보고서로 기록되어 있지 않은 행위는 행해진 것이 아니다.
둘째, 불완전하고 정확하지 않은 기록은 불완전하거나 비전문적인 의료의 증거이다.
 - - - - - *

(1) 특별히 보고가 요구되는 사항* ▶ 암기: 아범 약물 성교전자
① **아동학대**: 의사, 일반인까지 보고의무를 부여한다.(*^^ 아동은 만 18세 미만)
② 중대한 범죄행위에 의한 손상: 상해, 총상, 자상, 독약 등 손상이 발생 시 보고한다.
③ **약물**에 관련된 손상: 약물(마약, 향정신성 약물)에 관련된 손상은 반드시 보고한다
④ 그 외에 보고해야 할 것들: 성폭행, 교사상,* 전염병, 자살기도 등이 있다.
 - - - - - *

(2) 범죄 현장 (구급대원)
① 범죄가 일어났을 가능성을 예시하는 증거가 있다면 즉시 수사기관에 연락한다.
② 현장에서 범죄행위가 진행 중이 아니라면 수사기관이 도착하기 전이라도 환자에게 필요한 응급처치를 시행하고 병원으로 이송해야 한다. 구급대원은
③ 응급처치가 시행되는 동안에 불가피하게 필요한 것 이상으로 범죄현장을 훼손하지 않는다.
 - - - - - *

(3) 사망한 경우*
① **특별한 경우가 아니면** (의사가 아닌) **구급대원은 사망선고를 임의로 내려서는 안 된다.**
② 그러나 **때때로 사망이 명백한 경우**가 있다.
  ❶ 사후강직이 시작되었거나
  ❷ 목이 절단되어 있거나
  ❸ 신체가 불에 완전히 탔거나
  ❹ 신체의 일부가 소실된 광범위한 머리(두부) 손상인 경우 등이다. ▶ 암기: 강목완두
이러한 경우 유일한 응급조치는 시체를 보존하고 당시의 상태를 기록하는 것이다.

---

* 교사(絞死): 목을 매어 죽음.
* 유기(遺棄): 보호할 사람이 보호받을 사람을 돌보지 않는 일
* 묵시적동의는 ❶긴급한 상황 ❷환자가 의식불명 ❸망상장애 ❹신체적으로 동의할 수 없는 경우의 적용이다.
* 개념: 선한사마리안법은 일반인과 업무 중이 아닌 응급의료종사자에게만 적용되며 도와주는 사람이 고의나 중대한 과실이 없으면 민형사상 책임이 없으나 사망에 대한 형사책임은 감경한다고 되어 있다. 즉, 국내법 응급의료에 관한 법률 제5조의 2항에서는 외국의 선한사마리안법을 간접시행하고 있는 내용을 다루고 있다.

CHAPTER 02 소방대원의 안녕(2장)

1 죽음에 대한 정서반응   ▶ 암기: 부분 협상 우수   ☆ 12 부산교, 14 부산장, 18 소방교, 24 소방장

① 부정	죽어가고 있는 환자의 첫 번째 정서반응으로 의사 실수라 믿으며 기적이 일어나길 바란다.
② 분노	초기의 부정반응에 이어지는 것이 분노이다. 이 반응은 말이나 행동을 통해 격렬하게 표출될 수 있다. 소방대원은 이런 감정을 이해해 줄 필요는 있으나 신체적인 폭력에 대해서는 단호하게 대처해야 한다. / 또한 **경청과 대화를 통해 공감대를 형성**하는 것도 좋은 방법이다.
③ 협상	'그래요. 내가, 하지만..'이란 태도를 나타낸다. 매우 고통스럽고 죽을 수도 있다는 현실은 인정하지만 삶의 연장을 위해 다양한 방법으로 협상하고자 한다. *오답: 경청, 대화, 공감대
④ 우울	현실에 대한 가장 **명백하고 일반적인** 반응이다. 환자는 **절망감**을 느끼고 우울증에 빠진다.
⑤ 수용	환자가 나타내는 가장 마지막 반응이다. (* 가족이나 친구의 적극적 도움이 필요) 환자는 상황을 현실로 받아들이고 그들이 할 수 있는 **최선**을 다하려고 노력한다. 24장

❂ 현장에 도착하면 소방대원은 환자와 가족 그리고 본인의 정서반응에 대해 알고 있어야 한다. 아래 단계는 정형화된 것이 아니며 환자와 가족은 한 단계 이상의 반응을 보이기도 하며 전혀 반응을 보이지 않을 때도 있다.

> ❂ 일반적인 응급처치 (죽음이나 임종을 앞둔)
> ① 환자와 가족의 죽음에 대한 다양한 반응(분노, 절망 등)을 미리 예상해야 한다.
> ② 경청과 대화를 통해 공감대를 형성한다. (*^^ 분노할 때)
> ③ 거짓으로 환자를 안심시키면 안 되며 무뚝뚝하거나 냉철함 없이 솔직하게 환자를 대한다.
> ④ 처치자의 전문적인 지식이나 기술 이상의 의학적인 견해를 말해서는 안 된다.
> ⑤ 부드럽고 조용한 목소리로 눈을 맞춘 상태에서 말해야 한다.
> ⑥ 적절한 신체적인 접촉은 환자를 안심시킬 수 있다.

2 스트레스

스트레스전조 징후: 동료·환자·가족·친구들에 대한 신경과민, 우유부단, 일과 성생활 흥미상실, 불면증이나 악몽, 고립감, 원인모를 불안, 죄책감, 집중력 **저하**, 식욕저하가 있다. 증가(x)

> ❂ 오랫동안 스트레스에 노출된 사람들의 일반적인 증상   ☆ 14 인천장
> ① 식욕저하   * 오답: 식욕증가(x)   ② 설명할 수 없는 분노
> ③ 불면증/악몽   ④ 집중력 저하
> ⑤ 주위 사람들에 대한 과민반응   ⑥ 판단력 저하
> ⑦ 성욕 저하   ⑧ 늘어난 혼자만의 시간
> ⑨ 의욕상실   ⑩ 죄책감 등이 있다.

3 위험물질에 대한 처치 단계 등 ★ 11 부산교, 14 대구교

단 계	처 치
① 최초 반응자	① 위험물질의 **위험성**을 인지하고 알리며 필요하다면 지원을 **요청**한다.
② 최초 대응자	① 위험물로부터 사람과 재산을 보호한다. ② 위험물로부터 안전한 거리에 위치한다. / ③ 확대를 저지한다.
③ 전문 처치자	① 위험물 유출을 막거나 봉합, 정지시킨다. ② 처치자에 대한 활동을 명령하거나 협조해준다. ▶ 암기: 반대처치자

① 현장도착 시 제일 우선은 (대원 안전상) **현장이 안전한지 확인**이다. ✱ 오답: 생명을 구함.
② 위험물이 있다면 안전거리를 유지하고 **바람을 등지거나 높은지대**에 위치한다. 부식제 접촉은 바로 나타나지만 4염화탄소(드라이클리닝 약품)에 노출되면 나중에 간질환이 발생할 수 있다.
③ 만약 대원이 **개인 안전장비**를 착용하지 않았다면 현장 출입이나 환자를 처치해서 안 된다.
④ 구조현장에서 개인의 안전을 확보하기 위해서는 다음 단계를 따라야 한다.
  ㉠ 상황에 맞는 개인 안전장비를 착용한다.(가운, 방화복, 헬멧, 보안경, 장갑 등)
  ㉡ 상황에 대한 전반적인 평가를 실시한다.(위험물질, 자원, 추가 자원 필요성 등)
  ㉢ 구조계획을 세운다.- 항상 안전을 우선적으로 생각하고 **환자와 대원사이, 대원들 간에 서로 소리(말)**를 통해 의사소통을 하며 조직적으로 구조한다. ✱ 오답: 무전을 통해
  ㉣ 주위 변화에 주의를 기울인다.(폭동 현장이나 계곡 등 변화에 대한 주의를 기울린다.)
  ㉤ 안전한 구조를 위해 적절한 인원 및 장비를 사용한다.(추가인원 및 장비 요청)

4 폭력 ★ 16 경북, 17 소방장

① **폭력으로 인해 환자가 발생된 현장**이라면 주의하며 필요하다면, 경찰에 협조를 요청한다.
  ➡ 만약, 경찰이 도착하지 않은 상태라면 안전한 거리를 유지하고 기다려야 한다.
② **현장 안전이 확인되면** ➡ 구급처치를 실시하고
  - 누가 피해자고 가해자인지 판단하는 일에 참견하거나 판단해서는 안 된다.
③ 고함, 깨지거나 부서지는 소리 등 ➡ 폭력이 다시 발생할 수 있으므로 주의를 기울리며 현장을 떠날 때까지 경찰이 있어줄 것을 요청한다.
④ 폭력위험은 구급차 내에서도 발생할 수도 있으므로 ➡ 필요하다면 경찰을 동승한 상태로 병원으로 이송한다. 폭력현장에서 주의사항은 다음과 같다.

  ① 폭력 현장이나 가능성이 있는 현장 진입에 앞서 경찰에 도움을 요청한다.
  ② 현장이 안전하지 않다면 진입해서는 안 된다.
  ③ 항상 연락을 할 수 있게 무전기 및 휴대폰을 휴대하고 있어야 한다.
  ④ 고함, 부딪치거나 깨지는 소리 등 폭력 가능성을 나타내는 소리에 주의를 기울인다.
  ⑤ 처치 중 현장에 다시 폭력 가능성이 보이면 현장 안전 평가를 다시 실시하고 적절한 행동을 취해야 한다.
    ✱ 오답: 폭력 가능성이 보이면 환자를 우선 처치 후 현장을 빠져 나온다

CHAPTER 03 감염예방 및 개인보호 장비

① 감염은 혈액의 포함여부와 관련 없이 **혈**액, **체**액, **분**비물에 의해 전파될 수 있다.
 - 혈액이 포함되지 않은 **땀**은 **제외**한다. ✱ 오답: 혈액이 포함되지 않은 땀도 포함 ✱ 19 소방교
② 예방을 위해 **장**갑, **마**스크, **가**운, **보**호안경 등을 착용하고 **일** 방향 휴대용마스크를 소지한다.
③ 감염예방은 감염되었거나 감염되었을지도 모르는 환자로부터 전파될 가능성을 줄이기 위해
   모든 환자처치 시 적용되는 것으로 환자 진단명, 감염상태 등에 상관없이 적용한다
※ 개인보호장비 착용시 마스크를 비롯하여 가운은 가능하면 1회용을 사용하며,
   장갑은 한 명의 환자를 처치하는 중에도 다른 부분을 처치 시에는 새 장갑을 착용한다.

▶ ①②: 혈체분, 장마가보임

제1절 감염예방을 위한 처치 ✱✱
✱ 13 서울, 경북, 인천장·울산교·위, 15 소방교 등

1 현장 도착 전 예방법

전염질환의 특징 ✱✱   ✱ 13부산교, 14 경남, 15충남교·장, 16,18,19소방장, 18 위

질병	전염 경로	잠복기
① 뇌수막염(세균성)	입과 코의 분비물	2~10일
② 풍진	공기, 모태감염	10~12일
③ 백일해	호흡기계 분비물, 공기	6~20일
④ 수두	공기, 감염부위의 직접 접촉	11~21일
⑤ 이하선염	침 또는 침에 오염된 물질	14~24일
⑥ 폐렴(세균성, 바이러스성)	입과 코의 분비물	며칠
⑦ 포도상구균 피부질환	감염부위와의 직접 접촉 또는 오염된 물질과의 접촉	며칠
⑧ 결핵(TB)	호흡기계 분비(비말 등), 공기	2~6주
⑨ 간염	**혈**액, 대변, **체**액, 오염된 물질	유형별로 몇 주~몇 개월
⑩ 후천성면역결핍증(AIDS)	HIV에 감염된 **혈**액, **성**교, **수**혈, **주**삿바늘, 모태감염	몇 개월 또는 몇 년

▶ ①~⑩ 잠복기 끝자순 암기: 뇌풍 백수리 폐포 결간에(10, 12, 20, 21, 24, x, x, 2-6주, 주월, 월년)
▶ 다른말 표기: ② 피부전염병 ③ 100일기침 ④ 피부발진 ⑤ 귀밑 볼부음(볼거리) ⑦ 식중독피부질환 ⑧ 폐결핵
✪ **모태감염**: 풍진, 에이즈(✱ 엄마 품에서)
✪ **호흡기(입과 코 분비물)**: 이하선염, 결핵, 백일해, 뇌수막염, 폐렴(✱ 분비물 나오니 이경백은 내빼라!)
✪ **공기**: 수두, 결핵, 백일해, 풍진 (✱ 그리고 수결이랑 백일동안 바람이나 쐐라!)

① **결핵(Tuberculosis)**★   ☆ 18 서울교, 소방장
　약에 대한 내성이 쉽게 생기며 몸이 약해지면 다시 재발하는 질병으로 **가래나 기침**에 의한 호흡기계 분비물(**비**말 등)로 **공**기 전파된다.　▶ (결) 가기비공

> • 주요 증상 및 징후 : 열 – 기침 – 도한(Night sweats, 식은땀) – 체중 **감**소　▶ 열기도체(열기도감)
> • 예방책 : 특수마스크(기침환자 처치 전에는 결핵 여부에 상관없이 착용)

② **B형 간염(Hepatitis B)**★   ☆ 18 소방장·위
　B형 간염(HBV)은 간에 직접적인 영향을 미치는 치명적인 바이러스로 **혈액**(피) 또는 **체액**에 의해 전파된다. / 또한, 몇 년간 몸에 잠복해 있다가 발병되거나 전파되기도 한다.

> • 주요 증상 및 징후 : 피로감 – 오심(구역질) – 식욕부진 – 복통 – 두통 – 열 – 황달　☆15 부산장
> • 예방책 : 개인보호장비 착용, B형간염 예방접종　▶ B체혈 – 피오식 복두열황

③ **AIDS(Acquired Immune Deficiency Syndrome)**★★   ☆ 13, 경남교, 18 소방장·소방위
　❶ 감염자의 **혈**액 또는 **체**액에 접촉 시 감염될 수 있다.　▶ A체혈(* A체널)
　❷ **피**부접촉, **기**침, **재**채기, **식**기 도구의 공동사용으로는 감염되지 **않**는다.　▶ 재식기피

> ㉠ 정액을 포함한 성관계, 침, 혈액, 소변 등 배설물(똥·오줌·땀 등)　▶ 성침혈배(* 성침할배)
> ㉡ 오염된 주삿바늘
> ㉢ 오염된 혈액이나 혈액제제 특히, 눈·점막·개방성 상처 등을 통해 감염
> ㉣ 수직감염, 출산, 모유수유 (*^^ 수직감염: 태아가 출산전후 엄마에게 감염되는 것)

>> ✪ **인체면역결핍바이러스(HIV, 에이즈 바이러스)**   (*^^ HIV: human immunodeficiency virus)
>> ① 인체의 면역기능을 파괴하며 후천성면역결핍증(AIDS)을 일으키는 바이러스이다.
>> 　사람의 몸속에 침입하면 면역을 담당하는 T세포를 찾아내어 그 세포 안에서 증식하면서 면역세포를 파괴한다. / 또 생체 면역세포들을 파괴하여 결국에는 사망에 이르게 한다. / AIDS 감염자는 건강한 사람에게는 해롭지 않은 바이러스, 박테리아, 기생충 그리고 균류에 의해서도 질병이 유발되기도 한다.
>> 　HIV 보균자 모두 AIDS로 발전되는 것은 아니나 ➜ 다른 사람에게 전파시킬 수 있다는 점이다.
>> 　- 증상 및 징후 -
>> ① 감염 초기인 급성 감염기에는 특별한 증상이 별로 없다.
>> 　감염환자의 50~70%는 발열·인후통·관절통·식욕부진·메스꺼움·설사·복통·피부발진 같은 증상이 나타날 수 있으나 ➜ 특별한 치료없이 대부분 호전되므로 감기에 걸렸다가 나은 것으로 오인할 수 있다.
>> ② 급성 감염기 이후 8~10년 동안은 ➜ 일반적으로 아무 증상이 없으며 외관상으로도 정상인과 같다.
>> 　이때를 "무증상 잠복기"라고 하는데, 증상은 없어도 바이러스는 활동하고 있으므로 체내 면역체계가 서서히 파괴되면서 다른 사람에게 감염을 시킬 수 있다.
>> ③ 오랜 잠복기 이후 AIDS로 이행하는 단계가 되면 발열·피로·두통·체중감소·식욕부진·불면증·오한·설사 등의 증상이 지속적으로 나타나고, 이 단계에서 면역력이 더욱 떨어지면 아구창·구강백반·칸디다질염·골반감염·부스럼 등의 다양한 피부질환이 나타난다.
>> ④ AIDS단계인 감염 말기가 되면 정상인에게 잘 나타나지 않는 각종 바이러스나 진균, 기생충 및 원충 등에 의한 기회감염이 나타나며 카포지육종(kaposis sarcoma, 피부에 생기는 악성 종양) 및 악성 임파종과 같은 악성종양이나 치매 등에 걸려 결국 사망하게 된다.

2 현장도착 후 기본예방법 ☆ 12 부산교, 14 인천장, 경기장, 15 충남교·장, 소방교, 18 위, 19, 20 교

① 날카로운 기구를 사용할 경우에는 손상을 당하지 않도록 주의한다.
② 바늘 끝이 사용자의 **몸 쪽으로 향하지 않도록** 한다. ☞ * 오답: 구부려서 즉시 버린다.
③ 사용한 바늘은 다시 뚜껑을 씌우거나, 구부리거나, 자르지 **말고** 그대로 바늘통에 **즉시** 버린다.
④ 부득이 바늘뚜껑을 씌워야 할 경우는 **한** 손으로 바늘 뚜껑을 바늘에 씌운 후 닫도록 한다.
⑤ 주삿바늘, 칼날 등 날카로운 기구는 구멍이 뚫리지 **않는** 통에 모은다.
⑥ 심폐소생술 시행 시 반드시 **일** 방향 휴대용 마스크를 이용하며 직접 접촉을 피한다.
⑦ 피부염이나 피부에 상처가 있는 처치자는 환자를 직접 만지거나 환자의 검체를 맨손으로 접촉하지 않도록 한다. ☞ (*^^ 한 곳을 처치하다가, 다른 부분 처치 시 새 장갑을 착용한다)
⑧ 장갑은 한 환자에게 사용하더라도 오염된 신체부위에서 깨끗한 부위로 이동할 경우 **교환**한다.

직접전파	수혈, 접촉(개방성 상처 또는 눈과 입의 점막을 통한)으로 이루어진다. 15 장, 위
간접전파	오염물질(주삿바늘과 같은), 비말흡입(호흡기를 통한)에 의해 전파된다. 20 소방장

전파경로에 따른 예방법 * ☆ 15 위, 16 부산장, 19 장, 22 소방교

전파경로	원인	관련질환(병명)	예방법
① 공기에 의한 전파	작은 입자(5㎛ 이하)가 공기 중의 먼지와 함께 떠다니다가 흡입에 의해 감염이 발생한다.	홍역, 수두, **결핵** ▶ 암기: 홍수결	환자 이동을 최소화하고 이동이 불가피할 경우는 환자에게 수술용 마스크를 착용하도록 한다.
② 비말에 의한 전파 14부산장 19소방장 22소방교	감염균을 가진 큰 입자(5㎛ 이상)가 기침이나 재채기, 흡입 시 다른 사람의 코나 점막 또는 결막에 튀어서 단거리(약 1m 이내)에 있는 사람에게 감염을 유발시킨다.	폐렴, 인두염, 뇌수막염, 중이염, 풍진, 부비동염, 인플루엔자, 패혈증, 유행성 귀밑샘염(유행성이하선염), **결핵**, 백일해 등 (*^^ 부비동염: 축농증)	환자와 1m 이내에서 접촉할 경우는 마스크를 착용한다. ☆ 16 위 ☞ 암기: 폐인 뇌중풍 부인 폐유 경백
③ 접촉에 의한 전파	직접 혹은 간접 접촉에 의해 감염된다.	해당 질환: ■ 소화기계, 호흡기계, 피부 또는 창상의 감염이나 다제내성균이 집락된 경우 / ■ 오랫동안 환경에서 생존하는 장 감염 / ■ 장출혈성 대장균(O157:H7), 이질, A형 간염, 로타 바이러스 / ■ 피부감염: 단순포진 바이러스, **농가진**, 농양, 봉소염, 욕창, 이 기생충, **옴, 대상포진** / ■ 바이러스성 출혈성 결막염	㉠ 장갑 착용 및 손 위생 ㉡ 처치 후에는 소독비누로 손을 씻거나 물 없이 사용하는 손 소독제를 사용한다. ㉢ 가운은 멸균될 필요는 없으며 깨끗하게 세탁 가운이면 된다 / 가운을 입어야 하며 입었던 가운으로 주위 환경이 오염되지 않도록 한다. ㉣ 개인보호장비: A,B,C,D로 구분(국내: D가 많이 사용) 환자 이동시 주위 환경을 오염시키지 않도록 주의한다. ㉤ 환자 사용했던 물건, 만진 것, 재사용물품은 소독한다

▶ ②암기: 폐인 뇌중풍 부인 폐귀 경백(* 폐인 뇌중풍 부인이 5㎛이상 1m에서 비말로 전파시키고도 패기가 결백)

3 환자처치 후 예방법* ☆ 14 부산교

(1) 손 위생*
대부분 오염물질은 비누로 손을 씻을 경우 10~15초 사이에 피부로부터 떨어져 나간다.

> ✪ **손 위생과 손씻는 방법**
> ① 장갑 착용여부와 상관없이 환자 처치 후에는 꼭 손을 씻어야 한다.
> ② 장갑을 벗는 즉시 손을 씻는다. - 이때, 손의 장신구(반지, 시계, 팔찌)가 있다면 빼낸 후 씻는다.
> • 거품을 충분히 낸 후 손가락 사이와 접히는 부위를 포함해 세심하게 문지른다.
> • 손톱 아래는 솔을 이용해 이물질을 제거한다.
> • 반드시 흐르는 물을 이용해서 손목과 팔꿈치 아래까지 씻는다.
> • 가능한 한 1회용 수건을 이용해 물기를 완전히 제거한다.
> • 물과 비누가 없는 경우에는 손 소독제를 이용해 임시 세척하고 나중에 꼭 물과 비누를 이용해 손을 씻는다.
> • 평상시에는 일반 비누로 씻어도 무관하나 전염병 발생 등 감염관리상의 문제 발생시 손 소독제를 사용한다.

(2) 처치 기구 및 환경관리 (*^^ 커프: 팔을 감싸 공기를 부풀리는 기구)
혈압기의 커프*, 청진기의 단순 피부접촉 기구들은 소독을 하며 개방상처나 점막 접촉기구들은 반드시 멸균처리를 한다. 가능한 1회용 기구를 사용하며 1회용은 절대로 재사용 안 된다.

> ① 혈액이나 분비물, 체액, 배설물로 오염된 것은 → 피부나 점막이 오염되지 않도록 씻는다
> ② 재사용 물품은 장갑 착용 후 → 피, 점액 등 오염물질을 세척하고 소독 및 멸균처리 한다.
> ③ 1회용 물품은 → 감염물 폐기물 통에 버려야 한다. (* HIV: 인체면역결핍 바이러스)
> ④ B형간염(HBV)나 HIV환자에게 사용한 1회용 기구는 → 이중 백을 이용해 밀봉 후 폐기한다.
> ⑤ 시트 → 혈액, 배설 분비물 등 오염물질은 따로 분리, 피부 점막이 오염되지 않도록 운반 처리한다
> ⑥ 가운, 옷 → 체액에 오염되면 비닐백에 담아 오염되었음 표시 후, 뜨거운 물에 25분 이상 단독 세탁한다.
> ⑦ 구급차 내 바닥, 침상, 침상 난간 등 주위 환경을 깨끗이 청소하고 1회/주 이상 정기적 소독한다.
> ⑧ 마지막으로 처치자는 위의 모든 행동을 마친 후 뜨거운 물로 샤워를 해야 한다.

제2절 소독과 멸균 등 ☆ 15 소방위

① 낮은 수준 소독	• 죽일 수 있음: 세균, 바이러스, 일부 진균(피부에 서식하는 곰팡이 등) • 죽일 수 없음: 결핵균이나 세균의 아포 등과 같이 내성이 있는 미생물.
② 중간 수준 소독	결핵균, 진균을 불활성화 시키지만, 세균의 아포를 죽일 수 없다.
③ 높은 수준 소독	노출시간 충분하면 세균 아포 죽일 수 있고 모든 미생물을 파괴할 수 있다.

(1) 소독효과의 영향인자들
① 소독제의 농도   ② 미생물 오염의 종류와 농도   ③ 유기물의 존재
④ 접촉 시간   ⑤ 물리적·화학적 요인   ⑥ 생막(biofilm)*의 존재

1 용어★ ☆ 12, 14 경북장, 15 위, 16 경기교, 19 소방장, 21 소방장, 22 소방교

① 세 척	대상물로부터 모든 이물질(토양, 유기물 등)을 제거하는 과정으로 소독과 멸균의 가장 기초단계이다. 일반적으로 물과 기계적인 마찰, 세제를 사용한다.
② 소 독	생물체가 아닌 환경으로부터 세균의 아포를 제외한 미생물을 제거하는 과정이다. 일반적으로 액체 화학제, 습식 저온 살균제에 의해 이루어진다. 15 위
③ 살균제	미생물 중 병원성 미생물을 사멸시키기 위한 물질을 말한다. 이 중 피부나 조직에 사용하는 살균제를 피부소독제라 한다.
④ 멸 균 22교	물리적, 화학적 과정을 통하여 모든 미생물을 완전하게 제거하고 파괴시키는 것을 말하며 고압증기멸균법, 가스멸균법, 건열멸균법, H_2O_2 Plasma(= 과산화수소 플라즈마) 멸균법과 액체 화학제 등을 이용한다. ▶ 고가건H+액체
⑤ 화학제	진균과 박테리아의 아포를 포함한 모든 미생물을 파괴하는 것으로 화학멸균제라고도 하며, 단기간 접촉되는 경우 높은 수준의 소독제로 작용할 수 있다. (* 아포: 완강한 세균)

✪ 키워드 ① 기초단계, 물, 마찰, 세제 / ② 생물체가 아닌 환경, 세균의 아포 제외 ③ 병원성 미생물 사멸
④ 물리 화학적, 모든 미생물 완전 제거, 파괴시킴 / ⑤ 아포 포함 모든 형태, 단기간 높은 수준 소독제

2 감염관리

• 신규채용 시 건강검진: 필요시 발령 전에 예방접종을 받을 수 있도록 조치한다.
• 정기적 신체검진: 매년 2회씩 모든 구급대원을 대상으로 건강검사를 실시한다.
① 예방 접종은 다음의 내용을 고려하여 결정한다.
   ㉠ 백신을 맞지 않은 사람에게 발생할 수 있는 결과
   ㉡ 주로 접촉하는 환자 및 주변 환경의 종류
② 예방접종으로(그 종류)는 ▶ 홍불풍 (* 오답: 결핵)
   ㉠ 파상풍(매 10년마다) ㉡ B형간염, 인플루엔자(매년) ㉢ 소아마비, 풍진, 홍역, 볼거리 몇몇 예방접종은 부분적인 예방역할만 하므로 홍역, 볼거리(유행성 이하선염), 풍진에 대해서는 자체 면역 정도를 검사해야 한다. - 결핵피부반응 검사는 1회/년 이상 실시한다.
③ 예방접종 후에는 항체가 있다 하더라도 개인안전조치 및 보호장비를 꼭 착용하여야 한다.

감염 노출을 의심할 수 있는 경우	① 주삿바늘에 찔린 경우 ② 잠재적인 전염성 물체에 의해 베인 경우 ③ 혈액 또는 기타 잠재적인 감염성 물체가 눈, 점막 또는 상처에 튄 경우 ④ 포켓마스크나 one-way valve가 없이 구강 대 구강 인공호흡을 실시한 경우 ⑤ 처치자가 느끼기에 심각하다고 판단되는 기타 노출 등

✪ 감염노출 후 처치지가 실시해야 하는 사항으로는★ ☆ 15, 17, 21 소방위
① 피부에 상처가 난 경우 ➡ 즉시 찔리거나 베인 부위에서 피를 짜내고 소독제를 바른다. * 오답: 짜내지 말고
② 점막이나 눈에 환자의 혈액이나 체액이 노출된 경우 ➡ 노출부위를 흐르는 물이나 식염수로 세척한다.
③ 기관의 감염노출 관리 과정에 따라 보고하고 적절한 조치를 받도록 한다.
④ 필요한 처치 및 검사를 48시간 이내에 받을 수 있도록 한다.

제3절 위험물사고현장 구급활동

① 초기에 부상당하는 이유는 위험물이 무엇인지 인지를 못한 상태에서 진입하기 때문이다.
  - 사고구역의 용도, 용기모양, 표시나 색깔, 플래카드/라벨, 사고지역 환자의 공통증상 및 징후 등을 파악하고 평가하는 것이 중요하다.
② 위험물 현장은 가스, 증기, 액체가 고이거나 확산되어 있으므로 진입 시 고지대에서 바람을 등지고 접근하며 보호복을 착용하지 않은 구급대원의 경우 안전구역에서 대기한다.
③ 만약 현장이 건물 내부라면 환기구 주변에서 대기하는 것은 피해야 한다.
  - 많은 위험물질들은 대부분 무색, 무취, 무미한 성질을 가지고 있기 때문이다.

사고현장 안전계획	사고유형별 안전계획에 의해 현장활동을 진행하며 다음사항이 포함되어야 한다. ① 사고지역 및 주변지형(고지대, 저지대, 수로, 강 등), 위험물질 노출가능 지역 ② 사고현장 내 물리적·화학적 위험물질 파악 ③ 기상 상황(현재부터 작업완료 날까지) 및 초기 현장상황 ④ 현장 대응조직 구성 (사고관리 체계) ⑤ 현장 통제범위 설정 및 개인안전 보호장비 등급 결정 ⑥ 환자 및 장비 제독에 필요한 물품 정의 ⑦ 사고 구역 내 활동 중인 각각의 팀의 역할 분담 ⑧ 공기오염 측정 장비, 대피안내 과정 및 대피 경로
안전브리핑	안전 브리핑은 사고현장 진입 전에 수행되어야 하며 진입대원뿐 아니라 추후 투입되어야 하는 팀도 받아야 한다. 브리핑에서 다루어야 하는 사항으로는 다음과 같다. ① 예상되는 위험물질과 노출 시 증상 및 징후 ② 현장에서의 작업 계획, 커뮤니케이션 시스템 ③ 응급상황의 징후 및 대피로 ④ 제독 계획

1 현장 활동* ☆ 18 소방위, 22 소방교, 소방위, 24 소방교

현장 활동 전에 구급대원은 현장 평가와 정보수집을 통해 위험요소를 최대한 예방한다.

▌현장도착 직후 해야 할 일▐

현장 평가요소	정보 수집사항
① 연기 및 증기, 고여 있는 액체의 유무 ② 눈·코·피부 자극 증상 ③ 차량 및 저장물 표시 및 방사선 표시	① 사고유형 및 신고자 번호 ② 위험물 성분 및 물질형태, 노출경로 ③ 환자수와 증상

현장은 3개구역(오염구역/오염통제구역/안전구역)으로 나누며 개인보호장비가 없거나 위험물질 대응교육 및 훈련을 받지 않은 구급대원이라면 안전구역에서 구조대원이 제독을 끝마친 환자가 나올 때까지 대기한다.

(1) 오염 구역에서의 구급활동	■ Hot zone(적색) : 오염구역에서 개인보호장비를 착용한 상태에서 환자를 평가하고 처치하는 것은 어려우므로 환자처치는 제한된다. 이때 중요사항은 환자이동으로 **오염구역확장**을 주의한다. ① 빠른 환자 이동(단, 척추손상 환자 시 빠른 척추고정 **적용한다**.) 22교 ② 오염된 의복과 악세사리를 현장에서 가위를 이용해 **제거 후** → 사용한 의료기구 및 의복은 현장에 **남겨두고 환자만** 이동한다.(의복 및 의료기구는 오염되었다는 가정 하에 실시한다.)　＊오답: 벗긴 후, 환자와 이불을 감싸서　22위 ③ 들것에 시트를 2장 준비 또는 이불을 가져가 옷을 제거한 환자의 신체를 덮어준다. ④ 환자의 추가 호흡기계 오염을 방지하기 위해서 → 독립적 호흡장치(SCBA) 사용 ⑤ 양압환기가 필요한 환자의 경우 → 산소저장낭이 달린 BVM 사용
(2) 오염통제 구역에서의 구급활동*	■ Warm zone(황색) : 오염 통제구역은 **오염구역과 안전구역 사이에 위치**하며 그림과 같이 제독 텐트 및 필요시 펌프차량 등이 위치해 오염을 통제하는 구역이다. 이 구역 역시 오염 가능성이 있는 곳으로 적정 장비 및 훈련을 받은 **최소인원으로구성**되어 제독활동을 진행해야 한다. - 개념: 긴급처치 구역에 해당됨 - -----* ① 오염구역 활동이 끝난 후에 대원들은 제독활동을 해야 하며 환자들은 오염구역에서 제독텐트에 들어가기 전에 전신의 옷과 악세사리를 벗어 비닐백에 담아 밀봉 후 다시 드럼통에 담아 이중으로 밀봉해야 한다. (이때, 유성펜을 이용해 비닐백 위에 이름을 적는다.) ② 제독 텐트는 좌·우로 **남녀를 구분** 처치하며 보통 가운데 통로는 대원들이 사용한다. ③ 텐트 내부는 호스를 이용해 물이나 공기 또는 약품으로 제독활동을 하며 텐트 출구쪽에는 1회용 옷과 슬리퍼 또는 시트가 준비되어 있다.　■ 제독 텐트 ■ ④ 오염통제구역 내 **구급처치**는 기본인명소생술로 기도, 호흡, 순환(지혈), 경추고정, CPR, 전신중독평가 및 처치가 포함된다.　▶기호순 경씨 전척　＊오답: 정맥로확보. ☆ 24교 ⑤ **정맥로확보** 등과 같은 침습성 과정은 가급적 제독 후 안전구역에서 실시해야 하며 오염통제구역에서 사용한 구급장비는 안전구역에서 사용해서는 **안 된다**. 22위
(3) 안전구역에서의 구급활동	■ Cold zone(녹색) : 안전구역은 현장지휘소 및 인력·자원 대기소 등 현장활동 지원을 하는 구역으로 구급대원이 활동하는 구역이기도 하다. 대량환자의 경우 증증도분류를 통해 환자를 분류한 후 우선순위에 따라 병원으로 이송한다.　- 개념: 응급처치 구역에 해당됨 -

2　귀소 후 활동

현장활동 후에는 차량, 장비, 구급대원의 2차 감염방지하기 위해 후속조치가 취해져야 한다.

① 차량은 물과 비누를 이용해 세차 후 제독이 되었는지 확인 또는 의뢰
② 병원이송 후 바로 귀소 후 샤워 및 모든 의류는 단독 세탁 후 제독 여부 확인
③ 1회용 장비가 아닌 경우 제독 및 잔류오염 측정 후 장비 재사용 고찰
④ 「위험물질 접촉보고서」 작성·보고 후 보충이 필요한 물품 파악 및 구비.

CHAPTER 04 해부생리학

1 기본 용어★ ☆ 13 경남, 경북교, 소방위

해부학적 자세	전면을 향해 서있는 자세로 눈은 정면을 향하고 손바닥은 앞으로 향하게 하며 양팔을 옆으로 내리고 발은 붙이고 선 자세.
중간선	코에서 배꼽까지 수직으로 내린 선으로 인체를 좌우로 나눈다.
앞/뒤	중앙겨드랑이선으로 인체를 나누어 앞과 뒤를 구분한 것 / 위/아래: 위와 아래를 나타낸다
안쪽/가쪽	중앙선에 가까이 있는지 멀리 있는지를 나타낸다.
양쪽	중앙선의 좌·우 모두에 위치해 있을 때를 말한다.(귀, 눈, 팔 등)
몸쪽/먼쪽	몸통에 가까이 있는지 멀리 있는지를 나타낸다. / 발바닥/손바닥 / 왼쪽/오른쪽.

✪ 인체부위
① 머리 : 얼굴, 머리뼈, 뇌
② 목(neck)
③ 팔 : 어깨, 팔, 팔꿈치, 손목, 손
④ 다리 : 넙다리, 무릎, 종아리, 발
⑤ 몸통 : 가슴, 배, 골반 - 배는 배꼽을 중심으로 수직선과 수평선으로 4등분으로 나누어
우상복부(RUQ, 간, 담낭쪽), 좌상복부(LUQ), 우하복부(RLQ, 충수, 맹장쪽), 좌하복부(LLQ)로 나뉜다.

2 자세★★ ☆ 13 서울, 대구교, 경기장, 위, 14 인천, 경남장, 15 충남교·장, 16 강원교, 19, 22, 23 교

구 분	환자 자세	자세유형
바로누운자세	등을 바닥면으로 하고 해부학적 자세를 유지한 채 똑바로 누운 자세.(앙와위) - 척추손상 등 예방을 위해 얼굴을 위로 향하고 누운자세이다.	
옆누움자세	환자가 옆으로 누운채 양팔을 앞으로 하고 무릎과 엉덩관절을 굽힌 자세. - 임부의 경우는 원활한 순환에 좋다.(측와위 자세) (*^^ 질식방지, 혀의 이완방지, 분비물 배출이 쉽다)	
엎드린자세	환자가 엎드린 상태에서 머리를 옆으로 돌린 상태.(복와위 자세) (*^^ 의식이 없거나 구토환자의 경우에 질식방지가 된다.)	
반앉은자세	윗몸을 45~60° 세워서 반쯤 앉은 자세. (반좌위 자세) (*^^ 흉곽을 넓히고 폐의 울혈완화 및 가스교환이 쉬워 호흡악화를 방지)	
트렌델렌버그자세	등을 바닥에 대고 누워, 침상다리쪽을 45° 높여 머리가 낮고 다리가 높은 자세 - 쇼크 시 사용하지만 장시간 사용 시 호흡을 힘들게 할 수 있어 권하지 않는다. (*^^ 혈액을 순환시켜 증상악화방지 또는 하지출혈을 감소할 수 있다.)	
변형된 트렌델렌버그자세	머리와 가슴은 수평 되게 유지하고 다리를 45°로 올려주는 자세. - 혈액이 심장으로 돌아오는 정맥 귀환량을 증가시켜 주어 심박출력을 강화하는 데 효과가 있기 때문에 쇼크자세로 사용된다.(쇼크 자세) 23 교	

제1절 인체해부생리학

인체는 심장, 간, 허파, 뇌, 콩팥 등 많은 기관으로 나뉘고 이러한 기관은 수많은 세포로 구성되어 있다. 각 기관은 다양한 기능을 가진 다른 유형의 세포로 구성되어 있다. 예를 들면 허파는 ㉠ 산소와 이산화탄소를 교환하는 세포 ㉡ 기도를 구성하는 세포 ㉢ 공기 중 이물질을 제거하기 위한 점액 생산을 돕는 세포 등으로 구성되어 있다. / 세포는 산소를 소비하고 이산화탄소를 생산한다. 인체의 계통은 아래와 같이 크게 8가지로 분류할 수 있다.

1 근골격계* ☆ 13 경기교·장, 위, 16 경기, 부산교, 경북교, 19 소방장

3가지 주요기능은 ❶ 외형 유지 ❷ 내부 장기 보호 ❸ 신체의 움직임을 가능하게 해주는 것이다.

(1) 근골계

우리 몸은 206개의 뼈로 구성되어 있다.(*^^ 성인일 경우)

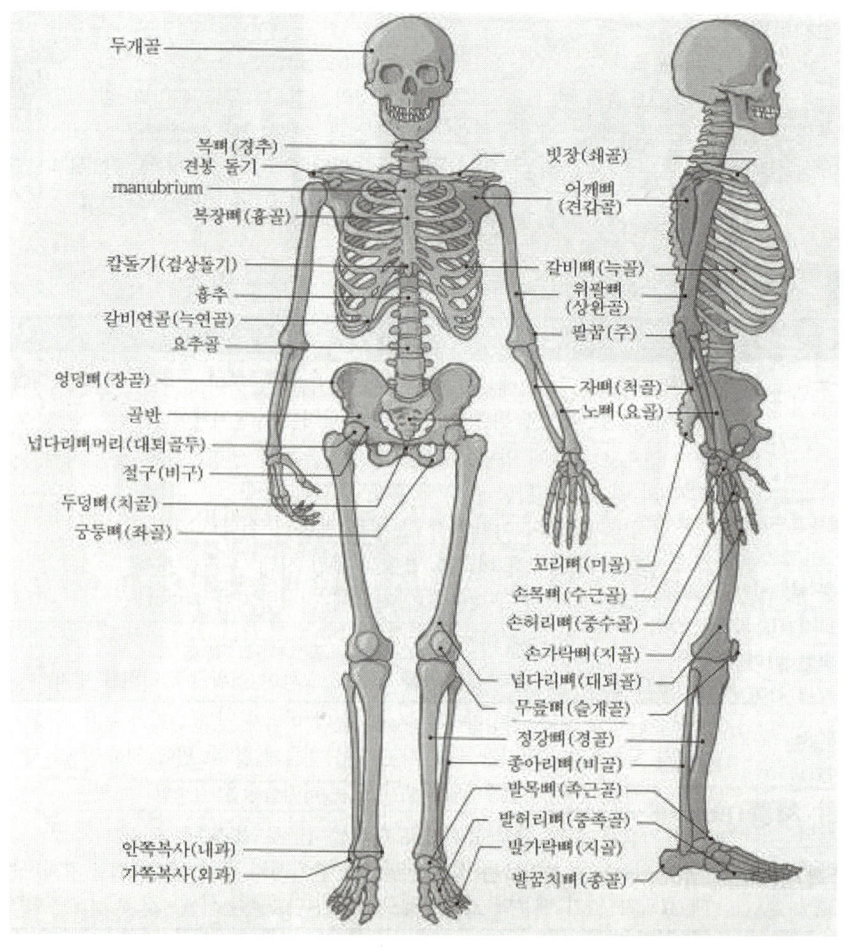

① 머리뼈는 뇌를 보호하기 위해 몇 개의 뼈들로 구성되어 있다. 19 소방장
  - 얼굴을 구성하는 뼈로는 ❶ 눈확(안구 공간)은 눈을 보호하고 ❷ 아래턱뼈과 위턱뼈는 치아를 지지해 주고 ❸ 코뼈는 코를 지지해 주고, ❹ 광대뼈는 얼굴형을 나타내 준다.
② 척추는 머리에서 골반까지 연결되어 있으며 척수를 보호하는 역할을 한다. 16 경북교

> ■ 척추는 26(소아32~34)개의 척추골로 구성되어 있고, 5부분 [❶ 목뼈(7개) ❷ 등뼈(12개) ❸ 허리뼈(5개) ❹ 엉치뼈(1개, 소아 5개) ❺ 꼬리뼈(1개, 소아 3~5개)]로 나눈다.
> (*^^ 성인의 척추: 7+12+5+1+1= 26개) / (*^^ 신생아 척추: 7+12+5+5+4= 33개)

등뼈는 갈비뼈가 지지해주고 **엉치뼈**(천추)와 **꼬리뼈**(미추)는 골반이 지지해 주기 때문에 지지물이 없는 목뼈와 허리뼈보다 손상이 적다 / 1~10번째 갈비뼈는 복장뼈의 전방부에 연결되어 있고 나머지는 복장뼈와 연결되어 있지 않아 **뜬갈비뼈**라 부른다. 13 경기교·장

③ **복장뼈는 복장뼈자루, 복장뼈체**(복장몸체), 칼돌기로 구성되어 있다.(* 복장뼈: 세로 가슴뼈)
④ **골반은 엉덩뼈와 궁둥뼈, 두덩뼈**로 이루어져 있고 두덩뼈 전방과 **꼬리뼈** 후방에 연결되어 있다.
  (*엉덩이: 히프 / *궁둥이: 엉덩이 밑) ▶ 엉궁두꼬(* **연상**: 골반은 얼굴두고) 19 소방장
  - 골반의 엉덩뼈능선은 옆에서 촉지할 수 있으며 궁둥뼈는 밑에서 촉지할 수 있다.
------* ①~④에 비교하여 ⑤~⑩은 중요도 낮음
⑤ 넙다리(대퇴부)는 관골구라고 불리는 골반과 넙다리뼈의 연결부위로부터 시작된다.
⑥ 무릎관절은 넙다리뼈 말단부위와 무릎뼈 그리고 정강뼈 윗부분으로 이루어져 있다.
⑦ 다리는 정강뼈(앞쪽)와 가쪽에 종아리뼈(옆쪽)로 이루어져 있다. (좌측p 그림 좌측하단 참고)
  정강뼈 면쪽(밑쪽)에는 안쪽복사뼈가 있고, **종아리뼈의 먼쪽**(밑쪽)에 가쪽복사뼈가 있다.
  - 이 두 가지는 다리와 발목뼈의 연결부위인 발목관절을 나타내기도 한다.
  - 몸쪽의 발목뼈와 발가락뼈와 연결된 발허리뼈는 발 가운데를 형성한다.
⑧ 팔은 어깨에서 시작하며 어깨는 **어깨뼈, 빗장뼈, 견봉**으로 구성된다.
  - 위팔뼈머리는 어깨관절 안에 위치해 있으며 위팔뼈는 팔의 몸쪽을 형성한다.
⑨ 팔꿈 관절은 위팔뼈 먼쪽과 두개의 아래팔인 **노뼈**(엄지선을 따른 가쪽)와 **자뼈**(새끼선을 따른 안쪽)로 연결되어 구성된다. 팔꿈 관절 뒷부분에 만져지는 것은 자뼈의 팔꿈치 머리부분이다.
⑩ 손목은 노뼈와 자뼈의 먼쪽과 손목뼈의 먼쪽으로 구성된다. 손목뼈는 손바닥뼈를 구성하는 손목뼈와 손허리뼈로 연결되어 있다. 손가락은 엄지손가락부터 첫 번째, 두 번째 손가락 등으로 불린다. (*^^ 노뼈: 요골, / 자뼈: 척골 / 손목뼈: 수근골 / 손허리뼈: 중수골)

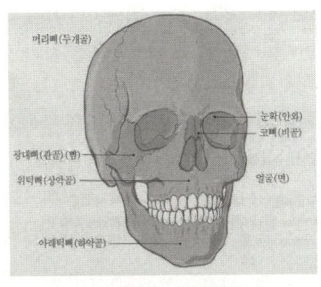
■ 머리뼈와 안면부 ■

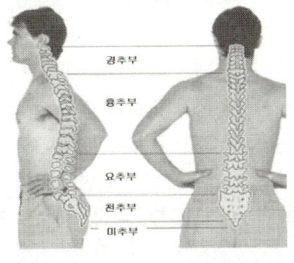
■ 척추의 구분 ■

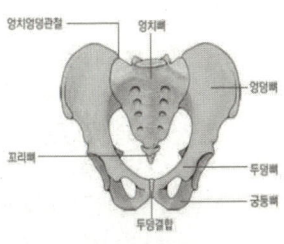
■ 두덩뼈 ■

(2) 관절, 연결조직, 근육
　① 관절은 뼈와 뼈가 연결된 곳으로 인대로 불리는 강력한 연결조직이 지지하고 있다.
　　　관절의 2가지 유형으로는 엉덩이와 같은 절구관절*과 손가락관절과 같은 타원관절이 있다.
　② 근육은 힘줄로 뼈에 붙어 있고 관절을 이용해 움직일 수 있다.
　③ 인체를 움직이는 근육은 뇌의 통제에 따라
　　　㉠ 자의적으로 움직일 수 있는 수의근* 또는 골격근육이 있고
　　　　- 골격근육은 골격 덩어리를 이루고 팔다리, 가슴 복벽*을 이룬다.
　　　㉡ 그렇지 않은(자의적으로 움직일 수 없는) 불수의근*또는 내장근육이 있다.
　　　　- 내장근육은 동맥과 장벽과 같은 관모양의 구조물을 이루고 뇌의 통제를 받지 않는다.
　　　　- 그 대신 열, 냉 그리고 긴장과 같은 자극에 반응한다.
　　　㉢ 또한 오직 심장에만 있는 심장근육이 있다.
　　　　- 심장근육은 의식에 의해 통제할 수 없는 불수의근* 형태로 신경자극 없이 독자적으로 수축할 수 있는 능력이 있다.
　　　　- 이러한 심장근육은 심장마비나 심근경색(저관류*로 심장근육 괴사*)으로 손상 받는다
　　　　- 심장근육은 짧은 시간동안의 혈류량 감소만을 견딜 수 있고 수축과 심장을 통해 피를 뿜어내는 기능은 영구적인 장애를 초래할 수 있다.

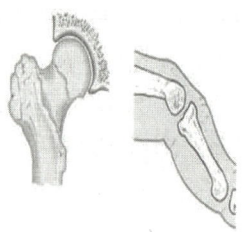
■절구관절(좌) 타원관절(우)■

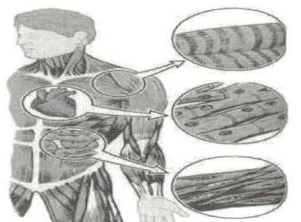
■골격근(상), 심장근(중), 내장근(하)■

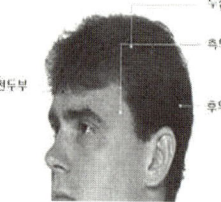
■ 머리뼈 ■

용어해설 (공간 이용)

- 엉덩이: 볼기의 윗부분. 둔부. 히프(hip). / 궁둥이: 앉으면 바닥에 닿는 엉덩이의 아랫부분.
- 절구관절(구관절): 어깨나 엉덩이처럼 회전할 수 있다.(한쪽은 절구같고 다른쪽은 공같이 생김),
- 타원관절: 손가락처럼 굽힘, 폄, 모음, 벌림은 되나 회전되지 않는 관절.(타원형임) / • 근육: 살과 힘줄.
- 복벽: 피부·근육·복막 등의 복강 앞쪽의 벽. / • 노뼈: 요골(엄지쪽 뼈) / • 힘줄: 뼈와 근육의 연결.
- 복장뼈(흉골, 가슴뼈): 갈비뼈(1~7번: 직접연결, / 8~10: 갈비연골과 연결, / 11,12(연결안됨)
- 저관류: 늦게 흐름 / • 관류: 관통(꿰뚫음)해서 흐름 / • 괴사: 조직, 세포가 부분적으로 죽는 일.
- 수의근: 뇌의 명령을 받음(몸통, 팔, 다리) / • 불수의근: 뇌의 명령을 받지않음(내장근육·심장근육)

2 호흡기계

근골격계는 인체의 뼈대를 이루고, **호흡기계는 세포에 꼭 필요한 산소를 공급하는 역할을 한다.**

(1) **호흡기계 해부학**   ★ 13 위, 17 소방장, 19 소방교

외부에서 산소를 포함한 공기를 호흡함으로써 허파꽈리에서 혈관으로부터 가스를 교환하는 역할을 한다.

① 호흡경로를 기도라고 하며 기도유지는 환자처치에 있어 기본으로 중요하다.
② 공기는 입과 코로 들어오며 기도는 공기 중에 이물질을 걸러주고 가습·가온 해준다. 그 다음 →
③ **인두를 거쳐 후두인두, 기관이나 식도로 이동한다.**
④ 인두 아래에는 잎모양의 후두덮개가 있어서 음식물이 후두와 기관으로 넘어오는 것을 막는다.
⑤ 공기는 후두로부터 기관을 통과해 커다란 두 개의 기관지를 지나 허파로 들어온다.
⑥ 공기는 더 작게 나뉜 (세)기관지를 지나 포도송이 모양의 **허파꽈리에서 가스교환이 이루어진다.**

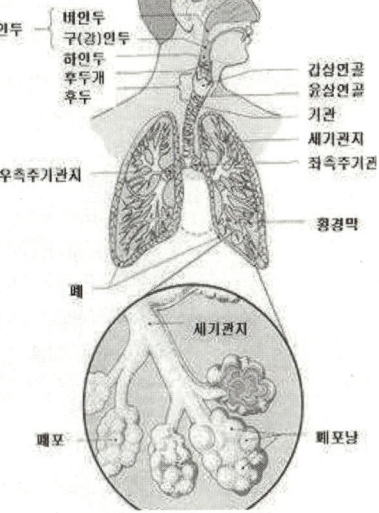

> ■ TIP : ① 입, 코, 기도(이물질 걸름, 가습, 가온)→ ② 인두(입코 인두)→ ③ 후두인두 → ④ 후두덮개→
> ⑤ 후두 → ⑥ 기관지 → ⑦ 세기관지 → ⑧ 허파꽈리와 수위 모세혈관 사이)에서 가스교환을 한다.

———*

■ **소아의 호흡기계**   ★ 17 장, 19, 20 소방교, 21 장

소아의 호흡기계와 성인과 몇 가지 다른 점이 있다.

① 입과 코가 작아 쉽게 폐쇄될 수 있다.
   - 상대적으로 혀가 차지하는 공간이 크다.
② 나이가 어린 소아일수록 코호흡을 한다.
   - 코가 막혔을 때 입으로 숨을 쉬는 것을 모른다. ★ 오답 : 구강(입)
③ 기관과 반지연골*이 연하고 신축성이 있다.(*^^ 반지연골: 기관 바로 윗부분)
   - 부드럽게 기도를 개방해야 하며 머리를 중립으로 또는 약간 신전해야 한다.
④ 머리가 크기 때문에 쉽게 앞, 뒤로 넘어갈 수 있다.
   - 계속적인 관찰이 필요하다.
⑤ 기관이 좁아 부종으로 쉽게 폐쇄된다.
⑥ 가슴벽이 연약해 호흡할 때 가로막에 더욱 의존하는 경향이 있다.

- ◎ **개념**(병원에서) : 상기도는 이비인후과(귀, 코, 인두, 후두)에서 담당, / 하기도의 기관부터 내과에서 담당한다.
- ◎ **공기경로** : ❶ 코, 입 → ❷ 인두 → ❸ 후두덮개 → ❹ 후두 → ❺ 기관 → ❻ 기관지 → ❼ 세기관지 → ❽ 허파 순.
- ■ TIP(심화) : ① 입, 코→ ② 입인두, 코인두 → ③ 인두후두부 → ④ 후두덮개 → ⑤ 후두 (반지연골) → ⑥ 기관지(좌우 2개)
  → ⑦ 세기관지(가는 기관지) → ⑧ 허파꽈리(폐포는 포도모양으로 오른쪽 허파는 3개, 왼쪽 허파는 2개 엽)

(2) 호흡기계 생리학* ☆ 13 위, 14 서울, 16 부산교, 21 교

① 호흡의 근육은 가로막(주요 근육으로 얇지만 강하게 운동)과 갈비사이 근육이 있다.
② ㉠ **들숨은 능동적** 과정으로 **가로막과 갈비사이근**(늑간근)의 **수축**으로 이루어진다.
　　㉡ 두 근육이 수축하면 **가로막은 아래로 내려가고 갈비뼈는 위와 밖으로 팽창**한다.
　　- (결국) 이러한 행동은 더 많은 공기가 들어오게끔 가슴을 **팽창**시키는 과정이다.
③ ㉠ **날숨은 수동적인** 과정으로 **가로막**(횡격막)과 **갈비사이근의 이완**으로 나타난다.
　　㉡ 두 근육이 **이완**되면 **가로막은 올라가고 갈비뼈는 아래로 내려**오면서 수축한다.
　　- (결국) 이러한 행동은 허파에서 공기를 내보내려 가슴을 수축시키는 과정이다.

> ■ TIP(개념)
> 들숨: 갈비뼈 상승, 가슴 팽창 / ▶ 날숨(수동): <u>가로막은 올라가고 갈비뼈 내려감 ∴ 가슴이 수축!</u>
> － 가로막(가슴과 배 사이 근육막)은 들숨 때 더 많은 공기가 들어오게끔 줄어들어 내려간다
> ❶ 이유: 들숨은 외갈비사이근 수축(내갈비사이근 이완)으로 갈비뼈는 위로 상승➡ 가로막도 수축되고
> 　아래로 내려감.(가슴이 팽창!) ∴ 가슴압력이 적어져 공기가 밖에서 안으로 잘 들어옴~
> ❷ The쉬운 해설: 들숨은 능동적(스스로 하려 함)으로 숨을 마시니 뱃속(가슴) 부피가 커지며,
> 　　　　　　　　 날숨은 수동적(저절로 됨) 숨을 내쉬니 그 부피가 작아진다는 개념으로 접근한다.

④ 공기는 허파꽈리로 들어오고 **허파꽈리와 주위 모세혈관** 사이에서 **가스교환**이 이루어진다.
　 비정상적 호흡은 질병, 상해로 충분한 산소공급을 못하거나 CO_2를 이동하지 못할 때이다.

> ■ TIP(보충) － <u>허파꽈리</u>: 세기관지 끝 가지와 연결되며 포도송이처럼 달려 있는 자루로서, 폐 내에서
> 가스교환이 이루어지는 기관이다. 허파꽈리의 모세혈관을 지나는 혈액 속 적혈구는 체내에서 생산된
> 이산화탄소를 운반해 와, 이곳에서 버리고 산소를 받아 온몸으로 산소를 운반한다. <u>폐포라고도 한다.</u>

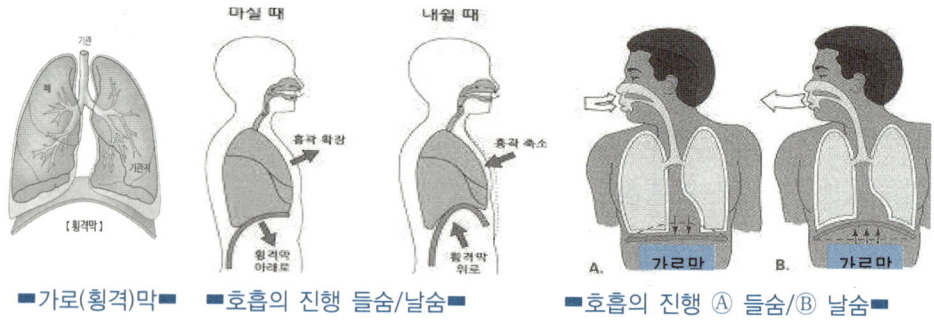

■가로(횡격)막■　■호흡의 진행 들숨/날숨■　　■호흡의 진행 ⓐ 들숨/ⓑ 날숨■

(3) 호흡평가 내용

분당 호흡수	❶ 성인 12~20회 ❷ 소아 15~30회 ❸ 영아 25~50회 (❹ 신생아(▶ 사모님): 30~50회) ▶ 암기: 성소영 12-15-25.(* 끝짜리하고 다음 첫자는 5차이나고, 소아, 영아는 각 2배)
호흡의 규칙성	호흡음의 규칙적, 불규칙적에 대한 질병양상 파악.
호흡의 질	호흡음, 가슴 팽창정도, 호흡양상(어려움), 호흡이 가슴 좌·우 모두 똑같은지, 가슴이 적절하게 팽창되는지, 호흡하는데 힘들어하지 않는지 살펴본다.
호흡의 깊이	허파에 들어오고 나가는 공기량을 결정하고 허파꽈리에서의 충분한 가스교환을 할 수 있는 양이어야 한다. / 얕은 호흡은 비정상적 호흡으로 이러한 증상 및 징후를 평가하는 것은 구급대원의 중요한 역할 중 하나이다.　* <u>오답</u>: 호흡의 질은 공기량을 결정

비정상적인 호흡의 증상 및 징후	소아(성인과 다른 비정상적인 호흡양상)

① 너무 빠르거나 느린 호흡, ② 얕은 호흡
③ 불규칙한 호흡
④ 피부 : 청색증, 창백, 차고 축축한 피부
⑤ 빗장뼈 윗부분, 갈비뼈 사이 등 피부 견인
⑥ 고통스러운 호흡, 헐떡거림, 불규칙한 호흡은 심장마비 전에 종종 나타난다.
◈ 비정상적인 호흡 양상
  ① 호흡음이 비대칭적이거나 미약 또는 없음
  ② 비대칭적 또는 부적절한 가슴 팽창
  ③ 호흡보조근 사용 등 힘들게 호흡함.
   (특히, 소아인 경우)
	① 느린맥: 허파꽈리에 불충분한 산소가 공급되는 징후로 저산소증을 의미한다. 16 교
	② 비익 확장: 비정상적인 호흡을 알 수 있는 중요한 징후이다. (* 비익: 콧구멍)
	③ 널뛰기 호흡: 정상적으로는 가슴과 배가 동시에 팽창·수축되어야 하나 반대로 되는 경우이다. 이는 날숨이 빨라질 때의 비효율적인 호흡이다.
	④ 피부견인: 갈비뼈 사이나 아래, 빗장뼈 위 그리고 복장뼈(가슴뼈) 아랫부분의 피부나 조직에서 관찰되며 성인보다 소아에게 더 잘 나타난다.
	⑤ 시끄러운 호흡(고음 또는 그렁거리는 소리)

3 순환계★   ☆ 15, 19 소방장, 22, 23, 24 소방교

순환계는 3가지 주요 요소(❶심장 ❷혈관 ❸혈액)로 구성되어 있으며 ▶ 심(장)관액 23 교
인체의 모든 부분에 혈액을 공급하는 기능을 갖고 있다.
혈액은? ❶ 허파로부터 산소 ❷ 소화기계로부터 영양 ❸ 세포 생산·노폐물을 이송한다. ▶ 산영폐

(1) 심장: 순환계의 중심으로 주먹 크기의 근육조직이다.
   ① 가슴 아래 복장뼈(흉골) 중앙에 위치하며 2개의 심방과 2개의 심실로 구성된다.
   ② 기능적으로 오른심방과 오른심실은 (정맥으로부터) 정맥혈을 받아들여 산소교환을 위해 허파로 (허파동맥을 통해) 혈액을 보내는 기능을 맡고 있다. (이후 허파에서 가스교환을 하고)
      (*^^ 허파정맥에는 새로운 산소를 받아 높은 압력의 동맥혈이 흐른다) 22 교
   ③ 왼심방은 허파로부터 혈액을 받아들이고 / 왼심실은 높은 압력으로 전신에 혈액을 보낸다. 24 교
   ④ 심방과 심실사이에는 판막이 있어 혈액의 역류를 막아준다. 19 장, 24 교
   ⑤ 심박동은 심장 전도계에 의해 조절되며 전기적 자극에 의해 이루어진다.
   ⑥ 심장박동조절부위라는 특수 세포조직은 심박동수를 조절하며 정상 심장은 오른심방에 있는 굴심방결절(동방결절)에 의해 60~100회/분 심박동수(맥박)를 보인다.
      - 굴심방결절에 의해 생성된 전기자극은 심방과 심실근육을 수축시킨다.
   ⑦ 심장은 심전도계의 전기자극에 의해 수축하는 심장근육으로 구성되어 있으며 불수의근으로 주변 심장근육세포의 수축을 유발하는 전기자극을 전달하기도 한다.
   ⑧ 전도계와 심박출기능은 밀접하게 관련되어 있어서 만약 전도계가 제대로 기능을 수행하지 못하면 심박출기능은 떨어지거나 심지어 멈출 수도 있다.
   ⑨ 많은 심장응급환자는 전도계 문제를 호소하며 정상 리듬이 아닌 경우를 부정맥이라 하고 ECG(심전도)를 통해 심장을 관찰한다.
   ⑩ 보통 치명적인 부정맥으로 심실세동이 있는데 이는 정상 심장기능역할을 상실한 상태로 치료방법으로는 제세동기를 통한 전기자극이 있다.(*^^ 부정맥: 심장박동이 불규칙함)

혈관계* 16경기장, 19소방장, 21소방교	혈액에 있는 산소와 영양 그리고 세포 생성물을 신체 구석 구석 운반하는 역할을 한다. ① 동맥은 심장으로부터 조직으로 혈액을 이동시키며 오른심실에서 허파로 혈액을 이동시키는 **허파동맥을 제외하고** 모든 동맥은 산소가 풍부한 혈액으로 되어있다. ☆ 24 교 - 동맥은 탄력 있는 불수의근으로 두꺼운 벽을 갖고 있다. * 오답: 허파동맥을 포함하고 ② 대동맥은 인체 내에 가장 큰 동맥으로 모든 동맥은 대동맥으로부터 혈액을 공급받는다 - 대동맥의 **첫 번째 분지**는 심장에 혈액을 공급하는 **심장동맥**이다. - 이 혈관이 좁아지거나 막히면 심장마비나 심근경색의 응급상황이 된다. 대동맥은 등뼈를 지나 배로 내려가 배꼽 높이에서 **엉덩동맥**으로 나누고 중요 동맥은 다음과 같다.	
	목동맥	목에 있으며 뇌와 머리에 혈액을 공급함. 목 중앙선 옆으로 촉지 가능.
	위팔동맥	어깨와 팔꿈치 사이에 안쪽 중앙선에서 촉지 가능하며 영·유아 CPR 시에 맥박을 촉지한다. 또한 혈압측정을 위해 커프를 감는 부위이기도 하다. (* 상완동맥)
	노동맥	**엄지**에서 손목으로 올라오는 부위에서 촉지된다. (* 요골동맥, 손목동맥)
	넙다리동맥	다리의 주요 동맥으로 엉덩뼈동맥으로부터 분지되어 다리에 혈액을 공급한다. 아랫배와 넙다리 사이 접히는 부분에서 촉지할 수 있다.(*^^ 사타구니쪽)
	정강동맥과 발등동맥	이 두개의 동맥은 발의 혈액순환을 평가하는데 사용된다. 정강동맥은 발목의 안쪽 복사뼈 뒷부분에서 촉지, 발등동맥은 발등에서 촉지할 수 있다.
	③ 동맥은 점점 가늘어지는데 이를 **세동맥**이라 하며 더욱 작아진 것을 **모세혈관**이라 한다. ④ 모세혈관은 얇은 벽을 가진 혈관으로 세포에서 **이산화탄소를 받고 / 산소와 영양분을 공급해** 주는 역할을 하고 있다. (모세혈관은 정맥계와 동맥계로 연결됨.) ⑤ 정맥은 심장으로 혈액을 다시 이동시키는 역할을 하고 있으며(왼심방으로 혈액을 공급하는 허파정맥을 제외하고는 산소교환이 필요한 혈액을 이동시킨다.) - 정맥은 낮은 압력을 받으며 얇은 벽으로 구성되어 있으며 낮은 압력으로 인해 혈액의 역류를 막는 판막을 갖고 있다.(세정맥은 심장으로 혈액을 운반하는 큰정맥으로 흘러간다.) ☆ 24 교 이 혈액은 오른심방으로 혈액을 운반하는 **위·아래 대정맥**으로 최종적으로 흘러간다.	
혈액	혈액은 혈구와 혈장으로 구성되어 있다. ▶ 종류암기: 적백소장(끝자: 구판장) ☆ 24 교	
	적혈구	산소를 운반하는 역할을 한다.	혈소판	혈액응고에 필수요소
	백혈구	인체 **면역체계**에서 중요한 역할	혈장	끈적이는 노란액체, 영양성분 포함
맥박과 혈압 15소방장, 21소방교	환자평가에서 중요한 활력징후 요소로 맥박은 왼심실의 수축을 알 수 있고 주요 맥박점에서 촉지 될 수 있다. - 맥박을 기록할 때에는 위치와 분당 맥박수, 강도를 적어야 한다. - 혈압은 동맥벽에 미치는 압력으로 혈압계를 이용한 **위팔동맥측정**으로 알 수 있다. - 수축기압은 왼심실의 수축으로 생기고 이완기압은 왼심실이 이완되었을 때 측정된다.	
관류* 19소방장 22소방교	조직으로의 혈액순환을 관류(* 관통해서 흐름)라고 한다. 원활한 혈액순환을 위해서는 ❶ 심장 ❷ 혈관 ❸ 혈액의 3가지가 제 기능을 해야 한다. - 만약 한 부분이 제 기능을 수행하지 못하면 저관류라 하며 조직은 산소공급을 받지 못하고 폐기물도 버리지 못한다. 저관류 상태를 쇼크라 하고 기본 증상과 징후는 다음과 같다. ① 의식변화: 불안감과 흥분 ② 말초혈관 순환장애: 허약감, 무력감, 차고 끈적거리고 창백한 피부, 영유아에게서 모세혈관 재충혈 지연 ▶ 약삭빠른 호흡 ③ 생체징후변화: 빠른맥(초기), **빠른호흡, 얕고** 불규칙하며 힘든 호흡, 저혈압(후기) ④ 기타: 동공확대, 심한 갈증, 오심/구토, 저체온, 창백한 피부, 입술·안구결막에 청색증	

4 신경계* ☆ 09 소방위

자발적·비자발적 모든 행동을 조절하는 기능과 환경이나 감각에 반응하는 역할을 하고 있다.
신경계는 크게 중추신경계와 말초신경계로 나눌 수 있다.
① **중추신경계** : 중추신경계는 뇌와 척수로 구성된다.   * 척수: 척추(등뼈)속에 들어있는 신경세포

뇌	머리뼈 내에 위치, 호흡 등 기본적 기능뿐만 아니라 생각, 기억 등 고도의 기능을 담당한다.
척수	뇌에서 등으로 내려가며 척주의 척추에 의해 보호된다. / 척수는 뇌로부터 메시지를 인체에 전달하는 역할을 하는데 이러한 메시지는 수의근의 움직임을 관장하는 말초신경계에 지시한다. 반대로 척수는 인체로부터의 메시지를 뇌로 전달하는 역할을 하기도 한다.

② **말초신경계** : 뇌와 척수로부터 나온 신경섬유를 말한다.

운동신경	뇌와 척수로부터 몸의 움직임을 지시하는 정보를 전달한다. * 뇌와 척수로부터 전달
감각신경	몸으로부터의 정보를 뇌와 척수로 정보를 전달한다.(* 뜨겁다, 차다 등) * 뇌에게 전달

③ **자율신경계**: 중추신경계와 말초신경계의 일부분으로 구성되어 **쇼크, 스트레스를 받으면 맥박이 빨라지는 것과 같은 인체반응을 나타냄.** (*^^ 자율적이며 뇌를 거치지 않는 신경계.)

5 기타 내분비계 등 ☆ 13 소방위

내분비계 13소방위	호르몬이라 불리는 화학물질을 생산해 신체 변화를 유발시킨다. ① 구성: 뇌의 시상하부, 뇌하수체, 갑상샘, 부갑상샘, 부신,* 이자*(인슐린을 생산함). ② **여성의 난소와 남성 고환의 일부 세포 역시 내분비계 조직으로서 역할을 한다.** ③ 인체 내 호르몬의 영향은 성장, 생식, 혈당조절 등 다양하다.
위장계 13소방위	① 입에서 씹으면서 처음 소화되고 식도를 거쳐 위, 작은창자, 큰창자를 거치게 된다. ② 음식 영양분은 위와 장의 주변 혈관에 의해 흡수되고 찌꺼기는 직장*을 통해 배설된다. ③ **간, 쓸개, 이자**(췌장) **기관은 소화를 돕는 화학물질을 분비한다**
비뇨 생식기계	① 구성: 생식기관과 소변을 생산·배출하는 기관으로 구성되어 있다. 이 기관들은 ② 배와 골반 내에 위치해 있으며 **콩팥***은 피를 걸러내고 소변을 생산한다. ③ 소변은 요관을 거쳐 방광에 쌓이고 요도를 거쳐 몸 밖으로 나오게 된다.
피부	① 피부는 외부로부터 **신체를 보호하며 냉각·온각·통각·촉각·압각의 5가지 감각을 갖고 있다.** ▶ 암기: 냉온통촉압 (* 냉온통촉아!) ② 외부 온도변화에 따라 혈관수축·땀으로 체온을 유지하며 3개의 기본층으로 구성된다 ❶ 표피: 가장 바깥에 있는 층으로 피부색을 결정하는 색소를 갖고 있다. ❷ 진피: 표피 바로 아래층으로 혈관, 신경, 땀샘, 털주머니, 지방분비선이 있다. ❸ 피하조직: 진피 아래층으로 충격을 흡수하고 조직을 보호하는 지방조직으로 구성된다.

---

* 중추신경계: 모든 기본적인 신체기능을 조절하고 외부변화에 반응한다.   * 자율신경계: 교감신경, 부교감신경 있음.
* 말초신경계: 중추신경계를 인체 나머지 부분에 연결하여 운동신경과 감각신경의 연결망
* 부신: 신장 위쪽.   * 이자: 위의 아래쪽. 췌장   * 인슐린: 혈당조절을 하는 호르몬   * 콩팥: 신장
* 직장: 대장끝~항문까지 20cm의 대변보관소, S결장, 곧창자   * 통각(아픔)   * 촉각(느낌)   * 압각(눌림)

CHAPTER 05 무선통신 및 기록

제1절 의사소통 등 (* 중요도 낮음) ★ 14 대구교, 16 울산교

환자와 구급대원 사이에 대화(의사소통)는 중요하다.
대화는 **분명**하고 **간단**하게 해야 하며 특히, 현장에 제일 먼저 도착한 대원일수록 중요하다. 환자를 들거나 이동할 때, 대원간의 협력 시, 병원 전 단계 모든 응급처치에서 꼭 필요하다.

일반적인 사항*	① 환자에게 처치자 자신에 대해 소개한다. 　- 첫대면 시 소방대원, 구급대원인지 소개하며 환자 이름 및 요구사항을 물어본다. ② 눈을 맞추고 몸짓을 이용한다. 　㉠ 환자의 **반대편**에서 자세를 낮추어 눈을 맞추는 것은 관심이 있다는 것이다. 　㉡ 아이의 경우에 자세를 **낮추어 눈높이를 맞추는** 것은 특히 중요하다. 　㉢ 환자의 손을 잡는 행동, 등을 가볍게 두드리는 행동 등은 대화를 좀 더 부드럽게 진행시킬 수 있다. → 하지만 환자가 신체접촉을 피하거나 싫어한다면 금한다. ③ 환자가 의식이 명료하면 가능한 한 직접 얘기한다.(친구나 환자 주변인이 아닌) ④ 말투나 톤에 주의한다. 　㉠ 가능하다면 간결하고 분명한 어조로 대화를 해야 하며 **전문용어는 피한다**. 　㉡ 저자세나 고자세는 피하며 긴급상황이 아니면 환자평가나 인터뷰를 서둘러선 안 된다. 　㉢ 환자가 이해를 못한다면 다시 쉬운 말로 설명해 줘야 한다. "아프세요?"라는 질문보다는 '어디가 아픈지, 어떻게 아픈지'를 물어봐야 한다. ⑤ 애매한 대답이나 추측성 발언은 피해야 한다. - 대부분의 환자는 소방대원의 말을 신뢰하기 때문에 환자 질문에 대한 답을 모른다면 **정직하게 대답**한다. ⑥ **경청**해야 한다. - 환자의 말에 주의를 기울린다. 환자의 말을 이해하지 못한다면 들은 내용을 다시 말하거나 질문해야 한다. ⑦ 침착하고 전문가적인 행동을 한다. 　㉠ 응급상황에서 처치자의 행동은 환자, 가족, 동료들의 행동에 영향을 미친다. 　㉡ 흥분은 쉽게 다른 사람에게도 전달되므로 침착하고 전문가적인 자세로 임한다. 　㉢ 말과 행동에 있어 전문적인 책임감을 가져야 환자를 안심시킬 수 있다.
의식장애 환자	① 질문은 간단하고 분명하게 하며 대답을 할 수 있는 **충분한 시간**을 주어야 한다. ② 환자 처치를 하기 **전** 충분한 설명을 하고 가능하다면 **처치자의 신체를 빌어** 행동을 보여주는 방법도 있다. * **오답** : 처치 후 설명을 하고 환자의 신체를 빌어
폭력적인 환자* ★16경북 17소방장	① 폭력으로 인해 대화가 불가능할 수 있으며 눈을 맞추거나 신체접촉과 같은 행동은 오히려 환자를 흥분시킬 수 있다. ② 처치자 안전을 우선적으로 확보해야 하며 환자에게서 떨어져 있어야 한다. 또한 통로(문)와 가까이 있어야 하고 통로를 환자가 막아서지 않도록 주의한다. ③ 다른 기관에서 협조자(경찰)가 오기 전에 환자를 처치하거나 진입해서는 안 된다.

소아환자*	① 응급상황에서 소아는 두려움, 혼란, 고통을 호소하는데 낯선 사람과 기구들은 이를 더욱 가중시킨다. / 환자평가 및 처치 동안 부모가 가급적 곁에 있어야 하며 부모는 소아가 안정감을 갖도록 침착하고 조용한 분위기를 만들어야 한다. ② 가능하다면 아이를 부모가 직접 안거나 무릎 위에 앉히도록 하고 아이와 대화하기 전에는 항상 자세를 낮추어 눈높이를 맞추어야 한다. ③ 처치 전 처치자 자신이나 기구를 직접 만져 보게 하는 등 충분한 설명을 한다. ④ 아동에게 고통을 주는 처치를 하기 전에 '아프지 않다'라는 거짓말을 해서는 안 되며 이해한다는 것을 행동이나 말로 표현해야 한다.
노인환자	① 노인환자의 경우 한 번에 하나의 질문을 하고 대답할 여유를 주어야 한다. ② 나이로 인해 시력이나 청력에 문제가 있다고 가정해서 큰 소리로 말해서는 안 되며 천천히 분명하게 말해야 한다. 14 대구교 ③ 안경을 쓰는지, 쓴다면 쓰도록 도와준다. 이는 환자를 안심시키며 대화가 촉진된다
청력장애 환자	① 환자가 입술을 읽을 수 있게 반대편에 마주서야 한다. (* 반대편: 마주보며) ② 글을 써서 대화를 나눌 수 있다. 많은 청력 장애 환자들은 수화를 할 수 있기 때문에 가족이나 수화를 할 수 있는 사람을 통해 대화를 나눌 수 있다.
시력장애 환자	① 시력장애 환자를 평가하고 처치하는 동안에는 모든 행동에 대해 설명해 주어야 한다. ② 시력장애 환자는 청력에 문제가 없음으로 목소리를 높여서는 안 된다는 점이다. ③ 시각장애 안내견이 있다면 환자와 가능하면 같이 있도록 도와줘야 하는데 이는 환자에게 안도감과 편안함을 동시에 줄 수 있다.
외국인 환자	① 한국말이 약한 환자를 대할 때 통역할 수 있는 주위친구, 관계자가 있는지 알아본다. ② 통역자가 있다면 반드시 통역내용이 다 맞는다고 판단해서는 안 되고 통역자가 없다면 의료센터나 통역가능기관과 무전을 통한 방법도 있다

- 기록지작성 의무사항: ❶구급활동일지 ❷구급 거절거부확인서 ❸중증외상환자 응급처치 세부상황표 ❹감염성질병 및 유해물질 등 접촉보고서 ❺ 심폐정지환자 응급처치 세부상황표 ❻심뇌혈관질환자 응급처치 세부상황표 ★ 23장(모두 나옴)
- ✪ 기록지작성 이유: ① 의료진과 환자상태 정보연계 ② 신고에 따른 진행과정에 법적문서 ③ 연구 및 통계에 자료를 제공 ④ 응급의료체계 발전 ⑤ 환자처치 및 이송에 대해 체계적으로 실시됨을 나타낸다. ★ 23교(①③⑤)
  ▶ 암기: 구거중감심심(* 연상: 구거 중간 심심하다) / ▶ 이유암기: 정신연발실시

1 무선통신 일반원칙* ☆ 19 소방교

① 무전기가 켜져 있는지, 소리도 적당히 조정, 처음 무전을 시작할 때 잘 들리는지 확인한다.
② 송신기 버튼을 누른 후 약 1초간 기다리고 말을 한다. 이는 첫 내용이 끊기는 것을 예방해준다.
③ 무전기는 입에서 약 5~7cm 정도 간격을 두고 45° 방향에 위치시킨다.(소음으로 45° 아래쪽)
④ 무전을 받을 때에는 "여기 (본인이나 소속기관)"라고 하면 된다.
⑤ 말은 천천히, 간결하게 그리고 분명하게 끊어서 해야 한다.
⑥ 항상 간결하게 말해야 하며 30초 이상 해야 한다면
  → 중간에 잠깐 무전을 끊어 다른 무전기 사용자가 응급상황을 말할 수 있게 해준다.
⑦ 서로 약속된 무전 약어를 사용해야 하며, 불필요한 말은 생략한다.
⑧ 환자에 대해 평가결과를 말해야지 진단을 내려서는 안 된다. → 예를 들어 "환자가 가슴통증 호소"라고 해야지 "환자가 심장마비 증상을 보임"이라고 하면 안 된다. * 진단명을 송신(×)

2 대형사고** ☆ 11 부산교, 15 울산장, 위, 20, 21, 24 소방교

처음 도착하면 현장확인은 사고의 전반적인 파악으로 환자평가나 처치에 앞서 우선적이다.

❂ 최초 도착 시 (구급)차량 배치요령** ☆ 11 부산교, 15 울산장, 소방위, 20, 21, 24 소방교
① 도로 외측에 정차시켜 교통장애를 최소화하도록 하며, 도로에 주차시켜야 할 때에는 차량주위에 안전표지판을 설치하거나 비상등을 작동시킨다.
② 구급차량의 전면이 주행차량의 전면을 향한 경우에는 경광등과 전조등을 끄고 비상등만 작동시킨다.
③ 사고로 전기줄이 지면에 노출된 경우에는 전봇대와 전봇대를 반경으로 한 원의 외곽에 주차시킨다.
④ 차량화재가 있는 경우에는 화재차량으로부터 30m 밖에 위치시킨다.(*^^불 붙은 차량이니까) 21교
⑤ 폭발물이나 유류를 적재한 차량으로부터는 600~800m 밖에 위치한다.(*^^폭발이니까)
⑥ 화학물질이나 유류가 누출되는 경우에는 물질이 유출되어 흘러내리는 방향의 반대편에 위치시킨다.
⑦ 유독가스가 누출되는 경우에는 바람을 등진 방향에 위치시킨다.(*^^ 풍상쪽)

❂ 위험구역
1. **끊어진 전선** : 전선이 끊어졌거나, 전신주가 파손된 사고현장 위험구역은 손상된 전신주 옆 전신주를 중심으로 원을 그린 외곽에 주차하고 한전에서 전기를 끊을 때까지 또는 전문구조팀이 전선을 고정시킬 때까지 위험구역 밖에 있어야 한다. (*^^ 상기 ③번 부연설명)
2. **연소 중인 차량** : 위험물(화학물, 폭발물)을 실은 차량이 아니라면 구급차량은 30m 밖에 바람을 등지고 주차시켜야 한다. (*^^ 상기 ④번 부연설명)
3. **위험물질** : 위험한 화학물질의 누출은 건강에 영향을 미치므로 냄새유무와 상관없이 바람을 등지고 주차시켜야 한다. / 위험물질이 확인되었다면 전문가의 조언을 구해 행동을 해야 하는데 위험물질이 아니면 15m, 위험물질(폭발물 등)이라면 최소 600~800m 밖에 주차시켜야 한다.(*^^ 상기 ⑤번 부연설명)
   - 쌍안경을 통해 위험물 게시판을 읽고 위험물질에 따라 바람을 등지고 적정거리를 유지한다.
4. **연료누출** : 연료가 누출된 지대보다 높은 곳에 구급차를 세워야 하나 높은 지대가 없다면 가능한 멀리 위치해야 한다. / 또한 구급차 옆에 누출된 물질이 올 수 있는 하수구(도랑)는 피해야 한다. 구급차 촉매(가스)장치는 537.7℃(= 화씨 1천도) 이상에서 발화되므로 주의한다. (*^^ 상기 ⑥번 부연설명)
5. **위험물질을 실은 차량이 연소중인 경우** : 위험물을 실은 차량이거나 위험물질이 불에 노출된 사고현장일 때 물질의 성격에 따라 위험구역이 결정된다. / 물질에 따라 바람을 등지고 적정 거리를 유지한다.

3 환자분류*** ☆ 12부산교, 경북장, 13인천장, 16서울·대구·소방교, 17인천, 소방장, 19교, 23장, 24교

긴급환자 (적색)	• 긴급한 상황- 생명을 위협할만한 쇼크 또는 저산소증이 나타나거나 임박한 경우, 만약 즉각적인 처치를 행할 경우에 환자는 안정화 될 가능성과 소생 가능성이 있는 경우. 23장, 위	I 🐇 I
응급환자 (황색)	• 응급 상황- 손상이 전신적인 증상이나 효과를 유발하지만, 아직까지 쇼크 또는 저산소증 상태가 아닌 경우, 전신적 반응이 발생하더라도 적절한 조치를 행할 경우 즉각적인 위험 없이 45~60분 정도 견딜 수 있는 상태 ☆ 16경북교, 24교 (☆ 그 외 13서울교, 14대구교, 경북장, 15소방교)	II 🐢 II
비응급환자 (녹색)	• 비응급 상황- 전신적인 위험 없이 손상이 국한된 경우 : 최소한의 조치로도 수 시간 이상 아무 문제가 없는 상태	III 🚶 III
지연환자 (흑색)	• 사망- 대량 재난시에 임상적 및 생물학적 사망이 명확히 구분되지 않는 상태와, 자발 순환이나 호흡이 없는 모든 무반응의 상태를 죽음으로 생각한다. ❂ 몇몇 분류에서 어떤 처치에도 불구하고 생존 가능성이 희박한 경우를 포함	0 † 0

(1) 중증도 분류(START 분류법)** ☆ 12 부산장, 13 서울장, 16 서울교, 17,18,20 위, 21 소방장, 23 교
환자분류는 M-MASS, START분류법이 사용되는데 신속한 분류 및 처치를 위해 사용된다.
① 우선 걸을 수 있는 환자는 지정된 장소로 이동하라고 말한다.
② 남아 있는 환자에 대해 의식, 호흡, 맥박을 확인하여 분류한다.(즉, RPM 확인)
  ❶ 긴급 환자 - 의식 장애, 호흡수 30회/분 초과, 말초맥박 촉진 불가능
  ❷ 응급 환자 - 의식 명료, 호흡수 30회/분 이하, 말초맥박 촉진 가능
  ❸ 지연 환자 - 기도 개방 후에도 무호흡, 무맥
③ 지정된 장소로 온 환자들을 다시 평가하면서 분류한다.
  ■ 1단계: 분류중점 - 선착대
  ❶ 거동이 가능한 환자는 ➡ 비응급으로 그룹화 할 수 있다 / ❷ 거동이 불가능하나 반응이 있는 환자는 ➡ 응급으로 그룹화 할 수 있다 / ❸ 거동이 불가능한 환자는 긴급으로 그룹화 할 수 있는데 여기에는 지연(BLACK)환자가 포함되어 있으며 이는 호흡유무로 감별이 가능하다
  ■ 2단계: 이송중점 - 후착대 도착 ※ 임시의료소 설치되면 시작
  ❶ 거동이 가능한 환자는 ➡ 비응급으로 그룹화하고 추후 다시 개별적인 평가를 한다.
  ❷ 거동이 불가능한 환자는 R(호흡), P(맥박), M(의식수준) 3가지를 체크하고 한 가지라도 이상이 있다면 ➡ 긴급, / 모두 이상이 없다면 ➡ 응급으로 분류한다 / 다만 호흡이 전혀없는 환자는 기도확보를 시도해보고 호흡이 있다면 ➡ 긴급, / 호흡 없다면 ➡ 지연으로 분류한다.

(2) START 분류법의 환자평가* ☆ 12 부산장, 13 서울장, 16 서울교
신속, 간결 일관성 있는 분류를 위해 환자평가는 RPM을 기본으로 한다.
  ❶ Respiration : 호흡   ❷ Pulse : 맥박   ❸ Mental Status : 의식 수준
  - 지정된 곳(구급차 또는 근처 건물)으로 모인 환자는 의식이 있으며, 지시를 따를 수 있고 걸을 수 있으므로 뇌로의 충분한 관류와 호흡·맥박·신경계가 적절히 작용한다. 따라서 비응급 환자로 분류하고 지정된 곳으로 가지 못하는 환자는 긴급·응급·지연환자로 분류된다.

(3) 남아 있는 환자 중에서 우선순위 분류** ☆ 14 인천장, 소방위, 15소방교, 18소방교, 21 위, 22 장
의식 장애가 있는 환자를 우선으로 START 분류법을 이용해 신속하게 분류해야 한다.
분류하는 도중에는 환자상태에 따라 아래의 3가지 처치만을 제공하고 다른 환자를 분류해야 한다.
  ❶ 기도개방 및 입인두기도기 삽관   ❷ 직접압박   ❸ 환자 상태에 따른 팔다리 거상.
  ▶ 암기 : 팔직기(* START할 때 팔짚기)   * 오답 : 빠른 호흡 양상을 보이는 환자에게 산소공급

(4) 기타

호흡 확인	· 호흡이 없는 환자가 기도개방 처치로 호흡을 한다면 ➡ 긴급환자, · 그래도 호흡이 없다면 ➡ 지연환자로 분류한다. · 호흡수가 분당 30회 초과 ➡ 긴급환자 / 30회 이하 ➡ 응급환자로 분류한다.
맥박 확인	· 환자 상태가 무의식, 무호흡, 무맥이라면 ➡ 지연환자로 분류하고 · 호흡은 없고 맥박이 있다면 ➡ 긴급환자로 분류한다. · 호흡과 맥박이 모두 있는 환자라면 다음 환자로 넘어가야 한다.
의식수준	· 의식이 명료하다면 ➡ 응급환자 / 의식장애가 있다면 ➡ 긴급환자로 분류한다.
지정장소에 모인 환자 (구급차,근처건물)	· 걸을 수 있다고 해서 ➡ 모두 비응급 환자라 분류해서는 안 되며 - 그 중에서도 의식장애, 출혈, 쇼크 전구(=전조)증상 있는 환자가 있을 수 있다. · 따라서 START 분류법에 의해 호흡, 맥박, 의식수준(=RPM)을 평가해 재분류한다.

CHAPTER 06 환자 들어올리기와 이동

제1절 신체역학**
☆ 12 부산, 서울장, 14, 16 경기교, 19, 21 소방교

인체역학이란 신체를 적절히 사용함으로써 부상을 방지하며 들어올려 운반을 쉽게 하는 것이다.
① 물체를 가능한 몸 **가까이** 붙여야 한다. / 인체 역학상 이렇게 함으로써 들어올리는 동안 허리보다는 다리를 사용할 수 있게 된다. 몸에서 멀어질수록 부상 가능성은 높아진다.
② 들어올릴 때 등을 일직선으로 유지하고 **다리, 엉덩이의 근육을 이용한다.** *오답: 허리근육
  - 허리 근육은 다리 근육보다 (약 3배) **약하기 때문이다.**(*^^ 근육강도: 허리<다리)
③ 다리를 약간 벌리고 발끝을 **밖으로 향하게 한다.** - 슬리퍼 등은 안 되며 안전화를 착용한다.
  (*^^ 사람이 잠 잘 때도 신체균형에 의해 일반적으로 발끝이 밖으로 향한다.)
④ 들어올릴 때 몸을 틀거나 비틀지 말아야 한다. 부상원인이 될 수 있다.
⑤ 한 손으로 들어올릴 때 한쪽으로 몸을 굽히는 것을 피한다. 허리를 항상 일직선을 유지한다.
⑥ 가능한 들어 올리는 물체에 가깝게 접근해 다리를 약간 벌려 고정시킨 후 앉는다.
  - 허리는 고정시키고 손으로 손잡이 부분을 잡고 들어올린다.
⑦ 양손은 (좌우)약 **20~30cm** 떨어져 손바닥과 손가락으로 손잡이부분을 충분히 감싼다 50cm(x)
  - 손잡이는 같은 높이여야 하며 손이 미끄럽거나 기구가 젖어 있지 않은지 확인한다.

한손 운반	4명 이상의 대원이 들것을 이용해 각각의 네 모서리를 잡고 이동시킬 때와 한 손으로 장비를 운반할 때 사용된다. 들어 올릴 때와 내릴 때는 양 손을 이용한다.
계단에서 운반	① 들것보다는 의자형(계단용) 들것을 이용한다. - 이동 전 장애물이 있다면 제거한다. ② 3인 이상 대원이 있다면 이동대원 2명 외에는 계단 시작과 끝을 알려주는 역할을 한다.
손을 뻗고 당기는 법	① 허리를 고정시킨다.　　　　② 손을 뻗을 때 몸을 뒤트는 행동은 피한다. ③ 어깨 높이 이상으로 손을 뻗을 때에는 허리를 과신전해서는 안 된다. ④ 물체와 38~50cm 이상 떨어져 있으면 안 되며 가급적이면 물체에 **가깝게** 접근한다. ⑤ 잡아당기는 것보다 가급적이면 **미는** 동작을 사용한다.(*^^ 당기면 뒤로 넘어지니) ⑥ 밀 때에는 손뿐만 아니라 상체의 무게를 이용한다.　⑦ 허리를 고정 후 실시한다. ⑧ 물체가 낮다면 무릎을 꿇고 실시한다. ⑨ 머리보다 높은 물체를 밀거나 당기는 것은 <u>피한다</u>.
통나무 굴리기방법	들것으로 환자 옮길 때 사용된다. 척추 움직임을 최소화하기 위해 3~4명이 한 팀으로 실시한다. 다음 사항을 유의해야 한다. ① 등은 일직선상을 유지한다. ② 환자를 굴릴 때 손과 어깨를 사용한다. ③ 허리를 지렛대 역할로 사용하는 것은 <u>피한다</u>.

제2절 환자안전

1 환자이동* ☆ 13 서울교, 19, 24 소방교

긴급이동	응급이동
① 환자나 대원에게 <u>즉각적인 피해</u>를 줄 수 있는 위험한 환경일 때 이동하는 방법이다. ② 화재, 화재위험, 위험물질이나 폭발물질, 고속도로, 환자 자세나 위치가 손상을 증가시킬 때 ☆ 24교 ③ 다른 위급한 환자에게 접근할 때 ☆ 24교 ④ 고정장치를 이용할 시간이 없을 때 ⑤ 척추손상 때문에 위급한 경우에만 사용한다. ⑥ 만약 시간이 허용된다면 척추고정을 실시한 후에 이동한다. ⑦ 이동 방법은 1인 환자 끌기, 담요 끌기 등(팔끌기, 팔과 팔끌기, 옷끌기, 경사끌기, 담요끌기, 어깨끌기)이 있다. ▶ 암기: 8,88옷경담어(* 8, 88 옷경이 담어!) * 오답: 팔다리끌기, 무릎겨드랑이 끌기	① 적용: 환자의 상태가 <u>즉각적인 이송</u>이나 응급처치를 요하는 경우에 사용하는 것으로 쇼크, 가슴손상으로 인한 호흡곤란 등이 있다. (*︵ 중증도분류는 긴급이지만 이동에서는 응급) ② 긴급이동과 차이점은 척추손상에 대한 예방조치를 할 수 있다는 점이다. ③ 긴급구출: 차량사고에서 짧은척추고정판이나 조끼형 구조장비로 고정시킬 충분한 시간이 없을 때 사용된다. ➡ 보통 척추손상 의심환자를 차량 밖으로 구조하는 데 약 10분 정도 걸리는 것을 1~2분으로 단축시킬 수 있다. ☞ 이 방법은 척추손상 위험이 높다 - 긴급구출은 3명 이상의 대원이 한 팀으로 한다.
비응급이동	
① 계속적인 처치와 추가적 손상 및 악화를 예방한다. ② 환자 이동에 따른 구급대원 손상가능성을 최소화시킨다. ③ 이동 계획 시간을 갖고 적절한 장비를 선택한 후 실시한다. ④ 만약 이동경로에 장애물이 있다면 이동 전에 제거해야 한다. ⑤ 가능하다면 가벼운 장비를 사용해야 한다. 　㉠ 직접들어올리기.(2~3명 실시): 척추손상 없는 환자에게만 사용한다. (* 환자의 옆에서 들어 올림) 　　- 무릎을 꿇고 앉아 한명은 머리와 등에 다른 한명은 엉덩이와 넙다리에 손을 넣고. 　㉡ 무릎-겨드랑이들기(2명 실시): 척추손상이 없는 환자에게 사용한다. ➡ 가슴에 압력이 가해지므로 호흡곤란 환자는 피한다.(*1명은 앞에서 겨드랑이로 손을, 1명은 뒤에서 무릎아래로 손을 엇갈려서) 　㉢ 앙와위 환자이동: 침대에 누워있는 환자를 주 들것으로 옮길 때 사용.(*시트를 당기거나 손을 이용) 　㉣ 시트끌기: 침대 높이에서 환자를 이동할 때 사용한다.(*환자가 무거우면 침대와 주 들것을 고정)	

2 환자이동장비* ☆ 16 경기교

① 가벼운 이동장비를 사용한다. - 주 들것보다는 이동용 접이식 들것이 훨씬 가볍다.
② 환자를 직접이동하는 것보다 장비를 이용해 이동한다. 최소한 2인 이상이 필요하다.
③ 2인이 들어 올릴 때에는 서로 키가 비슷하고 같은 힘을 주어야 한다.
④ 가능하다면 (이동시) 환자의 다리가 진행방향으로 가도록 이동한다. * 오답: 머리가 진행방향

주 들것 ★ 20소방교	● 용도: 구급차량 내에 비치된다. 주 들것의 높이에 맞게 2명이 올리는 연습이 필요하다. ① 환자는 주 들것에 항상 안전하게 고정되어야 한다. (* 구급차 밖 혹은 안에서도) ② 가능하다면 주 들것의 바퀴를 이용해 환자를 이동시킨다. 이때 환자의 **다리가 진행 방향으로 먼저 와야** 하며 대원 모두 진행방향을 향해야 한다. ③ 바닥이 고르지 않다면 4명의 대원이 주 들것 4모서리에서 환자를 이동한다. ④ 대원이 2명이라면 한명은 머리 쪽, 다른 한명은 다리 쪽에서 이동하며 대원은 서로 마주본다. - 뒤로 걷는 대원은 불편하지만 환자안전을 위한 자세이며 대원 간의 상호 대화가 필요하다. ➡ 이는 이동통로가 **협소할 때** 주로 사용된다. ● 특징: - 바퀴가 있어 환자를 쉽게 이동할 수 있고 - 바퀴가 너무 작아 작은 걸림돌에도 넘어질 수 있다. - 무게중심이 위에 있어 급회전 시 전복될 수 있다. - 구급차에 환자를 안정적으로 옮기거나 내릴 때 사용된다. - 엘리베이터에 탑재가 가능하도록 의자형태로 변형가능하다. - 운반자의 체력을 최소화 할 수 있다. 상체의 높이 조절이 가능하다.
접이식 들것 (보조들것)	● 용도: 주들것 이외에 추가 환자 이송 시 사용되는 장비이다. ① 종류: 알루미늄형, **텐트형**, 중량의 플라스틱형, **코트형 · 천형**. ② 대부분은 접이식이며 쉽게 적재, 세척할 수 있다. ③ 보조들것은 주들것을 사용할 수 없는 장소, 다수의 환자가 발생했을 때 사용된다. ● 단점: 대부분 바퀴가 없기 때문에 환자 무게에 맞는 소방대원이 필요하다. ● 특징: - 다수 환자 발생 시에 간이 침상으로 사용이 가능하다. - 재질에 따라 척추고정이 되는 들것도 있다. - 접어서 보관하므로 휴대가 쉽다. 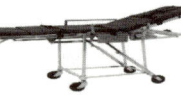
의자형 들것 (계단형)★ 15소방교 14대구교, 15충남교·장	① 계단을 내려올 때 환자를 앉은자세로 이동된다. (* 바퀴가 있다) ② 좁은 복도(공간), 작은승강기, **호흡곤란 환자를 이동하기에 좋다.** ③ 계단을 내려올 때에는 환자의 **다리가** 먼저 진행방향으로 와야 하며 다리 측을 드는 대원의 가슴과 환자의 다리가 수평을 이루어야 한다. - 모든 벨트는 조여졌는지 확인, 환자 팔도 밖으로 나오거나 잡지못하게 고정한다. ● 사용금지: 척추손상, 하체손상, 기도유지를 못하는 의식장애 환자. ● 특징: - 궤도형으로 수직으로 힘을 주어야 움직인다. - 척추고정이 안 된다. - 들것 자체로 구급차에 옮길 수가 없어서 가변형 들것을 사용하는 것이 좋다. - 엘리베이터가 없는 빌라 및 아파트에 사용이 유용하다. - 바퀴가 있어 앉은 채로 이동이 가능하다.
분리형 들것★ 13 서울교 15충남교·장 16부산장 20소방교,장 22 소방장	● 용도: 다발성 외상환자의 움직임을 최소화하여 ☞ **긴 척추판에 옮길 때 유용**. ① 알루미늄 재질로 된 경우 환자체온을 급격히 떨어뜨릴 수 있다 ② 장단점: 들것 중앙이 개방되어 있으며, X-선 투시도 가능하다. - 중앙이 개방되어, 척추고정 능력이 **매우 적다**.(외상환자 이송용 들것으로 **부적합**) ③ 양쪽으로 분리하여 사용할 수 있어 환자이송 시 2차손상을 방지할 수 있다 ④ 2, 4부분으로 나누어 바로누운 환자를 움직이지 않고 들것에 고정시켜 이동가능. - 등 부분을 지지해 주지 못해서 척추손상환자를 고정하는 데에는 효과가 적다.

**바구니형들것
(바스켓형)**
19 위
22소방교
	● 용도: 구조대에서 주로 사용되며 바구니 모양의 환자 이동장비이다.
	● 특징: ① 일체형, 분리형 ② 눈판, 얼음구조시 유용 ③ 수직, 수평구조용으로 적합
	  - 수평구조 시 분리형인 경우 연결부위를 반드시 추가 결착 필요.
	  - 척추손상환자는 단독사용보다 긴척추고정판에 1차고정 후 사용.
	    (*^^ 주로 고지대·저지대 구출용과 산악용으로 사용되며 긴 척추고정판으로
	    환자를 고정 후 바스켓형에 환자를 결착시킨다.) ☆ 19 소방위

가변형 들것
14경북장
17소방장
	● 용도: 유연성 있는 재질로 만들어져 제한된 공간에서 유용
	● 특징: ① 유연한 재질의 천, 고무 등으로 제작된다.
	    ② 좁은 계단 및 공간이동시에 유용하다.
	    ③ 손잡이가 다리를 제외한 2면, 3면에만 있다.(혹은 3군데, 4군데 있다)
	● 단점: 단독으로는 척추고정이 **안** 된다.
	  - 들것 중앙에 삽입하여 수직 및 수평구조를 할 수 있도록 만든 제품도 있다

척추고정판
13경북교
	● 용도: 척추손상 의심되는 환자를 고정하는 전신용 부목.(* 들것은 아님)
	① 목뼈나 척추손상 의심환자를 고정 및 이송시 들것 대신 사용한다.
	  - 딱딱하여 등쪽에 불편하므로 몸이 닿는 바닥에는 패드를 대주는 것이 좋다.
	② 나무, 알루미늄, 플라스틱 재질로 만들며 누워있거나 서있는 환자에게 사용된다.
	③ 자동차사고로 차량에서 환자를 구출할 때 구출고정대와 함께 많이 사용하며
	● 특징:
	  - 재질이 미끄러우므로 장축 이동이 가능
	  - 가슴, 배, 다리 고정끈 결착 확인
	  - 구조현장 및 부력이 있어 수상구조 시 유용
	  - 들것 대용으로도 사용가능, 수직, 수평구조 시 사용.
	  - 임신말기 환자는 좌측위로 고정판이 **왼쪽으로 기울어지게 한다**(대정맥 압박방지)
	■ 긴 척추고정판·구출고정대 ■

3. 환자자세* ☆ 13 경북교, 14 경남장, 15 충남교·장, 16 경기장, 19 교

■ 환자자세의 종류와 적용의 기본사항

① 머리나 척추 손상이 없는 무의식환자 ➡ **左**측위(좌측을 밑으로 위치)나 회복자세를 취해준다.
  - 이 자세들은 환자의 구강내 이물질이나 분비물을 쉽게 제거할 수 있다. 또한
  - 구급차 내 이송 중 환자와 구급대원이 마주볼 수 있는 자세이기 때문에 환자처치가 용이하다.
② 임신기간이 6개월 이상인 임부 ➡ **左**측위로 이송해야 한다. 만약
  긴척추고정판으로 고정시킨 임부라면 베게나 말은 수건을 벽면과 임부 사이에 넣어 좌측위를 취해준다
③ 오심/구토 환자는 ➡ 환자가 편안해 하는 자세로 이송한다. 보통은 회복자세를 취해주며 만약,
  좌위(앉은자세)나 반좌위를 취한 환자라면 기도폐쇄에 주의하고 의식저하 환자는 회복자세로 이송한다.
④ 호흡곤란이나 가슴통증 호소 환자
  ➡ 환자가 편안해 하는 자세를 취해주는 것이 좋다. - 보통 (반)좌위나 앉은자세(= 좌위)를 취해준다.
⑤ 머리나 척추 손상이 의심되는 환자 ➡ 긴 척추고정판으로 고정시킨 후 이송한다.
  - 필요시 환자의 구강 내 이물질, 분비물 제거를 위해 왼쪽으로 보드를 약간 기울일 수 있다.
⑥ 쇼크환자 ➡ 다리를 20~30cm 올린 후 앙와위로 이송한다.(● 시행금지: 머리, 목뼈, 척추손상 환자)

● 좌측위: ①, ②번 / ● 환자가 편안해 하는 자세: ③, ④번

CHAPTER 07 응급의료장비 사용법

제1절 기도확보유지 장비**

기도유지기의 1차적 기능은 **혀**에 의한 상기도 폐쇄를 예방하여 기도를 유지하는 것이다.

1 입인두 기도기** ☆ 14 경남장, 위, 15 충남교·장, 16 대구교, 17 위, 16, 18 소방교, 22장, 23교

용도	무의식 환자의 기도유지를 위해 사용 * 의식있거나 반혼수(x)	
크기	① 입 가장자리에서부터 귓볼까지	② 입 중심에서부터 하악각까지 * 귓불(x)
규격,재질	55, 60, 70, 80, 90, 100, 110, 120mm / 재질: PVC	
사용법	① 크기 선정법에 따라 크기를 선택한다. ② 환자의 입을 수지교차법으로 연다.(*^^ 손가락 교차법) ③ 기도기 끝이 입천장을 향하도록 하여 구강 내로 삽입한다. ④ 물렁 입천장에 닿으면 180도 회전시켜서 후방으로 밀어 넣는다. ⑤ 입 가장자리에서 입안으로 넣은 후 90° 회전시키는 방법도 있다. ⑥ 기도기 플랜지(넓은부분)가 환자의 입술이나 치아에 걸리록 한다. ⑦ 입 정중앙에 위치하도록 한다.(필요하다면 테이프로 고정)	
주의사항	① 의식이 있고, 반혼수 상태 환자에게는 부적절(구토유발 및 제거행동) ② 크기가 크거나 작으면 후두개 압박이나 성대경련과 같이 오히려 기도유지가 안되거나 기도 폐쇄를 유발할 수 있다. ③ **구토반사가 있으면 제거해야 한다**(뺀다). (※ 180도 돌리지말고 곡선에 따라 뺀다) ☆ 17위 ④ 구토에 의해 위 내용물에 의한 흡인을 방지할 수 없다. ▶ 핵심: 구토반사 없는 무의식 환자에게 사용한다. (※ 의식이 없으면 보통 구토도 없다)	

■ 입인두기도기 ■

2 코인두 기도기** ☆ 14 서울교, 경남장, 위, 16 서울장, 16, 18 소방교

용도	① 의식이 있는 환자에게 일시적으로 기도확보를 위한 기구. ② 입인두기도기를 사용할 수 없을 때. * 핵심: 입인두 사용이 안될 때, 의식있는 환자에게 사용	
크기선정	① 길이 : 코 끝에서 귓불 끝까지의 길이	② 크기 : 콧구멍보다 약간 작은 것
규격재질	① 규격 : 4, 5, 5.5, 6, 6.5, 7.5mm	② 재질: PVC
사용법	① 크기 측정을 통한 적정한 기도기를 선택한다. ② 기도기에 반드시 (수용성)윤활제를 묻힌다.(비출혈 방지) ③ 삽입 전에 무엇을 하는지를 환자에게 설명해 준다. ④ 기도기끝 단면이 비중격(사이막)으로 가도록 코로 집어넣는다. ⑤ 플랜지(넓은부분)가 피부에 오도록 하여 부드럽게 밀어 넣는다. ⑥ 기도기를 집어넣는 동안 막히는 느낌이 들면 반대쪽 비공으로 집어넣는다.	

■ 코인두기도기 ■

3 후두마스크 기도기★ ☆ 16 경북교, 16, 18 소방교, 19소방장 등

용도	① 기도확보가 **효과적**이다. → 기본기도기(입·코인두기도기)보다 ② 후두경을 사용하지 **않고** 기도를 확보할 수 있다. (*^^ 후두경 ☞) ③ 병원 전 처치에 효과적이다. → 기관내 삽관보다 비침습(안정)적이고 적용이 쉽다.
특징	① 병원 전 심정지 환자나 외상환자(경추손상 등) 기도확보 시 매우 유용. ② 성문 내 삽관(기관삽관)보다 삽입법이 용이.(* 성문: 양쪽 성대 사이에 있는 좁은 틈) ③ 1회용이 아닌 멸균 재사용이 가능(약 40회).
단점	① 고정에 유의한다. → 기도확보 후 흔들림에 의한 빠지는 사례가 있으므로 ② 폐로 위 내용물 흡인 가능 → 성문 내 튜브와 달리 기관과 식도가 완벽히 분리되지 않아 마스크에서 공기 누출이 큰 경우는 양압환기가 불충분해진다. ③ 높은 압력(20cmH$_2$O 이상)으로 양압환기를 하면 위장으로 공기가 들어갈 수 있다.
삽입순서 * 19소방장	① **외상**환자는 그대로, **비**외상환자는 적정한 기도유지 자세를 취한다. ② 튜브에서 공기를 뺀 후 마스크를 입천정에 밀착시킨다. ③ 입천장을 따라 저항이 느껴질 때까지(상부 식도괄약근위) 삽입한다. ④ 후두마스크 커프에 맞는 공기를 주입한다. ⑤ BVM으로 양압 환기시킨다. ⑥ 시진/청진으로 올바른 환기가 되는지 확인한다. ⑦ 고정기로 고정한다.

■ 후두마스크 ■

4 후두튜브(LT) ☆ 16 경북, 18 소방교, 22 소방교, 장 등

용도	① 후두마스크처럼 기본기도기보다 기도확보가 쉽고 콥비튜브형태 기도기로 환자에게 적용시간이 짧고 어려운 기도확보 장소에서도 빠르게 적용이 가능함. (*^^ 시간이 짧고 빠름)
특징	① 후두마스크와 동일(= 후두마스크 기도기와 동일이라는 뜻) ② 병원 전 심정지 환자나 외상환자(경추손상 등) 기도확보 시 유용 ③ 성문 내 삽관(기관삽관)보다 삽입방법이 용이 (* 성문: 후두부에 있는 발성장치) ④ 1회용이 아닌 멸균 재사용이 가능. ☆ 22 교, 장
단점	① 고정에 주의한다. → 기도확보 후 흔들림에 의한 빠지는 사례가 발생하므로 ② 폐로 위 내용물 흡인가능. → 성문 내 튜브와 달리 기관과 식도가 완벽히 분리되지 않아 ③ 마스크에서 공기 누출이 큰 경우는 양압환기가 불충분해진다. ④ 커프가 얇아 찢어지기 쉬우므로 반드시 수지교차로 입을 벌린 후 삽입한다.
삽입순서	① 외상환자는 그대로 비외상환자는 적정한 기도유지 자세를 취한다. ② 튜브에서 공기를 뺀 후 마스크를 입천정에 밀착시킨다. ③ 해부학적인 구도에 따라 자연스럽게 충분히 삽입한다.(상부 식도 괄약근) ④ 후두튜브에 맞는 공기를 주입한다. ⑤ BVM으로 양압환기시킨다. (*^^ ④~⑥상기 후두마스크기도기와 동일) ⑥ 시진/청진으로 올바른 환기가 되는지 확인한다. ⑦ 고정기로 고정한다.(전용고정기가 별도로 있으나 다른 고정기로도 가능)

■ 후두튜브 ■

■ 삽관 ■

5 아이겔(I-Gel) ☆ 22 소방교, 장, 24 소방교 등

용도	① 튜브 형태의 성문위 기도기와 차별적으로 부드러운 젤 형태로 모양이 만들어진 기도기 ② 기존의 기도기보다 환자에게 적용시간이 짧고 적용이 쉬우나 정확하게 환자에게 맞지 않을 수 있다. / 하지만 병원 전 단계에서 성공적으로 활용되는 장비이다
특징 ☆24교	① 병원 전 심정지 환자나 외상환자(경추손상 등) 기도확보 시 유용. ② 일반적인 성문위 기도기보다 삽입방법이 용이.(*^^ 좌측p 2기구보다 쉽다는 뜻) ③ 1회용임. (*^^ 아이겔 후두마스크는 1회용이지만, 후두마스크, 후두튜브는 재사용 가능함)
단점	① 고정이 필요하다➡ 기도확보 후 쉽게 빠지는 형태이므로 ② 폐로 위내용물 흡인발생 가능➡ 공기를 주입하는 형태가 아닌 고형물로 사이즈 측정이 적당하지 않은 경우 기도가 완벽히 분리되지 않아.(*후두마스크·튜브는 공기주입) ③ 사이즈가 작거나 큰 경우 밀착이 부정확한 경우 양압환기가 불충분해진다. * 오답: 사이즈에 관계없이 충분한 양압환기가 가능하다. ☆ 22 장

6 기관내 삽관 ☆ 22 소방교, 장 등

용도	① 환자의 기도를 확실하게 유지시키고, 환기 조절을 할 수 있다. - 기관내 경로를 통한 약물을 투여할 수 있다.
특징	① 의식수준이 저하되어 있고 구역반사가 소실 된 환자에게 용이. ② 병원 전 심정지 환자의 기도확보 시 유용. ③ GCS 8점 이하일 시 삽관 고려 가능(* Glasgow coma scale: 눈뜨기, 언어, 운동반응 검사)
단점	① 차갑고 건조하면서 여과되지 않은 공기는 신체에 심각한 스트레스를 주게 되며 시간이 지나면 폐조직 손상까지 일으킬 수 있다. ② 기관내삽관 후 커프를 팽창시킴으로써 폐쇄된 압력 체계로 인해 허파꽈리 내 압력이 높아질 수 있으며 폐에 전달된 과도한 압력은 공기가슴증, (긴장성) 공기가슴증을 유발할 수 있다 ③ 기관 내로 이물질을 삽입하는 행위가 기관손상을 유발할 수 있다.
삽입 순서	① 환자의 머리를 전방 sniffing position(냄새 맡는 자세)으로 위치시킨다. ② 환자 입의 오른쪽으로 후두경날을 삽입하고 혀를 왼쪽으로 치우면서 들어올린다. ③ 성문을 확인한다. ↱ (* 성대 사이를 지나 기관 내까지) ④ 튜브를 집어넣어 성대문을 지나도록 삽입한다. ⑤ 기관내삽관튜브 커프를 5~10cc 공기 주입한다. ⑥ BVM으로 양압환기시킨다 ⑦ 시진/청진으로 올바른 환기가 되는지 확인한다. ⑧ 고정기로 고정한다.

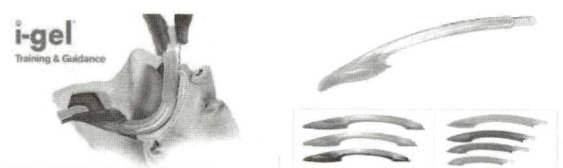
【기관삽관 확대】

○ 후두마스크기도기, 후두튜브 등은 삽입법(성문 위로), / 기관내 삽관은 성대 사이를 지나 기관 내까지 삽관한다.

제2절 호흡유지 장비

1 흡인기* ☆ 11 부산교, 13 서울교, 경북교, 15 소방교, 16 경기장, 17 소방장

무의식 환자의 구강 또는 비강 내 타액, 분비물 등 이물질을 신속히 흡인하는 기구이다.
작동원리에 따라 전지형(충전식)과 수동형 / 사용범위에 따라 고정식, 이동식이 있다.

충전식 흡인기 11부산교 13경북장 17소방교	① 충전식흡인기(Suction Unit, 섹션기) (*^^ 치과 등에서 사용) 　㉠ 제원: 흡인압력 : 300mmHg 이상 / ㉡ 사용압력 : 80~200mmHg 이상 　㉢ 구성 : 흡인팁, 흡인튜브, 흡인통, 건전지, 본체 등 ② 사용법 　- 기계 전원을 켠다. 　- 흡인튜브를 흡인관에 끼운다. 　- 환자의 입가장자리에서 귓볼까지의 길이를 측정하여 흡인튜브의 적절한 깊이를 결정한다. 　- 흡인 전에 환자에게 산소를 공급한다. 　- 수지교차법으로 입을 벌린 후 흡인튜브를 넣는다. 　- •흡인관을 <u>꺾어서 막고</u> 흡인기를 측정한 깊이까지 <u>입안으로</u> 넣는다. 　- •흡인관을 <u>펴서 흡인</u>한다.(단, 흡인시간은 15초를 초과하지 않는다) 　- 흡인 후에는 흡인튜브에 물을 통과시켜 세척하고 산소를 공급한다.
수동형응 급흡인기	① 용도 : 전지나 전기 연결 없이 한 손으로 간단히 조작할 수 있다. ② Res- Q- Vac Emergency Suction, 고무공 등 ③ 구성 : 본체, 흡인통, 흡인관 ④ 단점 : ㉠ 흡인력이 약하고 오물 수집통이 작다. 　　　　 ㉡ 구강 내에 흡인도관을 삽입하면서 　　　　　　수동 펌프질하는 것이 어렵다.

■ 충전식 흡인기 ■

■ 수동형 흡인기 ■

2 코삽입관* ☆ 14부산교장, 18소방장, 22소방위 등.

용도	① 비강용 산소투여 장치로 환자의 거부감을 최소화 시켰으며 낮은 산소를 요구하는 환자에게 사용된다. (*^^ 코밑에서 끼워 넣는다) (*^^비강캐뉼라 라고도 함) ② 환자의 코에 삽입하는 2개의 돌출관을 통해 환자에게 산소를 공급하며 유량을 분당 <u>1~6L</u>로 조절하면 산소농도를 <u>24~44%</u>로 유지할 수 있다. ☆ 22 위, 24 장
구분	•성인용, 소아용　　✪ 약간의 호흡곤란을 호소하는 COPD 환자에게 주로 사용한다.
주의사항	① 유량 속도가 많아지면 <u>두통</u>이 유발될 수 있다. ② 장시간 이용 시 코 점막 건조를 예방하기 위해 가습산소를 공급한다. ③ 비강 내 손상이 있는 환자에게는 사용을 억제하고 다른 기구를 사용한다.

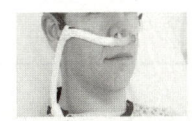
■ 코삽입관(비강캐뉼라) ■

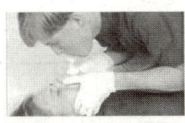
■ 포켓마스크 ■

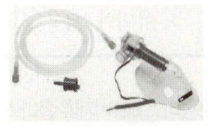
■ 벤튜리마스크 ■

3 단순 얼굴 마스크 ★ 14 경기장, 21 교, 22 위 등

용도	① 입과 코를 동시에 덮어주는 산소공급기구로 작은 구멍의 배출구와 산소가 유입되는 관 및 얼굴에 고정시키는 끈으로 구성되어 있다. ② 6~10L의 유량으로 흡입 산소농도를 35~60%까지 증가시킬 수 있다.
특징	① 성인용, 소아용으로 구분 ② 이산화탄소 배출구멍이 있으나 너무 작아 불편감을 호소하기도 한다. ③ 얼굴에 완전히 밀착되지 않아 충분한 산소가 공급되지 않을 수 있다. ④ 이산화탄소 잔류로 인해 산소공급량은 높을수록 효과적이다.

4 비재호흡마스크 ★ 15서울, 18 경기장, 소방교, 20, 22 위

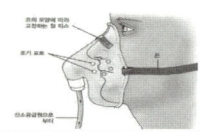

용도	심한 저산소증 환자에게 고농도의 산소를 제공하기에 적합하다
특징	① 체크(일방향)밸브가 달려 있다. ★ 오답: 양방향 밸브가 달려있다. ② 산소저장주머니가 달려있어 호흡 시 100%에 가까운 산소를 제공할 수 있다. ③ 산소저장주머니를 부풀려 사용하고 최소 분당 10~15L 유량의 산소를 투여하면 85~100%의 산소를 공급할 수 있다. (*^^ 산소저장주머니: 산소저장낭) ④ 얼굴밀착의 정도에 따라 산소농도가 달라진다. (*^^ 고농도 산소제공 기구임)

5 벤튜리 마스크 ★ 15충남교·장 18 경기장, 소방교, 18 교, 20, 22 위, 24 교

용도	특수한 용도로 산소를 제공할 경우 사용되며 표준얼굴마스크에 연결된 공급배관으로 특정 산소농도를 공급해 주는 호흡기구 ★ 오답: 고농도산소 ★ 18, 24 교
규격	24%, 28%, 31%, 35%, 40%, 50%(53%)의 산소
특징	① 일정한 산소가 공급될 때 공기의 양도 일정하게 섞여 들어간다. ② 만성폐쇄성폐질환(COPD)환자에게 유용하다.(* 코삽입관을 주로 사용) ③ 분당 산소 유입량은 2~8L이다. (* COPD: 흡연 등으로 세기관지 벽이 파괴, 공기흐름이 폐쇄됨)

6 포켓 마스크 (입대마스크) ★ 14 인천장, 16 경기장, 17 소방장 등

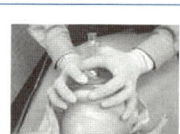

용도	① 입대 입 인공호흡 시 환자와 직접적인 신체접촉을 피할 수 있으며, ② 산소튜브가 있어 충분한 산소를 보충하면서 인공호흡을 할 수 있다. (*^^ 50% 산소가능)
사용법	① 포켓마스크에 일방형 밸브를 연결 환기한다 (*^^ 12~15L/분) ② 포켓마스크를 환자 얼굴에 밀착시켜 뾰족한 쪽이 코로 가도록 한다. ③ 소아는 성인포켓마스크 사용시 거꾸로 밀착, 뾰족한 끝이 턱으로 가도록 한다. ※ 유아에 사용 시 마스크를 거꾸로 하여 기저부가 코위에 놓이도록 한다.

※ TIP: 휴대용마스크, 비재호흡마스크, 포켓마스크는 일방형 밸브로 환기한다. / 양방향으로 호흡하는 부분재호흡마스크 등은 본 교재에서 다루지 않는다. ∴ 우리 승진시험에서 모두 일방향이 정답이 되고, 양방향은 모두 오답이 된다.

7 백-밸브마스크 소생기(BVM)** ★ 13, 14 경기장, 14 경남장, 15 소방장, 16 서울교, 19 교

백-밸브 마스크는 병원 전 환기장치로서 가장 보편적으로 사용한다.

용도	보유 산소장비 없이 즉각적인 초기 환기를 제공할 수 있다. (*^^ 고농도 산소제공 기구임)
구성	안면마스크, 인공호흡용 백, 밸브, 산소저장백
사용법	① 마스크와 백밸브를 연결한다. (*^^ 백 크기:1~1.6L / 1회 공급량: 0.5L) ② 마스크의 첨부가 콧등을 향하게 하여 비강과 구강을 완전히 덮는다. ③ 마스크와 밸브의 연결부에 엄지와 검지로 C자형의 형태로 고정하고 나머지 3손가락으로 E자 형태로 하악(아래턱)을 들어올려 기도유지를 한다. ④ 다른 손으로 백을 잡고 1회에 400~600㎖로 짜서 환기시킨다.(약 500cc 한컵)
특징	① 산소를 추가 투여하지 않은 상태로 21% 정도의 산소 공급 ② 분당 10~15L의 산소를 공급할 경우 산소저장주머니 없이 40~60% 산소 공급.(※ 약 50%) ③ 산소저장주머니 연결 후 분당 10~15L의 산소를 공급할 경우 거의 100%의 산소 공급 ④ 영아, 소아, 성인용으로 구분 / ⑤ 과압방지용 밸브 있음 (* 이 기구는 백을 짜고 마스크 밀착으로 대원 2명이 함)

※ 코: 1~6L, 24~44% / 얼굴: 6~10L, 35~60% / 비재: 10~15L, 85~100% / 백밸: 10~15L, 40~60%

8 자동식 산소소생기(자동식 인공호흡기)

용도	무호흡/호흡곤란 환자에게 자동 또는 수동으로 산소를 공급.
종류	압력방식과 부피/시간방식

특징	① 자동과 수동선택이 가능하다.
	② 과압방지 장치 있음(50~60cmH₂O) (*^^ 60 이상시 경보음 울림)
	③ 환자에게 고농도(100%) 산소공급 가능 (* 6단계 산소량 조절가능)
	④ 종류(압력과 부피)별 차이점이 있음
	  - 압력방식은 유량설정이 높으면 산소가 과다공급될 수 있음
	  - 부피/시간방식은 분당 호흡수 조절이 가능(* 1회 환기량 조절버튼)
	  - 2종류 완전밀착이 안될 경우 지속적 공급 또는 불충분한 산소공급이 이루어질 수 있음

※ TIP: 고농도산소(100%)를 투여할 수 있는 장비는 비재호흡마스크, 인공호흡기 또는 백밸브마스크이다. ★ 24 교
    * 호흡정상 환자는 4번(머리끈이 있음) / 호흡비정상 환자는 주로 BVM(7번) / 무거움(8번)

■ 벤투리마스크 ■

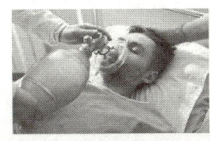
■ 백밸브마스크 ■

■ 산소소생기 / (우측: 휴대용) ■

제3절 순환유지 장비

1 기계식 가슴압박 장치 ☆ 23 교

① 건강한 구급대원이라도 평균 5분 이상 심폐소생술을 시행하기 힘들다.
② 특히 구급차로 **이송중일 때는 거의 시행이 불가능**하다.
③ 주변상황이나 구급대원의 상태에 관계없이 정확히 심폐소생술을 시행할 수 있다. ☆ 23교
④ 구급대원이 부족한 국내에서는 장비설치, 구급차의 적재공간 이유들로 사용이 극히 드물다.

용도	압축공기 형태는 주로 병원 내 안정적인 산소 공급이 가능한 곳에서는 장시간의 심폐소생술을 효과적으로 적용 가능하나 구급차 및 헬리콥터 내에서는 산소탱크 용적에 따라 시간제한을 받는다.
종류	압축공기(산소)용, 전기충전용

2 자동 심장충격기(제세동기)★   ☆ 14 서울·인천장, 15 소방교, 17 소방교, 소방위

용도	① 119에서 활용하는 심장충격기는 수동 및 자동이 가능하며 자동일 경우에 심전도를 모르는 현장 응급처치자나 구급대원이 제세동을 시행할 수 있도록 심전도를 인식하고 제세동을 시행할 것을 지시해줄 수 있는 프로그램이 내장되어 있다. ② 겔로 덮인 큰 접착성 패드를 환자 가슴에 부착, 심폐소생술을 멈추는 시간을 최소 화하며 연속적으로 제세동할 수 있으며, (부정맥인) **심실세동 및 무맥성 심실빈맥 외에 제세동하지 않도록 만들어진 장비이다.** ↳ 떠는 것과 맥이 잡히지 않고 빨리 뛰는 것
사용법 ★17소방교	① 환자의 무의식, 무호흡 및 무맥박을 확인한다.(도움요청 포함). ② 전원 버튼을 눌러 자동심장충격기를 켠다. ③ 환자에게 일회용 전극을 정확한 위치에 붙이고 그 일회용전극을 ④ 자동심장충격기에 연결 후 모든 동작을 중단하고 분석버튼을 누른다. ⑤ 제세동을 시행하라는 말과 글이 나오면 환자와의 접촉금지를 확인한 후 제세동버튼을 누른다. ⑥ 제세동을 시행한 후 즉시 2분간 심폐소생술을 시행한다. ⑦ 2분마다 심장의 상태를 재분석 한다.

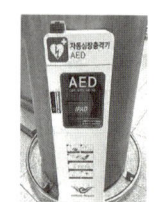

(* 심실세동이란 분당 350~600회 정도 파르르 뛰기만 한다)

> **가십** – 무소유(그저 한동안 내가 맡아 있을 뿐이다) –
> ■ 따지고 보면 본질적으로 내 소유란 있을 수 없다.
>   내가 태어날 때부터 가지고 온 소유가 아닌 바에야 내 것이란 없다.
>   어떤 인연으로 해서 내게 왔다가 그 인연이 다하면 가버리는 것이다.

제4절 외상처치 장비

	목뼈 보호대* ☆ 16 서울교·장	
개요	① 척수손상은 여러 신경계통의 기능마비를 유발하거나, 영구마비를 일으킬 수 있으므로 외상초기에 척추고정을 시행, 척수손상이 악화나 발생되는 것을 방지해야 한다 ② 척추고정의 시작은 경추(목) 고정으로부터 시작한다.	
용도	환자를 구출하거나 이송하기 전에 목고정장비	
종류	일체형, 조립형, 조절형	
재질	방사선 투과 가능한 특수 재질	
사용방법	① 경추(목)고정장비의 형태를 만든다. ② 환자의 크기에 맞는 적절한 고정장비를 선택한다. - 머리를 중립자세로 유지하고 어깨에서 하악까지의 높이를 측정 ③ 머리와 경부를 고정한 채 경추고정장비를 착용시킨다.	

	머리 고정장비
용도 (특징)	① 목뼈보호대만으로는 경추의 완전한 고정이 **불가능**하다. ② 머리고정장비를 긴 척추고정판 등과 함께 사용하여 완벽한 경추(목)고정을 유지하여 이송 시 안전을 확보할 수 있다. 환자가 소리를 들을 수 있도록 구멍을 냈으며 가볍고 보수가 용이하다.

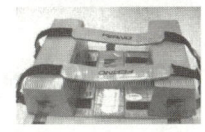

종류 구분	철사부목 ☆ 18 소방교	패드(성형) 부목 ☆ 16 18 소방교
용도	손상 부위에 따라 철사를 구부려 사용할 수 있는 부목으로 긴뼈골절이나 관절부위 손상이 의심되는 부위에 따라 모양 변형이 가능.	단순하게 성인 신체의 긴뼈 골절시에 사용하도록 만들어진 부목으로 현장에서 신속하게 고정이 가능하다.
특징	① 신체에 적합하도록 **변형**이 가능하다. (*^^ 철사니까 변형이 가능하다) ② 철사 그대로 사용하기보다 착용감을 위해 붕대로 감아주면 더 좋다. ③ 큰 관절이나 근육이 손상된 경우 다른 부목으로 추가 고정해주면 좋다.	① 대, 중, 소로 구분 ② 사지골절에 사용하기가 적합하다. ③ 결착 시 벨크로(찍찍이) 방식으로 되어있어 신속결착이 가능하나 관리가 필요하다. ④ X-ray 촬영이 가능

구분 \ 종류	공기부목* ☆ 18 소방교	진공부목 ☆ 18 소방교
용도	부목에 공기를 불어넣어 골절부위를 고정하는 장비이다.	공기부목과 반대로 (펌프를 이용하여)공기를 제거하여 고정하는 장비이다.
특징	① 비닐재질로 되어 골절부위의 관찰이 가능하다. ② 출혈이 있는 경우 지혈효과가 있다. ③ **온도와 압력의 변화에 예민하다.** ④ 부목 압력을 수시로 확인한다.(압력은 부목 가장자리를 눌러 양쪽 벽이 접촉할 정도) ⑤ **개방성 골절 환자에게 적용해서는 안 된다.**	① 공기를 제거하면 특수 소재 알갱이들이 단단해지면서 고정된다. ② 변형된 관절 및 골절에 유용하다. ③ 외형이 찢기거나 뚫리면 부목의 기능을 하지 못하므로 주의한다. ④ **전신진공부목은 척추고정이 안 된다.** ⑤ 사용하기 전 알갱이를 고루 펴서 적용한다. ⑥ 진공을 시키면 형태가 고정되므로 "C"나 "U"모양으로 적용한다. ⑦ 진공으로 부피가 감소하며 느슨해진 고정끈을 재 결착해야 한다.

(* TIP: 공기부목은 공기를 넣어 사용하고 진공부목은 공기를 빼서 사용한다. 진공부목은 평평한 크기의 주머니 안에 특수소재의 알갱이들이 공기와 자유롭게 움직이다가 펌프를 사용하여 공기를 빼면 특수소재의 알갱이들이 서로 단단하게 압박하면서 신체를 감싸며 적절한 모양으로 단단하게 고정된다. 진공부목은 신체의 어느 부위든지 원하는 자세로 부목을 사용 할 수 있어 관절 부위와 같이 굴곡된 부분에서도 효과적으로 사용 할 수 있다.)

■ 공간이용 ■

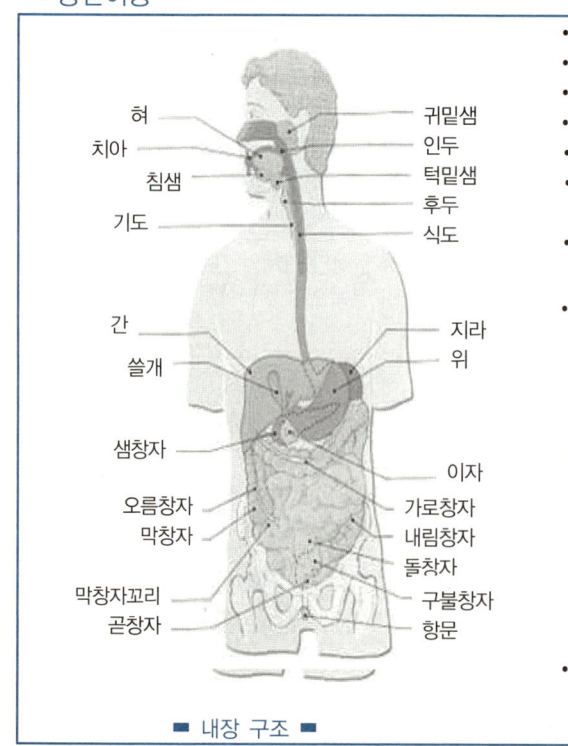

■ 내장 구조 ■

- 목동맥: 경동맥
- 위팔동맥: 상완동맥
- 넙다리동맥: 대퇴동맥
- 상대동맥: 위대정맥
- 좌관상동맥: 좌심장동맥
- 혈전: 피딱지
- 노동맥: 요골동맥
- 발등동맥: 족배동맥
- 하대정맥: 아래대정맥
- 우관상동맥: 우심장동맥
- 굴심방결절: 우심방쪽에 약 2cm 원뿔형임 전기힘으로 쪼우고 주위로 전기전달 역할도 함. 동방결절.
- 폐(허파)순환: 우심실에서 나온 혈액이 폐를 지나면서 CO_2를 내보내고 산소를 받아 좌심방으로 돌아온다.
- 전신 혈액순환: 먼저 좌심실에서 대동맥(세동맥- 모세혈관-세정맥- 대정맥)을 통하는 체순환이 된다, ➡ 이후 우심방을 거쳐 혈액은 ➡ 우심실을 통해 폐(허파) 순환(폐동맥-폐 모세혈관-폐정맥)을 이루며 ➡ 다시 좌심방으로 돌게 된다.
- 혈관은 우리 몸에 약 1십만km 이상으로 지구 2바퀴 반에 해당된다.(즉, 머리카락 1/10에 해당 크기의 50억 개의 모세혈관 중 사람의 발쪽에 30억 개가 존재한다. 그래서 건강상 많이 걷는다) 심장으로부터 피 속의 헤모글로빈이 체내의 산소를 운반하는데, 결국 피(적혈구)가 하는 주된 일은 산소공급을 하는 역할이 된다. / 뇌는 몸무게의 2% 이지만 산소는 20%, 피는 15%를 사용한다.
- 성인의 체중 1kg당 70㎖(70g) 혈액량을 갖는다. 70kg의 성인은 약 5kg 피를 갖으며 1분 이내에 한 바퀴를 돈다

■ 용어 등 ■

1편 응급의료 개론, 장비 — OX(2진법) 개념 따라 잡기~

▶ 응급의료 개론 및 장비운영 파트임

01 묵시적동의는 환자가 합리적인 결정을 하도록 필요한 모든 사실을 설명한 후에 환자로부터 얻는 동의로서 구두 동의는 증명되기는 어렵지만, 법적으로 유효하며 구속력을 갖는다. ( )

⇨ 설문은 명시적(고시된) 동의이다. / 묵시적동의란? 환자가 의식불명 또는 망상에 빠져 있거나, 신체적으로 동의할 수 없는 경우에 적용하는 것으로 즉시 응급처치가 절실하게 필요한 사람으로 그들이 할 수 있다면, 응급처치에 동의했을 것이라고 추정하는 동의이다. (*구급분야 1편 제1장)

02 죽음에 대한 정서반응순서는 ❶ 부정 – ❷ 분노 – ❸ 협상 – ❹ 우울 – ❺ 수용 순이다. ( )

⇨ 설문은 옳은 내용이다. (*구급1편 제2장) ▶ 암기: 부분 협상 우수

03 후천성면역결핍증(AIDS)의 정액을 포함한 성관계, 침, 혈액, 소변 등 배설물로 감염되며 잠복기는 몇 개월 또는 몇 년이 된다. ( )

⇨ 에이즈는 성관계, 침, 혈액, 소변 등 배설물 몇 개월~몇 년이며, (* 수두는 잠복기가 11~21일이며, / 풍진은 10~12일이다.) (*구급1편 제3장) ▶ 성침혈배(* 성침할배)

04 사용한 주삿바늘은 다시 뚜껑을 씌우거나, 구부리거나, 자르지 말고 그대로 주삿바늘통에 즉시 버린다. ( )

⇨ 설문은 옳은 빈출 내용으로 숙지하도록 한다.(*1편 제3장)

05 공기에 의한 전파는 폐렴, 인두염, 뇌수막염, 중이염, 풍진, 부비동염, 인플루엔자, 패혈증, 유행성 귀밑샘염(유행성 이하선염), 결핵, 백일해 등이다. ( )

⇨ 위 설문은 비말에 의한 전파이며, 공기에 의한 전파는 홍역, 수두, 결핵이다.(*제3장) ▶ 암기: 홍수결
  ▶ 암기: 폐인 뇌중풍 부인 폐귀(패기가) 경백(하다)

06 우리 몸은 206개의 뼈로 구성되며, 성인 척추는 38개의 척추골로 구성되어 있고 5부분 중 목뼈 7개, 등뼈 12개, 허리뼈 5개, 엉치뼈 1개, 꼬리뼈 1개로 나눌 수 있다. ( )

⇨ 우리 몸은 206개의 뼈로 구성되며 척추는 26(소아: 32~34)개의 척추골로 구성되어 있고 5부분[목뼈(7개), / 등뼈(12개), / 허리뼈(5개), / 엉치뼈(1개, 소아 5개), / 꼬리뼈(1개, 소아 3~5개)]로 나눌 수 있다.(*제4장), (* 연상: 206와 척추 26개는 유사 숫자로 기억 / 목뼈 7과 등뼈 12는 5개 차이 ∴ 허리뼈 5개로 기억.)
  ▶ 암기: 허리가 5니, 등이 12를 걸어, 목을 7것이다.

정답 ⊶ 01.(X) 02.(O) 03.(O) 04.(O) 05.(X) 06.(X)

07 들숨은 능동적 과정으로 가로막과 갈비사이근(늑간근)의 수축으로 이루어지며 두 근육이 수축하면 가로막은 아래로 내려가고 갈비뼈는 위와 밖으로 팽창한다. (즉, 가슴을 팽창시키는 과정이다.)

날숨은 수동적인 과정으로 가로막과 갈비사이근의 이완으로 나타나며 두 근육이 이완되면 가로막은 올라가고 갈비뼈는 아래로 내려오면서 수축한다. (즉, 가슴을 수축시키는 과정이다.) ( )

➡ ① 들숨은 **능동적** 과정 – 가로막(횡격막)과 갈비사이근육의 **수축** ☞ 결국 가슴을 팽창시키는 과정.(*제4장)
(* 두 근육이 수축하면 가로막은 아래로 내려가고 갈비뼈는 위와 밖으로 팽창된다) – 들숨으로 이해한다
② **날숨은 수동적** 과정 – 가로막(횡격막)과 갈비사이(늑간)근육의 **이완** ☞ 결국 가슴을 수축시키는 과정.
(* 두 근육이 **이완**되면 **가로막**은 **올라**가고, **갈비뼈**는 아래로 **내려**오면서 된다
– 혼동 시 날숨으로 암기한다. / ▶ 암기: 날수 가갈이 가올갈내(* 연상: 날이수수하니, 나날이, 가을같네)

08 최초 도착 시 차량 배치요령에서 차량화재가 있는 경우에는 화재차량으로부터 30m 밖에 위치시키고 폭발물이나 유류를 적재한 차량으로부터는 600~800m 밖에 위치한다. ( )

➡ 위 내용은 옳은 내용들이다.(* 일반적으로 구조차량은 15m이지만, 불이 붙은 화재차량은 30m이다) (*제5장)

09 START 분류에서 긴급환자는 의식 명료, 호흡수 30회/분 이하이며, 평가는 RPM으로 한다. ( )

➡ START 분류법에서 응급환자는 의식 명료, 호흡수 30회/분 이하, 노뼈동맥이 촉진 가능하며, 환자평가는 RPM을 기본으로한다.(* ⓐ Respiration : 호흡 ⓑ Pulse : 맥박 ⓒ Mental Status : 의식 수준) (*제5장)

10 주 들것은 다리가 진행방향으로 와야 하며, 분리형 들것은 척추손상환자에게 사용가능하다. ( )

➡ 척추손상환자에게 사용 가능한 전용 들것으로는 "척추고정판"이 별도로 있다. (*제6장)

11 입인두기도기는 구토를 하지않는 무의식환자에게 사용하는 것이 좋다. ( )

➡ 옳다. ▶ **핵심**: 구토반사 없는 무의식 환자에게 사용한다.(※ 의식이 없으면 보통 구토도 없다) (*제7장)

12 비재호흡마스크는 체크(양방향)밸브가 있으며, 벤튜리마스크는 COPD 환자에게 유용하다. ( )

➡ 체크밸브란 한번 가면 다시 오지 못하는 역류방지밸브란 뜻이기에 **일방향**이 된다. 예) 호텔에서 체크아웃하면 퇴실이 되어 일단 다시 오지 않는다는 뜻이다. 일방향은 날숨만 배출하니 호흡이 편하다 / 벤튜리란 뜻은 가는 관을 뜻하며 벤튜리마스크는 COPD(만성폐쇄성폐질환) 환자에게 유용하게 적용된다.(*제7장)
✪ **TIP**: 휴대용마스크, 비재호흡마스크, 포켓마스크: 일방향 / 부분재호흡마스크: 양방향.

정답 07. (O)　08. (O)　09. (X)　10. (X)　11. (O)　12. (X)

- 우리는 태어날 때부터 부족함과 자신이 하는 일에서 부족함을 증명하지 않았으면 합니다. 우리는 주위 동료들과 비교함에 기죽지 말고 그냥 XXX 이라는 자신의 이름으로 살아가면 됩니다.

소방전술3

임상의학편

- 소방교 시험 제외 – 심폐정지, 순환부전, 의식장애, 출혈, 일반외상, 두부 및 경추손상, 기도·소화관이물, 대상이상, 체온이상, 감염증, 면역부전, 급성복통, 화학손상, 산부인과질환, 신생아질환, 정신장해, 창상.

3편

임상응급의학

1장 환자평가 ················· 386
2장 기도유지 ················· 399
3장 호흡곤란 ················· 408
4장 응급 심장질환 ············ 412
5장 급성복통 ················· 416
6장 출혈과 쇼크 ·············· 420
7장 연부조직 손상 ············ 426
8장 근골격계 손상 ············ 435
9장 머리와 척추 손상 ········· 442
10장 의식장애 ················ 448
11장 중독 및 알레르기 반응 ··· 452
12장 환경응급 ················ 455
13장 산부인과 ················ 463
14장 소아 ···················· 472
15장 노인 ···················· 479
16장 행동응급 ················ 480
17장 기본소생술 ·············· 481
18장 부록(GCS-글라스고우혼수척도) ········ 490
✪ OX개념문제 ················ 491

➭ 교시험 제외 내용에 따라 중앙소방학교책 기준-
① 5장 급성복통 ➝ 전체 소방교 제외.
② 6장 출혈과 쇼크 중, 출혈은➝ 소방교 제외
③ 7장 연부조직손상은➝ 일반외상으로 일부 제외
④ 9장 머리와 척추손상 중➝ 머리손상 파트 제외.
⑤ 10장 의식장애➝ 전체 소방교 출제 범위 제외
⑥ 12장 환경응급에서 ➝ "체온이상" 파트 제외
⑦ 13장 산부인과 ➝ 전체 소방교 제외
(※ 5,10,13장 모두 제외, 그 외 일부제외, 좌측P 참고)

CHAPTER 01 환자 평가(1장)

환자평가의 단계는 ❶ 현장 안전 확인 ❷ 1차(즉각적인) 평가 ❸ 주요 병력 및 신체 검진 ❹ 세부 신체 검진 ❺ 재평가로 나눈다. ▶ 현장 l주세재 ☆ 23 소방장

① 내과(비외상)환자인지 외과(외상)환자인지에 따라 달라지며 기본적인 생체징후와 SAMPLE력 평가는 같다. - 기본생체징후는 맥박, 호흡, 혈압, 피부상태를 포함하며 SAMPLE력 평가목적은 환자의 호소에 따른 자료 수집에 있다.
② 비외상환자는 과거병력뿐 아니라 현 질병 증상 및 징후를 결정하는 SAMPLE력을 이용한다
③ 내과환자의 신체검진 범위는 환자의 증상 및 징후로 크게 결정된다. - 외상환자는 손상기전 파악이 중요하며 머리에서 발끝까지 신속히 평가하고 기본병력과 생체징후를 파악한다.
④ 모든 환자는 위급정도에 따라 분류된 다음 1차평가를 하고 주요 병력과 신체검진을 실시한다.

> ✪ **재평가** : 1차평가, 주요병력, 신체검진을 통해 얻은 정보를 기본으로
> ① 보통 **15분마다** 평가하며 / ② 위급환자인 경우는 **5분마다** 평가한다. ☆ 12 위

1 현장확인(요약)

기관으로부터의 정보 등을 통해 환자의 수, 사고유형, 위험물질, 구조 필요성을 알 수 있다.
① 범죄현장이나 정신질환자가 있다면 구급대원에게 알리고 추가지원이나 다른 기관에 지원요청을 한다. ② 환자의 안전에 앞서 대원의 안전을 우선적으로 확인해야 한다.

1. 차량 충돌

① **전방충돌**: 대부분 치명적이며 충격에 의해 사람이 앞으로 튕겨 나간다.
  안전벨트를 미착용 했을 때는 다음의 2가지 손상기전(손상과정, 정도)으로 나눌 수 있다.
  ㉠ 사람이 충격에 의해 붕 뜰 경우 ➡ 운전대와 앞 유리창에 부딪치며 대개는 **머리, 목, 가슴** 그리고 **배**에 손상을 입는다. ▶ 배목가머(* 배와 목을 감어!) * **오답**: 전방충돌로 골반외상
  ㉡ 공중에 뜨지 않고 운전대 밑으로 쏠리는 경우 ➡ **엉덩이, 무릎, 발**에 손상을 입는다.
② **후방충돌** : 목, 머리, 가슴 손상을 입는다.(동시에 전·후방충돌도 일어날 수 있다.) * **오답**: 배
③ **측면충돌** : 측면 충돌에는 거의 보호장치가 **없어** 위험에 노출될 가능성이 크다.
  현장에서 환자가 충돌된 측면에 앉아 있었는지 그렇지 않은지 파악하는 것은 중요하다.
  만약 충돌 측면에 있었다면 머리, 목, 가슴, 배 그리고 골반외상이 심각할 수 있다.

> **낙상** | 낙상은 높이, 지면 상태, 처음 닿는 인체 부위에 따라 손상이 달라진다. ▶ 63빌딩
> 성인은 <u>6m</u> 이상, 소아는 <u>3m</u> 이상 높이는 위험하며, 내부장기와 척추손상 발생이 가능하다.

제1절 1차평가*

☆ 12서울·경북장, 위, 13경기장·서울교, 16경북교, 23, 24장

1차평가 주요목적은 (발견되지 않은) 치명적인 상태를 발견하고 현장에서 바로 처치하기 위함이다.

단계	· 단계적인 평가는 적절한 평가와 즉각적인 처치 그리고 우선순위를 결정할 수 있다. · 1차 평가의 단계는 다음과 같다. ▶ 평가: 의기호순 　　◎ 첫인상→ 의식수준→ 기도→ 호흡→ 순환→ 위급정도 판단(이송여부 판단) 15교, 22위 · 1차평가를 통해 치명적인 상태파악과 즉각적인 처치가 제공되어야 한다. 24장 　　(*^^ 기도유지, 산소공급, 인공호흡 제공, 치명적 출혈 시 지혈 등) · 즉각적인 처치란 ➡ 평가와 동시에 처치를 하는 것을 말한다.
첫인상 평가	① 처음 단계로 얼마나 중한지, 무엇을 즉각적 처치해야 하는지와 이송여부를 결정한다. ② 일반적인 인상은 환자의 주호소, 주변 환경, 손상기전, 환자나이, 성별을 근거로 한다. 24장 ③ 주 호소는 무엇을 즉각적으로 해주어야 하는지를 결정해 준다. ④ 내과(비외상)환자는 질병의 정도 등을 파악, 외상환자는 손상기전을 파악한다.
의식수준 평가	① 의식수준은 환자의 반응정도를 통해 알 수 있다. - 정상적으로 뇌는 인체의 일부분이나 주변 환경으로부터 정보나 자극을 수용하고 반응한다. ② 반응은 눈, 말, 움직임을 통해 나타낸다. - 만약 1차 평가에서 환자가 적절한 반응을 하지 못한다면 뇌 손상을 의심해야 한다. ③ 의식 장애를 초래할 수 있는 원인으로는 다음과 같다. 　● 순환기 손상으로 뇌로 가는 혈류량 저하 　● 호흡기계 장애로 뇌로 가는 산소 저하 　● 호흡장애로 뇌에 이산화탄소 증가 　● 당과 관련된 문제로 뇌로 가는 당 저하 ◎ 의식수준 4단계** ☆ 08,12 위, 11 부산장, 12 경북장, 13 충북, 인천장, 13,14 부산교 　① A(Alert 명료) : 질문에 적절한 반응이나 대답을 할 수 있는 상태 　② V(Verbal Stimuli 언어지시에 반응) : 질문에 적절한 반응이나 대답은 할 수 없으나 소리나 고함에 소리로 반응하는 상태.(신음소리도 가능) 　③ P(Pain Stimuli 자극에 반응) : 언어지시에는 반응하지 않고 자극에는 반응하는 상태 　④ U(Unresponse 무반응) : 어떠한 자극에도 반응하지 않는 상태
기도 평가 16부산교	(1) 의식이 있는 환자 　1차평가에서 기도가 개방되고 깨끗한지 확인, 의식이 있는 환자라면 기도 평가는 단순할 수 있다. 환자가 말을 하거나 고함치거나 우는 경우는 기도가 개방된 상태이다 　① 기도개방은 머리기울임/턱 들어올리기법, 턱 밀어올리기법 등을 사용할 수 있다. 　② 상기도 내 이물질은 흡인을 통해 제거해 주어야 한다. 　③ 기도가 완전히 폐쇄된 경우에는 이물질 제거법을 이용해야 한다. (2) 무의식 환자 　기도를 개방해 주어야 한다. 　① 비외상 환자인 경우 머리기울임/턱 들어올리기법을 실시한다. 　② 외상환자는 턱 밀어올리기법을 실시해야 한다. ▶ 암기: 비들어, 외밀어(왜? 밀어) 　　(*^^ 외상환자는 목뼈 포함 척추쪽이 손상될 수 있기 때문에 머리기울림을 할 수 없다) 　③ 또한 기도개방과 동시에 이물질을 제거해 주어야 한다. 　④ 기도유지를 위해서는 입·코인두기도기를 삽입할 수 있다.

호흡 평가	기도유지 후 호흡을 평가한다. 비정상적인 호흡이라면 산소 공급 또는 포켓마스크나 BVM을 통해 인공호흡을 한다. 호흡정지가 일어나면 인공환기(양압환기)를 제공한다.
	____*
	(1) 반응이 있는 환자의 호흡평가(* 호흡정상 12~20회)
	  ① 비정상적인 호흡수 : 24회/분 이상 또는 10회/분 이하 ② 불규칙한 호흡
	  ③ 비정상적인 양상*
	    ㉠ 비대칭적인 호흡음 또는 호흡 감소 또는 무호흡
	    ㉡ 들숨 시 비대칭적이거나 부적절한 가슴 팽창
	    ㉢ 목, 어깨, 가슴, 배의 호흡보조근 사용 등 힘든 호흡(특히, 소아)
	    ㉣ 얕은 호흡 ㉤ 의식 장애 ㉥ 창백하거나 청색증
	    ㉦ 피부견인 : 빗장뼈 위, 갈비뼈 사이 그리고 가슴 아래
	    ㉧ 고통스러운 호흡, 헐떡거리거나 불규칙한 호흡은 심정지 전에 나타난다.
	  ④ 비정상적인 호흡 징후를 보이는 모든 환자에게는 비재호흡마스크를 통해 고농도의 산소(85% 이상)를 공급해 준다. / 만약, 호흡이 없거나 고통스럽거나 산소공급으로도 호전되지 않는다면 포켓마스크나 BVM으로 양압환기를 제공한다.
	    (*^^ 비재호흡마스크는 분당 10~15L 투여시, 85~100% 산소를 공급할 수 있다)
	  아래와 같은 징후가 한 가지라도 나타나면 고농도산소를 제공해 주어야 한다.
	  ✪ 가슴통증 → 가쁜 호흡→ 일산화탄소 중독가능성 환자 → 의식장애
	____*
	(2) 무반응 환자의 호흡평가.
	  모든 무반응 환자에게는 기도개방과 기도기를 이용한 기도유지와 필요시 흡인을 제공해 주어야 한다. 또한 고농도 산소를 제공하고 재평가를 실시해 준다.
	
	{표}

호흡이 적정할 때	기도를 유지하고 비재호흡마스크를 통해 10~15ℓ/분 고농도산소를 제공한다. (*^^ p.376 참고)
호흡이 부적정할 때	기도를 유지하고 비재호흡마스크를 통해 15ℓ/분 고농도산소를 제공한다. 만약, 산소공급에도 호전되지 않는다면 포켓마스크나 BVM(백밸마스크)을 통해 양압환기를 제공해준다.
무호흡일 때	기도를 유지하고 포켓마스크나 BVM(백밸브마스크)을 이용 양압환기를 실시하며 15ℓ/분의 산소를 제공해준다. 24장

순환평가	인체조직이 재 기능을 하는데 적절한 혈액량을 공급하는지를 평가하는 것이다.
	(1) 맥박* ☆ 14 부산장
	  ① ❶ 처음에는 노동맥을 평가한다.
	     ❷ 만약 (맥박이) 없다면 목동맥을 촉진한다.
	  ② 12개월 이하 영아인 경우는 위팔동맥으로 촉진한다. (*^^ 영아: 1세 미만)
	    - 맥박이 없다면 CPR(심폐소생술)을 실시한다.
	(2) 외부 출혈
	  ① 출혈은 적절한 순환을 할 수 없으므로 1차 평가를 통해 적절한 처치를 제공해 준다.
	  ② 하지만 모든 출혈이 아닌 심한 상태이거나 계속적인 출혈을 나타내는 부위에 한해 1차 평가와 더불어 즉각적인 처치를 실시한다.
	  ③ 평가전 개인 보호장비를 착용하고 머리에서 발끝까지 신체검진을 실시해야 한다.
	  ④ 피부에 붙은 옷을 제거하고 바닥에 있는 상처를 확인해야 한다.
	  ⑤ 이때 통나무 굴리기법을 이용해 환자의 자세를 변경하고 평가하면 된다.

(3) 피 부
피부는 부적절한 순환을 나타내는 징후 중 하나로, 피부색, 온도 그리고 상태(습도) 등으로 알 수 있다. 소아의 경우 모세혈관 재충혈로 평가할 수 있다.

피부색* 14대구교	인종에 따라 다르므로 **손톱, 입술, 아래눈꺼풀**을 평가한다. 비정상적으로는 ① 창백 : 실혈, 쇼크, 저혈압, 정신적 스트레스로 인한 혈관 수축 ② 청색증 : 부적절한 호흡 또는 심장기능 장애로 인한 **저산소증** ③ 붉은색 : **심장질환과 중증 일산화탄소 중독, 열 노출** 13부산, 15인천장 ④ 노란색 : 간 질환(*^^ 황달 포함) ⑤ 얼룩덜룩한 색 : 일부 쇼크 환자
피부온도 와 상태	적절한 평가를 위해 대원의 **손등**을 이용해 평가하면 좋다. 환자 배 등 정상 피부는 따뜻하고 건조한 상태로 비정상적으로는 ① 차갑고 축축함 : 관류가 부적절한 경우와 혈액량이 감소된 경우 (열손상 환자, 쇼크 환자, 흥분상태) ② 차가운 피부 : 차가운 환경에 노출된 환자 ③ 뜨겁고 건조함 : 열이 있거나 중증 열손상 환자
모세혈관 재충혈	손톱이나 발톱을 몇 초간 누른 후 **2초** 이내로 정상으로 회복되는지를 평가하는 것으로 순환상태를 알 수 있다.
소아평가	소아평가에서 평가내용이나 처치원리는 성인과 같다. 그러나 성인과 해부적, 생리적, 발달 단계별로 다르기 때문에 평가를 실시할 때 주의한다. ① 의식수준 평가를 위한 자극으로 손가락을 튕겨 발바닥을 때린다. 울면 정상반응이다. ② 기도 개방을 위해 목이 과신전되지 않도록 주의해서 신전해야 한다. ③ 피부를 만졌을 때 흐느적거리거나 늘어졌다면 비정상이다. ④ 연령별 정상 호흡수, 맥박수(위팔동맥 촉진)인지 확인한다. ⑤ 느린맥은 부적절한 기도유지 또는 호흡으로 인한 것이다. ⑥ 모세혈관 재충혈을 확인한다. ⑦ 비정상적인 환자 자세에 대해서 기록한다.
환자분류 (우선순위)* 16경북교 23소방장	1차 평가에서 마지막 단계로 우선순위에 따른 처치 및 이송을 제공한다. 24장 우선적인 처치 및 이송이 필요한 환자는 다음과 같다. ① 일반적인 인상이 좋지 않은 경우 ② 무의식 또는 의식장애 ③ 호흡곤란 ④ 기도유지 또는 평가가 곤란한 경우 ⑤ 부적절한 순환 징후 ⑥ **지혈이 안 되는 출혈** 23장 ⑦ 난산 ⑧ 호흡 또는 심정지 ⑨ 90mmHg 이하의 수축기압과 **같이** 나타나는 가슴통증 (* 정상: 120mmHg) ⑩ 심한 통증 ⑪ 고열 ⑫ 알지 못하는 약물에 의한 중독 및 남용

 자연스러움!

자연스러움은 공들임의 결과이다. 한 분야에 성공하는 비결은 쉬지 않고 반복하는 길밖에 없다.

제2절　2차평가★

1　SAMPLE력　☆ 10 위, 15 서울장, 16 대구교·경기장, 17 소방장, 20 소방장

- 환자병력 평가는 환자로부터 직접 듣는 것이 가장 좋은 방법이지만 가족, 주변인, 신고자로부터 정보를 수집할 수 있다. / 환자의 병력을 효과적으로 수집하기 좋은 방법으로는 SAMPLE 형식이 있다.

> ◎ **SAMPLE**　☆ 14 부산교, 16 경기장, 소방교, 17 소방장
> ① S(Signs/Symptoms) - 징후 및 증상 (질병의)
> ② A(Allergies) - 알레르기 (약물, 음식, 환경 요소 등에 대한)
> ③ M(Medications) - 복용한 약물 (현재 복용 중인)
> ④ P(Pertinent past medical history) - 관련 있는 과거력 (과거병력)
> ⑤ L(Last oral intake) - 마지막 구강 섭취 (음식물)
> ⑥ E(Events) - 질병이나 손상을 야기(유발)한 사건 (현재)
>
> ■ SAMPLE력을 평가할 때는
> ① 눈을 맞추고 분명한 어조를 이용해 질문해야 한다.
> ② 소아인 경우 특히, 눈높이를 맞추고 자신을 소개하고 무엇을 할 것인지 설명한다.
> ③ 전문적인 용어는 피하고 중요한 것은 환자의 말에 경청할 것과 기록하는 것이다.

(1) 징후 및 증상(S)★　☆ 11 부산장
① 징후는 구급대원이 문진★이 아닌 시진, 청진, 촉진 등을 이용해서 알아낸 객관적인 사실이다.
  - 예) 호흡보조근 사용을 보고, 호흡음을 듣고, 피부가 차갑고 축축한 것을 느끼고, 호흡에서 아세톤 냄새가 나는 것 등은 징후이다.　(*^^ 문진: 질문식 진료)
② 증상은 환자가 말하는 주관적인 내용으로 가슴이 아프다, 숨이 가쁘다, 토할 거 같다 등이다. 증상을 알기 위해서는 "예, 아니요"라는 단답형 답을 유도하는 질문은 피해서 "어디가 불편하시죠?" "무슨 문제가 있나요?"라는 개방형 질문을 해야 한다　(*^^ 개방형: 유도아닌 질문)

> ◎ **용어(Tip)** • 징후 : 의사 등이 판단, 객관적 관찰 / • 증상(Symptoms) : 환자가 호소, 주관적 경험

(2) 알레르기(A)
약물, 음식, 환경에 알레르기가 있는지 "약물이나 음식물에 알레르기가 있나요?" 물어야 한다.

(3) 약물(M)
환자에게 "규칙적으로 복용약이 있나요?", "오늘 혹시 먹은 약이 있나요?" 질문을 하며 특히, 병력있는 환자에게는 더욱 질문한다. 여성환자라면 피임약을 먹고 있는지도 질문해야 한다.

(4) 현재까지 지속되는 과거병력(P)
  - "과거에 어떤 내과적인 문제가 있었는지(질병이 있었는지)?"
  - "최근에 다친 적이 있는지?" - "전에 입원한 적이 있는지?"
  - "현재 어떤 질환으로 병원치료를 받고 있는 것이 있는지?
  최근에 의사를 찾아 간 적이 있는지? 병원 이름, 진료과목, 의사이름은 어떻게 되는지?"
  - "과거에 지금과 같은 증상이 있었는지?"
① 과거력이 있다면 비교해서 현재는 어떠한지도 평가한다.(과거력은 되풀이 경향이 있기 때문)
  예) 천식으로 가쁜 호흡을 경험했던 환자는 다시 같은 문제로 구급신고를 할 수 있기 때문이다.
② 과거력 있는 환자는 가슴통증 환자는 니트로글리세린 / 천식환자는 천식약 / 알레르기환자는 자가 에피네프린 약 등을 갖고 있을 수 있다. 이 경우 약을 복용할 수 있도록 도와준다.

(5) 마지막 음식 섭취(L) ★ 14 부산교
① "마지막으로 마시거나 먹은 시간이 언제였습니까? 그리고 무엇을 먹었습니까?"
- 이런 질문으로 얻어진 정보는 **복통이나 가슴통증환자를** 진단하는 데 도움이 된다.
② 수술이 필요시 외과의사와 마취과 의사가 시간을 결정하는 데 도움을 준다. 보통 위 내용물 흡인과 같은 합병증 위험을 줄이기 위해 **수술 전 최소 6시간을 금식해야** 하기 때문이다.

(6) 질병이나 상해를 일으킨 사건(E)
① 질병이나 상해를 일으킨 사건을 알아내는 것은 환자 병력에서 중요한 부분이다. 환자가 무엇을 했고 언제 증상이 시작되었는지는 환자평가에 있어 중요하다.
㉠ 가슴통증 환자는 많은 양의 산소를 공급받고 똑같은 처치를 받는다. 그러나 새벽 3시에 가슴 통증으로 깨어난 환자는 체육관에서 운동 중 가슴통증을 호소하는 환자보다 심근경색일 가능성이 높다.
- 현재 호소하는 질병이나 상해를 일으킨 사건에 대해 알기 위해 "이 증상이 나타나기 전에 무엇을 하고 있었습니까?" 라는 질문이 좋다.

2 생체징후** ★ 16, 18 소방교

· 생체징후는 ❶맥박 ❷호흡 ❸혈압과 동시에 ❹의식수준(AVPU)도 평가(및 기록)한다.
- 생체징후를 전부 평가하는 범위에는 ❺동공 ❻피부 상태 평가도 포함된다.
- 처음 측정한 생체징후를 기본으로 재평가를 통해 계속 비교·평가해야 한다.
· 의식수준평가는 무반응환자 또는 심한 의식변화를 가진 환자에게 중요하다.
_____*

(1) 맥박* ★ 12, 13 부산장, 15 소방장, 16 경기교, 23 소방장
① 맥박은 뼈 위를 지나가며 피부표면 근처에 위치한 동맥에서 촉지할 수 있다.
- 왼심실의 수축으로 생기는 압력의 파장으로 생기며 주로 노동맥에서 촉지된다.
② 노동맥은 손목 안쪽 엄지손가락 쪽에서 촉지할 수 있다.
③ 만약 촉지되지 않는다면 ➡ (그 다음에) 목동맥(=경동맥)을 촉지한다.
④ 영아의 경우 위팔동맥에(상완동맥)서 촉지한다. (* 영아는 목이 두껍기 때문임.)
⑤ 1차 평가에서 맥박유무를 살폈다면 신체검진에서는 **맥박수와 양상을** 평가한다.
  ✪ 맥박수는 분당 맥박이 뛰는 횟수로 보통 30초간 측정하고 2를 곱해 기록한다.(*분당기록이니까)
  - 맥박수는 환자의 나이, 흥분도, 심장병, 약물복용 등 다양한 요인에 의해 영향을 받는다.

구 분	맥박수(회/분)	구 분	맥박수(회/분)
① 성 인	60~100	⑤ 유아(2~4)	80~130
② 청소년기(11~14)	60~105	⑥ 6~12개월	80~140
③ 학령기(7~11)	70~110	⑦ 5개월 미만	90~140
④ 미취학기(4~6)	80~120	⑧ 신생아 23장	120~160

  ✪ 성인의 경우 100회/분 이상을 빠른맥(빈맥)이라 한다. 원인은 감정에서 심전도계 이상 등 다양하다.
    맥박이 느린 경우는 느린맥(서맥)이라고 하며 심장약 복용 또는 심장질환 등 다양한 원인이 있다.

| 맥박 양상 | ★ 12 부산장, 13 소방장, 15 울산장, 18 교, 23 장 |

맥 박	원 인
① 빠르고 규칙적이며 강함	운동, 공포, 열, 고혈압, 임신, **출혈 초기** 23장
② 빠르고 규칙적이며 **약함**	**쇼크, 출혈 후기** ▶ 암기 : 약삭빠른 쇼크, 후기
③ 느림	머리손상, 약물중독, 심질환, 소아의 산소결핍 23장
④ 불규칙적	심전도계 문제
⑤ 무맥	심장마비, 중증 출혈, 중증 저체온증

〈*^^ ① 강(출혈초기,) ② 약(출혈후기), ⑤ 무맥(중증출혈) / 나머지는 출혈없음으로 분류.〉

⑥ 맥박은 심장수축으로 생기므로 약한맥박은 심장이나 순환계에 문제있음을 의미한다.
⑦ 불규칙한 맥박을 부정맥이라 하며 무의식이나 의식장애 환자에게선 위급상태임을 나타낸다.

★ 소아 : 맥박이 느린 경우 기도와 호흡을 즉각적으로 평가한다.
산소 부족시 심장마비 전에 느린맥이 나타난다. / 기도유지를 위해 이물질 제거 및 흡인을 실시하고 호흡은 정상이나 느린맥인 경우에는 많은 양의 산소를 공급해 주어야 한다.

_____*

(2) 호흡

① 호흡 평가는 ❶ 호흡수 ❷ 양상 그리고 ❸ 규칙성을 살펴야 한다.
② 분당 호흡수 측정방법으로 가슴의 오르내림을 확인하거나 가슴에 손을 대고 측정한다.
③ 그리고 청진기로 듣는 방법 등이 있다. - 정상 호흡수는 나이에 따라 달라진다.

| 호흡수 |

구 분	정상 호흡수	구 분	정상 호흡수
① 성 인	12~20회/분(24회/분 이상 또는 10회/분회 미만인 경우 위험)	⑤ 유아(2~4)	20~30회/분
② 청소년기(12~15)	15~30회/분	⑥ 6~12개월	20~30회/분
③ 학령기(7~11)	15~30회/분	⑦ 5개월미만	25~40회/분
④ 미취학기(4~6)	20~30회/분	⑧ 신생아	30~50회/분

· 무의식 환자의 호흡수가 5~10초간 없다면 즉시 포켓마스크나 BVM으로 인공호흡을 시작하고 입인두 또는 코인두기도기 삽관을 고려한다.
· 호흡기계 응급환자 호흡수는 보통 높으며 호흡수가 낮다면 많은 양의 산소공급을 한다.

정상호흡	호흡장애가 없으며 호흡보조근 사용이 없거나 부적절한 호흡징후가 없는 경우
호흡곤란	힘들게 호흡을 하며 끙끙거리거나 천명, 비익확장, 호흡보조근 사용, 뒷당김 등이 나타난다. / 특히, 아동의 경우 갈비뼈 사이와 빗장뼈가 당겨 올라간다.
얕은호흡	호흡하는 동안 가슴과 배의 오르내림이 미미할 때
시끄러운 호흡	호흡을 내쉴 때 소리나는 경우로 코를 고는 소리, 쌕쌕거림, 꾸르륵소리, 까마귀소리 등 기도폐쇄로 인한 것으로 기도를 개방하고 이물질을 제거나 흡인해야 한다.

| 호흡의 양상 | ☆ 18 소방교 |

호흡음	원인 / 처치
코고는 소리	기도 폐쇄 / 기도 개방
쌕쌕거림	천식과 같은 내과적 문제/처방약 복용유무 확인 및 신속한 이송
꾸르륵 소리	기도에 액체가 있는 경우 / 기도 흡인과 신속 이송
귀에 거슬리는 소리	현장처치로 완화되지 않는 내과적 문제 / 신속 이송(까마귀 소리 등)

- 규칙성은 뇌졸중과 당뇨응급환자와 같은 호흡조절능력 상실로 불규칙한지를 확인하는 것이다. - 이 경우 주의 깊게 관찰하고 보조산소 또는 양압호흡을 제공할 준비한다.

(3) **혈압** ☆ 13, 15, 16 서울 18 소방장
① 순환계에서 심장은 피를 뿜어낸다. 이때 **혈관 벽에 전해지는 힘을 혈압**이라고 한다.
  ㉠ 혈압이 낮으면 충분한 혈액을 공급받지 못해 조직은 손상을 받는다.
  ㉡ 혈압이 높으면 뇌동맥이 파열되어 뇌졸중을 유발하고 조직은 손상 받는다.
② **인체 혈관은 항상** 압력을 받는 상태로 **왼심실이 피를 뿜어낼 때 혈압이 올라간다. 이때를 수축기압**이라 하며 왼심실이 **쉬는 동안의 동맥 내 압력을 이완기압**이라 한다.
③ 혈압은 수은단위 'mmHg'로 측정된다. (* 정상치: 수축기 약 120mmHg, 이완기 약 80mmHg)
  ㉠ 성인의 경우 수축기압이 90 미만인 경우 ➡ 낮다고 하며
    - (수축기 혈압이) 140 이상이거나, 이완기압 90 이상일 때를 ➡ 높다고 한다.
  ㉡ 고혈압은 치명적이지 않지만 수축기압이 200 이상, 이완기압이 120 이상인 경우에는 위험하다. - 똑같은 혈압이라도 여자 운동선수의 혈압이 80/60이 나오는 것과 노인이 똑같은 혈압이 나오는 것은 다르며 이 경우 노인은 위험하다.
④ 혈압계는 위팔을 감싸는 커프와 커프에 바람을 넣는 **혈압구**와 **압력계**가 있다. 혈압측정은 심장과 같은 높이의 상완에 공기를 주입해 커프를 부풀리고 공기배출기를 열어 측정한다.
⑤ 혈압은 청진기 또는 맥박 촉지법 등을 선택하여 측정할 수 있다.

■ 혈압을 측정하는 방법 ■ ★ ☆ 13, 15, 16 서울교

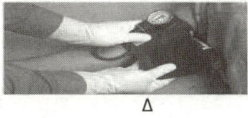
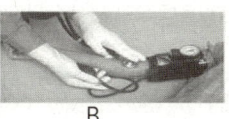
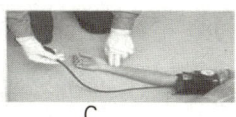

A　　　　　　　B　　　　　　　C

| 정상 혈압범위 |

구 분	수축기압	이완기압
성인	90~150 (나이+100)	60~90mmHg
아동과 청소년	약 80+(나이×2)	약 2/3 수축기압
청소년(12~15세)	평균 114	평균 76
아동(7~11세)	평균 105	평균 69
소아(4~6세)	평균 99	평균 65

맥박 촉지법	① 앉거나 눕게 한다. 앉아있는 환자는 팔을 약간 굽히고 심장 높이가 되게 올린다. ② 커프의 밑단이 팔꿈치에서 2.5cm 위로 올라오게 위팔부위에 커프를 감는다. 소아나 비만환자의 경우 커프 폭이 위팔의 **2/3 이상**을 감쌀 수 있는 커프로 측정한다. 너무 작은 커프는 **혈압이 높게 측정**된다. ③ 팔꿈치 안쪽 접히는 부분 위 중간에서 위팔동맥을 촉지하고 공기를 주입해 맥박이 사라지는지 확인한다.(노동맥에서도 가능하다) ④ 촉지로 측정한 수축기압 : 공기를 천천히 빼면서 위팔동맥이 느껴질 때까지 계속 계기판을 주시하고 맥박이 돌아올 때의 수치를 기록한다.
청진기 이용	① 청진기를 위팔동맥을 촉지한 곳에 놓고 맥박이 사라질 때까지 공기를 주입한다. ② 3~5mmHg/초 이하의 속도로 천천히 공기를 빼야 하며 계기판을 주시하며 동시에 청진기로 들어야 한다. - 처음 소리가 들릴 때의 압력을 수축기압이라한다. - (계속 공기를 빼고) 소리가 들리지 않을 때의 압력을 이완기압이라고 한다 ③ 혈압을 기록하고 촉진과 청진으로 잰 혈압이 10~20mmHg 이상 차이가 나는 경우에만 촉진과 청진으로 나누어서 기록한다. ④ 시끄러운 현장이나 구급차 이동 중에는 촉진을 이용한 수축기압 측정만이 가능하다. 촉진으로만 측정한 혈압인 경우에는 "혈압 140/P"(촉지)라고 기록해야 한다.

(4) 피부
① 계속 재평가 되어야 하며 색, 온도, 피부상태를 평가한다.
② 평가하기 좋은 부분: **손톱, 입술, 아래 눈꺼풀**이다.(피부색 변화는 순환정도의 나타냄이다)
③ 피부온도와 상태를 평가하기 위해서는 장갑을 끼지 않은 상태에서 손등으로 측정한다. 이때 환자의 혈액이나 체액에 닿지 않도록 조심한다.

(5) 동공* ☆ 11 부산장, 14 인천장, 18 소방교, 17 소방장
정상 동공(눈알 검은 구멍)은 어두운 곳에서는 커지고 밝은 곳에서는 수축하는 것이 정상이다. 동공평가는 양쪽 눈이 ❶ 모두 빛에 반응하는지 ❷ 같은 모양인지 ❸ 같은 크기인지 ❹ 혈액이 보이는지를 평가한다. ▶ 암기: 반모크피(밥먹고 피본다) (* 눈으로 박먹고보니 피가 보인다)

> ✪ **평가방법** (➡ 동공 반응, 모양, 크기, 혈액이 보이는가 등)
> ① 빛을 비추기 전 양쪽 동공 크기를 평가한다.(극소수 사람만이 동공의 크기가 다를 뿐 보통은 같다.)
> - 비정상적인 경우 의식장애를 의심한다.
> ② 빛을 비추면 동공이 수축되고 빛을 치우면 다시 이완되어야 한다. - 재평가를 위해선 1, 2초 후에 실시한다.

동공 모양	원 인* ☆ 14, 16경남장, 18소방교, 17소방장
<u>수</u> 축	안과치료제, 마약 남용, 살충제 중독, 녹내장약
<u>이</u> 완	공포, 안약, 실혈 ▶ 암기: 제(2) 공안실
<u>비</u>대칭	뇌졸중, 머리손상, 안구손상, 인공 ▶ (비)인두 뇌안
<u>무</u>반응	뇌 산소결핍, 안구부분손상, 약물남용 ▶ (무)결약
<u>불</u>규칙한 모양	만성질병, 수술 후 상태, 급성 손상 ▶ (불)만수급

▶ ① 암기법 연상: (수)안마 살녹(* 손으로 안마하여 살살 녹인다) ▶ ③ 연상: (* 비인두기를 뇌안으로)
* **오답**: 비대칭은 뇌의 산소결핍과 약물중독이다. (비대칭과 무반응 혼동주위!) 18 소방교

제3절 주요 병력 및 세부 신체검진(비외상 환자일 때)

비외상 환자의 주요병력 및 신체검진은 주 호소와 현 질병에 초점을 맞춘다.
- 비외상 환자평가 과정 중 현 질병에 대한 정보와 SAMPLE력 및 기본생체징후를 평가한다.
- 평가는 환자가 의식이 있는지, 없는지에 따라 달라진다.
① 무의식환자 : 빠른 외상평가 실시 ➡ 기본생체징후 평가 ➡ SAMPLE력 ▶ (무)빠기쌤
② 의식환자 : 현 병력 및 SAMPLE력 평가 ➡ 주요 신체검진 실시 ➡ 기본 생체징후 평가 ▶ 현쌤주기
　(*^^ 이해 : 무의식환자여서 SAMPLE력은 마지막이 되고 / 의식환자이니 처음이 된다.)

1 무의식 환자

① 빠른 외상평가 실시　(*^^ 외상과 관련된 병력 및 신체검진을 빠른 외상평가라고 한다.)
1차 평가를 통해 의식수준을 평가해서 비외상환자인 경우 주요병력 및 신체검진을 결정한다. 만약 의식장애가 있다면 빠른신체검진을 실시한다(신체적 원인을 확인하는데 목적이 있다)

머리	외상을 **시진·촉진**한다. 타박상, 열상, 부종, 압좌상, 귀 안에 혈액있는지 확인한다.
목뼈	환자임을 나타내는 표시(목걸이)가 있는지 확인하고 **목정맥 팽대**(JVD)*가 있는지 평가한다. 심장수축이 원활하게 수행되지 않을 때 징후로 **울혈성심부전증***을 나타낸다.
가슴	호흡할 때 양쪽 가슴이 적절하고 똑같이 올라오는지 관찰한다. 가슴과 목 아래 호흡보조근을 사용하는지, 호흡음은 적절하게 들리는지 평가한다.
배	배의 부종과 색, 만져지는 덩어리나 압통, 배대동맥(복부대동맥)*의 **정맥류는 배 가운데**에서 촉지 한다. 만약, 이 정맥류에서 출혈이 발생하면 의식변화나 무의식을 초래할 수 있다.
골반과 아랫배	아랫배 팽창 유무를 시진·촉진하고 **골반뼈**와 엉덩이뼈에 압통이 있는지도 촉진한다. 젊은 여성의 아랫배 압통은 산부인과적 응급상황일 수 있다.
팔다리	팔에서 다리 순으로 실시, 환자임을 나타내는 팔찌가 있는지 확인 / 부종, 변형, 탈구가 있는지, 팔에 주사자국(약물중독)이나 허벅지에 주사자국(당뇨환자)이 있는지. * 팔다리에 **맥박**이 똑같은 강도로 있는지, 운동기능과 감각기능도 평가한다.
등 부위	환자를 조심스럽게 옆으로 돌린다. 손상, 변형, 타박상을 확인한다.

② 기본 생체징후 측정　▶ 암기 : 맥호혈의 동피
　빠른 외상평가 후 ➡ 기본생체징후(맥박, 호흡, 혈압, 동공, 피부, 의식수준)를 실시한다.
③ 환자 자세 변경
　무의식 환자는 이물질 제거 및 기도유지를 해 준다.(기도를 유지할 수 없기 때문에)
　- 기도개방유지를 위해서는 **측와위**가 도움된다.(이송 중 마주보고 관찰, 흡인하는데)
④ SAMPLE력 : 무의식 환자인 경우는 가족, 주변인, 신고자를 통해 정보를 얻어야 한다.
⑤ 세부 신체검진 실시
　신속한 신체검진과 기도유지 그리고 이송을 우선으로 한다. 그 다음 상태가 안정이 되면 세부 신체검진을 실시한다. - 이 검진은 무의식 상태를 초래한 원인을 모를 때 중요하다.

2 의식이 있는 환자

① 현 병력-OPQRST   ★ 15 위, 16 소방장, 18 소방교

의식이 있는 경우는 많은 정보를 얻을 수 있다. SAMPLE력과 신체검진을 실시하고 OPQRST를 질문한다. - 이 검진은 특히 **호흡**이 가쁘거나 **가슴통증**을 호소할 때 중요하다.

① 발병시점-Onset of the event	증상이 나타날 때 무엇을 하고 있었는지?(휴식 중/활동 중/스트레스), 시작이 갑자기 또는 천천히 시작됐는지?(혹은 만성적인지) (* 발병시점)
② 유발/완화-Provocation or Palliation	어떤 움직임이나 압박 또는 외부요인이 증상을 악화 또는 완화시키는지? (쉬면은 진정이 되는지?) (*^^ 유발요인- 무엇 때문에)
③ 질-Quality of the pain	어떻게 아픈지 환자가 표현할 수 있게 **개방형**으로 질문한다.(표현:날카롭게 아픈지/뻐근한지/짓누르는 아픔인지/찢어지게 아픈지 등) (패턴:지속되는지/간헐적으로 나타나는지 등) (*^^ 통증의 특성)
④ 부위/방사-Region and Radiation	어느 부분이 아픈지 그리고 아픈 증상이 다른 부위까지 나타나는지? 이것은 종종 턱과 팔에 방사통을 호소하는 심근경색환자 진단에 중요 요소가 될 수 있다. (*^^ 통증의 전이)
⑤ 중증도-Severity	어느 정도 아픈지? (0에서 10이라는 수치로 비교 표현/0은 통증이 없는 것을 의미하며 10은 죽을 것 같은 통증을 의미한다.) (*^^ 통증의 강도)
⑥ 시간-Time(history)	통증이 얼마간 지속되는지? 통증이 시작된 이후로 변화가 있었는지?(나아졌는지/심해졌는지/다른 증상이 나타났는지) 이전에도 이런 통증을 경험했는지? (*^^ 통증의 발현시간- 통증의 지속)

● 질문은 개방형 질문을 사용해서 단답형의 대답이 나오지 않도록 주의해야 한다.

② 부분 신체검진

의식이 있는 환자: 주 호소와 관련된 <u>부분신체검진</u>을 실시한다. (* 무의식환자: 빠른외상평가)
㈎ 가슴통증호소 환자는 JVD(목정맥팽대), 가슴압통 유무와 시진, 호흡음 청진 등을 실시한다.
- 만약 전신의 통증을 호소한다면 무의식 환자에서와 같은 빠른외상평가를 실시한다.

③ 생체징후   (*^^ 생체징후는 의식환자, 무의식환자 모두 아래 6가지로 이해한다.)
❶맥박, ❷호흡수, ❸혈압, ❹의식수준, ❺동공 ❻피부상태도 평가한다. ▶ 맥호혈의 동피

④ 응급처치 제공

1차평가, 주요병력과 신체검진으로 응급처치를 한다. 응급처치는 산소공급과 이송이 동시에 제공돼야 한다. 즉각적 이송이 필요한 환자는 → 가슴통증, 의식장애, 심한통증, 호흡곤란 환자이다.

⑤ 세부 신체검진 실시

전신이 아닌 주 호소와 환자가 호소하는 증상 및 징후에 관련된 일부만 검진을 실시한다

---

* 목정맥팽대(JVD): 목정맥이 부풀어 커지는 현상.
* 울혈성심부전증: 혈액순환장애로 일어나는 심부전증을 말한다.   * 배대동맥: 복부의 대동맥을 말한다.
* 생체징후 평가 : 맥박, 호흡, 혈압, 의식, 동공, 피부상태를 구급대원 등이 평가하는 것.
* 1차평가 : 의식, 기도, 호흡, 순환 등 현장에서 환자를 평가하는 것.(* 2차평가: 안전한 곳으로 이동 후 평가.)

제4절 주요 병력 및 세부 신체검진(외상 환자일 때)

외상환자 평가는 현장확인과 1차 평가를 제외하고는 비외상 환자와 다르다.
비외상환자는 환자병력을 중시하는 반면, 외상환자는 외상 발견에 중점을 둔다.

1 손상 기전 ★ 24 소방위

(1) 현장확인으로 손상기전*을 확인하고 주요병력 및 신체검진을 실시한다.
아래와 같이 심각한 경우에는 빠른 외상평가를 실시해야 한다.
① 차량 사고(심한), 차에 부딪힌 보행자, ② <u>6m 이상의 낙상 환자</u> ③ 폭발사고 환자 등
(2) 소아 환자는 아래와 같은 경우 심각한 외상을 초래할 수 있다. ▶ 63빌딩 ★ 24 위
① <u>3m 이상의 낙상 환자</u> ② <u>부적절한 안전벨트를 착용한 차량 환자</u>
(3) 1차 평가로 의식장애, 호흡장애, 순환장애가 나타났다면 빠른외상평가를 실시한다.
- 만약 경증손상인 경우는 손상부분 외상평가와 손상과 관련된 병력만 수집하면 된다.

> ① 경증 외상 :
> 현장 확인과 1차 평가, 손상기전 확인 → 주 호소와 손상기전과 관련된 부분 신체검진 → 기본 생체징후 평가
> → SAMPLE력 → 세부 신체검진. ▶ 경증: 현익손 부섐쌤세
> ② 중증 외상 : ★ 18 위   ▶ 중증: 현익손 척기리의 빠기쌤세
> 현장 확인과 1차 평가, 손상기전 확인 → 척추 고정 → 기본소생술 제공 → 이송여부 결정 → 의식수준
> 재평가 → 빠른 외상평가 → 기본 생체징후 평가 → SAMPLE력 → 세부 신체검진
> (*^^ 경증이니 '부분신체검진'이 들어가고 / 중증이니 'CPR과 이송여부결정' 등이 들어간다.)

* 손상기전(損傷機轉): 손상과정, 손상체제, 손상메커니즘을 뜻한다. (*^^ 기전: 발생하는 과정, 정도)

2 경증 외상

우선순위 : 현장 확인을 통한 손상기전과 1차평가를 실시한다. 손상정도를 판단하기 위해 부분병력 및 신체검진을 실시한다. 만약 중증이라면 빠른 외상평가를 실시하고 경증이라면 일반적인 신체검진, 생체징후 그리고 SAMPLE력을 평가하면 된다. ▶ 부생쌤세(경증순서)

① 부분 신체검진	1차평가 및 위급한 상태가 아니라면 손상부분 및 통증호소 부분을 검진한다. 시진과 촉진을 이용해 DCAP-BTLS 유형을 평가하고 **빠른 외상평가와 다른 점은** 머리에서 발끝 까지 검진하는 것이 아니라 **부분만 검진한다는 점이다.**
② 생체징후와 SAMPLE력	부분 신체검진 후 생체징후 측정과 SAMPLE력을 평가한다. - 평가 정보는 모두 기록지에 남겨야 한다.
③ 세부 신체검진	경증인 경우 보통 필요하지 않은 검진으로 부분신체검진 및 재평가를 통해 손상부위를 평가한다. 그러나 출혈양상, 환자의 통증호소 및 비정상적인 감각에 주의한다.

3 중증 외상* ☆ 18 소방위   ▶ 척기리의 빠기쌤세(①~⑧ 중증순서)

① 척추고정	현장 확인을 통해 손상기전을 확인한 후 필요하다면 척추고정을 실시한다. - 1차 평가 동안 한명의 대원은 손을 이용해 머리고정을 실시해 주어야 한다.
② 기본소생술 제공	기도유지 및 CPR을 제공해 주어야 한다. 단, 꼭 필요한 경우를 제외한 나머지 처치로 이송을 지연시켜서는 안 된다.
③ 이송여부 결정	빠른외상평가를 통해 심각한 손상이나 상태악화가 나타나면 신속한 이송을 한다. 이송을 판단하는 것은 현장의 위험도, 이송 가능한 차량, 환자의 상태에 따라 달라진다.
④ 의식수준 재평가	1차 평가에서와 마찬가지로 AVPU를 이용한 의식수준을 평가한다. - 특히, 의식수준이 악화될 때 주의 깊게 평가한다.
⑤ 신속한 외상평가 (빠른외상평가)	㉠ 병력 및 신체검진을 **빠른 외상평가**라고 한다 - 평가순서는 **머리에서 발끝** 순이다. ㉡ 손상 유형으로는 ❶변형, ❷타박상, ❸찰과상, ❹천자상, ❺화상, ❻열상 ❼부종, ❽압통, ❾불안정, ❿마찰음이 있다. - 첫 글자를 따라서 DCAP-BLS, TIC 라고도 한다. - 이러한 손상은 시진과 촉진을 통해 알 수 있다. ▶ 부천 화마영찰(차) 변압(기) 불타 ㉢ 몸의 전방을 검진한 후에는 통나무 굴리기법으로 **환자를 옆으로 눕혀 후방을 검진**해야 한다. 만약 **시간이 된다면 세부신체검진을 실시할 수 있다.**

빠른 외상 평가	
머리	얼굴과 머리뼈 시진, 촉진.
목	• JVD(목정맥팽대) : 울혈성심부전증이나 위급한 상태.
가슴	• 비정상적인 움직임 : **연가양 가슴**(*^^ 가슴뼈 골절로) 호흡음 - 허파 위와 아래 음을 양쪽 비교하면서 청진
배	팽창, 경직(촉진), 안전벨트 표시(소아인 경우 중상 의심)
골반	골반을 부드럽게 누를 때와 움직일 때의 통증 유무, 대·소변 실금
팔다리	• 맥박- 양쪽 발등동맥과 노동맥 비교. • 감각- 의식이 있으면 양쪽 비교해서 질문하고 무의식은 통증자극 • 운동- 의식이 있으면 손가락과 발가락 움직임을 지시하고 무의식인 경우 자발적인 움직임 유무를 관찰.

⑥ 기본생체징후	비정상적인 생체징후 및 악화는 쇼크를 의심할 수 있다. 성인의 빠른맥은 혈압이 떨어지기 전의 증상이기에 중요하다. / 창백하고 차갑고 축축한 피부 역시 쇼크 증상이다.
⑦ SAMPLE력	비외상 환자와는 달리 부분 병력 및 신체검진 후에 마지막으로 실시한다.
⑧ 세부신체검진	위급하지 않은 손상과 상태에 대한 정보를 수집하기 위한 검진으로, 위급한 처치 및 상태 안정을 확인한 후 실시한다. 세부 신체검진은 **머리**(중요부분)에서 **발끝** 순으로 실시한다.

4 재평가

재평가시점 13경남장	재평가는 모든 환자에게 실시한다. 치명적인 상태 처치 후, 세부신체검진 후 실시한다. 그렇다면 얼마나 자주 실시해야 하는지는 환자상태에 따라 달라진다. ① 위급한 환자는 적어도 매 5분마다 실시한다. ↳ **무의식환자, 심한 손상기전, 소생술이 필요한 환자** ▶ 무심하게 손상된 소는 5분마다 ② 기타환자(의식이 있는 환자, 정상 생체징후, 경상 환자)는 매 15분마다 실시한다. ③ 환자의 상태가 갑자기 변한다면 즉각적으로 재평가하고 평가내용은 기록해야 한다.

CHAPTER 02 기도 유지(2장)

제1절 기도확보
☆ 13 인천, 전북, 14 인천장

① 기도는 ❶코→ ❷입→ ❸인두→ ❹후두→ ❺기관→ ❻기관지→ ❼세기관지→ ❽허파의 경로로 구성된다. 기도를 평가·개방하고 인공호흡을 위해서는 환자를 앙와위로 취해줘야 한다.
② 척추손상 의심 환자: 계단이나 사다리 근처 환자 / 차량사고, 다이빙, 스포츠사고 환자 / 어깨 윗부분에 손상 환자 / 주위 목격자의 증언 등의 경우이다.

1 머리기울임/턱 들어올리기 법*

기도를 최대한 개방시키는 방법(혀로 인한 기도폐쇄에 가장 좋은 방법임)
★ 목적: 기도를 유지하고 호흡을 원활하게 하기 위해.
① 환자를 누운자세로 하고, 한 손은 이마에, 다른 손의 손가락은 아래턱의 가운데 뼈에 둔다.
② 이마에 있는 손에 힘을 주어 부드럽게 뒤로 젖혀 준다 / 손가락으로 턱을 올려주고 아래턱을 지지한다. - 기도를 폐쇄할 수 있는 **아래턱 아래의 연부조직을 눌러서는 안 된다.**
③ 환자의 입이 닫혀지지 않도록 한다. - 이를 위해서는 **엄지손가락**으로 턱을 아래쪽으로 밀어 주는데 - 이때 손가락을 입안으로 넣으면 안 된다.

★ 주의사항 : (이 방법은 목뼈와 연결되는 척추손상이 **없는** 환자에게 사용하는 방법이다.)
의식이 **없거나 외상** 환자의 경우 대부분 척추손상을 의심할 수 있으므로 위 방법을 사용해서 안 된다.

2 턱밀어올리기(하악견인법)

❶ 의식이 **없는** 환자이거나 ❷ 척추손상이 의심될 경우 사용하는 방법이다.
① 환자의 머리, 목, 척추가 일직선이 되도록 조심스럽게 환자를 바로누운자세로 취애준다.
② 환자의 머리 정수리부분에 무릎을 꿇고 앉은 다음 팔꿈치를 땅바닥에 댄다.
③ 조심스럽게 환자의 귀 아래 아래턱각 양측에 손을 댄다.
④ 환자의 머리를 고정시킨다.
⑤ **검지**를 이용해서 아래턱각을 환자 얼굴 전면을 향해 당긴다.
⑥ 이때, 환자의 머리를 흔들거나 회전시켜서는 안 된다.

 (*^^ 척추환자는 206개 뼈 중에서 가장 중요한 목뼈와 연결되어 머리를 뒤로 젖힐 수 없기 때문이다)
 (*^^ ❶ 의식이 없다면 머리쪽 손상으로 척추와 연결되어 머리기울림(뒤로 젖힘)을 할 수 없기 때문)

제2절 기도유지 보조기구

▶ 본 이론은 p.372(의료장비사용법)을 참고한다.

1 보조기구 사용 규칙** ☆ 16 부산장·대구교, 17 위

① 구역반사가 없는 무의식 환자인 경우에만 입인두기도기를 사용할 수 있다. 구역반사는
  ➡ 인두를 자극하면 구토가 일어나는 반사로 무의식환자에게는 보통 일어나지 않는다.
② 기도기를 사용하기 전에 손으로 환자기도를 개방한다.
③ 삽입할 때 환자의 혀를 안으로 밀어 넣지 않도록 한다.
④ 만약 환자에게 구역(구역질, 구토)반사가 나타나면 ➡
  기도기 삽입을 즉시 중단하고,(손으로 계속 기도를 유지하며 기도기를 삽입하면 안 된다)
⑤ 기도기를 삽입한 환자인 경우 계속 손으로 기도를 유지하고 관찰하며, 필요하다면 흡인할 준비를 한다. ➡ 구역(구토)반사가 나타나면 즉시, 기도기를 제거하고 흡인할 준비를 한다.

2 입인두기도기 ☆ 13 인천, 서울장, 16, 18 소방교

① 기도가 개방되면 기도를 유지하기 위해 입인두기도기를 삽관할 수 있다.
② 곡선형 모양에 대개는 플라스틱으로 만들어져 있다.
③ 환자의 입에 위치하는 플랜지가 있고 나머지 부분은 혀가 인후로 넘어가지 않게 유지하는 역할을 한다.
④ 입인두기도기는 크기별로 있으며 ➡ 환자에 따라 적절한 크기를 사용한다.
  - 너무 길거나 너무 짧은 기도기의 삽관은 오히려 기도폐쇄를 유발할 수 있다.
⑤ 그 크기는 환자의 입 가장자리에서 귓불까지 / 또는 입 가운데에서(입의 가장 튀어나온 윗부분) 아래턱각까지 길이를 재야 한다.

> ● 입인두기도기 삽입방법(p.372 참고)
> ① 처치자는 환자의 머리 위 또는 측면에 위치한다.
> ② 한 손으로 엄지와 검지를 교차(손가락교차법)하고 환자의 위·아래 치아를 벌려 입을 개방시킨다.
> ③ 기도기의 끝이 입천장으로 향하게 하여 물렁입천장에서 저항이 느껴질 때까지 넣는다.
>   - 혀가 인두로 넘어가지 않도록 주의해야 하며 설압자를 사용해서 쉽게 넣을 수도 있다.
> ④ 기도기의 끝이 입천장에 닿으면 기도기를 부드럽게 180°회전시켜 끝이 인두로 향하게 한다.
>   - 이 방법은 혀가 뒤로 밀려들어 가는 것을 방지하기 위함이다. - (※ 입 가장자리에서 입안으로 넣은 후 90°회전시켜 기도기의 굴곡면이 아래를 향하게 하며 인두로 밀어 넣는 방법도 있다.)
> ⑤ 비외상 환자라면 머리기울임/턱들어올리기법을 실시한다.(즉, 척추 등의손상이 없는 환자라면)
> ⑥ 플랜지가 환자 입에 잘 위치했는지 확인한다.(기도기 길이가 안맞다면 알맞은 크기로 다시 삽관)
> ⑦ 인공호흡이 필요하다면 마스크로 기도기를 덮어서 실시한다. - 주의 깊게 환자를 관찰한다.
> ⑧ 만약 구토반사가 나타나면 즉시 제거하는데 제거할 때에는 돌리지 말고 곡선에 따라 제거한다.
>   ※ 기도기를 유지하고 있는 환자는 계속적인 흡인이 필요하다.

3. 코인두기도기* ★ 14 위, 18 소방교

① 코인두기도기는 **구역(구토)반사**를 자극하지 않아 사용빈도가 높다.
② 구강에 상처나 입을 벌릴 수 없는 경우나 구역반사가 있는 환자 모두에게 사용될 수 있다.
③ 대부분 부드럽고 유연성 있는 라텍스 재질로 연부조직의 손상이나 출혈 가능성이 적다.

> ◎ **코인두기도기 삽관하는 방법**
> ① 콧구멍보다 약간 작은 코인두기도기를 선택한다.
> ② 삽관 전에 수용성 윤활제를 기도기에 바른다. - 비수용성 윤활제는 안됨.(감염과 조직손상 위험으로)
> ③ 환자의 머리는 중립자세로 위치시키고 곡선을 따라 삽관한다. - 대부분의 코인두기도기는
>   오른 콧구멍에 맞게 제작된다. / 끝의 사면이 코 중간뼈를 향하도록 한다.
> ④ 끝부분에 가깝게 잡고 플랜지가 콧구멍에 닿을 때까지 부드럽게 넣는다.
>   - 만약, 저항이 느껴진다면 다른 비공으로 시도해 본다.
> ⑤ 만약 코와 귀에서 뇌척수액이 나왔다면 코인두기도기를 삽관해서는 안 된다.
>   - 환자의 머리뼈 골절을 의미하므로 기도기로 인해 뇌 손상을 초래할 수 있다.
>
> > ❶ 순서는 환자의 코 가장자리에서 귓불까지의 길이를 측정한다.(즉, 코끝에서 귓불 끝까지)
> > ❷ <u>수용성 윤활제(수성윤활제)</u>를 바른다.
> > ❸ 부드럽게 비스듬한 단면이 콧구멍 바닥이나 코 중간뼈(콧구멍을 나누는 벽)을 향하여
> >   넣는데 플랜지가 콧구멍에 걸릴 때까지 기도기를 넣는다.

◎ 입·코인두기도기는 혀의 근육이완으로 인한 상기도 폐쇄를 예방하고 기도를 유지하는 데 목적이 있다.
완전하게 기도를 유지하기 위해서는 기도삽관을 해야 한다.

┃코인두기도기 삽입 순서┃

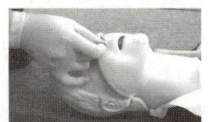  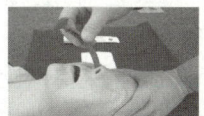

❶ 코인두기도기 측정   ❷ 수용성윤활제 바름   ❸ 코인두기도기 삽입

┃입인두기도기 삽입 순서┃

 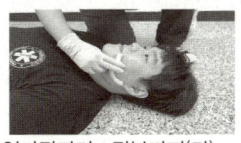 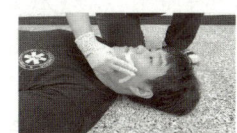 

입인두기도기   입가장자리~귓볼까지(좌)   입중앙선~아래턱각까지(우)   적절한 기도기의 위치

> ■ **기도유지 이야기**
> • 환자가 의식이 없는 경우 기도폐쇄원인의 대부분은 혀의 근육이완으로 인해 유발되는데
>   이로 인해 산소결핍과 이산화탄소의 축적이 발생된다.(*^^ 정신을 잃으면 혀가 늘어난다)
> • 호흡계의 기능은 들숨으로 산소를 얻고, 날숨으로 이산화탄소를 내보내는 것이다.
> • 기도유지는 전 처치 과정에서 지속적으로 이루어져야 하며 기도유지를 위한 보조기구는
>   무의식환자의 기도유지를 위한 초기처치에 사용될 수 있다.

제3절 인공호흡방법

인공호흡법에는 수동 또는 자동식의 양압으로 허파에 공기나 산소를 공급하는 것으로
입 대 마스크(포켓마스크) / 2인 BVM / 1인 BVM / 자동식 인공호흡기 등이 사용되고 있으나
구강대 구강법은 환자의 침, 혈액, 구토물로부터 처치자의 적절한 격리가 필요하므로
가급적 추천되지 않으며 휴대용기구 등을 사용하는 것이 바람직하다.

> ◯ 인공호흡 시 환자에게 적절한 환기를 위한 평가★
> ① 매 환기 시 환자의 가슴이 자연스럽게 팽창, 하강하는가?
> ② 환기 비율은 적절한가? (성인 10~12회/분 / 소아·영아 12~20회/분 / 신생아 40~60회/분)
> ③ 환자의 심박동수가 정상으로 돌아 왔는가?   ④ 환자의 피부색이 호전되었는가(혈색의 회복 등)
>
> ◯ 인공호흡 시 적절한 환기를 위해서는 다음의 사항을 준수한다.
> ① 항시 기도의 개방상태를 유지한다.   ② 환자의 안면과 마스크가 완전히 밀착되어야 한다.
> ③ 고농도의 산소를 공급한다.   ④ 공기가 위로 유입되지 않도록 한다.(위팽창 예방)
> ⑤ 환자에게 적정 환기량과 비율로 환기를 제공한다. ⑥ 날숨을 완전히 허용한다.

1 입 대 마스크(포켓마스크) ★   ☆ 14 인천장, 16 경기장, 17 소방장   (p.376 참고)

① 포켓마스크는 무호흡 환자에게 사용되는 입대입 마스크법으로 휴대 및 사용이 용이하다.
  - 대부분 산소연결구가 부착되어 산소를 연결하여 사용 시 **50%의 산소 공급율**을 보인다.
② 포켓마스크는 대부분 **일방향 밸브**가 부착되어 환자의 날숨, 구토물 등으로부터의 감염방지의 역할을
  하며,(마스크부분이 투명하여 환자의 입과 코에서 나오는 분비물을 볼 수 있다.)
③ 마스크 측면에 달린 끈은 1인 응급처치 시 환자의 머리에 고정시키고 가슴압박을 할 수 있다.
  - 하지만 인공호흡 시에는 손으로 포켓마스크를 얼굴에 밀착하여 고정시켜야 한다.
  ㉠ 환자 머리 위에 무릎을 꿇고 기도를 개방시킨다.
     - 입안의 이물질을 제거하고 / 필요시 입인두기도기로 기도를 유지시킨다.
  ㉡ 산소를 연결시켜 분당 <u>12~15ℓ</u>로 공급한다. ▶ 12, 15(★ 입으로 12겅고 15먹는다)
  ㉢ 삼각형 부분이 코로 오도록 환자의 입에 포켓마스크를 씌운다.
  ㉣ 턱 들어올리기를 유지하면서 마스크를 환자의 얼굴에 완전히 밀착시킨다.
     - 양 엄지와 검지손가락으로 마스크 옆을 잡고, 남은 세 손가락으로 귓불 아래 아래턱뼈를
       잡고 앞으로 살짝 들어 올린다.
  ㉤ 숨을 불어 넣는다 : 성인과 소아 1초간.(이때 가슴이 올라오는지 살핀다)
  ㉥ 포켓마스크에서 입을 떼어 호흡이 나올 수 있도록 한다.

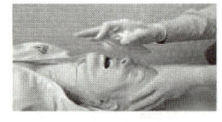
■ 콧등 첨부위에 마스크를 올려 놓는다 ■

■ 마스크를 'C' 와 'E' 로 잡는다. ■

■ 완전하게 밀착시켜 기도를 개방한다. ■

■ 가슴을 보며 호흡을 1초간 불어넣는다. ■

2. 백-밸브 마스크(BVM)** ☆ 13 경기장, 15 소방장, 16 경남, 서울장 (p.377 참고)

손으로 인공호흡을 시키는 기구로 호흡곤란, 호흡부전, 약물남용 환자에 사용된다.
BVM은 감염방지에 유용하며 유아용, 아동용, 성인용 크기가 있다.(* 대원 2명이 함)

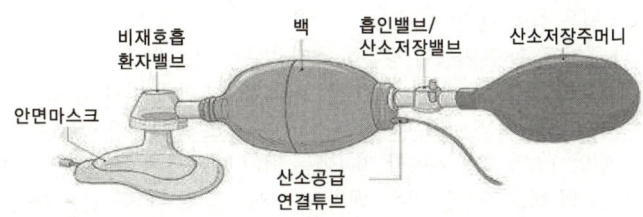

① 조건: 백은 짜고 나면 다시 부풀어 올라야 하며 세척이 용이하고 멸균상태여야 한다.
② 기능: 산소 연결구를 통해 15ℓ/분의 산소를 연결, 밸브는 비재호흡 기능을 갖고 있다.
③ 원리: 저장낭에 연결해 산소가 공급되고 백을 짜면 공기주입구가 닫히고 산소가 환자에게 공급.
④ 산소: **산소저장낭은 거의 100%를 공급**, 저장낭이 없다면 약 40~60%(약50%)를 공급한다.
⑤ 지연시: 만약 백을 짜는 것이 지연된다면 ➡ 환자의 수동적인 날숨이 나타날 수 있다.
⑥ 날숨시: 환자가 숨을 내쉬는 동안 ➡ 산소는 저장낭으로 들어간다.(다음 공급을 위해)
⑦ 보유량: 백은 크기에 따라 다르지만 1~1.6ℓ를 보유할 수 있다. (*^^ 분당 10~15L)
⑧ 공급량: 한번 공급하는 양은 적어도 0.5ℓ(= 약 500cc 한컵)가 되어야 한다.
⑨ 어려움: 인공호흡 시 가장 어려운 점은 마스크가 잘 밀착되어 새지 않도록 하는 것이다.
- 한 손으로 백을 짜고 다른 손으로 마스크를 밀착·유지시키는 것은 어려운 일이다. 따라서 <u>2명의 구급대원이 필요</u>하며 척추나 머리손상 환자에게는 마스크를 유지하는 대원이 동시에 아래턱견인을 실시한다.

> ✪ **2명의 구급대원이 일반환자를 대상으로 BVM을 사용하는 방법**
> ① 머리기울림-턱들어올리기법으로 기도 개방.(필요하다면 흡인과 기도기 삽관)
> ② 적당한 크기의 BVM마스크를 선택한다.
> ③ 환자 머리맡에 무릎을 꿇고 마스크의 윗부분에 엄지와 검지손가락을 놓고('C'모양) 잡고 남은 세손가락으로 귓불 아래 아래턱각을 잡고('E'모양) 환자 얼굴 전면을 향해 당긴다.
> ④ 삼각형모양 마스크 윗부분을 환자 콧등으로하고 아랫부분은 턱 윗부분에 위치시켜 입과 코를 덮는다.
>  알맞은 크기의 마스크를 사용하여야 정확한 마스크 밀착을 유지할 수 있다. 마스크의 크기는 코의 미간과 턱의 들어간 부위 위가 가장 정확하다.
> ⑤ 중지, 약지와 새끼손가락을 이용해 턱을 들어 올려 유지시킨다.
> ⑥ 다른 대원은 마스크에 백을 연결시키고 환자의 가슴이 올라올 때까지 백을 눌러야 한다.
> - 성인 환자의 경우 5~6초간 1회, / 소아의 경우 3~5초간 1회 백을 눌러야 한다. 16서울장 만약 CPR을 하는 과정이라면 가슴압박을 한 후에 인공호흡을 제공한다.
> ⑦ 백을 누르는 힘을 풀어 환자가 수동적으로 날숨을 하도록 해야 한다. - 그동안 백에 산소가 충전된다.
> ✪ 외상환자에게 BVM을 이용할 때는 같은 단계로 실시하나 머리기울림/턱들어올리기방법 대신 턱 밀어올리기방법을 실시하며 다른 대원은 한 손으로 마스크를 밀착시키고 다른 손으로 인공호흡을 제공해야 한다.

1인 BVM 사용방법	1인 BVM 사용은 가급적이면 모든 인공호흡방법이 안 되는 경우에만 사용한다.
	  - (왜냐하면 1인이 마스크를 충분히 밀착하고 백을 짜는 것이 효과적이지 못해서이다).
	① 환자 머리 위에서 기도가 개방 상태인지 확인한다. - 필요시 흡인하고 입인두기를 삽입한다.
	② 적당한 크기의 마스크를 선택하고 환자 코와 입을 충분히 덮게끔 마스크를 위치시킨다.
	③ 엄지와 검지가 "C"모양이 되게 마스크를 밀착시키고 나머지 (세)손가락으로 "E" 모양을 만들어 턱을 들어 올린다.
	④ 다른 손은 환자 가슴이 충분히 올라오도록 백을 눌러야 한다.
	  ㉠ 1회의 호흡량은 500~600㎖을 유지하고 1초에 걸쳐 실시한다.
	  ㉡ **성인 환자는 5~6초마다 1회 백을 누르고, 소아는 3~5초 마다 1회** 백을 누른다.
	  ㉢ 만약 1ℓ의 백을 사용할 경우에는 백의 1/2~2/3 정도로 압박하며, (즉, 반 이상)
	  ㉣ 2ℓ의 백을 사용할 경우, 백의 1/3 정도를 압박하여 인공호흡을 실시한다.
	⑤ 백을 누르는 힘을 풀어 환자가 수동적 날숨을 하도록 한다(그동안 백에 산소 충전됨)
	✪ 만약, 환자의 가슴이 올라오지 않는다면 다음과 같은 처치를 실시해야 한다.
	  ① 머리 위치를 재조정한다.
	  ② 마스크가 새지 않는지 확인하고 손가락으로 재 밀착시킨다.
	  ③ 기도 또는 기구의 막힌 부분이 없나 확인하고 필요하다면 흡인한다.
	    - 마지막으로 기도유지기 삽관을 고려해 본다.
	  ④ 위의 방법에도 가슴이 올라오지 않는다면 다른 인공호흡법을 사용해야 한다.
	    - 포켓마스크, 산소소생기(= 인공호흡기)
	    (*^^ 주의 : 소아는 본디 해부학적인 이유로 산소소생기를 사용해서는 안 된다)

BVM을 통한 호흡보조	① 환자에게 단순히 많은 산소를 공급하는 것만으로 생명의 유지는 충분하지 않다.
	② BVM을 통해 호흡을 보조해 주어야 하는 경우:
	  ㉠ 환자의 호흡이 너무 느릴 때 추가 호흡을 제공하거나
	  ㉡ 부적절한 호흡을 하는 환자의 호흡 깊이를 증가시키기 위해.
	③ 보조하는 동안 환자의 가슴이 충분히 올라오는지 주의 깊게 관찰해야 하며
	  ㉠ 호흡이 얕은 경우에는: 가슴이 올라갈 때 충분히 백을 눌러주고
	  ㉡ 호흡이 너무 느린경우: 가슴이 내려가자마자 바로 BVM호흡을 제공해 준다.
	④ BVM은 CPR을 하는 동안에도 사용할 수 있다.(* 2명이) / 만약 <u>1명</u>의 구급대원이면 CPR 시 BVM보다 < 포켓마스크 이용하는 것이 시간적이나 효과에서도 효율적이다.
	  (*^^ 포켓마스크 사용은 1명이 하고, BVM은 2명이 하는 것이 원칙이다)

구강호흡 위한 BVM	① BVM은 기도절개관을 삽입한 환자에게도 인공호흡을 위해 사용할 수 있다. ② 관은 호흡을 위해 목에 외과적으로 구멍을 낸 것으로 고무, 플라스틱 등 약간 굽어져 있다. 대부분 분비물이 관을 막아 호흡곤란이나 호흡정지가 나타나므로 **흡인과 동시에 BVM 사용이 권장**된다.

2인 처치법	① 관을 막고 있는 분비물을 제거한다.
	② 중립자세로 환자의 머리와 목이 위치하도록 한다.
	③ 소아용 마스크로 관 주위를 덮는다.
	④ 환자 나이에 따른 적절한 비율로 인공호흡을 실시한다.
	⑤ 만약 관을 통해 인공호흡을 할 수 없다면 관을 막고 입과 코를 통해 시도해 본다.
	  -기관이 입, 코, 인두와 통해 있을 때만 가능하며 그렇지 않은 경우에는 불가능 하다.
	  - BVM은 완전 분해될 수 있고 사용 후에는 소독해야만 한다.

3 자동식 인공호흡기(산소소생기)

순간적으로 호흡이 정지된 환자나 호흡부전 및 호흡곤란 환자에게 자동 및 수동으로 적정량의 산소를 안전하고 효과적으로 공급하는 장비로 사용된다.
① 압축 산소를 동력원으로 작동하는 부피/시간 방식
② 공기가 허파에 차는 것을 최소화하기 위하여 들숨 대 배기 시간이 1:2 비율
③ 배 팽만을 방지하기 위해 체중이나 상태에 따라 6단계 산소공급량 조절가능
④ 분당 호흡횟수와 공급 산소량을 조절 할 수 있는 1회 환기량 조절버튼
⑤ 최대 기도압력 60cmH_2O 이상 시 경보음과 함께 압력이 외부로 자동배출
⑥ 인공호흡 시 99.9% 이상(약 100%)의 산소 공급
⑦ 구토물에 의한 자동 전환기의 오염 방지를 위해 다이아프램이 설치돼 있고 세척 및 교체 가능
⑧ 산소 공급을 일시적으로 중단시킬 수 있는 차단버튼 설치
⑨ CPR이 끝난 후 수동으로 산소를 공급할 수 있는 수동버튼 장착
⑩ 수동버튼 사용 중 일정시간(4~10초) 작동시키지 않을 경우 자동전환

제4절 흡인과 흡인기

흡인은 진공을 이용해 이물질을 제거하는 기구로 호흡장애 등이 있는 환자는 흡인이 필요하다.
흡인은 상기도에서 그렁거리는 소리가 들릴 때마다 즉시 실시한다.

(1) 고정용(차량용, 장착용)흡인기와 휴대용 흡인기* ☆ 11 부산장, 14 경기교

① 대부분의 구급차량 내부에 장착되어 있으며 환자 측 벽면에 있다.
② 엔진이나 전기를 이용해 흡인을 위한 진공을 형성한다.
③ **효과적으로 흡인기는 흡인관 끝 부분에서 30~40ℓ/분의 공기를 흡인해야 하며,
   흡인관을 막았을 때 300mmHg 이상 나와야 효과적흡인이 될 수 있다.**
✪ 휴대용은 40ℓ/분으로 공기를 흡인한다. 전기형, 산소(공기)형, 수동형 형태가 있다.

▪차량 장착용흡인기
▪휴대용흡인기

연결관	두껍고, 변형이 없고, 직경이 크고, 길어야 하고, 큰 분비물도 통과 가능해야 한다.
흡인팁 (경성)	① **경성인두 흡인팁**을 주로 사용(연성보다 직경이 넓어 큰 이물질 흡인 가능) - 경성은 무의식환자에게 좋으나 의식이 있거나 회복된 환자에게는 인두를 자극하면 구역반사를 일으켜 미주신경을 자극해 느린맥이 나타나기 때문이다.
흡인 카테터 (연성)	① 연성 플라스틱으로 보통은 구토물이나 두꺼운 분비물 등을 흡인하기에 충분하게 크지 않으며 경성 팁을 사용할 수 없는 경우를 대비해 만들어 졌다. ② 예) 코인두기도기나 기관내관과 같은 튜브를 갖고 있는 환자를 흡인할 때 주로 사용된다. ✪ 구토물이나 많은 분비물을 흡인할 때는 직경이 넓은 경성 흡인관을 사용하고, 흡인 후에는 보통 흡인관으로 바꾸어 사용한다. ▶ 경성(서울)이 넓다.
수집통	장갑, 보안경, 마스크착용은 흡인할 때뿐만 아니라 기구를 세척할 때도 착용한다.
물통	흡인관, 카테터는 물통에 담가 흡인한다(막혀 있다면 다른 흡인관이나 카테터로 교체)

1 흡인하는 방법** ★ 13 경북교, 15, 17 소방교, 22 위

① 흡인 중 감염에 주의한다.(보안경, 마스크, 장갑, 가운 착용)
② 성인의 경우 한번에 **15초 이상** 흡인해서 안 된다.
    (* 이유: 흡인 중 산소를 공급할 수 없으므로) 15초 흡인하면 양압환기를 <u>2분간</u> 실시한다.)
③ 연성 카테터를 사용할 때는 입인두기도기 크기를 잴 때와 같은 방법으로 실시한다.
    - 경성 흡인관을 사용할 때 크기를 잴 필요는 없다.
④ 환자는 대개 측위를 취해 분비물이 입으로 잘 나오도록 한다.
⑤ 목 또는 척추손상 환자는 긴 척추 고정판에 고정시킨 후 흡인한다.
⑥ 경성·연성 카테터는 강압적으로 넣어서는 안 되며 경성은 특히, 조직손상과 출혈에 주의한다.

제5절 산소치료

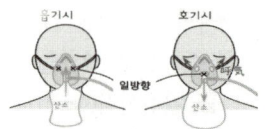

산소공급의 중요성*	다음과 같은 상태의 환자는 추가적인 산소공급이 필요하다. - ① 호흡 또는 심정지 ② 심장 발작 또는 뇌졸중 ③ 가슴 통증 ④ 가쁜 호흡 ⑤ 쇼크(저관류성) ⑥ 허파질환 ⑦ 과다 출혈(내부 또는 외부출혈로 혈액, 적혈구가 감소되어 산소공급을 못해준다)
저산소증*	① 화재로 인해 갇혀 있는 경우 ② 허파공기증 환자 및 뇌졸중, 쇼크 ③ 호흡기계를 통제하는 뇌기능을 낮추는 약물남용(분당 5회이하 호흡시 저산소증 유발) - 일반적징후: 청색증, 의식장애, 혼돈, 불안감(저산소증의 처치는 산소공급이다)

맥박 - 산소포화도 측정기구*	① 정상 산소포화도는 95~100%이며 / **95% 미만인 경우, 저산소증**을 나타낸다. 이 경우
	② 고농도 산소를 공급해 준다. - 이 기구로 저산소증을 즉시 알 수 있고 기도유지 및 할 수 있다. 그래도 산소포화도가 떨어지면 BVM로 양압환기를 실시한다
	❂ 측정기구를 사용할 때 일반적으로 알아야 할 사항으로는
	㉠ 맥박: 산소포화도 측정기구에 전적으로 의존해서는 안 된다.
	  - 측정치가 정상이라고 해서 산소공급이 필요하지 않은 것은 아니다.
	    가슴통증, 빠른호흡, 쇼크징후 등 환자는 수치에 상관없이 고농도산소를 공급한다.
	㉡ 측정기구가 정상으로 작동하는지 확인한다.
	    대부분의 기구는 산소포화도를 나타낸 후 ➡ 맥박을 표시한다. 구급대원이 측정한 맥박수와 다르다면 산소포화도 수치도 정확하지 않다는 것을 의미한다.
	  - 쇼크 또는 측정부위가 차가운 경우에는 정확한 수치가 나오기 어렵다.
	  - 매니큐어를 칠한 손톱은 더더욱 부정확하므로 아세톤으로 제거 후에 측정한다.
	㉢ 몇몇 건강상태에서는 정확성이 떨어진다.
	    일산화탄소 중독은 심각한 저산소증임에도 불구하고 산소포화도가 높게 나온다.

산소치료의 위험성	① 응급처치용 산소는 약 13,800~15,180KPa(138~151.9kg/㎠) 압력으로 저장되므로
	  - 만약 통이나 밸브가 파손되어 터지면 **콘크리트벽도 뚫을 수 있으므로** 주의한다.
	② <u>55℃</u> 이상의 온도에서 산소통을 저장해서는 안 된다. (* 사우디아라비아 평균온도)
	③ 압력이 있는 상태에서는 산소와 기름은 섞이지 않고 폭발과 같은 반응을 나타내므로
	  - 산소공급기구에 기름을 치거나 석유성분이 있는 접착테이프와 접촉하지 않도록 한다.
	④ 신생아에게 하루 이상 산소를 공급하면 눈의 망막이 흉터조직으로 변한다.

	⑤ COPD(만성폐쇄성폐질환) 환자의 경우 호흡을 조절하는 혈중 이산화탄소 수치가 항상 높기 때문에 호흡조절 기능을 상실할 수 있다. 이 경우 혈중 이산화탄소농도가 낮아질 경우에만 호흡하는 'Hypoxic drive' 현상이 나타날 수 있다. 하지만 고농도 산소를 공급하지 않는 것이 공급하는 것보다 더 해롭기 때문에 공급해 주어야 한다.

산소처치 기구* 11부산장	① 대부분 산소처치기구는 산소통, 압력조절기, 공급기구(마스크 또는 캐뉼라)가 있다.
	② 통의 크기에 따라 내용적이 2ℓ~20ℓ 까지 다양하며 약 1,500~2,200psi(105.6~154.9kg/㎠) 압력의 산소로 채워져 공급할 때는 약 50psi(3.52kg/㎠)로 감압하여 제공된다.
	③ 사용할 수 있는 시간은 산소통과 제공하는 산소의 양(ℓ/min)에 따라 달라지며 압력게이지가 200psi(14kg/㎠) 이상으로 유지되어야 한다. 주의사항은
	   ㉠ 구리스, 기름, 지방성분 비누 등이 산소통에 닿지 않도록 주의한다.
	   ㉡ 산소통 보호 또는 표시를 위해 접착테이프를 사용해서는 안 된다.
	     - 산소는 테이프와 반응해서 화재를 유발할 수 있기 때문이다.
	   ㉢ 비철금속 렌치를 사용해 부품을 교환한다.(불꽃이 일어날 수 있으니)
	   ㉣ 산소통을 열 때는 항상 끝까지 열고 다시 반 정도 잠가 사용한다.
	     - 다른 대원이 산소가 잠겼다고 생각하고 열려고 하기 때문이다.
	   ㉤ 최초 5년에 점검하고, 이후 3년 등 적정기간에 맞춰 점검을 실시한다.

가습기	이송시간이 긴 경우에는 가습이 필요하다.(특히 소아나 COPD 환자의 경우)

(1) 호흡이 있는 환자에게 산소공급★★ ★ 15 소방장, 22 위, 24 장

저산소증의 가능성이 있는 환자 공급용으로 비재호흡마스크와 코삽입관를 많이 사용한다.

비교	유량(산소량)	산소(%)	적응증
비재호흡 마스크	10~15ℓ/분	85~100%	호흡곤란, 청색증, 차고 축축한 피부, 가쁜호흡, 가슴통증, 의식장애, 심각한 손상.
코삽입관	1~6ℓ/분	24~44%	마스크 거부환자, / 약간 호흡곤란의 COPD환자.

(1) **비재호흡마스크** ★ 14 부산, 15 서울, 16 경기장
① 고농도의 산소를 제공할 수 있다.(BVM과 자동식 인공호흡기를 제외하고)
② 고농도 산소공급을 위해서 마스크를 잘 밀착시킨다.(* 종류: 성인, 아동, 소아용)
③ 저장낭은 마스크를 착용하기 전에 마스크와 저장낭을 손으로 연결하고 백을 부풀린다
④ 저장낭은 충분한 산소를 갖으며 환자가 깊게 들여 마실 때 1/3 이상 줄지 않게 한다.
⑤ 적절한 산소량은 10~15ℓ/분으로 환자의 날숨은 저장낭으로 다시 들어오지 않는다.
⑥ 85~100% 산소를 제공할 수 있다.(* 85% 이상의 산소를 종종 고농도산소라 불린다)
⑦ 압력조절기로 최소의 산소량을 보낼 수 있는 양은 8ℓ/분이고, 최고량은 10~15ℓ/분이다.

(2) **코삽입관(비강캐뉼라)** ★ 14 부산, 18 소방장, 20, 22 위
① 약 24~44%의 산소를 환자의 비공을 통해 제공해준다. 24 장
② 귀에 걸어 고정하며 마스크 거부감 환자나 COPD 환자에게 **주로** 사용된다.
③ 산소량은 1~6ℓ/분 이하이며, 그 이상은 비점막이 건조되어 불편감을 느낄 수 있다.
    ▶ 암기: 코 등이 1자처럼 내려와 콧구멍 6자처럼 보인다. ★ 22 소방위
    (*^^ COPD환자에게 벤추리마스크는 유용하며 코삽입관이 주로 사용됨. ▶ 암기: 만성 벤추리 코)

CHAPTER 03 호흡곤란

1 호흡기계 해부생리학 등 ☆ 14 인천장, 13, 14 위

① 공기는 입과 코로 들어와서 인두를 지나간다. 코 뒤에 위치한 부분은 코인두, 입 뒤에 위치한 부분은 입인두라고 한다. ➡ 인두 아래부분은 **인두후두부**이고 ➡ 그 아래는 공기와 음식이 따로 들어갈 수 있도록 2부분으로 나누어진다. (* 2부분 중 기관이 앞쪽이고 식도가 뒤쪽이다)
② 식도는 음식물이 위로 들어가는 길이고, / 기관(기도관)은 공기가 허파로 들어가는 길이다.
③ 음식물이 들어오면 기관으로 유입을 막기 위해 잎 모양의 **후두덮개**가 기관 입구를 덮는다.
④ **후두덮개 아래기관의 윗부분은 후두**라고 하며 여기에(내부에) **성대**가 있다.
　➡ 반지연골은 후두 아래 부분에 있다. 기관은 **기관지**라 불리는 2개의 관으로 나눠진다.
　－기관지는 각각 좌·우 허파와 연결되어 있고 다시 세기관지로 나누어진다.
⑤ 세기관지는 가스교환이 이루어지는 **허파꽈리**라 불리는 수 천 개의 작은 공기주머니와 연결된다. 오른쪽 허파는 3개, 왼쪽 허파는 2개 엽을 갖고 있다. 배와 가슴을 나누는 것은 가로막이다.

> ■TIP (순서): ① 입, 코 ➡ ② 입인두, 코인두 ➡ ③ 인두후두부 ➡ ④ 후두덮개 ➡ ⑤ 후두 ➡ ⑥ 반지연골 ➡ ⑦ 기관지 ➡ ⑧ 세기관지 ➡ ⑨ 허파꽈리(* 오른쪽 허파는 3개, 왼쪽 허파는 2개 엽)

⑥ 들숨: 가로막과 갈비사이근이 수축 시 일어난다. / 이때 갈비뼈는 올라가고 팽창되며 가로막은 내려간다.(이는 흉강 크기가 증가되고 허파로의 공기유입을 증가시킨다) 21교
⑦ 날숨: 이러한 근육이 이완될 때 일어나며 흉강 크기는 작아지고 / 갈비뼈는 아래로 내려가고 수축되며 가로막은 올라간다.

┃정상호흡과 비정상 호흡┃

구 분	정상 호흡	비정상 호흡
호흡수	① 성인 12~20회/분 ② 아동 15~30회/분 ☆ 21교 ③ 유아 25~50회/분	연령대별 정상횟수보다 높거나 낮은 경우
규칙성	호흡간격이 일정하고 말할 때 규칙적이다.	불규칙.
양상	・호흡음- 양쪽 허파음이 같다. ・가슴팽창- 양쪽이 같다. ・호흡노력-힘들게 호흡 　　　(호흡보조근 사용않음) ・깊이- 적정하다.	・호흡음- 허파음 약하거나 들리지 않을 경우 잡음, 양쪽 허파음이 다른 경우 ・가슴팽창- 양쪽이 틀린 경우 ・호흡노력- 힘들게 호흡(호흡보조근 사용) ・깊이- 깊거나 얕은 경우 ・피부- 창백하거나 청색, 차갑고 축축함

❂ 인공호흡 시 제공 횟수(정상호흡과 다름): 성인 10~12회/분, 소아 12~20회/분에 해당한다. p.402 참고

- 신생아와 소아의 경우에 성인과 다른 점. ☆ 20 소방교
① 성인에 비해 기도가 작아 ➡ 쉽게 폐쇄된다.
② 혀가 성인에 비해 입안 공간을 많이 차지해서 ➡ 쉽게 기도를 막을 수 있다.
③ 기관이 작고 연해서 ➡ 부종, 외상, 목의 신전·굴곡에 의해 쉽게 폐쇄된다.
④ 반지연골이 ➡ 성인보다 딱딱하지 않다. *오답 : 딱딱하다
⑤ 가슴벽이 부드러워 ➡ 호흡할 때 가로막에 더 의존한다.

2 호흡곤란 ☆ 24 소방장

질병	설명
허파기종	① COPD(만성폐쇄성폐질환, 예 골초환자)는 허파꽈리벽을 파괴하고 탄력성을 떨어뜨린다. ② 과도한 분비물로 허파꽈리가 손상받아 허파에서의 공기 이동을 저하시킨다.
만성 기관지염	① 세기관지 염증, 점액의 과도한 분비는 ➡ 세기관지부터 점액을 제거하려는 섬모운동을 방해한다.
천식	① 알레르기, 운동, 정신적인 스트레스, 세기관지 수축, 점액 분비로 일어난다. 고음의 천명음과 심각한 호흡곤란이 나타난다. - 천식은 COPD가 아니다. ② 천식은 노인이나 소아환자에게 많으며 불규칙한 간격으로 갑자기 일어난다. (*^^ 천식: 꽃가루, 알레르기 등 환자 / COPD: 담배 골초 환자)
만성 심부전	① 심장으로 인해 유발되나 허파에 영향을 미친다. - 심부전은 적정량을 뿜어내지 못해 허파순환이 저하되어 허파부종을 일으킨다. ② 따라서 호흡곤란이 유발되며 시끄러운 호흡음, 빠른맥, 축축한 피부, 창백하거나 청색증, 발목 부종이 나타난다. 심한 경우 핑크색 거품의 가래가 나오기도 한다. ☆ 24 장

✪ 호흡곤란 환자의 현장처치는 기도를 유지하고 산소공급으로 적절한 호흡을 돕는 것이 중요하다.

호흡곤란을 유발하는 원인: 질병, 알레르기 반응, 심장 문제, 머리·얼굴·목·가슴 손상 등.
① 환자 자세를 살펴야 하는데 ➡ 대부분 호흡곤란으로 좌위나 반좌위를 취한다.
② 안절부절 못하거나 초조해 하거나 반응이 없는 경우는 ➡ 산소부족으로 인한 뇌 반응이므로 주의한다. (또한 완전한 문장이 아닌 짧은 단어로 이야기하는 것도 산소부족을 의미함.)
③ 호흡에서 이상한 소리가 나는 것은 ➡ 기도 내 장애물이 있으므로 기도유지를 위한 자세 교정 및 흡인이 필요하다.
④ 호흡평가 시 부적절한 호흡양상을 보이면 ➡ 평가를 중지하고 산소공급 또는 인공호흡 등을 통해 응급처치를 실시한다.

- 호흡곤란의 증상 및 징후** ☆ 13 부산장
- 비정상적인 호흡수·불규칙한 호흡양상·얕은 호흡
- 시끄러운 호흡음·목, 가슴 위쪽에 있는 호흡보조근 사용 및 늑간 견축
- 성인은 빠른맥, / 소아는 느린맥(저산소증으로)·짧은 호흡·불안정, / 흥분, 의식장애
- 창백, 청색증, 홍조·삼각자세 또는 앉아서 앞으로 숙인 자세
- 통모양의 가슴(보통 허파기종 환자)·대화 장애(완전한 문장 표현 어려움)

(1) 응급처치 및 혈중 산소농도조절 ☆ 14 인천 15 부산교

혈중산소농도조절이란 산소수치가 내려가면 뇌는 빠르고 깊게 호흡하도록 지시하는 것이다.

응급처치	① 비정상적 호흡이나 호흡이 없다면 기도개방 여부를 확인, 기도유지를 한다 　필요시 입·코인두기도기를 이용하고, 고농도 산소를 양압환기를 통해 제공한다.
혈중 산소농도 조절	① 호흡은 **불수의적**이며 뇌가 혈중 이산화탄소 수치에 따라 호흡수를 조절한다. ② **이산화탄소 수치가 증가하면 ➡ 호흡수도 증가**한다. ☆ 14 인천 15 부산장 ③ COPD(만성폐쇄성폐질환)환자의 경우 혈중 이산화탄소 수치가 계속 높기 때문에 수용체는 호흡이 더 필요한 상태에서도 필요성을 못 느낄 수 있다. 이 경우 　뇌는 혈중 산소포화도를 감지하는 수용체로 인식하고 호흡자극이 일어난다. ④ 이와 같은 상태의 환자에게 산소가 주어진다면 수용체는 뇌에 산소가 풍부하다는 정보를 주게 되고 뇌는 다시 호흡계에 느리게 심지어 정지를 지시한다. ⑤ 다행인 것은 이런 경우는 드물며 일부 COPD환자의 경우에 일어날 수 있다. ⑥ 과거에는 모든 COPD환자에게 산소를 주면 안 된다고 되어 있었으나 　- 최근에는 산소를 공급하지 않는 것이 더 해롭다는 평가가 나와 있다. ⑦ 심한 호흡곤란, 가슴통증, 외상, 기타 응급상황에서 COPD환자(예: 골초환자)에게 ➡ 　고농도 산소를 **비재호흡마스크**로 공급해 준다. 16 부산장

3 신생아와 소아 ☆ 13 경남, 14 경기장, 16 대구장

① 소아의 경우 성인과 다르게 목, 가슴, 갈비뼈 사이 견인이 심하게 나타난다.
② 들숨 시 비익(콧구멍)이 축소되고(압력으로) / 날숨 시 비익이 확장되며
　- 호흡하는 동안 배와 가슴이 각기 다른 방향으로 움직인다.(위 아래)
③ 소아는 저산소증에 성인보다 늦게 청색증이 나타나며
　또한 성인과 달리 심한 저산소증에서 맥박이 느려진다.(이전p 박스참고)
④ 성인의 맥박이 느려지면 호전을 나타내지만 / 소아의 경우 심정지를 의미할 수 있다.
　비정상적인 호흡과 맥박저하를 보이면 즉시 많은 양의 산소를 공급한다.

> ■ 보충(Tip): ②③④기출 요약
> ② 들숨: 비익 축소 / 날숨: 비익 확장 / 배와 가슴은 각기 다른 방향
> ③ 저산소증: 소아는 청색증이 늦게 나타나며, 심하면 맥박은 느리다.(＊맥박: 심장박동)
> ④ 맥박이 느려지면: 성인은 호전(좋음)이지만, 소아는 심정지를 의심할 수 있다.

⑤ 소아의 경우 가능한 상기도 폐쇄인지 하기도 질병인지 구분하는 것이 중요하다.

> ① 상기도는 입, 코, 인두, 후두덮개로 연약하고 좁고 질병, 약한 외상에도 쉽게 부어오른다.
> ② 하기도는 후두아래 구조로 기관, 기관지, 허파 등을 포함한다.
> ③ 상기도 폐쇄는 이물질로 인한 경우와 기도를 막는 후두덮개염 부종 등이 있다.
> ④ 이물질이 분명 보이지 않는다면 상기도를 검사하지 않는다.(이물질로 인한 기도 완전폐쇄로)

| 참고 | ## 사진 학습 |

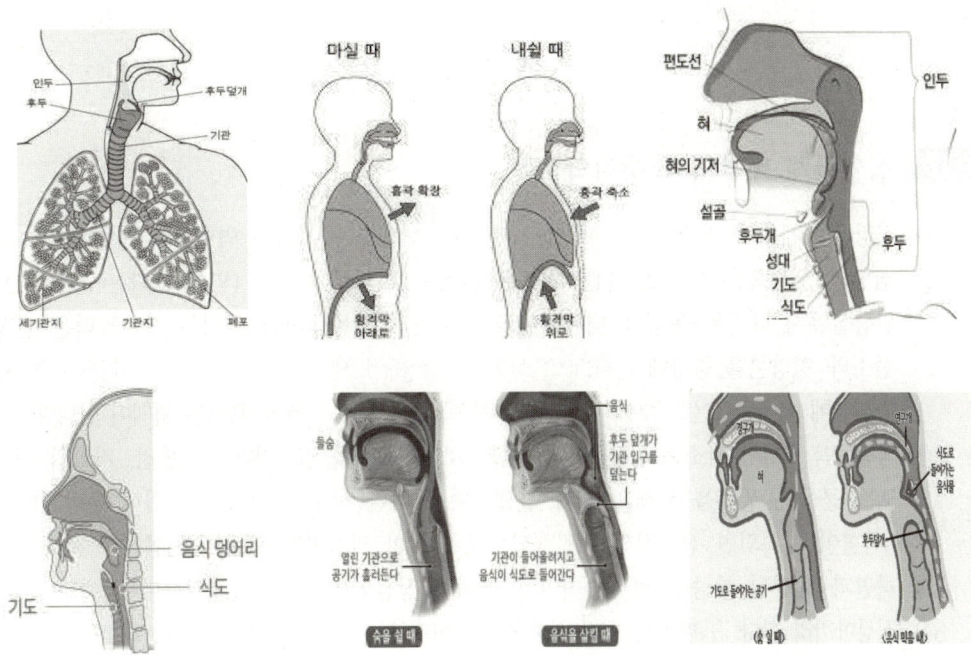

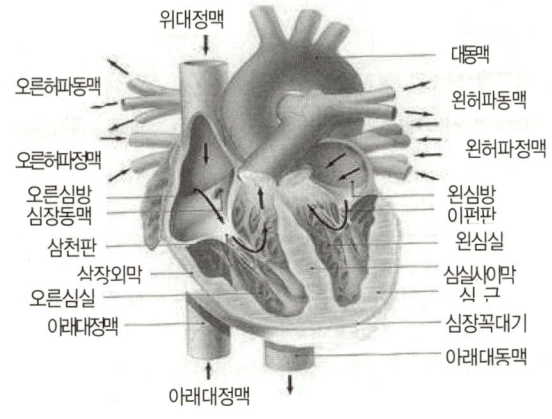

■ 체순환 이야기~
좌심실부터(출발해!)→
피가 온몸 돌면서(돌겠네!)
모든 조직세포에 산소와 영양소 주고(나눠 줘!)
CO_2와 노폐물 받아(수거해!)
우심방까지 도는(컴백!)과정(쿵쿵!).
---*

우심실에서 산소가지러(출발!)→ 폐동맥 타고 가서 폐포(포도모양 허파꽈리)에서 CO_2와 노폐물 줘버리고(엣다!) → 신선한 산소를 받아(아이 좋아라~) → 폐정맥을 통해 → 좌심방으로 갖다주자(고마워!)→ 좌심실로 전달.
→ 다시 again (우와! 탱큐~ 많이 사랑해!)

아래 6개 용어는 법이나 서적마다 기재가 명확하거나 일치하지 않아 필자가 정리한 것임.
① 성인: 19세 이상(노인: 65세 이상) ② 아동: 2차성장기 이전까지(약 8~18세)
③ 소아: 8세 미만(초등학교 취학 전) ④ 유아: 6세 미만(약 1세~5세까지)
⑤ 영아: 1세 미만 ⑥ 신생아: 병원 퇴원 전(국내: 4주까지)

CHAPTER 04 응급 심장질환

1 심혈관계 해부학과 생리학 ☆ 13 서울장

① 심장은 2개의 심방과 2개의 심실로 전신에 혈액을 뿜어내는 역할을 담당한다.
    심장의 오른쪽은 허파로 피를, 왼쪽은 온몸으로 피를 보낸다.(역류를 막는 판막이 있다)
② 왼심실에서 나가는 동맥을 대동맥이라고 하며 심장동맥이라 불리는 작은동맥은 심장에 산소와 영양분을 공급해 준다. (*^^ 심장동맥: 관상동맥, 임금의 왕관모양, 좌우로 대동맥과 연결됨)
    - 심장에 산소공급은 외부에 위치한 심장동맥이지 심장 내부에 흐르는 혈액이 아니다.
③ 심장동맥 혈류량 감소는 심장근육의 허혈(허한혈, 빈혈)을 일으킨다. 예) 혈전, 저혈압 등
④ 모든 근육은 생존을 위해 산소가 필요하며 이러한 산소를 적혈구에 의해 운반된다
    - 허혈이 지속되면 심근경색이 진행되므로 심질환 의심환자는 산소를 공급해 준다.
⑤ 허혈과 관련된 통증을 협심증이라고 하며 심장동맥이 좁아져 협심증이 진행되면 심근경색 또는 심장마비라 한다. - 따라서 초기 산소공급은 이러한 진행을 예방할 수 있다.
⑥ 심장근육은 심장수축을 유도하는 전기자극에 반응하는 특수한 조직으로 구성된다.
    - 이러한 자극을 전달하는 경로에 손상을 받아 심박동이 불규칙해지면 율동장애라 한다.
⑦ 율동장애는 심장수축을 멈춰 심장마비를 일으키는데 자동심장충격기를 사용한다.
■ 협심증은 심장동맥이 부분적으로 막히며 심근에 산소가 결핍되어 발생한다.
    심장동맥의 완전폐쇄는 심근에 산소공급이 완전 차단되어 사망이나 심장발작 또는 심근경색이 나타난다

2 심질환

| 응급처치 | ① 편안한 자세를 취해준다.
  ㉠ 대부분 앉아 있는 자세로 만약 환자가 저혈압이라면 바로누운자세에 발을 심장보다 높게 해준다. - 이 자세는 보다 많은 혈액이 뇌와 심장으로 가도록 한다.
  ㉡ 호흡곤란 또는 울혈성심부전 환자는 앉아 있는 자세가 편안함을 줄 수 있다.
② 산소포화도를 측정하여 90% 미만일 경우 ➡ 코 삽입관으로 4~6L의 산소를 공급한다.
  ※ 그 후에도 산소포화도가 90% 이상을 초과하지 못할 경우 ➡
    마스크나 비재호흡마스크로 고농도의 산소를 공급한다.
  - 호흡이 불규칙하여 청색증이나 호흡이 없다면 ➡ 포켓마스크, BVM로 산소를 공급.
③ 계속 ABC's를 관찰한다. - 심장마비에 대비해 CPR과 AED를 준비한다.
④ 니트로글리세린을 처방받은 환자라면 복용하도록 옆에서 도와준다.
  ↳ 협심증환자 가슴통증 알약으로 혈관이완과 심장 부하량을 줄여준다 |

평가	1차 평가를 실시하고 환자가 무의식, 무호흡, 무맥인 경우에는 CPR을 실시하고 AED를 작동시킨다. → 의식이 있는 환자인 경우 주요병력 평가와 신체검진을 실시한다.
	
	✪ 증상과 징후: 가슴, 윗배, 목, 왼쪽 어깨에 통증, 압박감, 불편감, **빠른호흡, 빠른맥** 갑자기 많은 땀을 흘림, 오심, 구토, 흥분, 불안감, 절박감, 부정맥, 비정상 혈압
	
	① "무언가 누르는 듯한, 쑤시는, 쥐어짜는 듯한" 통증을 호소한다. 그러나 어떤 환자는 단지 불편감 만을 호소할 수 있다. 통증은 팔이나 목으로 전이 될 수 있으며 유도질문은 피해서 환자 스스로 표현하도록 한다.
	  - 만약, 과거에 환자가 가슴통증을 있었다면 현재와 비교해서 어떤지를 묻는다.
	② 환자가 최근에 짧은 거리를 걸은 후 통증이 있었다면 심장에 혈류량이 감소되었음을 알 수 있다. 적절한 치료를 받지 않으면 심근경색증이 될 수 있다.
	③ **당뇨환자는 가슴통증 없이 빠른호흡만을 호소할 수 있다.**(매우 흥분된 상태로)
	④ 생체징후 특히, 맥박, 혈압은 중요하다.(* 맥박: 세기, 규칙성, 횟수를 평가)
	  ㉠ **느린맥: 맥박이 60회/분 이하인 경우**
	  ㉡ **빠른맥: 맥박이 100회/분 이상인 경우** (*^^ 성인 정상맥: 60~100회)
	⑤ 심장박동 조절부위에 문제가 있는 경우 **빠른 맥과 느린맥 모두 나타날 수 있으며 불규칙한 맥박을 나타내기도 한다.** 혈압은 정상을 나타내기도 한다.
	⑥ 몇몇 환자는 수축기압이 150mmHg 이상이거나 이완기압이 90mmHg 이상인 고혈압을 나타내거나 / 수축기압이 90mmHg 미만인 저혈압이기도 한다.
	⑦ **저혈압은 심각한 저관류 또는 쇼크를 의미한다.**
	  이는 심장이 효과적으로 수축하는 능력을 상실했기 때문이다. 쇼크 상태에서는 심장을 포함한 인체 모든 조직에 혈류량이 감소하고 허혈, 경색증을 일으킬 수 있다.

■ 울혈성 심부전증: 심장의 부적절한 수축으로 몸의 일부 기관, 허파에 과도한 체액이 축적되는 상태이다.
  - 이러한 축적은 부종을 유발한다. / 심장의 판막질환, 고혈압, 허파기종으로 인해 나타날 수 있다.

3 심장마비

심박동이 멈추면 세포는 죽어가기 시작하고 4~6분 내에 뇌세포도 죽기 시작한다.

성인심장 마비환자 생존사슬 **13경남장**	성인- [병원 안] ① <u>조기파악 및 예방</u> ② 응급의료 반응체계 신고 ③ 신속한 고품질 심폐소생술실시-도착 즉시 **30:2** 비율로 가슴압박과 인공호흡 실시 ④ 신속한 제세동 실시- 심장마비는 심장의 전기자극이 매우 빠르거나 조화롭지 못할 때이다. ⑤ 심정지 후 통합 치료 - 심정지 후 치료는 중환자 치료, 저체온 치료, 급성심근경색에 대한 관상동맥중재술, 경련발작의 진단, 치료 등의 통합적 치료과정. ⑥ 회복 성인- [병원 밖] - 아래 내용은 [병원 안]과 같다. (*^^ [병원 안]에 ①번 밑줄만 내용 빠짐) ① 응급의료 반응체계 신고 ② 신속한 고품질 심폐소생술실시 ③ 신속한 제세동 실시 ④ 전문소생술 ⑤ 심정지 후 통합 치료 ⑥ 회복
소아심장 마비환자 생존사슬	소아- [병원 안]: ① <u>조기파악 및 예방</u> ② 응급의료 반응체계 신고 ③ 신속한 고품질 심폐소생술실시 ④ **전문소생술** ⑤ 심정지 후 통합 치료 ⑥ 회복 소아- [병원 밖]: ① 예방 ② 응급의료 반응체계 신고 ③ 신속한 고품질 심폐소생술실시 ④ 전문소생술 ⑤ 심정지 후 통합 치료 ⑥ 회복

4 제세동 ☆ 14, 15 서울, 22, 24 소방장

심정지의 유발은 주로 심실세동이며, 심실세동에서 가장 중요한 처치는 전기적 제세동이다.
① 심실세동에서 제세동이 1분 지연될 때마다 제세동의 성공 가능성은 <u>7~10%</u>씩 감소한다.
② 자동심장충격기(제세동기)는 일반인 등도 쉽게 사용하도록 환자의 심전도를 자동으로 분석하여 제세동이 필요한 심정지를 구분해주며, 사용자가 제세동할 수 있도록 유도하는 장비이다.
③ 심실세동과 무맥성 심실빈맥(심장은 뛰나, 맥은 없음)은 **제세동으로 치료가 될 수 있다.**

심실세동 **(V-Fib)** 17소방위 22소방장	심장마비 후 8분 안에 심장마비 환자의 약 1/2에서 나타난다. 이는 심장의 많은 다른 부위에서 불규칙한 전기적 자극으로 일어나며 심장은 진동할 뿐 효과적으로 (약해서) 피를 뿜어내지 못한다. 초기에 제세동을 실시하면 매우 효과적일 수 있다. ☆ 17위 (그래프 기출) 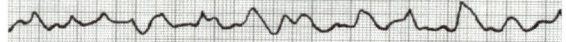
(무맥성) **심실빈맥** **(V-Tach)**	리듬은 규칙적이나 매우 빠른 경우를 말한다. 너무 **빨리 수축**해서 피가 충분히 심장에 고이지 않아 심장과 뇌로 충분한 혈액을 공급할 수 없다. V-Tach은 심장마비환자의 10%에서 나타나며 심실빈맥 환자의 제세동은 반드시 맥박을 확인한 후 맥박이 촉지 되지 않는 환자에게만 실시한다.(= 무맥성 심실빈맥 환자에게만 적용하니까) ☆ 24장 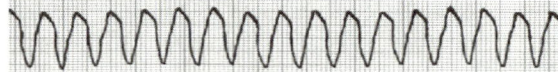

(*^^ 위 심실세동 그림은? 떠는 것. / 아래 심실빈맥 그림은? 맥은 잡히지 않고 빨리 뛰는 것을 나타낸다)

5 자동 체외 심장충격기(AEDs)

■ **심장충격기**(제세동기)**의 패치를 부착하는 위치**
① 전외 위치법(가장 많이 사용):
   ㉠ 한 전극을 오른 빗장뼈(쇄골)의 바로 아래에 위치시키고
   ㉡ 다른 전극은 좌측 유두의 왼쪽으로 중간겨드랑이에 부착한다.
② 좌우 위치법: 양쪽 겨드랑이에 위치시킨다
③ 전후 위치법:
   ㉠ 한 전극은 복장뼈의 좌측에
   ㉡ 다른 전극은 등의 어깨뼈 밑에 위치시킨다.
   _____*

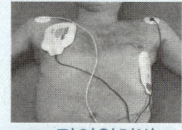
■ 전외위치법 ■

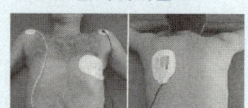
■ 전후위치법 ■

■ **실시요령*** ☆ 15 소방장
① 심폐소생술 시행 도중 자동 또는 수동 심장충격기를 가진 사람이 도착하면 ➡ 즉시 심전도 리듬을 분석하여 심실세동이나 맥박이 없는 심실빈맥이면 1회의 제세동을 실시한다.
② 제세동 후에는 ➡ 맥박 확인이나 리듬분석을 시행하지 않고 <u>곧바로 가슴압박을 실시하며 5주기의 심폐소생술</u>을 시행한 후에 다시 한 번 심전도를 분석하여 적응증이 되면 제세동을 반복한다.
③ 제세동이 필요 없는 심전도 리듬인 경우에는 ➡ 가슴압박과 인공호흡을 계속한다.
   - 심장충격기를 사용하는 과정에서도 가능하면 가슴압박의 중단이 최소화 되도록 한다.
④ 현장에서 자동심장충격기를 사용하는 경우 ➡ 5~10분 정도 심폐소생술을 시행한 후 병원으로 이송하며 이송 중에도 가능하면 계속 심폐소생술을 시행한다.

심장충격기 적응증
15소방교
	심장충격기는 모든 심장마비 환자에게 모두 적용되는 것은 아니다.
	① 모든 심장마비 환자(단, 아래 금기 환자 제외)
	   - 1세 미만의 영아에게는 소아 제세동 용량으로 변경시킨 뒤에 심장충격기를 적용하지만, 소아용 패드나 에너지 용량 조절장치가 구비되어 있지 않는 경우에는 ➡
	     1세 미만의 영아에게도 성인용 심장충격기를 사용하여 2~4J/kg 으로 제세동 한다.
	② 심실세동, 무맥성심실빈맥, 불안정한 다형심실빈맥을 보이는 환자
	
	■ 제세동 사용불가 환자
	① 의식, 맥박, 호흡이 있는 환자는 ➡ 오히려 사망할 수 있다.
	② <u>심각한 외상환자의 심정지</u> – 심각한 출혈과 생체기관이 한 개 또는 둘 이상 손상환자.
	   - 심각한 외상의 경우 현장에서 가능하면 최소한의 시간을 사용하고 병원으로 신속이송한다.

주의사항* 13경남장	① 비 오는 바깥이나 축축한 장소에서의 사용은 금지한다. ✪ 만약, 물에 빠진 환자라면 젖은 옷을 벗기고 건조한 곳으로 이동 후 사용한다. ② 끊어진 전선, 금속 들것이나 표면에 환자가 있다면 비금속 장소로 이동한다. ③ 시작 전에 머리~발끝까지 보면서 '모두 물러나세요' 소리치고 눈으로 확인한다. ④ <u>당뇨환자 배에 혈당조절기를 위한 바늘이 삽입된 경우는 제거 후 실시한다.</u>
CPR과 심장충격기*	① 한 명의 대원이 AED를 준비하는 동안 다른 대원은 CPR을 실시한다. ② AED 준비가 끝나면 CPR을 멈추고 주위 사람을 물리치고 제세동을 실시한다.

■ 심마비 환자의 AED(자동심장충격기)와 CPR(심폐소생술) 처치
① CPR을 시작한다. - 고농도의 산소를 제공한다.
② 제세동 준비를 한다 - 사생활 보호에 유의하며 가슴을 노출시킨다.(시간 지연 금지)
                - 가슴과 배에 부착된 기구가 있다면 제거하고, 가슴 털이 많다면 면도 해준다.
                - 환자의 가슴이 젖어 있다면 수건 등으로 물기를 닦는다.
③ AED 전원을 켠다.   ④ 패치를 환자의 가슴 적정한 위치에 부착시킨다.(우측 빗장뼈밑, 좌측 유두쪽)
⑤ 연결장치(컨넥터)를 기계와 연결한다. 기계로부터
⑥ "분석중입니다. 물러나세요"라는 음성이 나오면 CPR을 중단하고 환자 주위 사람들을 물러나게 한다.
⑦ 기계가 "제세동이 필요합니다." 라는 음성지시가 나오면 에너지가 충전될 때까지 가슴압박을 계속한다.
⑧ 충전이 완료되면 "모두 물러나세요" 라고 말하여 주변 사람들을 물러서게 한 후 제세동 버튼을 누른다.
⑨ 버튼을 누른 후 즉시 가슴압박을 시작한다.
⑩ <u>2분간 5주기의 CPR을 실시한 후 리듬을 재분석 한다.</u> (회복상태라면 산소공급과 신속한 이송을 실시한다.)
   - 비 회복상태라면 CPR과 제세동을 반복하여 실시한다.
⑪ 분석 버튼을 눌렀을 때 회복상태를 나타내면 호흡과 맥박을 확인한다.
   - 호흡이 <u>비정상</u>이라면 <u>BVM</u>을 이용한 인공호흡으로 고농도산소를 제공, 이송한다.
   - 호흡이 <u>정상</u>이라면 <u>비재호흡마스크</u>를 이용해서 10~15ℓ/분 산소를 공급하고 이송 해야한다.
             ↳ (* 얼굴 밀착과 끈으로 환자의 머리 뒤쪽에 고정 가능함)

6 내부심장충격기 (※ 외부 심장충격기는 반자동과 전자동이 있다.)

과거 심장마비 경험이 있고 재발 가능성 환자는 병원에서 설치한 내부심장충격기를 갖고 있을 수 있다. - AICD로 알려진 이 기구는 피부 아래 위치해 있으며 외부 심장충격기와 같은 기능이 있다. 이 기구를 갖고있는 환자가 심장마비를 보일 경우에는 AICD에서 적어도 약 3cm 떨어진 부분에 전극패드를 부치고 제세동을 실시한다. 심장박동조율기의 경우에도 마찬가지이다.

CHAPTER 05 급성 복통

(* 전체 소방교 제외)

1 배의 해부학 및 생리학 (* 1~5 소방교 제외)

배는 가로막과 골반 사이로 소화, 생식, 배뇨, 내분비기관 및 혈당 여과작용을 담당한다.
인슐린 분비(이자의 랑게르한스섬), 면역반응 <u>보조역할</u>(지라), 독소제거(간) 등 많은 역할을 한다. 24위

▌속이빈 배내 장기 및 구조▐ ☆ 17 부산장

장 기	유 형	기 능
식 도	속이 빈 소화기관	음식물을 입과 인두로부터 위까지 이동시킨다.
위	〃	가로막 아래 위치한 팽창기관이며 작은창자와 식도를 연결한다.
작은창자	〃	샘창자(12지장), 공장, 회장으로 구성되었으며 큰창자와 연결되어 있다. 영양소를 흡수한다. (* 소장)
큰창자	〃	물을 흡수하고 대변을 만들어 직장과 항문을 통해 배출시킨다.
쓸개	〃	작은창자로 분비되기 전 담즙 저장 (* 쓸개: 담낭)
막창자	속이 빈 림프관	소화기능이 없는 림프조직이 풍부한 장 주머니로 통증과 수술이 필요한 염증반응이 나타날 수 있다.(* 막창자: 맹장)
방 광	속이 빈 비뇨기계	콩팥으로부터 소변 저장

▌고형체 배내 장기 및 구조▐ (* 고형: 고체형태)

간	고형체의 소화기관 혈액조절, 해독기능	• 혈액 내 탄수화물과 다른 물질의 수치 조절 • 지방 소화를 위한 담즙분비 • **해독작용**(독소 제거)
이자	고형체의 소화기관	음식을 흡수 가능한 분자로 만들어 작은창자로 내려보내는 효소를 분비하고 **혈당을 조절하는 인슐린 분비**(= 랑게르한스섬)/(* 이자: 췌장)
지라	고형체의 림프조직	**비정상 혈액세포 제거, 면역반응과 관련**(= 보조역할) / (* 지라: 비장)
콩팥	고형체의 비뇨기계	노폐물을 배출하고 여과 / 물, 혈액, 전해질수치 조절 / 독소배출

고형장기   공동장기

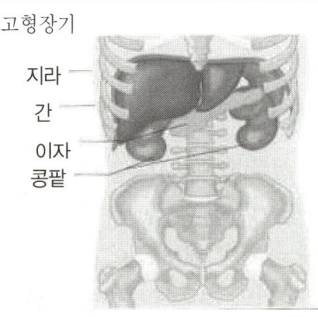
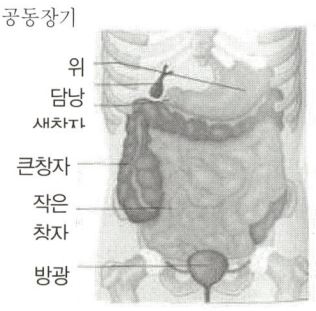
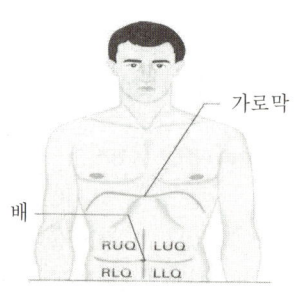

① 배는 4부분으로 나눌 수 있는데 통증, 압통, 불편감, 손상, 기타 비정상 소견 등 정확한 부위를 묘사할 때 사용된다. 배 내 대부분의 장기는 복막으로 둘러싸여 있다.   (*^^ 배의 4부분 : RUQ / RLQ / LUQ / LLQ)
② 복막은 2개의 층(장기를 감싸는 내장 쪽 복막과 복벽과 닿는 벽쪽 복막)으로 구성되어 있다.
③ 두 층 사이는 윤활액으로 채워있다. 몇몇 장기는 복막 뒤에 있는데 이런 장기는 콩팥, 이자, 큰창자가 있다.
여성의 생식기관은 배와 골반 사이에 난소, 나팔관, 자궁이 있고 여성의 복통을 유발하는 원인이 될 수도 있다.

2 복통   ☆ 12 부산장, 13 인천, 경남장, 19 위

내장통증	배 안의 장기는 많은 신경섬유를 갖지 않아 통증의 정확한 위치를 알아내기 힘들다. ① 속이 빈 장기의 원인: 분만통증과 같은 간헐적인 복통 ② 실질장기(고형체 장기)의 원인: 둔하고 지속적인 통증
벽쪽통증 (복막통증)	• 복강을 따라 벽쪽 복막에서 나타나는 통증이다. 넓게 분포하고 신경섬유로 인해 벽쪽 복막으로부터 유발된 통증은 내장통증보다 더 쉽게 부위를 알 수 있다. • 벽측통증은 복막의 부분자극으로 직접 나타난다. 내부출혈로 인한 자극, 감염·염증에 의해 나타날 수도 있다. / 또한 날카롭거나 지속적이며 국소적인 경향을 나타낸다. ✪ SAMPLE력을 조사할 때 환자는 이러한 통증을 무릎을 굽힌 자세 또는 움직이지 않으면 나아지고 움직이면 다시 아프다고 표현하기도 한다.
쥐어뜯는 듯한 통증 (배대동맥류)	• 복통으로는 흔하지 않은 유형으로 대동맥을 제외한 대부분의 배내 장기는 이러한 통증을 느끼는 감각을 갖고 있지 않다. (* 배 대동맥류: 복부 대동맥류) • 배(복부)대동맥류는 대동맥 내층이 손상 받아 혈액이 외층으로 유출될 때 등쪽에서 이러한 통증이 나타난다. - 유출된 혈액이 모여 풍선과 같은 유형을 나타내기도 한다.
연관통증 (연관된통증)	• 통증 유발부위가 아닌 다른 부위에서 느끼는 통증이다. 예를 들어 방광에 문제가 있을 때 오른 어깨뼈에 통증이 나타나는 것을 말한다. - 방광 신경이 어깨부위 통증의 신경과 같이 경로를 나눠 쓰는 척수로 돌아오기 때문

✪ 주의사항 : • 심근경색으로 인한 통증은 보통 윗 배의 소화가 안 되는 듯한 불편감으로 나타나기도 한다.

■ 용어와 이해(공간학습)

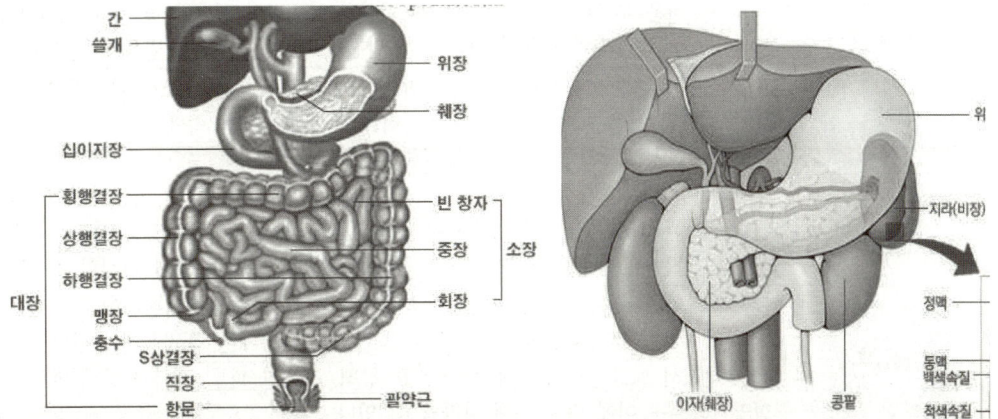

※ 상대 그 사람기준 우측에서→ 좌측으로 음식물이 가니, 우측이 상행결장→ (윗쪽이 횡행결장)→ 좌측이 하행결장이다

3 환자평가

① 현장확인 : 가능한 손상기전 확인 ☞ 구급대원은 어떤 진단을 내리는데 시간을 낭비해서 안 된다.
② 1차평가 : 일반적인 인상, 의식수준, 기도, 호흡 그리고 순환·산소를 공급하고 이송여부를 판단 후 이송한다.
③ 환자자세 : 주위를 조용히 하고 환자가 안정감을 찾도록 도와준다.
④ SAMPLE력, 신체검진 그리고 생체 징후   ⑤ 5분마다 재평가

현장확인	예: 구토물에 혈액이 있거나 대변에서 독특한 강한 냄새나면 쇼크 가능성을 암시한다.
1차평가	① 우선 의식수준으로 기도처치의 필요유무를 판단할 수 있고 **의식변화, 흥분, 창백, 차가운 피부 그리고 빠른맥과 빠른호흡은 쇼크 전 단계임**을 나타낸다. - 환자의 자세 또한 중요한데 배를 감싸고 있거나 무릎을 굽힌 자세를 취하고 있다. ② 복통을 호소하는 환자는 비재호흡마스크를 통해 10~15ℓ/분의 산소를 투여한다.
SAMPLE력	① 증상 및 징후: 개방성질문(OPQRST)을 하고 기록한다 ② 알레르기: 확인한다. ③ 약물: 심장마비와 뇌졸중 예방약인 아스피린은 위 출혈을 유발할 수 있다. **당뇨환자는 처방약 복용으로 비정상혈당 증상으로 복통을 호소할 수 있다** ④ 연관된 과거력: 과거병력이 무엇이었는지? 쇼크를 일으켰는지? 수술했는지? **만일 윗배 불편감 있는 환자가 과거 심장관련 병력이 있다면 심장마비를 의심한다.** ⑤ 마지막 구강섭취: 복통환자에게 매우 중요한 부분으로 무엇을 언제, 환자에게 섭취하는 데 아무런 영향을 주지 않는지 판단한다. ⑥ 상황을 유발한 사건: 문제와 관련된 상황(며칠 전부터 구토, 오심, 설사, 변비 등)을 묻고 내용물이 암적색, 선홍색, 커피색인지를 기록한다. ⑦ 여성 환자인 경우: 가임기 여성은 SAMPLE력 외 추가적인 질문으로 정보 수집한다. - 가임기 여성은 수집할 정보는 사적이지만 중요하므로 환자에게 직접 질문한다. - 혹시 임신했는지를 묻고 신속한 이송이 필요한 자궁 외 임신을 의심해야 한다
배 신체검진	① 청진은 병원 전 단계에서 시간이 소요되므로 **현장에서는 시진과 촉진으로 평가한다** ② 외상환자 평가 전 어디가 다쳤는지를 우선 질문해 환자가 부위를 가르키도록 한다. <table><tr><td>시진</td><td>배 팽창, 변색, 비정상적 돌출·외형을 살피고 배 모양이 최근 변했는지를 묻는다.</td></tr><tr><td>촉진</td><td>㉠ 몇 개의 손가락 끝을 이용해 부위별로 부드럽게 눌러야 한다. ㉡ 촉진 중에 딱딱한 느낌이 든다면 환자에게 통증을 느끼는지 질문한다 ㉢ 처음 부드럽고 얕게 촉진해서 환자가 불편감이 없다면 더 깊게 촉진한다. - 첫 촉진에서 통증, 불편감 등을 발견했다면 <u>추가촉진은 필요하지 않다.</u></td></tr></table> ③ 환자가 배를 감싸거나 무릎을 굽힌다면, 배 보호나 복통을 감소시키는 자세이다 ④ 배대동맥류인 경우 ➡ 맥박이 뛰는 덩어리를 촉지하거나 등 쪽에 찢어지는 또는 날카로운 통증이 나타날 수 있다. (*배대동맥류: 복부대동맥류) - 만약 촉진으로 배대동맥류를 느꼈다면 재차 촉진해서 안되며 이송병원에 알린다. ㉠ 매우 마른 사람은 ➡ 심부촉진으로 약하게 배대동맥의 맥박을 촉지할 수 있다. ㉡ 비만환자는 ➡ 촉지할 수 없으므로 등 쪽의 심한 통증을 통해 의심할 수 있다.
생체징후	① 복통 환자라면 ➡ 즉각적으로 생체징후를 측정하고 **5분마다 재평가해야 한다.** ② 측정해야 하는 생체징후는 ➡ 혈압, 맥박, 호흡, 피부색, 체온, 환자상태가 있다. ③ 의식수준에서 쇼크는 ➡ 빠른맥, 빠른호흡, 창백, 축축한 피부, 흥분과 함께 **바로 나타난다.** - 혈압저하는 ➡ 이에 비해 늦게 나타날 수 있다.

4 복통유발질병 ☆ 12 부산장, 16 위, 19, 24 장

충수돌기염 (꼬리염)	수술이 필요하며 증상 및 징후로는 오심/구토가 있으며 처음에는 배꼽부위 통증)을 호소하다 RLQ부위의 지속적인 통증을 호소한다. (* 맹장염) / * RLQ: 우측아랫부분
담낭염(쓸개염) /담석	쓸개염은 종종 담석으로 인해 유발되며 심한 통증 및 때때로 갑작스런 윗배 또는 RUQ 통증을 호소한다. 또한 이러한 통증을 어깨 또는 등쪽에서도 나타날 수 있다. 24 장 통증은 지방이 많은 음식물을 섭취할 때 더 악화될 수 있다. * 오답: RLQ 16위
췌장염 (이자염)	만성 알콜환자에게 흔히 나타나 윗배 통증 호소한다. 췌장(이자)이 위 아래, 후복막에 위치해 있어 등/어깨에 통증이 방사될 수 있다. 심한 경우 쇼크 징후가 나타난다.
궤양/ 내부출혈	① 첫 번째로 소화경로 내부 출혈로 위궤양을 예로 들 수 있다. 이 유형은 식도에서 항문까지 어느 곳에서도 나타날수 있으며 혈액은 구토(선홍색, 커피색) 또는 대변(선홍색, 적갈색, 검정색)으로 나온다. 이로 인한 통증은 있을 수도 있지만 없을 수도 있다. ② 두 번째 유형은 복강내 출혈로 외상으로 인한 지라(비장)출혈이 있다. - 출혈은 복막을 자극하고 복통/압통과도 관련이 있다.
배대동맥류	① 배를 지나가는 대동맥벽이 약해지거나 풍선처럼 부풀어 올랐을 때 나타난다. ② 약하다는 것은 혈관의 안층이 찢어져 외층으로 피가 나와 점점 커지거나 심한 경우 터질 수 있다./ 만약 터진다면 사망 가능성이 높아진다 ③ 작은 크기인 경우에는 즉각적인 수술이 필요하지 않다. 병력을 통해 배대동맥류를 진단 받은 적이 있고 현재 복통을 호소한다면 즉각적인 이송을 실시해야 한다. ④ 혈액유출이 서서히 진행된다면 환자는 날카롭거나 찢어질 듯한 복통을 호소하고 등쪽으로 방사통도 호소할 수 있다.
탈 장	① 복벽 밖으로 내장이 튀어나온 것이며 무거운 물건을 들거나 힘을 줄 때 나타날 수 있다. ② 보통 무거운 것을 들은 후 갑작스러운 복통을 호소하고 배나 서혜부* 촉진을 통해 덩어리가 만져질 수 있다. (* 서혜부: 대퇴부 옆 삼각형 모양의 부분의 살고랑) ③ 매우 심한 통증을 호소하나 장이 꼬이거나 막혔을 때를 제외하고 치명적이지 않다.
신장/ 요로결석	콩팥에 작은 돌이 요로를 통해 방광으로 내려갈 때 심한 옆구리 통증과 오심/구토 그리고 서혜부 방사통이 나타날 수 있다. (* 서혜부: 사타구니)

※ RUQ: 간, 담낭 / RLQ: 충수돌기, 상행결장 / LUQ: 위장, 신장, 비장 등 / LLQ: 구불창자, 하행결장

5 환자처치

① 1차평가 동안 기도를 유지한다. 의식변화가 있다면 기도를 유지하며 복통환자는 구토할 수 있으므로 필요시 흡인한다.
② 비재호흡마스크를 통해 분당 10~15ℓ의 산소를 공급한다.
③ 환자가 편하다고 생각하는 자세를 취해준다. 그러나 쇼크나 기도유지에 문제가 있다면 상태에 따른 자세를 취해야 한다.
④ 복통, 불편감 호소환자는 구강으로 아무것도 주어서는 안 된다.
⑤ 환자가 흥분하지 않게 침착한 자세로 안정감있게 신속히 이송한다.

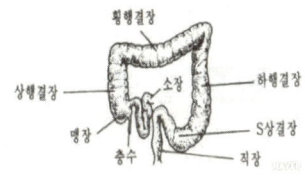

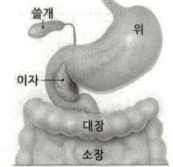

CHAPTER 06 출혈과 쇼크

(* 출혈: 소방교 제외)

순환계는 3개의 주요 요소(심장, 혈관, 혈액)로 구성되어 있다. 이 요소들은 인체조직세포로 산소와 영양분을 운반해 주고 폐기물을 받아 운반해 준다. 이런 과정을 관류라고 한다.
- 순환계의 효과적인 활동을 위해서는 이 3가지 요소가 적절한 기능을 해야 한다.

1 심장 ☆ 19 소방장 / (☆ 6장: 14 부산장, 16 경기장)

심장은 순환계의 중심으로 가슴 내 복장(가슴)뼈 좌측에 위치한 주먹크기 만한 근육조직이다.

① 혈액을 받아들이는 2개의 심방과 심장 밖으로 혈액을 뿜어내는 2개의 심실로 이루어져 있다.
② 기능적으로는 좌·우로 나뉘는데 오른심방과 오른심실은 압력이 낮고 주요 정맥으로부터 혈액을 받아들여 산소 교환을 위해 허파로 보내는 기능을 맡고 있다.
③ 왼심방은 허파로부터 그 혈액을 받아들이고 **왼심실**은 고압으로 동맥을 통해 피를 뿜어낸다.
④ 왼심실의 작용으로 생기는 힘은 맥박을 형성하고 이는 손목의 노동맥처럼 뼈 위를 지나가는 동맥에서 촉지할 수 있다.

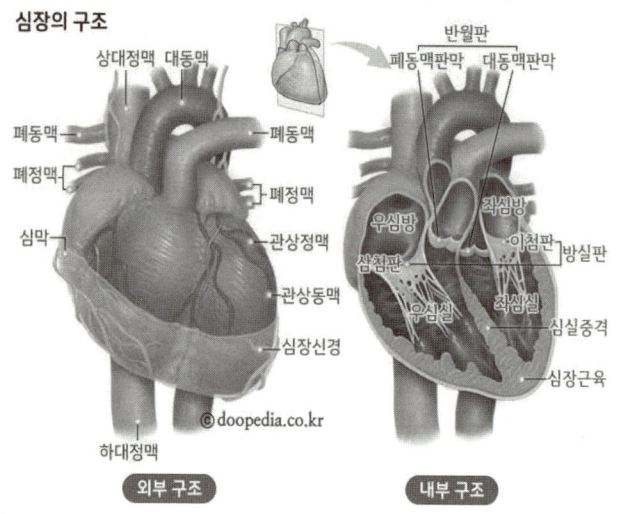

2 혈액*

성인은 체중 1kg당 약 70㎖(70g)의 혈액량을 갖고 있으며 혈액은 몇몇 요소로 구성된다.
(*^^ 예) 70kg x 70㎖= 4,900㎖= 4.9ℓ . 약 5kg)

적혈구	세포에 산소를 운반해 주고 이산화탄소를 받으며 혈액의 색을 결정하는 요소이다.
백혈구	면역체계의 일부분으로 감염을 방지한다.
혈소판	세포의 특수한 부분으로 지혈작용을 한다. (*^^ 지혈과 응고 역할)
혈 장	혈액량 1/2 이상으로 전신에 **혈구와 혈소판**을 운반하는 역할을 한다. (* 노란색)

3 혈관

혈관은 3가지 유형으로 나뉘며 심장에서 나온 피를 전신으로 운반, 다시 심장으로 돌려보낸다.

동 맥	동맥은 심장으로부터 혈액을 멀리 운반하며 주요 동맥을 대동맥이라고 한다. ① 혈액은 왼심실로부터 대동맥으로 뿜어나오고 대동맥은 소동맥으로 다시 나뉜다 ② 동맥은 피를 압력으로 운반하기 때문에 두꺼운 근육벽으로 구성되어 있고 다시 세동맥으로 분지된다. 결국 세동맥은 얇은 벽으로 구성된 모세혈관으로 분지(갈라지게)된다
모세혈관	두께는 하나의 세포정도이며 이 얇은 벽을 통해 산소, 영양분, 폐기물이 교환된다.
정 맥	혈액을 오른심방으로 이동시키는 역할을 한다. ① 소정맥은 모세혈관으로부터 대정맥으로 혈액을 운반하며 최종적으로 상·하대정맥으로 이동시켜 오른심방으로 유입시킨다. - 동맥과 비교할 때 벽이 얇으며 압력이 낮다 ② 오른심방으로 들어 온 피는 오른심실에서 허파로 이동해 산소를 교환하고 왼심방으로 들어와 왼심실에서 전신으로 동맥을 통해 뿜어져 나간다.

✪ 상기 혈액순환도 The 상세히~ : 왼심실 → 대동맥 → 소동맥 → 세동맥 → 모세혈관으로 / → 세정맥 → 소정맥 → 대정맥 → 상·하대정맥 → 오른심방으로 유입 → 오른심실 / 허파동맥(정맥피) → 폐 모세혈관(가스교환) → 허파정맥(산소가 풍부한 동맥피) → 왼심방 → / 왼심실에서 → 다시 대동맥을 통해 반복한다.

4 출혈 등** (* 출혈: 소방교 제외)   ☆ 14 경북장

출혈	순환계는 조직에 산소를 보내고 CO_2와 폐기물을 받는다. 이러한 기능에 문제가 생기면 관류가 제대로 이루어지지 않아 조직은 충분한 혈액과 영양을 받지 못하고 노폐물은 계속 쌓인다. → 결국 인체세포는 죽게 되는데 이를 저관류 또는 쇼크라고 한다. ① 성인은(약 5천cc) 갑작스런 100cc 출혈은 문제되지 않지만 (* IL=1,000cc= 1kg) - 전체 혈액량이 500~800cc인 신생아에게는 심각하다.(* 1cc = 1cm³ = 1ml = 1g) ② 보통 성인은 1ℓ, 소아는 0.5ℓ, 신생아는 0.1ℓ 실혈될 경우 위험하다. ③ 외부출혈이 옷 등에 흡수된 실혈량은 측정할 수 없다(내부출혈은 너욱 알 수 없다) ④ 정상(약한) 출혈은 혈관이 수축되고 혈소판 등은 혈액을 응고시켜 지혈반응을 한다. 　■ 지혈아 잘 안되는 약 : 와파린(wafarin)은 혈액의 응고기능을 떨어뜨린다. (*^^ 아스피린도) 　　- 인공심장밸브를 갖고 있거나 만성 부정맥 노인환자, 투석 환자에게 주로 처방된다.
동맥 출혈	산소가 풍부하고 고압상태로 선홍색이며, 심박동에 맞춰 뿜어져 나온다. - 양이 많으며 고압으로 지혈이 어렵다.(동맥, 세동맥 손상이 원인) - 지혈되지 않으면 쇼크증상을 초래하며 열상에서 많이 나타난다. ✪ 특징: 분출하는 출혈, (심장)박동에 의한 유출
정맥 출혈	산소가 풍부하지 않으며 저압상태로 검붉은 색(암적색)을 나타낸다. - 열상에서 많이 나타나며 지혈이 쉽다. ✪ 특징: 지속적이고 느린 출혈.(정맥이나 세정맥 손상으로 일어난다)
모세혈관 출혈	모세혈관은 얇고 출혈도 느리며 스며 나오듯이 나온다. - 색은 검붉은 색이며 찰과상에서 흔히 볼 수 있다. - 지혈이 쉬우며 실혈량도 적고 자연적으로 지혈되는 형태이다.

✪ 평가할 때 고려해야 할 요소로 상처 형태나 부위에 따라 출혈의 정도가 달라진다.

5. 지혈 방법 ☆ 09 소방위

응급처치는 ① 개인보호장비 착용 ② 현장안전 확인 ③ 1차평가 ④ 지혈 ⑤ 재평가 순이며, 지혈은 **직접압박, 거상, 압박점**이 있으며 지혈이 안 될 경우 지혈대를 이용한다

① 직접 압박	장갑 낀 손으로 출혈부위를 직접 누른다. 압박을 계속 유지하기 위해서는 소독 드레싱을 실시한다. - 만약 출혈이 계속 된다면 다음 단계를 실시한다.
② 거상	상처부위를 심장보다 높게 올리는 방법으로 근골격계 손상이나 척추손상이 의심되는 경우에는 거상해서는 <u>안</u> 된다. 예 손목 출혈 환자가 위팔뼈골절을 갖고 있다면 거상해서는 안 된다. - 만약 출혈이 계속 된다면 다음 단계를 실시한다.
③ 압박점	뼈 위로 지나는 큰 동맥에 위치해 있으며 팔다리상처로 인한 실혈량을 줄일 수 있다. - 보통 압박점으로 팔은 위팔동맥, / 다리는 넙다리동맥, / 얼굴은 관자동맥을 이용한다. 압박점은 환자의 자세에 상관없이 사용할 수 있는 장점이 있다.

6. 지혈 기구* ☆ 13 인천장

경성부목	경성이나 고정부목은 팔다리 지혈에 사용한다. 팔다리 움직임을 줄여 실혈량을 줄인다.
공기를 이용한 부목	공기부목, 진공부목, 항쇼크바지는 큰 상처부위에 압력을 가해 지혈작용을 하며 움직임을 줄여 실혈량을 줄인다. / 출혈부위와 부목이 직접 닿지 않도록 거즈를 댄 후에 입으로 공기를 불어 넣거나 진공부목의 경우 펌프를 이용해야 한다.
지혈대	팔다리 절단 부위로부터 치명적인 출혈을 보일 때 <u>마지막</u> 수단으로 사용된다. 지혈대 사용은 근육, 혈관, 신경에 손상을 초래할 수 있다. 사용하게 된다면 다음 사항들을 유념한다.

- **지혈대는**
  관절부위는 피해서 상처 바로 윗부분에 적용한다. 벨크로 스트랩 끝부분을 심장쪽으로 당겨 강하게 조인다.
  ① 지혈대의 막대기를 돌려서 더욱 압력을 가해준다. (맥박이 느껴지지 않을 때까지 조여준다.)
   - 맥박이 잘 느껴지지 않거나 잡히지 않는다면 환자가 고통을 호소할 정도로 압력을 가해준다.
  ② 지혈대의 막대를 필요한 만큼 조여주었다면 플라스틱 홀더안으로 막대기를 넣어준다.
  ③ 지혈대는 풀리지 않도록 하고 적용한 <u>시간</u>(중요하므로 무조건 표시)과 일시를 표기한다.
  _____*

- **지혈대 사용 시 유의사항*** ☆ 23 소방위
  ① 지혈대: 항상 <u>넓은</u> 지혈대를 사용. ↱ (*^^ ② 상처 위에 적용)
  ② 금지사항: <u>관절 위에</u> 사용해서 <u>안 되며</u>, 철사, 밧줄, 벨트 등 사용 금지(* 조직을 손상시키므로)
  ③ 한 번 조인 지혈대: 병원에 올 때까지 풀어서는 안 된다.

- **지혈대 사용방법***
  ① 상처 부위로부터 5~8cm 떨어진 위쪽에 적용한다.
  ② 10cm 폭에 6-8겹의 붕대를 2번 감아 묶고 매듭 안으로 지혈대를 넣는다.
  ③ 출혈이 멈추면 막대가 풀려 느슨해지지 <u>않도록</u> 한다. 23위
  ④ 지혈대를 사용한 시간을 기록지에 적는다.
  ⑤ 상처부위 감염을 방지하기 위해 소독드레싱을 실시한다.
  ⑥ 추가 출혈이 있는지 계속 관찰한다.   ⑦ 의료기관 외에서 지혈대를 풀어서는 안 된다.
  ★ 치명적인 출혈일 때에만 ➡ <u>혈압계의 커프</u>를 지혈대로 사용할 수도 있다. (사용할 때의 압력과 시간을 기록한다.)

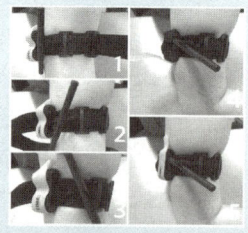

7 특수한 상황

① 귀, 코, 입 부위의 직접적인 손상으로 출혈이 일어나며 **머리뼈 골절**로도 일어날 수 있다.
② 외상으로 인한 출혈 외에 호흡기계 감염, 고혈압, 응고장애 등이 원인이 된다.
③ 통상 귀 출혈은 느슨하게 드레싱해서 감염을 방지하고 입 출혈은 기도유지가 필요하다.
④ 비(코) 출혈은 코후빔, 심한 건조, 고혈압, 호흡기계 감염, 응고장애 등으로 처치방법은
　㉠ 환자의 혈압이 높거나 불안정하다면 환자를 최대한 안정시킨다.
　㉡ 가능한 환자를 앉은 상태에서 **머리를 앞으로** 기울이도록 하여 혈액이 허파로 유입되지 않도록 한다. (*^^ 뒤로하면 후두와 폐쪽으로 피가 흐를 수 있다)
　㉢ 윗입술과 잇몸 사이에 둥글게 말은 거즈를 위치시키거나 코를 손가락으로 눌러 압박한다.
　㉣ 코 위에 얼음물 주머니를 올려놓거나 국소적 냉각치료는 지혈에 도움이 된다.

8 내부 출혈과 관련된 손상기전

내부출혈은 눈에 보이지 않으며 둔기외상, 혈관파열 등이며 가슴, 배, 골반인 경우 치명적이다
① **5m 이상 높이에서 낙상**(내부출혈)이나, 환자 키의 **3배 이상의 높이**에서 떨어진 경우 위험하다.
② 오토바이 운전(보통 튕겨져 나간다.) ③ 차에 치인 보행자는 3번의 충격(차량범퍼, 보닛이나 전면유리, 도로나 차량)을 받을 수 있다. ④ 차량충돌 ⑤ 총상 ⑥ 천자상 등이 원인이 된다.

> ★ **내부 출혈의 특징적인 증상 및 징후*** 　☆ 10 위, 13 경기장
> ① **빠른맥**　② 손상 부위의 찰과상, 타박상, 변형, 충격 흔적, 머리·목·가슴·배·골반 부종
> ③ 입, 항문, 질, 기타 구멍으로부터의 출혈　　④ 갈색이나 붉은색의 구토물
> ⑤ 검고 끈적거리거나 붉은색의 대변　　　　　⑥ **부드럽고 딱딱하거나 팽창된 배**
> ※ 내부출혈이 심각한 경우 쇼크의 증상 및 징후가 나타난다.

9 응급 처치

외부출혈과는 달리 구급대원이 내부출혈을 지혈시킬 수 있는 방법은 거의 없다.
응급처치 목적은 내부출혈을 진단하고 병원에 도착할 때까지 아래와 같은 처치를 실시한다.
① 개인 보호 장비를 착용한다.
② 현장을 확인한다. - 외상으로 인한 잠재적인 내부손상을 파악한다.
③ 1차 평가를 실시한다. - 초기 환자 상태 및 의식상태, ABC 등
④ 병력 청취 및 신체검진을 통해 내부 출혈 가능성을 평가한다.
　- 팔다리변형, 부종, 통증 호소 시, 쇼크 증상 및 징후는 내부 출혈을 의심해야 한다.
⑤ 많은 양의 산소를 공급한다.
⑥ **변형, 부종**(부음, 붓는 것)**, 통증 호소 부위가 팔다리인 경우 부목으로 고정시켜 준다.**
⑦ 쇼크 증상 및 징후가 보인다면 즉각적으로 환자를 이송한다.
⑧ 이송 중 **5분마다 재평가**를 실시한다.

10 저혈량 쇼크 ☆ 13 서울장, 23 소방위(②번)

저혈류(쇼크)는 순환계에서 인체조직에 산소를 공급하고 세포(조직)로부터의 배설물을 제거하는 기능이 제대로 이루어지지 않을 경우 발생한다.

> ■ 저혈류를 유발하는 3가지 주요 요소
> ① 심장기능 장애
> ② 정상 혈관 수축 기능 저하
> ③ 실혈이나 체액 손실이 있다

① 실혈로 인한 쇼크를 저혈량성쇼크라고 한다. (* 실혈: 피를 흘림)
② 실혈의 보상반응으로 맥박이 빨라지고 혈관을 수축시켜 조직으로의 관류를 유지하려 한다
③ 따라서 빠른맥은 쇼크의 초기징후로 나타나며 출혈이 계속되면 저혈류로 진행되어 말초 혈류는 급격히 감소된다. ▶ ③④암기: 약삭빠른 맥박
④ 이러한 과정으로 허약감, 약한 맥박, 창백하고 끈적한 피부를 나타낸다.

실혈에 따른 각 조직의 반응 ☆ 13·서울장, 14 위, 17 소방장

기관	실혈 반응	증상 및 징후
뇌	심장과 호흡기능 유지를 위한 뇌 부분의 혈류량 감소	의식 변화 - 혼돈, 안절부절, 흥분
심혈관계	심박동 증가, 혈관수축 (* 약하고 빠른 맥박이니)	빠른 호흡, 빠르고 약한 맥박 저혈압, 모세혈관 재충혈 시간 지연
위장관계	소화기계 혈류량 감소	오심/구토
콩팥	염분과 수분 보유기능 저하	소변생산량 감소, 심한 갈증
피부	혈관 수축으로 인한 혈류량 감소	차갑고 창백하며 축축한 피부, 청색증
팔다리	관류량 저하	말초맥박 저하, 혈압 저하

실혈로 인한 쇼크는 적극적인 처치를 받지 못하면 사망할 수 있는 긴급한 상태이다.
더 이상의 진행을 막기 위해 외부지혈을 신속하게 실시해야 한다.

실혈에 따른 증상/징후 ☆ 13 부산, 16 경남, 17 인천장

내용	
① 흥분, 혼돈, 안절부절, 공격적인 경향을 포함한 의식 변화	
② 허약감, 어지러움	③ 심한 갈증 ┌ 눈이 풀림
④ 오심/구토 (* 오심: 구역질 등)	⑤ 빛에 늦게 반응하며 산대된 동공
⑥ 빠른호흡 (* 다치면 가뿐숨을 쉰다)	⑦ 불규칙하고, 힘들며 낮은 호흡
⑧ 빠르고 약한 맥박	⑨ 차갑고 창백하며 축축한 피부
⑩ 창백하게나 회색빛 피부 (* 피부쪽으로)	⑪ 눈의 결막이나 입술의 청색증
⑫ 소아의 경우 모세혈관 재충혈에 2초 이상 걸림	⑬ 혈압 저하 (* 피 부족으로)

■ 쇼크증상 및 징후가 나타날 때 응급처치
① 현장안전을 확인한다.
② 개인 보호장비를 착용한다.
③ 기도개방을 유지한다. - 호흡이 부적절할 때에는 인공호흡을 실시한다.
④ 외부 출혈을 지혈한다.
⑤ <u>필요하다면 항쇼크바지를 입힌다</u>(현장에서 병원까지의 이송기간이 <u>20분</u> 이상 소요되는 경우).
⑥ <u>약 20~30cm</u> 정도 다리를 올린다. - 척추, 머리, 가슴, 배의 손상 증상 및 징후가 있다면 <u>앙와위</u>를 취해주어야 한다. 즉, 긴척추고정판으로 환자를 옮겨 다리를 올린다. (* 앙와위: 바로누움 자세)
⑦ 골절이나 탈구 부위는 부목으로 고정한다.
⑧ 보온을 유지한다.
⑨ 신속하게 병원으로 이송한다.
⑩ 재평가를 실시한다. - 이송 중에 의식장애, 생체징후 등을 평가해야 한다.
(* 쇼크분류의 정확성을 높이기 위해 염기결핍 지표의 사용과 대량수혈 프로토콜을 포함한 수혈의 필요성 분류가 추가되었다. 대량수혈은 24시간 동안 10units 이상 또는 한 시간에 4units 이상의 수혈을 말한다.)
____*

✪ 소아의 경우 성인과 달리 저혈량 쇼크에 대한 생리적 반응이 다르며, 혈압과 심박동 보상반응이 더 <u>오래</u> 유지되기 때문에 전체 혈액량의 1/2 이상이 실혈되어야 혈압이 떨어진다. / 일단 혈압이 떨어지면 급속도로 심장마비로 진행되어 위험하다. 이런 이유로 쇼크 증상 및 징후 없이 외상 평가로 신속한 처치를 제공해야 한다.

■ **심장이야기(Tip)** ☞ 밑줄 부분 **표준교재** 기재.

① 심장의 무게는 약 250~350g으로 남자가 여자보다 약간 더 무겁다. (*^^ 달걀 하나가 약 50g)
사람의 심장을 나란히 붙어 있는 이층집 두 채로 비유하면, 오른쪽 집은 온몸을 돌고 온 정맥피가 들어와서 폐로 보내지는 곳이고, 왼쪽 집은 폐로부터 산소가 많은 신선한 동맥피가 들어와서 온몸으로 보내지는 곳이라고 생각하면 된다. / <u>오른쪽 이층집의 윗집과 아랫집 사이에는 삼첨판이라는 칸막이가 있고, 왼쪽 이층집의 위와 아랫집 사이에는 이첨판이라는 칸막이가 있어서 혈액이 거꾸로 흐르는 것을 막아준다</u>
▶ 삼첨판, 이첨판 암기: 오른쪽(3자)이니 삼첨판 / 왼쪽(2자)이니 이첨판으로 기억.

② 수축과 이완에 의해 심장박동이 나타나는데, <u>휴식상태에서 심장은 보통 1분에 60~70회 수축한다</u>. 따라서 하루 평균 약 10만 번을 수축한다. (* 성인: 60~100회/분 정상임)
또한 한 번 심장이 수축할 때 대략 80mL(80cc)정도의 혈액을 대동맥으로 내보내므로, 1분당 약 5L(5,000cc)의 피가 심장을 거쳐 우리 몸을 돌고 40~50초 만에 다시 되돌아오게 된다.
(*^^ 성인 1kg당 70㎖로서, 70kg이면 약 5,000㎖, 무게로는 5kg을 모두 돌린다)

③ 심장은 이러한 신경이나 호르몬과 연결되지 않아도 스스로 박동을 계속한다. 즉, 심장이 스스로 뛰는 것이다. 이것의 원리는 우심방에 있는 <u>동방결절(굴심방결절)</u>이라는 근육에서 약 0.8초 간격으로 <u>전기를 발생</u>시키면, 이러한 전류가 심방을 따라 방실결절에 전달되어 심장박동을 완성하는 것이다.
이러한 신경충격은 심실의 격벽에 있는 히스근색이라는 근육을 따라 심실로 전해지고 푸르킨예 섬유로 흥분이 전달되어 심장은 계속해서 피를 펌프질 할 수 있게 된다. - 출처: 두산백과 사전 -

CHAPTER 07 연부조직 손상

(* 1절: 소방교 제외)

제1절 연부조직 (* 1절: 소방교 제외)

근육, 신경, 혈관 그리고 조직을 포함한 피부의 손상을 연부조직손상이라고 한다.
피부표면 아래 조직은 손상 받아도 피부표면은 **찢기지 않은 경우를 폐쇄성** 손상이라고 하며,
반대로 피부표면이 **찢겨져 나간 경우는 개방성** 손상이라고 한다. (*^^ 개방성: 피가 남)

1 피부의 기능과 구조

① 피부는 인체를 둘러 싼 커다란 조직으로 다음과 같은 기능을 갖고 있다.
  ㉠ 인체를 보호하고 감염을 방지하는 보호벽 기능
  ㉡ 인체 내부 수분과 기타 체액을 유지하는 기능
  ㉢ 체온조절기능(혈관의 수축과 확장 그리고 땀의 분비로 체온을 조절)
  ㉣ 외부 충격으로부터 내부 장기 보호 기능
② 피부손상 특히, 개방성인 경우는 이런 기능을 상실시킨다.
  - 예를 들어 완전 화상인 경우 체온유지가 안되고 체액 손실, 감염 등이 나타난다.
③ 피부는 3개의 주요 층(표피, 진피, 피하층)으로 구성되어 있다.

① 표피	피부 바깥층으로 표피 바깥부분은 죽은 피부세포로 구성되어 있으며 감염에 대한 첫 번째 보호막이다. 혈관과 신경세포는 없으며 털과 땀샘이 표피층을 통과한다
② 진피	표피 아래층으로 혈관, 신경섬유, 땀샘, 피지선, 모낭을 포함한 다양한 조직이 있다. 따라서 진피의 손상은 많은 양의 출혈과 통증을 초래한다.
③ 피하층	진피 아래 피하조직으로 불리는 지방층으로 지방과 연결조직은 외부충격을 완화시키는 역할을 한다. 큰 혈관과 신경섬유가 통과하는 곳이다.

2 폐쇄성 연부조직 손상** ☆ 09 소방위, 13 인천, 부산장, 강원장

둔탁한 물체로 인한 손상으로 주먹, 차량사고로 핸들에 가슴을 부딪친 경우 등이 있다.
그 형태로는 타박상, 혈종, 폐쇄성 압좌상이 있다.

---

* 연부조직: 딱딱한 뼈 외의 피부와 연결된 조직인 부드러운 피부, 근육, 신경, 혈관을 말한다.
이러한 손상에는 경증의 찰과상에서 중증 화상, 가슴 관통상과 같은 치명적인 손상이 있다.

① 타박상	• 진피는 그대로이나 안에 세포나 혈관은 손상을 받은 형태이다. • 손상된 조직에서 진피 내로 출혈이 유발되어 반상출혈(멍)이 든다. • 손상부위는 통증과 부종 그리고 압통이 나타난다.
② 혈종	• 타박상과 비슷하나 진피와 피하지방 조직층에 좀 더 큰 혈관과 조직손상이다. • 피부표면에 다른 색으로 부어 있거나 뇌, 배와 같은 인체내부에서도 일어난다. • 혈종의 위치와 크기에 따라 쇼크를 유발할 수 있다.(*^^혈종 : 안에서 피멍을 생긴 것)

③ 폐쇄성
압좌상
	• 신체외부에서 내부까지 손상받은 형태, 표면손상 없이도 조직손상을 초래한다.
	• 망치로 손가락을 친 상태, 산업기계에 팔이 눌린 상태, 건물붕괴로 묻힌 상태 등이다.
	  - 손상 부위 및 원인 물체의 무게 등에 따라 손상 정도와 실혈량이 달라진다.
	  - 통증, 부종, 변형, 골절 등을 함께 동반할 수 있다.
	✪ 특수한 형태의 외상형 질식: 가슴의 갑작스런 압력이 가해졌을 때 심장과 허파에 압력이
	   전달되고 가슴 내의 피를 밖으로 짜내어 머리와 목 그리고 어깨로 전달되는 현상이다.

┃연부조직의 타박상(좌상)에 대한 징후┃*

징후	손상 가능성이 있는 장기 및 처치
직접적인 멍	• 타박상 아래 장기 - 지라(비장), 간, 콩팥 손상 가능성
부종 또는 변형	• 골절 가능성
머리, 목의 타박상	• 목뼈 또는 뇌 손상 가능성이 있으므로 입, 코, 귀에서의 혈액 확인이 필요
몸통, 복장뼈, 갈비뼈의 타박상	• 가슴손상 가능성이다 - 환자가 기침을 할 때 피가 섞인 거품을 보인다면 허파 손상 가능성으로 호흡곤란을 확인한다. 또한 • 청진기로 양쪽 허파음에서 이상한 소리가 나는지, 양쪽이 똑같은지 비교한다.
배의 타박상	• 배 안의 장기 손상 가능성, 환자가 토하는 경우 특히 배 타박상이 있는지 시진하고 구토물에서 커피색 혈액이 나오는지 확인. - 배 촉진을 실시한다.

3 평가 및 응급 처치

개인 보호 장비를 착용하고 현장을 확인하고 사고 경위를 파악한다.
척추손상이 의심된다면 환자를 똑바로 눕힌 상태에서 1차 평가를 실시한다.
외상평가를 실시하고 척추 손상이 의심되면 목보호대를 착용시켜야 한다. 응급처치는
 ① 개인 보호 장비를 착용한다.
 ② 턱 밀어올리기법으로 기도를 유지한다.
 ③ 호흡곤란이나 쇼크 증상 및 징후가 있으면 고농도의 산소를 공급한다.
 ④ 호흡정지나 호흡장애가 나타나면 인공호흡을 실시한다.
 ⑤ 통증이 있고 붓거나 변형된 팔다리는 부목으로 고정시킨다.
    - 이는 통증을 감소시키고 실혈을 늦추고 추가 손상을 감소시킨다.
 ⑥ 부종(부음)과 통증을 가라앉히기 위해 **혈종과 타박상에 얼음찜질**(혈관 수축) 후 병원 이송.

4 개방성 연부조직 손상* ☆ 13 인천, 강원장, 19 위

찰과상	• 표피가 긁히거나 마찰된 상태로 보통은 진피까지 손상을 입는다. / **출혈은 적지만 심한통증**을 호소하며 대부분 **상처 부위가 넓다.** → 오토바이 사고 환자에게 많다.
열 상 19위	• 피부손상 깊이와 넓이가 다양하며 **날카로운 물체에 피부가 잘린 상처**이다. • 상처부위는 일직선으로 깨끗하거나 **불규칙하게** 잘릴 수 있다.(*^^ 유리 등) • 얼굴, 머리, 생식기 부위 등 혈액 공급이 풍부한 곳은 출혈량이 많다.
결출상	• 찢겨져 **너덜거리는** 상태(피부나 조직이). → 보통 **산업현장**에서 많이 발생한다
절 단	• 신체로부터 떨어져 나간 상태.(완전절단, 부분절단 있다) → 출혈: 적거나 많을 수 있다
관통/찔 린 상처	• 날카롭고 **뾰족**하거나 빠른속도로 **뚫은 형태**, 내부조직손상도 초래한다.(예) 부엌칼) - 외부출혈은 없어도 내부에서는 출혈이 진행될 수 있다. (*^^ 넙다리의 총상 등)
개방성 압좌상	• 피부가 파열되어 찢겨진 형태(연부조직, 내부 장기, 뼈까지 광범위하게 손상 나타냄) - 이 손상 역시 외부출혈 외에도 내부출혈이 있을 수 있다.

5 평가 및 응급 처치

개인 보호장비를 착용하며 적어도 장갑만큼은 착용한다.(심한 경우 가운과 보안경도 착용)
(1) 드레싱과 붕대* ☆ 15 인천, 소방장
① 대부분의 개방성 손상은 드레싱과 붕대를 이용한 처치가 필요하다.
② 드레싱은 지혈과 추가오염을 예방을 위해 **손상부위에 거즈 등을 붙이는 처치로 항상 멸균상태여야 한다.** - 만약, 드레싱 재료가 없다면 깨끗한 옷, 수건, 시트 사용 가능.
③ 붕대는 드레싱 부위가 움직이지 않게 하는 처치로 **멸균상태일 필요는 없다.**
      (*^^ 드레싱: 거즈 등 붙이는 것 / 거즈는 멸균, 거즈 위의 붕대는 멸균 아님)
④ 신체 부위별 붕대고정법은 아래와 같다.
  ㉠ 이마 또는 귀(머리뼈손상 제외) - 손상부위를 드레싱으로 덮은 후 붕대로 고정한다.
  ㉡ 팔꿈치 또는 무릎 - 손상부위를 "8자" 모양으로 붕대를 감는다.
  ㉢ 아래팔 또는 다리 - 붕대로 손상부위를 먼쪽에서 몸쪽 방향으로 감는다.
  ㉣ 손 - 손목까지 붕대로 감아 고정시킨다.
  ㉥ 어깨 - 액와부에 패드를 댄 후 '8자' 모양으로 붕대를 감는다.
  ㉦ 골반 - 손상 부위를 큰 드레싱으로 덮은 후 삼각건을 접어 허리부분을 고정시킨 후, 2번째 삼각건을 접어 넙다리를 고정한다. / 양쪽 골반 모두 손상 시 삼각건이 3개, 한쪽만 손상 시는 2개가 필요하다

┃드레싱과 붕대┃ ☆ 18 소방장

일반드레싱	크고 두꺼운 드레싱으로 배손상과 같은 **넓은 부위**를 덮는데 사용된다.
압박드레싱	지혈에 사용되는데 거즈패드를 우선 손상부위에 놓고 두꺼운 드레싱을 놓은 후 붕대로 감는다. 이때, 먼쪽 맥박을 평가해 붕대를 재조정(조이거나 느슨하게)해야 한다.
폐쇄드레싱	공기유입을 막는 형태로 배나 가슴의 개방성손상, 경정맥 과다출혈에 사용한다.

(2) 응급처치 ★ 15 인천장

드레싱	① 손상부위를 노출시킨다 ➡ 전체 손상부위를 볼 수 있도록 옷 등을 제거한다.
	② 멸균거즈로 손상부위를 덮는다.(드레싱 끝을 잡아 최대한 **오염**되지 않도록 주의)
	③ 단순출혈은 붕대 **없이** 드레싱과 반창고로, 지혈 시 **붕대**로 압박드레싱 고정한다
	④ 드레싱 부분을 현장에서 제거해서 **안 된다**.(재출혈과 붙은 조직이 떨어질 수 있다)
	  - 드레싱한 곳에 계속 출혈 시 새로운 드레싱을 그 위에 덧대고 붕대로 감는다.
	✪ 현장에서 드레싱을 제거해야 하는 경우도 있다. / 일반드레싱의 경우 피로 흠뻑 젖은 경우
	    ➡ 새 드레싱으로 교체하며 직접압박한다. (* 개인보호장비 착용은 항상 우선 순위이다)

붕대	① 붕대 감을 때 너무 조여 동맥 흐름을 방해해서는 안 된다 / 너무 느슨해도 안됨.
	② 환자가 움직일 때 매듭이 풀리지 않도록 주의한다. (너무 느슨한 경우 등)
	③ 혈액순환과 신경검사에 필요한 손가락과 발가락은 감싸지 말아야 한다.(손가락, 발가락 화상 시 제외). 통증, 피부색 변화, 차가움, 저린감각은 붕대를 너무 조일 때 나타난다.
	⑤ 드레싱 부위는 모두 붕대로 감싸 추가 오염을 방지한다. 단, 삼면드레싱의 경우 **제외**
	✪ 작은 부위를 붕대로 감쌀 경우 국소적 압박이 발생할 수 있으므로 넓게 붕대를 감아 지속적이며 일정한 압박을 받을 수 있도록 처치한다. / 또한, 먼쪽에서 몸쪽으로 감싸야 한다.
	  (*^^ 동맥의 흐름을 방해하지 않고 팔 혹은 다리쪽에서 심장이 있는 몸쪽으로 감싼다)
	  ➡ 관절부위를 붕대로 감쌀 경우: 순환장애 및 붕대가 느슨해질 수 있기 때문에 부목을 이용해 느슨함을 예방하거나 팔걸이를 이용해 관절부위 순환장애를 예방할 수 있다.

6 특수한 손상에 대한 응급 처치 ★ 14 서울장, 22 소방위

(1) 개방성 가슴손상 응급처치 ★ 17 위, 18 소방장, 22 위

가슴벽에 관통, 천공 상처가 있는 것을 말하며 외부공기가 직접 흉강으로 들어온다. 종종 빨아들이는 소리나 상처부위 거품이 보인다. 공기는 가슴벽 안과 허파에 쌓이고 호흡곤란과 허파허탈을 초래한다.
① 개인 보호장비를 착용한다.(공기 축적으로 인한 압력은 호흡 중 개방 상처부위로 피를 뿜어내므로.)
② 고농도산소를 공급한다.
③ 상처 위에 폐쇄드레싱을 한다.(공기유입을 막기 위한 목적이며 상처부위보다 5cm 더 넓게 폐쇄드레싱 한다
④ 환자가 편안하게 느끼는 자세를 취해주도록 한다.(➡ 척추손상 환자 **제외**)　⑤ 신속하게 이송한다.
  - 경우에 따라 폐쇄드레싱은 흉강 내 공기가 빠져나가지 못해 흉강 압력이 올라가 긴장성 기흉 상태가 나타날 수 있다. / 만약 이송 중 환자가 의식저하, 호흡곤란 악화, 저혈압 징후를 보이면 흉강 내 공기가 빠져나오게 폐쇄드레싱을 제거하거나 "삼면드레싱"을 해주어야 한다. 17 위, 22 위
  (*^^ 공기가 빠져나오게끔 진공의 폐쇄드레싱이 아닌, 4면 중 한쪽이 개방된 3면드레싱을 한다)

(2) 개방성 배 손상 응급처치 ★ 18, 20 소방장

배 안의 장기가 외부로 나와 있는 개방성 배 손상은 드문 경우로 내장적출이라고도 한다.
① 개인 보호장비를 착용하고 고농도 산소를 공급한다.
② 상처 부위를 옷 등을 제거시켜 노출시킨다.
  - 나온 장기에 닿지 않도록 주의하며 다시 집어넣으려 시도하면 **안** 된다. 22 위
③ 생리식염수를 적신 멸균거즈로 노출된 장기를 덮고 드레싱 한다. * 오답: 장기를 세척한다
④ 무릎과 엉덩이에 상처가 없다면 무릎을 구부리도록 한다.(무릎 아래에 베개나 말은 이불을 대어 준다).
  - 이 자세는 복벽에 가해지는 스트레스를 줄여준다. (* 서있지 않도록) ⑤ 병원 신속이송

(3) 관통상 응급처치 ☆ 12 부산장, 18 소방장, 22 위
조직을 관통한 날카로운 물체로 인해 더 이상의 손상을 막기 위해 고정시키는 것이 중요하다.
① 개인 보호 장비를 착용한다.
② 관통한 물체를 제거하지 **않고** 상처부위에 고정시킨다. 단, 아래 사항의 경우는 제외시킨다.
  - 물체로 인해 이송할 수 없는 경우(크기나 무게 그리고 고정상태 등)
  - CPR 등 응급한 상황에서의 처치에 방해가 될 때
  - 단순하게 뺨을 관통한 상태(기도유지를 위해서나 추가적인 입안 손상을 막기 위해) ☆ 22위
③ 상처부위를 노출시키기 위해 옷 등을 가위로 자른다.
④ 지혈시킨다. - 관통부위가 아닌 **옆** 부분을 직접 압박한다.
⑤ 물체를 고정시키기 위해 압박붕대로 드레싱 한다. - 물체 주위를 겹겹이 드레싱한다.
⑥ 고정 부위가 움직이지 않게 주의하며 병원으로 이송한다.

(4) 목부위 큰 개방성 상처 응급처치
공기가 손상된 정맥으로 들어가 공기색전이나 공기방울이 되어 심장과 허파에 유입되면 사망할 수 있다. 또한 목부위 지혈을 위한 압박은 목동맥의 흐름을 방해해 뇌졸중을 유발시킬 수 있다.
① 개인 보호 장비를 착용하고 기도가 개방된 상태인지 확인한다.
② 지혈을 위해 상처 위를 장갑 낀 손으로 직접 압박한다.
③ 상처부위 5cm 이상 덮는 두꺼운 거즈로 (4면)폐쇄드레싱하고 지혈 위해 (8자)압박붕대로 감는다
  - 꼭 필요한 경우를 제외, 목동맥에 압박을 주는 행위는 피하며 / 양측 목동맥의 동시압박은 안 된다.
④ 신속하게 병원으로 이송한다. ※ ③에서 절대 목 주위를 붕대로 돌려 감지 않는다.
  (*^^ 8자붕대법: X자모양 붕대법을 말한다, 입체적으로는 8자로 보인다)

(5) 절단의 응급처치 ☆ 14 서울장, 22 위 ☆ 14 서울장, 22 위
접합수술이 가능하지 않아도 절단부위 회복에 필요할 수 있으므로 절단부위는 환자와 함께 이송한다
① 개인보호 장비를 착용한다.
② 지혈을 실시한다. 절단된 끝부분에 압박드레싱 해준다. - 지혈대(는 최후 수단으로 사용한다.
③ 부분절단인 경우 ➡ 완전절단이 되지 않도록 유의한다.
  절단부위가 약간이라도 몸체와 붙어 있다면 ➡ 접합수술 가능성으로 고정시키거나 부목을 대준다.
④ 완전절단이라면 ➡ 생리식염수를 적신 멸균거즈로 감싼다.
  · 비닐백에 조직을 넣어 밀봉 후 차갑게 유지해야 하는데 얼음에 직접 조직이 닿지 **않도록** 한다. 22위
  · 벗겨진 조직에 환자 이름, 날짜, 부위 명을 적어 환자와 같이 이송한다.

(6) 결출상 응급처치 (벗겨진 조직이 아직 붙어 있는 경우)
① 벗겨진 조직이 더 이상 손상되거나 상처로부터 분리되지 않도록 해준다.
② 가능하다면 벗겨진 피부나 조직의 원래 위치에 있도록 해준다.
③ 지혈을 위해 압박드레싱을 실시한다.   ④ 환자를 이송한다.

✪ 만약, 완전히 조직이 분리된 상태라면?
① 지혈을 위해 압박드레싱을 실시한다.
② 벗겨진 조직은 ➡ 생리식염수를 적신 멸균 거즈로 감싼다.
  · 비닐백에 조직을 넣어 밀봉 후 차갑게 유지하되 얼음에 직접 조직이 닿지 않도록 한다.
  · 벗겨진 조직에 환자이름, 날짜, 부위명을 적어 환자와 같이 이송한다.

제2절 화상

☆ 06 경기장

화상의 분류는 열(증기, 방사선), 화학(산, 염기), 전기(교직류, 낙뢰), 방사(핵, 자외선) 등이다.

1 화상 깊이*   ☆ 16 부산교, 20 소방장, 위

1도 화상	• 표피만 손상된 경증으로 햇빛(자외선), 뜨거운액체, 화학손상에서 많이 볼 수 있다 • 화상부위는 발적, 동통, 압통이며, 범위가 넓은 경우 심한 **통증**을 호소할 수 있다.
2도 화상	• 표피와 진피가 손상된 경우로 열에 의한 손상이 많다. • 심각한 합병증을 유발할 수 있다.(내부 조직으로 체액손실과 2차 감염과 같은) • 화상부위는 발적, 창백하거나 얼룩진 피부, 수포가 나타난다. • 체액이 나와 축축한 형태이며 진피에 많은 신경섬유가 지나가 심한 **통증**을 호소한다.
3도 화상	• 대부분의 피부조직이 손상된 경우로, 심한 경우 근육, 뼈, 내부 장기도 해당된다. • 건조하거나 가죽과 같은 형태를 보이며 **창백, 갈색, 까맣게 탄 피부색**이 나타난다. • 신경섬유가 파괴되어 통증이 없거나 미약할 수 있으나 / 보통 3도 화상 주변 부위가 부분화상임으로 심한 **통증**을 호소한다.

(3) **화상범위**   ☆ 17 소방위, 20 소방장, 위, 24 소방위

화상범위는 '9법칙' 기준한다. 범위가 작은 경우 손바닥 크기를 1%로 가정·평가한다.
(* 소아는 몸에 비해 머리가 커서 성인과 다르게 평가한다. 각각 다리를 14%로 계산도 한다)

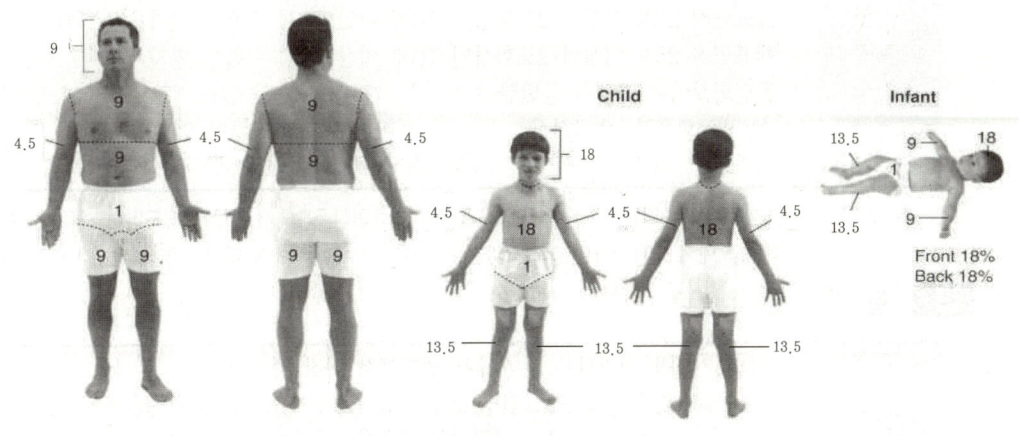

■ 9의 법칙 ■

- **보충(Tip):** 화상 9의 법칙 위 사진보며 구체적 계산하면.(플라스크 테니슨 법칙)
  ① 성인: 머리: 9 / 몸통전후:총36 / 상지(앞뒤양측):총18 / 하지(앞뒤양측):총36+1=100%
  ② 아동: 머리:18 / 몸통전후:총36 / 상지(앞뒤양측):총18 / 하지(앞뒤양측):총27+1=100%
  ③ 영아: 머리:18 / 몸통전후:총36 / 상지(앞뒤양측):총18 / 하지(앞뒤양측):총27+1(회음부)=100%

2 중증도** ☆ 12 부산장

중증도 분류는 3단계로 이송여부를 결정할 때 유용하다. 화상의 깊이와 범위는 중증도를 분류하는 요소로 작용하며 아래 사항들도 중증도를 나누는데 영향을 미친다. * 오답: 원인요소

나 이	6세 미만 ~ 56세 이상 환자는 다른 연령대의 중증도보다 한 단계 높게 보면 된다.
기도화상	입 주변, 코털, 빠른호흡 등으로 밀폐공간에서 화상환자에게 많으며 즉각 응급처치가 필요.
질 병	당뇨, 허파질환, 심장질환 등을 갖고 있는 환자는 더욱 심각한 손상을 받는다.
기타 손상	내부 출혈, 골절이나 탈구 등
화상부위	얼굴, 손, 발, 생식기관 등은 오랫동안 합병증에 시달리거나 특별한 치료가 요구된다.
원통형 화상	신체나 신체 일부분을 둘러싼 화상으로 피부를 수축시키고 팔다리에 손상을 입은경우 먼쪽 조직으로의 순환을 차단할 수 있기 때문에 심각해 질 수 있다.

▌성인의 중증도 분류 ▌ ☆ 13, 14인천장, 14, 16 경남장, 16부산교장 17소방장, 19,20 위, 20.,21장

경 증	① 체표면적 2% 미만의 3도화상인 모든 환자 ② 체표면적 10% 미만의 2도화상인 10세 미만 50세 이후의 환자(예) 소아환자) ③ **체표면적 15% 미만**의 2도화상인 10세 이상 50세 이하의 환자.(* 국소냉각법 실시)
중등도	① 체표면적 **2% 이상, 10% 미만**의 3도화상인 모든 화상 19위 ② 체표면적 **10% 이상, 20% 미만**의 2도화상인 10세 미만 50세 이후의 환자(예) 소아) ③ 체표면적 **15% 이상, 25% 미만**의 2도화상인 10세 이상 50세 이하의 환자 21장
중 증	① 체표면적 10% 이상의 3도화상인 모든 환자 ② 체표면적 20% 이상의 2도화상인 10세 미만 50세 이후의 환자(예) 소아) ③ 체표면적 25% 이상의 2도화상인 10세 이상 50세 이하의 환자 ④ 흡인화상이나 골절을 동반한 화상 (*^^ ④~⑦ 숫자가 없는 화상은 모두 중증이다) ⑤ 손, 발, 회음부, 얼굴화상 ⑥ 영아, 노인, 과거력이 있는 화상환자 ⑦ 전기화상, 원통형 화상 (*^^ 원통형화상: 신체나 신체 일부를 둘러싼 화상)

❂ 중증도분류는 1도화상은 약하고, 심한 2도와 3도의 분류이다. 표에서 ①번만 3도이며, 암기는 중등도로!
▶ 중등도 암기: ① 2.10, 3도 모두 ② 1020, 10/50세 밖에 환자 ③ 1525, 10/50세 안에 환자.

3 평 가

1차평가	① 환자의 기도를 평가하는 것이 1차 평가에서 가장 중요하다. ② 특히 구급대원은 호흡곤란, 천명(환자의 상기도가 막혔다는 위험 신호), 안면부 화상, 눈썹이나 코털이 탄 경우, 코와 구강내의 그을음, 기침, 가래에 그을음이 섞인 경우, 쉰 목소리, 목 주위를 둘러 싼 화상 등이 있는지 관찰한다. 기도유지에 주의한다.
2차평가	① 2차 평가를 시작할 때는 생체징후를 우선 측정한다. ② 화상이 없는 팔다리에서 혈압을 측정하여야 유용하지만 팔다리 전체가 화상을 입었으면 소독된 거즈를 상처부위에 감고 측정한다. ③ 심혈관 질환 등의 병력이 있었거나 심한 화상을 입은 경우 심전도 감시를 한다.

4 응급 처치* ☆ 13 부산, 서울장, 14 인천, 서울, 부산장

① 손상이 진행되는 것을 차단한다. 옷에서 불이나 연기가 난다면 ➡ 물로 끈다.
　기름, 왁스, 타르 등의 반고체 물질은 ➡ 물로 식혀 주며 제거하려고 시도해서는 안 된다.
② 기도가 개방된 상태인지 계속 주의를 기울린다.
　- 기도화상, 호흡곤란, 밀폐 공간에서의 화상환자는 ➡ 고농도 산소를 투여한다.
③ 화상 입은 부위를 완전히 노출하기 위해 감싸고 있는 옷을 제거한다. - 반지, 목걸이 등은 제거하고 피부에 직접 녹아 부착된 물질 등이 있다면 떼어 내려고 시도하지 않는다.
④ 화상 중증도를 분류한다. 12 부산장
　- 중증이라면 즉각 이송하며, 그렇지 않다면 다음 단계의 처치를 실시한다.
　- 경증화상(2도 15% 미만)이라면 ➡ 국소적인 냉각법을 실시한다.
⑤ 건조하고 멸균된 거즈로 드레싱한다(손상부위 오염을 방지하기 위해서). - 손, 발 화상은 거즈로 분리시켜 드레싱하며 수포를 터트리거나 연고, 로션 등을 바르면 안 된다.
⑥ 보온을 유지한다.(중증화상은 체온유지기능을 저하시키기 때문)
⑦ 화상환자에게 발생된 다른 외상을 처치하고 즉시 화상치료가 가능한 병원으로 이송한다.
⑧ 화상환자 수액투여는
　㉠ 성인: 2ml/kg, 소아: 3ml/kg, 전기화상: 전 연령대에서 4ml/kg/% TBSA의 링거 투여.
　㉡ 파크랜드 수액: 2개의 굵은 혈관주사를 확보 후 각각에 1,000ml 생리식염수나 링거액을 연결. 4ml×환자몸무게(Kg)×2/3도 화상 체표면적(%)= 24시간 동안 주어야 할 수액량.
　㉢ 화상 후 8시간동안 수액의 반을 준다.
　　- 병원 이송 중 0.25ml×환자 몸무게(kg)×화상면적= 수액량

5 소아인 경우

소아는 성인과 다르게 중증도를 분류한다. 일반적인 원리는 성인과 같으나 성인보다 신체 크기에 비해 체표면적이 넓어 체액손실이 많고 그로 인해 저체온이 될 가능성이 높다.
6세 미만의 유아는 성인 분류상 중등도 화상이라면 유아는 한 단계 위인 중증으로 분류한다.
아동학대로 인한 화상이라면 아래 사항이 있는지 살펴야 한다.
① 담배, 다리미 등과 같은 자국　　② 양쪽에 같은 형태의 화상
③ 과거 유사한 병력　　　　　　　④ 뜨거운 물에 신체 일부를 넣은 경우 원통형의 손상

| 소아의 중증도 분류표 |* ☆ 14 경남장

중증도 분류	화상 깊이 및 화상 범위
경 증	체표면의 10% 미만의 부분층 화상
중등도	체표면의 10~20%의 부분층 화상
중 증	전층 화상과 체표면의 20% 이상의 부분층 화상

6 전기·화학 화상

(1) 전기화상* ☆ 12, 15 위, 18, 20 소방장
① 전선이나 낙뢰에 의해 일어나며 전압과 전류량이 높을수록 심한 화상이 된다.
② **교류(AC)는 직류(DC)보다 심한 화상**을 입히며 전기가 들어온 곳과 나온 곳이 몸에 표시되어 남아 있다. (*^^ 교류: 찌릿찌릿한 일반 전기, / 직류: 밧데리 등의 찌릿 찌릿하지 않는 전기)
③ **낙뢰에 의한 화상환자는 양치류**(고사리) **잎과 같은 모양의 화상**이 나타난다.
④ 전기화상은 몸 **안**에서는 심각하더라도 몸 **밖**으로는 작은 흔적만 남을 수 있다.
⑤ 또한 갑작스러운 근육수축으로 **탈골되거나 골절**될 수도 있다.
⑥ 가장 위험한 경우는 **심전도계 장애로 심장 마비나 부정맥**이 나타나기도 한다.
⑦ 현장에서 다리가 저린 증상이 나타나면 전류가 흐른다는 뜻이므로 즉시 되돌아 온다.
⑧ 훈련을 받지 않았다면 (전기화상) 환자를 옮기거나 전원을 차단해서는 안 되며 전기전문기사나 구조대원이 올 때까지 기다려야 한다.

> ■ 응급처치 과정은
> ① 기도 확보 - 전기 충격으로 심각한 기도 부종을 유발할 수 있기 때문이다.
> ② 맥박 확인 - 심장리듬 변화가 보통 나타날 수 있으므로 제세동기를 이용해 분석·처치를 제공한다.
> ③ 쇼크에 대한 처치 및 고농도 산소 공급.
> ④ 척추·머리 손상 및 심각한 골절에 대한 처치 제공. - 전기 충격으로 심각한 근골격 수축이 나타나므로 골절 및 손상에 따른 척추 고정 및 부목 고정이 필요하다.
> ⑤ 환자 몸에 전기가 들어오고 나간 곳을 찾아 평가한다.
> ⑥ 화상 부위를 차갑게 하고 멸균거즈로 드레싱 한다.
> ⑦ 전력, 전류량 등에 대한 내용을 구급일지에 기록한다.   ⑧ 병원으로 이송한다.

(2) 화학 화상
① 화학 화상에는 강산, 피부의 층을 직접 부식시키는 염기, 화학작용과 더불어 인체 내부에서 열을 생산하는 화학물질 등 다양한 물질이 있다. 아주 작은 양이라도 위험할 수 있다.
② 현장에서 최소한 글러브와 보안경을 착용하며 (화학)화상처치는 **일반화상처치와 같으며** 추가적인 처치 사항으로는.
　㉠ 손상 부위를 많은 양의 물로 세척하는 것이 가장 중요하다.
　　- 이는 화학물질을 씻어내어 작용을 완화시키거나 정지시키는 역할을 해준다.
　　- 단, 금수성 물질인 경우에는 폭발위험이 있으므로 주의한다.
　㉡ 씻어 낸 물이 다른 부위로 흘러내리지 않도록 해야 하며 특히, 눈이나 얼굴을 씻어낼 때 정상 눈에 들어가지 않도록 주의해야 한다.
　㉢ 이송 중에도 가능하다면 세척을 계속 실시한다.
③ 건조 석회와 같은 화학물질은 세척 전에 브러시로 털어내야 하는데 가루가 날려 호흡기계로 들어가거나 정상 부위에 닿지 않도록 주의한다.

CHAPTER 08 근골격계 손상

1 골반과 팔다리

근골격의 3가지 주요 기능은 ❶ 인체 외형형성 ❷ 내부 장기보호, ❸ 인체 움직임을 제공한다.

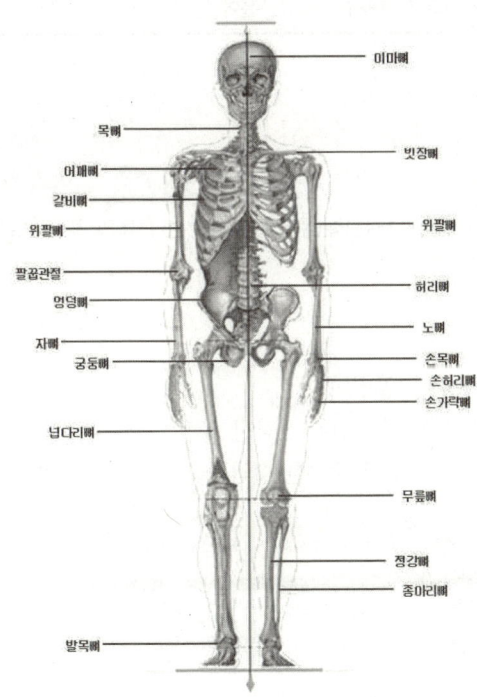

① 근골격계에서 골격은 인체의 물리적 구조를 형성하고 내부 장기를 보호한다. 인체 내부 뼈들은 골격을 형성한다.
골반은 엉덩뼈와 궁둥뼈 2쌍의 뼈로 이루어졌고 앞으로는 두덩뼈 뒤로는 엉치척추의 양쪽에 연결되어 있다. 엉덩뼈능선은 옆구리에서 궁둥뼈는 아래에서 촉지할 수 있다
② 다리는 엉덩관절을 형성하는 절구라고 불리는 골반의 들어간 곳에 있는 넙다리 뼈머리에서 시작한다.
- 큰돌기에서 아래로 넙다리각은 넙다리뼈를 형성한다.
무릎관절은 3개의 뼈(❶넙다리뼈 말단부위 ❷무릎뼈 ❸몸쪽 정강뼈)로 구성되어 있다. / 종아리는 징깅뼈와 측면에 위치한 종아리뼈로 구성되어 있다.
③ 팔은 어깨에서 시작된다. 각각의 어깨는 어깨뼈, 빗장뼈 그리고 어깨뼈 봉우리로 구성되었다. 위팔뼈머리는 어깨관절에 있다. 위팔뼈은 팔의 몸쪽을 형성하며 팔꿈관절은 위팔뼈의 먼쪽과 두개의 뼈(엄지손가락 측의 노뼈와 새끼손가락 쪽의 자뼈)로 구성되어 있다. 팔꿈치의 뒷부분에 쉽게 촉지되는 뼈의 융기부분은 자뼈의 팔꿈치머리이다. 손목은 노뼈와 자뼈의 먼쪽과 손목이라는 손의 몸쪽으로 구성된다.

■ 참고

순수우리말(상지)	해부학용어	순수 우리말(하지)	해부학용어
· 빗장뼈------	쇄골	· 엉덩뼈------	골반골
· 어깨뼈------	견갑골	· 궁둥뼈------	좌골
· 봉우리(어깨쪽)-	견봉	· 두덩뼈------	치골
· 위팔뼈------	상완골	· 넙다리뼈----	대퇴골
· 노뼈(팔목쪽)--	요골	· 무릎뼈-----	슬개골
· 자뼈(팔목쪽)--	척골	· 정강뼈-----	경골
· 손허리뼈----	중수골	· 종아리뼈----	비골
· 손가락뼈----	지골	· 발허리뼈----	중족골
		· 발가락뼈----	족지골

2 연결 조직, 관절 근육

① 골격계가 움직일 수 있는 것은 많은 관절이 있기 때문이다.
② 관절은 뼈와 뼈 사이의 연결부위로 (인대)라 불리는 연결조직으로 이어졌다.
③ 관절은 엉덩관절과 같은 **구상**(구, 절구)관절, 손가락관절과 같은 **타원**관절이 있다.
④ 근육은 힘줄로 뼈에 연결되어 있어 관절을 움직이게 한다.

골격근육 (수의근)	인체를 움직이는 근육은 뇌의 통제로 수의적으로 움직이므로 "수의근" 이다. 신체근육의 대부분을 차지하고 있으며 대부분 골격에 직접 붙어있다. (* 가로무늬근)
내장근육 (불수의건)	현미경으로 관찰하면 골격근육에서 가로무늬가 관찰되지 않아 '민무늬근육' 이라 하며, 의도와 상관없이 자율적 신체운동 대부분을 수행하여 '불수의근' 이다.(* 민무늬근)
심장근육	특이한 구조와 기능으로 인하여 불수의근이면서 + 골격근육에 해당한다. (*^^ 심근)

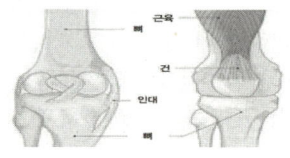

■ 무릎관절 ■

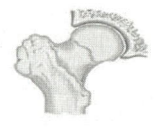

■ 구상관절(좌), 타원관절(우) ■

■ 근육의 3가지 유형 ■

3 외상과 근골격계

① 근골격계 외상에서 가장 심각한 형태 중 하나는 골절이다.
② 골절은 뼈로 인해 지탱되던 인체 형태가 변형될 수 있다.(심각한 출혈도 생길 수 있다)
③ 혈관, 조직 외 뼈 자체의 출혈이 있다.(뼈는 단단하나 풍부한 혈액공급을 받으며 살아있다)

> ■ 골절(뼈) 출혈★ ☆ 13 위
> ① 정강뼈와 종아리뼈의 단순 골절 시 출혈 500cc
> ② 넙다리뼈 골절 시 1,000cc ▶ 정종이는 맥주500cc, 넙다리는 1,000cc → 1잔, 2잔
> ③ 골반 골절 시에는 1,500cc~3,000cc ▶ 골골이는 맥주 1500cc~3,000cc까지 → 3~6잔

④ 근골격계 변형, 내부출혈, 신경 손상 등의 작용으로 전형적인 근골격계 손상인 통증, 부종, 변형이 나타난다.(아프고 붓고 변형된 부분은 부목 등으로 모두 고정시킨다.)

(1) 근골격계 손상기전

직접적 충격	・뼈나 구조물에 직접 힘이 가해지는 것이다.(손상은 힘이 가해진 부분에서 발생한다)
간접적 충격	・인체에 가해진 에너지가 뼈를 통해 다른 부분을 손상시키는 경우이다. 예) 운전자 무릎에서 다리로 올라가 넙다리뼈 골절이나 엉덩관절이 탈구되는 경우.
변형된(비틀 림 등) 충격	・간접적인 충격의 변형형태로 인체 무게와 움직임 자체가 뼈와 관절의 비정상이다. ・스포츠활동에서 주로 볼 수 있다 예) 스키를 타다 몸통과 다리가 반대로 뒤틀릴 경우

(2) 근골격계 손상형태★★   ★ 14 부산장, 21 위

골절	• 뼈가 부러진 경우이다. • 뼈의 끝부분(관절을 형성)이나 아동의 성장판인 성장부위 골절은 심각하다.
탈구	• 연결부분에 위치한 관절이 어긋난 경우로 관절부위의 심한 굴곡이나 신전으로 발생한다. 손가락 관절과 어깨 그리고 엉덩이에서 종종 발생한다.
염좌	• 인대(관절을 지지하거나 둘러쌈)의 파열이나 비정상적인 잡아당김(늘어남)으로 생긴다. - 보통 인체에 변형된 충격(뒤틀림 등)으로 인해 발생한다. (* 염좌: 捻挫) (*^^ 관절을 지지하는 인대가 충격 등으로 늘어나거나 일부 찢어지는 경우.)
좌상	• 힘줄(뼈와 근육을 연결함)이 비정상적으로 잡아 당겨져 생긴다. (*좌상: 挫傷)

(3) 개방형, 폐쇄형 근골격계 손상

① 연부조직손상에 따라 개방형과 폐쇄형으로 나뉜다.
② 개방형 팔다리 손상인 경우 외부 물체보다 골절로 인해 뼈가 피부를 뚫은 경우가 많다.
③ 개방형 골절은 노출된 뼈로 인해 팔·다리 감염 위험이 높기 때문에 정형외과적 응급상황이다.

(4) 증상 및 징후

- 아래는 뼈, 힘줄, 근육, 인대가 손상되었을 때 나타나는 증상 및 징후이다.
  ① 팔다리의 비정상적인 변형   ② 손상부위 통증 및 압통 그리고 부종
  ③ 손상부위 멍이나 변색   ④ 팔다리를 움직일 때 뼈 부딪치는 소리나 감각
  ⑤ 뼈가 보이거나 손상 부위가 찢어짐   ⑥ 관절이 정상적으로 움직일 수 없거나 고정된 상태
  ⑦ 팔다리의 먼 쪽이 차갑고 창백하거나 맥박이 없음(동맥 손상 의심)
  ★ 이러한 증상 및 징후에서 대표적인 것으로는 팔다리의 ❶통증 ❷부종 ❸변형이다.   ▶변부통
  (*^^ 힘줄: 근육을 뼈에 부착시키는 섬유성 연부조직 / 근육: 살과 힘줄을 말함)

(5) 응급처치   ★ 16 소방위

- 일반적인 응급처치로는
  ① 현장을 확인한다. - 개인 보호 장비를 착용하고 현장안전과 잠재적인 손상기전을 확인한다.
  ② 1차 평가를 실시한다. - ABC상에 문제가 있다면 즉각적인 처치를 하고 신속한 이송을 실시한다.
    - 대신 부분 부목이 아닌 전신을 긴 척추보호대로 고정시킨 후 이송한다.
  ③ 호흡장애에 쇼크 징후가 보인다면 많은 양의 산소를 공급한다.
  ④ 개방손상부위 지혈을 실시한다.
  ⑤ 위급한 상황에 대한 처치가 끝났다면 손상 부위를 부목으로 고정시킨다.
  ⑥ 부목으로 고정시킨 후 가능하다면 손상부위를 올리고 부종과 통증을 감소시키기 위해 얼음찜질을 해주면 좋다.
    (*^^ 얼음찜: 혈관을 수축하여 혈류를 막고, 염증 생성도 억제하고 통증도 막음. 보통은 20분 이내로 한다)

4 부목   ☆ 15 소방장

(1) 경성 부목* (*^^ 딱딱한 성질의 부목임)   ☆ 13 경북, 15 소방교
   ① 경성부목은 견고한 재료로 만들어지며 손상된 팔다리의 측면과 전면, 후면에 부착한다.
   ② **경성**부목의 종류는 **알루미늄부목, 골절부목, 박스부목, 성형부목, 철사부목** 등이 있다.
   ▶ 암기: 알골 박성철(* 경성에 사는 알콜중독환자 박성철님)

    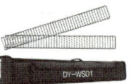

알루미늄부목   골절부목   박스부목   성형부목   철사부목

(*^^ 박스부목은 특정한 부목이 없을 때, 주위 라면박스 등을 잘라서 사용하는 것을 말함)

(2) 연성 부목* ☆ 14 경기장, 16 서울교
   ① 가장 많이 사용되는 연성부목은 **공기부목과 진공부목**이다.(*^^ 연한 성질의 부목임)
   ② 공기부목은 환자에게 편안하며 접촉이 균일하고 외부 출혈이 있는 상처에 압박을 가할 수 있으므로 지혈도 가능하다는 장점이 있으나, 온도 및 공기압력에 의해 **변화가 생기는 단점이 있다.** (*^^ 환자 상태를 확인하면서 입으로 공기를 불어넣는다.) (*^^ p.380 참고)
   ③ 진공부목은 내부를 진공상태로 만들면 특수소재가 견고하게 변하여 고정되는 부목으로, **심하게 각이 졌거나 구부러진 곳에서 효과적으로 사용된다.**(*^^ 펌프로 공기를 뺀다.)

(3) 견인 부목(허벅지 부목)* ☆ 15 소방장, 20 소방장, 21 위
   ① 관절 및 다리 하부 손상이 동반되지 않은 / 넙다리 몸통부(대퇴부) 손상 시 사용된다.
   ② 외적인 지지와 고정뿐만 아니라 넙다리 손상시 발생되는 근육경련으로 인해 뼈끝이 서로 겹쳐 발생되는 통증과 추가적인 연부조직 손상을 줄여, 내부출혈을 감소시킬 수 있다.

> ✪ 견인부목을 사용해서는 안 되는 경우*   ☆ 15 소방장, 20 소방장
>   ① 엉덩이나 골반 손상   ② 무릎이나 무릎 인접부분 손상   ③ 발목 손상   ④ 종아리 손상
>   ⑤ 부분 절상이나 견인기구 적용부위의 결출상   ※ 사용가능한 경우는 허벅지(대퇴부) 손상임

(*^^ 견인을 할 때 무릎 위 대퇴부 골절에 주로 사용, 근수축으로 뼈끝 손상 예방할 수 있다)

■ **견인부목을 이용하는 방법**(요약)   ☆ 20 소방장(6번)
1. 다리 말초의 맥박, 운동과 감각 기능을 평가하고 안전하며 조심스럽게 다리를 손으로 견인을 한다.
2. 부목의 알맞은 길이를 조정한다.(궁둥뼈 패드를 엉덩뼈 능선에서 밴드가 발목까지)
3. 궁둥뼈 패드 받침대에 엉덩뼈 능선부위를 안착시켜 손상된 다리 부위를 부목 위에 위치한다
4. 궁둥뼈 끈을 서혜부와 넙다리에 결착한다. (* 서혜부 : 사타구니)
5. 넙다리의 순환을 완전히 차단해서는 안되며 발목 고리를 확실하게 환자 발과 수직으로 고정한다.
6. 발목고리의 D고리와 S고리를 결착하고 통증과 근육경련이 감소할 때까지 기계적인 견인을 시행한다.
   반응이 없는 환자는 손상되지 않은 다리와 거의 같은 길이가 될 때까지 견인을 조절한다. ☆ 20 소방장
7. 다리받침 끈을 고정하고 넙다리끈과 발목 끈을 재확인하고 확실히 고정했는지 확인한다.
8. 부목을 착용하고 재평가 하고 환자를 긴척추고정판에 고정한다. 다리 사이에 패드를 대고 고정판에 부목을 고정한다.

(4) 항 쇼크바지(PASG 또는 MAST) : 저혈량성 쇼크 환자에서 혈압을 유지시키는 목적으로 사용되는 장비로 골반골절이나 다리골절 시 고정효과가 있다.
(5) 삼각건과 걸이 : 어깨, 위팔, 팔꿈치, 아래팔에 사용된다. 걸이는 팔꿈치와 아래팔을 지지한다.

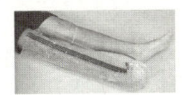     

공기부목 　　진공부목(1)　　진공부목(2)　　견인부목　　MAST　　삼각건

5 일반적인 (부목) 사용방법 ★ 16, 21, 23 소방위(④⑪⑯⑰)기출

① 부목 외에 다른 불필요한 것은 제거한다.
② 손상부위에 따라 가장 적합한 부목을 사용한다.
③ 뼈 손상 여부가 의심될 경우에는 ➡ 손상됐다고 가정하고 부목으로 고정한다.
④ 근골격계 손상환자가 쇼크 징후 등을 보이면 ➡ 즉각적으로 이송해야 한다.
　- 부목에 앞서 신속한 이송이 필요한 경우는 ➡ 긴 척추고정판을 이용해 환자를 고정한다.
⑤ 심각한 손상 환자는 ➡ 부목으로 고정하기 위해 시간을 지연해서는 안 되며 신속하게 이송한다.
⑥ 부목 고정 전에 한 명의 대원은 손상부위 양 쪽을 각각 잡아 손상부위를 고정시킨다.
　- 이는 부목으로 완전히 고정될 때까지 잡고 있어야 한다.
⑦ 부목 고정 전에 팔·다리 손상 먼쪽의 맥박, 운동기능 그리고 감각을 평가한다.
　- 부목 고정 후에도 다시 한 번 평가한다. 항상 부목 고정 전·후에 대해 기록한다.
⑧ 손상부위의 의복은 ➡ 잘라 내어 개방시킨 후 평가한다.
⑨ 개방 상처는 멸균거즈로 드레싱한 후에 ➡ 부목으로 고정한다.
⑩ 팔다리의 심각한 변형이나 먼쪽의 청색증 또는 맥박이 촉지 되지 않는다면(*^^ 혈류장애)
　➡ 부드럽게 손으로 견인하여 ➡ 정상 해부학적 위치로 맞춘 후 부목으로 고정시킨다.
⑪ 뼈가 손상 부위 밖으로 나와 있다면 ➡ 다시 원래 위치로 넣으려고 해서는 안 된다.
⑫ 불편감과 압박을 예방하기 위해 패드를 대준다.
⑬ 가능하다면 환자와 부목 사이 빈 공간에 패드를 대준다.
⑭ 가능하다면 환자를 움직이기 전에 ➡ 부목을 대준다.
　- 위급한 상황이나 치명적인 상태인 경우에는 제외이다.
⑮ 손상부위 위·아래에 있는 관절을 고정시켜야 한다.
　- 예 아래팔골절에는 팔목과 팔꿈관절을 고정시켜야 한다.
⑯ 관절부위 손상에는 ➡ 위·아래 뼈를 고정시켜야 한다. 23 위
　- 예 팔꿈치골절에는 위팔과 아래팔을 고정시켜야 한다.
⑰ 손과 다리를 포함한 먼쪽 팔다리 손상에서 부목을 대줄 때는
　➡ 순환상태를 평가하기 위해 손끝과 발끝은 보이게 해야 한다.
⑱ 팔, 손목, 손, 손가락 부목 전에는 ➡ 팔찌, 시계, 반지 등을 제거해야 한다.
　- 부종으로 인해 순환에 장애를 줄 수 있기 때문이다.

6　긴 뼈 부목　★ 16 위

긴뼈는 팔에➡ 위팔뼈, 노뼈, 자뼈, 엉덩뼈, 손가락뼈가 있고(* 노뼈: 엄지쪽 팔뼈 / 자뼈: 새끼쪽 팔뼈)
다리에는➡ 넙다리뼈, 정강뼈, 종아리뼈, 발허리뼈, 발가락뼈가 있다.
　- 긴 뼈 손상은 근처 관절손상을 동반할 수 있으므로 주의한다.
① 현장 확인(손상기전 및 현장안전 확인) 및 개인 보호장비 착용한다.
② 손으로 손상부위 고정한다.
③ 부목 고정 전에➡ 팔·다리 손상 먼쪽의 맥박, 운동 및 감각기능을 평가한다.
④ 심각한 변형이나 먼쪽에 청색증이나 맥박이 촉지되지 않는다면➡ 손으로 견인하여 (관절을)원래 위치로 재정렬해야 한다. (*^^ 먼쪽으로 가는 혈류에 장애가 생긴 경우 등이다.)
　- 두드러진 저항이 느껴지면 시도하지 말고 그대로 부목으로 고정한다.
⑤ 적절한 부목을 선택해서 사용한다.
⑥ 손상부위뿐 아니라 **위·아래 관절도 고정**시켜야 한다.
⑦ 부목 고정 후에 맥박, 운동기능, 감각을 재평가한다.
⑧ 부목 고정 후 움직임으로부터 보호해야 한다.
⑨ 가능하다면 고정한 부위를 올리고 차가운 팩을 대준다.

7　부위별 처치법　★ 15 20 소방장

팔	· 위팔뼈는➡ **삼각건**을 이용한다. 경성부목도 걸이와 삼각건을 이용해 사용할 수 있다. · 아래팔뼈는➡ **롤붕대와 골절부목** 또는 공기를 이용한 부목이 좋다. 　- 부목으로 고정한 후에는 걸이로 목에 걸고 삼각건으로 고정시킨다.
손	· 손, 손목, 아래팔을 고정시킬 때에는➡ **기능적 자세로 고정**시켜야 한다. · 손의 경우 손가락을 공을 잡듯이 약간 구부린다. · 환자가 붕대를 쥐게 한 후➡ 골절부목으로 아래팔을 고정시켜 손목과 손을 고정한다. 　- 아래팔, 손목 그리고 손은 롤 거즈붕대로 감고 **걸이로 고정**시킨다.
발	· **철사부목이나 다리부목을 이용하면 좋다**(발은 다리와 90°각도이므로)　▶ 철다리-발 · 높은 곳에서의 낙상➡ 발과 다리를 부목으로 고정시키고 긴 척추고정판으로 척추를 고정시켜야 한다.(발꿈치와 척추손상을 유발하므로)
다리	· **경성부목**이 좋으며 손상된 다리의 무릎과 발목을 고정하기 충분한 길이어야 한다. · 부목이 없다면 접거나 말은 이불을 사용할 수도 있다.　▶ 경성- 다리
허벅지 15장	· 넙다리뼈 손상은 심각한 출혈을 유발할 수 있는 손상으로 쇼크가 나타나기도 한다. · 허벅지의 큰 근육들은 힘이 강해 넙다리가 골절되면 뼈끝을 잡아당긴다. · 이때, 날카로운 뼈의 단면은 조직과 큰 동맥에 심각한 손상을 초래할 수 있다. · 따라서 **견인부목**은 출혈을 줄이고 추가 합병증을 예방하는 데 좋다.　▶ 견인- 허벅지 · 우선 손상부위 주변에 2곳의 고정지점(골반과 발목)을 정한다. 　장력은 부목의 제동기로 두 점 사이에 형성한다. 장력이 증가하면서 부러진 넙다리뼈 끝이 재정렬되고 조직, 신경, 혈관손상 가능성이 줄어든다.

관절*	엉덩이 골절에는 손상 받은 부위의 발이 ➡ 바깥쪽으로 돌아가고 다리가 짧아진다.
	❋ 관절 손상 환자에 대한 응급처치. ☞ (이전p 긴 뼈 손상과 같은 방법으로 처치한다.)
	① 현장 확인 - 손상 기전과 현장 안전확인 ② 개인 보호 장비 착용
	③ 손으로 손상부위 지지·안정화 ④ 부목 고정 전에 손상 먼쪽의 맥박, 운동기능, 감각 평가
	⑤ 일반적으로 발견되었을 때 자세 그대로 부목 고정
	  - 먼 쪽 청색증이나 맥박 촉지가 안 될 때에는 부드럽게 손으로 견인하여 관절을 재정렬한다.
	    만약, 통증을 심하게 호소하면 멈추고 그대로 부목으로 고정시킨다.
	⑥ 가능하면 손상부위뿐만 아니라 위·아래 관절까지 고정 - 엉덩이와 어깨관절은 대부분 불가능하다.
	⑦ 부목으로 고정한 후에 맥박, 운동기능, 감각을 재평가
	⑧ 고정 후 움직임으로 인한 손상을 예방
	⑨ 가능하다면 손상 관절부위에 차가운 팩 대기 (예 얼음)

엉덩이와 골반*	① 엉덩이는 넙다리뼈 몸쪽과 골반의 절구로 이루어진 관절이다. ② 대부분 **노인환자**에서 낙상으로 발생하며 엉덩이 관절에서 넙다리뼈 몸쪽 골절이 많다. ③ 엉덩이 통증과 압통 그리고 다리가 밖으로 돌아가고 **짧아진** 변형형태가 나타난다. ④ 엉덩이에는 부종을 감지하기 어렵다.(많은 연부조직이 있으므로) ⑤ 골반골절은 단순 낙상보다 더 강한 힘에 의해 나타나며 **차량 간 충돌이나 보행자 사고에서 많이** 나타난다. ⑥ 골반 옆부분을 부드럽게 눌러보거나 앞에서 골반을 아래로 눌러 보면 압통을 호소한다. 골반골절은 내부 실혈로 치명적일 수 있다. ⑦ 긴 척추고정판으로 환자를 고정시켜야 하며 쇼크에 주의한다. ⑧ PASG를 사용할 수 있다.
어깨	·운동 중에 종종 일어나며 압통, 부종, 변형이 있다. **걸이와 삼각건을 이용하면 좋다.** ·환자는 대부분 앉은상태에서 정상 팔로 앞으로 쳐져있는 손상된 어깨를 붙잡고 있다
팔꿈치	·혈관과 신경이 팔꿈 관절에 매우 가깝게 지나가므로 위험한 부위이다. ·팔걸이와 삼각건을 이용하며 팔꿈치 골절 시 긴 **패드부목**으로 고정한다.
발목	·가쪽 복사뼈 위로 압통, 부종 그리고 변형이 나타난다. (주로 계단을 내려오다 발목이 꺾이면서 자주 일어나는 손상이다) ·발과 발목은 기능적 자세로 하고 무릎 위까지 긴 **패드부목**으로 고정시킨다. ·부목이 없다면 접은 **이불, 베개**를 이용해 고정시키고 끈으로 묶을 수 있다.

나는 내가 만듭니다

아기 똥이 방에 있으면 오물이라고 하고 밭에 있으면 거름이라고 합니다.
모래 부스러기가 방에 있으면 쓰레기라 하고 공사장에 있으면 재료라고 합니다.
더워서 폭염때문에 못살겠다고 하지만 시베리아에 혹한에 사는 사람에게는 자랑처럼 들립니다.
오늘 아침 출근길 눈을 밟으며 더럽고 춥다고 하지만 아프리카 사람에겐 눈이 행복이고 환상입니다.
갑질로 직장 생활이 힘들다고 시위하지만 직장없는 어떤 이는 직장이 있는 것만으로도 매우 부럽습니다.

CHAPTER 09 머리와 척추 손상

(* 머리손상: 소방교 제외)

1 머리, 척추, 중추신경계 해부

(1) 두부
① **머리뼈**는 뇌를 보호하는 뇌머리뼈와 얼굴뼈, 모두 22개의 뼈로 구성된다.
   - 머리뼈 부분 명칭은 **이마뼈, 마루뼈, 뒤통수뼈, 관자뼈** 등이 있다. ▶ 이마뒤관
② 얼굴을 이루고 있는 뼈들은 전방에서 오는 충격으로부터 뇌를 보호하는 기능이 있다.
③ **눈확**은 눈을 둘러 싼 몇 개의 뼈로 구성되어 있고 아래턱과 위턱은 이를 지지하고 있다.
④ 코뼈는 코의 후각기능을 지지하고 광대뼈는 뺨을 형성하여 얼굴 형태를 만든다

(2) 척주* ☆ 16 경기장
① 척주는 머리를 지지해주고 뇌의 기저부분에서 골반까지 이어지고 척수를 유지하고 보호해준다.
② 척주는 인체를 지탱하는 중요한 역할을 하며 **33개의 척추뼈**(소아 기준)로 **구성되어** 있다.
③ 척주는 5부분인 **목뼈 7개, 등뼈 12개, 허리뼈 5개, 엉치뼈 5개, 꼬리뼈 4개**로 나누며 등뼈는 갈비뼈에 의해, 엉치뼈와 꼬리뼈는 골반에 의해 지지되므로 이들은 목뼈와 허리뼈보다 손상을 덜 받는다. (*^^ 소아의 척추뼈는 33개인데 성인이 되가면서 26개로 변화됨다.)

(3) 중추신경계
머리, 목뼈, 척추손상은 심각할 수 있는데, 그 이유는 뇌와 중추신경계가 포함되었기 때문이다.
① 중추신경계는 뇌와 척수로 이루어져 있으며 뇌는 머리뼈 내에 위치해 있다.
② 뇌는 호흡과 같은 기본적인 기능 외에도 생각·기억과 같은 기능을 담당하고 있다.
③ 척수는 뇌바닥에서 시작해서 척주의 척추뼈에 의해 보호받으면서 등 아래로 내려간다.
④ 척수는 뇌에서부터 신체에 이르기까지 메시지를 전달하는 역할을 한다.(* 척수: 신경세포)
   - 말초신경계 지시를 포함한 이러한 메시지는 수의근의 움직임을 유발한다.
   - 척수는 신체에서 뇌로 메시지를 다시 전달한다(말초신경계로부터 인체기능과 환경정보 포함)
✪ **중추신경계** – 모든 기본적인 신체 기능을 조절하고 외부변화에 반응한다.
✪ **말초신경계–중추신경계**를 인체 나머지 부분에 연결하여 운동신경과 감각신경의 완전한 연결망을 이룬다.

> **Check Point 공간이용**
> 사람 몸에는 <u>206개</u>의 뼈가 있다. 머리쪽에 <u>22개</u>, 척주쪽에 <u>26개</u>가 있다.
> 척주: 소아는 목뼈7, 등뼈12, 허리뼈5, 엉치뼈5, 꼬리뼈4개(*^^처음 7+12+5+5+4= 33개
> 척주: 성인은 목뼈7, 등뼈12, 허리뼈5, 엉치뼈1, 꼬리뼈1개.(*^^성인 7+12+5+1+1= 26개
> ▶ 암기: 허리가 올라5니 등이 12를 걸어, 목을 7 것이다.

2 척추 손상

① 척추손상에서 가장 위험한 것은 **척수의 손상**이다.
  - 이는 수의근의 통제력 상실을 의미한다. 이러한 통제력 상실 즉, 마비는 종종 영구적이다.
② 척수손상은 팔다리근육, 호흡근육에도 영향을 미치기 때문에 목뼈손상에는 특히 주의한다.
③ 척주의 척추뼈는 척수를 둘러싸고 지지하며 보호하는 역할을 하고 있다.
  - **척추뼈 손상만으로** (척추)마비나 척수손상의 증상·징후가 나타나지는 **않지만** 척추뼈 손상은 ➡ **척수손상을 유발하거나 마비를 초래할 수 있다.**(* 증상, 징후가 없이 척수손상이나 마비 가능)
④ 척수 손상 시에는 손상부위 말단 신경계 기능이 일반적으로 상실된다.
  - 예 첫 번째 또는 두 번째 목뼈가 손상되면 양 팔과 다리를 움직일 수 없다. 게다가 목뼈의 심한 손상은 호흡정지를 초래할 수 있는 호흡근을 통제하는 신경에 영향을 미친다.

> ■ 손상기전(척추손상의 유형)   ☆ 18 소방장
> ① 굴곡: 척추가 앞쪽 굽은 것.(예 정면충돌, 다이빙)   ② 신전: 척추가 뒤쪽 굽은 것.(예 후방충돌)
> ③ 측면굽힘: 측면으로 굽은 것.(예 측면충돌)   ④ 회전: 척추가 꼬인 것.(예 차량충돌, 낙상)
> ⑤ 압박: 척추의 아래나 위로부터 직접 힘이 가해진 것.(예 차량충돌, 낙상 및 다이빙)
> ⑥ 분리: 척수와 척추 뼈가 따로따로 분리되는 힘에 의한 손상.(예 목매달기와 차량충돌)
> ⑦ 관통: 어떤 물체가 척수나 척주에 들어오는 경우.(예 총, 칼에 의한 손상)

3 평가(척추손상 의심환자)   ☆ 15 소방위

척추손상이 의심되는 환자라면 일직선상으로 눕히고 척추를 고정시켜야 한다.
① 환자가 서있거나 걷는다고 해서 척추손상이 없다고 판단해서는 안 된다.
  ㉠ 무의식환자는 ➡ 척추손상 가능성이 있다고 가정해야 한다.
  ㉡ 척추부위 압통이 없다고 하는 환자는 ➡ 척추손상이 있을 수 있음을 유의해야 한다.
  ㉢ **척추손상 판단을 위해** ➡ 척추를 움직이게 하는 행동은 절대 금물이다.
② 턱 밀어올리기방법으로 기도를 개방하고 **필요시 양압환기**를 제공할 준비를 한다.
③ 주 병력과 신체검진(외상평가, 생체징후, SAMPLE)을 실시하고 만약, 환자가 의식이 있다면 **팔다리의 감각과 운동신경을 검사하기 위해 신경검사**를 실시한다. 15위

> ■ 척추손상의 증상 및 징후   ☆ 18 소방장
> ① 손상 부위 척추의 압통   ② 척추의 변형   ③ 척주 움직임에 상관없는 통증
> ④ 척추손상이 의심되는 부분 아래로 감각손실이나 마비   ⑤ 대변실금이나 요실금
> ⑥ 팔 다리에 허약감이나 저린 증상같은 비정상적감각이나 무감각   * 편마비(x)   ⑦ 호흡장애
> ⑧ 지속 발기증, 지속적이며 감정적으로 근거 없는 발기증   ⑨ 엉덩이, 다리에 계속적, 간헐적인 통증
> ⑩ 척추손상과 관련된 연부조직 손상 : ❶ 머리, 목 손상 ➡ 목뼈 손상 가능성
>   ❷ 어깨, 등, 배 손상 ➡ 등뼈, 허리뼈 손상 가능. / ❸ 골반, 다리 손상 ➡ 허리뼈, 엉치뼈 손상 가능

- 척추(脊椎): 척주를 구성하는 개개의 뼈, 척추뼈몸통, 척추뼈고리로 구성됨.(각각의 뼈, 등뼈)
- 척수(脊髓): 등뼈(척추) 속에 들어 있는 신경세포,
- 척주(脊柱): 척추뼈로 구성되며 섬유연결인 척추사이 원반(연골, 디스크)이 모여 몸의 기둥 역할을 함

4 응급 처치 ★ 16 서울교·장

손을 이용한 머리고정	① 척추고정에서 제일 먼저 손으로 환자의 머리를 **중립자세**로 유지한다. 이는 ② 목보호대 착용, 짧은고정판이나 구출고정대(KED), 긴 고정판에 고정 전까지 목뼈의 움직임을 예방해 준다. 이는 머리가 완전히 고정될 때까지 계속 유지한다. - 땅에 팔꿈치를 대거나 앉아 있는 환자는 환자의 **어깨나 의자등받이**를 이용한다.
목보호대 16서울교·장	① 목보호대는 손을 이용한 머리고정과 척추고정판 고정과 함께 사용되어야 한다. ② 목보호대만으로 환자에게 적정한 처치를 제공할 수 없음을 유의해야 한다.

(1) 짧은 척추고정기구

짧은척추고정판과 구출고정대(KED)가 있다. 이들은 차량 충돌사고로 차에 앉아 있는 환자 척추손상이 의심될 때 고정을 하며 **머리, 목, 몸통**을 고정시켜 준다.

> ★ **구출고정대(KED 일반적 과정으로는*** ★ 23 소방장
> ① 손으로 환자의 머리를 고정하고, 환자의 A,B,C 상태를 확인한다.
> (이때, 환자의 A,B,C에 심각한 문제가 있는 경우 목보호대 및 긴척추고정판을 이용하여 빠른 환자구출법을 시행한다)
> ② 적절한 크기의 목보호대를 선택하여 착용시킨다.
> ③ 빠른 외상환자 1차 평가를 시행한다.
> ④ 구출고정대(KED)를 환자의 등 뒤에 조심스럽게 위치시키며, 구출고정대(KED)를 몸통의 중앙으로 정렬하고 날개부분을 겨드랑이에 밀착시킨다.
> ⑤ 구출고정대(KED)의 몸통 고정끈을 중간, 하단, 상단의 순으로 연결하고 조인다.
> ⑥ 양쪽 넙다리 부분에 패드를 적용하고 다리 고정끈을 연결한다. 23장(①~⑥까지 순서기출)
> ⑦ 구출고정대(KED)의 뒤통수에 빈 공간을 채울 정도만 패드를 넣고 고정한다.
> ⑧ 환자를 90°로 회전시키고 긴 척추고정판에 눕힌 후 긴 척추고정판을 들어 바닥에 내려놓는다.
> ⑨ 환자가 긴 척추고정판의 중립위치에 있는지 확인하고 다리, 가슴끈을 느슨하게 해준다.
> ⑩ 긴 척추고정판에 환자를 고정하고, PMS(팔다리의 순환, 운동, 감각기능)를 확인한다.
>
> ■ 위 내용 The쉬운 요약~
> ① 머리고정 ② A,B,C 확인 ③ 목보호대 착용 ④ 빠른 외상환자 1차 평가 ⑤ 구출고정대 적용
> ⑥ 가슴 끈 결착(가운데-아래-위) ⑦ 넙다리끈 고정 ⑧ 머리고정 ⑨ 환자를 90° 회전
> ⑩ 긴 척추고정판 적용 ⑪ 끈조절 ⑫ 환자를 고정 후 PMS 확인

■ 구출고정대(KED) ■

(2) 전신 척추고정 기구(긴 척추 보호대) ★ 13 경북교, 16, 21 위

머리, 목, 몸통, 골반, 팔다리 모두 고정된다. 누워있거나 앉아있거나, 서있는 환자 **모두에게 사용**할 수 있고 짧은 척추고정대와 종종 같이 사용되어진다. 긴 척추보호대라 한다.

① 팔다리의 맥박, 운동기능, 감각을 평가한다. 이를 재평가할 때➡ 주의해야 할 점은

> ✪ 주의할 점 : 환자의 ❶ 가슴과 골반을 끈으로 고정시킨 후 ➡ ❷ 머리를 고정시켜야 한다.
> (만약, 머리를 먼저 고정시키면? 몸무게로 인해 목뼈가 좌우로 흔들릴 수 있기 때문이다!) * 머리부터(x)

② 환자와 판사이 공간은 패드를 이용한다. 성인의 경우➡ 몸이나 목 아래 공간이 있는지 주의한다. / 소아의 경우➡ 어깨 아래에서부터 발뒤꿈치까지 패드가 필요하다.

(3) 응급처치 - 척추손상 의심환자
① 손상기전(손상과정)을 염두하고 현장을 확인한다.
② 환자평가를 실시하고 손을 이용한 머리고정을 실시한다.
　㉠ 환자가 통증을 호소하거나 머리 이동이 쉽지 않은 경우를 제외하고 척추를 축으로 머리를 중립자세로 취해준다.
　㉡ 머리가 긴 척추고정판에 완전 고정될 때까지 계속 중립을 유지해 준다.
③ 1차 평가를 실시한다.
　- 환기나 산소가 필요한 경우에는 턱 밀어올리기법을 사용하여 기도를 유지한다.
④ 팔다리의 맥박, 운동기능 그리고 감각을 평가한다.
⑤ 손상, 변형, 압통과 같은 징후가 목뼈와 목 부위에 있는지 평가한다.
⑥ 목보호대의 크기를 측정하고 고정시킨다.
⑦ **환자의 자세와 상태에 따라 척추고정 방법과 기구를 선택**한다.
　㉠ 만약 땅에 누워있는 환자라면 긴 척추고정판을 직접 사용할 수 있다.
　㉡ 앉아 있고 위급하지 않으며 주변환경이 위험하지 않다면 짧은 척추고정판을 이용한다.
　㉢ 앉아 있고 위급하거나 주변환경이 위험한 경우에는 긴 척추고정판을 이용하여 빠른 환자구출법으로 환자를 이동한다.
⑧ 긴 척추고정판에 환자를 고정한 후 **팔다리의 맥박, 운동기능과 감각**을 재평가한다.
⑨ 고농도 산소를 공급하고 필요시 양압 환기를 제공하며 신속하게 이송한다.

- **소아 척추고정** ★ 16 소방위
① 소아의 경우 고정되어지는 것을 장시간 참기 어려워서 보호자가 옆에 동승해서 계속 지지해준다.
② 소아용 <u>목보호대가 없다면</u> 수건을 말아 머리와 목옆에 놓고 고정시킨다.
③ 소아의 뒤통수는 매우 튀어나와있기 때문에 어깨에서 발뒤꿈치까지 길게 패드를 대주어야 한다.
④ 소아용 안전의자에 있는 경우에는 <u>말은 수건으로</u> 의자와 소아사이 머리와 목 부위공간을 대준다.

● ① 구급대원이 안전좌석을 똑바로 세우고 손으로 환자의 머리와 목을 중립상태로 고정한다.
② 두 번째 구급대원은
　㉠ 목보호대를 적당한 크기로 착용시킨다. 만약 이것을 할 수 없다면 손수건을 사용하여 고정한다.
　㉡ 소아 무릎 위에 작은 담요나 수건을 놓고 끈이나 폭이 넓은 테이프로 골반 및 가슴을 고정시킨다.
　㉢ 수건을 말아 아이의 머리 양쪽과 좌석 사이의 빈 공간을 채운다.
　㉣ 머리는 이마와 목보호대를 교차하여 테이프로 고정한다.
　㉤ 그러나 목을 압박 할 수있기 때문에 턱을 가로질러 고정 하지 않는다.

- 참고: 소아
소아의 척추는 성인보다 유연하기 때문에 척주의 손상 없이도 척수가 쉽게 손상 받을 수 있다.
척수손상을 갖고 있는 소아환자의 25~50%는 x-ray상 척추뼈의 골절이 보이지 않는다고 한다.
그리하여 소아환자의 경우 척추부위 압통, 통증이 없다고 해도 척추손상이 의심되면 고정 및 처치한다
● 척추고정장비 종류는 긴 척추고정판, 소아용 척추고정판, 짧은 척추고정판, 전신보호용 고정장치가 있다

5 머리 손상 ☞ (* 소방교 제외)   ★ 15, 16 서울장 23 위

머리 손상은 뇌손상 〉 연부조직과 뼈 손상으로 나뉜다. 머리뼈와 얼굴뼈는 뇌를 보호해 준다.

■ **노인**: 나이가 들어감에 따라 뇌는 줄어들어 머리뼈와 뇌사이 공간이 더 늘어난다. 이는
뇌를 둘러 싼 조직의 출혈 시 뇌를 압박해서 증상이 나타나기까지 많은 시간이 걸린다는 것을 의미한다.
더욱이 혈관이 약해 출혈 경향이 높다. / 뇌손상 증상 및 징후가 늦게 나타날 수 있다는 점을 유의한다.

머리 손상	머리의 연부조직과 뼈의 손상은 〈 뇌손상보다 일반적으로 덜 치명적이다. 예) 머리는 혈액공급이 풍부한 곳으로 단순 열상으로도 과다출혈이 일어날 수 있다. 또한, 안면부 손상은 코와 입에 피가 고이고 부종과 손상으로 변형되어 상부호흡기도의 부분 또는 완전폐쇄를 유발할 수 있다. (*^^ 부종: 붓는 것)
머리뼈 및 얼굴손상* 12서울장 13경남장	머리뼈 골절은 종종 뇌손상을 동반한다.(머리뼈는 뇌조직과 근접해 있기 때문에) ✪ **머리뼈 손상의 징후:** * ① 상당한 힘에 의한 손상기전 ② 두피에 심각한 타박상, 깊은 열상, 혈종 ③ 머리뼈 표면에 함몰과 같은 변형 ④ 눈 주위 반상출혈(너구리 눈) ⑤ 귀 뒤 꼭지돌기 위에 반상출혈(Battle's sign) ⑥ 귀나 코에서 혈액이나 맑은 액체(뇌척수액)가 흘러나옴 ✪ **안면 손상의 징후:** ① 눈의 출혈 및 변색 ② 얼굴변형 ③ 얼굴타박상 ④ 치아의 손상 또는 흔들림 ⑤ 턱 부위 부종
뇌손상	① 뇌 조직은 혈종이나 뇌와 머리뼈 사이 얇은 조직층 사이에 피가 고이기도 한다. ② 머리뼈는 외부 부종을 허용하지 않기 때문에 혈종은 뇌를 급속도로 압박할 수 있다. ③ 뇌 조직은 손상 받으면 붓고 머리뼈 내 압력을 증가시키며 뇌 손상을 유발한다. ④ **개방성 머리손상은**➡ 개방성 연부조직 손상이 머리뼈를 통과해 뇌까지 이른 경우. ⑤ 다양한 물체로 발생되며 물체를 억지로 제거하지 말고 움직이지 않고 고정시켜야 한다. ⑥ **뇌손상의 특징은 의식상태 변화이다.**➡ 의식수준을 평가하고 아래내용을 평가한다. ㉠ 오심/구토 ㉡ 불규칙한 호흡 양상 ㉢ 의식변화와 양쪽 동공 크기 불일치 ㉣ 경련 ㉤ 정상신경기능 상실- 몸 한쪽만 운동이나 감각 기능이 증가 혹은 소실
평 가	① 1차 평가도중 빗장뼈 윗부분의 손상을 가진 환자라면 척추손상을 의심한다. ② 만약 환자가 의식이 없다면 가족이나 주변인으로부터 SAMPLE력을 얻는다.
응급처치 - 머리손상	① 현장안전을 확인하고 개인 보호 장비를 착용한다. ② 목뼈손상이 있다고 가정하고 손을 이용한 머리고정을 실시한다. ③ 기도 개방(턱 밀어올리기방법)을 유지한다. 23위 ④ 적절한 산소를 공급한다. - 호흡이 정상이라면 비재호흡마스크로 많은 양의 산소를 공급하고 / 비정상이라면 양압환기를 제공한다. ◼양압환기 ⑤ 환자의 자세와 우선순위에 의해 척추를 고정시킨다. - 필요시 긴급구출법을 사용한다. ⑥ 악화 징후에 따른 기도, 호흡, 맥박, 의식상태를 밀접하게 관찰한다. - 피, 분비물, 토물에 대한 흡인준비를 한다. ⑦ 머리손상의 출혈을 지혈시킨다. - 개방성 머리손상, 머리뼈 함몰부 위 과도한 압력은 피한다. / 관통한 물체는 고정시키고 많은 액체가 환자의 귀와 코에서 나오면 멈추게 해서는 안 되며 흡수를 위해 거즈로 느슨하게 드레싱 해 준다. ⑧ 병원으로 신속이송.

6 헬멧 제거   ☆ 16 강원장, 23 소방장, 24 소방위

헬멧을 쓰고 있는 환자라면 평가와 처치 전에 몇 가지 결정을 해야 한다. 가장 기본적인 결정은 환자를 평가하고 처치하고 고정시키기 위해 헬멧을 제거할건지를 결정하는 것이다.

헬멧을 제거하지 <u>않아야</u> 하는 경우	① 헬멧이 환자를 평가하고 기도나 호흡을 관찰하는데 방해가 되지 않을 때 ② 현재 기도나 호흡에 문제가 없을 때 ③ 헬멧 제거가 환자에게 더한 위험을 초래할 때 ④ 헬멧을 착용한 상태가 오히려 적절하게 고정되어 질 수 있을 때 ⑤ 헬멧을 쓴 상태가 긴 척추고정판에 환자를 고정시켰을 때 머리의 움직임이 없을 때
헬멧을 제거해야 하는 경우	① 헬멧이 기도와 호흡을 평가하고 관찰하는데 방해가 될 때 ② 헬멧이 환자의 기도를 유지하고 인공호흡을 방해할 때 ③ 헬멧 형태가 척추고정을 방해할 때 (* ①~⑤는 비정상이 될 때의 개념임) 예 소방관 헬멧의 경우 넓은 가장자리 때문에 머리와 목을 고정시키기는 부적절하다. ④ 고정시키기엔 헬멧 안에서의 공간이 넓어 머리가 움직일 때 ⑤ 환자가 호흡정지나 심장마비가 있을 때. 23장
헬멧을 제거방법	① '가'대원은 환자의 아래턱 부분에 손가락으로 양 측 헬멧을 잡아 머리를 고정시킨다. ② '나'대원은 헬멧 고정 끈을 제거한다. ③ '나'대원은 한 손으로 환자의 아래턱각을 지지한다. - 엄지와 검지를 이용해 양측을 지지한다. ④ '나'대원의 다른 손은 '가'대원이 헬멧을 제거할 때까지 머리 고정을 위해 환자의 뒷머리 아래 손을 넣어 고정·지지한다. ⑤ '가'대원은 양쪽 귀가 나올 때까지 헬멧을 벌리면서 위로 잡아당긴다. 만약, 환자가 안경을 쓰고 있다면 안경을 우선적으로 제거한다. ⑥ '나'대원은 헬멧을 제거하는 동안 머리가 흔들지지 않도록 고정시켜 주고 '가'대원은 턱 밀어올리기법으로 머리고정과 동시에 기도를 유지해 준다.

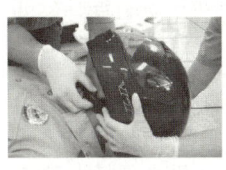

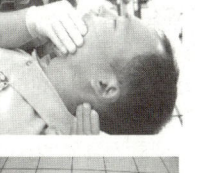

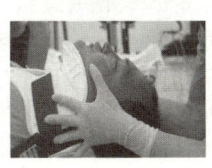

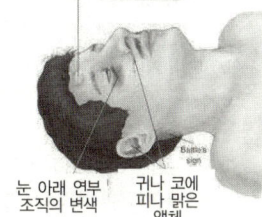

■ 일반적인 헬멧제거 방법 ■   ■ 머리뼈 또는 뇌손상 징후 ■

---

* 양압환기: 호흡부전인 환자의 경우 공기를 폐로 들락이게 하는 방식. 기계환기, 기계호흡.

CHAPTER 10 의식장애

(* 전체 소방교 제외)

의식장애를 초래하는 원인으로는 (일반적으로) 뇌로 가는 당, 산소, 혈액결핍 등이 있으나
① 의식장애를 초래하는 (구체적) 원인으로는 ➡ 머리손상, 감염, 경련, 경련 후 상태, 쇼크, 중독, 약물이나 알코올 남용, 저산소증, 호흡곤란으로 이산화탄소 축적, 뇌졸중, 당뇨이다
② 의식변화를 초래한 원인을 진단하는 것은 의사의 고유 권한, / 구급대원의 업무는 기도, 호흡, 순환평가 및 처치, 이송이다. 의식장애 환자는 신속한 이동이 가장 중요하다. 23 위
③ 정보수집으로는 ・무슨 일이 일어났는지? ・당뇨질환이 있는지? 얼마나 되었는지? 등등을 대원 한명이 물어보는 동안 다른 대원은 복용 약병(인슐린은 냉장보관)을 찾아본다.
④ 환자처치는 기도를 개방.(단, 외상환자는 턱 밀어올리기방법.) ➡ 고농도 산소를 공급한다. ➡ 필요하다면 인공호흡기를 적용하고 기도 내 이물질을 흡인한다. ➡ 환자를 이송한다.
　(*^^ 인슐린: 췌장에서 분비되어 혈당치를 낮춰주는 호르몬이며, 이는 혈액 속의 당 에너지를 각 조직으로 이동시킨다)

1 당뇨와 의식 장애 ☆ 13 경기장, 부산장, 인천장, 14 경북장, 15 위 등

① 뇌는 산소와 포도당이 꾸준히 공급되어야 하는 기관으로 혈액을 통해 받게된다.
② 뇌의 신경세포는 적절한 전기자극을 생산하기 위해서 산소와 포도당을 소비한다.
③ 따라서 뇌로 가는 혈액차단 및 혈액 내에 산소와 포도당이 저하되면 의식장애를 초래한다.

> **■ 당뇨의 생리학**★★　☆ 13, 14, 경기장, 16 서울, 경기장, 16 소방장, 19, 21,23 소방위
> ① 당은 음식물 소화로 얻어지고 포도당으로 전환된다.
> ② 포도당과 영양분은 장에서 혈관으로 흡수되고 포도당이 뇌와 조직으로 흡수되기 위해서는 인슐린이라는 호르몬이 필요하다. (*^^ 췌장에서 분비되는 인슐린이라는 호르몬을 조직의 택배기사로 생각하면 쉽다)
> ③ 인슐린은 포도당을 혈액에서 조직으로 이동시키고 포도당은 세포가 활동하는 일을 돕는다. 하지만
> 　- 당뇨환자는 혈액 내의 포도당을 조직으로 이동시키지 못한다. 즉, 당이 뇨(오줌)로 배출되어 버림.
> ④ 당뇨환자는 크게 Ⅰ형과 Ⅱ형으로 나눌 수 있다. ☆ 13, 15위, 17인천장, 17, 18장
> 　- Ⅰ형은 적정량만큼 인슐린을 (거의)생산하지 못하는 경우로 인슐린투여가 필요한 환자이다. (*유전적)
> 　- 통상 학령기 아동의 2/1000가 Ⅰ형으로 성장과 활동에 따라 인슐린 양이 달라진다.
> ⑤ Ⅱ형은 인체 세포가 인슐린에 적절히 반응하지 못하는 것으로 노인환자가 많다. 대부분 환자임 (90%)
> 　- 이런 환자의 경우는 (세포가 혈액으로부터 인슐린을 취하도록) "구강용 혈당저하제"를 복용해야 한다.
> ⑥ 위 Ⅰ,Ⅱ형 모두 혈액 내 당수치가 증가되어 있기 때문에 인슐린과 구강용 혈당저하제로 혈액 내 당을 조직으로 이동시켜 혈당을 낮추어야 한다. / 고혈당으로 인한 의식변화가 (무서운)저혈당보다 더 일반적이지만 저혈당은 처방약(혈당저하제나)을 과다했거나 너무 빠르게 혈당이 떨어질 때 일어난다.
> 　　　　◎ 저혈당의 원인으로는(인슐린이 많아 당을 뺏김) ☆ 18장
> 　　　　　① 인슐린 복용 후 식사를 하지 않은 경우 23위
> 　　　　　② 인슐린 복용(투여) 후 음식물을 토한 경우
> 　　　　　③ 평소보다 힘든 운동이나 작업 했을 경우(* 근육이 당을 소모)

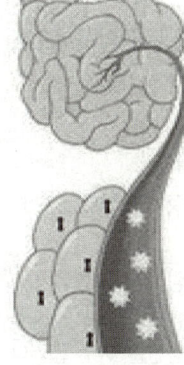

| 정상 (좌측 사진), | I형 (중앙사진), | II형 (우측사진) |

저혈당과 고혈당을 비교, 3가지 차이점 ★★ ☆ 14경기장, 16서울장, 17, 18소방장, 23위

시작	① 저혈당은 → 갑자기 나타나는 반면 / 고혈당은 → 보통 서서히 진행된다. - 그 이유는 고혈당인 경우 뇌로 혈당이 전달되는 반면 저혈당은 혈당이 뇌에 도달할 수 없어 갑자기 경련이 일어나기 때문.(* 발작, 실신도 함)
피부	① 고혈당환자는 → 따뜻하고 붉으며 건조한 피부를 갖는 반면 (*^^ 당이 많음) ② 저혈당 환자는 → 차갑고 창백하며 축축한 피부를 나타낸다.(*^^ 식은땀)
호흡	① 고혈당 환자 호흡에서 → 아세톤냄새가 나기도 한다. ② 고혈당 환자는 → 종종 빠르고 깊은 호흡을 히고 구갈증, 복통, 구토 증상도 한다. ③ 고혈당과 저혈당을 분명히 구분하기 위해서는 혈당측정기를 이용해 판단해야 한다.

▶ 암기: 시피호   * 오답: 3가지 아닌 것 : 맥박   ☆ 14 경기장

2. 당뇨환자 평가 및 응급 처치

■ 의식장애가 있는 당뇨환자의 일반증상 및 징후로는
① 중독된 모습(마치 술에 취한 듯), 빠르고 분명치 않은 말, 비틀거리는 걸음
② 무반응   ③ 폭력적이고 호전적인 행동   ④ 흥분 상태   ⑤ 무의미한 행동
⑥ 경련   ⑦ 배고픔 호소   ⑧ 차고 축축한 피부   ⑨ 빠른 맥

✪ 만약 당뇨환자였을 경우 의식장애 환자평가를 실시 후 아래와 같은 질문을 실시한다.
① 상황이 발생되기 전에 평소와 같이 인슐린을 투여했는지?
② 마지막으로 음식물 섭취한 시간과 무엇을 섭취했는지?
③ 음식물을 섭취한 후 토했는지?
④ 증상 일어나기 전, 평소보다 힘든운동, 작업을 했는지? - 생체징후 측정 후 SAMPLE력 작성.

■ 응급처치
① 기도를 개방한다. - 외상환자의 경우 턱 밀어올리기방법을 이용하고 의식장애가 있는 당뇨환자의 경우 구토와 분비물로 인한 기도폐쇄가 있을 수 있으므로 흡인을 실시한다. - ② 다량의 산소를 공급한다.
③ 환자가 삼킬 수 있는지 확인 후 지도의사 허락받고 환자가 소지한 구강혈당조절제를 투여한다.

3 경련

경련은 뇌의 부적절한 자극으로, 정상 신경반응이 일시적으로 갑자기 변화되면서 일어난다. 경련하는 동안과 경련 후 몇 분간은 의식장애가 있으며 이후 점차적으로 회복된다. 원인은
① 소아 : 갑작스러운 고열
② 성인 : **경련병력**이 있는 경우가 대부분이다.
③ 기타 원인 : 머리손상, 중독, 간질, 뇌졸중, 저혈당 그리고 저산소증이 있다.

> ■ 경련은 의식장애 또는 비정상적인 신체움직임이다. / 현장에서 환자는 갑자기 의식을 잃고 비정상적인 행동을 하거나 이상한 행동을 보인다. 예 괴상하게 행동하거나 인체의 한 부분을 반복해서 잡아당기거나 짧은 시간 동안 멍하니 응시하는 등의 행동을 보인다. - 경련은 아주 짧거나 15분 이상 지속될 수 있다. 만약 경련이 연속적 일어난다면 치명적일 수 있으며 대부분의 경련은 수분 내로 끝나며 치명적이지 않다.

4 경련환자 평가

> ■ 경련은 SAMPLE력을 수집하고 현재병력을 기록한다.
> ① 경련 전에 환자가 무엇을 하고 있었는지?
> ② 경련 중에 주위 사람들이 처치를 했다면 무엇을 했는지?
> ③ 소변이나 대변을 경련 중에 보았는지?   ④ 경련 중에 환자가 의식이 있었는지?
> ⑤ 경련이 얼마나 지속되는지?   ⑥ 환자가 혀를 물었는지?
> ____*
>
> ■ 경련의 일반적인 증상 및 징후
> ① 몸의 일부가 욱신거리고 뻣뻣해지거나 경련을 일으킨다.
> ② 경련 전에 전조증상이 나타나기도 한다.
> - 전조증상의 예 : 이상한 냄새, 시력장애, 위에서 음식물이 올라오는 느낌 등
> ③ 착란 ④ **무반응** ⑤ 근육경직 ⑥ 이완, 발작 번갈아 일어남 ⑦ 대변, 소변 조절 안 됨 ⑧ 혀를 깨물음

5 경련 응급 처치*   ☆ 19 소방장, 20 소방위

① 주위 위험한 물건은 치운다. 치울 수 없다면 손상 가는 부분에 쿠션 및 이불을 대어 손상을 최소화시킨다.(안경 쓴 환자라면 안경 제거)
② 사생활 보호로 관계자의 주변사람들은 격리.(치마를 입은 환자라면 이불로 덮어준다.)
③ 경련 중에 혀를 깨물지 못하도록 억지로 혀에 무언가를 넣지 말아야 하며 신체를 구속시켜서는 안 된다. 단, 머리보호를 위해 주위에 위험한 물질은 치운다. * 오답: 팔다리를 묶는다. 19 장
④ 기도를 개방한다.(경련 중 개방은 어렵지만 흡인과 함께 개방하고 고농도산소 공급한다)
⑤ **목뼈손상**이 의심이 되지 않는다면 환자를 회복자세로 눕힌다.
⑥ 환자가 청색증을 보이면 기도개방을 확인하고 **인공호흡기**로 고농도산소를 공급한다.
⑦ 환자를 병원으로 이송한다. 이송 중 ABC와 생체징후를 관찰한다.

6 뇌졸중(=중풍) ★ 14 강원장

① 뇌졸중은 심근경색처럼 작은 혈전이나 방해물이 뇌로 가는 뇌동맥을 **차단**하면서 발생한다.
   이런 차단 결과는 빠르게 뇌에 영향을 미치고 영향을 받은 부분이 담당기능을 상실한다.
   어떤 뇌졸중은 약해진 혈관(동맥류)을 파열시키거나 영구적 손상 심지어 죽음을 초래한다.
② 뇌졸중 증상이 시작된 지 4.5시간이 지나지 않은 환자는 CT 촬영으로 진행정도를 평가하고
   혈전용해제로 뇌혈관을 막고 있는 혈전을 녹이는 치료를 받는다. (* 4.5시간: 4시간 반)
   (*~~ 심근경색: 심장쪽 동맥이 막힘, / 뇌경색: 뇌쪽 동맥이 막힘. → 터지면 뇌출혈임)

■ 뇌졸중(=풍)의 일반적인 징후
  ① 얼굴, 한쪽 팔과 다리의 근력 저하나 감각 이상
  ② 갑작스러운 언어장애나 생각의 혼란
  ③ 한쪽이나 양쪽의 시력손실
  ④ 갑작스런 보행장애, 어지러움
  ⑤ 평형감각이나 운동조절기능 마비
  ⑥ 원인불명의 심한 두통 등이 다양하게 나타난다.
○ 기타 뇌졸중의 증상 및 징후* ★ 14 강원장
  · 어지러움, 혼란에서부터 무반응까지 다양한 의식변화   · 편마비, 한쪽 감각의 상실
  · 비대칭 동공   · 시력장애나 복시 호소
  · 편마비 된 쪽으로부터 눈이 돌아감   · 오심/구토
  · 의식장애 전에 심한 두통 및 목 경직 호소   (* 복시: 겹쳐보임)

7 의식있는 뇌졸중환자 평가하는 방법* ★ 15 소방장, 위, 22 소방장

F(face)	입 꼬리가 올라가도록 웃으면서 따라서 웃도록 시킨다. 치아가 보이지 않거나 양쪽이 비대칭인 경우 비정상. ▶ 암기: FAST
A(arm)	눈을 감고 양 손을 동시에 앞으로 들어 올려 10초간 멈추도록 한다. 양손의 높이가 다르거나 한 손을 전혀 들어 올리지 못할 경우 비정상.
S(speech)	하나의 문장을 얘기하고 따라하도록 시킨다. 말이 느리거나 못한다면 비정상.
T(time)	시계가 있다면 몇 시인지 물어보고 없다면 낮인지 밤인지 물어본다. / 발가락, 나이(x)

■ 응급처치(뇌졸중)
· 환자를 안정시키기 위해 주위를 조용히 하고 계속 환자의 생체징후를 측정하며, 산소포화도가 94% 미만이거나
  산소포화도를 알 수 없을 경우에 비강캐뉼라(코삽입관)를 이용하여 산소를 4-6L 공급한다.(*p.375, 407)
· 호흡곤란을 호소하면 BVM으로 고농도산소를 공급하고 인공호흡을 준비한다.
· 의식이 없거나 기도를 유지할 수 없는 의식저하 상태라면 기도를 유지하고 고농도산소를 공급하고
  마비된 쪽을 밑으로 한 **옆누움자세** 형태로 이송한다.   · 신속하게 병원으로 이송하며, 재평가를 실시한다.
· 이송 중 병원에 연락을 취해 병원도착 예정시간과 증상이 나타난 시간을 알려준다.

CHAPTER 11 중독 및 알레르기 반응

(* 중요도 없음)

1 중독

노출경로	소방대원은 화재현장에서 생성되는 일산화탄소, 황화수소, 청산염*에 많이 노출된다. 독성물질은 세척제, 표백제, 부동액, 연료첨가제, 비타민제 과다복용 등에서 볼수 있다. ① 구강 복용 : 아이들은 호기심으로, 성인은 자살 시도로 과다 복용하는 경우가 많다. ② 흡입 : 일산화탄소 중독이 가장 흔하다. (*^^청산염: 청산가리, HCN) ③ 주입 : 주사기를 이용해 혈관에 약물을 주입하거나 곤충이나 뱀에 물렸을 때이다. ④ 흡수 : 유기인산화합물과 용매와 같은 화학물질의 단순 피부접촉으로도 중독된다.
환자평가	① 우선적으로 현장안전을 확인한 후 기도평가를 첫 번째로 실시한다. ② 중독환자는 약물로 인한 기도부종 및 분비물 과다로 기도유지에 문제점이 발생하거나 갑작스러운 의식저하로 혀가 기도를 막는 경우이다. 병력을 청취하는 것이 중요하다.

2 중독의 평가 및 처치 ☆ 15 소방위

구강 복용환자	소아는 호기심으로 좋은냄새와 색깔예쁜 비타민제, 성인은 자살목적 수면제를 복용한다 ① 일반적인 증상 및 징후로는 ➡ 독성 물질 복용에 대한 병력, 오심/구토, 복통, 의식장애, 입 주변과 입안의 화학화상, 호흡에서 이상한 냄새. / 응급처치로는 ㉠ 기도가 개방되었는지 확인한다. ㉡ 의식장애나 호흡곤란 징후가 보이면 산소를 공급한다. ✪ 단, 파라콰트* 성분의 농약제를 마신 환자의 경우는 산소를 공급해서는 안 된다. ☆ 15 위 – 왜냐하면 산소와 결합해서 유해산소를 발생시키며 다른 조직에 비해 허파조직에 10배 이상의 고농도로 축적되기 때문에 폐(허파)섬유화를 불러온다. (^^파라콰트: 농약, 제초제) ㉢ 호흡을 평가해 부적절하면 BVM을 이용해 호흡을 돕는다. ㉣ 장갑을 낀 손으로 환자 입에 남아 있는 약물을 제거한다. ㉤ 복용한 약물과 같이 환자를 병원으로 이송한다. ㉥ 재평가 및 처치를 실시한다. 기도와 호흡을 평가하고 흡인 및 산소공급을 한다.
흡입에 의한 중독환자	독성 물질을 흡입하게 되면 몇몇 물질은 기도를 자극하고 상처를 입는다. 어느 물질은 산소 대신에 적혈구와 결합해서 저산소증을 유발시키기도 한다. 개인보호장비를 착용한 후 진입한다. ① 일반적인 증상 및 징후로는 ➡ 독성물질을 흡입한 병력 - 호흡곤란 - 가슴통증 - 기침 - 쉰 목소리. • 어지러움 - 두통 - 의식장애 - 발작. / 응급처치로는 • 독성물질을 흡입할 수 있는 현장이라면 현장에서 환자를 이동시킨다. • 고농도산소를 BVM을 이용한 양압환기를 제공한다. • 병원 이송 시 독성물질을 확인할 수 있는 병이나 라벨(상표 등)을 같이 갖고 간다. • 재평가 및 처치를 실시한다. 기도와 호흡을 평가하고 흡인 및 산소공급을 한다.

주입에 의한 중독환자	주입에 의한 중독으로는 혈관 내 주입과 동물이나 곤충에 물렸을 때 발생한다. 주로 코카인, 헤로인과 같은 마약을 혈관 내로 투여하는데 마약의 일반적인 증상인 반응저하, 호흡곤란, 축동(동공 축소)현상이 일어난다. / 또한 마약환자는 현장에 주삿바늘이 있는 경우가 대부분이므로 주삿바늘로 인한 감염에 주의한다. ① 일반적인 증상 및 징후로는 ➡ · 약물을 주입했다는 병력 · 허약감, 어지러움, 오한, 열, 오심/구토, 축동, 의식장애, 호흡곤란 ② 주삿바늘 및 환자의 폭력에 주의를 하며 아래의 현장처치를 실시한다. · 현장안전을 확인하고 개인 안전장비를 착용한다. · 기도를 개방·유지한다. · 산소를 공급한다. · 중독된 약물과 같이 환자를 병원으로 이송한다. · 재평가를 실시한다. 특히, 기도유지, 호흡 평가, 흡인을 실시한다.
흡수로 인한 중독환자	독성이 강하고 치명적이기 때문에 환자와 대원 모두에게 위험할 수 있다. 현장 확인 전에 개인보호장비를 착용 후 필요하다면 위험물 제거반의 도움을 요청한다. 일반적인 증상 및 징후로는 ➡ · 독성물질을 흡수한 병력 - 환자 피부에 남아 있는 액체나 가루 · 과도한 침분비 - 과도한 눈물 - 설사 - 화상 - 가려움증 · 피부자극 - 발적 ① 응급처치로는~ ㉠ 기도개방 유지 ㉡ 산소 공급 ㉢ 독성물질 세서 ⓐ 오염된 의복을 제거한다. ⓑ 가루인 경우 솔을 이용해 제거한다.(이때 주위에 퍼지거나 날리지 않도록 주의하고 현장을 20분 이상 물로 씻어낸다.) ⓒ 액체인 경우 현장에서 20분 이상 깨끗한 물로 씻어낸다. ⓓ 눈은 20분 이상 흐르는 물에 씻는다.(씻어낸 물이 다시 들어가거나 반대편 눈에 들어가지 않도록 주의.) ㉣ 이송 중 위험이 없다면 독성물질과 같이 병원으로 이송한다. ㉤ 재평가 및 처치를 실시한다. 기도와 호흡을 평가하고 흡인 및 산소공급을 한다.

3 알레르기 반응   ☆ 14 소방위

인체면역체계는 감염이나 이물질에 대해 대항하여 감염을 억제하는 기능이 있다.
하지만 과도하게 반응을 하게 되면 치명적인 알레르기반응을 유발하기도 한다.
주요 생리적인 변화로는 혈관의 긴장 및 능력을 상실한다. 따라서 조직으로 체액이 흘러나와 얼굴, 목, 혀, 상부호흡기도와 세기관지 등에 부종을 유발시킨다.
기도폐쇄로 충분한 산소공급이 되지 않으면 쇼크를 일으키는데 이를 과민성 쇼크라고 한다.
쇼크는 혈관의 이완에 의해 더욱 악화된다.
알레르기 반응으로는 눈물, 콧물에서부터 쇼크, 호흡부전에 이르기까지 다양하다.

> ■ 알레르기 반응의 일반적인 원인* ☆ 14 소방위
> · 독을 갖고 있는 곤충에게 물리거나 쏘일 때(벌, 말벌 등)
> · 견과류, 갑각류(개, 새우, 조개), 우유, 달걀, 초콜릿 등 음식섭취
> · 독성이 있는 담쟁이덩굴, 오크, 두드러기 쑥(일명 돼지풀), 풀 가루 등 식물 접촉
> · 페니실린, 항생제, 아스피린, 경련약, 근이완제 등의 약품 · 기타 먼지, 고무, 접착제, 비누, 화장품 등

4 알레르기반응의 환자 평가

가장 우선적으로 해야 하는 일은 기도를 평가하고 유지하는 것이다.
부종으로 인한 상기도 폐쇄와 갑작스런 환자상태 악화로 기도유지는 중요하다.
현장안전 확인 후 알레르기를 유발한 원인인자를 확인하고 호흡곤란에 따른 산소를 공급한다.
그 다음 아래와 같은 질문으로 병력을 청취한다.
① 과거에 알레르기 반응이 나타난 적이 있는지?
② 어떤 물질에 환자가 노출됐는지? ③ 노출 후 얼마나 지났는지?
④ 어떤 증상이 나타났는지? (예 가쁜 호흡, 가슴이 답답하거나 조이는 느낌, 피부나 얼굴에 저린 증상, 더운 느낌, 얼굴부종, 약간의 두통 등)
⑤ 언제 처음 증상이 나타나고 현재는 어떤지?
⑥ 평소 알레르기 반응이 나타나면 복용하는 약이 있는지?
  - 기본적인 생체징후를 측정하고 신체검진을 실시한다.
⑦ 피부 : 얼굴, 입술, 혀, 목, 손의 부종, 가려움증, 두드러기, 발적
⑧ 호흡기계 : 기침, 빠른호흡, 호흡곤란, 시끄러운 호흡음, 쉰 목소리, 들숨 시 협착음, 쌕쌕거림
⑨ 심혈관계 : 빠른맥, 고혈압, 차고 끈적끈적한 피부
⑩ 의식장애 / ⑪ 기타 - 눈이 가렵고 눈물이 남, 두통, 콧물, 발진.

5 환자 처치

알레르기 반응으로 호흡곤란과 쇼크 증상을 보이는 환자에게
① 호흡곤란을 해소하기 위해서 **양압환기를 제공**한다.
② 병원에서 알레르기 반응 시 투여할 수 있는 **에피네프린** 약품이 있는지 확인한다.
③ 지정 병원 의사와 통신 후 투여를 결정하며 환자를 이송한다.
④ **생체징후 평가는 매 5분마다** 실시한다.
⑤ 인체를 조이는 반지, 팔찌, 넥타이 등은 제거한다.
⑥ 환자의 상태가 악화되면 아래와 같은 처치를 실시한다.
  ㉠ 쇼크 증상에 대한 처치를 실시한다.
  ㉡ 100% 산소를 공급한다.
  ㉢ 심정지 상태이면 CPR을 실시하고 AED를 실시한다.
⑦ 환자에게 일어난 모든 일들을 기록한다.

CHAPTER 12 환경 응급

(* 체온손상: 소방교 제외)

1 체온조절과 신체

인체는 체온조절기전을 통해 중심체온 37℃를 유지하려고 한다.
체온조절기전은 열생산과 열손실 조절을 통해 하루 동안 약 1℃ 내외의 온도차로 균형을 유지한다.
고체온증은 열 생산과 유지가 열손실에 비해 많을 경우이며, 이와 반대를 저체온증이라 한다.

전도	• 차가운 물체에 직접 접촉으로 생기며 환자가 차가운 바닥에 누워있을 때 종종 일어난다. • 또한 차가운 물에서는 열 손실이 대기(공기)보다 <u>약 **25배**</u> 빠르게 진행된다.
대류	• 차가운 공기흐름으로 발생하며 주로 바람이 많이 부는 환경에서 일어난다. • 바람이 인체 주위에 따뜻한 공기층을 밀어내면서, 야외활동이 많은 사람에게서 생긴다.
복사	• 인체로부터 파장과 복사선 형태로 에너지를 방사하는 것이다. • 이는 옷을 입지 않거나 단열되지 않은 신체부분이 추운 환경에 노출되었을 때 일어난다. • 주로 아무것도 걸치지 않은 <u>머리</u>에서 많이 일어난다.
기화	• 액체기 기체기 되면서 발생하며 따뜻하고 **축축**한 호흡을 내쉬면서 일어난다. • 또한 땀이 증발하면서 일어나는데 (* 단, 공기 중 습도가 **75% 이상**에서는 증발되지 않는다.)
※	환자는 종종 위에 언급한 기전(과정)들이 복합적으로 작용하여 열이 손실된다.

❂ 신생아는 피부에 묻어 있는 양수와 기타 액체로 인한 기화 그리고 큰 머리에서의 복사로 인해 열 손실 위험이 크다.
  따라서 태어나자마자 몸의 수분을 제거하고 신생아 모자 등을 이용해 머리를 감싸야 한다.

2 한랭손상 ☞ (* 소방교 제외)   ☆ 18 소방위

(1) 일반적인 저체온증: 체온이 35℃ 이하를 말하며 단계별로 경증에서 중증으로 나뉜다.

∥중심체온에 따른 증상 및 징후∥

중심체온	증상 및 징후
35~37℃	오한
32~35℃	오한, 의식은 있으나 **언어 장애**가 나타남. (* 언어장애) 16 위
<u>30~32℃</u>	오한, 강한 근육경직, 협력장애로 기계적인 움직임, 생각이 명료하지 못하고 이해력도 늦으며 기억력 장애 증상 (* 머리장애)
<u>27~30℃</u>	이성을 잃고 환경에 대한 반응 상실(= 바보같은 모습), 근육경직, 맥박과 호흡이 느려짐, **심부정맥** (* 심부정맥) *오답: 강한 근육경직 ☆ 18 위
26~27℃	의식 손실, 언어지시에 무반응, 모든 반사반응 상실, 심장기능 장애 (* 심장장애)

저체온증을 유발하는 인자	
추위, 추운환경	반드시 극심한 추위로 저체온증이 유발되는 것이 아니며 일반 추위에도 장시간 노출되면 일어날 수 있다. 노인의 경우 난방(보일러)을 하지 못해 일어날 수 있다.
나이	아동은 몸 크기에 비해 넓은 체표면적(특히 머리)을 갖고 있어 성인보다 열손실이 빠르고 지방, 근육양이 적어 보온, 몸 떨림으로 열 생산능력이 떨어진다.
질병	**당뇨환자가 저혈당인 경우에 저체온증**(차고 창백, 축축) **위험이 높으며 패혈증*인 경우** 초기에 열이 오르다가 심한 열 손실이 나타날 수 있다.
약물과 중독	고혈압약, 정신과약과 같은 몇몇 약물은 체온조절기전을 방해한다. / 알코올 함유 음료는 추위에 수축되는 혈관을 오히려 이완시켜 열 손실을 촉진시킨다.
손상	• 화상 : 피부소실은 체액손실을 하고 다시 기화로 인해 열 손실을 촉진시킨다. - 단열작용도 못하고 추위에 피부주위에 혈관을 수축시키는 작용도 못한다. • 머리손상 : 체온조절을 담당하는 뇌 손상은 저체온증을 악화시킬 수 있다. • 척추손상 : 혈관 수축과 오한과 같은 활동을 관장하는 신경이 손상된다. • 쇼크 : 저혈류량으로 인한 쇼크는 정상체온의 환자보다 저체온증 위험이 크다.
익수	물은 열전도는 공기보다 약 25배 이상 빠르므로 저체온증이 빠르게 진행된다.

(2) 저체온증 환자평가:

1차 평가동안 다음과 같은 저체온증 증상 및 징후가 있는지 평가한다. 현장에서 정확하게 체온측정이 어려운 경우에는 **환자 배위에 손등을 대어 평가**하는 것도 좋은 방법이다.

첫인상	주변 환경, 외상과 손상
의식수준	저체온증이 진행되면 의식은 떨어진다. 판단력 장애로 환자는 옷벗는 행동도 한다.
호흡	초기에는 비정상적으로 **빠르다가** 후기에는 **느려진다.**
순환	초기에는 빠르다가 후기에는 느려진다. 중증 저체온증에서는 맥박이 30 이하로 떨어진다. 피부는 창백하거나 **청회색**을 종종 나타낸다.

(3) 응급처치:

대부분의 저체온증 환자는 추위에 오래 노출되어 있었기 때문에 현장에서 완전하게 정상으로 회복되기는 힘들다. **병원 전 처치의 목적**은 다음과 같다.

  ㉠ 추운 환경에서부터 환자를 이동하기 위해   ㉡ 더 이상의 열손실을 막기 위해
  ㉢ 기도 개방을 유지하기 위해   ㉣ 환자의 호흡과 순환을 지지하기 위해

> ■ 모든 처치과정에서 주의할 사항은 환자를 조심스럽게 다루어야 한다는 점이다.
> 그 이유는 심장이 쉽게 과민반응을 보여 심장마비나 심실세동과 같은 부정맥이 나타나기 때문이다.
> - 만약 심장마비를 보이는 저체온증환자인 경우에는 현장도착 즉시 CPR을 실시해야 한다. 또한 환자가 경직된 상태로 맥박이 촉지되지 않는다면 CPR을 실시하고 신속하게 병원으로 이송한다 일반적으로 저체온상태에서 뇌를 보호하기 위해 인체반응이 나타나므로 심정지 상태의 환자라도 순환과 호흡이 돌아와 회복될 수 있다. 따라서 정상체온으로 회복된 후에야 사망을 결정할 수 있다.

① 저체온증 환자의 일반적인 응급처치로는* ☆ 13 경남장
  ㉠ 현장을 확인(위험물질 확인, 추가 지원요청)
  ㉡ 개인 보호장비 착용   ㉢ 추운 곳에서 더운 곳으로 환자 이동
  ㉣ 가능한 환자를 조심스럽게 이동   ㉤ 추가 열손실 방지
  ㉥ 보온 및 열 공급(무반응이거나 반응이 적절하지 않다면 다음과 같은 **소극적인 처치법**을 실시한다. / 차갑거나 젖거나 조이는 옷은 제거 / 이불을 덮는다 / 구급차 내, 온도를 올린다.)
② 의식이 명료한 상태라면 적극적인 처치법을 실시한다.
  ㉠ 인체 외부 특히, 주요 **동맥**이 표면에 흐르는 곳에 따뜻한 것을 대준다.(가슴, 목, 겨드랑이, 서혜부) (*^^ 서혜부: 사타구니)
  ㉡ 기도개방 유지(필요시 흡인)
  ㉢ 호흡과 순환지지(호흡, 맥박이 느려지기 때문에 CPR을 실시하기 전 30~45초간 **평가**한다)
  ㉣ 많은 양의 산소공급(가능한 가온 가습한 산소)
  ㉤ 환자가 힘을 쓰거나 걷지않게 한다
  ㉥ **자극제(카페인, 알콜 음료 등)**를 먹거나 마시지 않게 한다.
  ㉦ **팔·다리 마사지 금지.** (*^^ 현장에서 손상부위를 녹인 후, 다시 손상을 받을 경우에 더욱 악화됨)
  ㉧ 신속한 병원 이송   ㉨ 재평가 실시

(4) 국소 한랭손상:
① 일반적인 저체온증으로 발전하지 않고도, 추위 노출로 인해 고통을 받을 수 있다.
② 몸의 중심에서 먼 부위는 이러한 손상에 노출될 위험이 더욱 크며
   귀, 코, 얼굴 일부분에서 많이 나타난다. 팔·다리에서는 발가락에서도 많이 일어난다
③ 저체온증 환자(국소 한랭손상 위험이 큼) 및 **당뇨 또는 알코올중독 환자**(역시 추위 감각이 떨어지기 때문에 국소 한랭손상 위험이 증가한다.)
④ **국소 한랭손상은 특징적인 연부조직손상**이 나타나며 화상과 같이 조직 손상깊이는 얼마나 노출되었는가에 달려 있다. (*^^ 한랭손상 순서: 초기에 동창을 만난 이후, 동상 걸렸다)

| 국소 한랭손상의 동창과 동상 |

① 동창	* 동창: 초기 또는 표면 국소한랭손상을 말한다. ① 피부가 ➡ 하얗게 되거나 창백하게 된다. ② 모세혈관 ➡ 재충혈이 되지 않는다.(손상부위를 촉진하도 피부는 계속 창백하다) ③ 피부가 부드러운 경우에는 ➡ 감각 이상이나 손실을 호소(변색되었음에도 만졌을 때) ④ 조직의 영구적인 손상없이 완전히 회복 가능(초기에 적절한 처치를 받는다면) ⑤ 종종 저린 증상을 호소하는데(이는 손상부위에 혈액순환이 되어 회복을 나타냄)
② 동상	* 동상: 후기 또는 깊은 국소한랭손상을 말한다. ① 피부가 ➡ 하얀 피부색을 띈다. ② 촉지하면 피부는 ➡ 나무와 같이 딱딱하고 물집이나 부분부종이 나타나기도 한다. ③ 산악인에게 많이 발생하며 근육과 뼈까지 손상되는 경우도 있다. ④ 손상 부위가 녹으면서 ➡ 자주빛, 파란색 그리고 얼룩덜룩한 피부색을 보인다.

(5) 응급처치(국소 한랭손상):
  ㉠ 현장확인(위험물질 확인, 추가지원 요청) ㉡ 개인 보호장비 착용 ㉢ 가능한 **따뜻한** 곳으로 환자 이동 ㉣ 보온하고(축축하거나 차갑거나 조이는 옷 제거) ㉤ 많은 양의 산소공급(가능한 가습된 따뜻한 산소) ㉥ 손상부위 추가손상을 방지 ㉦ 재평가. (*^^ 이전p 응급처치와 유사개념)
① 국소 한랭손상 처치 목적은 ➡ 추가손상 방지 또는 조직결빙 예방에 있다. 이런 이유로
② 조직을 **따뜻하게** 회복시키는 처치법은 ➡ 현장이 아닌 **병원**에서 보통 실시된다. * 현장(x)
 - 이유: 현장에서 손상부위를 녹인 후 다시 추위로 손상을 받을 경우, 더욱 악화되기 때문.

초기 또는 표면 손상인 경우 (동창)	① 손상 부위를 부목으로 고정한다. ② 소독 거즈로 드레싱 한다. ③ 손상 부위의 반지나 액세서리를 제거한다. ④ 손상부위를 문지르거나 마사지하지 않는다. ⑤ 다시 추위에 노출되지 않도록 주의한다.
후기 또는 깊은 손상인 경우 (동상)	① 손상부위를 부목으로 고정한다.- 다리부분 손상인 경우 걷지 않도록 한다. ② 마른 옷이나 드레싱으로 손상부위를 덮는다. ③ 손상 부위의 반지나 액세서리를 제거한다. ④ 손상부위를 문지르거나 마사지하지 않는다. ⑤ 물집을 터트리지 않는다. (* 이유 : 감염으로 인하여) ⑥ 손상부위에 직접적인 열이나 따뜻하게 회복시키는 처치법을 실시않는다.

■ 국소한랭손상 이송이 지연되는 경우 주의할 점(다시 추위로 재손상을 받지 않는다는 가정 하에 실시)
① 처치법은 약 42℃ 따뜻한 물에 손상부위 전체가 잠기도록 하며, (*^^ 42℃ : 목욕탕 열탕정도)
  - 물이 빨리 차갑게 되므로 계속 물 온도가 떨어지지 않게 추가로 더운 물을 넣어 준다.
② 시간은 손상부위가 부드러워지고 색과 감각이 돌아올 때까지 실시한다.(약 20~30분).
③ 그 다음에는 소독거즈로 드레싱한다.(손가락과 발가락인 경우에는 사이사이에 거즈를 넣고 드레싱한다.)
  - 손상부위에 정상순환이 회복되면서 심한통증을 호소하므로 환자를 안정시키고 이유를 설명해 준다.
  - 야외에서 손상부위를 녹이기 위해 불 피우는 것 금지!(손상부위 감각손실로 화상을 입게 될수 있다.)

3 열손상 (* 소방교 제외) ★ 13 경기장, 18 위, 22 소방장

① 더운 곳에서 체온조절기전은 2가지 방사와 증발을 갖고 있다. 더운 환경에서 인체는 방사를 통해 체온을 내리고 체온 이상의 더위에는 열로 인한 손상이 진행된다.
② 고온에서 인체는 증발을 통해 체온을 내리는데 땀은 수분, 염분성분으로 구성된다.
  - 인체는 시간당 1ℓ 이상의 땀을 흘릴 수 있으나 체온을 내리는 데는 한계가 있다.
③ 습도가 높다면 증발은 감소하고 체온조절능력도 감소한다.(*^^ 습도 75% 이상은 증발 안함)
④ 체온조절능력이 감소되면 체온은 올라가고 열 손상이 일어난다. 영향인자로는
  ㉠ 나이 - 유아(체온조절능력 미숙과 더위에 옷을 스스로 벗을 수 없다.)
      - 노인(체온조절능력 저하, 약물, 심혈관계 질환, 열악한 환경)
  ㉡ 직업 - 운동선수, 소방관, 노동직, 군인   ㉢ 건강 - 당뇨, 심질환, 열, 탈수, 비만.
✪ 열 손상은 ❶ 열경련, ﹤ ❷ 소모성 열사병(일사병), ﹤ ❸ 열사병 순으로 커진다.

열경련	① 더운 곳에서 격렬한 활동으로 땀을 많이 흘려 전해질(특히 **나트륨**) 부족으로 나타난다. ② 근육경련이 나타나지만 심각하지는 **않다**. 　(대부분은 시원한 곳에서 휴식하고 수분을 보충하면 정상으로 회복된다). ③ 회복 후 다시 활동을 재기할 수 있어서 적절한 처치 없이 방치하면 **소모성열사병**으로 진행된다. (*^^ 종아리쪽 근육경련, 수분 염분 등 부족)
일사병 ★	① **체액소실**로 나타나며 보통 땀을 많이 흘리고 충분한 수분을 섭취않아 발생한다. ② 응급처치 하지 않으면 쇼크를 초래한다.(얼마나 체액을 소실했는지에 따라 달라진다) ③ 초기에는 피로, 가벼운 두통, 오심/구토, 두통을 호소하며 　- 피부는 정상이거나 차갑고 창백하며 축축하다. ▶ 1정차창축 (*^^ 땀을 흘리니까) ④ 처치가 이루어지지 않으면 빠른맥, 빠른호흡, 저혈압을 포함한 쇼크 징후가 나타난다. ⑤ 휴식없이 진화하는 소방대원, 통풍이 안 되는 옷을 입고 일할 때 많이 발생한다.
열사병 ★ 16위 22장	① 열 손상에서 가장 위험한 단계로 **체온조절기능 부전**으로 나타난다. ② 여름철에 어린아이나 노약자에게 많이 일어나며 보통 며칠에 걸쳐 진행된다. 18위 ③ 일사병 환자와 같이 체온이 정상이거나 약간 오르지 않고 41~42℃ 이상 오른다. ④ 피부는 **뜨겁고 건조하거나 축축하다**. ▶ 암기 : 104 뜨건축 ↳ (*^^ 40도 초과) 　- 의식은 약간의 혼돈상태에서 무의식상태까지 다양하게 의식변화가 있다. 만약, ⑤ 의식은 명료하나 피부가 ④의 환자가 있다면 적극적인 체온저하처치를 실시한다.
응급처치 12위	일반적인 열손상(더위 먹음) 환자의 증상 및 징후로는 12위 　① 근육경련 ② 허약감이나 탈진 ③ 어지러움, 실신 ④ 빠른맥 ⑤ 빠르고 얕은 호흡 　⑥ 두통 ⑦ 경련 ⑧ 의식장애 ⑨ 피부는 **정**상이거나 **차**갑고 **창**백하며 **축축**한 피부, 또는 뜨겁고 　　**건**조하며 **축축**한 피부(위급한 상태) (*^^ ⑨에서 피부는 일사병과 열사병을 말함)

■ **Tip:** 일사병(14병)과 열사병(104병)의 차이 ➡ 체온이 40℃ <u>이하</u>이냐, 40℃ <u>초과</u>이냐로 보면 The쉽다.
　　　　　　　　　　　　　　　(* 14병 피부는 주로 차고 104병 피부는 더 열 받아서 뜨겁다.)

■ **열손상 환자의 응급처치** . ★ 23 소방위
　시원한 곳으로 이동(냉방된 구급차 등) → 많은 양의 산소 공급.

정상이거나 **차가우며** 창백하고 축축한 피부인 경우 (*^^ 일사병인 경우)	뜨겁고 건조하거나 축축한 피부인 경우 (*^^ 심한 열사병인 경우)
시원하게 옷을 벗기고 느슨하게 한다.	시원하게 옷을 벗기고 느슨하게 한다.
부채질 등 증발을 이용해 시원하게 해준다.	목, 겨드랑이, 서혜부에 차가운 팩을 댄다.
다리를 약간 올리고 바로누운자세(앙와위)를 취해준다	차가운 물로 몸을 축축하게 해주고(수건, 스펀지 이용) **부채질**(선풍기) 해준다. 23위
반응이 있고 구토가 없다면 앉혀서 물이나 **이온음료**를 마시게 하고, 그렇지 않다면 좌측위로 병원으로 이송한다	구강으로 아무것도 주어서는 안 되며 냉방기를 최고로 맞춰 놓고 신속하게 이송한다.
이송 중 계속 환자를 평가 및 처치한다.	이송 중 계속 환자를 평가 및 처치한다.

4 익사(익수) 사고

익사(Drowning)란 ➡ 물에 잠김 후에 질식에 의하여 사망하는 경우로 정의된다.
익수는 물에 잠긴 후 최종결과에 관계없이 일시적이더라도 환자가 생존한 경우이다.

① 구조 전 얼마나 오랫동안 물속에 있었는지? ➡ 뇌에 산소공급이 되지 않으면 수 분 내에 뇌사가 진행되므로 물에 있었던 시간이 얼마나 짧았는가에 생존율이 달려있다.
② 척추손상과 같은 상처가 있는지? ➡ 다이빙사고와 사고 경위를 알 수 없는 경우에는 척추손상을 의심해 봐야 하며 이 경우 얕은 물에서도 익사할 수 있다.
③ 더운 물보다 **찬물**에서 생존율이 높은데 ➡ 이는 물속에서 **포유류의 반사작용**때문이다.
④ 1시간 이상 찬물에 빠진 아동의 경우 완전 회복되었다는 보고도 있다. (그러므로 찬물에서 구조된 환자가 호흡, 맥박이 없어도 CPR을 포함한 적극적인 처치를 실시해야 한다.)
　㉠ 아동: 대부분 풀장에서 어른의 부주의로 일어난다.(연령대는 4세 이하 유아가 많다)
　㉡ 노인: 보통 목욕 중 일어난다.(감각이 떨어지면서 뜨거운 물에 화상입는 경우도 있다)
　✪ 익사는 바다보다 **민물**(예: 강)이 더 많으며, / 물은 더운물보다 **찬물**이 생존률이 훨씬 높다.

(1) 응급 처치(물에 빠진 환자)
① 현장안전을 확인한다.
② 사고 경황을 모르거나 다이빙 중 사고환자라면 척추손상을 의심한다.
③ 호흡이 없다면 환자에 다가가 가능하다면 바로 인공호흡을 실시한다.
④ **척추손상 가능성이 없다면 환자를 측위로 눕혀** 물, 토물, 이물질 등이 나오게 한다.
⑤ 필요하다면 흡인한다.　　　　⑥ 많은 양의 산소를 공급(비재호흡마스크로) 한다.
⑦ 환자 배가 팽창되었다면 양압 인공호흡을 위해서 위에 있는 압력을 다음과 같이 감소시킨다
　㉠ 큰 구멍이 있는 팁과 튜브를 갖춘 흡인세트를 준비한다.
　㉡ 흡인을 예방하기 위해 환자를 좌측위로 취해준다.
　㉢ 인공호흡을 다시 시작하기 전에 흡인으로 상기도를 깨끗이 유지한다.

(2) 특수한 상황:
1. 얼음에서의 구조
　찬물에 빠진 환자는 더운 물보다 **생존률이 높다**. 그러나 대원은 위험 가능성이 더욱 높다.
① 현 상황에 맞게 훈련받은 대원으로 구성되어 있어야 한다.
② **건식 잠수복**(물이 들어오지 않음, 13℃ 이하)을 착용한다.
③ 위에 개인수상안전조끼를 착용한다.
④ 로프로 육상의 단단한 물체에 지지점을 확보하고 활동대원 모두 연결시킨다.
⑤ 얼음 위에서 대원은 몸무게로 얼음이 깨질 수 있으므로 다음과 같은 방법을 이용한다.
　㉠ 얇은 얼음에서는 걷지 말고 기어간다.
　㉡ **얼음 위로 사다리를** (눕혀)**놓고 그 위로 지나간다.**
　㉢ 바닥이 평평한 배를 이용해 접근한다.

2. 스쿠버 다이빙과 관련된 응급상황

하강과 관련된 압력손상	• 내려가는 동안 물의 무게와 중력으로 잠수부 신체에 압력이 **약해질** 것이다. • **내이와 부비동**과 같이 공기로 채워진 인체 공간은 압착되고 귀와 얼굴의 통증을 유발한다. • 심한 경우 고막이 파열되어 출혈이 생길 수도 있다. * 내이: 귀의 안쪽 부분, / * 부비동: 코와 연결된 얼굴 뼈 안의 공간.
상승과 관련된 압력손상	• 치명적인 손상을 주는 경우가 수면으로 급격한 상승에서 기인한다. 인체에 있는 가스는 수면으로 올라오면서 **팽창**하는데 팽창된 가스는 심한경우 조직을 파열시킨다. - 치아: 구강 내 공기주머니 팽창은 심한통증을 유발시킨다. - 위장: 복통을 유발하고 트림이나 방귀가 자주 나온다. - 허파: 허파의 일부분을 파열시키며 피하조직으로 공기가 들어가 피하기종을 유발할 수 있다. • 혈류에 들어간 공기는 기포나 기포덩어리가 되어 순환과 관류를 방해하는 공기색전증을 유발하기도 한다 - 공기색전증으로 **심장마비, 경련, 마비증상**이 나타날 수 있다.

■ 감압병(DCS, Decompression sickness)* ☆ 09 위, 10 부산장, 14 부산교
① 공기 중에 약 70(78)%를 차지하는 질소가스가 조직과 혈류 내 축적되면서 발생한다.
② 보통 빠르게 상승할 때 발생하며 증상이 나타나는 시간은?
  ❶ 30분 이내에 50%, ❷ 1시간 이내에 85%, ❸ 3시간 이내에 95%가 나타난다. ▶ 50, 85, 95%
③ 증상은 ➡ 질소방울이 어느 인체부위에 나타나는가에 따라 달라지는데 보통 두통, 현기증, <u>피로감</u>, 팔다리의 저린 감각, 반신<u>마비</u> 등이 나타나며 / 드물게는 <u>호흡곤란</u>, 쇼크, 무의식, 사망도 나타난다.
④ 예방법으로는 수심 30m 이상 잠수하지 않으며, 상승 시 1분당 9m의 상승속도를 준수하는 것이다.
    -----*

■ 감압병의 증상 및 징후*
① 의식변화, <u>피로감</u>, 피부<u>가려움증,</u> 얼룩 또는 반점,
② 저린 감각 또는 <u>마비</u>, 근육과 관절의 심부통증, 질식감, 기침, <u>호흡곤란</u>, 중독된 듯한 모습, 가슴통증

3. 응급처치
① 환자를 안전하게 구조한다.
② 바로누운자세(앙와위) 또는 **옆누움자세**(측와위)로 눕히며 기도를 확보한다.
③ 비재호흡마스크로 100% 산소를 10~15ℓ/분로 공급한다.
    - 즉각적인 산소공급은 종종 증상을 감소시키지만 나중에 다시 나타날 수 있다.
④ 호흡음을 청진한다.- **기흉의 경우는 호흡음이 감소되며, 항공후송은 금기**가 된다.
    (*^^ 기흉: 폐의 표면에 구멍이 생겨, 흉막강 안에 공기, 가스가 찬 상태. 이때 폐는 수축됨.)
⑤ 보온유지 및 걷거나 힘쓰는 일은 하지 않는다.
⑥ 신속하게 이송한다.
⑦ **가압실**이 설치되어 있는 병원과 연락한다.
    - 다이빙과 관련된 심각한 상태는 특수한 고압산소치료가 필요하기 때문에 미리 연락을 한다.

5 물림과 쏘임

(1) 곤충에 쏘임: ☆ 14 경기장

벌은 독이 있다. 꿀벌은 자신의 침을 인체에 남겨 1번만 쏘임을 당하지만 말벌이나 쌍살벌 같은 종류는 지속적으로 1마리가 여러 곳을 쏘일 수 있다. 일반적인 반응으로는 국소통증, 발적, 국소부종, 전신 통증, anaphylaxis(아낙필라시스)와 같은 전신반응 등이 있다.

■ 응급처치
① 현장 안전을 확인한다.
② 침이 있다면 제거한다. - 신용카드의 끝부분으로 문질러 제거한다.
 - 족집게나 집게로 제거해서는 안 된다. 이는 상처부위로 독물을 더욱 짜 넣는 결과를 나타낸다.
③ 부드럽게 손상부위를 세척한다.
④ 부종이 시작되기 전에 악세서리 등을 제거한다.
⑤ 손상부위를 심장보다 낮게 유지한다. (*^^ 독소가 심장으로 흐를 수 있으니)
⑥ 전신 알레르기 반응이나 anaphylaxis 징후가 나타나는지 관찰한다.   ⑦ 재평가를 실시한다.

(2) 뱀에 물림: ☆ 13 서울, 20 소방위

국내 독사는 4과 8속 14종으로 살모사, 불독사, 까치살모사가 있다. 활동시기는 4월 하순부터 11월 중순으로 독액은 약 0.1~0.2cc 나온다.

일반적인 증상 및 징후	① 물린 부위 및 주변이 부어오른다. ② 오심/구토 ③ 입안이 저리면서 무감각해진다. ④ 허약감과 어지러움, 졸림(눈꺼풀이 늘어진다) ⑤ 호흡과 맥박 증가 ⑥ 쇼크, 저혈압, 두통 ⑦ 비정상적인 출혈
응급처치 20위	① 현장 안전을 확인하고 환자를 눕히거나 편한 자세로 안정을 취해준다. ② 부드럽게 물린 부위를 세척한다. ③ 붓기 전에 물린 부위를 조일 수 있는 액세서리 등은 제거한다. ④ 물린 부위를 심장보다 낮게 유지한다. ⑤ 움직이지 않게 한다. - 물린 팔다리를 부목으로 고정한다. ⑥ 물린 부위에서 몸 쪽으로 묶어준다.(단, 지혈대가 아닌 탄력붕대 이용) ⑦ 전신 증상이 보이면 비재호흡마스크로 많은 양의 산소를 공급한다. ⑧ 신속하게 이송한다.(구토 증상을 보일 경우 회복자세를 취해준다) ⑨ 계속적으로 평가한다.

■ 금기사항으로는 ☆ 20 소방위
① 물린부위 절개 또는 입으로 독을 빼내는 행위
② 전기충격, 민간요법으로 얼음이나 허브를 물린 부위에 대는 행위 (*^^ 허브: 향이 좋은 식물)
③ 40분 이상 묶으면 조직 내 허혈증 유발
※ 현장처치로 이송을 지연시키면 안 되므로 항뱀독소가 있는 병원에 연락하고 신속하게 이송한다.
 - 항뱀독소는 사망률을 20%에서 1% 이하로 낮추는 역할을 한다.

CHAPTER 13 산부인과

(* 전체 소방교 제외)

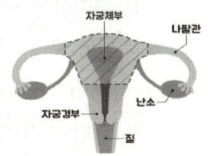

1 임신해부학과 생리학

① 여성 생식기의 주요 구조는 2개의 난소와 2개의 나팔관, 자궁과 질, 경부로 구성된다.
② 출산경로는 자궁 아랫부분과 자궁목, 질로 구성된다. - 외부 질 입구와 항문사이는 회음부라 하며 이 모든 부분은 풍부한 혈액이 공급되는 부위로 출혈 시 응급상황이 발생한다.
③ 임신과정은 한 개의 난소에서 난자를 생성하고 난자는 나팔관을 지나 정자와 수정된다.
④ 수정된 난자는 자궁벽에 착상하고 성장을 통해 배아가 된다. (*^^ 자궁 : 아기집, 태낭)
 - 양막은 양수로 채워져 태아를 보호하고 분만을 원활하게 진행시키는 역할을 한다.
⑤ 태반은 제대를 통해 태아에게 풍부한 혈액, 영양, 산소를 공급하고 배설물을 제거한다.
⑥ 정상 임신기간은 수정에서 분만까지 약 9달이며 초기, 중기, 말기로 나뉜다.
⑦ 임신 초기에는 두개의 세포에서 두드러진 성장이 나타난다.(* 임신 때 자궁은 약 5배 커진다)
⑧ 중기에 태아가 빠르게 성장하며 5개월에 자궁이 배꼽선에서, 말기에 윗배에서 만져진다.

■ 임신기간 중 생리적 변화 ■ *   ☆ 14년 서울장

변 화	의 미
혈류량과 혈관분포정도가 증가한다.	맥박은 증가하고 혈압은 감소한다.(*^^맥박이 빨리뛰니)
자궁이 커지면서 소화기계를 압박한다.	구토할 가능성이 높다. (*^^소화기계 압박으로)
자궁이 (5배 커져서) 하대정맥을 눌러 심장으로 가는 혈류량을 감소시킨다.	바로누운자세는 저혈압과 태아절박가사(저산소증으로 태아가 위험)를 초래할 수 있다.

> ★ 위 해설(Tip) : 산모는 혈류량과 심박동수(맥박) 증가, 생식기에 공급되는 혈관수와 크기가 증가한다.
> • 이는 혈압을 감소시키고 임신말기 자궁은 소화기계통을 압박해서 소화를 지연하거나, 토하게 한다.
> • 또한 바로누운자세 임부는 하대정맥을 눌러 심장으로 가는 혈류량을 감소시켜 저혈압을 유발시킨다.
> • 이러한 저혈압은 산모에게 위험하고 태아절박가사(저산소증으로 태아의 위험성)를 초래할 수 있다.
> • 이러한 상태는 산모를 좌측으로 눕게 한 다음 오른쪽 엉덩이 아래에 이불 등으로 지지하면 쉽게 호전된다.

2 분만   ☆ 19 소방장

분만 1기	규칙적인 자궁수축을 시작으로 자궁목이 얇아지고 점차 확장되어 완전히 확장될 때까지(10cm) – (* 자궁수축 시작부터~ 경부가 완전 열릴 때까지)
분만 2기	태아가 분만경로로 들어와 태어날 때까지 – (* 아기가 산도내로 진입해서 만출 때까지)
분만 3기	태아가 나온 후 기타 적출물(태반, 제대, 양막 등)이 나올 때까지 – (* 태반 만출)

① 임신 말기에 태아는 회전해서 머리가 보통 아래로 향하게 되는데 회전하지 않으면 둔위가 된다. 자궁목은 분만 1기에 확장하기 위해 부드러워지며 진진통* 전에 가진통*이 올 수 있다.
② 본격적 진통이 되면 태아 머리는 아래로 내려오고 자궁벽은 붉게 충혈되고 경부는 짧고 얇아진다
③ 분만이 다가오면 수축시간이 짧아지고 수축 빈도는 30분에서 3분으로 (10배나) 줄어든다.
④ 수축하는 동안 배를 만지면 딱딱하다. 태아가 내려오고 경부가 이완되면 양막은 보통 파열된다
⑤ (양수는) 정상적으로는 깨끗해야 하며 / 녹색이나, 노란색을 띄는 갈색(= 황갈색)인 경우에는 태아 스트레스로 인해 태변으로 오염되었음을 짐작할 수 있다.
⑥ 분만 1기에 자궁 경부가 확장되면서 피가 섞인 점액질 덩어리가 나오는데 이를 '이슬'이라고 한다. 분만에 걸리는 시간은 4~6시간으로 다양하다.
⑦ 분만 2기는 자궁수축 빈도가 증가하고 통증이 심해진다. 새로운 호소로는 "대변을 보고 싶다." 고 하는데 이는 태아가 내려오면서 직장(곧창자)을 누르기 때문이다. (*^^ 화장실 가지 않는다)
⑧ 2기가 시작되면서 분만은 빠르게 진행된다. 따라서 산모평가를 통해 현장에서 분만할 것인지 이송할 것인지를 결정해야 한다.

3 정상 분만

배림, 생체징후 등으로 이송여부를 결정해야 한다. (*^^ 배림: 태아 머리가 들어갔다 나왔다 함)

| 산모 평가 | ① 산모의 이름, 나이 그리고 출산예정일을 묻는다.
　- 초산인 경우 출산예정일보다 먼저 분만이 시작되는 경우가 있다.
② 초산인지를 묻는다. (* 경산부 : 아이를 낳았던 경험있는 산부)
　- 초산 분만에 걸리는 시간은 약 16~17시간으로 경산부로 갈수록 짧아진다.
③ 진통 양상을 묻는다. - 기간, 빈도, 이슬이나 양수 그리고 출혈이 있는지 묻는다.
④ 잡아당기는 듯하고 장이 움직이는 듯한 느낌(대변 보고 싶다는 느낌)이 나는지 묻는다.
　- 이것은 태아가 출산경로로 이동하면서 직장 위 자궁벽을 눌러서 생기는 증상으로 분만이 곧 진행됨을 알 수 있다. 이때 산모가 화장실에 가게 해서는 안 된다.
⑤ 배림현상이 있는지 평가한다. (* 배림: 태아 머리가 들락달락 함 = 옹어가 기출됨) 19 위
　- 회음부위(질과 항문사이)가 불룩 튀어나와 있거나 태아의 일부분이 보이는지 평가한다.
　　배림현상이 보이면 분만준비를 바로 해야 한다. .
　- 분만준비로는 시트로 양 다리를 감싸고 엉덩이와 회음부 아래 놓는다.
⑥ 자궁수축을 촉지한다. - 무엇을 할 것인지 우선 설명하고 장갑을 낀 손을 산모의 배꼽 윗배에 놓는다. 이때에는 옷 위에서도 촉지 할 수 있다.
　- 자궁의 수축기간과 빈도를 평가하고 수축기간은 시작에서 멈출 때까지이며 빈도는 수축시작에서 다음 수축시작까지의 시간이다.
　- 분만이 가까워지면 빈도와 강도가 증가한다.(*^^ 30분→ 3분→ 2분 단위로)
⑦ 수축 사이에 생체징후를 평가한다.
　- 초산이며 긴장감이나 배림현상이 없다면 이송을 실시한다.
　　2분 단위로 자궁수축을 보인다면 분만이 곧 진행됨을 알 수 있다. / 이송 중 분만할 것 같다는 산모의 불안감에는 현재까지의 평가에 대한 결론과 구급차 내에는 분만세트가 있으며 분만에 대한 교육을 받았다는 설명으로 정서를 지지한다.
　　만약, 배림현상이 나타나면 구급차를 안전한 곳에 세운 후 분만준비를 해야 한다. |

4 분만 과정 ☆ 18 소방장

분만 시 명심할 점은 환자가 산모와 신생아 2명이다. 구급대원이 2명이라면 추가 인원을 요청한다

분만 전 처치	① 사생활 보호를 위해 꼭 필요한 사람 외에는 나가 있게 한다.
	② 분만 중 피와 체액으로부터 보호하기 위해 개인보호 장비를 착용한다.
	③ 산모를 침대나 견고한 장소에 눕히고 이불을 이용해 **엉덩이를 높여 준다**.
	   - 산모는 다리를 세워 벌리고 있게 한다.
	   ✪ 산모의 엉덩이 아래 공간은 적어도 60cm가 되어야 신생아 처치를 즉각적으로 할 수 있다.
	④ 분만세트는 탁자나 의자에 놓는다.(기구는 쉽게 잡을 수 있는 위치에 놓는다.)

분만 중 처치
19소방장
	① 정서적 지지, 생체징후 측정, 구토에 대비해 협조자는 산모 머리맡에 있도록 한다.
	   (* 산모가 토할 때나 힘들어 할 때 격려하거나 도와주는 역할을 한다.)
	② 태아의 머리가 보이면 장갑을 착용하고 준비한다.
	③ **태아의 머리를 지지해준다.**
	   - 한 손은 손가락을 쫙 펴서 태아의 머리 아래에 두어야 하는데 이때, 숨구멍을 누르지 않도록 조심한다. - 태아를 잡아 당겨서는 안 된다.
	④ 태아의 머리가 보이는데도 양막이 터지지 않았다면 손가락이나 분만세트 안에 있는 클램프로 양막을 터트린다. (* 양막 : 태아를 싼 반투명의 얇은 막) 15 서울장
	   - 태아의 입과 코에서 멀리 떨어진 막을 터트린다.
	⑤ 머리가 나왔다면 제대가 목을 감고 있는지 확인한다. 19 소방장
	   - 확인하는 동안 산모에게 힘을 주지 말고 **짧고 빠른** 호흡을 하도록 격려한다.
	   - **그동안 제대를 느슨하게 해줘야 하는데 찢어지지 않도록 조심해야 한다.**
	   우선 태아의 목 뒤 제대 아래로 두 손가락을 넣어 앞으로 당긴 후 머리 위로 넘겨야 한다. 만약 느슨하게 할 수 없다면 즉각적으로 2개의 제대감자로 결찰한 후에 자르고, 태아의 목을 감고 있는(있다면) 제대를 풀어내고 분만을 진행시킨다.
	⑥ 태아의 기도를 확인한다. - 태아는 보통 질 밖으로 나와서 좌우로 머리를 돌린다.
	   (* 따라서 태아의 머리가 산모의 항문 쪽에 닿지 않도록 지지해 준다.)
	   - 태아의 머리가 완전히 나왔다면 한손으로 계속 지지해 주고 다른 손은 소독된 거즈로 닦고 구형흡입기로 입 → 코 순으로 흡인한다. / 구형흡입기를 누른 다음 입에 약 2.5~3.5cm 넣고 흡인하고 뺀 후에는 수건에 흡인물을 버리도록 한다. ▶ 암기 : 입23 코12　23 위
	   - 이 과정을 2~3회 반복하고 / 코는 1~2번 반복한다. 코에는 1.2cm 이하로 넣는다.
	   (*^^ 둥근 구형흡입기로 입부터 하는 이유? 기도로 이물질이 넘어가는 것을 방지목적!)
	⑦ 어깨가 나오는 것을 돕는다. - 위 어깨가 나오고 아래 어깨가 나오는 것이 늦어지면 태아의 머리를 위로 살짝 올려 나오는 것을 돕는다.
	⑧ 전 과정동안 태아를 지지해야 한다. - 태아는 미끄럽기 때문에 주의하며 다리까지 모두 나왔다면 **머리를 약간 낮추고 한쪽으로 눕혀 입과 코에 있는 이물질이 잘 나오도록 한다.** 구형흡입기로 다시 입과 코를 흡입하고 제대에 맥박이 만져지지 않을 때까지 태아와 산모 높이가 같도록 유지한다. 신생아는 따뜻하고 건조한 포로 감싼다.
	⑨ 출생시간을 기록한다.
	⑩ 제대(탯줄)에 맥박이 촉지 되지 **않으면** 제대를 결찰하고(묶고) 자른다.
	⑪ 신생아에 대한 평가와 처치가 즉각적으로 이루어져야 한다.
	⑫ 분만 3기에서의 제대와 태반 분리에 대해 준비하며 정서적 지지를 계속 실시한다.

5 신생아 평가와 처치**

(1) 평가* ** ☆ 12 위, 13 서울장, 14 강원장, 부산장, 16 경기장, 17 위, 18, 19 소방장, 20 위, 22 장

신생아의 상태는 아프가 점수(APGAR score)를 이용하여 평가할 수 있다.
출생 1분과 5분에 각각 측정하는데, 건강한 신생아의 전체 점수의 합은 10점이다.
대부분의 신생아들은 생후 1분의 점수가 <u>8~10점</u>이다. / <u>6점 이하</u>이면 신생아의 집중관리가 필요하므로 기도확보 및 체온유지를 하면서 신속히 병원으로 이송한다.

▎APGAR score 평가 ▎ ☆ 13 서울장, 14 강원장, 15 울산장, 22 소방장, 위

일반적인 외형(피부색)	몸 전체가 분홍색이면 2점, / 몸은 분홍빛이지만 발과 입술이 푸르스름하면 1점, / 몸 전체가 청색을 띄거나 창백하면 0점이다.
맥 박	청진기를 사용할 수 없는 경우 손가락으로 제대의 박동수를 촉지하여 측정한다. 맥박이 100회 이상: 2점 / 100회 이하: 1점, / 맥박 없으면 0점이다.(* 신생아 정상: 120~160회)
반사흥분도 (찡그림)	코 안쪽을 자극할 때, 신생아가 기침이나 재채기를 하면 2점, / 얼굴만 찡그리면 1점, / 반응이 없으면 0점이다.
활동력 (근육의 강도)	구부린 상태에서 곧장 뻗으려고 하면 2점, / 약하게 뻗을 수 있으면 1점, / 근육 긴장력이 없으면 0점이다.
호흡	규칙적이며 빠른 호흡(울음)은 2점, / 느리고 불규칙적이면 1점, / 호흡이 없으면 0점이다.

▎APGAR 점수(출생 후 1분, 5분 후 재평가 실시)▎* ☆ 19 소방장, 24 위 등

평가내용 (▶ 피심반근호)	점 수		
	0	1	2
① 피부색 : 일반적 외형	청색증	몸은 핑크, 손과 팔다리는 청색	손과 발까지 핑크색
② 심장 박동수	없음	100회 이하	<u>100회 이상</u>
③ 반사흥분도 : 찡그림	없음	자극 시 최소의 반응 /얼굴을 찡그림	코 안쪽 자극에 울고 기침, 재채기 반응
④ 근육의 강도 : 움직임	흐늘거림/부진함	팔과 다리에 약간의 굴곡 제한된 움직임	적극적으로 움직임
⑤ 호흡 : 쉼쉬는 노력	없음	약하고/느림/불규칙	우렁참

✪ 8~10점 : 정상출산으로 기본적인 신생아 관리
  3~7점 : ❶경증의 질식상태 ❷호흡을 보조함 ❸부드럽게 자극 ❹입-코 흡인 ▶ 경호부인 ☆ 19 장
  0~2점 : ❶심한 질식상태, ❷기관 내 삽관 ❸산소공급 ❹CPR ▶ 심기산씨

(2) 신생아 소생술* ☆ 12 위, 14 경북, 15 울산장, 18 소방장, 17 부산장, 16, 17, 21 위

신생아에 대한 처치 과정으로는
① 보온유지 및 기도내 이물질 제거
  - **구형**(둥근)**흡입기**로 우선 **입**을 흡인하고 그 다음에 **코**를 흡인한다.
  - 입과 코 주변의 분비물은 소독된 거즈로 닦아낸다.

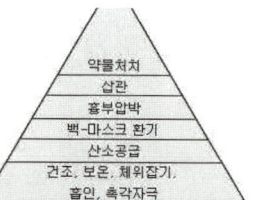

✪ 주의 : 코를 먼저 흡인하면 신생아는 헐떡거리거나 호흡을 시작하게 되고 이때, 입에 있는 태변, 혈액, 체액, 점액이 (기도를 통해) 허파에 흡인될 수 있다. (∴ 입 → 코) 18소방장

② 신생아를 소아용 침대에 한쪽으로 눕히고 구형흡입기로 다시 입, 코 순으로 흡인한다.
  (준비된 장소가 없다면 품에 안고 실시할 수도 있다)   ↳ 국어사전 순으로 흡인
③ 호흡 평가
  ㉠ 기도 내 이물질을 제거한 순간부터 자발적으로 호흡하는 것이 정상이며
    - <u>30초 내</u>에 호흡을 시작해야 한다.
  ㉡ 만약 그렇지 않다면 호흡을 격려해야 하는데 등을 부드럽게 그리고 활발하게 문지르거나 손가락으로 발바닥을 자극하는 방법이 있다. (*^^ 호흡을 위하여)
  ㉢ 발바닥을 치켜들고 손바닥으로 쳐서는 **안** 되며(* 옛날 방식) / 호흡이 있으나 팔다리에 약간의 청색증이 있다고 해서 등을 문지르거나 발바닥을 자극해서는 **안** 된다.
  ㉣ 태어나서 수분동안은 이런 팔다리의 청색증이 **정상**이다. / 만약 호흡이 얕고 느리며 없다면 <u>40~60회/분</u> 인공호흡을 실시해야 한다. ★ 16 소방위

  > ✪ <u>주의</u> : 구강대 마스크를 이용한다면 신생아용 소형 펌프를 사용해야 하며
  >   유아용 백-밸브마스크를 사용할 때에는 백을 조금만 짜야 한다.
  >   - 30초 후에 호흡을 재평가해서 호전되지 않는다면 계속 실시해야 한다.
  >   (*^^ 참고(개념) : 태아의 정상호흡 : 30~50회 / 인공호흡 시 : 40~60회)

④ 심박동 평가 ★ 15 인천장, 17 위
  ㉠ 왼쪽 유두 윗부분에서 제일 잘 들리며 100회/분 이하이면
    - 40~60회/분 인공호흡을 실시해야 한다. (* 유두: 젖꼭지)
  ㉡ 30초 후에 재평가해서 60~80회/분이고 심박농수가 올라갔다면
    - 계속 인공호흡을 실시하고 30초 후에 재평가를 해야 한다.
  ㉢ 만약 <u>60회/분</u> 이하이며 올라가지 않았다면 ➡ 인공호흡과 더불어 가슴압박을 실시한다.
  ㉣ 가슴압박 횟수는 120회/분이며 양엄지 손가락은 복장뼈 중앙에, 나머지 손가락은 등을 지지하고 압박해야 한다. (*^^ ㉣ 압박은 분당 120회 속도/ ㉤ 인공호흡과 함께는 90회)
  ㉤ 압박의 깊이는 가슴의 1/3 정도이고, / 호흡과 가슴압박의 비율은 1:3이 되어야 하며, (즉) 1분에 90회의 가슴 압박과 / 30회의 호흡으로 실시한다. (*^^ 30:90 = 1:3) 23위
⑤ 호흡과 맥박은 정상이나 몸통에 청색증을 계속 보이면 산소를 공급한다. 산소는 10~15ℓ/분로 공급하며 직접 주는 것이 아니라 얼굴 가까이 산소튜브를 놓고 공급한다.
⑥ 이송 중에 계속 평가를 실시한다.

> ① 신생아의 발바닥을 향하여 집게손가락으로 치거나 부드럽지만 강하게 아기의 등을 문질러 주어서 호흡을 "자극"할 수 있다.
> ② 신생아에게 백밸브마스크를 사용하여 양압환기를 제공한다.
>   - 마스크를 밀착시키고 가슴이 상승하기에 충분한 양이어야 한다.
> ③ 가슴압박을 할 때 손가락으로 몸통을 감싸고 신생아의 복장뼈가 상선 아래에 두엄지손가락을 위치시킨다.
>   - 만약에 신생아가 매우 작으면 엄지손가락을 겹친다.
>   - 반면에 신생아가 매우 크면 유두선에서 한손가락길이 아래쪽 세 번째와 네 번째 손가락으로 복장뼈를 압박한다. / 분당 120회의 속도로 가슴의 1/3 정도의 깊이로 압박한다.

(3) 제대 결찰 및 보온 유지
  ① 정상적으로는 제대를 결찰하거나 잘라내기 전에 스스로 신생아가 **호흡**을 시작하며,
  ② 제대를 결찰하거나 잘라내기 전에 손가락으로 **맥박이 뛰지 않는 것**을 확인해야 한다.
  ③ 태어나자마자 수건으로 물기를 제거하고 신생아의 얼굴이 아닌 머리부위도 감싸줘야 한다.

> ■ 일반적인 과정 ☆ 23위(③번)
> ① 신생아 보온을 유지한다.
>   - 제대 결찰 전에 수분을 없애고 신생아 포로 전신을 감싸야 한다.
>   - 태지는 (양수가 침범하지 않는) 보호막임으로 물로 닦아서는 안 된다.
> ② 분만용 세트에서 제대감자로 제대가 찢어지지 않도록 천천히 결찰(묶음)한다.
> ③ 첫 번째 제대감자 결찰높이는 <u>신생아로부터 약 10cm</u> 정도 떨어져 결찰한다
> ④ 두 번째 제대감자 결찰높이(길이)는 첫 번째 제대에서 신생아 <u>쪽으로 5cm</u> 정도 떨어져 결찰한다
> ⑤ (경찰 후)소독된 가위로 제대감자 사이를 자른다. ↳ (결국 신생아로부터 5cm와 10cm 2번 묶음)
>   - 자른 후에는 결찰을 풀거나 다시 하려고 시도해서는 안 된다. 태반측(엄마측) 제대는 피, 체액, 배설물에 닿지 않게 놓고 신생아측 제대 끝에서는 출혈되지 않는지 확인한다.
>   출혈이 있다면 가능하다면 현 제대감자에 가깝게 다른 제대감자(탯줄)로 결찰한다(묶는다)
> ⑥ 신생아를 옮길 때 제대에 충격이 가지 않도록 한다.(제대에서 약간의 실혈로도 치명적일 수 있다)
> ✪ 주의 : 신생아가 호흡하지 않는다면 제대를 결찰해서는 안 된다. (제외사항 - 제대가 신생아의 목을 조이는 상황과 CPR을 실시해야 하는 상황) 제대에서 맥박이 뛴다면 결찰해서는 <u>안</u> 된다. 18 장

④ 태반이 분리되는 동안 산모 배 위에 신생아를 놓아 안게 하거나 동료대원이 신생아를 안는다.

6 분만의 합병증 ☆ 17 부산.장 18 장

제대 탈출 23위	**태아보다 제대가 먼저 나오는 경우로** 태아와 분만경로 사이에 눌리게 된다. 이는 태아로 가는 산소공급을 차단하기 때문에 위급한 상태로 둔위분만이나 불완전 둔위분만의 경우에 종종 나타난다. - 응급처치 목적은 병원 이송 전까지 태아에게 산소를 최대한 공급하는 것이다. ■ 응급처치로는 ① 개인 보호장비를 착용한다. ② 분만 경로의 압력을 낮추기 위해 이불 등을 이용해 엉덩이를 올리고 ➡ 머리를 낮춘다. ③ 비재호흡마스크를 통해 고농도 산소를 공급한다.　　　④ 멸균장갑을 착용한다. ⑤ 제대에 가해지는 압력을 낮추기 위해 질 안으로 손을 넣는다는 것을 설명한다. ⑥ 질 안으로 손가락 몇 개를 집어 넣고 제대를 누르는 태아의 신체일부를 부드럽게 밀어낸다 ⑦ 병원으로 신속하게 이송한다.　　　⑧ 촉진으로 제대순환이 제대로 되는지 확인한다. ⑨ 가능하면 멸균된 거즈를 따뜻하고 축축하게 한 다음 / 제대를 감싸 건조되는 것을 예방한다. ⑩ 다른 처치자는 산모의 생체징후를 계속 측정한다. ✪ 제대탈출시 처치에서는　① 두부를 올리고 산소를 공급하며 보온을 유지한다. ② 손가락을 넣어 아기 머리를 제대로부터 ➡ 멀어지게 한다. ③ 제대를 안으로 밀어 넣지 않도록 한다.　④ 제대를 소독된 젖은 거즈로 감싼다.
둔위 분만	엉덩이나 양 다리가 먼저 나오는 분만으로 신생아에게 외상 및 제대탈출 위험이 높다. - 자발적으로 분만할 수도 있지만 합병증 비율이 높다.

	■ 응급처치 ☆ 20 위 ① 즉각적으로 이송한다. ② 다리를 잡아당기는 등의 분만을 시도해서는 ➡ 안 된다. ③ 산모에게 고농도 산소공급. ④ 골반이 올라오도록 머리를 낮추고 정서적 지지를 제공한다. ⑤ 만약, 엉덩이가 나온다면 ➡ 손으로 지지를 해준다.
불완전 둔위 분만	머리가 아닌 **팔다리가 먼저 나오는 형태**로 발이 먼저 나온다. 이 경우 병원으로 빨리 이송한다. 배림 때 머리가 아닌 손, 다리, 어깨 등이 나오며 제대가 나올 수도 있다. ■ 응급처치 ① 제대가 나와 있다면 앞서 언급한 제대탈출에 따른 처치를 실시한다. ② 골반이 올라오도록 ➡ 머리를 낮춘다. ③ 비재호흡마스크로 고농도산소를 공급한다. ④ 신속하게 병원 이송.
다태아 분만	다태아 분만의 경우 한 명을 분만 후에도 크기의 변화가 적고 분만수축이 계속된다. - 두 번째 분만은 보통 수 분 내에 이루어지며 둔위분만인 경우는 드물다. ■ 응급처치 ① 추가 지원을 요청한다. - 분만장비, 인원, 구급차 등 ② 두 번째 분만 전에 제대를 결찰한다. ③ 태반은 한 개이거나 여러 개일 수 있다. 태반은 일반 분만과 같이 처치한다. ④ 각 태아별로 태어난 시간을 기록한다. - 태어난 순서를 식별하기 위해 ⑤ 다태아는 일반 태아보다 작으며 신속하게 분만이 이루어진다. - 신속, 부드럽게 처치한다.
미숙아	■ 응급처치(미숙아는 태어나는 순간부터 특별한 처치가 필요하다.) ① 보온을 유지한다. - 보온을 위한 지방축적이 충분하지 않기 때문에 저체온증의 위험성이 ➡ 높다. - 따라서 물기를 닦아내고 따뜻한 이불로 보근하게 감싸줘야 한다. - 또한 유아용 모자는 머리에서의 열 손실을 막아준다. ② 기도 내 이물질을 제거한다. - 입과 코로부터의 이물질을 흡인한다. ③ 상태에 따른 소생술을 실시한다. - 특히, 임신주수가 적은 경우 소생술을 준비한다. ④ 산소를 공급한다. - 직접적인 공급은 피하며 코 주변에서 산소를 공급한다. ⑤ 오염되지 않도록 한다. - 미숙아는 감염되기 쉬우므로 만약 산모가 분만 중에 대변을 보았다면 닿지 않도록 주의한다. - 미숙아의 얼굴에 구급대원의 호흡이 직접적으로 닿지 않도록 한다. ⑥ 구급차 내 온도를 올린 후 이송한다. ☆ 18 장 - 적절한 온도범위는 32~38℃이며 이송 전에 온도를 맞춰 놓는다. - 여름인 경우는 냉각기를 사용해서는 안 되며 창문을 이용해 온도를 조절하며 - 바깥공기가 직접 닿지 않도록 한다. - 가급적이면 닫은 상태로 이송한다.
태변	태아의 대변은 태아나 임부의 스트레스를 나타내는 징후이다. / 스트레스의 태변은 양수를 <u>녹색이나 노란갈색</u>으로 착색시킨다. / 태변을 흡인한 태아는 호흡기계통 위험성이 높다. ■ 응급처치　↳ (*^^ 스트레스가 없다면 깨끗하고 우윳빛임) ① 흡인하기 전에 신생아를 자극시키지 않는다. ・태변과 관련된 대부분의 합병증은 신생아 허파로 태변이 흡인된 경우이다. ② 기도를 유지하고 신생아를 평가한다. ・태변은 분만으로 인한 태아의 스트레스를 나타내는 징후이며 소생술이 필요할 수 있다. - 호흡과 심장의 상태에 따라 심폐소생술을 실시할 준비를 한다. ③ 가능하면 즉각적 이송을 실시한다.(이송 중 보온을 유지하며 병원도착 전 정보를 제공한다)

7 임신 중 응급상황 및 처치 등 (* 중요도 낮음) ☆ 24 소방위

자연 유산	임신기간이 <u>20주</u>(5달) 내 유산된 경우이며 태아와 자궁조직이 경부를 통해 질 밖으로 나온다. 24위 배의 경련이나 통증을 동반한 질 출혈을 호소하며 정서적인 스트레스를 받는다. ■ 환자 평가 및 처치 과정으로는 ① 개인보호장비를 착용하고 현장을 평가.(환자와 가족의 정서상태는 때때로 구급대원에게 향한다) ② 환자를 평가.(복통을 호소하며 보통은 호흡과 순환이 정상이다. - 질 출혈이 지속되면 이송한다.) ③ 정보를 수집.(임신주수가 24~25주(6~7달)이상의 태아는 살아 날 수도 있다.) ④ 생체징후 및 신체검진을 실시. (질에서 많은 출혈이나 덩어리가 나오면 회음부위를 간단히 검사한 후 외부에 패드를 댄다. - 사생활을 보호.) ⑤ 증상, 징후에 따른 처치 제공.(많은 양 산소공급과 질 출혈시 질 외부에 산모용 생리대를 댄다) ⑥ 계속적 정서를 지지한다.　　　　　　　⑦ 자궁에서 나온 물질들을 병원에 인계한다.
임신 중 경련	경련 중에는 호흡이 원활하지 않아 태아에게 영향을 미치기에 임신 중 경련은 특히 위험하다. 원인은 경련병력이 있거나 임신으로 인한 임신중독증이나 자간증으로 인해 일어난다. ① 자간증 환자(보통 임신 6~7개월 후)는 임신후기에 보통 경련증상이 나타난다. ② **자간증의 증상 및 징후로는** ➡ **두통, 고혈압, 부종**이 있다. ③ 환자평가: 개인보호장비 착용, 환자 의식상태, 기도와 호흡평가, 병력사정, 신체검진, 복용하는 약물, 부종 등을 평가한다. ■ 평가 및 처치 과정 ① 주변의 위험한 물건 등을 치운다.　　② 기도가 개방을 확인하고 유지한다. ③ 비재호흡마스크로 많은 양의 산소를 공급한다. (* 10~15L/분, 85~100% 산소공급 가능) ④ 필요시 백-밸브마스크로 인공호흡을 도울 준비를 한다. ⑤ 필요시 흡인기구를 즉시 사용할 수 있도록 준비한다. ⑥ 좌측위로 환자를 이송한다.
임신 중 질출혈	임신초기 질 출혈은 자연유산의 징후로 볼 수 있다. / 임신후기 질 출혈 특히, 마지막 석달은 임부와 태아 모두 위험하다. 그 이유는 종종 태반으로 인한 출혈(태반박리, 전치태반) 때문이다. 임신후기의 질 출혈은 복통이 없을 수도 있다.- (즉시 병원 이송한다.) ✪ 증상 및 징후에 따른 처치를 제공한다. 많은 양의 산소를 공급, 피를 흡수하기 위해 패드를 댄다. 　- 단, 질 안에 거즈를 넣어서는 안 되며 좌측위로 환자를 이송한다.
임신 중 외상	임부상태는 태아에게 직접적 영향을 미친다. 임부의 외상처치는 일반외상처치와 **같다** ■ 평가 및 처치 과정 ① 개인보호 장비를 착용, 현장이 안전한지를 확인한다.　　② 1차 평가를 실시한다. ③ 병력과 신체검진 그리고 생체징후를 측정한다. - 비임부 여성과 임부의 생체징후는 다르다 　- 임부의 경우 맥박은 빠르고 혈압은 보통 낮다. 하지만 외상으로 인해 생체징후가 변할 수 있다. ④ 증상 및 징후에 따른 처치를 제공. - 많은 양의 산소를 공급하고 좌측위로 환자를 이송한다. ⑤ 정서적인 지지를 제공한다. - 현재 제공하는 응급처치가 태아와 환자에게 도움이 된다는 점을 알린다.

* 가진통: 임신 중기나 후기에 나타나는 통증으로 가볍다.　　* 고농도산소: 보통 80% 이상을 말한다.
* 진진통: 실제 출산 임박 때 오는 진통으로 강도가 커진다.　　* 자궁: 아기집, 태낭이라고도 한다.
* 태반: 임신 중 태아와 자궁을 연결하는 구조물로 모체의 자궁 내벽(위쪽)에 붙어 있다. 길이 약 18cm
　　　　(태반은 호르몬 분비 기능과 함께 태아에게 영양분을 공급하고 배설물을 내보내는 기능 등을 한다)

8 계속적인 산모 처치

(1) 태반
① 분만 3기는 제대 일부, 양막, 자궁의 일부조직을 포함한 태반이 분리되는 시기이다.
  - 이때, 태아가 나온 후 멈춘 분만통이 짧게 나타난다.
② 태반이 자궁으로부터 분리되면 제대 길이가 길어지는 것으로 알 수 있다.
  - 대부분 분만 후 수 분 내에 일어나며 30분 정도가 걸린다.
③ 촉진시키기 위해 자궁 위 배에 압력을 가하거나 제대를 잡아당겨서는 안 된다.
  - 산모와 태아가 모두 건강하면 태반이 분리될 때까지 20분정도 병원이송을 지연시킬 수 있다.
④ 분만 시 나온 모든 조직들은 분만 세트 내의 보관함에 산모 이름, 시간, 내용물을 기록한 후 병원에 인계한다. 만약 20분 경과해도 태반이 분리되지 않는다면 신속하게 병원으로 이송한다.

(2) 분만 후 질 출혈 처치 및 정서적 지지
정상적으로는 500cc 이상(* 맥주잔 크기) **출혈되지 않으며** 질 출혈 처치는 다음과 같다.
① 질 입구에 패드를 댄다.　　　　　　　　② 발을 올려준다.
③ 자궁수축을 돕기 위해 부드럽게 원을 그리며 자궁을 마사지 한다.(자궁이 수축하고 단단해지며 출혈량이 줄어들 것이다.)
④ 자궁마사지에도 불구하고 출혈이 계속된다면 신속하게 병원으로 이송한다. - 분만 과정에서 회음부위가 찢어지며 출혈과 불편감을 호소할 경우 **멸균거즈로 압박하고 드레싱을 해준다.**

9 성폭행 (* 중요도 낮음)

환자처치는 의학적·정신적·법적인 면을 모두 고려해야 한다.
개인적인 판단은 피하며 전문적 태도를 보여야 하며 동정하는 태도를 보여서는 안 된다.
정보수집 및 응급처치를 제공하는 것은 같은 성의 구급대원이 하는 것이 좋다.

> ■ 평가 및 처치 과정으로는
> ① 현장 도착 전 환자로 하여금 증거확보(정액)를 위해 <u>누워있게 하며</u>, 주변을 청소하거나 샤워하기 그리고 옷을 갈아입는 행동을 하지 않도록 미리 알려준다.
> ② 현장 안전을 확인한다. 범죄현장이 의심된다면 안전을 확보하고 필요하다면 경찰의 도움을 요청한다.
> ③ 1차 평가에서 환자의 의학적·정신적인 면을 모두 평가한다.
> ④ 성폭행으로 인한 다른 상처가 있는지 신체검진과 정보수집을 실시한다.
>   - 심한 출혈이 있다면 생식기를 검사한다.
> ⑤ 증상과 징후에 따른 처치를 제공한다. 단, 증거가 훼손되지 않도록 주의한다.
> ⑥ 법적인 자료가 될 수 있으므로 기록에 유의한다.
> ⑦ 증거(정액)확보를 위해 환자를 <u>걷게하면 안 되며</u> 들 것을 이용해 이동한다.

✪ 외부 생식기관 외상 : 질 안에 거즈를 넣어서는 **안** 되며 냉찜질은 심한 통증을 감소시키는데 유용하다.

CHAPTER 14 소아

(* 기도, 외상: 소방교 제외)
(* 중요도 낮음)

1 해부와 생리

① 소아 응급은 성인보다 위급한 경우가 **많다**.
② 소아는 성인에 비해 질병에 걸리는 비율이 낮다. (*^^ 성인병 등이 없다)
  - 예를 들면 협심증과 심근경색, 급성 심장사와 같은 심장동맥질환이 드물다. 반면에
  - 감염, 천식 등 호흡기 문제는 성인에 비해 만성화되거나 허파공기증을 일으킬 수 있다.
③ 소아의 기관은 성인에 비해 질병, 호흡기와 심혈계와 관련한 질병에 대한 저항력이 **높다**.
  - 질병이나 손상에 대한 회복력이 빠른 반면에 반응도 빨라 호흡곤란이 나타나면 **맥박이 떨어지고 심정지가 빠르게 진행된다.**

성인과 소아의 차이점

성인과 차이점	평가와 처치에 영향
• 상대적으로 큰 혀, 좁은 기도, 많은 분비물, 젖니(탈락성)	• 기도 폐쇄 가능성 증가된다.
• 평평한 코와 얼굴	• 얼굴 마스크 밀착 시 어려움이 있다.
• 몸에 비례해서 큰 머리, 발달이 덜 된 목과 근육	• 외상에 있어 쉽게 머리손상 증가된다.
• 완전히 결합되지 않은 머리뼈	• 숨구멍(대천문, 소천문)이 올라가면 두개 내 압력을 의미, 내려가면 탈수를 의미 (울 때 올라가는 것은 정상)
• 얇고 부드러운 뇌조직	• 심각한 뇌손상 가능성이 있다.
• 짧고 좁으며 유연한 기관	• 과신전 시 기관 폐쇄될 수 있다.
• 짧은 목	• 고정 및 안정시키기 어렵다.
• 배 호흡	• 호흡 측정 어렵다.
• 빠른 호흡	• 호흡근이 쉽게 피로해져 호흡곤란을 유발한다.
• 신생아는 처음에 **비**강호흡을 함	• 코가 막혀 있다면 구강호흡을 자동으로 할 수 없는 경우가 있어 쉽게 기도가 폐쇄됨.
• 신체에 비례해 넓은 체표면적	• 높은 저체온 가능성이 있다.
• 약한 골격계	• 골절은 적고 휘어질 가능성이 높음. 따라서 외부 압력은 갈비뼈 골절 없이 내부로 전달되어 장기를 손상시킬 수 있다. (특히, 허파손상).
• 이자(췌장)와 간 노출 증가	• 배에 외부 압력으로 쉽게 손상된다.

2 기도와 호흡유지 ☞ (* 기도만 소방교 제외) ★ 17 소방장

기도와 호흡유지
17소방장

① 얼굴, 코 그리고 입이 작다. ➡ 입과 코의 직경이 작아 쉽게 분비물에 의해 폐쇄될 수 있다
② 상대적으로 혀가 차지하는 공간이 크다. ➡ 무의식 상태에서 쉽게 기도를 폐쇄시킬 수 있다
③ 기관이 부드럽고 유연하다. ➡ 기도유지 위해 목과 머리를 과신전하면 기도 폐쇄될 수 있다
  - 또한 머리를 앞으로 굽혀도 기도가 폐쇄된다.
④ 인두 깊숙이 흡인하면 미주신경을 자극해 저산소증으로 느린맥이나 심정지 유발 가능하다
⑤ 유아는 입보다 코를 통해 숨을 쉰다. ➡ 만약 코가 막히면 입으로 숨을 쉬는 법을 모른다
⑥ 가슴벽은 부드럽고 호흡할 때 호흡보조근 보다 가로막에 더 의존한다.
⑦ 소아는 호흡기계 문제 시 단기간에 호흡수를 늘려 보상작용을 할 수 있다. 보상작용은
  복근을 포함해 호흡보조근을 사용하며 호흡곤란으로 빠르게 심정지가 일어나기도 한다.
⑧ 저산소증은 급속한 심정지를 일으키는 느린맥을 초래할 수 있다.
  _____*
- 소아기도 처치 시 다음과 같이 성인과의 다른 점에 유의해야 한다.
① 포켓 마스크나 BVM 이용 시 ➡ 적당한 크기가 없는 경우 마스크를 거꾸로 사용한다.
② 산소 공급 시 소아용 비재호흡마스크와 코삽입관를 사용한다.
③ 부드럽게 기도를 개방해야 한다. ➡ 접은 수건을 어깨 아래 넣어 목을 약간 뒤로 젖힌다.
④ 혀로 인한 기도폐쇄 가능성으로 ➡ 구급대원은 계속 기도개방을 유지해야 한다.
⑤ 기도의 직경이 작아 기도 내에 기구를 삽입하는 것은 ➡ 부종을 쉽게 유발시킬 수 있다.
 - 따라서 다른 기도개방을 위한 처치가 안 되는 경우 최후의 수단으로 기구를 삽입한다.
⑥ 흡인 시 ➡ (딱딱한) 경성 흡인관을 사용한다.(소아는 입이 작고 잘 안 벌려지니) / 그러나 기도
  와 입의 표면에 외상이 생기지 않도록 주의. - 자극은 부종을 일으켜 폐쇄를 일으키기 때문이다.
  또한 인후 뒷부분을 계속 자극하는 것은 갑작스런 느린맥을 유발할 수 있다.
⑦ 코와 코인두 내 분비물을 흡인하는 것은 ➡ 두드러지게 호흡을 향상시킬 수 있다.
⑧ 호흡곤란 증상 즉, 비익확장, 호흡보조근 사용 등 빠른호흡을 나타내면 ➡ 고농도 산소를
  공급하고 재평가를 실시한다.
⑨ 느린맥이 나타나면 ➡ 저산소증이라고 가정하고 즉시 15ℓ/분 산소를 제공하고 필요하다면
  BVM이나 포켓마스크로 인공호흡을 제공한다.

3 소아의 기도에 대한 처치 ☞ (* 소방교 제외) ★ 08 소방위

기도 개방
① (기도개방은) 모든 처치에서 제일 먼저 실시해야 하며 소아의 목이 과신전되지 않도록
  머리기울임/턱들어올리기법으로 기도를 개방한다. (*^^ 신전: 늘려짐.)
② 외상이 의심된다면 턱 밀어올리기법을 이용한다. ➡ 이때 하악아래 연부조직이 아닌 아
  래턱뼈에 손을 위치시켜야 한다. 연부조직 압박은 기관압박을 초래하기 때문이다.

흡인
① 분비물 또는 입과 코의 기타 액체 성분을 흡인하며, 의식장애가 있는 경우 중요하다.
 - 왜냐하면 기도를 보호하는 능력이 없거나 감소하기 때문이다. 구형(둥근컵 모양)흡입기, 연성흡
  입관 또는 경성흡입관이 사용될 수 있으며 환자의 나이와 상황에 따라 달라진다.
② 저산소증을 예방 ➡ 흡인은 잠재적인 위험성을 갖고 있는데 흡인 전에 100% 산소를 공급하거나
  15ℓ/분 산소를 공급해 저산소증을 예방한다. - 15초 이상 흡인해서는 안 된다.
③ 유아는 비강호흡으로 코가 막히지 않도록 하며, 너무 깊게 흡입관이 들어가면 안 된다.

기도 내 이물질 제거	① 상기도 폐쇄는 소아 사망에 있어 주요한 원인 중 하나이다.	
	경미한 기도폐쇄	쉰 목소리를 내고 기침을 하거나 들숨 시 고음의 소리를 낸다. 성급한 처치는 잘못하면 완전 기도폐쇄를 유발시킬 수 있으므로 편안한 자세로 신속히 이송하며 완전기도폐쇄 증상이 나타나는지 관찰한다.
	심각한 기도폐쇄	• 환자가 반응이 있거나 무반응일 수 있다. - 무반응의 소아는 청색증을 나타내고, 반응있는 소아는 말하거나 울지 못하고 청색증을 나타낸다 • 영아에서는 5회 등 두드리기를 하고, 5회 가슴 밀어내기를 이물이 나올 때까지 또는 의식이 없어질 때 까지 반복한다. 5×5회 • 영아에서는 간이 상대적으로 크기 때문에 배 밀어내기는 간 손상의 위험이 있으므로 시행하지 않는다. (*^^ 아이들은 체구에 비해 간이 크다) • 소아에서 기도폐쇄가 심하다고 판단되면 가로막 아래 복부밀어내기(하임리히법)를 이물이 나올 때까지 또는 의식이 없어질 때까지 시행한다.
	② 이물질은 꼭 눈으로 확인하고 제거한다. - 그냥 하면 이물질을 다시 안으로 넣을 수 있다.	
기도유지기 사용	① 입·코인두기도기는 ➡ 인공호흡을 오래 필요로 하는 소아와 영아에게 사용된다. ② 성인과 달리 (인공호흡이 시작되자마자 기도유지기를 위치시켜야 하지만) 초기 인공호흡을 위해서 사용해서는 안 된다. - 왜냐하면 소아나 영아의 호흡노력과 산소화는 100% 인공호흡의 결과로 종종 빠르게 나아지므로 가끔은 기도유지기가 필요하지 않다. 가급적 기도유지기 사용을 피한다. ③ 기구사용은 오히려 빠른 호흡 향상이 나타날 수 있으며, 합병증으로는 연부조직 손상으로 출혈, 부종, 구토, 느린맥, 심장마비 유발이 가능한 미주신경 자극이 있다.	
입인두 기도기 08 위	✪ 입인두 기도기 처치법은 ➡ ㉠ 설압자를 입에 넣어 본다. 　(기침, 구토반사가 있다면 기도기 삽입 중지 후, 머리 위치를 변경해 비강기도기 사용을 고려한다) ㉡ 구역(구토)반사가 없다면 설압자로 넣고 머리 쪽으로 약간 벌리면서 혀를 누른다. 　- 공간을 벌려 기도기를 넣기 편하기 위함이다. (* 설압자 : 혀를 아래로 누르는 데 쓰는 기구) ㉢ 기도기 플랜지(입구)가 입술에 닿을 때까지 바로 기도기를 삽입한다. - 회전없이 바로 넣는다. ㉣ 삽관 후 기침 또는 구토반사가 나타나면 기도기를 제거하고 필요하다면 흡인해준다.	
코인두 기도기	① 소아는 보통 사용 않으나 구토반사 시 인공호흡을 유지할 필요시 효과적이다 ② 크기는 연령별로 다양하지만 1년 이하의 (영아나) 신생아에게는 보통 사용되지 않는다. ③ 콧구멍 크기에 맞는 기도기를 선택한다.(보통은 환자의 새끼손가락 크기와 비슷함) ✪ 코인두 기도기 처치법은 다음과 같다 ㉠ 적당한 크기의 기도기를 선택한다. ㉡ 기도기 몸체와 끝에 수용성 윤활제를 바른다. ㉢ 비중격(코 사이벽)을 향해 사선으로 기도기를 넣는다. 　- 만약, 저항이 느껴지면 다른 콧구멍으로 시도해 본다. ㉣ 천천히 코인두 내로 넣는다. - 삽입도중 기침이나 구토반사가 나타나면 즉시 제거하고 머리 위치를 변경해 기도를 개방·유지 시킨다. ④ 합병증으로 비출혈이 종종 나타나며 비익부분을 눌러 지혈처치를 실시한다. 　- 필요하다면 흡인해 주어야 한다. 다른 합병증으로는 머리뼈 골절로 부적절하게 삽관되어 코 또는 두개내 손상을 유발할 수 있다. ⑤ 코, 얼굴 또는 머리 외상이 있는 경우에는 코인두기도기를 사용해서는 안 된다.	

4 산소 공급 ☞ (* 소방교 제외)

호흡장애나 쇼크증상 및 징후가 있는 경우, **소아용 비재호흡마스크로 고농도산소를 공급**한다. 낯선 것에 대한 두려움이 있는 소아인 경우 ➡ 마스크를 구급대원이나 보호자에게 우선 착용시키고 ➡ 설명과 함께 정서적 지지를 한 후 마스크를 착용시킨다. ➡ 계속 거부감을 나타내면 기구를 코 근처에 가까이 해서 공급해준다.

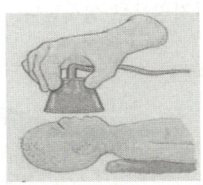 ① 종이컵과 산소공급관을 이용한 산소공급

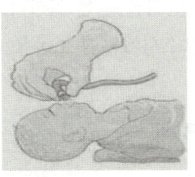 ② 아이의 얼굴로부터 약 5cm 높이에서 산소공급관을 이용한 산소공급

■ 산소공급 방법 ■

5 인공호흡 등 ☞ (* 소방교 제외)   ☆ 18 소방장

호흡정지 또는 호흡부전에는 즉각적으로 고농도의 인공호흡을 실시해 준다.
<u>소아의 인공호흡은</u>➡ **분당 12회~20회(3초~5초에 1번 호흡)**로 실시한다.(* 비교: 성인 10~12회)
(*^^ 소아 본인의 정상호흡은 15~30회이지만, 타인이 응급시 하는 소아의 인공호흡이 12회~20회라는 뜻)
각 호흡은 1초간 하고 가슴이 부풀어 오를 정도의 일회 호흡량을 유지한다.
① 느린맥(60회 이하)과 부적절한 호흡이 같이 나타난 경우에는 인공호흡을 실시해야 한다.
 - 이는 저산소증으로 인한 심장마비 위험이 있기 때문이다.
② 만약 환자의 호흡이 너무 느리다면 자발적 호흡 사이에 추가적인 환기를 제공해준다.
③ 호흡동안 소아의 가슴이 오르는 것을 주의 깊게 관찰하고 **들숨와 동시에 인공호흡을 실시해 주어야 한다.** (*^^ 소아의 들숨시 인공호흡을 실시해야 공급이 잘 된다)
④ 인공호흡 기구로는 포켓마스크와 BVM이 있다. - 마스크 크기는 입과 코를 충분히 덮을 수 있어야 하며 산소가 세지 않게 한 손 또는 두 손으로 잘 밀착시켜야 한다.

> ■ 인공호흡 시 주의해야 할 사항은 다음과 같다.
> ① 과도한 압력이나 산소량은 피해야 한다.
> - 백은 천천히 지속적으로 눌러야 하며 가슴이 충분히 올라 갈 정도면 된다.
> ② 적정한 크기의 마스크를 사용해야 한다.
> ③ **자동식 산소소생기는 소아에게 사용해서는 안 된다.** (*^^ 압력에 의한 자동산소유입)
> ④ 인공호흡 도중에 종종 위 팽창이 나타난다. 위 팽창은 가로막을 밀어 올리고 허파의 팽창을 제한해 효과를 떨어뜨린다. 이 경우 비위관을 삽입할 필요가 있다.
> ⑤ 입·코인두기도기는 다른 방법으로 기도를 유지할 수 없고 인공호흡을 지속시켜야 할 때 사용되어야 한다.
> ⑥ 인공호흡 동안 흡인을 할 경우에는 경성흡인관을 사용해 기도 뒤를 자극하지 않도록 주의 사용 한다.
> ⑦ 인공호흡 동안 목이 과신전 되지 않도록 주의해야 한다.
> ⑧ 턱 밀어올리기법은 머리 또는 척추손상 환자를 인공호흡 시킬 때 사용해야 한다.
> ⑨ BVM에 부착된 저장낭을 사용해 100% 산소를 공급해 준다.
> ⑩ 산소 주입구가 달린 포켓마스크를 사용한다면 고농도 산소를 연결시켜 줘야 한다.

■ 소아의 연령별 호흡, 맥박, 혈압(요약) ■

나 이	호 흡 수	맥 박	수축기압(혈압)	이완기압(혈압)
·신생아	30-50회/분	120-160회/분	80+(나이×2)	2/3 수축기압
·4-6세	20-30회/분	80-120회/분	80-115	평균 65

✪ 4세 이상이라면 혈압을 측정한다. - 적절한 크기의 커프를 사용해 측정해야 한다
  신체검진을 할 때에는 팔·다리를 우선 실시하고, 몸을 한 다음에 머리를 맨 마지막으로 실시한다.
  - 이는 소아의 두려움을 감소시키는데 도움을 줄 수 있기 때문이다.

6 일반적인 내과 문제

(1) 기도 폐쇄

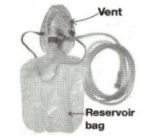 
■ 비재호흡마스크(소아용) ■   ■ 백밸브마스크(소아용) ■

기도 폐쇄 현장에서 우선해야 할 사항으로는 **부분 폐쇄인지 완전 폐쇄인지 확인하는 것**이다.

구 분	증 상	응급처치
경미한 폐쇄	·들숨 시 천명음과 움추린 자세 ·시끄러운 호흡음 ·심한 기침 ·명료한 의식 수준 ·정상적인 모세혈관 재충혈 ·정상 피부색	·환자가 편안하게 느끼는 자세를 취해준다. - 소아의 경우 부모가 팔로 지지한 상태로 앉아 있는 자세(강압적으로 눕히면 폐쇄를 악화시킬 수 있다.) ·정서적 안정을 위해 흥분한 태도를 보이면 안 된다. ·꼭 필요한 검사만 실시한다.(혈압을 측정하지 <u>않는다</u>) ·가능한 신속한 병원이송 실시 ·산소공급마스크에 거부감을 느끼면 코 근처에서 공급한다. ·주의 깊게 환자를 관찰한다. - 부분 폐쇄는 순간적으로 완전 폐쇄 될 수 있다.
	✪ 부분폐쇄에서는 약간의 공기가 기도를 통과할 수 있다. 대부분 의식이 명료하고 본능적으로 호흡하기 편한 자세(보통 앉은자세)로 발견되며 겁에 질려 있다.	
심각한 폐쇄 또는 청색증이나 의식변화가 있는 경미한 폐쇄	·청색증 ·말을 못하거나 울지 못함 ·미미한 기침 ·의식 장애 ·천명음(휘파람소리)과 동시에 호흡곤란 증가	·기도 내 이물질 제거 - 1세 미만 소아의 경우 등 두드리기와 가슴 밀어내기를 실시하고 입안의 이물질을 확인·제거한다. 1세 이상의 소아는 배 밀어내기를 실시하고 입안의 이물질을 확인·제거한다. ·BVM을 이용한 인공호흡을 실시한다. ·신속하게 이송한다.
	✪ 1차 평가와 동시에 처치가 제공되어야 한다.	

(2) 호흡기계 응급상황

① 상기도 폐쇄와 하기도 질환: 차이점은 응급처치가 다르다. 상기도폐쇄에 대해 보이는 이물질을 손가락으로 제거하는 것은 올바른 처치법이나, 하기도 질환에서 손가락을 입에 넣는 것은 기도폐쇄를 유발할 수 있는 경련이 나타날 수 있다.

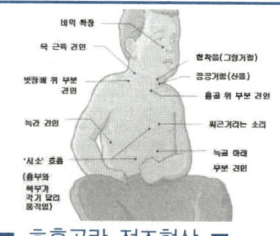
■ 호흡곤란 전조현상 ■

② 호흡기계 응급상황 구별

내용	증상	응급처치
초기 호흡곤란	• 비익(콧구멍) 확장 • 호흡보조근 사용 • 협착음 • 헐떡거림 • 날숨 시 그렁거림 • 호흡 시 배와 목 근육 사용	• 가능하다면 고농도산소를 공급해주어야 한다. • 비재호흡마스크가 가장 좋으며 거부감을 호소하는 소아인 경우 코 근처에서 공급해주어도 좋다. • 호흡부전이나 정지에 대한 세심한 관찰을 해야 하며 만약 천식이 있고 자가 흡입제가 있다면 흡입할 수 있도록 도와야 한다.
심한 호흡곤란 /호흡부 18소방장	• 호흡수가 10회/분 미만 또는 60회/분 이상(*정상: 15~30회) • 청색증 • 심한호흡보조근 사용 • 말초 순환 저하 • 의식 장애 • 심하고 지속적인 그렁거림	• 응급처치로는 BVM을 통해 100% 산소를 인공호흡을 통해 주어야 한다.
호흡 정지	• 호흡저하 • 무반응 • 느린맥 • 느린맥 또는 무맥	• BVM을 통해 인공호흡을 실시한다. • 만약 계속 인공호흡을 해야 하는 상황이라면 입인두기도기를 삽관하고 제공해야 한다.

(3) 경련

주로 열에 의해 갑자기 일어나며 기왕력(과거병력)이 있는 경우에도 자주 일어난다.
- 뇌수막염, 머리손상, 저혈당, 중독, 저산소증과 같은 원인으로도 일어날 수 있다.
① 응급처치로는 기도 개방을 확인한다.→ 척추손상이 없다면 측위를 취해준다.→ 필요시 흡인한다.→ 산소를 공급해 준다.→ 호흡부전 징후가 나타나면 BVM으로 100% 산소를 제공하고 호흡정지 시에는 인공호흡을 실시한다.→ 이송한다

(4) 열

소아인 경우 현장 출동 중 가장 많은 원인이 되며 치명적이지는 않다.
- 주의해야 할 원인 인자로는 뇌수막염, 뇌와 척수를 둘러 싼 조직의 감염이 있다.
- 이 경우 목 경직, 경련, 전신 발작 등을 동반한 열이 나타난다.

치명적인 잠재성	• 경련이나 의식변화를 동반한 열 • 3세 미만 소아에서의 고열(39.2℃ 이상)	• 1개월 미만에서의 열 • 발진을 동반한 열
응급처치	• 소아의 옷이나 싸개를 느슨하게 한다.(심장 압박을 줄이기 위해) • 호흡 장애나 경련과 같은 환자 상태 변화에 유의한다.	• 이송한다.

(5) 중독 - 호기심으로 입을 통해 중독되는 경우가 대부분으로 현장에 도착한 즉시, 약물을 확인하고 환자이송 시 같이 병원으로 인계해야 한다. 응급처치는 반응유무에 따라 달라진다.

반응이 있는 경우	• 산소를 공급한다. • 환자상태가 갑자기 변할 수 있으므로 지속적인 평가 및 관찰이 필요하다.	• 이송한다.
반응이 없는 경우	• 기도 개방을 유지한다. - 필요시 흡인 • 호흡부전이나 정지 징후가 보이면 인공호흡을 실시한다. • 의식변화 요인으로 외상이 있는지 확인한다.	• 산소를 공급한다. • 이송한다.

(6) 저혈량 쇼크

대부분은 구토나 설사로 인한 탈수, 외상, 감염, 배 손상으로 인한 실혈 등이 원인이며 때때로 알레르기 반응, 중독, 심장질환으로 일어나기도 한다.

증상 및 징후	• 호흡곤란을 동반하거나 동반하지 않은 빠른 호흡 (*^^ 개념: 약삭 빠른 호흡과 맥박) • 차갑고 창백하며 축축한 피부 　　　• 말초맥박이 약하거나 촉지 되지 않음 • 모세혈관 재충혈 시간이 2초 이상 　　• 의식 변화(*^^ 의식상태 저하 및 무반응) • 우는데도 불구하고 눈물을 흘리지 않음(탈수 징후) (*^^ 눈물겨움) • 소변량 감소(기저귀 교환시기나 화장실 가는 것이 보통 때보다 적음) • 신생아인 경우 숨구멍(대천문, 소천문)의 함몰
응급처치	• 기도 개방 유지 　　　• 고농도산소 공급 　　　• 외부출혈인 경우 지혈 • 척추손상이 의심되지 않다면 다리거상(의심되면 척추고정판에 고정 후 다리만 거상) • 보온 유지 　　　　　　• 신속한 병원 이송

▌저혈량 쇼크에 따른 기관 반응▐

기 관	경증(실혈량 30% 이하)	중등도(실혈량 30~45%)	중증(실혈량 45% 이상)
심혈관계	약하고 빠른 맥박 정상 수축기압 (80~90+2×나이)	약하고 빠른 맥박, 말초맥박 촉지 못함, 낮은 수축기압 (70~80+2×나이)	서맥 후 빈맥, 저혈압 (70+2×나이) 이완기압 촉지 못함
중추신경계	흥분, 혼돈, 울음	기면상태, 통증에 둔한 반응	혼수상태
피부	차갑고 얼룩진 색, 모세혈관재충혈 지연	청색증 모세혈관재충혈 지연	창백, 차가운 피부
소변량	점점 줄어듦	아주 조금	없음

(7) 익수

익수는 2차 익수증후군이라 불리는 내과적 현상이 있다. 이 경우 현재는 정상이지만 나중에 호흡 장애와 부전, 호흡정지가 나타난다. 그러므로 병원으로 이송해 평가와 관찰을 받는다.

(8) 영아 급사증후군

보통 영아에서 일어나며 명확한 원인은 밝혀지지 않았지만 아이를 똑바로 누운 것보다 엎어 놓은 경우 많이 발생하며 이른 아침에 많이 발견된다는 보고가 있다. 응급처치로는
① 사후강직이 일어나기 전이라면 즉각적으로 소생술을 실시한다. (*^^ 사후강직: 사후경직)
② 신속하게 병원으로 이송한다.
③ 비난이 섞인 말은 피해야 한다. 예를 들면 "조금만 일찍 발견했더라면…"등

> ■ **아동학대와 방임**: 학대는 손상을 초래하는 과격하거나 부적절한 행동이며, / 방임은 충분한 주의나 보살핌을 주지 못하는 것을 의미한다. / 신체적 학대의 회복단계에서 <u>타박상</u>은 처음 빨간색에서 → 검정색과 파란색으로 변하며 마지막으로 → 희미한 색을 띄거나 노랗게 변한다. (*^^ 적 → 흑,청 → 희미,황)

CHAPTER 15 노인(요약)

(* 중요도 낮음)

1 노인의 해부와 생리 등

노화에 따른 해부학적 생리학적인 변화

신체계통	노화에 따른 변화	임상적 중요성
신경계	• 뇌조직 위축 • 기억력 감소 • 일반적인 우울증 • 일반적 의식상태 변화 • 불균형	• 머리 손상 당했을 시 증상 발현 지연 • 환자평가의 어려움 • 낙상 가능성 증가
심혈관계	• 동맥의 탄성 감소 및 경화 • 심박동, 리듬, 효율성의 변화	• 일반적 고혈압 • 뇌졸중, 심장마비가능성의 증가 • 작은 손상에서의 출혈가능성의 증가
호흡계	• 호흡근육의 장력 및 협조능력의 감소 • 기침, 구개 반사의 저하	• 호흡기계 감염 가능성의 증가
근골격계	• 뼈 장력의 감소(골다공증) • 관절유연성 및 장력의 감소(골관절염)	• 골절 가능성의 증가 • 치유지연 • 낙상가능성의 증가

① 노인환자에게 퉁명스럽게 대하거나 **추측하는** 등의 행동은 피해야 한다. - 왜냐하면 환자는 보이는 것과 달리 느리게 반응하여 환자의 정신 수용능력이 감소되어 있기 때문이다.
② 노인환자의 가족, 치료 시설의 요원에게 말하는 것이 빠르고 쉽다할 지라도 **환자 본인에게 직접** 말해야 한다. - 이는 환자 자존심은 물론 존경을 나타내는 것이기 때문이다.
③ 대화는 환자의 위치에 맞추어 자세를 낮추고 눈을 맞추며 천천히 분명하게 말해야 한다.

2 외상

낙상	낙상은 노인 환자들에 있어 가장 흔한 유형의 외상이다. 대체로 노인환자들 중 낙상을 하면 3번에 1번꼴로 골절을 입는다.

자동차 사고	① 노인환자의 쇼크 징후를 판단하는 것은 **어려울 수 있다.** (*^^ 처방약들 복용으로)
	  예) 빠른맥은 저관류(쇼크)의 일반적인 조기 징후이나, 노인환자에서는 때때로 없을 수 있다.
	  이는 만성 심질환 또는 빠른맥 방지를 위해 약을 처방받고 복용하고 있기 때문이다.
	  이러한 약들은 고혈압이나 과거에 심근경색에 의한 심장마비를 경험한 환자들에게 종종 처방된다.
	② 노인환자의 혈압은 **젊은 환자보다 높게** 측정되기 때문에, 평소 160/90이라는 정상혈압을 가진 환자라면 110/80은 후반기 쇼크의 징후를 나타내므로 주의한다.
	- 노인 환자들은 쇼크 및 저관류의 일반적인 징후들이 보여지지 않기 때문에 심각한자동차 사고를 당한 모든 노인환자들에게 쇼크 상태라 가정하고 치료한다.

머리손상	항응고제인 **와파린**(Warfarin)과 같은 약물을 복용하는 노인환자들은 ➡ 경한(가벼운) 머리손상이라 할지라도 치명적인 출혈 위험성이 있다.(* 즉, 피가 잘 멈추지 않는다)

CHAPTER 16 행동 응급(요약)

(* 중요도 낮음)

행동응급은 주어진 상황에서의 비정상적인 행동을 말한다.
예를 들면 아무 이유 없이 길거리에서 괴성을 지르거나 폭력적인 행동을 보이는 것을 말한다.

1 행동 변화 등

저혈당	엉뚱하거나 적개적인 행동(마치 술을 마신 듯한 행동), 어지러움, 두통, 실신, 경련, 혼수, 빠른호흡, 허기, 침이나 코를 흘리고 **빠른맥** 증상이 **빠르게** 나타난다.
산소결핍	안절부절, 혼돈, 청색증, **의식장애**
뇌졸중	혼돈, 어지러움, 언어장애, 두통, **기능상실이나 반신마비**, 오심/구토, 동공확대(산동)
머리외상	흥분에서부터 폭력까지 다양한 의식변화, 분별없는 행동, 의식장애, 기억상실, 혼돈, **불규칙한 호흡, 혈압상승, 빠른맥**
약물 중독	약물에 따른 다양한 증상 및 징후
저체온증	몸의 떨림, 무감각, 의식장애, 기면, 비틀걸음, **느린 호흡, 느린맥**
고체온증	의식장애

- **생리적 원인에 의한 행동응급 징후**
  정신적 원인보다는 <u>생리적 원인에 의해</u> 행동응급이 발생하며 생리적인 원인인 경우 징후는 다음과 같다.
  ① 환자의 호흡에서 이상한 냄새가 난다.   ② 동공변화 - 산동, 축동, 비대칭 크기
  ③ 일반적으로 증상의 시작이 빠르게 나타난다. ④ 과도한 침 분비
  ⑤ 대소변 조절능력 상실   ⑥ 환청보다 환시 호소

정신적인 응급상황에서 처치	① 대원의 신분 및 역할을 설명한다. ② 천천히 분명하게 말한다. ③ 환자의 말에 경청하고 필요하다면 환자의 말을 반복한다. ④ 판단적인 말을 해서는 안 되며 동정이 아닌 공감을 표현한다. ⑤ 긍정적인 몸짓을 사용해야 하며 팔짱을 끼는 등의 행동은 안 된다. ⑥ 환자로부터 적어도 1m 이상 떨어져 있어야 하며 환자에게 무리하게 다가가 환자의 감정을 폭발시키지 않도록 한다. ⑦ 본인의 안전을 우선적으로 생각한다.
응급처치	① 현장 안전을 확인하고 필요하다면 경찰에 도움을 요청한다. ② 환자가 표현하는 환각에 협조해서는 안 되며 거짓말을 해서는 안 된다.
자살상황	① 나이 - 15~25세, 40세 이상에서 높은 자살비율이 나타난다. 30대(x) ② 자살 징후 - 주변 사람에게 자살을 미리 말한다. ③ 자살을 시도한 과거력이 있는 환자는 더 많이 시도한다. ④ 자살을 결정한 환자는 우울하다가 갑자기 쾌활한 성격이 나타날 수 있다.

CHAPTER 17 기본소생술

기본인명소생술이란 응급으로 산소를 공급하면서 기도를 확보하고, 호흡보조로서 인공호흡을 실시하면서 허파에 산소를 공급하는 것이다. 또한 심정지는 일차적으로 반응, 호흡, 맥박의 유무로 확인하고 소생을 위해 가슴압박과 인공호흡을 실시하는 것이다. **기본소생술의 목적**은 전문인명소생술에 의하여 혈액순환이 회복될 때까지 뇌와 심장에 산소를 공급하는 것이다.

CAB's 단계별 내용

구분	평가	내용	주의사항
반응 확인	의식 확인	어깨를 두드리면서 "괜찮으세요?"라고 소리쳐서 반응을 확인	응급의료체계 신고(119) - 반응이 없으면 즉시 119신고 및 제세동기 요청
호흡, 맥박	호흡 관찰 (맥박확인)	일반인: 호흡유무 및 비정상여부 판별 의료제공자: 호흡 및 맥박 동시 확인	• 무호흡, 비정상 호흡(심정지) 판단 • 의료제공자 → 호흡확인과 동시에 목동맥에서 맥박 확인(5~10초 이내)
C (순환)	가슴압박	• 일반인: 인공호흡 없이 가슴압박만 하는 가슴압박소생술을 하고 인공호흡을 할 수 있는 사람은 가슴 압박과 인공호흡을 같이 시행헌다. • 의료제공자 : 심폐소생술 실시 • 가슴압박과 인공호흡 비율을 <u>30:2</u>	• 압박위치 : 가슴뼈의 아래쪽 <u>1/2</u> • 압박깊이 : 성인 약 5cm 　　　　　 소아 4~5cm 　　　　　 영아 4cm • 압박속도 : 분당 100~120회
A (기도)	기도개방	• 인공호흡하기 전 기도개방 실시	• 비외상- 머리기울임/턱들어올리기 • 외상 - 턱 밀어올리기법
B (호흡)	인공호흡	• 기도개방 후 인공호흡 실시 　- 1회에 <u>1초간 총 2회</u>	• 가슴 상승이 눈으로 확인될 정도로 2번 인공호흡실시. 인공호흡을 과도하게 하여 과환기를 유발하지 말 것.

1 심폐소생술의 정의 ☆ 13 경기장

- 심폐소생술은 심정지가 의심되는 환자에서 인공으로 혈액순환과 호흡을 유지함으로써 조직으로의 산소공급을 유지시켜서 생물학적 사망으로의 전환을 지연시키고자 하는 노력이다.
- **심폐소생술의 목적** : 심폐의 정지 또는 부전(불완전)에 따른 비가역적 뇌의 무산소증을 방지.
  - 뇌의 무산소증 : 심폐정지 후 <u>4분~6분</u> 이상을 방치하면 (뇌사가) 발생할 수 있다.
- **심폐소생술의 역할** : ① 심정지가 발생하였을 때 환자의 소생에 가장 중요한 것은 빠른 시간 내에 심폐소생술로서 순환 및 호흡을 유지시켜 조직 내에 산소를 공급하는 것이다.
  ② 전문소생술이 가능할 때까지 혈액 내로의 산소 공급과 신체 조직으로의 혈류를 유지함으로써 중요한 장기 (뇌, 심장)의 허혈성(피가 부족) 손상을 최소화하여 시간을 벌어준다.
  ③ 기본소생술만으로 환자를 소생시킬 수 있는 경우는 아주 드물며, 자발순환과 자발호흡을 되살리기 위해서는 심실제세동을 포함한 전문소생술을 신속하게 뒤따라서 시행되어야 한다.

2 환자 평가

환자평가는 중요한 부분으로 **평가 없이** 환자를 처치하거나 소생술을 실시해서는 **안 된다**.

반응의 확인	① 첫 단계는 즉시 환자의 반응을 확인하는 것이다. ② 환자의 어깨를 두드리면서 "괜찮으세요?"라고 크게 소리쳐서 반응을 확인한다. ③ 쓰러져 있는 환자의 머리나 목의 외상이 의심되면 불필요한 움직임을 최소화 한다. ✪ 반응을 확인하여 무반응시에는 119신고(1순위)와 함께 자동심장충격기를 요청한다. 　- 만약 환자가 반응이 없고, 호흡이 없거나 심정지 호흡처럼 비정상적인 호흡을 보인다면 심정지 상태로 판단한다. - 특히, 심정지 호흡은 심정지 환자에게서 첫 수 분간 흔하게 나타난다.
호흡과 맥박 확인	의식반응을 확인한 후 반응이 없으면 119신고와 제세동기 요청을 한 후 맥박과 호흡의 유무 및 비정상 여부를 5~10초 이내에 판별한다. ✪ 심정지 호흡은? ① 심정지 환자에서 발생 후 초기 <u>1분간 40% 정도</u>에서 나타날 수 있다. ② 의료제공자의 경우 호흡확인과 동시에 목동맥에서 <u>5~10초</u> 이내에 맥박을 확인한다. 　- 여러 연구 결과에서 심정지 의심 환자의 맥박 확인 과정은 일반인뿐 아니라 의료인에게도 어렵고 부정확한 것으로 알려져 있다. (* 맥박확인이 쉽지 않다는 뜻) ③ 맥박: 성인 심정지환자는 목동맥을 촉지하는데 응급의료종사자도 <u>10초</u>를 넘지 않아야 한다

3 가슴압박 ☆ 11 부산교, 23 장

가슴압박*	① 가슴압박은 심폐소생술 동안 심장과 뇌로 충분한 혈류를 전달하는 필수요소이다. ② 가슴압박은 가슴뼈의 아래쪽 절반 부위를 강하게, 규칙적으로, 빠르게 압박한다. ③ 성인의 심정지 경우 가슴압박의 속도는 적어도 분당 100회 이상을 유지하면서 분당 120회를 넘지 않아야 하고, **압박 깊이는 5cm**를 유지한다. ④ 가슴을 압박할 때 손의 위치는 '**가슴의 중앙**'이 되어야 한다. 23장 　- 또한 가슴압박 이후 가슴의 이완이 충분히 이루어지도록 한다. ⑤ 가슴압박은 중단되는 시간과 빈도를 최소한으로 줄여야 한다. ⑥ 가슴압박과 인공호흡의 비율은 30:2로 한다. ⑦ 가슴압박을 시작하고 1분 정도가 지나면 압박 깊이가 줄어들기 때문에 ➡ 매 2분마다 또는 5주기(1주기는 30 : 2) 후에 가슴압박 시행자를 교대한다. ⑧ 임무를 교대할 때에는 가능하면 가슴압박이 5초 이상 중단되지 않도록 한다. ⑨ 1인 또는 2인 이상의 구조자 하는 경우 성인의 가슴압박 대 인공호흡 비율은 30:2 이다. ⑩ 기관내삽관 등 전문기도가 유지되고 있는 경우에는 더 이상 30:2의 비율을 지키지 않고 한 명의 구조자는 분당 100회 이상~120회 미만의 속도로 가슴압박을 계속하고 ➡ 다른 구조자는 백-밸브 마스크로 6초에 한번씩(분당 10회) 호흡을 보조한다.

■ CPR(심폐소생술) 개념 (공간 이용)
① CPR은 2분 내에 5주기(30회 가슴압박과 2회 인공호흡×5회)를 실시하고 목동맥을 촉지해 맥박을 확인한다.
② 맥박이 없는 경우 즉시 가슴압박을 실시하고, / 맥박은 있으나 호흡이 없는 경우는 인공호흡만 실시한다.
　- 맥박이 뛴다는 것은 심장이 뛰기 때문에 심장과 폐 중에서 폐쪽만의 소생으로 <u>인공호흡만 실시한다</u>는 뜻이다.

4 인공호흡 ☆ 14 경기장, 16 부산장

> ① 1회에 걸쳐 인공호흡을 한다.
> ② 가슴 상승이 눈으로 확인될 정도의 1회 호흡량으로 호흡한다.
> ③ 2인 구조자 상황에서 인공기도(기관 튜브, 후두마스크 기도기 등)가 삽관된 경우에는 ➡ 6초마다 1회의 인공호흡을 (10회/분)마다 시행한다.
> ④ 가슴압박을 하는 동안에 인공호흡이 동시에 이루어지지 않도록 주의한다.
> ⑤ 인공호흡을 과도하게 하여 과환기를 유발하지 않는다. (*^^ 과환기: 지나치게 불어넣음)

① [정상인] 산소화와 **이산화탄소** 배출 유지를 위해 1kg당 8~10㎖의 1회 호흡량이 필요하지만 심폐소생술에 의한 심박출량은 정상의 약 1/4~1/3 정도이므로, 폐에서 산소/CO_2 교환량이 감소한다
② [심폐소생술 중에는] 정상적인 일회 호흡량이나 호흡수보다 더 적은 환기를 하여도 효과적인 산소화와 CO_2의 교환을 유지할 수 있다. / 따라서 성인 심폐소생술 중에는 500~600㎖(6~7㎖/kg)의 일회 호흡량을 유지한다. (*^^ 500cc 맥주컵 이상)
  - 이 일회 호흡량은 가슴 팽창이 눈으로 관찰될 때 생성되는 일회 호흡량과 일치한다.
③ 심폐소생술시 인공호흡의 목적
  ㉠ 1차 목적 : 적절한 산소화를 유지하는 것.   ㉡ 2차 목적 : 이산화탄소를 제거하는 것.
④ 심정지가 갑자기 발생한 경우
  ㉠ 심폐소생술이 시작되기 전까지 동맥혈 내의 산소 함량이 유지되며 심폐소생술 첫 몇 분 동안은 혈액 내 산소함량이 적절하게 유지된다.
  ㉡ 심정지가 발생한 후 심정지가 지속된 환자에게는 인공호흡과 가슴압박 모두 중요하다.
  ㉢ 또한 저산소증에 의해 유발되는 익사환자와 같은 질식성 심정지 환자에게도 인공호흡은 반드시 시행되어야 한다.

> ■ **과도한 환기**(과도한 인공호흡)
> ① 불필요하며 위 팽창과 그 결과로써 역류, 흡인 같은 합병증을 유발할 수 있다.
> ② 과도한 환기는 흉곽 내압을 증가시키고 심장으로 정맥혈 귀환을 저하시켜 심박출량과 생존율을 감소시키므로 주의한다. (*^^ 폐가 부풀어 심장쪽 정맥을 누를 수 있다)
> ③ 따라서 심폐소생술 동안 심정지 환자에게 과도한 인공호흡을 시행해서는 안 된다.
> ■ **입대 마스크 호흡**(포켓마스크)
> ① 환자 머리에 무릎을 꿇고 앉은 후 마스크를 준비한다.
> ② 불어 넣은 공기가 새어나오지 않도록 마스크를 완전히 밀착시킨다.
> ③ 기도를 개방하고 호흡을 불어 넣을 때 가슴이 올라오는지 확인.(자발적 날숨 시 가슴 움직임 관찰한다)
> ■ **백마스크 인공호흡**
> ① 백마스크를 사용하여 인공호흡을 할 수 있다. (* 백마스크: 인공으로 공기를 주입하는 기구)
> ② 전문기도유지 없이 양압의 환기를 제공하므로 위팽창과 이로 인한 합병증을 유발할 수 있다.
> ③ 능숙하게 사용을 위해서는 연습이 필요하고 경험있는 2인 이상의 구조자가 사용할 때 효과적이다.
> ④ 성인환자에게 약 500~600ml의 일회 호흡량을 성인용 백(1~2L)으로 제공한다. (*1L=1000ml)
> ⑤ 만약 기도가 확보되어 있다면, 얼굴과 마스크 사이를 밀착시키고 1L 성인용 백을 2/3 정도 또는 2L 성인용 백을 1/3 정도 압박하면 적절한 일회 호흡량을 제공할 수 있다. (*^^ 크기가 다를뿐 같은 양이다)
> ⑥ 가능하면 산소(산소농도 40% 이상, 최소 10~12L/min)를 함께 투여한다.

5 맥박 확인

① 가슴압박을 실시하기 **전에 목동맥**(경동맥)**을 이용해 맥박을 확인한다.**(만약, 일반인 구조자라면 반응이 없는 환자가 정상적인 호흡을 보이지 않을 경우에 맥박 확인을 하지 않고 가슴압박을 하도록 권장한다.) - 한 손으로 머리를 약간 젖히고 목젖 위에 **검지와 중지**손가락을 대고 옆으로 살짝 내려와 촉진한다. * 오답: 엄지
② 이때 엄지를 사용하면 환자 맥박이 아닌 처치자의 맥박을 느낄 수 있으므로 피해야 하며 처치자 측이 아닌 반대 측으로 내려와 촉진하면 기도를 압박할 수 있으므로 주의한다.
③ 영아의 경우 윗팔동맥(상완동맥)을 촉진하고 **맥박이 없다면 가슴압박을 즉시 실시한다.**
　　- 맥박을 촉지하는 소요 시간이 10초가 넘지 않도록 한다.

6 가슴압박 ☆ 24 소방장

① 심정지 환자의 가슴을 "빠르고, 강하게" 압박하면 혈액순환을 유지할 수 있다.
② 가슴압박을 하면 직접 심장이 눌리는 심장펌프 기전과 흉강내압의 변화에 의해 혈류가 발생되는 흉강펌프 기전이 함께 작용하여 혈류를 발생시키는 것으로 알려졌다.
③ 가슴압박으로 발생되는 심박출량은 정상의 1/4에서 1/3에 불과하다. (*^^ 25~33%)
④ 가슴압박으로 유발되는 수축기 혈압은 60~80mmHg 이상이지만
　　이완기 혈압은 매우 낮다. - 심정지가 의심되면 즉시 가슴압박을 시작한다. ☆ 24 장

> ■ 가슴압박 요령** ☆ 11 부산교
> 딱딱한 바닥에 환자를 바로누운자세로 눕히고 처치자의 손으로 가슴을 누르는 처치로 가슴 내에 압력을 증가시켜 혈액을 짜내고 받아들이는 역할을 한다. (*^^ 즉, 심장으로부터 피를 유동시켜 산소를 운반하는 역할.)
> ① 환자의 가슴 중앙(가슴뼈 아래쪽 1/2)에 손꿈치를 올려놓고 팔꿉관절이 굽혀지지 않도록 하여 일직선을 유지한다. (*^^ 일직선의 **이유**: 팔의 힘이 아니고 몸의 힘으로 누르니까)
> 　- 가슴압박 중 처치자 손가락이 환자의 가슴에 닿지 않도록 한다.(가슴압박에 의한 합병증이 줄어든다)
> ② 처치자의 손과 어깨는 일직선을 유지, 환자 가슴과는 직각을 유지한다.
> 　- 이때 자세는 바닥에 무릎을 꿇은 자세 취한다.
> 　------*
> ③ 가슴압박 깊이는 보통 체격 성인은 약 5cm로 한다.(* 6cm를 넘으면 합병증 발생 가능성 증가)
> 　- 환자 체격에 따라 가슴압박의 깊이를 조절할 수 있다.
> 　- 소아와 영아는 가슴 전후 직경의 1/3 정도(* 약 4cm)가 압박되도록 한다. 20장
> ④ 가슴을 압박한 후, 가슴벽이 정상 위치로 완전히 올라오도록 한다.(* 이완과 압박의 비율은 50 : 50)
> ⑤ 가슴압박의 속도는 최소 분당 100회 이상 유지, 120회는 넘지 않도록 하며 (* 100~120회로 기억한다)
> 　가슴압박 대 인공호흡의 비율은 심장동맥 관류압에 중요한 영향을 주는 것으로 알려져 있다.
> 　- 가슴압박이 진행될수록 심장동맥 관류압은 점차 상승하는 것으로 알려져 있다.
> 　- 성인인 경우 처치자의 수와 관계없이 가슴압박 : 인공호흡의 비율을 30:2로 한다.
> ⑥ 가슴 압박의 중단을 최소화하려고 노력하며 맥박확인, 심전도 확인, 제세동 등 필수적인 치료를 위하여 가슴압박의 중단이 불가피한 경우에도 10초 이상 중단해서는 안 된다.(Hands off time < 10초)

7 1인 및 2인 심폐소생술 ☆ 13서울교, 위, 13,14경기장, 16부산장, 소방교, 17위

■ **성인 1인 심폐소생술의 순서**
① 현장안전 및 감염방지
② 반응검사 ➡ 환자의 어깨를 두드리며 "괜찮습니까?" 등으로 소리쳐 반응 유무를 확인하는 표현을 한다.
③ 응급의료체계에 신고하고 AED(자동심장충격기) 요청
④ 호흡맥박확인 ➡ 5~10초 동안 무호흡 또는 비정상호흡(심정지호흡)과 함께 목동맥에서 맥박을 확인.
⑤ 가슴압박 실시
  • 분당 100회~120회의 속도(15~18초 이내)로 30회의 압박을 실시한다.(* 약 1초에 2회 속도)
  • 가슴의 중앙, 가슴뼈(흉골)의 아래쪽 절반(1/2)에 해당되는 지점에 한손의 손바닥 뒤꿈치를 위치시키고 그 위에 다른 손을 올려서 겹친 뒤 깍지를 낀 자세로 팔꿈치를 곧게 편 상태에서 수직으로 압박한다.
  • 압박위치를 유지하면서 5cm 깊이로 압박을 실시한다.
⑥ 기도개방(머리젖히고-턱들기방법)
⑦ 인공호흡 실시 ➡ 포켓마스크를 사용하여 인공호흡 2회 실시
  – 마스크를 얼굴에 바르게 위치하여 밀착시키고 기도를 유지하면서 인공호흡을 1초씩 2회 실시한다.
⑧ 가슴압박과 인공호흡을 매주기마다 30 : 2로 5주기(5번) 실시 ➡ 가슴압박 중단시간은 10초 이내
⑨ 맥박확인 – 5주기 시행 후 목동맥에서 맥박을 확인한다.
------* (* 맥박이 없으면 호흡도 없으니 가슴압박을 실시 / 맥박은 있고 호흡이 없다면 인공호흡만 실시한다.)

■ **성인 2인 심폐소생술의 순서**
① 보통 가슴압박을 2분 이상하면 자신도 모르는 사이에 가슴압박의 효율이 감소하는 것으로 알려져 있어 처치자가 2인 이상일 때에는 ➡ 5주기의 가슴압박(약 2분)마다 교대하여 가슴압박을 효율적으로 한다.
② 위치를 바꾸고자 할 때는 인공호흡을 담당하고 있던 처치자가 인공호흡을 한 후, 가슴압박을 시작할 수 있는 자세로 옮기고 / 가슴압박을 하고 있던 처치자는 30회의 압박을 한 후 환자의 머리 쪽으로 자신의 위치를 옮겨서 ➡ 맥박 확인을 하고 맥박이 없다면 인공호흡을 하고 있던 처치자가 가슴압박을 할 수 있도록 한다.

┃심폐소생술 지침의 연령에 따른 요약┃ ☆ 13 충북장, 20 장

심폐소생술 수기	성 인	소 아	영 아
심정지의 확인	무반응, 무호흡 혹은 심정지 호흡 5초 이상~10초 이내 확인된 무맥박(의료인만 해당)		
심폐소생술의 순서	❶ 가슴압박 ➡ ❷ 기도유지 ➡ ❸ 인공호흡		
가슴압박 속도	분당 100회 ~ 120회		
가슴압박 깊이	가슴뼈의 아래쪽 1/2(5cm)	가슴 깊이의 1/3(4~5cm)	가슴 깊이의 1/3(4cm)
가슴 이완	가슴압박 사이에는 완전한 가슴 이완		
가슴압박 중단	가슴압박의 중단은 최소화(10초 이내)		
기도유지	머리기울임-턱들어올리기(외상환자 의심 시: 턱 밀어올리기)		
가슴압박 : 인공호흡			
전문기도확보 이전	30 : 2(1인·2인 구조자)	30 : 2(1인 구조자), 15 : 2(2인 구조자)	
전문기도확보 이후	6초마다 인공호흡(분당 10회) ※ 단, 1회 인공호흡을 1초에 실시하며 가슴압박과 동시에 환기(호기)되지 않도록 한다.		

8 심폐소생술 시 고려 사항

(1) 심폐소생술 효과 확인
- 동공 수축
- 피부색 회복
- 의식 회복
- 팔다리의 움직임
- 삼키는 행위
- 자발적인 심박동과 호흡

(2) CPR 시작 및 중단
① 심정지가 발생한 환자를 발견하였을 경우 특별한 이유가 없는 한 CPR을 시행한다.
② 환자가 무의식이며 호흡이 없다 해도 / 맥박이 있다면 CPR을 실시해서는 **안** 된다.
③ 환자의 사망이 명백하거나 처치자가 위험에 처한 경우, 심폐소생술에 의한 소생가능성이 명백히 없는 경우에는 CPR을 시작하지 않을 수 있다.
  ㉠ 환자발생장소에 구조자의 신변에 위험요소가 있는 경우
  ㉡ 환자의 사망이 명백한 경우 : **시반**의 발생, 외상에 의한 뇌 또는 체간의 분쇄손상, 신체일부의 부패, 허파 또는 심장의 노출, 몸이 분리된 경우
     - 시반현상 : 중력에 의해 혈액이 낮은 곳으로 몰려들어 피부색이 빨간색이나 자주색을 띈다. 이는 추운 환경에 노출된 경우를 제외하고 사망한지 15분 이상 경과되었음을 나타낸다.
  ㉢ 사후강직 상태 : 사후 강직은 사망 후 4~10시간 이후에 나타난다.
④ CPR을 시작하면 중단해서는 안 된다. 그러나 중단할 수 있는 경우는 다음과 같다.

> ■ CPR을 중단할 수 있는 경우*
> ① 환자의 맥박과 호흡이 회복된 경우 　　② 의사 또는 다른 처치자와 교대할 경우
> ③ 심폐소생술을 장시간 계속하여 처치자가 지쳐서 더 이상 심폐소생술을 계속할 수 없는 경우
> ④ 사망으로 판단할 수 있는 명백한 증거가 있는 경우　⑤ 의사가 사망을 선고한 경우

(3) 심폐소생술의 합병증** ☆ 12 경북장, 13 부산장, 소방위, 14 경기교·부산교, 19 위

심폐소생술이 시행된 환자의 약 25%에서는 심각한 합병증이 발생하며, / 약 3%에서는 치명적인 손상이 발생한다. / 심폐소생술 중 발생하는 합병증은 주로 가슴압박에 의해 유발된다.
가장 흔히 발생하는 합병증은 갈비뼈 골절로서 약 40%에서 발생된다.

| 심폐소생술의 합병증 | **

① 가슴압박이 적절하여도 발생하는 합병증	① 갈비뼈골절　　　　　② 복장뼈(가슴뼈) 골절 ③ 심장좌상 19 소방위　④ 허파좌상　▶ 갈복좌좌(* 갈보자자) (*^^ 좌상 : 힘줄이 잡아 당기는 손상)
② 부적절한 가슴압박으로 발생하는 합병증	① 상부 갈비뼈 또는 하부갈비뼈의 골절 ▶ ②번 암기: ①③번 아닌 것 ② 기흉(폐 표면에 구멍남)　③ 간 또는 지라(비장)의 손상 ④ 심장파열　　　　　　⑤ 심장눌림증 ⑥ 대동맥손상　　　　　⑦ 식도 또는 위점막의 파열
③ 인공호흡에 의하여 발생하는 합병증	① 위 내용물의 역류　　② 구토　　③ 허파흡인 14경기교 ▶ 암기 : 흡인구역(* 흡연구역)

(*^^ 표 ①③번을 암기하고 나머지는 ②번 '부적절한 가슴압박으로 발생하는 다수 합병증'으로 학습한다)

9 기도유지 방법

대부분의 기도 폐쇄 원인은 혀로 인한 것이 많다.
바로누운자세에서 머리가 앞으로 굽은 상태의 환자는 혀가 기도로 내려앉으며 의식이 없다면 턱 근육을 포함한 혀 근육이 이완되면서 기도폐쇄는 더더욱 심각해진다.
따라서 머리젖히고-턱들기방법이나 턱 밀어올리기방법을 통해 기도를 개방시켜 주어야 한다.

머리기울림-턱들어올리기	기도를 최대한 개방시켜 주는 방법으로 특히, 혀로 인한 폐쇄를 예방하는데 좋다. - 척추손상이 의심되는 환자에게 사용해서는 **안 된다**. 　(＊ 이유: 척추와 연결되는 골절 등의 환자에게 머리를 뒤로 젖히면 안되기 때문이다) ✚ 응급처치법으로는 ① 환자를 바로누운자세로 눕힌다. 한 손은 환자의 이마에 다른 손가락은 환자의 턱뼈 위에 놓는다. ② 부드럽게 이마를 뒤로 젖히며 턱을 들어준다. 　- 이때, 턱뼈 아래 연부조직을 누르면 기도폐쇄 위험이 있다. ③ 환자의 입이 닫히지 않도록 주의한다. - <u>엄지손가락으로 턱을 아래쪽으로 내려야 하는데</u> 　- 이 때 엄지손가락이 환자 입안으로 들어가지 않도록 주의한다.
턱 밀어 올리기법 (하악견인법)	머리, 목, 척추 손상 등이 의심되는 환자에게 사용되는 기도개방 처치법 ① 조심스럽게 환자의 머리, 목, 척추가 일직선을 유지하도록 바로누운자세를 취해준다. ② 환자 머리맡에 무릎을 꿇고 바닥에 팔꿈치를 댄다. ③ 귀 아래 하악각 양 옆을 네 손가락으로 부드럽게 잡는다. ④ 구급대원의 아래팔을 이용해서 환자 머리를 고정시킨다. ⑤ 검지로 하악각을 구급대원 쪽으로 잡아당긴다. ⑥ 입이 닫히지 않도록 엄지손가락을 이용해 아랫입술을 구급대원 반대쪽으로 밀어낸다. ⑦ 환자의 머리를 신전(늘어짐)·굴곡·회전시켜서는 안 된다.

10 기도 내 이물질 제거 ★ 12 소방위, 16 서울장

기도폐쇄는 혀로 인한 것 외에 이물질(음식, 얼음, 장난감, 토사물)에 의해서 일어날 수 있다. 주로 소아와 알코올·약물 중독자에게 볼 수 있으며 손상환자의 경우 혈액, 부러진 치아나 의치에 의해 폐쇄된다. / 급성호흡곤란 유발원인은 실신, 뇌졸중, 심정지, 간질, 약물과다복용 등이 있다.

경미한 기도폐쇄	① 증상: 양호한 환기, 자발적이며 힘있는 기침, 그리고 기침사이 천명이 들릴 수 있다. ② 의식이 있는 경우 목을 'V'자로 잡거나 입을 가리킨다. 환자에게 "목에 뭐가 걸렸나요?"라고 질문하고 이에 긍정하면 먼저 스스로 기침할 것을 유도하며 옆에서 관찰한다.
심각한 기도폐쇄	① 심각한 기도폐쇄의 징후로는 공기 교환 불량, 호흡곤란 <u>증가</u>, 소리나지 않는 기침, <u>청색증</u>, 말하기나 호흡능력 상실 등이 있다. ② 처치자가 "목에 뭐가 걸렸나요?"라는 질문 시 환자가 고개를 끄덕인다면 도움이 필요하다. 　비록 질문에 반응하더라도 저산소증으로 인한 의식저하가 나타날 수 있다. ③ 만약, 무반응 상태라면 CPR을 실시하고 인공호흡을 하기 위해 머리젖히고-턱들기법으로 기도를 열 때마다 입 안을 조사하여 이물질을 확인하고 <u>보이면 제거</u>해야 한다.

- 심각한 기도폐쇄 조치

성인	아동	영아
① 기도폐쇄 유무 질문 ② 등 두드리기 <u>5회</u> 후 ➡ 복부밀어내기 <u>5회</u> ③ 임산부, 고도비만 환자는 등두드리기 시행 후, 복부밀어내기 대신 가슴밀어내기를 시행한다. (✪ 이물질이 나오거나 의식을 잃을 때까지)		① 증상 확인(갑자기 심한 호흡곤란, 약하거나 소리 없는 기침 또는 울음) ② 등두드리기 5회, / 가슴밀어내기 5회 반복. (*^^ 5 x 5)

- 환자가 의식이 없어지면
  ① 바닥에 환자를 눕힌다. ② 응급의료체계에 신고.
  ③ 가슴압박 30회 실시 - 환자의 입안 확인(제거가 가능한 이물질인 경우 제거).
  ④ 인공호흡 1회 실시하고 재기도 유지한 후 다시 1회 호흡 실시. - 가슴압박과 인공호흡(이물질 확인) 반복.

이물질 제거 과정 20소방장	① 기도를 개방한다.(머리젖히고-턱들기방법이나 턱 밀어올리기 방법 중에서) ② 무의식, 무맥 상태라면 인공호흡을 시작하고 호흡이 제대로 들어가지 않는다면 환자의 기도를 재개방하고 재실시한다. 　- 만약 재실시에도 호흡이 들어가지 않는다면 기도폐쇄를 의심할 수 있다. ③ 이물질을 제거한다. - 배・가슴・복부 밀어내기, 손가락을 이용한 제거법. 　(단, 이물질이 육안으로 확실히 보이는 경우에만 사용 ☞ 이물질이 밀려 들어감)
배밀어내기 (하임리히법) 14서울교	의식이 있고 서있거나 앉아 있는 환자에게 배 밀어내기를 사용할 수 있다. ① 환자 뒤에 서거나 아동인 경우는 무릎을 꿇은 자세로 환자 허리를 양팔로 감싼다. ② 주먹을 쥐고 칼돌기와 배꼽사이 가운데에 놓는다. (*^^ 명치쪽) 　- 이때, 복장뼈 바로 아래에 위치하지 않도록 주의한다. (*^^ 골절 염려로) ③ 다른 손으로 주먹을 감싸 쥐고 강하고 빠른 동작으로 후상방향으로 배 밀어내기를 실시한다. - 단, 만 1세 이하 영아는 배밀어내기를 실시않는다.(*^^ 간손상) ④ 이물질이 나오거나 환자가 의식을 잃을 때까지 계속 실시한다. ✪ 의식이 있으나 환자의 키가 너무 커서 처치자의 처치가 효과적이지 않거나 노약자의 경우 서있기 힘들어 할 경우에는 환자를 앉힌 상태에서 배 밀어내기를 실시한다.
가슴 밀어내기 17소방위	배 밀어내기가 효과적이지 않거나 임신, 비만 등으로 인해 배를 감싸 안을 수 없는 경우에는 가슴밀어내기를 사용할 수 있다. 다음과 같이 처치한다. ① 환자가 서 있는 경우 등 뒤로 가서 겨드랑이 밑으로 손을 넣어 가슴 앞에서 양손을 잡는다. ② 오른손을 주먹 쥐고 칼돌기 위 2~3손가락 넓이의 복장뼈 중앙에 엄지손가락이 위로 가도록 놓는다. (*^^ 칼돌기: 가슴뼈 아래부분) ③ 다른 손으로는 주먹 쥔 손을 감싸고 등 쪽을 향해 이물질이 나오거나 의식이 사라질 때까지 가슴 밀어내기를 실시한다. 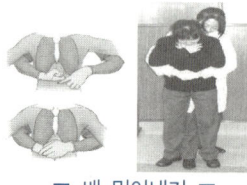 ■ 배 밀어내기 ■  ■ 가슴밀어내기 ■

	✪ 무의식 환자 ① 환자를 바로누운자세로 취해준다. ② 기도를 개방한다. - 머리 젖히고-턱들기법, 턱 밀어올리기법 ③ 입안을 확인한다. - 이물질이 눈에 보이는 경우만 제거 ④ 호흡을 확인하고 무호흡인 경우 2회의 인공호흡을 한다. ⑤ 인공호흡이 잘 안된다면 기도를 재개방하고 인공호흡을 실시한다. ⑥ 기도 재개방 및 두 번의 인공호흡 시도 후 가슴압박을 바로 실시한다.
기도 내 이물질 제거	환자가 무의식 상태라면 처치 전에 119에 신고를 한 후에 실시한다. 기도 내 이물질 제거과정이 효과적임을 나타내는 경우는 다음과 같다. ① 자발적인 호흡이 돌아왔을 때 ② 이물질이 입 밖으로 나왔을 때 ③ 무의식 환자가 의식이 돌아왔을 때 ④ 환자 피부색이 정상으로 회복될 때 경미한 기도폐쇄로 말이나 기침을 할 수 있는 경우는 이물질을 제거하기 위한 환자의 기침동작을 방해해서는 안 된다. - 단, 심각한 기도폐쇄로 바뀔 경우 즉각적으로 처치할 준비를 한다.

영아인 경우*
12 위
	소아의 경우는 성인과 이물질 제거과정이 비슷하나 영아(만 1세 이하)인 경우 5회 등 두드리기
	와 5회 가슴 밀어내기를 이물질이 나오거나 환자가 의식을 사라질 때까지 계속 실시한다.
	▶ 암기: 5x5
	- 의식이 사라지면 가슴압박부터 시작하여 CPR을 실시한다.
	① 처치자의 **무릎 위에 영아를 놓고** 의자에 앉거나 무릎을 꿇고 앉는다.
	② 가능하다면 영아의 상의를 벗긴다.
	③ 처치자의 아래팔에 영아 몸통을 놓고 머리가 가슴보다 약간 낮게 위치시킨다.
	  이때, 손으로 영아의 턱과 머리를 지지하고 기도를 누르지 않게 유의하며 아래팔은
	  다시 허벅지에 위에 놓는다.
	④ **손 뒤꿈치로 영아의 양 어깨뼈 사이를 이물질이 나오게 강하게 5번 두드린다.**
	⑤ 두드린 손을 영아 등에 놓고 손바닥은 머리를 지지(뒤통수)하고 다른 손은 얼굴과
	  턱을 지지하며 영아를 뒤집어 머리가 몸통보다 낮게 위치시킨다.
	⑥ CPR 압박부위를 초당 1회의 속도로 5회 압박한다.
	■ 영아의 기도폐쇄 처치 ■
	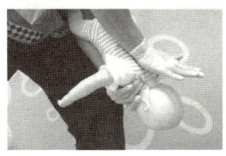  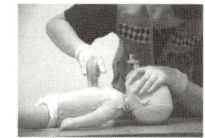
	① 1단계 등 두드리기 5회 ② 2단계 가슴압박 5회 ③ 3단계 의식소실시 CPR
	✪ 성인과 다른 점은 다음과 같다.
	㉠ 영아는 간이 상대적으로 크기 때문에 배 밀어내기를 실시하지 않는다.
	㉡ 이물질이 눈으로 보이는 경우에만 손가락으로 제거한다. (*^^ 이유? 이물질이 눈으로
	보이지 않는 경우에 손가락을 넣었을 경우 잘못하여 기도가 더 막힐 수 있기 때문이다.)

CHAPTER 18 부 록(GCS)

1. **GCS 의식상태**: 환자의 의식수준을 GCS 측정법에 따라 기록한다.
   GCS 의식수준은 현장도착 시점과 병원도착 시점의 환자의 의식수준을 평가하여 기록한다.

■ GCS 의식수준(Glasgow coma scale, 글라스고우 혼수척도)   ☆ 21 소방교, 21 소방장 유사, 24 위

분류 항목	검사방법	환자반응	점수
① 눈뜨기	자발적	눈을 뜨고 있음 (자발적으로) = 자발적으로 눈뜸	4
	언어지시	소리자극에 눈을 뜸 (음성에 의해) = 큰소리에 눈뜸	3
	통증자극	① 통증자극에 눈을 뜸 (통증에 의해) = 압력자극에 눈뜸	2
		② 어떤자극에도 눈 못뜸 (눈뜨지 않음, 불능) = 반응없음	1
② 언어반응	언어지시	① 질문에 적절한 답변 구사 (양호) = 지남력 정상	5
		② 질문에 적절하지 않은 답변 (대화혼란) = 혼돈된 언어	4
		③ 적절하지 않은 단어 사용 (언어혼란) = 부적절 단어	3
		④ 이해할 수 없는 웅얼거림 (이해불가) = 이해불명 소리	2
		⑤ 지시에 아무런 소리 없음 (발어불능 말안함) = 반응없음	1
③ 운동반응	언어지시	지시에 정확한 행동실시 (명령에 따름) = 지시에 따름	6
	통증자극	① 통증을 제거하려는 뚜렷한 행동(통증부위 인식)=통증부위 지적	5
		② 뿌리치(뿌려지)는 행동(회피굴곡반응, 통증자극 피함)=통증회피	4
		③ 이상 굴절반응 (이상 굴곡반응, 비정상적 반응) = 굴곡반응	3
		④ 이상 신전반응 (사지 혹은 손발 신전반응) = 신전반응	2
		⑤ 운동반응 없음 (전혀 움직임 없음, 불능) = 반응없음	1

▶ 암기 : ① 눈뜨기: 자음통불 / ② 언어반응: 양대언 이발 / ③ 운동반응: 명인 피이 신불

※ 안면 통증척도: 0: 없음 / 2: 약함 / 4: 참을만함/ 6: 심함 / 8: 참을수 없음 / 10 죽을만큼 아픔
------*

◉ 기출문제

① 기관 내 삽관(Intubation)에서 ☞ GCS 8점 이하일 시 삽관 고려 가능하다.
② 언어지시 반응에서 발어 불능으로 지시에 아무런 소리 없음(말 안함)이면? ☞ GCS 1점.
③ (가) 눈뜨기 - 통증 자극에 눈뜸: 2점 / (나) 운동반응 - 통증 자극에 뿌리치는 행동: 4점
   (다) 언어반응 - 언어지시에 이해할 수 없는 웅얼거림: 2점

☞ 소방교 출제범위 이론은 여기까지입니다. 수고하셨습니다! (*^^ The 좋은 양서를 위해 노력하겠습니다.)

2편 임상응급 의학 — OX(2진법) 개념 따라 잡기 ~

▶ 임상응급 의학 파트 내용임.

01 SAMPLE력에서 Signs/Symptoms은 질병의 증상 및 징후, Medications은 복용 중인 약물을 말한다. ( )

➡ 옳다 (*구급분야 2편 임상의학 1장)

02 1차 평가의 단계는 첫인상 - 의식수준 - 기도 - 순환 - 호흡 - 위급정도 판단이다. ( )

➡ 1차평가 순서 : 첫인상→ 의식수준→ 기도(A)→ 호흡(B)→ 순환(C)→ 위급정도 판단(이송여부 판단) (*구급2편 제1장)

03 S(Signs/Symptoms)는 증상 및 징후이다. 징후는 문진, 시진, 청진, 촉진 등을 이용해서 알아낸 객관적인 사실이다. 또한 동공모양 수축은 안과치료제, 마약 남용, 살충제 중독, 녹내장약 원인이다. ( )

➡ 징후는 구급대원이 **문진이 아닌** 시진, 청진, 촉진 등으로 알아낸 객관적인 사실이다. / 또한 동공모양 수축은 안과치료제, 마약 남용, 살충제 중독, 녹내장약 원인이다. ▶ (수)안마 살녹(* 손으로 안마하여 살살 녹인다) (* 2편 제1장)

04 입인두기도기를 사용 시 환자의 입 가장자리에서 귓불까지 또는 입 가운데에서 아래턱각까지의 길이를 재어서 선정하며, 코인두기도기는 콧구멍보다 약간 작은 것을 선택한다. ( )

➡ 입인두기도기를 사용 시 환자의 입 가장자리에서 귓불까지 또는 입 가운데(누워 있는 상태에서 입의 가장 튀어나온 윗부분)에서 아래턱각까지 길이를 선정하며, 구토반사기 없는 무의식 환자에게만 사용한다.
코인두기도기는 콧구멍보다 약간 작은 것을 선택하며 구토반사를 자극하지 않아 사용빈도가 높다. (*2편 제2장)

05 흡인카테터로 흡인 시 성인의 경우 한번에 15초 이상 흡인해서는 안 된다. ( )

➡ 흡인하는 동안은 산소를 공급할 수 없으므로 1회 15초 이상 실시하면 안 되며 흡인 후 인공호흡 또는 산소 공급이 제대로 이루어지는지 확인해야 한다. 15초 흡인하면 양압환기를 2분간 실시해야 한다. (*2편 제2장)

06 정상호흡에서 성인 12~20회/분, 아동 15~30회/분, 유아 25~50회/분 정도이다. ( )

➡ 성인: 10~12회 / 아동, 소아 15~30회 / 유아, 영아: 25~50회 / 신생아: 30(40)~50(60)회 정도이다.

07 날숨은 근육이 이완될 때 일어나며 흉강(가슴) 크기는 작아지고 갈비뼈는 아래로 내려가고 수축되며 가로막은 올라간다. ( )

➡ 날숨은 근육이 이완될 때 일어나며 가슴(흉강) 크기는 수축되고 가로막은 올라가고 갈비뼈는 아래로 내려가고 수축되며 간다.(*2편 제3장) ▶ 암기: 날근이 가수 가올갈내(* 날숨은 근육 이완, 가슴 수축 가올갈네)
(*^^ 1편과 중복된 이론으로 혼동되기 쉬우니 1편 4장(해부생리학편)의 상세 내용을 참고하며 학습한다.)

정답 01. (O) 02. (X) 03. (X) 04. (O) 05. (O) 06. (O) 7. (O)

08 1도화상은 표피층 화상으로 붉은색 피부를 갖게되며 통증은 없다.

➡ 1도~3도까지 모든 화상은 피부 등 조직에 자극을 받았기 때문에 통증을 동반한다. (*2편 제7장)

09 화상에서 중증은 체표면적 10% 이상 3도화상인 모든 환자이며, 중등도는 체표면적 2% 이상~10% 미만의 3도화상인 모든 환자, 경증은 체표면적 2% 미만의 3도화상인 모든 환자이다. ( )

➡ 옳다! 중등도를 기준으로 체표면적 2% 이상~10% 미만의 3도 화상의 모든 환자를 먼저 학습 후, 그 숫자 이상(10%)이면 중증이 정답이고, / 그 미만(2%)이면 경증이 정답이 된다. (*2편 제7장)

10 경성부목의 종류로는 알루미늄부목, 골절부목, 박스부목, 성형부목, 철사부목 등이 있다. ( )

➡ 옳다. 경성(硬性)부목은 '굳을 硬'자로서 재질이 단단한 성질의의 부목을 말하며, 연성(軟性)부목은 부드럽고 연한 성질의 부목을 말한다. 참고로 가장 많이 사용되는 연성부목은 공기부목과 진공부목이다.(*2편 제8장)
▶ 암기: 알골 박성철(* 경성에 사는 알콜중독환자 박성철씨)로 기억한다.

11 당뇨환자 피부 중 저혈당은 차갑고 창백하고 고혈당은 따뜻하고 붉다. ( )   * 소방교 제외

➡ 내용은 옳다. ※ **용어해설 및 순서**: ① 음식물 소화 → ② 포도당 전환(세포활동을 돕는 영양제) → ③ 소장에서 분해 후 혈관으로 흡수 → ④ 혈당을 낮춰주며 택배 배달기사 역할을 하는 인슐린이 혈당(혈관으로 흡수된 당)을 세포로 이동시켜야 하는데, / 위장 뒤에 있는 췌장(이자)에서 생산되는 "인슐린"이 부족(즉, 택배기사 손이 부족)하여 혈액 내 포도당은 각 세포로 가지 못해서.(즉, 갈데 없어) → 뇨(오줌)로 배출돼 버리기에 "당뇨병" 이라 한다..(*2편 제10장)

12 감압병은 공기 중에 약 70%를 차지하는 질소가스가 조직과 혈류 내에 축적되면서 발생한다. / 보통 빠르게 상승할 때 발생하며 증상이 나타나는 시간은 30분 이내에 50%, 1시간 이내에 85%, 3시간 이내에 95%가 나타난다. / 그 감압병 예방법으로는 수심 30m 이상 잠수하지 않으며, 상승 시 1분당 9m의 상승속도를 준수하는 것이다. ( )

➡ 옳다. / 2편 10장의 감압병에 관련 핵심내용이다. 첫 줄에서 중앙소방학교 교재에서는 '공기 중에 약 70%를 차지하는 질소'라고 되어 있는데, 실제는 공기 중 약 78%를 차지하니 만일 출제자가 바르게 시험에 약 80%라고 출제된다면 먼저 상대적으로 답을 찾되, 약 80%가 정답이 될 수 있다.(*질소: 78.03v%, 75.5w%) (제12장)

13 심폐소생술이 시행된 환자의 약 25%에서는 심각한 합병증이 발생하며, 약 3%에서는 치명적인 손상이 발생한다. 가장 흔히 발생하는 합병증은 갈비뼈골절로서 약 40%정도 발생된다. ( )

➡ 옳다. 참고로 가슴압박이 적절하여도 발생하는 합병증은 갈비뼈골절, 복장뼈(가슴뼈) 골절, 심장좌상, 허파좌상이며, / 인공호흡에 의하여 발생하는 합병증은 위 내용물의 역류, 구토, 허파흡인이 기출되었다. (구급2편 제17장)

정답 08. (X) 09. (O) 10. (O) 11. (O) 12. (O) 13. (O)

임상응급의학 (장, 위)   OX(2진법) 개념 따라 잡기~

▶ 임상응급의학 소방장, 소방위 위주 내용임

01 재평가는 위급한 환자는 매 5분마다 실시하고 의식이 있는 환자는 매 15분마다 실시한다. ( )

➡ 옳은 내용이다. (*중권 3편 1장)

02 의식수준 평가에서 V(언어지시에 반응)는 질문에 적절한 반응이나 대답은 할 수 없으나 소리나 고함에 소리로 반응하는 상태로서 신음소리는 제외한다. ( )

➡ V(Verbal Stimuli 언어지시에 반응)는 질문에 적절한 반응이나 대답은 할 수 없으나 소리나 고함에 소리로 반응하는 상태로서 신음소리도 **포함**한다. (*중권 3편 1장)

> ✪ 의식수준 4단계** ☆ 08,12 소방위, 11 부산장, 12 경북장, 13,14 부산교
> ① A(Alert 명료) : 질문에 적절한 반응이나 대답을 할 수 있는 상태
> ② V(Verbal Stimuli 언어지시에 반응) : 질문에 적절한 반응이나 대답은 할 수 없으나 소리나 고함에 소리로 반응하는 상태.(신음소리도 가능)
> ③ P(Pain Stimuli 자극에 반응) : 언어지시에는 반응하지 않고 자극에는 반응하는 상태
> ④ U(Unresponse 무반응) : 어떠한 자극에도 반응하지 않는 상태

03 기도평가에서 비 외상 환자인 경우 머리기울임/턱 들어올리기법을 실시해야 하며, 외상환자는 턱 밀어올리기법을 실시해야 한다. ( )

➡ ① 비 외상 환자인 경우 머리기울임/턱 **들어올리기법을** ② 외상환자는 턱 **밀어올리기법을** 실시한다.
▶ 암기: 비들어 외밀어(왜? 밀어) (* 중권 3편 1장)
✪ 외상이 없을 경우는 머리기울임/턱 들어올리기가 가능하지만 외상이 있는 경우는 머리기울림을 뒤로 할 수 없으니 조심히 양손으로 턱 밀어올리기를 한다. 혹시 이해가 적거나 혼동된다면 암기법으로 한다.

04 머리기울임/턱 들어올리기(두부후굴/하악거상법)는 혀로 인한 기도폐쇄에 가장 좋은 방법이며, 턱밀어올리기(하악견인법) 의식이 없는 환자이거나 척추손상이 의심될 경우 사용하는 방법이다. ( )

➡ 옳은 내용이다. (*중권 3편 2장)

05 구토반사가 없는 무의식 환자인 경우에만 입인두기도기를 사용할 수 있다. 구토반사는 무의식 환자에게는 보통 일어나지 않는다. 크기는 환자의 입 가장자리에서 다른쪽 귓불까지 또는 입 가운데에서(누워 있는 상태에서 입의 가장 튀어나온 윗부분) 아래턱각까지 길이를 재어 선택한다. ( )

➡ 크기는 환자의 입 가장자리에서 **같은쪽**(환자의 입 가장자리가 왼쪽이면 왼쪽, 오른쪽이면 오른쪽) 귓불까지를 말한다. (*중권 3편 2장)

정답 ○ 01. (O)   02. (X)   03. (O)   04. (O)   05. (X)

06 BVM는 산소 15ℓ /분의 산소를 연결시키고 밸브는 비재호흡 기능을 갖고 있다. 백은 크기에 따라 다르지만 1~1.6ℓ를 보유할 수 있으며 한번 공급하는 량은 적어도 0.5ℓ가 되어야 한다.( )

➡ 옳은 내용이다. (*중권 3편 2장)

07 OPQRST식 문진에서 O(Onset)의 의미는 얼마나 오랫동안 통증이 지속됐는지?를 의미하고, T(Time)은 언제 통증이 시작됐는지를 의미한다. ( )

➡ OPQRST식 문진에서 O(Onset)은 언제 통증이 시작됐는지? / T(Time)은 얼마나 오랫동안 통증이 지속됐는지? 혹은 지속된 시간과 시간 경과에 따른 변화가 있는지?를 의미한다. (*중권 3편 4장)

08 충수돌기염(꼬리염)환자는 오심, 구토가 있으며 처음에는 배꼽부위 통증을 호소하다 RUQ 부위의 지속적인 통증을 호소한다. / 담낭염(쓸개염), 담석환자는 심한 통증 및 때때로 갑작스런 윗배 또는 RLQ 통증을 호소한다. 이러한 통증을 어깨 또는 등쪽에서도 나타날 수 있다. ( )

➡ 충수돌기염(꼬리염, 맹장염)환자는 배꼽부위 통증(처음)을 호소하다 RLQ 부위의 통증을 호소한다
담낭염(쓸개염), 담석환자는 심한 통증 및 때때로 갑작스런 윗배 또는 RUQ 통증을 호소한다.(*중권 3편 5장)
RLQ는 Right Lower Quadrant로 오른쪽 아랫부분 : <u>충수돌기</u>, 맹장, 상행결장, 오른쪽 난소 및 요관쪽
RUQ는 Right Upper Quadrant로 오른쪽 윗부분 : <u>간이나 담낭, 담도계통</u>의 질환으로 증상이 가능하다.

09 오른심방은 압력이 낮고 주요 정맥으로부터 혈액을 받아들여 산소교환을 위해 허파(폐)로 보내고, / 왼심방은 허파로부터 그 혈액을 받아들이고 왼심실은 고압으로 동맥을 통해 피를 뿜어낸다. 왼심실의 작용으로 생기는 힘은 맥박을 형성하고 이는 뼈 위를 지나가는 동맥에서 촉지할 수 있다. ( )

➡ 옳다. 오른심방은 피를 허파로 보내고, 왼심방은 허파로부터 그 혈액을 받아 동맥을 통해 피를 뿜어낸다.
왼심실의 작용으로 생기는 힘을 맥박이라하고 맥박은 동맥에서 촉지할 수 있다. (*중권 3편 6장)

10 관통상은 관통한 물체를 제거하고 상처부위에 고정시킨다. ( )

➡ 관통상은 <u>단순 뺨의 관통, 환자 이송이나 CPR 등 방해될 때</u> 외에는 물체를 제거하지 않는다. (*중권 3편 7장)

11 머리뼈는 이마뼈, 뒤통수뼈, 마루뼈, 관자뼈 등이 있으며, 뇌머리뼈와 얼굴뼈 총 22개이다. ( )

➡ 옳다. ▶암기 : 이뒤마관(* 이 뒤에 마굿간이 22개가 있다) (*중권 3편 9장)

12 당뇨환자는 인체 세포가 인슐린에 적절히 반응하지 못하는 노인환자 대부분이 I 형 환자이다. ( )

➡ II형 환자이다. / I 형은 적정량의 인슐린을 생산하지 못하여 인슐린 투여가 필요한 환자이다. (중권 3편 10장)

정답 ○─ 06. (O) 07. (X) 08. (X) 09. (O) 10. (O) 11. (O) 12. (X)

- 나는 단지 천천히 갈 뿐 지쳐서 포기하거나 뒤로 물러서지 않는다.
  우리의 인생을 숙제처럼 살려 하지말고 하루 하루를 축제처럼 살아본다.
  천재는 노력하는자를 이길수 없고 노력하는자는 즐기는자를 이길수 없다.

중앙소방학교 교재 기준

소방장, 위

(소방전술1, 화재2편)

1편

소화약제

제1장 소화의 원리 ·················· 498
제2장 소화약제로서의 물 ·················· 500
제3장 포(泡) 소화약제 ·················· 504
제4장 이산화탄소 소화약제 ·················· 509
제5장 할론 소화약제 ·················· 511
제6장 할로젠화합물 및 불활성기체소화약제 ······ 513
제7장 분말 소화약제 ·················· 517
✪ OX 개념문제 ·················· 521

– 본 페이지부터 소방교 제외 –

CHAPTER 01 소화약제

제1장 소화의 원리 등

제거 소화	• 연소는 가연성 가스와 산소와의 접촉반응이므로 이를 차단하기 위한 방법은 ① 가연성 물질을 격리하거나 가연물의 소멸 또는 수용성 가연물은 농도를 희석하면 결국 제거가 되는 것이며 / ② 가스화재에서는 공급밸브를 차단하는 방법이 있고 / ③ 산림화재에서 산불화재의 확산방지를 위해서는 화재가 **진행되는 방향**의 전면의 나무를 벌목하여 제거하는 방법도 제거소화라 볼 수 있으며 / ④ 가연물을 화원으로부터 격리하는 방법이다.
질식 소화	• 가연물질의 연소범위는 연소하한계와 연소상한계의 농도에서만 연소가 이루어진다. 따라서 ① 화염에 강풍을 불어 화염을 불안정화하는 방법과 / ② 화염온도를 발화온도 이하로 낮추거나 산소농도를 10~15% 이하로 하는 방법으로 / ③ 가스계 소화약제 또는 포 소화약제를 이용하여 연소면을 산소가 접촉되지 못하도록 차단하는 방법이 있으며 / ④ 밀폐공간의 화재실 전체에 주로 불연성 가스의 퍼지(제거)에 의해 산소농도가 낮게 함으로서 소화하는 방법이다.
냉각 소화	① 물은 100℃로 증발될 때 증발(기화)잠열이 약 539Kcal/Kg으로 매우 크다. ② 이산화탄소 고압식의 경우 66.6Kcal/Kg, / 할론은 28.2Kcal/Kg로서 ③ 물은 연소면을 냉각하는데 타 소화약제보다 우수한 성능을 가지고 있다.
부촉매 소화	① **화학적인 소화방법**으로 / 소화약제의 화학적인 성질을 이용하는 것으로 연쇄반응을 차단하는 방법으로 / ② 약제의 화학반응 시 연쇄반응을 지배하는 Radical(라디컬)을 기(基) 또는 단(團)이라 하며 ③ 수소 연소를 제어하는 방법과 같이 화염은 소멸되는 것이다.
유화 소화	① 유류면의 화재에서 / 물은 작은 입자상태의 높은 압력으로 방사 시 유류면의 표면에 유화층이 형성되어 **에멀젼상태**를 유지하는데 / 유류가스의 증발을 막는 차단효과를 발휘한다. ② 따라서 지속적인 가연성 가스의 생성이 억제되어 화염은 발생되지 않게 되는 것이다.
피복 소화	① 목재나 유류의 표면화재에서 공기보다 **무거운** 기체를 방사하면 / 연소면은 불연성 물질로 피복되어 연소에 필요한 산소는 차단되어 질식하게 하는 것이다. ② 주로 이산화탄소를 사용하는 것으로 / 표면(불꽃)화재와 심부(불씨)화재에 적합하다.
방진 소화	① 제3종분말소화약제를 고체 화재면에 방사 시 **메타인산**(HPO_3)이 생성되어 유리질의 피막을 형성하므로 열분해 생성으로 인한 **방진(방신)**효과가 나타난다. $NH_4H_2PO_4 \rightarrow NH_3 + H_2O + HPO_3$
탈수 효과	① 제3종 분말소화약제의 열분해 시 **올토인산**(H_3PO_4)이 셀룰로우즈에 작용하면 물이 생성되는데 가연물 내부에서 생성되는 가스와 **화학작용**으로 탈수작용으로 탈수효과를 갖게 된다

■ 소화약제의 조건
 ① 연소의 4요소 중 한 가지 이상을 제거할 수 있는 능력이 탁월할 것
 ② 가격이 저렴할 것   ③ 저장 안정성이 있을 것
 ④ 환경에 대한 오염이 적을 것   ⑤ 인체에 대한 독성이 없을 것

1 소화약제의 분류

수계는 전기가 통하고 주로 A급화재, 가스계는 전기 안 통하며 주로 B, C급화재에 적용된다.

각종 소화약제의 특성 비교 ★★   ☆ 13 충북교, 16 부산장

특성 \ 종류	수계 소화약제		가스계 소화약제		
	물	포	이산화탄소	할로젠화합물	분말
주된 소화 효과	냉각	질식, 냉각	질식	부촉매	부촉매, 질식
소화속도	느리다	느리다	빠르다	빠르다	빠르다
냉각 효과	크다	크다	적다	적다	극히 적다
재발화 위험성	적다	적다	있다	있다	있다
대응화재 규모	중형 ~ 대형	중형 ~ 대형	소형 ~ 중형	소형 ~ 중형	소형 ~ 중형
사용 후 오염	크다	매우 크다	전혀 없다	극히 적다	적다.[1]번
적응 화재	A급	A, B급	B, C급[2]	B, C급[2]	(A), B,C급[3]

(*⌢ 위 핵심: 가스계는 수계에 비해 소화속도는 빠르지만 가스는 빨리 날아가서 재발화 위험이 있다는 개념.)

[1] 분말은 털면 떨어지기 때문에 오염의 정도는 적지만 정밀 기기류나 통신 기기 등에는 부적합하다.
[2] 밀폐 상태에서 방출되는 경우에는 일반화재에도 사용이 가능하다.
[3] ABC 분말소화약제는 일반화재에도 적용되지만 분말이 도달되지 않는 대상물에는 부적당하다.

각종 소화약제의 적응 화재와 효과

화재의 종류	가연물의 종류	적응 소화약제	개략적인 소화효과
A급 화재	(일반 가연 물질) 목재, 고무, 종이, 플라스틱류, 섬유류 등	・물 ・수성막포(AFFF) ・ABC급 분말 ・Halon 1211	냉각, 침투 냉각, 질식, 침투 억제, 피복, 냉각 억제, 냉각
B급 화재	(가연성 액체) 휘발유, 그리스, 페인트, 래커, 타르 등	・수성막포・BC급분말・CO_2 ・ABC급 분말 ・Halon 1211・1301	질식, 냉각 억제, 질식 억제, 질식, 냉각
C급 화재	(통전 중인 전기 기구) 전선, 발전기, 모터, 판넬, 스위치, 기타 전기설비 등	・BC급 분말・ABC급 분말 ・Halon 1211, 1301・CO_2	부도체(효과) 부도체
AB급 화재	일반 가연물과 가연성 액체, 기체의 혼합물	・수성막포(AFFF) ・ABC급 분말 ・Halon 1211, 1301	질식, 냉각 억제, 질식 억제, 질식, 냉각
BC급 화재	가연성 액체・기체와 통전 중인 전기기구와의 혼합물	・BC급 분말・ABC급 분말 ・Halon 1211, 1301 ・CO_2	억제, 질식, 부도체 억제, 질식, 냉각, 부도체 질식, 냉각, 부도체
ABC급 화재	일반 가연물과 가연성 액체, 기체와 통전 중인 전기기구	・ABC급 분말 ・Halon 1211	억제, 질식, 부도체 억제, 질식, 냉각, 부도체
D급 화재	가연성 금속들의 합금	・금속화재용 분말	질식(공기 차단), 냉각
k급 화재	식용류	・강화액	냉각, 피복, 억제

제2장 소화약제로서의 물

1 개요

물이 소화약제로 널리 사용되고 있는 가장 큰 이유는?
① 우선 구하기가 쉽고, ② 비열과 증발 잠열이 커서 냉각 효과가 우수하며,
③ 펌프, 파이프, 호스 등을 사용하여 쉽게 운송할 수 있기 때문이다.
물은 A급 화재에서는 우수하나, B급(유류 및 가스) 화재에서는 오히려 화재가 확대될 수 있고, C급화재)에서는 소화는 가능하지만 감전사고의 위험이 있으므로 주의한다.
그리고 사용 후 2차 피해인 수손이 발생하고 추운 곳에서는 사용할 수 없는 단점도 있다.

2 물의 물리적 성질   ☆ 12 경북장, 13 인천장, 경기장, 17 인천, 소방장, 23 소방장

① 물은 상온에서 비교적 안정되며 자연상태에서 기체(수증기), 액체, 고체(얼음)의 3가지이다.
② 용융 잠열: 0℃의 얼음 1g이 0℃의 액체 물로 변하는 데 필요한 용융열은 **79.7cal/g**이다.
③ 증발 잠열: **100℃**의 액체 물 1g을 100℃의 수증기로 만드는 데 열량인 증발잠열(기화열)은 539.6cal/g으로 다른 물질에 비해 매우 큰 편이다.   * 오답 : 0℃ 23 장
④ 비열: 물 1g을 1℃ 올리는 데 필요한 열량이다. 1cal/g·℃로 다른 물질에 비해 상당히 크다. 따라서 20℃의 물 1g을 100℃까지 가열하기 위해서는 **80cal의 열이 필요**하다.(* 물의 비열: 1)
⑤ 대기압 하에서: 100℃의 물이 액체에서 기체인 수증기로 바뀌면 **체적은 약 1,700배 증가**한다 (100℃의 포화수와 건조포화수증기의 비체적은 각각 0.001044ℓ/g, 1.673ℓ/g).
⑥ 1atm에서 물의 빙점(융점)은 0℃, 비점은 100℃이다. 이들 값은 압력에 따라 **변한다**.
　(*^^ 8,848m 에베레스트산은 기압이 낮아 물이 72℃에서 끓고, 공기가 없는 우주라면 20℃에서 끓는다)
⑦ 물의 비중은 1atm기준 4℃에서 0.999972로 가장 무겁다.(4℃보다 높거나 낮아도 **작아진다**)
⑧ 물은 압력을 받으면 약간 압축되나 기체에 비하면 무시해도 좋을 정도이므로 **비압축성 유체로 간주**할 수 있다. / 온도에 따라 다르지만 압력 증가에 따라 부피가 조금은 감소한다.
⑨ 물의 점도는 1atm, 20℃에서 1.0cP이며 온도 상승 시 점도는 **작아진다**.(50℃에서 0.55cP)
⑩ 물의 표면장력은 20℃에서 72.75dyne/cm이며 온도상승 시 **작아진다**. (* ⑦~⑩ 모두 작아진다)

3 물의 화학적 성질

① 물은 수소 2원자와 산소 1원자로 이루어져 있으며 이들 사이의 화학결합은 극성 공유결합이다.
② 물은 극성 분자이기 때문에 분자간의 결합은 쌍극자-쌍극자 상호 작용의 일종인 수소결합에 의해 이루어진다. / 물의 비정상적인 성질은 대부분 이 수소 결합의 결과이다.
③ 물이 비교적 큰 표면 장력을 갖는 것도 분자간의 인력의 세기와 직접적인 관계가 있다.
　- 비교적 큰 비열도 수소결합을 끊는 데 큰 에너지가 필요하기 때문이다.

4 물의 주수형태 ★ 13 충북교·장

봉상	① 막대 모양의 굵은 물줄기를 가연물에 직접 주수하는 방법 ② 소방용 방수 노즐(관창)을 이용한 주수가 대부분 여기에 속한다. ③ 열용량이 큰 일반 고체 가연물의 대규모 화재에 유효한 주수이다. ④ 감전의 위험이 있기 때문에 어느 정도의 안전거리를 유지해야 한다.
적상	① 스프링클러 소화설비 헤드의 주수 형태로 살수(撒水)라고도 한다. ② 저압으로 방출되기 때문에 물방울의 평균직경은 0.5 ~ 6mm 정도이다. 13 충북교·장 ③ 일반적으로 실내 고체가연물의 화재에 사용된다.
무상	① 물분무 소화설비 헤드나 소방대 분무 노즐에서 고압으로 방수할 때의 안개 형태의 주수로 물방울의 평균 직경은 0.1~1.0mm 정도이다.(그러나 소화효과의 최저입경은 약 0.35mm) ② 중질유화재(중질의 연료유, 윤활유, 아스팔트와 같은 고비점유의 화재)의 경우에는 물을 무상으로 주수하면 급속한 증발에 의한 질식효과와 에멀전효과에 의해 소화가 가능하다. ③ 물로 소화할 수 있는 유류화재는 유류의 인화점이 37.8℃(100°F) 이상인 경우이다. ④ 전기 전도성이 좋지 않기 때문에 전기화재에 유효하나 일정한 거리로 감전을 방지한다.

5 물의 소화효과 ★ 17 인천장

냉각효과	물의 비열은 헬륨(1.25), 수소(3.41)를 제외하고 가장 크며 기화열(539cal/g)도 모든 액체 중에서 가장 크다. / 물의 소화효과 중 가장 대표적인 것은 냉각효과이다.
질식효과	100℃의 물이 100℃의 수증기로 변하면 체적이 약 1,700배 정도 늘어나 화재 현장의 공기를 대체하거나 희석시켜 질식효과를 나타낸다. ① 만약 발생된 수증기가 연소 영역을 제한한다면 질식효과는 한층 더 빨라질 것이다. ② 가장 효과적인 질식을 위해서는 물에 약간의 포소화 약제를 첨가하는 것이 바람직하다. ③ 유류화재의 진압을 위해서는 유류 표면에 부드럽게 분무 형태(무상)로 주수해야 한다.
유화효과	① 유류화재에 무상주수 시 질식효과 외, 유탁액(에멀전)이 생성, 유화효과가 있다. ② 유화효과란 물의 미립자가 기름의 연소면을 두드려서 표면을 유화상으로 만들어 가연성 증기 발생을 억제함으로써 기름의 연소성을 상실시키는 효과를 말한다. ③ 유화(에멀전)효과를 높이기 위해서는 유면에의 타격력을 증가(속도 에너지 부가)시켜 주어야 하므로 질식효과를 기대할 때보다 물방울의 입경을 약간 크게 하고 좀 더 강하게 분무해야 한다. ＊오답: 물방울 입경을 작게 (*^^ 물의 입경이 빠르게 가라앉은 침강효과와 냉각효과로 입경을 조금 크게 한다는 뜻)
희석효과	① 물에 용해하는 수용성 가연물인 알코올·에테르·에스터류·케톤류의 화재 시 많은 양의 물을 일시에 방사하여 연소농도를 소화농도 이하로 묽게 희석시켜 소화하는 방법이다. ② 희석소화작용이란 대부분 수용성 가연물질의 화재 시에 적용하는 소화작용으로서 물에 어떠한 비율로도 용해가 가능한 물질에 대하여 적용되며, 물을 방사하는 방법에 따라 소화에 소요되는 시간에 다소의 차이는 있으나 분무상 보다는 봉상 또는 적상으로 소화약제를 방사하는 경우에 효율적인 소화효과를 얻을 수 있다. ＊오답: 무상
타격 및 파괴효과	① 물을 봉상이나 적상으로 주수하면 가연물은 파괴되어 연소가 중단된다. 그러나 ② 유류화재는 봉상주수 시 거품이 격렬하게 발생되기 때문에 봉상주수는 피한다.

6 물소화약제 첨가제 ☆ 14 경기장, 경남장

물은 침투능력, 분산능력, 유화능력 등을 증대시키기 위하여 화학물질을 첨가할 수 있다.

동결방지제 (부동제)	① 단점: 소화약제로서 물의 큰 단점은 저온에서의 동결이다. ② 종류: 이와 같은 단점을 보완하기 위해서 첨가하는 약제가 동결방지제이며 물의 물리적·화학적 성질을 고려하여 일반적으로 자동차의 냉각수 동결방지제(녹색 액체)로 많이 사용되는 에틸렌글리콜($C_2H_4(OH)_2$)을 가장 많이 사용하고 있다. ☆ 14 경기장
증점제 14경남장	① 개념: 물은 유동성이 크기 때문에 소화대상물에 장시간 부착되어 있지 못한다. ② 증점제: 화재에 방사되는 물소화약제의 가연물에 대한 접착성질을 강화시키기 위하여 첨가하는 물질을 증점제라 하며, / 물의 사용량을 줄일 수 있고 높은 장소(공중 소화)에서 사용 시 물이 분산되지 않으므로 목표물에 정확히 도달할 수 있어 소화효과를 높일 수 있는 장점이 있어 산림화재 진압용으로 많이 사용된다. ③ 종류: 증점제로 유기계는 알킨산나트륨염, 펙틴(pectin), 각종 껌 등의 고분자 다당류, 셀룰로오스 유도체, 비이온성 계면활성제 등이 있다. - 산림화재시 대표적으로 사용되는 유기계 증점제로는 CMC와 Gelgard사의 상품명) 등이 있다. ▶ 암기: 시엄씨(시엄마) - 무기계로는 벤토나이트, 붕산염 등이 사용되고 있으며 이들을 기계적으로 혼합하여 슬러지상으로 만들어 주로 산림화재에 사용하고 있다.
침투제	① 물은 표면장력이 커서 방수 시 가연물에 침투되기 어렵기 때문에 표면장력을 작게하여 침투성을 높이기 위해 첨가하는 계면활성제의 총칭을 침투제(Wetting Agent)라 한다. ② 일반적으로 첨가하는 계면활성제의 양은 1% 이하이다. ③ 침투제가 첨가된 물을 "Wet Water"라고 부르며, 이것은 가연물 내부로 침투하기 어려운 목재, 고무, 플라스틱, 원면, 짚 등의 화재에 사용되고 있다.
Rapid water	① 특징: 소방활동에서 호스 내의 물의 마찰손실을 줄이면 보다 많은 양의 방수가 가능해지고 가는 호스로도 방수가 가능해지므로 소방관의 부담이 줄게 된다. ② 첨가제: 미국 Union carbide사의『rapid water(래피드워터)』를 발매하고 있다. ③ 성분: 폴리에틸렌옥사이드로서 이것을 첨가하면 물의 점성이 약 70% 정도 감소하여 방수량이 증가하게 된다.(* 래피드워터: 점성을 감소하여 마찰손실을 줄인다)
유화제	중유나 엔진오일 등은 인화점이 높은 고 비점 유류이므로 화재 시 Emulsion형성을 증가시키기 위해 계면활성제(Poly Oxyethylene Alkylether)를 첨가하여 사용하는 약제이다
산 알카리제	① 특징: 산(H_2SO_4)과 알카리($NaHCO_3$)의 2가지 약제가 혼합되면 화학작용으로 이산화탄소와 포(거품)가 형성되어 용기 내에서 발생된 이산화탄소의 증기압에 의해 포가 방출된다. ② 구성: 주로 소화기에 이용되며 내통과 외통으로 구분하여 따로 약제를 저장하며 내부 저장용기에 물 30%와 진한 황산 70%의 수용액 / 외부저장용기는 물 90%와 탄산수소나토륨 10% 수용액을 충전하는데 저장 및 보관, 용기에 대한 부식성, 불완전한 약제의 혼합이 소화의 신뢰성이 떨어져 거의 사용을 하지 않고 있다. ③ 원리: 이 소화약제는 수용액 상태로 분리 저장되어 있다가 방출시 중간 혼합실에서 알카리와 산의 화학작용에 의하여 CO_2의 발생에 의하여 방출원의 압력을 동력원으로 하여 사용되며 소화기에 사용하는 것으로서 A급 화재에만 사용되고 있다. 알카리와 산의 반응식은 다음과 같다. $2N_aHCO_3 + H_2SO_4 \rightarrow N_{a2}SO_4 + 2H_2O + 2CO_2$

강화액 소화약제 14경기장	① 개념: 동절기 물소화약제가 동결되는 단점을 보완하고 물의 소화력을 높이기 위하여 화재에 억제효과가 있는 염류를 첨가한 것이다. ② 약제: 염류로는 알칼리 금속염의 **탄산칼륨(K_2CO_3)과 인산암모늄[$(NH_4)_2PO_4$]** 등이 사용되고 여기에 침투제 등을 가하여 제조한다. ↳ (* 물 60% + 약제 36% 등으로 혼합함) ③ 수소 이온농도(pH): 약알칼리성으로 11 ~ 12이며, / 응고점: -30℃ ~ -26℃ 이다. ④ 색상: 일반적으로 황색 또는 무색의 점성이 있는 수용액이다. ⑤ 소화효과: 물이 갖는 소화효과와 첨가제가 갖는 부촉매 효과를 합한 것이다. ⑥ 용도: 주로 소화기에 충약해서 목재 등의 고체 형태인 일반가연물 화재에 사용한다.

7 물소화약제의 한계 ☆ 17 인천장, 18 소방장

물은 가장 널리 사용되는 소화약제이지만 겨울철 동결의 우려가 있고 수손피해가 발생할 수 있으며, 가연물의 특성상 물의 사용을 금지하거나 주의해야 한다.

B급화재 적용 시	① 물보다 비중이 <u>작은</u> 누출 유류의 화재에서 주수를 하면 유류입자가 물의 표면에 부유함으로써 오히려 화염면을 확대시킬 수 있다. 예 휘발유(휘발유가 물위로 뜬다는 뜻) ② 물보다 비중이 큰 유류인 중유의 탱크 화재에서는 무상(霧狀)이 아닌 봉상이나 적상으로 분사하면 물의 분사 압력으로 불이 붙은 **중유입자**가 물입자와 함께 탱크 밖으로 비산하여 화재를 더욱 확대시킬 우려가 있다. 따라서 ③ 석유류 화재에 있어서는 물의 적용은 신중하여야 하며 **중유화재에는 분무상의 물을 분사**하여 유화소화를 하는 것이 유리하다. (* 유화소화의 개념: 물보다 무거운 비수용성 유류에만 사용하는 소화방법.)
C급화재 적용 시	전기화재에서 물을 사용한 소화는 가능하지만 감전사고의 위험이 있다. 이러한 감전사고의 위험성을 줄이기 위해서는 일정한 거리를 유지하면서 **무상으로 분사해야 한다.**
D급화재 적용 시	① 제3류 위험물에 해당하는 리튬(Li), 나트륨(Na), 칼륨(K) 등 알카리금속과 칼슘(Ca)등의 알카리토금속, / 제2류 위험물에 해당하는 철가루, 마그네슘 등 금속 또는 금속가루는 물과 반응하여 가연성·폭발성인 <u>수소가스를 발생한다.</u> 따라서 ② 이들의 화재 시 물을 사용하면 오히려 화재가 확대되며 특히 화염의 온도가 높은 경우에는 이와 같은 현상이 두드러지게 나타난다. 따라서 물이 함유된 소화약제는 금속화재에 절대로 사용해서는 안된다.
특수화재와 물	① 화학제품(카바이드, 아산화물*): 화학제품과 물이 반응하면 가연성 가스와 열 발생되어 오히려 화재를 확대 시키는 것으로 생석회가 물에 젖은 상태에서 열 방출이 되지 않으면 일정 시간 후 자연발화 한다. (* 카바이트: 탄화칼슘 / 아산화물: 한 단계 낮은 산화물) ② 가연성금속: K, Al, Mg, Na, Zn, Fe등 가연성 금속은 물과 반응 시 수소를 발생시키고 금속화재에서 연소반응 온도가 높기 때문에 더욱 위험하게 된다. ③ 방사성금속: 물은 소화약제로서 부적합하다(* 방사능에 오염 시 처리가 어려우므로.) ④ 가스화재: 가스화재에서는 수용성 가스에 적용 시 **분무상으로 방사**하면 가스농도가 희석되어 연소범위 이내가 되어 소화가 가능하다. - 주로 화재 시 과열된 탱크의 냉각 시 탱크 외부에 분무하면 탱크 내부 온도가 낮아지게 되어 가연성 증기의 발생이 억제되고 소화가 되는 것이다.

물과 반응하는 화학물질	① 금속류 외에 물과 반응하여 조연성, 가연성, 독성가스를 발생하는 화학물질이 있다. ② 제1류 위험물에 해당하는 무기과산화물(과산화나트륨, 과산화칼륨, 과산화칼슘 등), 삼산화크롬(CrO_3) 등은 물과 반응하여 산소를 발생하고, ③ 제3류 위험물에 해당하는 알킬알루미늄, 알킬리튬, 탄화칼슘(CaC_2), 탄화알루미늄 등은 물과 반응하여 **메탄·에탄·아세틸렌** 등 가연성 가스를 생성한다. ④ 제3류 위험물인 금속의 인화물(인화칼륨, 인화칼슘 등)은 물과 만나면 맹독성 **포스핀가스(PH_3)**를 발생한다. * 포스핀: 쥐약 원료인 독성가스(0.3ppm), 포스겐 아님 ⑤ 제6류 위험물인 질산은 물과 만나면 **급격히 발열**하여 폭발에 이르기도 한다.
그 밖의 한계 17인천장	① **방사성 물질** 화재에서 물을 사용하면 방사능오염이 확대될 수 있으며 고온의 표면에 물이 닿는 경우 수증기폭발이 발생할 수 있다. (*^^ 초고온으로 인하여) ② 또한 **중요한 문화유산이나 가치가 높은 예술품의 화재** 시 주수에 의한 수손피해로 그 가치가 훼손될 수 있으므로 물로 소화가 가능할지라도 가스계 소화약제 등을 고려한다.

제3장 포소화약제

① 물에 약간의 첨가제(포 소화약제)를 혼합한 후 여기에 공기를 주입하면 포(foam)가 발생된다.
② 이와 같이 생성된 포는 유류보다 가벼운 미세한 기포의 집합체로 연소물의 표면을 덮어 공기와의 접촉을 차단하여 질식 효과를 나타내며 함께 사용된 물에 의해 냉각효과도 나타난다.
  - 즉, 포 소화약제는 질식효과와 냉각효과에 의해 화재를 진압한다.
③ 포에는 두 가지 약제의 혼합 시 화학반응으로 발생하는 **이산화탄소를 핵으로 하는 화학포**와
  포 원액을 물에 섞은 다음 공기를 기계에 혼합하여 **공기거품을 발생시키는 기계포**(공기포)가 있다.
  - 전자는 현재 사용되지 않으며 일반적인 포는 후자의 기계포를 의미한다.
④ 포가 유류 표면을 덮는 질식성으로 B급화재에 가장 효과적이나 A급화재에도 사용할 수 있다.
⑤ 일반적으로 물만으로는 소화효과가 약하든지, 주수에 의하여 오히려 화재가 확대될 우려가 있는 가연성 액체의 소화에 사용한다.

  ✪ 25% 환원시간: 포가 깨져 중량 25%가 수용액으로 환원되는 시간.

⑥ 종류는 발포기구에 의해 크게 화학포와 공기포 소화약제로 나누어진다.

화학포	·산성액과 알칼리성액의 화학반응에 의해 발생되는 **탄산가스를 핵으로 한 포**이다.
공기포 (기계포)	·물과 약제의 혼합액의 흐름에 공기를 불어 넣어서 발생시킨 포이다. ·기계적으로 발생시켰기 때문에 기계포라고도 부른다. (즉, 펌프를 이용함) ·기계포는 팽창비에 따라 저팽창포, 중팽창포, 고팽창포로 나눌 수 있다.

✪ 우리나라는 팽창비가 20 미만인 저팽창포와 80 이상인 고팽창포의 2가지로 구분하고 있다.(* 화재안전기준에 의거)
저팽창포에는 단백포, 불화단백포, 합성계면활성제포, 수성막포, 내알코올포가 있고, 고팽창포에는 합성계면활성제포가 있다.

｜팽창비에 의한 기계포 소화약제의 분류｜   ※ NFPA : (미국방화협회)

고팽창(한국/일본)	·제1종: 80~250 미만	·제2종: 250~ 500 미만	·제3종: 500~1,000 미만

1. 포 소화약제의 종류 등 ☆ 10 강원, 13 경기장, 17 위

화학포
① 개요: 2가지의 소화약제가 화학반응을 일으켜 생성되는 기체(이산화탄소)를 핵으로 하는 포이다. 국내에서는 이 약제를 사용한 소화기가 가장 먼저 보급되었다.
② 장점: 구조가 간단, 고장이 없고, 조작이 간편하여 사용하기 쉽고, 소화효과가 우수하다.
③ 단점: 동결이 잘 되고(응고점 : -5℃) 약제 부식성, 발포장치의 복잡성으로 불안정함.
④ 구조: 화학포는 (큰통)A약제인 **탄산수소나트륨**(중조, 중탄산나트륨)과 / (작은통) B약제인 **황산알루미늄**의 수용액에 발포제와 안정제 및 방부제를 첨가하여 제조한다.
⑤ 화학반응식: $6NaHCO_3 + Al_2(SO_4)_3 \cdot 18H_2O \rightarrow 6CO_2 + 3Na_2SO_4 + 2Al(OH)_3 + 18H_2$
⑥ 원리: 2가지 수용액을 혼합하면 고압에 의하여 반응액이 밖으로 밀려나가 방사된다.
  - 방사되는 순간에 이산화탄소를 핵으로 하는 포가 불꽃을 덮어서 불이 꺼지게 된다.
⑦ 특징: 반응에 의해 생성된 수산화알루미늄은 끈적끈적한 교질상으로 A약제에 포함된 수용성 단백질이 혼합되면 **점착성 좋은포가 생성, 가연물 표면에 부착, 불꽃을 질식시킨다**.
⑧ 소화효과: 화학포는 점착성이 커서 연소물에 부착되어 냉각과 질식작용으로 진화한다. 특히 유류화재는 액면을 포로 덮어서 내화성이 강한 층을 형성, 우수한 소화 효과를 나타낸다.
  - 가격이 비싸고, 발생과 사용이 어렵고, 생성된 포막은 대단히 견고하여 일단 구멍이 생기면 쉽게 막을 수 없고, 포의 질이 용액의 온도에 크게 좌우되는 등의 단점도 있다.

공기포 (기계포)
① 개요: 약제와 물을 기계적으로 혼합시키면서 공기를 핵으로 흡입 발생시켜 기계포라 한다.
② 종류: 크게 단백계와 계면활성제계로 나눈다. ❶ 단백계에는 단백포, 불화단백포 ❷ 계면활성제계에는 합성계면활성제포, 수성막포, 알콜형포(수용성액체용 포) 소화약제가 있다.
③ 장점: 화학포보다 농축되어 있기 때문에 약제탱크의 용량이 작아질 수 있는 큰 장점이 있다. 또한 펌프를 사용으로 대규모 화재에 많은 양의 포를 방출할 수 있고 / 소화시간이 짧으며 옥내소화전과 연결하여 사용할 수 있다.
④ 압력: 주 원료가 물이다. 외부에 고압분사 시 발포되거나 약제 토출측에 고압공기로 분사시키는 방법이다. - 고정된 방출구는 약제가 관창을 통과 시 높은 압력이 요구된다.

포 팽창비율에 따른 분류
(1) 저발포용 포.(팽창비가 20 이하)
 ① 가장 일반적인 포로서 보통 고정포방출구, 포헤드, 포소화전 등을 사용한다.
 ② 주차장에 사용하는 포소화전, 호스릴포는 **저발포**이다.
 ③ 단백포, 합성계면활성제포, 수성막포, 알코올포 등이 저발포로 사용된다
(2) 고발포용 포.(팽창비가 80~1,000 미만) (* 고성능 냉로로 생각하면 쉽다)
 ① 넓은 장소의 급속한 소화, 지하층 등 소방대의 진입이 곤란한 장소에 매우 효과적이다.
 ② A급화재에 적합하며 / B급화재의 경우는 **저발포보다 적응성이 떨어진다**.
 ③ 구획된 공간에 포 방출 시 시야제한, 난청, 호흡장애, 방향감각 상실 등 우려가 있다

포소화약제 구비조건
① 내열성: 포가 파포되지 않기 위해서는 내열성이 강해야 한다(특히 B급화재에 중요하다) 포 소멸 방지를 위해 단백포사용, 금속염 소량첨가한다. 발포배, 환원시간 길어야 함.
② 발포성: 포 거품의 체적비율을 팽창비라 한다(수성막포: 5배 이상, 기타: 6배 이상이다)
  - 25% 환원시간은 합성계면활성제포는 3분이상, 기타는 1분이상 유지해야 한다.
③ 점착성: 소화효과는 질식성이므로 표면에 잘 점착되어야 한다. / 고팽창의 경우 포 내부의 수분이 부족하여 저팽창포 보다는 점착성이 부족하고 화염으로 흐트러지기 쉽다.
④ 내유성: 주로 유류화재에 이용되므로 포가 유류에 오염되거나 파포되지 않아야 한다. 내유성이 강한 소화약제로는 불화단백포가 있으며 표면하주입방식에 이용된다.
⑤ 유동성: 표면하주입방식 위해 환원시간도 길고, 확산을 위해 유동이 좋아야 하며 직경 60m 이상 유류탱크 화재에는 유동속도가 느리면 조기소화에 지장있다. ▶ 내발젊내유

2 공기포 소화약제
☆ 08,12 경북장, 13,14 부산장, 14 강원장, 15 경북장, 10,17 위, 20, 24장

단백포

① 동물성 단백질인 **피, 뿔, 발톱**을 알칼리(수산화나트륨, 수산화칼슘)로 가수분해시키면 최종적으로 아미노산이 된다. 이 과정의 중간 정도 상태에서 분해를 중지시킨 것이 이 소화약제의 주성분으로 흑갈색의 특이한 냄새가 나는 **끈끈한 액체**이다.
② 내화성을 높이기 위하여 금속염인 **염화철** 등을 가한 것이 이 약제의 원액이다.
③ 원액은 6%형과 이를 다시 농축시킨 3%형이 있으며 현재는 <u>3%</u>형이 주류를 이룬다.
④ 주로 팽창비 10 이하의 **저팽창포**이며 원액의 비중은 약 1.1, pH는 6.0 ~ 7.5 정도이다.
⑤ 단백질 농도는 3%형이 40wt% 전후, 6%형이 30wt% 전후로, 3%형이 6%형을 약 1.5배 정도 농축한 것이다. - 사용 시 규정농도의 수용액으로 제조하여 사용해야 한다.
⑥ 산화를 방지하면(원액탱크 단열, 질소봉입, 햇빛차단) 약제 수명(약 **3년**)은 연장된다.
⑦ 유효기간 지난 약제는 변질되어 악취가 발생으로 저장 및 취급에 주의한다
⑧ 단백포는 점성이 있어 안정되고 두꺼운 포막을 형성하기 때문에 인화성, 가연성 액체의 **위험물 저장탱크, 창고, 취급소** 등의 포 소화설비에 사용된다.

■ 장점: 내열성, 유면봉쇄성, / 단점: <u>유동성이 나쁘고</u>, 유류를 오염시키며, 소화시간이 길고, 변질되기 쉬워 저장성이 떨어지고, 분말소화제와 병용할 수 없다.(*^^ 가격이 싸니)

불화 단백포
17소방위

① 단백포에 불소계계면활성제를 첨가하여, **단백포와 수성막포의 단점을 보완**하였다
　- **유동성과 내유염성**(포가 기름에 오염되기 어려운 성질)이 나쁜 단백포 단점과 표면에 형성된 수성막이 적열된 탱크벽에 약한 수성막포 단점을 개선한 것이다.
　(즉, 단백포의 단점인 비유동성과 비유염성 + 수성막포의 단점인 비내열성을 개선함)
② 불소계 계면활성제를 첨가함으로써 안정제인 철염의 첨가량을 <u>줄였기</u> 때문에 침전물이 거의 생성되지 않아 장기 보관(<u>8 ~ 10년</u>)이 가능하다.
③ 계면활성제 첨가로 유류와 친화력을 갖지 않고 겉돌아서 **유류를 오염시키지 않는다**.
④ 표면하주입방식은 기름을 오염시키지 않는 **불화단백포나 수성막포**를 사용한다 ☆ 24장
　이는 포가 바닥에서 액면으로 부상하며 찬 기름을 상부로 이동해 상부층을 냉각시킨다.
⑤ 표면포 방출방식은 포 방출구가 탱크 윗부분에 설치, 폭발이나 화열에 파손이 쉽다
⑥ 표면하 포주입방식은 포 방출구가 탱크 하부에 설치되어 파손이 적고 안정성 크다.

■ 장점: 기름에 오염이 적고, 포의 유동성이 좋고, 저장성이 우수, / 단점: 값이 꽤 비싸다.

합성계면 활성제포

① 합성세제의 주성분인 **계면활성제에 안정제, 부동제, 방청제** 등을 첨가했다.
　- 물에 표면장력을 약 30dyne/cm 까지 감소하는 계면활성제를 첨가시 쉽게 거품이 형성되고, 거품 안에 물이 밑으로 빠지는 속도도 반 정도 줄어 거품수명도 길게 된다.
② 물과 혼합 사용한다. 3%, 4%, 6%의 형이 있으나 3%형과 6%형이 가장 많이 사용된다.
③ 대부분 팽창비 10 이하의 저팽창포로 사용되나 이 약제는 **저팽창포로부터 고팽창포까지 넓게 사용**되고 있다. (*^^ 이 포만 고팽창도 가능하다)
④ 고팽창포 사용시 사정거리(포 방출구에서 화재지점까지)가 짧은 것이 문제점이다.

■ 장점: <u>유동성이 좋다</u>, / 단점: 내열성, 유면 봉쇄성이 좋지 않기 때문에 다량의 유류화재 특히, 가연성 액체 위험물의 저장탱크 등의 고정소화설비에는 비효과적이다. ☆ 24장
■ 단백포에 비하여 저장 안정성은 매우 우수하나.(* 안정성: 약제가 분해되어 약해지는 성질) 합성계면활성제가 쉽게 분해되지 않기 때문에 세제공해와 같은 <u>환경 문제</u>를 일으킨다.

수성막포 14부산장, 17소방위, 20소방장 (⑦번)	① 불소계 계면활성제를 주성분으로 한 것으로 역시 물과 혼합하여 사용한다. ② 이 포는 합성거품을 형성하니 일반 물은 물론 해수와도 같이 사용할 수 있다. * 오답 : 없다 ③ 물과 적정비율로 혼합하면 물보다 가벼운 인화성액체 위에 물이 떠있는 획기적 약제이다. ④ 기름의 표면에 거품과 수성의 막을 형성하기 때문에 질식과 냉각작용이 우수하다. ⑤ 유면상 형성된 수성막이 기름보다 가볍게 보여서 만들어진 상품명(라이트워터)이다. ⑥ 유류화재에 우수하다. 3%, 6%, 10%형이 있으나 주로 3%, 6%형이 많이 사용된다. ⑦ 장기 보존성은 원액이든 수용액이든 타 포 원액보다 우수. 약제 색깔은 갈색이며 독성은 없다. 24장 ■ 단점 : 내열성이 약하고 가격이 비쌈, 수성의 막은 한정된 조건이 아니면 형성되지 않는다

알콜형포
(수용성
액체용)
17경북장
	① 물과 친화력이 있는 알코올과 같은 수용성 액체(극성 액체) 화재에 보통의 포 소화약제를 사용하면 수용성액체가 포 속의 물을 탈취하여 포가 파괴된다.(온도 상승시 더욱 뚜렷하다)
	② 이 소화약제는 이러한 단점을 보완하여 여러 가지 형이 있으나, 초기에는 단백질의 가수분해물에 금속비누를 계면활성제로 사용하여 유화·분산시킨 것을 사용하였다. 이것은
	③ 물에 녹지 않기 때문에 여기에 물을 혼합 사용한다. 일명 수용성액체용 포소화약제이다.
	  - 알코올, 케톤, 에테르, 에스터류, 알데히드, 아민, 카르복실산 등과 같은 가연성인 수용성
	   액체의 화재에 유효하다. ▶ 암기 : 알케 에테에테 알아카(* 알제 여태 여테 알았으까?)
	④ 따라서 보통의 포 소화약제는 비극성 탄화수소(휘발유, 등유, 경유 등) 화재에만 유효하나 이 약제는 극성 용매는 물론 비극성 탄화수소의 화재에도 사용할 수 있다. (*^^ 보통의 포는 비수용성 유류에만 유효하나, 내알코올포는 수용성과 비수용성에 사용된다는 뜻)
	⑤ 단점은 단백질 가수분해물에 불용의 지방산 금속염을 분산시켜서 장시간 저장시 침전된다.
	⑥ 따라서 물과 혼합한 후에는 2~3분 이내에 사용하지 않으면 포가 생성되기 전에 수류 중에 금속염의 침전이 생겨 소화 효과가 떨어지고 설비 상에도 장애가 생기게 된다.
	⑦ 소화 후 재연소 방지에는 효과가 우수하나 위와 같은 단점으로 잘 사용되지 않고 있다.
	⑧ 현재 이런 단점을 보완하여, 탄화수소계 계면활성제에 고분자겔 생성물을 첨가한 고분자겔 생성형이나 / 단백질의 분해액에 불소계 계면활성제를 첨가하여 만든 **불화단백형의 알콜형포**가 사용된다. - 이 약제가 모든 수용성 액체에 완벽하게 적응되는 것은 아니다.
	⑨ 극성도, 관능기, 탄소수에 따라 연소성, 반응성이 달라서 종류별로 소화효과도 다르다.
	⑩ 예를 들면 메탄올, 에탄올과 같이 극성이 크고 탄소수가 작은 것은 소화가 용이하나, 부탄올 이상의 고급 알코올은 극성이 작고 연소열이 커서 소화가 곤란할 수 있다. 또한 알데히드류 등 반응성이 큰 것은 소화약제와 반응하여 소화 불능상태가 되기도 한다.
	   (*^^ 라이터 속의 부탄올이나 알데히드류는 알코올포소화약제로 소화가 곤란하다는 뜻)
	  - 그러므로 현재까지는 모든 수용성 액체에 만능인 알콜형포 소화약제는 없는 실정이다.

 정리(TIP) : 한줄 핵심(공간 이용~)

- 단백포: 동물성 단백질에 염화철을 첨가한 흑갈색 액체. 주로 3%형, 수명은 3년, 내열성, 봉쇄성 우수.
- 불화단백포: 유동성, 내유염성이 나쁜 단백포와 비내열성의 수성막포 단점을 개선, 표면하주입방식.
- 합성계면활성제포: 계면활성제에 안정제, 부동제 등 첨가, 고팽창가능, 안정성 우수, 환경문제 있음.
- 수성막포: 불소계 계면활성제를 주성분으로 타 포 원액보다 우수하다. 약제의 색깔은 갈색이며 독성은 없다.
- 내알콜형포: 수용성에 사용, 장시간 저장하면 이들이 침전되는 단점, 재연소방지에는 효과가 우수함.

3 포 소화효과 및 적응화재

① 주된 소화 → 포가 가연물 표면을 덮는 질식효과와 상당량의 수분에 의한 냉각효과이다.
② 이외에 고발포의 경우는 포가 차지하는 체적이 매우 크기 때문에 대류와 복사에 의한 열의 이동 차단, 주변 공기의 배출, 가연성 증기의 생성억제 등이 있다.
  - 포는 얇은 막으로 이루어져 있지만 점착성이 좋고 내열성이 있기 때문이다.

■ 상기 요약: ① 질식효과, ② 냉각효과, ③ 열의 이동 차단, ④ 주변 공기 배출, ⑤ 가연성 증기 생성 억제

③ 또한 고체가연물 화재 시 합성계면활성제 계통의 약제를 사용하면 계면활성제가 침투제 역할을 하기에 포가 갖는 소화효과 외에도 침투제가 갖는 소화특성을 살릴 수 있다.

■ 포 소화약제의 적응성
  ① 비행기격납고 ② 자동차 정비공장 ③ 차고, 주차장 등 주로 기름을 사용하는 장소,
  ④ 특수가연물을 저장, 취급하는 장소 ⑤ 위험물 시설(제1,2,3류 위험물의 일부와 제4,5,6류 전부)
   - 합성계면활성제포의 경우 팽창범위가 넓어 LNG탱크 유출시 고발포로 덮어서 열 차단 및 증발억제.
   ------*   (*^^ ⑤에서 제1,2,3류 위험물 일부란? 금수성물질 제외를 뜻함)

■ 포 소화약제의 결점
  ① 소화 후의 오손 정도가 심하고   ② 청소하기가 힘들다.
  ③ 감전의 우려가 있어 전기화재나 통신 기기실, 컴퓨터실 등에는 부적합하다. 22 위
  ④ 제5류 위험물과 같이 자체적으로 산소를 함유하고 있는 물질과 (*^^ 질식효과가 없으니)
    Na, K 등과 같이 물과 반응하는 금속, / 인화성 액화가스에는 부적합하다.

(1) 적응 구분과 특수한 사용법 (유류화재를 대별하면)

① 저장탱크 등 유층이 깊은 경우의 화재 - 내열성이 좋은 포를 사용한다.
② 평면상으로 유출된 화재 - 내열성은 조금 낮더라도 신속진압으로 유동이 좋은 포를 사용.
  - 압력에 의해 분출되는 유류화재는 포로 소화할 수 없기 때문에 여기서는 제외한다. -
  (*^^ ② 해설: 저장 탱크 등 유층이 깊지 않은 경우 평면상으로 유출된 화재 즉, FRT 등 화재 설명임)

■ 해설: ① 기름층이 깊으면 내열성이 좋은 포, ② 기름층이 깊지 않으면 유동성이 좋은 포를 사용한다는 뜻,

■ 유류화재 시 저발포 포의 사용 구분
  ① 저장탱크 화재: 단백포, 불화단백포
  ② 저장탱크 화재(SIS용, 표면하 주입방식용): 불화단백포, 수성막포
  ③ 유출화재(탱크): 단백포, 불화단백포, 수성막포, 계면활성제포.(* 수용성에 사용하는 알코올포 제외)
    ------*

■ 고발포의 포는
  ① 소화 이외에도 제연과 증발 억제의 효과가 있다. (*^^ 제연: 연기 제어)
  ② 지하가의 화재 시 고발포의 포를 주입해서 연기를 배출시키면서 소화하기도 한다.
  ③ 사람이 질식하지 않고 활동할 수 있는 특징이 있다. 단, 발포에 사용된 공기는 신선한 공기여야 한다.
   - 이는 사람의 호흡을 위해서만이 아니고 가스를 사용하여 발포하면 포의 성능이 떨어지기 때문이다.

(2) 포 소화약제의 병용성

① 소화 시 각종 포 소화약제를 같이 사용할 수 있다. 유출 화재에서는 단백포보다 계면활성제포나 수성막포가 소화효과가 좋기 때문에 이들을 병용하는 것이 유리하다.(화재에 따라 다르지만.)
② 보통의 포는 이처럼 병용이 가능하지만 **알콜형포는 일반포와 병용하면** 그 특성이 저하되기 때문에 함께 사용하지 않아야 한다. (*^^ 알콜형포는 수용성에 사용되는 특수포로 만들었기에.)
③ 같은 포인 경우에도 약제의 종류가 다르면 원액 및 수용액을 혼합하여 사용해서는 **안** 된다.
   - 같은 원액이라도 **오래된** 원액에 새로운 원액을 추가·보충하는 것도 좋지 않다.
④ 포 소화약제는 분말 소화약제와 함께 사용하면 분말소화약제의 소포(消泡) 작용 때문에 좋지 않다. **포 층에 분말소화약제를 살포해 놓으면 포 층의 형성이 매우 어려워진다.**
   ✪ 단, 수성막포는 소포되지 않기 때문에 분말 소화약제와의 병용 가능하다. CDC소화약제가 개발되어 있다.

제4장 이산화탄소 소화약제 (* 중요도 낮음)

1 이산화탄소 소화약제의 개요   ★ 13경기장

① CO_2는 탄소의 최종 산화물로 불활성 기체와 함께 가스계 소화약제로 널리 이용되고 있다.
② 상온에서 기체이지만 압력으로 액화되기 때문에 고압가스 용기 속에 **액화시켜** 보관한다.
③ 방출 시에는 배관 내를 액상으로 흐르지만 분사 헤드에서는 기화되어 **기체로** 분사된다.
④ CO_2는 사용 후에 **오염의 영향이 전혀 없다는** 큰 장점이 있다.(* 기체로서 날아가니까) 주로 B급, C급 화재에 사용되며 **밀폐 상태에서는 A급화재에도** 사용이 가능하다.
⑤ 액체CO_2는 자체증기압이 21℃에서 57.8kg/㎠.G(-18℃에서 20kg/㎠.G)정도로 매우 높다.
⑥ CO_2는 무색, 무취, 비전도성이고 공기보다 약 1.5배 무겁다. 공기 중 약 0.03vol% 존재하며 동·식물의 호흡 및 유기물의 연소에 의해서 발생되고 천연가스, 광천수 등에도 함유되어 있다.
⑦ CO_2 임계온도는 31.35℃로 상온에 가까워서 여름날 액화CO_2 용기온도가 임계점을 넘으면 용기 내 압력이 급격 **상승되어** 위험하다. (*^^ ⑦번부터는 심화과정으로 아직은 중요도 낮음)
⑧ 액체 CO_2는 압축가스와 달리 기화팽창률이 액상 체적의 약 **500배** 정도 팽창하게 된다.
⑨ CO_2는 삼중점인 5.1kg/㎠, -56.7℃에서 기체, 액체, 고체(드라이아이스)가 공존한다.
⑩ 고체CO_2는 녹기보다 승화가 쉽게 발생하는 이유는 대기압이 삼중점 압력보다 **낮기** 때문이다. 고체에서 기체로 되는 승화점은 1atm에서 -78.5℃이고 그 이상 온도에서는 기체로 된다.
⑪ 액화된 CO_2가 대기 중 분출 초기에는 일부의 CO_2가 급격하게 기화하여 분출하며, 이때 기화열(단열팽창 효과)에 의해 잔류 CO_2는 급격하게 냉각되면서 고체인 드라이아이스로 변화된다.
⑫ 드라이아이스는 압력을 낮추어 대기압에 이르면 -79℃까지 냉각되어 하얀 운무현상이 된다.

2 소화효과 및 소화농도

① CO_2의 주된 소화효과는 산소농도 저하에 의한 질식효과이다. 약간의 냉각효과도 있다.
② 가연성 고체의 소화는 복사, 대류에 의하여 가연성 기체나 액체처럼 나타내기 어렵다.
③ **유류탱크 화재에 가장 효과적이며**. 질식효과가 사라진 후 냉각된 액체(유류)는 가연성 기체를 증발하지 못해 재연소 방지된다. 미세한 드라이아이스가 존재할 때 냉각효과가 더 커진다.
④ 최소설계농도는 최소소화농도에 일정량의 여유분(최소소화 농도의 20%)을 더한 값이다.
⑤ CO_2 최소설계농도는 34vol% 이하일 때에도 34vol%로 설계한다.(보통 34% 이상 설계됨)
   CO_2의 최소설계농도를 34vol%로 하는 경우 산소의 농도를 구해보면 약 14vol%가 된다.

$$CO_2(\%) = \frac{(21 - O_2(\%))}{21} \times \boxed{100}$$

↳ (34% = 21% - 14% / 21%) × 100

예시) CO_2를 방사하여 산소를 12% 낮추어 소화하려면 공기 중 CO_2 농도는 42.86%이다.
⑥ 산소가 21vol%에서 15vol% 이하이면 소화된다.(15% 이하에 소화되지 않는 경우 있음).

3 이산화탄소 적용화재

① 연소물 주변의 산소농도를 저하시켜서 소화하기 때문에 자체적으로 산소를 가지고 있거나,
   연소 시 공기 중의 산소를 필요로 하지 않는 가연물 외에는 전부 사용할 수 있다.
② CO_2는 표면화재에는 우수하나 심부화재에는 재발화의 위험성이 있다.(따라서 심부화재의 경우 고농도 CO_2를 방출로 장시간을 유지시켜 일차적 소화와 재발화도 제거할 필요가 있다.)
③ CO_2는 오손이 없기에 통신기기실, 전산기기실, 변전실 전기설비, 물에 의한 오손이 걱정되는 도서관, 미술관, 소화활동이 곤란한 선박에 유용하다. 주차장에 사용되나 인명위험(질식) 때문에 무인 기계식 주차탑 외에는 사용하지 않는다. 이외 제4류 위험물, 특수가연물에도 사용된다.

4 이산화탄소 사용 제한 ☆ 22 소방위

장점	① 소화 후 소화약제에 의한 오손이 없다. ② 한랭지에서도 동결될 염려가 없다. ③ 전기 절연성이다. ④ 장시간 저장해도 변화가 없다. ⑤ (다른 가압원의 도움없이) 자체 압력으로 방출되니 방출용 동력은 필요하지 <u>않는다.</u>
사용 제한	① 제5류 위험물(자기 반응성 물질)과 같이 자체적으로 산소를 가지고 있는 물질 ☆ 22 위 ② CO_2를 분해시키는 반응성이 큰 금속(Na, K, Mg, Ti, Zr 등)과 금속수소화물(LiH, NaH, CaH_2) ③ 방출 시 인명 피해가 우려되는 밀폐된 지역.

■ 전역방출방식으로 CO_2 소화설비를 작동 시 실내 CO_2 농도는 약 1분 후 20%(공기 중 CO_2농도가 20l%이면 산소는 16.8%로 떨어짐)를 초과하여 치사량에 도달한다. 따라서 방출 전에 음향(피난)경보로 인원을 피난시키고 방출과 동시에 출입금지의 표시를 한다. 소화 후에도 환기로서 CO_2를 외부로 방출시킨다. - CO_2 독성수치의 하나인 TLV(성인남자가 매일 8시간씩 주 5일 작업해도 건강에 영향없는 한계농도)는 5,000ppm으로 일산화탄소의 50ppm, 시안화수소 10ppm, 포스겐 0.1ppm에 비하면 자체 독성 보다는 상대적 산소농도에 의해 위험하다.

5 독성

CO_2는 자체 독성은 무시할 만하나 다량 방사 시 공기 중 산소량을 저하시켜 질식위험이 있다.

▌이산화탄소가 인체에 미치는 영향▐   ※ ( )안의 숫자는 공기 중의 산소의 농도(vol%)를 나타냄.

CO_2의 농도(vol%)	증 상 / (처치)
① 1 (20.79)*	공중 위생상의 허용 농도 / (무해)
② 2 (20.58)	수 시간의 흡입으로도 큰 증상은 없다. 불쾌감이 있다. / (무해)
③ 3 (20.37)	호흡수가 늘어나고 호흡이 깊어진다. / (환기 필요.)
④ 4 (.20.16)	눈, 목의 점막에 자극이 있다. 두통, 귀울림, 어지러움, 혈압상승 등이 일어난다.
⑤ 6 (19.74)	호흡수가 현저히 증가한다.
⑥ 8 (19.32)	호흡이 곤란해진다. / (④~⑥ 빨리 신선한 공기를 호흡할 것)
⑦ 10(18.90)	시력 장애, 몸이 떨리며 2~3분 이내에 의식을 잃으며 그대로 방치하면 사망한다.
⑧ 20 (16.80)	중추 신경이 마비되어 사망한다. / (⑦⑧ 의사조치 필요)

제5장 할론 소화약제
☆ 14 경남장, 16 경기교

① 할론소화약제는 지방족 탄화수소인 메탄(CH_4), 에탄(C_2H_6) 등에서 분자 내의 수소 일부 또는 전부가 할로젠족 원소(F, Cl, Br, I)로 치환된 화합물을 말하며 Halon이라고 부르고 있다.
② 연소의 4요소 중 **연쇄반응** 차단으로 소화한다. 이런 화학적소화를 **부촉매(억제)**소화라 한다.
③ 각종 Halon은 상온, 상압에서 기체 또는 액체 상태로 존재하나 저장 시 액화시켜 저장한다. 주로 B급, C급 화재에 적용하나 **전역방출**같은 밀폐상태에서는 **A급화재에도 사용할 수 있다.**

1 할론 소화약제의 명명법 ☆ 13 경기, 서울장

① 제일 앞에 Halon이란 명칭을 쓴다. 그 뒤에 구성 원소들의 개수를 C(탄소), F(불소), Cl(염소), Br(취소, 브롬), I(옥소, 요오드)의 순서대로 쓰되, 해당 원소가 없으면 0으로 표시한다.
② 맨 끝의 숫자가 0으로 끝나면 0을 생략한다.(즉, I의 경우는 없어도 0을 표시하지 않는다).
③ 단점은 ➡ 할로젠원소로 치환되지 않은 수소원자의 개수가 나타나지 않는다. 그리하여
 - Halon 번호를 보고 남아 있는 수소원자 개수를 계산방법은? 포화탄화수소가 가지고 있는 **수소의 수[(탄소수 × 2) + 2]**에서 치환된 **할로젠족 원소의 합인 나머지 숫자를 빼면 된다.**
 (*^^ 아래식에서 나머지 숫자란 첫 번째 탄소숫자가 아닌 할로젠족원소 숫자를 말함.)

> ■ 수소 원자의 수 = (첫번째 숫자 × 2) + 2 - 나머지 숫자의 합   ▶ 암기: 첫고비 풀이 빼나?

예 할론 1001(CH_3Br)의 경우에 치환되지 않은 수소 원자의 수는(1×2)+2-1= **3**이다.
 (*^^ 나머지 할론 104, 1211, 1301, 2402의 수소원자수는 계산해보면 모두 "0"이 된다)

2 구조 및 소화 등

① 할론은 탄화수소인 메탄(CH_4)이나 에탄(C_2H_6) 등의 수소원자 일부나 전부가 할로젠 원소(F, Cl, Br, I)로 치환된 화합물로 이들의 **물리·화학적 성질은 메탄, 에탄과는 판이하게 다르다.**
② 메탄은 가볍고, 인화성이 강하다. / 사불화탄소(CF_4)는 불활성(인화성 없음) 독성도 낮다.
③ 사염화탄소(CCl_4)는 증발성액체로 인화성이 없다. 독성에도 불구하고 소화제로 사용됐다
④ 불소는 가장 전기 음성도가 큰 물질이다. 따라서 이 물질이 다른 물질과 결합할 경우 결합에 관여한 전자를 강하게 잡아당기기 때문에 **결합 길이도 짧고 결합력도 강해진다.**
⑤ 전기음성도가 크다는 것은 다른 원소를 산화시키는 힘이 크다는 것을 의미한다.
  - 따라서 **불소는 모든 원소 중에서 산화력이 가장 크다.** (*^^ 불소: 안정성 강화, 독성 감소)
⑥ 불소가 함유되어 있는 Halon은 가연성인 메탄과는 정반대로 중심 탄소가 산화되어 있는 상태이기 때문에 **불연성이며 대기 중에서도 잘 분해되지 않는 안정된 물질이다.**
⑦ 할론 특징은 독성이 **적다. 탄소-불소 사이 결합력이 강해 다른 물질과 상호작용이 적어진다.**
⑧ 그러나 염소나 브롬이 이 분자 내에 들어오면 탄소-염소, 탄소-브롬 사이의 결합력은 그다지 크지 않지만 불소의 강한 힘이 염소와 브롬을 끌어당겨 이분자의 독성을 작게 한다.
⑨ 이산화탄소, 할론 1211이나 할론 2402(할론 1301제외)는 독성 때문에 실내 지하층, 무창층, 밀폐된 거실로서 바닥면적 20㎡ 미만 장소에는 사용 할 수 없게끔 규정되어 있(없)다.
  - 할론1301이 독성이 적더라도 **화재불꽃과 반응하면 여러 가지 독성가스를 방출한다.**
⑩ **불소는 불활성과 안전성을 높여 주고 브롬은 소화 효과를 높여 준다.** 장점은 분자 내 결합력은 강하지만, 분자 간 결합력은 약해서 쉽게 기화되어 소화 후 잔사가 남지 않는다.

	안정성	열안정성	소화효과	독성	비점
불소(F)	강화	강화	-	감소	감소
염소(Cl)	-	감소	강화	강화	강화
브롬(Br)	-	감소	강화	강화	강화

⑪ 물리적 효과는 기체 및 액상 할론의 **열흡수,** 액상 할론의 기화 등에 의한 **냉각효과**와 산소 저하에 따른 **질식효과**가 있다.(이러한 물리적효과는 화학적효과에 비하면 매우 작은 편이다)
⑫ 할론의 주 소화는 화학적소화로 이에 대한 소화기구는 아직 정확하게 알려져 있지않다.
⑬ 할론이 **연쇄반응을 차단, 방해, 억제하는** 반응기구에는 자유활성기이론과 이온이론이 있다.

■ **적응화재 - 사용 가능한 소화대상물은**   ☆ 22 소방위(①번)
  ① 기상, 액상의 인화성 물질   ② 변압기, oil switch 등 전기 위험물
  ③ 가솔린 또는 다른 인화성 연료를 사용하는 기계   ④ 종이, 목재, 섬유 등 일반 가연물질
  ⑤ 위험성 고체   ⑥ 컴퓨터실, 통신기기실, 콘트롤 룸 등   ⑦ 도서관, 자료실, 박물관 등

■ **할론은 억제효과에 의해 CO_2 보다 심부화재에 더 효과적이다. 사용이 제한되는 대상물은**
  ① 셀룰로오스 질산염 등과 같은 자기 반응성 물질 또는 이들의 혼합물
  ② Na, K, Mg, Ti(티타늄), Zr(지르코늄), U(우라늄), Pu(플루토늄) 같은 반응성이 큰 금속
  ③ 금속의 수소 화합물(LiH, NaH, CaH_2, $LiAH_4$ 등)
  ④ 유기과산화물, 하이드라진(N_2H_4)과 같이 스스로 발열 분해하는 화학제품

3 할론의 소화농도 등

① CO_2는 질식소화로 소화에 필요한 농도가 매우 높은 편이나(CO_2 설계농도 : 약 34~75vol%) Halon은 화학적 억제소화로 소화에 필요한 최소농도는 CO_2 비해 상당히 작은 편(=우수)이다.
  - 불꽃소화에 필요한 Halon의 최소소화농도는 이황화탄소나 수소를 제외 약 10vol% 이하이다.
② 따라서 산소 결핍에 의한 질식의 위험은 아주 적다. 예 공기 중의 Halon 농도를 10vol%로 하면 공기 중 산소농도는 약 18.9vol% (21vol%×0.9 = 18.9vol%)가 된다.
③ 한계산소농도(MOC)를 15v% 이하로 본다면 산소농도 저하인 질식위험은 없다고 볼 수 있다.
④ 할론은 할로젠 원소의 독특한 특성 때문에 독성이 거의 없는 안정된 화합물을 형성한다.
  이러한 장점으로 할론은 냉매, 세정제, 발포제, 분사추진제, 용제, 소화제로 널리 사용된다.
⑤ 1980년대 이후 국제협약으로 '오존층 파괴물질에 대한 몬트리올 의정서'는 이미 발효 중이다.
⑥ 국내는 2010년 생산이 중단되며 개발된 약제가 할로젠화합물 및 불활성기체 소화약제이다.

> ● 오존층 파괴의 원인으로 첫 번째 프레온가스(CFCs)이고 두 번째 할론가스이다. 할론가스는 프레온가스에 함유된 염소 대신 브롬이 함유되어 있으며, 브롬과 할론의 관계는 염소와 프레온 가스와의 관계와 같다. 할론 1분자 당 오존 파괴능력은 최고 프레온가스의 경우보다 10배 정도 많다.

제6장 할로젠화합물 및 불활성기체 소화약제

1 할불소화약제 개요

할론의 대체물질인 할로젠화합물(할론1301, 할론2402, 할론1211제외) 및 불활성기체로서 전기적으로 **비전도성이며, 휘발성이 있거나 증발 후 잔여물을 남기지 않는** 소화약제를 말한다.
  (첫 줄에서 할론 3가지만 명시하는 이유는 국내법 화재안전기준에 3가지만을 허용되기 때문이다)

① Halon소화약제의 소화성능을 실험실에서 측정하는 표준화된 방법은 아직 없다.
  - 절대적 소화성능이란 어떤 소화시스템이 한 특정화재를 소화할 수 있는지 여부를 뜻하고, 상대적 소화성능이란 상대적으로 소화효율이 높은지 또한 낮은지를 나타내는 말이다.
② 절대적 소화성능 측정은 실제 매우 어려워서 다음과 같이 **상대적소화성능**을 측정한다.

불활성 소화법	• 공기와 연료가 섞여있는 가연성 혼합물을 불연성 혼합물로 만드는 데 필요한 소화약제의 양을 측정하는 방법이다. (* 상대적 소화성능을 측정 중 불활성 소화법)
불꽃소화방법	• 불꽃에 소화약제가 확산되어 불을 끄는 데 필요한 소화약제의 농도를 측정한다. • 현재 가장 많이 사용되는 소화성능측정법으로서 시험장치가 간단하고 조작이 간편하며 소화약제 사용량이 적다. 최소소화농도가 작을수록 우수한 소화성능을 갖고 있다

③ n-Heptane을 연료로 사용한 불꽃소화방법으로 Halon의 최소소화농도가 Halon1301이 3.5%, Halon1211은 3.8%, Halon 2402가 2.1%이다. - 낮은 값을 가져야 인간의 질식위험이 없다.

2 할불 소화약제의 종류 ☆ 14 경남장

① 이 소화약제는 종류는 많으나 아직까지 확실히 부각된 물질은 없고 각 성능평가를 이룬다.
② 이 할론 대체물질로는 제1세대 대체물질 제2세대 대체물질로 구분되어 개발되고 있다.
③ 제1세대 물질은 기존 할론보다 오존파괴능력이 적지만 약간은 파괴능력이 있거나 소화성능이 낮은 물질들로 HBFC-22bl, FC-3-1-10, HCFC-123, HCFC-124, HFC-23, HFC-227ea, HFC-236fa 등이 이에 해당된다. 제2세대 물질은 현재 <u>FIC-13I1</u> 등이 개발된 상태이다.
④ 할불 소화약제는 아래 두 가지로 구분된다.   ↳ 이 소화약제는 FIC-13 아이원

> ❶ 할로젠화합물 소화약제 :
>   불소·염소·브롬·요오드 중 하나 이상 원소를 포함하고 있는 유기화합물을 기본성분으로 하는 소화약제.
> ❷ 불활성기체 소화약제 :   (*^^ 브롬: 취소 / 요오드: 옥소)
>   헬륨·네온·아르곤·질소 중 하나 이상의 원소를 기본성분으로 하는 소화약제.

■ 할로젠화합물 소화약제 (*^^ 9가지 중 4가지로 요약. 하단부터 구체적 참고)

소화약제	화학식
FC-3-1-10(퍼플루오로 부탄)	C_4F_{10}(Perfluorobutane)
HCFC BLEND A (하이드로클로로플루오로카본혼화제)	HCFC-123($CHCl_2CF_3$): 4.75%. HCFC-22($CHClF_2$): 82%. HCFC-124($CHClFCF_3$): 9.5%. / $C_{10}H_{16}$: 3.75%.
HCFC-124(클로로테트라플루오로에탄)	$CHClFCF_3$ (Chlorotetrafluoroethane)
HFC-125 (펜타플루오로에탄)	CHF_2CF_3 (Pentafluoroethane)

■ 불활성기체 소화약제 종류 ☆ 15 서울, 16 부산장

소화약제	상품명	화학식(성분)
IG-01	Argotec	Ar(아르곤)
IG-100	NN100	N_2(질소)
IG-541	Inergen	N_2: 52%, Ar: 40%, CO_2: 8%
IG-55	Argonite	N_2: 50%, Ar: 50%

▶ 암기(541): 질오이 아사공 시8~(* 해설: N_2: 52%, Ar: 40%, CO_2: 8%)

3 할불소화약제의 특성** ☆ 12, 20 소방위.

(1) FC-3-1-10 (플루오르부탄)
① 전역방출에 사용, 소화농도가 비교적 우수함. / 장점은 ➡ 거실에서도 사용할 수 있다.
② 할론1301에 비해 무게로 약 2배의 양을 사용해야 소화된다.(같은 화재에 대해서)

(2) HCFC BLEND A (하이드로클로로 플루오르카본 혼합제)
① 캐나다에서 개발하였다. 대기 중에서 잔존수명이 7년인 할론1301의 대체물질이다.
② 사람이 있는 거실에서 사용할 수 있다. 현재 생산, 판매되나 2030년 생산이 금지된다.

(3) HCFC-124 (클로로테트라 플루오르에탄)
  ① 전역방출방식 및 휴대용소화약제 후보물질. 미국 듀폰사에서 F E-241 상품명으로 판매된다.
  ② 할론1301과 비교할 때 무게비로 1.6배, 부피비로 2.3배를 투입해야 효과적으로 소화할 수 있다.

(4) HFC-125 (펜타플루오르에탄)
  ① **전역방출**방식용 소화약제이다. 할론1301과 아주 유사한 물성을 갖고 있다.(미국 듀폰사 개발)
  ② 완전히 기화시켜 배출하는 데 어려움이 있다. 독성이 비교적 적다.
      그러나 거실에서는 사용할 수 **없다**.(NOAEL은 소화농도보다 낮기 때문에)
  ③ 안정성이 뛰어나 금속, 고무 등 상용성 있지만 기존 할론보다 소화성능이 현저히 떨어진다.
  ④ 장점은 ➡ 기존의 전역방출방식 시설을 약간 보완하면 그대로 사용할 수 있는 장점이 있다.
     다만 더 큰 저장용기가 필요하다. / 궁극적인 할론의 대체물질은 아니다.

(5) HFC-227ea (헵타플루오르프로판)
  ① ❶전역방출방식에 적합하다. ❷비교적 소화성능이 우수한 편이다. ❸ 독성이 낮아서 사람이 있는
     곳의 전역방출방식이 가능하다.
  ② 단점 ➡ 현재 개발된 HFC계 약제 중 가장 우수하게 판단되지만 가격이 약간 높다.

(6) HFC-23 (트리플루오르메탄)   * 오답: FC23
  ① 대기 중 수명이 FC에 비해 낮아 GWP가 작도록 개발된 물질이다.
    - HFC계는 브롬과 염소도 함유하지 않아 ODP가 0이며 독성도 낮다. / 단점 ➡ 브롬이 함유되지
      않아 화학적 성능은 없고 물리적 소화성능만 있기에 기존의 할론에 소화가 못 미친다.
  ② 전역방출방식용의 할론대체 소화약제이다. / 처음에 화학중간원료, 냉매로 사용되어 왔다.
     독성이 낮다. 반면에 할론1301 소화성능의 1/4 정도이다.
  ③ 증기압이 높고 밀도가 낮기 때문에 기존 할론1301 시스템을 사용할 수 없고, CO_2의 대체물질로는
     매우 유망하다.(증기압이 CO_2와 비슷하고 밀도는 더 커서)
  ④ 장점 ➡ CO_2에 비해 낮은 소화농도, 낮은 독성, 기존의 장치를 이용할 수 있다는 장점이다.

(7) HFC-236fa (헥사플루오르프로판)
  ODP가 0이며 독성도 낮다.(* (4)~(7)까지 HFC계 물질은 모두 브롬과 염소를 함유하지 않아서)

(8) FIC-13I1 (트리플루오로이오다이드)* ☞ **화학식: CF_3I** ☆ 12 위, 14 경남장, 20 위
  ① 할론1301에서 브롬원자를 요오드원자로 대치함. 대기 중 수명이 1.15일로 적고, GWP 1이하,
     ODP 0.008 이하로 추정된다. 사람이 있는 곳에서 사용이 곤란하다
  ② 장점 ➡ 물리적, 화학적 소화성능이 있다. / 따라서 소화농도는 3.1%로 매우 우수하다.
  ③ 휴대용으로는 심사가 진행 중이며 앞으로 폭발방지용 약제로도 유력한 대체물질이다.
  ④ 단점 ➡ 가격이 비싼 요오드를 함유하고 있다. (*^^ 이 소화약제는 FIC-13아이원이다.) * 13일일(x)
      (*^^ (1)~(8)번 여기까지 "할로젠화합물소화약제"에 해당된다)

  ✪ 거실사용: (1)(2) / 거실 미사용: (4) / 독성낮다: (4)~(7) / 사람있는곳 사용: (2)(5)(9) / 사람(x) (8)

(9) IG-541 (불연성·불활성기체 혼합가스)
① 질소 52%, 아르곤 40%, 이산화탄소 8%의 혼합약제로 A급, B급 화재의 소화에 적합하다. 할론, 분말처럼 화학적 특성이 있는 것이 **아니고** 주로 밀폐공간에서 산소를 낮추어 소화한다.
② 장점 ➡ 사람이 있는 곳에서도 사용할 수 있다.

(10) IG-01 · IG-55 · IG-100 (불연성·불활성기체혼합가스)
① ❶IG-01은 아르곤이 99.9vol% 이상, ❷IG-55는 질소가 50vol%, ❸아르곤이 50vol%인 성분으로 되어 있으며 ❹IG-100은 질소가 99.9vol% 이상이다.
② ❶대기잔존지수 ❷GWP ❸ODP가 모두 0이다. / 주로 밀폐된 공간에서 산소농도를 낮추는 것에 의해 소화한다.(할론, 분말소화제와 같이 화학적 소화특성을 지니고 있는 것은 아니다)
(*^^ (9)번의 1가지, (10)번의 3가지, 총 4가지는 불활성기체 소화약제에 해당한다)

✪ HFC계 소화효과 가장 우수: (5)번 / 할불소화약제 전체 중 소화효과 매우 우수(3.1%): (8)번

3 독성★★

GWP	· 일정무게의 CO_2가 대기중에 방출되어 지구온난화에 기여하는 정도를 1로 정하였을 때 같은 무게의 어떤 물질이 기여하는 정도를 GWP(지구온난화지수)로 나타내며 다음 식으로 정의된다. $$* \; GWP(지구온난화지수) = \frac{물질\;1kg이\;기여하는\;온난화\;정도}{CO_2\;1kg이\;기여하는\;온난화\;정도}$$
ODP	· ODP(오존파괴지수)는 기준물질로 CFC-11($CFCL_3$)의 ODP를 1로 정하고 상대적으로 어떤 물질의 대기권에서의 수명, 물질의 단위질량당 염소나 브롬질량의 비, 활성염소와 브롬의 오존파괴능력 등을 고려하여 물질의 ODP가 정해지는데 계산식은 다음과 같다. $$* \; ODP(오존파괴지수) = \frac{어떤\;물질\;1kg이\;파괴하는\;오존량}{CFC\text{-}11\;1kg이\;파괴하는\;오존량}$$

■ 독성 검토
① 할론1301은 할론소화제 중 가장 독성이 적은 물질로 15분간 노출시킬 경우의 치사농도가 83.2%이다.
  (이에 비해 할론1211은 32.4%, 할론2402는 12.5%, CCL_4는 2.8%로 독성이 크다.)
② 전역방출방식용 할론1301 대체소화제는 밀폐된 실내에서 사용하므로 독성이 낮아야 하며, 휴대용소화제인 할론1211의 대체소화제는 개방된 대기 중 사용되므로 독성이 약간 높아도 무방하다.
③ 할론대체소화제의 흡입독성은 일반적으로 ALC, NOAEL, LOAEL, LC50로 평가되며 다음과 같이 정의된다.
  ㉠ ALC(Approximate Lethal Concentration)
    - 실험용쥐의 1/2이 15분 이내에 사망하는 농도로 ALC값이 클수록 물질의 독성이 낮다.
  ㉡ LOAEL(Lowest Observed Adverse Effect Level)
    - 농도를 감소시킬 때 악영향을 감지할 수 있는 최소농도 ▶ L감있소!(최소)
  ㉢ NOAEL(No Observed Adverse Effect Level)
    - 농도를 증가시킬 때 심장에 아무런 악영향도 감지할 수 없는 최대농도 ▶ N증없대(최대)
  ㉣ LC50(50% Lethal Concentration) - 반수(半數) 치사농도(ppm)

비글

제7장 분말소화약제*

☆ 13 서울장, 22 소방장

① 고체의 미세한 **분말**이 미세하면 미세할수록 능력은 커진다.
② 분말 소화약제는 탄산수소나트륨, 탄산수소칼륨, 제1인산암모늄 등의 물질을 미세한 분말로 만들어 유동성을 높인 후 이를 가스압(N_2, CO_2)으로 분출시켜 소화하는 약제이다. ☆ 22 장
③ 사용 분말입도는 10~70㎛이며 **최적의 소화효과 입도는 20~25㎛**이다. ▶ 암기: 분말 이이오~
④ 분말은 습기와 고화(굳음)로 금속의 스테아린산염이나 주로 **실리콘수지**로 방습 가공한다.
⑤ 가압가스의 충전상태에 따라 축압식과 가압식으로 구분하며 **약제의 주된 소화 효과는**
   • 축압식: 약제 저장탱크에 분말소화약제를 충전한 후 가압용가스를 함께 충전한 방식,
   • 가압식: 약제 저장탱크와 별도로 가압용가스용기를 설치, 이를 약제저장탱크에 주입한다.
   ㉠ 분말 운무에 의한 **방사열의 차단** 효과   (*^^ 방사열: 복사열)
   ㉡ **부촉매** 효과 및 불연성 가스에 의한 질식효과
   ㉢ 가연성 액체의 표면화재에 매우 효과적, 분말이 비전도체로서 전기화재에도 효과적.
   ㉣ 주로 B·C급화재에 효과적인 BC분말(1·2·4종)과 A·B·C급 화재에 사용하는 ABC 분말(제3종)
    - 이외에도 특수용도의 CDC 분말과 금속화재용 분말이 있다.

   • 1종분말 - 색상: 백색 / 별칭: 중탄산나트륨, 중탄산소다(중조) / 무색결정(단사정계) / 비중: 2.21
   • 2종분말 - 색상: 담회색 / 별칭: 중탄산칼륨 / 형태: 무색결정(단사정계) / 비중: 2.17
   • 3종분말 - 색상: 담홍색 / 별칭: 인산일암모늄, 인산이수소암모늄 / 무색 결정(정방정계) / 비중: 1.8
   • 4종분말 - 색상: 회색 / 별칭: 모넥스(상품명) / 주성분: 탄산수소칼륨+요소 / A급화재 별 효과 없음

1 분말소화약제 특성*
☆ 10 부산장, 13 소방위, 14 서울·인천장, 17 인천·소방장

제1종 분말

① 탄산수소나트륨(분자식: $NaHCO_3$)을 주성분으로 실리콘수지 등으로 표면처리(방습처리)하고
② 분말의 유동성을 높이기 위해 탄산마그네슘, 인산삼칼슘 등의 분산제를 첨가한 약제이다.
③ 초기에 이 약제의 소화효과는
   ㉠ 탄산수소나트륨이 열분해 될 때 발생하는 이산화탄소와 수증기에 의한 질식효과
   ㉡ 열 분해시의 흡열반응에 의한 냉각효과
   ㉢ 분말 운무에 의한 열방사(열복사)의 차단효과라고 생각했었다. 그러나 이 효과 외에도
   ㉣ 연소 시 생성된 활성기가 분말의 표면에 흡착되거나, **탄산수소나트륨의 Na+이온에 의해 안정화 되어 연쇄반응이 차단되는 효과**(부촉매)가 큰 영향을 미치는 것으로 이해되고 있다.
   ㉤ 탄산수소나트륨은 약 60℃에서 분해시작 270℃와 850℃ 이상에서 열분해 된다.
④ 이 약제는 요리용기름이나 지방질기름 화재 시 이들 물질과 결합하여 에스터류가 알칼리의 작용으로 가수분해되어 알코올과 산의 알칼리염이 되는 **비누화반응**을 일으킨다(* 1종만).
   이 때 생성된 비누 상은 가연성액체 표면을 덮어 질식소화와 재발화 억제효과를 나타낸다.
⑤ 또한, 입자의 세분화는 입자의 표면적을 크게 하여 화염과 접촉하는 면적을 크게 하기 때문에 소화효과를 향상시킨다. / B·C급화재에 사용되며 A급화재에는 일반적으로 잘 사용되지 않지만 일반가연물의 **표면화재**에는 일시적인 소화효과가 있다.

제2종 분말	① (원료가) 탄산수소칼륨($KHCO_3$)으로 바뀐 것 이외는 제1종분말 소화약제와 거의 동일하다.
	② 소화효과는 제1종분말과 거의 비슷하나 소화능력은 **제1종 분말보다 우수하다**(약 2배 우수).
	③ 그러나 비누화 반응을 일으키지 <u>않기</u> 때문에 이 경우에는 제1종보다 **소화력이 떨어진다**.
	④ 소화능력이 (1종보다) 우수한 이유는 **칼륨(K)이 나트륨(Na)보다** 반응성이 더 크기 때문임.
	   - 즉, 칼륨 이온(K^+)이 나트륨 이온(Na^+)보다 화학적 소화효과(부촉매 효과)가 크다.
	⑤ 알칼리금속에서 화학적소화효과는 원자번호 Cs 〉 Rb 〉 K 〉 Na 〉 Li의 순서대로 커진다.
	                                  세슘, 루비듐, 칼륨,나트륨, 리튬 ▶ 암기: 세루카나리
	⑥ 탄산수소나트륨 계열은 불꽃과 만나면 황색을 내는 반면 / 탄산수소칼륨 계열의 것은 자주색을 내기 때문에 일명 purple K(미국회사 상품명)라고도 부른다.
	⑦ B·C급 화재에는 유효하나 A급 화재에는 일반적으로 잘 사용되지 않는다.

제3종 분말
14서울
인천
	① 제3종은 일반 분말이 불꽃연소는 큰 효과가 있지만 작열연소는 효과없는 단점을 보완하였다
	② 주성분은 알칼리성의 제1인산암모늄, 담홍색으로 착색되어 있다.(* 제1종, 2종은 산성임)
	③ 인산은 물과의 결합에 따라 메타인산, 파이로인산, 오쏘인산의 3가지로 나눈다
	   ㉠ 수화된 정도가 낮을수록 고온에서 안정하며
	     - 이 중 수화의 정도가 가장 낮은 메타인산은 유리와 같이 용융하나 잘 융해되지 않는다.
	   ㉡ 수화의 정도가 가장 높은 오르쏘인산은 상온에서 가장 안정된 구조를 갖는다.
	④ 3개의 수소원자와 결합하는 암모니아의 수에 따라 제1, 제2, 제3인산 암모늄이 생성된다.
	⑤ 소화효과는 냉각, 질식, 방신, 부촉매, 열방사 차단, 탈수·탄화작용이 있다.
	
	    ① 열분해 시 흡열 반응에 의한 냉각 효과, ★ 14 서울장
	    ② 열분해 시 발생되는 NH_3, 불연성 가스(H_2O 등)에 의한 질식효과,
	    ③ 반응 과정에서 생성된 메타-인산(HPO_3)의 방신(방진)효과, (*A급화재 적용)
	    ④ 열분해 시 유리된 NH_4^+와 분말 표면의 흡착에 의한 부촉매효과,
	    ⑤ 분말 운무에 의한 열방사의 차단효과,
	    ⑥ 오르트인산에 의한 섬유소의 탈수·탄화 작용 등이다. ▶ 암기: 질부 냉방 탈탄방
	
	⑥ 열분해 반응식은 다음과 같다. 제1인산암모늄은 열에 불안정하며
	   ㉠ 150℃ 정도에서 열분해가 시작된다.
	   ㉡ 190℃에서 $NH_4H_2PO_4 \rightarrow H_3PO_4$ (오르토인산) + NH_3
	   ㉢ 215℃에서 $2H_3PO_4 \rightarrow H_4P_2O_7$ (파이로-인산) + H_2O
	   ㉣ 250℃ 이상에서 $2HPO_3 \rightarrow P_2O_5$ (오산화인) + H_2O
	   ㉤ 300℃ 이상에서 $H_4P_2O_7 \rightarrow 2HPO_3$ (메타-인산) + H_2O
	     ▶ 150 열분해, 190, 215, 250, 300 온도순서대로 오파오메(* 오빠! 오메)
	⑦ 제3종 분말소화약제만 A급화재에 적용할 수 있는 이유는? ★ 14 서울, 인천
	   ㉠ 오르트인산이 섬유소(목재, 섬유, 종이)를 탈수 탄화시켜 난연성의 탄소와 물로 변화됨.
	   ㉡ 탈수·탄화시킨 오르트인산은 다시 고온에서 최종적으로 가장 안정된 메타-인산이 된다.
	    - 이 메타인산은 가연물의 표면에 유리상의 피막을 형성하여 연소에 필요한 산소의 유입을 차단하기 때문에 연소가 중단된다. ➡ 잔진(잔신)연소를 방어하는 방진소화 현상의 설명이다.
	⑧ 제3종은 불꽃·작열 연소에 효과있으며 한번 소화된 목재 등은 쉽게 재착화 되지 않는다
	⑨ 제2종, 제3종은 비누화반응을 일으키지 <u>않기</u> 때문에 이들의 화재에 사용하지 않는다.
	    ➡ 요리용기름, 지방질 기름 등 식용유화재에는 사용 않는다는 뜻. ▶ 오답: 비누화현상 있다.
	⑩ 우리나라의 차고나 주차장에는 제3종을 사용하도록 규정(화재안전기준에서)하고 있다.

제4종 분말 14인천	① 제2종 분말을 개량한 것으로 탄산수소칼륨과 + 요소($CO(NH_2)_2$)와의 반응물이다.
	② 분말은 입자가 작아질수록 소화효과는 크다. 그러나 너무 작아지면 가스 압력에서 방사 도달거리가 **짧아**지고, 비표면적이 증가하여 방습 가공이 곤란해지는 단점도 있다.
	  - 따라서 방사 시까지는 입자가 어느 정도의 크기로 유지되어 있다가 방사 후 분말이 화염과 접촉되면서 입자가 미세하게 분리된다면 위와 같은 단점이 보완이 된다.
	  - 이와 같은 개념을 가지고 영국의 ICI사에서 만든 모넥스(상품명)가 탄산수소칼륨+요소이다.
	③ 소화력은 분말약제 중 가장 우수하다. B, C급 화재에는 우수하나 A급에는 별 효과가 없다.

2 기타 분말소화약제 ☆ 14 인천장, 18 소방장, 24 소방위

CDC 분말 14인천	① 포와 함께 사용할 수 있는 분말소화약제이다.
	② 분말소화약제는 빠른 소화능력을 갖으나 **유류화재 등에는 소화 후 재 착화 위험**이 있다.
	  - 포 소화약제는 소화에 걸리는 시간은 길지만 소화 후 장시간에 걸쳐 포가 유면을 덮고 있기 때문에 재 착화 위험은 아주 적으므로 이들의 장점만 살리기 위하여 두 가지 약제를 함께 사용하는 방법을 생각하게 되어 **소포성이 없는 분말소화약제인 CDC가 개발되었다.**
	  - 수성막포 소화약제와 함께 트윈 에이전트(twin agent) 시스템으로 사용되게 되었다.
	③ 분말 소화약제 중에서는 ABC(제 3종) 분말소화약제가 가장 소포성이 적기 때문에 이것을 개량해서 소포성이 거의 없는 CDC를 개발하여 **주로 비행장에서 사용**되고 있다.
	  (*^^ 즉, 제3종 분말소화약제+수성막포= 비행장에 사용하는 CDC분말소화약제라는 뜻)

금속 화재 분말 18장	① 일반적으로 금속화재는 가연성 금속인 알루미늄(Al), 마그네슘(Mg), 나트륨(Na), 칼륨(K), 나트륨/칼륨합금, 리튬(Li), 지르코늄(Zr), 티타늄(Ti), 우라늄(U) 등이 연소하는 것을 말한다.
	② 이러한 금속은 비중에 따라서 두 가지로 분류되며 연소 성상은 다음과 같다.
	  • 비중이 작은 경금속: 융점이 낮고 연소 시 녹아 액상되고 증발하여 불꽃을 내면서 연소함.
	  • 비중이 큰 금속: 융점이 1천℃를 넘고 연소가 어렵지만 연소하면 불꽃을 내면서 비산한다.
	③ 이러한 금속화재는 연소 온도가 매우 높기 때문에 소화하기가 어렵고 물은 급격한 반응이나 수증기 폭발을 일으킬 위험이 있기 때문에 사용을 금한다.
	④ 대표적 물질(흑연, 탄산나트륨, 염화나트륨, 활석 등)은 불꽃을 제거하는 것이 주목적이 아닌 가열에 의해 유기물이 용융되어 주성분을 유리상으로 만들어 금속 표면을 덮어 산소 공급을 차단하거나 온도를 낮추는게 주 소화원리이다. / 이를 위해 약제는 다음 성질을 가져야 한다.
	■ **금속약제 성질**: ① 고온에 견딜 수 있을 것 ② 냉각 효과가 있을 것 ③ 요철있는 금속표면을 피복할 수 있을 것 ④ 금속이 용융된 경우(Na, K 등)에는 용융 액면상에 뜰 것.
	■ 금속분말 소화약제는 ❶ G-1 ❷ Met - L-X ❸ Na-X ❹ Lith-X 로 나눈다. ▶ 암기: G매트 나니
	❶ G-1(지): 흑연화된 주조용 코크스(주성분) + 유기인산염을 첨가한 약제이다.
	  - 흑연은 열을 흡수, 금속온도를 낮추어(냉각)소화한다. 흑연분말은 질식효과도 있다.
	  - Mg, K, Na, Ti, Li, Ca, Zr, Hf, U, Pt 등과 같은 금속화재에 효과적이다.
	❷ <u>Met-L-X</u>(매트) : Mg, Na, K와 Na-K 합금화재에 효과적.(고체 금속조각 화재에 유효) 24위
	  - 염화나트륨(주성분)+제3인산칼슘(유동성물질)+열가소성 고분자물질(입자결합) 약제이다.
	❸ Na-X(나) : Na(나트륨) 화재용이다. / 탄산나트륨(주성분) + 첨가제(비흡습성, 유동성 물질)이다.
	❹ Lith-X(리) : Li(리튬) 화재용이다. / Mg이나 Zr 조각의 화재, Na과 Na-K 화재에도 사용된다.
	  - 흑연(주성분) + 유동성 첨가제를 첨가하였다.

3 소화효과 ☆ 14 서울장

질식효과	• 열분해로 발생되는 CO_2, 수증기 등 불연성기체에 의해 공기 중 **산소농도가** 저하되는 현상.
냉각효과	• 열분해로 나타나는 흡열 반응에 의한 냉각효과와 / 고체 분말에 의한 화염 온도저하(고농도인 경우)는 (냉각효과를) 부인할 수 없으나 (냉각효과는) 주된 소화효과는 아니다.
방사열의 차단효과	• 방출 시 화염과 가연물 사이에 분말의 운무를 형성하여 **방사열을** 차단한다. 따라서 가연물의 온도가 저하되어 연소가 지속되지 못한다. 특히 **유류화재 시 큰 효과**를 나타낸다.
화학적 소화효과	• 가장 큰 효과가 화학적 소화(부촉매)효과이다. H*나 OH* 등으로 연쇄반응을 차단한다. ❶ 분말의 크기를 작게하여 표면적이 증가하여 연쇄반응을 중단시키게 된다. ❷ 연쇄반응을 전파시키는 활성기와 반응할 수 있는 화학종이 생성되는 것이다. – 단, 제1인산암모늄이 주성분인 제3종분말의 경우는 (화학적을) 설명할 수가 없다. 또한 – 강력한 흡열반응으로 온도를 낮추거나 에너지를 제거하여 연쇄반응에 영향을 미친다.
방신효과	• 제3종 분말 소화약제에서만 나타나는 소화효과로 제1인산암모늄이 열분해 될 때 생성되는 용융 유리상의 메타인산(HPO_3)이 가연물의 표면에 불침투의 층을 만들어서 산소와의 접촉을 차단하는 것이다. 따라서 이러한 효과를 나타내는 경우는 A급화재에도 가능하다.
탈수·탄화 효과	• 제1인산암모늄은 190℃ 에서 암모니아와 오르트인산으로 열분해 된다. 이때 생성된 **오쏘인산**은 섬유소를 탈수·탄화시켜 난연성의 탄소와 물로 분해시켜 연소를 중단시킨다.

4 적응화재 ☆ 22 소방위

분말소화약제 적응대상물	분말소화약제 사용 제한
① 인화성 액체를 취급하는 장소 : 유류 탱크, 도료 반응기, 도장실, 도장 건조로, 자동차 주차장, 보일러실, 엔진룸, 주유소, 위험물 창고 ② 인화성액체나 가스 등의 분출로 화재발생 위험이 있는 장소 : 송유관, 반응탑, 가스 플랜트, LNG 방유제 내 등 ③ 전기화재가 일어날 수 있는 장소 : 변압기, 유입 차단기, 전기실 ④ 종이, 직물류 등의 일반 가연물로 표면 연소가 일어나는 경우.	① 정밀한 전기, 전자 장비가 설치되어 있는 장소(컴퓨터실, 전화교환실) ② 자체적으로 산소를 함유하고 있는 자기 반응성 물질 ③ 가연성 금속(Na, K, Mg, Al, Ti, Zr) ④ 소화약제가 도달될 수 없는 일반 가연물의 심부화재

① 분말 소화약제는 빠른 소화 성능 때문에 초기소화용은 고정소화설비에서도 소용량에서 부터 점보제트기의 격납고, LNG 탱크의 방유제 내부에 설치되는 대용량까지 널리 이용된다.
② 가압용 가스가 부착되어 있는 일체형의 경우 방출용동력이 불필요하여 한랭지에서 사용할 수 있으나 약제의 연속공급이 어렵고 냉각효과가 적어 대규모 유류화재에 단독 사용할 수 없다.
  – 이 경우는 수성막포와 병용하는 twin agent system(CDC)으로 사용하는 것이 좋다.
③ 분말은 방사 후 흡습하여 약알칼리 또는 약산성을 나타내기 때문에 금속을 부식시킬 수 있다. 따라서 전기 기기 등에 사용한 경우는 소화 후 즉시 청소를 한다.

☞ 공간 이용 (상기 적응화재에서 분말소화약제 사용 제한 해설)
①번: 컴퓨터실, 전화 교환실은 분말가루로 기계가 잘못되니 할론 등 가스계 소화약제를 사용해야 한다는 뜻
②번: 제5류 위험물(자기 반응성 물질) 등은 산소를 함유하고 있어 분말로서는 질식소화가 부적당하다는 뜻
③번: 금속류 화재에도 일반적인 분말소화약제로는 소화가 부적당하다는 뜻(단, 금속분말소화약제는 제외.)
④번: 분말은 BC급 표면화재에는 적용되지만, A급화재인 심부화재는 안 된다는 뜻.(단, 제3종 분말약제는 제외)

1편 소화약제 — OX(2진법) 개념 따라 잡기~

▶ 소화약제파트 내용임

01 소화약제는 크게 수계와 가스계로 구분하는데, 분말소화약제는 수계로 구분된다. ( )

➡ 분말소화약제는 여러 종류가 있지만 연소물에 방사 시 열에 의해 기체가 생성되기 때문에 가스계로 구분한다. (예) 3종분말 소화약제 : 수증기(H_2O) 및 메타-인산(HPO_3) 등이 생성된다. (*1편 소화약제 제1장)

02 0℃의 얼음 1g이 0℃의 액체 물로 변하는 데 필요한 용융열(용융잠열)은 79.7cal/g이다. 100℃의 액체 물 1g을 100℃의 수증기로 만드는 데 필요한 열량인 증발잠열(기화열)은 639.6cal/g이다. ( )

➡ 얼음 0℃ 1g이 → 0℃ 물은 약 80cal/g 잠열값이 필요하다. / 물 100℃ 1g이 → 수증기 100℃ 1g 으로 변하는데는 약 539cal/g 잠열값이 필요하다. ▶ **암기: 80, 539**(* **연상**: 팔공산에 가니 고3이 9명이 있다) (*1편 소화 제2장)

03 물의 비중은 1atm기준 4℃일 때 0.99로 가장 무거우며 4℃보다 높거나 낮아도 작아진다. ( )

➡ 물의 특성이다. 옳다.(예) 아이스크림은 -13℃에서 맛있고 포도주는 13℃, 맥주는 7℃에서 맛이 높다) (*1편 2장)

04 포 소화효과는 질식효과, 냉각효과, 열의 이동차단, 주변공기 배출, 가연성 증기 생성억제이다. ( )

➡ 포 소화약제의 소화효과 : ① 질식효과 ② 냉각효과 ③ 열의 이동 차단 ④ 주변 공기 배출 ⑤ 가연성 증기 생성억제.(* 유류탱크에 포를 방사하면 주효과 ①②가 되니 부차적으로 ③④⑤가 저절로 된다) (*1편 제3장)

05 단백포는 내열성이 우수하고, 유면 봉쇄성이 좋으나 유동성이 나쁘고, 유류를 오염시키며 더불어서 수성막포와 불화단백포는 표면하주입방식에 적합하다.

➡ 위 내용은 모두 옳다. (*1편 제3장)

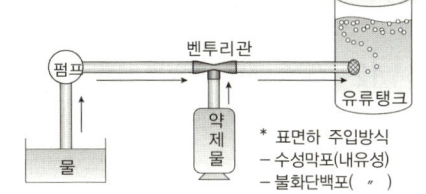

06 이산화탄소의 주된 소화 효과는 질식효과이다. 표면화재에는 우수한 효과를 나타내나 심부 화재에 사용하는 경우에는 재발화의 위험성이 있다. ( )

➡ 옳다 / *용어 - 표면화재 : 유류나 가스처럼 표면에 불꽃이 보이는 화재 / 심부화재 : 나무나 종이처럼 표면의 불꽃을 제거해도 심부(표면이 아닌 내부, 즉, 심부)에 불씨가 일정시간 남아 있는 화재.(*1편 제4장)

정답 ➡ 01. (X)　02. (X)　03. (O)　04. (O)　05. (O)　06. (O)

07 이산화탄소는 무색, 무취이며 전기적으로 비전도성이고 공기보다 약 1.5배 정도 무거운 기체이다. 전기설비, 주차장, 특수가연물 등에 사용되지만 제4류 위험물 등에는 사용이 안 된다. ( )

➡ 본디 이산화탄소, 할론 등 기체 소화약제는 위험물에는 적응이 되지 않지만, 인화성 위험물(예) 제4류 위험물 인화성 액체, 제2류 위험물 중 인화성고체)에는 순간적으로 방사하여 사용이 가능하다. (*1편 제4장)

08 Halon(할론)은 연쇄반응을 차단하는 부촉매 효과로서 현재 Halon 1301, Halon 1211, Halon 2402가 가장 많이 사용되고 있다.

➡ Halon(할론)의 종류는 여러 가지이나 모두 연쇄반응을 차단하는 부촉매(억제) 효과로서 현재 Halon 1301, Halon 1211, Halon 2402가 '화재안전기준'에 명시가 되어 3가지밖에 사용할 수 밖에 없다. (*1편 제5장)

09 Halon에서 불소는 전기 음성도가 가장 큰 물질이다. 때문에 결합 길이도 짧고 결합력도 강해지며 전기 음성도가 커서 모든 원소 중에서 산화력이 가장 크다. 또한 불소는 불연성이며 대기 중 분해되지 않는 안정성이 있으며 탄소-불소 사이의 결합력이 강해 독성이 적다. ( )

➡ 위 내용은 복잡하지만 할론소화약제 중 '불소'의 특성이다. (*1편 제5장)

10 할로젠화합물 소화약제는 헬륨·네온·아르곤·질소 중 하나 이상의 원소를 기본 성분으로 한다. ( )

➡ 불활성기체소화약제 : 헬륨·네온·아르곤·질소 중 하나 이상 원소를 기본성분으로 한다. (*1편 제6장)

11 LOAEL은 농도를 감소시킬 때 악영향을 감지할 수 있는 최소농도이다. ( )

➡ LOAEL : 농도를 **감소**시킬 때 심장에 악영향을 감지할 수 있는 최소농도 ▶ 암기 : ㄴ감있소!(최소)
NOAEL : 농도를 **증가**시킬 때 아무런 악영향도 감지할 수 **없는** 최대농도 ▶ 암기 : N증없대!(최대) (*1편 제6장)

12 제2종 분말소화약제 성분은 담회색 가루의 탄산수소칼륨으로 알칼리금속에서 화학적 소화효과는 원자 번호에 의해 Cs 〉 Rb 〉 K 〉 Na 〉 Li의 순서대로 커진다. ( )

➡ 위 내용은 모두 옳다. 세슘〉루비듐 〉칼륨 〉나트륨 〉리튬의 순서대로 커진다. (*1편 제7장)

13 제3종 분말소화약제 성분은 담홍색 가루 제1인산암모늄이며 방사시 메타인산 등의 생성으로 냉각, 질식, 방진, 부촉매, 열방사 차단, 탈수·탄화작용이 있으나 비누화작용은 일으키지 않는다. ( )

➡ 위 내용은 모두 옳다. 비누화작용은 제1종 분말소화약제만 일으킨다. (*1편 제7장)

정답 07. (X)　08. (O)　09. (O)　10. (X)　11. (O)　12. (O)　13. (O)

2편

연소이론(화재2)

제1장 연소
제1 연소개론 ………………………………… 524
제2 연소 용어 ………………………………… 526
제3 연소의 4요소 …………………………… 529
제4 연소의 형태 ……………………………… 531
제5 연소의 확대 ……………………………… 532
제6 이상연소 현상 …………………………… 533
제7 연소생성물의 종류와 유해성 ………… 534
제8 연기의 이동력과 중성대 ……………… 536

제2장 폭발
제1 폭발개론 ………………………………… 538
제2 폭발형태 ………………………………… 538
제3 폭발의 한계와 영향 …………………… 542
제4 폭연과 폭굉 ……………………………… 542
제5 가연성 가스의 폭발 …………………… 543
　🔹 OX 개념문제 ……………………………… 545

CHAPTER 01 연소(1장)

1 연소

(1) 연소의 정의* ☆ 12 소방위, 14 경기장

연소란 「가연성 물질과 산소와의 혼합 계에 있어서의 산화반응에 따른 발열량이 그 계로부터 방출되는 열량을 능가함으로써 그 계의 온도가 상승하여 그 결과로써 발생되는 열 방사선의 파장의 강도가 빛으로서 육안에 감지하게 된 것이며 화염수반이 보통이다.」라 말한다.

① 화염으로부터 열을 공급받은 가연물은 증기화 또는 열분해 됨에 따라 연소반응은 계속된다.
② 산화제란 산소를 발생, 다른 물질 연소를 발생(증가)시키고 염소와 과산화수소가 대표적이다.
③ 화학반응을 일으키기 위한 최소의 에너지를 활성화 에너라 하며, 연소반응에서는 최소점화(착화)에너지 또는 점화에너지·점화원·발화원이라고 한다.
④ 가연성 가스와 공기의 혼합가스가 점화하기 위한 최소점화에너지는 약 0.001~1[mJ]이다.

> ① 이황화탄소, 수소, 아세톤: 0.019mJ / ② 에틸에테르(0.19mJ),
> ③ 벤젠(0.2mJ), 헥산(0.24mJ), 에탄 및 부탄(0.25mJ), 프로판(0.26mJ), 메탄(0.28mJ)

⑤ 최소점화에너지로는 충격, 마찰, 자연발화, 전기불꽃, 정전기, 고온표면, 단열압축, 자외선, 충격파, 낙뢰, 나화, 화학열 등에 의해 공급된다.

(2) 연소의 형태** ☆ 12, 13 소방위, 14 부산장, 경북장, 16 부산장 등

연소의 형태에 따라 불꽃(화염)연소와 표면(작열)연소로 구분한다. / 불꽃연소는 가연성 가스에 산소가 공급됨으로써 불꽃을 동반하는 연쇄반응이며, / 표면연소는 고체상태의 가연물 표면에 산소가 직접 공급되어 연소가 진행되며 불꽃을 동반하지 않는다.

불꽃연소	① 불꽃연소는 고체의 분해연소, 자기연소, 증발연소, 액체의 증발연소가 해당한다. ② 목재와 종이 등은 열 분해되어 가연성 가스가 산소가 혼합되며 이를 분해연소라 한다. ③ 셀룰로이드와 같이 이미 산소를 포함하고 있는 물질은 공기 중의 산소가 필요하지 않으며 이러한 물질의 연소를 자기(셀프)연소라 한다. ④ 나프탈렌·유황 등은 열에 의해 고체에서 기체로 증발하여 연소하기에 증발연소라 한다 ⑤ 액체가연물은 표면으로부터 증발하여 가연성가스가 발생하며 산소와 혼합되어 연소한다 ⑥ 대표적으로 가솔린과 같은 석유류의 액면(액체의 면)에서의 연소가 이에 해당한다.
표면연소	① 표면연소만 일어나는 물질로 목탄(숯), 코크스, 금속분이 있으며 ▶ 암기: 포스코금속 ② 쉽게 산화될 수 있는 금속물질(알루미늄, 마그네슘, 나트륨 등)이 있다. (금속가루니까)
불꽃+표면	① 연탄·목재·종이·짚 등은 불꽃연소와 + 표면연소가 연이어 발생한다. ② 고체에서 열분해된 가연성가스가 연소시 ❶불꽃연소가 일어나며 ❷이후 표면연소로 진행된다.

(3) 정상연소와 비정상연소
기체는 연소에 연소형태에 따라 정상연소와 비정상연소로 구분할 수 있다.

정상연소	① 가연물의 연소 시 **충분한 공기의 공급**이 이루어지고 기상조건이 양호할 때 이루어진다. **화재의 위험성이 적으며**(정상 연소니까), 연소상의 문제점이 발생하지 않고 연소장치·기기 및 기구에서의 열효율도 높다. 열의 발생속도와 방산속도가 서로 균형을 이루고 있다. ② 예로는 도시가스나 프로판가스를 이용한 버너 또는 라이터에 의한 연소이다.
비정상연소	① 공기의 공급이 **불충분**하거나 기상조건이 좋지 않아 이상연소현상이 발생된다. 화재 위험성이 증가하며, 연소상 문제점이 발생, 연소기기 등의 안전관리에 주의한다. ② 폭발처럼 연소가 격렬하게 일어나며, 열의 발생속도가 방산속도를 능가할 때 발생한다.

※ 연소의 3요소(산소, 가연물, 열)가 오랫동안 사용되었다. 그러나 연소반응이 일어나기 위해서는 산소(산화제), 가연물(연료), 열(에너지), 화학적 연쇄반응의 4가지 요소가 필요하다.

(4) 완전연소와 불완전연소*
가연물질이 연소하면 탄소(C), 수소(H) 황(S) 등으로 구성되며 산소(O_2)와 연소반응에 의해 일산화탄소(CO)·이산화탄소(CO_2) 및 수증기(H_2O) 등이 발생한다. 이때, 공기 중의 산소 공급이 충분하면 완전연소반응이 일어나고 산소의 공급이 불충분하면 불완전연소 반응이 일어난다.

✪ 완전연소 시에는 (완전히 연소된) 이산화탄소(CO_2)가, / 불완전연소 시에는 일산화탄소(CO)가스가 발생한다.

(5) 연소용 공기량

이론공기량	이론적으로 가연물이 완전연소하기 위해 필요로 하는 최소공기량이다.
실제공기량	실제로 완전연소를 위해 필요한 공기량이며, 이론공기량보다 더 많이 필요하다.
과잉공기량	이론공기량보다 더 많이 공급된다. 실제공기량에서 이론공기량을 차감하여 얻는다.
이론산소량	이론적으로 완전연소를 위해 필요하는 최소산소량이다. / ·이론공기량 × 21/100
공기비	실제공기량에서 이론 공기량을 나눈 값 / ·과잉공기량 = 실제공기량 - 이론공기량 ·공기비 = 실제공기량 / 이론공기량 = 실제공기량/실제공기량 - 과잉공기량

✪ 공기비는 기체 가연물질은 1.1~1.3 / 액체 가연물질은 1.2~1.4 / 고체 가연 물질은 1.4~2.0 이 된다.

▍공기 중 산소증가와 불완전연소의 원인 ▍**

산소농도가 증가하면	불완전연소의 원인
① 연소속도는 빨라진다. ② 화염의 온도는 높아진다. ③ 폭발한계는 넓어진다. ④ 발화온도(발화점)는 **낮아**진다. ⑤ 점화에너지는 **작아**진다.	① 가스의 조성이 균일하지 못할 때 ② 공기 공급량이 부족할 때 ③ 주위의 온도가 너무 낮을 때 ④ 환기 또는 배기가 잘 되지 않을 때 등.

➲ ④⑤해설: 산소농도가 증가하면 낮은 온도에서도 불이 붙고, 작은 에너지로도 연소가 가능하다는 뜻

(6) 연소방정식

① 탄소(C)와 수소(H)로 구성된 탄화수소계 가연성 가스 완전연소하면 CO_2와 H_2O가 발생되나 공기양이 부족하면 불완전연소하여 CO가 발생된다. 이에 대한 연소방정식은 다음과 같다.

$$CmHn + (m + \frac{n}{4})O_2 \rightarrow mCO_2 + \frac{n}{2}H_2O$$

※ 탄화수소계 가연성 가스의 완전연소식

ⓐ 메탄(CH_4) : $CH_4 + 2O_2 \rightarrow CO_2 + 2H_2O + 212.80$ kcal
ⓑ 프로판(C_3H_8) : $C_3H_8 + 5O_2 \rightarrow 3CO_2 + 4H_2O + 530.60$ kcal
ⓒ 부탄(C_4H_{10}) : $C_4H_{10} + 6.5O_2 \rightarrow 4CO_2 + 5H_2O + 687.64$ kcal

- LNG 주성분인 메탄이 연소 시 2몰 / 프로판은 5몰 / 부탄은 6.5몰의 산소가 필요하다.
  (* 결국 프로판, 부탄이 연소하려면 메탄보다 2~3배의 산소가 더 필요하다.)

■ 이론 공기량을 구해보면 메탄은 9.5, 프로판은 24, 부탄은 31배의 공기가 필요하다.
· 이론산소량 = 이론공기량 × 21/100(즉, °.21) / · 이론공기량 = 이론산소량 ÷ 0.21

(7) 연소불꽃의 색상 ☆ 13 경남장

가연물의 연소과정에서 공기(산소)의 공급량이 충분하면 불꽃색상은 휘백색을 나타난다.

연소불꽃의 색	온도(℃)	연소불꽃의 색	온도(℃)
암 적 색	700	황 적 색	1,100
적 색	850	백 적 색	1,300
휘 적 색	950	**휘 백 색**	1,500 이상

2 연소용어 ☆ 16 부산장

(1) 인화점(Flash Point, 유도발화점) ☆ 12 경북장, 15, 18 소방장, 22 소방위

① 인화점은 가연성 액체 또는 고체로부터 발생한 인화성 증기의 농도가 점화원에 의해 착화될 수 있는 **최저온도**를 말한다. ☆ 22 위
② 가연성 액체로부터 발생하는 인화성 증기의 양은 포화증기압에 의존한다. 포화증기압은 온도의존성이 있다. 각 온도 조건에서 연소 가능한 하한값을 연결한 것을 연소하한계라 한다.
③ 디에틸에테르는 1기압 -40℃ 이하에서 인화성 증기가 발생하여 연소하한값을 형성한다. 이때 점화원이 존재하면 착화하게 된다. 한편, 고체의 경우 열분해과정으로 인화성 증기가 발생한다

구 분	액 체	고 체
가연성 가스 공급	증발과정	열분해과정
인화에 필요한 에너지	적 다	크 다(많이 필요)

★ 인화점 ☞ 디에틸에테르, 아세트알데히드: -40℃ / 이황화탄소: -30℃ / 휘발유: -43~-20℃
아세톤, 시안화수소: -18℃ / 초산에틸: -4℃ / 메틸알코올: 11℃ / 에틸알코올: 13℃ / 등유: 30 ~ 60℃ / 중유: 60 ~ 150℃ / 크레오소오트: 74℃ / 글리세린: 160℃ / 방청유: 200℃

(2) 발화점(Ignition Point, 착화점)* ☆ 12 경북장, 15, 18 장, 21, 22 위

외부의 직접적인 점화원이 없이 가열된 열의 축적으로 발화가 되고 연소가 되는 최저온도이다.
즉 점화원 없는 상태에서 공기 또는 산소 중에서 발화되는 최저온도이다.

① 산소와의 친화력이 큰 물질일수록 발화점이 낮고 발화하기 쉬우며 고체 가연물의 발화점은 가열공기의 유량, 가열속도, 가연물의 시료나 크기, 모양에 따라 달라진다.

② 발화점은 인화점보다 수백도 높다. 화재진압 후 잔화정리할 때 계속 물을 뿌려 냉각시키는 것은 가열된 물질의 온도가 발화점 이상 상승하여 다시 연소되는 것을 방지하기 위한 것이다.

발화점이 낮아지는 이유	발화점이 달라지는 요인
① 분자의 구조가 복잡할수록 ② 발열량이 **높을수록** 22 위 ③ 압력, 화학적 활성도가 클수록 ④ 산소와 친화력이 클수록 ⑤ 금속의 열전도율과 (물질 내)습도가 **낮을수록**	① 가연성 가스와 공기의 조성비 22 위 ② 발화를 일으키는 공간의 형태와 크기 ③ 가열속도와 가열시간 ④ 발화원의 재질과 가열방식 등에 따라 달라진다.

■ 물질의 발화점(낮은 순서) ■ 10 강원, 15 소방장

물질	발화점(℃)	물질	발화점(℃)	물질	발화점(℃)
황 린	34	목 탄	320~400	**프로판**	423
이황화탄소	100	암모니아	351	산화에틸렌	429
셀룰로이드	180	에틸알코올	363	무연탄	440~500
헥 산	223	부 탄	365	일산화탄소	609
휘발유	257	목 재	400~450	견 사	650
적 린	260	고 무	400~450	탄 소	800

(3) 연소점(Fire Point, 화재점) ☆ 14 경기장, 22 위

연소점은 연소상태가 계속될 수 있는 온도를 말한다. ☆ 22 위

① 인화점보다 대략 10℃ 정도 높고 연소상태가 5초 이상 유지 될 수 있는 온도이다.
② 연소반응은 가연성 증기 발생속도가 연소반응에 사용되는 소비속도보다 **클** 경우에 유지할 수 있으며 온도는 인화점<연소점<발화점 순이다. * **연소반응**: 증기발생속도 > 연소속도

(4) 기타 연소용어 ☆ 08 경북교, 15 위, 16 부산장, 22 장

연소속도	가연물에 공기가 공급되어 연소가 되면서 반응하여 **연소생성물을 생성할 때의 반응속도**이다. ① 연소생성물 중에서 불연성 물질인 질소(N_2), 물(H_2O), 이산화탄소(CO_2) 등의 농도가 높아져서 가연물에 산소가 공급되는 것을 방해 또는 억제시킴으로서 연소속도는 **느려진다**. ② 온도가 높아질수록 반응속도가 상승하며, 압력을 증가시키면 단위부피 중의 입자수가 증가하므로 결국 기체의 농도가 증가하므로 반응속도도 상승한다. 촉매는 반응속도를 변화시키는 물질로서 반응속도를 빠르게 하는 정촉매와 반응속도를 느리게 하는 부촉매가 있다. ■ 연소속도에 영향을 미치는 요인: ① 가연물의 온도 ② 산소농도에 따라 가연물질과 접촉하는 속도 ③ 산화반응을 일으키는 속도 ④ 촉매 ⑤ 압력 등

연소범위 08경북교, 15소방위, 16부산장	가연물의 연소반응을 위해 필요로 하는 조성조건의 하나로서 발화 가능한 가연성 가스와 공기와 부피 비율(vol%)을 말한다. 가연성 기체의 부피에 의해 상한과 하한이 표시된다. 예 수소와 공기 혼합물은 대기압 21℃에서 수소비율 4.1~75%의 경우 연소가 계속된다. ① 혼합물 중 가연성 가스의 비율이 너무 희박해도, 너무 농후해도 연소는 일어나지 않는데 - 가연성 가스의 분자와 산소와의 분자수가 상대적으로 한쪽이 많으면 분자 간의 유효충돌 횟수가 감소하여 충돌했다 하더라도 충돌에너지가 주위에 흡수·확산되어 연소반응의 진행이 어렵다. 연소범위는 온도와 압력이 상승함에 따라 확대되며 그 위험성이 증가한다. ○ **연소범위 넓은 순서** ☞ 아세틸렌: 2.5~82 / 수소: 4.1~75 / 일산화탄소: 12.5~75, 에틸에테르: 1.7~48 / 에틸렌: 3.0~33.5 / 메틸알코올: 7~37 / 에틸알코올: 3.5~20 / 시안화수소: 12.8~27 / 암모니아: 15.7~27.4 / 아세톤: 2~13 / 메탄: 5.0~15 / 에탄: 3.0~12.5 / 프로판: 2.1~9.5 / 휘발유: 1.4~7.6 ☆ 08위, 16부산
증기비중	증기 비중은 압력과 온도가 동일한 상태에서 같은 부피를 공기 무게와 비교한 것으로 증기 비중이 1보다 큰 기체는 공기보다 무겁고 1보다 작으면 공기보다 가벼운 것을 의미한다. ① 이산화탄소(CO_2)는 분자량이 44g/mol이며 공기 분자량은 29g/mol이다. 이산화탄소의 증기비중은 약 1.5로서 공기보다 무겁기에 대기 중에 방출되면 아랫부분에 쌓이게 된다. ② 만일, 증기비중이 1보다 큰 가연성 증기가 노출되면 증기는 낮은 곳에 체류하고 연소(폭발)범위에 있으므로 점화원에 의한 연소 및 폭발의 위험성이 증가한다. ③ 액화석유가스(LPG)는 프로판과 부탄의 혼합물로서 기체상태의 증기비중은 약 1.5에 해당하기에 낮은 곳에 체류하게 된다. ○ 증기비중 = 분자량 / 29 (* 29 : 공기의 평균 분자량)
비점	액체의 증기압은 대기압에서 같게되어 끓기 시작하는 온도를 비점이라 한다. ☆ 22 장 ① 비점이 낮은 경우는 액체가 쉽게 기화되므로 비점이 높은 경우보다 연소가 잘 일어난다. ② 비점이 낮으면 인화점이 낮은 경향이 있다. 예 휘발유는 비점이 30 ~ 210℃, 인화점은 -43 ~ -20℃인데, 등유의 비점은 150 ~ 300℃, 인화점은 40 ~ 70℃이다.
비열	① 어떤 물질 1g을 1℃ 올리는 데 **필요한 열량**을 비열이라 한다. ☆ 22 장 - 1g 물을 1℃ 올리는 데 드는 열량은 1cal, 구리를 1℃ 올리는데 필요한 열량은 0.0924cal. ② 국제단위계에서 에너지의 단위는 줄(J)을 사용하며, 1cal는 약 4.19J이다. 따라서 물의 비열은 4.19J/g·K로 나타낸다. / 비열은 물질이 갖는 고유한 특성 중의 하나이며, 대부분의 액체 물질은 물의 비열 4.19J/g·K보다 작다. / 비열은 어떤 물체를 위험 온도까지 올리는 데 필요한 열량이나 고온의 물체를 안전한 온도로 냉각시키는 데, 필요한 열량을 나타내는 척도로 사용되며, 물이 소화제로서 효과가 있는 이유는 물의 비열이 크기 때문이다.
융점	대기압(1atm)상태에서 고체가 녹아 액체가 되는 온도를 융점이라 한다. 융점이 낮은 경우 액체로 변화하기 쉽고 화재 상황에서(화재 시)는 연소구역의 확대가 쉬우므로 위험성이 매우 높다.
잠열	어떤 물질에 열의 출입이 있더라도 온도는 변하지 않고 상태변화에만 사용되는 열을 말한다 ① 고체에서 액체로 또는 액체에서 고체로 변할 때 출입하는 열을 융해 잠열이라 하고, 액체가 기체로 또는 기체에서 액체로 변할 때 출입하는 열을 증발잠열이라 한다. ② 대기압에서의 물의 융해 잠열은 80cal/g, / 100℃에서의 증발 잠열은 539cal/g이다. ④ 물이 좋은 소화제가 될 수 있는 이유 중의 하나는 물의 증발 잠열이 크기 때문이다. ⑤ 0℃의 얼음 1g이 100℃의 수증기가 되기까지는 → 약 719cal의 열량이 필요하다. ⑥ 대개의 물질은 잠열(융해잠열 및 증발잠열)이 물보다 작다. ↓ (*^^ 80cal+539cal+100℃= 719cal)
점도	모든 액체는 점성(끈끈한 성질)을 가지고 있다. 액체의 점착(달라붙음)과 응집력(뭉치는 힘)의 효과로 인한 흐름에 대한 저항의 측정 수단이며 점성이 낮아지면 유동하기에 쉬워진다.

3 연소의 4요소

연소의 3요소인 가연물, 산소(공기), 점화원에 화학적 연쇄반응을 포함하여 연소의 4요소라 한다.

(1) 가연성 물질(이연성물질) ★ 14, 경기, 10, 14~16, 21 소방위

대부분의 유기화합물, 금속(Na, Mg 등), 비금속(탄소, 인, 황), 가연성가스(LPG, LNG, CO 등)가 가연성 물질(산소와 발열반응 하는 산화하기 쉬운)이다. 불연성 물질은 반대로 산화하기 어려운 것(활성화에너지가 큰 물질)으로서 물, 흙과 같이 이미 산화되어 더 이상 산화되지 않는다.

가연물질의 구비조건** 14, 경기교 14~16소방위	① 화학반응을 일으킬 때 필요한 최소의 에너지(활성화에너지) 값이 적어야 한다. ② 일반적으로 산화되기 쉬운 물질로서 산소와 결합할 때 발열량이 커야 한다. ③ 열의 축적이 용이하도록 열전도의 값이 적어야 한다. 　[✪ 열전도율 : 기체<액체<고체 순서로 커지므로 연소순서는 반대이다] ④ 조연성 가스인 산소·염소와의 친화력이 강해야 한다. ⑤ 산소와 접촉할 수 있는 표면적이 큰 물질이어야 한다.[✪ 기체>액체>고체] ⑥ 연쇄반응을 일으킬 수 있는 물질이어야 한다.
가연물이 될 수 없는 조건* 15소방위	① 주기율표 0족의 불활성기체로서 이들은 결합력이 없어 산소와 결합하지 못한다. 　- 헬륨(He), 네온(Ne), 아르곤(Ar), 크립톤(Kr), 크세논(Xe) 등 ② 이미 산소와 결합하여 더 이상 산소와 화학반응을 일으킬 수 없는 물질 　- 물, CO_2, 산화알미늄, 산화규소, 오산화인, 삼산화황, 삼산화크롬, 산화안티몬 　※ 일산화탄소(CO)는 산소와 반응하기 때문에 가연물이 될 수 있다. ③ 산소와 화합하여 산화물을 생성하나 발열반응을 하지 않고 흡열반응하는 물질 　- 질소 또는 질소 산화물 N_2, NO. ④ 자체가 연소하지 않는 물질 : 돌, 흙 등

(2) 산소 공급원**

공기 중 약 21%의 산소가 포함되어 있어서 공기는 산소공급원 역할을 할 수 있다.
산소의 농도가 높을수록 연소는 잘 일어나고 산소농도 15% 이하에서는 연소가 어렵다.

공기	공기 중 산소는 부피%로 21vol%, 질소 78vol% / 질량%로 산소 23wt%, 질소 75wt% 이다.
산화제	제1류·제6류 위험물로서 가열·충격·마찰에 의해 산소를 발생한다. 제1류 위험물에는 염소산염류, 과염소산염류, 무기과산화물류 등의 과산화물이 있다. 제6류 위험물에는 과염소산, 질산, 과산화수소 등이 있다. (*^^ 제1류위험물: 끝자가 "염류" + 무기과산화물류 등 / 제6류위험물: 과염소산, 질산 등) ✪ 과산화칼륨 : 물과 접촉하거나 가열하면 산소를 발생시킨다. 　과산화나트륨 : 수용액은 30~40℃의 열을 가하면 산소를 발생시킨다. 　질산나트륨 : 조해성이 있어 열을 가하면 아질산나트륨과 산소가 발생한다.
자기반응성 물질	제5류 위험물로서 분자 내에 가연물과 산소를 함유하여 연소속도가 빠르고 폭발을 일으킬 수 있다. 예 나이트로글리세린(NG), 셀룰로이드, 트리나이트로톨루엔(TNT) 등
조연성물질	자신은 연소하지 않고 연소를 돕는 기체로 산소, 불소, 오존, 염소와 할로젠원소 등이 있다.

(3) 점화원
연소반응이 일어나려면 외부로부터 활성화에너지가 필요한데, 이를 점화원이라고 한다. 점화원은 전기불꽃, 충격 및 마찰, 단열압축, 나화 및 고온표면, 정전기 불꽃, 자연발화 등이 있다.

전기불꽃	① 전기설비의 회로 상 또는 전기기기·기구 등으로부터 발생할 수 있다. (* 예: 전기화로 접점, 자동제어기의 릴레이 접점, 모터의 정류자와 브러시 사이) ❂ $E = 1/2\ CV^2 = 1/2 QV$ (E: 전기불꽃에너지 C: 전기용량, Q: 전기량, V: 전압)	
충격 및 마찰	· 2개 이상의 물체가 서로 충격·마찰을 일으키면서 작은 불꽃을 일으키는데, 이러한 마찰불꽃에 의하여 가연성 가스에 착화가 일어날 수 있다.	
단열압축	· 외부로의 열의 이동이 없는 상태에서 압력을 가한 것이다. 기체를 높은 압력으로 압축하면 온도가 상승하는데, 여기에 각종 연료유나 윤활유가 열분해 하여 저온 발화물을 생성하며 그 발화물질이 연소하면 폭발하게 된다. (*^^ 단열이란 뜻은 열을 막아서 열의 출입이 없다는 개념의 뜻이다).	
나화 및 고온표면	① 나화란 화염이나 불꽃 또는 발열부를 외부에 노출한 상태로 사용하는 것이다 연소성 화학물질 및 가연물이 존재하는 장소에서 나화의 사용은 대단히 위험하다. ② 작업장 화기, 가열로, 건조장치, 굴뚝, 전기기계설비 등의 고온표면은 위험성이 있다.	
정전기 불꽃★ 08경북교	① 물체가 접촉하거나 떨어질 때 양(+)전하와 음(-)전하로 분리가 일어나 발생한 과잉 전하가 물질에 축적되는 현상이다. 이 경우 정전기 전압은 가연물에 착화가 가능하다. ② 화학섬유 의복 및 절연성이 높은 옷을 입으면 대단히 높은 전위가 인체에 대전되어 접지 물체에 접촉하면 방전불꽃이 <u>발생</u>한다. ❂ 정전기를 방지하기 위한 예방대책★ ① 정전기의 발생이 우려되는 장소에 접지시설을 한다. ② 실내의 공기를 이온화하여 정전기의 발생을 예방한다. ③ 습도가 낮거나 압력이 높을 때 많이 발생하므로 <u>상대습도를 70%</u> 이상으로 한다. ④ 전기의 저항이 큰 물질은 대전(帶電)이 용이하므로 <u>전도체 물질을</u> 사용한다.	
자연발화 14서울장 18소방장	· 인위적으로 가열하지 않아도 일정한 장소에 장시간 저장하면 열이 발생하고, 그 열이 지속적으로 축적되어 발화점에 도달하면 스스로 발화하게 된다.	
	자연발화 원인★	① 분해열에 의한 발열 : 셀룰로이드, 나이트로셀룰로오스 ② 산화열에 의한 발열 : <u>석탄</u>, 건성유 ③ 발효열에 의한 발열 : 퇴비, 먼지 (*^^ 발효열: 미생물열) ④ <u>흡</u>착열에 의한 발열 : <u>목탄, 활성탄</u> 등이 있다. ▶ 흡목활(흡모항) ⑤ 중합열에 의한 발열 : HCN(시안화수소), <u>산화에</u>틸렌 등 ▶ 시한한 사내
	방지대책★	① 통풍구조를 양호하게 하여 공기유통을 잘 시킬 것 A(공기) ② 열이 쌓이지 않도록 퇴적한다. Q(발열량) ③ 저장실 주위의 온도를 <u>낮춘</u>다. T(온도) ④ 습도 상승을 <u>피</u>한다. M(습도) ▶ AQTm(에이큐를 티미하게)
복사열 (Radiation Heat)	① 물체에서 방출하는 전자기파를 직접 물체가 흡수하여 열로 변했을 때 에너지이다. ② 전자기파에 의해 열이 매질없이 고온 물체에서 저온의 물체로 직접 전달되는 현상이다. ③ 물질에 따라서 비교적 약한 복사열도 장시간 노출될 경우 발화할 수 있다. - 햇빛이 유리나 거울에 반사되어 가연물에 장시간 쪼일 때 열 축적되어 발화 가능.	

(4) 연쇄반응
가연물 각각의 반응이 다른 반응에 영향을 주는 것을 (화학적)연쇄반응이라 한다. 이를 억제하기 위해 활성화에 필요한 에너지를 높여서 연소의 지속을 차단하는 것을 부촉매 효과라고 한다.

4 연소의 형태 ★ 10 강원, 위, 22 소방장

가연물의 종류와 분자의 구조, 원소의 종류, 물성 등에 따라 기체·액체·고체연소로 분류된다

(1) 기체의 연소★ ★ 15 소방장
① 가연성 기체는 공기(산소)와 적당한 부피비율로 섞여 연소범위농도에서 연소가 가능하다.
② 기체연소가 다른(고,액체) 가연물과 비교해 다른점은 폭발(폭연, 폭굉)을 수반한다는 것이다.
③ 기체의 연소는 정상연소와 비정상연소로 구분되는데
  ㉠ 정상연소는 통제 가능한 연소라 말할 수 있으며 확산연소와 예혼합연소가 해당한다.
  ㉡ 비정상연소는 통제 불가능한 연소라 말할 수 있으며 폭발연소가 이에 해당한다.

확산연소 (발염연소)	연소버너 주변에 가연성 가스를 확산시켜 산소와 접촉, 연소범위의 혼합가스를 생성하여 연소하는 현상으로 기체의 일반적 연소형태이다. ＊오답: 역화의 가능이 있다. ◎ 예) LPG - 공기, 수소 - 산소의 경우이다.
예혼합연소	연소시키기 전에 이미 연소 가능한 혼합가스를 만들어 연소시키는 것으로 혼합기로의 역화를 일으킬 위험성이 크다. (*^^ 혼합기, 즉 미니 산소통이 있는 버너의 연소이다) ◎ 예) 가솔린엔진의 연소와 같은 경우이다.
폭발연소	・가연성 기체와 공기의 혼합가스가 밀폐용기 안에 있을 때 점화되면 연소가 폭발적으로 일어나는데 예혼합연소의 경우 밀폐된 용기에 역화가 일어나면 폭발 위험성이 크다. ・많은 양의 가연성 기체와 산소가 혼합되어 일시에 폭발적인 비정상연소이다. 폭발(×)

(2) 액체의 연소 ★ 08 경북교, 12 부산장

증발연소 (액면연소)	① 액체 가연물질의 연소는 액체 자체가 연소하는 것이 아니라 "증발"이라는 변화 과정을 거쳐 발생된 가연성 증기가 연소하는 것이다. (*^^ 증발된 기체가 연소한다) ② 액면에서 발생하는 증기가 연소하기 때문에 증발연소 또는 액면연소라 한다. ③ 액체 가연물의 연소원리는 화염에서 복사나 대류로 액체표면에 열이 전달되어 증발이 일어나고 발생된 증기가 공기와 접촉하여 액면의 상부에서 연소되는 반복적 현상이다. ④ 휘발성 액체의 경우 상온에서 기화하기 쉬운 물질이기 때문에 외부로부터의 열을 받지 않아도 쉽게 가연성 증기가 발생하기 때문에 쉽게 연소 가능하다.(④는 자연발화 내용) ⑤ 액체가 비휘발성이거나 비중 큰 가연성 액체의 경우 증기를 발생하기 위해서는 외부로부터의 열을 공급받아야만 가연성 증기를 발생할 수 있다.(*^^ ⑤는 분해연소 내용과 유사) ◎ 에테르, 이황화탄소, 알코올류, 아세톤, 석유류 등이다. ▶암기: 에이! 알아서 (증발)해~
분해연소	・분해연소 : 점도가 높고 비휘발성이거나 비중이 큰 액체 가연물이 열분해 하여 증기를 발생 함으로써 연소가 이루어지는 형태이며 / 이는 상온에서 고체상태로 존재하고 있는 고체가연물의 경우도 분해연소의 형태를 보여준다. (*^^ 고체도 분해연소한다는 뜻)
액적연소	◎ 액적연소: 점도가 높고 비휘발성인 액체의 점도를 낮추어 버너를 이용하여 액체의 입자를 안개상태로 분출하여 표면적을 넓게 함으로서 공기와의 접촉면을 많게 하여 연소시키는 형태이다. (*^^ 액적연소는 분무연소로서 액체의 미세한 물방울이 공기 중 퍼지면서 연소한다. 예) 석유스토브)

(3) 고체의 연소

표면연소 (직접연소)	• 열분해나 증발하지 않고 표면에서 산소와 산화반응하여 연소하는 현상이다. • 즉, 목탄과 같이 열분해에 의해서 가연성 가스를 발생하지 않고 그 물질 자체가 직접 연소하는 현상으로 **불꽃이 없는 것(무염연소)**이 특징이다. * 오답: 산화반응 없이 ➕ 예: 목탄(숯), 코크스, 금속(분·박·리본 포함) 등이며 나무와 같은 가연물의 연소말기에도 표면연소가 이루어진다. 23장 ▶ 암기: (포)스코금속
증발연소	• 고체 가연물이 **열분해를 일으키지 않고 증발**하여 증기가 연소되거나 먼저 용해된 액체가 기화하여 증기가 된 다음 연소하는 현상이다. ▶ 암기: 파나유?(증발해도) ➕ 예: 액체 가연물의 증발연소 형태와 같으며, 파라핀(양초), 나프탈렌, 황(S, 유황) 등이 있다.
분해연소	• 고체 가연물질을 가열하면 **열분해를 일으켜** 나온 분해가스 등이 연소하는 형태이다. • 열분해에 의해 생기는 물질에는 CO, CO_2, 수소, 메탄 등이 있다. ➕ 예: 종이·석탄·목재·플라스틱·고무류·섬유·합성수지 등(이들은 연소열에 의해 고체의 열분해는 계속 일어나 가연물이 없어질 때까지 계속된다) ▶ 암기: 합종석 묵풀고서 (분해했다) (노래방가서~)
자기연소 (내부연소)	• 분자 내에 산소를 함유하고 있어 **열분해에 의해서 가연성 가스와 산소를 동시에 발생시키므로** 공기 중 산소없이 연소할 수 있다. 내부연소라고도 한다. ➕ 위험물안전관리법 시행령 별표1의 제5류 위험물인 나이트로셀룰로오스(NC), 트리나이트로톨루엔(TNT), 나이트로글리세린(NG), 트리나이트로페놀(TNP) 등이 있으며 폭발성 물질로 취급되고 있다.

5 연소의 확대 ☆ 13 인천장 14 경기장

전도 →∥←	• 고체 또는 정지상태의 기체·액체의 내부에서 고온에서 저온으로 열이 전달 현상이다. • 두 지점의 **온도차**, 길이, 열 전달되는 물질의 **단면적**, 물질의 **열전도율**에 따라 달라진다 • **열전도율은 고체가 > 기체보다 크고 / 금속류가 > 비금속류보다 크다.** (* 열전달 빠름의 뜻)
대류 ↻ 14경기장	• 공기의 운동이나 유체의 흐름에 의해 열이 이동하며 / 액체나 기체에 온도를 가하면 비중이 작아져 분자의 운동이 활발하여지고 팽창하면서 고온의 열기류는 상승하게 된다. • 화재현장의 연기가 위로 향하는 것이나 화로에 의해 방안의 공기가 더워지는 것이 대류에 의한 현상이다. (*^^ 어떤 물질로 인해 열이 전달되는 것이다. 즉, 공기, 물, 가스 등) • 초기화재시 가장 중요한 열전달은 대류이며 가연물로부터 방출에너지 약 70%는 대류를 통한다.
복사 → ↓ 13인천장	• 물체가 가열되면 열에너지를 **전자파로 방출**되는데 이 전자파에 의해 열이 이동한다. • 예 태양으로부터 지구까지 에너지가 전달되는 것이고 난롯가에 열을 쬐면 따뜻한 것. • 복사에 의한 열의 전달양은 전도·대류에 의한 전달 양보다 매우 크기 때문에 • **화재현장에서 주위 건물을 연소시키는 주원인이 된다.**(*^^ 물질없이 열이 전달되는 것)
비화(불티)	• 불티나 불꽃이 기류를 타고 다른 가연물로 전달되어 화재가 일어나는 것이다. 불티.

- **표면화재** : 가연물 자체로부터 발생된 증기나 가스가 공기 중 산소와 혼합기를 형성하여 연소하며, 연소속도가 매우 빠르고 불꽃과 열을 내므로 **불꽃연소**라고 하며 연소 시 가연물·열·공기·순조로운 연쇄반응이 필요하다.
  (*^^ 표면화재는 B급, E급 등에서 연소의 4요소가 필요한 불꽃연소를 말한다.)
- **심부화재** : 표면화재와 달리 순조로운 연쇄반응이 아닌 가연물·열·공기의 화재의 요소만 가지고 연소하는 것으로 연소속도가 느리고 불꽃없이 연소하며, 가연물과 공기의 중간지대에서 연소가 국부적으로 되는 표면연소의 형태를 보이기 때문에 <u>표면연소, 작열연소</u>라고 한다. (*^^ A급화재 등에 연소의 3요소가 필요한 불씨연소를 말한다.)

6 이상연소현상 ★ 10 강원, 소방위, 22 소방위

구분	내용
선화 (Lifting)	역화의 반대 현상으로 연료가스의 **분출속도**가 **연소속도보다 빠를 때** 불꽃이 버너의 노즐(관창)에서 떨어져서 연소하는 현상으로 완전한 연소가 이루어지지 않는다. ➪ 가스 분출속도 > 연소속도 / 예 라이터 가스가 너무 빨리 나올 때 등
역화 (Back fire) 10소방위	대부분 기체연료를 연소시킬 때 발생되는 이상연소 현상으로서 연료의 **분출속도**가 **연소속도보다 느릴 때** 불꽃이 연소기의 내부로 빨려 들어가 혼합관 속에서 연소하는 현상이다. ➪ 가스 분출속도 < 연소속도 / 예 라이터 가스가 부족할 때 등 (* 즉, 연료가스가 부족시) ✪ 역화의 원인으로는 ① 혼합 가스량이 너무 적을 때 ② 노즐의 부식으로 분출구멍이 커진 경우 ③ 버너의 과열 ④ 연소속도보다 혼합가스의 분출속도가 느릴 때.
블로우 오프 현상	① **선화** 상태에서 연료가스의 분출속도가 증가하거나 주위 공기의 유동이 심하면 화염이 노즐에 정착하지 못하고 떨어져 화염이 **꺼지는 현상**을 말한다. ② 버너의 경우 가연성 기체의 유출속도가 연소속도보다 클 경우 일어난다. (* ② 라이터 불이 선화상태에서 바람 등이 불어 꺼진다고 생각하면 The 쉽다)
불완전연소	연소 시 가스와 공기의 혼합이 불충분하거나 연소온도가 낮을 경우 등의 요인으로 노즐의 선단에 적황색 부분이 늘어나거나, 그을음이 발생하는 연소현상으로 그 원인은 ① 공기공급이 부족할 때 ② 연소온도가 낮을 때 ③ 연료공급상태가 불안정할 때 등이다.
연소 소음	연소에 수반되어 발생되는 소음을 말하며 발생원인은 연소속도나 분출속도가 대단히 클 때와, 연소장치의 설계가 잘못되어 연소 시 진동이 있는 경우에 발생하며, 종류로는 연소음, 가스 분출음, 공기 흡입음, 폭발음, 공명음 등이 있다.

| Flash over 와 Back draft |

구 분	Flash Over	Back Draft
개 념	① 구획 내 가연성 재료의 전 표면이 불로 덮이는 전이 현상이다. 화원 근처에서 국소적인 화재는 인접 가연물 및 상부의 가연물을 연소하며 확대된다. ② 이 단계에서 발생한 고온의 열기류가 구획 공간의 천장부에 축적되고 온도는 점점 상승하게 된다. ③ 열기류의 온도가 약 500℃ 전후에 도달하면 이 열기류로부터 방사되는 복사열에 의해 바닥면 인근의 가연물이 동시 다발적으로 착화하여 모든 가연물과 공간 전체가 화염으로 덮이게 된다.	① 구획된 곳에 연소 중 산소의 결핍으로 계속 연소가 되지 못하고 있을 때 ② 소화활동을 위하여 화재실의 문을 개방할 때 신선한 공기가 유입되어 실내에 축적되었던 가연성가스가 단시간에 폭발적으로 연소함으로써 화재가 폭풍을 동반하여 실외로 분출하는 현상이다.
조 건	• 평균온도 : 500℃ 전후 • 산소농도 : <u>10%</u>	• 실내가 충분히 가열 • 다량 가연성가스 축적
발생시기	성장기	감쇠기(주로)
공급요인	열 공급	산소 공급

7 연소생성물의 종류와 유해성(연기 등) ☆ 10 강원장

완전연소의 경우 생성물의 수는 **적으며**, 탄소는 탄산가스, 수소는 물, 산소는 탄산가스 및 물 등의 산화물, 질소는 질소가스, 유황은 아황산가스, 인은 오산화인, 할로젠은 염화수소 등의 할로젠화수소로 된다. 불완전연소의 경우 상기 생성물 외 다수의 산화물이나 분해생성물이 발생한다.
- 고분자물질 등 유기물의 구성 원소는 일반적으로 탄소, 수소를 중심으로 산소, 질소를 함유하는 경우가 있고, 거기에 유황, 인, 할로젠(염소, 불소, 염소 등) 등을 포함하는 경우가 있다.

연기의 정의	• 0.01㎛~수십㎛의 입자지름을 가지는 연기는 다음과 같이 정의할 수 있다 ① 연기생성물 중에 고체나 액체의 미립자가 들어 있어 눈으로 볼 수 있는 상태 ② 기체 가운데 완전 연소되지 않은 가연물이 고체 미립자가 되어 떠돌아다니는 상태 ③ 탄소함유량이 많은 가연물이 산소부족시 연소할 경우 다량의 탄소입자가 생성되는 것
연기가 인체에 미치는 영향	• 실내 가연물에 열분해를 일으켜서 방출시키는 열분해 생성물 및 미반응 분해물을 말한다. • 일종의 불완전한 연소생성물로 산소공급이 불충분하게 되면 탄소분이 생성하여 검은색 연기로 되며 인체에 미치는 영향은 다음과 같다. ① 시야를 방해하여 피난행동 및 소화활동을 저해한다. ② 유독가스(일산화탄소, 포스젠 등)의 발생으로 흡입 시 생명이 위험하다. ③ 정신적으로 긴장 또는 패닉 현상에 빠지게 되는 2차적 재해의 가능성이 있다. ④ 최근 건물화재의 특징은 난연 처리(방염처리)된 물질을 사용하여 연소 그 자체는 억제되고 있지만 다량의 연기입자 및 유독가스를 발생하는 특징이 있다.
연기의 속도	• 연기의 유동 및 확산은 벽 및 천장을 따라 진행하며 수평방향으로는 0.5~ 1m/sec 정도로 인간의 보행속도 1~1.2m/sec보다 늦다. 그러나 • 계단실 등에서 수직방향은 화재초기상태는 1.5m/sec, / 중기 이후에는 3~4m/sec로 인간의 보행속도보다 빨라지며, 굴뚝효과가 발생하는 건물구조에선 5m/sec 이상이 된다. • 연기 속 보행속도는 건물구조, 내부 밝기, 건물 구조의 숙지도 외에 연기 농도와 연기가 눈을 자극하는 정도에 따라 좌우된다. 발밑과 벽면에 보이지 않을 정도가 되면 보행속도가 현저하게 늦어져 불특정 다수자가 운집한 곳에서는 정신적 공황상태에 빠질 수 있다. ◎ 연기의 유동속도는(m/sec) ▶ (지역전화번호로) 암기 : 051) 2315~34 ① 수평 : <u>0.5~1</u> ② 수직 : <u>2~3</u> ③ 계단(초기) : <u>1.5</u> ④ 계단(중기) : <u>3~4m/sec</u>
연기의 확산 원인	• 건물 내에서의 연기 확산은 연기의 온도에 따라 좌우된다, • 일반적으로 짙은 연기는 높은 열을 내포하고 있어, 그 열에 의한 부력으로 공기의 흐름이 발생하기 때문에 연기가 확산되는 것이다.

■ 체내 산소농도에 따른 인체영향 ➡ 산소농도 18%가 안전범위 최저로 보고 있다.
· 16%~12%: 맥박호흡수 증가, 정신집중력 저하, 동맥혈중산소포화도 85~80%에서 <u>청색증</u> 발생.
　　　　　　 (구역질, 구토, 정밀 작업성 저하, 근력저하, 두통, 이명,)
· 14%~9%: <u>판단력저하</u>, 불안정한 정신상태, 당시의 기억이 없음, 상처에 <u>통증을 못느낌</u>,
　　　　　　 (전신 탈진, 체온상승, 청색증상, 의식몽롱, 두통, 이명, 구역질, 구토)
· 10%~6%: <u>구역질</u>, 구토, 행동의 자유를 잃음, (위험을 느껴도 움직이지 못하고 <u>외칠 수 없음</u>),
　　　　　　 의식 상실, 혼면, 핵심 신경 장애, 전신경련, <u>죽음의 위기</u>
· 6% 이하: <u>몇 번의 헐떡이는 호흡</u>으로 실신. <u>6분 만에 사망</u>(혼면, 호흡정지, 신체마비, 삼장정지)

(2) 유해생성물질** ☆ 12 부산장, 14, 15 소방위, 15 울산장, 16 서울장, 18 장, 21 장, 22 위

일산화탄소 ★	① 무색·무취·무미의 환원성*이 강한 가스로서 300℃ 이상의 열분해 시 발생한다. ② 13~75%가 폭발한계로서 푸른 불꽃을 내며 타지만 다른 가스의 연소는 돕지 않으며, ③ 혈액 중의 헤모글로빈과 결합력이 산소보다 210배 이르고 흡입하면 산소결핍 상태가 된다 ④ 인체에 대한 허용농도는 50ppm이다. (* 공기보다 가볍다)
이산화탄소	① 물질의 완전연소 시 생성되는 무색·무미의 기체로서 **공기보다 무겁다** ② 가스 자체는 독성이 거의 없으나 다량이 존재할 때 호흡속도를 증가시키고 ③ 혼합된 유해가스의 흡입을 증가시켜 위험을 가중시킨다. / 허용농도는 5,000ppm.
포스겐	① 열가소성 수지인 폴리염화비닐(PVC), 수지류 등이 연소할 때 발생되는 맹독성가스 ② 일반 물질이 연소 시 거의 생성되지 않지만 CO와 염소가 반응하여 생성한다. ③ 2차대전 당시 독일군이 유태인 대량 학살에 사용했던 / 허용농도는 0.1ppm(mg/m³).
불화수소	① 합성수지인 불소수지가 연소할 때 발생되며 무색의 자극성 기체이며 유독성이 강하다 ② **모래나 유리를 부식시킨다.** / 허용농도는 3ppm이다.
이산화질소	① 질산셀룰로오스가 연소 또는 분해될 때 생성되며 독성이 매우 크다. ② 200~700ppm 정도의 농도에 잠시 노출되어도 인체에 치명적이다.
염화수소	① PVC 등 염소가 함유된 수지류가 탈 때 생성되며 향료, 염료, 의약, 농약제조에 사용. ② 자극성이 아주 강해 눈과 호흡기에 영향을 준다. / 독성 허용농도는 5ppm
이산화황	① 아황산가스라 하며, 유황이 함유된 동물의 털, 고무와 목재류 등이 연소 시 발생한다. ② 무색의 자극성 냄새를 가진 유독성 기체로 눈, 호흡기에 점막을 상하게 하고 질식사 시킨다 ③ 유황을 저장 취급 공장에서 화재 시 아황산가스가 대기 중으로 방출되어 2차피해가 있다. 　7일 계속된 '런던 스모그사건'은 아황산가스에 의한 대기오염의 호흡장애와 질식사건이다.
황화수소	① **황을 포함**하는 유기화합물이 불완전 연소하면 발생하는데 달걀(계란) 썩은 냄새가 나며 ② <u>0.2%</u> 이상 농도에서 냄새 감각이 마비되고, ▶ 암기: 황달 영희 사치(1시간), 영철 ③ <u>0.4~0.7%</u>에서 <u>1시간</u> 이상 노출되면 현기증, 장기혼란의 증상과 호흡기의 통증이 있다. ④ <u>0.7%</u>를 넘어서면 독성이 강해져서 신경 계통에 영향을 미치고 호흡기가 무력해진다.
시안화수소 (청산가스) ★	① 질소성분의 합성수지, 동물의 털, 인조견 등의 섬유가 불완전 연소할 때 발생한다. ② 인화성이 매우 강한 무색의 화학물질로 연소 시 유독가스 발생,(*^^허용농도 10ppm) ③ 수분이 <u>2%</u> 이상 포함되어 있거나 알칼리 등이 포함되어 있으면 폭발할 우려가 크다. ④ 맹독성 가스로 <u>0.3%</u>의 농도에서 즉시 사망할 수 있다. 청산가스. ▶ 0.3, 2% 알칼리
암모니아	① 질소 함유물 연소할 때 발생하며 유독성과 강한 자극성을 가진 무색의 기체이다. ② 흡입 시 점액질과 기도조직에 심한 손상과 타는 듯한 느낌, 기침, 숨 가쁨을 초래한다 ③ 냉동시설의 냉매로 사용되며 허용농도는 25ppm. ▶ 암기: 암모니아25(* 암모니아요!)

❂ 일산화탄소의 공기 중의 농도와 중독증상
① 0.02%(200ppm): 가벼운 구토증상 / 경과시간 120~180분
② 0.04(400ppm): 통증·구토증세가 나타남 / 경과시간 60~120분
③ 0.08%(800ppm): 구토·현기증·경련이 일어나고 24시간이면 실신 / 경과시간 40분
④ 0.16(1,600ppm): 두통·현기증·구토 등이 일어나고 2시간이면 사망 / 경과시간 20분
⑤ 0.32(3,200ppm): 두통·현기증이 일어나고 30분이면 사망 / 경과시간 5~10분
⑥ 0.64(6,400ppm): 두통·현기증이 심하게 일어나고 15~30분이면 사망 / 경과시간 1~2분
⑦ 1.28(12,800ppm): 1~3분 내 사망/ 경과시간 1~3분

화재현장에서 발생하는 유독가스 ☆ 12부산 13인천, 16경북교, 15소방위, 22소방장

종 류	발 생 조 건	허용농도(TWA)
① 포스겐($COCl_2$)	프레온 가스와 불꽃의 접촉	0.1 ppm
② 염화수소(HCl)	플라스틱, PVC	5 ppm
③ 아황산가스(SO_2)	중질유, 고무, 황화합물 등의 연소 시 발생	5 ppm
④ 시안화수소(HCN)	고무, 모직물, 우레탄, 나일론, 폴리에틸렌 등의 연소	10 ppm
⑤ 암모니아(NH_3)	열경화성, 나일론, 수지 등의 연소 시 발생	25 ppm
⑥ 일산화탄소(CO)	불완전 연소 시 발생	50 ppm

▶ 암기: 포염 아씨(* ㅍㅎ 아가씨, 포항 아가씨, 푸하 아가씨)
③번 암기: 아하- 중고황, 5피 / ④번 암기: 희한한- 고모 우나? 빨리, 10분 / ⑤번 암기: 암니이오- 열나 수지

8 연기의 이동력과 중성대

(1) 연기의 이동력(6가지)
▶ 부팽H굴피바

굴뚝효과 (연돌효과)	고층건물의 계단실, 엘리베이터 샤프트의 공간은 화재에 의한 연기침투로 건물 외부 공기의 온도보다 **높아지면** 굴뚝효과가 발생한다. - 이는 화재 시 연기를 부력이 의해 수직방향으로 빠른 속도로 이동하는 역할을 한다. ① 굴뚝효과는 건물 내부와 외부 공기밀도 차이로 발생한 압력차에 의해 발생하며 ② 겨울철 화재와 같이 건물 내부가 따뜻하고 건물 외부가 찬 경우, 기압은 건물 내부(하부)가 낮아, 지표면상에서 건물로 들어온 공기는 건물 내부의 상부로 이동하게 된다. - 이러한 압력 차이에 의한 공기의 흐름은 굴뚝에서의 연기 흐름과 유사하게 된다. ✪ 역굴뚝효과: 여름철과 같이 외기가 건물 내부보다 따뜻할 경우 하향으로 공기가 이동하게 되는 현상
부력	① 화재로 가열된 고온의 연기는 밀도가 작기 때문에 주변의 차가운 공기는 아래로 이동하고 가벼운 밀도를 가지는 고온의 연기는 상부로 이동하게 된다 ② 고온의 연기는 부력의 힘에 의해서 수직 및 **수평**방향으로 이동하게 된다. 화염으로부터 연기가 이동하는 과정에서 열전달에 의한 열손실 및 공기의 유입으로 온도강하가 발생하고, **화염으로부터 거리가 멀수록 부력효과는 점차 감소**하게 된다. * 오답: 증가
팽창	① 화재로부터 방출되는 에너지는 연소가스를 팽창시킴으로 연기이동의 원인이 된다. ② 건물에 하나의 개구부만 있는 구획실화재에서 외부 공기는 구획실 내부로 흐를 것이고 뜨거운 연기는 구획실 밖으로 흘러갈 것이다. / 그러나 발화지점 주변에 매우 큰 개구부가 여러 곳 존재 한다면 화재구역에서 개구부 사이의 압력차는 무시된다.
바람의 영향	① 바람은 풍압의 효과로 초고층건축에서 구조적 하중에 대한 특별한 고려를 하게 된다. ② 또한, 바람에 의한 풍압은 빌딩내부의 공기누출과 공기이동을 일으키기도 한다. ③ 이는 빌딩 내의 냉난방 및 화재 시 연기의 이동에 대한 주요 고려대상이며, 틈새가 많거나 창이나 문이 많은 건물인 경우 바람의 영향은 더욱 **많이** 받는다.
HVAC 시스템	① 공조시스템(HVAC)은 신선한 공기를 불어 넣거나 오염된 공기를 배출하는 설비이다. ② 화재발생 구역으로 신선한 공기를 계속 공급한다면 화재 확산이 가속화되거나, 연기의 확산을 가중시킴으로서 인명피해를 증가시킬 수 있다. 따라서 공조시스템은 ② 화재 시 송풍기를 정지하거나 특별한 제연작동 모드로 전환되도록 설계해야만 한다.

엘리베이터 피스톤효과	고층건축물에서는 화재 시에도 사용가능한 비상용 엘리베이터가 설치되어 있다. 그러나 이러한 엘리베이터의 운행은 연기의 흐름에 영향을 미치게 된다. ① 엘리베이터가 샤프트 내에서 이동할 때, 흡입압력(피스톤 효과)이 발생한다. ② 이 흡입압력은 엘리베이터 연기 제어에 영향을 미치고, 이러한 피스톤 효과는 정상적으로 가압된 엘리베이터 로비나 샤프트로 연기를 유입시킬 수 있다.

➲ TIP(보충): 연기 이동력 종류 ▶ 팽창(e), 부력(b), 굴뚝(s), 공기조화(h), 바람(w), 피스톤(p) ▶ ebs hwp

(2) 중성대 형성과 활동 ☆ 13 충북, 충남교·장, 19, 20 소방위

건물 내부의 압력이 외부의 압력과 일치하는 수직적인 위치를 중성대(NPL)라 한다. 틈새나 다른 개구부가 수직적으로 균일하게 분포되었다면 중성대는 정확하게 건물의 중간 높이가 될 것이다.

중성대 형성	① 건물화재가 발생하면 연소열에 의하여 온도가 상승함으로써 부력에 의해 실의 천장 쪽으로 고온기체가 축적되고 온도가 높아져 기체가 팽창하여 실내외의 압력이 달라지는데 ② 대체적으로 실의 상부는 실외보다 압력이 높고 하부는 압력이 낮다. 따라서 그 사이 ③ 어느 지점에 실내외의 정압이 같아지는 경계층이 형성되는데 그 층을 중성대라 한다. ④ 그러므로 중성대의 위쪽은 실내 정압이 실외보다 높아 실내에서 기체가 외부로 유출되고 중성대 아래쪽에는 실외에서 기체가 유입되며, 중성대의 상부는 열과 연기로, 그리고 중성대의 하층부는 신선한 공기가 존재하게 된다.
중성대 활용 19, 20위	① 현장에서는 중성대의 위치를 파악하여 배연 등 소방활동하는 요령이 필요하다. ② 즉, 배연을 할 경우에는 중성대 위쪽에서 배연을 하여야 효과적이며 　- 이것은 새로운 공기의 유입증가 현상을 촉발하여 화세가 확대될 수도 있다. ③ 밀폐된 건물 내부에서 화재발생 시 신선한 공기 유입이 없으므로 연소 확대는 없다. ④ 하층 개구부로 신선한 공기가 유입된다면: 　보다 빠른 연소 확대가 진행될 것이며, 동시에 연기 발생량도 증가할 것이다. 연기 발생량의 증가는 연기층의 하강속도 증가로 이루어지기에 재실자의 생존 가능성이 낮아진다. ⑤ 현장도착 시 하층 출입문으로 짙은연기가 배출된다면 ➡ 상층 개구부 개방을 고려하고, 　- 하층 개구부에서 연기가 배출되고 있지 않다면 ➡ 상층 개구부가 개방되어 있다고 판단하고 신선한 공기가 유입되는 출입문 쪽을 급기측으로 판단한다. ⑥ 상층 개구부를 개방한다면: 　연소는 확대되지만 발생한 연기는 빠른 속도로 상승하여 외부로 배출되므로 중성대의 경계층은 위로 올라가고 중성대 하층의 면적이 커지므로 대원과 대피자들의 활동공간과 시야가 확보되어 신속히 대피할 수 있다. ⑦ 중성대를 상층(위쪽)으로 올리기 위한 개구부 위치는 ❶ 지붕 중앙부분 파괴가 가장 효과적이며, ❷ 지붕의 가장자리 파괴, ❸ 상층부 개구부의 파괴 순서이다. ▶ 중가상

※ 중성대(굴뚝효과 포함) '상하 작용 등' 설명이 혼동시 필자의 유튜브(제이클럽) 42(43)번을 참고 가능.

◆ 중성대 개념(정리)
① 건물의 상부에 큰 개구부가 있다면 중성대는 올라갈 것이고 (* 배기로 인하여 상부 압력이 적어지니~)
　∴ 중성대 하층의 면적이 커지므로 재실자는 시야가 확보되어 신속히 대피가 가능하다.
② 건물의 하부에 큰 개구부가 있다면 중성대는 내려올 것이다.(* 찬 공기의 급기로 상부압력으로 밀려 내려옴)
　∴ 빠른 연소 확대와 연기 증가로 재실자 생존 가능성이 더욱 낮아진다.
　(* 만일 중성대가 실내 최하단에 형성된다면 외부에서 공기가 같은 압력으로 들어올 수 없어서 연소는 정지한다.)

CHAPTER 02 폭발(2장)

1 폭발 개론

폭발이란 「압력의 급격한 발생 또는 해방의 결과로서 굉음을 발생하며 파괴도 하고, 팽창도 하는 것」, 또는 「화학변화에 동반해 일어나는 압력의 급격한 상승현상으로 파괴 작용을 수반하는 현상」.

(1) 폭발반응의 원인
빛, 소리 및 충격 압력을 수반하는 순간적으로 완료되는 화학변화를 폭발반응이라 하며 **기체상태의 엔탈피**(열량) 변화가 폭발반응과 압력상승의 원인으로 다음의 경우 발생한다.
① 발열화학 반응 시에 일어난다.
② 강력한 에너지에 의한 급속가열로 예를 들면 부탄가스통의 가열 시 폭발하는 것과 같다.
③ 액체·고체에서 기체로 변화를 승화라 하는데 이처럼 응축상태에서 기상으로 변화(상변화)시.

(2) 폭발의 성립조건
가연성 가스, 증기 및 분진의 폭발현상을 일으키기 위한 조건이란 다음 3가지이다
① 공기(또는 산소공급원)가 존재할 것.
② 가연성가스, 증기, 분진이 양적 특정조건(폭발·연소범위)에서 공기와 잘 혼합되어 있을 것.
③ 혼합가스 및 분진을 발화시킬 수 있는 최소 점화원(Energy)이 있어야 한다.

2 폭발형태** ☆ 15 울산, 19 소방위

폭발이란 급격한 압력의 발생, 해방의 결과로 격렬한 폭음을 동반한 이상 팽창 현상으로 크게는 물리적인 폭발과 화학적 폭발로 구분하며, 물리적 상태에 따라 응상폭발과 기상폭발로 구분한다.

[1] 물리적 폭발과 화학적폭발

(1) 물리적 폭발
① 종류: ❶ **진공용기의 압괴**, ❷ 과열액체의 급격한 비등에 의한 **증기폭발**, ❸ 용기의 과압과 과충전 등에 의한 **용기파열** 등이 물리적 폭발에 해당한다. 대표적인 예로 BLEVE가 있다.

---

* 압괴: 파손 폭발
* BLEVE: 비점이 낮은 인화성 액체(유류)가 가득 차 있지 않는 저장탱크 주위에 화재가 발생하여 저장탱크 벽면이 장시간 화염에 노출되면 윗부분의 온도가 상승하여 재질의 인장력이 저하되고 내부 비등현상으로 인한 압력상승으로 탱크벽면이 파열되는 현상. Boiling Liquid Expanding Vapor Explosion

(2) 화학적 폭발 (종류는 연소(산화), 분해, 중합, 촉매가 있다.) ▶ 암기: 연분중매   ☆ 24 소방장(종류)

연소폭발 (산화폭발)	① 연소폭발은 **비정상연소**에서 **해당**하며 가연성가스, 증기, 분진, 미스트 등이 공기와의 혼합물, 산화성, 환원성 고체·액체 혼합물 혹은 화합물의 반응에 의해 발생된다. ② 연소폭발사고 대부분은 가연성가스가 공기 중 누설되거나 인화성액체 저장탱크에 공기가 혼합되어 폭발성 혼합가스를 형성함으로서 점화원에 의해 착화되어 폭발한다. (*^^ 연소폭발을 일반적으로 산화폭발이라고 한다) ③ 이러한 가연성 가스 폭발은 폭풍과 충격파를 동반으로 구조물에 심각한 피해를 입는다. ✪ 연소폭발은 폭발의 주체가 되는 물질에 따라 가스, 분진, 분무폭발로 분류할 수 있다.
분해폭발	① **단독으로**(공기나 산소없이) 가스가 분해하여 폭발한다. / **산화에틸렌, 아세틸렌**, 하이드라진 같은 **분해성 가스**와 디아조화합물 같은 자기분해성 고체류는 분해하면서 폭발한다. ✪ 종류: 산화에틸렌, 아세틸렌, 하이드라진, 디아조화합물. ✪ 아세틸렌은 분해성 가스의 대표적인 것으로 반응시 발열량이 크고, 산소와 반응하여 연소시 3,000℃의 고온이 얻어지는 물질로서 금속의 용단, 용접에 사용된다. ② 아세틸렌을 고압으로 저장할 때는 불활성 다공물질을 용기 내에 주입하고(넣고) 여기에 **아세톤 액**을 스며들게 하여 용해 충전한다. 용해 이후 냉각한다. ▶ 아세아세
중합폭발	① 중합해서 발생하는 반응열을 이용하는 것으로 초산비닐, 염화비닐 등의 원료인 모노머가 폭발적으로 중합되면 격렬하게 발열하여 압력이 급상승되고 용기가 파괴되는 것. ② 고분자 물질의 원료인 **단량체(모노머)**에 촉매를 넣어 일정온도, 압력 하에서 반응시키면 분자량이 큰 고분자를 생성하는 발열반응을 말한다. 이후 적절한 냉각설비를 설치한다. ③ 중합이 용이한 물질은 촉매를 주입하지 않아도 공기 중의 산화와 산화성 물질, 알칼리성 물질이 촉매역할을 하여 반응을 일으킬 수도 있으므로 반응중지제를 준비한다. ✪ 중합폭발을 하는 가스로는 시안화수소(HCN), 산화에틸렌(C_2H_4O) 등이 있다. ▶ 암기: 희한한 사내
촉매폭발	촉매에 의해 폭발하는 것으로 수소(H_2)+산소(O_2), 수소(H_2)+염소(Cl_2)에 빛을 쪼일 때 일어난다. (* 촉매: 화학반응 때는 반응이 없으나, 다른 물질의 반응속도를 촉진 또는 지체시키는 물질.)

[2] 응상폭발과 기상폭발 ☆ 15 울산장

폭발물질의 상태에 따라서 기상폭발과 응상폭발로 구분한다. 응상이란 고상 및 액상의 것을 말하고, 응상은 기상에 비하여 밀도가 수백 배의 차이가 있다.

① 기상폭발은
   수소, 일산화탄소, 메탄, 프로판, 아세틸렌 등의 가연성 가스와 조연성 가스와의 혼합기체를 형성하고 점화원에 의해 폭발하는 것이다. ▶ 암기: 해무진가스
- 종류 : ㉠ 가스폭발(혼합가스폭발), ㉡ 가스의 분해폭발, ㉢ 분무폭발 ㉣ 분진폭발

② 응상폭발은
   용융 금속이나 금속조각 같은 고온물질이 물속에 투입될 때 고온의 열이 저온의 물에 짧은 시간에 전달되면 일시적으로 물은 과열되고 급격하게 비등하여 폭발현상이 나타나게 되는 것.
- 종류 : ㉠ 수증기 폭발이 대표적이다.
        ㉡ 혼합위험성 물질에 의한 폭발, ㉢ 폭발성 화합물의 폭발, ㉣ 증기폭발
        [㉡ 해설: 위험물의 혼재기준을 위반한 혼촉폭발 예) 1류-6류(o), 1류-3류(x)]

(1) 응상 폭발

① 증기폭발(원인과 분류)

액체에 급속한 기화현상이 발생되어 체적 팽창에 의한 고압이 생성되어 폭풍을 일으킨다.

물, 유기액체 등이 과열상태가 될 때, 지상의 물웅덩이에 작열된 용융 카바이트나 철을 떨어뜨릴 때, 탱크 속의 비등점의 낮은 액체가 중합열 등으로 순간적으로 증기화된 폭발 현상이다. ▶ 보수전극

보일러 폭발	① 보일러와 같이 고압의 포화수를 저장하고 있는 용기가 파손 등의 원인이다. ② 100℃ 이상 과열된 압력하의 물을 폭발수라 한다.
수증기 폭발 (액체의 급속가열)	① 물, 물을 함유한 액체에 고온 용융금속, 용융염이 대량 유입되는 경우 등이다. ② 고온 용융염의 투입속도가 빠를수록 용기의 단면적이 작을수록 잘 일어난다.
극저온 액화가스 증기폭발(수면유출)	① LNG 등 저온액화가스가 상온의 물위에 유출될 때 급격히 기화되면서 발생한다. - 뜨겁게 작용하는 것은 물(15℃)이며 액화LNG는 −162℃에서 차겁게 작용한다 ② 이때의 에너지원은 물의 현열이다. (+15℃와 −162℃의 현열 온도차에 의한 폭발)
전선 폭발 (고상간의 전이에 의한 폭발)	① 고체인 무정형 안티몬이 동일한 고상의 안티몬으로 전이할 때 발열 등이다. ② 고상에서 급격한 액상을 거쳐 기상으로 전이할 때도 폭발현상이 나타난다. - 알루미늄제 전선에 한도 이상의 대전류가 흘러 순식간에 피해를 주는 경우이다.

(2) 기상폭발

수소, CO, 메탄, 프로판, 아세틸렌 등 가연성가스와 조연성가스와 혼합기체에서 발생한다.

가스폭발	① 가연성 및 조연성 가스가 일정비율로 혼합된 가연성 혼합기는 발화원에 의해 착화되면 일으킨다. - 이것을 폭발성 혼합기(혼합가스)라 부른다. - 수소, 아세틸렌가스, LPG 등 ② 휘발유, 벤젠, 톨루엔, 알코올, 에테르 등의 가연성 액체의 증기도 포함된다.
분해폭발	① 기체가 분해할 때 발열하는 가스는 단일성분의 가스라고 해도 착화되면 혼합가스와 같이 (분해)폭발을 일으킨다. - 이는 산소가 없어도 폭발한다. (*^^ 이유: 분해하며 큰 발열과 가스가 팽창되면서 압력상승 방출로 산소없이 폭발가능) ② 종류는 아세틸렌, 산화에틸렌, 에틸렌, 프로필렌, 메틸아세틸렌, 모노비닐아세틸렌 + 이산화염소, 하이드라진 등이다. ▶ 암기: 틸렌족 + 이산화염소, 하이드라진,
분무폭발	① 공기 중 분출된 가연성 액체(예: 기계유)가 미세한 액적이 되어 무상으로 되고 공기 중에 부유하고 있을 때 착화에너지가 주어지면 발생한다. (* 무상: 안개상태) ② 온도가 인화점 이하로 존재하여도 무상으로 분출된 경우에는 폭발하는 경우가 있다. (*^^ 이유: 무상시 산소 접촉이 많고 열전도율이 낮아 열의 축적이 용이하기 때문에)
분진폭발 12경북장, 14전북장	① 가연성 고체의 미분이 공기와 같은 조연성 가스 등에 분산되어 있을 때 발화원에 의하여 착화됨으로서 일어난다. (폭발 하한계 농도이상으로 유지될 때이다.) ② 종류: 금속, 플라스틱, 농산물, 석탄, 유황, 섬유질 등 가연성 고체의 미세한 분말. (*^^ 가연물은 모두 분진폭발이 가능하다고 보면 된다)

---

① 가스폭발: 1차 폭발에 한하며, 연소속도가 크다, 폭발압력이 크다. (▶ 암기: 1차 연소, 폭발)
② 분진폭발: 2~3차 폭발이 가능하며 연소시간 길고, 발생에너지, 파괴력, CO 발생률이 크다.(▶ 암기: 2~3차길 발파시)

분진의 발화폭발 조건* 20소방장	· 가연성 : 금속, 플라스틱, 밀가루, 설탕, 전분, 석탄 등 · 미분상태 : 200mesh(76㎛) 이하 · 지연성 가스(공기) 중에서의 교반(攪拌)과 운동 · 점화원의 존재 ▶ 암기: 가미지점
가연성 분진의 착화·폭발 기구	· 입자표면에 열에너지가 주어져서 ❶ 표면온도가 상승한다. ☆ 15 서울장 · 입자표면의 분자가 ❷ 열분해 또는 건류작용을 일으켜서 기체상태로 입자주위에 방출된다. · 이 기체가 공기와 혼합하여 ❸ 폭발성 혼합기를 생성하고 발화하게 된다.(화염발생!) · 화염으로 생성된 열은 ❹ 다시 다른 분말의 분해를 촉진시켜 공기와 혼합, 발화 전파한다.

분진폭발 특성** 14강원, 서울장, 23 위	① 연소속도나 폭발압력은 가스폭발에 비교하여 작으나 / 연소시간이 길고, 에너지가 크기 때문에 파괴력과 타는 정도가 크다. ☆ 23 위 * 오답: 폭발압력은 가스폭발에 비해 크다.
	  - 즉, 발생하는 총 에너지는 가스폭발의 수백 배이고 온도는 2천~3천℃까지 올라간다.
	    그 이유는 단위 체적당의 탄화수소의 양이 많기 때문이다.
	② 폭발입자가 연소·비산하므로 접촉되는 가연물은 국부적으로 심한 탄화를 일으킨다.
	③ 최초 부분적폭발로 폭풍이 주위 분진을 날리게 하여 2차, 3차 폭발로 파급될 수 있다.
	④ 가스에 비하여 불완전 연소를 일으키기 쉬우므로 탄소가 타서 없어지지 않고 연소 후의 가스상에 CO가 다량으로 존재하는 경우가 있어 (CO)가스중독 위험성이 있다.

■ 폭발성 분진* ☆ 20 소방장, 23 소방위
· 탄소제품 : 석탄, 목탄, 코크스, 활성탄
· 식료품 : 전분, 설탕, 밀가루, 분유, 곡분, 건조효모
· 금속류 : Al, Mg, Zn, Fe, Ni, Si, Ti, V, Zr(지르코늄)
· 합성 약품류 : 연료중간체, 가죽, 플라스틱, 합성세제, 고무류 등
· 비료 : 생선가루, 혈분 등
· 목질류 : 목분, 콜크분, 리그닌분, 종이가루
· 농산가공품류 : 후추가루, 제충분, 담배가루
  (*^^ 분진폭발이 되지 않는 것 : 석회가루, 탄산칼슘, 생석회, 시멘트가루, 대리석가루, 유리)

■ 분진의 폭발성에 영향을 미치는 인자** ▶ 화폭입 수입 ☆ 13 인천, 15 소방장, 23 위

분진의 화학적 성질과 조성	· 분진의 발열량이 클수록, 휘발성분의 함유량이 많을수록 폭발하기 쉽다. · 탄진(석탄의 미립자)에서 휘발분이 11% 이상이면 폭발하기 쉽다, ∴ 폭발성 탄진이라 함.
입도와 입도분포	· 분진의 표면적이 입자체적에 비하여 커지면 열의 발생속도가 방열속도보다 커져서 폭발이 용이해진다. (* 열의 발생속도 > 방열속도) · 평균 입자경이 작고 밀도가 작을수록 비표면적은 크게 되고 표면에너지도 크게 되어 폭발이 용이해진다. (* 비표면적: 질량, 부피당 전표면적, 즉 비교한 표면적의 개념) (* 암기: 밀수입감소 - 밀도, 수분, 입자가 작을수록 분진폭발이 쉽다.)
입자의 형성과 표면의 상태 23 위	· 분진의 형상에 따라 구상 → 침상 → 편상(평편상) 입자순으로 폭발성이 증가한다. · 입자표면이 공기(산소)에 대하여 활성이 있는 경우 폭로시간이 길어질수록 폭발성이 낮아진다. 따라서 분해공정에서 발생되는 분진은 활성이 높고 위험성도 크다. (* 비바람에 맞는 대기 중에 노출된 폭로시간이 길어질수록 폭발성이 낮아진다는 뜻)
수 분	· 분진 속에 존재하는 수분은 분진의 부유성을 억제하게 하고 대전성을 감소시켜 폭발성을 둔감하게 한다. (* 수분이 있으면 뜨지못하고 또한 폭발성이 낮아진다는 뜻) · 마그네슘, 알루미늄 등은 물과 반응하여 수소를 발생함으로 위험성이 더 증가한다.
폭발압력	· 분진 최대폭발압력은 양론적 농도보다 훨씬 큰 농도에서 일어난다.(가스폭발과 다름) · 최대폭발압력 상승속도는 입자의 크기가 작을수록 증가한다.(확산과 발화가 쉽다)

3 폭발의 한계와 영향 ☆ 16 부산장

(1) 폭발한계(연소한계, 가연한계)의 정의

① 폭발하한계: 발화원이 있을 때 불꽃이 전파되는 증기나 가스의 최소농도.(공기나 산소 중)
② 폭발상한계: 발화원과 접촉 시 그 이상의 농도에서는 화염이 전파되지 않는 기체나 증기의 공기 중의 최대농도. / ①, ② 단위는 vol%이다.
③ 폭발한계에 대한 영향을 주는 요소 ☆ 12 경기장   ▶ 암기: 압산온도(* 앞산온도)

온도의 영향	① 폭발범위는 온도상승에 의하여 넓어지며 온도 의존성은 비교적 규칙적이다. ② 공기 중 연소 하한계(LEL)와 상한계(UEL)는 100℃ 증가함에 따라 약 8% 증가한다.
압력의 영향	상한계는 압력상승에 따라 폭발범위가 증가한다. (폭발한계의 압력의존성은 복잡하다)
산소의 영향	상한계는 산소량이 증가할수록 증가한다.(* 압력, 산소가 커지면 상한계가 커진다는 뜻)
산화제 영향	염소(Cl_2) 등의 산화제로 채워진 환경에서의 폭발범위는 공기 중에서 보다 넓고 O_2로 채워진 환경과 비슷하다. (가연성 물질이 염소에 의해 산화되므로.)

(2) 폭발의 영향

폭발의 영향은 압력, 비산, 열, 지진으로 4가지로 구분할 수 있다.   ▶ 암기: 비열지압

압력	• 폭발압력은 물질의 급격한 연소반응과 발열반응의 급격히 증가하는 기체때문에 생긴다. • 기체는 발화지점으로부터 빠른 속도로 확산되려고 하는데, 이때 양압과 음압이 열의 방향을 따라서 생성된다. / 공기가 폭발지점으로부터 밖으로 나가려고 하는 것은 양압(양성압력)의 영향이며, (낮은 압력으로 인해) 발화지점으로 향하는 공기는 음압(음성압력)의 영향이다. • 양압은 압력을 일으키는 주원인이다. 음압은 양압이 빠르게 나가려는 성질 때문에 생긴다.
비산	• 비산은 압력의 결과로 나타나는데 압력이 클수록 비산범위도 넓어진다. • 구조물과 용기 등은 부서지거나 쪼개져서 멀리 날아가서 또 다른 손상을 일으킬 수 있다.
열	• 열을 동반한 폭발은 보통은 폭발과 동시에 화재를 수반하는 경우가 많다. • 화학적 폭발일 경우 더욱 많은 열이 발생되는데, 폭굉은 짧은시간에 높은 온도를 발생한다.
지진	• 폭발압력이 최고조로 팽창되는 상황이면 폭발지점을 중심으로 형성된 압력에 이를 것이다. • 이때 진동현상이 땅으로 전달되면 주변에 취약한 다른 건물로 그 영향이 미칠 수 있게 된다.

4 폭연과 폭굉 ☆ 08 경북교, 13 인천장, 16 전북장

폭연	• 개방된 대기 중에서 혼합가스가 발화할 경우 연소가스는 자유로이 팽창하여 화염속도가 느릴 경우 압력과 폭발음이 거의 발생하지 않지만, / 화염전파속도가 빠르고 압력파를 형성하면 폭발음이 발생하게 되는데 이러한 경우를 ➡ 폭연이라 한다.
폭굉	• 발열반응의 연소과정에서 압력파 또는 충격파의 전파속도가 음속보다 빠르게 이동한다. • 충격파란 초음속으로 진행하는 파동이며, 충격파를 받는 매질은 같은 압력의 단열 압축보다 높은 온도상승을 일으킨다. / 매질이 폭발성이면, 그 온도상승에 의하여 반응이 계속 일어나 폭굉파를 일정속도로 유지한다.

(1) 폭연(Deflagration)과 폭굉(Detonation)의 차이**

구 분	폭 연	폭 굉*
충격파 전파속도	① 음속보다 느리게 이동한다. ② 기체의 조성이나 농도에 따라 다르지만 일반적으로 0.1~10㎧범위.	① 음속보다 빠르게 이동한다. ② 1,000~3,500㎧ 정도로 빠르며, 이때의 압력은 약 100MP(1,000kgf/㎠)
특 징	① 폭굉으로 전이될 수 있다. ② 충격파의 압력은 수 기압(atm) 정도. ③ 반응 또는 화염면의 전파가 분자량이나 난류확산에 영향을 받으며, 에너지방출속도가 물질전달속도에 영향을 받는다.	① 압력상승이 폭연보다 10배, 또는 그 이상이다. ② 온도 상승은 열 전파보다 충격파의 압력에 의한다. ③ 심각한 초기압력이나 충격파를 형성하기 위해서는 아주 짧은시간 내에 에너지가 방출되어야 한다. ④ 파면에서 온도, 압력, 밀도가 불연속적이다.

5 가연성 가스의 폭발

(1) 증기운폭발(UVCE)

개방된 대기 중 대량의 가연성 가스나 가연성 액체가 유출되면 그것으로부터 발생하는 증기가 공기와 혼합해서 가연성 혼합기체를 형성하고 발화원에 의하여 발생하는 폭발을 증기운폭발이라 한다.
증기운폭발은 유출한 물질의 저장상태, 압력과 온도의 영향을 받으며 발생은 다음과 같다.

> ■ 증기운 폭발 발생과정
> ❶ 상온, 대기압에서 액체이며 인화점이 상온보다 낮은 물질: 가솔린 ▶ 상대가,
> ❷ 상온, 가압 하에서 액화되어 있는 물질 : LPG, 액화부탄 ▶ 상가피부 / 비상가 벤핵
>   - 또는 그 물질의 비점 이상의 온도에 있지만 가압되어서 액화된 물질: 반응기 내의 벤젠, 핵산
> ❸ 대기압 하에서 저온으로 액화된 물질: LNG ▶ 대저엔(*경남 대저) / ▶ 비상가 벤핵(*비점산가 변화)
>   ☆ 결국 가스나 가솔린, 메탄, 프로판, 부탄, 벤젠, 핵산 등 액체의 증발이다 ▶ 마포발 가벤핵

증기운이 발생하면 나타나는 현상은 다음과 같다.
① 발화하지 않고 누출한 가스나 증기가 재해를 일으키지 않고 확산한다.
② 가스, 증기의 유출과 동시에 화재가 발생하지만, 폭발로 전이되는 경우도 있다.
③ 대량의 증기운 발생한 후 화재로 화염의 속도가 빨라져서 폭풍이 발생한다.
④ 화염속도가 음속을 넘으면 폭굉이 되어서 더욱 강한 폭풍을 일으키게 된다.
  - 이런 유출사고는 주로 폭발이 된다. 다량 누출된 가연성 증기가 발화 전에 공기와 잘 혼합되어 양론비(연료+산소의 비율)에 가까운 조성의 혼합기체를 형성하면 폭굉으로 전이될 가능성이 크다.

- UVCE : 저장탱크에서 유출된 가스가 대기 중의 공기와 혼합하여 구름을 형성하고 떠다니다가 점화원(점화스파크, 고온표면 등)을 만나면 발생할 수 있는 격렬한 폭발사고이며, 심한 위험성은 폭발압이다.
- BLEVE : ① 가스 저장탱크지역의 화재 발생시 저장탱크가 가열되어 탱크 내 액체부분은 급격히 증발하고 가스부분은 온도상승과 비례하여 탱크 내 압력의 급격한 상승을 초래하게 된다. ➡ ② 탱크가 계속 가열되면 용기강도는 저하되고 내부압력은 상승하여 어느 시점이 되면 저장탱크의 설계압력을 초과하게 되고 탱크가 파괴되어 급격한 폭발현상을 일으킨다. ➡ ③ 인화성 액체저장탱크는 화재 시 BLEVE 억제를 위한 탱크의 냉각조치(물분무장치 등)를 취하지 않으면 화재발생 10여분 경과 후 BLEVE가 발생할 수도 있다.

(2) 블레비(BLEVE)와 파이어 볼(Fire Ball)

■ BLEVE(Boiling Liquid Expanding Vapor Explosion)의 정의
① 프로판 등 액화가스탱크의 외부에서 화재가 나면 탱크가 가열되어 내부의 액체에 높은 증기압이 형성되고 그 증기압이 탱크의 내압을 초과하게 되면 결국 탱크는 파열에 이르게 된다.
② 탱크의 파열과정을 살펴보면 탱크 내부는 액상부(액체 상태의 가연물과 존재부분)와 기상부(기체상태의 가연물이 있는 부분)로 구분된다 - 파열이 발생하는 곳은 탱크의 <u>기상부와 면하는 부분이다</u>
③ 액상부와 면하는 탱크는 외부로부터 화염에 가열되어도 그 열이 내부의 액상으로 효과적으로 전달되어 탱크의 온도는 느리게 상승하나 / 기상부와 면하는 곳은 기체의 열전도율이 낮아 효과적으로 열 전달되지 않고 국부적으로 온도가 크게 상승하며 탱크의 구성 재료는 인장강도의 저하가 발생한다.
 (*^^ 해석: 폭발은 탱크 기상부로 터진다는 뜻, → 기체는 액체보다 열전달이 낮기 때문에.)
④ 한편, 탱크 내부의 액체는 비등하여 기화되어 탱크 내부의 압력은 상승하게 되며, 내압이 인장강도를 상회하면 국부적인 파열이 발생한다. / 파열이 발생하면 탱크 내부에 액화된 상태로 저장되어 있던 가스는 빠르게 기화하면서 파열지점을 통해 외부로 확산된다.
⑤ 확산된 가스는 주변 공기와 혼합되어 폭발성 혼합기를 만들고 화염을 착화에너지로하여 다시 폭발된다.
⑥ 이 현상을 단계별로 분석하면 <u>물리적폭발이 순간적으로 화학적폭발</u>로 이어지는 것으로 볼 수 있다.

블레비 발생과정	① 블레비는 저장탱크가 화재에 노출되면 용기 내부의 액체온도가 증가하게 되며 ② 이때 액체의 온도는 기체보다 열전도율이 커서 300℃ 정도까지 상승하며, 용기내부 **기상부**의 경우는 온도가 매우 증가하여(1,000℃ 정도) 위험한 상태에 이른다. ③ 특히 기상. 액상부분의 경우 철의 접합부가 급격한 인장력의 감쇠와 항복점이 저하되어 저장 탱크가 파열되면서 탱크 내부의 고온고압의 가스가 외부와 평형을 이루려는 성질에 의하여 급격하게 확산 되어가는 현상.
파이어볼 의 발생 메커니즘	① 파이어볼이란 **대량 증발한 가연성액체가 갑자기 연소할 때 생기는 구상의 불꽃**이다. ② 블레비 발생 시 탱크 외부로 방출된 증발 기체가 주위의 공기와 혼합하여 방출시의 고압으로 인하여 탱크 상부로 **버섯모양의 증기운**을 형성하여 상승한다. ③ 이때 증발된 기체가 주위의 공기와 혼합하여 가연범위 내에 들어오면서 점화원이 있을 경우 **대형의 버섯모양의 화염을 형성한다**. 이를 파이어볼이라 한다. ④ 파이어볼은 발생 열보다 그 복사열의 피해가 심각하여 매우 위험하다.
블레비와 파이어볼	① 블레비는 탱크가 파열되는 순간 방출되는 폭발압력으로 인근 건물 유리창이 파손된다. ② 파이어볼은 그 복사열 피해가 매우 커서 500m 이내 가연물이 모두 타버릴 정도이다.
블레비의 방지대책	① 용기의 압력상승 방지를 위한 Blow down(블로우 다운)방법을 사용하여 용기내 압력이 대기압 근처에서 유지되도록 한다. ↳ (* 용기 내부 압력을 외부로 분출시키는 방법) ② 용기의 온도상승 방지는 탱크 주위에 살수설비나 소방차로 물을 뿌려 용기를 냉각한다.
블레비의 소방활동	① 현장대원은 방열복을 착용, 현장활동 대원 이외의 모든 인원은 안전지대로 대피한다. ② 고막의 가장 약하므로 고막보호용 마개를 착용하고 현장활동에 임한다.

■ 전형적인 파이어볼의 성장
① 액화가스의 탱크가 파열하면 순간증발을 일으켜 가연성 가스의 혼합물이 대량 분출.
② 이것이 발생하면 지면에서 (하부애서) 반구상의 화염이 되어 부력으로 상승하는 동시에 주변의 공기를 빨아들임.
③ 주변에서 빨아들인 화염은 (중간지대에서) 공모양으로 되고 더욱 상승하여 (상부에서) 버섯모양의 화염을 만듦.
* <u>Blow down</u>: 용기나 배관이 파괴되면서 내부의 고온 고압 유체가 외부로 분출하는 현상, 배기밸브나 배기구가 열리기 시작하고 실린더 내의 가스가 뿜어 나오는 현상. 즉 용기 내부압력을 외부로 분출시키는 방법이다.

2편 연소, 폭발편 — OX(2진법) 개념 따라 잡기~

▶ 연소 및 폭발파트 내용임

01 연탄·목재·종이·짚 등은 불꽃연소만 하며 표면(불씨)연소는 발생하지 않는다. ( )

➡ 고체상태에서 열분해 된 가연성가스가 연소할 때 불꽃연소가 일어나며, 이후 표면연소로 된다. (*2편 연소분야 1장)

02 가연성 증기와 공기와의 혼합상태에서의 증기의 부피를 말하는데 공기 중 혼합물 중 가연성 가스의 농도가 너무 희박해도, 너무 농후해도 연소는 일어나지 않는다. ( )

➡ 가연성 가스의 분자와 산소와의 분자수가 상대적으로 한쪽이 많으면 유효충돌 횟수가 감소하여 충돌했다 하더라도 충돌에너지가 주위에 흡수·확산되어 연소반응의 진행이 방해되기 때문이다. (*2편 연소분야)

03 가연물의 구비조건에서 최소 에너지의 값과 열전도 값이 적어야하며 표면적이 큰 물질이어야 한다 여기서 열전도율은 기체 〈 액체 〈 고체 순이며, 표면적은 기체 〉 액체 〉 고체 순이다. ( )

➡ 가연물질(연소)의 구비조건에서 최소의 에너지(활성화에너지)의 값이 적어야 하며 열의 축적이 용이하도록 열전도의 값이 적어야 한다. 산소와 접촉할 수 있는 표면적이 큰 물질이어야 한다 여기서 열전도율 은 기체 〈 액체 〈 고체 순이며, / 표면적은 기체 〉 액체 〉 고체 순이다.

04 정전기 방지를 위한 예방대책은 습도가 낮거나 압력이 높을 때 많이 발생하므로 상대습도를 70% 이상으로 하며 전기의 저항이 큰 물질은 대전이 용이하므로 전도체 물질을 사용한다. ( )

➡ 정전기는 습도가 낮거나(건조) 압력이 높을 때 많이 발생하므로 상대적으로 습도를 70% 이상으로 하며, 전기의 저항이 큰 물질(전기가 잘 흐르지 않는 물질) 은 대전(전기를 띄게 되는 성질)이 용이하므로 전도체 물질(도체, 전기가 통하는 물질(예) 구리선)을 사용하여 전기를 이동시켜야 한다.

05 고체의 표면연소는 목탄, 코우크스, 금속 등이며, 증발연소는 황(유황), 나프탈렌, 파라핀(양초) 등이 있고 분해연소는 목재·석탄·종이·섬유·프라스틱·합성수지·고무류 등이 있다. ( )

➡ 표면연소, 증발연소, 분해연소의 내용이 모두 옳다.

- 표면연소– 숯(목탄), 코우크스, 금속 ▶ 암기: 포스코금속
- 증발연소– 파라핀(양초), 나프탈렌, 유황(황) ▶ 암기: 파나유 정말
- 분해연소– 종이·석탄·목재·플라스틱·고무류·섬유·합성수지 ▶ 종석이가 목풀고서 합성 분해됐다.

06 역화는 연소속도보다 혼합가스의 가스 분출속도가 느릴 때이며 버너의 과열 등이 있다. ( )

➡ 옳다.(* 역화 원인 : ① 가스량이 적을 때 ② 관창 분출구멍이 커질 때 ③ 버너의 과열)

정답 ● 01. (X) 02. (O) 03. (O) 04. (O) 05. (O) 06. (O)

07 CO는 무색·무취·무미의 환원성 가스로서 300℃ 이상 열분해 시 발생한다. 3%~75%가 폭발한계로서 푸른 불꽃을 내며 타지만 다른 가스의 연소는 돕지 않는다. 허용농도는 50ppm이다. ( )

➡ 옳다.(* CO는 혈액 중 헤모글로빈과 결합력이 산소보다 210배이고 흡입시 산소결핍이 된다)

08 황화수소(H_2S)는 황(유황) 화합물이 불완전연소하면 발생하는데 달걀 썩은 냄새가 난다. ( )

➡ 옳다.(* 0.2% 농도에서 냄새 감각 마비 / 0.4~0.7%에서 1시간 노출되면 현기증, 장기혼란의 증상과 호흡기의 통증. / 0.7%를 넘어서면 독성이 커져서 신경계통에 영향과 호흡기가 무력해진다.
(*^^ 황달걸린 영희가 냄새나서 사치를 1시간하니 현기증나서 영철이 만나니 신경영향과 더 무기력해진다)

09 중성대를 위쪽으로 올리기 위해선 개구부 위치는 지붕 중앙부분 파괴가 가장 효과적이며, 그 다음으로 지붕의 가장자리 파괴, 상층부 개구부의 파괴 순서이다. ( )

➡ 중성대를 상층(위쪽)으로 올리기 위해서는 실내 상부 바로 위쪽을 터주면 공기가 빠지면서 중성대는 공기의 이동을 따라서 올라간다. ① 지붕 중앙부분 ② 지붕 사이드 파괴, ③ 상층부 개구부 파괴 순.

10 폭발물질의 물리적 상태에 따라서 기상폭발과 응상폭발로 구분하며, 그 중 응상폭발의 종류는 가스폭발(혼합가스폭발), 가스의 분해폭발, 분무폭발, 분진폭발이 있다. ( )

➡ 기상폭발은 통상 대기 중(허공) 기체상태로 폭발하며 그 종류는 (혼합)가스폭발, 가스의 분해폭발, 액체의 분무폭발, 고체의 분진폭발 등이며, / 참고로 응상폭발은 액상·고상의 (접촉)폭발로 생각한다. (*2편 연소이론 제2장 폭발분야)

11 분진폭발은 연소속도나 폭발압력은 가스폭발에 비교하여 작으나 연소시간이 길고, 에너지가 크기 때문에 파괴력과 타는 정도가 크다. ( )

➡ 분진폭발은 고체폭발로서, 기체인 가스폭발에 비교해 덜 위험하다고 생각하며 풀면 쉽다. (* 제2장 폭발분야)

12 폭굉(Detonation)은 초음속이며 1,000~3,500㎧ 정도로 빠르며, 이때의 압력은 약 100MP이다. 압력상승이 폭연의 경우보다 10배 이상이다. ( )

➡ 옳다. 폭굉은 충격파의 압력에 기인한다. 파면에서 온도, 압력, 밀도가 불연속적으로 나타난다. (*제2장 폭발분야)

13 BLEVE란 저장탱크가 화염에 노출되면 과열된 액체가 폭발적으로 증발하는 현상을 말한다. ( )

➡ BLEVE란 비등점이 낮은 인화성 액체 탱크가 화염에 노출되면 과열된 액체가 폭발적으로 증발하는 현상을 말한다. (* 기상부의 경우는 온도가 1,000℃ 정도이고 10여분 경과 후 발생할 수 있다.) (*제2장 폭발분야)

정답 ○ 07. (O)　08. (O)　09. (O)　10. (X)　11. (O)　12. (O)　13. (O)

3편

위험물성상

(예방실무 2편)

1 위험물 이론 ·· 548
2 위험물 유별성상(제1~6류 위험물) ······················· 554
　✪ OX개념문제 ··· 558

CHAPTER 01 위험물이론

● 아인슈타인 암기법(=연상기억법)

1. **제1류(산화성고체)**: 아염소산염류, 염소산염류, 과염소산염류, 무기과산화물, 질산염류, 아이오딘산염류, 브로민산염류, 과망가니즈산염류, 다이크로뮴산염류 등
   - ▶ 1산고 (▶ **암기**: 1류 산화성 고체는 끝자가 주로 "염류" 자 + 무기과산화물로 기억한다)
   - **지정수량**: 3가지로서 50, 300, 1000kg 이다(* 첫 자따서 오삼천 = 외삼촌)
   - 3가지 "염소"는 몸무게가 각각 50kg이고 염소는 무기물이니 4가지 품명은 모두 50kg이다.
   - 질아부산(첫자가 질, 아, 브 = 300kg / 과다천(과, 다 = 1,000kg / 지나치게 무거우니 1천)

2. **제2류(가연성고체)**: 황화인, 황, 적린, 마그네슘, 금속분, 철분, 인화성고체
   - ▶ 2가고(니가고) ▶ 황화황적 마금철인 (* **연상**: 2류위험물이 있는 황화황적을 막았다 철인이)
   - **지정수량**: 황화황적 100kg / 마금철(쇳가루) 500kg / 2류인천(2류위험물 인화성고체는 천키로)
   - 암기순서로 백오천(100 500, 1,000kg)으로 생각한다.) * 제1류 외삼촌 성함이 백오천이다.

3. **제3류(금수성 및 자연발화성)**: 칼륨, 나트륨, 알킬알루미늄, 알킬리튬, 황린, 알칼리(토)금속 등
   - ▶ 3금자 ▶ 11가지 - 첫자 4형제: 알킬, 알칼, 칼칼, 금금 + 황유나. (* 주로 거센발음 구성)
   - **지정수량**: 10kg인 칼라를 세운 알킬형제와 황린 20kg, "o"자 들어가는 오십kg 외 300kg.

4. **제4류(인화성액체)**: 특수인화물, 제1~제4석유류, 알코올류, 동식물유류 등
   - ▶ 4인화 (*^^ 특수인화물, 석유류, 알코올류, 동식물유류 4가지로 생각한다. ▶ 특석알동)
   - 또한 석유류는 제1~4까지 4가지로 분류하는데 200리터를 1드럼으로 바꾸어 암기한다.

5. **제5류(자기반응성)**: 유기과산화물, 질산에스터류, 나이트로화합물, 아조화합물, 하이드록실아민 등
   - **해설**: 자기반응성물질: 물질 내부에 함유한 자체 산소와 연소 시 셀프반응하는 물질이다.
   - ▶ 5자반 (*^^ 질산에스터류 + 끝자가 "물"자 5개 + 첫 자 "하하하" 3개 = 총 9가지이다)
   - **지정수량**은 3가지인데 10kg인 유기과산화물, 질산에스터류를 먼저 기억하고
   - 첫 자가 "하"자 3개 중에서 실성한 "실"자가 들어가면 100kg, 나머지 모두 200kg이다.

6. **제6류(산화성액체)**: 질산(비중 1.49 이상), 과산화수소(농도 36% 이상), 과염소산
   - ▶ 6산액 (* 끝자가 2산에 1소인 것) / ▶ 지정수량 **암기**: 63빌딩(* 모두300)
   - (*^^ 제6류 위험물은 끝자가 2개의 "산" 사이에 하나의 "소"가 있으며 지정수량은 300kg)
   - 과산화수소인 "소" 한마리 몸무게가 3000kg이니 지정수량은 모두 300kg으로 기억한다.

   ▶ **전체 암기**: 1산고, 2가고, 3금자, 4인화, 5자반, 6산액 (* **연상**: 첫번째 산에 가고, 2번째 또가고, 3번째 금자와 함께 가고, 4번째 인화와 가고, 5번째 자기반성하고, 6번째 산에서 액체 눈물을 보았다)

유별	성질	위 험 물 ("위험물안전관리법"에 의한 고체+액체) 품 명 및 개념	지정수량
제 1류	산화성 고체 (산화제)	염소산염류, 아염소산염류, 과염소산염류, 무기과산화물	50kg (▶ 3염무오)
		질산염류, 아이오드산염류, 브로민산염류	300kg (▶ 진아부산)
		과망가니즈산염류, 다이크로뮴산염류 등 ▶ 끝자가 주로 염류	1,000kg (▶ 1과다천)
	일반적 성질	① 자신은 불연성이지만 산소를 방출해서 다른 가연물질의 연소를 돕는 조연(지연)성 물질. ② 산소를 함유한 강한 산화제이며 가열, 충격, 마찰 등에 분해되어 산소를 방출한다. ③ 대부분 무색 결정이거나 백색 분말이다. 비중이 1보다 크다(즉, 물보다 무겁다.) (➡ 1류, 6류 공통점: 산소함유, 불연성, 수용성, 비중이 1보다 크다.)	
제 2류	가연성 고체	황화인, 황, 적린	100kg (▶ 황황적백)
		마그네슘, 금속분, 철분	500kg (▶ 마금철오)
		인화성 고체 ▶ 황화황적 마금철인	1,000kg (▶ 2류인천)
	일반적 성질	① 가연성 고체(환원성) 물질이다.(* LOI가 낮다) ② 금속분은 산의 접촉과 물을 뿌리면 수소가스가 발생한다. ③ 대부분 비중이 1보다 크며 물에 녹지 않는다.(* 비수용성 / 그러나 1류는 수용성)	
제 3류	금수성 및 자연발화성 물질	칼륨, 나트륨, 알킬알루미늄, 알킬리튬	10kg (▶ 칼나알십)
		황린 (* 자연발화점 30℃~, 물속에 저장 ∴ 금수성 아님)	20kg (▶ 황린이십)
		알칼리금속(칼륨, 나트륨 제외) 및 알칼리토금속, 유기금속화합물	50kg (▶ 알알유오)
		금속의 수소화물, 금속의 인화물, 칼슘 또는 알루미늄의 탄화물 ▶ 알킬 알칼, 칼갈, 금인 + 황유나 = 11가지	300kg (▶ 금칼탄삼)
	일반적 성질	① 주로 고체 분말이며, 유기물도 있으며, 주로 무기화합물로 구성됨.(* 황린: 가연성) ② 금수성이나 자연발화성 물질은 주로 3류위험물에 모여있다는 뜻이며, 3류만 해당은 아니다. ③ 모두 물과 접촉하면 가연성 가스를 발생하는 고체 및 액체물질이다.(* 황린 제외) ④ 칼륨, 나트륨, 알킬알루미늄, 알킬리튬은 금속이지만 물보다 가볍다	
제 4류	인화성 액체	특수인화물: 이황화탄소, 디에틸에테르 등	50ℓ —— (▶1/4드럼)
		제1석유류(아세톤: 수용성 400ℓ -(▶ 2드럼) / 휘발유 등: 비수용성 200ℓ -(▶ 1드럼)	
		알코올류(함유량 60% 이상) (예 메탄올, 에탄올, 프로판올 등)	400ℓ
		제2석유류(등유, 경유 등) 비수용성 1,000-(▶ 5드럼) / 수용성 2,000ℓ	
		제3석유류(중유, 클레오소트유 등) 비수용성 2,000ℓ-(▶ 10드럼) / 수용성 4,000ℓ	
		제4석유류(기어유, 실린더유 등)	6,000ℓ
		동식물유류 ▶ 특석알동 ▶ 지정수량 암기: 오이사! 126만!!	10,000ℓ
	일반적 성질	① 주로 물보다 가벼운 유류가 더 많다.(특수인화물, 알코올류, 1·2석유류, 동식물유류) ② 주로 비수용성이며, 전기부도체이다.(즉, 유류는 전기가 안 통한다.) ③ 연소 시 증기 비중은 공기보다 무겁다.(시안화수소 제외) ▶ ①②③ 물가비 전부 중기무)	
제 5류	자기 반응성물질 (산화제)	유기과산화물, 질산에스터류	10kg (▶ 유짓앙십)
		하이드록실아민, 하이드록실아민염류	100kg (▶ 하싯잉백)
		하이드라진유도체, 아조화합물, 나이트로화합물, 나이트로소화합물, 디아조화합물. ▶ 끝자 물5개 + 첫자 하3개	200kg (▶ 그외이백)
	일반적 성질	① 물질 자체에 산소가 있어 공기 중 산소의 공급 없이 충격 등으로 연소폭발이 가능한 물질 ② 가연성 고체(결정, 분말) 또는 액체의 산화제 물질이고 연소 시 다량의 가스가 발생한다.	
제 6류	산화성 액체 (산화제)	과염소산, 과산화수소(농도 36중량%↑), 질산(비중1.49↑)	300kg (▶ 63빛딩/*모두300)
	일반적 성질	① 불연성 물질로 접촉 시 산소를 방출해서 다른 물질을 산화시킨다.(지연성 액체) ② 산소를 함유한 무기화합물로 비중이 1보다 크다(물보다 무겁다.) 주로 수용성이다. ③ 증기는 유독하고 피부와 접촉 시 점막을 부식시킨다.	

위험물안전관리법 시행령(별표1)** ☆ 16 부산장

✪ 위험물의 위험도: 3·5류 〉 4류 〉 2류 〉 1·6류 순. / ✪ 지정수량 기준치는 작을수록 위험하다.

유별	성질	위험물 품명	지정수량
제1류	산화성고체	① **아염소산염류**	50kg
		② 염소산염류	50kg
		③ 과염소산염류	50kg
		④ 무기과산화물(예 알칼리금속의 과산화물 등)	50kg
		⑤ 질산염류(예 질산나트륨 등)	300kg
		⑥ 아이오딘산염류	300kg
		⑦ 브로민산염류	300kg
		⑧ 과망가니즈산염류	1,000kg
		⑨ 다이크로뮴산염류(중크롬산염류)	1,000kg
		⑩ 그 밖에 행정안전부령으로 정하는 것(8가지, 규칙 제3조 참고) ⑪ 제1호~제10호의 1에 해당하는 어느 하나 이상을 함유한 것	50kg, 300kg 또는 1,000kg
제2류	가연성고체	① **황화인**	100kg
		② 황(순도 60% 이상)	100kg
		③ 적린	100kg
		④ 마그네슘	500kg
		⑤ 금속분	500kg
		⑥ 철분 ▶ 황화황적 마금철인(* 철인마적 황황금)	500kg
		⑦ 그 밖에 행정안전부령으로 정하는 것 ⑧ 제1호~제7호의 1에 해당하는 어느 하나 이상을 함유한 것	100kg 또는 500kg
		⑨ 인화성고체	1,000kg
제3류	자연발화성 및 금수성물질	① **칼륨**	10kg
		② 나트륨	10kg
		③ 알킬알루미늄	10kg
		④ 알킬리튬	10kg
		⑤ 황린	20kg
		⑥ 알칼리금속(칼륨 및 나트륨을 제외한다) 및 알칼리토금속	50kg
		⑦ 유기금속화합물(알킬알루미늄 및 알킬리튬을 제외한다)	50kg
		⑧ 금속의 수소화물	300kg
		⑨ 금속의 인화물 ▶ 알킹, 알칼 금금, 칼칼 (4형제) + 황유나	300kg
		⑩ 칼슘 또는 알루미늄의 탄화물	300kg
		⑪ 그 밖에 행정안전부령으로 정하는 것(염소화규소화합물) ⑫ 제①호~제⑪호의 1에 해당하는 어느 하나 이상을 함유한 것	10kg, 20kg 50kg 또는 300kg

류	성질	품명		지정수량
제4류	인화성액체	① 특수인화물*	(이황화탄소, 디에틸에테르 등)	50 L
		② 제1석유류	비수용성액체 - (휘발유 등)	<u>200 L</u> --- (*1드럼)
			수용성액체 - (아세톤 등)	<u>400 L</u>
		③ 알코올류(60%↑)	(예 메탄올, 에탄올, 프로판올)	400 L
		④ 제2석유류	비수용성액체 - (등유, 경유 등)	1,000 L -- (*5드럼)
			수용성액체	2,000 L
		⑤ 제3석유류	비수용성액체 - (중유, 클레오소오트 등)	2,000 L -- (*10드럼)
			수용성액체	4,000 L
		⑥ 제4석유류 - (기어유, 실린더유 등)		6,000 L
		⑦ 동식물유류(예 아마인유)		10,000 L
제5류	자기반응성물질	① 유기과산화물		10kg
		② 질산에스터류(예 나이트로셀룰로오스 등)		10kg
		③ 하이드록실아민		100kg
		④ 하이드록실아민염류		100kg
		⑤ 하이드라진 유도체		200kg
		⑥ 나이트로화합물		200kg
		⑦ 나이트로소화합물		200kg
		⑧ 아조화합물		200kg
		⑨ 디아조화합물		200kg
		⑩ 그 밖에 행정안전부령으로 정하는 것 (질산구아니딘 외 1종) ⑪ 제1호~제10호의 1에 해당하는 어느 하나 이상을 함유한 것		10kg, 100kg, 200kg
제6류	산화성액체	① 과염소산		300kg
		② 과산화수소(농도 36% 이상)		300kg
		③ 질산(비중 1.49 이상)		300kg
		④ 그 밖에 행정안전부령이 정하는 것(할로젠간화합물)		300kg
		⑤ 제1호~제4호의 1에 해당하는 어느 하나 이상을 함유한 것		300kg

 지정품목 외 행정안전부령으로 정하는 것 정리

- 1류위험물의 종류 품명란 10호에서 그 밖에 행안부령이 정하는 것이란?(제3류·5류·6류이 아닌)
  ① 과아이오드산 ② 염소화아이소사이아누르산 ③ 크로뮴, 납 또는 아이오딘의 산화물 ④ 과요오드산염류
  ⑤ 아질산염류 ⑥ 차아염소산염류 ⑦ 퍼옥소이황산염류 ⑧ 퍼옥소붕산염류.(* 1류는 모두 산자가 있음.)
- 3류위험물의 종류 품명란 11호에서 "행정안전부령이 정하는 것"이란 염소화규소화합물을 말한다.
- 5류위험물의 종류 품명란 10호에서 말하는 것은 ① 금속의 아지화합물 ② 질산구아니딘을 말한다.
- 6류위험물은 종류 품명란 4호에서 말하는 것은 할로젠간화합물을 말한다.

정리: 위험물안전관리법 비고란 (용어의 정의)**

비고* ☆ 22 소방장

1. "산화성 고체"란
   고체[액체(1기압 및 섭씨 20도에서 액상인 것 또는 섭씨 20℃ 초과 섭씨 40℃ 이하에서 액상인 것을 말한다.) 또는 기체(1기압 및 섭씨 20도에서 기상인 것을 말한다.) 외의 것을 말한다]로서 산화력의 잠재적인 위험성 또는 충격에 대한 민감성을 판단하기 위하여 소방청장이 정하여 고시하는 시험에서 고시로 정하는 성질과 상태를 나타내는 것을 말한다.

   이 경우 "액상"이란 수직으로 된 시험관(안지름 30mm, 높이 120mm의 원통형유리관)에 시료를 55mm까지 채운 다음, 해당 시험관을 수평으로 하였을 때 시료 액면의 선단이 30mm(3cm)를 이동하는 데 걸리는 시간이 90초 이내에 있는 것을 말한다.

   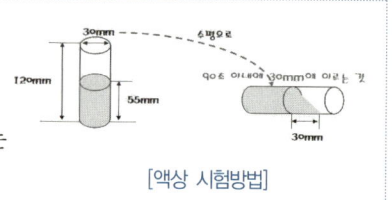
   [액상 시험방법]

2. "가연성 고체"란
   고체로서 화염에 의한 발화의 위험성 또는 인화의 위험성을 판단하기 위하여 고시로 정하는 시험에서 고시로 정하는 성질과 상태를 나타내는 것을 말한다.

3. 황은 순도가 (60)중량% 이상인 것.(이 경우 순도측정의 불순물은 활석 등 불연성물질과 수분에 한함)
   ▶ 철금오십 유앙육십 (* 철분, 금속분 50% 이상, 유황·알코올류 60% 이상) 22장

4. "철분"이란 철의 분말로서 53m^{-6}의 표준체를 통과하는 것이 (50)중량% 미만인 것은 제외한다. 22장

5. "금속분"이란 알칼리금속·알칼리토류금속·철 및 마그네슘 외의 금속 분말을 말하고, 구리분·니켈분 및 150m^{-6}의 체를 통과하는 것이 (50)중량% 미만인 것은 제외한다. 22장

6. 마그네슘 및 제2류 제8호의 물품 중 마그네슘을 함유한 것에 있어서 다음에 해당하는 것은 제외한다.
   ① 2mm의 체를 통과하지 아니하는 덩어리 상태의 것   ② 지름 2mm 이상의 막대 모양의 것

7. 황화인·적린·유황 및 철분은 제2호에 따른 성상이 있는 것으로 본다.

8. "인화성고체"란 고형알코올 그 밖에 1기압에서 인화점이 섭씨 40℃ 미만인 고체를 말한다.
   (*^^ 인화점이 섭씨 40℃ 이상인 고체는 덜 위험하니 특수가연물 중 "가연성 고체류"로 분류한다.)

9. "자연발화성물질 및 금수성물질"이란
   고체 또는 액체로서 공기 중에서 발화의 위험성이 있거나 물과 접촉하여 발화하거나 가연성가스를 발생하는 위험성이 있는 것을 말한다.

10. 칼륨·나트륨·알킬알루미늄·알킬리튬 및 황린은 제9호에 따른 성상이 있는 것으로 본다.

11. "인화성액체"란
    액체(제3석유류, 제4석유류 및 동식물유류에 있어서는 1기압과 섭씨 20℃에서 액상인 것에 한한다)로서 인화의 위험성이 있는 것을 말한다. 다만 인화성 액체를 포함하는 것 중 화장품, 의약품, 의약외품(알코올류는 제외), 50V% 이하, 체외진단용 의료기기, 안전확인대상 생활화학제품(알코올류 제외) 중 수용성인 인화성 액체를 50V% 이하로 포함하고 있는 것은 제외한다.

12. "특수인화물"이란 이황화탄소, 디에틸에테르 그 밖에 1기압에서 ① 발화점이 섭씨 100℃ 이하인 것 또는 ② 인화점이 섭씨 -20℃ 이하이고 비점이 섭씨 40℃ 이하인 것을 말한다. ▶ 암기: 백마이사
    ▶ 암기: 특이디245(* 연상: 특수인화물은 이황화탄소, 디에틸에테르, 100, -20, 40, 50L)

13. "제1석유류"란 아세톤, 휘발유 그 밖에 1기압에서 인화점이 섭씨 21℃ 미만인 것을 말한다.
14. "알코올류"란 1분자를 구성하는 탄소원자수가 1개부터 3개까지인 포화 1가 알코올(변성알코올 포함.)을 말한다. 다만, 다음 각 목의 1에 해당하는 것은 제외한다. (예 메탄올, 에탄올, 프로판올)
    ① 1분자를 구성하는 탄소원자의 수가 1~3개의 포화1가 알코올의 함유량이 60중량% 미만인 수용액
    ② 가연성 액체량이 60중량% 미만이고 인화점 및 연소점(태그개방식 인화점측정기에 의한 연소점을 말한다.)이 에틸알코올 60중량% 수용액의 인화점 및 연소점을 초과하는 것.
    (※ 용어➡ * 포화: 더 이상 결합할 수 없는 상태 / * 1가 알코올: 애(수산기)가 1개인 알코올)
15. "제2석유류"란 등유, 경유 그 밖에 1기압에서 인화점이 섭씨 21℃ 이상 70℃ 미만인 것을 말한다. (다만, 도료류 그 밖의 물품에 있어서 가연성 액체량이 40중량% 이하이면서 인화점이 섭씨 40℃ 이상인 동시에 연소점이 섭씨 60℃ 이상인 것은 제외한다.)
16. "제3석유류"란 중유, 클레오소트유 그 밖에 1기압에서 인화점이 섭씨 70℃ 이상 200℃ 미만인 것을 말한다. (다만, 도료류 등은 가연성 액체량이 40중량% 이하인 것은 제외한다.)
17. "제4석유류"란 기어유, 실린더유 그 밖에 1기압에서 인화점이 섭씨 200℃ 이상 250℃ 미만의 것을 말한다. (다만, 도료류 등은 가연성 액체량이 40중량% 이하인 것은 제외한다.)
18. "동식물유류"란 동물의 지육 등 또는 식물의 종자나 과육으로부터 추출한 것으로서 1기압에서 인화점이 섭씨 250℃ 미만인 것을 말한다.
    [다만, 법 제20조제1항에 따라 행정안전부령이 정하는 용기기준과 수납·저장기준에 따라 수납되어 저장·보관되고 용기의 외부에 물품의 통칭명, 수량 및 화기엄금(화기엄금과 같은 의미를 갖는 표시를 포함.)의 표시가 있는 경우를 제외한다.] - (*^^표시가 있는 것은 특수가연물 중 "가연성 액체류"로 분류한다.)
    (*^^ 또한 상단 동식물유류의 조건 중 1기압에서 인화점이 섭씨 250℃ 이상인 것은 덜 위험하니 소방기본법 시행령 별표2 특수가연물 비고란 중 "가연성 액체류"로 분류한다.)

```
         1석유   2석유   3석유   4석유류
     21  →   70  →   200  →  250℃
                  동식물유류 ←
```

19. "자기반응성물질"이란 고체 또는 액체로서 폭발의 위험성 또는 가열분해의 격렬함을 고시로 정하는 성질과 상태를 나타내는 것을 말하며, 위험성 유무와 등급에 따라 제1종 또는 제2종으로 분류한다.
20. "산화성 액체"란 액체로서 산화력의 잠재적인 위험성을 판단하기 위하여 나타내는 것을 말한다.
21. 과산화수소는 그 농도가 (36)중량% 이상인 것에 한하며, 제21호의 성상이 있는 것으로 본다. 22장
22. 질산은 그 비중이 1.49 이상인 것에 한하며, 제21호의 성상이 있는 것으로 본다.
23. 위 표 성질란에 2가지 이상 포함 물품(복수성상물품)이 속하는 품명은 다음에 의한다. (* 중요도 없음)
    ① 제1류 위험물 및 제2류 위험물의 성상을 가지는 경우 : 제2류 위험물 규정에 의한 품명
    ② 제1류 위험물 및 제5류 위험물의 성상을 가지는 경우 : 제5류 위험물 규정에 의한 품명
    ③ 제2류 위험물의 성상과 제3류 위험물의 성상을 가지는 경우 : 제3류 위험물 규정에 의한 품명
    ④ 제3류 위험물의 성상 및 제4류 위험물의 성상을 가지는 경우 : 제3류 위험물 규정에 의한 품명
    ⑤ 제4류 위험물의 성상 및 제5류 위험물의 성상을 가지는 경우 : 제5류 위험물 규정에 의한 품명
    (* 복수성상물품은 위험도의 개념인 3·5류 > 4류 > 2류 > 1·6류 위험물 순으로 규정한다.)
24. 위 표의 기준에 따라 위험물을 판정하고 지정수량을 결정하기 위하여 필요한 실험은「국가표준기본법」제23조에 따라 인정을 받은 시험·검사기관, 기술원, 국립소방연구원 또는 소방청장이 지정하는 기관에서 실시할 수 있다. 이 경우 실험 결과에는 실험한 위험물에 해당하는 품명과 지정수량이 포함되어야 한다.

1 위험물의 유별성상

제1류 위험물
12부산장
20소방위

· 제1류 위험물 자신은 불연성이지만 조연성의 성질이 있어서 연소속도를 빠르게 한다.

(1) 일반성질★★ ☆ 15 울산장, 08, 20 소방위

① 대부분 산소를 포함하는 무기화합물이다.(염소화아이소사이아누르산은 제외)
② 반응성이 커서 가열, 충격, 마찰 등으로 분해하여 O_2를 발생한다.(강산화제) 20위
③ 자신은 불연성 물질이지만 가연성 물질의 연소를 돕는다.(지연성, 조연성)
④ 대부분 무색결정이거나 백색분말이다.-
⑤ 물보다 무거우며 물에 녹는 것(수용성)이 많다. ➡ ⑥ 수용액은 산화성이 있다.
⑦ 조해성이 있는 것도 있다. (* 조해성 : 수분을 흡수해 녹는 현상)
⑧ 단독으로 분해 폭발하는 경우는 적지만 가연물이 혼합하고 있을 때는 연소 폭발한다.
⑨ 물과 작용하여 열과 산소를 발생시키는 것도 있다. 예 무기과산화물, 퍼옥소붕산염류 등은 물과 반응하여 산소를 방출하고 발열하며 알칼리금속의 과산화물은 물과 격렬히 반응·발열한다.

(2) 저장 및 취급방법

① 가열금지, 화기엄금, 직사광선차단, 충격, 타격, 마찰금지
② 용기가 굴러 떨어지거나 넘어지지 않도록 할 것 - 1류 위험물을 용기에 밀전해 냉암소에 보관
③ 공기, 습기, 물, 가연성물질과 혼합, 혼재금지 ➡ 알칼리금속의 과산화물 등은 물과 접촉금지
④ 강산과의 접촉 및 타류 위험물과 혼재금지
⑤ 분해촉매, 이물질과의 접촉방지, 조해성물질은 방습, 용기는 밀봉한다.

(3) 화재진압대책★ ☆ 18, 20, 22 소방위

① 알칼리금속의 과산화물 및 이를 함유한 것은 물을 절대 사용하여서는 안 된다. ➡ 초기단계에서 탄산수소염류 등을 사용한 분말소화기, 마른모래, 소화질석으로 질식소화가 유효하다.
② 폭발위험이 크므로 충분한 안전거리를 확보하고 보호장비를 착용한다.
③ 가연물과 격리가 우선이며, 물과 급격히 반응하지 않는 것은 다량의 물로 냉각소화가 가능하다.
④ 소화잔수도 산화성이 있어 오염 후 건조된 가연물은 발화할 수 있다.

제2류 위험물

· 착화온도가 낮아(40℃ 미만) 저온에서 발화가 용이하고 빠르다. 입자 크기가 작은 분말상태일 때 연소위험성이 증가하는 이유는 ❶ 표면적의 증가 ❷ 입자가 작기 때문에 온도 증가 ❸ 보온성의 증가 ❹ 유동성의 증가 ❺ 부유성의 증가 ❻ 수광면(빛)의 증가 ❼ 대전성의 증가가 있다.

(1) 일반성질★ ↑ ▶ 대표보수 부유작(온도)

① 비교적 낮은 온도에서 착화하기 쉽고, 연소속도가 빠르며 연소열이 큰 고체이다.
② 모두 산소를 함유하고 있지 않은 강한 환원성 물질(환원제, 가연제 개념)이다.
③ 산소화의 결합이 용이하고 저농도의 산소 하에서도 잘 연소한다.(LOI가 낮다)
④ 철분, 금속분, 마그네슘은 물과 산의 접촉으로 수소가스를 발생하고 발열한다.
   - 특히, 금속분은 습기와 접촉할 때 조건이 맞으면 자연발화의 위험이 있다.
⑤ 대부분 비중이 1보다 크며 물에 녹지 않는다.(비수용성)
⑥ 산화제와 혼합한 것은 가열, 충격, 마찰에 의해 발화 또는 폭발위험이 있다.
⑦ 황(유황)가루, 철분, 금속분은 밀폐된 공간 내에서 부유할 때 분진폭발의 위험이 있다.
⑧ 연소 시 다량의 유독가스를 발생한다, 금속분 화재인 경우 물을 뿌리면 수소가스가 발생한다.

(2) 저장 및 취급방법

① 화기엄금, 가열엄금, 고온체와 접촉방지
② 강산화성 물질(제1류 또는 제6류 위험물)과 혼합을 피한다.
③ 철분, 금속분, 마그네슘분의 경우는 물 또는 묽은 산과의 접촉을 피한다.
④ 저장용기를 밀폐하고 위험물의 누출을 방지하여 통풍이 잘 되는 (천연바위)냉암소에 저장한다.

(3) 화재진압대책*   ☆ 15, 18, 20, 22 소방위

① 황화인은 CO_2, 마른 모래, 건조분말에 의한 질식소화를 한다. * 오답 : 냉각소화 22위
  (*^^ 황화인 + 물 주수 시= 독성가스인 황화수소 발생으로 냉각소화를 하지 않는다)
② 철분, 금속분, 마그네슘은 마른모래, 건조분말, 금속화재용 분말소화약제로 질식소화한다.
③ 적린, 황(유황,) 인화성 고체는 물을 이용한 냉각소화가 적당하다.
④ 다량의 열과 유독성의 연기를 발생하므로 반드시 방호복과 공기호흡기를 착용한다.
⑤ 분진폭발이 우려되는 경우는 충분히 안전거리를 확보한다.

제3류 위험물
16부산장, 18소방장

- 황린은 금수성이 없는 자연발화성이다.
- 알칼리금속(K, Na 제외)과 알칼리토금속은 자연발화성이 없는 금수성 물질이다.(* 일반적)
- 인화칼슘: 연소하면 가연성·맹독성의 포스핀(쥐약 원료)을 발생한다. 23위
- 디에틸알루미늄클로라이드: 연소 시 자극성, 유독성의 염화수소를 발생한다. 23위

(1) 일반성질*   ☆ 20 소방위

① 무기화합물과 유기화합물로 구성되어 있다. (* 제3류는 무기화합물로서 불연성이 더 많다)
② 대부분이 고체이다.(단, 알킬알루미늄, 알킬리튬은 고체 또는 액체이다)
③ 칼륨(K), 나트륨(Na), 알킬알루미늄(RAl), 알킬리튬(RLi)을 제외하고 물보다 무겁다.
④ 물과 반응하여 가연성 가스를 발생한다.(황린 제외)
⑤ 칼륨, 나트륨, 알칼리금속, 알칼리토금속은 보호액(석유)속에 보관한다.
⑥ 알킬알루미늄, 알킬리튬은 물 또는 공기와 접촉하면 폭발한다.(헥산 속에 저장)
⑦ 황린은 공기와 접촉하면 자연발화한다.(pH9의 물 속에 저장)
⑧ 가열 또는 강산화성 물질, 강산류와 접촉으로 위험성이 증가한다.

(2) 저장 및 취급방법

① 용기는 완전히 밀폐하고 공기 또는 물과의 접촉을 방지해야 한다.
② 제1류 위험물, 제6류 위험물 등 산화성 물질과 강산류와의 접촉을 방지한다.
③ 용기가 가열되지 않도록 하고 보호액에 들어있는 것은 용기 밖으로 누출되지 않도록 한다.
④ 알킬알루미늄, 알킬리튬, 유기금속화합물은 화기를 엄금하고 용기 내압이 상승하지 않도록 한다.
⑤ 황린은 저장액인 물의 증발 또는 용기파손에 의한 물의 누출을 방지해야 한다.

(3) 화재진압대책   ☆ 18 소방장, 20 소방위

① 절대로 물을 사용하여서는 안 된다.(황린 제외)
② 화재 시에는 화원의 진압보다는 연소확대 방지에 주력해야 한다.
③ 마른모래, 팽창질석, 팽창진주암, 건조석회(생석회, CaO)로 상황에 따라 조심히 질식소화한다.
④ 금속화재용 분말소화약제로 질식소화를 한다. k, Na는 CO_2 반응으로 사용해서는 안된다

제4류 위험물

(1) 일반성질* ☆ 20 소방위

① (대부분) <u>물보다 가볍고</u> 물에 녹지 않는 것이 많다.　② 대부분 유기화합물이다.
③ 발생증기는 가연성이며 대부분의 증기비중은 공기보다 <u>무겁다</u>.
④ 발생증기는 연소하한이 낮아(1~2 vol%) 매우 인화하기 쉽다.
⑤ 인화점, 발화점이 낮을 수록 위험성이 높다.
⑥ 전기의 불량도체(부도체)로서 정전기의 축적이 용이하고 이것이 점화원이 되는 때가 많다.
⑦ 유동하는 액체화재는 연소 확대의 위험이 있고 소화가 곤란하다.
⑧ 대량 연소 시 다량의 복사 및 대류의 형태로 열이 전달되어 화재가 확대된다.
⑨ 비교적 발화점이 낮고 폭발위험성이 공존한다.

(2) 저장 및 취급방법

① 화기 또는 가열을 피하며, 고온체와의 접근을 방지해야 한다.
② 낮은 온도를 유지하고 찬 곳에 저장한다.
③ 직사광선을 차단하고 통풍과 발생증기의 배출에 노력한다.
④ 용기, 탱크, 취급시설 등에서 누출을 방지해야 한다.
⑤ 접지를 통하여 정전기의 발생·축적·스파크 발생을 억제해야 한다.
⑥ 인화점이 낮은 석유류에는 불연성가스를 봉입하여 혼합기체의 형성을 억제해야 한다.

(3) 화재진압대책　☆ 20 소방위, 22 소방위

① 수용성과 비수용성, 물보다 무거운 것과 가벼운 것으로 구분하여 진압에 용이한 방법이 좋다.
② 초기화재- CO_2, 포, 물분무, 분말, 할론　③ 소규모화재- CO_2, 포, 물분무, 분말, 할론
④ 대규모화재- 포에 의한 질식소화
⑤ 수용성 석유류의 화재- 알코올형포, 다량의 물로 희석소화　22위
⑥ 물보다 무거운 석유류의 화재- 석유류의 유동을 일으키지 않고 물로 피복하여 질식소화 가능,
　- 직접적인 물에 의한 냉각소화는 적당하지 않다.
⑦ 대량의 인화성 화재의 경우는 복사열로 접근이 곤란하므로 충분한 안전거리를 확보한다.
⑧ 대형탱크 화재 시 보일오버, 슬롭오버 등 유류화재의 이상현상에 대비하여 신중함이 요구된다.

제5류 위험물 5,18장, 16,18위

(1) 일반성질

① 대부분 유기화합물이며 유기과산화물을 제외하고는 질소를 함유한 유기질소화합물이다.
　- (하이드라진 유도체는 <u>무기화합물</u>이다.)
② 모두 가연성의 액체 또는 고체물질이고 연소할 때는 다량의 유독가스를 발생한다.
③ 대부분이 <u>물에 잘 녹지 않으며 물과 반응하지 않는다</u>.
④ 분자 내에 <u>산소를 함유</u>(조연성)하므로 <u>스스로 연소할 수 있다</u>.
⑤ 연소속도가 대단히 빨라서 폭발성이 있다. <u>화약, 폭약의 원료로</u> 많이 쓰인다.
⑥ 불안정한 물질로서 공기 중 장기간 저장 시 분해하여 분해열이 축적되면 <u>자연발화</u> 위험있다.
⑦ 가열, 충격, 타격, 마찰에 민감하며 강산화제 또는 강산류와 접촉 시 위험성이 현저히 증가한다.
⑧ 유기과산화물은 불안정한 물질로서 농도가 높은 것은 가열, 직사광선, 충격, 마찰에 폭발한다.

(2) 저장 및 취급방법

① 잠재적 위험성이 크고 그 결과는 폭발로 이어지는 것이 많으므로 사전안전조치가 중요하다.
② 화염, 불꽃 등 점화원의 엄격한 통제 및 기계적인 충격, 마찰, 타격 등을 사전에 피한다.
③ 직사광선의 차단, 강산화제, 강산류와의 접촉을 방지한다.
④ 가급적 작게 나누어서 저장하고 용기파손 및 위험물의 누출을 방지한다.
⑤ 안정제(용제 등)가 함유되어 있는 것은 안정제의 증발을 막고 증발되었을 때는 즉시 보충한다.

(3) 화재진압 대책** ☆ 13 충북교·장, 15 인천장, 18 소방장

① 자기반응성 물질이기 때문에 CO_2, 분말, 하론(할론), 포 등에 의한 질식소화는 효과가 없으며, 다량의 물로 냉각소화하는 것이 적당하다.
② 초기화재 또는 소량화재 시에는 분말로 일시에 화염을 제거하여 소화할 수 있으나 재발화가 염려되므로 결국 최종적으로는 물로 냉각소화해야 한다.
③ 화재 시 폭발위험이 상존하므로 충분히 안전거리를 유지하고 접근 시에는 엄폐물을 이용하며 방수 시에는 무인방수포 등을 이용한다.
④ 밀폐공간 내에서 화재발생 시에는 반드시 공기호흡기를 착용하여 질식되는 일이 없도록 한다.

• 일반적으로 산화성 액체는 산화성 고체보다 더 위험하다고 할 수 있는데, 산화성 액체는 그 자체가 점화원이 될 수 있고 액체상이기 때문이다.(* 일부는 염기와 반응하고 물과 접촉 시 발열)

제6류 위험물

(1) 일반성질

① 모두 불연성 물질이지만 다른 물질의 연소를 돕는 산화성·지연성 액체이다.
② 산소를 많이 함유하고 있으며(할로젠간화합물은 제외) 물보다 무겁고 물에 잘 녹는다.
③ 증기는 유독하며(과산화수소 제외) 피부와 접촉 시 점막을 부식시키는 유독성·부식성 물질이다.
④ 염기와 반응하거나 물과 접촉할 때 발열한다.
⑤ 강산화성 물질(제1류 위험물)과 접촉 시 발열하고 폭발하며 이때 가연성 물질이 혼재되어 있으면 혼촉발화의 위험이 있다.

(2) 저장 및 취급 방법

① 용기의 파손, 변형, 전도 방지
② 용기 내 물, 습기의 침투 방지
③ 가연성 물질, 강산화제, 강산류와의 접촉 방지
④ 가열에 의한 유독성 가스의 발생 방지

(3) 화재진압방법 ☆ 18 소방위

① 화재 시 가연물과 격리한다.
② 소량화재는 다량의 물로 희석할 수 있지만 원칙적으로 물을 사용하지 말아야 한다.
③ 유출 시 마른 모래나 중화제로 처리한다.
④ 화재진압 시는 공기호흡기, 방호의, 고무장갑, 고무장화 등 보호장구는 반드시 착용한다.

3편 위험물편 — OX(2진법) 개념 따라 잡기~

▶ 예방실무2 위험물파트 내용임

01 제2류 위험물(가연성 고체)는 화염에 의해 착화하기 쉬운 고체 또는 비교적 낮은 온도인 섭씨 40도 이상에서 인화하기 쉬운 고체로서 발화하기 쉽고, 연소가 빨라 소화가 곤란한 물질이다. ( )

➡ 40℃ 미만에서 인화하기 쉬운 고체는 '위험물안전관리법 시행령 별표1'의 제2류 위험물로 분류하지만 / 40도℃ 이상에서 인화하기 쉬운 고체는 '소방기본법 시행령 별표2' 특수가연물 중 의 가연성 고체류로 분류한다. / 즉, 섭씨 4도를 기준으로 40℃ '미만'이면 위험하니 위험물로 분류하고, / 40℃ '이상'이면 덜 위험하니 특수가연물로 분류하고 있다.

02 ① "알코올류" 란 1분자를 구성하는 탄소원자의 수가 1개~3개까지인 포화1가 알코올(변성알코올을 포함)을 말한다. ② 또한 알코올의 함유량이 60% 미만이며, 지정수량은 400리터이다. ( )

➡ ①번 내용은 옳다. / * 참고 : 메탄(C_1H_4), 에탄(C_2H_6), 프로판(C_3H_8)은 탄소원자의 수가 1개부터 3개까지이니 법적으로 알코올류에 들어가지만 / 부탄(C_4H_{10})은 탄소원자의 수가 4개이니 알코올이지만 알코올류에 들어가지 못하고 위험물안전관리법의 제2석유류로 분류가 된다.
②번 내용은 옳지 않다. / * 참고 : 알코올의 함유량이 60% 미만은 제외한다고 명시되어 있다. ∴ 60% 이상이 되어야 위험하니 법적인 알코올류이다. / 그렇다면 20% 이하인 소주도, 40~43%인 양주도 알코올 성분이지만 법적 알코올류에 저촉되지못하고 / 만일 60% 이상인 러시아의 보드카가 지정수량인 400리터(2드럼) 이상이 있다면 법적 저촉을 받게될 수 있다.

03 위험물안전관리법 시행령 별표1에서 "행정안전부령이 정하는 것" 중 제6류 위험물은 액체인 할로젠간화합물이며 지정수량은 300kg이다. ( )

➡ 위험물안전관리법 시행령 별표1의 표에서 볼수 있는 시행령으로 지정된 품목이 아니고, / 행정안전부령으로 지정된 품목은 제1류 위험물은 '산'자가 들어가는 물질 8가지 계열이고 / 제3류 위험물은 염소화규소화합물 1가지이며 / 제5류 위험물은 금속의 아지화합물, 질산구아니딘으로 '아' 자가 들어가는 2가지이며 / 6류 위험물은 할로**젠간**화합물(→ 액체 / 할로**젠**화합물→ 기체) 1가지이다.(*2류, 4류는 없다)

04 환원제는 다른 물질을 환원시키고 자신은 산화되는 물질이며 산화제는 다른 물질을 산화시키고 자신은 환원되는 물질이다. ( )

➡ 환원제는 다른 물질을 환원시키고 자신은 산화되는 물질이 혼동된다면 제2류 위험물로 생각하면 쉽고
산화제는 제1류 위험물로 생각하면 쉽다. (* 또한 심화이론으로 환원제는 산화작용을 하며, 산화제는 환원작용한다는 것이 혼동할 수 있으면 "제"하고 "작용" 이라는 단어를 반대로 조합시키면 된다.)
-환원제 : 다른 물질에 환원을 일으키게 하고 자신은 산화되는 수소·탄소·아연 등 주로 가연성 물질.
-산화제 : 물질을 산화시키는 산소·오존·질산 등이다, 오존(O_3)을 제외 '산'자가 들어가는 물질 등이다.

정답 ➤ 01. (X) 02. (X) 03. (O) 04. (O)

05 제1류 위험물은 가열, 충격, 마찰 등으로 분해하여 O_2를 발생하며 대부분 무기화합물로서 무색결정이거나 백색가루로서 물보다 무거우며 물에 녹는 것이 많고 수용액에서도 산화성이 있다. ( )

➡ 제1류 위험물의 주요 내용 모두로서 옳은 내용들이다.

06 제2류 위험물은 환원제로서 소화방법은 ① 황화인은 CO_2, 마른 모래, 건조분말에 의한 질식소화를 한다. ② 철분, 금속분, 마그네슘은 마른 모래, 건조분말, 금속화재용 분말소화약제를 사용하여 질식 소화한다. ③ 적린, 황, 인화성고체는 물을 이용한 냉각소화가 적당하다. ( )

➡ 모두 옳다. 여기서 건조분말이란 모래보다 가볍게 팽창된 팽창질석, 팽창진주암 및 불연성인 석회(생석회, 산화칼슘이라고 하며 이는 불연성이지만 많은 열을 발생하니 조심히 소화요구) 등을 말한다.

07 제3류 위험물은 무기화합물과 유기화합물로 구성되어 있다. 알칼리금속(K, Na 제외)과 알칼리토금속은 자연발화성이 없는 금수성 물질이다. / 저장방법은 ① 칼륨, 나트륨, 알칼리금속, 알칼리토금속은 보호액(석유)속에 보관한다. ② 알킬알루미늄, 알킬리튬은 물 또는 공기와 접촉하면 폭발한다.(헥산 속에 저장), ③ 황린은 공기와 접촉하면 자연발화한다.(pH9의 물 속에 저장)한다. ( )

➡ 모두 옳다. * 참고 : 무기화합물(* 불연성)과 유기화합물(* 가연성) 중 불연성이 더 많다.

08 제4류 위험물은 주로 물보다 가볍고 비수용성으로서 물에 녹지 않는 것이 많다. 전기의 불량도체(부도체)로서 대부분의 증기비중은 공기보다 무겁다. ( )

➡ 위 주요 내용들은 모두 옳다. 물보다 가볍고 비수용성. 전기부도체로서 증기비중은 공기보다 무겁다.
▶ 물가비 전부 증기무 (* 주로 1류 위험물은 물에 녹는 수용성, / 2류 위험물 물에 안녹는 비수용성)
✪Tip : '증기 비중은 공기보다 무겁다' 라는 뜻은 열에 의해 액면에서 발생한 증기가 공기보다 무거워야 액면에서 체류하면서 타게 된다. 만일 가벼우면 불덩이가 날아가게 된다.(HCN 제외)

09 제5류 위험물은 대부분이 비수용성으로 물과 반응하지 않는다. 분자 내 산소를 함유하므로 공기 중 산소없이 스스로 연소할 수 있다. 화약, 폭약의 원료로 많이 쓰인다. 소화방법은 물질이 산소를 함유하고 있기 때문에 질식소화는 효과가 없으며, 다량의 물로 냉각소화하는 것이 적당하다. ( )

➡ 옳다. 위험물은 1류, 6류를 제외 주로 비수용성이 많다. / 스웨덴의 노벨이 발명한 다이너마이트 원료도 질산에스터류에 속한 나이트로글리세린이다. / 5류위험물들은 모두 물과 반응하지 않아서 초기에만 물로 끄고, 꺼지지 않으면 연소확대를 방지하고 신속히 피난가든지 자연진화되도록 내버려 둔다.

10 제6류 위험물은 대량화재는 다량의 물로 희석할 수 있지만 원칙은 물을 사용하면 안 된다. ( )

➡ 화재 시 원칙은 주수금지이지만 소량화재나 초기화재 시 과염소산, 질산은 상황에 따라 다량의 분무상의 물을 사용하고, 과산화수소는 수용성으로서 다량의 물로 씻어낼 수 있다.

정답 05. (O) 06. (O) 07. (O) 08. (O) 09. (O) 10. (X)

중앙소방학교 표준교재 기준

소방위

(소방전술1, 화재1-1편)

4편

재난현장표준작전절차(SOP)

1장 지휘통제절차(SOP100~113) ·············· 562
2장 화재유형별 표준작전절차(SOP200~240) ········ 574
3장 사고유형별 표준작전절차(SOP300~325) ········ 598
4장 구급단계별 표준작전절차(SOP400~410) ········ 607
5장 상황단계별 표준작전절차(SOP500~504) ········ 610
6장 현장 안전관리표준지침(SSG1~9)
   SSG(Standard Safety Guidelines) ············· 612
   ✪ OX개념문제 ·································· 617

- 본 페이지부터 교, 장 제외 -

01 재난현장표준작전절차

제1장 지휘통제절차*

0 SOP100 – 현장지휘통제절차 목적과 주요 내용

[1] 지휘통제절차의 목적

'지휘통제절차'의 목적은 현장지휘관이 현장의 인적·물적 자원을 효율적으로 관리하고 신속한 현장 파악과 함께 대원의 안전을 확보하기 위해 필요한 체계적 재난현장 지휘 기본방침을 제공하는 것이다. 단, 현장지휘관의 상황판단에 기초하여 이 절차와 다르게 지휘할 수 있다.

① 선착대장(현장지휘관)의 지휘권 선언은 현장 도착과 함께 지휘권을 선언하여 대응 초기부터 강력하고 명확한 지휘권을 확립하기 위함이다
② 현장지휘관의 지휘는 재난현장지휘체계 내에서 활동하는 개별 대원들에게 정확하고 명확한 대응활동을 지시하여 효과적인 조직을 구축·관리하기 위함이다
③ 본 절차는 현장지휘관이 현장관리·계획수립·의사결정을 할 수 있도록 지원하고 후착 현장지휘관에게 질서정연하게 지휘권을 이양할 수 있는 체계를 제공한다.

[2] 지휘통제절차의 주요내용

1 현장지휘관은 사고관리 전반에 대한 지휘권을 가지며, 다음의 전술적 목표를 달성하고자 할 때에는 대원의 안전을 고려해야 한다. ① 인명구조 ② 재산보호 ③ 사고안정화 ④ 환경보호

2 현장지휘관은 상기 목표를 완수하기 위해 지휘체계를 확립하고 그에 필요한 지휘조직을 구성한다.

① 지휘권 선언과 현장장악, 효과적인 지휘 위치(현장지휘소)를 선정한다.
② 신속한 상황평가(현장평가, 위험요소 관리)를 실시한다.
③ 필요시 현장지휘관 중심의 '진입 금지 명령권'을 확행한다.
④ 효율적인 현장 의사소통을 위해 무전 등을 관리하고 통제한다
⑤ 충분한 자원을 확보·관리하고, 지속적으로 사고현장에 필요한 자원을 관리·운용해야 한다.
⑥ 전략, 전술을 설정하고 대응활동계획을 수립하여 그 계획에 따라 각 대원에게 임무를 부여한다.
⑦ 현장지휘관은 필요한 경우 권한위임(예)단위지휘관*) 지정을 통한 통솔범위 유지 등)을 통한 효율적인 대응조직을 구축한다.
⑧ 현장지휘관은 지속적으로 상황을 평가하고 전략·전술을 검토하며 대응활동계획을 수정한다.
⑨ 타 기관과 대응활동을 조정한다. ⑩ 대응 상황에 따라 지휘권의 유지, 이양, 종결을 실시한다

1 SOP101 - 지휘권 확립

[1] 지휘권 확립 원칙
1. 모든 재난현장 지휘체계는 단일 현장지휘체계이며 지휘권을 이양받은 지휘관이 현장지휘관이 된다.
2. 선착대장은 현장 도착과 동시에 반드시 지휘권을 무전으로 선언한다. (다만, 상시 운영되는 소방서 긴급구조지휘대의 지휘대장(지휘팀장, 대응단장 등)이 현장에 함께 도착한 경우 지휘대장이 지휘권을 선언한다.) - 후착지휘대장은 선착대장이 지휘권을 선언 않은 경우는 즉시 지휘권을 선언, 지휘권을 확립한다.

[2] 선착대장 지휘권 확립 절차
1. 지휘권 행사는 선착대장이 무전을 통해 119종합상황실(이하 상황실)과 후착대에 최초상황을 전파함으로써 이루어지며 최초상황 보고 내용은 다음 사항을 포함한다.
   ① 현장에 도착한 출동대 명칭을 전파한다.
   ② 연소 상황, 구조대상자(사상자) 발생 등 관찰되는 재난 정보를 전파한다.
   ③ 건물용도, 규모, 건축 방식을 파악 전파한다.
   ④ 위험 요소, 대원 안전과 직결되는 사항을 파악 전파한다.
   ⑤ 지휘관 신분, 지휘 위치 등을 포함한 지휘권을 선언한다.
   ⑥ 시도 중이거나 시도 예정인 소방 활동 상황을 전파한다.
   ⑦ 공격·방어·병행전략 등 전략을 선언한다.
   ⑧ 필요한 자원 등 지원의 범위를 결정하고 요청 및 전파한다.

[3] 현장지휘관 지휘전술
1 현장지휘관이 선택할 수 있는 지휘전술은 이동지휘, 전진지휘와 고정지휘로 나뉘며 현장 상황에 맞는 적절한 전술을 선택한다.
   ① 이동지휘는 현장지휘관이 특정장소(현장지휘소)에 머물지 않고 현장을 돌아다니며 지휘하는 형태.
   ② 전진지휘는 현장지휘관이 위험지역으로 진입하여 대원들과 임무수행을 함께 하는 형태를 말하며 아래와 같은 상황에서 실시한다.
      • 대원 안전에 대한 현장지휘관의 근접 감독·지원이 필요한 상황
      • 현장지휘관의 지원이 있어야만 즉각적 인명구조가 가능한 상황
      • 현장지휘관의 지원이 있으면 초기 화재진압이 가능한 상황
   ③ 고정지휘는 현장지휘관이 화재 건물(지역)의 현장지휘소에 머물며 지휘하는 형태를 말한다.
2 현장지휘관 재난 규모가 크고 복잡하거나 빠른 확대 가능성이 있는 재난의 경우에는 초기부터 고정지휘를 한다.
3 지휘권을 이양받은 현장지휘관은 고정지휘를 하고, 단위지휘관*은 임무에 따라 이동지휘, 전진지휘, 고정지휘 중 한 가지를 선택할 수 있다.

> ✪ 단위지휘관 : 여러 출동대를 방면, 지역, 임무(기능), 건축물 층별 등 단위대로 조직화하고 지정하는 해당 단위대의 담당 지휘관. 즉, 해당 단위대를 지휘·조정·통제 하는 사람.)

2 SOP102 - 상황평가 및 적용

[1] 상황평가

재난현장에서 목표 우선순위 설정, 대응활동계획 수립 조정 및 검토를 위해 현장지휘관은 지속적인 상황평가를 실시해야 한다. / 상황평가는 선착대장이 실시하는 초기 상황평가와 선착대장 이후에 지휘권을 이양받는 현장지휘관이 실시하는 상세 상황평가로 구분한다.

[2] 선착대장 상황평가 절차

1. 선착대장은 아래 단계별로 초기상황 평가 및 판단에 필요한 정보를 수집한다.
   ① 출동지령 내용으로 재난유형, 규모, 인명피해 등의 정보를 수집한다.
   ② 출동 중 신고내용 및 날씨, 시간대, 대상물 등 상황실 추가정보를 파악한다.
   ③ 현장도착 즉시 재난 건물(지역)과 주변 건물(지역)의 배치, 재난 진행상황을 파악한다.
   ④ 현장도착 후 관계자진술, 구조대상자, 인명대피유무, 연소확대상황, 현장안전 등 정보를 수집.

[3] 후착 현장지휘관 상황평가 절차

1. 선착대장이 지휘권을 장악하고 있는 현장에 도착한 지휘대장은 다음과 같이 상황평가를 실시한다.
   ① 선착대장이 수집한 초기 상황정보·현장도착 육안관찰 정보 등을 선착대장의 진행상황 보고(브리핑)를 토대로 절차에 따라 지휘권을 이양받는다.
   ② 지휘권을 이양받은 현장지휘관은 상황평가를 재실시하고 전략 및 대응활동 계획에 반영한다
   ③ 재난 종결시까지 지속적으로 상황평가를 하고 그 결과를 전략 및 대응활동계획에 반영한다.
   ④ <u>지휘대장은 지휘대원에게, 통제단장은 대응계획부</u>에 상세한 상황평가를 실시하도록 지시할 수 있다.

[4] 안전관리 상황평가

1. 현장지휘관은 대원안전과 관련된 다음의 화재현장 주요요소를 예의주시하고 적절한 조치를 강구하며 현장지휘관 중심의 '<u>진입 금지 명령권</u>'을 확행할 수 있다.
   ① 숨겨진 공간 내에 화재가 있는 경우
   ② 진행 중인 화재의 상층부에서 임무를 수행하는 경우
   ③ 시계(視界)가 0(zero)인 경우
   ④ 통상적인 소요 시간이 지났는데도 화점을 발견할 수 없는 경우
   ⑤ 화재진압 중인 출동대가 지원을 요청하는 경우
   ⑥ 건물 내 출동대가 '초진'을 보고하였으나 현장지휘소에서 여전히 진행 중 화재를 목격하는 경우
   ⑦ 바람을 타고 빠르게 번지는 화재인 경우(예: 산불) 등
2. 현장지휘관의 진입명령없이 현장대원의 내부진입은 금지되며 내부진입명령은 다음의 절차를 따른다. - 현장지휘관은 '내부 진입'이 결정되면 '무전'으로 진입을 명령한다.

---

* 지휘팀: 긴급구조지휘대 구성원, 지휘보좌, 운전원, 현장안전담당, 화재조사관 등을 말한다
* 자원대기소: (초)고층건물 화재 시의 자원대기소는 발화층의 2개층 아래에 설치한다.

3 SOP103 – 자원의 동원과 관리

[1] 현장지휘관 추가자원 요청 절차
1. 현장지휘관은 출동접수 즉시 대상물의 용도, 기상상황, 재난발생 시간대 등에 기초하여 자동으로 편성된 출동대의 규모가 소방활동에 충분한지 예측하여 필요시 추가자원을 요청한다.
2. 필요시 재난 규모에 따라 적정한 대응단계를 발령한다. 단, 상황실장은 대응단계 발령권은 없으나 수집된 재난정보에 따라 현장지휘관에게 '대응단계 발령 권고'는 가능하다

[2] 자원대기소* 등 운영 절차
1. 선착대(선착·2착 안전센터, 1착 구조대) 및 지휘팀*을 제외한 현장에 접근 중인 모든 출동대에게 현장지휘관은 대기1단계를 아래와 같이 가동하도록 지시한다.
   ① 현장지휘관은 대기1단계 장소(현장으로 진입 및 회차 가능한 현장에서 떨어진 인접 장소)에 도착한 출동대에게 출동대명, 인원, 위치 등을 보고받는다.
   ② 현장지휘관은 대기1단계에서 대기 중인 출동대의 전부 또는 일부를 재난현장으로 진입시켜 지정된 임무를 수행하게 한다.
2. 긴급구조통제단이 가동되거나 대기1단계가 지속되면 현장지휘관은 사고현장 인근의 장소(주차장, 공터, 운동장, 넓은 도로의 한 측면 등)를 선정하여 자원대기소*로 지정한다.

[3] 자원대기소장 임무
1. 자원대기소장은 현장지휘관이 임명하거나 사전에 지정된 인력을 활용한다. 단, 자원대기소장이 임명되지 않았을 경우 자원대기소에 가장 먼저 도착한 출동대의 장이 자원대기소장의 임무를 수행한다.
   - 무전채널에 여유시 자원대기소장과 무전교신은 작전수행에 지장 없도록 별도의 채널을 사용한다.

4 SOP104 – 현장지휘소 설치

[1] 현장지휘소 설치 위치
1. 현장지휘소란 현장지휘관이 머무르는 장소를 말하며 시설물의 설치와 무관하다.
   - 통상적인 현장지휘소의 위치는 다음과 같다.
     ① 선착대 소방차량 인근, 지휘차 인근, 긴급구조통제단 현장지휘소
     ② 위 장소보다 더 적합한 장소(인근 건물의 실내 포함)
2. 통제선을 기준으로 현장지휘소를 설치할 경우 현장지휘관은 다음 지역에 현장지휘소를 설치한다.
   ① 제1통제선과 제2통제선 사이의 공간에 설치한다.
   ② 유해물질 등 재난 현장(Zone: Hot –Warm– Cold 기준)에서는 Cold Zone에 설치한다.
3. 현장지휘관은 현장지휘소 위치를 선정할 때 아래의 요건을 고려한다.
   ① 재난이 발생한 건물(지역) 또는 연소확대 예상건물(지역)등 구조현장 관찰이 가장 용이한 장소.
   ② 유해가스, 낙하물 등 재난현장의 생성물로부터 안전한 장소를 선정한다.
   ③ 현장활동 차량의 이동과 대응활동을 방해하지 않는 장소를 선정한다

[2] 현장지휘소 사전비치 물품

1. 현장지휘소(또는 긴급구조통제단) 설치를 위해 통제단장(소방서장 등)은 다음 사항을 사전 준비한다.
   ① 조명기구 및 발전장비
   ② 확성기 및 방송장비
   ③ 재난대응구역지도 및 전술상황판
   ④ 개인용컴퓨터·프린터·복사기·팩스·휴대전화·카메라(스냅, 동영상 촬영용)·녹음기·간이 책상·의자 등
   ⑤ 지휘용 무전기 및 자원관리용 무전기
   ⑥ 종합상황실의 자원관리시스템과 연계되는 무선데이터 통신장비
   ⑦ 통제단 보고서양식 및 각종 상황처리대장 ⑧ 기타 긴급구조대응계획에서 정하고 있는 시설 및 장비

5 SOP105 - 현장대응조직의 구축

[1] 현장대응조직 구축 원칙

1. <u>현장지휘관</u>은 재난현장을 총괄하기 위해 모든 개별 출동대를 지휘·통제하고 그 배치와 기능을 기록·관리한다. / 복잡한 대규모 재난 → 대규모 대응조직, 단순 소규모 재난 → 소규모 대응조직
2. 기본적인 3단계 지휘는 다음과 같으며 규모에 따라 현장지휘관과 단위지휘관의 지휘수준도 다르다.
   ① 전략수준은 재난 현장의 전반적인 지휘·통제 및 전술적 목표 달성을 위해 필요한 대응활동("무엇을 할 것인가?" - 대응 방향 설정)을 말한다.
   ② 전술수준은 전략수준에서 결정된 각 목표를 해결하기 위한 수준으로 대원배치 및 임무수행 시 안전관리("어떻게 할 것인가" - 대응 방법의 의사결정) 등을 말한다.
   ③ 임무수준은 전술수준의 목표를 해결하기 위해 부여된 임무수행의 수준으로 각 개별 출동대나 특정대원에 의해 달성되는 활동("실행"-임무수행)을 말한다.
3. 현장지휘관은 지역(구역) 또는 기능(역할)에 따라 단위대를 설치할 수 있다

[2] 현장대응조직 확장 요건

1. 현장지휘관이 단위대(방면 등)편성 등을 통해 조직확장과 권한위임을 할 수 있다.
2. 현장지휘관은 재난현장을 지리적특성에 의해 아래와 같이 분할하고 단위지휘관을 지정한다.
   ① 건물 전면(주도로를 접하거나 주출입구가 있는 면)을 A면, 이후 시계방향으로 돌아가면서 B면, C면, D면으로 방면에 대한 명칭을 부여한다.
   ② 구역에 따라 분할하는 경우에 전방, 후방, 내부, 옥상단위대 등을 지정한다.
   ③ 재난이 발생한 건물(지역)이 광범위할 경우에는 내부를 사분면으로 나누고 각각의 단위대에 명칭을 부여한다.
   ④ 다층건물에서 층수를 분할하는 경우에는 층별 단위대를 지정한다.
3. 기능(역할)을 활용한 단위대는 재난현장의 특정임무나 활동(자원대기·회복·배연·유해화학물질 대응·응급의료 등)을 수행하기 위해 지정한다.

6 SOP106 - 전략 설정, 대응활동계획 수립 및 수정

[1] 전략, 전술, 대응활동계획 우선순위

1. 전략, 전술적 우선순위, 대응활동계획의 정의는 다음과 같다.
   ① 전략은 재난현장에 대응하는 전체적인 접근방법을 말한다.
   ② 전술적 우선순위는 대응활동계획상의 활동 중 중요성과 긴급성 등에 따라 수행할 활동에 대한 순위로 인명구조→ 재산보호→ 재난 안정화(화재의 경우, 화재진압)→ 환경보호의 순서로 진행한다.
   ③ 대응활동계획이란 전술적 목표(인명구조, 재산보호, 사고 안정화, 환경보호)를 달성하기 위한 구체적인 활동이 포함된 서면 또는 구두상의 계획을 말한다.
2. 선착대장의 대응활동계획 수립은 상황에 따라 구두로 전파하거나 제외할 수 있다.

[2] 현장지휘관 전략 수립 절차

1. 전략은 공격, 방어, 병행전략이 있으며 병행전략 사용 시 모든 대원에게 병행전략 실시를 알린다.
   ① 공격전략은→ 화재초기 또는 성장기에 내부로 진입하여 초기검색과 진압작전을 하는 것이다.
   ② 방어전략은→ 내부진입을 할 수 없는 상황에서 연소확대방지에 초점을 두고 진압작전을 한다.
   ③ 병행전략은→ 공격전략과 방어전략을 동시에 활용하는 전략이다. 예) 외부에서 방어전략으로 연소확대를 방지하는 상황에서 인명구조를 위해 일부 내부공격이 필요한 경우 또는 여러 건물의 대규모 화재에서 A건물은 공격전략을 사용하고, 인접 건물(샌드위치패널 등)은 방어전략을 사용하는 경우에 활용한다.

[3] 현장지휘관 대응활동계획 수립 절차

1. 복잡한 화재, 대형화재, 장시간 지속하는 화재, 긴급구조통제단이 가동된 재난의 대응활동계획은 서면으로 작성한다. 대응활동계획에 포함되어야 할 내용(정보)은 다음과 같다.
   ① 전략, 목표, 우선순위, 지휘방침 기재 ② 작전도 작성 ③ 대원 위험성 및 안전대책 강구
   ④ 동원자원현황 기재 ⑤ 임무부여표 작성 ⑥ 지휘조직표 작성 ⑦ 응급의료계획 작성
   ⑧ 통신계획 작성 ⑨ 시간대별 활동상황 기록
2. 지휘권을 장악한 지휘대장은 전술상황판에 3.3.1의 정보를 기록하여 활용하여야 한다.
3. 긴급구조통제단이 가동(대응계획부 설치)되면 대응계획부장은 서식별 해당 부서에서 작성한 [3]의 1의 정보를 취합하여 대응활동계획을 완성한 후 통제단장에게 보고하여야 하며 통제단장은 승인된 대응활동계획을 현장지휘부장이 현장활동에 반영하도록 지시한다.

[4] 현장지휘관 대응활동평가

1. 현장지휘관은 본인의 육안관찰 결과와 단위지휘관의 진행경과 보고에 의해 현재 상황을 평가한다.
   - 단위지휘관의 진행경과 보고에는 재난현장 주요요소, 지시사항 이행 여부 및 그 결과, 현재 파악되지 않고 있는 정보 등을 포함한다.
2. 현장지휘관이 현장활동을 평가할 때 확인해야 할 항목은 다음과 같다.
   ① 재난현장 주요요소에 대한 현행화 ② 대원 안전 및 휴식 ③ 전략(공격, 방어, 병행)
   ④ 목표 우선순위 ⑤ 필요한 지원 ⑥ 지시사항 이행 여부

7 SOP107 - 무선 통신

[1] 무전의 기본원칙

1. 현장지휘관은 재난현장에서 효율적 무전과 그 유지·통제에 대한 책임을 진다.
2. 사고현장의 의사전달은 대면, 무전, 휴대전화, 정보시스템(예)소방안전지도 등) 활용, 표준작전절차의 준수 등을 통하여 이루어진다.
3. 무선 통신의 우선순위는 다음과 같다.
   ① 대원 안전 ② 구조대상자 ③ 재난현장 주요요소 ④ 전략, 전술, 대응활동계획
4. 상황실의 정보수집과 신속한 상황 전파를 위해 출동 중인 각 출동대의 장과 지휘대장은 불필요한 무전을 삼가야 한다. 예) "공기호흡기 착용, 안전에 유의" 등은 가장 기본적인 안전 수칙이므로 지휘관이 출동 중에 이 내용을 송신하는 것은 자제한다.
5. 재난 현장과 재난 현장을 지원하는 부서는 무전을 최대한 자제해야 한다.
6. 임무를 수행 중인 대원은 위치이동, 중요정보*, 긴급탈출 상황 등 필요한 상황에서만 무전을 한다.

[2] 현장지휘관 무전 지휘권 확보

1. 현장지휘관은 지휘대 내에 통신지원요원을 두어야 한다.
2. 재난의 규모가 크거나 복잡하여 다수의 단위대를 설치한 경우에 현장지휘관은 각 단위대별로 별도의 무선채널을 사용하게 할 수 있다.

[3] 무선통신 방법

1. 효과적인 의사전달을 위한 무선통신 방식은 다음과 같다.
   ① 명확하고 간결한 용어를 사용한다.
   ② 평소 음성(고함치지 말 것), 일정한 속도, 명확한 송신을 한다.
   ③ 여러 가지 내용을 한번에 송신할 때에는 중요한 내용부터 우선 송신한다.
   ④ 목표, 내용, 위치에서 할 임무를 특정하여 구체적으로 지시한다.
   ⑤ 수신 내용을 확인하고 특히 중요 사항은 복명복창한다.
2. 현장지휘관은 재난의 규모가 크고 복잡하여 다수의 현장활동 조직을 설치할 경우 다수의 무선채널 사용을 고려한다. 예) 무전망 분리(① 지휘망 ② 작전망 ③ 지원망 = 유관기관망)
   ① 대원과 함께 임무를 수행하며 출동대를 감독하는 출동대장(센터장, 구조대장 등)은 소속 대원과 대면에 의한 의사전달(구두, 수신호 등)을 원칙으로 한다.
   ② 단위지휘관과 소속 출동대간의 의사전달은 대면을 원칙으로 하며 필요한 경우에는 무전을 통하여 지시하고 보고를 받는다.
   ③ 단위지휘관과 현장지휘관(현장지휘대장) 등)은 지휘망 위주로 교신한다.
3. 현장지휘대장이 현장지휘소를 떠나 전진지휘소를 운영하는 경우, 현장지휘대장과 현장지휘소(통제단장 등)는 지휘망을 통해 교신한다
4. 현장지휘관은 다수의 무선채널을 사용할 경우에 통신지원요원을 두어야 한다.

8 SOP108 – 안전관리

[1] 현장지휘관

① 재난현장 안전에 대해 전반적으로 관리한다. ② 현장활동 대원이 안전에 관한 표준작전절차를 위반한 경우에 예외를 인정하거나 재량적 판단을 해서는 <u>안 된다</u>. ③ 안전과 관련된 현장의 요구사항을 적극적으로 반영한다. ④ 현장자원을 고려하여 현장안전담당 등을 지정해야 한다

[2] 현장안전점검관 및 현장안전담당

1. 재난현장에서 대원안전과 관련된 정보를 수집·분석하여 현장지휘관을 보좌한다.

2. <u>현장안전점검관</u>은 다음의 사항을 담당한다.
   ① 현장 소방활동 중 현장 안전관리에 대하여 현장보건안전관리책임자를 보좌한다.
   ② 현장보건안전관리책임자의 현장 안전관리에 관한 지시사항을 이행한다.
   ③ 현장 소방활동 안전관리와 관련된 교육 및 훈련에 대해 조언하고 지도한다.
   ④ 현장투입 대원의 장비 착용과 신체 및 정신의 건강상태를 확인한다.
   ⑤ 현장 소방활동의 위험요인을 관측하고 보고 및 전파한다.
   ⑥ 현장대원사고 등의 조사보고서를 작성한다.
   ⑦ 안전사고 발생의 원인을 조사 및 분석하고 재발 방지를 위해 조언 및 지도한다.
   ⑧ 현장 소방활동 대원들의 개인보호장비를 점검·관리하고 지도한다.
   ⑨ 그 밖에 현장 소방활동 안전관리 업무에 관한 사항을 담당한다

3. <u>현장안전담당</u>은 다음의 사항을 담당한다.
   ① 현장 소방활동 중 현장 안전관리에 대하여 현장지휘관을 보좌한다.
   ② 현장보건안전관리책임자, 현장지휘관 또는 현장안전점검관의 보건안전관리에 관한 지시사항을 이행한다. / ③ 현장투입 대원의 장비 착용과 신체 및 정신의 건강상태를 확인한다.
   ④ 현장 소방활동의 위험요인을 관측하고 보고 및 전파한다.
   ⑤ 그 밖에 현장 소방활동 중 안전관리에 관하여 필요한 사항을 담당한다.

4. 현장지휘관이 지시한 불안전한 활동은 즉각 중지시키고 비일상적이거나 특별한 위험이 있는 계획에 대해서는 거부할 수 있다.

5. 대원의 안전이 위협받는 특정 위치에 안전보조요원 배치를 현장지휘관에게 요구할 수 있다.

9 SOP109 – 대원 긴급탈출절차

[1] 긴급탈출을 위한 현장지휘관의 임무

1. 위험지역활동 중인 출동대가 3회 무전교신 시도에도 응답이 없을 때에도 긴급탈출 상황으로 본다.

2. 위험지역에서 안전하게 탈출할 수 없는 대원은 즉시 무전기로 "긴급탈출"을 3회 반복 송신을 한다.
   ① "긴급탈출"은 생명을 위협받는 상황에서 즉각적인 도움이 필요하거나 신속한 대피가 필요한 경우에만 사용하며 이를 발견한 대원은 누구나 선언할 수 있다
   ② "긴급탈출"을 송신한 대원은 현장에서 발생하고 있는 주요상황("대원추락", "대원부상", "대원실종", "대원고립", "붕괴위험", "가스누출" 등 명확한 설명)을 추가로 송신한다.

③ 긴급탈출 상황에서 모든 출동대는 무전을 전면 중단하고 긴급탈출 상황, 전략 및 대응활동계획의 변경과 관련된 교신, 상황변화 보고만 전송한다.
④ 긴급탈출상황이 선언되면 위험지역에서 모든 대응활동과 긴급탈출구출작전은 동일한 무전채널을 사용하고 현장지휘관, 단위지휘관, 위험지역 출동대가 진행상황을 공유하고 지원할 수 있도록 한다.
3. 긴급탈출 상황에서의 구출작전을 고려할 때 중요한 것은 고립된 대원, 위험지역에서 활동 중인 대원 및 구출대원에게 공기를 공급하는 것이다.
4. 긴급탈출 상황에서 고립대원을 구출하기 위한 순서는 다음과 같다.
  무전을 통해 고립대원에게 다음 사항을 안내한다.
  ① 호흡조절 등을 통한 침착 유도 및 공기잔량 확인
  ② 구출작전에 필요한 정보를 확보하기 위해 무선연결 유지할 것
  ③ 인명구조경보기(PASS) 작동할 것(무선교신 시는 작동 중지)

[2] 긴급탈출 절차

1. 재난현장에서 대원안전과 관련된 정보를 수집·분석하여 현장지휘관을 보좌한다.
2. 현장안전점검관은 다음의 사항을 담당한다.

안전하게 탈출할 수 없다고 판단한 대원은
"긴급탈출"을 3회 무선송신함으로써 긴급탈출 상황을 선언한다.
⇩
"긴급탈출, 긴급탈출, 긴급탈출"
긴급교신을 송신한 대원은 무전기 키를 누르고 다음 사항을 포함한 상황을 보고한다.
- 누가 – 긴급탈출 상황에 있는 대원의 소속, 이름
- 무엇을 – 긴급탈출 상황(원인)
- 어디에 – 현재 위치 또는 지나온 위치(주변에 보이는 것)
 (매우 중요) 긴급탈출 상황을 벗어나는 데 필요한 것
⇩
현장지휘관은 고립대원에게 도움되는 정보를 송신한다.
 - 침착, 호흡법, 통신유지, 필요시 PASS 작동 등
⇩
신속하게 구출팀을 투입한다.
⇩
현장지휘관은 다음 사항을 출동대에게 무선으로 전파한다.
- 긴급탈출 상황 요청내용(누가, 무엇을, 어디에)을 전파
- 현장의 모든 출동대는 무선 침묵 요구
- 긴급탈출 상황을 벗어나기 위해 고립대원이 요청한 필요 자원
⇩
위 내용을 상황실은 복명복창한다.
⇩
현장지휘관은 필요한 자원 또는 지원에 기초하여 구출작전을 직접 지휘하거나
긴급탈출 상황이 발생한 단위대장에게 조치토록 위임하고 지원한다.

10 SOP110 – 현장 언론 브리핑 절차

[1] 언론브리핑의 현장지휘관의 임무

1. 현장지휘관은 재난 현장의 공공정보 배포에 대한 책임을 지며 사고 현장에 있는 대중매체 관계자가 현장활동을 방해하지 않고 안전하게 영상정보 등 관심 있는 정보를 확보할 수 있도록 지원한다.
2. 현장지휘관은 재난 현장의 공공정보를 정확하고 시의적절하게 제공하기 위하여 1차 대중매체 브리핑은 가급적 재난 발생 2시간 이내에 실시하고 추후 브리핑 계획을 미리 공지한다.

[2] 대중매체 정보 제공 기준

① 대중매체에게 제공하는 정보는 재난에 대한 사실이어야 한다.
② 재난의 원인에 대하여 확정적으로 발표하지 않는다.
③ 사망자 또는 부상자의 이름을 제공하지 않는다.
④ 소방대원에 대한 정보를 제공하지 않는다.
⑤ 나중에 논쟁거리가 될 수 있는 개인적 의견은 말하지 않는다.
⑥ 다른 기관의 권한과 책임인 사항을 대신 답변하지 않는다.

[3] 현장 브리핑에 포함되어야 할 사항

① 브리핑 주체를 소개(현장지휘관 또는 공보담당 등)한다.
② 인명 및 재산 피해에 대한 유감 및 위로를 표명한다.
③ 재난의 원인, 재난 발생 일시, 장소, 유형, 출동자원(소방, 유관기관 등) 등의 개요를 포함한다.
④ 현재까지의 인명 및 재산 피해 현황, 수뇌 인명구조 활동 내용을 포함한다.
⑤ 다음 브리핑 예정 시간, 장소를 포함한다.

[4] 언론브리핑 방법

1. 현장지휘관은 언론브리핑 중에 질의·답변 시간을 가지며 관련 기관, 외부 전문가, 관계인 등의 대표자를 참석시키고 소관 사항을 직접 답변하게 한다.
2. 장시간 지속되는 재난 현장에는 대중매체 관계자가 대기할 공간을 마련하고(예) 자원대기소 내) 안전하게 영상 및 사진 촬영을 할 수 있도록 지원한다.
3. 현장지휘관은 재난현장에 공보담당을 임명하고 대중매체 대응에 관한 사항을 위임할 수 있다.
  ① 재난과 관련하여 대중매체에 제공되는 정보의 통일성을 유지하기 위하여 재난현장에는 공보담당이 1명만 있어야 한다. 다만, 공보담당의 업무를 지원할 보조요원을 둘 수 있다.
  ② 공보담당의 역할은 현장지휘관의 대중매체 정보제공에 대한 책임과 동일하다.
  ③ 공보담당은 대중매체에 정보를 제공하기 전에 현장지휘관의 승인을 받아야 한다.
  ④ 공보담당의 언론브리핑은 현장지휘관의 지휘를 방해하지 않는 장소에서 실시한다.
  ⑤ 공보담당은 효율적인 정보제공을 위하여 취재 언론사 협의회를 구성하고 간사를 지정할 수 있다.

> **gossip**
> 세상이 바뀌길 바라면서 너를 손가락질하니
> 나머지 3손가락은 나를 향한다. 그래서 내가 생각을 바꾸니 그 세상이 바뀌었다!

11 SOP111 - 지휘 지속 종결

[1] 현장대응조직 구축 원칙

1. 현장지휘관은 대원의 안전을 확보하고 대응활동 목표를 달성하기 위하여 재난이 종결될 때까지 현장자원을 관리하고 지휘를 지속해야 한다.
2. 현장지휘관은 대원의 안전을 확보하고 대응활동 목표를 달성하기 위하여 고정된 현장지휘소를 적극적으로 활용(고정지휘)한다.
3. 현장지휘관은 현장활동과 대원안전에 영향을 미치는 모든 중요한 정보가 무전기를 통하여 공유될 수 있도록 한다.
   ① 현장지휘관은 현장의 무전이 최소화될 수 있도록 통제함으로써 긴급교신 등 반드시 필요한 무전이 신속히 연결되도록 해야 한다.
   ② 현장지휘관은 원활한 현장 무전을 위하여 가능한 범위 내에서 무선채널을 지휘망, 작전망, 지원망 등으로 분리 운영해야 한다.
4. 현장지휘관은 전술적 우선순위(인명구조, 재난 안정화, 재산보호, 환경보호)의 완수에 소요되는 시간과 자원을 추정하고 필요한 자원을 확보한다.
5. 현장지휘관은 재난현장의 주요요소에 기초하여 대응활동 기간과 지휘조직의 구성 및 규모를 결정하고 교대 및 회복에 대한 계획을 수립한다

[2] 현장대응활동 검토회의

1. 현장지휘관은 현장활동이 종료되면 현장대응활동 검토회의에 관한 규정에 따라 필요한 경우에는 현장대응활동 검토회의를 실시한다.
2. 현장대응활동 검토회의 내용은 지휘통제절차(SOP 100)에서 정하고 있는 절차의 이행 여부, 대응활동 평가, 안전수칙 이행상태, 주요 의사결정 근거, 디브리핑 등에 대한 분석을 포함하되 비난이나 책임추궁이 아니라 문제진단과 재난대응에 대한 교훈과 최적화된 개선방안의 공유에 초점을 두어야 한다.
3. 현장지휘관은 현장 활동 중 표준작전절차와 대원 안전수칙의 중대한 위반이 발생했을 때에는 현장대응활동 검토회의에서 반드시 그와 관련된 문제를 적시함으로써 재발을 방지한다
   - 소방서장(소방본부장)은 표준작전절차와 대원 안전수칙의 중대한 위반, 주요 의사결정 오류 등에 대해서는 그 원인을 철저히 분석하여 필요한 교육을 실시하며 조직 문화 개선을 위한 대책을 마련한다.
4. 현장대응활동 검토회의 결과는 모든 직원에게 공유하고 표준작전절차의 개발·훈련·적용·평가·개정에 반영하여야 한다.

12 SOP112 - 지휘권 이양

[1] 지휘권 이양(확보) 원칙

1. 재난현장에서는 단일 현장지휘관만이 지휘하며 지휘대장은 반드시 공식적인 지휘권 이양절차를 통해 지휘권을 확보한다.

2. 현장에 도착하지 않은 현장지휘관은 지휘권을 이양받을 수 없다.
3. 지휘권은 원칙적으로 선착대장→지휘대장 등→소방서장→소방본부장→소방청장의 순(順)으로 이양하고 사고가 안정되면 역순으로 이양한다. 다만, 현장상황에 따라 중간단계를 생략할 수 있다.
4. 안전과 관련된 긴급상황을 제외하고 지휘권을 가진 현장지휘관을 제외한 누구도 임의로 현장활동에 개입하지 않는다.
5. 지휘대장은 현장에 도착하면 지휘권 이양절차에 따라 반드시 지휘권선언을 하여 지휘권을 확립한다.
6. 현장에 도착한 지휘대장은 지휘권 행사 중인 현장지휘관이 재난을 효율적으로 지휘하고 있으면 지휘권을 유지시킬 수 있다.
7. 지휘대장이 지휘권 이양을 받지 않았을 경우에는 자신의 지휘권 행사 권한을 현재의 현장지휘관에게 위임한 것으로 간주하며 현장지휘관의 지휘권 행사에 개입할 수 없다.
8. 지휘대장은 지휘권을 이양받지 않더라도 재난대응 전반을 모니터링하며 현장지휘관에게 대응활동의 방향과 조언을 제공할 수 있다.
9. 지휘권 이양을 받지 않더라도 지휘대장의 본질적 권한과 책무, 즉 재난대응에 관한 전반적인 운영과 지휘에 대한 책임을 진다.

[2] 지휘권 이양(확보) 절차

선착대장이 지휘권을 선언한 현장에 도착한 현장지휘관은 다음 절차에 따라 지휘권을 이양받는다.
1. 출동 중에 수집한 정보와 현장 도착 시 파악한 정보를 활용하여 상황을 평가한다.
2. 지휘권 이양 시 재난 진행 상황 보고는 대면(對面) 인수·인계를 원칙으로 하고, 이것이 불가능할 때에는 무전으로 할 수 있다.
3. 지휘권을 이양받은 현장지휘관은 무전을 통하여 지휘권을 선언한다.
4. 현장지휘관은 지휘권을 이양한 선착대장을 지휘보좌로 활용하거나 특정 임무를 부여할 수 있다.

13 SOP113 - 디브리핑

[1] 디브리핑 순서

1. 디브리핑의 구성(순서)은 다음과 같다.
   ① 무엇을 계획했나?
      - 임무의 의도를 검토한다. - 핵심 과업의 배정을 파악한다.
      - 원하던 종결 상태('正道'는 무엇인지?)를 확인한다.
   ② 실제로 어떤 일이 일어났는가?
      - 사실관계를 확인한다. - 여러 관점을 모아 무슨 일이 일어났는지 공통된 그림을 완성한다.
   ③ 왜 일어났는가?
      - 원인과 영향을 분석한다. - '누가' 아닌 '무엇'에 초점을 둔다.
      - 발생한 상황에 대한 설명을 끌어내기 위한 점진적이고 세심한 접근을 한다.
   ④ 다음에는 어떻게 할 것인가?
      - [약점 교정] 통제 밖의 외부 요인보다는 고칠 수 있는 항목에 집중한다.
      - [강점 유지] 출동대가 잘 수행한 영역을 식별하고 계속 유지한다.

제2장 화재유형별 표준작전절차*

0 SOP200 - 화재대응 공통 표준작전절차*

[1] 출동지령 단계
1. 소방대는 출동지령을 정확히 청취한다.
2. 소방대는 대상물 규모, 장소(위치), 화재상황 및 출동로를 확인한다

[2] 화재출동 단계
1. 소방대는 상황실 무전청취, 개인보호장비를 착용한다
2. 소방대는 현장상황 및 대상물 정보를 추가 파악하고 2개소 이상의 예비 소방용수를 선정한다
3. 소방대는 현장대응방안 모색 및 장비 선택, 필요시 추가 장비를 지원 요청한다
4. 선착대는 육안으로 보이는 화재장소 주위의 상황을 전파한다
5. 후착대는 선착대의 정보를 참고하여, 소방활동에 반영한다

[3] 현장대응 단계
1. 후착대가 선착대와 같은 경로에 위치할 경우에 선착대 차량에서 소방호스를 전개하여 호스 꼬임 등 위험요소를 제거한다. 다만, 포위 작전 등 필요시 전개 경로를 달리할 수 있다.
2. 선착대는 도착 즉시 화재대상물에 대한 개략적인 상황파악 및 보고(응원요청 사항 등을 포함), 구조대상자 인명구조 및 화재진압활동 개시한다.
    ① 선착대장은 현장 안전조치(전기, 가스, 위험물 등 소방활동 상 장애요인 제거)를 실시한다.
3. 선착대장은 필요시 각 대(원)별 임무부여한다
    ① 선착대원은 소화활동설비 활용(연결송수관, 옥내소화전 등)를 활용한다
    ② 선착대원은 화염이 보이지 않고 방어의 필요가 없다면 지휘관에게 보고 후 적절한 조치를 받는다.
    ③ 선착대원은 활동 중 현장변화 및 위험사항 발견 시 즉시 보고하고, 지휘관은 전 대원에게 전파한다.
4. 소방대는 인명검색 중점지역을 확인(막다른 통로, 엘리베이터, 화장실, 창, 출입구, 계단, 침실, 피난기구 설치지역 등) 후 전 대원에게 전파한다.
5. 현장지휘관은 현장상황에 따라 지속적인 작전변경 및 수정된 임무를 지시한다
    ✪ 무전기를 활용하여 전 대원이 변경된 임무를 숙지할 수 있도록 조치한다
6. 각 소방대는 도착순서에 따라서 서로 긴밀하게 연계하여 활동한다.
7. 현장지휘관은 필요시 추가지원 요청하고, 현장지휘관 또는 현장안전담당은 현장진입 전 대원 안전장비 등을 확인하고 상황판단 후 현장 투입 여부를 결정한다

1 SOP201 – 화재대응 안전관리 표준작전절차*

[1] 출동지령 단계

1. 출동 선임대원은 현장대응에 필요한 추가 진압장비를 적재하고, 출동지령을 듣지 못한 출동인원이 있는지 확인하고 출동지령을 전달한다.

[2] 화재출동 단계

1. 소방대는 개인안전장비 정상작동 상태 확인한다.
2. 운전원은 사이렌을 취명하고 라이트, 경광등을 켜서 긴급출동 차량임을 알리며 안전운전을 한다.
3. 소방대는 교차로 진입 시 안전 확인 후 진행한다.
4. 소방대는 상황실과 수시 연락하여 추가정보를 계속 수집, 안전한 대응방안 구상한다.

[3] 현장대응 단계*

1. 소방대는 현장작업 대원을 보호방식으로 차량 배치 및 긴급탈출로 확보, 고임목 설치를 확인한다.
2. 소방대는 관계인에게 정보수집 시 현장 안전관련 대응방안 파악 및 소방활동지역 설정(화재장소, 활동공간, 경계구역)시 안전대책 확인한다.
3. 소방대는 화재현장에서 이동시 낮은 자세를 하며, 출입문 주위는 장애물이 방치되지 않도록 조치한다.
4. 소방대는 지하공간으로 소방호스 연장 시 예비호스를 계단 상단부에 배치하고 지하공간 출입구에 위치한 대원은 지하공간 입구 1층 상황을 감시한다.
5. 현장지휘관 및 각 단위지휘관은 임무부여 시 대원의 능력, 건강상태, 보유장비 확인, 현장작업 대원에 대한 휴식처 지정 운영(충분한 휴식제공), 휴식 후 추가 진입 시 건강상태 등 개인안전 확인 후 진입결정
6. 현장지휘관 및 각 단위지휘관은 현장안전 확보 전에는 대원의 진입을 보류한다.
7. 현장진입대원은 안전을 확인, 2인 1조로 진입하고, 현장지휘관 등은 진입대원 현황을 파악·관리한다.
8. 현장지휘관은 현장안전담당을 지정·배치하고 추가 인력·장비를 지원하여 현장안전관리를 실시한다

[4] 복귀 단계

1. 현장지휘관은 화재현장 안전조치 사항 등을 유관기관(지자체, 경찰, 관계인 등)에게 인계한다.
2. 현장지휘관은 대원 및 현장대응장비 안전을 확인한다.
3. 소방대는 화재현장에서 소방관서로 복귀할 때 일반차량에 적용되는 도로교통법 제반규정을 준수한다
4. 소방대는 화재현장에서 소방관서로 복귀함과 동시에 재출동에 대비하여 필요한 사항을 우선 조치한다
5. 현장에서 복귀한 출동대는 현장사용 장비 세척·소독 실시, 대원 피복 세탁·건조 시 감염방지 유의한다.

> **gossip** 결혼이란? (gossip)
> 서로가 보석 같은 이상형을 찾아가는 것이 아니라
> 원석과 원석이 만나 새로운 보석을 만들어 가는 것이다~

2 SOP202 - 화재대응 일반절차*

[1] 발화점 확인방법*
1. 소방대는 자동화재탐지설비 수신반 또는 방재센터 내 제어반 활용한다.
2. 소방대는 관계인, 목격자, 신고자 등의 의견 청취한다.
3. 소방대는 수개 층에 연기가 차있는 경우에는 인명고립이 접수된 층부터 확인한다.
   - ✪ 지상은 직하층, 지하는 직상층으로 진입 (*^^ 지하는 위에서 아래로 내려가니 직상층이 된다)
4. 소방대는 연기 흐름이 빨라질수록, 농도가 짙어질수록, 온도가 높아질수록 ➡ 발화점이 가까워짐
5. 소방대는 짙은 연기 속에서는 열화상카메라 이용하고, 장비 미 휴대 시 낮은 자세로 신속히 사방을 분무주수하며 물 끓는 소리 등으로 발화부를 확인한다.
6. 후각, 알람밸브(유수검지장치), 공조시스템 등을 이용하여 화점을 확인한다.

[2] 건물내부 구조대상자 존재 가능성 파악
1. 소방대는 신고자, 화재사고 목격자 및 거주자 등 관계자의 정보를 파악한다.
2. 소방대는 현장 도착 후 건물 외부 창문 또는 베란다 등 고립인원의 목격 등을 확인한다.
3. 기타 물증에 의한 예시
   ① 주택 및 아파트 등 공동주택 : 각 층별 주거 호실의 실내등 점등 상태, 출입구 신발 수 등 확인한다.
   ② 여관, 모텔 등 숙박시설 : 호실 표시등 점등상태 등을 확인한다.
      - 사우나, 찜질방, 헬스클럽 : 이용현황(락커 번호) 또는 신발장 및 옷장 잠김 상태 등을 확인한다.
4. 병원, 정신질환 수용시설 등 : 층별 입실현황 등을 확인한다.

[3] 내부 진입*
1. 현장지휘관은 상황판단 후 진입 지시를 하고 ① 출화건물 ➡ 주위건물 순으로 한다.
   ② ❶ 화점실 ➡ ❷ 인근실 ➡ ❸ 연소층 ➡ ❹ 화점직상층 ➡ ❺ 화점상층 ➡ ❻ 화점하층의 순으로 한다.
2. 진입경로의 선정은 신속, 정확, 안전의 관점에서 판단한다. ▶ 암기 : 화인연 직상하
3. 진입구 설정을 위한 파괴는 지휘자의 명령에 의해 실시한다.
4. 옥내(외) 계단, 비상용승강기, 개구부 등 내부진입에 있어서 이용할 수 있는 수단 활용한다.

[4] 건물내부 인명탐색 중점범위*
1. 발화지점의 거실 내부 : 화염발생 반대 지점의 장롱, 이불, 막힌 통로, 창가, 급기구 등을 중점 확인.
2. 발화층 : 발화지점과 별도로 구획된 거실 중 화장실, 베란다, 엘리베이터실, 기계실 등을 중점 확인.
3. 직상층 : 짙은 연기의 이동경로 상의 출입구 계단, 막힌 복도, 옥상 출입문, 창가 등을 중점 확인한다.
4. 여관, 고시원 등 미로형태의 객실이 많은 숙박 및 다중이용시설의 경우 :
   발화층의 직하층 내부구조를 사전 숙지 후 탐색활동을 실시한다.

5. 거실 인명탐색 : 출입구→ 바닥→ 벽→ 책상 등 집기류→ 장롱 위, 내부→ 천장 내·외부 등의 순.
6. 기타 옷더미, 화재 잔해물, 건물잔해, 흙더미 등을 탐색한다.

[5] 인명탐색 방법* ▶ 암기 : 우선 교정

1. **우선탐색** : 선착대가 발화점 또는 직상층 등 위험지역 우선탐색한다.
2. **교차탐색** : 발화층 또는 직상층 등 위험지역에 대한 선착대와 후착대 간 교차 탐색한다.
3. **정밀탐색** : 인접건물 등 관계지역에 대한 정밀하게 인명구조·탐색한다.

[6] 잔불정리절차

1. 소방대는 연소구역 내에서 벽체, 덕트, 적재 가연물 등 불씨의 잠복 지점을 확인한다.
2. 소방대는 무작위 다량주수를 지양하고 불씨에 정확히 주수한다.
3. 소방대는 화장실, 발코니, 붕괴물 아래 등 사망자 검색을 병행한다.
4. 소방대는 붕괴·낙하물·유해가스 등 위험에 유의한다.
5. 현장지휘관은 재 발화에 대비하여 감시조 편성 또는 관계자에게 감시 당부한다.

   ✪ 화재현장 보호 필요시 경계요원 및 경계관창을 배치한다.

3 SOP203 - 인명구조 작전절차*

[1] 구조의 기본

1. 구조대상자를 발견한 경우 지휘자에게 보고 후 즉시 구조활동에 임한다.
2. 구조방법 등은 지휘자의 명령에 근거한 방법으로 한다.(명령을 받을 겨를이 없는 경우 신속하고 안전하게 구출할 수 있는 방법으로 한다.)
3. 구조장소는 피난장소(지상)에 구출하는 것을 원칙으로 한다. 다만 구명이 긴급한 때는 일시적으로 응급처치를 취할 장소로 우선 이동한다.
4. <u>구조대상자가 다수 있는 경우</u>는 다음에 의한다.*
   ① 인명 위험이 <u>절박한 부분 또는 (그) 층</u>을 우선으로 구조한다.
   ② 중상자, 노인, 아이 등 <u>위험도가 높은</u> 사람을 우선으로 구조한다. ★ 16 소방위
   ③ <u>자력 피난 불능자</u>를 우선으로 구조한다.

[2] 구조요령

1. 화염 등에 의해 긴박한 경우는 엄호주수, 배연 등을 동시에 실시한다.
2. 연기 중 구조자세는 몸을 낮추고, 완강기 등 활용시 사용법을 지도, 2차 재해발생에 주의한다.
3. 인접 건물을 통해 진입 및 구조를 실시할 경우에는 구조로프를 연장하거나 <u>복식사다리를 접은 상태</u>로 수평강도를 확보하고 구조로프를 병행 설치하여 구조한다

4 SOP204 - 대원고립상황 대응절차*

[1] 고립 시 확인사항

1. 고립대원은 현 위치, 출입구 방향, 낙하물 및 붕괴 우려 등을 확인한다.
2. 고립대원은 공기호흡기 잔압, 랜턴의 조도, 무전기 감도를 확인한다.
3. 고립대원은 주변 화염과 연기의 유동 상태를 확인한다.
4. 고립대원은 소방호스, 라이트라인, 로프 등과 같은 지표물을 확인한다.
5. 고립대원은 다른 대원들의 소리, 장비가 작동하거나 부딪치는 소리 등을 확인한다.

[2] 탈출방향 결정* ☆ 15, 16 소방위

1. 고립대원은 호스 커플링의 **수나사** 쪽이나, 놓여진 소방장비 **하단**방향이 출구쪽이므로 그 방향으로 탈출한다.   ↳ 숫나사쪽이 보통은 하단임 *오답 : 암나사 *오답 : 상단
2. 고립대원은 빛 또는 신선한 공기가 **들어오는** 방향으로 탈출한다.   *오답 : 나가는
3. 고립대원은 다른 대원들이나 소방장비의 **작동소리가 나는** 방향으로 탈출한다.   *오답 : 나지 않는
4. 고립대원 탈출방향은 소방차 사이렌소리 나는 도로 쪽, 경광등 불빛이 **보이는** 방향이 더 안전하다.

[3] 고립사실 알리기

1. 고립대원은 무전기, 큰소리, 개구부로 물건을 던짐 등으로 외부에 도움을 요청한다.
2. 고립대원은 개인용 안전경보장치를 작동시킨다.
3. 고립대원은 쇠막대 등을 이용하여 벽·구조물 등을 규칙적으로 두드린다.

[4] 행동요령 및 안전조치

1. 현장지휘관은 구조활동에 임하고 있는 소방력 이외에는 고립된 대원에 대한 소방력을 집중 투입하여 다른 대원들의 동요를 방지한다
2. 고립대원은 진입부터 현 위치까지의 진행 회상 등 수집된 정보로 탈출을 구상한다.
3. 고립대원은 공기호흡기의 사용시간 연장을 위한 호흡을 조정한다.
4. 고립대원은 벽에 닿으면 한쪽 방향을 정해서 일직선으로 기어간다.
5. 고립대원은 소방호스를 확인하여 진입로 방향으로 호스를 잡고 탈출한다.
6. 고립대원은 창문까지 다다른 경우 손 또는 머리를 내밀고 구조를 요청한다.
7. 고립대원은 상황에 맞는 적절한 방법과 수단을 동원하여 구조를 요청한다.

> **gossip**
> - 뛰어 가려면 늦지 않게 가고 어차피 늦을 거라면 뛰어가지 마라.
> 후회할 거라면 그렇게 살지 말고 그렇게 살 거라면 절대 후회하지 마라!

5　SOP205 - 낙하물·붕괴위험 대응절차

[1] 화재 건축물의 붕괴 또는 붕괴 방지·예측·대처

1. 소방대는 소화수 사용을 최소화하고 방수된 물의 배수 방안을 강구한다.
2. 소방대는 구조물에 충격이나 진동을 주는 불필요한 직사주수를 금지한다.
3. 소방대는 붕괴가 임박한 위험한 부분은 사전 제거하고 붕괴된 건축물에서 지지역할인 수직방향의 벽, 기둥은 제거하지 않는다.
4. 소방대는 건물은 화염에 장시간 노출되고 대량 방수하면 붕괴할 수 있음에 유의(방수포 사용 주의)
5. 현장지휘관은 붕괴우려되는 건축물 높이 1.5배 이상에 해당하는 거리 밖까지 대원들을 철수시킨다.
※ 건물 외부 위험반경을 발화층 높이의 1/2로 하되, 기상과 현장상황을 고려, 건물 높이만큼 안전구역 설정한다.

6　SOP206 - 방수임무 수행절차*

[1] 운전원의 펌프 조작

1. 소방대는 화재현장을 볼 수 있는 방향에서 조작하고 수원확보 유의한다.
   (불가 시 현장확인이 쉬운 지점에서 조작)
2. 운전원은 표준 방수압력을 기준으로 단계적으로 방수압력 조절한다.(급격한 압력변화 금지)
3. 운전원은 관창수 또는 지휘관의 방수신호(무전)를 받고 방수한다.

[2] 관창수의 방수요령*

1. 소방대는 직사·분무주수(고속·중속·저속), 확산·반사·엄호주수 등 주수요령과 특성 등을 숙지한다.
2. 소방대는 실내 전체가 연소하거나 농짙은 연기로 화점의 확인이 곤란한 경우에는 「천장 → 벽면 → 수용물 → 바닥면」 순으로 주수한다.　▶ 암기: 천벽수박
3. 소방대는 연소되지 않은 부분 쪽에서 연소되고 있는 부분으로 주수한다.
4. 소방대는 금수성물질(제1류 위험물 중 무기과산화물류, 제2류 위험물 중 금속분 등, 제3류 위험물 중 나트륨 등)은 주수 금지.(단, 다량주수 전술 결정시 예외)
5. 소방대는 밀폐된 공간의 작은 개구부를 통해 주수 시 화염 및 연기 분출에 유의한다.
6. 소방대는 양쪽 개구부의 한쪽에서 방수하면 다른 쪽으로의 화염 및 연기 분출에 유의한다.
7. 소방대는 특고압 등 전기설비에 대해 "Off" 등 전원차단이 확인되지 않은 상태는 주수 금지한다.

[3] 안전한 방수자세

1. 소방대는 관창을 약간 열어 놓고, 물이 오는 것을 주시하여 방수 반동에 유의한다.
2. 소방대는 일거에 많은 물의 분출로 인한 강한 반동에 대비하여 지지물을 활용한다.
   ※ 방수반동은 분출되는 물의 양과 속도에 비례
3. 소방대는 방수 위치가 높은 경우 소방호스지지 및 확보를 한다
4. 소방대는 고온체에 대한 방수 시 증기폭발에 대비하여 충분한 거리와 낮은 자세를 유지한다.

7 SOP207 – 방수포 및 사다리 활용절차*

[1] 방수포를 활용한 주수요령

1. 소방대는 화재실 내 진입대원이 있을 경우는 원칙적으로 방수포 사용을 금지하고, 방수포 사용 시 건물 내 진입대원과 사전 정보를 공유한다.(열기 역류로 인한 안전사고 방지)
2. 방수포는 다량주수와 강한 파괴력으로 화세가 강한 화재와 국부파괴에 활용한다.
3. 소방대는 방수포 사용 시 소화전이나 물탱크차로부터 즉시 급수 조치한다.
4. 소방대는 방수 시 가공고압전선에 닿지 않도록 하는 등 안전에 유의한다.
5. 소방대는 주수방향을 변경할 경우 반동력에 주의하여, 서서히 조작한다.
6. 소방대는 방수개시 및 정지 시에는 원칙적으로 펌프차의 방수포 밸브로 조작한다.

[2] 사다리를 활용한 주수*

1. 소방대는 2인 1조로 사다리 운반법, 설치 및 등반법에 따라 실시한다.
2. 소방대는 **사다리 설치각도는 약 75° 유지한다.**
3. 소방대는 옥상 난간에 설치 시 창틀보다 가로대를 2개 정도 높게 전개한다.
4. 소방대는 사다리 위에서 작업 시 한쪽 다리를 가로대에 감아서 지지한다.
5. 소방대는 사다리에서 주수 시 반동력으로 인한 사고방지를 위하여 소방호스 고정장치나 로프 등을 이용하고 사다리에 방화복 끼임 등 안전사고에 주의한다.

8 SOP208 – 소방호스 연장 표준작전절차*   ☆ 15 서울위

[1] 소방호스 연장지침*

1. 소방대 호스전개의 우선순위 결정은 기본적으로 "RECEO" 원칙을 기준으로 판단한다.

> ✪ RECEO원칙 : 자원배치의 우선순위 결정기준으로 활용되는 것으로 5가지를 말한다.
> ① 인명구조(Rescue) ② 외부확대 방지(Exposure) ③ 내부확대 방지(Confine) ④ 화재진압(Extinguish)
> ⑤ 재발방지를 위한 점검·조사(Overhaul)

2. 소방호스 전개방향은 「소방차량 → 방수위치」 또는 「위쪽 → 아래쪽」으로 한다.
3. 소방대는 소방차량·방수위치·모퉁이에는 여유 호스를 확보한다.
4. 옥내계단으로 호스연장이 어려울 경우 건물 개구부에서 로프를 내려 (간단한)「말뚝매기 및 옭매듭」으로 묶어서 호스를 끌어 올린다. *오답 : 감아매기(= 굵은로프에 가는로프를 3회감아 고정 사용으로 복잡함)
5. 소방대는 높은 곳의 한 지점에서 다른 지점으로 소방호스가 건너갈 때는 사다리·파이프 등으로 지지.
6. 소방대는 방수위치가 높은 곳일 경우, 중간이나 방수위치 부근에서 호스를 지지물에 감거나 결착.
7. 소방대는 소방호스가 도로 통과, 외력, 날카로운 물건, 화염 등에의한 위험에 유의하여 안전조치를 한다.

9 SOP209 – 굴절차 및 고가사다리 활용절차*

[1] 차량 배치 및 전개

1. 운전원은 가공전선·간판 등 상부 장애물과 지반 경사, 굴신 반경 등 전개 장애를 확인 후 배치한다.
2. 운전원은 바스켓에 대원이 탑승한 상태에서 구조활동을 전개한다
   - ✪ 화재 건물에서는 즉시 방수할 수 있도록 조치한다.
3. 운전원은 붐(boom)을 건물에 접근시킬 때는 풍압(風壓), 탑승자의 움직임, 방수 반동, 유압밸브 조작 등에 의한 진동을 충분히 고려한다.
4. 운전원은 조작 속도를 일정하게 하고 되도록 천천히 <u>천천히</u> 유지한다. * 오답 : 신속히

[2] 안전조치

1. 운전원은 바스켓의 적재적량을 준수하여, 가이드바(guide bar)를 채운다.
2. 대원과 구조대상자는 안전벨트를 매고 바스켓과 안전로프로 연결한다.
3. 바스켓의 대원과 운전요원 간에는 통신체계 유지한다.

10 SOP210 – 특수현장 징후 및 대응절차** ★ 21 소방위

[1] 플래시오버(Flashover)

1. 국부적·연료지배형 화재에서 ➡ <u>전면적·환기지배형 화재로</u> 급격히 전이되는 화재상황. 성장기에서 최성기로 넘어가는 과도기적 시기이다. (* 연료지배형 화재에서 ➡ 환기지배형 화재)
   (* 해설 : 연료는 충분하면서 환기가 잘되는 화재 ➡ 화재가혹도를 가지면서 환기가 잘 안되는 화재)
2. 고온의 짙은 연기 감지, 자유연소 형태이다.
3. 폭발력으로 인한 건축물의 변형·강도 약화로 인한 붕괴, 비산, 낙하물 피해와 방수모 등 개인보호장구 이탈에 대비하여, 자세를 낮추고 대피를 강구한다.
4. 플래시오버 이후 건물 내·외부 연소확대 방지에 주력한다.

[2] 플래임오버(Flameover)

1. 복도와 같은 통로공간에서 벽, 바닥 표면의 가연물에 화염이 급속하게 확산되는 현상이다.
2. 플래임오버 화재 시에는 소방대원들의 뒤쪽에서 연소확대가 발생하여 고립상황에 빠질 수 있다.

[3] 롤오버(Rollover)

1. 연소과정에서 발생된 가연성 가스가 공기 중 산소와 혼합되어 천장부분에 집적된 상태에서 발화온도에 도달, 화재의 선단(앞쪽)부분이 매우 빠르게 확대되어 가는 현상이다.
2. 롤오버(Rollover)는 전형적으로 공간 내의 화재가 성장단계에 있고 소방대원들이 화점에 진입하기 전(前) 복도에 머무를 때에 발생한다
3. 롤오버(Rollover)는 플래시오버(Flashover)의 전조현상이다.
4. 복도에 대기 중인 소방대원들은 연기와 열을 관찰하면서 롤오버의 징후가 있는지 천장부분 확인한다.
5. 롤오버를 막기 위해 갈고리나 장갑 낀 손으로 화재가 발생한 아파트 출입구 문을 닫는다.

[4] 백드래프트(Backdraft)

1. 불완전 연소된 가연성가스와 열이 집적된 상태에서 다량의 공기(산소)가 일시에 공급될 때 연소가스가 순간적으로 폭발하며 발화하는 현상이다.
2. 발생시점은 화재의 성장기와 감퇴기에서 주로 발생한다.
3. 고온의 일산화탄소 증기운이 화점공간의 한 코너에 집중될 때 검색작업을 위해 문을 개방하는 순간 전체 공간이 폭발할 수 있다.
4. 균열된 틈이나 작은 구멍을 통하여 연기가 빠져 나오고 건물 안으로 공기가 빨려 들어가면서 **휘파람소리 또는 진동이 발생**한다.
5. 아래쪽 개구부 개방은 금지하고 지붕 등 상부를 개방하여 수직배연을 실시하고, 폭발적인 화염발생과 연소 확대에 대비하여 대피로를 확보한다.

[5] 풀 파이어(Pool fire)   ★ 21 소방위

1. 누출된 인화성 액체가 고여 있는 곳이나 위험물 탱크에서 화재가 발생한 상황이다.
2. 위험물 탱크에서 발화, 복사열로 인한 화상 우려된다.   ▶ 수사모/통주고(소사모 통주고)
   ◉ 복사열 위험반경 : 수포발생 = 3.5 × 탱크지름(m) / 통증발생= 6.5 × 탱크지름(m) *거리= 화염중심↔대원
3. 위험반경 내에서는 방열복을 착용하고, 내폭화학차를 활용하여 포(泡-foam) 살포하며, 복사열 차단 및 냉각주수 시 보일오버, 슬롭오버 발생에 유의, 위험반경 내 대원들은 사전 대피방안을 준비한다.
4. 흡착포, 유처리제 등으로 누출 위험물에 대한 긴급방제를 실시한다.

[6] 보일오버(boil over)

1. 탱크화재에서 탱크 내부에 고인 물이 비등하면서 인화성 액체가 탱크 밖으로 넘쳐, 화재면이 확산되는 상황이다.
2. 탱크화재가 상당시간 진행되고 소화수의 탱크 내부 유입과 탱크 하부벽면에 물을 뿌려 물의 증발여부 확인한다. / 3. 탱크의 드레인(drain) 밸브를 개방하여 탱크 고인 물을 제거한다.

[7] 증기운폭발(UVCE)

1. 유출된 다량의 가연성 가스나 가연성 액체에서 생성된 증기가 대기 중에서 혼합기체를 형성하여 점화·폭발되는 화재상황이다.
2. 공기 중으로 다음과 같은 물질이 누출, 증기 생성이 용이하다.

   ① 상온·상압 하에서 액체이며 인화점이 상온보다 낮은 물질 ➡ 가솔린 등 ▶ 상대가
   ② 상온에서 가압·액화되어 있는 물질 ➡ 액화프로판, 액화부탄 등 ▶ 상가피부
   ③ 물질의 비점 이상의 온도이지만 가압·액화되어 있는 물질 ➡ 반응기 내의 벤젠, 헥산 등 ▶ 비상가 벤핵
   ④ 대기압 하에서 저온으로 액화시킨 물질 ➡ LNG ▶ 대저엔(* 연상: 경남 대저에는)
   (* 결국 가스나 가솔린,메탄,프로판,부탄,벤젠,헥산 등 액체의 증발로 증기운 폭발을 일으킨다)

---

* 원어: Unconfined(자유로운) Vapor(증기) Cloud(구름) Explosion(폭발). * 언컨파인드(U): 무제한
◉ 증기폭발은 물리적 폭발이지만, 증기운폭발은 화학적 폭발로 분류된다.

3. 누출되는 가스를 그대로 연소시켜 없애거나 탱크가 냉각되지 않고 차단하면 폭발 위험이 있음을 고려하여 가스누출을 차단한다.
4. 증기운이 형성되면 이후 위험반경 설정, 엄폐물 확보, 주변 가연물 살수, 방열복 착용 등으로 강력한 폭발에 대비한다.
5. 증기운 위쪽에 분무주수(다량의 수증기)로 증기운을 확산·제거한다.

[8] 비등액체팽창증기폭발(BLEVE)

1. 가연성 액화가스 고압용기가 외부화재에 영향을 받아 내부 증기압이 증가하여 탱크가 파열되는 상황이다.
2. 안전밸브 작동으로 누출된 가스가 점화되면서 화염이 분출되고, 탱크냉각이나 화염(복사열) 차단 조치가 이루어지지 않아 탱크의 수열부분이 변색·변형되면서 부풀어 오른다.
3. **탱크의 상부 냉각을 최우선으로 하고 탱크 주변 화재진화 병행한다.**
4. 탱크의 파열로 파편이 멀리 비산하므로 유의한다.
5. BLEVE(블래비) 현상 징후 상시 관찰, 임박이 예상되면 소방력 즉시 대피시킨다.

[9] 파이어볼(fire ball)

1. 비등액체팽창증기폭발(BLEVE)현상에 이어 점화되면서 폭음과 강력한 복사열을 동반하는 **화구(火球)가 버섯모양으로 부상**한다.
2. 비등액체팽창증기폭발(BLEVE)에 이어서 바로 나타난다.
3. 탱크폭발 위험반경 : 약 <u>150m</u>
4. 파이어볼 지속시간(sec) = <u>0.825</u> × 저장 가스량(kg)$^{0.26}$ ▶ 똥파리오

   - 수포생성가능거리$(m) = 114\sqrt{\left[\dfrac{저장량(kg)}{지속시간(sec)}\right]}$ ▶ 수생 114(재수생114)

   - 통증발생가능거리$(m) = 72\sqrt{\left[\dfrac{저장량(kg)}{지속시간(sec)}\right]}$ ▶ 통발 72(통발처리)

   * 거리 = 화구중심 ↔ 대원

5. 위험반경 내에서는 방열복을 착용하고 엄폐물 활용한다.
6. 밸브나 배관에서 누출되는 가스가 연소하는 화염은 소화하지 말고 그 화염에 의해서 가열되는 면을 냉각한다.
7. 소방력에 따라 탱크 냉각 및 복사열 차단을 우선하고 BLEVE현상 징후 상시 관찰, 임박이 예상되면 소방력 즉시 대피시킨다.

[10] 화재가스발화

1. 연소생성물이 포함된 가연성가스가 분포되어 있는 모든 연기영역에서 발생하는 급격한 연소현상으로 일명 "<u>Hidden Killer</u>"로 불리운다.
2. 화재가 진행되면서 발생하는 화재가스(가연성가스, 미연소가스, 짙은 연기)가 천장 위 공간에 축적되어 공기와 혼합된 상황(가연성 혼합기)에서 순간적으로 착화되는 현상이다.

> ● 대형 물류창고 화재현장 활동 시 유의사항
> ① 개구부가 거의 없는 물류창고는 급기 부족으로 불완전연소가 진행되며 시간이 지날수록 미연소가스량 증가
> ② 화재 시 생기는 가스는 뜨겁고 유동성이 있어 개구부와 건물주요부 틈 사이로 이동, 천장, 빈 공간 등에 쌓임
> ③ 발화층에서 생성된 가스혼합기(가연성가스, 미연소가스 등)가 직상부로 확산되어 생성된 연기층은 원인불명의 착화원인(직접화염, 복사열 등)에 의해 폭발적으로 착화될 가능성이 매우 높다.

3. 화재로 인한 혼합물이 가연성 범위 내에 있을 경우에는, 이미 연소중인 화염이나 작은 불꽃(문개방, 고압 직사주수 등)은 화재확산의 점화원 역할을 하므로 에너지원(점화원) 관리를 철저히 한다.
4. 화재발생 인근 구획실에서는 가연물 열분해 및 플래시오버(Flashover)로 인해 매우 빠르게 진행되므로, 출입문을 개방하기 전에 3D 주수기법 등을 활용하여 소방대원 위험의 완충지대를 제공한다.
5. 사전에 명확한 위험징후가 없는 경우에는 충분한 환기 및 배연 활동을 수행한다.
    ① 환기·배연 활동 시 장비 마찰, 파괴, 충격 등에 의한 불꽃 발생 등 점화원 관리를 철저히 한다.
    ② 화재가스 혼합물이 응축되기 쉬운 높은 천장, 빈 공간, 가벽 등은 위험징후로 간주하여 활동
    ③ 화재가스 농도를 가연성 하한 이하로 떨어뜨릴 수 있도록 배연 활동한다.
    ④ 육안으로 탐지가 어렵다면 열화상카메라로 위험징후를 감지, 350℃ 이상이면 신속 대피한다.

[11] 연기폭발

1. 밀폐공간의 가장자리 부분에 누설정도의 공기 유입이 있고 연소로 인해 발생된 열분해 산물과 CO(일산화탄소)가 연소범위에 도달하였을 때 갑작스럽게 점화원에 의해 강력한 압력상승을 동반하여, 빠르게 화염이 발생한다.
2. 밀폐공간일수록 가연성 가스로 인한 폭발 양상이 나타날 수 있다.
3. 우레탄폼 마감건축물 화재가 발생하여 인접구획의 화재로부터 연기가 유입된 공간에 진입 시 충분한 환기로 가연성 가스를 희석시키는 것이 중요하다.
4. 환기에 의한 산소 유입으로 연기폭발이 발생할 수 있음에 유의한다.

11 SOP211 – 헬기동원 화재진압 대응절차

[1] 항공대원, 현장(지휘관)대원 등은 아래사항을 공동으로 확인 또는 조치

[2] 임무수행 시

1. 지상 화재진압대 위치 확인 및 통신대책을 확보한다.
2. 연기에 의한 시각장애, 화재 상공 와류 및 공기희박 현상에 유의한다.
3. 헬기 하향풍에 의한 연소 확대 발생 가능 여부를 확인한다.
4. 항공기에 의한 대민 피해 발생 가능 여부를 확인한다.
5. 헬기 접근 전 방수지점 통보, 지상인원 대피 조치한다.
6. 방수 후 방수지점 정확성 확인 및 수정한다.
7. 담수가능 저수지(수심 3m 이상) 위치 및 크기, 어망 등 수중 장애물 확인한다.
8. 급수차량은 급수 작업 시 헬기와 안전거리 확보한다.(최소 20m 이상)

12 SOP212 – 일반 건축물화재 대응절차

1. 소방활동은 인명구조를 최우선으로 한다.
   ① 검색완료 상황을 파악하기 위해 모든 대원들이 인지할 수 있는 사전에 약속한 방법
      (현장물건 이용, 리본, 락카, 문개방 등)을 활용하여 표시한다.
   ② 각 방, 각 층별 검색 완료 시 소방무선통신 이용 전파 병행한다.
2. 소방대는 건물 구조별 관창배치와 배연방법을 결정한다.
3. 소방대는 화재가 확산될 수 있는 샤프트, 장비 배선관, 배연구 등 확인한다.
4. 모든 소방대원은 진압활동 과정에서 재산손실 경감에 주력한다.
5. 현장지휘관은 한 순간에 출동대원에 위협할 만큼 악화될 수 있는 화재와 건물 상황에 주의한다.

13 SOP213 – 아파트화재 대응절차

1. 상황실과 출동대는 신고접수 및 출동단계에서 아파트 관계자에게 발화지점 및 발화세대, 발화층 확인, 진입로 확보, 소방시설 작동확인, 가스차단, 주정차 차량 이동지시, 화단 장애물 제거 및 필요 시 공기안전매트를 설치한다.
2. 소방대는 소형 소방차량이 우선 진입하되, 출동하는 굴절차나 사다리차가 배치하도록 공간 확보한다.
3. 소방대는 현관문 개방을 위한 방화문 파괴기, 동력절단기(다이아몬드 날 포함) 등을 소지한다.
   - 소방대는 가스누출이 의심되는 현장에 대하여 현관문 개방 전 가스탐지기를 작동시킨다.
4. 소방대는 주민 안전대피(구조)에 주력한다.
   ① 발화지점, 발화층의 상층, 발화층의 주민 및 노약자를 우선 대피시킨다.
   ② 연기의 유입·이동경로를 파악하여, 대피 우선순위를 결정한다
   ③ 주민 추락 예상지점에 공기안전매트(에어매트)나 매트리스를 설치한다.
5. 소방대는 **창유리, 파편** 등 **낙하물**에 유의한다.
   - 소방대는 위험반경을 **발화층 높이의 1/2로 하되**, 기상 및 현장 상황을 고려하여 건물 높이만큼 안전구역을 설정. (*^^ 비산거리: 일반적인 풍속 15m 미만시 창 높이 1/2로. 본서 p.103~4)

14 SOP214 – 주택화재 대응절차

1. 소방대는 인명검색 및 구조를 최우선적으로 고려한다.
   (연소 확대방지를 위해 가스, 유류를 차단·제거한다. 낙하 또는 가스폭발 등에 유의한다.)
2. 소방대는 다른 건물로의 연소 확대를 차단한다.
   ① 화염이 분출될 수 있는 개구부에 경계관창을 배치한다.
   ② 불이 옮겨 붙을 수 있는 부분(지붕, 처마 등)에 사전 살수한다. ③ 비화(飛火)를 경계한다.
   ④ 풍하(風下)쪽의 인접 건물로 연소 확대 방지를 위해 소방력을 보강한다.
3. 현장지휘관은 주택의 붕괴 등에 대비하여 대원의 안전을 도모하기 위해 현장안전요원을 배치한다.
4. 소방대는 창문으로 내부진입 시 갈고리 등으로 디딜 곳의 장력과 강도를 확인한다.
5. 소방대는 물이 고여 있는 수로, 웅덩이 등은 로프, 헝겊 등으로 표시한다.

15 SOP215 - 지하철화재 대응절차

1. 소방대는 화점(전동차, 역, 터널 내 등) 확인 후 대응방법을 결정한다.
2. 소방대는 강력한 열기와 짙은연기로 역의 출구(계단)로 진입이 곤란할 경우, 통풍구를 이용하여 진입 또는 인접역을 통해 진입한다. 진입경로는 연기유동 및 기류(급기, 배기)를 참고하여 결정한다.
3. 무선통신을 유지한다.
   ① 지하공간에서는 무선통신보조설비를 이용하여 통신한다.
   ② 현장지휘관은 필요시 현장과 지휘소 간 연락관을 배치한다.
4. 소방대는 자연스러운 기류를 가능한한 유지하면서 배연차나 송·배풍기를 배치하여 급·배기한다.
5. 소방대는 소방력이 부족한 경우, 지상과 가까운 곳 또는 발화지점과 먼 곳에 고립된 구조대상자 구조에 주력한다.
6. 소방대는 진입경로에는 로프나 라이트라인(Light line)을 설치한다.
7. 소방대는 내부진입은 급기, 배기 확인 후 급기측으로 진입하는 것이 원칙이다.

16 SOP216 - 지하가화재 대응절차* ☆ 15 소방위

1. 소방대는 지하철과 연결되어 있는 경우, 지하철 운행을 통제한다.
2. 소방대는 강력한 열기와 농연으로 출입구 진입곤란 시, 통풍구 이용 진입한다.
   또는 인접 입구를 통해서 지하터널로 이동·진입한다.
3. 소방대는 지하에 가압(송풍) 청정공간 확보가 가능하면 대피소로 활용한다.
4. 소방대는 비중계 무선채널 및 간이중계기 설치로 무선통신 유지한다.
5. 소방대는 방연셔터·방화셔터·방화문을 닫거나 관창을 배치하여 연기확산 및 연소확대 차단한다.
6. 소방대는 화점으로의 진입이 어려운 경우, ➡
   연결살수설비를 이용하거나 화점 직상층 바닥을 뚫고 살수하여 진화한다.
7. 소방대는 구조대상자가 없고 가스계소화설비가 있다면, 이를 활용하여 진화한다. *오답 : 있고
8. 소방대는 구조대상자가 없다면, 급기구(통기구, 출입구)로 고발포(高發泡) 주입 질식소화 시도한다.
9. 소방대는 내부진입은 급기, 배기 확인 후 급기측 진입을 원칙으로 한다.

17 SOP217 - 지하층화재 대응절차

1. 소방대는 진입경로에 로프나 라이트라인(Light line)을 설치한다.
2. 소방대는 급격한 공기유입 방지하여 백드래프트 발생요인을 차단한다.
3. 소방대는 비상구 개방 전 화재성상(백드래프트 등)을 파악 후 천천히 개방, 급기구로 진입한다.
4. 소방대는 다수인 대피 시 출입구 통제·유도요원을 배치한다.
5. 소방대는 지상층으로의 연기유입이나 연소확대를 차단한다. - 방화문폐쇄 및 경계관창을 배치한다.
6. 소방대는 진입이 곤란하고 구조대상자가 없을 경우 ➡ 고발포나 가스계소화약제 등을 주입하여 진화한다. (완전한 질식위주로 한다는 뜻)
7. 구조대상자가 있을 것으로 예상되는 경우 ➡ 미분무나 살수설비로 진화한다. (냉각 등을 위주로)

18 SOP218 – 지하공동구화재 대응절차

1. 소방대는 적외선 측정장비 등 관측장비 활용하여 연소구간을 정확히 판별한다.
2. 연소구간 양쪽 맨홀과 급배기구를 연소저지점으로 활용, 개방 후 급기구로 진입하거나 방수한다
3. 현장지휘관은 질식소화나 살수설비소화가 불충분한 경우, 연소구간으로 대원을 진입 직접소화한다
4. 소방대는 배연차나 송배풍기를 가동하여 공동구내 연기를 제거한다.
5. 지하공동구와 연결된 다른 건물이나 시설로 연기가 유입되거나 연소확대되지 않도록 차단한다.
6. 가연성가스 누설 발생장소에는 엔진컷터, 휴대무선, 조명기구 등 불꽃발생 기자재 사용을 자제한다.
7. 소방대는 진입구 직하에 케미컬라이트(지하가 등에서 쓰는 발광스틱) 배치로 퇴로를 확보한다.

19 SOP219 – 도로터널화재 대응절차

1. 터널은 폐쇄 공간 특성상 갇힌 공기의 완전연소가 이루어지면서 순식간에 온도가 올라갈 수 있으며 박리 및 복사 현상으로 2차 피해 우려가 있다.
2. 외기풍향에 의해 터널 내 풍향변화가 있고 진입구가 한정되어 시야확보의 어려움이 있으며, 역기류(back-layering) 및 난기류 발생으로 소방활동 위험을 초래할 우려가 있다..

[1] 현장대응절차

1. 소방대는 화재지점으로 차량이 더 이상 밀려들지 않도록 교통을 통제한다.
    - 터널 상·하행선 입구에 신속 설치 가능한 바리게이트를 비치한다.
2. 현장지휘관은 다량의 포(泡, foam)를 방사할 수 있는 소방차 출동 조치한다.
3. 소방대는 터널 상부에 고압 전력선이 가설되어 있을 수 있으므로, 방수 시 감전에 유의한다.
4. 소방대는 터널 상부가 장시간 고온에 노출되었다면, 가설물이나 콘크리트 박리편의 낙하할 수 있으므로 주의한다.
5. 소방대는 터널 내 제연설비는 한국도로공사 등 터널 관계자와 협의하여 가동한다.
6. 소방대는 배수로를 따라 유류 등 오염물질이 확산될 경우, 임시로 집유정(集油井)이나 둑을 만들어 차단 또는 우회시킨다.
7. 소방대는 도로관리자 및 경찰기관으로부터 상하행선 교통통제 상황을 확인하고 방재설비를 활용한다.
8. 소방대는 인명검색, 구조 및 피난유도 시 원칙적 상하행선 연결통로 적극 활용한다.
9. 소방대는 무선통신을 유지한다.
    ① 무선통신보조설비가 설치된 경우 이를 이용하여 통신 상황을 유지한다.
    ② 현장지휘관은 필요시 현장과 지휘소 간 연락관을 배치한다.
10. 수소연료전기자동차(FCEV)는 수소탱크의 온도가 섭씨 110℃에서 안전밸브가 개방되면서 큰 소음이 발생하고 가스가 분출되므로 소방대는 화염이 분출되고 있는 경우 최소한 6m 이상 이격거리를 유지하고 미연소 가스가 분출되고 있는 경우 주변에 체류하면서 2차 폭발의 위험이 있으므로 현장지휘관은 접근을 금지한다.

20 SOP220 - 지하압기공사장화재 대응절차

1. 귀나 코에 이상있는 대원은 대기압보다 높게 가압을 받는 지하 공사현장 소방활동을 할 수 없다.
2. 압기현장 에어로크 설치로 진입구가 한쪽방향으로 제한되고 수관 등 기자재 및 휴대무전기가 에어로크(air lock)로 단절되어 활동이 곤란한 위험요인 외에 현장대응절차는 다음과 같다.
① 갱내 정보파악 후 각 대원에게 임무와 함께 주지, 압기를 개방 후 <u>대기압으로 조정한 후</u> <u>진입한다</u>.
② 대기압으로 조정되기 전 진입할 경우, 잠수능력 있는 대원을 우선진입시킨다 - 안전장소를 지정하여 공기호흡기를 탈착하고, 사용시간은 압력에 **반비례한**다는 점에 유의하여 활동시간을 조정한다.
③ 진입하여 진화하기 곤란할 경우, 수몰(水沒)시키거나 폐쇄하거나 불연성 가스를 봉입하여 진화한다.
④ 구조대상자 또는 다른 부분에 영향이 없거나 가연물이 많지 않은 경우, 자연히 소화되도록 방치한다.
⑤ 소방대는 압기현장 탈출 시 맨홀로크 감압시간을 고려하여 진입시간을 결정한다.

21 SOP221 - 금속화재 대응절차*

1. 가연성 금속은 연소물이 재가 덮을 때까지 <u>백색 섬광</u>이 발생한다.
2. 금속분말이 공기 중에 부유하면 분진폭발 가능성 있다.
3. 진압된 것처럼 보이더라도 1,083℃ 이상 고온이므로 주의한다.
4. 나트륨은 물과 반응 격렬한 폭발이 발생하므로 주의한다.
5. <u>금속화재는 물, 폼, 할로젠약제, 이산화탄소 소화기로는 소화할 수 없다</u>(* 금속분말소화약제 가능)
6. 진압 후 장기간 고온 발화된 상태 유지되므로 수분접촉 등을 통한 재 발화 주의한다.
   - 금속화재의 현장대응절차는 다음과 같다.
① **알루미늄분**은 팽창질석, 팽창진주암, 건조사, <u>소금</u>, 활석, 특수 합성물 등 천천히 불을 질식시키는 건조 비활성 재료 사용한다. - 물 사용 시 위험반응이 발생 할 수 있으며 폼, 할로젠약제, 건조화합물(카보네이트), 이산화탄소 소화기로는 소화할 수 없다.
② **마그네슘 고형물질**은 타기 전 용융하며 물이 녹은 금속과 접촉할 때 격렬하게 반응한다.
   <u>소형화재시</u> 흑연, <u>소금</u> 등으로 진화하며 연소물을 삽으로 퍼서 노출. / <u>마그네슘 화재시</u> 건조화합물 사용, 물, CO_2 사용 절대금지. 마그네슘은 연소시 자외선 백색섬광 발생, 망막손상을 가져온다.
③ **알카리금속** ➡ 저온발화/나트륨, 포테슘(칼륨), 루비듐 ➡ 습한 환경 점화, 부식성 증기 발생, 피부 접촉 시 화상을 입을 수 있다.(중화제 아세트산, 물)
   ㉠ 나트륨 화재 시 유용한 진화 수단 : 잘 건조된 나트륨 염화물(<u>소금</u>), 흑연, 건조 수산화 나트륨 재, 특수 합성물, 건조사이다.
   ㉡ 물, 폼, 소다산, 이산화탄소, 사염화탄소 종류는 격렬한 반응을 유발하는 **알카리금속** 화재 시에 절대 사용을 금지한다. (*^^ 알카리금속: 리튬, 나트륨, 칼륨, 루비듐, 세슘, 프랑슘의 금속)
   ㉢ 불타고 있는 나트륨을 등유에 가라앉히면 소화되며, 가연성 액체 화재시는 CO_2로 진화한다..
   (*^^ 상기 ①②③에서 소금사용 이유? 소금은 불연성으로 녹으면서 산소차단, 열흡수, 반응성이 낮기 때문임)
④ **금속나트륨, 금속칼륨, 카바이트**(탄화칼슘) 등 금수성 물질은 주수로 인한 가연성 가스 폭발이 폭발적 연소위험이 있으므로 **절대로** <u>주수를 금지</u>한다.

22 SOP222 – 고층건물화재 대응절차* ★ 17 소방장

1. 소방대는 초기 화재 시 엘리베이터, 시설물 및 건물 출입 인원 통제를 위한 로비통제를 실시한다.
2. 소방대는 건물 내 모든 인원 대피보다 화재발생지역 <u>위 아래로 2~3층</u> 정도 떨어진 지역으로 거주 인원 이동시킨다.
3. 소방대는 화재 발생 아래 지역(외부)은 유리파편이 떨어지는 가능성을 고려하여 <u>반경 50m 이내 접근 금지</u>하며, 고층건축물의 층수, 높이 및 상황을 고려하여 충분한 안전거리 확보한다.
4. <u>현장지휘소는 화재 건물로부터 최소 50m 이상</u> 떨어진 곳에 위치시킨다.
5. 소방대는 엘리베이터 사용이 안전하다고 판명되는 경우 화재 층을 기점으로 <u>2개층 이하</u>까지 엘리베이터를 이용하고, 기타 지역은 계단 이용한다.
6. 초기 화재 진압대원들은 화재상황에 맞춰 최대한 신속하게 지원한다.
7. 소방대는 화점층 및 화점상층 인명구조 및 피난유도를 최우선으로 한다
8. 소방대는 화재초기 ➡ 층수 상관없이 화점층에 진입하여 일거에 소화하고,
   화재중기 이후 ➡ 화재층 상층과 인접구획 연소확대 방지에 주력한다.
9. 소방대는 화재층 이동 시 화재진압장비 팩(연결송수관 설비에 연결할 예비호스, 관창 묶음)을 미리 준비하고 계단실이나 직접 조작하는 비상용 엘리베이터를 이용하여 운반한다.
10. 소방대는 화재 시 비상용승강기를 화재모드로 전환하여 피난층에 위치시켜두며 "소방운전용 키" 등을 인계받아 소방전용으로 활용하고 승강기 운전원을 배치한다.

23 SOP223 – 초고층건물화재 대응절차*

1. 화재 초기는 내부의 가연물에 착화하여 발산하는 가연성 가스, <u>흰 연기</u>, 수증기가 왕성하게 분출하여 실내를 유동한다.
2. 불완전 연소가스가 실내에 충만하여 시계(視界) 불능 상태가 된다.
3. 화점실에서 나온 연기는 계단 등을 경유하여 위층부터 차례로 연기가 충만해지고, 이때에는 보통 공기 유입쪽(급기측)과 연기가 나가는 쪽(배기측)이 <u>구분된다</u>.
4. 중기 이후 <u>검은 연기 발생</u> 및 창유리 파손으로 화염이 분출된다.
5. 화염의 분출과 동시에 공기의 공급에 의하여 화세는 강렬해진다.
6. 고온의 불꽃으로 외벽에 박리현상이 발생하거나, 경우에 따라서는 파열하여 비산된다.
7. 건물구조상 결함(슬라브의 구멍, 파이프 관통부의 마감 불완전 등)이 있으면 그 부분을 통하여 상층으로 연소. EPS(전기배선 샤프트)내에 묶여 있는 케이블은 화재가 발생할 경우 다른 층으로의 연소나 연기확산의 경로가 된다.
8. 계단실, 에스컬레이터 등의 구획실이 개방된 경우 그 곳을 통하여 상층으로 연소가 확대된다.
9. 초고층 건물의 <u>상층은 강화유리</u> 등으로 설치되어 있어 화재가 확대될 경우 광범위하게 파괴, 낙하 될 수 있다.

> ✪ 보충(TIP): 상기 1번, 4번에서 연기는 초기에는 흰색, 중기부터 흑색으로 다. 말기에는 다시 흰색이 된다

[1] 현장대응절차(초고층건축물화재)* ☆ 23 소방위(2.5.10.11 기출, 10번 정답)

1. **선착대장**은 방재센터에서 화점층 구조대상자 유무, 소방설비 작동상황, 자위소방대 활동상황, 건물 내부 구조 등 확인
2. 화점층이 고층인 경우 ➡ 소방대는 비상용승강기를 화재 층을 기점으로 **2층** 이하까지 이용, 화점층 진입은 옥내 또는 특별피난계단 활용
3. 화점층 및 화점상층의 인명구조 및 피난유도 최우선, 상황에 따라 소화활동 중지
4. 다수 피난자가 있는 경우 피난로 확보를 위한 조치 실시
5. 거주자 피난유도 시 ➡ <u>30층 마다</u> 설치된 피난 및 안전구역으로 대피유도
6. **현장지휘관**은 선착대장 및 관계자로부터 취득한 정보를 종합적 분석 판단 연소저지선, 배연 및 화재진압 방법 결정
7. **현장지휘관**은 출동대 담당범위 및 각 대(원)별 임무지정 등 총괄지휘
8. 화점을 확인한 시점에서 **전진지휘소는** ➡ **화점층 기점 2개층 아래 설치,** **자원대기소는** ➡ **화점 직하층에 설치**하여, 교대인력, 예비용기, 조명기구 등 기자재를 집중시켜 관리.(* p.130 개정된 "고층건축물 화재진압 전술" 내용이 옳음!)
   ※ SOP103(p.189 하단 주석) : "(초)고층건물 화재 시의 자원대기소는 발화층의 2개층 아래에 설치한다." 가 옳음

1차 경계범위
화점층
전진지휘소
자원대기소

9. <u>1차 경계범위는</u> ➡ 해당 화재구역의 **직상층**으로 하며, 직상층이 돌파 될 우려가 있는 경우 그 구역 직상층을 경계범위로 하고 순차적으로 경계범위 넓힘. 17, 21위
10. 화점의 직상층 계단 또는 직상층에 경계팀 배치. <u>진입팀의 활동거점은 화점층의 특별피난계단 부속실에 확보</u> 23위
11. 발화층이 **3층 이상인 경우** ➡ **연결송수관 활용**, 내부 수관연장은 소방대 전용 방수구에서 연장
12. 배연수단 신속히 결정. 방화구획, 개구부의 방화문 폐쇄상황 확인
13. 인명구조 위한 사다리차 등 특수차량 활용, 외부공격은 지휘관의 통제에 따라 실시

24 SOP224 – 산림화재 대응절차

1. 소방대는 산림 지역으로 진입할 때 안전을 위해 2인 1조로 진입한다.
2. 화재를 진압하기 위해 깊은 계곡으로 이동은 금지된다.
3. 소방대는 연소확대와 화세가 강한 경우 방어선을 설정하고 진화한다.
4. 산림화재 진화는 다음 각호의 우선순위에 따라 실행한다.
   ① 인명의 보호
   ② 국가기간산업시설, 군사시설 및 국가유산의 보호
   ③ 가옥 등 재산 보호
   ④ 산림보호구역, 채종림, 시험림 등 중요 산림자원의 보호
   ⑤ 그 밖에 산림지역의 산림화재 확산 방지
5. 소방 대응지역이 넓어질 경우 방면 지휘관을 지정·운영한다.
6. 화세가 강한 고압선 인근에는 차량 배치 및 현장지휘소 등을 설치하지 않는다

25 SOP225 – 차량화재 대응절차* ★ 16 소방위

[1] 사고특성 및 위험요인

1. 차량화재는 전기계통이나 연료계통의 고장 외에 충돌 등 여러 가지 발화의 요인이 있다.
2. 차량화재는 연료에 인화하거나 적재화물에 연소하기 쉬운 물건이 있으면 급격히 연소가 확대된다.
3. 차량화재는 엔진룸 후드 아래에서 발생하는 경우가 많고 외부로부터 주수 시 효과가 적다.
4. 친환경 차량(EV, HEV, PHEV, FCEV)은 폭발 또는 장시간 연소의 위험성이 있다.
5. 차량화재는 도로상이나 공지, 주차장 등의 발생장소, 버스 등 다수의 승차인원이 있는 경우, 트럭의 운반물의 종별 등에 따라서 화재상황이 다양하다.
6. 차량화재 시 경사로 지점에서 화재차량이 움직여 2차사고가 발생할 수 있다.
7. 차량화재 시 사고차량으로부터 배터리 전해액이 누출되면 가연성이나 유해성의 위험을 주의한다.
8. 친환경 차량 화재 시 단락 및 감전의 우려가 있으므로 주의한다.

[2] 현장대응절차*

1. 소방대는 친환경 차량(EV, HEV, PHEV, FCEV) 종류 확인 후 화재진압 및 대응방법을 결정한다.
2. 소방대는 먼저 차량 시동을 끄고 해당 차량에 고임목 설치 후 대응 조치한다.
3. 소방대는 화재 발생 차량이 일반 수송차인 경우 적재화물의 종류를 파악한다.
4. 수소전기(FCEV), LPG, 위험물 운반차량의 경우 경계구역을 설정하여 진화하고 증기비중이 높은 경우 맨홀 등 지하로 유출 차단 방안을 강구한다.
5. 가스차량 화재 시 가스용기 밸브를 차단하고 차단할 수 없는 경우 용기에 남아있는 잔류가스를 전부 연소시킨다.
6. 친환경차량(EV, HEV, PHEV, FCEV) 화재 시 차종에 따른 주 전원이나 배터리 위치를 확인하여 차단한다.
7. 차량 승객석에서 발생한 화재진압 시에는 넓은 분무주수와 함께 정면 또는 뒤쪽으로 진입한다.
8. 소방대는 유출된 차량연료를 고려하여 진화방법을 결정한다.(가연성, 비가연성)
9. 배터리는 화재 발화, 전기 충격, 폭발의 원인이 되므로 위험요인을 확인한다.
10. 대부분의 버스에 장착된 서스펜션 시스템은 화재 폭발 시 10cm 내로 내려앉는 점에 주의한다.
11. 소방대는 불꽃이 발생하는 구조장비 사용을 자제하고 반드시 유압장비를 사용한다.
12. 소방대는 화재진압 후 차량에서 유출되는 유류 및 각종 오일 등을 흡착포를 이용하여 제거하고 관계기관에 통보한다

------*

- [하이브리드 차량(HEV), 전기차량(EV), 플러그인 하이브리드차량(PHEV) 화재 시] -

1. (발화기) 주수 및 ABC분말 소화로 화재진압을 하되 주수소화는 감전의 가능성으로 주의한다.
2. (성장기) 소화기로 진화 어려운 경우 주수소화 실시하되, 엔진화재 시 고전압 케이블이 연결되어 있으므로 감전에 주의한다.
3. (최성기) 배터리 폭발 및 전해액 누출에 대비하여 거리를 유지하여 주수소화 실시한다..

- [수소전기차량(FCEV) 화재 시] -
  1. 소방대는 수소가스 분출구를 피해 원거리에서 **직사주수한다.**
  2. 소방대는 화재 확산 가능성이 낮은 경우, 우선적으로 주변 지역 예비방수 후 차량 화재진압을 실시한다.
  3. (발화기) 분말·이산화탄소 소화기, 다량 주수소화 또는 포말소화약제 사용 화재를 진압한다.
  4. (성장기 이후) 다량 주수소화(분무주수 포함) 또는 포말소화약제 사용하여 화재를 진압하고 주변차량에 대해 질식소화덮개를 설치한다.

26 SOP226 – 궁현트러스트 구조물화재 대응절차

1. 현장지휘관은 구조물 특성을 고려하여 다음 절차를 적용한다
2. 제1 출동대는 65㎜ 소방호스를 배치한다
3. 제1 소방호스에서 물이 공급됨과 동시에 처음 수 초 내로 화재를 통제하지 못하면 화재의 빠른 확대로 위험성이 커지므로 내부 진화작업은 중단한다.
4. 소방대는 불이 트러스 구조에서 진행 중으로 보이는 경우 건물의 입구를 봉쇄하고 진화작업은 내부 공격적 진화에서 외부 방어적 진화로 변경한다.
5. 배연작업은 건물 내 배연이 시급하게 필요한 경우에만 수행한다

27 SOP227 – 선박화재 대응절차

1. 파괴할 때는 정면을 피하고 분무주수로 지원하며 진입할 때는 풍상 또는 풍횡 측으로 진입한다.
2. 해치를 개방할 때는 역화 현상에 의한 화염의 분출에 대비하여 정면을 피하고 엄호주수 실시한다.
3. 소방대는 이산화탄소 소화설비를 가동할 때에는 내부진입요원의 전원 탈출을 확인한 후 실시한다.
   - 종류별 대응절차는 다음과 같다.
1. 여객선:
   인명검색과 구조를 우선으로 하고 분무주수를 주로 하되 상황에 따라 고발포 주입이 효과적이다.
2. 화물선:
   ① 화물선 화재진압은 수밀화 된 통로와 간벽이 많아 화점확인이 매우 곤란하다.
   ② 화재진압 시 배연효과가 떨어지고, 연기, 가스 등이 충만하여 시계 불량하다.
   ③ 선내의 소화작업은 곤란하고 연소속도는 일반적으로 완만하다.
3. 유조선:
   소화 후에도 가연성 가스가 잔존하므로 조명기구나 발전기의 불꽃 등에 의해 재발화되지 않도록 환기를 하고 활동은 상측에서 활동한다.
4. 항구 안에 매어둔 소형선박:
   ① 기관실 및 연료탱크 등이 선박 하부에 FRP로 덮혀 있어 화점 방수시 소화수 침투가 한계가 있어 화세에 따라 전술 결정한다. / 상호 결박(계류)된 FRP재질의 선박들의 경우, 해풍으로 인접 선박으로 화염이 확산되므로 단시간에 많은 소화용수가 필요하다.

28 SOP228 - 목조문화유산 화재 대응절차

1. 소방대는 예방·대비 단계에서 소방대상물별 지정 문화유산 현황 및 도면 확보한다.
2. 소방대는 화재대응 우선순위 설정한다.: 인명구조 ➡ 문화유산 보호·반출 ➡ 기타 재산보호
3. 지붕 내(적심부) 화재 진행상황 확인 시
   ① [1단계] 용마루 파괴:
      ㉠ 화점 예상지점 상부 용마루 파괴 후 틈새로 방수·진화
      ㉡ 해머 등을 이용하여 수평방향으로 파괴
      ㉢ 안정적 작업을 위해 지붕 위 지지점 확보
   ② [2단계] 지붕해체:
      ㉠ 화점 예상지점 기와 제거(기와 아래 강회(보토) 제거·절단)
      ㉡ 투입구 확보 후 방수 ㉢ 강회 제거를 위한 특수장비와 작업공간 확보
   ③ [3단계] 지붕파괴: 크레인 등 중장비 활용, 지붕파괴 및 방수

29 SOP229 - 석유화학단지 화재 대응절차

석유화학단지의 공정시설은 조정실, 정류탑, 배관받침, 반응기, 증류탑, 열교환기로 분류한다.
1. 일반적 진압 절차
   ① 운전 중지하고 펌프를 차단한다.
   ② 밸브를 차단하고 제품을 회수 조치한다
   ③ 위험물 종류에 따라 사용 소화약제를 결정한다 ➡ 폼 사용 시 동일한 폼만을 저장·사용한다.
   ④ 지면에 있는 펌프·배관 화재는 그 규모에 따라 소화기 또는 포 소화설비로 초기 진화한다
   ⑤ 열류층이 형성된 경우에는 보일오버현상이 일어나 화재가 확산되므로 탱크 벽면을 냉각한다.
   ⑥ 인접탱크에 냉각조치한다.   ⑦ 폼 사용 시 동일한 폼만을 저장·사용한다.
2. 위험물 탱크 - 화염에 노출된 시설의 냉각이 매우 중요함
   ① 화재를 진화하는 방법은 포 소화설비를 사용하는 것이 가장 효과적이다.
   ② 탱크벽면 냉각시 지붕이 내려앉을 수 있으므로 지붕의 배수밸브 개방여부 확인이 필요하다
   ③ 불꽃색이 청색-적색이면 화재가 탱크 내부로 전파될 가능성이 크므로 가급적 탱크와 일정 거리를 유지, 진압을 실시한다 - 지면화재로 탱크화재 진압이 곤란한 경우 우선 지면화재부터 진압한다.
3. 플랜트 설비
   ① 장시간 화재진행 시 고열로 철 구조물 변형, 붕괴 등 위험으로 내부진압을 위한 방수 시 주의한다.
   ② 배관 위험물 누출 화재 시 운전정지, 밸브차단, 전원차단 조치를 한다.
   ③ 적은 양의 위험물 누출로 화재가 발생되어도 인근 설비로의 연소확대 방지에 주력한다.
4. 유류의 유출위험 대비
   ① 이송라인 및 공정으로 투입하는 밸브를 차단하며 방유제 상태 및 외부밸브 닫힘을 확인한다.
   ② 오염방지를 위해 오일펜스 등을 설치하며 유출된 유류를 펌프 등으로 예비탱크로 이송조치한다.
   ③ 유관기관(유역·지방환경청, 지자체 등)에 수질오염 대비 방재활동 지원을 요청한다.

30 SOP230 – 화력발전소 화재 대응절차

1. 터빈 및 보일러 화재진압의 경우 분말 또는 강화액소화기를 사용하고, 연소 확대 시에는 포소화약제 활용하여 진압한다. - 고온고압의 증기 배관에 냉각소화 시 배관 변형으로 인한 파열 위험이 크므로 주수소화 및 이산화탄소 소화약제 사용을 금지한다.
2. 가스탱크의 경우 가스측정기를 활용하여 누출여부 확인한다. - 가스누출 시 기계시설 및 처리장비를 이용하여 밸브를 차단하고 폭발위험이 있는 경우 가스 저장탱크 벽면을 냉각 주수한다.

31 SOP231 – 원자력발전소 화재 대응절차

1. 소방대는 방사성물질 누출사고와 발전소 내 일반화재의 대응을 구분한다.
2. 소방대는 방사성물질 누출여부와 관계없이 방사선 안전복장 착용하고 오염 측정장비를 휴대한다.

32 SOP232 – 가연성 외장재 필로티건물 화재 대응절차

1. 대형소방차 진입 가능 시 : 대형펌프차, 물탱크차
2. 대형소방차 진입 불가능 시 : 소형펌프차
3. 건물 내부 화재 시 : 층수에 상관없이 화점층 진입 일거에 소화한다.
4. 가연성 외장재 천장 및 벽면 내부화재 시 : 초기 진화 후 내부 연소상황 탐색, 필요시 천장 및 벽면 파괴 후 소화한다.

33 SOP233 – 전통시장화재 대응절차

1. 선착대는 관계자로부터 정보 수집을 하고 자동화재탐지기가 수신반에서 연소범위를 확인한다.
   - 수신반의 표시가 여러 층인 경우에는 공조용 덕트 화재인 경우도 있다.
2. 선착대는 화점을 신속히 진압하며, 후착대는 관창을 화점에 포위배치, 연소확대방지에 주력한다.

34 SOP234 – 항공기화재 대응절차

1. 화재진압은 풍상이나 기수 측부터, 풍향과 기체방향이 다를 경우 풍상 또는 풍횡에서 진압한다.
2. 소방대는 방수 시 관창 65mm로 3인 이상이 고속분무주수를 실시한다.
3. 소방대는 항공기 내·외부 동시 화재 발생 시 초기에 포를 다량 살포한다.
4. 소방대는 화재 없어도 연료누출이 있으면 발화원 제거에 노력한다.
   ① 누출 연료에 포 소화약제 등을 도포한다.
   ② 엔진 냉각으로 발화원 제거한다.(정지된 엔진도 10~30분간 연료기화 발생 가능)
5. 항공기 타이어 화재 발생시, 진입은 전방 또는 후방 접근하여 진입한다. - 휠과 직선으로(휠 축방향) 접근은 금지되며 소화약제는 타이어와 제동장치에만 살포한다.(항공기 동체 수손피해 방지)
6. 승객 구조 시 분무주수 통한 구조대원 및 승객 엄호주수 및 동체 냉각활동을 지속적으로 실시한다.

7. 소방대는 엔진동작 중 항공기 엔진 흡입력과 위험지역을 고려하여 활동한다.
   ① 흡입구 주변 : 반경 9m, 최소 출력 시 : 반경 7m
   ② 배기지역: • 최소 출력 시 배기구 측면에서 40m, 이륙 시 65m
             • 최소 출력 시 배기구 후미에서 180m, 이륙 시 600m

35 SOP235 – 소방시설 활용방법(12가지 시설)

- SOP235 소방시설 12가지는 ❶편 4장의 화재진압활동에서 "13절 소방시설 활용"과 중복내용으로 생략. -
(* 1. 수신반(종합상황실) 2. 자동화재탐지설비 3. 비상방송설비 4. 옥내소화전 5. 스프링클러설비 6. 이산화탄소·할로젠화합물 소화설비 7. 연결송수관설비 8. 연결살수설비 9. 제연설비 10. 비상콘센트설비 11. 무선통신보조설비 12. 연소방지설비.)

36 SOP236 – 석유등 위험물 저장시설 화재 대응절차

1. 풀파이어(Pool fire) - 누출된 인화성 액체가 고여 있는 곳이나 위험물 탱크에서 화재 발생한다.
2. 보일오버(Boil-over) - 위험물 탱크 주변부 및 탱크에서 발생한 화재에서 탱크 기저부에 고인 물이 비등하면서 위험물이 탱크 밖으로 넘쳐 화재면이 급격히 확대된다.
3. 증기운폭발(Unconfined Vapor Cloud Explosion) - 대기 중으로 유출된 대량의 가연성 기체(가스)나 가연성 액체에서 생성된 증기가 혼합기체를 형성하고 이것이 점화·폭발되는 상황이다.
4. 초기대응 실패시 장기화 및 인접저장탱크로 연소확대 가능성 높고 유해연소가스가 다량 발생된다.
5. 저장탱크 내부의 고온(약 1,200℃ 이상)에 비해 맨홀 또는 배관 연결부 가스켓소재가 온도에 취약하다.(약 400℃에서 파손됨)

37 SOP237 – 가스저장시설 화재 대응절차

1. 열, 스파크, 불꽃에 의해 쉽게 발화한다.
2. 수소, 중수소, 냉장 액화수소(UN1966)와 메탄(UN1971)은 공기보다 가벼워 위로 뜨게 된다.
   ✪ 특히 수소와 중수소 화재의 경우 눈에 보이지 않는 불꽃을 내며 연소하므로 식별하기 어렵고 수소와 메탄 압축 혼합물도 눈에 보이지 않는 불꽃을 내며 연소할 수 있으므로 이 경우 열화상카메라를 이용하여 식별한다.
3. 비등액체팽창증기폭발(BLEVE) : 가연성 액화가스 저장탱크가 화재외부에 영향을 받아 내부 증기압이 증가하고 탱크 강판이 약화되어 탱크가 파열되는 현상이다.
4. 파이어 볼(Fire Ball) : 비등액체팽창증기폭발(BLEVE)현상에 이어 점화되면서 폭음과 강력한 복사열을 동반하는 화구가 버섯모양으로 부상한다.
5. 폭발 징후 예측
   ① 가스저장탱크 인근에서 화재가 발생하였으나, 탱크냉각이나 화염(복사열)차단 조치가 이루어지고 있지 않고 / 안전밸브가 작동하여 가스가 누출되고 있거나 그 가스가 점화되면서 화염이 분출되고 / 액체와 면하고 있지 않은 탱크 상부가 가열·변형되면서 부풀어 오른다.

6. 탱크냉각 및 폭발방지 조치
   ① 탱크 주변 화재진화와 탱크냉각이 병행되어야 하나, 소방력이 부족한 경우 탱크 외벽 냉각을 우선으로 한다.
   ② 파열 위험지점인 탱크 외벽 상부의 2/3지점에 집중 냉각 주수한다.

38 SOP238 - 에너지저장장치(ESS) 화재 대응절차

[1] 사고특성 및 위험요인

1. 에너지저장장치(ESS)의 화재 및 폭발의 주요 원인은 배터리에서 발생하는 가연성가스(염화수소, 메탄, 에탄, 에틸렌, 프로필렌 등)이다.
2. 화재 발생 시 ESS를 구성하는 리튬이온전지 등으로 인한 2차 피해(폭발)우려가 있다.
3. 화재진압 시 물을 사용할 경우 감전 등의 위험이 있으므로 주의하여야 한다.
4. 소화약제가 내부까지 침투하기 어려운 구조로 화재진압이 곤란하다.
5. 화재 시 무방비로 노출된 태양광 패널 등 발전설비로 확대되어 대규모 피해 발생 우려가 높다.
6. 항상 배터리와 관련 구성 요소에 전원이 공급되고 완전히 충전된 것으로 가정다.
7. 전기 부품, 와이어 및 배터리는 잠재적(충격 등) 감전요소임을 인지하다.

[2] 현장대응절차

1. 소방대는 시스템을 담당하는 건물 직원 및 비상 연락처 정보를 파악하다.
2. 배터리 에너지 저장시스템(BESS) 사고가 발생할 경우 단계별 대응이 필요하다
   ① 시스템의 위치 및 유형 확인(Identify)한다.
   ② 고압 및 기타 위험요소를 확인한다.
   ③ 배터리에너지 저장시스템(BESS)전원차단(SHUTDOWN) 및 한전에 신속한 메인 전원 차단 요청한다.
   ④ 옥외 컨테이너 설비의 경우 인근 컨테이너의 가열, 팽창 등에 대한 감시한다.
3. 소방대는 공기호흡기(SCBA)를 착용하고 절단 조작 시 아크(ARK)에 의한 손상을 방지한다.
4. 소방대는 연기 및 독성(인화성) 가스의 확산 방지를 위해 공조시스템이 제어 가능하도록 준비한다.
5. 초기 소화효과는 에어로졸 방식이 가장 적합하여, 일정 시간 경과 후 재발열 현상이 발생하기 때문에 물(水)을 이용한 냉각방식이 장기화재에 적합하다.
   ① (소형화재) 고체에어로졸, 분말소화약제, 이산화탄소, 분무주수한다.
   ② (대형화재) 가능한 많은 호스를 사용하여 **분무주수, 무상주수로 냉각소화**한다.
6. 소방대는 보호되는 위치에서 화재를 진압하고 다량의 방수를 통한 냉각소화 및 포소화약제를 이용한 질식소화를 한다.
7. 소방대는 화염에 휩싸인 경우 현장에 특수장비 운용이 가능할 때 무인방수차, 무인방수총 등을 활용한다.
8. 소방대는 밀폐된 장소에서는 전해액 유출 확인 및 독성(인화성)가스를 모니터링하여 필요한 경우 환기를 실시한다.

39 SOP239 - 데이터센터 화재 대응절차

[1] 사고특성 및 주의사항

1. 데이터센터는 전산실, 유틸리티 및 기타 지원시설로 구성된다.
2. 데이터센터 내 발전기실, 배터리실, UPS(무정전전원장치)실 등이 각각 다른 층에 **배치해 있거나 하나의 층에 함께 있을 수 있다.** - UPS는 상시전원이 끊길 경우 전력을 일정 시간 대체 공급해주는 비상 전원장치로 리튬이온 배터리,   리튬인산철 배터리, 납축전지 등이 사용된다.
3. 에너지저장장치(ESS)는 전력을 보관·공급, UPS는 전원공급 및 전력공급의 일시적 감소·차단 등에 대비 목적으로 설치되지만 **리튬이온 배터리가** 사용된 경우 화재 시 유사한 특성을 갖고 있다.
4. 배터리실, UPS실에 리튬이온 배터리팩이 통상 랙(Rack)식으로 적재되어 있어 소화약제가 배터리팩 내부까지 침투하기 어려운 구조이다

[2] 현장대응절차

1. 소방대는 데이터센터 내 **일반화재와 배터리화재로 구분하여 대응한다.**
2. 데이터센터 내 일반화재 대응 - 전원 차단이 필요한 경우 건물 비상대응 직원에게 요청한다.
3. 데이터센터 내 배터리화재의 대응
   ① 감전위험, 화재확산 차단을 위해 전원차단 필요시 건물 관계자에게 신속 차단하도록 요청한다.
   ② 배터리 자체 소화시스템이 없을 경우 다량의 물을 이용한 냉각방식으로 소화하는 것이 적합하다.
   ③ 랙(Rack)에 고정된 배터리팩 화재는 화재확산방지를 위해 필요한 경우에는 절연장갑 착용 후, 절단기를 이용하여 배터리팩을 분리 또는 제거한다.
   ④ 화재 초진 후 재발열(발화) 현상이 발생될 수 있으므로 주의 및 감시가 필요하다.
   ⑤ 화재현상에서 생성된 인화성(유독)가스 체류 및 확산방지 등을 위해 적절한 배연작업을 실시하고 사용된 소화수에 대한 배수방안을 강구한다.

40 SOP240 - 샌드위치패널 공장·창고 화재 대응절차

화재 시 연소속도가 빨라 플래시오버에 도달시간이 짧고 소화활동 시 소화수가 침투되기 어렵다.
1. 화재진압 단계
  ① 소방대는 다음 사항을 고려하여 건물 내 진입 여부를 우선적으로 판단한다.
     - 출입문 등 개구부에서 검은 연기 발생 여부
     - 샌드위치패널 접합부 사이 구조적 변위 발생 여부
     - 샌드위치패널 접합부 온도와 주변 온도 비교
     - 열화상카메라 등으로 고온(500℃) 도달 여부 확인.
  ② 소방대는 내부진압 시 2인 이상 1조를 구성하여 충수(充水)된 소방호스를 전개하여 진입하고 천장, 벽 부분에 분무주수하고 가연물에는 직사주수한다.(샌드위치패널 천장 벽면은 방호, 가연물은 제거)
  ③ 소방대는 외부진압 시 화점을 기점으로 가능한 건물 3면을 확보하여 안전거리 확보 후 직사주수하며 화재장소, 위험시설, 인접건물 순으로 관창을 추가 배치한다

| 제3장 | 사고유형별 표준작전절차* |

0 SOP300 - 구조공통 표준작전절차*

[1] 출동지령 단계
1. 출동대는 지령사항 청취 및 구조(생활안전)에 관한 정보 숙지한다.
2. 출동대는 **구조상황 및 출동로를 확인하고 필요 장비를 적재한다.** (※ 사고발생 장소, 사고유형 및 개요, 도로 및 건물상황, 구조대상자 수와 상태, 사고의 확대 등 위험요인과 구조활동 장애요인 여부)

[2] 구조출동단계* ★ 20 소방위
1. 출동대는 추가정보를 청취하고 개인보호장비를 착용한다 (지휘관이 사고 상황에 따라 추가 조정)
2. 출동대는 **현장대응방안 모색 및 장비를 선택하고 필요 시 추가장비 지원을 요청**한다.
3. 출동대는 사고유형에 따른 구조대상자 구출 및 안전(생활안전) 조치 방법을 검토한다.
4. 출동대는 **사고유형에 따라 관계기관 등 연락조치 상황을 확인**한다.
5. 출동대는 구조현장 상황 및 위험관련 정보를 출동대 간 공유한다.
6. 후착대는 선착대의 정보(활동내용, 사용장비 등)를 참고하여, 구조활동에 반영한다.

[3] 현장대응단계 등
1. 선착대는 2차 사고영향을 받지 않는 장소에 차량을 배치한다.
2. 선착대장은 관계인확보, 정보수집, 구조지역설정(사고장소, 활동공간, 경계구역), 현장안전담당을 지정.
3. <u>선착대장은</u> 구조현장 상황 및 위험요소 무선 통보한다.(후착대에 정보 제공)
4. 현장지휘관은 현장 상황에 따라 유관기관 추가 지원을 요청하고, 구조관계자를 제외한 일반인은 안전지역 밖으로 대피 조치한다.
5. 현장지휘관은 **구조(생활안전)현장대응 우선순위를 설정**한다.
   ① 인명위험이 절박한 구조대상자를 우선으로 구조한다.(동시다발 구조상황 발생시 우선순위는 현장지휘관이 구조가능성, 현장접근성, 구조대상자 상태 등을 종합적으로 판단하여 결정)
   ② 구조인력 한계에 따른 다수 인명구조가 어려울 경우 즉시 추가 구조인력 지원을 요청한다.
6. 현장활동대원은 2차 사고 발생위험 및 현장활동 장애요인 제거 후 활동(현장안전 확보)
7. **현장지휘관 또는 현장안전담당**은 현장 진입 전 대원 안전장비 등 확인, 상황판단 후 투입여부 결정.
8. 현장활동대원은 사고유형, 장소, 대상 등 특수성을 고려하여 인명검색을 실시한다.
9. 현장활동대원은 현장변화 및 위험사항 등을 수시로 보고한다.
10. 현장지휘관은 현장상황에 따라 지속적인 작전변경 및 수정된 임무를 지시한다.
11. 상황실과 구조대원은 신고자 등과 교차확인을 통해 구조대상자 신원을 확인한다.(특정지역 동시다발 상황발생 시 구조대상자 오인 방지 확인 철저)
12. **현장지휘관 또는 현장안전담당**은 현장안전 최종확인한다.
13. 출동대별 단위대 지휘관 또는 선임자는 각 대별 모든 대원 신체 이상 및 현장대응장비 이상여부 파악 후 지휘관에게 보고한다.

- **헬기동원 구조임무 수행 시 유의사항**
  - 항공대원, 현장(지휘관)대원 등은 아래사항을 공동으로 확인 또는 조치한다.
  ① 지상 구조대원·구조대상자 위치 확인 및 통신대책을 확보한다.
  ② 구조대상자 인양, 탑승위치 선정, 지형지물 등을 통보한다.
  ③ 구조지역의 장애물 여부, 항공대원 착지지점의 안전성을 확인한다.
  ④ 항공기 유도상황(연막탄 점화, 거울 반사, 구조대원 복장상태 등)을 통보한다.
  ⑤ 항공구조대원 지상투입 여부를 통보한다.
  ⑥ 인양준비 완료 예상시간 및 인양준비 완료시 헬기에 통보한다.

1 SOP301 - 구조안전관리 표준작전절차*

[1] 출동지령 단계
1. 출동대는 현장대응에 필요한 장비를 적재한다.
2. 출동대원은 적재함 문이 닫혀 있음을 확인 후 차량 탑승하며 출동인원 이상 유무를 운행책임자에게 보고, 운행책임자는 이상 없을 시 운전원에게 출발 지시, 운전원은 차고셔터 확인 후 출발한다.

[2] 구조출동 단계
1. 출동대는 개인안전장비 착용 및 정상작동상태를 확인한다.
   ※ 현장지휘관 또는 현장안전담당은 현장 투입 전 추가 확인
2. 운전원은 사이렌을 취명하고 라이트, 경광등을 켜서 긴급출동 차량임을 알리며 안전운전한다.
3. 운전원은 교차로 진입 시 안전 확인 후 진행한다.
4. 탑승자 전원 전·측방향 경계하며 위험성 발견 시 운전원에게 통보한다.
5. 출동대는 위험상황 정보 분석 및 안전한 대응방안 모색한다.

[3] 현장대응 단계
1. 현장지휘관은 현장활동대원을 보호할 수 있는 방식으로 차량 배치 및 긴급탈출로를 확보하고 운전원은 고임목 설치를 확인한다
2. 현장지휘관은 관계인으로부터 정보수집 시 현장 안전관련 상황을 파악한다.
3. 현장지휘관은 구조지역 설정(사고장소, 활동공간, 경계구역)시 안전대책을 확인한다.
4. 구조현장대응 안전대책의 우선 순위
   ✪ ❶ 대원안전 → ❷ 인명안전 → ❸ 사고의 안정화(작업시 안전사고 방지) ▶ 암기: 대인안전
5. 현장지휘관 또는 현장안전담당은 현장투입 대원의 장비착용 및 신체·정신 건강상태를 확인한다.
6. 현장진입대원은 안전확보 후 2인1조로 현장진입(필요시 관계자, 유관기관 등 전문가 동반 진입 검토)

[4] 복귀 단계
1. 현장지휘관은 안전조치 사항을 유관기관(지자체, 경찰, 관계인 등)에 인계
2. 현장지휘관은 대원과 현장대응장비 안전 확인 ※ 유해화학물질 오염확인 또는 현장투입대원 추적관리
3. 현장활동대원은 사용 장비 세척 및 소독 실시, 대원 피복세탁 및 건조 시 감염방지 이행

2 SOP302 – 전기사고 대응절차

1. 고압시설 시 현장활동대원은 한전 등 관계자와 합동작업을 하고, 전기시설로 단독 진입을 금지한다.
2. 운전원은 지하구, 지하공동구 등 화재 시 맨홀 위에 소방차량 금지, 현장활동대원은 구조작업 외 맨홀에 진입 금지, 소화약제를 맨홀속으로 도포, 젖은담요 등으로 맨홀 뚜껑을 덮어 진압을 실시한다.
3. 현장활동대원은 인명구조, 위험차단 등 긴급대응조치 상황에서도 안전조치 외에는 전기시설에 방수 및 접촉·접근을 금지한다.(이산화탄소 등 적응성 소화약제 사용)

3 SOP303 – 기계사고 대응절차

현장활동대원은 신체에 박혀있는 물체를 제거하기 곤란할 경우 기계장치의 해당 부분을 분해, 신체에 붙어있는 상태로 병원으로 이송한다.

4 SOP304 – 승강기사고 대응절차

1. 현장활동대원은 승강기 고유번호 및 멈춘 위치를 확인한다.
   - 고유번호를 이용하여 승강기 정보센터에 검색을 의뢰하여 비상키 번호를 확인한다.
2. 현장활동대원은 고립된 구조대상자의 일반적인 정보(성별, 인원 등)를 확인한다.
3. 현장지휘관은 승강기 제조사 긴급출동대에 동시 출동을 요청한다.
4. 승강기 제조사 긴급출동대에 동시 출동 요청 및 기계실 수전반의 전원 차단한다.
5. 승강기가 층과 층 사이 정지했을 경우(승강기문 안 보일 때)
   ① 현장활동대원은 권상기실 수전반 주전원 스위치를 차단한다.
   ② 권상기실에서 브레이크를 작동시킨다.
   ③ 승강기 보수 및 관리업체와 협조하여 구조를 실시한다.
6. 정전으로 승강기가 정지한 경우 현장활동대원은 빠른시간 내 정전 복구가 가능할 경우 구조대상자에게 설명 후 복구를 기다린다. - 정전이 길어지면 일반적 승강기 구조방법으로 구출을 시도한다.

5 SOP305 – 밀폐공간사고 대응절차

1. 현장진입대원은 개인 안전장비 착용 후 내부 위험요소를 확인하고 내부로 진입하기 전에 가스측정기를 활용하여 산소농도 및 유해가스를 측정한다
2. 현장진입대원은 밀폐공간 내 유해가스 존재를 가정하고 환기 및 희석 작업을 실시한다.
   ① 공기호흡기 밸브를 개방하고 내부에 실린더(공기통)를 넣어 공기를 투입한다.
   ② 송·배풍기를 이용하여 신선한 공기 투입 또는 유해가스를 배출한다
3. 현장안전담당은 현장통제 및 안전여부를 확인, 현장지휘관은 상황판단 후 투입여부를 결정한다.
   ① 현장진입대원은 밀폐공간 내부에 유해가스가 존재한다고 가정 후 활동한다.
   ② 현장지휘관은 폭발성 가스 등에 대한 안전(정전기, 질식, 폭발 등)대책을 수립한다.
   ③ 현장진입대원은 유해가스 대비 개인보호장비를 착용, 가스측정기 등 휴대 후 진입 활동한다.

6 SOP306 - 건축물 붕괴사고 대응절차

1. 현장지휘관은 붕괴상황에 따라 유관기관과 협조체제를 유지한다.
    ① 지자체(시·군·구청), 경찰, 전기, 가스시설 등 사고 관련 유관기관에 통보한다.
    ② 붕괴건축물의 위험물 시설현황 등을 파악한다.
2. 현장지휘관은 안전통제선을 설정하고 통제선 밖에 차량을 배치한다.
3. 현장지휘관은 신속하게 상황을 판단하고 관계기관에 전파한다.
    ① 피해정도, 사상자·구조대상자 수 및 대응규모를 파악한다.
    ② 가스, 전기, 중장비 운용 등 관계기관과 공조한다.
    ③ 필요한 경우, 숙련된 건축물 폭발 전문가 지원을 요청한다.

7 SOP307 - 차량사고 대응절차

1. 현장지휘관은 구조차, 펌프차, 구급차의 동시 출동을 확인한다.
2. 현장지휘관은 현장활동대원들이 2차 사고로부터 보호받을 수 있도록 속도제한에 비례한 거리의 후방지점에(예: 제한속도 80km → 80m) 차량 및 안전요원을 배치하고 교통통제를 실시한다.
    - 출동대는 교통흐름에 따라 차량진행 방향 또는 역방향으로 사고현장에 접근한다.

8 SOP308 - 친환경차량 사고 대응절차 ☆ 24 소방위

1. 친환경차량은 하이브리드자동차(HEV), 플러그인하이브리드자동차(PHEV), 전기자동차(EV), 수소전기자동차(FCEV)를 포함한다.
2. 차종에 따라 120V~ 650V 이상의 전압이 흐를 수 있으므로 감전에 주의한다.
3. 엔진룸 및 차체하부 등에 고전원배터리와 연결되는 고전압 배선에 주의한다.
4. 차체 하부 또는 뒷 트렁크 내에 장착 되어 있는 고전원배터리 폭발에 주의한다.
5. 고전원배터리 대응절차를 제외하고는 일반자동차구조 및 일반자동차 화재진압절차를 준수한다.
    - 전기(동력)자동차 구조 대응절차 4단계(IIDR)에 따라 현장활동을 전개한다.
6. 하이브리드자동차(HEV), 플러그인하이브리드자동차(PHEV), 전기자동차(EV), 수소전기자동(FCEV) 식별은 차량 측면·후면 엠블럼, 전면 라지에이터 그릴, 번호판을 확인한다.
   [상황실] 119신고 접수 시 사고차종 파악
   [공통상황]
    ① 최초 현장에 도착한 선착대는 전기자동차 대응절차를 준수하며 초기상황을 파악.
    ② 차량 폭발에 대비하여 출동차량은 10~30m 이상의 안전거리를 두고 배치
    ※ 수소가스, 전원배터리, LPG·CNG 차량폭발 대비 안전거리 확보
7. 친환경차량(HEV, PHEV, EV, FCEV) 사고차량에 대한 차종별 연료 확인 및 배터리 전해액 누출여부를 확인하고 배터리(고전원배터리, 보조배터리) 전해액에 접촉하지 않도록 주의한다.
8. 전기(동력)자동차 사고대응 절차의 순서: ① 사고인지 ② 식별(Identify) ③고정(Immobilize) ④ 불능(Disable) ⑤ 구조(Rescue) ▶ 암기 : 사식고불구 24 위

9 SOP309 - 철도사고 대응절차

1. 터널 및 교량 내 사고대응
   ① 현장지휘관은 가장 가까운 진·출입로 확인, 구급차와 안전요원 배치, 자력대피 구조대상자 응급처치 및 이송을 실시한다.
   ② 배연차, 조명차, 발전기 및 응급이송용 소방헬기를 활용한다.
   ③ 현장활동대원은 장시간 활동 대비 공기호흡기 예비용기를 확보한다.
   ④ 현장활동대원은 터널 내 진입 시 낙하물, 고압전기시설 등에 주의한다.
   ⑤ 현장활동대원은 2인 1조로 검색 및 엄호 주수 교대조를 편성하여 운영한다.(진입 시간·범위 지정)

10 SOP310 - 유해화학물질사고 대응절차

1. 물질에 따라 폭발과 화재가 동반될 수 있어 2차 재해 위험성이 크다.
2. 독성중독 등 대량 인명피해 및 환경오염 발생 우려가 높다.
3. 피해가 광범위하고 매우 복잡·다양한 사고의 특성을 보인다.
4. 기체 상태의 누출일 경우 측정장비를 가진 출동대가 도착 전까지 모든 현장활동대원은 개인보호장비(공기호흡기 포함)를 착용한다.

【119안전센터】
1. 119안전센터 일반대응 원칙 및 대응 한계
   ① 바람을 등지고 접근한다.
   ② 가능한 원거리에서 물질정보 및 현장상태를 확인하고 후착대에 전파한다.
   ③ 초기 이격거리에 통제선을 설치한다.(초기 이격거리 설정 시 폭발성상 유무도 함께 고려)
   ④ 물탱크를 활용한 간이제독을 준비한다.
   ⑤ 구조대상자 구조가 긴급하고 반드시 필요한 때에도 화학사고 유경험자 혹은 관련 교육·훈련을 받은 대원에 한해 개인보호장비(A급 화학보호복 등) 착용 상태에서 제한적으로 현장활동을 한다.
2. 위험물 및 유해화학물질 운반차량 사고
   ① 누출 물질이 액체일 경우 누출 및 누출 예상범위의 차선 통제 및 통제선을 설치한다.
   ② 누출 물질이 기체(연기, 흄 등을 포함)일 경우 바람을 등지고 초기 이격거리 밖에서 현장 진입대원에 대한 간이제독을 준비한다.
3. 저장탱크, 배관 등 누출 사고
   ① 초기 이격거리 내 또는 화학물질에 노출이 예상되는 대원은 A급 화학보호복을 착용한다.
      ※ 누출물질이 기체(연기, 흄 등을 포함)일 경우 전원이 개인보호장비 착용.
4. 미상물질 누출 사고
   ① 100m 이상 이격하여 차량을 배치한다. - 폐공장 등 경고표지와 관계인을 알 수 없는 때에는 액체인 경우 50m, 기체인 경우 100m 이상 이격하여 통제선을 설치하고 시·도 특수구조대 혹은 화학구조대가 도착할 때까지 통제선 밖에서 활동만 실시한다.

【119구조대】
1. 119구조대 일반 대응원칙 및 대응한계
① 선착대가 통제선을 기설치 시 물질정보(폭발 성상유무도 함께 고려)와 기상상황에 맞게 통제선을 조정한다.
② 통제선 내 진입대원은 A급 화학보호복을 착용하고 제독조와 지휘조 등 통제선 부근에서 활동하는 대원은 C급 이상 화학보호복을 착용한다.
③ 구조대가 제독차량을 보유한 경우 간이 제독임무를 수행한다.(보유하지 않은 경우 현장지휘팀 혹은 관할 센터에 간이제독을 요청)
④ 잔여물질에 대한 중화는 산성 물질의 경우 중탄산나트륨, 염기성 물질의 경우 구연산으로 대응하는 것을 원칙으로 하며 중화에 대한 지식이 전무하거나 보유량의 부족 혹은 상기 물질 외 가성소다, 소석회 등에 의한 반응열로 인해 2차 피해 우려가 있을 때에는 중화를 실시하지 않는다.
⑤ 물질을 특정할 수 없는 액체인 경우 50m, 기체인 경우 100m 이상 이격하여 통제선을 설치하고 분석능력을 가진 출동대(시·도 특수구조대, 화학구조대)가 도착할 때까지 통제선 밖에서 활동한다.
2. 위험물 및 유해화학물질 운반차량 사고
 누출 물질에 맞는 화학보호복을 착용 후 구조대상자를 우선적으로 구조하고 가용 장비의 범위 내에서 누출을 차단한 상태에서 확산방지 활동을 한다.(흡착포 및 오일 펜스 활용)
3. 저장탱크, 배관 등 누출 사고
 ① 현장진입대원은 위험구역(Hot Zone)에서는 A급 화학보호복을, 준위험구역(Warm Zone)에서는 C급 화학보호복 이상을 착용한다.) - 통제선 미설치 시 실내 누출인 경우 건물 입구, 실외 누출인 경우 물질 정보에 맞게 통제선을 설치한다.

【시·도 특수구조대, 화학구조대】
1. 위험물 및 유해화학물질 운반차량 사고
 ① 누출 물질이 기체상태이고 대량누출로 환경오염 및 대량 피해가 예상될 경우에 성상을 고려하여 중화제 살포 또는 분무주수 등을 통하여 중화 포집 또는 액화(습윤) 조치한다.
 ② 대량 인원 또는 장비 제독이 필요할 경우 제독소를 전개한다.
 ③ 요청시 혹은 필요시 성분분석기로 측정하여 허용농도 이하 여부를 확인한다
2. 저장탱크, 배관 등 누출사고
 ① 현장진입대원은 위험구역(Hot Zone)에서는 A급 화학보호복을, 준위험구역(Warm Zone)에서는 C급 화학보호복 이상을 착용한다. - 필요시 준위험구역(Warm Zone) 현장을 통제한다.
 ② 대량 인원 또는 장비 제독이 필요할 경우 제독소를 전개한다.
 ③ 누출 물질 회수 후 필요시 잔여 물질에 대한 중화작업을 한다.
 ④ 요청시 혹은 필요시 성분분석기로 측정하여 허용농도(TWA)이하 여부를 확인한다.
3. 미상물질 누출 사고
 원거리에서 사용 가능한 측정장비가 없는 경우 100m 이상 이격하여 차량배치 후 A급 화학보호복을 입고 공기성분분석기 등을 활용하여 물질을 탐지한다.

11 SOP311 - 방사능사고 대응절차

1. 선착대는 바람을 등지고 **방사선 측정 후 위험구역**(Hot Zone, Warm Zone, Cold Zone) 설정
    ① Hot Zone : 공간 방사선량률 ❶ <u>20μSv/h 이상 지역은 **소방활동** 구역</u>이며 공간방사선량율
     ❷ 100μSv/h 이상 지역에 대해서는 U-REST* 등 방사선전문가들이 활동하는 구역이다.
    ② Warm Zone : 공간방사선량율이 자연방사선준위(0.1~0.2μSv/h)이상 20μSv/h 미만인 지역으로 Hot Zone과 경찰통제선 사이에 비상대응조치를 수행하기에 필요한 공간이다.
    ③ Cold Zone : 공간방사선량률이 자연방사선준위(0.1~0.2μSv/h) 수준인 구역이다.
      - ①②③은 ❶편 6장 특수화재의 소방활동요령 "4절 방사능시설 화재진압" 과 동일 내용임 -
2. 선착대는 바람을 등지고 접근하고 가상안전통제선 밖에 차량을 배치한다.
3. 현장지휘관은 현장상황을 종합적으로 판단하여 신속히 주민을 대피시킨다.(집중관리)
    - 유출 방사성 물질의 종류·양·성상을 파악 / 방사능에 노출된 사람의 수·위치, 확산범위를 파악.
4. 출동대는 개인선량계를 착용하고 개인별 피폭 선량을 시간대별로 기록·관리한다
    ① 기록관리 담당 전담요을 지정한다. / 대원 과다피폭 방지를 위한 교대조를 운영한다.
5. 오염 가능성이 있는 모든 대원과 구조대상자 이름·주소·연락처, 노출시간·선량을 의료진에 통보.
6. 현장진입대원에 대한 방사선 피폭선량을 5년간 누적 관리한다.

12 SOP312 - 폭발사고 대응절차

급조 폭발물(IED)안전거리   *참고 : 월간국방과학기술

급조폭발물 종류	최소 안전거리	급조폭발물 종류	최소 안전거리
대전차 지뢰	150m	여행가방크기 급조폭발물	600m
105밀리 이하 폭탄	300m	V8 급조폭발물(승용차)	1,000m
105밀리 초과 폭탄	600m	V8 급조폭발물(트럭)	2,000m
손가방크기 급조폭발물	300m		

13 SOP313 - 수난사고 대응절차

1. 수중구조의 유형은 일반, 깊은물(18m 이상.) 급류·조류잠수, 야간, 흐린물, 동계, 차량, 선박, 밀폐공간 등으로 분류된다. ▶ 깊은물: 18m 이상(* 깊은물은 18m, 육나움)
2. 집중호우 등으로 갑자기 불어난 물살의 경고사항
    - 수위 약 15cm는 사람을 쓰러뜨릴 수 있으며, 약 61cm는 자동차를 쓸어버릴 수 있음
3. 현장지휘관은 수중구조 방법 결정 및 잠수 활동 전 안전점검을 실시한다.
    ① 로프를 사용하지 않는 탐색(등고선 탐색, U자 탐색, 소용돌이 탐색)
    ② 로프를 사용하는 탐색(원형탐색, 반원탐색, 잭스테이탐색, 직선탐색)
      - 수중수색의 방법은 가장 효과적이고 현실적인 단순한 방법을 선정한다.
      - 수색구역을 재설정, 시야, 바닥, 물체 크기, 조류, 수심 등을 고려한다.

4. 입수 전 안전 확인
    ① 기체실린더 압력 확인 및 잠수작업의 전술적 사항 숙지한다.※ 잠수목적, 제한시간, 활동내용, 짝, 통로(길), 특수(줄)신호, 장소특성, 예상 위험 등
    ② 최종 잠수장비 점검 및 착용을 확인한다.(잠수대원 및 현장안전담당 확인)
        ▸ 잠수복 착용상태➡ 실린더개방➡ 잔압확인➡ 후드➡ 마스크➡ BC➡ 호흡기➡ 예비호흡기➡ 수심계(잠수컴퓨터)➡ 나침반➡ 장갑➡ 랜턴➡ 웨이트➡ 칼➡ 오리발➡ 기타
5. 잠수대원은 <u>수중바닥 위 약 0.5~0.9m 위에서 활동</u>하고 / 잔압은 짝과 함께 수시로 확인하고 <u>수심 10m 이하 기준 최소 50bar</u>가 되면 수중 활동을 마치고 상승한다.
    ※ 잠수대원 간 소통방법 : 수신호, 줄, 랜턴, 수중신호기, 수중통신장비 등
※ 급류 및 조류 잠수 시 유의사항
    ① 현장지휘관은 유속을 확인하여 잠수활동 가능 여부를 판단한다.
    ② 잠수 유속기준으로 일반적 잠수 가능 유속은 1노트 이하이다.
    ③ 유속 1~1.5노트 사이일 경우 현장지휘관이 잠수활동 가능 여부를 판단한다
    ④ 유속 1.5노트 이상일 때 잠수대원들의 안전을 고려하여 모든 잠수를 금지한다.

18 SOP318 – 교량 다중교통사고 대응절차

현장지휘관은 2차 사고로부터 보호받을 수 있도록 안전조치 한다. [예: 속도제한에 비례한 거리의 후방 지점에 차량 및 안전요원 배치한다.(<u>제한속도 80km → 80m</u>) 단, 곡선도로는 곡선이 시작되는 지점)

14 SOP314 – 산악사고 대응절차~   17 SOP317 – 크레인사고 대응절차 (* 중요도 없음)

19 SOP319 – 의료시설사고 대응~   20 SOP320 – 생활안전활동 안전관리 (* 중요도 없음)

21 SOP321 – 벌집제거, 동물포획 대응절차

| 등검은말벌 |

1. 현장지휘관은 알레르기 반응 확인된 직원(대원)은 벌집제거 출동 제외한다.
2. 현장지휘관은 퇴치 스프레이 활용 벌을 없앤 후 벌집을 제거한다(밀폐공간에서 퇴치 스프레이는 호흡마스크 등 안전장비를 착용 후 사용하며 화기 사용은 폭발 위험에 따라 사용을 금지한다.)
3. 등검은말벌은 토종말벌보다 벌 개체수가 많고 공격 성향이 높아 위험하다
4. 장수말벌은 독의 양이 **많아** 치명적이며, 땅벌은 침투에 강하므로 보호복 착용에 특히 주의한다.
5. 벌집 제거위치에 살충제 등을 살포하여 벌집생성을 <u>예방한다</u>.
6. 동물포획
    ① 천연기념물의 동물을 포획 시 관련 기관에 통보 후 인계
    ② 흥분상태 또는 위해동물은 주변 안전을 고려하여 안전거리확보 등 주변 통제하고 마취총, 그물망 등 장비 사용한다.
    ③ 현장지휘관은 마취도구 사용 시 동물관계인(주인)의 동의를 구하고, 마취약품으로 인해 동물이 깨어나지 못할 수도 있음을 사전 고지한다.

22 SOP322 – 위험시설물 안전조치 대응절차 (* 중요도 없음)

23 SOP323 – 생활민원처리절차(문 개방, 급·배수지원 등) 대응절차

1. 출동대는 문 개방 신고 접수 후 경찰 병행출동을 요청, 현장 관계인이 주인임을 사전에 확인한다.
2. 출동대는 아래 경우를 제외, 주택·차량의 단순문 개방은 민간업자나 차량보험사 요청을 안내한다.
    ① 어린이나 환자 등이 **고립**되어 있는 건물
    ② **가스렌지**가 장시간 켜져 있거나 가스가 누출되고 있는 건물
    ③ 햇볕에 노출된 차안에 **어린이나 애완동물**이 갇혀 있는 경우
    ④ 화재가 진행 중이거나 **히터(에어컨) 등이 켜져** 있는 차량
3. 긴급상황 가장한 허위신고 시 과태료 부과되고 문 개방으로 파손, 훼손 가능을 사전에 고지한다.
4. 문 개방 후 관계인 확인이 가능한 경우 위급한 경우를 제외하고 경찰 입회하에 개방하여야 한다
5. 파손이 동반되는 경우 동의서 또는 녹취 후 안전을 고려하여 파괴를 최소화하여 개방하여야 한다.
6. 급·배수 지원 - 현장출동대는 긴급 생활형 급수지원이 아닌 경우 현장에서 명확하게 거절한다

24 SOP324 – 지하공간 침수사고 대응절차

1. 현장지휘관은 지하공간이 2개층 이상인 경우 수색구조 활동과 배수작업을 고려한다
2. 배수작업 소요시간 계산
    ① 지하주차장 등 지하공간의 체적을 계산할 수 있는 관련 도면 및 건축물대장 정보를 수집하고 관계자 에게 내부구조를 파악한 후 체적을 계산한다.
    ※ 지하공간체적(m^3) : 지하주차장 바닥면적(m^2) x 지하공간 높이(m)
    ② 배수시간 계산을 통해 실종자 수색 및 구조방법 등을 결정한다.(단, 펌프효율, 흡수구 이물질, 휴무시간 등에 따른 변수는 추가 고려 필요)
    ※ 총배수예상시간= 지하공간체적(바닥면적 x 높이)÷시간당 배출량
3. 지하공간 에어포켓 공간계산
    ① 에어포켓의 규모, 보의 체적에 따라 생존 가능시간을 예측할 수 있다.
    ※ 에어포켓 체적 = 보와 보사이 공간(m^2) x 보의 높이(m)
    ② 지하주차장 등 에어포켓 체적이 $1m^3$인 경우 생존가능시간은 <u>약 2.5시간</u>으로 정한다.(단, 성인이 천천히 걸을 때 필요한 산소소모량으로 가정하고 기압차·산소 포화도· 호흡량의 변수는 별도 고려)
    ※ METs(Metabolic Equivalents,대사당량): 운동과 신체활동의 강도를 나타내는 지수. 1MET = 분당 체중 1kg당 산소 소비가 약 3.5㎖.

25 SOP325 – 소방드론 재난현장 표준작전절차

1. 드론 운용자(통제관, 조종자)는 건물 화재시 <u>수직, 수평 최소 4m</u> 이상 이격하여 비행해야 기체손상을 방지할 수 있고 농연에 의한 전파노이즈, 플래시오버 등을 감안 <u>30m~40m 안전거리를 유지</u>한다.
2. 조종자는 고층건물 화재 시 <u>화점층의 1~2개 층 아래에서 비행</u>을 시작하여 인명탐색 후 고도 상승하여 관심점(Points Of Interest))기법으로 건물 주변을 회전하며 현장상황 영상을 촬영·제공한다.

제4장 구급단계별 표준작전절차

0 SOP400 – 구급공통 표준작전절차

1. 현장도착 - ① (도착보고) 단말기 터치로 도착보고, 만일 오류 발생 시 통신으로 상황실에 보고한다
   ② (현장확인) 주변 위험요소 및 이송되지 않은 구조대상자가 있는지 확인한다
   ③ (엔진정지) 정차와 동시에 엔진을 정지한다.(만약 필요시 엔진가동이 가능하며 구급대원이 구급차 도난방지 관리 가능 범위를 벗어날 때에는 키 분리 및 문을 잠근다.)
2. 복귀 중 - (통신개방) 복귀 중 출동에 대비하여 통신장비의 개방 상태를 유지한다.

1 SOP401 – 구급안전관리 표준작전절차

1. 현장출발 - (출동로) 출발 전 지리 정보 단말기, 네비앱 등을 활용하여 확인한다
2. 복귀 단계 - 탑승자 전원 전·측 방향 경계하며 위험성 발견 시 운전원에게 알린다.

2 SOP402 – 다수 사상자 대응절차

1. 반별 임무
   ① 임시의료소장은 응급 의료자원 관리, 사상자 분류·응급처치·이송 및 사상자 현황 파악 및 신속 보고 등 의료소 운영을 전반적으로 지휘·감독한다.
   ② 긴급·응급환자는 응급처치반으로 이동하고 비응급환자는 대기구역을 설정하여 필요시 처치 및 재분류 시행하며 지연환자는 임시영안소를 설치하여 이동한다
   ③ 응급처치반은 인계받은 환자의 응급처치를 실시하고 중증도 분류표를 작성 후 이송반으로 인계하며 다만, 현장처치보다 이송이 시급하다고 판단되는 경우에는 이송반으로 즉시 인계한다.

- **1단계 : Modified M.A.S.S(분류중점– 선착대)**
  ① 거동이 가능한 환자는 비응급으로 그룹화 할 수 있다.
  ② 거동이 불가능하나 반응이 있는 환자는 응급으로 그룹화 할 수 있다.
  ③ 거동이 불가능한 환자는 긴급으로 그룹화 할 수 있는데 ➡ 여기에는 BLACK(지연)환자가 포함되어 있으며 이는 호흡유무로 감별 가능하다.

- **2단계 : START(이송중점– 후착대 도착)**   ※ 임시응급의료소 설치되면 시작
  ① 거동이 가능한 환자는 비응급으로 그룹화하고 추후 다시 개별적인 평가를 한다.
  ② ❶ 거동이 불가능한 환자에 있어서는 R(호흡수), P(맥박수), M(의식수준) 3가지 요소를 체크하고 한 가지라도 이상이 있을 경우는 긴급, / 모두 이상이 없을 경우에 응급으로 분류한다. 다만,
      ❷ 호흡이 전혀없는 환자는 기도확보를 시도해보고 호흡이 있다면 RED(적색)로 분류하고 / 호흡이 없다면 BLACK(흑색)으로 분류한다.

3 SOP403 - 범죄관련 현장 대응절차

[1] 범죄가 의심되는 경우
1. 안전확보(안전 미확보 시 진입금지) ➡ 경찰협조 ➡ 역할인식 ➡ 우선순위 ➡ 현장보존.

구 별		우선사항	
		현장보존	환자이송
심정지 환자	명백한 사망 징후가 있는 경우	○	
	명백한 사망 징후가 없는 경우		○
중증환자			○
경증환자		○	

[2] 성폭력이 의심되는 경우
1. (출동지령) 가급적이면 여성구급대원 함께 출동(서거나 앉지 말고 누워 있을 것을 안내)한다.
2. (증거보존) 목욕이나 생식기 세척, 대·소변, 탈의 금지 안내한다.
3. (환자이송) 성폭력 응급키트가 있고 산부인과 진료가 가능한 의료기관으로 이송한다.

4 SOP404 - 명백한 사망환자 대응절차*

[1] (사망징후 확인) 사항을 종합 평가* ▶ 암기 : 사시목부
① 사후강직(2개 이상 관절 확인) (*^^ 4시간 이후) ② 시반(적색 반점)이 나타난 경우
③ 목 또는 몸통의 절단 ④ 부패(시취, 변색, 변형)

[2] 소생술 유보가 가능한 현장 상황
① 구급대원에게 심각한 위험이 초래될 수 있는 상황
② 사망의 명백한 임상적 징후가 있는 경우
③ 다수사상자 발생시 무맥, 무호흡
  - (한정된 자원에서 생존자의 처치 및 이송이 우선시 되어야 하는 경우)
④ 심폐소생술을 원하지 않는다는 표식이 있거나, **법정대리인**이 소생술 거부의사를 표현하는 경우
※ 패치를 부착할 수 없는 경우(손상이 심한 경우 등)에는 객관적 증빙자료(사진 등) 및 상황을 기록지에 등록한다.

5 SOP405 - 구급대원 폭행방지 및 대응절차

1. 폭행사고 예방 - (상황설명) 다음의 사항에 대하여 설명한다.
  ① 응급처치의 필요성을 설명한다.
  ② 폭행 시 119법에 의한 구급활동방해죄 또는 형법에 의한 공무집행방해죄로 처벌가능을 고지.
  ③ 폭행범죄 수사 및 기소에 필요한 채증(녹음, 녹화))을 할 수 있음을 설명한다.

6　SOP406 - 주취자 대응절차

다음의 증상을 보이는 경우 의료기관 이송한다.
  1. 강한 자극에도 의식이 회복되지 아니하는 경우
  2. 단순 찰과상이 아닌 **응급처치가 필요한 외상**이 있는 경우
  3. 활력징후 등이 **불안정**한 경우
  4. 「응급의료에 관한 법률」상 응급증상 또는 이에 준하는 증상을 보이는 경우
     - 응급환자 여부를 판단하고 → 응급환자는 이송한다.(단순 주취자인 경우 귀가 권유한다.)

7　SOP407 - 정신질환자 대응절차

정신질환자 또는 추정되는 사람을 이송할 경우 다음과 같이 대응한다
  1. 응급증상이 아닌 경우 사설 구급차 및 다른 이송 수단을 이용하도록 우선 안내한다
  2. 응급처치나 이송하기가 어려울 정도로 행동 제어가 안 되거나 자해, 폭행 등의 위험이 클 경우 경찰을 통한 제어 조치 후 경찰의 협조(동승 등)하에 응급처치 및 이송하도록 한다.

10　SOP410 - 감염병(의심) 환자 대응절차

1. 개인보호장비 등 착용
   ① (감염병 정보 확인 불가) 표준주의 3종(장갑, 마스크, 고글/안면보호구)을 착용한다.
   ② (감염병 정보 확인 가능) 감염병의 전파경로와 접촉의 수준을 고려하여 개인보호장비를 추가 또는 변경 착용한다.
   ③ 환자 접촉 전 환자와 보호자에게 적절한 개인보호장비 안내(마스크 등) 또는 제공한다.
2. (응급처치)
   ① 현장 활동 중 환자와 불필요한 접촉시간을 최소화한다
   ② 전파 위험성이 높은 응급처치(CPR, 기도확보, 흡인 등) 시행 시 개인보호장비 착용 상태를 재점검하고 특히 호흡과 점막을 통한 전파에 유의한다.
3. (이송)
   ① 음압 격리가 필요한 감염병은 이송병원 선정 시 음압병실 보유 여부를 확인한다.
   ② 이송병원에 환자 정보를 사전에 공유하도록 한다.

8　SOP408 - 노숙자 대응　　9　SOP409 - 법적분쟁 또는 민원발생 예방 대응 (* 중요도 없음)

---

gossip　맛이 좋은 김치가 만들어지기 위해서(배추는 5번이나 죽는다.)
땅에서 뽑힐 때 한 번 죽고, 배추통이 칼에 갈라지면서 또 죽고
소금에 절여질 때 다시 죽고, 매운 고추와 짠 젓갈에 범벅돼서 또 다시 죽고,
마지막으로 장독에 담겨 땅에 묻히면서 죽어야 비로소 제대로 된 맛을 낼 수 있다.

제5장 상황단계별 표준작전절차

0 SOP500 - 상황관리 공통 표준작전절차

[1] 상황실 신고접수 우선순위

1. 119재난신고, 유관기관 공동대응, 신고이관, 단순상담 간의 체계적인 기준 정립을 위해
   ① (1순위) 화재, 구조, 구급, 생활안전, 해양사고 등 긴급한 재난 및 유관기관 공동대응(이관, 이첩)이 필요한 신고전화
   ② (2순위) 화재, 구조, 구급 등 긴급한 재난 및 공동대응과 관련 없는 비긴급 신고에 대한 상황관리(110민원안내, 사후이첩 등)

[2] 상황실 무선통신절차* ☆ 15 소방위

1. 무선통신장비에 대한 관리책임자와 운용자를 지정·배치한다.
   ① 모든 간부·차량, 현장 활동 최소단위(반, 부)별로 휴대국 또는 이동국을 배치한다.
   ② 출동대 현장도착 이후에는 현장상황을 간단하게 전달하고,
      - <u>긴급사항을 제외한</u> 중간 개입 및 불필요한 교신은 하지 않는다.
   ③ 상황실 근무자는 소방서별 지휘통신 채널과 작전 채널을 분리하여 모니터링하고, 필요시 무전내용을 중계하여 누락되지 않도록 조치한다.
2. 채널의 분리운영 및 지원
   ① **전국 동원령 발령** 등 타 시·도본부와 전국공통 지휘통신이 필요한 경우 현장지휘부(소)와 타 시·도 소방력 무선망이 원활하게 운영될 수 있도록 지원한다.
   ② 현장의 무선채널을 변경할 필요가 있는 경우 상황실은 현장대원에게 **사전통보 후** 우선순위에 따라 채널을 분리·운영할 수 있도록 기지국 채널 변경 등 필요한 조치를 할 수 있다
   ※ 우선순위: ❶ 전국단위 지휘통신(재난 규모에 따라 지정) → ❷ 소방서 지휘통신(재난현장과 소속 본부의 지휘보고) → ❸ 본부단위대 광역작전통신(지원출동 본부 출동책임자와 지원출동대원과 통신) → ❹ 소방서 작전통신(재난현장 소속 지휘자권과 소속 출동대원과 통신)

1 SOP501 - 상황관리 단계별 절차 (* 중요도 없음)

2 SOP502 - 위치정보 상황관리 표준작전절차

1. 조회요건 등 판단을 위해 신고자에게 안내·문의한다
   ① 요청사유 및 신고자와 구조대상자의 관계 확인해야 한다
   ② 위치정보조회 제도, 기술에 대한 고지·안내한다
   ③ 허위신고 시 2,000만 원 이하의 과태료 부과에 대한 사항을 안내한다
      - 기지국, GPS, WiFi 3가지 방식으로 위치정보 조회가 가능
   ※ 위치정보 요청서는 3개월간 보관하고 수신한 위치정보는 상황종료 후 파기한다.

3 SOP503 - 신고통합 공동대응 및 생활안전신고 처리절차*

[1] 용어의 정의

1. "긴급상황"이란 생명, 신체 등 주요 법익침해에 대한 급박한 대응이 필요하여 경찰, 소방, 해경 등 조치의 신속성이 최우선되는 상황을 말한다.
2. "비긴급상황"이란 위 긴급상황 외의 상황으로 통상적인 불편민원, 신고, 상담(고충, 불편사항, 전문 상담)등 상대적으로 현장대응 후순위에 속하는 상황을 말한다
3. "공동대응" 이란 위급한 상황이 발생하여 국민의 생명과 재산의 피해를 최소화하기 위하여 필요한 경우 119긴급신고 관련 기관이 신고정보를 공유하여 공동으로 대응하는 것을 말한다.
4. "신고이관"이란 소관 사항이 아닌 신고접수 건에 대하여 관련 시스템 등을 통해 소관 기관으로 접수된 신고내용 등 정보를 전달하는 일련의 절차를 말한다.
5. "이관접수"란 다른 기관이 접수한 신고내용(정보)을 전달받아 상황실에서 처리하는 절차를 말한다
6. "긴급신고공동관리센터"란 긴급신고 공동운영기관 간 연계시스템을 구축·운영하여 긴급신고 전화에 대한 신고이관 및 공동대응을 효율적으로 관리·대응하기 위해 행정안전부 산하에 설치된 기구이다.
7. "3자통화"란 긴급신고 공동운영 기관이 접수된 신고건에 대해 타 기관으로 신고이관 과정에서 통화 중인 상태로 신고이관 요청기관으로 연결하는 것을 말한다.

[2] 생활안전 민원전화 처리 기준

119재난신고, 유관기관 공동대응·신고이관·단순상담 간의 체계적인 기준 정립을 위해 신고처리의 우선순위를 결정한다.

1. 상황별 출동기준 : 긴급상황, 잠재긴급, 비긴급상황 3단계로 구분한다.
   (* 환자처치가 아니니까 잠재긴급 등이 있다)
   ① (긴급상황) 즉시 조치하지 않으면 인명피해 등이 발생할 수 있는 경우 : 소방대, 유관기관 즉시 출동조치
   ② (잠재긴급) 긴급상황은 아니나 방치할 경우 2차 사고가 발생할 수 있는 경우 : 소방대, 유관기관 출동.
   ③ (비긴급) 긴급하지 않으며 인명 및 재산피해 발생 우려가 없는 경우 : 1차로 유관기관, 민간 등에 통보, 2차 필요시 소방대 출동.

4 SOP504 - 상황보고절차

1. 상황보고 기준(화재조사 및 보고규정)

- 상황보고방법
  - 보고자 : 상황팀장, 상황실장, 본부장 등
  - 보고구분 : 최초보고-중간보고-최종보고

제6장 현장 안전관리표준지침

1 SSG1 – 현장 안전관리 대원칙 (중요도 없음)

2 SSG2 – 현장 안전관리 공통 표준절차

1. 도로상의 교통사고시 가능한 주행방향과 45°로 소방차량 배치
2. 교차로상 교통사고시 가능한 현장활동 대원을 보호하도록 소방차량 배치

3 SSG3 – 임무별 안전관리 공통 표준지침

[1] 현장지휘관

1. (현장 위험성 평가) 현장도착 시 건축물 붕괴 및 낙하물 등 **위험성 현장안전평가 후 대응방법을 결정**.
2. (상황평가·판단) 재난현장의 종합적정보를 취득하고 대원과 구조대상자 안전을 고려, 대응방법 결정한다.
3. (내부진입) 현장지휘관의 명령없이 현장대원의 내부진입은 금지되며 진입명령은 다음과 같다.
   ① 출동 중 상황실로부터 취득한 정보와 도착 후 현장정보를 종합하여 상황판단 후 현장진입 명령·지시를 결정한다. / ② 현장지휘관은 '내부 진입'이 결정되면 '무전'으로 진입을 전파·지시한다.
4. 개인보호장비착용상태, 이상 유무를 대원 상호 간 점검 지시 후 현장안전점검관 등에게 확인하도록 한다
5. ❶ 경계구역 ❷ 안전거리 설정(Fire-Line 등 통제선 설치) ❸ 재난현장 출입을 통제한다. ▶ 암기 : 안경재
   - 안전거리 : 유해화학물질(ERG북 활용), **건물붕괴(건물 높이 이상)** 등 안전조치
6. 방사능사고나 유해화학물질사고, 기타 특이사고 발생 시, 관계자 및 관련전문가, 관계기관의 정보를 확보하여 활동하고 대응배치된 특수구조대 및 관계기관 대응부서 자원을 활용한다.
   ① 방사능사고 : U-rest(권역별 방사선 사고지원단)
   ② 유해화학물질사고 : 환경부 화학물질안전원   ③ 폭발물 사고 : 경찰청 또는 군부대

[2] 현장안전점검관 및 현장안전담당 ☆ 20 소방위

1. (현장안전점검관) 현장 소방활동 중 현장안전관리에 대하여 현장보건안전관리책임자를 보좌하고 <u>현장안전 임무 외 겸임을</u> 금지한다.
   ① <u>현장보건안전관리책임자의 현장 안전관리에 관한 지시사항을 이행한다.</u>
   ② 현장 소방활동 안전관리에 관련 교육·훈련에 대해 조언 및 지도한다
   ③ <u>**현장투입 대원의 장비 착용 및 신체·정신 건강상태를 확인**</u>한다
   ④ <u>**현장 소방활동의 위험요인을 관측하고 보고 및 전파**</u>한다
   ⑤ 현장대원사고 등의 조사보고서를 작성한다
   ⑥ 안전사고 발생의 원인 조사·분석하고 재발 방지를 위한 조언·지도한다.
   ⑦ 현장활동 대원들의 개인보호장비의 점검 관리하고 지도한다.
   ⑧ 그 밖에 현장 소방활동 안전관리 업무에 관한 사항을 담당한다. * 오답: 경계구역 및 안전거리 설정

2. **(현장안전담당)** → 현장 소방활동 중 현장 안전관리에 대하여 현장지휘관을 보좌한다.
   ① 현장보건안전관리책임자, 현장지휘관 또는 현장안전점검관의 보건안전관리에 관한 지시사항을 이행한다
   ② **현장투입 대원의 장비착용 및 신체·정신 건강상태를 확인**한다.
   ③ 현장 소방활동의 위험요인을 관측하고 보고 및 전파한다.
   ④ 그 밖에 현장 소방활동 중 안전관리에 관하여 필요한 사항을 담당한다.

[3] 현장활동대원

1. (자기관리 철저) 안전관리는 대원각자의 자기관리에 달려 있다는 것을 인식(훈련, 체력단련 등)
2. 현장활동 시 자의적인 행동 금지, 지휘관 명령에 따라 임무를 부여받아 수행한다.
   - 단, 급박한 경우, 선 조치 후 보고한다.
3. 현장활동 투입 전 상황별 개인보호장비를 착용하고 인명구조경보기 등 안전장비를 활성화하고 무전기 작전망 등 채널을 설정하여야 한다.
   ① **화재**: 방화복, 헬멧, 안전화, 보호장갑, 방화두건, 공기호흡기, 인명구조경보기
   ② **구조**: 헬멧, 보안경, 안전장갑, 안전화(그 외 필요시 구조장비)
   ③ **구급**: 헬멧, 보안경, 마스크, 보호장갑(그 외 필요시 구급장비)
   ④ **생활안전** : 활동 종류 및 상황에 맞는 생활안전 장비
4. 현장상황에 맞는 소방장비를 휴대하고, 현장활동 중 안전상 문제가 발생할 때는 즉시 모든 현장대원에 전파한다. - 급격한 체력소진 등 신체 이상반응 시 즉시 안전조치한다.

4 SSG4 - 상황별 안전관리 표준지침*

[1] 구조현장

1. 인명검색 시
   ① 현장활동대원은 문을 개방하기 전 출입문에 "진입표시", 문을 만져 열기를 확인(필요시 열화상 카메라 활용), 검색완료 후 출입문에 "검색완료" 표시한다
   ② 현장활동대원은 실내 인명검색 시 **출입구에 1명을 대기,** 검색대원 퇴피 및 탈출구를 확보한다.
   ③ 현장활동대원은 내부진입시 예비주수하여 낙하물 등 진입장애물을 제거한다.
   ④ 현장활동점검관은 높은 곳에서 활동중인 대원의 추락방지 조치를 한다.
   ⑤ 현장활동대원은 인명검색시 개구부나 추락위험 장소는 갈고리 등 장비를 활용하여 확인 후 진입
   ⑥ 현장활동대원은 실내진입 시 회전방향을 기억하고 방향을 잃었다면 낮은 자세 유지하며 벽을 짚고 출입문이 나올 때까지 이동(소방호스 커플링의 암컷→ 수컷, 관창의 반대방향으로 대피)한다
   ⑦ 현장활동대원은 고층건물 진입 시 개인로프 등 휴대 후 진입한다.
   ⑧ 검색대원은 건물 내 이동 시 낮은 자세를 유지하고 바닥을 확인하며 벽을 따라서 이동한다.
   ⑨ 현장활동대는 지휘자에게 현장 내부에 대한 지속적으로 보고하여야 한다.
   ⑩ 현장안전점검관은 투입된 모든 현장대원을 위한 대피수단을 확보한다.
   ⑪ 발화층 상층부에서 활동하는 대원은 방수 가능한 관창, 호스를 소지한다.
   ⑫ 현장지휘관은 검색조 교체 시 검색경로, 범위 및 내부 상황 등을 인계하는 것을 확인한다

2. 구조장비 선택 및 활용 시
   ① 현장지휘관은 현장 전체 상황을 평가하여 2차 사고 등 위험성을 판단한다.
   ② 현장활동대원은 <u>조작이 간단하고 확실한 효과가 있으며 위험성이 적은 장비를 우선적으로 선택하되 긴급한 상황에 맞는 장비를 선택(급할 때는 가장 능력이 높은 장비를 선택)</u>한다
3. 도로상에서 현장활동 시
   ① 대원이 활동할 수 있도록 15m 정도 공간 확보(2차 사고로부터 보호 받을 수 있도록 차량 배치)
   ② 현장 여건을 고려하여 현장활동 대원들이 2차 사고로부터 보호 받을 수 잇도록 가능한 안전조치
      (예: 속도제한에 비례한 거리의 후방지점에 차량 및 안전요원 배치 / 제한속도 80km → 80m
      (* 현장 상황에 따라 변경 가능)   ☞ p.274 참고

[2] 각종구조 등 표준지침

유 형	표준 지침
교통사고	• 엔진정지, 배터리 단자 제거조치(① -제거, ② +제거)를 하고 기자재의 불꽃에 주의한다. • 하이브리드(전기)차량에 메인전원 제거 등 접근 시 보호장비 착용을 철저히 적용한다.
유리파괴	• 12mm 이상의 두꺼운 판유리는 <u>가스절단기 또는 용접기</u>로 급속 가열한 직후에 주수냉각을 실시해 열 파열이 생기게 하여 파괴한다.

수중구조	• 혼자 잠수 활동을 하지 않는다.(2인 1조 짝 시스템)
	• SCUBA 잠수를 하는 동안 숨을 참지 않는다.
	• 무감압 한계시간을 정확히 알고 잠수하며, 재잠수 시 다이빙테이블에 의한 체내 잔여질소를 계산하여 적정수심의 무감압한계시간을 알고 잠수를 실시한다.
	• 수중구조 시 육상과 줄신호를 주기적으로 주고 받아 구조상황 전파 및 대원 안전 확보한다.
	• 상승속도는 1분당 9m를(1초당 15cm) 넘지 않도록 한다.
	   (자신이 내뱉은 공기방울보다 빠르게 상승하지 않는다.)
	• 매 잠수 후 상승 도중 수심 5~6m 지점에서 안전정지 3~5분간 실시한다.
	• 일반적인 수중구조 활동시 공기통 속의 공기가 (기본압력) <u>50kg/㎠(700psi, 50bar)</u> 정도 남으면 상승하기 시작하며 잠수 활동 후 <u>약간의 공기는 항상 남겨 두도록</u> 한다.
	• 얼음 밑 잠수 및 폐쇄공간 수중구조 활동시 공기통 속의 잔압은 싱글실린더 1/3 법칙, 더블실린더 1/6 법칙을 준수하며 안전로프, 수중 릴 등을 이용하여 입·출수 지점을 숙지한다
	  -얼음 밑 잠수 등 수중에서 호흡조절기가 동결 될 경우 <u>비상호흡</u>으로 출수한다..
	• 얼음 밑 잠수 활동시 <u>영하 15℃ 이하 및 수심 20m 이하, 거리 30m 이상</u>에서는 잠수 활동을 자제한다.
	• 감압병을 예방하기 위하여 잠수 후 비행기 탑승 대기시간을 준수한다.
	   - 감압 불필요한 잠수 후 → <u>12시간 후에 탑승</u>
	   - 감압이 필요한 잠수 후 → <u>24시간 후에 탑승</u>
	   - <u>3일 이상 연속 잠수 후</u> → <u>24시간 후에 탑승</u>
	• 돌, 흙탕물이 쓸려 내려와 시야확보가 어려운 경우 수중구조 활동은 금지된다.

항공기 사고	• 공항 내에 진입할 때는 공항 관계자 유도에 따라서 진입하고 화재발생 위험을 예측하여 <u>풍상, 풍횡</u> 측으로 배치함을 원칙으로 한다. • 엔진 가동 중인 기체에 접근 할 때는 급·배기에 의한 사고방지를 위해 횡으로 접근한다. - 이 경우 기체의 크기에 따라 다르지만 여객기의 경우 엔진꼬리 부근에서 <u>약 50m</u>, 공기 입구에서 약 <u>10m</u> 이상의 안전거리 확보한다.

5 SSG5 - 구조구급대원 감염관리 표준지침*

1. 구조·구급활동 준비과정

① 구조·구급대원(필수적) - 건강검진항목 중 요추부 및 폐검사 : 1년 1회 정밀검사를 받도록 한다.
② 감염관리위원회는 감염예방·관리·대응을 위하여 필요한 경우 구조·구급활동을 통제할 수 있다.
③ 구조·구급대원 예방접종의 종류 - 구급편 3장 감염예방 및 개인보호장비 "감염관리" 참고 p.352-
　㉠ A형(HAV) 및 B형간염(HBV)　　㉡ 수두(VZV)
　㉢ 홍역, 유행성 이하선염, 풍진(MMR)　▶ 암기 : AB수홍 이풍
　㉣ 파상풍, 디프테리아, 백일해(Tdap/DTP) * 접종 후 10년마다 1회 접종(Td)　▶ 암기 : 백디파
　㉤ 인플루엔자(Flu, 유행성 감기. 독감) * 매년 10~11월 1회 접종.
　㉥ 기타 소방청장 등이 필요하다고 인정하는 감염병

2. 감염관리실의 사용과 운영

1. 감염담당자와 구조·구급대원은 감염관리실을 항상 청결한 상태로 사용·유지한다.
　① 일일·주간 점검과 감염관리실 사용일지를 통해 감염관리실을 적정 관리한다
　② <u>감염관리실은 온도 18~24도, 상대습도 75% 미만으로 유지한다</u>
　③ 소모품 및 의약품의 유효기간이 지나지 않도록 관리한다.
2. 구급활동 중 발생한 의료폐기물은 위탁 폐기물처리, 의료기관(병원, 보건소)에 의뢰 폐기한다.
3. 감염담당자와 구조·구급대원은 세탁물을 전용 세탁기로 청결하게 관리하며 혈액 등으로 오염이 심할 경우 되도록 폐기한다.
4. 감염담당자와 구급대원은 구급차 및 구급장비를 다음과 같이 관리한다
　① 복귀 직후 구급차 내 주요 접촉 부위 위주로 표면 소독한다.
　② 주 1회 구급차 및 감염관리실 내부를 면밀하게 세척·소독한다.
　③ <u>월 1회</u> 소독업체에 위탁하여 구급차 내외부를 세척·소독한다.
　④ 연 1회 구급차 병원성 세균검사
5. 〈일반적 구조·구급활동〉 현장활동 후 - 의료기관에 환자인계 후 손위생을 실시하고 사용한 개인보호장비와 소모품은 의료폐기물로 처리, 재사용 가능 물품은 적절한 소독·멸균을 거친다.
　① 일반환자는 일반의료폐기물로 배출한다.　② 감염병환자는 격리의료폐기물로 배출한다.
6. 주삿바늘 등에 찔리거나 베인 경우 물과 비누를 이용하여 부위를 씻어내고 소독하며 점막에 튄 경우는 물로 씻어낸다
7. 감염병 환자 등과 접촉하거나 아래와 같이 노출된 경우 감염사고 발생 관리 보고서를 작성하고 구조·구급대장(안전센터장), 구조·구급팀장 및 구급담당자에게 보고한다.
　① 환자에게 사용된 주삿바늘 또는 물체에 찔리거나 베인 경우
　② 혈액 또는 체액이 눈·점막·상처에 튄 경우
　③ 포켓마스크·one-way valve 없이 입 대 입 인공호흡을 실시한 경우
　④ 감염병별 노출 기준에 해당하는 경우
　⑤ 구급대원이 느끼기에 심각하다고 판단되는 기타 노출

6 SSG6 - 소방차량 안전운행 표준지침

1. **안전운행 일반사항 등**
   ① (긴급표시) 타 차량 운전자가 인식할 수 있도록 경적 및 전조등 사용, 경광등 및 사이렌 작동.

2. **특수한 상황의 안전수칙**
   ① (제한속도 초과) 운전원은 통행량이 적은 경우, 도로·시계상태가 양호한 경우, 포장도로인 경우에 한하여 제한속도를 초과할 수 있다
   ② (차선침범) 불가피하게 중앙선을 넘거나 반대차선 운행 시 전조등, 사이렌을 활용하여 긴급차량이 주행 중인 상황을 상대방에게 알리며 전방 차량 등에 주의를 기울이면서 안전속도로 서행한다.
   ③ (감속운전) 운전원은 비 오는 날, 안개 낀 날, 눈길, 빙판길 및 블랙아이스가 있는 경우 맑은 날보다 속도를 20% 이상 감속한다.

3. **위급상황 발생 시 안전수칙**
   ① (타이어 파손) 운행책임자(단위지휘관)은 주행 중 타이어 파손 시 안전수칙을 준수하도록 한다
   ㉠ 핸들을 확실하게 잡고 비상등을 켜고 서행하며 길 가장자리에 주차한다.
   ㉡ 어느 한쪽으로 급격히 쏠리는 위험에 대비한다
   ㉢ 브레이크 페달을 **가볍게 반복적**으로 사용한다.
   ㉣ 후방의 충분한 거리에 비상용 삼각 표지판 또는 불꽃신호기를 설치한다.

7 SSG7 - 현장소방활동과 관련된 교육훈련 안전관리 표준지침

① 교관과 교육생의 적정인원 배정 - 적정비율은 5 : 1 내외

8 SSG8 - 소방현장 심리적 응급처치 표준지침

1. **동료대원에 대한 행동지침 - 태도**
   ① 소방대원은 힘들어하는 동료대원과 같은 눈높이를 유지하고 마주 보거나 같은 방향을 향하기보다는 서로의 어깨가 90°를 이루도록 'L자 형태'로 앉거나 서서 대화하며 동료대원이 시선을 처리하는데 불편하지 않도록 주의한다.
   ② 소방대원은 동료대원에게 열린 자세로 상체를 약간 앞으로 숙이거나 몸을 좀 더 가까이하여 관심을 보인다.
   ③ 소방대원은 대화 중간중간에 동료대원과 눈을 맞추며 공감의 태도를 보이고 자신의 태도에 대한 동료대원의 반응을 살핀다.

9 SSG9 - 신속 동료구조팀(RIT) 운영 표준지침 - 생략(중요도 낮음) -

4편 SOP편 | **OX(2진법) 개념 따라 잡기~**

▶ 재난현장 표준작전절차 파트임

01 현장지휘관은 사고관리 전반에 대한 지휘권을 가지며, ① 인명구조 ② 재산 보호 ③ 사고 안정화 ④ 환경 보호의 전술적 목표를 달성하고자 할 때에는 대원의 안전을 고려해야 한다. ( )

➡ 현장지휘관은 사고관리 전반에 대한 지휘권을 가지며, 다음의 전술적 목표를 달성하고자 할 때에는 대원의 안전을 고려해야 한다. ① 인명구조 ② 재산 보호 ③ 사고 안정화 ④ 환경 보호 (*4편 1장 SOP100)

02 통제선을 기준으로 현장지휘소를 설치할 경우 현장지휘관은 제1통제선과 제2통제선 사이의 공간에 설치하며 유해물질 등 재난 현장(Zone: Hot -Warm- Cold 기준)에서는 Hot Zone에 설치한다. ( )

➡ 통제선을 기준으로 현장지휘소를 설치할 경우 현장지휘관은 다음 지역에 현장지휘소를 설치한다.
① 제1통제선과 제2통제선 사이의 공간에 설치한다.
② 유해물질 등 재난 현장(Zone: Hot -Warm- Cold 기준)에서는 Cold Zone에 설치한다.(*4편 1장 SOP104)

03 발화점 확인방법에서 수개 층에 연기가 차있는 경우 인명고립이 접수된 층부터 확인한다. 지상은 직하층, 지하는 직상층으로 진입한다. ( )

➡ 인명고립이 접수된 층부터 확인 / 지상은 직하층 / 지하는 직상층 진입 / 설문은 옳은 내용이다.(*2장 SOP202)

04 인명탐색 방법은 우선탐색, 정밀탐색, 교차탐색이 있다. ( )

➡ 우선탐색, 정밀탐색, 교차탐색이 있다. ▶ 암기 : 우정교차 (*2장 SOP202)

05 구조대상자가 다수가 있는 경우에는 인명 위험이 절박한 부분 또는 그 상층을 우선으로 구조한다.( )

➡ 구조대상자가 다수 있는 경우에는 다음에 의한다. (*2장 SOP203)
① 인명 위험이 절박한 부분 또는 (그) 층을 우선으로 구조한다.
② 중상자, 노인, 아이 등 위험도가 높은 사람을 우선으로 구조한다.
③ 자력 피난 불능자를 우선으로 구조한다.

06 풀 파이어(Pool fire)는 누출된 인화성 액체가 고여 있는 곳이나 위험물 탱크에서 화재발생 상황이며 파이어볼은 폭음과 강력한 복사열을 동반하는 버섯모양의 화구이며 탱크폭발의 위험반경은 약 150m이다. ( )

➡ 풀파이어(Pool fire) 및 파이어볼(fire ball)에 대한 설문은 모두 옳은 내용이다. (*2장 SOP210)

정답 ○ 01. (O)　02. (X)　03. (O)　04. (O)　05. (X)　06. (O)

07 지하층화재 시 소방대는 진입이 곤란하고 구조대상자가 없을 경우 고발포나 가스계소화약제 등을 주입하여 진화하며 구조대상자가 있을 것으로 예상되는 경우 미분무나 살수설비로 진화한다. ( )

➡ 설문은 옳은 내용이다.(*2장 SOP217)

08 친환경 차량은 하이브리드 차량(HEV), 전기차량(EV), 플러그인 하이브리드차량(PHEV), 수소전기차량(FCEV)이 있으며 모두 주수소화는 가능하다. ( )

➡ 하이브리드 차량(HEV), 전기차량(EV), 플러그인 하이브리드차량(PHEV) 수소전기차량(FCEV)이 있으며 모두 주수소화가 가능하다.(* 그러나 감전 가능성에 주의한다.) (*2장 SOP225)

09 구조현장대응 안전대책의 우선 순위는 인명안전 ➡ 대원안전 ➡ 사고의 안정화이다. ( )

➡ 구조현장대응 안전대책의 우선 순위는 대원안전 ➡ 인명안전 ➡ 사고의 안정화이다.(*3장 SOP301)

10 등검은 말벌은 토종 말벌보다 벌 개체수가 많고 공격 성향이 높아 위험하고, 장수말벌은 독의 양이 많아 치명적이며 땅벌은 침투에 강하므로 보호복 착용에 특히 주의한다. ( )

➡ 설문은 옳은 내용이다. (*3장 SOP321)

11 심정지환자 중 명백한 사망 징후가 있는 경우는 현장보존하고 명백한 사망 징후가 없는 경우는 환자를 이송한다. ( )

➡ 설문은 옳은 내용이다. (*4장 SOP403)

12 "이관접수"란 소관 사항이 아닌 신고접수 건에 대하여 관련 시스템 등을 통해 소관 기관으로 접수된 신고내용 등 정보를 전달하는 일련의 절차를 말한다. ( )

➡ 상기 내용은 "신고이관"에 관한 내용이다. / "이관접수" 란? 다른 기관이 접수한 신고 내용(정보)을 전달받아 상황실에서 처리하는 절차를 말한다. (*5장 SOP503)

13 현장안전점검관 및 현장안전담당은 경계구역 및 안전거리를 설정 후 재난현장 출입통제를 할 수 있다. ( )

➡ 현장지휘관은 ❶경계구역 및 ❷안전거리 설정(Fire-Line 등 통제선 설치) ❸재난현장 출입통제의 3가지 모두 옳다. (*6장 SSG3) ▶ 암기 : 안경재

정답 ○ 07. (O) 08. (O) 09. (X) 10. (O) 11. (O) 12. (X) 13. (X)

5편

재난 및 안전관리 기본법

(소방법령5)

1장 총칙 ··· 620
2장 책임별 각종 권한 ······················ 623
3장 안전관리기구 및 기능 ················ 625
4장 안전관리계획 ···························· 630
5장 재난의 예방 ······························ 630
6장 재난의 대비 ······························ 633
7장 재난의 대응과 긴급구조 ············ 634
8장 재난의 복구 ······························ 643
9장 안전문화 진흥 ···························· 644
10장 보 칙 ······································· 645
✪ OX 개념문제 ······························· 648

CHAPTER 01 재난 및 안전관리 기본법

▶ 중앙소방학교 교재 범위와 현 개정법령으로 수정됨
☞ 이 법은 총칙, 안전관리기구 등과 예방→대비→대응→복구, 안전문화, 보칙, 벌칙 순으로 구성됨.

제1장 총칙

1 목적

이 법은 각종 재난으로부터 국토를 보존하고 국민의 생명·신체 및 재산을 보호하기 위하여 국가와 지방자치단체의 재난 및 안전관리체제를 확립하고, 재난의 예방·대비·대응·복구와 안전문화활동 그 밖에 재난 및 안전관리에 필요한 사항을 규정함을 목적으로 한다.

> ■ **기본이념**: 이 법은 재난을 예방하고 재난이 발생한 경우 그 피해를 최소화하여 일상으로 회복할 수 있도록 지원하는 것이 국가와 지방자치단체의 기본적 의무임을 확인하고, 모든 국민과 국가·지방자치단체가 국민의 생명 및 신체의 안전과 재산보호에 관련된 행위를 할 때에는 안전을 우선적으로 고려함으로써 국민이 재난으로부터 안전한 사회에서 생활할 수 있도록 함을 기본이념으로 한다.

2 주요 용어의 뜻** ☆ 15(①번), 19 소방위(③번), 24 위

① 재난이란 국민의 생명·신체 및 재산과 국가에 피해를 주거나 줄 수 있는 것이다. (17+17= 34가지)

자연재난	태풍, 홍수, 호우, 강풍, 풍랑, 해일, 대설, **한파**, 낙뢰, 가뭄, 폭염, 지진, **황사**, 조류대발생, 조수, 화산활동, 소행성·유성체 등 자연우주물체의 추락·충돌 등 ▶ 황해태풍 홍대 낙지가 조조강 호화 한폭우주.
사회재난	① 화재·붕괴·폭발·교통사고(항공·해상사고를 포함), 화생방사고·환경오염사고, (다중운집인파사) 등 대통령령으로 정하는 피해. ▶ 6사고: 교통·환경오염·화생방·항공·해상·인파 ② 국가핵심기반의 마비, 감염병, 가축전염병의 확산, 미세먼지, (인공우주물체의 추락·충돌) 등 ▶ 화붕폭 6사고(교통·환경오염·화생방·항공·해상·인파사고) (▶ 교환학생 항해 인파사고) 등

② 해외재난: 대한민국의 범위 밖에서 대한민국 국민의 생명·신체 및 재산에 피해를 주거나 줄 수 있는 재난으로 정부차원에서 대처할 필요가 있는 재난. (예 LA 이주민)
③ 재난관리: 재난관리란 재난의 예방·대비·대응 및 복구를 위하여 하는 모든 활동을 말한다.
④ 안전관리: 재난, 각종 사고로부터 사람의 생명·신체·재산의 안전확보를 위한 모든 활동.
⑤ 안전기준: 각종시설·물질 등의 제작·유지관리에서 안전확보의 기술적 기준을 체계화한 것으로서 안전분야, 범위 등은 대통령령으로 정한다.
⑥ 재난관리책임기관: 중앙행정기관, 지방자치단체(제주특별자치도 등), 지방행정기관·공공기관·공공단체(공공기관·단체 지부 등 지방조직 포함), 재난관리 대상 중요시설의 관리기관 등으로서 대통령령으로 정하는 기관.(= 정부+지방조직) ▶ 중지지공공 (예 도시철도, 마사회 등을 말함)

⑦ 재난관리주관기관: 재난, 그 밖의 사고를 **유형별로 예방·대비·대응·복구** 등의 업무를 주관·수행하기 위한 **대통령령**으로 정하는 중앙행정기관을 말한다.(= 수습기관, 각 부서)

■ **재난 및 사고유형별 재난관리주관기관** (영 별표1의3) ★ 19, 22 소방위   ○─ 주관기관
                                                                                ─ 책임기관

1. **자연재난 유형별 재난관리주관기관(5곳)** 〈24. 9. 26 개정 내용〉
   ① 과학기술정보통신부 우주항공청: ㉠ 우주전파재난 ㉡ 자연우주물체추락·충돌로 인한 재해,
   ② 행정안전부: ㉠ 풍수해(조수 제외) ㉡ 지진 ㉢ 화산 ㉣ 낙뢰·가뭄·폭염 및 한파로 인한 재해,
   ③ 환경부: ㉠ 황사 ㉡ 하천·호소 등의 조류대 발생으로 인한 재해   ④ 산림청: 산사태 재해
   ⑤ 해양수산부: ㉠ 적조현상, 해파리의 대량발생 등 수산양식물 및 어업용 피해 ㉡ 풍수해 중 조수
   --------*

2. **사회재난 유형별 재난관리주관기관(25곳)**
   ① 교육부: ㉠ 교육시설의 화재·붕괴·폭발·다중운집인파사고 등 ㉡ 어린이집의 화재 등 피해
   ② 과학기술정보통신부: ㉠ 방송통신재난(자연재난 제외) ㉡ 연구실사고 ㉢ 전파의 혼신(이에 한정함)
   ③ 과학기술정보통신부 우주항공청: 인공우주물체의 추락·충돌 등으로 인해 발생하는 피해
   ④ 외교부: 해외재난.
   ⑤ 법무부: ㉠ 교정·갱생보호시설·치료감호·난민지원시설 ㉡ 소년(분류심사)원 ㉢ 외국인보호소
   ⑥ 국방부: 국방·군사시설의 화재 등으로 인해 발생하는 대규모 피해
   ⑦ 행정안전부(중앙행정기관): 승강기 사고 등(이하 생략)
   ⑧ 행정안전부 경찰청: 도로, 광장 및 공원의 다중운집인파사고로 인해 발생하는 대규모 피해
   ⑨ 행정안전부 소방청: 소방대상물의 화재, 위험물의 누출·화재·폭발 등 피해
   ⑩ 문화체육관광부: ㉠ 야영장·공연장 화재 ㉡ 유기시설(기구)사고 ㉢ 생활(전문)체육시설 피해
   ⑪ 농림축산식품부: ㉠ 가축전염병확산 피해 ㉡ 저수지 붕괴·파손 피해 ㉢ 농수산물도매시장(축산물도매시장 포함, 수산물도매시장 제외), 농수산물종합유통센터(수산물종합유통센터 제외) 화재
   ⑫ 산업통상자원부: ㉠ 가스 사고 ㉡ 석유의 정제시설·비축시설, 주유소 화재 ㉢ 에너지의 중대한 수급 차 ㉣ 대규모점포의 화재 ㉤ 전기사고 ㉥ 어린이제품(안전관리대상제품) 사고 피해
   ⑬ 보건복지부: 노인복지시설, 아동복지시설, 장애인복지시설(장애인 의료재활시설은 제외)
   ⑭ 보건복지부 질병관리청: 감염병 확산으로 인한 피해
   ⑮ 환경부: ㉠ 댐(산업통상자원부 소관의 발전용 댐은 제외]의 붕괴·파손 ㉡ 미세먼지 ㉢ 수도의 화재
         ㉣ 수질오염 ㉤ 살생물제 관련 사고(제품사고에 해당하는 경우로 한정) ㉥ 화학사고
         ㉦ 오염물질등으로 인한 환경오염(먹는물 수질오염은 제외) 피해
   ⑯ 고용노동부: 산업재해 및 중대산업사고로 인해 발생하는 대규모 피해 ★ 22위
   ⑰ 국토교통부: ㉠ 건축물의 붕괴·전도 ㉡ 공항의 화재 ㉢ 공동구의 화재 ㉣ 도로의 화재
         ㉤ 물류시설(중앙행정기관 소관시설 제외) 화재 ㉥ 철도사고 ㉦ 각종 항공 사고
   ⑱ 해양수산부: ㉠ 농수산물도매시장(수산물도매시장으로 한정) 및 농수산물종합유통센터(수산물종합유통센터로 한정)의 화재 ㉡ 항만의 화재 ㉢ 해수욕장 안전사고 ㉣ 해양사고(해양에서 발생한 사고로 한정하며, 해양오염은 제외한다)
   ⑲ 해양수산부 해양경찰청: 해양오염으로 인해 발생하는 대규모 피해
   ⑳ 중소벤처기업부: 전통시장의 화재 등으로 인해 발생하는 대규모 피해
   21. 여성가족부: 청소년복지(수련)시설의 화재   22. 금융위원회: 금융기관의 화재
   23. 원자력위원회: ㉠ 방사능재난 ㉡ 인접 국가의 방사능 누출로 인한 피해
   24. 국가유산청: ㉠ 보호구역 화재 ㉡ 보호물, 문화유산 보관시설 화재 ㉢ 자연유산 화재 등
   25. 산림청: ㉠ 사방시설의 붕괴·파손 등 피해 ㉡ 산불로 인해 발생하는 대규모 피해

⑧ 긴급구조: 긴급구조기관과 지원기관이 하는 인명구조, 응급조치 등 모든 긴급조치.
⑨ 긴급구조기관: **소방청, 소방본부, 소방서**를 말한다.(다만 해양에서 재난 발생 시 해양경찰청, 지방해양경찰청, 해양경찰서를 말한다.) ▶ 청본서(3) + 해지해(3)

   ✪ ⑥번의 긴급구조기관 6곳이 아닌 것이 ⑦번 긴급구조지원기관이다. 예 경찰청, 교육부

⑩ 긴급구조지원기관: 긴급구조에 필요한 인력·시설 및 장비, 운영체계 등 긴급구조능력을 보유한 기관이나 단체로서 <u>대통령령</u>으로 정하는 기관 또는 단체. (*"대통령령": ④~⑥, ⑨번. "행안부": ⑩번)
⑪ 국가재난관리기준: 모든 유형의 재난에 공통적으로 활용할 수 있도록 재난관리의 전 과정을 통일적으로 단순화·체계화한 것으로 **행정안전부장관**이 고시한 것.
⑫ 안전문화활동: 안전교육, 안전훈련, 홍보, 사고예방 신고 장려 등을 통하여 안전에 관한 가치와 인식을 높이고 생활화하도록 하는 등 재난, 각종 사고로부터 안전한 사회를 만들어가기 위한 **활동**.
⑬ 안전취약계층: 어린이(13세 미만), 노인(65세 이상), 장애인, 저소득층 등 재난에 취약한 사람.
⑭ 재난관리정보: 재난상황정보, 동원가능자원정보, 지리정보, 시설물정보 ▶ 재동자지시
⑮ 재난안전의무보험: 재난이나 그 밖의 각종 사고로 사람의 생명·신체 또는 재산에 피해가 발생한 경우 그 피해를 보상하기 위한 보험 또는 공제로서 이 법 또는 다른 법률에 따라 일정한 자에 대하여 가입을 강제하는 보험 또는 공제를 말한다.
⑯ 재난안전통신망: 재난관리책임기관·긴급구조기관 및 긴급구조지원기관이 재난관리업무에 이용하거나 재난현장에서의 통합지휘에 활용하기 위하여 구축·운영하는 <u>무선</u>통신망.
⑰ 국가핵심기반: **에**너지, **교**통수송, **정**보통신, **보**건의료 등 국가경제, 국민의 안전·건강 및 정부의 핵심기능에 중대한 영향을 미칠 수 있는 시설, 정보기술시스템 및 자산 등. ▶ 에교정보
⑱ 재난안전데이터: 정보처리능력을 갖춘 장치를 통하여 생성 또는 처리가 가능한 형태로 존재하는 재난 및 안전관리에 관한 정형 또는 비정형의 모든 자료를 말한다.

> ✪ 해설(보충):
>   ⑥ 재난관리책임기관은 국가·지방자치단체 등이다. [영 별표1~2]
>   (예 책임기관: 교육청 및 교육지원청 외 재외공관, 도시철도, 마사회 등을 말함.)
>   ⑦ 재난관리주관기관은 [영 별표1~3] 재난 시 수습기관으로 정부의 각 부서를 말함
>   (* 예 주관기관: 소방청, 행안부, 해양경찰청, 보건복지·교육부·외교·법무·환경부, 국방부 등
>   ⑨ 긴급구조기관은 소방은 해양경찰처럼 해양소방이 없어서 단서까지 6곳이다.
>   ⑩ 긴급구조지원기관은 긴급구조기관 6곳이 아닌 정부 각 부서이다. (칙 별표1)
>   (예 교육부, 과학기술정보통신부, 산업자원통상부, 보건복지부, 경찰청, 기상청, 산림청, 군부대, 유역환경청, 지하철·도시철도공사, 보건소, 가스·전력·석탄·원자력안전기술·항만공사 등)
> ✪ 키워드로 비교:
>   ③ 예방·대비·대응·복구 ④ "사람의 생명" / ⑤ "기준" ⑫ "활동" / ①⑤⑥⑦⑩: "대통령령"
>   ⑪ 행정안전부장관 / ⑯번 "무선"

* 재난관리주관기관은 장관, 차관이 있는 각 부서로서 [영 별표1~3] 재난 발생 시 곧 수습기관이 된다.)

제2장 책임별 각종권한

먼저 책임별 각종 권한을 예습 후 학습하도록 한다.

국무총리	중앙위원회 위원장
행안부장관	중앙대책본부장
소방본부장	시·도 통제단장
소방서장	시·군·구통제단장

중앙위원장	국무총리	중앙통제단장		소방청장
중앙대책본부장	행안부장관	지역	시·도	소방본부장
			시·군·구	소방서장

"재난 및 안전관리 기본법"에서 구체적인 책임별 각종 권한은 다음과 같다.

책임별	각종 권한
대통령	특별재난지역 선포권자(법 60조)
국무총리	① 중앙(안전관리)위원회 위원장(법 9조) ② 국가안전관리 기본계획수립(5년 마다)(영 26조)
행안부장관	① 재난선포권자(법 36조) ② 중앙(재난안전)대책 본부장(법 14조) ③ 중앙위원회 간사(법 9조) ④ 안전정책조정위원장(법 10조) ⑤ 재난안전상황실 및 대체상황실 설치·운영자(법 18조) ⑥ 안전관리민관협력위원회 구성자(법 12조의2). ⑦ 재난 예방 긴급안전조치사(법 31조) ⑧ 정부합동안전점검단 실시권자(법 32조) ⑨ 재난안전통신망의 구축·운영자(법 34조의8) ⑩ 중앙재난피해합동조사단(제58조) ⑪ 재난원인조사단(제69조) ⑫ 재난 및 안전관리 개발계획 수립(법 71조의2)
(행정안전부) 재난본부장	① 안전정책조정위원장 간사(법 10조) → 실무위원장(영 10조) ② 중앙민관협력위원회 공동위원장(영 12조3) ③ 중앙대책본부 차장(영 15조)
소방청장	① 중앙(긴급구조)통제단장(법 49조) • 항공기 등 조난사고 계획수립·시행자(법 57조) • (긴급구조) 권역현장지휘대 설치·운영(영 65조)
소방청차장	중앙(긴급구조)통제부단장(영 55조)
시·도지사	- 시·도 책임자(지역위원장, 지역대책본부장) - ① 재난안전(대체)상황실 설치·운영(법 18조) ② 긴급 시 시·도 재난사태 선포(법 36조)
시·군·구청장	- 시·군·구 책임자(지역위원장, 지역대책본부장) - ① 재난안전(대체)상황실 설치·운영(법 18조)
소방본부장(지역)	① 시·도 긴급구조 통제단장(법 50조) • (긴급구조) 방면현장지휘대 설치·운영(영 65조)
소방서장	① 시·군·구 긴급구조 통제단장(법 50조)

재난 및 안전관리기본법의 큰틀 구성**

1. 중앙(안전관리)위원회(법9조)

- 위원장: 국무총리
  (* 간사: 행안부장관)

- 기능: 심의기관. (예 재난 혹은 특별재난 등을 회의.)
- 소속: 안전정책조정위원장: 행정안전부장관
  ↳ (* 심의 안건을 미리서 검토)

2. 중앙(재난안전)대책본부(법14조)

- 본부장: 행정안전부장관

- 기능: 대응·복구(수습) 등 총괄 조정하는 곳
  (* 해외재난: 외교부장관이 권한을 행사)
  • 본부차장: 행정안전부 재난본부장
- 구성: 총괄조정관, 통제관, 담당관.

3. (긴급구조)통제단(법49~50조)

- 중앙통제단: 소방청장
- 지역통제단:
  - 시·도: 소방본부장
  - 시·군·구: 소방서장

- 기능: 사건의 지휘, 현장에서 통제
  ▶ 사지현통
- 구성: 현장지휘부·대응계획부·자원지원부
  ▶ 현지, 대계, 자x

4. 재난사태선포 (법36, 59조)

① 재난사태심의: 중앙위원회 ⋯▶ ② 재난선포권자: 행정안전부장관 ⋯▶ ③ 특별재난 선포권자: (중앙대책본부장 선포건의) 대통령이 선포

※ 재난은 행안부장관이 선포하나, 특별재난은 본인이 선포를 못하니 대통령에게 선포를 건의한다.
※ 동일인물: 중앙재난안전대책본부장= 중앙대책본부장= 행정안전부장관= 안전정책조정위원장 등

제3장 안전관리 기구 및 기능

1 중앙안전관리위원회 (법 제9조)

[1] 중앙안전관리위원회 ☆ 06 소방위

재난 및 안전관리에 관한 사항을 심의하기 위해 <u>국무총리 소속</u>으로 중앙안전관리위원회를 둔다
- 중앙안전관리위원회의 심의사항 ☆ 06 소방위
  ① 재난 및 안전관리에 관한 중요정책에 관한 사항
  ② 국가안전관리기본계획에 관한 사항
  ③ 재난 및 안전관리 사업 관련 중기사업계획서, 투자우선순위 의견 및 예산요구서에 관한 사항
  ④ 중앙행정기관의 장이 수립·시행하는 계획, 점검·검사, 교육·훈련, 평가 등 재난 및 안전관리업무의 조정에 관한 사항
  ⑤ 안전기준에 관한 사항
  ⑥ 재난사태의 선포에 관한 사항
  ⑦ 특별재난지역의 선포에 관한 사항
  ⑧ 재난이나 그밖에 각종 사고가 발생하거나 발생할 우려가 있는 경우 이를 수습하기 위한 관계기관 간 협력에 관한 중요 사항
  ⑨ 재난안전의무보험의 관리·운용 등에 관한 사항
  ⑩ 중앙행정기관의 장이 시행하는 대통령령으로 정하는 재난 및 사고의 예방사업 추진에 관한 사항
  ⑪ 「재난안전산업 진흥법」 제5조에 따른 기본계획에 관한 사항 ☞ 22년 1.4 신설.(* 표준교재는 미기재)
  ⑫ 그 밖에 위원장이 회의에 부치는 사항

(1) 중앙안전관리위원회의 구성
① 중앙위원회의 위원장 : **국무총리**(* 간사 1명 : 행정안전부장관)
② 위원은 다음과 같이 구성된다. 위원장이 부득이한 사유로 직무를 수행할 수 없을 때에는 행정안전부장관, 대통령령으로 정하는 중앙행정기관의 장 순으로 직무를 대행한다.
  ✪ 중앙안전관리위원회의 위원: 기획재정부장관, 교육부장관, 외교부장관, 통일부장관 등 (*^^ 주로 장관급 구성)

(2) 중앙안전관리위원회의 운영
① 회의는 위원의 요청이나 위원장이 필요하다고 인정하는 경우에 위원장이 소집한다.
② 회의는 재적위원 과반수의 출석으로 개의하고, 출석위원 과반수의 찬성으로 의결한다.
✪ 행정안전부장관 등이 위원장의 직무를 대행할 때 행정안전부의 재난안전관리 사무를 담당하는 본부장이 중앙위원회 간사위원의 직무를 대행하고, 사무가 국가안전보장과 관련된 경우 국가안전보장회의와 협의한다

> ■ 보충(Tip): 중앙위원회➡ 조정위원회➡ 실무위원회(중·조·실) 비교 개념
>   ✪ [법 9조] 중앙위원회: 국무총리(심의기관)→ 심사토의.(예 중요정책사항)
>   ↳ [법 10조] 조정위원회: 행정안전부장관→ 중앙위원회 심의 안건을 미리서 검토하는 곳.
>   ↳ [영 10조] 실무위원회: 행안부 재난본부장→ 중앙행정기관장이 실무협의·조정하는 곳.
>   [※ (실무위원회) 협의·조정➡ (조정위원회) 심의 안건을 미리 검토➡ (중앙위원회) 심사·토의.]

[2] 안전정책조정위원회* (법 제10조)

중앙위원회에 상정될 안건을 사전에 검토하고 다음의 사무를 수행하기 위해 중앙위원회에 안전정책조정위원회(이하 "조정위원회")를 둔다. (* 위원장 : 행정안전부장관)

- **안전정책조정위원회의 심의사항**
  ① 중앙행정기관의 장이 수립·시행하는 계획, 점검·검사, 교육·훈련, 평가 등 재난 및 안전관리 업무의 조정에 관한 사항
  ② 안전기준관리에 관한 사항(3호의2)
  ③ 재난이나 그 밖의 각종 사고가 발생하거나 발생할 우려가 있는 경우 이를 수습하기 위한 관계 기관 간 협력에 관한 중요 사항(제6호)
  ④ 재난안전의무보험의 관리·운용 등에 관한 사항(제6의2)
  ⑤ 중앙행정기관의 장이 시행하는 대통령령으로 정하는 재난 및 사고의 예방사업 추진에 관한 사항의 사항에 대한 사전 조정(제7호)
  ⑥ 중앙행정기관의 장이 국가안전관리기본계획에 따라 작성한 집행계획의 심의
  ⑦ 국가핵심기반시설의 지정에 관한 사항의 심의
  ⑧ 재난 및 안전관리기술 종합계획의 심의 및 그 밖에 중앙위원회가 위임한 사항

(1) 실무위원회 (영 제10조)

- **실무위원회의 구성·운영 등**
  안전정책조정위원회 업무의 효율적 운영을 위하여 필요한 경우 실무위원회를 둘 수 있다.
  1. 위원장: 행정안전부 재난안전관리 사무를 담당하는 본부장(이하 "**재난본부장**")이 된다
  2. 위원: 위원장 포함 <u>50명 내외</u> 구성.(* 회의는 5명이상 위원 요청이나, 위원장 필요시 소집)
  3. 회의: 위원장이 지정하는 25명 내외 위원으로 하며 <u>과반수의 찬성</u>으로 의결한다.
     실무위원회는 다음 어느 하나에 해당하는 사람 중에서 실무위원장이 임명하거나 위촉한다.
     ① 관계 중앙행정기관의 고위공무원단에 속하는 공무원 또는 3급 상당 이상에 해당하는 공무원 중에서 해당 중앙행정기관의 장이 추천하는 공무원
     ② 재난 및 안전관리에 관한 지식과 경험이 풍부한 사람
     ③ 그 밖에 실무위원장이 필요하다고 인정하는 분야의 전문지식과 경력이 충분한 사람
  4. 조정위원회에 두는 실무위원회는 다음의 사항을 심의한다.
     ① 재난 및 안전관리를 위하여 중앙행정기관의 장이 수립하는 대책의 협의·조정이 필요한 사항.
     ② 재난 시 관계 중앙행정기관장이 수행하는 재난의 수습에 관하여 협의·조정이 필요한 사항.
     ③ 그 밖에 위원장이 회의에 부치는 사항

- **재난 및 안전관리 사업예산의 사전협의** (법 제10조의2) (* 중요도 낮음)
  ① 중앙행정기관장은 중기사업계획서와 투자우선순위 의견을 매년 1월31일까지 행장관에게 제출한다.
  ② 관계 중앙행정기관의 장은 기획재정부장관에게 제출하는 재난 및 안전관리 사업 관련예산요구서를 매년 5월31일까지 행정안전부장관에게 제출해야 한다.
  ③ 행안부장관은 중기사업계획서, 투자우선순위 의견 및 예산요구서를 검토하고 중앙위원회의 심의를 거쳐 매년 6월30일까지 기획재정부장관에게 통보한다. (* 행정안전부장관 = 행안부장관 = 행장관)

[3] 지역위원회 (시·도 안전관리위원회 및 시·군·구 안전관리위원회) (법 제11조)

- **지역위원회 요점**
  법령에 중앙위원회가 있으니 지역위원회가 있고, 중앙대책본부가 있으니 지역대책본부도 있게 된다.
  ① 시·도위원회의 위원장은 시·도지사가 / 시·군·구위원회의 위원장은 시장·군수·구청장이 된다
  ② 지역위원회에 안전정책실무조정위원회를 둘 수 있다.
   - 회의에 부칠 의안을 검토하고, 재난 및 안전관리에 관한 관계기관 간의 협의·조정 등을 위하여.

[4] 재난방송협의회 (법 제12조)

- 중앙위원회(또는 지역위원회)에 중앙재난방송협의회를 둘 수 있다.
  ① 위원장은 위원 중 과학기술정보통신부장관이 지명하는 사람이 된다,(예: 재난·방송관련 5년 이상)
  ② 부위원장은 중앙재난방송협의회의 위원 중에서 호선한다,
  ③ 위원장은 중앙재난방송협의회를 대표하고 중앙재난방송협의회의 사무를 총괄한다.

- **중앙재난방송협의회 심의사항**
  ① 중앙재난에 관한 예보·경보·통지나 응급조치 및 재난관리를 위한 재난방송의 효율적 전파방안
  ② 재난방송과 관련하여 중앙행정기관, 시도 및 방송사업자 간의 역할분담 및 협력 체제 구축에 관한 사항
  ③ 언론에 공개할 재난 관련 정보의 결정에 관한 사항   ④ 재난방송 관련 법령과 제도의 개선사항
  ⑤ 그밖에 재난방송이 원활히 수행되도록 하기 위하여 방송통신위원회위원장과 미래창조과학부장관이 요청하거나 중앙재난방송협의회 위원장이 필요하다고 인정하는 사항

[5] 안전관리민관협력위원회의 구성과 운영 (법 제12조의2, 영 제12조의3,5)

- 조정위원회위원장은 민관협력관계를 원활을 위해 중앙(지역)안전관리민관협력위원회에 둘 수 있다.
  중앙안전민간협력위원회는 공동위원장 2명을 포함하여 35명 이내의 위원으로 구성한다.
  1. 당연직 위원 :
       ① 행정안전부 안전정책실장 ② 행정안전부 재난관리실장 ③ 행정안전부 재난협력실장 ▶ 안재협
       ☞ 참고: 당연직 위원은 아래와 같이 개정됨.〈2023.12.12. 개정〉 – 표준교재는 아직 미개정
       (*^^ 이러한 경우 시간이 있다면 법 변경 전후의 2가지 내용을 모두 알아둘 필요도 있다)
       [행정안전부에 속한 ① 안전예방정책실장, ② 사회재난실장, ③ 자연재난실장, ④ 재난복구지원국장]
  2. 중앙안전관리민관협력위원회 기능
       ① 재난 및 안전관리 민관협력활동에 관한 협의
       ② 재난 및 안전관리 민관협력활동사업의 효율적 운영방안의 협의
       ③ 평상시 재난 및 안전관리 위험요소 및 취약시설의 모니터링·제보
       ④ 재난발생 시 인적·물적 자원 동원, 인명구조·피해복구 활동 참여, 피해주민 지원서비스 제공 등에 관한 협의
  3. 중앙안전관리민관협력위원회에 신속한 재난대응 활동 참여 등 재난긴급대응단을 둘 수 있다.
       ① 재난 발생 시 인명구조 및 피해복구 활동 참여
       ② 평상시 재난예방을 위한 활동 참여 / ③ 그 밖에 신속한 재난대응을 위하여 필요한 활동

2 중앙재난안전대책본부 (법 제14조)

대통령령으로 정하는 대규모 재난의 대응·복구 등에 관한 사항을 총괄 조정하고 필요한 조치를 하기 위하여 행정안전부에 중앙재난안전대책본부를 둔다. (* 대책본부장: 행정안전부장관)

■ **중앙재난안전대책본부의 운영**★★
① 중앙대책본부장: 행정안전부장관이 된다.
② 중앙대책본부장은 중앙대책본부의 업무를 총괄하고 중앙재난안전대책본부회의를 소집할 수 있다.
③ 해외재난은 → 외교부장관 / 방사능재난은 → 중앙방사능방재대책본부장이 각각 중앙대책본부장 권한을 행사.
④ 중앙대책본부장은 대규모재난 발생(우려) 시 대통령령으로 정하는 실무반을 편성하거나 상황실을 설치한다.
✪ 중앙대책본부장은 대규모재난의 수습에 필요한 범위에서 수습본부장 및 지역대책본부장을 지휘할 수 있다.
✪ 수습본부의 장 : 해당 재난관리주관기관의 장 (*^^ 즉, 각 부서의 차관, 장관들을 말한다.)

■ **중앙재난안전대책본부의 구성** (영 제15조)
1. 행정안전부장관이 본부장일 경우
   ① 차장, 총괄조정관, 대변인, 통제관, 담당관: ⇒ 행정안전부 공무원 중 장관이 지명하는 사람
   ② 부대변인: ⇒ 재난관리주관기관 공무원 중 소속기관장이 추천, 행정안전부장관이 지명하는 사람.
   ③ 특별대응단장등: 해당 재난 관련한 민간전문가 중 행정안전부장관이 위촉하는 사람. 법령추가(미기재)
   ✪ 해외재난경우: 외교부장관이 소속공무원 중, 지명하는 사람이 차장, 총괄조정관, 대변인 등이 된다.
2. 국무총리가 본부장일 경우
   ① 국무총리가 범정부적 차원의 통합 대응이 필요하다고 인정하는 경우
   ② 행정안전부장관이 국무총리에게 건의하는 경우
   ③ 수습본부장의 요청을 받아 행정안전부장관이 국무총리에게 건의하는 경우. 이 경우
      ❶ 행정안전부장관,
      ❷ 외교부장관(해외재난의 경우에 한정한다) 또는
      ❸ 원자력안전위원회 위원장(방사능 재난의 경우에 한정)이 차장이 되며,
         특별대응단장등, 총괄조정관·대변인·통제관·부대변인 및 담당관은 다음의 사람이 된다.
      • 특별대응단장등: 차장이 민간전문가 중에서 추천하여 국무총리가 위촉하는 사람 → 법령 추가(미기재)
      • 총괄조정관·통제관 및 담당관: ⇒ 차장이 소속 중앙행정기관 공무원 중에서 지명하는 사람
      • 대변인: ⇒ 차장이 소속 중앙행정기관 공무원 중에서 추천하여 국무총리가 지명하는 사람
      • 부대변인: ⇒ 재난관리주관기관 공무원 중, 소속기관장이 추천, 국무총리가 지명하는 사람

■ **중앙재난안전대책본부회의의 심의·협의사항*** (영 제17조) ▶ 암기: 중국응예(* 중국아이 응애!)
① 재난**예**방대책에 관한 사항 ② 재난**응**급대책에 관한 사항
③ **국**고지원 및 예비비사용 ④ 그 밖에 **중**앙대책본부장이 회의에 부치는 사항

■ **지역대책본부회의의 심의·협의사항** (영 제17조)
① **자**체 재난복구계획에 관한 사항 ② 재난**예**방대책에 관한 사항
③ 재난**응**급대책에 관한 사항 ④ 재난에 따른 **피**해지원에 관한 사항
⑤ 그밖에 지역대책본부장이 필요하다고 인정하는 사항 ▶ 암기: 피자응예(* 피자먹고 응애!)

3. 재난안전상황실 설치·운영 (법 제18조)

행정안전부장관 등은 재난정보의 수집·전파, 상황관리, 재난발생 시 초동조치 및 지휘 등의 업무를 위하여 다음과 같이 재난안전상황실을 설치·운영해야 한다.

① 행정안전부	중앙재난안전상황실	
② 시·도 및 시·군·구	시·도별 및 시·군·구별 재난안전상황실	▶ ①② 암기: 행시시
③ 중앙행정기관	소관 업무분야의 재난안전상황실 또는 재난상황을 관리할 수 있는 체계	
④ 재난관리책임기관	재난안전상황실을 설치·운영 **가능**	▶ 전체 암기: 행시시 중책

- **국내 재난상황의 보고**: (법 제20조)
  ❶ 시장, 군수, 구청장 ❷ 소방서장 ❸ 해양경찰서장 ❹ 재난관리책임기관장 ❺ 국가핵심기반장
  → 행정안전부장관, 재난관리주관기관장, 시도지사에게 보고, 통보.(*재난관리책임기관장에게도 통보)
  → 관계 재난관리주관기관의 장 및 시·도지사는 행정안전부장관에게 통보(최종)
- **해외 재난상황의 보고**: 외교부장관에게 보고한다.

최초보고	인명피해 등 주요 재난 발생시 지체 없이 서면·팩스, 전화, (재난안전통신망) 중 가장 빠른 방법으로 하는 보고 (칙 제5조) (* 23년 6월 개정) * **오답**: 종합보고
중간보고	전산시스템 등을 활용하여 재난의 수습기간 중에 수시로 하는 보고.
최종보고	수습이 종료되거나 소멸된 후 재난상황 보고사항을 종합하여 하는 보고

✪ 시장·군수·구청장 또는 해양경찰서장은 재난기간 중 1일 2회 이상 보고한다. ★ 15위

- **재난보고상황** (영24조) ★ 14위 ▶ 암기: 장잎원 대피 향응복
  ① 재난발생의 일시 및 장소와 재난의 원인 ② 재난으로 인한 피해 내용
  ③ 응급조치 사항 ④ 대응 및 복구활동 사항
  ⑤ 향후 조치계획 ⑥ 그 밖에 해당 재난을 수습할 책임이 있는 중앙행정기관의 장이 정하는 사항

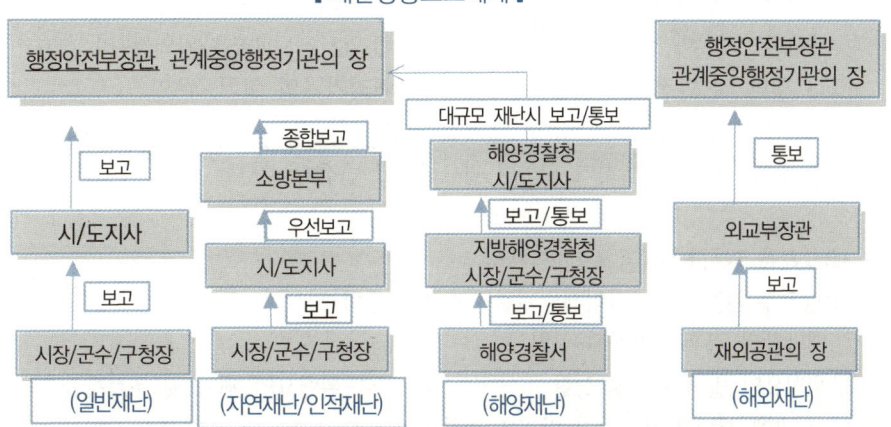

재난상황보고체계

제4장 안전관리 계획 (* 중요도 낮음)

- 국가안전관리 기본계획 수립 등 (법 제22조)
  국무총리 → 행정안전부장관으로 하여금 국가안전관리기본계획의 수립지침을 작성 후 → 관계 중앙행정기관장에게 통보 → 그 소관 계획을 작성 후 행정안전부장관에게 제출한다.
  ① 국가안전관리기본계획 수립자: 국무총리는 5년마다 수립한다. (* 국무총리 2번째 업무)
    ✪ 집행계획의 작성 책임자: 관계중앙행정기관의 장. (영 제27조)

(*^^ 대통령은 1가지, 국무총리는 2가지 업무뿐. / 나머지는 주로 행정안전부장관이 책임자이다)

- 시도 및 시군구 안전관리 계획 (영 제29조)
  ① 소관 재난 및 안전관리에 관한 기본방향
  ② 재난별 대응 시 관계기관 간의 상호 협력 및 조치에 관한 사항
  ③ 소관 재난 및 안전관리를 위한 사업계획에 관한 사항
  ④ 그 밖에 재난 및 안전관리에 필요한 사항.

제5장 재난의 예방

1 재난관리책임기관의 장의 재난 예방조치

(1) 재난관리책임기관의 장의 임무 (법 제25조의4)
  ① 재난에 대응할 조직의 구성 및 정비   ② 재난의 예측과 정보전달체계의 구축
  ③ 재난 발생에 대비한 교육·훈련과 재난관리예방에 관한 홍보
  ④ 재난이 발생할 위험이 높은 분야에 대한 안전관리체계의 구축 및 안전관리규정의 제정
  ⑤ 국가핵심기반시설의 관리   ⑥ 특정관리시설 등에 관한 조치
  ⑦ 재난방지시설의 점검·관리   ⑦의2 재난관리자원의 관리〈2023.1.17. 신설〉
  ⑦의3 재난 및 안전관리에 필요한 영상정보처리기기의 설치·운영
  ⑧ 재난관리자원의 비축 및 장비·인력의 지정
  ⑨ 그 밖에 재난을 예방하기 위하여 필요하다고 인정되는 사항

(2) 재난 사전 방지초지 (영 제29조의2)
  행정안전부장관은 재난관리책임기관장에게 다음의 필요한 조치를 미리 요청할 수 있다.
  ① 재난발생 징후가 포착된 위치
  ② 위험요인 발생원인 및 상황   ③ 위험요인 제거 및 조치사항
  ④ 그 밖에 재난발생의 사전 방지를 위하여 필요한 사항   ▶ 포발제방

2 국가핵심기반

국가핵심기반이란 에너지·통신·교통·금융·의료·수도의 시설을 말한다.(법 제2조) ▶ 에교정보

(1) 지정 대상 및 절차 (법 제26조)

관계 중앙행정기관의 장은 안전정책조정위원회의 심의를 거쳐 국가핵심기반을 지정할 수 있다.
① 다른 기반시설이나 체계 등에 미치는 연쇄효과
② 2 이상의 중앙행정기관의 공동대응 필요성
③ 재난이 발생하는 경우 국가안전보장과 경제·사회에 미치는 피해 규모 및 범위
④ 재난의 발생 가능성 또는 그 복구의 용이성

3 특정관리대상지역의 지정 및 관리

(1) 지정 대상 (※ 지정권자: 중앙행정기관장 또는 지방자치단체장)
① 자연재난으로 인한 피해의 위험이 높거나 피해가 우려되는 지역
② 재난예방을 위하여 관리할 필요가 인정되는 지역으로서 시행령 별표 2의2에 해당하는 지역
③ 재난관리책임기관장이 재난의 예방을 위하여 특별히 관리할 필요가 있다고 인정하는 지역

(2) 특정관리대상지역의 관리 (※ 책임자: 재난관리책임기관장)

재난관리책임기관의 장은 특정관리대상지역으로 지정된 지역에 대하여 다음의 조치를 한다.

> ① 특정관리대상지역으로부터 재난 발생의 위험성을 세서리기 위한 장기·단기 계획의 수립·시행
> ② 특정관리대상지역에 대한 안전점검 또는 정밀안전진단
> ③ 그밖에 특정관리대상지역의 관리·정비에 필요한 조치

① **특정관리대상지역의 안전등급 및 점검*** (영 제34조의2)
  ㉠ A등급 : 안전도가 우수한 경우   ㉡ B등급 : 안전도가 양호한 경우
  ㉢ C등급 : 안전도가 보통인 경우   ㉣ D등급 : 안전도가 미흡한 경우
  ㉤ E등급 : 안전도가 불량한 경우
  ▶ 암기: 우양보미불(* 우와! 바이블)

② **(정기)안전점검*** (영 제34조의2)
  ㉠ A등급, B등급 또는 C등급에 해당하는 특정관리대상지역 : 반기별 1회 이상
  ㉡ D등급에 해당하는 특정관리대상지역 : 월 1회 이상   ▶ ABC 반기별(* ABC 반기문)
  ㉢ E등급에 해당하는 특정관리대상지역 : 월 2회 이상   (*A~E 반반반1 2)

③ **특정관리대상지역에 관한 보고** :
  중앙행정기관장, 지방자치단체장, 재난관리책임기관장 → 행정안전부장관은 매년 1회 이상 → 국무총리에게 보고.

4 재난안전분야 종사자 교육

재난관리책임기관에서 재난 및 안전관리업무를 담당하는 공무원이나 직원은 행정안전부장관이 실시하는 전문교육을 정기적으로 또는 수시로 받아야 한다. (칙 제6조의2)

관리자 전문교육	• 재난관리책임기관에서 재난 및 안전관리 업무를 담당하는 부서의 장 • (시·도) 및 시·군·구의 부단체장(부단체장이 2명 이상인 경우에는 재난 및 안전관리 업무를 관장하는 부단체장을 말한다) • 안전책임관
실무자 전문교육	• 재난관리책임기관에서 재난 및 안전관리 업무를 담당하는 부서의 공무원 또는 직원으로서 관리자 전문교육 대상이 아닌 사람

✪ 전문교육의 대상자는 해당 업무를 맡은 후 6개월 이내에 신규교육(3일 이내)을 받아야 하며, / 신규교육을 받은 후 매 2년마다 정기교육(3일 이내)을 받아야 한다. (칙 제6조의2)

5 재난예방을 위한 안전조치 등 (* 중요도 낮음)

(1) 안전조치의 주체와 내용 (법 제31조)

행정안전부장관, 재난관리책임기관장(행정기관만을 말함)은 다음의 안전조치를 명할 수 있다.
① 정밀안전진단(시설만 해당한다)
  - 이 경우 다른 법령에 시설의 정밀안전진단에 관한 기준이 있는 경우에는, 그 기준에 따르고, 다른 법령의 적용을 받지 아니하는 시설에 대하여는 행정안전부령으로 정하는 기준에 따른다.
② 보수(補修) 또는 보강 등 정비
③ 재난을 발생시킬 위험요인의 제거   ▶ 암기: 정보재(* 정보석)

6 재난관리체계 등의 정비·평가 등 (* 중요도 낮음)

(1) 재난관리 실태 공시 등 (법 제33조의 3)

시장·군수·구청장은 다음의 사항이 포함된 재난관리 실태를 매년 1회 이상 관할 지역 주민에게 공시해야 한다.(매년 3월 31일까지 해당 지자체 공보에 공고)
① 전년도 재난의 발생 및 수습현황
② 재난예방조치 실적
③ 재난관리기금의 적립 현황
④ 현장조치 행동매뉴얼의 작성·운용현황
⑤ 그 밖에 대통령으로 정하는 재난관리에 관한 중요사항   ▶ 전기예매(* 정기예매)

✪ 숲을 보는 길: 본 중앙소방학교 표준교재에서 재난 및 안전관리 기본법의 구성은 구체적으로 살펴보면 ☞
❶장 제정(연혁) ❷장 총칙 ❸장 안전관리기구 및 기능(중앙위원회, 중앙대책본부, 재난안전상황실을 말함)
❹장 안전관리계획 ❺장 예방 → ❻장 대비 → ❼장 대응 → ❽장 복구 ❾장 안전문화진흥(안전점검의 날)과 마지막 10장은 보칙(벌칙 포함) 순으로 되어 있다.

제6장 재난의 대비

재난관리책임기관장은 매년 10월 31일까지 다음 해의 재난관리자원에 대한 비축·관리계획을 수립하고 행정부안전장관에게 제출하며, 행장관은 매년 5월 31일까지 재난관리책임기관장에게 통보할 수 있다.
(영 제43조)

(1) 재난분야 위기관리매뉴얼 작성·운용 (법 제34조의5)

재난관리책임기관장은 재난유형에 따라 다음의 위기관리 매뉴얼을 작성·운용하며 재난대응활동계획과 위기관리 매뉴얼이 서로 연계되도록 해야 한다.

▶ **암기**: 관표대싥현행(* **연상**: 관표가 숙박업소에서 대싥하고 현행범으로 체포되었다)

위기관리 표준매뉴얼	국가적 차원에서 관리가 필요한 재난에 대해 재난관리 체계화, 관계 기관의 임무와 역할을 규정한 문서로 위기대응 실무매뉴얼의 작성기준이 되며, 재난관리주관기관장이 작성한다. 다만, 다수의 재난관리주관기관이 관련되는 재난에 대해서는 관계 재난관리주관기관의 장과 협의하여 행정안전부장관이 위기관리 표준매뉴얼을 작성할 수 있다.
위기대응 실무매뉴얼	위기관리 표준매뉴얼에서 규정하는 기능과 역할에 따라 실제 재난대응에 필요한 조치사항 및 절차를 규정한 문서로 재난관리 주관기관의 장과 관계기관의 장이 작성한다.
현장조치 행동매뉴얼	재난현장에서 임무를 수행하는 기관의 행동조치 절차를 구체적으로 수록한 문서로 위기대응 실무매뉴얼을 작성한 기관의 장이 지정한 기관의 장이 작성한다. 다만, 시장·군수·구청장은 재난유형별 현장조치 행동매뉴얼을 통합하여 작성할 수 있다.

(2) 위기관리 매뉴얼협의회의 구성·운영 (법 제34조의5) (영 제43조의6)

행정안전부장관이 구성·운영 하며 위원장의 지명 및 위원을 임명(위촉)할 수 있다
위원장 1명을 포함하여 200명 이내의 위원으로 구성하며, 심의사항은 아래와 같다.
  ① 위기관리표준매뉴얼과 위기대응실무매뉴얼의 검토에 관한 사항
  ② 위기관리 매뉴얼의 작성방법 및 운용기준 등에 관한 사항
  ③ 위기관리 매뉴얼의 개선에 관한 사항
  ④ 행정안전부장관이 위기관리 매뉴얼의 표준화 및 실효성 제고를 위하여 필요한 사항

(3) 재난대비훈련 기본계획 수립 (법 제34조의9)

행정안전부장관은 매년 재난대비훈련 기본계획을 수립하고 재난관리책임기관의 장에게 통보하여야 하며 국회 소관상임위원회에 보고해야 한다. 재난관리책임기관의 장은 재난대비훈련 기본계획에 따라 소관분야별로 자체계획을 수립해야 한다.

주 관	행정안전부장관, 시·도지사, 시장군수구청장 및 긴급구조기관의 장(이하 "훈련주관기관")
협 조	재난관리책임기관, 긴급구조지원기관 및 군부대 등 관계 기관(이하 "훈련참여기관")
방 법	정기 또는 수시로 합동 재난대비훈련 실시. (2014기준 법35조에서 훈련실시를 의무로 규정

(4) 재난대비훈련 기본계획 수립 (법 제34조의9)

① 훈련주관기관장은 관계 기관과 합동으로 참여하는 재난대비훈련을 각각 소관분야별로 주관하여 **연 1회 이상** 실시해야 한다. / 훈련주관기관장은 재난대비훈련을 실시하는 경우에는 훈련일 **15일 전까지** 훈련일시, 장소, 내용, 방법, 참여 인력·장비 등을 훈련참여기관장에게 통보한다.
② 재난관리책임기관 및 긴급구조지원기관의 장은 훈련상황을 점검하고, 재난대비훈련 실시 후 **10일 이내**에 그 결과를 훈련주관기관의 장에게 제출해야 한다.

제7장 재난의 대응과 긴급구조 ★★ ☆ 13 소방위

1 응급조치 등

[1] 재난사태 선포

(1) 재난사태 선포대상* (영 제44조)
① 재난 중 극심한 인명이나 재산발생(예상)되어 **시도지사**가 **중앙대책본부장**에게 건의하는 경우
② **중앙대책본부장**(행정안전부장관)이 재난사태의 선포가 필요하다고 인정하는 재난.
 - (「노동조합법」에 따른 쟁의행위로 인한 국가핵심기반시설의 일시정지를 제외한다)

(2) 재난사태 선포 절차★★ (법 제36조) ☆ 13, 19, 21 소방위
① 일반적인 선포 절차 (*^^ 긴급 시 시도지사도 시·도위원회 심의를 거쳐 선포 가능함)
 행정안전부장관은 재난이 발생(우려)할 경우 긴급한 조치가 필요하다고 인정하면 **중앙안전관리위원회**(국무총리 소속)의 **심의**(심사 토의)를 거쳐 재난사태를 선포할 수 있다. [※ 또한 긴급한 조치가 필요시, **시도지사**는 시도위원회 심의를 거쳐 재난사태를 선포할 수 있다. 24.1.16.신설. 표준교재 미기재]
② 예외적 선포 절차: 재난상황이 긴급하여 중앙위원회의 심의를 거칠 시간적 여유가 없다고 인정하는 경우에는 중앙위원회의 심의를 거치지 아니하고 행정안전부장관이 선포할 수 있다.
③ 재난사태의 해제
 중앙위원회의 심의를 거치지 아니하고 재난사태를 선포한 경우 **지체 없이** 중앙위원회의 승인을 받아야 하며, **승인을 받지 못하면** 행정안전부장관은 선포된 재난사태를 **즉시 해제**한다.

(3) 재난사태 선포 시 조치사항★★ (법 제36조) ☆ 06 소방위 등
 행정안전부장관, 지방자치단체장은 재난이 선포된 지역에 대하여 다음의 조치를 취할 수 있다
① 재난경보의 발령, 인력·장비 및 물자의 동원, 위험구역 설정, 대피명령, 응급지원 등
② 해당 지역에 소재하는 행정기관 소속 공무원의 **비상소집**
③ 해당 지역에 대한 여행 등 이동 자제 **권고** * 오답: 금지
④ 휴업명령 및 휴원·휴교 처분의 요청   ⑤ 그 밖에 재난예방에 필요한 조치

[2] 응급조치 (법 제36조)

응급조치는 수방·진화·구조 및 구난 그 밖에 재난 발생을 예방하거나 피해를 줄이기 위하여 취하는 필요한 조치를 말한다. 응급조치의 주체는 ① 시도 긴급구조통제단 및 시군구 긴급구조통제단의 단장(지역통제단장) ② 시장·군수·구청장이 된다.

(1) 응급조치 사항** ☆ 05, 18년 소방위

① 경보의 발령 또는 전달이나 피난의 권고 또는 지시
  ㉠ 안전조치 : **정**밀안전진단(시설만 해당한다)
  ㉡ **보**수(補修) 또는 보강 등 정비
  ㉢ **재**난을 발생시킬 위험요인의 제거 ▶ 정보재(정보석 아우)
② **진**화·수방·지진방재, 그 밖의 응급조치와 구호
③ 피해시설의 응급복구 및 방역과 방범, 그 밖의 질서 유지
④ 긴급**수**송 및 구조수단의 확보
⑤ 급수수단의 확보, 긴급피난처 및 구호품의 확보
⑥ **현**장지휘통신체계의 확보
⑦ 그밖에 재난 발생을 예방하거나 줄이기 위하여 필요한 사항
※ 지역통제단장의 경우 ② 중 진화에 대한 응급조치와 ④, ⑥의 응급조치만 가능 ▶ 암기: 진수현

[3] 위기경보의 발령권자 (법 제38조)

① 단일 재난유형의 경우 : 관계 재난관리주관기관의 장
② 다수의 재난관리주관기관이 관련되는 재난의 경우: 행정안전부장관이 발령 가능

[4] 재난 예보·경보체계 구축·운영 (법 제38조의2)

재난관리책임기관의 장은 재난에 관한 예보 또는 경보 체계를 구축·운영할 수 있다.

(1) 재난 예·경보체계 구축 종합계획의 수립

작성주체	① 시·군·구 재난 예보·경보체계 구축종합계획 : 시장·군수·구청장 ② 시·도 재난 예보·경보체계 구축 종합계획 : 시·도지사
종합계획에 포함되어야 할 사항	① 재난 예보·경보체계의 구축에 관한 기본방침 ② 재난 예보·경보체계 구축 종합계획의 수립 대상지역의 선정에 관한 사항 ③ 종합적인 재난 예보·경보체계의 구축 및 운영에 관한 사항 ④ 그 밖에 재난으로부터 인명 피해와 재산 피해를 예방하기 위하여 필요한 사항
수립주기 및 제출	① 시장·군수·구청장 : 5년 단위로 수립하여 시·도지사에게 제출 ② 시·도지사 : 5년 단위로 수립하여 행정안전부장관에게 제출 ✪ 종합계획에 대한 사업시행계획의 경우 매년 수립하여 행정안전부장관에게 제출

[5] 각종 명령 등 조치사항 (법 제39~45조, 영 제49조)

① 동원명령	권한	<u>중앙대책본부장</u>, 시장·군수·구청장 (시,군,구대책본부가 운영 시 해당본부장)
	조건	재난이 발생하거나 발생할 우려가 있다고 인정할 경우
② 대피명령	권한	시장·군수·구청장·지역통제단장(긴급구조에 관한 권한을 행사하는 경우만 해당)
	조건	재난이 발생(우려)시 사람의 생명, 신체에 대한 위해를 방지하기 위하여 필요한 경우
③ 위험구역 설정	권한	시장·군수·구청장, 지역통제단장(긴급구조에 관한 권한을 행사하는 경우만 해당) ✪ 관계 중앙행정기관의 장은 시장·군수·구청장, 지역통제단장에게 요청 가능
	조건	재난 발생(우려)시 사람의 생명, 신체에 위험방지나 질서의 유지를 위해 필요한 경우
④ 강제대피 조치	권한	시장·군수·구청장과 지역통제단장(긴급구조에 관한 권한을 행사하는 경우만 해당)
	조건	대피명령을 받은 사람 또는 위험구역 안에서의 퇴거나 대피명령을 받은 사람이 그 명령을 이행하지 아니하여 위급하다고 판단되는 경우.
⑤ 통행제한	권한	시장·군수·구청장, 지역통제단장(긴급구조에 관한 권한을 행사하는 경우만 해당)
	조건	응급조치 실시에 필요한 물자를 긴급히 수송하거나 진화·구조 등을 하기 위한 경우
⑥ 응원	권한	<u>시장·군수·구청장</u>
	조건	응급조치를 하기 위하여 필요한 경우
⑦ 응급부담	권한	시장·군수·구청장, 지역통제단장(긴급구조에 관한 권한을 행사하는 경우에만 해당)
	조건	관할 구역 안에서 재난이 발생하거나 발생할 우려가 있어 응급조치를 하여야 할 급박한 사정이 있는 경우

- ■ TIP(보충) 응급조치 등에서 명령 및 조치권자 ★ 13, 19 소방위
  - 응원요청권자 : 시장·군수·구청장 / • 동원명령권자 : 시장·군수·구청장, 중앙대책본부장
  - 대피명령, 위험구역설정, 강제대피조치, 응급부담명령, 통행제한: 시장·군수·구청장·<u>지역통제단장</u>

[6] 주체별 응급조치 사항 (법 제46~48조)

시·도지사가 실시하는 응급조치	1. 발령조건: ① 관할 구역에서 재난이 발생하거나 발생할 우려가 있는 경우로서 인명이나 재산의 피해가 매우 크고 그 영향이 광범위하거나 광범위할 것으로 예상되어 응급조치가 필요하다고 인정되는 경우 ② 둘 이상의 시·군·구에 걸쳐 재난이 발생하거나 발생할 우려가 있는 경우 2. 발령할 수 있는 사항 : <u>동원, 대피명령, 위험구역의 설정, 강제대피조치 등</u>
재난관리책임기관의 장의 응급조치	재난이 발생하거나 발생할 우려가 있으면 즉시 그 소관 업무에 관하여 필요한 응급조치를 하고, 시·도지사, 시장·군수·구청장 또는 지역통제단장이 실시하는 응급조치가 원활히 수행될 수 있도록 필요한 협조를 해야 한다.
지역통제단장의 응급조치	지역통제단장은 긴급구조를 위하여 필요하면 중앙대책본부장, 지역대책본부장 또는 시장·군수·구청장에게 권한 밖의 응급대책(응급조치·재난의 예보·경보체계구축·운영, 동원명령, 응원 등)을 요청할 수 있다. 지역통제단장이 응급조치를 실시한 때에는 이를 즉시 해당 시장·군수·구청장에게 통보해야 한다.

2 긴급구조

[1] 중앙긴급구조통제단** (법 제49조) ★ 13, 16 소방위

소방청에 중앙긴급구조통제단(중앙통제단)을 둔다.

단장*	① 소방청장 (*^^ 부단장은 소방청 차장)
기능*	① 국가 긴급구조대책의 **총괄·조정** ② 긴급구조활동의 **지휘·통제**(긴급구조활동에 필요한 긴급구조기관의 인력과 장비 등의 동원을 포함한다) ③ 긴급구조**지원**기관간의 **역할**분담 등 긴급구조를 위한 **현장**활동계획의 수립 ④ 긴급구조대응계획의 **집행** ▶ 암기: 지집, 지역현장 총괄(지집애가 지역 현장을 총괄~) ⑤ 그 밖에 중앙통제단장이 필요하다고 인정하는 사항

[2] 지역긴급구조통제단** (법 제50조)

시도 소방본부에 시도 긴급구조통제단을 두고, 시군구 소방서에 시군구 긴급구조통제단을 둔다.

단 장	① 시·도 긴급구조통제단 : 시·도 소방본부장 ② 시·군·구 긴급구조통제단 : 관할 소방서장
지역긴급구조통제단장의 권한과 임무	① 긴급구조를 위하여 필요하면 긴급구조지원기관 간의 공조체제를 유지하기 위하여 관계기관·단체의 장에게 소속 직원의 파견을 요청할 수 있다. ② 재난이 발생하면 소속 긴급구조요원을 재난현장에 신속히 출동시키고 긴급구조활동을 하게 해야 한다. ③ 긴급구조를 위하여 필요하면 긴급구조지원기관의 장에게 소속 긴급구조지원요원을 현장에 출동시키는 등 긴급구조활동을 지원할 것을 요청할 수 있다. ④ 요청에 따라 긴급구조활동에 참여한 긴급구조지원기관에 대하여는 그 경비의 전부 또는 일부를 지원할 수 있다. ⑤ 긴급구조활동을 하기 위하여 회전익항공기를 운항할 필요가 있으면 운항과 관련되는 사항을 헬기운항통제기관에 통보하고 헬기를 운항할 수 있다.

3 긴급구조 현장지휘 (법 제52조)

재난현장은 시군구 긴급구조통제단장이 지휘한다. 필요시 다음 ①, ② 사람이 지휘할 수 있다.
① 시·도 긴급구조통제단장: 필요하다고 인정되는 경우
② 중앙통제단장: 대통령령이 정하는 대규모의 재난이 발생하거나 그밖에 필요하다고 인정되는 경우

(1) 현장지휘소 운영** (법 제52조)

중앙통제단장 및 지역통제단장은 재난현장에 현장지휘소를 설치·운영할 수 있다. 이 경우 긴급구조지원기관의 현장지휘자는 현장지휘소에 연락관을 파견하여야 하며, 이때의 연락관은 긴급구조지원기관의 공무원 또는 직원으로서 재난관련업무 **실무책임자**로 한다.

■ 통제단장이 현장지휘소에 갖추어야 하는 시설 및 장비* ☆ 15 소방위
• 조명기구 및 발전장비   • 확성기 및 방송장비   • 재난대응구역지도 및 작전상황판
• 개인용 컴퓨터, 프린터, 복사기, 팩스, 휴대전화, 카메라(스냅, 동영상 촬영용), 녹음기, 간이책상 및 걸상
• 지휘용 무전기 및 자원봉사자관리용 무전기   • 종합상황실 자원관리시스템과 연계되는 무선데이터 통신장비
• 통제단 보고서 양식, 각종 상황처리대장

(2) **긴급구조통제단장의 현장지휘사항**** (법 제 52조)

① 재난현장에서 **인**명탐색 · 구조
② 긴급**구**조기관 및 긴급구조**지**원기관의 인력 · 장비의 **배**치와 운용 (*^^구찌)
③ **추**가 재난방지를 위한 응급조치
④ 긴급구조지원기관 및 **자원봉**사자 등에 대한 임무 부여(*^^지붕)
⑤ **사**상자의 응급처치 및 의료기관으로의 이송
⑥ 긴급구조에 필요한 **물**자의 관리   ▶ 암기: 인배추 사자물통
⑦ 현장접근 통제, 현장주변의 **교통**정리와 긴급구조활동을 효율적으로 하기 위하여 필요한 사항

(3) **통제선의 설치*** ☆ 21 소방위   (* 출입조건: 긴급구조대응활동 및 현장지휘에 관한 규칙 제17조)

제1통제선	통제단장이 구조활동에 직접 참여하는 인력 및 장비만을 출입할 수 있도록 설치.
제2통제선	지방경찰청장, 경찰서장이 구조 · 구급차량의 출동에 지장이 없도록 긴급구조활동에 직접 참여하거나 긴급구조활동을 지원하는 인력, 장비만을 출입할 수 있도록 설치 · 운영
제1통제선 출입조건	통제단장은 다음의 해당자에게 출입증을 부착, 제1통제선 안으로 출입하게 할 수 있다. ① 제1통제선 구역 내 소방대상물 관계자 및 근무자 ② 전기 · 가스 · 수도 · 토목 · 건축 · 통신 및 교통분야 등의 구조업무 지원자 ③ 의사 · 간호사 등 응급의료요원 (*^^ 응급의료종사자) ④ 취재인력 등 보도업무 종사자 및 수사업무종사자 (* 법령개정) ⑤ 그 밖에 통제단장이 긴급구조활동에 필요하다고 인정하는 사람
제2통제선 출입조건	경찰관서장은 통제단장이 발급한 출입증을 가진 사람에게 제2통제선 안으로 출입하도록 하며, 구조활동에 필요하다고 인정하는 사람은 제2통제선 안으로 출입할 수 있다.

(4) **언론발표** (법 제 52조 ⑧항) ☆ 21, 22 소방위

재난현장의 구조활동 등 초동 조치상황에 대한 언론 발표 등은 **각급통제단장이 지명하는 자가** 한다.
* 오답: 각급통제단장이 한다. 연락공보담당이 지명하는자가 한다.

(5) **긴급대응협력관** (법 제 52조의2) ☆ 17 소방위

긴급구조기관장은 긴급구조지원기관장에게 다음의 업무를 수행하는 긴급대응협력관을 지정 · 운영하게 할 수 있다.

① 평상시 해당 긴급구조지원기관의 긴급구조대응계획 수립 및 보유자원관리
② 재난대응업무의 상호 협조 및 재난현장 지원업무 총괄   * 오답: 능력에 대한 평가

표준지휘조직도 〈개정 2024. 1. 22.〉

(1) 표준지휘조직도

(2) 부서별 임무

부서	임무
대응계획부	① 긴급구조기관과 긴급구조지원기관·유관기관 등에 대한 통합 지휘·조정 ② 재난상황정보의 수집·분석 및 상황예측 ③ 현장활동계획의 수립 및 배포 ④ 대중정보 및 대중매체 홍보에 관한 사항 ⑤ 유관기관과의 연락 및 보고에 관한 사항
현장지휘부	① 진압·구조·응급의료 등에 대한 현장활동계획의 이행 ② 헬기 등을 이용한 진압·구조·응급의료 및 운항 통제, 비상헬기장 관리 등 ③ 재난현장 등에 대한 경찰관서의 현장 통제 활동 관련 지휘·조정·통제 및 대피계획 지원 등 ④ 현장활동 요원들의 안전수칙 수립 및 교육 ⑤ 자원대기소 운영 및 교대조 관리
자원지원부	① 대응자원 현황을 대응계획부에 제공하고, 대응계획부의 현장활동계획에 따라 자원의 배분 및 배치 ② 현장활동에 필요한 자원의 동원 및 관리 ③ 긴급구조지원기관·지방자치단체 등의 긴급복구 및 오염방제 활동에 대한 지원 등

비고 : 1. 표준지휘조직은 재난상황에 따라 확대 또는 축소하여 운영할 수 있다.
2. 부서별 임무는 예시로서, 재난상황에 따라 임무를 선택하거나 새로운 임무를 추가할 수 있다.

☞ 상기 내용은 "긴급구조대응 및 현장지휘에 관한 규칙" 별표1의 24.1.22 개정 내용으로 수정·편집함.
- ※참고: 중앙소방학교 표준교재에서는 2020년 11. 25 일 이전의 도표와 그 내용으로 기재되어 있음 -

4 긴급구조대응계획 (영 제63조)

(1) 기본계획

작성체계	① 긴급구조지원기관의 임무와 긴급구조대응계획에 따라 대응활동에 참여하는 자원 봉사자의 기본임무에 관한 사항 ② 기능별 긴급구조대응계획의 운영책임 및 주요임무에 관한 사항 ③ 통제단의 반별 책임자의 지정 및 단계별 운영기준 등 긴급구조체제에 관한 사항 ④ 긴급구조의 통신체계와 대체상황실 운영기준 등 종합상황실 운영에 관한 사항 ⑤ 재난대응구역 운영의 방법 및 절차에 관한 사항
포함내용	① 긴급구조 대응계획의 **목적** 및 적용범위 ② 긴급구조 대응계획의 **기본방침**과 절차 ③ 긴급구조 대응계획의 **운영책임**에 관한 사항 ▶ 암기: 목기운

(2) 기능별 긴급구조대응계획

작성체계	① 공통사항: ㉠ 계획의 목적 ㉡ 조직운영에 관한 사항 ㉢ 대응단계별 가동범위(비상경고계획 및 피해상황분석계획에 한함) ② 임무수행사항: 지휘통제계획, 비상경고계획, 대중정보계획, 피해상황분석계획, 응급의료계획, 긴급오염통제계획, 현장통제계획, 긴급복구계획, 재난통신계획으로 구분 작성.
포함내용 12위	① 지휘통제 : 긴급구조체제 및 통제단운영체계 등에 관한 사항 ② 비상경고 : 긴급대피, 상황전파, 비상연락 등에 관한 사항 ③ 대중정보 : **주민보호를 위한 비상방송시스템 가동** 등 긴급 공동정보 제공에 관한 사항 및 재난상황 등에 관한 정보통제에 관한 사항 ④ 피해상황분석 : 재난현장 상황 및 피해정보의 수집분석보고에 관한 사항 ⑤ 구조진압 : 인명수색 및 구조, 화재진압 등에 관한 사항 ⑥ 응급의료 : 대량사상자 발생 시 응급의료서비스 제공에 관한 사항 ⑦ 긴급오염통제 : 오염노출통제, 긴급 전염병 방제 등 **재난현장 공중보건**에 관한 사항 ⑧ 현장통제 : 재난현장접근 통제 및 치안유지 등에 관한 사항 ⑨ 긴급복구 : 긴급구조활동을 원활히 하기 위한 **긴급구조차량 접근도로 복구** 등에 관한 사항 ⑩ 긴급구호 : 긴급구조요원 및 긴급대피 수용주민에 대한 위기상담, 임시 의식주 제공 등에 관한 사항 ▶ ①~⑪ 제목암기: 비긴 응현지대, 피구 긴기재난(* 응현지대 비긴 피구시합으로 긴기 재난) ⑪ 재난통신 : 긴급구조기관 및 긴급구조지원기관간 정보통신체계 운영 등에 관한 사항

(3) 재난유형별 대응계획 ★오답: 재난관리 계획 ★ 12 소방위

작성체계	① 재난유형별 긴급구조대응계획은 다음의 재난유형별로 재난의 진행단계에 따라 조치하여야 하는 주요사항과 주민보호를 위한 대민정보사항을 포함하여 작성한다. ✤ 재난유형 : 홍수, 태풍, 폭설, 지진, 시설물 등의 붕괴, 가스폭발, 다중이용시설의 대형화재, 유해화학물질(방사능 포함)의 누출 및 확산
포함내용	① **재난발생** 단계별 주요긴급구조 대응활동사항 ② **주요** 재난유형별 대응메뉴얼에 관한 사항 ③ **비상경고** 방송메세지 작성 등에 관한 사항 ▶ 암기: 재주비상

5 긴급구조활동에 대한 평가

(1) 평가단의 구성* (긴급구조 대응활동 및 현장지휘에 관한 규칙 제39조)   〈24.1.22일 개정 내용수정·편집함〉

통제단장은 재난상황이 종료된 후 긴급구조활동의 평가를 위하여 긴급구조기관에 긴급구조활동평가단(이하 평가단)을 구성해야 한다. 평가단의 단장은 통제단장으로 하고 단원은 다음 각 호의 사람 중에서 통제단장이 임명하거나 위촉한다. 이 경우 ③호에 해당하는 사람 중 민간전문가 2명 이상이 포함되어야 한다. (그러므로) 평가단은 민간 전문가 2인 이상을 포함하여 **5명 이상 7명 이하**로 구성한다.

▶ 암기: 2,5,7(* 의 평가단이 옳치)

① 통제단의 각 부장 다만 단장이 필요하다고 인정하는 경우 각 부 소속요원
② 긴급구조 지휘대장
③ 긴급구조활동에 참가한 기관·단체의 요원 또는 평가에 관한 전문지식과 경험이 풍부한 자 중에서 단장이 필요하다고 인정하는 자

(2) 평가사항* (영 제62조)   ☆ 14 소방위

긴급구조지원기관의 활동에 대한 종합평가사항은 다음과 같다.
① 긴급구조활동에 참여한 **인력** 및 장비   ② 긴급구조대응계획서의 **이행**실태
③ 긴급구조요원의 **전문**성   ④ 통합 현장대응을 위한 **통신**의 적절성
⑤ 긴급구조교육 **수료**자 현황
⑥ 긴급구조대응상의 **문제**점 및 개선을 요하는 사항   ▶ 암기: 전통인 이문수

6 대난대비능력 보강

1) 긴급구조지휘대 (영 제65조)   ☆ 10 소방위

긴급구조지휘대는 ① 안전관리요원 ② 현장지휘요원 ③ 구급지휘요원 ④ 통신지원요원 ⑤ 상황조사요원 ⑥ 자원지원요원으로 다음 표와 같이 구성하되, 소방본부 및 소방서의 긴급구조지휘대는 상시 구성·운영해야 한다. (☞ 2023년 8.8 본서 법령 개정 내용임. 중앙소방학교 공통표준교재는 미 수정)

▶ 암기: 안현구통상자

(2) 설치기준 (영 제65조)

| 긴급구조지휘대 구성 |

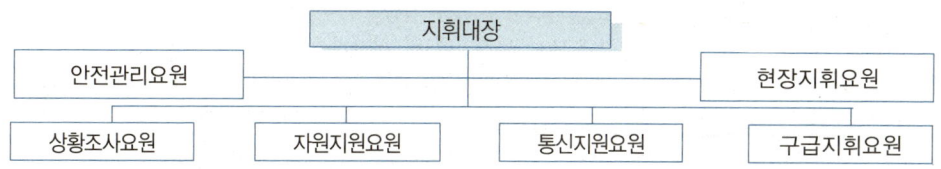

★ 통제단이 설치운영되는 경우 다음 해당부서에 배치(* 현, 긴급구조대응 현장~ 규칙 제16조 내용임)
❶ 안전관리요원 ⇒ **현장지휘부**   ❷ 현장지휘요원 ⇒ **현장지휘부**   ❸ 구급지휘요원 ⇒ **현장지휘부**
❹ 통신지원요원 ⇒ **현장지휘부**   ❺ 상황조사요원 ⇒ **대응계획부**   ❻ 자원지원요원 ⇒ **자원지원부**

> **긴급구조 지휘대 구성 운영★** (영 제65조)
> 1. 소방서현장지휘대는 소방서별로, 소방본부현장지휘대는 소방본부별로 설치·운영한다.
>   ① 방면 현장 지휘대: 2~4개 이하의 소방서별로 소방본부장이 1개씩 설치·운영한다.
>   ② 권역 현장 지휘대: 2~4개 이하의 소방본부별로 소방청장이 1개씩 설치·운영한다. ▶ 권이사
>
> • 방면지휘대: 2~4개 소방서→ 본부장이 설치 운영. / • 권역지휘대: 2~4개 본부→ 청장이 설치 운영
>
> **긴급구조 지휘대 기능** (긴급구조~ 제16조)
>   ① 통제단이 가동되기 전 재난초기 시 현장지휘
>   ② 주요 긴급구조지원기관 합동으로 현장지휘 조정·통제
>   ③ 광범위한 지역에 걸친 재난발생 시 전진지휘
>   ④ 화재 등 일상적 사고 발생 시 현장지휘

2) 긴급구조교육 (영 제66조, 칙 제16조)

교육대상자	재난관리업무 종사자는 <u>연 1회 이상</u> 긴급구조에 관한 교육을 받아야 한다. ① 긴급구조기관 및 긴급구조지원기관의 재난관련 업무담당자 및 관리자 ② 긴급구조기관 및 긴급구조지원기관의 긴급구조 현장활동요원
교육내용	① 긴급구조대응계획 및 긴급구조세부대응계획의 수립·집행 및 운용방법 ② 재난대응 행정실무　　　　③ 긴급재난대응 이론 및 기술 ④ 긴급구조활동에 필요한 인명구조, 응급처치, 건축물구조안전조치, 특수재난 대응 방법 및 중앙 긴급구조통제단장이 필요하다고 인정하는 사항
교육과정	① 긴급구조 대응활동 실무자과정　　　② 긴급구조대응 행정실무자 과정 ③ 긴급구조대응 현장지휘자 과정 ④ 중앙긴급구조통제단장이 필요하다고 인정하는 교육과정 ⑤ 그밖에 지역대책본부장 및 지역통제단장이 필요하다고 인정하는 교육

3) 긴급구조지원기관의 능력에 대한 평가 (영 제66조의3~4)

평가항목 전문인력	① 긴급구조에 관한 교육을 14시간 이상 이수한 사람 ② 긴급구조 관련 업무에 3년 이상 종사한 경력이 있는 사람 ③ 해당 기관의 긴급구조 분야와 관련되는 국가자격 또는 민간자격을 보유한 사람
평가절차	① 긴급구조기관별로 평가하여야 하는 긴급구조지원기관 ② 긴급구조지원기관에 대한 평가방법 및 평가기준 ③ 긴급구조지원기관에 대한 능력평가와 관련하여 소방청장 및 해양경찰청장이 필요하다고 인정하는 사항 (법 개정)

✪ 기타 항공기(선박)의 조난사고가 발생하면 소방청장이 구조계획을 수립, 국방부장관이 조치를 취한다.(법 제57조)

---

* 방면: 어떤 방향의 지방(시·군·구를 말함)　　　* 권역: 구역의 전부(시·도를 말함)

제8장 재난의 복구

1 피해조사 및 복구계획 (법 제59조의2, 영 제68조의2)

관리 주체	재난관리책임기관의 장은 재난복구사업이 체계적으로 관리되도록 해야 한다.
지도·점검	중앙대책본부장은 지도 점검계획을 수립하고 **5일 전까지** 해당 기관의 장에게 통지한다.

2 특별재난지역의 선포 및 지원 (법 제60~61조) (영 제69조)

① 중앙대책본부장은 중앙위원회의 심의를 거쳐, 해당 지역을 특별재난지역으로 선포할 것을 대통령에게 건의할 수 있다. 특별재난지역의 선포를 건의할 수 있는 재난은 다음과 같다.
② 자연재난으로서 국고 지원 대상 피해 기준금액의 **2.5배를 초과**하는 피해가 발생한 재난
③ 시군구의 관할 읍면동에 국고지원 대상 피해 기준금액의 **4분의 1을 초과**의 피해 발생재난
④ 사회재난의 재난 중 국가적 차원의 지원이 필요하다고 인정되는 재난 등
⑤ 국가나 지방자치단체는 **특별재난지역으로 선포된** 지역에 대해 응급대책 및 재난구호와 복구에 필요한 **행정상·재정상·금융상·의료상**의 특별지원을 할 수 있다. ▶ 암기 : ㅎㅈㄱㅇ(하자구요, 호주가요)
⑥ 국가로부터 지원받은 지방자치단체는 보상금의 총액을 아래 산정 금액을 초과하지 않아야 한다.
  ㉠ **사망자**: 사망 당시 「최저임금법」에 의한 월 최저임금액 x 240
  ㉡ **부상자**: 위 산출된 금액의 1/2 이하의 범위.(부상정도에 따라 행정안전부령으로 정함)

3 재정 및 보상 (법 제60~61조) (영 제69조)

(1) 재난관리 비용 (법 제62조)

① 시·도지사나 시장·군수·구청장이 다른 재난관리책임기관이 시행할 재난의 응급조치를 시행한 경우 그 비용은 그 응급조치를 시행할 **책임이 있는 재난관리책임기관**이 부담한다.

(2) 응급지원에 필요한 비용 (법 제63조)

시장·군수·구청장은 응원을 요청할 수 있는데 응원을 **받은 자**는 그 응원에 드는 **비용을 부담**해야 한다. 또한, 다른 지방자치단체가 이익을 받은 경우 그 수익의 범위에서 이익을 받은 해당 지방자치단체가 그 비용의 **일부를 분담**해야 한다. 이 경우 비용은 관계기관이 협의하여 정산한다.

(3) 지방자치단체 등에 대한 국고보조 * (칙 제19조의2)

재난복구사업 재원은 지방자치단체 부담금 중 시·도 및 시·군·구의 부담은 다음과 같다.
  ㉠ 자연재난: 「재난구호및재난복구비용부담기준등에 관한규칙」 제2조에 따른 비율로 부담
  ㉡ 사회재난: 시·군·구 부담률이 **50%**를 넘지 않는 범위에서 시·도조례로 정하는 비율로 부담.

(4) 이재민 지원* (법 제66조)

국가 및 지방자치단체는 시설의 복구와 피해주민의 생계안정을 위해 다음의 지원을 할 수 있다.

① 사망자, 실종자, 부상자 등 피해주민에 대한 구호
② 주거용 건축물의 복구비 지원
③ **고등학생의 학자금 면제**   * 오답: 대출, 중학교 학자금 면제
   (*^^ 우리나라가 고등학교까지 의무교육 예정이기 때문이다)
④ 자금의 융자, 상환 기한의 연기 및 그 이자의 감면 등 관계 법령에서 정하는 금융지원
⑤ 세입자 보조 중 생계안정 지원
⑥ 「소상공인기본법」 제2조에 따른 소상공인에 대한 지원
⑦ 관계 법령에서 정하는 바에 따라 국세, 지방세, 건강보험료, 연금보험료, 통신요금, 전기요금 등의 경감 또는 납부유예 등의 간접지원
⑧ 주 생계수단이 농업, 임업, 어업, 염생산업에 피해를 입은 경우에 해당 시설의 복구를 위한 지원
⑨ 공공시설 피해에 대한 복구사업비 지원
⑩ 그밖에 중앙재난안전대책본부회의 또는 지역재난안전대책본부회의에서 결정한 지원.

제9장 안전문화 진흥

1 안전점검의 날 등* (법 제66조의7) (영 제73조의6)

국가는 안전점검의 날과 방재의 날을 정하여 필요한 행사 등을 할 수 있다.

① 국민안전의 날	매년 4월 16일 – 국민안전의식 수준을 높이기 위해 필요한 행사 실시
② 안전점검의 날	매월 4일 – 재난취약시설에 대한 일제점검, 안전의식 고취 등 안전관련 행사를 실시
③ 방재의 날	매년 5월 25일 – 자연 재난에 대한 주민의 방재의식을 고취하기 위하여 재난에 대한 교육·홍보 등의 관련 행사를 실시. (*^^ ①에서 4월 16일: 세월호 침몰의 날)

2 지역축제 개최 시 안전관리 (법 제66조의11)

① 지역축제 안전관리계획 수립주체 : 중앙행정기관의 장 또는 지방자치단체의 장
② 대상 : 축제기간 중 순간 최대 관람객이 **1천명 이상**이 될 것으로 예상되는 지역축제 또한 사고 위험이 있는 산이나 수면에서 및 불, 폭죽, 석유류, 가스 등 폭발성 물질 지역축제.
   ✪ 이행실태 지도·점검 : 행정안전부장관 또는 시·도지사

제10장 보칙

1 재난관리기금* (법 제67~68조)

① 지방자치단체는 재난관리기금의 매년도 최저 적립액은 **최근 3년 동안의 지방세기본법**에 의한 **보통세의 수입결산액 평균액의 100분의 1**(1%)에 해당하는 금액으로 한다. * 오답: 1000분의 1
② 매년 적립하는 법정적립액 총액의 100분의 15 이상의 금액은 금융기관 등에 예치한다

2 조사대상 (영 제75조의3 ②항)

① 인명, 재산의 피해가 매우 크거나 사회 경제적으로 광범위하여 **대통령령으로 정하는 재난**

> ※ 대통령령으로 정하는 재난이란,
> • 특별재난지역을 선포하게 한 재난.
> • 중앙대책본부, 지역대책본부, 수습본부를 구성·운영하게 한 재난.〈24년 6.18 개정〉
> • 반복적 발생한 재난으로서 행정안전부장관이 재발방지를 위해 재난원인조사가 필요한 재난.

② 행정안전부장관이 체계적인 재난원인조사가 필요하다고 인정하는 재난

3 재난원인조사단의 편성 (영 제75조의3 ③, ⑤, ⑧항)

(1) 편성 : 조사단장을 포함하여 50명 이내

행정안전부장관은 다음 사람 중 조사단원을 선발하고, 조사단원 중 조사단장을 지명한다.
① 행정안전부 소속 재난 및 안전관리 업무 담당 공무원
② 중앙행정기관 소속 재난 및 안전관리 업무 담당 공무원 중에서 해당 장이 추천하는 공무원
③ 국립재난안전연구원, 국립과학수사연구원에서 재난, 사고 분야의 업무를 담당하는 연구원
④ 발생한 재난 및 사고분야에 대하여 학식과 경험이 풍부한 사람 등

(2) 조사결과보고서의 작성내용

① 조사목적, 피해상황 및 현장정보 ② 현장조사 내용 ③ 재난원인 분석 내용
④ 재난대응과정에 대한 조사·분석·평가(위기관리 매뉴얼의 평가 포함)에 대한 내용
⑤ 권고사항 및 향후 조치 등 그 밖에 필요한 내용
⑥ 그 밖에 재난의 재발방지를 위하여 필요한 내용

우리의 인생을 과제의 숙제처럼 살려 하지말고 하루 하루를 축제처럼 살아본다!

4 재난상황의 기록관리 등 (법 제70조)

재난관리책임기관장은 피해시설물별로 다음의 재난상황의 기록을 작성·보관 및 관리한다.

1) 일반적 사항
   ① 소관 시설·재산 등에 관한 피해상황을 포함한 재난상황
   ② 재난 발생 시 대응과정 및 조치사항
   ③ 재난원인조사(재난관리책임기관장이 실시한 재난원인조사에 한정) 결과
   ④ 개선권고 등의 조치결과
   ⑤ 그 밖에 재난관리책임기관의 장이 기록·보관이 필요하다고 인정하는 사항

2) 피해시설물별 기록 및 작성사항 (영 제76조)
   (1) 피해상황 및 대응 등* ☆ 14 소방위   * 오답: 복구공사 및 복구추진현황
       ① 피해일시 및 피해지역   ② 피해원인, 피해물량 및 피해금액
       ③ 동원인력, 장비 등 응급조치 내용   ④ 피해지역 사진 및 도면, 위치정보
       ⑤ 인명피해 상황 및 피해주민 대처상황 ⑥ 자원봉사자 등의 활동사항
   (2) 복구상황
       ① 재해복구 공사의 종류별 복구물량 및 복구금액의 산출내역
       ② 복구공사의 명칭·위치·공사발주 및 **복구추진 현황**
   (3) 그밖에 미담·수범사례 등 기록으로 보관·관리할 필요성이 있는 사항

3) 보관기간* (영 제76조)

   > 시도지사, 시장군수구청장은 재난상황기록을 재난복구가 <u>끝난 해의 다음 연도부터 **5년간**</u> 보관한다.

4) 재난 및 안전기술개발종합계획의 수립 (법 제71조의2)
   (1) 행정안전부장관은 과학기술의 진흥시책을 마련하기 위하여 **5년**마다 조정위원회의 심의와 국가과학기술위원회의 심의를 거쳐 재난 및 안전기술개발종합계획을 수립한다.
   (2) 재난안전기술개발종합계획의 내용 (영 제79조의6)
       ① 국가안전관리기본계획에 기초한 안전기술수준의 현황과 장기전망
       ② 재난·안전기술의 단계별 개발목표와 이의 달성을 위한 대책
       ③ 재난·안전기술의 경쟁력 강화 등 안전산업의 활성화 방안
       ④ 정부가 추진하는 안전기술 개발에 관한 사업의 연도별 투자 및 추진계획
       ⑤ 학교·학술단체·연구기관 등에 대한 재난·안전기술의 연구지원
       ⑥ 재난·안전기술정보의 수집·분류·가공 및 보급
       ⑦ 산·학·연·정 협동연구 및 국제안전기술협력을 촉진할 수 있는 방안
       ⑧ 그밖에 안전기술의 개발 및 안전산업의 육성

5 벌칙

1. **3년 이하의 징역 또는 3천만 원 이하의 벌금**
   안전조치 명령을 이행하지 아니한 자.(제31조 제1항 관련)

2. **2년 이하의 징역 또는 2천만 원 이하의 벌금**
   ① 제71조제5항을 위반하여 자료, 정보를 누설 등 부당한 목적으로 사용한 자 〈2025.1.7. 신설〉
   ② 재난 예방·대비·대응 이외의 목적으로 정보를 사용하거나 업무가 종료되었음에도 해당정보를 파기하지 아니한 자.(제74조의3 제5항 관련) 〈2025.1.7 개정〉

3. **1년 이하의 징역 또는 1천만 원 이하의 벌금**
   ① 정당한 사유 없이 긴급안전점검을 거부 또는 기피하거나 방해한 자.(제30조 제1항)
   ② 정당한 사유 없이 위험구역에 출입하는 행위나 그 밖의 행위의 금지명령 또는 제한명령을 위반한 자.(제41조 제1항 제1호, 제46조 제1항에 따른 경우를 포함)
   ③ 정당한 사유 없이 **행정안전부장관, 시·도지사, 시장·군수·구청장**의 요청에 따르지 아니한 자.
   ④ 정당한 사유 없이 **행정안전부장관, 시·도지사 또는 시장·군수·구청장** 요청에 따르지 아니한자. (제74조의3 제2항(위치정보제공요청)에 따른 경우 포함) (2023.12.26 개정)
   ⑤ 업무상 알게 된 재난안전의무보험 관련 자료 또는 정보를 누설하거나 권한없이 다른 사람이 이용하도록 제공하는 등 부당한 목적으로 사용한 자.(제76조의4 제4항)
   [⑥ 공인재난관리사 자격증을 빌려주거나 빌린자, 알선한 자(제75조의 제7항) (24. 3.19 신설)]

4. **500만 원 이하의 벌금**
   ① 정당한 사유없이 토지·건축물·인공구조물, 그 밖의 소유물의 일시 사용 또는 장애물의 변경이나 제거를 거부 또는 방해한 자.(제45조, 제46조 제1항의 경우를 포함)
   ② 직무상 알게 된 재난관리정보를 누설하거나 권한 없이 다른 사람이 이용하도록 제공하는 등 부당한 목적으로 사용한 자.(제74조의2 제3항)
   [③ 정당한 사유 없이 행정안전부장관 또는 지방자치단체장의 요청에 따르지 아니한 자(제74조의3제7항)]

5. **과태료**
   (1) 다음 중 어느 하나에 해당하는 사람에게는 **200만 원** 이하의 과태료를 부과한다.
       ① 위기상황 매뉴얼을 작성·관리하지 아니한 소유자, 관리자, 점유자.(제34조의6 제1항)
       ② 훈련을 실시하지 아니한 소유자·관리자 또는 점유자.(제34조의6 제2항)
       ③ 개선명령을 이행하지 아니한 소유자, 관리자, 점유자.(제34조의6 제3항)
       ④ 대피명령을 위반한 사람.(제40조제1항, 제46조제1항에 따른 경우를 포함)
       ⑤ 위험구역에서의 퇴거명령 또는 대피명령을 위반한 사람.(제41조 제1항 제2호, 제46조 제1항에 따른 경우를 포함)
   (2) 다음에 해당하는 사람에게는 **300만 원** 이하의 과태료를 부과한다.(2023.12.26 개정)
       ① 보험 또는 공제에 가입하지 않은 자.(제76조의5 제2항)
       [② 재난취약시설보험등의 가입에 관한 계약의 체결을 거부한 보험사업자(제76조의5 제5항)]
       ※ 과태료는 대통령령으로 정하는 바에 따라 시도지사, 시장·군수·구청장이 부과 징수한다.

   (*^^ 3. ⑥항 / 4. ③항 / 5. (2)②항은 표준교재 미기재 내용으로 글씨체를 이솝체로 변형 편집함)

5편 재난법편   **OX(2진법) 개념 따라 잡기~**

▶ 재난 및 안전관리기본법 파트임

01 황사, 조류대발생, 화산활동, 소행성·유성체 등 자연 우주물체 추락·충돌 및 미세먼지는 자연재난이다.( )

➡ 황사(미세한 모래가루), 조류대발생(적조, 남조, 갈조 등), 화산활동(예) 화산폭발도 자연재해), 소행성·유성체 등 자연 우주물체의 추락·충돌(예) 우주 낙석) / * 미세먼지(예) 공장에서 생기는 분진) ➡ 사회재난에 해당함.(*5편 재난법 2장)

02 긴급구조기관이란 소방청·소방본부·소방서를 말한다. 다만, 해양에서 발생한 재난의 경우 해양경찰청·지방해양경찰청 및 해양경찰서이다.

➡ 긴급구조기관이란 소방청·소방본부·소방서 3곳이다. 단서에 3곳이 더 있다. (*5편 재난 및 안전관리 기본법 제2장)

03 중앙안전관리위원회(위원장 : 국무총리)는 심의기관이며 / 안전정책조정위원회(*위원장 : 행정안전부장관)는 중앙위원회에 상정될 안건을 사전에 검토하는 기관이며, /실무위원회(위원장 : 행정안전부의 재난본부장)는 안전정책조정위원회 업무의 효율적 운영을 위하여 둔다 ( )

➡ 옳다. 중앙안전관리위원회(위원장 : 국무총리)는 심의기관이며 / 그 하부에 안전정책조정위원회(*위원장 : 행정안전부장관)는 중앙위원회에 상정될 안건을 사전에 검토하는 기관이며, / 그 하부에 실무위원회(위원장은 행정안전부의 재난안전관리 사무를 담당하는 본부장, / 위원은 위원장 1명을 포함하여 50명 내외)는 안전정책조정위원회 업무(협의·조정 등)의 효율적 운영을 위하여 둔다. (*제3장)

04 중앙대책본부장은 행정안전부장관이 된다. 다만 해외재난은 외교부장관이 / 방사능재난의 경우에는 중앙방사능방재대책본부의 장이 각각 중앙대책본부장의 권한을 행사한다. ( )

➡ 설문은 옳은 내용이다.(*제3장)

05 안전등급에서 A등급 : 안전도가 우수한 경우 / B등급 : 안전도가 양호한 경우 / C등급 : 안전도가 보통인 경우이며 이들의 안전점검은 월 1회 이상이다 ( )

➡ 이들의 안전점검은 반기별 1회 이상이다.(*제5장)

【영 제34조의2】 특정관리대상지역의 안전등급 및 안전점검 등
 ① A등급: 우수 / B등급: 양호 / C등급: 보통 / D등급: 미흡 / E등급: 불량
 ② 안전등급 분류 후 A·B·C등급: 반기별 1회 이상 / D등급: 월 1회 이상 / E등급: 월 2회 이상 정기안전점검을 실시한다. ▶ 우양보미불(우와바이불) ▶ 반반반 1.2

정답 ◦ 01. 2.(X) 0 (O) 03. (O) 04. (O) 05. (X)

06 재난분야 위기 매뉴얼은 위기관리 표준매뉴얼, 위기대응 실무매뉴얼, 현장조치 행동매뉴얼이 있으며 위기관리 표준매뉴얼은 재난관리 체계화, 관계 기관의 임무와 역할을 규정한 문서로 위기대응 실무매뉴얼의 작성기준이 되며, 재난관리주관기관의 장이 작성한다. ( )

➡ 설문은 옳은 내용이다.(*제6장)

07 중앙위원회의 심의를 거치지 아니하고 재난사태를 선포한 경우에는 지체 없이 중앙위원회의 승인을 받아야 하며, 승인을 받지 못하면 행정안전부장관은 선포된 재난사태를 즉시 해제한다. ( )

➡ 설문은 옳은 내용이다.(*제7장)

08 응급조치 사항에서 지역통제단장의 경우 진화에 대한 응급조치와 긴급수송 및 구조수단의 확보, 현장지휘통신 체계의 확보의 조치가 가능하다. ( )

➡ 설문은 옳은 내용이다.(*제7장) ▶ 암기: 진수현

09 중앙통제단장은 소방청장(부단장은 소방청 차장)이며 국가긴급구조대책의 총괄·조정을 한다. ( )

➡ 설문은 옳은 내용이다.(*제7장)

10 국가나 지방자치단체는 특별재난지역으로 선포된 지역에 대하여는 응급대책 및 재난 구호와 복구에 필요한 행정상·재정상·금융상·의료상의 특별지원을 할 수 있다. ( )

➡ 설문은 옳은 내용이다. (*제8장)

11 이재민 지원에서 국가 및 지방자치단체는 중학생의 학자금 면제를 한다. ( )

➡ 고등학생까지의 학자금 면제를 한다. (*제8장)

12 국민안전의 날은 매년 4월 16일, 방재의 날은 매년 5월 15일, 안전점검의 날은 매월 4일이다. ( )

➡ 방재의 날은 매년 5월 25일이다.(* 5월 15일은 스승의 날로서 세종대왕의 생일날이다.) (*9장)

13 재난관리기금의 매년도 최저 적립액은 최근 3년 동안의 지방세기본법에 의한 보통세의 수입결산액 평균액의 1,000분의 1에 해당하는 금액으로 한다.

➡ 3년간 지방세기본법에 의한 보통세의 수입결산액 평균액 100분의 1(1%)의 금액으로 한다. (*제10장)

정답 06. (O) 07. (O) 08. (O) 09. (O) 10. (O) 11. (X) 12. (X) 13. (X)

- 나를 넘어서야 이곳을 떠나고 나를 이겨내야 그곳에 이른다.
  갈 만큼 갔다고 생각하는 곳에서 얼마나 더 갈 수 있는지는 누구도 모르고,
  할만큼 했다고 생각하는 곳에서 얼마나 더 해낼 수 있는지는 아무도 모른다~

Reference

- 연상기억법과 영상기억법(1) -

■ 문자기억

```
1 2 3 4 5 6 7 8 9 0          1. 3. 6. 8.      1' 1'' 2' 3 6 6
ㄱㄴㄷㄹㅁㅂㅅㅇㅈㅊ         ㅋㅌㅍㅎ         ㄲ ㄴ ㄸ ㅃ
A B C D E F G H I J
ㅏㅑㅓㅕㅗㅛㅜㅠㅡㅣ
```

■ 숫자기억

```
0  1  2  3  4  5  6  7  8  9  10
영 하 두 세 네 다 여 치 파 아 열 도

공 닐 니 산 시 고 죽 철 발 기 장 정
```

■ 기억법을 만드는 6공식 (보생바나꺼부)

문장과 단어의 첫 자 등을 이용하여 가장 최적의 기억법을 만든다.
① 보태어 본다.   ② 생략하거나 빼어본다.   ③ 바꾸어 본다.
④ 나누어 본다.   ⑤ 거꾸로 해 본다.   ⑥ 부분적으로 변경한다.
(※ 디자인의 8공식은 ⑦ 동양과 서양을! ⑧ 고전과 현대를 접목! 을 추가한다.)

📺 상정은 인상이 강하게 즉 새롭고 특이할수록

① 엉뚱할수록(특정할수록)
② 큰 물건일수록, 비쌀수록
③ 거리감이 없을수록(근시일수록)
④ 밀접하게 결합된 상태일수록
⑤ 좌측(시작쪽)이 가볍고, 우측(끝쪽)이 무거운 것 / 상쪽이 가벼운 것, 하쪽이 무거운 것
⑥ 비교는 좌우, 상하 / 분수는 모(기준)에 대한 자(비교)의 비로 / 원형은 시계방향 ↻
⑦ 국어사전 순, 영어사전 순, 영상기억(얼굴 등 형태기억), 연상기억(비교기억), 압축·연결법

📺 기억법의 원리~

① 반복하던지(여러 번)   ② 자극을 받던가(강한)
③ 눈으로 보아두던가(어떤 현상을) ④ 연결시키던가(이미 알고 있는 것과)
⑤ 상상하던가(마음의 눈으로)   ※ 참고: 연상(비교)기억 및 영상(이미지)기억

Reference

— 연상기억법과 영상기억법(2)

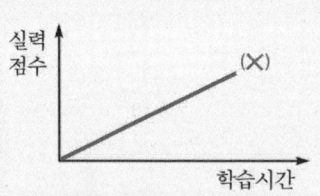 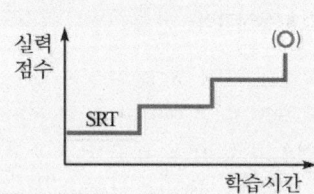

- 첫 Start(1 사이클)는 실력이 오르는게 아니고 범위와 용어 정도를 배우는 것이다.
- 실력은 시간과 비례하지 않는다. 점수는 경사식이 아니고 계단식 비례로 올라간다.
- 학습은 점보다는 면으로 이해 → 면보다는 선을 함축할 수 있어야 스킬(기술)이다.
- Why? 라고 물었을 때 답이 없으면 외운다.(Why? 1번=정보, 2번=지식, 5번=학문)

1. Why: 이 공부를 왜? 하는가?
2. 열정과 Skill: 그들보다 열정이 있는가? 또한 기술은?
3. Skill(기술)은? (* 어쩌다 수석을 하면 수석은 지키는 것이다.)

  ① 좌측(시작쪽)이 가볍고, 우측(끝쪽)이 무거운 것 / 상쪽이 가벼운 것, 하쪽이 무거운 것
    예 기체 → 액체 → 고체 / 예 하버드: 하인리히(최초) → 버드(최신)
  ② 단순 비교는 좌우, 상하 / 분수는 모(기준)에 대한 자(비교)의 비 / 원형은 시계방향
  ③ 숫자를 문자로(문자 → 숫자나 영어) 자연발화 방지: AQTm↓(표면적·발열량·온도·습도)
    예 열용량: ▶ 80, 539(* 팔공산에 고3이 9명)
  ④ 이해+국어사전 순 예 펄싱 → 페인팅 → 펜실링 순 / 전략 → 전술 / 입 → 코 순으로 흡입
  ⑤ 이해+영어사전 순 예 LNG(가볍다) → LPG(무겁다)/ LOAEL(최소농도) → NOAEL(최대농도)
  ⑥ 영상기억(이미지 기억) 예 F/O: 퍽!(배냇골), B/D: 펑!(배급측)
    예 전도(→), 대류(○), 복사(↓↓) / 예 R/O→, F/O→
  ⑦ 연상기억(비교기억) → 예 제거소화: 차단(격파 이소룡) / 예 ↓ ⅡⅡ, ↑ Ⅱ
    예 소화(가산점연): 가연물 → 제거 / 산소 → 질식 / 점화원 → 냉각 / 연쇄반응 → 억제
  ⑧ 첫글자로 기억(보생바나거부)= 보탠다, 생략, 바꾼다, 나눈다, 거꾸로, 부분적으로 변경한다.
    보 예 급수화재: 일반, 유류, 전기, 금속, 가스, 주방(▶ 일류로 전근가주)
    생 예 석유류 인화점: 21 → 70 → 200 → 250
    바 예 1류 위험물: 브질요- 300kg → 질요브300(▶ 진료부산)
    나 예 황화수소는 달걀 썩는 냄새가 나며 0.2%에서 냄새 감각이 마비 ▶ 황달영희
    거 예 기상폭발: 분해·분무·분진·가스 ▶ 해무진 가스
    부 예 출동대색상: 적색, 청색, 녹색, 황색→ ㅈ, ㅊ, ㄴ, ㅎ(▶ 제처가 노화)

Reference

- 신의 한수! (제이디훈의 정답 찍는법) -

출제자는 70~80% 옳지 않은 것은? 의 문제를 만들게 된다. 그 이유는
옳은 것을 고르시오 라는 문제보다 박스 문제 외 3배 이상 시간이 절약되기 때문이다.

① 출제자는 자신의 안정감으로 보기 1번부터 4번으로 갈수록 피라미드 형태로 문장 긴 것을
   넣게 되고 출제 오류를 염려하여 정답인 보기의 내용은 주로 길어지게 된다.

② 출제자는 보기 중 1.2번을 수험생이 읽게 한 다음 3.4번을 생각하게끔 하여 정답 선택을
   유도하는 심리가 있다.

③ 그러나 출제자가 보기 3.4번 중에 긴 문장으로 정답 문제를 주로 만들게 되면 "편집자" 는
   문제 순서를 바꾸기 보다는 답이 많은 3.4번과 답이 적은 1.2번의 보기를 바꾸게 된다.

④ 만약, 긴 문장이 앞쪽 보기 중 짧은 문장 사이에 불안정하게 섞여있다면 그 보기는 편집자가
   바꾸어 놓은 정답 확률이 높다.

⑤ 또한 같은 정답 3개가 연속하여 있을 경우 수험생은 그 연속된 정답이 아닌 그 문제까지의
   그동안 정답이 적었던 다른 보기의 정답을 찾아야 한다.

⑥ 편집자가 편집을 최종적으로 하게 되면, 전체 문제 중 1.2.3.4 보기의 정답이 제법 골고루
   분포하게 된다 마지막 한두 문제를 정답 찾기로 고민할때면 그 시험지의 보기 중 가장
   적은 정답으로 최종 선택하면 확률이 높아진다.

⑦ 수험생은 100% 확실하지 않을 때는 한 번 찍은 정답은 바꾸지 않는 것이 원칙이다
   그 이유는 본인도 모르는 자신의 기억 잠재력과 감각이 존재하기 때문이다.

   아인슈타인은 "인간은 5% 밖에 잠재력을 발휘하지 못하고 죽어간다"고 했고
   리서치 "갤럽" 조사론에서는 10%를 보고 있다.
   시험운이라는 것은 주로 본인이 공부한 쪽에서 출제자와 일치할 때이며
   출제자와 편집자의 심리파악이 신의 한수처럼 평균과 통계로 적중했을 때이다.

   ※ 본 내용은 일반적인 출제자의 심리학적에서 제시하는 이론이며, 매체 등에 오랜 출제 경험의 참고용일 뿐임.

■ 화재분야(1) 서브노트 ➡ 비교와 개념의 혼동정리 (난이도 상)

1. 열의 이동(전달) 비교
① 전도: 뜨거운 가스가 다른 가연물 표면 위를 지나갈 때 혹은 기계적 화재원인이다.
② 대류: 연소 확대(상승)에 가장 크게 영향을 미치는 가장 흔한 방식이다. p16, 36
③ 복사: 열 이동에 가장 크게 작용한다.(대형화재 주범으로서 성장기에서 최성기로 전환됨.)

2. 층수와 방향의 비교
① 심야시간 다층 주거건물 1층계단 화재시 검색: 가장 높은 층의 침실이 1순위임. p36
   (* 굴뚝효과로 인하여 1층에서 계단을 타고 바로 최상층으로 올라가 화재가 확대되기 때문)
② 내부진입(인명검색): ❶화점실→ ❷인근실→ ❸화점층→ ❹화점상층→ ❺화점하층 순. ▶ 화인층상하 p62
③ 덕트화재시: 관창은 ❶화점층 ❷직상층 ❸최상층에 배치(* 덕트는 수직으로 빨리 번지니) p82
④ 수손방지 활동 순위: ❶화점 직하층 방 ❷양옆의 방 ❸다른층 ❹다른층 순. ▶ 직하양방 다방층 p106
⑤ 목조화재진압: ❶화재의 뒷면→ ❷측면 및 2층→ ❸1층 순. (*목조는 화세가 빠르니 측면 및 2층)
   • 바람이 있는 경우 풍하→ 풍횡→ 풍상의 순으로 한다.(* 풍하쪽으로 불이 번지니) p110
   • 경사지 등은 높은 쪽→ 횡→ 낮은 쪽의 순으로 한다. (* 높은쪽으로 올라가 번지니) p110
⑥ 방화조 진압: ❶화재의 뒷면→ ❷측면→ ❸2층 및 1층 순 p111
   (* 방화조는 목조보다 화세가 적으니 풍하쪽인 뒷면 다음 측면이 된다)
⑦ 여관, 호텔 화재진압: 관창은 화점층, 화점층 상층부를 최우선으로 하고. 원칙적 각 층 배치 .p116
⑧ LPG, 소방용수, 항공기: 진입은 풍상, 풍횡으로부터 접근하는 것이 원칙이다. p125, 614
⑨ 다수 피난자가 있는 경우: 화재지역 위 아래로 2~3층 정도 떨어진 지역으로 이동시킴 p130 p589
⑩ 화점층이 고층인 경우 진입(일반적): 화재층을 기점으로 비상용엘리베이터 2층 이하까지. p131
⑪ 치명적 농연에서 안전확보: 화재발생 층으로부터 2~3층 아래 엘리베이터에서 내려서 진입. p131
⑫ 선박(여객선)이나 항공기: 진입은 풍상에서 실시한다(* 바람을 등지고) p140, 142
⑬ 항공기: ❶머리→ ❷풍상→ ❸측면으로 접근한다.
   (* 연료탱크는 주날개 안에 있으니 주 날개와 바퀴 위쪽이 기름탱크이니 바퀴도 피한다)
   (* 전투기는 앞쪽에 기관총이 있으니 꼬리부분이나 측면으로 접근한다) p142
⑭ 분무주수(간접공격법, 펄싱 등)는 상층부를 향하여 주수.(*질식소화니까) p68, 85, 88, 90
⑮ 주수목표는 ❶천장→ ❷벽면→ ❸수용물→ ❹바닥면 등의 순서로 한다. ▶ 천벽수바(* 천벽수박) p88

3. 후착대활동: 인명구조, 수손방지, 급수, 비화경계 + 지원(선착대) ▶ 암기: 인수급비+지원 p41
4. 공조설비: 화재 시 즉시 정지시킨다(* 각 층 수직공간 연결로) p53, 54, 56, 72
5. 진입은: (바람을 등지고) 급기측 계단 / 배기측은 원칙적으로 경계관창으로 p52, 112
6. 하부에 개구부가 있어서 바람이 유입되면 중성대는 (상부압력에 밀려서) 내려온다. p59, 537
7. 송수압력의 비교: ① 연소방지 송수압: 0.2~0.5Mpa   ② 연결살수 송수압: 1~1.5Mpa   p105
   ▶ 암기: 02(영희), 05(영호) / 115 * 연상기억: ① 연방(연방제국 영희, 영호) ② 연살115
8. 진공펌프 작동: ❶흡입 ❷팽창 ❸압축 ❹배기하는 순으로 작동. ▶ 암기: 흡팽압배(* 한평오버) p189
9. 펌프 상부에 설치되는 것: 지수밸브, 역류방지밸브, 압력계(펌프 위 토출측) p189, 190

■ 화재분야(2) ➡ 비교와 개념의 혼동정리 (난이도 상)

1. **반경의 범위 비교**
   ① 유리파괴: 풍속 15m 미만인 때는 창 높이의 1/2 반경으로 한다. p96
   ② 경계구역은 풍속 15m 이상의 경우는 파괴하는 창의 높이를 반경으로 한다. p96
   (* 유리파괴 순서는 유리 중량을 고려하여 윗부분 모서리 가까운 거리부터 횡으로 파괴한다.)

2. **붕괴의 비교**
   ① 붕괴예상범위(소화활동시): 건물높이와 같은 반경외부정도로 설정.(Y=x) / 즉, 화재시 p167
   ② 붕괴안전지역(구조작업시): 건물높이의 1.5배 이상으로 한다. (Y=1.5x) / 즉, 구조시 p296

3. **고발포, 저발포의 일반적 비교:**
   ① 지하화재진압에서 급기측 계단에서 화학차를 활용하여 고발포를 방사, 질식소화를 p114
   ② 선박(여객선): 분무주수를 주로 하되 최소한도로 하고 상황에 따라 고발포 주입이 효과적. p140
   ③ 고발포는 지표 등 평탄한 부분을 / 저발포 방사는 기체 등 입체부분을 소화한다. p142
   ④ 압기공사장, 조연소방차(지하): 갱내 혹은 지하에 고발포장치 설치시 활용한다. p149

   > ✪ 시험은 주로 고발포가 답이 되지만 정리 내용은 아래와 같다. p117
   > • 고발포: A급화재, 여객선, 지하 등(갱), 평탄지표 등 넓고 복잡한 곳에 사용. p117
   >   ▶ 암기: 에이! 여지평지 (* 연상: 고발하자 에이! 여자편지)
   > • 저발포: B급(유류탱크), 비행기, 자동차 입체부분 등 좁은 곳. p117/장,위편 505, 508
   >   ▶ 암기: 비비자 (* 연상: 제발 저자세로 비비자)

4. **작업공간 15m 포함 제외의 비교.** (* 경찰차는 포함, / 유도표지는 별도)
   ① 사고현장(작업공간 15m 포함)으로부터 제한속도에 비례하여(예: 100km/h의 도로인 경우 100m 가량)정도 떨어진 위치에 추가(경찰차 등) 차량을 배치시켜 운전자들이 서행하거나 우회할 수 있도록 조치한다. p165
   ② 직선도로인 경우: 유도표지의 설치범위는 도로의 제한속도와 비례한다.- 시속 80km인 도로에서 사고가 발생한 경우 사고지점 후방 15m 정도에 구조차량 주차하고 그 후방으로 80m 이상 유도표지를 설치한다.
   ∴ 총 95m가 된다. p274~5, 614

   > • 화재분야 p.165 사고현장(작업공간 15m정도 포함)으로부터 추가의(경찰차 등) 차량 배치.
   > • 구조분야 p.274 사고지점 후방 15m 정도 구조차량 주차하고 그 후방으로 유도표지 설치.

5. **사용에 따른 매듭의 비교:**
   ① 안전로프를 검색담당 B의 벨트 고리에 고정매듭, 옭매듭으로 묶은 다음 (*기본서 상권 p100)
   ② 로프(두겹 또는 세겹고정매듭)를 사다리의 가로대에 걸쳐 설치한다. p65
   ③ 소방 호스지지에는 로프로 감아매기가 효과적. p80
   ④ 이중 말뚝매듭이나 고정매듭 등을 이용하여 로프를 지지물에 직접 묶는다. p250
   ⑤ 결착 시 3~4m의 짧은로프 2개로 각각 절반으로 접고 가운데에 두겹8자매듭을 만든다. p260
   ⑥ 건물 개구부에서 로프를 내려「말뚝매기 및 옭매듭」으로 묶어서 호스를 끌어 올림. SOP208 580

   ✪ 소방이론에서 단어의 명시가 국어사전 순인 것. 예) 전략→ 전술 / 펄싱→ 페인팅→ 펜슬링

■ 구조분야 서브노트 → 비교와 개념의 혼동정리 (난이도 상)

1. 구조활동 p218

구조활동 순서	① 현장활동에 방해되는 각종 장해요인을 제거한다. ② 2차재해의 발생 위험을 제거한다. ③ 구조대상자의 구명에 필요한 조치를 취한다. ④ 구조대상자의 상태 악화 방지에 필요한 조치를 취한다. ⑤ 구출활동을 개시한다. ▶ 암기: 장이 구멍나 악화를 구출.
구조대요청	사고개요, 구조대상자의 숫자, 필요한 구조대의 수 및 장비 등을 참작 요청한다. ▶ 숫개장수
구급대요청	사고개요, 부상자수, 상태 및 정도를 부가 필요한 구급차 수를 요청한다 ▶ 개부상 상태정도
지휘대요청	사고개요, 구조대상자수, 부상자 수 및 위급정도를 고려 지휘대출동 요청. ▶ 개 대상수 위급정도

① '구조활동일지'에 구조활동 상황을 상세히 기록하고 소속 소방관서에 3년간 보관한다. p221
② '감염성 질병·유해물질 등 접촉 보고서' 및 유해물질 등 접촉관련 '진료기록부' 등은 퇴직할 때까지 보관한다.
  (* 즉, 구조 구급 환자의 서류보관은 3년간이다) / 구조대원의 서류보관은 퇴직할 때까지이다.)

2. 로프 정리 p249

- 풀기 쉽다: 8자매듭, 고정, 나비, 바른, 말뚝, 절반, 8자연결매듭
- 풀기 어렵다: 두겹옭매듭, 피셔맨매듭 (* 풀기 어려워 장시간 사용한다)
  ─────* ▶ 암기: (풀기쉽다) 팔고나봐 말뚝절반 8년 / ▶ (풀기어렵다) 두겹옭피
- 같은굵기 연결: 바른매듭   ▶ (같은굵기) 바르게
- 다른굵기 연결: 한겹매듭, 감아매기   ▶ (다른굵기) 한겹감아
- 다른로프: 피셔맨   ▶ (다른로프)는 낚시꾼 피셔맨에게
- 고리만들 때: 두겹8자매듭   ▶ (1개고리)두겹8자(* 연상: 1개고리는 두겹팔자 피고)
- 로프 중간에 고리만들면: 두겹옭, 나비매듭 ▶ (중간고리는) 두겹옭 나비 되었다.
- 로프 끝에 2개 고리 만들 때: 두겹고정, 이중8자매듭 ▶ (2개고리는) 두겹고정 이중팔자 피었다~

3. 잠수용어 등 p287

실제잠수시간	수면에서 하강하여 최대수심에서 활동하다가 상승을 시작할 때까지의 시간.
총잠수시간	전잠수로 인해 줄어든 시간(잔류질소시간)과 실제 재잠수시간의 합.
최대잠수가능조정시간	최대잠수가능조정시간은 최대잠수가능시간에서 잔류질소시간을 뺀 나머지 시간.

4. 수중탐색 p290

- ■ 줄이 없는 탐색   ▶ 종류암기: 줄없는 소등U자
  ① 소용돌이: 큰 물체 / ② 등고선: 물체 보일 때 / ③ U자: 작은 물체 (* 크게, 보이지만, 작다)
  ─────*   * 키워드: 줄없이 대보소 (* ①②③ 키워드: 크보작 = 대보소)
- ■ 줄을 이용 탐색   ▶ 종류암기: 줄있는 직원왕반(* 직원양반)
  ① 직선: 시야 안 좋고 탐색면적이 넓은 지역 ② 원형: 시야 안 좋고 탐색면적 좁고, 수심 깊을 때
  ③ 왕복: 시야 좋고 탐색면적이 넓을 때   ④ 반원: 조류가 세고 탐색면적이 넓을 때
  * ①② 직원이 안경을 쓰고 넓은데서 좁혀가며 ③④ 양반은 안경없이 넓은 곳에서 조류가 센쪽으로

5. 긴급시에만 사용: ❶잡아매기(p246) ❷카라비너를 이용한 하강(p254) ❸ 현수로프 감고 신체감기 하강(p258)
  ❹ 로프를 이용한 결착(두겹고정, 세겹고정, 앉아매기)(p261) ❺ 묶어내리기(p262)

6. 기타 ✪ 누출 시 화학적 방법: 유화처리, 응고, 흡수, 소독, 중화 ▶ 유응흡수 소중(* 유흥주점 흡수가 소중) p316

구급분야 서브노트 → 비교와 개념의 혼동정리 (난이도 상)

1. **죽음에 대한 정서반응:** 부정-분노-협상-우울-수용 p352 ▶ **암기:** 부분 협상 우수
2. **전염질환의 잠복기 끝자:** ① 뇌수막염(10) ② 풍진(12) ③ 백일해(20) ④ 수두(21) ⑤ 이하선염(=볼거리, 24)
   ⑥ 폐렴(일) ⑦ 포도상구균(식중독) 피부질환(일) ⑧ 결핵(주) ⑨ 간염(월) ⑩ AIDS(년) p348
   ▶ ①~⑩ **암기:** 뇌풍 백수리 폐포 경간에(10, 12, 20, 21, 24, 며칠, 며칠, 2-6주, 주월, 월년)
3. ① **공기에 의한 전파:** 홍역, 수두, 결핵 ▶ **암기:** 홍수결
   ② **비말에 의한 전파:** 폐렴, 인두염, 뇌수막염, 중이염, 풍진, 부비동염(축농증), 인플루엔자, 패혈증, 유행성 귀밑샘염(유행성이하선염), 결핵 백일해. p350 ▶ **암기:** 폐인 뇌중풍 부인 폐유 경백
4. **척추뼈:** 성인 26개이며, 5부분 [❶ 목뼈(7개) ❷ 등뼈(12개) ❸ 허리뼈(5개) ❹ 엉치뼈(1개) ❺ 꼬리뼈(1개)]
   (※ 소아: 약 33개 ❹번: 5개) ❺번: 3~5개)] ✱ 사람 몸 206개 중 머리뼈 22개. P367, 442
5. **호흡 경로:** ① 입, 코, 기도(이물질 걸름, 가습, 가온)➡ ② (입코)인두 ➡ ③ (인두)후두 ➡ ④ 후두덮개➡
   ⑤ 후두➡ 반지연골➡ ⑥ 기관지➡ ⑦ 세기관지➡ ⑧ 허파꽈리(폐포)에서 가스교환! P359, 399, 408
6. **날숨(수동):** 가로막과 갈비사이근은 이완. / 가로막은 올라가고 갈비뼈 내려감, ∴ 가슴이 수축! p360
   ▶ **암기:** 날수 가갈이 가올갈내~ (* **연상:** 날이 수수하니 나날이 가을같네~)
7. **호흡:** ❶성인 12~20회 ❷소아 15~30회 ❸영아 25~50회 ❹신생아 30~50회 p360, 408
   ▶ **암기:** 성소영신 12-15-25-3○(* 성인 12○, 소아, 영아는 각각 2배, 신생아는 산모님이 낳으니 3○~5○)
8. **맥박:** ❶성인 60~100회 ❷❸(생략) ❹신생아 120~160회 p391
9. **혈압:** ❶ 성인 90~150회(나이+100)/이완기 60~90 ❷ 아동 약80+(나이×2)/이완기 2/3 수축기압 p393
10. **인공호흡 시:** 척추손상(머리 포함), 무의식, 외상환자는 턱밀어올리기법(하악견인법)으로 실시한다.
    ❶성인 10~12회 ❷소아: 12~20회 ❸신생아: 40~60회. (*7번과 혼동주의!) p408
11. **체순환:** 왼심실(출발해~) → <u>대동맥</u> → <u>소동맥</u> → 세동맥 → 모세혈관으로 / → 세정맥 → 소정맥 → 대정맥 →
    상·하대정맥 → 오른심방으로 유입 → 오른심실 / 허파동맥(더러워? 정맥피) → 폐포, 모세혈관(가스교환) →
    허파정맥(산소 풍부한 동맥피 - 아이 좋아라~) → 왼심방 / 왼심실에서 → again(우와! 탱큐~) p421
12. **호흡장비** (분당조절, 산소농도 순) p372
    ① 코삽입관: 1~6L, 24~44% / ② 단순얼굴마스크: 6~10L, 35~60% / ③ 비재호흡마스크: 10~15L,
    85~100% / ④ 백밸브마스크: 10~15L, 40~60% / ※ ③, ④번은 산소주머니(有): <u>100%</u> 산소공급
    ※ 고농도(80~100%)산소를 투여하는 환자는 비재호흡마스크, 인공호흡기 또는 BVM이 주로 정답이 됨~
13. **생체징후:** ❶맥박, ❷호흡수, ❸혈압, ❹의식수준, ❺동공 ❻피부상태 ▶ 맥호혈의 동피 P391,395~6
14. **양압(환기):** 구급에서 "양압" 또는 양압환기가 원칙이다. / 음압환기(x) P406, 410, 443, <u>446</u> 등
15. **일방향밸브:** 모든 마스크는 "일방향밸브"가 정답임.(∴ 시험에서 양방향밸브는 오답) <u>P376</u> 등
16. **화상 중등도**
    ① 체표면적 2% 이상, 10% 미만의 3도화상인 모든 화상 p432
    ② 체표면적 10% 이상, 20% 미만의 2도화상인 10세 미만 50세 이후의 환자
    ③ 체표면적 15% 이상, 25% 미만의 2도화상인 10세 이상 50세 이하의 환자
    ▶ 중등도 **암기:** ① 2.10, 3도 모두 ② 1020, 10대세 밖에 환자 ③ 1525, 10대세 안에 환자.
17. **경성부목:** 알루미늄·골절·박스·성형·철사부목 ▶ 알골 박성철(* 경성에 사는 알콜중독 박성철님) p438
18. **가슴압박이 적절해도 발생하는 심폐소생술의 합병증:**
    ① 갈비뼈골절 ② 복장뼈(가슴뼈)골절 ③ 심장좌상 ④ 허파좌상 ▶ 갈복좌좌(* 갈보자자) p486

■ 장, 위 해당 서브노트 → 비교와 개념의 혼동정리 (난이도 상)

1. **몇도:** (100℃)의 액체 물 1g을 100℃의 수증기로 만드는 데 증발잠열은 539.6cal/g이다. P500

2. **FIC-13I1**(트리플루오로이오다이드, 화학식: CF₃I) : • 장점: 소화농도 3.1%로 매우 우수, 폭발방지용 유력, 물리적+화학적 소화성능 / •단점: 값비싼 요오드 함유, 사람있는 곳 사용 곤란 P515

   > **할불소화약제 공통 특징**
   > ① FC-3-1-10 ② HCFC BLEND A ③ HCFC-124 ④ HFC-125 ⑤ HFC-227ea ⑥ <u>HFC-23</u>(o)
   > ⑦ HFC-236fa ⑧ <u>FIC-13I1</u>(화학식: CF₃I) / ⑨ IG-541 ⑩ IG-01, IG-55, IG-100
   > • 거실사용: ①② / •거실 사용 안됨: ④ / •사람있는 곳 사용됨: ②⑤⑨ / •사람있는 곳 곤란 ⑧ /
   > • 독성낮다: HFC계 ④~⑦ / •HFC계 중 소화 가장 우수: ⑤ / •전체 중 소화 매우 우수: ⑧

3. **황화수소:** 황을 포함하고 달걀(계란) 썩은 냄새가 나며, 0.2% 이상에서 냄새 감각이 마비되고,
   0.4~0.7%에서 1시간 이상 노출되면 현기증, 장기혼란의 증상과 호흡기의 통증이 일어남. P535
   0.7%를 넘어서면 신경계통에 영향을 미치고 호흡기가 무력해진다. ▶ 암기: 황달 영희 사치1시간 영철
   (* 황달걸린 영희가 냄새나서 사치를 1시간하니 현기증나서 영철이 만나니 신경영향과 더 무기력해진다)

4. **시안화수소(청산가스):** 0.3% 즉시 사망할 수 있다. 수분이 2% 이상, 알칼리 포함 시 폭발이 가능하다.
   ▶ 암기: 시안화 0.3, 2% 알칼리 (* 희한한 영삼이 즉시 사망할 수 있고 수리한 알칼리로 폭발할 수 있다)

5. **내부진입(진입순서):** SOP202 화재대응 일반절차에서 ▶ 암기: 화인연 직상하
   ❶ 화점실➡ ❷ 인근실➡ ❸ 연소층➡ ❹ 화점직상층➡ ❺ 화점상층➡ ❻ 화점하층의 순. SOP202 p576

6. **탈출 방향:** SOP204 대원 고립상황에서 (*^^ 사람이 있는 쪽과 급기쪽으로 탈출) p578
   ① 호스 커플링의 수나사 쪽   ② 놓여진 소방장비 하단방향이 출구
   ③ 빛 또는 신선한 공기가 들어오는 방향   ④ 대원들이나 소방장비의 작동소리가 나는 방향
   ⑤ 소방차의 사이렌 소리가 나는 도로 쪽 또는 경광등 불빛이 보이는 방향이 더 안전하다.

7. **증기운 폭발** SOP210 p543, 582

   > ① 상온·상압 하에서 액체이며 인화점이 상온보다 낮은 물질 ➡ 가솔린 등 ▶ 상대가
   > ② 상온에서 가압·액화되어 있는 물질 ➡ 액화프로판, 액화부탄 등 ▶ 상가피부
   > ③ 물질의 비점 이상의 온도이지만 가압·액화되어 있는 물질 ➡ 반응기 내의 벤젠, 헥산 ▶ 비상가 벤헥
   > ④ 대기압 하에서 저온으로 액화시킨 물질 ➡ LNG ▶ 대저엔(* 연상: 경남 대저에는)
   > (* 결국 가스나 가솔린, 메탄, 프로판, 부탄, 벤젠, 헥산 등 액체의 증발로 증기운 폭발을 일으킨다)

8. **재난법.**(소방위만 해당)
   • 중앙안전민간협력위원회: 공동위원장 2명을 포함하여 35명 이내의 위원으로 구성한다. P627
   • 긴급구조활동평가단: 민간전문가 2명 이상을 포함하여 5인 이상 7인 이하로 구성한다. P641

   > ■ 응급조치 등에서 명령 및 조치권자   P636
   > ❶ 응원요청권자 : 시장·군수·구청장 / ❷ 동원명령권자 : 시장·군수·구청장, 중앙대책본부장
   > ❸ 대피명령, 위험구역설정, 강제대피조치, 응급부담명령, 통행제한: 시장·군수·구청장·<u>지역통제단장</u>

참고페이지

- **비교** (*^^ p.145, 354, 604)
  - Hot zone, 적색 : 오염구역 – 방사선전문가 및 소방활동구역(20μSv/h 이상, 화재 시).
  - Warm zone, 황색 : 오염 통제구역 – 제독활동구역 및 소방·구조대원 등 비상대응요원 활동구역.
  - Cold zone, 녹색 : 안전구역 – 지원인력·장비 대기구역 및 구급대원 활동구역.

- **The 쉬운 '당뇨병' 용어 해설~** (*^^ p.448)
  사람은 심장에서부터 피를 혈관을 통해 온몸으로 뿜는데 피는 산소운반과 혈당(피속의 포도당)을 운반한다.
  ① 대부분 음식물에는 단맛의 당이 있다. 밥, 반찬, 빵, 과일 등을 통해 사람 몸속으로 당이 들어오게 된다.
  ② 당은 사람의 각 조직(근육 등)과 세포 활동을 돕는 영양제인 포도당으로 (작은창자에서) 곧 전환이 된다.
  ③ 음식물 속, 이 당은 위장을 지나 소장(작은창자)에서 분해 후 여기서 혈관으로 흡수되어 "혈당"이 된다
  ④ 택배기사 역할의 호르몬인 인슐린이 혈당을 몸속 각 세포로 보내며 적절히 나눠주며 낮춰줘야 정상인데
  ⑤ 위장 뒷쪽 췌장에서 생산되는 인슐린이 부족하면 혈당은 세포로 가지 못해 (갈길을 잃어) 뇨로 배출된다.
  즉, 인슐린은 혈당을 낮춰주는 호르몬인데 당뇨병의 원인은 인슐린 기능 이상으로 혈당조절이 되지 않지만 결과는 **당**이 혈당으로 ➞세포로 가지 못하고 혈액 내 쌓이고, 일부 **뇨**(오줌)로 빠진다 해서 당뇨병이다.
  ------*
  – 음식물을 먹으면 췌장에서 인슐린이 분비되며 심장이 돌리는 혈액 속의 혈당이 세포로 흡수되지 못한다.
  고혈당상태에서 혈관과 신경손상(혈당이 혈관벽을 공격, 염증 일으키고 신경세포도 손상되며 김직 둔해짐)으로 합병증은 실명, 신장 투석, 발가락 절단, 백혈구 감소로 면역력이 감소되어 수많은 발병 원인이 된다.
  (* 참고: 당 측정 시 – 저혈당: 70mg 미만 / 고혈당: 250mg 이상 / 공복시 정상 혈당: 70~130mg)

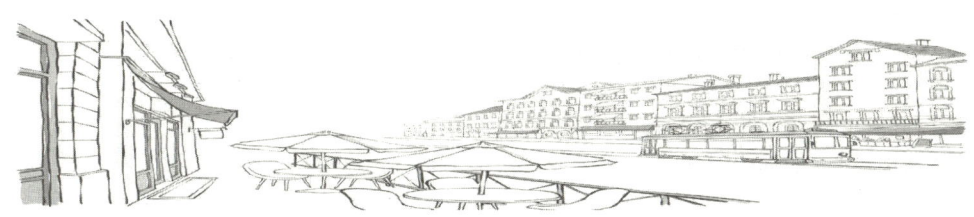

* 짝수 홀수를 맞추기 위해 삽입하였습니다.

■ 화재분야(1) 숫자노트 —☞ 제이디 훈의 숫자정리 (난이도 중)

1. 화재진압활동 숫자
① 소방관의 1초 당 탈출거리: 평균 75cm이며, 탈출구에서 1.5m(2초)가 한계이다 p23
② 백드래프트: 화재로 발생된 혼합가스가 전체 공간의 약 25%만 차지하면 폭발한다. p24
   * 참고: 현장대응활동검토회의: 화재발생일로부터 20일 이내에 개최한다.(* 법령 참고)
③ 선착대: 도착 순위가 1~3착이 되거나 화재 인지로부터 5분 이내에 도착하는 출동대. p41
④ 응급사다리구조: 지상 약10cm 지점에서 로프하강을 일시 정지시켰다가 서서히 내려놓는다. P65
⑤ 피난 유도원 인원수: ❶ 계단출입구: 2명 / 통로 모퉁이: 1명 / ❷ 집단유도는 어린이 20명에 1명,
   ❸ 어른 50명에 1명 정도가 적합. p66
⑥ 충수된 소방호스: 중량은 40mm가 50kg 이고, 65mm가 약 80kg이다. ▶암기 : 50,80(오빠) p80
⑦ 호스에 로프를 감아매기로 하고 4층 이하는 진입층에서 고정, 5층 이상은 진입층 및 중간층에서 고정한다. p80

2. 기상조건별 관창 배치 p81

기상조건 관창배치	
❶ 풍속이 3m/sec 이하 - 방사열이 큰 쪽으로 관창을 배치한다.	▶암기 : 3리(셋이) 방사
❷ 풍속이 3m/sec를 초과 - 풍하측을 중점으로 관창을 배치한다.	▶암기 : 3초 풍하
❸ 풍속이 5m/sec 이상 - 풍하측에 비화경계 관창을 배치한다.	▶암기 : 오리 비화
❹ 강풍(풍속 13m/sec 이상) - 풍횡측에 대구경 관창을 배치·협공한다 ▶ 13횡대	

3. 주수 관련 숫자
① 직사주수(전개형 분무관창을 사용 시): 관창 압력이 ❶ 0.3Mpa 미만일 때는 관창수 1인이 필요.
   ❷ 0.3Mpa 이상일 때 관창보조가 필요 / 반동력은 약 2Mpa 이하가 적당하다. p83
② 관창을 2m 정도 뒤에, 여유호스를 1.5m 원이 되도록 하면 반동력은 약 0.1Mpa 준다. p83
③ 고속분무주수: 관창압력 0.6Mpa, 관창 전개각도 10~30°정도를 원칙으로 한다. p84
④ 중속분무주수: ① 관창 압력 0.3Mpa 이상, 관창 전개각도는 30도 이상으로 한다. p84
⑤ 사다리를 활용한주수: 어깨에 거는 방법에서 전개형 분무관창의 직사주수로 0.25Mpa가 한도이지만 허리대는
   방법은 관창을 로프로 창틀, 사다리 선단에 결속하면 0.3~0.4Mpa까지 방수가능. p87
⑥ 엄호주수 ❶ 관창압력 0.6Mpa 정도로 분무주수를 한다.(* 고속분무와 같다) p88
   ❷ 관창각도는 60~70°로 하고, 관창수 스스로 차열을 필요시 70~90°로 한다.
⑦ 3D주수기법: 적합한 물방울은 약 0.3mm~0.4mm p90~91
   • 3D주수기법은 구획실의 크기가 70m² 이상일 경우 부적합하다고 볼 수 있다.(* 7이/3.3= 21평)
     ❶ 숏펄싱: 1초 이내, 머리 위쪽 및 주변 상층부 연기층 목표로 그 다음 내부천장 / 상층부 3~4회
     ❷ 미디움: 1~2초 간격, 앞쪽 상층부 연기층 및 간헐적 화염을 목표로 / 전면 상층부 3~4회 주수
     ❸ 롱펄싱: 3~5초 (관창조작은 2~~5초) 앞쪽 상층부 연기층 및 화염을 목표
   • 펜슬링 기법: 관창의 노즐은 오른쪽 방향 끝에서 왼쪽으로 1/4바퀴 돌려 직사주수 형태로 사용.
⑧ 복사열에 의한 연소확대를 방어하기 위한 전술적 가이드라인 p78, 92
   • 소규모이거나 65mm 관창 이용이 가능할 때, 화재 발생 건물(지점)에 직접 방수하고 진압.(=소극적, 천천히)
   • 대규모인 경우로 화점진압의 효과없을 때 40mm로 인접건물 측면에 직접방수.(= 공격적, 신속히)

■ 화재분야(2) 숫자노트 —☞ 숫자의 정리 (난이도 중)

4. 기타 화재진압 숫자
① 화재발생: 저녁 식사 시간대에 많이 발생하며 16시에서 18시까지가 가장 많다. 113
② 항공기화재에서: 동체하부 및 그 주변 약 5m 이내를 우선적으로 소화한다. p143
  • 피복 길이: 활주로의 1/3로, 피복 폭은 쌍발기 이상은 엔진간격의 약 1.5배 / 단발기는 8~10m로.
  • 포의 두께: 4~5㎝ 정도로, 시간적 또는 포원액에 여유가 없는 경우 100~150m를 전면 피복한다.
③ Hot Zone(핫존): p145
  공간방사선량률 ❶20μSv/h 이상은 소방활동구역 ❷100μSv/h 이상은 방사선 전문가들 활동구역이다.

5. 소방용수 숫자 p204
① 소화수조, 저수조의 채수구나 흡수관투입구 – 소방차가 2m 이내 접근할 수 있어야 한다.
② 소화수조 또는 저수조의 저수량: 소방대상물의 연면적을 다음 표에 따른 기준면적으로 나누어 얻은 수(소수점 이하의 수는 1로)에 20㎥를 곱한 양 이상이 되도록 한다.

소화수조, 저수조의 저수량	면 적
• 1층 및 2층의 바닥면적 합계가 15,000㎡ 이상인 소방대상물	7,500㎡
• 제1호에 해당되지 않는 그 밖의 소방대상물 (15,000㎡ 미만)	12,500㎡

③ 소화용수설비에 설치하는 채수구 – 다음표에 따라 소방용 호스 또는 소방용 흡수관에 사용하는 구경 65mm 이상의 나사식 결합 금속구를 설치할 것.

소요수량	20㎥ 이상 40㎥ 미만	40㎥ 이상 100㎥ 미만	100㎥ 이상
채수구의 수	1개	2개	3개

④ 소화수조 또는 저수조가 지표면으로부터의 깊이(수조 내부바닥까지의 길이)가 4.5m 이상인 지하에 있는 경우에는 다음 표에 따라 가압송수장치를 설치한다. (단, 4.5m 이하는 제외)

소요수량	20㎥ 이상 40㎥ 미만	40㎥ 이상 100㎥ 미만	100㎥ 이상
1분당 양수량	1,100ℓ 이상	2,200ℓ 이상	3,300ℓ 이상

⑤ 소화수조가 옥상, 옥탑의 부분에 설치된 경우 – 지상의 채수구에서의 압력이 0.15MPa 이상이 되도록 한다.

6. 화재조사실무 숫자
① 화재피해액의 계산방법: [1-(0.8×경과연수/내용연수)]에서의 0.8 혹은 0.9의 숫자는? P206
  • 건물, 부대설비, 구축물, 가재도구는 0.8 (* 건대 구가구 0.8) (* 건국대학 옛날가구 8만원)
  • 영업시설, 기계장치, 공구, 집기비품은 0.9 (* 영기공집 0.9) (* 연상: 영기네 빈집 9일간)
② 소방관서장의 대형화재 발생 시 화재합동조사단을 구성·운영 P178

소방청장	사상자가 30명 이상이거나 2개 시도 이상에 발생한 화재(임야화재 제외)
소방본부장	사상자가 20명 이상이거나 2개 시군구 이상에 발생한 화재
소방서장	사망자 5명 이상, 사상자 10명 이상, 재산피해액 100억 원 이상 발생 화재

■ 구조분야(1) 숫자노트 ☞ 숫자의 정리 (난이도 중)

1. 장비 숫자
① <u>4</u>행정기관(<u>유</u>압펌프, <u>이</u>동식펌프) – 엔진오일 별도로 주입.(* 사유리는 엔진오일을 별도로)
   <u>2</u>행정기관(<u>체</u>인톱, <u>발</u>전기, <u>동</u>력절단기) – 전용엔진오일 사용 ▶ 이전용씨, 최발동씨 P222
② • 로프총 화약식: 20GA 추진탄으로 ❶최대사거리는 200m, ❷유효사거리는 150m P223
   • 로프총 공압식: 15Mpa 압력에서 ❶최대사거리 120m, ❷유효사거리 60m 내외
   • 로프총 각도: 수평각도 65°가 이상적이다.(* 45° 이상의 각도를 유지해야 격발이 된다.)
③ 마취총: 마취효과는 5분정도 걸린다. 동물은 <u>43℃</u> 이상에서는 생존하기가 어려우므로 수시로 체온을 측정하여 동물의 정상적인 체온 37℃~40℃를 유지한다. (* 43℃: 사상우려 있다) P224

2. 로프 숫자
① 로프: 8~13㎜를 많이 사용되며 구조대에서는 10.5~12㎜ 내외를 주로 사용한다 P225
   ❶ 케블러: 내열성(427도) / 인장강도는 강한편(2), 내충격력이 가장 낮다(7)
   ❷ 나일론: 신장율이 가장 높고(20~34%), 내충격력도 가장 강하다(1). ▶ 나일신(* 나일론신)
   ❸ 폴리에틸렌: 인장강도와 내마모성이 약한편이고(6), 햇볕에도 최약이다,
② 8자매듭 강도(75~80) / 한겹고정(70~75) / 이중피셔맨(65~70) / 테이프(60~70) / 기타(60~65) P226
③ <u>정적</u> 로프(<u>일반구조용</u>): 신장율이 5%, 미만 / <u>동적</u> 로프(<u>산악구조용</u>): 신장율이 7% 이상, P226
④ 4년 경과시 강도저하, 5년 이상된 로프는 폐기한다(UIAA 권고사항) P227
   • 가끔 사용 로프 : 4년 / 매주 사용 로프 : 2년 / 매일 사용 로프 : 1년 / 스포츠용 : 6개월
⑤ 슬링: 약 20~25㎜의 폭으로 등반, 하강 시 로프대용 사용은 매우 위험하다. p227
⑥ 안전벨트: 허리벨트 버클은 한 번 통과시킨 후 다시 거꾸로하며 끝을 5㎝ 이상 남긴다. P228

3. 기타 장비 숫자
① 카라비나 강도: 종방향으로 <u>25kN~30kN</u>, 횡방향으로는 <u>8kN~10kN</u>. ▶ 3배 P228
② 도르래로 80kg를 들어 올린다면 필요힘의 1/3인 약 26.7kg로 물체를 이동시킬 수 있다. P229
③ 공기톱: 오일이 1/3 이하면 보충한다.(작업 시 공기압력은 1MPa 이하. 적정압력은 0.7MPa) P233
④ 유압절단기: 절단날 하향 10°~15°로 절단한다.(* 가위처럼 벌림.) P239   ↑ P233
⑤ 에어백: 3개 이상 겹쳐서 사용금지 / 외형평판두께 2.0~2.5㎝, 내열성좋아 80℃에서 단시간 사용가능
⑥ 유압엔진펌프: 1년마다 오일을 완전히 교환 / 기울기가 30° 이상인 장소는 사용하지 않는다. p235
⑦ 공기호흡기: 성인 남성 1회 공기량은 약 500cc, 심호흡 시 약 2,000cc, 표준폐활량은 3,500cc p237
   • 공기소모량은 ❶ 평균작업 : 30~40ℓ/분 ❷ 격한작업 : 50~60ℓ/분 ❸ 최고격한작업 : 80ℓ/분
   • 고압용기에 충전된 호흡용 공기는 매 1년마다 배출한 후 새로운 공기를 충전하여 보관한다. p237
⑧ 공기안전매트: 설치소요시간은 30초 이내로 하며 복원되는 시간은 10초 이내로 한다. p240
⑨ 매듭에서 로프 끝까지 11~20㎝ 정도 남겨 두도록 한다. p241
⑩ 현수로프는 안전을 위해 두 겹을 원칙, 특히 직경 9㎜ 이하의 로프는 반드시 두 겹으로 한다. 하강 로프의 길이는 현수점에서 하강지점까지 완전히 닿고 1~2m 정도의 여유가 있어야 한다. p250
⑪ 헬기하강: 착지점 약 10m 상공에서 서서히 제동을 걷다, 약 3m 위치에서 천천히 착지한다. p258

■ 구조분야(2) 숫자노트 —☞ 숫자의 정리 (난이도 중)

4. 산소와 유독가스 숫자 P266
산소: 18%(숨가쁨) / 17%(호흡증가 근육장애) / 12%(어지러움, 두통) / 9%(의식불명) / 6%(사망)

| 화재현장에서 발생하는 유독가스 | ▶ 포염아씨 암일 순서 |

종류	발생조건	허용농도
포스겐	프레온 가스와 불꽃의 접촉	0.1ppm
염화수소	플라스틱, PVC	5ppm
아황산가스	중질유, 고무, 황화합물연소 시 ▶ 아황산은 중고 황화물의 고(5)물산	5ppm
시안화수소	우레탄, 고무, 모직물, 폴리에틸렌 연소 ▶ 희한한 고모! 빨리 우네? (10분전)	10ppm
암모니아	열경화성수지 등 연소 시 발생 ▶ 암모니아 경화이오~	25ppm
일산화탄소	불완전 연소 시 발생 (* 이산화탄소: 5천ppm)	50ppm

5. 잠수 관련 등 숫자
① 물속에서: 물체는 25% 크게 / 소리는 4배 / 열은 25배 / 수압은 10m는 2기압 p282
② 수온이 24℃ 이하는 습식잠수복 / 13℃ 이하는 건식잠수복을 착용 p282
③ • 공기통 수압검사: 첫구입 후 5년만에 / 이후 3년마다 / 육안검사는 1년마다 ▶ 531
　• 신규검사 후 10년까지는 5년마다 / 10년 후 3년마다 검사받는다. ▶ 십5 십3 p284
④ 잠수는 수년에 노착했을 때 50bar가 남이 있도록 잠수계획을 세운다
　• 질소마취로 수심 30m 이상 잠수금지, 상승은 분당 9m, 즉 6초에 1m를 초과하지 않는다.
　• 수심 5m 정도에서는 항상 5분 정도 안전 감압정지를 마치고 상승해야 한다. p285
⑤ 헨리(사이다)의 법칙: 압력이 2배가 되면 (비례하여) 2배의 기체가 용해된다 p286
⑥ 잔류질소: 호흡에 의해 12시간이 지나야 배출된다. p286
⑦ 재잠수: 스쿠버 잠수 후 10분 이후에서부터 12시간 내에 실행되는 스쿠버 잠수. p287
⑧ 인체의 산소사용 가능범위는 약 0.16기압~1.6기압 범위. ❶산소부분압이 0.16기압 이하는 저산소증이 발생하고 ❷산소분압이 1.4~1.6기압이 될 때 나타난다.(* 수심 60~70m) ▶ 1416 p288
⑨ 1.4는 작업 시 분압, 1.6은 정지시 분압이다.(* 1.6은 우발적으로도 노출돼서 안 된다) p288

> ■ **콘크리트 숫자 정리:** p292
> • 230℃까지는 정상 / • 290℃에서는 표면균열, 540℃에서는 균열 심화 / * 2954 표심균열
> • 300℃에서 강도가 저하. / • 500℃를 넘으면 냉각 후에도 잔류신장 / * 300저하/500신장
> • 200℃~400℃에서 모세관수 및 겔수의 증발로 인한 강한 흡열피크 / * 24세 모세나이
> • 600℃에서는 수산화칼슘으로 흡열피크 / • 800℃에서는 탄산칼슘으로 흡열피크 / * 68수탄
> • 290℃~590℃ : 연홍색이 붉은색으로 변색 / • 590℃~900℃ : 붉은색이 회색으로 변색
> • 900℃ 이상 : 회색이 황갈색으로(석회암은 흰색으로 변색) / • 573℃ : 골재에 Spalling 발생.
> 　(*^^ 연홍색→ 붉은색→ 회색→ 황갈색 순) ▶ 연북회황(* 이연북셰프 희항) ↳, ▶ 오치산 스폴링

⑩ 엘리베이터: ❶ 제1동작: 정격속도 1.3배 (45m/분 이하는 63m/분) 이내에서 전자브레이크 작동한다.
　　　　　　　❷ 제2동작: 1.4배 (45m/분 이하는 68m/분) 이내에서 비상정지장치로 제지한다. p304
⑪ 산의 고도: 100m 오를수록 0.6℃ 내려간다. / 눈사태는 경사 31~55도에서 제일 많이 발생. p310

■ 구급분야(1) 숫자노트 –☞ 숫자의 정리 (난이도 중)

1. 응급의료개론편 숫자
① 오염물질: 비누로 손을 씻을 경우 10~15초 사이에 피부로부터 떨어져 나간다. p351
② 예방접종: ❶파상풍(10년마다) ❷B형간염, 인플루엔자(매년) ❸소아마비, 풍진, 홍역, 볼거리는 부분적인 예방역할로 홍역, 볼거리, 풍진은 자체 면역정도 검사. ❹결핵피부반응검사는 1회/년 이상 실시한다.
 - 감염 후 처치자는 필요한 처치 및 검사를 48시간 이내에 받을 수 있도록 한다. p352
③ 최초 도착 시 차량 배치요령 p366
  • 차량화재가 있는 경우에는 화재차량으로부터 30m 밖에 위치시킨다.
  • 폭발물이나 유류를 적재한 차량으로부터는 600~800m 밖에 위치한다
④ 긴급환자 호흡수 – 30회/분 초과, / 응급환자 호흡수 – 30회/분 이하 p367
⑤ 환자들어올릴 때: 다리, 엉덩이의 근육을 이용해 양손은 약 20~30cm 떨어지게 한다. p368
⑥ 쇼크환자: 다리를 20~30cm 올린 후 앙와위(바로누움)로 이송.(*금지: 머리, 목뼈, 척추손상 환자). p371

2. 의료장비쪽 숫자 p377(p372~380)
① 입인두기도기: 입천장에 닿으면 180도 회전, 후방으로 밀어 넣는다(*90°회전시키는 방법도 있다) p372
② 기관내 삽관: GCS 8점 이하일 시 삽관 고려 가능(커프를 5~10cc 공기 주입) p374
③ 흡인기: 흡인관을 펴서 흡인한다.(단, 흡인시간은 15초를 초과하지 않는다) p375
       15초 흡인하면 양압환기를 2분간 한다. p375, p406
④ 코삽입관: 1~6L로 조절하면 산소농도를 24~44%로 유지할 수 있다. COPD환자에게 주로 사용. p375
⑤ 단순얼굴마스크: 6~10L의 유량으로 흡입 산소농도를 35~60%까지 증가시킬 수 있다. p376
⑥ 비재호흡마스크: 분당 10~15L 유량의 산소를 투여하면 85~100%의 산소를 공급가능 p376
⑦ 백밸브마스크(BVM): 분당 10~15L의 산소공급시 산소저장낭 없이 40~60% 산소공급.(* 약 50%) p377
  (* 산소저장주머니 연결 후 분당 10~15L의 산소를 공급할 경우 거의 100%의 산소공급) p377
  ※ 백은 1~1.6ℓ를 보유 / 한번 공급하는 양은 적어도 0.5ℓ가 되어야 한다. p407
  ※ 2명대원이 BVM을 사용시 성인은 5~6초간 1회 / 소아는 3~5초간 1회 백을 누른다. p407

3. 임상응급의료편 숫자
① 재평가: 보통 15분마다 평가해야 하며, 위급한 환자인 경우는 5분마다 평가한다. p386
② 낙상: 성인은 6m 이상, 소아 3m 이상 높이에서, 내부장기, 척추손상 발생할 수 있다. p386

  • 맥박: 성인: 60~100회 / 유아: 80~130회 / 신생아: 120~160회 p391
  • 정상호흡: 성인: 12~20회 / 아동: 15~30 / 유아: (20~50) / 신생아: 30~50회 p392
  • 인공호흡 시: 성인: 10~12회 / 소아, 영아: 12~20회 / 신생아: 40~60회 p392

③ 입대입마스크: 50% 산소공급율 / 12~15ℓ/분 공급 / 성인, 소아 1초간 숨을 분다. p392
④ 흡인기: 흡인관 끝에서 분당 30~40ℓ 공기흡인 / 흡인관을 막을 때 300mmHg 이상이 정상. p405
⑤ 정상 산소포화도: 95~100% / 95% 이하는 저산소증 / 55℃ 이상 온도에서 산소통을 저장해서는 안 된다. 산소처치기구는 5년에 한번 점검하고 마지막 점검 날짜는 통에 표시한다. p407
⑥ 심실세동에서 제세동이 1분 지연될 때마다 성공 가능성은 7~10%씩 감소한다. p414
⑦ 출혈: 성인은: 1ℓ/소아: 0.5ℓ, 신생아(정상500~800cc): 0.1ℓ 실혈될 경우 위험하다. p421
⑧ 지혈대: 상처로부터 5~8cm 떨어진 위쪽에 적용. / 10cm폭에 6-8겹의 붕대를 두 번 감아 묶고 매듭 안으로 지혈대를 넣는다. p422 / 쇼크증상: 약 20~30cm 정도 다리를 올린다. p425

■ 구급분야(2) 숫자노트 -☞ 숫자의 정리 (난이도 중)

1. 화상, 골절 등 숫자
① 화상(성인): 머리: 9 / 몸통전후:총36 / 상지(앞뒤양측):총18 / 하지(앞뒤양측):총36+1=100%. p431
② 뼈 출혈 - 정강뼈, 종아리뼈: 500cc, 넙다리뼈: 1,000cc, 골반골절: 1,500cc~3,000cc. p436
③ 당뇨환자: I형은 적정량만큼 인슐린을 생산하지 못하는 경우로 인슐린투여가 필요한 환자.(1º%)
　　　　　　II형은 인체세포가 인슐린에 적절히 반응을 못하며 노인환자가 많다. 대부분 환자임 p448
④ 의식있는 뇌졸중환자 A(arm)평가: 눈을 감고 양 손을 동시에 들어 올려 10초간 멈춘다. p451
⑤ 저체온증 35℃ 이하를 말한다 / 35~37℃: 오한 / 32~35℃: 오한, 언어장애 / 30~32℃: 오한,
　　강한 근육경직/ 27~30℃: 바보모습, 근육경직, 맥박, 호흡 느림 / 26~27℃: 의식손실. p455
⑥ 열사병: 열이 41~42℃ 이상 오른다.(* 피부는 뜨겁고 건조하거나 축축하다) p459
⑦ 감압병: ❶30분 이내에 50%, ❷1시간 이내에 85%, ❸3시간 이내에 95%가 나타난다. p461

2. 산부인과쪽 숫자 p463
① 2개의 난소와 2개의 나팔관, 자궁과 질, 경부로 구성 / 정상 임신: 수정에서 분만까지 약 9달이다.
② 중기에 태아가 빠르게 성장하며 5개월에 자궁이 배꼽선에서, 말기에 윗배에서 만져진다.
③ 구형흡입기를 누른 다음 입에 약 2.5~3.5cm 넣고 흡인하고 뺀 후에는 수건에 흡인물을 버리도록 한다.
　이 과정을 2~3회 반복하고 코는 1~2번 반복한다. 코에는 1.2cm 이하로 넣는다.
④ 출생 1분과 5분에 각각 측정하는데, 건강한 신생아의 점수의 합은 10점이다
　대부분의 신생아들은 생후 1분의 점수가 8~10점이다. / 6점 이하이면 신속히 병원으로 이송한다.

일반적인 외형(피부색)	몸 전체가 분홍색이면 2점, / 몸은 분홍빛이지만 발과 입술이 푸르스름하면 1점, 몸 전체가 청색을 띄거나 창백하면 0점이다.
맥 박	청진기를 사용할 수 없는 경우 손가락으로 제대의 박동수를 촉지하여 측정한다. 맥박이 100회 이상: 2점 / 100회 이하: 1점, / 맥박 없으면 0점.(* 정상: 120~160회)
반사흥분도 (찡그림)	코 안쪽을 자극할 때, 신생아가 기침이나 재채기를 하면 2점, / 얼굴만 찡그리면 1점, 반응이 없으면 0점이다.
활동력(근육강도)	구부린 상태에서 곧장 뻗으려 하면 2점 / 약하게 뻗을 수 있으면 1점 / 근육 긴장력 없으면 0점
호 흡	규칙적이며 빠른 호흡(울음)은 2점, / 느리고 불규칙적이면 1점, / 호흡이 없으면 0점이다.

　✪ 8~10점 : 정상출산으로 기본적인 신생아 관리 / 3~7점 : ❶ 경증의 질식상태 ❷ 호흡을 보조함
　❸부드럽게 자극 ❹입-코 흡인 / 0~2점 : ❶심한 질식상태, ❷기관 내 삽관 ❸산소공급 ❹CPR

⑤ 신생아: 30초 내에 호흡 시작함 / 심박동이 100회/분 이하이면 인공호흡을 실시 / 압박깊이는 가슴의
　1/3 정도이고, 호흡과 가슴압박 비율은 1:30이며, 1분에 90회 가슴압박과 30회 호흡으로 한다.
⑥ 제대결찰: 첫 번째 제대결찰: 신생아로부터 약 10cm / 두 번째는 첫 번째 제대에서 신생아 쪽으로 5cm.

3. 기본소생술 p481
① 심폐소생: 5~10초 목동맥에서 맥박을 확인 / 분당 100회~120회 속도 / 압박깊이는 5cm(~6cm) /
　가슴압박과 인공호흡 비율은 30:2로(순서: CAB) / 이완과 압박비율은 50 : 50 / 5주기 후 목동맥 확인 /
　가슴압박 중단은 10초 이내. / 인공호흡: 포켓마스크를 사용하여 2회 실시(1초씩 2회)
② 소아와 영아: 가슴깊이의 1/3(* 약 4cm)로 / 심폐정지 후 4분~6분이면 뇌사 발생할 수 있다.
③ 사후강직 상태 : 사후 강직은 사망 후 4~10시간 이후에 나타난다. P486
④ 가슴밀어내기: 영아는 5회 등 두드리기와 5회 가슴 밀어내기를 이물질이 나올 때까지 P489

■ 장, 위 해당 숫자노트 ─☞ 숫자의 정리 (난이도 중)

1. 소화약제 숫자
① 잠열: 0℃의 얼음 1g이 0℃의 물 = 80㎈/g / 100℃ 물을 100℃의 수증기 = 539㎈/g p501
② 물방울 크기: 무상은 0.1~1.0㎜ / 적상은 0.5 ~ 6㎜ 정도. p501
③ 저발포(팽창비 20이하) / 고발포(팽창비 80~1000미만. 1종:80~250/2종250~500/3종:500~1천) p505
④ IG-01: Ar / IG-100: N_2 / IG-55: Ar50: $N_2$50 / IG-541= N_2: 52%, Ar: 40%, CO_2: 8% p515
⑤ 사용 분말입도는 10~70㎛이며 최적의 소화효과 입도는 20~25㎛. ▶ 암기: 분말 이이오~ p517

2. 연소 폭발 등 숫자
① 가스 최소점화에너지: 약 0.001~1[mJ] / 디에틸에테르 인화점: -40℃ p524, 526
② 연소점: 인화점보다 10℃ 높고 연소가 5초 이상 유지 될 수 있는 온도. p527
③ 연소범위: 아세틸렌: 2.5~82% / 수소: 4.1~75 / CO: 12.5~75% p528
④ 연기속도(m/sec): 수평 : 0.5~1 / 수직 : 2~3 / 계단(초기) : 1.5 / 계단(중기) : 3~4m. p534
⑤ 일산화탄소: 300℃ 이상 열분해 시 발생 / 헤모글로빈과 결합력: 산소보다 210배 / 50ppm p535
⑥ 분진의 폭발조건 : 가연성, 미분상태는 200mesh(76㎛) 이하, 지연성, 점화원 존재 p541
⑦ 폭연속도: 0.1~10㎧ / 폭굉: 1,000~3,500㎧ 압력상승은 폭연보다 10배 p543
⑧ 제3류 위험물: 황린(지정수량: 20kg)은 공기접촉 시 자연발화한다.(pH9의 물 속에 저장) p555

3. SOP 숫자
① 언론브리핑의 현장지휘관의 임무: 1차 대중매체 브리핑은 가급적 재난 발생 2시간 이내에 실시하고 추후 브리핑 계획을 미리 공지한다. (SOP110)
② 화재 발생 아래 지역(외부)은 유리파편이 떨어지는 가능성을 고려 반경 50m 이내 접근금지
 - 현장지휘소는 화재 건물로부터 최소 50m 이상 떨어진 곳에 위치 (SOP222)
③ 발화층이 3층 이상인 경우: 연결송수관 활용. (SOP223)
④ 항공기화재: 방수 시 관창 65mm로 3인 이상이 고속분무주수 실시 (SOP234)

3. 재난법 숫자 (소방위 해당)
① 실무위원회: 위원장 포함 50명 내외 구성.(*5명 이상 위원의 요청 등으로 25명 내외 위원으로. P626
② 중앙안전민간협력위원회: 공동위원장 2명을 포함하여 35명 이내의 위원으로 구성. P627
③ (정기) 안전점검은 A,B,C등급 : 반기별 1회 이상 / D등급: 월 1회 / E등급: 월 2회. P631
④ 재난안전분야 종사자: 행정안전부장관이 실시하는 전문교육 대상자는 6개월 이내에 신규교육(3일 이내)을 받아야 하며, / 신규교육을 받은 후 매 2년마다 정기교육(3일 이내)을 받아야 한다. P632
⑤ 긴급구조활동평가단: 민간 전문가 2인 이상을 포함하여 5~7인 이하로 구성 .P641
⑥ 안전점검의 날: 매월 4일 / 국민안전의 날: 4월 16일 / 방재의 날: 5월 25일 P644
⑦ 재난관리기금: 3년 동안 지방세기본법에 의한 100분의 1에 해당하는 금액으로. / 매년 법정적립액 총액의 100분의 15 이상의 금액은 금융기관 등에 예치한다 P645
⑧ 시도지사, 시군구청장은 재난상황기록을 재난복구 끝난 해 다음연도부터 5년간 보관 P646
⑨ 5년마다: 국가안전관리계획: 국무총리가./재난및안전기술종합계획: 행안부장관이 P630, 646

Reference

- 소방공무원 · 경찰공무원의 봉급표 -

■ 공무원보수규정 [별표 10] 〈개정 2025. 1. 3.〉

(월지급액, 단위: 원)

계급 호봉	소방정감 치안정감	소방감 치안감	소방준감 경무관	소방정 총경	소방령 경정	소방경 경감	소방위 경위	소방장 경사	소방교 경장	소방사 순경
1	4,739,200	4,409,200	4,026,800	3,496,600	3,020,400	2,607,300	2,352,400	2,319,000	2,078,100	2,000,900
2	4,896,900	4,559,400	4,162,000	3,624,400	3,133,400	2,719,500	2,439,600	2,349,400	2,121,600	2,031,100
3	5,058,600	4,711,700	4,301,200	3,754,400	3,250,900	2,833,800	2,550,700	2,415,700	2,178,100	2,070,500
4	5,223,900	4,865,300	4,441,400	3,887,400	3,372,900	2,951,600	2,664,900	2,509,900	2,248,500	2,119,500
5	5,393,300	5,021,200	4,583,900	4,022,200	3,498,100	3,071,200	2,782,100	2,618,900	2,334,100	2,178,700
6	5,564,700	5,177,200	4,727,800	4,158,400	3,625,800	3,193,700	2,900,300	2,730,400	2,436,900	2,248,900
7	5,738,600	5,335,300	4,873,500	4,295,700	3,755,500	3,318,900	3,019,700	2,842,600	2,540,000	2,331,000
8	5,913,900	5,493,200	5,019,400	4,433,700	3,886,800	3,445,100	3,139,100	2,955,700	2,639,300	2,420,900
9	6,091,900	5,652,200	5,166,600	4,572,200	4,018,600	3,572,600	3,259,200	3,063,100	2,733,800	2,507,300
10	6,270,800	5,811,000	5,313,700	4,710,600	4,151,200	3,691,600	3,372,700	3,165,800	2,823,400	2,590,200
11	6,449,300	5,970,600	5,461,100	4,850,100	4,275,300	3,804,400	3,479,000	3,262,600	2,910,100	2,669,500
12	6,633,900	6,135,700	5,613,800	4,981,500	4,394,800	3,914,200	3,584,000	3,357,700	2,994,700	2,747,900
13	6,819,500	6,301,800	5,755,800	5,104,200	4,508,300	4,017,800	3,683,500	3,447,900	3,076,100	2,823,400
14	7,005,600	6,452,200	5,887,600	5,218,900	4,614,100	4,116,900	3,776,900	3,534,200	3,153,900	2,896,700
15	7,168,200	6,590,800	6,009,100	5,326,800	4,714,100	4,209,700	3,867,300	3,616,600	3,228,600	2,966,700
16	7,312,700	6,717,800	6,122,300	5,428,700	4,808,200	4,299,000	3,951,800	3,694,600	3,300,800	3,034,400
17	7,440,700	6,834,700	6,227,500	5,523,200	4,896,700	4,382,000	4,032,600	3,769,500	3,368,100	3,100,600
18	7,554,700	6,941,600	6,325,400	5,611,500	4,980,200	4,461,900	4,108,900	3,841,100	3,433,400	3,162,300
19	7,656,800	7,040,400	6,415,800	5,694,000	5,058,900	4,536,600	4,181,500	3,908,500	3,496,100	3,222,900
20	7,748,400	7,130,400	6,500,600	5,771,100	5,132,700	4,607,500	4,250,500	3,972,700	3,555,900	3,280,600
21	7,832,700	7,212,800	6,579,100	5,843,100	5,202,100	4,674,300	4,316,100	4,034,000	3,612,900	3,334,900
22	7,907,800	7,288,400	6,651,700	5,910,600	5,267,300	4,738,800	4,378,000	4,091,800	3,667,700	3,387,400
23	7,971,400	7,357,500	6,718,700	5,974,100	5,328,800	4,798,000	4,436,700	4,147,800	3,719,800	3,437,300
24		7,414,100	6,781,500	6,033,900	5,386,300	4,855,300	4,493,000	4,200,900	3,770,200	3,485,200
25		7,468,100	6,832,700	6,088,500	5,440,700	4,909,300	4,546,600	4,251,100	3,818,000	3,530,600
26			6,881,900	6,134,900	5,491,900	4,960,400	4,595,700	4,299,400	3,864,300	3,572,100
27			6,927,400	6,177,500	5,534,400	5,008,000	4,637,700	4,340,100	3,902,900	3,607,600
28				6,218,400	5,575,200	5,048,900	4,678,200	4,378,100	3,940,100	3,641,800
29					5,612,700	5,086,800	4,716,400	4,414,800	3,975,200	3,674,800
30					5,649,100	5,123,900	4,752,300	4,450,000	4,009,300	3,707,100
31						5,158,100	4,786,800	4,483,000	4,042,300	3,738,400
32						5,190,800				

* 비고: 의무소방원: 특방은 지원에 의하지 않고 임용된 하사 봉급, 수방은 병장, 상방은 상등병, 일방은 일등병, 이방은 이등병 봉급.

··· 필자 저서 (현, 네이버 통계: 약 200권) ···

※ **대학교재편** (5개 출판사) –
1. 소방실무 : 부산 경상대학 출판부 (2006년 초판발행)
2. 소방학개론 : 도서출판 기문당 (06년 초판~07년 2쇄)
3. 소방학개론 : 출판 신광문화사 (12년 초판~14년 4쇄)
4. 소방전기시설 : 신광문화사 (08년 초판 ~ 19년 9쇄)
5. 소방관계법규 : 도서출판 동화기술 (05년~25년 21쇄)
6. The쉬운 소방기계시설 : 화수목 (2020년~ 초판출간)
7. The쉬운 소방전기시설 : 화수목 (2021년~ 초판출간)
8. The쉬운 소방학개론(5색 컬러판) : 화수목(25년 10쇄)
9. **The쉬운 소방관계법규: 화수목(16년초판~25년 10쇄)**

※ **소방설비(산업)기사편** –
1. 소방법규(아인슈타인~) : 기다리출판사(1999년~)
2. 소방법규(消防法規) : 도서출판 동화기술 (1999년)
3. 소방원론(消防原論) : 도서출판 동화기술 (2000년)
4. 소방전기시설의 구조 및 원리 : 신광문화사 2003년)
5. 소방관계법규 : 동화기술출판사 (05년~21년 18쇄)

※ **소방공무원 승진편** (5개 출판사) –
1. 방호실무 예상문제집 : 도서출판 와이즈고시(2008년)
2. 구조구급실무 예상문제집 : 와이즈고시출판사 (08년)
3. 예방실무 예상문제집 : 도서출판 와이즈고시(2008년)
4. 소방전술(1)(2)(3) : 기본서 : 밝은내일출판사(14~15년)
5. 소방법령(1)(2)(3)(4) : 기본서 : 밝은내일출판(14~15년)
6. 소방전술(1)(2)(3) 기출문제집 밝은내일출판(14~15년)
7. 소방전술(1)–화재분야 승진:도서 법학원(18년 5쇄출간)
8. 소방전술(2)–구조분야 승진도서: 법학원(18년 5쇄출간)
9. 소방전술(3)–구급분야 승진도서: 법학원(18년 5쇄출간)
10. 소방법령(1) 소방공무원법승진: 법학원(19년 6쇄 출간)
11. 소방법령(2) 1.2분법 승진도서: 법학원(19년 6쇄 출간)
12. 소방법령(3) 4·5분법 승진도서: 법학원(19년6쇄출간)
13. 소방법령(4) 공무원법 + 4분법 법학원(18년 5쇄출간)
14. 소방전술+법령(1.2.3) 문제집: 헤르메스출판(21년출간)

※ **소방공무원 면접책 및 용어사전** (3개 출판사) –
1. 조동훈면접가이드(상): 화수목(16년 초판~ 16년 4쇄)
2. 조동훈(개별+집단)면접가이드(중) : 뉴욕출(17년 2쇄)
3. 조동훈(개별+집단)면접가이드(하): 뉴욕출(18년 초판.)
4. 조동훈 소방전문용어사전 : 밝은내일출판 (16년 2쇄)
5. 조동훈면접가이드(상) : 뉴욕출(18년 초판~18년 1쇄)

※ **소방공무원 임용+승진편** (12개 출판사) –
1. 소방학개론(1), (2) : 박문각(05년 초판~2008년 12쇄)
2. 조동훈 소방법규 및 개론 : 박문각(07년~08년 5쇄)
3. 조동훈 문제소방학 : 도서출판문각 (06년 초판~2쇄)
4. 조동훈(소방직)문제소방학 : 박문각 (07년 초판~2쇄)
5. 조동훈(특채직)문제소방학 : 도서출판박문각 (2007년)
6. 아인슈타인~소방관계법규 : 월드라인 (08년 1~2쇄)
7. 조동훈 문제소방법규 : 메드라인(07초판~ 08년 2쇄)
8. 조동훈 소방학(777해설문제): 월드라인 (2008년 출간)
9. 소방직(공개채용)적중집 : 서울고시각출판 (08~12년)
10. 소방직(구조·구급직)적중집 : 서울고시각 (08~12년)
11. 소방직(소방학과)적중잡 서울고시각 (08~12년) 매년

12. 참쉬운소방학개론(1)·(2) : 베리타스 (08년~10년 6쇄)
13. 아인슈타인~ 소방관계법규 : 베리타스M (09년 7쇄)
14. 815(개론테스트) : 베리타스M 출판사(2009년 1·2쇄)
15. 625(법규테스트) : 도서출판 베리타스M (09년 출간)
16. 핵심이론 및 총5년기출집 : 베리타스M (10년 총4쇄)
17. 소방법규(5년)총기출집 : 베리타스출판사(10초판~2쇄)
18. (공채) 911 : 베리타스M 출판사 (2010년 초판~2쇄)
19. (특채) 쓰리세븐 : 베리타스M 출판사 (2010년 1~2쇄)
20. 조동훈소방학: 아름다운새벽 (10년 8쇄~13년 18쇄)
21. 조동훈소방관계법규: 아름다운(10년 8쇄~13년 17쇄)
22. 900선테스트(소방학개론): 아름다운새벽 (11년 출간)
23. 800선테스트(소방법규) : 아름다운(2011년 1쇄~2쇄)
24. 실전모고(공개채용) : 아름다운출판사 (11~13년)발행
25. 실전모고(구조·구급직): 아름다운출판사(2011~13년)
26. 실전모고(소방학과): 아름다운출판(11~13년)매년발행
27. 핵심이론+총8년 소방법규기출집 : (11~13년) 총3쇄
28. 뉴소방핵심+총7년기출잡 아름다운~ (2012년 총3쇄)
29. 소방법규 516테스트 : 아름다운새벽출판사(12년출간)
30. 소방학 760테스트 : 아름다운새벽출판사(12년1~2쇄)
31. 소방법규 최근총4년기출문제집 : 아름다운 (13년 초판)
32. 소방학개론780테스트: 아름다운새벽출판사(13 출간)
33. 소방법규 620테스트 : 아름다운새벽출판 (13년 출간)
34. 간부후보+중앙특채 법규 : 아름다운출판사(10년출간)
35. 800일파 (소방학개론 테스트) : 밝은내일 (14년 초판)
36. 700일파 (소방법규 테스트) : 밝은내일(14년초판발행)
37. 717기본법 및 2분법–승진(임용)잡 : 밝은내일 (14 출간)
38. 815소방기출집– 소방학: 밝은내일 출판(2014년 출간)
39. 809 (소방학개론 테스트) : 밝은내일(15년 초판 발행)
40. 709(소방관계법규 테스트) : 밝은내일(15년 초판발행)
41. 소방법령(1·2분법)–승진겸용: 밝은내일 (15년 초판발행)
42. 16년소방법규 700+소방법령(1,2분법) (밝은내일 출간)
43. 880단원별 명품(16년개론: 더에이스출판사(초판출간)
44. 17년 실전모고(공채, 특채 각 보직별): 뉴욱(16년) 출간
45. 817소방학개론 단원별테스트: 뉴욱출판사 (17년 출간)
46. 717소방법규 및 소방법령1·2분법 뉴욱출판사(2017년)
47. 818개론(단원별) 718 법규, 소방법령 1·2법 (18년 출간)
48. 공채·경채 각 과목 실전잡 : 뉴욱출판사(2018년출간)
49. 819개론(단원별), 719(단원별) 소방법령 1·2법 (19 출간)
50. 20년 소방학 각종 도서 6종: 런던출판사(2019년 1쇄)
51. 21년 조동훈 소방학개론(상하) 기본서: 티앤에스 (20년)
52. 21년 The쉬운 조동훈 소방관계법규: 박문각(21년14쇄)
53. 22년 소방법규총8년기출잡 티앤에스출판 (22년2쇄)
54. 소방학서브노트(핸드북) : 화수목(23년 8쇄거처 초판)
55. 23년 소방전술핵심정리(교,장,위 별도)(23년 초판)

– 이하 생략 –

– **현, 소방 승진 캠버스출판사 편** –
1. 25년 소방전술 단권화 (기출의 힘!– (예정): (25년 2판)
2. 25년 소방전술기본서(교 별도 상중 2권임): (25년 4쇄)
3. 25년 소방전술기본서(장,위 상중하 3권임): (25년 4쇄)
4. 24년 전술– A형 단원별 문제집 – (출간): (24년, 2쇄)
5. 25년 전술– B형 단원별 문제집 – (예정): (25년, 2쇄)
6. 25년 봉투모의고사(교,장,위 별도) – (예정): (25년 3쇄)

※ **법개정**: 본 필자의 도서는 항상 인쇄 들어가기 직전까지, 변경된 법을 현 시험에 흐름에 맞게 수정하여 출간이 됩니다.

- 공무원 매거진, 공무원신문 출제 위원
- 한국소방대학연구소 수석(首席)교수
- 소방학, 소방관계법규 평균적중률 95%
- 소방학 강의경력 국내 최장(30년)경력
- 인터넷 투표 및 검색, 소방학 국내1위
- 다집필 저자(조선의 정약용 다음) 교재
- 전, 부산 경상대학 소방안전학과 교수
- 전, EBS 소방학개론 / 소방법규 강좌

◉ 동영상(승진) 사이트 (소준사 촬영)
- firemanexam.co.kr : 소방전술 기본강의(소방교/장,위 별도)
  (A형·B형 단원별 문제집, / 봉투모의고사.)

◉ 동영상(임용) 사이트 (터치온 및 소준사 촬영)
- cambusedu.com / firemanexam.co.kr : 소방관계법규

◉ 필자 카페 사이트 (오답, 오타, 질문)
- 카페명 : 완전정복소방학교 119
- 카페주소 : http://cafe.daum.net/goto119
- 홈피주소 : jodh.co.kr
- 필자메일 : jodh119@hanmail.net(직접 질문)

The쉬운 소방전술 단권화 - 2025년 대비
― 2024년 초판 발행 ~ ―

- 인　쇄 | 2025년 04월 14일(2쇄)
- 출　간 | <u>2025년 05월 01일(2쇄)</u>
- 저　자 | 조동훈
- 발행처 | ㈜ 캠버스
- 주　소 | 부산광역시 부산진구 동천로 70
- T E L | 070 8676 1129

인지

※ 필자와 발행처의 동의가 없는 무단 인용, 전재 또는 복제 행위는 저작권법 제136조에 의거 5년 이하의 징역 또는 5,000만 원 이하의 벌금에 처하거나 이를 병과할 수 있다. ▶ 암기 : 암기내용도 무단 복제할 수 없습니다.

정가 36,000원